RECLAMS KAMMERMUSIKFÜHRER

VON

HANS RENNER

UNTER MITARBEIT VON

WILHELM ZENTNER ANTON WÜRZ

WALTHER KAEMPFER SIEGFRIED GREIS

NEUNTE AUFLAGE

PHILIPP RECLAM JUN. STUTTGART

Universal-Bibliothek Nr. 8001
 Printed in Germany 1980. Satz: Walter Rost, Stuttgart. Noten: LoRo Seyffer, Nellingen-Esslingen, und Württ. Graphische Kunstanstalt Gustav Dreher, Stuttgart. Druck: Reclam Stuttgart
ISBN 3-15-008001-0

INHALT

VERZEICHNIS DER ABKÜRZUNGEN

I

Bc	Basso continuo	Klar	Klarinette
Cemb	Cembalo	Ob	Oboe
c.f.	cantus firmus	Pos	Posaune
Fag	Fagott	Tromp	Trompete
Flt	Flöte	V	Violine
Hrn	Horn	Vcl	Violoncello
KB	Kontrabaß	Vla	Viola

II

Verlage

An	André	N	Nagel
Au	Augener	No	Novello
Bär	Bärenreiter	Pe	Peters
Bis	Bisping	Ri	Ricordi
B&B	Bote & Bock	Sch	B. Schott's Söhne
B&H	Breitkopf & Härtel	Schm	Schmidt
Eu	Eulenberg	Schw	Schwann
For	Forberg	Si	Simrock
Gü	Günther	Ti&J	Tischer & Jagenberg
Hin	Hinrichsen		
Hof	Hofmeister	To	Tonger
Kall	Kallmeyer	UE	Universal-Edition
Ki&Si	Kistner & Siegel	Vie	Vieweg
Leu	Leuckart	Wu	Wunderhorn
Li	Litolff	Zi	Zimmermann

VORWORT

Dieses Buch wendet sich an alle Freunde der Kammermusik. Es bringt Einführungen in über 1500 Meisterwerke aus vier Jahrhunderten, und zwar in solche für ein bis acht oder mehr solistisch behandelte Instrumente ohne und mit Klavier, also in unbegleitete und begleitete Solostücke, in Duos, Trios, Quartette usw. bis herauf zu den Nonetten und Dezetten. Werke für Klavier allein wurden nicht berücksichtigt, da ihre Behandlung einen eigenen Band erfordert. Den Analysen der Werke von 87 Meistern konnten 667 Notenbeispiele mitgegeben werden. Freunden der alten Kammermusik werden die Hinweise auf Neuausgaben willkommen sein, die jedem Werk beigefügt sind, um eine Orientierung über das gegenwärtig verfügbare Notenmaterial zu erleichtern. Auch bei vielen zeitgenössischen Komponisten findet man solche Verlagsangaben, bei den Klassikern und Romantikern erübrigten sie sich.

Noch nie ist auf unserem Gebiet in *einem* Band eine ähnliche Fülle an Stoff geboten worden. Bei seiner Erschließung standen mir drei weitere Musikwissenschaftler zur Seite, mit denen bestimmte Richtlinien für die Systematik der Arbeit vereinbart wurden. Die Konzentration auf das Wesentliche — bei lückenloser Darstellung der historischen Entwicklung — bewirkte, daß wir uns im Biographischen auf knappe Skizzen beschränkten. Das lag um so näher, als in meinem „Konzertführer" (Orchestermusik), dessen Gegenstück der „Kammermusikführer" ist, dem Leser bereits eingehende Lebensbilder zur Verfügung stehen. So ließen sich auch Wiederholungen vermeiden. Die Bücher sind aufeinander abgestimmt, jedes ist aber so gestaltet, daß es als Einzelwerk besteht.

Der erste Teil bis einschließlich Beethoven wurde von mir allein erarbeitet, das Weitere ist das Ergebnis der Gemeinschaftsarbeit, in die sich die drei Kollegen mit mir teilen. *Wilhelm Zentner* hat mehrere Einzelartikel und die meisten geschichtlichen Überblicke verfaßt, *Anton Würz* hat vor allem die Hauptmeister der Romantik von

Schubert bis Pfitzner, und *Siegfried Greis* neben Reger eine Reihe neuerer Komponisten behandelt. Diese Beiträge (ab Spohr) sind jeweils mit dem abgekürzten Namen der Autoren signiert.

Den Kern unseres Handbuches bilden die Werkbeschreibungen. Im Anschluß an den Hauptteil läßt ein „Geschichtlicher Überblick" die großen Zusammenhänge und die Merkmale der Stilepochen nochmals prägnant in Erscheinung treten. Hier ist ferner das kammermusikalische Schaffen von über 600 weiteren Komponisten in kurzen Charakteristiken einbezogen. Der Leser erhält also Einblicke in das Wirken von nahezu 700 Meistern. *Wilhelm Zentner* hat die Abschnitte über Portugal, Lateinamerika, die Türkei und Israel, *Walther Kaempfer* ein Kapitel über die Neue Musik nach 1945 neu hinzugefügt, so daß sich das Informationsmaterial nun auf nahezu alle Kulturländer der Erde und bis in die jüngste Gegenwart erstreckt. Ein „Stichwortverzeichnis" mit rund 300 Fachworterklärungen und Erläuterungen der Musikinstrumente sowie der musikalischen Formen ergänzt das Werk, das eine umfassende Geschichte der Kammermusik von ihren Anfängen bis zur Gegenwart darstellt.

Hans Renner

ZUR ACHTEN AUFLAGE

Die Neuauflage beruht auf dem Text der revidierten und erweiterten siebenten Auflage (1972). Wieder sind die Angaben zur Biographie der Komponisten und zu den Werken überprüft und auf den jüngsten Kenntnisstand gebracht worden. Als Orientierungshilfe traten bei Bach, Beethoven, Haydn und Schubert die Ziffern der kritischen Œuvreverzeichnisse im Register neu hinzu, teilweise neben die Opuszahlen oder an ihre Stelle.

GESCHICHTE DER KAMMERMUSIK
IN LEBENSSKIZZEN
UND WERKBESCHREIBUNGEN

ORLANDUS LASSUS

* um 1532 in Mons (Hennegau), † 14. Juni 1594 in München

Er nennt sich zunächst *Rolland de Lassus.* Daraus wird in Italien *Orlando di Lasso,* in Frankreich *Roland de Lattre,* in Deutschland *Orlandus Lassus.* Kommt im Kindesalter als Chorknabe nach Sizilien, dann über Mailand nach Rom, wo er Lateran-Kapellmeister wird. Später treibt ihn ein unstetes Wanderleben durch Frankreich, England, Holland und Belgien. Von Antwerpen holt ihn 1556 *Herzog Albrecht V. von Bayern* nach München. Dort wird er 1560 als Nachfolger *Senfls* Kapellmeister. Diese Stellung bekleidet er während der entscheidenden letzten Jahrzehnte seines Lebens.

Schuf über 2000 kirchliche und weltliche Kompositionen: Motetten, Messen, Magnifikate, Madrigale, charmante französische Chansons, leichte italienische Vilanellen, deutsche Chorlieder und Liedbearbeitungen aller Art.

Lassus gilt als der bedeutendste Komponist der Hochrenaissance neben den beiden *Gabrieli* und dem etwa gleichaltrigen *Palestrina.* Während sich dieser fast ausschließlich der musica sacra widmete, vermehrte Lassus in unvergleichlicher Fruchtbarkeit das Werkgut auf allen musikalischen Schaffensgebieten seiner Zeit.

Insbesondere die deutsche Musik verdankt ihm einen gewaltigen Auftrieb. Er löste die alt-niederländische Satzkunst aus ihrer scholastischen Erstarrung, er bereicherte die Harmonik um manche Farbwerte und verwendete sie des öfteren schon als ein der Kontrapunktik gleichwertiges Ausdrucksmittel. Auch verlieh er der Melodik bereits eine fast monodische Freiheit und Selbständigkeit. Mit und seit ihm mehrt sich der Einfluß italienischer Musik in Deutschland.

Seine Werke strotzen von lebensvollen Einfällen. Viele von ihnen wirken leicht hingeworfen, elegant, weltmännisch unterhaltsam oder drastisch, derb-fröhlich. Sie kennzeichnen jedoch nur die eine Seite seines Wesens. In seinen reifen kirchlichen Werken tut sich ein ernster, auf das Jenseits gerichteter, grübelnder Geist erschütternd kund. Aus der Unzahl seiner kirchlichen Werke seien hervorgehoben die 7 *„Psalmi poenitentiales“* (Bußpsalmen), die 12 *„Prophezeiungen der Sybillen“* und die *„Bußtränen des heiligen Petrus“* (21 geistliche Madrigale im italienischen Stil).

Reine Instrumentalsätze schuf Lassus nicht. Aber man weiß aus zeitgenössischen Bildern, daß seine Chorsätze gelegentlich durch Krummhörner, Zinken, Posaunen, Blockflöten oder auch Spinett verstärkt wurden. Die *12 Fantasien, zweistimmig* (Bär) entwarf Lassus vermutlich als Übungen für seine Sängerknaben. Sie wurden als „cantiones sine textu“ (Gesänge ohne Text) aus seinem Nachlaß mit 500 textierten Sätzen von seinen Söhnen herausgegeben. Man nimmt an, daß auch sie ursprünglich textiert waren. Es handelt sich um kurze,

leicht spielbare Sätzchen, um Jugendwerke, an denen der Liebhaber Freude haben kann. Als ausdrucksstarke, edel geformte Gebilde vermögen sie sehr wohl den Sinn für die vielfältigen Möglichkeiten linearen Musizierens zu erschließen. Das Notenbeispiel zeigt den Anfang der Fantasie Nr. 6.

GIOVANNI GABRIELI

* zwischen 1554 und 1557 in Venedig, † 12. August 1612 oder 1613 ebenda

Neffe und Schüler *Andrea Gabrielis.* 1575—1579 unter Orlandus Lassus Hofmusikus in München. Von 1586 bis zu seinem Tode in seiner Vaterstadt Organist der Markuskirche. *Heinrich Schütz* war sein Schüler.

Überragender Chormeister, bahnbrechend auf dem Gebiet der Orchester- und Kammermusik. Gab seinen prunkvollen Chören Instrumentalbegleitungen, übertrug das Prinzip der Oktavverdoppelungen von der Orgel auf den Chor- und Instrumentalsatz und schrieb bereits reine Instrumentalmusiken.

Hauptwerke: „Madrigali a 6 voci o istromenti“ (1585), also für Chor *oder* Instrumente, „Sinfoniae sacrae“ (1. Band veröffentlicht 1597, 2. Band posthum 1615), Orchesterkanzonen (für Streicher bzw. Bläser) und eine Sonate für 3 Violinen mit Basso continuo.

Die beiden Gabrieli stehen als typische Renaissance-Künstler verbindend zwischen Gotik und Barock. Der ältere *Andrea* (um 1510 — 1586) gab der vorwiegend zeichnerisch durchgebildeten Musik Farbe, Glanz und Fülle. Der jüngere *Giovanni* erschloß ihr eine weite Skala individueller Ausdruckswerte und befähigte sie, losgelöst vom Wort als selbständige Kunst sich zu entfalten.

Sonate für 3 Violinen mit Basso continuo (Bär). Dieses ehrwürdige Dokument bildet das erste gewichtige* Beispiel einer nicht mehr aus dem Vokalen übertragenen, für Solo-Instrumente entworfenen Kammermusik. Die Sonate besteht aus einem einzigen, in freier Fantasieform sich entfaltenden, äußerst kunstvoll aufgebauten Satz. Die Leuchtkraft der Harmonik, die Dichte und Transparenz des Stimmengewebes sind noch heute bewundernswert. Der Herausgeber (Werner Danckert) hat versucht, dem Ganzen an Stelle der alten Mensurvorschrift eine für die Spielpraxis der Gegenwart verständliche metrische Gliederung zu geben. Dabei trat nicht nur die „Polymetrie des Stimmengewebes" zutage,

* 1613, zwei Jahre vor Erscheinen dieser Sonate, gab *Salomon Rossi* eine „Sonate a 3" heraus. Da *Giovanni Gabrieli* aber bereits 1612 oder 1613 starb, dürfte es sich bei seiner Sonate um das ältere der beiden Werke handeln. Sie wurde damals rasch berühmt und oft nachgeahmt.

sondern zugleich eine verblüffend differenzierte Polyrhythmik, wie man ihr später eigentlich erst seit Richard Strauß wieder begegnet. Sie beschränkt sich auf nur wenige Takte und deren Entsprechungen, bewirkt aber, daß diese rhythmisch starke Musik an vorwärtsdrängender Kraft und lebendiger Wirkung noch gewinnt. Die Abbildung gibt einen Begriff hiervon*.

ORLANDO GIBBONS

* 1583 in Cambridge, † 5. Juni 1625 in Canterbury

Einer der bedeutendsten englischen Komponisten. Lebte während der glücklichen Elisabethanischen Zeit, in der Handel und Wandel einen gewaltigen Aufschwung nahmen und die Künste eine Blütezeit erlebten wie nie zuvor in England (Shakespeare!). Als Elisabeth starb, war Gibbons 20 Jahre alt. Schon ein Jahr darauf wurde er unter ihrem Nachfolger, König Jakob I., Organist der königlichen Kapelle, später Baccalaureus und Doktor der Musik und zwei Jahre vor seinem Tode Organist der Westminsterabtei. Er starb überraschend im Alter von nur 42 Jahren an den Pocken.

Gibbons war der jüngste unter den großen englischen Virginalisten *Byrd, Morley, Dowland* und *John Bull.* Er hinterließ eine Fülle wertvollster kirchlicher und weltlicher Kompositionen (Anthems, Hymnen, Bittgesänge, Madrigale, Virginalmusiken und Fantasien für meist drei Instrumente). Seine dreistimmigen Fantasien erschienen als ältester englischer Kupferstichdruck.

Greifen wir aus der Reihe dieser in Neudrucken vorliegenden sechs Fantasien die zwei letzten heraus (Vie).

Die eine (Nr. 5) beginnt:

* Des öfteren begegnet man heute wieder *G. Gabrielis* „Sonata pian e forte", einem kurzen, für Bläser gesetzten, breitflächig angelegten, prunkvoll erhabenen Stück Musik, worin die Gegensätze „leise" und „laut" (pian e forte) durch Gegenüberstellung oder Zusammenfassung unterschiedlicher Klanggruppen eindrucksvoll herbeigeführt werden.

Die andere (Nr. 6) beginnt:

Beide sind kurz, keine erreicht 60 Takte. Beide sind schöne Belege für den Vorsprung, den die reine englische *Instrumentalmusik* damals vor der des europäischen Festlandes voraus hatte. Hierbei ist zu beachten, daß die Zeitumstände damals in England die rasche Entfaltung einer wirklichen „Hausmusik" begünstigten. Das bevorzugte Instrument war das „Virginal", also das damalige Clavicembalo oder Spinett. Wer Gibbons oder die großen anderen „Virginalisten" ergründen will, muß sich ihre Spinettmusiken vornehmen. In ihnen geben sie ihr Bestes. Aber auch andere Kombinationen, wie die hier vorliegenden (sie wurden für unser gegenwärtiges Instrumentarium eingerichtet), gewähren einen guten Einblick in den Reichtum an Phantasie, Geschmack und Kultur, über den diese Meister verfügten. Die Notenbeispiele lassen erkennen, daß Gibbons in der Erfindung ausdrucksstarker, rhythmisch lebendig gegliederter Melodien seinesgleichen sucht. Spieltechnisch bieten die Fantasien dem Liebhaber keine Schwierigkeiten.

JOHANN VIERDANCK

* um 1605 bei Dresden (?), bestattet 1. April 1646 in Stralsund

Vierdancks Leben war begleitet von immerwährender Unsicherheit, Not und Armut des Dreißigjährigen Krieges. Als Kind sang er in der Hofkapelle Dresden unter Heinrich Schütz (1585–1672), dem Vater der deutschen Musik, der aus dem Chaos in eine neue Zeit hinüberrettete, was der deutschen Musik an Kräften verblieb. Verständlich, daß Vierdancks Leben in unsteter Kurve verlief. Man weiß nur, daß ihn die Zeitläufte nach Güstrow, Lübeck und Kopenhagen verschlugen und daß er endlich in Stralsund als Organist der Marienkirche eine Bleibe fand.

Wer die Zeitumstände beachtet, dem leuchtet ein, daß der Musik dieses Mannes ein völlig anderer Charakter innewohnt als der schwelgerischen Musik der vom Glück begünstigten englischen Virginalisten. Um so höher wird man es bewerten, wenn man in diesen schlichten, einfachen Spielmusiken nicht nur dem Ausdruck des Düsteren begegnet, sondern gläubiger Innigkeit, kräftigem, frischem Leben und gelegentlich tänzerischer Besessenheit. Eine urwüchsige, kantige, klare Natur spricht aus ihnen.

Vierdanck hinterließ vokale Kirchenmusiken und weltliche Instrumentalsätze. 1637 veröffentlichte er sein erstes Werk: „Pavanen, Gagliarden, Ballette und Correnten". Der „Ander Theil" erschien 1641. Außerdem besitzen wir von ihm zwei Bände „Geistliche Konzerte" (1641—43 gedruckt).

Die „Capricci" (Bär) für 2 bzw. 3 Violinen oder andere Melodieinstrumente sind dem 1642 herausgegebenen 2. Band entnommen. Dieser sogenannte „Ander Theil" umfaßt „Capricci, Canzoni und Sonaten mit 2, 3, 4 und 5 Instrumenten ohne und mit dem Basso continuo". Kompositionstechnisch wirkt sich in ihnen über *Lassus* hin zwar der italienische Stil gleichnamiger Formen aus, aber deutsche Wesenszüge bestimmen darüber hinaus deutlich ihren Charakter. Bemerkenswert ist Vierdancks Neigung für imitatorische Arbeit und seine Vorliebe für die Variation. Nr. 1 ist eine Sonate (Bicinie) für 2 Violinen, Nr. 2 und 3 sind Capricen für 2 Hörner oder Violinen, Nr. 4 und 5 Capricen für je 3 Hörner oder Violinen. Die Abbildung (aus Nr. 3) zeigt kano-

nisch geführte, einfache Stimmen, die sich einander gern in Terzengängen gesellen und bisweilen unbekümmert überschneiden.

Im Gegensatz zu den Spielmusiken reiht die Suite A-dur Tanzstücke (Pavane, Gagliarde, Ballo und Corrente) aneinander. Lebensprühende, teils gravitätische, teils heiter schwungvolle Sätze, die einen beglückenden

Eindruck urwüchsigen Musikantentums vermitteln. Auch die Suite eignet sich für Blasinstrumente. Suite und Spielmusiken können solistisch oder chorisch besetzt werden.

JOHANN ROSENMÜLLER

* um 1619 in Ölsnitz (Vogtland), † 10. (?) Sept. 1684 in Wolfenbüttel

Kommt 1640 als Student nach Leipzig, wird 1651 Organist der Nicolaikirche mit der Anwartschaft auf das Thomaskantorat, aber 1655 wegen eines Sittlichkeitsvergehens eingekerkert. Entflieht und gelangt über Hamburg nach Italien (Venedig). 1682 kommt er nach Wolfenbüttel, wo er als herzogl. Braunschweigischer Hofkapellmeister die letzten Jahre seines Lebens wirkt.

Rosenmüller, Schöpfer überragender Kirchenkantaten, gilt auf unserem Gebiet als bedeutendster Meister des deutschen Mittelbarock. Seine instrumentalen Frühwerke, darunter die „Paduanen, Allemanden, Couranten, Ballette und Sarabanden" (1645) und die derb volkstümlichen Suiten der „Studentenmusik" (1654) schuf er in ständigem Umgang mit dem Volk als „Gebrauchsmusiken". In Italien wandelte sich sein Stil unter dem Einfluß *Legrenzis*. Seine 11 „Sonate da camera a 5 stromenti" (1670) und seine 5—8sätzigen stilisierten Tanzsuiten, denen er ausgedehnte „Sinfoniae" nach dem Vorbild der italienischen Opernouvertüre vorausschickte, sind nicht mehr zweckgebunden, sie tragen ihren Sinn in sich selbst als konzertante Kunstmusiken. Seine letzten Sonaten für 2 bis 5 Streichinstrumente (Wolfenbüttel, 1682) enthalten nicht einmal mehr stilisierte Tänze. Sie sind frühe Muster einer persönlichen Ausdrucksmusik, zerklüftet in der Form, kühn in der bisweilen mit Chromatik durchsetzten Harmonik. So sehr Rosenmüller der italienischen Musik verpflichtet ist: in seiner Thematik und Rhythmik fußt er durchaus auf dem Erbgut bodenständigen Musizierens. Er ist einer der wichtigsten Wegbereiter Bachs und Händels.

12 Sonate a 2, 3, 4, e 5 Stromenti d'Arco et Altri et Basso continuo*, so lautet der

Titel der Sammlung, die Rosenmüller 1682 in Nürnberg veröffentlicht hat. Es handelt sich dabei formal um Kirchensonaten *, der Bestimmung nach um weltliche Kammersonaten. In der Bewertung stehen sie höher als die 1670 in Venedig erschienenen „Sonate da camera". Ihr Formaufbau zeigt freie, zum Teil fugierte Instrumentalsätze oft rhapsodischen Charakters. Man begegnet monodischen * (rezitativischen) Einleitungen und Zwischenpartien, einer verinnerlichten, ausdrucksstarken Thematik und einer eigenwilligen Harmonik.

Die Sammlung von 1682 enthält:

2 Sonaten a 2 V u. Bc ** = Nr. 1 g-moll, Nr. 2 e-moll,

1 Sonate a 1 V, Viola u. Bc = Nr. 3 d-moll,

3 Sonaten a 2 V, Violetta, Viola u. Bc = Nr. 4 C-dur, Nr. 5 g-moll, Nr. 6 F-dur,

2 Sonaten a 2 V, Violetta, Viola u. Bc = Nr. 7 d-moll, Nr. 8 B-dur,

4 Sonaten a 2 V, 2 Violetta, Viola u. Bc = Nr. 9 D-dur, Nr. 10 F-dur, Nr. 11 A-dur, Nr. 12 d-moll.

Heutzutage wird die *Violetta* durch *Bratsche,* die *Viola* (gemeint ist die *„Baßviola")* durch *Cello* ersetzt. Die Sonaten gewinnen durch *chorische* Besetzung der Melodiestimmen, sie wirken aber auch in *solistischer* Besetzung vortrefflich. Rosenmüllers Hinweis „et Altri" besagt, daß die Streichinstrumente durch Bläser ersetzt werden können.

Die Sonate g-moll für 2 V u. Bc (Vcl ad libitum) = Nr. 1 der Sammlung aus dem Jahre 1682 (N) bietet ein charakteristisches Beispiel für Rosenmüllers

* Näheres über die Kirchen- und Kammersonate, über Monodie, Basso continuo usw. findet man in der Musiklehre: *Grundlagen der Musik* von Hans Renner, Reclam 1953.

** Bc = Abkürzung für Basso continuo. Zu beachten: bei den alten Triosonaten, also Sonaten für 2 Melodieinstrumente u. Bc besteht der Bc aus einem Harmonieinstrument (meist Cembalo, gelegentlich aber auch Laute bzw. Orgel) und baßverstärkendem Violoncello (bzw. Gambe oder Fagott, Posaune, Kontrabaß), so daß bei solistischer Besetzung in der Tat vier Instrumente benötigt werden. Wird das Cembalo durch Klavier ersetzt, so erübrigt sich im allgemeinen das Cello.

Stil. Das übliche Formschema umkehrend, läßt er die vier Sätze im Wechsel schnell, langsam, schnell, langsam einander folgen, so daß überraschend ein Adagio den Abschluß bildet. Eine ähnliche Bauweise findet man des öfteren in Werken zeitgenössischer Komponisten unserer Tage, so etwa bei *Berg, Fortner, K. A. Hartmann* u. a. Sie entspringt dem Streben nach verinnerlichter Aussage unter bewußtem Verzicht auf die mitreißende Wirkung bewegter Schlußsätze. Das erste fugierte *Allegro* mit

dem männlich straffen Thema wird durch ein 12taktiges, präludierendes *Adagio* eingeleitet, das wie ein wuchtiges Portal dem Ganzen voransteht. Ein wenig verändert beherrscht das gleiche Thema den zündenden 3. „*Prestissimo*"-Satz. Die beiden kurzen *Adagios* (2. und 4. Satz) zeigen eine sehr persönliche Handhabung der Form. Beide verlaufen im Sinne freier Fantasien. Das erste weist bedeutende harmonische Spannungen auf und ist im Charakter leidenschaftlich. Das zweite fließt anmutig dahin und mündet (in deutlicher Zweiteilung) in einen verschwebenden 9/8 Abschlußteil.

Die Sonate e-moll für die gleiche Besetzung = Nr. 2 der Sammlung aus dem Jahre 1682 (N) ist formal wohl ohne Gegenstück in der Literatur. Sie umschließt nur langsame Sätze! Die *Einleitung* pendelt in rhapsodisch freiem Stil zwischen schroffen motorischen Gegensätzen. Auf 6 Grave-Takte folgen 3 Takte Allegro, diesen wiederum 3 Adagio-, 3 Allegro- und 5 Adagiotakte (mit Brucknerscher Fermate dazwischen!). Es schließen sich an: ein *Largo,* ein *Adagio* und noch ein *Adagio,* das in einen feierlichen *Largo*-Ausklang mündet. Die Sonate ist in leidenschaftlichem, geradezu „romantisch" subjektivem Stil geschrieben.

Aus der gleichen Sammlung (1682) veröffentlichte Vieweg die Sonaten Nr. 7 d-moll und Nr. 8 B-dur für je 4 Instrumente u. Bc. Sie stehen den anderen an Reiz nicht nach. Die größeren klanglichen Möglichkeiten werden voll ausgeschöpft. Beide Sonaten gehen frei auf die in der alt-venetianischen Kanzone vorgebildete Form zurück. Im Gegensatz zur lockeren Reihenform der Suite wird hier bewußt eine Geschlossenheit des Gesamtaufbaus dadurch herbeigeführt, daß jeweils einer der ersten Sätze als Schlußsatz wörtlich wiederkehrt.

Die Sonate Nr. 7 d-moll hebt an mit einem feierlich ernsten *Largo.* Sein chromatisch aufsteigendes Thema, von Stimme zu Stimme wandernd und von eigenwilligen

Kontrapunkten begleitet, wird Gegenstand einer spannenden Entwicklung, die nach großartigem Höhepunkt allmählich wieder abklingt und zur Ruhe kommt. Das chromatische Thema verläuft hierbei absteigend. Die Form erwächst aus inneren Antrieben und zeigt Rosenmüller nicht weitab von J. S. Bach. Die abschließenden Sätze, ein *Prestissimo,* aus einem harmonisch farbigen *Adagio* sich lösend, ein zweites pastorales *Adagio* und ein frisches, männlich zupackendes *Allegro,* halten die gleiche Höhe. Die Wiederkehr des zweiten *Adagios* beschließt das Werk.

Bei der Sonate Nr. 8 B-dur bestimmen die lebhaften Sätze den Charakter. Das erste fugierte *Allegro* wird durch ein kurzes, gewichtiges *Grave* eingeleitet. Ein stimmungsvolles *Adagio* schließt sich an. Ihm folgt ein zweites, tänzerisch beschwingtes *Allegro* im 6/4-Takt

und diesem nochmals ein leidenschaftlich bewegter *lebhafter Satz.* Nach einem kurzen getragenen Zwischensatz wird das zweite *Allegro* wörtlich wiederholt.

Die folgenden Werke sind Beispiele für die Form der alten *Suite,* in welcher Tanzsätze aneinandergereiht werden.

Studentenmusik Suite I. C-dur und II. d-moll. Rosenmüllers „Studenten-Music“ erschien 1654. Nach seinen Angaben sollte sie „Mit drey oder fünff Violen oder auch anderen Instrumenten“ gespielt werden. In der praktischen Neuausgabe (N) von Fred Hamel ist Triobesetzung und Bc vorgeschrieben. Da aber einige der Sätze für „fünff“ Instrumente entworfen wurden, sind weitere 2 Violen oder dritte Violine und Viola und — für chorische Besetzung — Kontrabaß „ad libitum“ erwünscht.

Die „Studenten-Music“ umfaßt 10 Suiten. Sie wurden „meistentheils auff freundliches Begehren und Ansuchen denen Herren Studenten zu Dienst und Gefallen“ gemacht, „wenn sie etwan vornehme Herren und Standespersonen mit einer Nacht-Music beehren wolle“. Es handelt sich also um volkstümliche *Gebrauchsmusiken.* Rosenmüller ordnete die Suiten zyklisch nach einem „konsequenten Tonartenplan“ (C, d, e, F, G/g, a, B, c, D) und erschloß so „fast den ganzen damaligen Bereich des gerade konsolidierten Tonalitätensystems“ (Hamel). Sein Zyklus wird damit zum Vorläufer von *J. S. Bachs* „Wohltemperiertem Klavier“. Tiefschürfende Absichten lagen Rosenmüller freilich bei diesen Tänzen und „geringen Liederlein“ fern. Er schrieb sie als junger Mann zur Freude seiner Umgebung, und — reine Freude bereiten sie heute wie damals. Die Suite I. C-dur umfaßt *2 Paduanen, Allemande, 2 Courant, Allemande, Courant, Ballo* und — nach kurzer Überleitung — eine *Sarabande.* Die Sätze folgen einander im Wechsel von getragen, lebhaft, innig, wuchtig, graziös und feierlich. Die Suite II. d-moll ist kürzer und ihrem Tonartcharakter entsprechend verhaltener. Sie umfaßt *2 Paduane, Allemande, Courant, Ballo, Übergangs-Allegro* und *Sarabande.* Man sieht, jedesmal beendet ein feierlicher Schreittanz den Reigen der kleinen Kostbarkeiten.

Die Kammersonate D-dur für 3 V, Br (oder 2 V, 2 Br), Vcl, KB (ad libitum) und Cemb (Vie) ist zwar für chorische Besetzung entworfen, aber sie erschließt ihre Schönheiten auch in solistischer Besetzung und sei erwähnt als Beispiel für die *„Sonate da camera a*

5 Stromenti et Bc“, die Rosenmüller 1670 in Venedig herausgab. Zur Form: einer aus *Allemanda, Correnta, Ballo* und *Sarabanda* sich ergebenden Tanzsuite ist eine großangelegte „*Sinfonia*“ vorangestellt, die dem Typus der venetianischen Opernsinfonie nachgebildet wurde. Sie gliedert sich in mehrere jäh wechselnde langsame und schnelle Teile, deren Zusammengehörigkeit nach dem Muster der alten Kanzone durch Wiederholung eines Formteiles (hier eines Adagio) betont wird. Die Abbildung zeigt den festlichen Beginn des *I. Allegro* dieser

Sinfonia. Die Simplizität und Kraft Händelscher Thematik ist hier vorweggenommen.

GIOVANNI LEGRENZI

Getauft 12. August 1626 in Clusone bei Bergamo
† 27. Mai 1690 in Venedig

Leiter des Konservatoriums, seit 1685 Kapellmeister und Organist der Markuskirche in Venedig. Ein vielseitiger, fruchtbarer Meister, schrieb 18 Opern, 6 Oratorien, Messen, Psalmen, Kirchenkonzerte, Motetten, Kammerkantaten u. a. Als Opernkomponist trug er Wesentliches zur Trennung von Rezitativ und Arie und zur Durchbildung der großen Da-Capo-Arie bei. Schon bei ihm macht sich eine Vorliebe für virtuosen Ziergesang bemerkbar. Als Instrumentalkomponist gehört er mit seinen Kirchen- und Kammersonaten für 2—7 Instrumente zu den wichtigsten Vorläufern Corellis. Antonio Lotti war sein Schüler. Beträchtlich war sein Einfluß auf Johann Rosenmüller.

Legrenzis Stil ist frisch, gefällig, geistreich, sein Formsinn außerordentlich entwickelt. Seine Sonaten geben einen guten Begriff vom hohen Stand der damals erblühenden italienischen Kammermusik.

Die Sonate G-dur, „La Raspona“, entstammt der ersten der insgesamt sieben Sonatensammlungen, die Legrenzi seit 1655 veröffentlichte (Bär). Es handelt sich dabei um ein kurzes, zweisätziges Stück. Der erste Satz, *Allegro,* umfaßt nur 43 Takte, der zweite, *Adagio,* gar nur 24. Da beide Sätze aber in sich wiederholt werden, ergibt sich für das Werklein ein Umfang

von 134 Takten. Im *Allegro* werden die beiden Violinen zunächst kanonisch geführt. Nach einem Taktwechsel ($^3/_4$) plappern sie in schönem Zwiegesang munter drauflos. Das Thema verleiht dem Ganzen Kraft und Glanz, die Harmonik zeigt durchgehend klare, helle Farbigkeit. Im ruhig heiteren *Adagio* belebt sich das anfangs gemessene Wechselspiel der Violinen zu reicher, anmutig fließender Ornamentik.

Die Sonate für V u. Bc, Werk 10, 1 Nr. 4 g-moll (Bär) ist dem 1. Band der Sonatensammlung *„La Cetra"* aus dem Jahre 1673 entnommen. Sie umfaßt vier Sätze, und zwar ein energisches, polyphon gehaltenes Eingangs-*Allegro,* ein ruhig schreitendes, flächiges *Adagio,* ein kurzes, stürmisch dunkles *Prestissimo,* das in ein paar leidenschaftlichen Adagiotakten gipfelt, und ein *Allegro,* in dem sich die Erregung allmählich legt. Auffallend an diesem Allegro einmal der Taktwechsel ($^4/_4$, $^3/_4$, $^4/_4$) und ferner das deutliche Anklingen des Themas des $^3/_4$-Mittelteiles an das des *Prestissimo.* Die lebhaften Sätze haben das Übergewicht. Die Wiedergabe verlangt klare Tongebung, Kraft und Geschmeidigkeit.

Die Sonate für 4 V u. Bc, Werk 10, 3 Nr. 1 (Bär) entstammt dem 3. Band der Sammlung *„La Cetra"* aus dem Jahre 1682. Sie ist für eine damals wie heute gleich seltene Besetzung entworfen und verdient schon aus diesem Grunde besondere Beachtung. Darüber hinaus ist sie ein schönes Beispiel für Legrenzis schöpferisches Vermögen. Auch sie umfaßt 4 Sätze, zu denen noch ein kadenzierendes viertaktiges Überleitungs-*Adagio* vor dem Abschluß-*Allegro* kommt. Wiederum leitet ein polyphon gearbeitetes *Allegro* das Ganze energisch ein. Sein

Thema, dessen punktierter Rhythmus den vorwärtsdrängenden Charakter des Satzes bestimmt, wandert zunächst kanonisch von Stimme zu Stimme und wird dann Anlaß für ein reiches Spiel wesentlicher Kontrapunkte. Das ausgedehnte *Adagio* ist durchleuchtet von einer warmen, klaren Farbigkeit. Auch im *zweiten* und ebenso im Abschluß-*Allegro* bleibt der punktierte Rhythmus wirksam.

Die drei Sonaten stellen an den Liebhaber mittelschwere Anforderungen.

DIETRICH BUXTEHUDE

* 1637 in Oldesloe (Holstein) (?), † 9. Mai 1707 ebenda

Er erhält seine musikalische Ausbildung beim Vater, wird mit 20 Jahren Organist in Helsingborg, drei Jahre später im dänischen Helsingör (am Sund, Helsingborg gegenüber auf der Insel Seeland), 1668 als Nachfolger seines Schwiegervaters *Franz Tunder* Organist und Kantor an der Marienkirche zu Lübeck. Hier schuf er 1673 die ständige Einrichtung sogenannter „Abendmusiken", das sind Kirchenkonzerte, die er regelmäßig mit eigenen Orgel- und Chorwerken an den fünf Sonntagen vor Weihnachten durchführte. Sie machten ihn berühmt. Von nah und fern pilgerten Musikbesessene zu ihm, unter ihnen *J. S. Bach* (1705).

Buxtehudes *Orgelwerke* sind lebendiger Besitz der abendländischen Musik. An *Vokalwerken* hinterließ er etwa 150 Kirchenkantaten unterschiedlicher Besetzung (für 2—4 Soli oder Chor), eine kurze Messe, Bruchstücke eines Weihnachtsoratoriums und eines „Jüngsten Gerichts". Die *Kammermusiken* stehen etwas im Schatten dieser Werkgruppen; die Originalbesetzung, die außer Violinen und Basso continuo durchgehend die Gambe vorschreibt, erschwert stilgerechte Aufführungen. Wertmäßig behaupten sie sich durchaus neben den Orgel- und Vokalwerken. Von den teils im Druck, teils im Manuskript wieder aufgefundenen 20 Triosonaten, 19 Klaviersuiten und 6 Variationenfolgen für Cembalo wurden einige durch Neudrucke der Öffentlichkeit wieder zugänglich gemacht. Sie weisen Buxtehude (neben

Rosenmüller) als den bedeutendsten deutschen Barockmeister vor Bach und Händel aus.

Die *14 Triosonaten Werk 1 und 2* erschienen erstmalig 1696 in Hamburg, *6 weitere Triosonaten* hinterließ B. im Manuskript. Bei den Gruppen Werk 1 und 2 fällt auf, daß Buxtehude ähnlich wie zuvor Rosenmüller (s. „Studentenmusiken") die Sonaten nach einem „konsequenten Tonartenplan" ordnete. Alle Tonarten, die sich über den Tönen von F-dur errichten lassen, sind in den Werken beider Gruppen vertreten, bei Werk 1 in planvoller Aufeinanderfolge, bei Werk 2 zwar in willkürlicher Reihung, aber ebenfalls lückenlos. Das ist eine nochmalige Bekräftigung des bis dahin Erreichten und eine letzte Etappe vor J. S. Bachs „Wohltemperiertem Klavier", worin erstmalig erwiesen wurde, daß nach Schaffung der „temperierten Stimmung" auf Harmonieinstrumenten ein Musizieren in *allen Tonarten* der *chromatischen Reihe* möglich sei. Zu beachten: es dauerte lange, bis sich *Andreas Werkmeisters* epochemachende Neuerung in der Praxis durchsetzte. Er schuf die sogen. „temperierte" oder „gleichschwebende Stimmung" bereits 1691, also fünf Jahre vor Herausgabe der Triosonaten Buxtehudes, die noch den *alten* Tonartenumkreis abschreiten. Der erste Band von *J. S. Bachs „Wohltemperiertem Klavier"* lag erst 1722, also ein Menschenalter später vor, der zweite Band folgte erst 1744!

Triosonate Werk 1 Nr. 1, F-dur (Bär). Vier Sätze: *Vivace, Allegro, Andante* und *Presto,* nach dem 1. und 3. Satz je eine kurze, gewichtige Überleitung *(Adagio* bzw. *Grave).* Die Abbildung gibt einen Begriff

vom Charakter des fugierten *Allegro.* Das schöne *Andante* ist über einem charakteristischen Basso ostinato wie eine Passacaglia gebaut und weist in den beiden Melodieinstrumenten eine reiche Figuration auf. Sie kommt in einem farbigen Überleitungs-*Grave* zur Ruhe.

Das temperamentvolle *Presto* sichert dem Ganzen einen wirkungsvollen Ausklang.

Triosonate Werk 1 Nr. 2, G-dur (Bär). Drei Sätze: *Vivace, Allegro, Arioso.* Drei Takte *„Lento"* leiten das musizierselige *Vivace* ein. Es ist, wie die Herausgeber betonen, „aufgebaut auf dem Gegensatz von sechstaktigen ‚Tutti'- und neuntaktigen ‚Solo-Perioden'". Diese lassen sich bei einem für Soli entworfenen Werk nur durch dynamische Schattierungen deutlich machen. Nach kurzer Verhaltenheit in einem achttaktigen *Überleitungs-Adagio* folgt ein flottes *Allegro,* das keine Probleme aufgibt. Wiederum ein achttaktiges Überleitungssätzchen *(Largo),* dann kommt die hymnische Krönung im *Arioso* mit fünf kontrapunktisch dichten und gleichwohl sanglichen Variationen über ein schönes Baßthema.

Triosonate Werk 1 Nr. 3, a-moll (Sch). Formal ergibt sich eine Übergangslösung zwischen Suite und Sonate. Der *Suiten*-Charakter blieb gewahrt durch die große Zahl der Sätze (6 ohne das zweite Abschluß-Largo) und durch den periodischen Wechsel lebhafter und langsamer Formteile. Aber an die Stelle von locker aneinandergereihten Tänzen treten hier konzertante *Ausdrucksmusiken* subjektiver Haltung. Die einzelnen Sätze sind ausgedehnter und inniger aufeinander bezogen als bisher. Im Sinne des französischen Stils geben langsame Sätze dem Ganzen einen gewichtigen Rahmen. Mit einem tiefgründigen *Adagio* hebt der Reigen an. Zweiter, vierter und sechster Satz *(Allegro, Vivace, Presto)* sind bei aller Verschiedenartigkeit durchgehend von heiterer Stimmung erfüllt. Die langsamen Sätze

dazwischen *(Lento, Largo)* und am Ausklang *(Largo)* gehören zum Schönsten, was Buxtehude in seinen Kammermusiken gab. Sie umschließen einen bedeutenden

Reichtum an ausdrucksvoller Melodik und farbiger Harmonik (Chromatik!). Die Abbildung, ein Ausschnitt aus dem Largo, gibt hiervon einen Begriff.

Die Triosonate Werk 1 Nr. 7, e-moll (K&S) enthält keinen langsamen Satz. Formteil nach Formteil steigert den schon im Eingangs-*Allegro* angeschlagenen lebhaften Ton bis zum ausgelassenen Furioso (2. Satz = *Presto-Vivace,* 3. Satz = *Poco-Presto — Lento,* 4. Satz = *Prestissimo).* Daß das erste Allegro in ein paar Largo-Takten gipfelt und sich die Bewegung des Poco-Presto in einem kurzen, energischen Lento staut, macht die ständige Zunahme an äußerer und innerer Turbulenz nur noch spürbarer.

Triosonate Werk 2 Nr. 2, D-dur (K&S; B&H). Aus ein paar *Adagio*-Takten löst sich eine beschwingte Fuge, sie mündet in ein kurzes, ruhiges *Largo.* Graziöse Variationen über eine sangliche *„Arietta"* schließen sich an. Die Stimmung verdichtet sich in einem gravitätischen *Largo.* Den Höhepunkt erbringt das Abschluß-*Vivace* mit seinem männlich energischen, kraftvoll vorwärtsdrängenden Verlauf.

Triosonate Werk 2 Nr. 6, E-dur (N). Vielleicht das schönste und formal eigenartigste Werk dieser Reihe. Zwar ergibt sich wiederum ein Wechsel langsamer und lebhafter Sätze, aber die langsamen Sätze (mit Ausnahme des herrlichen Einleitungs-*Grave)* ruhen nicht selbständig in sich. Sie sind Stauungen, in denen die stürmische Bewegung der lebhaften Sätze sich für ein kurzes befriedet. Das erste *Grave* leitet — nur einmal in einer freien Kadenz der Gambe Atem schöpfend — energisch zu einem groß angelegten, hellen *Vivace* hin, dem sich unmittelbar ein kurzes *Adagio* anschließt. Dann stürmt — nach erneuter Kadenz der Gambe — eine Fuge *(Poco-Presto,* 6/8) schwungvoll vorüber. Sie kommt in einem kurzen *Lento* zur Ruhe, in dem der Violine eine kleine Abschlußkadenz zufällt. Das Finale, ein phantasievolles, rhythmisch straffes *Allegro,* krönt das Werk in virtuoser Manier.

JOHANN FISCHER

* 25. September 1646 in Augsburg, † um 1716 in Schwedt

Johann Fischer kam früh nach Paris, wo er fünf Jahre lang „Notist" des großen *Lully* gewesen sein soll. Er war einer der ersten, der den Typ der französischen Ouvertüre und Suite nach Deutschland brachte. Dadurch wurde er für *Bach* wichtig. Er wirkte als Violinist, Kapellmeister bzw. Hofkomponist in Stuttgart, Augsburg, Ansbach, Mitau, Schwerin, Kopenhagen, Stralsund, Stettin, Stockholm und Schwedt.

(Nicht zu verwechseln mit *Johann Kaspar Ferdinand Fischer* [um 1665—1746], dem bedeutenden Klavier- und Orgelmeister, der mit seinem Zyklus „Ariadne musica, Neo Organoedum per 20 Präludia, totidem Fuges atque 5 Ricercatas . . ." [1715] nachweisbar die letzte Anregung zu *J. S. Bachs* „Wohltemperiertem Klavier" gab.)

Ouvertüren-Suite (Tafelmusik) für 2 V, Br, Vcl (Bär). Die vorgeschriebene Besetzung entspricht dem Original. Die zusätzliche Verwendung des Basso continuo stellt Fischer ausdrücklich frei. Wir haben es hier also schon mit der später üblich werdenden regelrechten Quartettbesetzung zu tun. Die Bezeichnung „Tafelmusik" gibt dem Werk seinen Platz in der Gattung modischer Gebrauchsmusik. Es wurde für die Schweriner Hofkapelle geschrieben und 1702 gedruckt. Seinen Charakter umschreibt launig ein kleines Gedicht, das dem Druck vorangestellt ist:

„Was Welschlands edler Geist / vor holde Anmut zeuget: Was Frankreichs fertge Faust / für muntres Wesen führt! Das hat Herrn Fischers Hand / in diesem Werk gezeiget / Darin die Anmut sich mit frohen Scherzen ziert. Darum wird beedes Volck / wanns dieses Werck wird lesen / Vermeinen / Fischer sey / Ihr Landesmann gewesen." Diese Verslein sind zeitgeschichtlich recht interessant. Das in ihnen enthaltene Lob, von einem Freund gespendet, entsprang wohl kaum der Ansicht, Fischer sei ein Künstler europäischen Ranges. Das „Fremde" (hier nur in formaler Hinsicht vorhanden) wurde vielmehr aus modischen Gründen betont, da es damals an den Fürstenhöfen bevorzugt wurde.

Der Formaufbau der schönen *a-moll-Suite* ist dieser: eine dreiteilige französische *Ouvertüre (Grave,* fugiertes *Allegro, Grave)* leitet das Werk gravitätisch ein. Solch gewichtiger Präambel folgen locker aneinandergereihte Tanzsätze. Der Reigen beginnt mit einer *Entree,* setzt sich in einem etwas zopfigen *Menuett* mit reizendem A-dur-*Trio* fort, beruhigt sich in einer ausdrucksvollen

Air (Largo Andante) und findet seinen Höhepunkt in einer *Chaconne,* mit der Fischer dem Vorbild *Lully* durchaus nahekommt. Als Kehraus eine graziöse *Gavotte.*

4 Suiten für Blockflöte (oder Violine, Flöte, Oboe), Viola und Bc (Bär). Der Herausgeber dieser reizenden Suiten *(W. Woehl)* stellt zwar die Blockflöte als Soloinstrument besonders heraus, aber er gibt in seiner Spielanweisung außer den oben angeführten Ersatzinstrumenten noch einige weitere Sopran-, Tenor- und sogar Baßinstrumente an, für die sich diese Stücklein eignen. Der Komponist vermerkt in seinem Vorwort: „an den Music-Liebhaber. Ich recommendire demselben diese einfältige Arbeit / umb welche ich von vielen Music-Liebenden / so nicht allezeit mit 4 oder 5 Stimmen sich zu exerciren Gelegenheit haben / in Druck zu geben ersuchet worden ..." Es war also seine Absicht, eine leicht spielbare, einfache Hausmusik zu bieten, und das ist auf das schönste gelungen. Eines Kommentars bedürfen diese Stücklein nicht. Hinsichtlich des Formaufbaus sei erwähnt: die ersten beiden Suiten umfassen je vier Sätze *(Air, Gigue, Angloise, Menuett),* die dritte beginnt mit einer *Allemande,* dafür fehlt ihr die Angloise, die vierte wird durch eine französische *Ouvertüre* eingeleitet und bringt dann 7 *Tanzstücke.*

JOHANN PHILIPP KRIEGER

* 26. Februar 1649 in Nürnberg, † 7. Februar 1725 in Weißenfels

Nicht zu verwechseln mit dem großen Liedmeister Adam Krieger (1634—1666), dem „Schubert des 17. Jahrhunderts". Im Alter von 14 Jahren kommt Joh. Ph. Krieger nach Kopenhagen. Zwei Jahre darauf erster Gehilfe des dortigen Organisten an der Petrikirche, 1670 Kammerorganist in Bayreuth. Sein dortiger Herr schickt ihn nach Italien, wo er in Venedig (u. a. bei Rosenmüller) und Rom seine Studien beendet. Nach seiner Rückkehr (1672) Kapellmeister in Bayreuth. 1677 Organist in Halle, 1680 in Weißenfels, 1682 dort Hofkapellmeister. Er muß ein glänzender Virtuose gewesen sein, denn schon mit 26 Jahren wurde er geadelt von Kaiser Leopold, der ihn in einem Konzert zu Wien hörte.

Ohne die Größe seines Lehrmeisters *Rosenmüller* oder die *Buxtehudes* zu erreichen, gehört er mit zu dem Kreis wertvoller Meister, deren Arbeiten die notwendige Grundlage für *Bach* und *Händel* bilden. Krieger schuf mehrere Dutzend Opern und Singspiele, von denen indessen nur Bruchstücke (Arien) erhalten sind, ferner Kantaten, geistliche Gesänge, Kirchen- und Kammermusiken. Von letzteren sind erhalten geblieben: 12 Triosonaten Werk 1 für 2 V u. Bc (1693), 12 Triosonaten Werk 2 für V, Gambe u. Bc (1693) und eine „Lustige Feldmusik“ (6 Ouvertüren für 4 Blas- oder andere Instrumente, 1704), für die er selbst auch chorische Bläserbesetzung zuließ. Sie gehört also streng genommen nicht mehr zur reinen Kammermusik. Interessant ist in diesem Zusammenhang, daß Krieger einer der ersten war, der in den Sonaten seines Werkes 2 die *Gambe* konzertierend verwendet. Vielleicht wurde *Buxtehude* durch ihn angeregt, ihr gleichfalls in seinen 3 Jahre später erschienenen Sonaten eine gewichtige Rolle zuzuweisen.

Triosonate Werk 2 Nr. 6 a-moll für V, Gambe u. Bc (N). In diesem schönen Werk erweist sich Krieger als gediegener Kontrapunktiker. Jede Note hat ihre Bedeutung im klar gewirkten, harmonisch gelegentlich kühnen Stimmgefüge. Die handwerkliche Sauberkeit nimmt für ihn ein, um so mehr, da sie nie Selbstzweck ist, sondern der Verdeutlichung einer Aussage dient, die noch heute unmittelbar überzeugt. Kriegers Themen, seine melodischen Einfälle bewegen sich im Rahmen schlichter Volkstümlichkeit.

Die Sonate umfaßt drei Sätze, deren jeder in sich eine mehr oder weniger deutliche Zweiteilung aufweist. Das schöne, *Lullys* oder *Purcells* pathetischem Stil verwandte

Largo (3/2) mündet nach weitbogigem melodischem Verlauf in ein kurzes, bekräftigendes *Adagio* (4/4). Der zweite, groß angelegte Satz umfaßt ein präludierendes *Vivace* und als Krönung eine prachtvolle *Fuge*. Ihr

Thema zeigt die Abbildung. Den Beschluß macht eine kunstvoll gebaute kanonische *Ciacona* (3/4). Ihr angehängt ist als freie Coda ein lebhaftes *Allegro*, worin Violine und Gambe einander ein schon typisch „bachisches“ Motiv zuspielen.

Triosonate Werk 1 Nr. 3 F-dur für 2 V und Bc, komponiert 1688 (Ki&Si). Krieger wollte mit seinen Triosonaten die Liebhaber „bey einer Fürstlichen Tafel-Music oder sonsten bey einem Music-Kräntzlein“ erfreuen. Dementsprechend sind sie insgesamt einfach und leicht eingängig. Die vorliegende Sonate umfaßt 6 Sätze, die einander im lebendigen Wechsel von lebhaft und ruhig folgen *(Allegro, Adagio, Allegro, Adagio, Prestissimo, Ciaconetta)*. Mit Ausnahme des letzten Satzes, der als Ciaconetta (Chaconne) sich über einem Basso ostinato entfaltet, sind alle kanonisch im Einklang durchgeführt.

Triosonate Werk 2 Nr. 2 d-moll für V, Gambe und Bc aus dem Jahre 1693 (Ki&Si). Im Gegensatz zu dem vorigen Werk, das auch chorisch wirkungsvoll ist, sollte man diese Sonate vorzugsweise in solistischer Besetzung spielen. Sie umfaßt vier eigenartige Sätze. Das Spiel hebt an mit einem in allen Stimmen selbständig geführten *Andante*, das in ein harmonisch farbiges *Adagio* einmündet. Zweiter und dritter Satz *(Presto* und *Largo)* bilden ebenfalls eine, wenn auch nicht so ausgesprochene Einheit. Der letzte Satz, *„Aria d'Inventione“*, hebt sich eindringlich von dem Vorausgegangenen ab. Er umfaßt ein Thema und acht instrumental empfundene Variationen, die in ununterbrochener Steigerung den Höhepunkt des Ganzen erbringen.

Partie (Partita) „lustige Feld-Music“ in F-dur (1704), „auf vier blasende oder andere

Instrumente gerichtet" (Ki&Si). Für die Freilichtaufführung durch „Hautboisten, welche im Marschiren vor denen Compagnien blasen und sonsten denen Offizieren aufwarten", verlangt Krieger chorische Besetzung. 3 erste, 2 zweite Oboen, 1 Englischhorn und 3 Fagotte empfiehlt der Herausgeber (Seiffert). „Zur Belustigung der Music-Liebhaber" mag es „von wenigen mit Geigen musiciert werden". Der Herausgeber schlägt vor: 1. und 2. Geige, Bratsche, Cello und Bc (Cembalo).

Einer Erläuterung bedürfen diese kräftigen, frischen Bläserstücklein nicht. Die Sätze: 1. *Grave* mit dem schnei-

digen Marschthema und *Presto* (punktierter Rhythmus, zu 1 gehörend), 2. *Entrée* (alla marcia, sehr lustig). 3. *Menuet* (Andante, Thema geht sofort ins Ohr), 4. *Passacaglia* (ernster), 5. *Fantasia* (sehr lustig), 6. *Menuet*, 7. *Gavotte* (volkstümlich), 8. *Air-Menuet* (cantabile), 9. *Gigue* (rhythmisch lebhaft), 10. *Menuet* (grazioso).

ARCANGELO CORELLI

* 17. Februar 1653 in Fusignano bei Imola, † 8. Januar 1713 in Rom

Man weiß nicht viel vom Leben dieses „virtuosissimo del Violina e vero Orpheo de nostri tempi", wie ihn seine Landsleute bewundernd nannten. Seine unmittelbaren Lehrmeister haben keine bedeutenden Namen. Er verstand es wohl, sich sein handwerkliches Rüstzeug im wesentlichen selbst zu erwerben. Seine Lehrjahre verbrachte er in Bologna und Rom, dort bereits als Geiger. Seit er gegen 1671 nach Rom kam, scheint er die Stadt nur noch sehr selten verlassen zu haben. Wohl schon vor 1680 trat er dort als Konzertmeister in die Dienste der *Königin Christine von Schweden*, später wurden verschiedene Kardinäle seine Brotherren. Er beschloß sein Leben im Hause des befreundeten *Kardinals Ottoboni*. *Kurfürst Johann Wilhelm von der Pfalz* erhob ihn wenige Wochen vor seinem Tode in den Adelsstand.

Corelli schuf die Grundlage jener italienischen *Geigenschule*, die unter Verzicht auf selbstherrliche Virtuosität eine edle Tongebung und ausgewogene Technik anstrebte und sich dienend bemühte, die inneren Werte der Musik Klang werden zu lassen. Die Form des *Concerto grosso* verdankt ihm klassische Vorbilder, in denen sich sein eigenes Schaffen vollendete. In seinen *Violin-* und *Triosonaten* gipfeln die Bemühungen seiner Vorgänger um diese Gattung. Seine Werke bilden die Höhepunkte der barocken italienischen Kammermusik.

Was Corelli einzigartig aus der Gruppe der Mitstrebenden seines Landes heraushebt, ist sein Vermögen, in seinen Werken eine schlackenlose Einheit von Form und Inhalt zu verwirklichen. Daß es ihm gelang, die schwere Süße melodischer Themen, getragen von einer satten, farbigen Harmonik oder eingebettet in eine reiche Polyphonie, in Architekturen von großartiger Gesetzmäßigkeit zu bändigen und stets auch für das Tiefe einen denkbar einfachen Ausdruck zu finden, verleiht seinen Werken den Rang „klassischer" Vollendung.

Corelli hinterließ 48 Triosonaten für 2 Violinen und Bc (entweder Orgel, Baßlaute oder Cembalo nebst Baßviola oder Cello ad libitum). Sie sind zu je 12 in den Werken 1 bis 4 zusammengefaßt. Die Werke 1 und 3 enthalten Kirchensonaten, die Werke 2 und 4 Kammersonaten. Sie erschienen in Rom während der Jahre 1681 bis 1694. Hinzu kommen 12 Violinsonaten, Werk 5 (1700, Rom) und 12 Concerti grossi, Werk 6 (1712, Rom).

KIRCHENSONATEN

Triosonate Werk 1 Nr. 10, g-moll für 2 V u. Bc (Bär; Pe). In der klaren Formwelt Corellis herrscht eine Sprache, die dem Ausdruck subjektiver Empfindungen noch kaum Raum gewährt. Eine allgemeinverbindliche, von allem Persönlichen möglichst unbelastete Aussage wird angestrebt. Das führt zu einer Typisierung der Form. Betrachtet man *eine* seiner Sonaten, so hat man in etwa das Schema *aller*, was nicht besagt, daß sie einander gleichwertig sind. Jede besitzt ihre unverwechselbare Eigenart, aber diese ergibt sich weniger aus Abweichungen vom Formschema, als aus der unterschiedlichen Schönheit der Thematik und überhaupt aus all den Unwägbarkeiten, die das Wachstum einer Musik bestimmen.

Die vorliegende *Kirchensonate* umfaßt vier Sätze, die einander im Wechsel von langsam und lebhaft folgen, wobei die langsamen Sätze vorwiegend homophon, die lebhaften polyphon gehalten sind. Das erste, kurze *Grave* hat den Charakter einer feierlichen Einleitung. Das anschließende *Allegro* ist zweiteilig gebaut und völlig getragen von dem einprägsamen Thema, das die

Abbildung zeigt. Es wird nicht als cantus firmus durchgeführt, sondern im zweiten Teil stark verändert. Ein melodisches *Adagio* und ein rhythmisch federndes, sehr lebhaftes *Finale* — dieses wiederum mit eingängigem

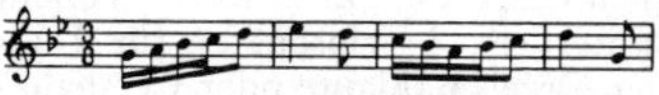

Thema — geben der Gesamtform als gleichartige Entsprechungen der ersten Sätze ein vollendetes Ebenmaß.

Die Triosonate Werk 3 Nr. 4, h-moll für 2 V u. Bc (Bär) zeigt ein ähnliches Formbild: vier Sätze *(Largo, Allegro, Adagio, Allegro)*, von denen die langsamen in verinnerlichter Sprache edelste Melodik verströmen und die lebhaften das Widerstrebende so kunstvoll zur Einheit fügen, daß die durchgeistigte Polyphonie kaum spürbar wird. Diese von rhythmischem Leben durchpulste, trotz ihres erhabenen Ernstes heitere Musik scheint das Ergebnis eines unbewußten, spielerischen Gestaltungstriebes zu sein. Sie vermittelt eine Ahnung von der „Harmonie der Welt".

Sieht man die anderen Kirchensonaten durch, so erkennt man in ihnen Manifestationen des gleichen Geistes, Aussagen einer religiösen, klaren, schönheitstrunkenen Seele. Müßte man sich für einzelne Stücke der Werkreihe entscheiden, so wäre etwa der schönen Sonate Werk 3 Nr. 9 *(Grave, Vivace, Largo, Allegro)* oder Werk 3 Nr. 11 *(Grave, Presto, Adagio, Allegro)*, vor allem aber wohl dem großangelegten *Schluß-Allegro* von Werk 3 Nr. 12 (alle Bär), die Palme zuzuerkennen. Man höre das herrliche Thema des Satzes:

KAMMERSONATEN

Corellis *Kammersonaten* sind in der Form seinen *Kirchensonaten* angenähert. Beide Formtypen treten meist viersätzig auf, in beiden lösen vorzugsweise langsame und lebhafte Formteile einander ab, und der Grundsatz, die lebhaften Teile polyphon anzulegen, ist, wenn auch weniger konsequent, in den Kammersonaten ebenfalls wirksam. Da man heute ferner den Basso continuo bei beiden Typen meist einheitlich mit Cembalo besetzt (ursprünglich ist bei den Kirchensonaten Orgel bzw. Baßlaute vorgeschrieben!), kommt in der Praxis auch dieser Unterschied in Fortfall. Gleichwohl gibt es Merkmale, die einen Wesensunterschied erkennen lassen. Die Kammersonaten sind leichter gearbeitet als die Kirchensonaten. Fugierte Formteile sind in ihnen seltener, liedhafte Melodik überwiegt. Vor allem: die Herkunft der Sätze aus alten Tänzen bleibt spürbar in der schlichten, bisweilen symmetrischen Form und in der volkstümlichen Beschwingtheit des Gesamtablaufs.

Die Triosonate Werk 2 Nr. 4 für 2 V und Bc (Bär) gibt hierfür ein schönes Beispiel. Sie umfaßt vier Sätze: *Preludio* (Adagio), *Allemanda* (Presto), *Adagio* (mit vier Einleitungstakten *Grave)* und *Giga* (Allegro). Die Abbildung zeigt das Thema des *Preludio*. Man er-

kennt: die 1. Violine führt melodisch, die 2. paßt sich ihr nicht nur harmonisch an (wobei Stimmüberschneidungen schöne Farbtupfer erbringen, siehe Pfeile!), sondern sie gesellt sich in Takt 3 begleitend zu ihr, woraus sich ein kleiner Terzenschleifer einfachster Art ergibt. Den Ausklang der Sätze, die einander pausenlos folgen, bildet eine lebhafte *Giga*. Ihr Thema wirkt derart volkstümlich,

als sei es ohne Umschweife einem landläufigen Tanzlied der damaligen Zeit entlehnt. Und doch wurde es Anlaß für ein stilisiertes Stück Kunstmusik, das durchaus nicht in der Absicht geschaffen wurde, Tanzbeine in Bewegung zu setzen!

Das Beispiel möge genügen, es kennzeichnet die Grundhaltung aller Corellischen Kammersonaten. Von den anderen seien genannt die Sonaten Werk 2 Nr. 10 (mit *Preludio*-Adagio, *Allemande*-Allegro, herrlicher *Sarabande*-Largo und energischer *Corrente*-Allegro), Werk 2 Nr. 12 (besteht nur aus einer *Ciacona*-Chaconne, diese aber gehört zum Schönsten, was Corelli schuf), Werk 4 Nr. 4 (prachtvoll in sich ausgewogen, melodieselig!) und Werk 4 Nr. 6 (besonders schön die volkstümliche Abschluß-*Giga*). Alle vorstehend erwähnten Kirchen- und Kammersonaten stellen an den Liebhaber etwa mittlere Anforderungen.

VIOLINSONATEN

Die 12 Violinsonaten Werk 5 (Bär) — genauer gesagt 6 Sonaten und 6 Suiten — können hier zusammenfassend charakterisiert werden. Für ihren Formaufbau und für ihre geistige Haltung gilt, was über die Triosonaten gesagt wurde. Die spieltechnischen Anforderungen für die Solovioline sind beträchtlich (für Liebhaber mittel bis schwer). Da der Basso continuo ursprünglich für Cembalo und Cello gedacht wurde, sind die Sonaten nach heutigen Begriffen eigentlich der Gattung Klaviertrio zuzurechnen. Übernimmt das Klavier den Bc, so kann das Cello eingespart werden.

Die 6 Sonaten umfassen in der Regel ein *Grave* oder *Adagio,* ein polyphones (oft fugiertes) *Allegro,* darauf einen *sanglichen* Satz und ein lebhaftes (meist polyphones) *Finale.* Die Suiten reihen nach einer getragenen (oder auch lebhaften!) Einleitung drei bis vier stilisierte Tanzsätze, die bisweilen durch kurze modulierende Überleitungen tonartlich gekoppelt sind. Berühmtestes Stück das letzte der Sammlung, eine „Follia“, d.h. eine Chaconne mit 16 Variationen über ein spanisches Tanzthema. Oft gespielt, bearbeitet und nachgeahmt! Geschichtlich interessant ist, daß *Francesco Geminiani* (ein Schüler Corellis) die Sonaten in „Concerti grossi“ umarbeiten konnte, ohne daß damit nach Ansicht der Zeitgenossen ihre Wirkung verfälscht wurde. Das war nur möglich, da die Grenzen zwischen den Gattungen Orchester- bzw. Kammermusik noch nicht klar geprägt waren. Sie konnten dies nicht sein, solange noch ein dem „Typischen“ zugewendeter Zeitstil gepflegt wurde. Erscheinungen wie *Strungk* und andere Virtuosen kamen damals erst auf. Sie waren vereinzelte und absonderliche Vorboten einer Wandlung, die erst viel später, im 18. und 19. Jahrhundert, von innen heraus das Wesen und die Erscheinungsformen der Musik verändern sollte.

JOHANN PACHELBEL

* 1. September 1653 in Nürnberg, † 3. März 1706 ebenda

Wichtigster süddeutscher Orgelmeister des 17. Jahrhunderts nach Froberger (gest. 1667). Neben dem norddeutschen Buxtehude von Bedeutung für *J. S. Bach.* Einundzwanzigjährig wird er Organistengehilfe am Stephansdom zu Wien, 1677 Hoforganist zu Eisenach. Dort verbindet ihn Freundschaft mit der Familie Bach. Er wird Pate von J. Sebastians zweitjüngster Schwester Judith und Lehrer seines 14 Jahre älteren Bruders, des Organisten *Joh. Christoph Bach,* in dessen Haus zu Ohrdruf der früh verwaiste Joh. Sebastian aufwächst. 1678 wird Pachelbel Organist in Erfurt, 1690 in Stuttgart, 1692 in Gotha und 1695 in der Sebalduskirche seiner Vaterstadt Nürnberg.

Pachelbel war eine ernste, gediegene Natur. Dafür legen seine Orgelkompositionen, seine Präludien und Fantasien, seine 97 Fugen über das Magnificat, seine Ricercari und Ciaconnen, seine Choralvorspiele und Choralpartiten Zeugnis ab.

Pachelbels Bedeutung erschöpft sich nicht in seinem Wirken für die im Umkreis der Liturgie gewachsene *choralgebundene* Orgelmusik. Er gehört mit zu den Männern, die die innere Wesenhaftigkeit dieser Musik der Vielfalt der Formen einzuprägen wußten, welche die sogenannte *freie* Orgelkunst des In- und Auslandes entwickelt hatte. Damit wurde er ein wichtiger Wegbereiter J. S. Bachs.

Was Pachelbel sonst schuf, steht im Schatten dieser Leistung. Er hinterließ wertvolle *Klaviermusiken,* die ihn als eigenwilligen Fortsetzer der Frobergerschen Klaviersuiten auf den Spuren der englischen Virginalisten zeigen, und einige *Kammermusiken,* in denen der Typ der auf die alte Variationssuite zurückbezogenen deutschen Kammersonate eine schöne Weiterbildung erfuhr. Diese Suiten verdienen es, daß man sich ihrer wieder annimmt.

Triosuiten F-dur und c-moll für 2 V u. Bc (Bär). Die beiden Suiten gehören zu einer Sammlung von 6 Suiten, die erst vor wenigen Jahren aufgefunden wurde. Ihr Titel lautet: „Musicalische Ergötzung / bestehend in Sechs Verstimten Partien / a 2 Violin nebst den Basso continuo / welche / Denen Liebhabern der Edlen / Music zur Recreation / gesetzt und Radiert / von ..."

Mit den „Verstimten (verstimmten) Partien" ist gemeint, daß die Saiten der Geigen je nach der herrschenden Tonart umgestimmt werden sollten. Von dieser sogenannten *Scordatura-Technik* kam man später ab. Paganini griff sie erneut auf und verwendete sie virtuos zur Erzielung klanglicher Effekte. Sie wird zum Vortrag der Suiten nicht benötigt.

Stilistisch stehen die Suiten als Beispiele der deutschen Kammersonate etwa zwischen den Sonaten Rosenmüllers und denen Glucks oder Händels. Die Suite *(Partia)* in F-dur hebt an mit einer frei fugierten *Sonata* (Allegro) von energischem Charakter. Eine bunte Folge

launiger Tanzsätze schließt sich an: *Allemand, Courant, Ballett* mit wirbeliger *Variatio,* kurze *Saraband* und helle *Gigue* mit fanfarenmäßigen Abschlüssen im Wiederholungsteil und Ausklang. Ein reizendes Werk, das den gestrengen Kirchenmusicus gleichsam in den „Ferien vom Ich“ zeigt.

Die kürzere Suite *(Partia)* in c-moll ist ihrem Tonartcharakter entsprechend ernsterer Natur. Die einleitende *Sonata* entfaltet sich toccataähnlich. Die Geigen haben in ihr ein feines Filigran kunstvoll eingestreuter, figurativ aufgelockerter Vorschläge zu bewältigen. Hier sieht der Orgelmeister dem Kammermusicus über die Schulter. Der anschließenden feierlichen *Gavotte* folgt eine *Variatio,* worin die 2. Violine das gewichtige Thema der Gavotte wiederholt, während sich die 1. Violine kontrapunktierend in unentwegten Sechzehnteln bald über, bald unter ihr hören läßt. Die weiteren Sätze: eine *Treza* (altertümliche Bezeichnung etwa für Courante oder Gaillarde), eine kurze sangliche *Aria,* eine herbe *Saraband,* die durch den chromatischen Beginn ihres

Themas auffällt, und als Abschluß eine energische *Gigue.* Beide Triosuiten wirken auch in chorischer Besetzung (für Liebhaber leicht bis mittelschwer).

Partie in G-dur für 2 V, 2 Br u. Bc (Ki&Si). Das dem Bc zugehörige Cello ist bei dieser „Partie“ noch weniger entbehrlich als bei den Triosuiten, insbesondere wenn die Streicher chorisch besetzt werden. Die gesteigerten klanglichen Mittel sind satztechnisch meisterlich ausgewertet. In seiner musikantisch frischen Art ist das Werk ein Gegenstück zur *Suite F-dur.* Es ist ein Beispiel für die Form der *Variationssuite.* Während in den beschriebenen Triosuiten nur *ein* Satz variiert ist, ergibt sich hier die Thematik *aller* Tanzsätze aus mehr oder weniger freien Abwandlungen eines Grundthemas, das in der ein-

leitenden *Sonatina* erklingt. Im anschließenden *Balletto* sieht es z. B. so aus:

Dann geistert es in Andeutungen durch die kraftvolle *Saraband,* die sangliche *Aria,* die heiter beschwingte *Gigue,* worauf ein winziges *Finale* (4 Takte!) das liebenswürdige Spiel beendet.

Kanon D-dur und Gigue für 3 V u. Bc (Ki&Si). Ein prachtvolles Werk, das dem Orgelmeister alle Ehre macht! Zwei Sätze, die einander wie innen und außen, wie gewichtige Fülle und heiter gelöstes Spiel ergänzen. Der *Kanon* entfaltet sich in den drei Violinen über einem Basso ostinato zu immer mächtigerer Klangpracht. Die *Gigue* folgt als stilistisch vollendet passendes Gegenstück.

HENRY PURCELL

* 1659 in London (?), † 21. November 1695 ebenda

Sohn eines Chorsängers der königl. Kapelle. Musikstudium bei Henry Cooke, P. Humfrey und John Blow. 1679 wird Purcell Organist der Westminsterabtei, 1682 zugleich Organist der königl. Kapelle. England verehrt in ihm seinen bedeutendsten Komponisten.

Purcells veröffentlichtes Gesamtwerk umfaßt 25 Bände. Den Kern seines Schaffens bilden die Kirchenmusiken. Hinzu kommen weltliche Chor- und Sololieder, Schau- und Singspielmusiken, die Oper „Dido und Aeneas“ und an reinen Instrumentalmusiken Orgelwerke, 8 Klaviersuiten, „Lessons for the harpsichord or spinnet“, 15 Fantasien für 3—7 Streichinstrumente (1680), 12 Triosonaten für 2 V und Bc (1683) und 10 Sonaten für 2 V, Vcl und Bc.

Purcell war eine außerordentliche Natur. In seiner Musik äußert sich eine seltsam dunkle, schwermütige Lyrik neben einer bisweilen grell realistischen Dramatik, findet sich Subjektives neben Monumentalem ohne spürbaren Wesensbruch. Der komplexe Reichtum seiner Gedanken hat dazu geführt, in ihm einen Geist von shakespearischer Universalität zu sehen.

SONATEN

Purcell wich in seinen *Triosonaten* als erster von der englischen Tradition ab. Bis dahin schrieb man dort Instrumentalmusiken für einen Chor von Gamben oder Bläsern. Die Triobesetzung italienischer Herkunft wurde durch französische Musiker am Hofe Karls II. Mode. Purcell folgt diesen Formvorlagen nur bedingt. Er übernimmt zwar die Viersätzigkeit, aber nicht den doppelten Wechsel langsam-lebhaft. In der Regel beginnt er mit zwei langsamen Sätzen, zwei lebhafte, meist durch ein kurzes Grave verbunden, stellt er an den Schluß. Das ist ein Formschema, welches kein anderer Komponist derart beharrlich anwendete.

Triosonate Werk 5 Nr. 8 in G-dur (1683) für 2 V u. Bc = Cembalo und Cello (Vie). Chorische Besetzung kommt der Wirkung zugute. Die Sonate bietet ein schönes Beispiel für Purcells Eigenart. Die Anordnung der Sätze ergibt sich organisch. Erster und letzter Satz sind „objektiv“ in ihrer zuchtvollen Haltung. „Typisches“ prägt sich in ihnen aus. In den Mittelsätzen dagegen entfaltet sich ein „individuelles“ Leben. So betrachtet ist die Nachbarschaft zweier langsamer und zweier lebhafter Sätze kein Wagnis mehr. Die Satzpaare bedingen einander durch ihre Wesensverschiedenheit, Rahmen und Mitte aber bilden ein harmonisches Ganzes. Im *Andante* ergibt sich über ein edles Thema ein herrlich

ausgewogenes dreistimmiges fugato. Es wirkt frisch, angenehm unverbindlich, so, als gleite der Blick über eine ferne Landschaft dahin, ohne sich an Bestimmtes zu halten. Das *Poco-Largo* dagegen, das nun folgt, erweckt durch den persönlichen Empfindungsausdruck seiner blühenden Melodik, die in dunkle Harmonien gebettet ist, unsere innerste Anteilnahme. Um im Bilde zu bleiben: der Betrachtende bemerkt in der Landschaft ein Geschehen, das ihn unmittelbar anrührt. Den umgekehrten Weg nehmen, wenn man so will, die beiden lebhaften Sätze, zwischen denen ein kurzes *Grave* die Brücke bildet. Während das fugierte *Allegro moderato* von subjektiver Erregung durchglüht ist, verbreitet das *Vivace non troppo* eine allgemeinere, festlich helle Grundstimmung.

Sonate Werk 7 Nr. 1 in h-moll für 2 V u. Bc (Sch). Die Sonaten dieser Werkgruppe kann man ebenfalls als Triosonaten bezeichnen. Die Hinzunahme eines obligaten Cellos ergibt nur gelegentlich unbedeutende Abweichungen vom Bc. Auch im Wesen und in der Anlage unterscheiden sich die Werkgruppen 5 und 7 nicht. Die vorliegende Sonate ist wiederum viersätzig. Zwei langsamen Sätzen folgen zwei lebhafte. Das verbindende kurze Grave ist ausgespart. Der innere Aufbau ist insofern ein anderer, als der eigentliche Höhepunkt sich im dritten Satz, einer großartigen fugierten *Canzona,* ergibt. Die fein empfundenen langsamen Sätze führen in sehr persönlichem Stil zu ihm hin, das Finale verläuft unverbindlicher.

Sonate Werk 7 Nr. 9 „Goldene Sonate“ für 2 V u. Bc (Pe; Au). Welchem Umstand diese bekannteste Sonate Purcells ihre Sonderbezeichnung verdankt, war nicht zu ermitteln. Ihr Aufbau entspricht etwa dem der Nr. 8 aus der *Werkreihe 5.* Zwei langsame Sätze, *Largo* und *Adagio,* leiten zu einer fugierten

Canzona hin, ein kurzes *Grave* verbindet diese mit dem *Allegro-Finale.* Wiederum bietet die fugierte *Canzona*

den Höhepunkt. Ihr kunstvolles Satzbild wirkt, als sei es von Händel entworfen. Von diesem Meister könnte auch das energische Finale sein. Aber da ist noch das schöne *Adagio*. Solch sammetdunkle, schwere Farbgebung in Verbindung mit einer derart persönlichen melodischen Lyrik findet sich nur bei Purcell. Auch die „Goldene Sonate" ist nicht an solistische Besetzung gebunden. Ihre Linien und Farben gewinnen an Leuchtkraft beim Gruppenspiel.

Chorische Besetzung vertragen auch die 15 Fantasien für 3, 4, 5, 6 oder 7 Streichinstrumente (N). Purcell schuf sie 1680, also drei Jahre vor den Triosonaten und noch nicht für die mit den Franzosen vom Festland herübergekommene neue Besetzung, sondern für Gamben (ohne Bc). Stilgerecht müßten sie auf diesen gespielt werden, aber auch in der Wiedergabe durch Violinen, Bratschen und Celli tun sie ihre Wirkung, vorausgesetzt, daß die 1. Violinen sich nicht vordrängen. Bei relativ geringen spieltechnischen Anforderungen ist ausgewogenes Ensemblespiel vonnöten. Der Satz der Fantasien ist durchweg kontrapunktisch dicht, harmonisch gelegentlich außerordentlich kühn, rhythmisch lebendig, bisweilen kraß gegensätzlich und für Purcells Stil überaus charakteristisch. Jede Nummer hat ihr eigenes Gepräge, sie alle aber stammen unverkennbar aus der gleichen Wurzel. In der Urschrift haben sich die Entstehungsdaten einiger Fantasien erhalten. Da liest man, daß Purcell am 10., 11., 14., 19., 22., 23., 30. Juni 1680 je eines dieser Werke niederschrieb. Ein Beleg dafür, daß er ähnlich

rasch und kontinuierlich produzierte wie Schubert oder Mozart. Für seinen durchgeistigten imitatorischen Stil möge ein Ausschnitt aus der 11. Fantasie Zeugnis ablegen. Qualitativ wird in allen Fantasien mühelos die gleiche Höhe gehalten. Sehr bekannt wurde die Nr. 13 „Fantasia upon one note". Sie umfaßt nur 50 Takte, aber in ihnen vollzieht sich mit spielerischer Anmut ein wirklich originelles Geschehen. Das Stück steht in F-dur. Vier Stimmen kreisen in selbständigen Linien um eine fünfte, welche unentwegt die Dominante c von F-dur hören läßt. Das ostinate c erklingt im Tenor. Es ist demnach nicht als „Orgelpunkt" aufzufassen. Vielmehr ergibt sich in den anderen Stimmen ein kaleidoskopisches Kreisen um diesen „einen Ton", woran sich auch der Baß kontrapunktierend beteiligt. In dem kurzen Werk finden sich verblüffend moderne Harmonien und parallele Stimmfortschreitungen, z. B. solche aus der Sekunde in die kleine Terz oder Sexte, chromatisch absteigende Quartenparallelen, Stimmüberschneidungen etc.

Letztere treten allerdings bei einem Vortrag durch Gambenchor kaum in Erscheinung. Nirgends hat man den Eindruck von Willkür. Die freien Stimmen entfalten sich vorwiegend kanonisch zu einer klar zweiteilig (lebhaft-langsam) gegliederten Form.

Die „Spielmusiken zum Sommernachtstraum" bzw. zu einer freien Bearbeitung des Stückes, das damals als „*The fairy Queen*" (Feenkönigin) über die Bretter ging, sind für Streichinstrumente und Bc entworfen. Angemessen ist eine Wiedergabe für kleines Streichorchester. Die reizenden Musiken klingen aber auch, wenn sich nur 2 V, Br, Vcl und Cembalo ihrer annehmen. Da gibt es Ouvertüren, Zwischenspiele, Auftrittsmärsche, Hornpipes, anmutige oder groteske Tänze, so etwa einen „Feen"- und einen „Affentanz", einen

„Tanz für das Gefolge der Nacht" oder einen „für die grünen Männer", aber auch Airs, Preludes, eine großartige Chaconne und anderes in buntem, zwanglosem Wechsel.

TOMMASO VITALI

* 7. März 1663 in Bologna, † 9. Mai 1745 in Modena

Sohn *Giovanni Battista Vitalis* (1632—1692), der mit seinen Kirchensonaten, vor allem aber mit seinen tänzerischen Kammersonaten ein wichtiger Vorläufer *Corellis* wurde. Man weiß fast nichts vom Leben *Tommaso Vitalis,* nur, daß er seit etwa 1706 Mitglied der Philharmonischen Akademie seiner Vaterstadt war und daß er mit dem kunstliebenden Kardinal *Ottoboni* (in dessen Haus Corelli starb) in Berührung gekommen sein muß, denn er hat diesem seine Kammersonaten, Werk 4 gewidmet. Er gab noch drei Werkreihen (1—3) mit Kirchensonaten heraus, sie sind aber der Öffentlichkeit bislang (mit einer Ausnahme) nicht zugänglich gemacht worden. Daß Vitali ein bedeutender Geiger gewesen sein muß, bezeugt seine große Ciacona für Violine und Cembalo. Aus dem wenigen, was von ihm an Neudrucken vorliegt, spricht ein ernster, vielseitiger, reicher Geist.

C i a c o n a i n g - m o l l für V und Cem. Vor allem durch dieses (für ihn nicht ganz gesicherte) Werk ist der Name Vitali heute für viele noch ein Begriff. Die *Ciacona* (Chaconne), deren Beginn die Abb. zeigt, reiht sich den

besten Arbeiten der Barockmeister würdig an. Edles Pathos spricht aus ihr. Die Harmonik ist reich in den Abstufungen, dunkel leuchtend in der fein ausgewogenen Farbgebung. Die Phantasie, obwohl an das strenge Variationsprinzip der Chaconne gebunden, ist unerschöpflich im Ersinnen selbständiger Gedanken. Spieltechnisch ist das groß angelegte Werk (es umfaßt 230 Takte!) nur von Virtuosen zu bewältigen.

Einen ganz anderen Eindruck macht die K a m m e r - s o n a t e W e r k 4 N r. 9 i n h - m o l l für V, Vcl und Cembalo (Bär). Sie bringt verhältnismäßig leicht spielbare, stilisierte Tanzsätze in ernster, ausdrucksvoller Sprache. Nur der gravitätische Einleitungssatz,

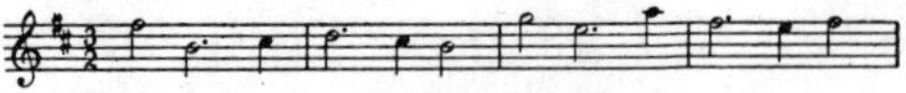

eine *Sarabande* (Largo), ist langsam gehalten. Ihm schließen sich drei lebhafte, schön durchgeformte, von einprägsamer Melodik getragene Sätze an: *Allemande* (Allegro), *Rondon* (Allegro assai) und *Gavotte* (Allegro). Zwischen Rondon und Gavotte ist ein kurzes schwermütiges *Grave* eingeschoben.

ANTONIO CALDÁRA

* 1670 in Venedig, † 26. Dezember 1736 in Wien

Schüler *Legrenzis*. 1700—1707 Kapellmeister beim Herzog von Mantua, ferner in Venedig, Barcelona und Wien tätig, bis 1716 in Rom, endlich als Vizekapellmeister Kaiser Karls VI. wieder in Wien. Schrieb 74 Opern, 32 Oratorien, Serenaden und viele Kirchenmusiken, z. B. Messen, Motetten, Kantaten usw. Während all diese Werke nahezu der Vergessenheit anheimfielen, sind ein paar seiner Kammermusiken in Neudrucken erschienen und des öfteren zu hören. Caldára gab 24 Triosonaten heraus, und zwar 12 Kirchensonaten (Werk 1) und 12 Kammersonaten (Werk 2). Die wenigen aus diesen Werkreihen bislang wieder aufgefundenen und veröffentlichten Sonaten erweisen sich als wertvolle Beiträge zur Kammermusik des Hochbarock. Caldára kommt darin dem 17 Jahre älteren *Corelli* nahe, besonders in den langsamen Sätzen. In der Gesamthaltung weicht er schon deutlich von dessen objektiv klarem Stil ab. Sein Streben ist darauf gerichtet, im Rahmen der Tradition zu individueller Aussage zu kommen.

Triosonate Werk 1 Nr. 4 in B-dur für 2 V und Bc. Der Basso continuo ist bei dieser *Kirchensonate* mit Orgel oder Cembalo und Violoncello zu besetzen. Erst 1930 wurde durch *Erich Schenk* nachgewiesen, daß das schöne Werk (ebenso wie das nachfolgende, *Nr. 6)* von *Caldára* stammt. Zuvor hatten *Hugo Rie-*

mann und *Andreas Moser* es *Agostino Steffani*[*] zugeschrieben (unter dessen Namen wurde es 1927 erstmalig in Nagels Musik-Archiv veröffentlicht, seit 1934 ist es dort als Werk Caldáras zu haben). Vielleicht im Hinblick auf die zunächst vermutete Autorschaft Steffanis hat man darauf hingewiesen, daß möglicherweise dessen Schüler *Händel* aus dem breitflächig sanglichen Stil dieser Sonaten Anregungen für eine Auflockerung seiner ursprünglich „gelehrt deutschen" Schreibweise empfing. Aber auch wenn das nicht der Fall war: verblüffend ist die innere Stilverwandtschaft etwa des Einleitungs-*Grave*

mit manch feierlich ernstem Satz aus Händels Feder. Auch die kontrapunktisch dichten, meisterhaft aufgebauten lebhaften Sätze enthalten bei aller Andersartigkeit ihres national und individuell bedingten Gepräges Züge, die auf Händel hinweisen. Die strahlende Simplizität seines Ausdrucks ist hier in Andeutungen vorweggenommen! Aber noch etwas anderes fällt auf. Das Klangliche, die Farbwerte der Harmonik treten deutlich in den Vordergrund; das Zeichnerische, der cantus-firmus-Charakter der Thematik wird vielfach bereits geopfert. Die Abb. zeigt den Beginn des letzten *Allegro*. Von einer Thematik läßt sich da kaum noch sprechen. Das sind in Figuren aufgelöste Akkorde, schon durchaus ähnlich denen, die später bei den Vorklassikern (und

* *Agostino Steffani* (* 1654 in Castelfranco, † 1728 in Frankfurt a. Main) war eine der glänzendsten Erscheinungen seiner Zeit, vielseitiger Komponist und hervorragender Diplomat. Seine wiederaufgefundenen Korrespondenzen sind geistreiche Dokumente zur Zeitgeschichte des Spätbarock. Steffani besaß die Weihen. Er war Päpstlicher Protonotar, wurde später Bischof und Apostolischer Vikar von Norddeutschland mit Sitz in Hannover. Er hinterließ prachtvolle Chor- und Kirchenmusiken, Kantaten, aber auch Opern usw., worin die europäische Musik seiner Epoche einen bedeutenden Niederschlag fand. Beträchtlich war sein Einfluß auf seinen Schüler *G. F. Händel*. Manches Werk Steffanis erlebt gegenwärtig eine verdiente Renaissance.

Klassikern!) zur stereotypen Begleitung individueller Themen werden. Ein „individuelles“ Thema, in dem der Geist der „klassischen“ Sonate sich ankündet, wird hier ein wenig später dann auch tatsächlich eingeführt. Von solchen Neuerungen abgesehen fügt sich die Sonate wesensmäßig durchaus noch in das vertraute Bild spätbarocker Musik ein. Ihre vier Sätze *(Grave, Allegro, Adagio, Allegro)* folgen einander im Wechsel langsam/lebhaft.

Die Triosonate Werk 1 Nr. 6 in c-moll für 2 V und Bc erschien 1928 bei Nagel als Werk *Agostino Steffanis* (vgl. *Werk 1 Nr. 4).* Sie zeigt in allen Sätzen die gleiche Höhe schöpferischer Eingebung und gestalterischer Kraft wie das eben besprochene Werk. Ihrer Tonart entsprechend ist sie indessen ernster, dunkler gehalten. Ein Zug von erhabener, weihevoller Trauer ist ihr eigen. Er wird besonders deutlich im ersten und dritten Satz *(Grave* und *Adagio).* Die lebhaften Sätze *(Presto* und *Allegro)* sind polyphon gearbeitet und von erregender Kraft durchglüht.

Ein schönes Beispiel für Caldáras Meisterschaft bietet auch die Triosonate in h-moll (B&H). Sie ist ebenso wie die beiden vorigen eine viersätzige *Kirchensonate.* Ihre langsamen Sätze bergen eine durchaus auf Klang gestellte, hymnisch-erhabene Melodik. Die lebhaften sind mehr als sonst von wirklicher Polyphonie getragen. Die Thematik wird nicht spielerisch in Klang aufgelöst. Sie bestimmt den Aufbau aus der Kraft echter canti firmi.

Die Triosonate in g-moll für 2 V und Bc aus dem Jahre 1701 (UE) ist die wohl einzige bislang neu veröffentlichte *Kammersonate* Caldáras. Sie eignet sich für solistische und chorische Besetzung. Basso continuo auf jeden Fall = Cembalo. Cello (evtl. verstärkt durch KB) wird nur bei chorischer Besetzung benötigt.

Der Formaufbau unterscheidet sich von dem der Kirchensonaten. Zwei lebhafte Sätze werden von zwei langsamen eingerahmt. Im Sinne der altdeutschen Variationen-Suite sind stilisierte Tanzsätze aneinandergereiht, deren Thematik auf ein gemeinsames Grundthema zurückgeht. Dieses veranlaßt in unterschiedlicher Gestalt das Wachstum aller Sätze, es tritt aber erst im letzten Satz deutlich in Erscheinung. Die einleitende *Allemanda* (Largo) beginnt wie eine feierliche Ouvertüre. Eine anmutige *Correnta* (Allegro) schließt sich an. Ihr folgt eine energische *Giga* (Allegro). Den Beschluß macht in ruhigem Marschzeitmaß eine gravitätische *Gavotte*.

TOMMASO ALBINONI

* 8. Juni 1671 in Venedig, † 17. Januar 1750 ebenda

Gehört ähnlich wie der gleichaltrige *Geminiani* zu den Nachfahren *Corellis*. In erster Linie Opernkomponist, 55 „Bel canto"-Opern. Manche seiner wertvollen Kammermusiken haben sich als lebensfähig erwiesen. Hinterließ außer Kirchen- und Kammersonaten für V und Bc Triosonaten, fünfstimmige Concerti, sechs- bis siebenstimmige Sinfonien, Ballettmusiken und anderes. *J. S. Bach* schätzte Albinonis Kunst, er schrieb über drei Themen von ihm Fugen.

Mit Geminiani teilt Albinoni in der Kammermusik die Vorliebe für die begleitete Violinsonate, deutliches Zeichen für den Wandel der Zeiten. Auch bei ihm hat die Violine bereits eine führende Funktion, allerdings ohne daß ihre technischen Möglichkeiten derart virtuos ausgeschöpft werden wie bei jenem. Die Stimmführung ist nach wie vor polyphon, die Polyphonie dient aber nur noch selten der Erzeugung von architektonischen Verstrebungen (Note *gegen* Note!). Sie ist nicht mehr das Ergebnis eines strengen Bauwillens, sondern Mittel klanglicher Wirkungen. Albinonis Klangempfinden ist außerordentlich entwickelt, seine Harmonik gelegentlich stark mit Chromatik durchsetzt, ein weiteres Zeichen für den herbstlich farbigen Spätstil seiner Musik! Will man ihn „einordnen", so wäre zu sagen, seine Kammermusiken behaupten sich würdig neben denen Geminianis,

Vivaldis, Locatellis oder auch d'all Abacos, der in viel strengerem Sinne das Erbe Corellis antrat.

In den Kammersonaten Werk 6 Nr. 1 und 11 (N) ist zwar eine Besetzung von „Violino, Violone e Cembalo" vorgesehen, sie sind aber nicht als Trio-, sondern als Violinsonaten anzusprechen, da der Violone (heute Cello) nur baßverstärkende Funktion beim Bc zukommt. Auch der Begriff „Kammersonate" wird nicht mehr als Abgrenzung gegen die „Kirchensonate" gebraucht, beide Gattungen sind hier vereinigt. Selbst die Satzüberschriften bleiben auf eine Kennzeichnung der Zeitmaße beschränkt (etwa Grave, Allegro usw.), Hinweise auf eine Anlehnung an alte Tanzformen (Sarabanda, Giga usw.) finden sich nicht. Nur noch die gelegentliche thematische Einheit mehrerer Sätze erinnert an die Herkunft der Kammersonate aus der Variationen-Suite. Kultische und gesellschaftliche Zweckgebundenheit sind völlig abgestreift. Aus der ehedem sakralen oder weltlichen Gebrauchsmusik ist eine reine Spielmusik geworden, die ihren Sinn in der subjektiven Aussage einerseits und in der artistischen Bewältigung absolut musikalischer Probleme anderseits findet. Das zeigt sich gleich in der *Sonate Nr. 1 in C-dur.* Sie ist ein gelöstes, in sich selbst Genüge findendes Spiel musikalischer Linien, Klänge, Farben und Rhythmen, zugleich aber eine sehr persönlich gehaltene Ausdrucksmusik. Die Geige als beseelte Mittlerin subjektiver Empfindungen dominiert. Ohne virtuose Figuration singt sie ihr schlichtes, edles Lied. Andere Stimmen gesellen sich zwar „polyphon", aber nicht eigentlich als Spannungsgegensätze, sondern als Gefährten zu ihr. Sie bilden eine reiche, klare Klangwelt, von deren farbigem Grunde sich die Geigenstimme melodisch führend abhebt. Die Sonate umfaßt vier Sätze, von denen die ersten drei in ruhigem Zeitmaß gehalten

sind, nur das *Finale* ist ein *Allegro* (12/8). Erster Satz,

Grave, Adagio und anschließendes *Larghetto,* entfalten sich aus der gleichen thematischen Wurzel wie das Finale. Der übliche doppelte Wechsel langsamer und lebhafter Sätze ist zwar äußerlich preisgegeben, er bleibt aber zumindest angedeutet, da der Geigenpart des Larghetto eine in lebhafte Sechzehntel umgesetzte Variante des ruhigen Grave-Themas ist. Die Grundstimmung des Werkes ist festlich und lebensfroh. Nur das zweite *Adagio* (a-moll) verläuft ernst und besinnlich. Seine

Harmonik ist außerordentlich farbig. Man sehe den chromatischen Gang der Baßstimme! Die *Sonate Nr. 11 in A-dur* ist „normal" in *Grave-Adagio, Allegro, Adagio, Allegro* gegliedert. Sie ist kürzer, rhythmisch zügiger als ihre Schwester, voller Wohllaut und Frische. Erster und zweiter Satz teilen wiederum ihren Themenkern, das zweite Adagio unterbricht den heiteren Fluß der Gedanken mit einer süßen, zarten Weise „dolcissimo". Das Finale greift die Stimmung der Eingangssätze wieder auf, ist aber thematisch selbständig. In den beiden Allegri werden Halbschlüsse, rhythmische oder dynamische Höhepunkte durch Doppelgriffe der Geige klanglich unterstrichen. Beide Werke verlangen saubere Technik, sind aber für unermüdliche Liebhaber das Richtige.

Ein außerordentlich reizvolles Stück ist auch die *Sonate für Flöte (Oboe oder V) und Bc* (Cembalo und Vcl) *in a-moll* (N). Wie geschaffen für den lieblichen Klang der Flöte, aber auch für Oboe oder Violine dankbar. Alle Sätze bewegen sich in einer sanft verhangenen Mollstimmung und finden unvermerkt hin zu versöhnlichem Dur-Ausklang. Nur das zweite Adagio beginnt alternierend in C-dur und lenkt dann mit einer rührenden melodischen Wendung über einen fragenden Halbschluß (E-dur) in das a-moll des Finale zurück. Das einleitende *Grave* ist durchsetzt mit Chromatik, in allen Sätzen begegnen überraschende Leittonumdeutungen oder modulierende Sequenzen in verwandte Tonarten, wodurch das klangliche Bild sehr an Farbe und Weiträumigkeit gewinnt. Ein bestrickender poetischer Zauber erfüllt das Ganze.

Besonders sei auf die einzige bislang im Neudruck vorliegende Triosonate Werk 1 Nr. 3 in A-dur für 2 V und Bc (Orgel oder Cemb und Vcl) aus dem Jahre 1694 hingewiesen (N). Albinoni schrieb sie im Alter von 20 Jahren. Auf dem Titelblatt des Erstdruckes bezeichnet er sich in übertriebener Bescheidenheit als „dilettante Veneto" (venezianischer Liebhaber). Die Sonate ist ein Meisterwerk. *J. S. Bach* fand das Thema

Allegro

ihres zweiten Satzes so schön, daß er darüber eine Fuge baute. Auch Albinoni tut das, aber in einer durchaus freien Manier. Er führt zwar das Thema durch alle Stimmen, doch bereits nach dem ersten Interludium versickert es zunächst in der 2. Violine. Insbesondere wahrt es seinen „cantus-firmus"-Charakter nicht, erscheint in Motivteilen oder verändert, wird so Gegenstand freier episodischer Formabschnitte und taucht erst spät (mit rhythmischer Schwerpunktverlagerung) im Baß wieder auf. Gleichwohl: dieses „Fugato" des Jünglings ist ein hinreißendes Stück Musik. Die anmutige „Pseudo-Polyphonie" wird nicht eingesetzt, um eine logisch begründete monumentale Form aufzutürmen, sondern sie ist fast spielerisch in einer geradezu naiven Freude am schönen Klang ersonnen. Man ersieht dies bereits aus der Abbildung: der Kontrapunkt (in der 1. Violine, ab Takt 3) „kontrapunktiert" das in die 2. Violine hinübergewanderte Thema nicht, sondern er „begleitet" es in zumeist harmonischen Intervallen (Terzen, Sexten) und erweitert so seine *Linie* zu einer Klang-*„Fläche"*. Anders ausgedrückt: es ergibt sich ein frisch plätschernder „Terzenschleifer". Durch den hinzutretenden Baß (Cello) in Verbindung mit der Akkordik des Cembalo gewinnt dieser nun Kraft und Farbe. Albinoni erweist sich in dieser Sonate als ein dem Schönklang zugetaner Melodiker. Dem bleibt sein kontrapunktisches Können untergeordnet. Das erste *Grave* ist im harmonischen Miteinander der Linien von satter Klangpracht und innig heiterer Stimmung erfüllt. Sie schwingt gelöst über das fugierte *Allegro* hin (Thema siehe oben) und wird dann kontrastiert durch das chromatisch eingefärbte zweite *Grave* (fis-moll), dessen schwermütig-zarte Melodie arienhafte Züge trägt. Ein frei fugiertes Finale *(Allegro)* beschließt den Reigen frisch und zügig.

FRANCESCO GEMINIANI

* 1680 (?; Taufe 5. Dez. 1687) in Lucca, † 17. Sept. 1762 in Dublin

Schüler von *Al. Scarlatti* und *Corelli* in Neapel und Rom. 1711 Konzertmeister in Neapel. 1714 Reise nach London. Dort bis 1748. Von 1749 bis 1755 in Paris. Dann wieder in London. 1762 lädt ihn ein Schüler nach Dublin ein. Dort stirbt er drei Jahre nach *Händel.*

Geminiani war ein bedeutender Violinvirtuose. Als er rund 20 Jahre nach *Purcells* Tod nach London kam, bot sich ihm hier ein großartiges Betätigungsfeld. Er gelangte als Geiger und Lehrer rasch zu Ruhm, gewann viele Schüler, schrieb die erste Violinschule, die in mehreren Sprachen herauskam, auch eine Gitarre- und eine Generalbaßschule, eine Harmonielehre und andere theoretische Werke. Als Komponist nahm er entscheidenden Anteil an der Entwicklung der Violinsonate. Er schrieb u. a. 24 Violinsonaten mit Bc (2 Sammlungen à 12 Sonaten, Werk 1 und 4), 12 Concerti grossi (Werk 2 und 3), ferner Trios, Cellosonaten und Klavierstücke, welche indessen insgesamt Bearbeitungen seiner Violinsonaten sind. Corellis Violinsonaten, Werk 5 (vgl. dort) arbeitete er in Concerti grossi um.

Mißt man Geminianis Kammermusik an der seines Lehrers Corelli, so ergibt sich bei ihm ein verblüffender Zuwachs an subjektiven Werten bei gleichzeitigem Nachlassen formschöpferischer Absichten. Geminiani übernimmt die gewordenen Formen als mehr oder weniger zufälligen Rahmen für eine schon reich gestufte persönliche Aussage. Die klanglichen und technischen Mittel werden durch ihn beträchtlich gesteigert. Er schafft völlig aus dem Geist seines Instrumentes, der Violine. Sie fügt sich nicht mehr in ein Ensemble ein, sondern sie dominiert virtuos. Sie wird zur belcantistisch hochgezüchteten Primadonna.

So sehr dies alles bei einem Vergleich mit älterer barocker Musik offenkundig wird, so maßvoll wirkt es, gemessen an neuerer Musik (etwa des Rokoko). Es bezeichnet auch nicht den ganzen Geminiani. Er hat gleichsam zwei Seelen in seiner Brust, eine „fortschrittliche" und eine „konservative". So kühn er im Streben nach Individualisierung seines Stiles ist, so eindeutig etwa in seinen Violinsonaten bereits Klangliches und frei persönlich Melodisches sich durchsetzen — in seinen „Concerti grossi" bemüht er sich um strengen Formaufbau im Sinne Corellis. Häufig gibt es da fugierte Sätze. Eines dieser Werke trägt sogar den Titel „L'arte della fuga" = Kunst der Fuge! Auf Schritt und Tritt erweist sich dieser Mann als eine vielseitige, kraftvolle Persönlichkeit. Es ist daher zu begrüßen, daß man ihm heute wieder weit mehr als nur geschichtliches Interesse entgegenbringt.

Die Violinsonate in A-dur (Sch) ist von den in Neudrucken vorliegenden wohl die hellste. Sie umfaßt drei Sätze (*Allegro, Andante, Allegro assai*), von denen die lebhaften Ecksätze das dunkel pathetische *Andante* (a-moll) in fülligem Glanz umrahmen. Die

Abb. (aus dem ersten Allegro) gibt einen Begriff von der auf Klang und große Geste gestellten Thematik. Der Geigenpart ist mit reicher Figuration durchsetzt und verlangt virtuose Spieltechnik.

Die Violinsonate in h-moll (Sch) zeigt einen anderen Aufbau. Das einleitende *Grave*, worin eine

ernste, schwermütige Melodie sich rhapsodisch entfaltet (man beachte in diesem und im vorangehenden Beispiel die in Bewegung umgesetzte Akkordik!), leitet zu einem stürmischen *Allegro* hin, das ein für Liebhaber kaum zu bewältigendes Maß an Technik verlangt. Der Wechsel langsam—lebhaft wiederholt sich in den beiden nächsten Sätzen, *Largo* und *Allegretto*. Obwohl die Form Vorwand bleibt, ergibt sich ein geschlossener Gesamteindruck. Das Zwingende dieses Stiles resultiert aber nicht mehr aus dem Ebenmaß des Formtypus, sondern aus der Kraft der persönlichen Aussage.

Die Violinsonate in c-moll (bearbeitet von *Ferdinand David* [B&H]) zeigt demgegenüber, in welch hohem Maße Geminiani unbeschadet der Neuartigkeit seines Stiles noch im Barock verwurzelt ist. Die Viersätzigkeit der hochbarocken Triosonate bleibt gewahrt, obgleich das Einleitungs- *Largo* mit dem ersten *Allegro moderato* eine Einheit bildet. Auch die doppelte Folge langsam—lebhaft wird beibehalten. Dem dritten Satz, einer von blühender Melodik erfüllten *Siciliana*, folgt wiederum ein *Allegro* (ma non troppo). Wichtigstes Merkmal dieser Sonate indessen: die Einheit der Thematik! Das *erste Allegro* beginnt z. B. so:

das *Finale* so:

Bewundernswert, wie hier das ungestüm drängende, genialische Thema im Finale auf eine edel-schlichte Formel zurückgeführt ist. Die Violine hat vor der Abschluß-Coda eine Solokadenz zu bewältigen. Der Geist des Virtuosenkonzertes tritt damit in Erscheinung.

Auch in der Violinsonate in d-moll (Sch) ist alles auf Wohllaut, Virtuosität und subjektiven Ausdruck gestellt. Wiederum wird die äußere Form der Triosonate annähernd beibehalten. Eingangs-*Grave* und *Allegro* bilden eine Einheit. Die sangliche *Siciliana* besitzt hohen poetischen Reiz. Man kann sie als das Herzstück des Werkes bezeichnen. Sie vor allem dürfte den Liebhabern willkommen sein. Das *Allegro animato* ist im Aufbau strenger als die anderen Finali Geminianis, eine Perle unter ihresgleichen. Das männliche Thema könnte von Bach sein. Es bestimmt das leidenschaftliche Geschehen des Satzes.

Eine weitere Violinsonate in d-moll erschien unter der Bezeichnung „*Sonata impetuosa*" (Si). In ihr ist die Viersätzigkeit nur noch angedeutet. Der erste ausgedehnte Satz umfaßt gleichsam drei Sätze, nämlich *Andante*, *Allegro* und *Adagio maestoso*. Den Kern bildet das leidenschaftliche Allegro, das Andante hat einleitenden Charakter, das Adagio maestoso lebt eigentlich nur in der Überschrift. Genau besehen handelt es sich dabei um den „majestätischen" Abschluß des Allegro, bestehend aus Fermate mit Solokadenz der Geige. Die Bezeichnung „impetuosa" verdankt die Sonate ihrem stürmischen *Finale* (Allegro impetuoso). Es macht dem Könner und Virtuosen, aber auch dem schöpferischen Menschen Geminiani alle Ehre, ist erfüllt von mitreißendem Leben und trägt das Signum einer bedeutenden Persönlichkeit.

FELICE DALL'ABACO

* 12. Juli 1675 in Verona, † 12. Juli 1742 in München

Wirkte um 1700 in Modena, kam 1704 nach München als Kammer-Cellist des Kurfürsten Max Emanuel, folgte diesem im Spanischen Erbfolgekrieg ins Exil nach Brüssel und 1715 wieder nach München, wo er 1715 kurfürstlicher Rat und Kammerkonzertmeister wurde. Er schuf u. a. Kammer-, Kirchen- und Violinkonzerte, 24 Violin- bzw. Cellosonaten (Werk 1 und 4, je 12 Sonaten) und 12 Triosonaten (Werk 3 = 6 Kirchen- und 6 Kammersonaten).

Abaco ist als entschiedenster Nachfolger *Corellis* bei ähnlicher Grundeinstellung zur Musik männlicher, bewußter, vielleicht vielseitiger als dieser. Was jenem intuitiv zu gelingen scheint, fügt sich ihm erst in willensmäßigem Zugriff. Bei Corelli bewundert man die blütenhafte, stille Schönheit des Gewordenen. Abaco ist reicher an Möglichkeiten, aber schroffer, pathetischer in der Wirkung. Er ist aus der Ruhe gerissen. Die Musik seiner deutschen Wahlheimat beeinflußte ihn stark. Polyphonie ist ihm noch echtes Mittel zu konstruktivem Bauen. In seinen *Triosonaten* pflegte er vorwiegend einen objektiven Stil. Sie wirken daher in solistischer und chorischer Besetzung. Anders die *Violinsonaten.* Der Solopart ist in ihnen derart persönlich gehalten, daß eine chorische Besetzung stilwidrig wäre. Abaco ist einer der letzten italienischen Barockmeister, denen es gelang, Typisches und Individuelles im Kunstwerk mit schöpferischer Kraft auf einen Nenner zu bringen.

Die Triosonate Werk 3 Nr. 2 in F-dur für 2 V u. Bc (B&H) ist als schöne, formklare Kirchensonate durchgehend polyphon gearbeitet. In ihren vier Sätzen beteiligt sich jede Stimme mit kanonischen Imitationen des jeweiligen Themas am Geschehen. Die beiden *Allegri* sind durch die Art der Themeneinsätze und deren periodische Wiederkehr der Form der Fuge angenähert. Erster und letzter Satz *(Adagio* und *Allegro)* sind durch den gleichen Themenkern aufeinander bezogen. Das Thema des Einleitungs-*Adagios* zeigt die

erste Abbildung, das des *Finales* die zweite. Abaco ver-

steht es, aus solch geringem Motiv-Material seine Sätze in großartiger geistiger Konzentration lebendig aufzubauen. Die Gesamtform zeigt ein bewundernswertes Ebenmaß. Die Sätze gehen im Wechsel langsam-lebhaft auseinander hervor, erster und zweiter, bzw. dritter und vierter Satz bedingen einander etwa wie Präludium und Fuge, und auch das klangliche Bild ist über das Ganze hin tonartlich klar ausgewogen. Die Sonate gehört zu den Stücken, an denen man stets neue Schönheiten entdeckt, sooft man sie spielt!

Das Gesagte gilt sinngemäß für alle Kirchensonaten. Die 6 *Kammersonaten* der gleichen Werkgruppe weisen noch Spuren ihrer Herkunft aus der *Suite* auf. Als Beispiel diene die Triosonate Werk 3 Nr. 9 in a-moll (B&H). Ihre Satzüberschriften *(Allemande, Aria, Giga)* besagen, daß es sich um stilisierte Tanzsätze handelt. Dementsprechend ist die Haltung der Musik eine andere als bei den Kirchensonaten. Sie ist verspielter, unbekümmerter um einen logischen Gang der polyphonen Entwicklung. Das möge ein Beispiel aus der

Allemande dartun. Man erkennt, das Thema wandert zwar von Stimme zu Stimme, aber es verliert in der 2. Violine und im Cello sehr bald seinen „cantus-firmus"-Charakter. Die Architektur wird dem Rhythmus und dem Klang geopfert, dieser trägt akkordisch die 1. Violine als das dominierende Melodieinstrument. Da haben wir den Übergang zu einer neuen, subjektiven Wesenshaltung.

Das „Neue" tritt noch deutlicher in Abacos *Violinsonaten* in Erscheinung, so etwa in der Sonate Werk 4 Nr. 11 in h-moll (Sch). Auch dieses Werk ist nach Art und Aufbau eine Kammersonate, kühn im Klanglichen, ausgewogen in allen Teilen, persönlich im Ausdruck, sanglich in der edlen Linienführung des Soloparts. Bei kluger Ausnützung der spieltechnischen Möglichkeiten des Instruments wird nie die feine Linie überschritten, die Kunst und Artistik trennt.

ANTONIO VIVALDI

* 4. 3. 1678 in Venedig, † 28. Juli 1741 in Wien

Schüler *Legrenzis*. Erhielt 1703 die priesterlichen Weihen, wendete sich dann als Geiger und Organist ganz der Musik zu, wurde Lehrer und später Direktor des Mädchenkonservatoriums „Ospedale della pietà“ zu Venedig. Diese Stellung behielt er mit Unterbrechungen zeitlebens bei. 1714 übernahm er zusätzlich zu seinem Lehramt in Venedig eine Stelle als Geiger in S. Marco. Seit 1718/19 ist er 3 Jahre lang Kapellmeister des Markgrafen Philipp von Hessen in Mantua, wo dieser Gouverneur war, gewesen. Konzertreisen führten ihn nach Rom, wo er sich vor dem Papst hören ließ, nach Holland und Deutschland.

War als Komponist ungeheuer fruchtbar. Schrieb 46 (?) Opern, von denen 21 erhalten sind, mehrere Oratorien und zahllose andere kirchliche und weltliche Musiken, darunter weit über 400 Konzerte, Concerti grossi, ein Konzert für 4 Violinen und Orchester, 61 Sinfonien, über 90 Solo- und Triosonaten u. a. m. Einige Violinkonzerte hat *J. S. Bach* für Klavier bzw. Orgel bearbeitet, *Friedemann Bach* veröffentlichte eines unter seinem Namen.

Vivaldis Stil ist im wesentlichen homophon, auf Farbe, Klang und einfache, großflächige Al-fresco-Wirkungen gestellt. Wo er die Polyphonie einbezieht, da spielt er virtuos mit ihr. Im Bewußtsein der Gegenwart lebt er fort als Großmeister des barocken *Violinkonzertes* und einiger prachtvoller *Concerti grossi,* in denen er sich als wahrer Orchesterzauberer erweist. Seine *Kammer-* und *Violinsonaten* (Werk 1, 2 und 5) stehen im Schatten dieser Werke. Es handelt sich um Jugendarbeiten, in denen er sich noch an *Corelli* anlehnt. Aber auch sie enthalten Schönes und Wertbeständiges.

Die Sonate in c-moll, Werk 2 Nr. 8 für V u. Bc = Cemb oder Klavier und Vcl (Sch) lehnt sich in ihrer ernsten Haltung an den Typ der viersätzigen italienischen Kirchensonate an, ohne deren Vorliebe für den Wechsel klangbetonter langsamer und polyphoner lebhafter Sätze zu teilen. Ihr Stil ist durchgehend homophon, die Solovioline trägt das Geschehen. Ein ausdrucksvolles *Andante* geht dem Kernstück, einem gewichtigen *Allegro,* voraus. Der Geigenpart ist hier

virtuos gehalten, weite Sprünge und energische Figurationen sind zu bewältigen. Auch das edle *Largo* und

vollends das *Finale (Allegro risoluto)* stellen an das geigerische Können hohe Ansprüche.

Ein helles Gegenstück bildet die von *Adolf Busch* bearbeitete prachtvolle Suite A-dur für V u. Bc (B&H). Ein *Preludio* von nur 14 Takten mit fanfarenartiger Thematik und zweimaligem Wechsel *Presto-Adagio* leitet zu einem ebenso kurzen, spritzigen *Capriccio* (Presto) hin. Ihm folgt eine federleichte, graziöse *Corrente* (Allegro). Ein dunkles *Adagio* (8 Takte) baut nun rezitativisch die Brücke zum Finale *(Allegro-vivace).*

Diese *„Giga"* bietet dem Virtuosen, was er sich wünscht. Sie klingt ausgezeichnet und macht die Suite zu einem wirkungssicheren Vortragsstück.

Dankbare Aufgaben stellen dem Virtuosen auch die beiden zweisätzigen Werke: Preludio e Allegro fugato in g-moll (Sch) und Adagio e Allegro scherzando in d-moll (Sch). Ersteres beginnt mit einem pathetischen *Grave* und gipfelt in einem technisch anspruchsvollen *Fugato.* Letzteres ver-

bindet ein ernstes, polyphones *Adagio* mit einem *Allegro,* das sich als düster großartiges Scherzo entpuppt.

Die Pastorale aus Werk 13 Nr. 4 (N) für Flöte (Violine, Oboe), obligates Cello und Orgel (Cembalo) leitet besetzungsmäßig zu den *Triosonaten* über. Das reizende *„Larghetto“* ist wie geschaffen für Liebhaber. Es ist der *Sonate Nr. 4* aus der Sammlung *„Il pastor Fido“* entnommen, die 6 Sonaten für eine Oberstimme und Bc umfaßt und erstmalig 1737 in Paris erschien. In der Sammlung und auch in der Sonate selbst ist dieser langsame Satz insofern ein Fremdkörper, als einzig bei ihm das Cello als „obligat“ vorgeschrieben ist. Es bewegt sich nicht im Einklang mit dem Continuo, sondern wird selbständig als 2. Stimme der Flöte (od. Violine bzw. Oboe) zugesellt. Ungeachtet des imitieren-

den Anfangs bewegt sich das heitere Duett dieser Instrumente vorwiegend in Terzen- oder Sextengängen, was sehr dazu beiträgt, eine „pastorale“ Stimmung wachzurufen. Schlichte Harmonien über einem einfachen Baß, der sich nur gelegentlich aus seiner orgelpunktartigen Ruhe kadenzierend erhebt, tragen das Geschehen. Die Gliederung des Satzes ist rondoähnlich. Viermal kehrt das Thema wieder, dazwischen ergeben sich sangliche Partien, in denen sich die Figuration allmählich belebt und wieder beruhigt. Der Ausklang ist kräftig und hell.

Der Stil der 12 „Sonate da camera“, Werk 1 (Bär) sei anhand weniger Beispiele charakterisiert. Da wäre zunächst etwa die Sonate III in C-dur für 2 V u. Bc. Sie umfaßt drei Sätze: *Adagio, Allemanda* (Allegro mit 4 Takten Adagio-Ausklang bzw. Überleitung) und *Sarabanda* (Allegro). Die einst stereotype Viersätzigkeit findet hier nur noch in wenigen kadenzierenden Adagio-Überleitungstakten eine Andeutung. Kühne harmonische Ausweichungen enthält das gewichtige Einleitungs-*Adagio*. Der Satz beginnt schlicht in C-dur und öffnet sich dann konventionell zur Dominanttonart G-dur. Doch plötzlich belebt sich das Klangbild durch Leittonumdeutungen. In einer für den jungen Vivaldi höchst merkwürdigen Weise werden in unmittelbarer Folge etwa B-dur, d-moll, D-dur, E-dur usw. berührt, bevor sich C-dur wieder durchsetzt. In der Violinstimme (nimmt man sie für sich!) ergibt das eine

molluskenhaft unbestimmte, „Regerische" Linienführung. Chromatische Gänge finden sich zwar ab und an in den Sonaten (so etwa im 2. *Adagio* der Sonate VI), sie sind aber nicht typisch für Vivaldis Stil. Im allgemeinen setzt er überraschende Modulationen nur sparsam als Lichter auf. Die anschließende *Allemanda* zieht im lebhaften 4/4-Takt zügig vorüber. Ihr Thema ist ein Figurationsmotiv mit angehängter Kadenz und leicht zu imitieren. Eine hübsche *Sarabanda* beendet das Werk. Sie ist dadurch bemerkenswert, daß sie die gravitätische altspanische Tanzform artwidrig als *Allegro* bringt. Daraus erhellt, wie weit der Einschmelzungsvorgang stilisierter Tänze in die Form der Sonate schon damals gediehen ist.

Die Sonata IV für die gleiche Besetzung bringt unerwartet als Einleitung ein Gebilde, das sich an den Typ der französischen Ouvertüre (mit den Formteilen Largo-Allegro-Adagio) anlehnt. Im übrigen verläuft die Gesamtform normal: *Allemanda* (Allegro), *Sarabanda* (hier wieder *Largo*!) und lebhafte *Giga* schließen sich an.

Das eigenartigste Stück der Sammlung ist die Sonata XII, die „Folia". Wie der Herausgeber *(Dr. Upmeyer)* feststellt, ist Vivaldi durch *Corelli* zu ihr angeregt worden. Er bringt eingangs das langsame altspanische Tanzthema, die *„Folia"*, in denkbar einfacher

Harmonisierung. Dann läßt er 20 in sich formal abgerundete *Variationen* folgen, von denen jede dem Thema eine charakteristische Umprägung gibt. Langsame und lebhafte Variationen lösen einander in buntem Wechsel ab, wobei die lebhaften überwiegen. Die Figuration in den Streichinstrumenten (auch im Cello) wird zusehends reicher, schließlich ausgesprochen virtuos. Mit erlesenem Kunstsinn wird eine bis zum Schluß anhaltende Steigerung erzielt. Der Ausklang kommt nach einer Atempause mit einer stillen Reminiszenz überraschend piano.

Die Abbildungen a—d mögen einen Begriff von Vivaldis geistreicher Variationstechnik geben. (Vgl. *J. S. Bach*, Suite d-moll für Geige allein.)

GEORG PHILIPP TELEMANN

* 14. März 1681 in Magdeburg, † 25. Juni 1767 in Hamburg

Komponiert schon mit 12 Jahren eine Oper. Soll 1701 in Leipzig Jura studieren, gründet aber ein Collegium musicum und wird 1704 Organist an der Neuen Kirche. Im gleichen Jahr Kapellmeister in Sorau, 1708 Konzertmeister in Eisenach, 1709 dort Kapellmeister. 1712 Kapellmeister in Frankfurt a. Main, 1721 städtischer Musikdirektor in Hamburg.

War äußerst produktiv. Schuf über 600 Kantaten und Motetten, 46 Passionsmusiken, 20 Krönungs-, 12 Trauer-, 13 Hochzeitsmusiken, 40 Hamburger Kapitänsmusiken, etwa 50 Opern, rund 100 Orchestersuiten und Serenaden, Klaviermusiken, Kammermusiken für die vielfältigsten Besetzungen. Lieder, mancherlei Kurioses an Gelegenheitsarbeiten und auch schon Illustrationsmusiken, z. B. musikalische Jagdszenen, Naturschilderungen, Wassermusiken u. a.

Ph. Spitta prägte das treffende Wort: *„Bach h-moll, Telemann C-dur!“* Telemann, zu Lebzeiten weit berühmter als Bach, war eine diesseitige Natur. Er verfügte über einen untrüglichen Instinkt für Wirkung. Handwerklich in allen Sätteln gerecht, wußte er nicht nur kirchliche und weltliche, strenge und modische Musiken der verschiedensten Art mit spielerischer Sicherheit zu meistern, er verstand es auch, slawischen, gallischen, italienischen und englischen Geschmack auf einen Nenner zu bringen, ohne sein Gesicht zu verlieren. Sein Deutschtum war das Bindende für solche Vielfalt. Er musizierte gleichsam mit sokratischer Gelassenheit, fast ohne Affekt. Darauf beruht die Frische seines unverwüstlichen Stiles. Auf unserem Gebiet war er zugleich konservativ und Schrittmacher des Neuen. Zukunftweisend sind einige seiner Sonaten, sie lassen bereits das *Haydnsche* Schema ahnen.

Die Telemann-Renaissance, die in den zwanziger Jahren einsetzte, scheint ihren Höhepunkt noch nicht erreicht zu haben. Von Jahr zu Jahr werden weitere Werke in Neudrucken erschlossen.

Sonate in G-dur für Flöte (oder V) und Cembalo (Klavier) (Sch). Nach einem kurzen *Cantabile* entspinnt sich im *Allegro* aus der naiv auf- und abwärts geführten G-dur-Tonleiter ein funkelnd stimmig geführtes Stück Musik voll echter Heiterkeit. Einen schönen Gegensatz erbringt das sangliche e-moll *Affet-*

tuoso. Im Finale *(Allegro)* pendelt das Spiel zunächst lustig zwischen Achteln und Triolen, dann gewinnen die Triolen im wirbelnden Kehraus Oberhand.

Der Sonate in c-moll für Flöte (oder V) und Cembalo (Vcl ad libitum) (Ki&Si) aus dem Jahre 1732 kommt für das Studium der Barockmusik erhöhte Bedeutung zu. Sie ist der Sammlung *12 methodische Sonaten* zugehörig, in denen Telemann „allemal das erste Adagio mit Manieren begleitet“. Das besagt, er bringt diese Lehrsätze in zwei Fassungen, einmal mit schmuckloser Oberstimme (für das Melodieinstrument), dann mit verzierter Oberstimme. Aus solchen „Verzierungsmustern“ sollten die Liebhaber lernen, wie man beim Spiel eine Melodie nach der französischen oder italienischen Manier improvisierend ausschmückt. Die erste

Abbildung zeigt das Thema des *Adagio*, die zweite das

gleiche Thema mit Telemanns Verzierungen. Hier öffnet sich ein Blick in die damalige Musizierpraxis. Sie ließ dem Spieler viel Freiheit. Er konnte, wenn man es recht nimmt, aus seiner Vorlage ein Gedicht oder einen Gassenhauer machen! Die c-moll-Sonate ist ihrer Tonart entsprechend dunkelfarbig. Sie beginnt mit einem kraftvoll ausschreitenden *Allegro,* das den ernsten Grundcharakter des Werkes festlegt. Das nur 15 Takte umfassende *Adagio* (Thema siehe oben) leitet zu einem resoluten *Allegro-assai* hin. Der nächste Satz, *Ondeggiando, ma non adagio,* kontrastiert als ruhig schreitendes, dem Grave angenähertes Andante in Es-dur. Das ausgedehnte Finale (*Allegro* 6/8) bringt bei unentwegt drängender Triolenbewegung einen leidenschaftlichen Aufschwung.

Der gleichen instruktiven Sammlung sind auch die beiden schönen Sonaten in g-moll und A-dur für Flöte (oder V) u. Bc zugehörig (Bär). Sie zeigen zwar die Viersätzigkeit der Barocksonate, aber die innere Organik der Sätze hat sich gewandelt. Während bei der Barocksonate etwa Corellis oder Rosenmüllers ein Thema nahezu unverändert innerhalb eines Satzes mehrmals wiederkehrt, geben hier die Themen Anlaß zu *Entwicklungen.* Es kann geschehen, daß bei Telemann ganze Sätze aus einem oder sogar zwei kontrastierenden (!) Themen *motivisch* aufgebaut werden. Damit tritt schon bei ihm in Ansätzen ein Formprinzip in Erscheinung, das erst durch Haydn voll durchgebildet wurde. Ein Beispiel möge das verdeutlichen. Die erste Abbil-

dung zeigt den Beginn des Themas aus dem Eingangs-*Adagio* der *Sonate in A-dur*, die folgende bringt Ab-

wandlungen eines Motivs aus dem Thema. Sie wurde willkürlich aus dem Fluß der Entwicklung herausgegriffen. Die Abwandlungen haben nicht die Funktion von Kontrapunkten zu einem gegebenen „Cantus firmus", sondern sie sind Bestandteile eines selbständigen melodischen Geschehens, das sich unmittelbar aus dem Themamotiv entfaltet und formbildend auswirkt. Enthielte nicht die Sprache noch gewisse stereotype Redewendungen, Verzierungen, ostinate Rhythmen, Sequenzen usw., die der subjektiven Aussage den Anschein des „Typischen" geben, wir hätten hier bereits den Stil der Klassik vor uns.

Bisweilen ging Telemann schon deutlich den Weg mit, auf dem noch zu seinen Lebzeiten die *Bachsöhne, Gluck, Stamitz, Dittersdorf, Haydn* usw. die homophone Musik heraufführten, die bestimmt war, die polyphone des Barock abzulösen. Eine stetige Entwicklung läßt sich bei ihm indessen nicht nachweisen. Wünschte man Kirchensonaten von ihm, so schrieb er sie in einem polyphon dichten, konservativen Stil. Wünschte man Weltliches, so stellte er sich wendig um. Für jede Gelegenheit traf er den passenden Ton, ohne im Leichten die Grenzen seiner Kunst zu überschreiten.

Unter den Triosonaten finden wir „Modisches" in liebenswürdiger Form etwa bei den polnischen Sonaten. Telemann schrieb sie in Sorau. Dort begegneten ihm polnische Musikanten. Ihr Spiel faszinierte ihn. Er äußerte: „Man sollte kaum glauben, was derlei

Bockpfeiffer oder Geiger für wunderbare Einfälle haben, wenn sie, so offt die Tanzenden ruhen, fantaisieren. Ein Aufmerksamer könnte von ihnen, in 8 Tagen, Gedancken für ein gantzes Leben erschnappen. Gnug, in dieser Musik steckt überaus viel gutes; wenn behörig damit umgegangen wird. Ich habe, nach der Zeit, verschiedene große Concerte und Trii in dieser Art geschrieben, die ich in einen italiänischen Rock mit abgewechselten Adagi und Allegri eingekleidet." — Die Sonata Polonese Nr. 1 in A-dur (N) besetzt die Melodiestimme mit Violine und begleitender Bratsche, den Bc mit Cembalo und Cello. Wirkungsvoll der Kontrast zwischen der schwermütigen slawischen Weise des Eingangs-*Andante* (a-moll) und der grellen A-dur-Helligkeit des rhythmisch schwirrenden *Allegro,* das in seinem zweiten Teil ungebärdig fernliegende Tonarten berührt. Entsprechend wird auch die Gegensätzlichkeit des zweiten Satzpaares *(Dolce* und *Allegro)* durch unterschiedliche Zeitmaße und Rhythmen, durch Moll-Dur-Kontraste und folkloristische Einfärbungen der Harmonik gesteigert. Die Sonate Polonoise Nr. 2 in e-moll (N) wirkt durch die Besetzung mit zwei Violinen und Bc (Cembalo und Cello) geschmeidiger. In klanglicher Hinsicht ist sie weniger bunt, dafür ist das Rhythmische betont polnisch. Man höre das Thema im letzten

Vivace, es könnte von *Moniuszko* oder *Chopin* sein! Beide Sonaten sind technisch nicht schwer und beste Hausmusik.

Die Triosonate in E-dur Nr. 9 für Flöte, V u. Bc (N) ist der Sammlung *„Exercizii Musici"* entnommen, die Telemann nach 1720 in Hamburg herausgab. Eine ruhige *Soave* ($^3/_8$, etwa: die „Sanfte"), im Zeitmaß zwischen Sarabande und Menuett angesiedelt, eröffnet das reizende Stück. Die Stimmführung betont die Melodiestimme und ihre Gefährtin, sie ist aber auch im Baß interessant und im Zusammenklang von edler

Transparenz. Die französische, *„Lullianische Manier"* legt hier die Richtung fest. Das ausgedehnte *Presto,* dessen flottes Thema einem Studentenlied entstammen könnte, zeigt eine noch feiner durchgefeilte, witzige Stimmführung. Einzelne derb volkstümliche Wendungen sind beabsichtigt und steigern die Wirkung. Im ausdrucksvollen *Andante,* dessen fließender Baß vorwiegend in ruhigen Achteln geführt ist, geben chromatische Gänge dem Abgesang eine überraschende Farbigkeit. Das *Scherzando-Finale* eilt flüchtig dahin. Sein lockeres Frage- und Antwortspiel scheint eine galante höfische Konversation zu karrikieren.

Die spielfreudige Triosonate B-dur für Blockflöte (Querflt, V), konzertierendes Cembalo und Bc (Bär) entstand nach 1721. Sie ist viersätzig *(Dolce, Vivace, Siciliana, Vivace),* reich mit Verzierungen durchsetzt, für Liebhaber nicht ganz einfach, aber reizvoll und instruktiv. Der für Telemann seltene Fall eines „konzertierenden" Cembalo findet eine Entsprechung in *J. S. Bachs* Flötensonaten mit obligatem Klavier. Das Cembalo wird neben der Flöte als gleichberechtigtes Melodieinstrument eingesetzt. Daraus ergeben sich hübsche Duett- und Triowirkungen. Da das Cembalo fast durchgehend zweistimmig geführt ist, fällt es hier als *akkordisches* Generalbaßinstrument aus. Zum Basso continuo (Gambe oder Cello) muß also noch ein Harmonieinstrument treten. Der Herausgeber *(Ruetz)* empfiehlt Laute oder Gitarre. Notfalls kann ein zweites Cembalo herangezogen werden.

Ins Programmatische begibt sich Telemann mit der originellen Triosonate C-dur für 2 Blockflöten (Geige, Querflöte) und Bc (Bär). Sie ist der Sammlung „Der getreue Musikmeister" entnommen, seiner „modischen" Hausmusik zugehörig und in mancherlei Besetzung (auch chorisch) von hübscher Wirkung. Formal eine siebensätzige Suite in französischer Manier mit Satzüberschriften, die den Unterhaltungscharakter der Musik betonen und die Phantasie geschickt in eine bestimmte Richtung lenken. Die Sonate fängt normal an mit Einleitungs-*Grave-Vivace* und schönem, ja großartigem *An-*

dante. Dann wird uns als erste unter ihresgleichen *Xantippe* in Tönen vorgeführt (Presto). Ihr zänkisches We-

sen deuten Sprünge und rhythmische Schwerpunktverlagerungen (Synkopen) drollig an. Häufiger Wechsel von „soli" und „tutti" (bei solistischer Wiedergabe piano und forte) tut ein übriges, ihr Bild drastisch zu zeichnen. Als nächste erscheint die sanfte *Lucretia* (schmachtendes Largo), ihr folgt das Mädchen vom Lande *Corinna* (Allegretto). Die kapriziöse *Clelia* (Vivace) trippelt kokett im Spitzentanz vorüber, und *Dido* beschließt den Reigen „triste", ja „disperato". Indessen: bei ihr lügen die Überschriften. Die ihr zugedachten munteren Töne spiegeln keine Spur von Trauer oder gar Verzweiflung. Vermutlich ist auch das vorgeschriebene langsame Zeitmaß eine bewußte Irreführung, denn nur flott, als Kehraus leicht hingewischt, wirkt das Sätzchen überzeugend.

Die viersätzige Triosonate e-moll für Altblockflöte (Querflt, V), Oboe (Querflt, V) u. Bc (Bär) reiht sich dem Bisherigen als dankbare Spielmusik artgleich an. Die Durchsetzung der Melodiestimmen mit Verzierungen macht das Werk für den Liebhaber knifflig, aber eine ernsthafte Beschäftigung mit ihm verlohnt sich. Der schöne dritte Satz, ein *Grave,* sei hervorgehoben.

Die Sonate für drei Violinen und Cembalo (Klavier) in B-dur (Bär) zeigt eine interessante dynamische Behandlung der Melodieinstrumente. Im ersten und zweiten Satz *(Adagio* u. *Allegro)* — weniger konsequent auch im Finale *(Allegro)* — wird die 2. Violine vorwiegend als Verstärkung betonter Partien der 1. Violine mit dieser unisono geführt. Das geschieht etwa im Sinne der Concerto-grosso-Technik (Wechsel von solistischem Concertino und chorischem Tutti). Dadurch grenzt sich das Werk deutlich gegen den aufkommenden leidenschaftlichen Stil der Mannheimer ab. Im Sinne des Barock werden dynamische Unterschiede noch durch Summierung (2, gelegentlich sogar

3 Violinen unisono) herbeigeführt. Bei den Mannheimern wird dieses Verfahren durch individuelle dynamische Übergänge (crescendo, diminuendo usw.) abgelöst. Man darf das Werk dem Typus der *Kirchensonate* zurechnen, obgleich Texthinweise hierauf fehlen. Die Tonart, die dunkle Sprache, vor allem die polyphone Linienführung weisen in diese Richtung. Das nur 14 Takte umfassende *Grave* (3. Satz) gehört mit seiner klanglichen Weiträumigkeit und seiner verinnerlichten Melodik zu Telemanns schönsten Äußerungen.

Eine noch ungewöhnlichere Besetzung wählte der vielseitige „Melante“ * in seinem Konzert für 4 Violinen in D-dur (Bär; Vie). Basso continuo ist ausgespart, die vier Streichinstrumente tragen allein das thematische und klangliche Geschehen. Es handelt sich nicht um ein Konzert im eigentlichen Sinne (Wetteifer von „Soli“ und „Tutti“), sondern einfach um ein Geigenquartett. Das „Konzertieren“ ergibt sich aus der Polyphonie, die mit bezaubernder Leichtigkeit gehandhabt wird. Ein fünftaktiges *Adagio* leitet kadenzierend zum schwirrenden ersten *Allegro* hin. Das Thema wandert

kanonisch von der 1. zur 4. Violine. Nach 18 Takten, die wiederholt werden, steigt das gleiche Thema von der 4. zur 1. Violine auf. Frisch steigert sich nun das Allegro zu fanfarenartig schmetterndem Jubel. Das anschließende, empfindungstiefe *Grave* wirkt in seiner prachtvollen klanglichen Weiträumigkeit wie eine Instrumentalvariante der alt-venezianischen Kanzone. Das *Finale* greift die heitere Stimmung des 1. Allegro wieder auf. Ein Werk aus einem Guß!

* „Melante“ = Pseudonym für Telemann. Er gewann es durch Umstellung der Buchstaben seines Namens.

Das Quartett in h-moll für Flöte, Violine, Cello und Cembalo (N) ist wie das folgende (in e-moll) der Sammlung *Six Nouveaux Quatuors en six Suites* entnommen, die 1733 in Paris erschien. Der wendige „Melante" hat sich hier mit verblüffender Einfühlungsgabe das äußere Formbild und das innere Wesen der französischen Suite zu eigen gemacht. Der Suitenstil wird gewahrt durch Einheit der Tonart, durch den Tanzcharakter der Sätze und deren lockere Reihung. Ungewöhnlich ist der Beginn des Quartetts. Ein großes *Prélude* (3/2, Vivement) geht unmittelbar über in einen noch lebhafteren Satz, *Flatteusement* (3/8), und wird dann wiederholt. So ergibt sich eine Variante der französischen Ouvertüre. Diese ist gleichsam aus den ihr gemäßen Zeitmaßen (langsam, lebhaft, langsam) ins Turbulente gesteigert (lebhaft, sehr lebhaft, lebhaft) und auch räumlich sehr erweitert. Ein gemächlicher Satz, *Coulant,* schließt sich an. In ihm pausiert das Cembalo periodisch. Flöte, Violine und Cello duettieren dann alternierend oder lassen sich gemeinsam hören. Ihr Wechselspiel ist mit feinster Ornamentik durchsetzt und klanglich delikat. Heiter sind die nächsten beiden Sätze, *Gay* (6/8) und *Vite* (4/4). Ihnen folgt ein melancholisches *Triste,* in dem wiederum, und zwar regelmäßig nach 4, 6 oder 8 Takten, das Cembalo für 2 Takte aussetzt. Ein Kunstgriff, durch den wie nebenbei der Eindruck eines Konzertierens im Sinne des Concerto grosso erweckt wird. Ein pompöses *Menuett* mit Trio beschließt das hübsche Werk.

Das Quartett in e-moll für die gleiche Besetzung (N) ist ebenfalls in Suitenform entworfen, aber dem Typ der vorklassischen Sonate etwa *Ph. E. Bachs* angenähert. Innerhalb einzelner Sätze blitzen gelegentlich kleine motivische Entwicklungen auf. Das *Prélude* beginnt z. B. so:

Bei der Wiederkehr des Themas wird der punktierte Rhythmus (Beginn des 2. Taktes) motivisch weiterent-

wickelt. Das Prélude ist eine französische Ouvertüre mit den Formteilen langsam, sehr lebhaft, langsam. Eine als *Gay* bezeichnete Bourée schließt sich an. Ihr lyrisches E-dur-*Trio* kommt ohne Cembalo aus. Zwei weitere Tanzsätze *(Vite, Gracieusement)* ziehen in blendender Spielmanier vorüber. Dann folgt ein apartes Gebilde im Dreiertakt. Telemann nennt es *Distrait.* Es ist dreiteilig gebaut, etwa ein Passepied (lebhaftes Menuett), und durch den Kontrast synkopierter und flüssiger Rhythmen bemerkenswert. Das Cello versucht, die Synkopen des ersten Teiles auch im Mittelteil beizubehalten, muß sich aber fügen und wird in den heiteren Wirbel hineingerissen. Eine prachtvolle Passacaglia *(Modéré)* beschließt das Werk. Ihr ostinates Baßthema erscheint zunächst fünfmal in e-moll, steigt dann nach G-dur und h-moll auf, wo es vier- bzw. dreimal wiederkehrt, und sinkt darauf nach e-moll zurück. In solch klarer tonaler Weiträumigkeit entfalten die Soli ein edles polyphones Spiel (vgl. *J. S. Bach,* d-moll Suite).

Das Quartett in g-moll für Flöte, Violine, Cello (Gambe) und Cembalo (Zi) entstammt wohl der gleichen Sammlung. Formal verbindet es Suite und ältere Sonate. Letztere überwiegt (Viersätzigkeit, doppelter Wechsel langsam-lebhaft). Wertmäßig behauptet es sich neben den anderen Quartetten. Hervorzuheben sind das schöne, schon fast „romantisch“ empfindsame *Largo* (3. Satz) und das polyphon gearbeitete Finale *(Allegro),*

dessen weit gespanntes Thema für sich selbst spricht.

Ein interessanter Vorläufer des klassischen Streichquartetts ist das Streichquartett in A-dur (Bär). Telemann bezeichnete es ausdrücklich als „Sonata a Violino I., Violino II., Viola e Violone". Basso continuo ist ausgespart, die Violone kann durch Cello ersetzt werden. Das Werk wird vom Herausgeber *(H. Ch. Wolff)* als „erstes" Streichquartett der Literatur bezeichnet. Es umfaßt drei Sätze, ein feierliches *Affettuoso*, ein fugiertes *Allegro* und ein *Vivace*, das durch seine Klangfülle auffällt. Alle Streicher (mit Ausnahme des Cello) haben in ihm Doppelgriffe zu bewältigen. Nicht nur in der Überwindung des obligaten Generalbaßinstrumentes kündet sich hier das Neue an. Man spürt es am Überwiegen des Klanglichen über das Polyphone, des Empfindsamen über das Typische und an der Geschlossenheit der dreisätzigen Form.

Das gleiche gilt für die Sonata a 4 (Flöte, 2 Gamben u. Bc) in G-dur (Sch), mit der die Auswahl der Quartette beschlossen sei. Sie erbringt einen Höhepunkt im Schaffen Telemanns. Die Dreisätzigkeit *(Vivace, Andante, Vivace)* ist wiederum kein Zufall. Die lebhaften Ecksätze sind thematisch und formal aufeinander abgestimmt. Sie bilden den Rahmen für das ausdrucksvolle Andante. Wiederum ergibt sich Neues innerhalb der Sätze. Im *1. Vivace* zeichnet sich in Andeutungen bereits das Schema des klassischen Sonatensatzes ab! Das *Thema* findet nämlich eine Beantwortung durch ein frei eingeführtes *Gegenthema*. Nicht genug damit: es entspinnt sich so etwas wie eine *Durchführung*, und mit der Wiederkehr des ersten Themas schließt sich der Kreis *(Reprise!)*. Das schöne *Andante* umfaßt nur 26 Takte. Man höre den „empfindsamen" Seufzer des Themas. Es

erhebt sich „cantabile" über einem Baß, der in ständiger Achtelbewegung ruhig dahinschreitet. Die Gamben begleiten in echter Polyphonie. Die Vielstimmigkeit wird kaum wahrgenommen, sie verschmilzt zu einem Klangbild von höchster Farbigkeit. Im kräftig drängenden *Finale* ähnliche Ansätze zu Neuem wie im ersten Vivace.

Konnte man das *„Konzert für 4 Violinen"* noch den

Quartetten zurechnen, so ist das bei dem Concerto in D-dur (Bär) nur bedingt der Fall, denn diese „Kleine Tanzsuite“ ist für Streichorchester mit Cembalo entworfen. Sie wirkt aber auch in der Wiedergabe von 2 V, Br, Vcl und Cembalo (ad libitum) und sei daher den Liebhabern als technisch anspruchslose Kostbarkeit empfohlen. Sie umfaßt drei homophone Sätze: ruhig schreitende, helle *Allemande, Ballo* (Vivace) und lebhafte *Giga*. Die Dreisätzigkeit ergibt sich zufällig, sie ist nicht — wie in der vorstehenden „Sonata a 4“ — das Ergebnis eines Bauwillens, der auf Neues abzielt. Der Reiz dieser Musik beruht auf ihrem volkstümlich musikantischen Tonfall.

Das Concerto in g-moll für Altblockflöte (Querfl, Oboe), 2 V u. Bc (Sch) kann man als dunkles Gegenstück zu dem vorstehenden Concerto in D-dur bezeichnen. Zur Unterscheidung sei vermerkt, hier tritt der Suitencharakter deutlicher in Erscheinung. Die vier tonartgleichen Sätze, *Allegro, Siciliano, Bourrée* und *Menuett* (mit *Trio)* sind durch ein gemeinsames Kernthema aufeinander bezogen.

Die Ouvertüren-Suite Nr. 8 in D-dur für 2 Oboen, 2 Hörner und Fagott (original!) oder für Flt, Ob, Klar, Hrn und Fg (Leu) darf in diesem Zusammenhang nicht fehlen. Ihren Namen verdankt sie dem ersten Satz, *Ouvertüre* (Allegro $^2/_4$), einer Art Geschwindmarsch mit hellem, rhythmisch zündendem Fanfarenthema. Fünf volkstümliche Tanzsätze schließen sich an: *Siciliano, Paysane, Menuett* (mit Trio), *Rigaudon* (mit Trio) und *Harlequinade* (Presto). Alle Sätze stehen in D-dur, rhythmisch wechseln Dreier- und Zweiertakt.

Unsere Auswahl konnte aus der Menge der Neudrucke nur jeweils „Typisches“, herausgreifen. Man wird aber auch unter den *Fantasien für Violine allein**, den *Duetten*, den *Spielmusiken* und *Sonaten* aus *„Der getreue Musikmeister“*, den *Tafelmusiken* usw. Gleichwertiges für die verschiedensten Besetzungen finden.

---

* Vgl. Fußnote S. 81.

GEORG FRIEDRICH HÄNDEL

* 23. Februar 1685 in Halle, † 14. April 1759 in London

Sohn eines Chirurgen schlesischer Herkunft und einer Deutsch-Böhmin. Musikalische Ausbildung beim Organisten Zachau (Zachow). Sollte Jurist werden, wendet sich aber nach des Vaters Tod der Musik zu. Kommt nach kurzer Organistentätigkeit 1703 nach Hamburg, wird Geiger im Opernorchester, komponiert mehrere Opern. Von dort führt ihn sein Weg nach Italien (Florenz, Rom, Neapel, Venedig). 1710 wird er 1. Kapellmeister des Kurfürsten von Hannover. 1712 findet er in London seine neue Heimat. Hier entstehen seine entscheidenden Werke.

Neben J. S. Bach wurde Händel mit seinen Oratorien, Instrumentalkonzerten, Concerti grossi, seinen Opern, Klavier-Suiten und Kammermusiken zum Inbegriff der Barockmusik. Ähnlich wie Bach übernahm er, was sich ihm an Kunstmitteln und Formen in Italien, Frankreich, Deutschland und England darbot. Man erkennt seine Werke an der ungebrochenen Kraft ihres Ausdrucks. Diese Kraft lebt in den wuchtig schreitenden Bässen, sie schwingt mit im drängenden Rhythmus der Allegri, sie trägt die majestätische Ruhe der Largos, sie bindet die volkstümliche Thematik an eine undifferenzierte Harmonik und Polyphonie. Noch im Nebensächlichen fasziniert die Unmittelbarkeit, mit der Händel Allgemeinverbindliches sinnfällig auszudrücken weiß.

In seinen *Kammermusiken* monumentalisiert Händel zumeist den Typ der italienischen Kirchen- und Kammersonate *Corellis,* bisweilen den der barocken Suite. Er hinterließ rund 50 Kammermusikwerke, darunter Duette für Violinen, Sonaten für 2 Flöten, 16 Sonaten Werk 1 für Flöte und Bc, weitere Sonaten dieser Gattung, 9 Triosonaten Werk 2, 7 Triosonaten Werk 5 und weitere (insgesamt etwa 28) Triosonaten.

Händel war ein Meister monumentaler musikalischer Fresken. Die breiteste Öffentlichkeit war sein Auditorium. Was konnte einem solchen Manne die auf intime Wirkung angewiesene *Kammermusik* bedeuten? Ein Besonderes zeichnet seine wie Skizzen mit sicheren Strichen rasch hingeworfenen kammermusikalischen „Nebenprodukte“ aus: ihre *Bildhaftigkeit!* An ihr erkennen wir den vertrauten Meister der Concerti grossi, der Opern und Oratorien. Händel war „ebensosehr Augenmensch wie Ohrenmensch, und wenn er auch nur das eine sinnliche Vermögen schöpferisch beherrschte, so schmolz er doch das andere vollkommen darin ein“ *. *Alle* seine Musiken sind bildhaft. Es gibt bei ihm keinen Wesensunterschied zwischen großen und kleinen Werken. Sie insgesamt fügen sich zu einem Werkblock von großartiger stilistischer Geschlossenheit, in dem das Bescheidene gültig neben dem Anspruchsvollen besteht und fortwirkt.

Wo immer es die Umstände mit sich brachten, daß Händel einmal ohne „Großaufträge“ eigener oder fremder Provenienz sich selbst überlassen blieb, etwa in Neapel (1709), Halle, Hannover (1717), dort schuf er Kammermusiken bündelweise. Er faßt sie in Zyklen für die verschiedenen Besetzungsgruppen zusammen. Sie sind einander in Wesen und Form derart ähnlich, daß es genügt, aus jeder Gruppe ein Einzelwerk zu charakterisieren. Man hat damit die „Typen“ für sie alle.

SONATEN FÜR VIOLINE ODER FLÖTE ODER OBOE UND BC

Die *Sonaten für ein Melodieinstrument und Bc, Werk 1,* wandeln den gleichen Formtypus ab. Es wurden herausgegeben die Nr. 3, 10, 12, 13, 14, 15 für V u. Bc (Klavier, Vcl. ad lib.), die Nr. 1, 2, 4, 5, 6, 8, 11 für Flöte und Bc und die Nr. 7 u. 9 für Oboe u. Bc (Fagott ad lib.). B&H gab außer diesen 15 noch eine Sonate für V heraus, die in der Gesamtausgabe ** fehlt.

Auch die Sonate in D-dur für Flöte (Ob, V) u. Bc (Bär) steht nicht in der Gesamtausgabe. Da sie im Händelgedenkjahr (1935) als Erstausgabe erschien, möge sie hier stellvertretend für die anderen zeugen, sie ist ihnen artgleich. Ihre vier Sätze folgen einander im Sinne der italienischen Kirchensonate. Den Beginn macht

---

* *Richard Benz:* „Deutsches Barock“. Stuttgart: Reclam 1949.

** *Friedrich Chrysander* (1826—1901) trug unter persönlichen Opfern eine Gesamtausgabe (100 Bände!) von Händels Werken zusammen (Leipzig 1858—1902).

ein kurzes, ruhig schreitendes *Adagio,* dessen schlichtes Thema die Flöte mit leichten Arabesken schmückt. Sie

erhebt ihre Stimme frei, von keiner Polyphonie gebändigt. Einfache Harmonien über einem fest gegründeten Baß bestimmen den Klangraum. Das ändert sich eigentlich in keinem der Sätze: die Flöte führt melodisch, der Baß trägt das Geschehen, und die Harmonik, bald in begleitende Linien sich lösend, bald in Akkorden sich festigend, verleiht dem Spiel Atmosphäre. Nach dem *Allegro* und dem zweiten *Adagio* wird anstelle des erwarteten zweiten Allegros ein *Menuett* zum Finale. Es

hat ein reizendes Thema, das im Wiederholungsteil nach h-moll hinüberwechselt, ohne Umstände in die Ausgangstonart zurückgleitet und zierlich das heitere Tänzlein beendet.

TRIOSONATEN WERK 2, WERK 5 UND OHNE WERKZAHLEN

Händel verwendete in seinen Kammermusiken durchgehend die barocke „Basso-continuo-Technik" *. Er verfuhr dabei bisweilen so flüchtig, daß er den Generalbaß unbeziffert notierte und die Harmonisierung den Cembalisten freistellte. In den Sonaten für *ein* Melodieinstrument und Bc liegt demnach der Reiz in der linearen Gespanntheit der beiden Außenstimmen. Der Klangraum zwischen ihnen bleibt der Willkür der Praxis überlassen (das gilt auch für die oben erwähnte *D-dur-Sonate,* deren ausgeschriebener Bc eine Bearbeitung ist). In den rund *28 Triosonaten* dagegen ergibt sich aus der selbständigen Führung der reicheren Mittel (2 Melodieinstru-

* Nur die *Sonate für Gambe und obligates Cembalo* macht eine Ausnahme.

mente u. Bc) eine Durchblutung des Klangraumes mit Polyphonie. Die Harmonik wird durch sie eindeutig festgelegt, die Funktion des Cembalisten annähernd. Die Einheit der Tonart wird in keinem Werk durchbrochen. Im Rahmen einfach gegliederter tonartlicher Beziehungen (Ober- und Unterdominant-Tonart, Moll-Parallelen usw.) trägt die Polyphonie die Gesamtform. Sie entspricht vorwiegend dem Typ der italienischen *Kirchensonate Corellis.*

Das trifft insbesondere zu auf alle *Sonaten der Werkgruppe 2.* Die *Sonaten, Werk 5* haben teils *Suitenform* (mit französischer Ouvertüre und stilisierten Tanzsätzen), teils verbinden sie Bestandteile der Kirchensonate und Suite ähnlich, wie es das Beispiel der *D-dur-Flötensonate* zeigt, in der ein Tanzsatz als Finale einer Kirchensonate erscheint. Gelegentlich werden auch langsame Überleitungssätzchen eingeschoben oder die Ecksätze in ruhige und lebhafte Formteile gegliedert. Im allgemeinen aber bewegt sich das Geschehen im Rahmen von Formtypen. Das gilt auch für die *12 Sonaten ohne Werkzahl,* von denen 6 im Jahre 1696 entstanden sein sollen. Die frühen Sonaten erreichen nur gelegentlich die innere Ausgewogenheit der späteren Werke, aber sie sind in ihrer urwüchsigen Frische schon durchaus charakteristisch für Händels kraftvoll melodischen Stil. Die *Suitensonaten, Werk 5* sind leichter gearbeitet als die *Kirchensonaten, Werk 2.* Das entspricht dem Tanzcharakter ihrer Gattung.

Wiederum lassen wir stellvertretend eine Sonate für alle sprechen. Die Triosonate in B-dur für Oboe, V (oder 2 V) u. Bc (Bär) ist als *Kirchensonate* angelegt. Sie umfaßt bei vorwiegend polyphoner Stimmführung vier Sätze, die einander im Wechsel langsam, lebhaft folgen. Die Baßstimme weist in der Urschrift keine Bezifferung auf, der ausgesetzte Cembalopart ist vom Herausgeber *(W. Hinnenthal)* als „Vorschlag für eine stilgemäße Aufführung“ gedacht. Er erfüllt diesen Zweck hervorragend. Das Einleitungs-*Adagio* nimmt sogleich gefangen durch sein helles Thema, das sich über einem majestätisch schreitenden Baß klangschön entfaltet.

Man beachte die durch Klammern über den Noten gekennzeichneten Motivwiederholungen! Nachdem die Oboe das Thema vorgetragen hat, übernimmt es die Violine in der Unterquart, dann spinnen es beide gemeinsam fort, wobei sie alternierend begleiten oder

führen. Hierbei entsteht ein interessantes Motiv-Spiel, von dem die Abbildung eine Probe gibt. Die festliche Stimmung schwingt gelöst hinüber zum *Allegro,* dessen Thema wiederum die Motivwiederholungen zeigt. Man findet solche auch in den Themen des g-moll-*Largo* und des zweiteilig gegliederten Finale *(Allegro).* Sie wirken im Adagio etwa wie Lockrufe, im ersten Allegro wie Signale, im Largo wie Fragen, im Finale wie schmetternde Fanfaren. Sie legen den Charakter der Sätze fest, entweder in cantus-firmus-ähnlicher Wiederkehr oder im Spiel imitierender Kontrapunkte. In vielen Werken Händels lassen sich derartige Motive als Träger des Geschehens nachweisen. Eines der schönsten Beispiele:

die hymnischen Anrufungen des grandiosen „*Halleluja*"-*Chores* aus dem „*Messias*". Bezeichnend: die Motive sind bei Händel als kleinste musikalische Keimzellen durchaus im Sinne barocker Musik Bestandteile eines übergeordneten Kräftespiels. Sie besitzen noch keine individuelle Zielstrebigkeit. Nie brechen sie aus dem klar gegebenen Rahmen aus, nie treten sie antithetischen Motiven gegenüber, wie das später in der klassischen Musik üblich wird. Sie sind „Objekte", Bausteine, eingefügt in vorgeplante Architekturen, nicht „Individuen", die eigene Wege gehen!

Viele Liebhaber lassen es sich nicht nehmen, Händels

„Concerti grossi“ oder auch seine Instrumentalkonzerte in vierhändigen Klavierbearbeitungen zu exerzieren. Das ist zwar ein verständlicher, aber keineswegs empfehlenswerter Notbehelf. Wo immer es angeht, sollte man zumindest Bearbeitungen für Streicher u. Bc wählen, obgleich auch sie nur eine schwache Vorstellung vom eigentlichen Klangbild vermitteln. Denen, die „es nicht lassen können“, sei eine Bearbeitung des Orgelkonzertes in B-dur, Werk 4 Nr. 6 (Na) empfohlen. Sie ist recht geeignet, auch in solistischer Besetzung (2 V, Vcl u. Cembalo) den Hausmusikern Freude zu machen. Es handelt sich um das schöne, dreisätzige Konzert, das folgendermaßen beginnt:

Man sehe die Motivwiederholung. Sie ist dadurch besonders reizvoll, daß der auftaktartige Sechzehntellauf in der Wiederholung halsstarrig wiederum in die Tonika (b) einmündet, während die Harmonie im darauf folgenden 2. Achtel abrupt den Dominantdreiklang (F-dur) hören läßt. Jeder mittelmäßige Komponist würde ihn entweder schon auf dem starken Taktteil gebracht haben (was eine Änderung des Motivs erfordert hätte), oder eben später nach vorbereitender Überleitung. Durch diese freche kleine Anomalie hat Händel hier eine unvergleichliche Wirkung erzielt.

JOHANN SEBASTIAN BACH

* 21. März 1685 in Eisenach, † 28. Juli 1750 in Leipzig

Bachs vermutlich eigenhändiger „Lebenslauf“ vermeldet in Kürze: „Joh. Sebastian Bach, Joh. Ambrosii Bachens jüngster Sohn, ist geboren in Eisenach An. 1685, den 21ten Merz. Ward (1) Hofmusikus in Weimar bey Herzog Johann Ernesten An. 1703. (2) Organist in der neuen Kirche zu Arnstadt 1704. (3) Organist zu St. Blasii Kirche in Mühlhausen An. 1707. (4) Kammer- und Hoforganist in Weimar, An. 1708. (5) An eben diesem Hofe An. 1714 Conzertmeister zugleich. (6) Kapellmeister und Direktor der Kammermusiken am Hochfürstl. Anhalt Köthenschen Hofe An. 1717. (7) Wurde von da An. 1723 als Direktor Cori Musici und Cantor an der Thomas Schule nach Leipzig votiert, allwo er noch bis jetzo nach Gottes Willen lebet, u. zugleich von Haus aus als Kapellmeister von Weißenfels u. Köthen in function ist ..." Sein Sohn Ph. Emanuel versah dieses autobiographische Fazit mit dem knappen (im Datum irrigen) Zusatz: „Starb 1750 d. 30. Julius."

Bachs Lebenswerk umschließt die Erfüllung eines halben Jahrtausends abendländischer Musik. In seinen Kirchenkantaten, Passionen, Oratorien, Messen und Instrumentalmusiken gipfelt die Barockmusik. Bachs Stil vereint gotische Polyphonie mit barocker Harmonik, romanische Klarheit mit deutscher Gemütstiefe, gesunde Diesseitigkeit mit einer dem Mystischen zugewendeten Geistigkeit. Er erschöpft sich weder im Monumentalen noch im Typischen. Mit leidenschaftlicher Intensität läßt er auch das „Ich" frei seine Stimme erheben. Stets aber bleiben die „inneren Zügel" spürbar, ist die Bezogenheit der Einzelstimme auf den Organismus des Ganzen Gesetz.

Außer den Orgel- und Klavierwerken sind von Bachs *Kammermusiken* erhalten: 3 Sonaten und 3 Partiten (Suiten) für Geige allein, 1 Sonate für Flöte allein, 6 Suiten für Cello allein, 6 Sonaten für Geige und Cembalo, 6 Sonaten für Flöte und Cembalo, 1 Sonate für oblig. Cembalo und Flöte, 3 Sonaten für Gambe und Cembalo, 5 Triosonaten und 8 Kanons aus dem „Musikalischen Opfer". Die „Kunst der Fuge" ist ohne Besetzungsangaben überliefert.

SONATEN UND PARTITEN (SUITEN) FÜR GEIGE ALLEIN

Bachs *Sonaten und Partiten (Suiten) für Geige allein* sind das Vollendetste, was bisher für diese Gattung geschaffen wurde.

Bach war einer der besten deutschen Geigenvirtuosen seiner Zeit. Schon mit 15 Jahren war er Violinist im Lüneburger Instrumentalchor. Später, in Weimar, wirkte er neben dem bedeutenden Virtuosen *Paul Westhoff*, der auch als Komponist von sich reden machte. In Koethen fügte es das Schicksal, daß sein Brotherr, *Fürst Leopold*, ein passionierter Geiger war. Er regte Bach zu seinen Sonaten an. Weiterhin stand Bach dort der berühmte Gambist *Christian Ferdinand Abel* zur Seite. Für diesen Meister schuf er seine Gamben- bzw. Cello-Suiten.

Die deutsche Geigenkunst vor Bach hatte bereits einen hohen Stand erreicht in den Werken *Adam Strungks, Heinrich Bibers* und *Johann Jakob Walthers.* Jene und andere Männer hatten in ihren phantasievollen Sonaten, Suiten, Serenaden usw. dem Soloinstrument große klangliche (akkordische) Möglichkeiten erschlossen und einen Stil entwickelt, der sich eigenwillig gegen den der Italiener abgrenzte. Sie kannten sich in den Hexenkünsten virtuosen Spiels bald ebenso aus wie ihre südlichen Nachbarn. Aber es gedieh ihnen Anderes. Das Ebenmaß der Formen zerbrach unter ihrem Zugriff, für den „nur" schönen Klang des Instrumentes fehlte ihnen der Sinn. Sie färbten den Ton ein, so, wie es ihnen ihre Phantasie eingab. Er wurde bei ihnen verschleiert, rauh, ungebärdig. Was er an Schönheit einbüßte, gewann er an Vieldeutigkeit. Das Metaphysische suchten sie in ihrem von kühnen Modulationen und jähen Stimmungsumschwüngen zerklüfteten Spiel einzufangen. Selbst da, wo sie als Scharlatane auf den Beifall der Menge aus waren und wo sie über ihren Schnurrpfeifereien ihre künstlerische Mission vergaßen, bleibt das „Faustische" ihres Wesens in ihren Werken noch spürbar.

Bach war auch nicht der erste, der in Deutschland das Wagnis unternahm, *Solosonaten* für die Geige zu schreiben. Es sei erinnert an *Joh. Jakob Walthers* kuriose „Serenata" aus dem Jahre 1688, worin dieser Tausendsassa sich anheischig machte, mit seiner Geige einen ganzen Geigenchor, dazu eine tremolierende Orgel, eine Gitarre, einen Dudelsack, zwei Trommeln und Pauken (!), eine Drehleier und eine sanfte Harfe zu ersetzen. Bach verlangte der Geige anderes ab. Geistig hat er ihre technische Ausdrucksfähigkeit bis an die Grenze des Möglichen erweitert und ausgeschöpft, ohne jemals ins Artistische abzugleiten. Man bedenke: er exerziert auf ihr reale vierstimmige Fugen! *

Mit den heutigen Geigenbogen kann man „exakt" aber nur zwei Stimmen gleichzeitig auf der Geige erzeugen. Man ist daher übereingekommen, bei Bach drei- und vierstimmige Klänge zu „arpeggieren" oder sie in zwei Intervalle zu zerlegen, die gewöhnlich in der Reihenfolge: unteres Intervall („Baß" und „Tenor"), oberes Intervall („Alt" und „Sopran") nacheinander wie Vorschlag und Hauptintervall in Erscheinung treten. Gewiß gibt es Hexenmeister, die durch Geschwindigkeit reale vierstimmige Akkorde vorzutäuschen vermögen. Aber auch sie können nicht verhindern, daß bei solchem Verfahren länger auszuhaltende Akkorde nur als Fragmente (meist im Sopran und Alt) ausschwingen, und zwar auch da, wo dies gegen die Logik der Stimmführung verstößt. Da ferner durch das „Arpeggieren" die Ruhe des Klangbildes ständig gestört und dieses selbst verzerrt wird, kann man so keinen stilechten Eindruck von Bachs Klangvorstellung gewinnen. Zu seiner Zeit benutzte man flachere Stege und gewölbte Bogen, deren Bespannung jederzeit so gelockert werden konnte, daß alle Saiten gleichzeitig zu bespielen waren. Es gibt auch heute noch fanatische Bachspieler, die das Verfahren jener Zeit anwenden. Ich hatte Gelegenheit, die d-moll-Suite „stilecht" vorgetragen zu hören. Es sei zugegeben, der Eindruck war ungewohnt. Der einzelne Ton büßte seinen Glanz ein, er wurde in einem nicht zu beschreibenden Sinne heiser und verschleiert. Gleichwohl gewann das Gesamtbild an Klarheit, die Logik der Gedanken trat zwingend in Erscheinung.

Die drei Solosonaten in g-moll, a-moll und C-dur** variieren den Formtypus der barocken italienischen Kirchensonate, umfassen also jeweils vier

---

* *Telemanns* 12 Fantasien für Violine allein erschienen 1735, sie folgen *Bachs* Beispiel, ohne es zu erreichen. Sie sind meist dreisätzig. Einem langsamen Einleitungssatz folgen zwei lebhafte. Reale Zweistimmigkeit wird kaum überschritten.

** Die Werknummern nach dem Bach-Werke-Verzeichnis von W. Schmieder (Leipzig 1950) sind im Register aufgeführt.

Sätze, die einander im Wechsel langsam, lebhaft, langsam, lebhaft folgen. Die ersten beiden Sätze bedingen einander als Präludien und Fugen, die dritten sind arios gehalten, die vierten von lebhafter melodischer Bewegung erfüllt und etwa im Sinne von rauschenden Toccaten angelegt. In ihrer Struktur sind echte Polyphonie, melodische und harmonische Weiträumigkeit und reich gegliederte Bewegung zu vollendeter Architektur gebunden. Die Architektur ist nicht Selbstzweck, sondern der frei gewählte Rahmen für ein naturhaftes Sichverströmen in Musik.

Schon das *Präludium* (Adagio cantabile) der ersten Solosonate in g-moll ist ein Beispiel hierfür. Nach wenigen kadenzierenden Einleitungstakten (man

beachte das zwanglose Hinüberwechseln der Bewegung von der „Ober"- zur „Mittel"stimme!) ergibt sich ein melodisches Keimen, das alsbald zu immer reicheren Bildungen aufblüht, sich frei über verschwimmende Formansätze hinweg entfaltet und echt präludierend zur *Fuge* hinleitet, in der dann Gestalt annimmt, was zuvor hymnisch sich verströmte. Das eintaktige Thema der

Fuge und sein erstes Wandern von Stimme zu Stimme, das wir hier zeigen, möge einen Begriff vom geigerischen und geistigen Wesen des Satzes vermitteln. Der nächste Satz, *Siciliano*, wird von einer schlichten Melodie getragen. Verschwebende rhythmische Wendungen und eine warme Harmonik, der behutsam helle Lichter aufgesetzt sind, verleihen ihm pastoralen Charakter. Melodisch verläuft im Grunde auch die von erregenden Spannungen erfüllte, klanglich reich gegliederte Bewegung des Finales *(Presto)*. Auch in diesem toccataähnlichen Satz überwiegt der Eindruck rhapsodischen Phantasierens.

Die zweite Solosonate in a-moll ähnelt formal der ersten. Ihr Präludium *(Largo)* ist reich mit Figuration durchsetzt. Ihre ausgedehnte, herbe *Fuge* wird von einem stillen *Andante* abgelöst, das mit seinem liedmäßigen Verlauf einen schönen Gegensatz in die reiche Gliederung der Gesamtform trägt, die sich im bewegten Finale *(Allegro)* mit virtuosem Schwung vollendet.

Das Kernstück der dritten Solosonate in C-dur bildet ihre gewaltige *Fuge*, also der zweite Satz. Doch schon die Art, in der das Eingangs-*Adagio* präludierend aus kleinstem motivischem Keim sich melodisch

entfaltet, ist bewundernswert. Eine enorme Vertrautheit mit den Möglichkeiten der Geige steht hier im Dienste eines einmaligen schöpferischen Gedankenreichtums. Aus dem Halbschluß des Präludiums löst sich das Thema der

Fuge. Man beachte die chromatische Abwärtsbewegung im Kontrapunkt nach dem zweiten Einsatz des Themas in der Oberstimme. Auf Schritt und Tritt überrascht die Überlegenheit, mit der Bach die strenge Form — ohne sie preiszugeben — dem Charakter der Geige anzupassen weiß, etwa indem er die Mehrstimmigkeit in gebrochene Harmonien oder in spielerische Figuration auflöst. Überwältigend bleibt andererseits die Meisterschaft, mit der hier die Geige polyphonem Spiel dienstbar gemacht ist. Das melodische *Largo* wirkt nach der monumentalen Fuge wie ein Idyll. Das *Allegro assai* lehnt sich in den schwungvollen Kurven seiner Thematik äußerlich (optisch) an die des Largo an. Während aber dort bedeutsame Sechzehntel-Pausen wie Stauungen den Ablauf unterbrechen (siehe Abb.), wodurch die Gliederungen

des Themas wie Frage und Antwort aufeinander folgen, schnurrt das Allegro zügig wie ein Perpetuum mobile ab.

Ein anderes Formbild zeigen die drei Partiten (Suiten) in h-moll, d-moll und E-dur für Geige allein. In ihnen sind stilisierte Tanzsätze aneinandergereiht. Das „Tänzerische“ klingt nur noch an in rhythmischen Urtypen, in der Anordnung von melodischen oder metrischen Schwerpunkten usw. Die Suiten sind keine zweckgebundenen Unterhaltungsmusiken, sondern Kunstmusiken, die ihren Sinn in sich selbst tragen.

Die erste Suite in h-moll erweitert das Prinzip der Variationen-Suite. Die Themen ihrer vier Sätze *(Allemande, Courante, Sarabande und Bourrée)* sind bei gleicher Tonart rhythmisch und melodisch freie Varianten ein- und desselben Themas, das seine Durchbildung erst im *letzten* Satz findet. Ferner wird jeder Satz sogleich in einer kontrastierenden Variation, oder — wie Bach es nennt — in einem „Double“ wiederholt. Die *Allemande*

sieht in ihrem Double so aus:

die Bourrée

so:

Die Abbildungen vermitteln einen Begriff von Bachs Variationskunst. Die reich abgestufte Rhythmik erhält eine weitere Gliederung dadurch, daß *Courante* und *Sarabande* mit ihrem lebhaften bzw. gravitätischen Dreiertakte (Double der Sarabande steht im 9/8-Takt) vom Zweiertakt der *Allemande* und *Bourrée* umklammert werden. Das Gesamtbild umschließt bei denkbar einheitlichem thematischem Material eine unerschöpfliche Fülle von melodischem, rhythmischem und klanglichem Geschehen.

Die zweite Suite in d-moll überstrahlt die anderen und auch die Sonaten durch ihre einzigartige *Chaconne*. Vier wiederum themenverwandte Tanzsätze

gehen ihr voraus: eine vitale *Allemande*, eine rhythmisch

interessante *Courante*, eine feierliche *Sarabande*, in der

sich das Chaconne-Thema wohl am deutlichsten an-

kündet, und eine lebhafte *Gigue*. Die „Tanzsuite" könnte damit zu Ende sein, doch die *Chaconne* weitet nun die

Form nach innen und außen ins Unerhörte. Ihr Thema

zeigt die Abbildung. Es kristallisiert sich um den gleichen alten Chaconne-Rhythmus (mit Schwerpunkt auf dem 2. punktierten Viertel), den wir schon in der „Folia“ Vivaldis fanden (vgl. S. 60). Aber welch ein Unterschied dort und hier! Bei Vivaldi beherrscht der Grundrhythmus nicht nur das Thema in seiner ganzen Ausdehnung stereotyp, sondern nahezu alle Variationen. Erst in den letzten Takten der 8. Variation und dann in der 13. treten Triolen auf, die sich vorübergehend in der 15. als schwebender $^{12}/_{8}$-Takt durchsetzen. Der Rhythmus wird zwar vielfach anders untergliedert oder durch Figuration verschleiert, aber jede Abänderung wird jeweils als starre Norm für eine Variation verbindlich. Ähnliches gilt für die melodischen bzw. motivischen Varianten und für die konstant einfache Harmonik. Vivaldi strahlt sein Thema immer wieder neu an, aber er durchleuchtet es nicht. Es bleibt — wenn auch in einem schönen Sinne — vordergründig, maskenhaft. Bei Bach ist das anders. Sein Thema ist ein musikalischer Mikrokosmos. Es umschließt die Quintessenz der vorangegangenen Sätze, seine rhythmischen, melodischen und klanglichen Spannungen verursachen ein naturhaftes Wachstum, das sich über 30 Variationen hin zu einer organischen Architektur entfaltet, in der jede kleinste Verstrebung geistig eingeplant ist. Eine unvergleichliche Konzentration und Empfindungstiefe spricht aus dem Werk, es ist im Goetheschen Sinne „ganz Form und Gehalt“. Drei Variationsgruppen tragen den Gesamtbau. In der ersten wird durch freie melodische, rhythmische und harmonische Verwandlungen das innere Wesen des Themas in seiner unerschöpflichen Vielfalt und Hintergründigkeit erschlossen. In der zweiten vollzieht sich mit der Wendung nach Dur in unaufhörlicher Steigerung seine machtvolle klangliche Entfaltung. In der dritten, die wiederum in Moll steht, senkt sich der riesige Bogen rasch hernieder, bis sich der Kreis dann mit der ergreifenden Wiederkehr des Themas in seiner ursprünglichen Gestalt schließt.

Einige Beispiele mögen einen Begriff von der Wandlungsfähigkeit des Themas geben. Zunächst verändert es sich so:

dann so:

In der dritten Variation weicht der punktierte Rhythmus

einer stetigeren Achtelbewegung. Diese geht über in Sechzehntel. Immer weiter entfernt sich das Thema nun von seiner Grundgestalt. In der 7. Variation hat es sich

in zwei Stimmen verflüchtigt. Man sieht, Bach weicht durchaus von der *strengen* Form der Chaconne ab, deren Prinzip es ist, Variationen über einem *ostinaten* Baßthema zu bringen. Er variiert *das Thema selbst!* Man vergleiche die „Passacaglia" aus Telemanns e-moll-Quartett (S. 69/70). Sie ist noch eine annähernd streng gebaute Chaconne.

In den folgenden Variationen wird Bachs Thema Gegenstand einer wellenförmig sich steigernden Entwicklung. Wechselnde Figurationen (bis zu 32stel Triolen), Akkordbrechungen und Bewegungsimpulse strömen in den Klangraum ein. Die Spannkraft der Harmonik verdichtet sich unentwegt. In der 16. Variation wird D-dur

gewonnen, ein beglückender Höhepunkt erreicht. Nun vollzieht sich in der zweiten Gruppe die klangliche Ent-

faltung bis zum großartigen Gipfel der 23. Variation. Die 24. bringt in allmählichem Abstieg die Rückwendung nach d-moll. Die letzten Variationen fassen noch einmal das Geschehen der ersten beiden Gruppen etwa nach der Art einer Reprise zusammen *.

Die E-dur-Suite umfaßt nach Art alter Tanzsuiten sechs Sätze. Die heitere Stimmung, die ihr *Präludium* anschlägt, schwingt ungebrochen hinüber zur gravitätischen *Loure* ($^6/_4$, etwa Sarabande), die den Reigen der Tanzsätze betont zopfig eröffnet. Die graziöse *Ga-*

votte en Rondeau erlangte Volkstümlichkeit. Zwei galante *Menuette,* von denen das zweite als *Trio* auftritt, eine energische *Bourrée* und eine springlebendige *Gigue* runden das Bild. Der feine Humor, der unüberhörbar aus vielen Wendungen spricht, macht das Werk besonders liebenswert.

* Wer die Chaconne und die anderen Solowerke Bachs eingehend studieren möchte, sei verwiesen auf: *E. Kurth:* „Grundlagen des linearen Kontrapunkts", Max Hesses Verlag, Berlin; *E. Kurth:* „J. S. Bach, Sechs Sonaten und sechs Suiten für Violine und Violoncello solo", Drei Masken Verlag, München.

SUITEN FÜR CELLO ALLEIN

Die ebenfalls in Köthen entstandenen *6 Suiten für Cello allein* bilden wertvolle Gegenstücke zu den berühmteren Werken für Geige allein.

Formal variieren sie einen Grundtypus der alten Tanzsuite. Sie umfassen je 6 Sätze. Die ersten beiden Suiten in G-dur und d-moll reihen *Prélude, Allemande, Courante, Sarabande,* 2 gegensätzliche *Menuette* und *Gigue.* In der dritten und vierten Suite in C-dur und Es-dur treten bei sonst gleicher Satzfolge 2 *Bourrées* an die Stelle der Menuette, in der fünften und sechsten Suite in c-moll und D-dur 2 *Gavotten.*

Bei der *fünften Suite* muß die Diskant-Saite von a nach g umgestimmt werden. Die *sechste Suite* entwarf Bach für das von ihm selbst erdachte und von *Joh. Chr. Hoffmann* in Leipzig geschaffene *Violoncello piccolo* (zu Unrecht auch *Viola pomposa* genannt). Dieses „kleine" Cello (mit der Stimmung C, a, d, a, e^1) wurde wie die Bratsche gespielt. Bach verwendete es in mehreren Kantaten.

In den Cello-Suiten tritt die reale Polyphonie zugunsten einer reich mit Figuration und Akkordbrechungen durchsetzten melodischen Schreibweise zurück. Sie sind im Ausdruck weniger differenziert als die Geigensuiten, im Wesen ihnen verwandt.

SONATEN FÜR GEIGE UND KLAVIER

Sieben Geigensonaten von Bach sind erhalten. Die siebente in G-dur (für V und Bc) fand man 1928. Charakteristisch für die sechs anderen ist ihre ursprüngliche Besetzung für „Cembalo certato e Violino solo" („certato" = „obligat"). Das Cembalo tritt hier erstmalig in der Geschichte als konzertierender Partner neben die Geige. Es ist von seiner Rolle als Generalbaßinstrument befreit. Was auf ihm erklingen soll, ist nicht mehr in Ziffern vage angedeutet und der Improvisationskunst der Cembalisten anheimgestellt, sondern fast durchgehend in real zweistimmigem Satz ausgeschrieben. Man könnte hieraus schließen, Bach habe die Sonaten nur für *zwei* Instrumente geschaffen, er selbst bezeichnete sie aber als *Triosonaten.* Trat demnach zu dem „obligaten" Cembalo etwa noch ein zweites? Nun, dann wäre dessen Funktion auf die wenigen Takte beschränkt geblieben, in denen die Cembalostimme (genau wie bei den Flötensonaten) noch als bezifferter Baß notiert wurde. Und das ist kaum wahrscheinlich. Eher darf vermutet werden, daß noch ein baßverstärkendes Cello mitwirkte. Wird bei der heutigen Musizierpraxis das Cembalo durch Klavier ersetzt, dann erübrigt sich jedes zusätzliche Generalbaßinstrument.

Gegenüber der Barock-Sonate (etwa nach Vivaldis) für ein Melodieinstrument und Bc stellen die Sonaten Bachs etwas grundsätzlich Neues dar. *Jene* sind wirklich noch „Triosonaten", allerdings solche, in denen das mehr oder weniger virtuos behandelte Soloinstrument dominiert, während das 2. Melodieinstrument (Gambe oder Cello) seine Selbständigkeit einbüßt und nur noch baßverstärkend mit dem begleitenden Cembalo den Basso continuo bildet. Bei *Bach* dagegen übernimmt das zweistimmig geführte „obligate" Cembalo die Rolle eines zweiten Melodieinstrumentes und zugleich die des Basses! Der Basso continuo wird somit überflüssig; auch wenn Bach ihn mit Rücksicht auf die allgemeine Musizierpraxis oder aus klanglichen Gründen noch beibehalten haben mag. So ebnen seine Sonaten den Weg zu den Kammermusikwerken für wirklich nur *ein* Melodieinstrument und Cembalo.

Es erscheint uns heute selbstverständlich, daß der Klavierpart von den Komponisten bis ins kleinste durchgefeilt und „ausgeschrieben" wird. Daß dies so ist, geht im Grunde auf Bach zurück. Seine Neuerung ergab sich auf dem Umweg über die *Orgel.* Dieses Instrument kam seinem Streben nach Durchdringung des Satzgefüges mit melodischer Polyphonie ideal entgegen. In Weimar hatte er seinen Stil in den Orgelwerken durchgebildet. Es lag nahe, daß er ihn nun in Köthen auf das *Cembalo* übertrug. Er tat das in seinen englischen und französischen Suiten und vor allem in den Präludien und Fugen des

„Wohltemperierten Klaviers". Nun konnte er daran gehen, das aus seiner Generalbaßrolle befreite Instrument mit anderen konzertierend zu vereinigen. Das geschah in seinen Violin-, Flöten- und Gambensonaten und in seinen Konzerten mit ein, zwei, drei und vier Cembali.

Bach verwendete zwar bis ins Alter das Cembalo auch noch als Generalbaßinstrument. Aber überall da, wo er ihm wesentliche Gedanken anvertraute, schrieb er es aus, denn er wußte, die Generalbaßtechnik ließ der Willkür Tür und Tor offen. Jeder Generalbaßspieler hatte seine eigene Manier. Es gab somit keine authentische Wiedergabe eines Werkes ohne Mitwirkung des Komponisten. Welche Selbstherrlichkeit damals herrschte, davon kann man sich einen Begriff machen, wenn man in Neudrucken verschiedene Bearbeitungen, also „ausgeschriebene" Generalbaßstimmen ein- und desselben Werkes vergleicht. Ein Bearbeiter setzt die Ziffern in trockene Kontrapunkte um, ein anderer in landläufige Harmonien, oder man mißbraucht das fremde Werk, indem man es poetisierend ausschmückt, ohne auch nur den Versuch zu machen, sich in den Stil des betreuten Meisters einzufühlen. Verantwortungsbewußte Verleger bemühen sich, solche Entgleisungen auszuschalten. Aber die Problematik liegt leider in der Natur der Sache und wird sich nie aus der Welt schaffen lassen. Man ist auf Bearbeitungen angewiesen, sofern man nicht auf den überwiegenden Teil barocker Kammermusik verzichten will.

In Bachs kurzer G-dur-Sonate für Violine und Bc ist das Cembalo noch als Generalbaßinstrument verwendet. Sie wurde 1928 entdeckt und 1929 in der bei B&H vorliegenden Fassung von *Adolf Busch* „uraufgeführt". *Friedrich Blume* hat den bezifferten Satz für Klavier ausgesetzt. Die Sonate umfaßt vier Sätze. Das einleitende, reich mit Verzierungen durchwirkte

Adagio hat den Charakter eines Präludiums. Das anschließende *Vivace* verläuft zügig. Sein schönes Thema

wird inmitten nach Moll umgedeutet. Nach Halbschluß folgt ein ausdrucksvolles *Largo* (e-moll). Es gipfelt in einer Frage (Halbschluß H-dur) und mündet in ein temperamentvolles *Presto-Finale.*

Für die sechs anderen Violinsonaten gilt hinsichtlich des Cembalo, was einleitend gesagt wurde. Formal stimmen sie weitgehend überein. Sie umfassen je vier Sätze, nur die 6. Sonate in G-dur hat fünf. Eines ihrer Allegri trägt das Cembalo allein! Greifen wir aus der Reihe zwei typische Werke heraus.

Die Sonate in h-moll kann man dem Typ der älteren Kirchensonaten zurechnen. Ein schönes *Adagio* leitet präludierend in das Geschehen ein. Zunächst trägt das Cembalo, von der Geige umspielt, das Thema vor.

Es erinnert in seinen „Seufzerketten“, in seinen schwebenden Terzen- und Sextengängen an den Stil mancher Arie aus den Kantaten oder Passionen. Im zweiten Teil tauschen Cembalo und Violine die Rollen. Hier wird die Violine zweistimmig geführt. Einen starken Gegensatz erbringt das frei fugierte *Allegro.* Sein energisches Thema

ist tänzerisch empfunden. Im Laufe der Entwicklung ergibt sich eine aufhellende Umdeutung nach A-dur. Über modulierende Sequenzen führt dann der Weg nach h-moll zurück. Das sangliche, mit feiner Ornamentik durchsetzte *Andante* steht in D-dur, nur im Mittelteil wird h-moll berührt. Ein rhythmisch ungebärdiges *Allegro* beendet das Werk schwungvoll.

Die Sonate in A-dur (Bearbeitung von *Max Reger* bei Simrock) ist ein helles Gegenstück zur h-moll-Sonate. Aus dem Adagio ist hier ein graziöses *Andante* geworden. Ornamente schmücken den leichten, unent-

wegten Aufstieg der Melodie, Cembalo und Geige sind gemeinsam am schwerelosen Spiel der Gedanken beteiligt. Im *Allegro assai* kobolzt ein aus der Tonleiter herauspurzelndes Thema keck durch die Stimmen. Ein Mittelteil mit gewichtigem Orgelpunkt sorgt dafür, daß das Helle nicht blendet. Nach fis-moll wendet sich unerwartet das *Andante un poco.* Sein herrliches Thema

ist eine einzige schwermütige Frage. Es wandert kanonisch von Stimme zu Stimme. Immer reicher wird der polyphone Unterbau der ernsten Aria, bis ihre Frage in einem klagenden Halbschluß (Cis-dur) verklingt. Das heitere *Presto* (A-dur) löscht alle Zweifel im Nu.

Die Sonaten in E-dur, c-moll und f-moll sind Abwandlungen des gleichen Typus der barocken Kirchensonate. Jede enthält besondere Schönheiten, keine steht ihren Geschwistern an Wert nach. Spieltechnisch sind alle von der Elite der Liebhaber zu bewältigen.

SONATEN FÜR VIOLA DA GAMBA UND CEMBALO

Seine drei Gambensonaten schuf Bach in Köthen für den Gambisten *Christian Ferdinand Abel.* Man hört sie selten, weil es nicht viele öffentlich konzertierende Gambenspieler gibt. Jeder, der sich auf diesem Instrument auskennt, liebt die Sonaten. Es gibt von ihnen zwar Bearbeitungen für Cello und Klavier, aber sie vermögen die Originale klanglich nicht zu ersetzen. Immerhin ist es besser, die Bearbeitungen zu spielen, als die Werke verkommen zu lassen.

Das Cembalo ist in den Gambensonaten wiederum als konzertierender Partner behandelt und durchgehend zweistimmig gesetzt (ohne jede Akkordik). Wir haben es also mit real dreistimmigen Werken zu tun!

Warme Leuchtkraft geht von der Sonate in G-dur aus. Ihr Einleitungs-*Adagio* hat ein köstliches

Thema. Es wirkt wie hingeträllert und spiegelt pastorale Empfindungen. Die Stimmung schwingt gelöst hinüber zum graziösen *Allegro ma non tanto.* Dunkle Farben trägt das ariose *Andante* (e-moll) hinzu. Das energische *Allegro moderato* greift die Stimmung der ersten Sätze wieder auf und formt über ein Thema, das so einfach ist,

als habe es Händel erfunden, eine schöne Fuge. Das Cembalo schlägt das Thema im Sopran an, die Gambe übernimmt es in der Unterquart, der Baß des Cembalos antwortet in G-dur, begleitet von zwei kontrapunktierenden Gefährten. Problemlos, wie das heitere Spiel begann, bleibt es nun bis zum Ausklang (vgl. Triosonate G-dur, S. 97).

Die Sonate in D-dur ähnelt der ersten im Aufbau und im Wesen. Ihre vier Sätze, *Adagio, Allegro, Andante, Allegro,* gipfeln im prachtvollen *Finale.* Das „Herzstück“ des Werkes bildet sein empfindungstiefes *Andante,* dessen Thema die Abbildung zeigt.

Die Sonate in g-moll umfaßt nur drei Sätze. Das Thema ihres ersten *Vivace* klingt wie eine moll-

Variante des Themas aus dem ersten Satz des 3. Brandenburgischen Konzerts. Wie Bach darüber den Satz aufbaut und wie er das ganze Werk anlegt, das ist bewundernswert. Nirgends läßt die geistige Spannkraft nach. Zwischen dem Vivace und dem groß angelegten, polyphonen Finale *(Allegro)* singt das *Adagio* (B-dur) ein hymnisch sich steigerndes Lied. Wer Bach liebt, versäume nicht, sich diese Sonate vertraut zu machen. Sie ist eine seiner schönsten!

FLÖTENSONATEN

Man kennt von Bach *eine Sonate für Flöte allein, drei Sonaten für Flöte und Cembalo, drei für Flöte und Bc* und *eine Sonate für Flöte und obligates Cembalo.* Nicht von allen weiß man, wann sie entstanden, die meisten wurden aber wohl in Köthen geschaffen.

Der Sonate (a-moll) für Flöte allein (Pe) fügte *Gustav Scheck* eine Klavierbegleitung hinzu, über deren Zweckmäßigkeit man geteilter Ansicht sein kann. Das hübsche Werk reiht nach Art der Suite vier stilisierte Tanzsätze: *Allemande, Courante, Sarabande* und *Bourrée anglaise*, in denen die spieltechnischen und klanglichen Möglichkeiten der Flöte virtuos eingesetzt sind.

Die *begleiteten Flötensonaten* gehören zum Schönsten ihrer Gattung. Bach spricht in ihnen gleichsam privat mit seiner Familie oder mit „Bruder Innerlich". Bezeichnend, daß er seine Gedanken hier nicht der etwas unpersönlichen Blockflöte *, sondern der „Flaute traverso" oder Querflöte anvertraute. Er erkannte als einer der ersten den „panischen" Charakter der Querflöte und wußte ihre besondere Fähigkeit zu nutzen, individuelle Empfindungen auszudrücken. Ein Musterbeispiel hierfür seine *zweite Suite in h-moll* für Streichorchester und Flöte, Musterbeispiele nicht minder *diese Sonaten!*

Sie sind den begleiteten Violinsonaten derart verwandt, daß man sie bisweilen der Violine anvertraut. Ihre Eigenart erschließt aber nur der Flötenklang ganz. Wir dürfen hier davon absehen, auf jede von ihnen einzugehen, ihr Formtypus stimmt nahezu mit dem der

* Die Blockflöte verwendete Bach unnachahmlich in seinem „Actus tragicus" und in einigen Kantaten.

Violinsonaten überein. Hingewiesen sei auf die erste Sonate in h-moll, der unter ihresgleichen wohl die Palme gebührt, und besonders auf die Sonate in g-moll für obligates Cembalo und Flöte, weil sich an ihr exemplarisch die Übergangsstellung der spätbarocken Sonate Bachs nachweisen läßt. Sie tritt noch als *Triosonate* auf, ist aber keine mehr. Das Cello hat ausschließlich baßverstärkende Funktion. Es geht in keinem Takt eigene Wege und wird überflüssig, sobald das Cembalo durch Klavier ersetzt wird. Das Werk ist dreisätzig, *zwei Allegri* umrahmen ein *Adagio*. Interessant ist die merkwürdige Zwitterstellung des Cembalo. Im *ersten Allegro* zeigt es noch Rückfälle in seine alte Rolle als Generalbaßinstrument (Entsprechendes findet sich bei den Violinsonaten). Man kann es auch positiv ausdrücken: das Cembalo streift hier die Generalbaßrolle gleichsam nach mehreren Anläufen endgültig ab und tummelt sich dann in der gewonnenen Freiheit. Das sieht so aus: die 12 ersten Takte gehören dem zweistimmig geführten Cembalo allein. Beim ersten Einsatz der Flöte weicht es in seine Dienerrolle zurück,

d. h. es erscheint nun im Original nur als „bezifferter Baß“ (die *kleinen* Noten in der Abbildung zeigen die vom Bearbeiter „ausgesetzten“ Harmonien). Sobald die Flöte pausiert, ist das Cembalo wieder flügge. Beim zweiten Einsatz der Flöte wird es abermals rückfällig. Danach erst vereint es sich mit dieser zu real dreistimmigem Satz. Das Kuriosum wiederholt sich noch ein paarmal und ist damit abgetan. Im *Adagio* entfaltet sich das Cembalo verschiedentlich dreistimmig, im Finale wird es durchgehend zweistimmig geführt. Es gibt nur wenige Beispiele in der Geschichte, an denen sich der Vorgang der Überwindung der Generalbaßpraxis derart direkt ablesen läßt (vgl. *Sonaten für Geige und Klavier*, S. 89 ff., und die anschließende *Triosonate in G-dur*!).

DIE TRIOSONATEN

Von Bachs *Triosonaten* muß zumindest die sogenannte „zweite" Triosonate in G-dur für 2 Violinen (oder 2 Flöten, oder 1 V, 1 Flt) und Bc (Cembalo und Cello oder Gambe) (Pe) in Köthen entstanden sein. Sie bildet eines der interessantesten Beispiele für den Übergangscharakter der Bachschen Sonate, denn sie ist das Urbild der *G-dur-Sonate für Viola da Gamba und Cembalo.* Genauer gesagt: Bach arbeitete den Bc der Triosonate zur „obligaten" Cembalostimme der Gambensonate um. Die zweite Violine (bzw. Flöte) wurde dabei eingespart, sie wurde zur Oberstimme des Cembalo. *Aus einer Triosonate für zwei Melodieinstrumente und Bc entstand somit eine Duosonate für ein Melodieinstrument und obligates Cembalo!* (vgl. *Gambensonate G-dur*, S. 94). Wiederum ein Dokument, aus dem sich ergibt, daß mit der Verselbständigung des Cembalo die schrittweise Überwindung der Generalbaßpraxis einsetzt, womit dann der Weg für die vorklassische und klassische Sonate frei wird. In der Thematik entsprechen die beiden Werke einander völlig (vgl. dort). Im Wesen ...? Nun, man möge sie sich vornehmen und musizierend vergleichen: eine höchst instruktive Beschäftigung für Fachleute und Liebhaber!

Ein herrliches Stück ist die C-dur-Sonate für 2 V und Bc (Cembalo und Cello oder Gambe ad libitum). Sie beginnt mit einem *Adagio*, dessen edle Linienführung und barocke Klangpracht Bewunderung erheischen. Der nächste Satz, *Alla breve* (Allegro mode-

rato), ist frei im Sinne einer Doppelfuge aufgebaut. Beide Themen werden gleichzeitig eingeführt und tragen gemeinsam die klare, energische Entwicklung. Ein weihevolles, kanonisch geführtes *Largo* kontrastiert in a-moll. Eine schwungvolle *Gigue* (Allegro molto) krönt das Werk.

Die Sonate in d-moll soll zwischen 1708 und 1717 in Weimar entstanden sein. Ihre Echtheit wurde annähernd nachgewiesen. Sie erschien 1929 bei Nagel für die Besetzung: 2 V, Klavier oder Orgel, Vcl ad libitum. Die Ausgabe bezieht sich auf einen alten Sammelband mit Abschriften von Werken verschiedener Komponisten. Dort wird die Sonate bezeichnet als: „Trio ex Db a *Violino et Clavecin obligé di Mons. Bach.*" Demnach müßte das Cembalo die Stimme der 2. Violine und die des Basses übernehmen, genau wie etwa in den Violin-, Flöten- oder Gambensonaten. Für die Neuausgabe (Prof. *Keller,* Nagel) wurde indessen die *Trio*besetzung gewählt mit der Begründung, durch sie sei „die musikalisch beste Wirkung gewährleistet". Praktisch wurde damit die konsequent durchgehaltene Dreistimmigkeit des Originals preisgegeben. Der Bearbeiter fügte die 2. Violine ein, behandelte das Cembalo als Generalbaßinstrument und beschränkte sich bei der Aussetzung des (unbezifferten) Basses nicht darauf, akkordische „Füllstimmen" zu geben, sondern er führte die Zusätze über große Strecken hin linear kontrapunktierend. Er tat das gewiß mit liebevoller Hingabe an seine Aufgabe. Gleichwohl bleibt sein Verfahren problematisch. Im Grunde ging er den umgekehrten Weg wie Bach (in seiner G-dur-Sonate!). Er machte aus einer *Duo*- eine *Trio*sonate und unterwarf das Werk damit jenen älteren Spielregeln, von denen Bach fortstrebte. Wie dem auch sei, man wird große Schönheiten in dieser Sonate finden. Ihr erstes *Adagio* zeigt eine eigenartige Empfindungskurve. Sie erreicht ihren Höhepunkt zu Beginn in einem Ausbruch von leidenschaftlicher Erregung, sinkt dann allmählich ab und erlischt in klagenden Sexten der beiden Geigen. Das anschließende *Allegro* wird vorwiegend vom

konzertanten Mit- und Gegeneinander der Geigen getragen. Den Ausklang bestreitet das Cembalo allein. Es macht drei vergebliche Ansätze, das Thema nachzusingen, und gibt es dann heftig grollend auf. Das ausdrucksvolle *Largo* (F-dur) wächst aus friedvollem Beginn in starke klangliche und melodische Spannungen hinein, die in einer pp Fermate ihren inneren Höhepunkt erreichen. Danach bereitet ein „tristanisch“ mit Chromatik durchsetztes, schmerzliches Duo der unbegleiteten Geigen die Wendung vor. Sie ergibt sich nach wenigen Takten in einer hellen Abschlußkadenz. Eine ungewohnte Form für ein Finale zeigt das *Vivace*. Zwei einander entsprechende lebhafte Teile umrahmen einen ruhigeren Mittelteil („Tranquillo“, F-dur), der „Quasi Andante“ in B-dur schließt.

Die andere Sonate in G-dur für 2 V (oder 1 Flt, 1 V) und Bc (Cembalo, Vcl ad libitum) hat heiteren Grundcharakter. Ihre vier Sätze: *Largo, Vivace, Adagio* und *Presto* gipfeln in dem großartigen *Presto-Finale*, dessen herrliche Baßführung sich unverlierbar einprägt.

Die Entstehungsgeschichte der Triosonate in c-moll aus dem „Musikalischen Opfer“ ist uns erhalten geblieben. Am 7. Mai 1747 war Bach bei *Friedrich dem Großen* in Potsdam zu Gast. Der König schlug ihm folgendes Thema vor:

Bach improvisierte darüber sofort eine sechsstimmige Fuge. Wieder in Leipzig, schuf er über das gleiche Thema (super thema regium) eine dreistimmige Fuge, die er *Ricercare* nannte, sechs verschiedene *Canons* und eine *„Fuga canonica in Epidiapente“*. All das übersandte er am 7. Juli dem König mit einer Widmung. Hierzu bekannte er, seine damalige „Improvisation“ sei nach seinem Empfinden unbefriedigend und dem „königlichen Thema“ unangemessen gewesen. Daher habe er nun dies *„Musikalische Opfer“* ausgearbeitet, um dem König seine Bewunderung und Dankbarkeit zu bezeugen. Nach wenigen Monaten ließ er zwei weitere Sendungen folgen. Die erste enthielt eine große *„Fuga a 6 voci“* * und *zwei neue Canons.* Die zweite und letzte enthielt eine *Triosonate für Flöte, Violine und Basso continuo* sowie einen *„Canon perpetuus“*. Das *„Musikalische Opfer“* geriet damals bald in Vergessenheit. Erst in unserem Jahrhundert wurde es in mehrfachen Bearbeitungen neu herausgebracht.

In diesem monumentalen Spätwerk hat sich Bachs Stil völlig vergeistigt. Naturhaft wachsen die Stimmen aus unerschöpflichem Gedankenreichtum. Die kunstvollsten Mittel der Kontrapunktik werden mit überlegener Selbstverständlichkeit eingesetzt. Nirgends wirkt die Fülle der offenkundigen und verborgenen Gedankenverbindungen erdrückend. Die Stimmen vereinen sich melodisch zu einer Polyphonie von letzter Einfachheit. In dem ernsten, erhabenen Grundklang dieser Musik kündet sich erschütternd der abgeklärte Stil der *„Kunst der Fuge“* an.

Als letzter Erdenrest haftet der *Triosonate c-moll* ihr Bc an. Man mußte ihn aussetzen oder auf eine Aufführbarkeit verzichten. Es gibt Bearbeitungen von *J. Ph. Kirnberger, Seiffert, A. Casella* und anderen. Unmöglich zu sagen, welche man wählen soll. Für *Kirnbergers* Bearbeitung spricht, daß er *Bachs* Schüler war, gegen ihn seine gelehrte, blutlose Trockenheit. Es ließe sich an jeder Lösung Positives und Problematisches ausmachen, eine Endlösung gibt es nicht. *Kirnberger* und *Seiffert* wahren die Originalbesetzung, also Flt, V und Bc (Cembalo und Vcl ad libitum), *Casella* entfernt sich von ihr, seine Bearbeitung (bei Ricordi) sieht V, Vcl und Klavier vor. Daraus spricht unhistorisches Denken. Friedrich der Große war Flötenspieler. Bach hat mit aus diesem Grunde der *Flöte* die erste Melodiestimme anvertraut. Man sollte es dabei belassen.

Die Sonate umfaßt vier Sätze. Ihr Eingangs-*Largo*

* Diese *„Fuga a 6 voci“* kam in einer Bearbeitung von *Edwin Fischer* für Streichorchester (3 V, Br, 2 Vcl und KB) bei Bote & Bock heraus. Sie kann auch solistisch gespielt werden.

enthält das „königliche Thema" nur keimhaft in dem

kurzen Motiv, aus dem sich der Satz in ernstem Stil entfaltet. Das anschließende *Allegro* ist im Sinne einer Doppelfuge aufgebaut, deren Besonderheit — abgesehen von ihrem geistigen Gewicht — auf der Verwandtschaft ihrer Themen beruht. Zunächst erklingt das erste Thema.

Die Kreuze über einigen Noten der Abbildung zeigen, daß es sich dabei um eine freie Variante des königlichen Themas handelt. Dieses selbst wird dann in seiner Urgestalt als zweites Thema im Baß eingeführt und durchzieht fortan deutlich als „cantus firmus" das Geschehen. Im ausdrucksvollen *Andante* findet sich das „thema regium" wiederum verborgen, so etwa im chromatischen Abstieg des Basses oder stark verwandelt in der Baßfolge:

Das fugierte Finale *(Allegro)* lockert das gleiche Thema in dieser Form auf:

Durch die rhythmischen Schwerpunktverlagerungen (Synkopen) in den Takten 5 und 6, die sich in den Takten davor bereits anbahnen, gewinnt es bei aller Verhaltenheit und herbstlichen Milde des Ausdrucks eine merkwürdig schwerelose Beschwingtheit, die selbst durch den chromatischen Abstieg nicht gehemmt wird. Die Flöte erweist sich als ideale Mittlerin der Poesie dieses Gedankens.

Bach notierte die 8 Canons aus dem „Musikalischen Opfer“ (6 aus der ersten Sendung und 2 aus der zweiten) als *„Rätselkanons“*, d. h. einstimmig. Man enträtselte sie erst später. Die verdienstvolle Ausgabe von *G. Lenzewski* (Vie) sieht für die einzelnen Canons verschiedene Streicherbesetzungen vor, die solistisch oder chorisch als Duo, Trio oder Quartett ausführbar sind. Laut *Lenzewskis* Vorwort gab Bach einem Teil der Canons launige Überschriften, so etwa der *Nr. 2* (Krebskanon) diese: „Quaerendo invenietis“ (wer sucht, der findet), der *Nr. 5* (Canon in Gegenbewegung) diese: „Notulis crescentibus, fortuna regis“ (wie hier die Noten wachsen, so wachse des Königs Glück) oder der *Nr. 6* (Zirkelkanon) diese: „Ascendentique modulatione, ascendat gloria Regis“ (mit wachsender Modulation möge auch des Königs Ruhm höher steigen).

Die Canons sind kontrapunktische Wundergebilde. Eine bessere Einführung in die „Hohe Schule der Imitation“ kann man sich nicht wünschen. Da gibt es z. B. einen *Krebskanon* (Nr. 2), worin das Thema in rückläufiger Bewegung imitiert wird. Die Abbildung zeigt

den Schluß der Imitation. Von rechts nach links gelesen ergibt sich der Beginn des „königlichen Themas“. Einen interessanten *Zirkelkanon* bietet die Nr. 6. Das veränderte c-moll-Thema durchwandert darin verschiedene Tonarten, bis sich der „Zirkel“ mit der Wiedergewinnung der Ausgangstonart schließt. In der *Nr. 7*, einem *Spiegelkanon,* dessen Wesen es ausmacht, daß die Imitation alle Intervalle des Themas wie im Spiegelbild umkehrt, erscheint das Thema zunächst so:

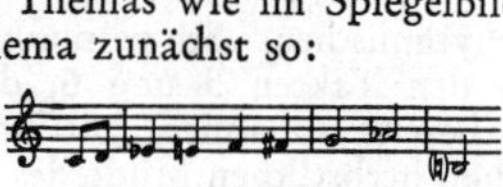

und dann im Spiegel so:

Abschließend sei hier die „Kunst der Fuge", auf die im Band „Orchestermusik" eingegangen ist, wegen der *Streichquartettbearbeitung von R. Klemm und C. Weymar* nochmals erwähnt. Die Bearbeitung verzeichnet in den Stimmen instruktiv die Themeneinsätze usw. Sie ermöglicht den Kammermusikfreunden ein Studium dieses letzten Großwerkes, das Bach nicht mehr für bestimmte Instrumente entwarf, sondern gleichsam als Abbild einer nur geistig vernehmbaren, reinen Musik aufzeichnete.

JOHANN FRIEDRICH FASCH

* 15. April 1688 in Buttelstedt bei Weimar,
† 5. Dezember 1758 in Zerbst

1700 Chorknabe der Hofkapelle zu Weißenfels, 1701 unter *Kuhnau* Thomasschüler zu Leipzig. 1708 gründete er ein Collegium musicum, wodurch er in Konflikt mit Kuhnau gerät. 1713 in Darmstadt Kompositionsstudien bei *Graupner* und *Grunewald*. 1714 Geiger in Bayreuth, Kammerschreiber in Gera. 1721 Hofkomponist beim *Grafen Morzin* in Lukavec (Böhmen). (38 Jahre später fällt die gleiche Stellung Haydn zu.) 1722 Kapellmeister in Zerbst. *Bach* schätzte Faschs Kompositionen, 5 seiner Orchester-Suiten schrieb er ab, die Manuskripte blieben erhalten. Faschs Sohn *Carl Friedrich* (1736—1800), ebenfalls Musiker, begründete die Berliner Singakademie. Sein Schüler Zelter wurde sein Nachfolger.

Fasch war ähnlich fruchtbar wie *Telemann*, aber in seiner Entwicklung geradliniger. Als Kontrapunktiker ist er *Bach* wesensverwandt. Zu seinen Lebzeiten wurde keines seiner Werke gedruckt. Ein Katalog aus dem Jahre 1743 erwähnt 7 Jahrgänge Kirchenkantaten, 12 Messen, mehrere Opern, 69 Ouvertüren, 21 Konzerte und verschiedene Kammermusiken. Ein vollständiger Jahrgang der Kirchenkantaten fand sich im Nachlaß *Ph. E. Bachs*, ferner blieben eine Reihe seiner kühnen Orchester-Suiten und Ouvertüren und einige Kammermusiken erhalten. Sie gewinnen gegenwärtig an Wertschätzung und verdienen die gleiche Beachtung wie die Telemanns.
In seinen bislang veröffentlichten *Triosonaten* er-

weist sich Fasch als überragender Kontrapunktiker. Formal sind sie noch dem Barock zugehörig. Ihr Wesen kennzeichnet sie als Übergangswerke. Ohne Preisgabe der polyphonen Satzweise nähert sich Fasch in ihnen dem subjektiven Musizierstil des Rokoko.

Die Triosonate in d-moll für V, Br u. Bc (B&H) folgt dem Schema der viersätzigen Barocksonate mit den Sätzen *Andante, Allegro, Largo* und *Allegro non molto*. Ihr innerer Aufbau ist für eine Sonate durchaus ungewöhnlich. In *allen* Sätzen entfalten sich die Melodieinstrumente, vom Baß kontrapunktiert, *kanonisch*. Die Abbildung gibt hiervon einen Begriff. Das

Thema entwickelt sich aus seinem Ursprung *unentwegt weiter* und überspannt den ganzen Satz wie eine große Melodie. Nirgends wirkt sich diese Bautechnik hemmend aus. Ungebrochen strömt der Gedankenreichtum über alle Sätze hin. Das *Andante* wirkt bei ernster Grundhaltung männlich bestimmt. Im *Allegro* wird das ruhige Schreiten in federnde Bewegung umgesetzt. Die Harmonik des sanglichen *Largo* besitzt warme Leuchtkraft. Das *Finale* ist ungeachtet seiner Mollthematik von beschwingter Musizierseligkeit erfüllt. Im zierlichen Gewebe der Stimmen atmet die graziöse Anmut des Rokoko.

Der gleiche durchgeistigte Stil kennzeichnet die Triosonate in D-dur für V, Br u. Bc (Leu). Sie umfaßt nur drei Sätze, ein *Andante* und zwei *Allegri*. Wiederum sind die Melodiestimmen durchgehend *kanonisch* geführt. Die inspirierte Melodik entfaltet sich frei. Im heiteren *Finale* wird das tänzerische Thema nicht im Einklang oder in der Oktave, sondern in der Unterquart vom 2. Melodieinstrument nachgesungen. Das führt zu reizvoller Einfärbung und Auflockerung der Harmonik.

In den Triosonaten in a-moll, F-dur und G-dur für 2 V u. Bc (alle B&H) wird die Subjektivität des Stiles besonders deutlich. Diese Sonaten sind zwar polyphon (einzelne Sätze sogar fugiert!), aber nicht mehr kanonisch gearbeitet. Den Stimmen ist somit eine größere Freizügigkeit gewährt. Das wirkt sich auf die Melodik aus, die im Zuschnitt und in der Entwicklung persönlicher erscheint. Die Harmonik gewinnt an Farbe und Weiträumigkeit, und auch die Rhythmik erhält neue Antriebe. Bisweilen wirkt sie leidenschaftlich drängend oder (so etwa im *Finale* der *G-dur-Sonate*) volkstümlich drastisch.

Ein interessantes Beispiel für Faschs Stil bietet die Sonate in B-dur für Blockflöte, Oboe (od. V), V u. Bc (Bär). Betrachtet man den Beginn des *Largos,* so

erhält man einen Begriff von der Kraft seiner melodischen Erfindung. Das Stück beginnt streng „im alten Stil". Aber nur das erste (durch Klammer *über* den Noten gekennzeichnete) Motiv, welches die Blockflöte vorsingt, wird wortgetreu von der Oboe und der Violine aufgegriffen. In Takt 2, vom 4. Achtel an, behält die Oboe nur den Rhythmus der Blockflötenstimme bei, melodisch geht sie eigene Wege. Die Violine verläßt in Takt 3 auch den Rhythmus der Leitstimme. Im gleichen Takt gesellt sich die Oboe in Terzen begleitend zur Blockflöte, in Takt 4 gerät auch die Violine in den Sog dieser führenden Stimme. Nun ergibt sich vorübergehend ein harmonisches Nebeneinander der Stimmen, diese trennen sich aber wieder und entfalten sich selbständig. Von Takt 9 ab wiederholt sich das Spiel in umgekehrter Reihenfolge der Stimmeinsätze. Bei der dritten Durchführung finden sich die Soli nach reich gegliederter Steigerung in harmonischem Nebeneinander schon fast im Sinne der vorklassischen Musik. In jedem der drei anderen Sätze (fugiertes *Allegro,* farbiges *Grave* und heiteres *Allegro)* ließe sich Gleichartiges nachweisen. Die motivische Arbeit führt hier gelegentlich schon zu Entwicklungen, wie man sie später bei *Haydn* findet! Die Abbildung zeigt einen

Ausschnitt aus dem *Finale.* Man beachte die Klammern *unter* den Noten in den beiden Abbildungen. Das gleiche Motiv findet sich im *Largo* und im *Finale*!

Die Einheitlichkeit der Thematik erstreckt sich in der Sonata a 4 in d-moll für 2 V, Br u. Vcl (B&H) auf alle Sätze. Darüber hinaus stößt Fasch geradezu in das Neuland des klassischen *Streichquartetts* vor! Sein Wagnis betrifft in erster Linie die Ausschaltung des Basso continuo. Formal ist die Sonata der Barockmusik zugehörig, in ihrem Wesen ist Altes und Neues gebunden. Die Überwindung des Bc erscheint hier als letzter Schritt einer folgerichtigen Entwicklung. Denn schon in den *Triosonaten* beginnt der Bc abzubröckeln. Etwa in der voranstehenden wird er verschiedentlich 4, 6, 8 und zweimal sogar 10 Takte lang ausgespart. Man kann zwar darin eine Übertragung des Concerto-grosso-Prinzips auf die Kammermusik erblicken. Hinzu tritt aber fraglos eine Wandlung des Geschmacks und der Gesinnung. Mit dem Abbau der Füllstimmen des Generalbaßinstruments gewinnt der Klang seine spezifisch kammermusikalische Transparenz. In seinem „Streichquartett" kommt Fasch nun mühelos ganz ohne die Krücken des Bc aus. Die reale Vierstimmigkeit wird meisterhaft genutzt. Die Stimmen sind auch nicht mehr „Objekte" eines übergeordneten Kräftespiels, sondern von individuellem Eigenleben erfüllt. Darin besteht, bei Wahrung der überkommenen Form, das Neue dieser Musizierart. Immer ist es jeweils *eine* Stimme, *ein* von Instrument zu Instrument wandernder Gedanke, der die Aufmerksamkeit fesselt. Damit ist die Sonderstellung dieser schönen Sonate im wesentlichen gekennzeichnet.

Sie umfaßt nach Art der Kirchensonate ein farbiges *Largo*, ein *Allegro*, das die gleiche merkwürdig verhangene Stimmung erregend abwandelt, ein von harmonischen Spannungen durchzogenes zweites *Largo* und ein schwungvolles *Finale*.

GIUSEPPE TARTINI

* 8. April 1692 in Pirano (Istrien), † 26. Februar 1770 in Padua

Studiert in Padua Jura (1709—1713), betreibt nebenher Musik und Fechtkunst. Auf der Geige erlangt er bald große Fertigkeit. Er entführt und heiratet die Nichte des *Kardinals Cornaro*, muß sich aber von ihr trennen, da der Kardinal ihn verfolgen läßt. Verbirgt sich 2 Jahre im Kloster von Assisi, wo er bei *Padre Boemo* Kompositionsstudien betreibt. 1715 entdeckt man ihn. Es kommt zur Versöhnung mit dem Kardinal und zur Wiedervereinigung mit der Geliebten. Durch den Geiger *Veracini* wird sein Ehrgeiz geweckt. Er erlangt durch unermüdliche Studien Virtuosität und wird 1721 erster Geiger an der Basilika Sant Antonio zu Padua. 1723—1725 ist er Kapellmeister in Prag. 1728 eröffnet er in Padua eine Geigenschule. Aus ihr gingen viele Virtuosen hervor, so u. a. *Nardini, Graun, Naumann*. Tartini betätigt sich auch als Theoretiker.

Sein kompositorisches Lebenswerk umfaßt ungefähr 200 Violinkonzerte, etwa 160 Violinsonaten, darunter die „Teufelstrillersonate“, ferner ca. 50 Triosonaten und mehrere Sinfonien für Streicher. Seine Sonaten und Konzerte gehen formal auf *Corelli* zurück. Sie bilden die letzten überragenden Beispiele der barocken italienischen Tradition. Ihr Wesen ist vom Geist der neuen Zeit geprägt. Der Violine als Trägerin individueller Gedanken und Empfindungen wird alles untergeordnet.

Tartinis *Violinsonaten* wahren zum Teil die Viersätzigkeit der *Corellischen* Kirchensonate, zum Teil fehlt ihnen der zweite langsame Satz oder er ist auf ein paar Überleitungstakte zwischen den beiden Allegri geschrumpft.

Die „Teufelstrillersonate“ in g-moll für Violine und Klavier (urspr. Bc) (Sch; UE) schuf Tartini wohl nach 1735 in Padua. Dem Astronomen *La-*

lande verdankt die Nachwelt die Aufzeichnung ihrer Entstehungsgeschichte. Es träumte Tartini, er habe seine Seele dem Teufel verschrieben und dieser sei dafür in seine Dienste getreten. Um ihn zu foppen, habe er ihm seine Geige gegeben und eine Probe seines Könnens verlangt. Zu seiner Verwunderung habe der Teufel sogleich eine herrliche Sonate gespielt. Davon sei er aufgewacht und habe nun versucht, die Töne in die Wirklichkeit hinüberzuretten. Was er habe aufschreiben können, sei aber nur ein schwacher Abglanz der „Teufelssonate“. Enttäuscht habe er sein Instrument zertrümmern und der Musik auf immer entsagen wollen, es aber nicht über sich gebracht. Die Legende hat das romantische Selbstzeugnis einengend nur auf die *Trillerkette* im Finale bezogen.

Ihr diabolischer Eindruck ergibt sich aus der raffinierten Verkoppelung der Doppelgrifftechnik mit dem Triller in der Oberstimme. Polyphonie tritt in der Sonate völlig zurück, formal entspricht sie der *Corellischen* Kirchensonate. Bestimmend für die *Allegri* wird das in rhythmische Bewegung umgesetzte figurative Spiel der Violine. Die *langsamen* Sätze sind von ausdrucksvoller Melodik getragen. Als Beispiel möge der Anfang des Themas aus dem einleitenden *Larghetto affettuoso* hier

stehen. Man beachte die „Seufzer“ (Vorhalte auf den nebenbetonten Taktteilen, durch Kreuze über den Noten gekennzeichnet), die Leittonspannungen (h, cis) in Takt drei, das geigerisch empfundene synkopische Verweilen auf den Taktschlüssen, wodurch der rhythmische Antrieb jeweils ein wenig verhält, um nach kaum merklicher Stauung im nächsten Takt wieder vorwärts zu drängen.

Das Thema zeigt eine federnde periodische Gliederung. Es wird zur Melodie im Sinne des leidenschaftlichen vorklassischen Stiles. Takt 2 antwortet auf Takt 1, Takt 4 auf Takt 3, die beiden Taktpaare ergänzen sich zu einem Teilbogen der Melodie. Es brauchte nur noch ein gegensätzliches Thema hinzuzutreten, dann wäre der klassische Dualismus erreicht. So weit aber geht Tartini hier nicht. *Einzelne* Melodien tragen die zweiteilig gegliederten, tonartlich kontrastierenden Sätze. Nach dem in gleichmäßiger Bewegung verlaufenden *Allegro* wird der langsame Satz, ein kurzes *Grave*, unmittelbar mit dem Finale *(Allegro)* verbunden. Das Grave leitet das Allegro ein und unterbricht es zweimal. Das Allegro mit dem „Teufelstriller" ist geigerisch virtuos mit Figuration, Doppelgriffen usw. durchsetzt, groß im Ausdruck und mitreißend temperamentvoll.

Die anderen Violinsonaten sind vorwiegend Abwandlungen der gleichen Form. Sie unterscheiden sich durch ihre Melodik, die jeweils eigengesetzliche Entwicklungen bedingt. Nur zwei der Sonaten umfassen *drei* Sätze. In ihnen folgen je zwei Allegri einem langsamen Satz.

Da ist zunächst die Sonate in g-moll (Sch). Sie beginnt mit einem *Larghetto affettuoso.* Ihm folgt ein rhythmisch federndes *Allegro posato.* Das Finale *(Allegro assai)* hat ein leidenschaftliches Thema, das in sei-

nem Absturz über zwei Oktaven hin, in seiner ganz auf Klang gestellten, kadenzierten Harmonik und seiner energischen Rhythmik den großen Zug späterer *sinfonischer* Themen aufweist. Es ist dem Barock entwachsen.

Ähnliches gilt für die Sonate in a-moll (Sch). Das Thema ihres *Andante* läßt schon in den ersten beiden

Takten eine periodische Gliederung erkennen. Es weitet

sich in der Folge zur Melodie und wirkt wie ein Volkslied. Typisch für Tartini die rhythmische Verhaltenheit (Synkopen) im Übergang vom 3. zum 4. Viertel der beiden Takte (vgl. Larghetto Thema der „Teufelstrillersonate"!). Individualistisch gefärbt ist auch das leidenschaftliche Thema des *Allegro energico* und nicht minder

das des Finale *(Presto).* Die dreimalige drängende Wiederholung desselben Motives (bevor sich aus solchem Anlauf die Frage der beiden letzten Takte bildet) findet man entsprechend in zahllosen klassischen Werken. Hier hat die Thematik die entscheidenden Merkmale des Barockstiles abgestreift. Sie ist in sich zielstrebig geworden.

Erwähnt seien in diesem Zusammenhang noch Prelude und Variationen in a-moll für Violine und Klavier (Sch). Das Prelude entfaltet sich rhapsodisch frei. Den Variationen liegt ein einfaches Thema zugrunde, dessen Ausdruckswerte die phantasievollen Verwandlungen überzeugend erschließen. Ein geigerisch wirkungsvolles Werk, typisch für Tartinis zugleich strenge und bewegliche Art.

Ansätze zum galanten Stil des Rokoko finden sich in den hübschen Sinfonien für Streichinstrumente. Sie sind auch als Quartette aufführbar und bieten den Liebhabern dankbare Aufgaben, da sie keine virtuose Technik erfordern. Als Beispiel sei die Sinfonie in A-dur (Bär) gewählt. Der Klang wird mühelos von den vier Stimmen getragen. Die melodische Oberstimme dominiert. Polyphonie tritt nahezu völlig zurück. Die zweite Violine gesellt sich gern in Terzen- oder Sextengängen zur ersten, die Bratsche gibt die Harmonietöne, sie verstärkt bisweilen aber auch den Baß. Die Sinfonie umfaßt drei Sätze, von denen der erste, *Allegro assai,* besonderes Interesse beanspruchen darf. Es gibt in ihm zwei *gegensätzliche* motivartige Themen und auch bereits kurze motivische Entwicklungen. Das erste, fanfarenartige Thema oder Motiv wirkt „männlich". Das zweite bildet in sanftem piano seine

„weibliche" Ergänzung (vgl. die Klammern über bzw. unter den Noten der Abb.). Entsprechendes findet sich später etwa im Kopfthema von Mozarts *„Jupiter-Sinfonie"*. Ein Vergleich der Themen verdeutlicht nicht nur Verwandtes, er läßt auch die Unterschiede der beiden Zeitstile hervortreten. Bei Mozart finden wir ein gelöstes, ganz zu sich selbst erwachtes Musizieren, Tartini wirkt noch etwas formelhaft. Der Gegensatz seiner Motive bleibt im Rhythmischen und Melodischen unwesentlich, nur in der Dynamik (forte, piano) tritt er in Erscheinung. Die Motive verlebendigen sich jedoch im Laufe der Entwicklung außerordentlich. Das erste sieht da plötzlich so aus:

das zweite in der Umkehrung so:

oder ganz frei so:

Mehr im Sinne der barocken Tradition verläuft das melancholische *Andante assai*. Ein kurzes *Menuett* (Allegro assai) mit drolligem Hüpfrhythmus, zärtlich in der Stimmung und wohl geeignet, bei Hofe ein verliebtes Schäferspiel zu untermalen, beschließt das schöne Werk, das *H. Kretschmar* als „antizipierte Schubertiade" empfand. Über dem ersten Allegro liegt in der Tat ein Schimmer romantischer Empfindsamkeit.

JOHANN JOACHIM QUANTZ

* 30. Januar 1697 in Oberscheden (Hannover),
† 12. Juli 1773 in Potsdam

Als er 10 Jahre alt ist, stirbt sein Vater, ein Schmied. Ein Oheim, Stadtmusikus in Merseburg, nimmt ihn in die Lehre und bildet ihn auf mehreren Instrumenten aus. 1714 geht er als Musikanten-„Geselle" nach Radeberg, von dort über Pirna nach Dresden. 1717 in Wien Schüler des Kontrapunktikers *Fux*, 1718 Mitglied der königlichen Kapelle zu Dresden und Warschau. 1724 Studienreise nach Italien. Über die Schweiz, Paris und London kommt er 1727 nach Dresden zurück. 1728 fällt er in Berlin dem *Kronprinzen Friedrich* auf. Dieser wird sein Schüler und beruft ihn nach seiner Thronbesteigung 1741 als Kammermusikus und Hofkomponist nach Potsdam. Im Dienste *Friedrichs II.* bleibt er bis zu seinem Tode.

War als Komponist sehr fruchtbar. Schrieb für seinen König etwa 300 Flötenkonzerte, über 200 andere Flötenwerke, Solfeggien (Etuden), Trios, Quartette, Lieder, ferner eine noch heute oft befragte Flötenschule „Versuch einer Anweisung, die Flöte traversière zu spielen" und eine „Anweisung, wie ein Musikus und eine Musik zu beurteilen sei". Auch als Instrumentenbauer war er erfolgreich.

Quantz ist als Lehrmeister Friedrichs d. G., als „Klassiker der Flötenkomposition" und als einer der tüchtigsten Vertreter der „Norddeutschen Schule" in die Geschichte eingegangen. Er war der konservativste unter den Getreuen des Königs, untadelig in allem Handwerklichen. Manche seiner Werke sind ein wenig hausbacken im Ausdruck. Andere dagegen entzücken noch heute durch ihre schönen Themen, ihren edlen und eigenartigen Aufbau und durch den heiteren Klang der „königlichen" Flöte, für die er meisterhaft zu schreiben wußte. Wenn wir ihnen lauschen, fühlen wir uns entrückt in jenes alte Potsdam, in dem es eine Insel gab, zu der die Sorge keinen Zutritt hatte: *Sanssouci.*

Die Triosonate in C-dur für Blockflöte (Flt, V), Flöte (V) und Bc (Bär) ist schon interessant durch die Verkoppelung der Block- und Querflöte, die gleichsam als Vertreter des alten *barocken* und des neuen *vorklassischen Klangideals* einträchtig miteinander musizieren. Darüber hinaus prägt sich in ihr eine höchst merkwürdige Mischung von höfischem Konversationston, gediegener, fast pedantisch korrekter polyphoner Satztechnik, konstruktiver Formgliederung und schwerblütiger, nur mühsam zurückgestauter Empfindsamkeit aus. Quantz stellte einmal den Grundsatz auf: *„Ein Trio muß so beschaffen sein, daß man kaum erraten kann, welche von beiden Stimmen die erste sei.“* Im vorliegenden Werk befolgt er diese Maxime peinlich genau. Die Melodieinstrumente sind durchgehend gleichwertig behandelt. Ein gesund schreitender Baß, noch ganz „Fundament“ im Sinne des Barock, gibt ihrem Gesang Rückhalt. Er umgrenzt auch harmonisch den Raum, in dem sie sich frei bewegen können. Die Sonate hält sich an das viersätzige Schema der barocken Kirchensonate. Ein langsamer Satz, *Affettuoso*, leitet ein. Zunächst trägt die Flöte, begleitet vom Bc, das graziöse Thema vor. Es be-

steht aus zwei unterschiedlichen Lockrufen, deren erster einmal und deren zweiter zweimal zärtlich wiederholt wird. Jeder Lockrufgruppe folgt als Anhängsel eine kleine kadenzartige Bekräftigung, durch die ihr Gefühlswert gleichsam gedämpft wird. Man kann auch sagen: die Empfindung, die ihre Schwingen breiten möchte, muß sich der Etikette fügen, sie wird in die Grenzen der Konvention zurückgewiesen. Das ist so kurios, so „wohlanständig“ gemacht, die verschnörkelte Melodie ist derart fein hingestrichelt, daß man seine helle Freude daran haben kann. Hausbacken und gefühlvoll zugleich geht der Satz weiter. Die Blockflöte singt das Thema in der Oberquinte nach, die Flöte kontrapunktiert zierlich und gesellt sich endlich in Terzen zu ihrer etwas steif rezitierenden Gefährtin. Unversehens ergibt sich ein freieres, beweglich geführtes Motivspiel über einen *neuen* Gedanken, worauf das alte Spiel noch einmal anhebt, nun aber mit vertauschten Rollen und auch tonartlich und im Verlauf der Linien etwas anders. In Umrissen zeichnet sich etwa eine dreigliedrige Form ab, deren Rahmenteile und deren Mittelteil von zwei selbständigen Gedanken getragen werden.

Einen weit neuartigeren Aufbau zeigt das anschließende *Alla breve* (Allegro). Wieder trägt die Flöte das

Thema vor, wieder singt es die Blockflöte in der Oberquinte kanonisch nach. Eine Fuge scheint sich zu bilden, denn das Thema springt nun auf den Baß über. Dieser führt es aber nicht zu Ende, sondern biegt in eine allgemein gehaltene Linie von kadenzierenden Fundamenttönen ein. Darüber aber ergibt sich wiederum ein *zweiter*

Gedanke. Er erscheint in der Blockflöte, die Flöte begleitet mit in Bewegung aufgelösten Harmonien. Ihre Figuren nehmen in ihrer stereotypen Wiederkehr schon das Schema der „klassischen" Begleitung vorweg (etwa „linke Hand" in Haydns oder Mozarts Klaviersonaten!). Ein Zeichen für die fortschreitende Verschmelzung von Polyphonie und Homophonie! Das Spiel wechselt nun, die Blockflöte begleitet, die Flöte „singt". Sodann entspinnt sich eine kurze motivische Entwicklung, die mit der Wiederaufnahme des Themas durch die Blockflöte ihr Ende findet. Aber das Thema wird hier nicht ganz vorgetragen, sondern Gegenstand einer längeren motivischen Durchführung, die bald auch das zweite Thema einbezieht. Das ist durchaus neu! Es wäre schon „klassisch", wenn sich Konflikte zwischen den beiden Themen ergäben. Das ist aber nicht der Fall. Die Durchführung hält sich verbindlich im Rahmen eines freien Fugato. Nach einem beschwingten Auslauf klingt das Thema noch einmal in den beiden Soli auf. Aus wortgetreuem Beginn entfaltet es sich frei, festigt sich bald und beschließt den Satz hell. Das barocke Formschema erscheint hier in ungewohnter Gliederung und bedeutend erweitert. Zwei Zeitalter überschneiden sich in der Verbindung von Bestandteilen der polyphonen Fuge mit homophonen Partien, das Neue kündigt sich an in der Aufstellung zweier Themen. Noch aber ist es nur ein Spiel mit Elementen, die später feindlich aufeinanderprallen. Noch ist der Bruch mit der Tradition nicht erfolgt, das Neue als umwälzende *Idee* nicht erkannt.

Die beiden Schlußsätze bestätigen das. Sie verlaufen formal im Rahmen des damals Gewohnten. Das *Larghetto* trägt mit seinem kunstvoll auf die beiden Soli verteilten, melancholischen Thema eine besinnliche Stimmung in das Geschehen. Das heitere Finale *(Vivace)* versprüht silberhelle Fiorituren. In seinem etwas gezierten, tänzerisch leichten Wesen spiegelt sich zwar nicht faszinierend, aber durchaus so, wie es die Etikette verlangt, die unbeschwerte Lebensart des Rokoko.

In den anderen neu herausgegebenen Trios (Ki&S; Zi), auch in der schönen, besetzungsmäßig originellen Sonate in D-dur für 3 Flöten (N), welche Sonaten- und Suitenelemente in ihren 5 Sätzen *Vivace, Largo, Rigaudon, Menuett* und *Vivace* vereinigt, und in den Flötensonaten und Duetten (B&H) wird man modifiziert die Wesenszüge finden, die an obigem Beispiel aufgezeigt wurden. Es mag daher stellvertretend für alle hier zeugen.

JOHANN GOTTLIEB GRAUN

* zw. 28. Oktober 1702 u. 27. Oktober 1703 in Wahrenbrück (Provinz Sachsen), † 27. Oktober 1771 in Berlin

1713—21 Schüler der Kreuzschule zu Dresden, dort zugleich Violinschüler bei Pisendel. Studienreise nach Italien, in Padua Schüler *Tartinis*. 1726 Konzertmeister in Merseburg, wo *Friedemann Bach* sein Schüler wird. 1728 Kapelldirektor zu Arolsen/Waldeck, 1732 Hofmusikus beim Kronprinzen Friedrich von Preußen zu Rheinsberg. Nach Friedrichs II. Thronbesteigung (1740) von diesem als „Konzertmeister" nach Potsdam berufen.

Graun hatte zwei Brüder, die Musiker waren. Der ältere Bruder *August Friedrich* (1698/1699—1765) wirkte als

Domkantor zu Merseburg. Der jüngere *Carl Heinrich* (1703/1704—1759) kam 1735 ebenfalls nach Rheinsberg zum Kronprinzen Friedrich und wurde 1740 bei Friedrich dem Großen in Potsdam „Kapellmeister". Während er insbesondere Opern und Kirchenmusiken schrieb, von denen sich etwa das Oratorium „Der Tod Jesu" lange hielt, schuf *Johann Gottlieb* vor allem Instrumentalmusiken, so u. a. etwa 100 Sinfonien, viele Violinkonzerte, Ouvertüren, Quartette, Trios usw. Insgesamt blieben handschriftlich etwa 10 Bände Kompositionen von ihm erhalten. Bislang liegen nur wenige seiner Kammermusiken in Neudrucken vor. Gespielt werden sie leider fast nie. Grauns Arbeiten sind musikalische Leckerbissen für solche, denen nicht nur daran gelegen ist, das eine oder andere Paradestück zu spielen, sondern die sich das gesamte Gebiet der Kammermusik als Betätigungsfeld erwählt haben. Diese werden bei Graun finden, daß er nicht nur stilgeschichtlich interessant ist, sondern Wesentliches zu sagen hat.

Unter den „Friderizianern" ist *Joh. Gottlieb Graun* neben dem Flötenmeister *Quantz* der eigentliche Kammermusiker, also der Meister des bewußt gepflegten intimen Gemeinschaftsmusizierens, wofür damals das „Trio" die gegebene Besetzungsbasis bildete. (*Benda* dagegen wurde vornehmlich durch seine Violinsonaten wichtig, *K. Ph. Emanuel Bach* durch seine Klaviersonaten.)

In der Triosonate in F-dur für Oboe, V und Bc (Vcl und Cemb) (B&H) erweist sich Graun als gediegener Fortsetzer der Barocktradition. Sein Klangempfinden, sein Formsinn und sein Vermögen, sowohl mit den Mitteln der Polyphonie als der Homophonie wirklich tragfähige, in ihren Spannungen gut ausgewogene musikalische Bauten aufzuführen, überragen den Durchschnitt weit. Ein ausdrucksvolles, elegisches *Larghetto* leitet die Sonate ein. Die Oboe, deren unterschiedliche Register klangschön zur Geltung kommen, trägt hier die eigentliche Melodie. Die Violine begleitet vorwiegend mit in Bewegung umgesetzten Harmonien. Das ändert sich im nächsten Satz, einem hellen, polyphon gearbeiteten *Allegro.* Hier konzertieren die beiden Soli gleichwertig miteinander. Die Synkope auf dem ersten

Viertel des Themas wird für den ganzen Satz charakteristisch, sie gibt ihm seine federnde Frische. Graun schätzt Synkopen überhaupt. Vielleicht hat er die Vorliebe für sie von seinem Lehrer Tartini aus Padua mitgebracht? Nun, dann haben sie bei ihm jedenfalls ihren Charakter geändert. Denn, während sie bei Tartini eigentlich stets eine Verhaltenheit der Rhythmik bewirken und das „cantabile" unterstreichen (vgl. „Teufelstrillersonate"), sind sie bei Graun eher das gemäße Ausdrucksmittel eines aktiven, kantigen, männlichen Temperaments. Der nächste langsame Satz, *Siciliano,* ist filigranhaft durchsetzt. Er hat eine dunkel gefärbte Melodie und verläuft anmutig wie ein stilisierter Tanz. Das *Finale (Allegro)* wirkt demgegenüber ein wenig zopfig.

Die übrigen in Neudrucken vorliegenden Trios sind insgesamt *dreisätzig* gehalten, ein Zeichen, daß die barocke Sonatenform, die ihre Wirkung vornehmlich auf den Kontrast von tempoungleichen Satzpaaren stellt (langsam—lebhaft), dem unmerklich wachsenden Drang nach Subjektivierung des Ausdrucks nicht mehr genügt. Auch die Reihenform der alten Tanz- und Variationensuite entspricht der heraufdämmernden neuen Wesenshaltung nur unvollkommen. Ihre einzelnen Formteile ruhen (selbst bei Themengleichheit) geschlossen in sich. Der neue Formwille aber geht darauf aus, die Beziehung zwischen den Sätzen durch eine über sie alle hinschwingende einheitliche Entwicklung enger zu gestalten. Das erweist sich bei den „Friderizianern" und somit auch bei Graun nur erst in Ansätzen. Mag sein, daß es ihn unbewußt in diese Richtung trieb. Wir Rückschauenden, die wir ständig das später Gewordene als Maßstab vor Augen haben, neigen dazu, manche Neuerung, die dem schaffend ins Ungewisse sich Vortastenden wie nebenbei zufiel, als Ergebnis planvoller Absicht zu bewerten, sobald sich das Neue in das von uns überschaubare Gesamtbild organisch einfügen läßt. Aber selbst wenn wir hierin irren, bliebe es reizvoll, zu erkennen, daß auch aus zufällig sich Ergebendem im Laufe der Geschichte unentwegt Neues sinnvoll hervorgeht.

Grauns Triosonate in G-dur für 2 V (statt V I urspr. Oboe) und Bc (B&H) zeigt ein Streben nach Vereinheitlichung des thematischen Materials. Die Themen der drei Sätze *(Adagio, Allegro, Allegro)* wachsen aus einer gemeinsamen Wurzel, einem Dreiklangsmotiv, das bald aufsteigend, bald in der Umkehrung und in variabler rhythmischer Gestalt auftritt. Nicht *Variationen* ein- und desselben *Themas* liegen in den drei Sätzen vor, sondern ihre Themen gehen auf ein in wechselnder Form erscheinendes Grund-*Motiv* zurück. Sie sind miteinander „verwandt“ und doch verschieden, und sie entfalten sich jeweils frei und selbständig. Das aber ist das Neue: man darf hier von Ansätzen zu einer „Entwicklung“ sprechen, die sich über die Gesamtform erstreckt und die bereits eine gewisse Zielstrebigkeit erkennen läßt. Sie besteht vorläufig nur darin, gleichsam alle im Grundgedanken vorhandenen Möglichkeiten aufzuzeigen. Spannungen und Konflikte zwischen gegensätzlichen Themen ergeben sich noch nicht. Die im ersten Satz sich ausdrucksvoll entfaltende melodische Substanz wird im zweiten in drängende Bewegung umgesetzt (wiederum geben *Synkopen* die Impulse!), die sich im letzten dann frei ins Spielerische löst.

Die Triosonate in c-moll für die gleiche Besetzung (B&H) zeigt ein ähnliches Bild. Ihre drei Sätze *(Adagio, Allegro moderato* und *Scherzo)* gehen in ihrer Thematik wiederum auf eine gemeinsame Grund-

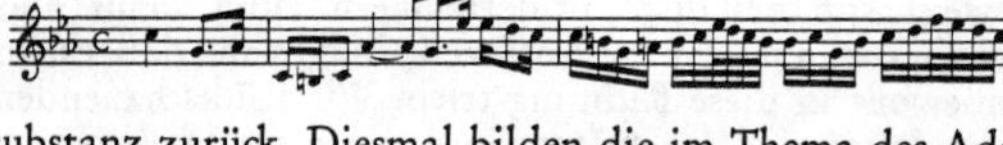

substanz zurück. Diesmal bilden die im Thema des Adagio vorhandenen steigenden und fallenden Sexten sowie die Synkopen den roten Faden, der sich durch das Ganze zieht. Zwei gewichtige Werke, die dem Studium dringend anempfohlen seien!

Die beiden Triosonaten in B-dur und F-dur für Bratsche, Vcl ad lib. und Cembalo (B&H) mit den Sätzen *Adagio, Allegretto, Allegro non troppo* bzw. *Adagio non molto, Allegro* und *Allegro ma non tanto* und auch die *Triosonate in F-dur* für Flöte (oder V), V, Vcl ad lib. und Cembalo (Zi) bewegen sich formal und stilistisch etwa in gleichen Bahnen. In jeder von ihnen findet man Ansätze zu Neuem, eigentlich in jedem ersten Allegro herrscht die Synkope als movens (bis zur Manier!), ihnen allen gab ein gediegener Handwerker, ein aktiver, selbständiger Geist das Gepräge. Es wäre zu wünschen, daß man Graun mehr als bisher spielt! Es führen direkte Wege von ihm zu den Klassikern.

FRANZ BENDA

* in Alt-Benatek (Böhmen), Taufe 22. November 1709, † 1. März 1786 in Neuendorf bei Potsdam

Begann seine musikalische Laufbahn als Sängerknabe an der Prager Nikolauskirche, fand nach unstetem Wanderleben als Violinvirtuose zunächst in Warschau und 1733 in Rheinsberg beim Kronprinzen Friedrich Beschäftigung. Als dieser König von Preußen wurde, nahm er ihn mit nach Potsdam. Dort wurde Benda 1771 königlicher Konzertmeister. Er schuf einige Sinfonien und Violinkonzerte, vor allem aber zahlreiche Violinsonaten, ferner Triosonaten, Etüden u. a.

Friedrich der Große hatte offensichtlich eine Vorliebe für Musikersippschaften. Zwei Brüder *Graun* und vier Brüder *Benda* standen bei ihm in Diensten. *Johann Wenzel* und *Georg* waren Kammermusizi bei Friedrich II., Franz' jüngster Bruder und Schüler *Joseph* wurde sein Nachfolger. Nicht genug damit, auch zwei Söhne von Franz Benda, *Friedrich Wilhelm* und *Karl Hermann,* waren Mitglieder der königlichen Kapelle, der eine als Kammermusikus, der andere als Konzertmeister. Von diesen Bendas erlangte *Georg* musikgeschichtliche

Bedeutung durch seine Melodramen, Klaviersonaten und Sinfonien, *Franz* durch seine Violinsonaten. Als Kuriosum sei vermerkt, daß letzterer genau wie Quantz das Privilegium besaß, „Bravo“ rufen zu dürfen, wenn der königliche Flötist eine schwierige Kadenz glücklich bewältigt hatte. Das bewahrte seine Werke indessen nicht vor nahezu völliger Vergessenheit. Wenn Benda hier gleichwohl kurz erwähnt wird, so deshalb, weil seine Violinsonaten für die Entwicklung der Gattung bedeutsam sind.

Durch sein böhmisches Musikantenblut unterscheidet sich Benda von den anderen „Friderizianern“. Er ist der temperamentvolle „Virtuose“ dieses Kreises, unterhaltsam im Wesen, ohne sonderlichen Tiefgang, aber, wie seine Kollegen, gediegen in allem Handwerklichen. Bei Benda vollzieht sich der Übergang von der barocken Triosonate zur begleiteten vorklassischen Solosonate besetzungsmäßig und stilistisch. Er schreibt zunächst Triosonaten (also Sonaten für zwei Melodieinstrumente und Bc). Dann spart er das zweite Melodieinstrument ein, indem er dessen Stimme auf den Diskant des Cembalo überträgt. Was bei *J. S. Bach* als Einzelfall sich ergab (vgl. Bachs Gambensonate in G-dur!), wird bei Benda allmählich zur Norm. Das Cembalo ist in der Mehrzahl seiner Werke zwar noch als Bc ausgeschrieben, aber verschiedentlich ist nicht nur der „bezifferte“ Baß, sondern auch die Oberstimme notiert. In einigen seiner Werke hat sich das Cembalo dann als Partner des Melodieinstruments bereits völlig verselbständigt, gelegentlich sogar über dieses das Übergewicht erlangt, so z. B. in den „Trois sonates pour le Clavecin ou Pianoforte accompagnée d'une Flute“, Werk 5 *. Die Aufgabe der Flöte bleibt darauf beschränkt, den melodisch führenden Diskant des „Clavecin“ mit Figurationen zu umspielen. (Der nächste Schritt ist Fortfall des Melodieinstruments und Verselbständigung der Klavier-*Sonate* [im Gegensatz zur Suite] bei *Ph. Emanuel Bach.)* Bei

* Die Westdeutsche Bibliothek, Marburg, besitzt einen alten Stich dieser Sonaten.

Benda läßt sich besetzungsmäßig die Entstehung der begleiteten Solosonate in all ihren Entwicklungsstadien kontinuierlich beobachten. Aber auch stilistisch stehen seine Werke dem Barock nur noch bedingt nahe. Die Viersätzigkeit der alten Sonate weicht bei ihm der Dreisätzigkeit der Übergangszeit (vgl. Graun). Auch die Affektbetontheit seines Ausdrucks, die virtuose, individuelle Manier seiner Violinbehandlung und die fast völlige Preisgabe konstruktiver Polyphonie sind Merkmale des neuen Stiles.

Benda liebte es, in seinen Sonaten (Si) und Capricen lebhaftes Spielwerk, brillante Passagen, Läufe, galante Fiorituren, Doppelgriffe, Terzen- und Sextengänge usw. anzubringen. Ein näheres Eingehen auf seine Sonaten erübrigt sich, sie sind weniger wegen ihres künstlerischen Wertes als wegen ihrer stilgeschichtlichen Stellung wichtig. Einen Begriff von seiner Art möge das

Thema des „Presto“ vermitteln, das in einer freien Bearbeitung von Chaumont bei Sénart herauskam. Gewiß, ein hübsches, spritziges Thema. Aber man vergleiche es mit dem Thema aus dem ersten Allegro von J. S. Bachs drittem „Brandenburgischem Konzert“, dem es im Schnitt nachgebildet zu sein scheint. Hier — leichte, wohl schon zu leichte höfische Konversation, dort — ein Gedanke von unausschöpfbarer Wesentlichkeit!

Bendas *Capricen* dürften wohl wegen ihres instruktiven Etüdencharakters noch auf lange hin als Übungen für angehende Virtuosen ihre Nützlichkeit erweisen.

FRANZ XAVER RICHTER

* 1. Dezember 1709 in Holleschau (Mähren),
† 12. September 1789 in Straßburg

Über seinen Lebensweg weiß man nur weniges. 1740 wurde er Mitglied der Kapelle des Fürstabtes von Kempten, 1747 tauchte er in *Mannheim* auf, wo er in der kurpfälzischen Kapelle als Geiger und

Baßsänger tätig war und Kammerkomponist wurde. 1769 ging er nach Straßburg, wo er noch 20 Jahre als Kapellmeister am Münster wirkte.

Richter war nahezu auf allen Gebieten der Tonkunst schöpferisch tätig, nur der Oper blieb er fern. Zunächst setzte er sich als Instrumentalkomponist durch, in seiner letzten Stellung zu Straßburg wendete er sich der Kirchenmusik zu. Er hinterließ viele Kirchenmusiken, darunter 1 Oratorium, zahlreiche Messen und Motetten, einige Kantaten, Requiems und Psalmen. Ferner wurden bislang wieder aufgefunden: 69 Sinfonien, 6 Konzerte für Klavier und Streichorchester, 6 Streichquartette, 12 Triosonaten für 2 V u. Bc, 8 für oblig. Klavier, Flöte (V) u. oblig. Cello, 6 Flöten-Duette und 6 Solosonaten für Flöte u. Bc. Er betätigte sich auch als Theoretiker und schuf eine „Harmonische Belehrung oder gründliche Anweisung zur musikalischen Tonkunst".

Nach *Johann Stamitz,* dem Begründer der *„Mannheimer Schule"*, gehört *Richter* zu deren wichtigsten Vertretern. Er bricht nicht schroff mit dem Alten und gelangt doch zu Neuem. Joh. Stamitz ist der Revolutionär der „Mannheimer", Richter ist ihr geistiges Rückgrat. Er trug dazu bei, die Generalbaßpraxis endgültig zu überwinden, er lockerte das barocke Satzgefüge melodisch auf, ohne die Polyphonie preiszugeben, er mehrte die individuellen Ausdruckswerte der Thematik und Dynamik, er führte verschiedentlich bereits zweite, gegensätzliche Themen oder Motive ein, wagte mit diesen motivische Entwicklungen und half mit, die Form- und Besetzungsgrundlage zu schaffen, von der aus dann Haydn, Mozart und Beethoven das „klassische" Quartett durchbildeten.

Bereits Richters frühe 6 Kammersonaten, Werk 2 (Bär) gehören zu den Werken der Übergangszeit, mit denen sich der Schwerpunkt der Entwicklung auf dem Gebiet der Kammermusik von Italien (und Frankreich) nach Deutschland verlagert. Sie weisen wichtige Züge des neuen Stiles auf. Die Gattungsbezeichnung gewinnt nun ihren noch heute gültigen Sinn. „Kammersonate" besagt hier nicht mehr (wie bei der Barocksonate!), daß im Gegensatz zur Kirchensonate eine Tanz- oder Variationssuite vorliegt, sondern vielmehr, daß es sich eben um „Kammer"-, nicht aber um

„Orchester“-Musik handelt! Die Suitenform tritt in den Hintergrund, die Sonatenform durchmißt ihre letzte vorklassische Entwicklung. Die viersätzige barocke Sonate begann in der Regel mit einem langsamen Satz. Bei Richters Sonaten ist dieser grundsätzlich ausgespart. Die restlichen *drei* Sätze folgen einander stets so, daß der langsamste Satz in der Mitte liegt. Wenn also ein Andante den Beginn macht, folgt ihm ein Larghetto oder Adagio. In den ausgedehnten Ecksätzen ist eine zweiteilige Gliederung (mit Wiederholung der Einzelteile in sich) die Regel. Modulierende Sequenzen, motivische Entwicklungen, gelegentlich auch schon zweite Themen (oder Motive) beleben das Gesamtbild. Das Cembalo wird als konzertierender Partner behandelt und ausgeschrieben. Nur bei markanten Stimmeinsätzen der Soli tritt es für die Dauer von 2 oder 3 Takten noch als „bezifferter Baß“ auf.

Ein anschauliches Beispiel für die merkwürdige Mischung von Altem und Neuem bietet die Kammersonate, Werk 2 Nr. 1 in D-dur für obligates Cembalo (Klavier), Flöte (V) und Cello. Sie beginnt mit einem ausgedehnten *Allegretto,* das in vagen Umrissen schon den ersten Allegrosatz der „klassischen“ Sonate vorzeichnet. Wenn freilich die Flöte eingangs ihr Thema vorträgt und das Cembalo, im Baß unisono verstärkt vom Cello, als „bezifferter Baß“ sie zu begleiten anfängt, fühlt man sich in die gute alte Generalbaßzeit zurückversetzt. Doch schon im dritten Takt ändert sich dies. Das Cembalo wird zum konzertierenden Partner

und übernimmt im Diskant das Thema. Im zweiten Takt darauf wird überraschend eine heitere Spielfigur eingeführt, gleichsam ein zweites Motiv, das zunächst sequenzartig sich niedersenkt und dann in freiem Aufstieg in eine mit Trillern geschmückte Kadenz einmündet. Man findet Ähnliches in zahllosen klassischen Werken (Mozart!) bis herauf etwa zur Gold-Arie des Rocco im „Fidelio" und abklingend noch bei den Romantikern. Wo so etwas auf einmal herkommt? Wir können betrachtend nur feststellen, daß es plötzlich da ist, daß es von den Zeitgenossen als gemäße Ausdrucksformel empfunden und vom Chor der Schaffenden in zahllosen Varianten nachgesungen wird. Richter war sicher nicht der Vorsänger dieses Chores, aber am Beispiel seines Werkes läßt sich die allgemeine Wandlung anschaulich nachweisen. Die vorstehende Abbildung zeigt nicht das vollständige Klangbild, sondern nur den Cembalopart. Richter legt Wert darauf, keiner der Melodiestimmen (in diesem Falle Diskant des Cembalo und Flöte) die Führung zu überlassen. Er erreicht das, indem er die gleiche Spielfigur von der Flöte in der Oberquart zu-

nächst kanonartig und später frei nachsingen läßt. Altes und Neues in harmonischer Verbindung! Im weiteren Verlauf des zweiteilig gegliederten Allegrettos ergeben sich neuartige thematische und motivische Entwicklungen. Nicht mehr ein „cantus firmus" wird unverändert durch alle Stimmen geführt, sondern die Themen bzw. Motive bestimmen als „Subjekte" den Gang der Entwicklung. Das geschieht freilich noch recht behutsam und ohne dramatische Konflikte, aber — es geschieht! Da taucht z. B. außer der Spielfigur noch ein zweites *Thema* auf.

Die Vorhalte in seinem Melodiebogen (durch Kreuze über den Noten gekennzeichnet) verselbständigen sich und veranlassen eine kleine Entwicklung, die folgende Wendung hervorbringt:

Auch sie könnte sich bei Mozart finden! Wiederum überläßt Richter diesem Gedanken die Führung nicht allein. Er gesellt ihm in der Flöte ein aus dem Rhythmus des ersten Themas hervorgegangenes Motiv zu, so daß das vollständige Klangbild so aussieht:

Im zweiten Teil des Allegretto (nach dem Wiederholungszeichen) ergibt sich bereits eine regelrechte *Durchführung* mit überraschenden Umwandlungen und Verkettungen der Themen und Motive, aber noch nicht eine Reprise im Sinne der Klassik. Der Verlauf dieses ausgedehnten Teiles entspricht, wenn auch ganz frei, dem des ersten. Das Allegretto ist der „modernste" Satz des Werkes. *Larghetto* und Finale *(Presto, ma non troppo)* entfernen sich nicht so weit von der barocken Tradition, sie ergänzen aber die sowohl stilgeschichtlich als künstlerisch wertvolle Sonate sympathisch. Erwähnt sei, daß in ihnen „Synkopen" eine ähnliche Rolle spielen wie im ersten Satz. Das Cello wird fast nur baßverstärkend verwendet, bisweilen tritt es ganz zurück, bisweilen gliedert es den Rhythmus selbständig. Einzig im *Presto* konzertiert es vorübergehend ein wenig mit der Flöte.

Die Kammersonaten Werk 2 Nr. 2 in G-dur und Nr. 3 in A-dur für die gleiche Besetzung sind der D-dur-Sonate verwandt. Sie beginnen zwar beide mit einem *Andante*, doch diese „ruhigen"

Sätze sind durch Sechzehntel, Zweiunddreißigstel (auch Triolen!) und durch bewegtes Spielwerk derart gegliedert, daß sie geradezu „lebhaft" wirken. Wiederum fesselt eine bisweilen mozartisch sangliche Melodik. Die Stimmführung ist gediegen, in ihrer konsequenten Barock-Polyphonie aber wohl ein wenig zu gewichtig für die Rokoko-Thematik. Das Finale der *3. Sonate* ist als *Fugato* angelegt.

Musiken für Streichinstrumente ohne Bc begegneten uns schon etwa bei *Purcell* oder *Tartini.* Das angeblich „erste Streichquartett" fanden wir dann bei *Telemann,* eine weitere „Sonata a 4" bei *Fasch.* Bei alldem handelte es sich aber entweder um Werke für chorische Besetzung (Purcell, Tartini), an die man sich heute auch solistisch heranwagt, oder um Experimente, die ohne spürbare Folge für die Musizierpraxis blieben. In den 6 Streichquartetten *Richters* tritt nun zum erstenmal eine geschlossene Werk-*Gruppe* von Kammermusiken für 2 V, Br und Vcl in Erscheinung. *Das Streichquartett wird damit bei ihm zur Gattung!* *

Bislang wurde nur das Streichquartett Werk 5 Nr. 1 in C-dur (B&H) der Öffentlichkeit zugänglich gemacht. Es handelt sich formal etwa um eine Kammersonate. Die Ausschaltung des Bc bedingt eine intensive Beteiligung aller Partner am thematischen und klanglichen Geschehen. Sie wird erreicht durch eine fein ziselierte, imitatorische Satzweise. Die erste Violine dominiert nicht, auch zweite Violine und Bratsche treten führend hervor, und selbst das Cello, das vorwiegend das Baßfundament verkörpert, kommt thematisch zum Zuge, vor allem im polyphonen Finale, das wiederum als *Fugato* angelegt ist. Richter nennt es *„Rincontro"*, weil dem Hauptthema bald ein selbständiges rhythmisches Motiv „begegnet". Der erste Satz ist bereits etwa im Sinne der klassischen Form ein *Allegro con brio.*

* Die 6 *Streichquartette Werk 5* brachte *H. Riemann* 1914 heraus in: Denkmäler der Tonkunst in Bayern, Band 27.

Sein Thema enthüllt schon im melodischen Zuschnitt den Abstand zur barocken Thematik. Zwangsläufig ergibt sich aus solcher Substanz eine Auflockerung der Form, ergeben sich motivische Entwicklungen, wächst Neues heran als Ausdruck einer gewandelten Wesenshaltung. Die schnellen Ecksätze umrahmen ein polyphon gehaltenes und doch sangliches *Andante.*

Abschließend sei noch ein schönes Werk erwähnt, das zwar für Streichorchester entworfen wurde, aber auch als Streichquartett seine Wirkung tut. Der Sinfonia da Camera in B-dur für vierstimmiges Streichorchester (N) ist von *W. Upmeyer* „im Hinblick auf die der Vergangenheit zugewandte Seite der Richterschen Kunst“ eine ausgesetzte Continuostimme (Cembalo) beigegeben, obgleich diese in der alten Handschrift fehlt. Die nachträgliche Archaisierung des Werkes ist problematisch, besonders da durch die Quartette erwiesen ist, daß Richter vom Basso continuo sich lossagte. Für Quartettspieler ist die Zutat ohne Belang, 2 V, Br und Vcl genügen zur Wiedergabe. Die Sinfonia umfaßt drei Sätze *(Allegro moderato, Andante* und *Fuga),* die den für Richter typischen Übergangsstil zeigen.

WILLIAM BOYCE

Taufe 11. 9. 1711 in London, † 7. 2. 1779 in Kensington (London)

Begann seine musikalische Laufbahn als Chorknabe der Paulskirche. Als er bereits Organist der Oxford-Kapelle war, wurde er noch Schüler des Deutschen *Pepusch,* der durch seine „Bettleroper“ Ruhm errang. 1736 Organist der Michaeliskirche und Komponist der Königlichen Chor-Kapelle. Einflußreiche Ämter fielen ihm zusätzlich zu. Organisierte Musikfeste und betätigte sich als Musikschriftsteller. 1755 Komponist der Königlichen Instrumental-Kapelle, 1758 auch deren Organist. Im Alter ertaubte er völlig.

An Hauptwerken hinterließ Boyce ein Maskenspiel „Peleus und Thetis“, Schauspielmusiken, u. a. zu Shakespeares „Sturm“, eine Serenata „Salomon“, 1 Oratorium, 2 Cäcilien-Oden, 1 Tedeum, 15 Anthems, Kantaten, Duette, Lieder, 8 Sinfonien, 12 Triosonaten und Präludien für Orgel. Ferner ist Boyce Mitherausgeber der ersten 3 Bände des bedeutenden Sammelwerkes „Cathedral music“, worin wertvolle Kirchenmusiken von englischen Komponisten des 16. bis 18. Jahrhunderts der Nachwelt erhalten blieben.

Unter den englischen Komponisten seiner Zeit vertritt Boyce als letzter bedeutender Kammermusiker nach *Purcell* eine konservative Richtung. Das äußert sich in seiner Vorliebe für die Fuge und überhaupt für die überkommenen Formen des Barock. Dessenungeachtet zeigt sein volkstümlicher, frischer Stil die wesentlichen Merkmale der melodieseligen, „galanten“ Zeit des Rokoko. Einige seiner Kammermusiken sind noch heute gelegentlich zu hören. Daß sie, und nicht die „moderneren“ Werke seiner gleichaltrigen Landsleute, als Zeitdokumente lebendig blieben, verdanken sie der Kraft ihrer Themen, die vielfach der altenglischen Volksmusik entstammen, der Gediegenheit ihrer Faktur und der überzeugenden Bildhaftigkeit ihrer einfachen Formen.

Das Ansehen, das Boyce am englischen Hofe genoß, spiegelt sich in dem Monopol, das ihm König Georg II. verlieh. Danach durfte Boyce seine Werke für die Dauer von „Fourteen jears“ allein drucken. 1745 gab er seine 12 Sonaten für zwei Violinen und Bc (= „With a Bass for the Violoncello or Harpsichord“) heraus (Sch, Si, No). Die Verwendung des Cellos stellte er also frei. Ansonsten aber notierte er den Baß noch „beziffert“.

Wir dürfen uns hier darauf beschränken, die Sonaten insgesamt zu kennzeichnen. Die Mehrzahl von ihnen ist viersätzig gehalten, nur die *erste, vierte* und *fünfte* zeigen die neue dreisätzige Form. Die *vierte Sonate* enthält außer einem freien Präludium drei fugierte Sätze. Mit Vorliebe bringt Boyce als zweiten Satz eine Fuge, gelegentlich verwendet er stilisierte Tänze, Siciliano, Gavotte, Menuett, auch wohl einen Marsch usw., ganz im Sinne der alten Suite. Im allgemeinen sind seine Sonaten außerordentlich kurz, ihre einzelnen Formteile sind denkbar einfach und übersichtlich gegliedert. Die Thematik ist melodiös, unmittelbar eingängig, „galant“. Wir haben es also mit gediegener „höfischer Gebrauchsmusik“ zu tun. Die viersätzige Sonate Nr. 7 in d-moll überragt ihre Geschwister an Umfang und

Reichtum der Gedanken. Auch sie enthält eine Fuge. Deren Thema möge deutlich machen, daß hier keine

Fuge im barocken Sinn erwartet werden kann. Die dreimal wiederkehrende rhythmische Formel, der zielstrebige Aufstieg und die Kadenz am Schluß verleihen dem Thema individuellen Charakter. Derartiges wird man in barocken Fugen nicht finden. Das barocke Fugenthema kennt keine periodischen Gliederungen. Es ist „Objekt", Baustein einer übergeordneten Form, nicht aktiv diese Form bestimmendes „Subjekt". Durch obiges Thema wird die strenge Form der Fuge zwangsläufig ihrem ursprünglichen Sinn entfremdet. Sie büßt ihren Charakter als überpersönliche Kristallisationsform ein. Ihre Funktion wird darauf beschränkt, die Spielregeln zu liefern für ein Duett der beiden Geigen. Bezeichnenderweise nur für diese! Der Baß wird thematisch nicht am Spiel beteiligt, er begleitet es. Ein reizvolles, quicklebendiges, wirklich unterhaltsames Stück Rokokomusik kommt dabei heraus. Man sollte diese kleinen Kostbarkeiten nicht verschmähen, zumal da sie Liebhabern keine technischen Schwierigkeiten bieten.

GIOVANNI BATTISTA PERGOLESI

* 4. Januar 1710 in Jesi bei Ancona,
begraben 17. März 1736 in Pozzuoli bei Neapel

1723 in Neapel Schüler *Grecos* und *Durantes*. Wurde berühmt durch sein heiteres Intermezzo „La serva padrona" (1733). Mit anderen Opern und Kirchenmusiken hatte er zu Lebzeiten wenig Erfolg, nur seine Instrumentalmusiken fanden Beifall. Starb enttäuscht im Alter von 26 Jahren.

Begann mit 16 Jahren zu komponieren. Hinterließ ein Dutzend Opern bzw. Intermezzi, 2 Oratorien, 5 Messen, 1 Stabat mater, zahlreiche andere Kirchenmusiken, Kantaten, und an Instrumentalwerken: 1 Konzert für Flöte und Streichorchester, 1 Sinfonie für Streichorchester und 2 Hörner, 1 Violinkonzert, eine Cellosonate und etwa 30 Triosonaten. Zum Inbegriff seiner Kunst und seines liebenswerten Menschentums wurde neben „La serva padrona" sein letztes Werk, das „Stabat mater".

Stilgeschichtlich steht Pergolesi auf der Grenzscheide zwischen Barock und Klassik. Seine Instrumentalmusiken, besonders die Triosonaten, gehören schon in den Umkreis vorklassischen Musizierens. Das ist erstaunlich, wenn man bedenkt, daß sie bereits rund 20 Jahre *vor* Bachs Tod entstanden.

Nach 1732 schuf Pergolesi im Auftrage des *Fürsten Stigliano* etwa *30 Triosonaten,* liebevoll hingestrichelte Spielmusiken, von deren blanker, kühler Schönheit schon seine Zeitgenossen entzückt waren. Sie wurden damals allerorten gespielt und — nachgeahmt. Einer Einführung bedürfen sie kaum. Bewundernswert die neuartige Symmetrie der Form, die Grazie ihrer phantasievollen Melodik, die vollendete Ausgeglichenheit ihres Stiles.

Das reizende Thema des Kopfsatzes der Triosonate in G-dur (B&H) verwendet *Strawinsky*

neben anderen Themen Pergolesis in seiner Ballettmusik „Pulcinella" und in der „Suite italienne" für Violine, Cello und Klavier. Die durch Klammer über der Abbildung gekennzeichnete, periodisch wiederkehrende Wendung mit dem kecken Sprung in die synkopische Stauung (zu Beginn des 2. und 4. Taktes) bleibt wie ein Signal im Ohr. Der Kopfsatz weist in seiner Gliederung bereits Züge des vorklassischen Sonatensatzes auf. Das *Presto-Finale* bringt eine *Fuge,* die melodieselig den

Panzer der barocken Form abstreift. Schon ihr Thema gibt Auskunft darüber, daß hier keine Fuge im alten Sinne vorliegt. Die kunstvolle Architektur bildet nur den Rahmen für ein geistreiches, heiter beschwingtes Spiel melodischer Gedanken.

Die *Triosonaten in D-dur, A-dur und E-dur* (Ti&J) sind der in G-dur wesensverwandt. Die Sonate in D-dur umfaßt ebenfalls drei Sätze, doch ist diesmal nicht das Finale, sondern der erste Satz ein *Fugato*. Ihm folgt ein *Largo ma non troppo* und ein heiteres Finale *(Allegro)*. Bei einfacher Grundhaltung eignet der Sonate ein besonderer Zug von Würde. Ihre edlen Themen entspringen einer dem Hellen zugewendeten, klaren Phantasie. Die Sonate in A-dur beginnt mit einem *Presto (Fugato!)*. Ein *Larghetto* schließt sich an. Sein eingängiges Thema empfängt aus einem synkopierten Rhythmus eigenartige Spannungen, die sich im ganzen Satz auswirken. Das Finale *(Allegro scherzando)* hat den Charakter eines Capriccio. Sein „närrischer" Humor wird auf das einfachste herbeigeführt durch einen bizarren Taktwechsel (9/8, 6/8, 3/8!). In der E-dur-Sonate geht das erste *Allegro* unmittelbar in ein kurzes lyrisches *Adagio* über. Ein helles, energisches *Presto* beendet das Werk.

Bei dem Concertino Nr. 2 in G-dur (Bär) ist Pergolesis Urheberschaft nicht erwiesen, aber auch die *Carlo Ricciottis** steht nicht fest. Davon abgesehen: das Concertino verdient wegen seiner künstlerischen Qualität die Aufmerksamkeit der Freunde alter Kammermusik. Seine Besetzung weicht eigenartig von der Norm ab. Sie umfaßt „quattro violini obligati, alto viola, Violoncello obligato e Basso continuo". Da als Bc Cembalo und baßverstärkendes Cello vorgeschrieben sind, werden 2 Celli benötigt, von denen das „obligate" teils mit der Bratsche bzw. mit dem Fundamentbaß gleichlaufend, teils selbständig geführt ist. Die vier Soloviolinen sind vorwiegend obligat, bisweilen zu Paaren gekoppelt und gelegentlich unisono eingesetzt. Hieraus ergeben sich für das Klangbild aparte Mischungen von kammermusikalischen und orchestralen Wirkungen. Spieltechnisch ist das Werk von Liebhabern zu bewältigen. Doppelgriffe sind fast durchgehend vermieden, nur innerhalb einer

* *Carlo Ricciotti* (1681—1756), wahrscheinlich Niederländer, geb. in Gravenhagen, gest. im Haag. Musikmeister, Komponist von Instrumentalwerken.

achttaktigen Periode werden ein paar von der 1. und 2. Violine verlangt.

Das Concertino umfaßt im Sinne der barocken Kirchensonaten vier Sätze, die einander im Wechsel langsam—lebhaft folgen. Ein kurzes *Largo* leitet ein. Die Führung liegt bei der ersten Violine. Das graziöse Rokokothema

und dessen verspielte Varianten bleiben ihr vorbehalten. Die anderen Instrumente begleiten, selbst der ruhig schreitende Fundamentalbaß fügt sich den Impulsen, die von der Oberstimme ausgehen. Bratsche und vierte Violine sind auf rhythmisch gegliederte Harmonietöne beschränkt, zweite und dritte Violine tragen Zierfiguren hinzu. Der nächste Satz, *Da capella*, non presto,* enthält im Sinne der vorklassischen Sonate zwei Themen. Das energische erste wird zunächst von allen Instrumenten in Oktaven vorgetragen, dann von der ersten Violine in der Oberquint wiederholt, während die anderen Instrumente begleitend zurücktreten. Sodann erscheint in der Oberstimme ein sangliches zweites Thema, zu dem sich im weiteren Verlauf das erste kontrapunktierend in den Mittelstimmen gesellt. Beide Themen tragen abwechselnd oder gemeinsam die Entwicklung. Obgleich sie hierbei durch alle Stimmen wandern (das erste bemächtigt sich endlich des Basses und mündet in einem längeren Orgelpunkt, dem eine kurze, kräftige Abschluß-Coda folgt), ergibt sich kaum noch eine reale Polyphonie im barocken Sinn. Vorwiegend dominiert jeweils *eine* Stimme, die anderen ordnen sich ihr unter. Das Ganze ist frisch hinmusiziert, man hat seine helle Freude an diesem unterhaltsamen „Bäumchen, wechsel dich!"-Spiel. Auch das *Largo affettuoso* (e-moll) weist eine eigenartige Form auf. Sie erwächst wie die des vorigen Satzes zwanglos aus zwei gegensätzlichen Themen. Der Satz beginnt mit einem ernsten Teil etwa im schlicht pathetischen Stil der Gluckschen Ouvertüren.

* da capella = alla breve.

Sein Thema läßt sich hier nicht wiedergeben, denn es wölbt sich in melodischer Entfaltung über den ganzen Abschnitt hin. Es erhebt sich aus einer viertaktigen Kadenz, schwingt in klagenden Sequenzen (Duett der beiden ersten Violinen) weit aus, scheint sich in einer zarten chromatischen Wendung zu verflüchtigen, fängt sich aber und schließt, wuchtig absteigend, überraschend in E-dur. In dieser Tonart setzt nun piano das zweite

schöne Thema ein. Es hat nichts mehr von der Strenge barocker Themen und könnte ohne weiteres bei Haydn stehen. Über schwebende Triolen hin kadenziert es nach h-moll. Hier übernimmt das erste Thema die Führung, das zweite schließt sich verändert noch einmal an. Den Ausklang bildet der erste Teil in fast wörtlicher Wiederholung. Auch das unmittelbar zündende Finale *(Allegro)* hat zwei Themen. Sie tragen ein kunstvolles polyphones Spiel. Da gibt es kanonische Imitationen, Themenverkoppelungen, Umkehrungen und feinste motivische Beziehungen auf Schritt und Tritt. Das Richtige für Liebhaber und Berufsmusiker!

WILHELM FRIEDEMANN BACH

* 22. November 1710 in Weimar, † 1. Juli 1784 in Berlin

Ältester Sohn *Johann Sebastians.* Unterricht in Theorie, Klavier- und Orgelspiel beim Vater, Violinspiel bei *Graun.* Nach Absolvierung der Leipziger Thomasschule und Universität 1733 Organist in Dresden. 1747 bis 1764 Musikdirektor in Halle, danach verkommen.

Von seinen Werken blieben erhalten 23 Kantaten, 3 Motetten, Sinfonien, Suiten, Konzerte, Orgel- und Klavierwerke (Sonaten, Polonaisen, Fugen), 4 Sonaten für 2 Flöten, 6 Flöten-Duette, 1 Sonate für V und Klavier, 1 Sonate für 2 Klaviere, 4 Triosonaten, 1 Siciliano für Ob, Fag und Bc.

Von Friedemann Bach geht eine merkwürdige Faszination aus, insbesondere seit Brachvogel eine Romanfigur aus ihm machte. Er wurde zum Prototyp des verkommenen Genies. Seine Werke sind Dokumente einer außerordentlichen, aber verwilderten Begabung. Sie enthalten Landläufiges neben Überragendem, Modisches neben einer Lyrik von bezaubernder Innigkeit. Auch wenn unser Interesse dem Lieblingssohn des Thomaskantors nicht von selbst zufiele: die Kammermusiken dieses „Schumann des 18. Jahrhunderts" gehören zum lebendigen Besitz unserer Musikkultur.

An Friedemanns Sonate in Es-dur für zwei Flöten oder zwei Violinen (N) lassen sich die wesentlichen Merkmale seines Stiles erkennen. Das Werk hat nur drei Sätze. Die Viersätzigkeit der barocken Kirchensonate ist also preisgegeben. Hierdurch erhalten die zwei lebhaften Ecksätze, zwischen denen ein expressives Adagio vermittelt, zwar höchste Bedeutung, die innere Organik der Formen entspricht aber noch der Tradition. Das erste *Allegro* verläuft etwa im Sinne der Inventionen des Vaters. Die Flöten konzertieren in frischem, erlesenem Stil. Das Thema ist so auf die beiden Flöten

verteilt, daß es erst durch deren Zusammenwirken sein melodisches Profil erhält. Man kann Ähnliches oft bei Friedemann beobachten. Es ergibt sich zwanglos aus seiner Art, „polyphon" zu denken. Das erste Motiv (durch Klammer über den Noten gekennzeichnet) erweist sich als Keimmotiv des Satzes. Es erscheint in vielerlei Gestalt und verleiht dem Satz seinen federnden Schwung. Im Schlußsatz von Beethovens 7. Sinfonie entfesselt das nahezu gleiche Motiv eine Entwicklung von bacchantischer Wildheit! Davon ist hier freilich nichts zu spüren, alles vollzieht sich sittsam im Rahmen der Konvention. Von Friedemanns „romantischer“ Lyrik bekommt man

eine Probe im *Adagio ma non molto.* Die innere Spannung macht sich jäh Luft in einem Überschwang der Emp-

findung, in plötzlichen Aufschwüngen der Melodik über fast zwei Oktaven hin, in harmonischen Kühnheiten, Leittonumdeutungen, affektgeladenen Sequenzen usw. Unmittelbar daneben wird eine mimosenhafte Scheu, ein Hang, sich einzukapseln, ein Mißtrauen gegenüber der eigenen Kraft spürbar. Im Satzbild erscheinen chro-

matische Fortschreitungen, merkwürdige Verengungen und Verkleinerungen der Motive. Diese werden in Frage gestellt, schon fast wie bei Reger ineinandergeschoben. Betrachtet man solches, dann will es scheinen, als sei dieser Mann weniger am Mangel an Charakter, als vielmehr an einer Hypertrophie der Empfindsamkeit und des Wollens zugrunde gegangen. Das *Finale* lenkt wieder in die Konvention ein. Doch selbst in dieser leichten, dem Vater nachgesungenen Invention gibt es plötzliche Stauungen, kleine Wirbel gleichsam, Stromschnellen. Sie gefährden das Spiel der Linien jedoch nicht ernsthaft.

Die gleichen, einander bisweilen großartig steigernden, bisweilen schwächenden oder gar aufhebenden Triebkräfte wirken sich in Friedemanns anderen Kammermusiken aus. Sie sind beispielhafte Dokumente einer Übergangszeit, deren brausender „Sturm und Drang" manche Parallele aufweist zu den widerspruchsvollen Spannungen unserer geistigen Gegenwart.

Da sind zunächst die übrigen Sonaten für zwei Flöten oder zwei Violinen. Die Sonate in e-moll (N) (drei Sätze: *Allegro, Larghetto, Vivace)* könnte man die „kanonische" nennen. Ihr Larghetto und ihr Finale sind kanonisch gearbeitet, letzteres beginnt mit einem Kanon im Sekundabstand. Das vorwiegend heitere Werk zeigt Friedemann als gelehrigen Schüler seines Vaters. Gewichtiger ist die Sonate in f-moll (N). Ihr erster, chromatisch irisierender Formteil, *un poco Allegro,* ist von erregender Leidenschaft erfüllt. Ein ausdrucksvolles *Largo* bildet die Brücke zu einem schwungvollen *Vivace,* in dessen fließenden Triolen sich die Spannungen der Vordersätze lösen. Die Sonate in G-dur weicht von der Dreisätzigkeit ab. Den Beginn macht ein helles, von imitatorischer Filigranarbeit strotzendes *Allegro ma non troppo.* Ihm folgt ein lyrisches *Cantabile.* Zwei lebhafte Sätze, ein energisches *Allabreve* und ein kanonisch geführtes, witziges *Allegro,* bilden den Abschluß.

In seinen *Triosonaten* weiß Friedemann Bach die reicheren Mittel meisterhaft zu nutzen. Durch chromatische Fortschreitungen, Leittonveränderungen, Sequenzen, durch kühne Modulationen, Stimmsprünge und jähe Spannungsstauungen erhält hier das Klangbild bisweilen eine großartige Tiefe und Weiträumigkeit.

Bevor wir auf sie eingehen, sei kurz die Sonate in H-dur für Violine und Klavier (Wu) gekennzeichnet. In ihr ist das zweite Melodieinstrument vom „ausgeschriebenen" Cembalo übernommen. Das Werk ist also typisch für den Übergang der Triosonate zur begleiteten Solosonate und steht damit gattungsmäßig neben *J. S. Bachs* Flötensonate in g-moll bzw. Gambensonate in G-dur oder neben *Bendas* Violinsonaten. Formal hebt es sich mit seinen drei Sätzen genau wie die Mehrzahl der Flötensonaten und alle Trios von der barocken Kirchensonate ab. Der Wille nach Vereinheitlichung der Gesamtform wird zum Prinzip. Thematische Beziehungen zwischen den einzelnen Formteilen sind zwar nicht angestrebt, aber deren innere Einheit ergibt sich gleichwohl etwa im Sinne von Spannung, Entspannung und Lösung. Ein stürmisches *Allegro* findet seine Entspannung in einem lyrischen *Adagio*. Das Finale *(Presto)*, von einem rhythmisch prägnanten Motiv getragen, löst die Energien des ersten Allegro und verwandelt sie in federleichtes Spiel.

Die Triosonate in B-dur für Flöte, Violine (oder 2 V) und Bc (B&H) beginnt mit einem *Largo*, das ähnliche Züge aufweist wie der langsame Satz aus der Es-dur-Sonate für zwei Flöten. Hier haben wir wieder den „Schumann des 18. Jahrhunderts", den übersensiblen Lyriker eigenartigster Prägung! Das Thema, aus land-

läufiger Kadenz sich entfaltend, gewinnt mit dem Septimsprung im 3. Takt eine starke Gespanntheit. Schon im nächsten Takt staut sich das Geschehen. Jenseits des Abgrundes der Pause ein unentschlossenes Verweilen auf der Unterdominante. Danach ein federnder Aufschwung (Dezime!) in einen neuen, hellen Beginn. Triolen und ein zierlicher Vorschlag fangen die Bewegung ab, schwächen die Kraft des melodischen Bogens, der sich überraschend in der Oberdominante festigt. Aus der relativen Ungeformtheit dieses lyrischen Themas — (nur die Kadenzen zu Beginn und am Schluß weisen bei aller Verschiedenartigkeit Übereinstimmendes auf) — erwachsen nun Spannungen, die zu einer großartigen Steigerung und Verdichtung des Ausdrucks führen. Die gleiche Unterdominantspannung bewirkt die ungestüme Erregtheit des *Allegros,* sie trägt auch das temperamentvolle Finale *(Vivace),* das in bizarrer Sprunghaftigkeit dahinjagt, vergleichbar den Scherzi Beethovens!

Die Triosonate in D-dur für 2 Flöten und Klavier (Zi) steht auf ähnlicher Höhe. Den Schwerpunkt des Werkes bildet der erste Satz, *Allegro ma non troppo,* ein weiträumiges, prachtvoll klingendes Gebilde, reich an feingliedriger imitatorischer Arbeit, leidenschaftlich im Ausdruck. Ein würdevolles *Largo* entspannt das Geschehen. Ungebändigte Kraft tobt sich im schwungvollen Finale *(Vivace)* aus.

Abschließend sei darauf hingewiesen, daß auch das romantische Siciliano für Oboe (oder V), Fagott (oder Vcl) und Klavier (B&H), ferner die von *Johannes Brahms* bearbeitete dreisätzige F-dur-Sonate für 2 Klaviere (Pe), die Fugen (B&H), eingerichtet für V, Br, Vcl und mit je einem Adagio versehen von *Mozart,* bearbeitet von *J. N. David,* die Polonaisen für Klavier (Pe) und die beiden Bände mit allen Klaviersonaten (N) eine Fülle des Schönen und Gewichtigen enthalten.

KARL PHILIPP EMANUEL BACH

* 8. März 1714 in Weimar, † 14. Dezember 1788 in Hamburg

Zweitältester Sohn Johann Sebastian Bachs und dessen Schüler. Studierte in Leipzig und Frankfurt a. d. O. Jura, wendete sich dort ganz der Musik zu. Wurde 1740 Kammercembalist und Kapellmeister bei *Friedrich dem Großen* in Potsdam. Folgte 1767 einem Ruf nach Hamburg, war dort bis zu seinem Tode als Nachfolger seines Paten Telemann Kirchenmusikdirektor.

K. Ph. Emanuel Bach hinterließ: weltliche und geistliche Lieder, Oden, Kantaten, 2 Oratorien, 22 Passionen, etwa 50 Klavierkonzerte, darunter ein Doppelkonzert für Cembalo, Pianoforte und Orchester und eines für 2 Klaviere und Orchester, ein Cellokonzert, Sinfonien, mehrere hundert Klaviermusiken, zumeist Sonaten, darunter die „Preußischen" (1742), die „Württembergischen" (1745), die „Sonaten mit veränderten Reprisen" (1760), 6 Bände „Sonaten, freie Fantasien und Rondos für Kenner und Liebhaber" (1779—1787) und zahlreiche andere Kammermusiken verschiedenster Besetzung. Er betätigte sich auch als Theoretiker. Sein *„Versuch über die wahre Art, das Klavier zu spielen"* (1753 erster Teil, 1762 zweiter Teil) gibt erschöpfend Auskunft über das schwierige Kapitel der Verzierungen, über die Art, die Generalbaßstimme auszusetzen, und über die Manier, das Cembalo „singen" zu lassen. Das Buch gilt noch heute als wichtigste Quelle für das Studium der klavieristischen Musizierpraxis der „galanten Zeit".

Für Ph. Emanuel war die Musik nicht mehr die Sprache der Gelehrsamkeit, sondern der Empfindung, und als solche „Nachahmung der Natur" im Sinne *Rousseaus.* Die „Mannheimer" Joh. Stamitz, Richter, Cannabich und andere nachbarocke Meister vertraten die gleiche Auffassung. Sie bewirkte die Trennung von der geistigen Welt des Barock und die Hinwendung zu einem Individualismus, der allgemein in den Werken des vorklassischen „Sturm und Drang" seinen Ausdruck fand. In der Musik wird die strenge barocke Polyphonie nun abgelöst von einem subjektiven, homophonen Stil. Die Stimmen des Satzgefüges verlieren ihre Gleichwertigkeit, eine Stimme führt melodisch. Ihr ordnen sich die anderen begleitend unter, auch Harmonik, Rhythmik und Dynamik werden auf sie bezogen. Zur zentralen Form der Instrumentalmusik wird die nachbarocke Sonate, genauer gesagt der nachbarocke Sonatensatz, der zunächst meist als Kopfsatz der Gesamtform erscheint. Sein Grundschema (*Expositionsteil* mit zwei Themen und kurzer Coda, *Durchführung* mit dialektischer thematischer bzw. motivischer Arbeit, *Reprise* mit Coda) wird in den Klavier- und anderen Kammermusiken Ph. Emanuels allmählich durchgebildet. Es ist das Schema der klassischen Sonatensätze *Haydns* und *Beethovens*!

In Frankfurt a. d. O., wo er Jura studieren soll, komponiert Ph. Emanuel mit 21 bzw. 23 Jahren zwei Sonaten für Flöte und Basso continuo in G-dur und e-moll (Bär), hübsche, dreisätzige Stücke, begleitete Flötenmonologe ohne jede Spur von Polyphonie. Das harmonisch interessante Einleitungs-

Andante der *Sonate in G-dur* enthält eine melodische Wendung von neuartigem Reiz. Der gleiche melancholische Tonfall begegnet uns in den „Seufzerketten" der

galanten Musik und später bei den Klassikern in zahllosen Varianten. Die Form der Sonaten weicht durch die Dreisätzigkeit vom Herkömmlichen ab. Den Beginn macht jeweils ein langsamer Satz *(Andante* bzw. *Adagio)*, ihm folgt ein spielfreudiges *Allegro*. Den Abschluß bildet ein höfisches *Menuett* mit 2 Variationen.

Die Sonaten in a-moll und D-dur des gleichen Besetzungstyps (Bär) aus Bachs „friderizianischer" Zeit enthalten schon das Schema der neuen Sonatensatzform im Grundriß. In der *a-moll-Sonate* (1740) gibt es Wendungen, die wie Erinnerungsmotive aus Sebastians „Passionsmusiken" herübergrüßen. Der Themenvorrat scheint überhaupt vom Vater zu stammen. Doch Zierfiguren, Triller, flinke Triolen- und Sechzehntelpassagen nehmen den Gedanken jedes Gewicht. Bach musiziert hier so frisch, er plaudert so spannend, daß man über dem *„Wie"* ganz vergißt, *was* er erzählt. Die Sonate beginnt mit einem *Andante,* dessen rhapsodisch freies Thema ernst in a-moll einsetzt, über „Seufzer" hin sich aufhellt und mit leichter Wendung G-dur gewinnt. Auch der weitere Verlauf hat improvisatorischen Charakter. Das harmonische Bild ist reich an Schwankungen zwischen Dur und Moll. Bisweilen überglänzt die Flöte mit silbrigem Halteton das zum Cembalo hinüberwandernde Motivspiel. Das Sonatensatzschema ergibt sich im anschließenden *Allegro.* Das Hauptthema zeigt

die Abbildung. Es steigert sich in dreimaliger Motivwiederholung und gipfelt in einem E-dur-Halbschluß. Eine frei modulierende Überleitung bereitet den Eintritt des zweiten Themas in C-dur vor. In dieser Tonart

endet nach kurzer Coda die Exposition. Die *Durchführung* verarbeitet beide Themen. Sie verändert sie, mischt Motive aus ihnen, berührt verschiedene Tonarten und gewinnt modulierend a-moll zurück. Die *Reprise* setzt mit dem nahezu unveränderten Hauptthema ein. Vom zweiten Thema folgt nur der Nachsatz. Mit ihm wird der Ausklang herbeigeführt. Ein kurzes *Vivace* mit zwei rhythmisch originellen Variationen beendet das Werk. Bei ähnlichem Formaufbau *(Andante, Allegretto, Allegro,* aber ohne Variationen) vermittelt die D-dur-Sonate (1747) einen Eindruck von der melodieseligen „galanten" Musik. Die Flöte ist „Primadonna", ihren Launen fügt sich der Basso continuo. Das neue Schema findet sich im Mittelsatz.

Die Duos für Flöte und Violine (oder 2 V) in e-moll und C-dur (N) kommen ohne Generalbaß aus. Das *erste Duo* (aus *„Musikalisches Vielerley"*, Hamburg 1770) beginnt nach Art der Inventionen Joh. Sebastians kanonartig, lenkt aber schon nach wenigen Takten in ein freies Konzertieren ein. Hier, im *Allegro* und im *Allegretto,* führt die Flöte. Die Violine begleitet. Der Stil ist amüsant und klanglich reizvoll. Ähnlich liegen die Dinge beim *zweiten Duo.* Es ist für 2 Klarinetten entworfen. Seine beiden Sätze *(Adagio e sostenuto* und *Allegro)* wirken aber auch für Flöte und Violine ausgezeichnet.

Die Triosonate in h-moll für Flöte, Violine und Bc (Zi) ist ein Frühwerk (1731), das der 18jährige noch im Vaterhause schuf. Berücksichtigt man die Atmosphäre, in der das Werk entstand, so muß man es als erstaunliche Talentprobe bezeichnen. Zwar wird die alte Form in polyphoner Satzweise anhand von Themen durchexerziert, die dem Vater nachempfunden sind, aber es bleibt nicht bei einer Nachahmung. Es scheint, als seien Ph. Emanuel schon damals die zündenden Musiken seines weltmännischen Paten *Telemann* zu Ohren gekommen und als habe er auch sonst im Umgang mit jungem Volk mancherlei aufgeschnappt, was im Elternhaus als „suspekt" galt. Französischer Einfluß wird spürbar in dem Bestreben, der Thematik eine geschmeidige Sanglichkeit zu geben. Das traditionelle Eingangs-Adagio der barocken Kirchensonate wird einfach ausgelassen, eine modische Kühnheit, die dem Thomaskantor sicher nicht behagt hat. Im krönenden Mittelsatz,

einem *Adagio,* kommt der „empfindsame" Bach bereits eigenartig zum Zuge. In diesen Ausbrüchen einer jugendlich schwermütigen Lyrik kann man so etwas wie ein verklausuliertes Programm für sein Lebenswerk erkennen: ein Mensch wird selbstbewußt, er entdeckt in der *wandlungsfähigen* Melodie das zentrale Ausdrucksmittel der Musik! Die anderen Sätze *(Allegro* und *Presto)* halten sich in den Grenzen der Konvention, aber auch sie sind Gebilde eines starken musikantischen Temperaments. Es gibt nur wenige Meister, die in Frühwerken derart Überzeugendes aufzuweisen haben.

Die Triosonate in G-dur für 2 Violinen und Bc (Leu) entstand in Potsdam. Sie bietet ein schönes Beispiel für den ausgereiften Stil Ph. Emanuels. Die „Mannheimer" sind ihm inzwischen zum befreienden Erlebnis geworden. Die Abwendung von der Tradition ist vollzogen. Mit bewundernswerter Sicherheit wird der neue Weg beschritten. Gleich das Thema des *Allegretto*

zeigt den Umschwung. Es senkt sich in hochgemuter Stimmung leicht hernieder, hält im 4. Takt inne, gewinnt nach der Pause energisch und federnd zugleich den Schwung zu neuem Anstieg, schlägt dann ins Besinnliche um, klingt lyrisch ab und endet fragend in einem Halbschluß. Das ist ganz und gar neu und überdies bezeichnend für den Stil der Zeit. Das durch Klammern über den Noten hervorgehobene Motiv könnte unverändert bei *Haydn* oder *Mozart* stehen! Ein solches Thema bedarf keiner Kontrapunkte. Es wirkt durch sich selbst, indem es sich unentwegt verwandelt oder auch nur in Motiven fortsetzt. Ein *zweites Thema* belebt die Entwicklung im Sinne des neuen Sonatensatz-Schemas. Auch das *Andantino* wird von einem wandlungsfähigen

Thema getragen. Es darf gleichfalls als „Archetyp" für eine Legion ähnlicher Themen aus späterer Zeit, noch bis ins 19. Jahrhundert hinein (Verdi!), angesehen werden. Der intuitiv gewonnene Einfall verdient ebenso Bewunderung wie die Kraft, mit der aus ihm ein ausgedehnter Satz im homophonen Stil aufgebaut wird. Das flinke *Finale* fällt etwas ab. Es lebt aus einem einzigen Thema

und dessen Motiven. Die unentwegten Vorhalte auf den schweren Taktteilen (Takt 4 bis 8!) machen es merkwürdig unruhig. Die stereotype Affektbetonung hemmt hier den Schwung, anstatt ihn zu beflügeln. Sofern man die schrullige Wirkung als beabsichtigt auffaßt, ergibt sich bei rhythmisch straffem Vortrag so etwas wie eine Karikatur.

Die übrigen *Triosonaten* seien hier zusammenfassend gewürdigt. Sie enstanden in Potsdam und zeigen übereinstimmend die Merkmale des neuen Stiles. Die Klavierstimme der Sonate in F-dur für 2 V und Bc (Pe)

aus dem Jahre 1747 setzte *Paul Klengel* nach einer unbezifferten Baßstimme aus. Das liedhaft schlichte Thema ihres *Allegro moderato* bietet ein hübsches Beispiel für den ariosen Charakter dieser „singenden Allegri". Das *Andante* kontrastiert überraschend in a-moll, also in der Paralleltonart der Oberdominante. Sein melancholisches Thema entfaltet sich über starke dynamische und Tempo-Schwankungen hin zu einer romantischen Elegie. Großzügig zieht das energische F-dur-Finale *(Allegro)* vorüber. Ähnlich verläuft die Triosonate in E-dur (Zi) für zwei Flöten (oder Flt und V) und Bc (1749). Ihr *Allegretto* hat ein fein ziseliertes, melodisches Flötenthema. Das elegische *Adagio di molto* weist leidenschaftliche Steigerungen und eine kühne Harmonik auf. Besonders reizvoll geriet das wirbelige Finale *(Allegro assai)*. Sein hübsches Thema wird zunächst von der zweiten Flöte solo, dann von beiden Flöten als Terzenschleifer hingeträllert. Der Ausklang wird überraschend von den unbegleiteten Flöten mit einer entzückenden Wendung herbeigeführt. Bei der ebenfalls dreisätzigen *Triosonate in B-dur* (Zi) für Flöte, Violine und Bc (1751) besticht das *Adagio ma non troppo* durch seine ausdrucksvolle, harmonisch gespannte Melodik. Das flinke *Finale-Allegretto* ist von echter Musizierseligkeit erfüllt. Die Triosonate in B-dur (Leu) für zwei Violinen und Bc, deren Generalbaß *Georg Schumann* für Klavier aussetzte, ist wohl die tänzerischste unter ihresgleichen. Elegant gleitet ihr *Allegretto* vorüber. Graziöse Terzenschleifer der Violinen umschmeicheln das Ohr, geschmeidige Passagen zieren das Klangbild. Im *Largo* spielen die Violinen durchgehend „con sordini" (mit Dämpfer). Die empfindsame Melodik wirkt dadurch im piano merkwürdig verzärtelt, im mf und f schwelend leidenschaftlich. Pizzicato-Tupfer erhöhen den Eindruck raffiniert. Es handelt sich hier um eines der ältesten bekannten Beispiele für die obligate Anwendung von Dämpfern. Ein *Allegro* krönt das hübsche Werk rhythmisch federnd im leidenschaftlichen Stil der „Mannheimer". Die Triosonate in d-moll (Pe) für zwei Violinen und Bc (1756) beginnt mit einem *Alle-*

gretto „quasi Andante“. Das verhaltene Zeitmaß entspricht dem lyrischen Charakter dieses „singenden Allegros“. Einer der schönsten langsamen Sätze Ph. Emanuels, ein pastorales *D-dur-Larghetto,* schließt sich

an. Als Hintergrund zu dieser reizenden Schäfermusik mag man sich eine Watteausche Landschaft denken. Im Finale (*Poco Allegro,* d-moll) scheinen Paare in einem

beschwingten Menuett sich zu drehen. Der Satz trägt opernhaft pathetische Züge, gedämpft ein wenig durch stille lyrische Einwürfe. Hier mag *Mozart* Anregungen empfangen haben. In seiner „Entführung aus dem Serail“ findet sich Ähnliches.

Aus den Triosonaten ragt die merkwürdige Sonate in C-dur (Bär) für Klavier mit Begleitung einer Violine und eines Violoncello hervor. Ph. Emanuel gab 13 solcher *„Klaviertrios“* heraus. Das vorliegende entstammt einer Sammlung aus dem Jahre 1777. Die damals übliche Rangordnung der Instrumente ist darin auf den Kopf gestellt. Das Klavier dominiert. Violine und Cello haben vorwiegend begleitende Funktion, geben aber dem klavieristischen Klangbild einen besonderen Farbreiz. Bisweilen begleiten sie akkordisch, bisweilen akzentuieren sie die vitale Rhythmik. Gelegentlich wagt die Geige selbständige Einwürfe, sie fängt auch wohl einmal die Melodie auf und trägt sie ein Stücklein weiter, begleitet von Spielfiguren des Klaviers. Das energische *Allegro di molto* weist das neue Sonatensatzschema mit Exposition (2 Themen), Durchführung und Reprise auf. Es führen direkte Wege von dieser vollblütigen Musik zu der des jungen Beethoven! Die Verwandtschaft der Stile ist verblüffend. Wendungen wie diese:

sind keine Seltenheit. Auch im zweiten, „burschikosen“

Thema rumort der Geist der Klassik. Das sangliche *Larghetto* (6/8) mündet nach einem Halbschluß in G-dur unmittelbar in ein problemloses Finale (*Allegretto,* 2/4).

Zum gleichen Besetzungs- und Formtypus gehören die drei T r i o s i n C - d u r , B - d u r u n d G - d u r (Bär) für Klavier, Violine und Violoncello, die etwa 1776 in Hamburg entstanden. Auch hier dominiert das vorwiegend zweistimmig geführte Klavier, das Cello wird meist baßverstärkend, die Violine unisono mit der Oberstimme des Klaviers, gelegentlich auch selbständig geführt. Die *C-dur-Sonate* beginnt mit einem *Andante grazioso,* die anderen Sonaten leitet „normal“ ein *Alle-*

gretto ein. Der Mittelsatz ist stets ein *Larghetto,* das unmittelbar in das Finale *(Allegro)* einmündet. Die Schluß-Allegri sind in freier *Rondoform* gehalten, auch in dieser Hinsicht wird Ph. Emanuel zum Wegbereiter der Klassiker. Auffallend ist die Verwendung „polydynamischer" Schattierungen (also etwa: „f" im Klavier, *gleichzeitig* „p" in der Violine, oder umgekehrt). Man vergleiche hierzu das vorletzte Notenbeispiel der *ersten* C-dur-Sonate. Dort wechseln Cello und Violine im 4. Takt vom „f" zum „p", der Klavierpart darunter behält „f" bei!

Eine einzigartige Stellung nehmen im Schaffen Ph. Emanuels die drei Klavierquartette in C-dur, D-dur und G-dur für Klavier, Flöte, Bratsche und Cello ein, die er in seinem letzten Lebensjahr in Hamburg schuf. Sie haben durchaus klassisches Gepräge. Vergleiche mit den Wiener Meistern (Beethoven) drängen sich auf. Die Werke wurden erst 1929 von *Dr. E. F. Schmid* aufgefunden. 1930 wurde das G-dur-Quartett erstmalig bei *Bisping* verlegt, 1952 kamen alle Quartette im *Bärenreiter-Verlag* heraus. Man sollte ihnen größte Aufmerksamkeit zuwenden, es handelt sich um Perlen der Kammermusik! Betrachten wir zunächst das 1. Quartett in C-dur. Seine Ecksätze stehen übrigens in a-moll, nur der langsame Mittelsatz bewegt sich kontrastierend in der Paralleltonart C-dur! Der erste Satz *(Andantino)* wird aus einem wandlungsfähigen a-moll-

Thema aufgebaut. Von diesem Thema werden eine Reihe gegensätzlicher Gedanken abgeleitet. Ein Motiv spielt hierbei eine besondere Rolle. Es ist aus dem Rhythmus gewonnen, der in Takt 7 durch eine Klammer über den Noten gekennzeichnet ist. Es erscheint, wie das Thema selbst, in verschiedenen Tonarten und in mancherlei Gestalt, teils kraftvoll aufstrebend oder leidenschaftlich erregt, teils abklingend und beruhigend. Aus diesen und anderen (episodischen) Gedanken wird eine eminent *dramatische* Entwicklung herbeigeführt, und zwar durch die gleiche Bauweise, welche die Wiener Klassiker anwenden. Motive aus den Themen verselbständigen sich, sie befehden einander und eilen in erregender Kontroverse von Instrument zu Instrument. Das führt zu Stauungen, Entladungen, Ermattungen, zu lyrischen Ruhepunkten, zu immer erneuten Anläufen und endlich, nach einer Generalpause, zu einem verzweifelten Zusammenbruch in a-moll. Wir haben hier eine bis ins kleinste aus „dialektischen“ Spannungen lebende subjektive Musik vor uns. Die Vitalität des 74jährigen Meisters ist erstaunlich. Sie trägt auch das *Largo è sostenuto,* das in der Paralleltonart C-dur steht. Das harmonisch gespannte Hauptthema ist bezeichnend für den mit schroffen dynamischen Gegensätzen arbeitenden affektbetonten Stil des „Sturm und Drang“. Die Dynamik weist (als Originalvermerke!) Unterschiede vom pp bis zum ff auf. Der Satz entfaltet sich wiederum aus mehreren gegensätzlichen Gedanken in eindringlicher Sprache. Das Finale, *Allegro assai,* beginnt und schließt in a-moll. Aus seinem Hauptgedanken, der zunächst

vom Klavier allein vorgetragen wird, sprechen Wehmut und Resignation. Ein fragender Seitengedanke, verteilt

auf Bratsche und Violine, bringt keine Aufhellung. Ein zögernder Ruf im Klavier, auf den die Streicher zart antworten, dann gelingt der Absprung in eine gelöst heitere, freilich kurze Entwicklung. Sie gipfelt wuchtig in C-dur. Der *Expositionsteil* ist damit beendet. Nach der Wiederholung beginnt die *Durchführung* mit dem

Hauptthema in e-moll. Sie bezieht alle Gedanken ein, ist stark mit Figuration durchsetzt und leitet nach einem dynamisch kontrastreichen Motivspiel still zur *Reprise* hin, die den Haupt- und Seitengedanken in der Ausgangstonart wiederholt und mit der gleichen Coda wie der Expositionsteil (aber in a-moll) ihren wuchtigen Abschluß findet.

Das II. Quartett in D-dur zeigt dieselbe souveräne Handhabung der neuen „dialektischen“ Kompositionsweise. Seine drei Sätze sind von heller Stimmung durchflutet. Das Thema des Eingangs-*Allegretto*

verbindet „männliche“ und „weibliche“ Züge. Ein energisches Motiv (a) wird aufgefangen von einer piano-Wendung (b), die zögernd in einem zarten Schnörkel abklingt. Kräftig fährt ein drittes Motiv drein (c). Es wird sequenzartig wiederholt. Sein Aufschwung bricht sich in einer „mozartischen“ Passage (d), die in ein energisches Schlußmotiv (e) einmündet. Es bleibt nicht bei diesem Thema. Mehrere Seitengedanken unterschiedlichen Charakters kommen hinzu. Aus solchem Material wird in „durchbrochener“ thematischer und motivischer Arbeit ein spannungsreicher Satz aufgebaut. Kurz vor dem Ausklang verrieselt das Thema mitten im Aufschwung in ein paar heiteren Einwürfen der Streicher. Halbtaktige Pause. Das Klavier und (nachschlagend) die Streicher beginnen fortissimo eine Modulation. Man erwartet einen Dur-Schluß, aber schon nach einem Takt wird „piano“ h-moll erreicht. Als Fußnote ist hier vermerkt: „Das *Adagio* fällt gleich ein.“ Nun, es schließt sich zwar unmittelbar, aber „sehr langsam und ausgehalten“ in *G-dur* an. Wie nach solcher Überleitung nicht anders zu erwarten, ist es ungeachtet einzelner „Seufzer“ und tiefsinniger Modulationen von innerer

Heiterkeit erfüllt. Etwa wie ein sehr langsames Menuett zieht es im Wechsel von gravitätischem forte und gemütlichem piano ein wenig zopfig vorüber. Heiter beendet das Finale *(Allegro di molto)* das musikantische Spiel. Formal liegt etwa das neue Sonatensatzschema mit Exposition, Durchführung und Reprise vor.

Das III. Quartett in G-dur ist das spieltechnisch anspruchsvollste. Sein rhapsodisch freies *Allegretto* ist erfüllt vom Schwirren zierlicher Triller und Läufe. Die Instrumente sind klanglich prachtvoll eingesetzt. Geige und Bratsche haben neben dem Klavier Wesentliches zu sagen. Einzig das Cello bleibt mit dem Klavierbaß gekoppelt. Das *Adagio* (g-moll) ist eines der schönsten, die Ph. Emanuel zu danken sind. Violine und

Bratsche beginnen mit einem klagenden Motiv. Das Klavier antwortet toccatenartig mit schmerzlich dunklen Läufen. Nun spinnen die Streicher zunächst gemeinsam, dann alternierend ihren schwermütigen Gesang fort. Wiederum antwortet das Klavier. So verläuft der ganze Satz: als verinnerlichter, hymnischer Wechselgesang zwischen Streichern und Klavier. Diesem bleibt das letzte Wort mit dem pp hingehauchten Motiv der Streicher. Das Finale *(Presto)* zeigt wiederum die neue Sonatensatzform. Ein flinkes Hauptthema und ein graziöses Seitenthema in der Dominanttonart D-dur bestimmen seine hinreißend lebendige Entwicklung. Die Durchführung schaltet außerordentlich frei mit dem Material. Nirgends zeigen sich Spuren von Ermattung. Schwungvoll, fast im Sinne eines „Perpetuum mobile“ wird die Reprise erreicht. Sie verläuft als sogenannte „veränderte Reprise“, d. h., das thematische Material wird nicht wörtlich wiederholt, sondern zu einer zweiten kleineren Durchführung verarbeitet, die in ungebrochener Steigerung in eine helle Coda einmündet.

Die hübschen Sonatinen in d-moll (1764) und Es-dur (1766) für Cembalo (Klavier), 2 Flöten,

2 Violinen, Bratsche und Baß (Vcl und CB) (Bär) kann man solistisch (ohne CB) oder in kleiner Orchesterbesetzung spielen. Beide Sonatinen beginnen mit einem langsamen Satz (*Adagio* bzw. *Largo,* hier die Streicher wieder „con sordini"!). Der lebhafte Hauptsatz steht beide Male in der Mitte (*Allegro ma non troppo* bzw. *Allegro di molto*), den Abschluß bildet ein tänzerisch gehaltener Satz (*Allegretto* bzw. *Tempo di Minuetto*).

Erwähnt seien abschließend die 6 Sonaten für 2 Flöten, 2 Klarinetten, 2 Hörner und Fagott (Ri; Li) aus dem Jahre 1775. Sie sollen als „Freilicht-Musiken" entworfen sein. Ph. Emanuel bearbeitete sie für Klavier bzw. für Klarinette, Fagott und Klavier (bislang unveröffentlicht). Es handelt sich bei diesen Septetten um reizende *einsätzige* Stücklein: *I. Allegretto D-dur, II. Andante F-dur, III. Allegro G-dur, IV. Allegro ma non troppo Es-dur, V. Allegro assai A-dur, VI. Allegretto grazioso C-dur.* Sie sind insgesamt melodiös, delikat gesetzt und als bunte Folge im Zusammenhang spielbar.

CHRISTOPH WILLIBALD GLUCK

* 2. Juli 1714 in Erasbach bei Berching (Oberpfalz),
† 15. November 1787 in Wien

Sohn eines Försters. Ausbildung in Komotau (1726—32), Student und Tanzgeiger in Prag (1731—35), Schüler Sammartinis in Mailand (1736—40). Erste Oper „Artaserse" entsteht dort 1741. Weitere Opern für Mailand, Venedig und London (1745) folgen. 1746 kommt Gluck über Paris nach Dresden, wo er Kapellmeister der Mingottischen Operngesellschaft wird. Mit dieser Reisen nach Prag, Hamburg, Kopenhagen. 1750 heiratet Gluck in Wien. 1754—64 ist er dort Hofkapellmeister. Entscheidende Jahre in Paris folgen. 1780 endgültige Rückkehr nach Wien.

Glucks Bedeutung beruht auf seinen Opern. Mit den Reformopern „Orpheus" und „Alceste", mit „Armida" und den beiden „Iphigenien" schuf er den strengen Typus der klassischen Oper. Seine wenigen Instrumentalmusiken treten demgegenüber in den Hintergrund. Von seinen insgesamt 107 Opern blieben 47 erhalten. Hinzu kommen 9 Sinfonien (vermutlich „Ouvertüren" seiner älteren Opern) und 7 Triosonaten.

Sechs von Glucks sieben *Triosonaten* sollen bereits 1746, also 16 Jahre vor dem „Orpheus“, in London entstanden sein. Sie nehmen stilistisch ihren Ausgang von den Kirchensonaten etwa *Corellis,* begrenzen aber deren Viersätzigkeit auf drei Sätze, die einander regelmäßig im Wechsel von langsam, lebhaft, langsam folgen. Die einzelnen Formteile sind zwar im Sinne der barocken Tradition stets aus *einem* Thema entwickelt und in sich zweiteilig symmetrisch gegliedert, aber die Entwicklungen weisen bereits „motivische Arbeit“ auf, wie sie bei *Joh. Stamitz, Ph. Emanuel Bach* und anderen Neuerern üblich wird. Kanonisch geführte oder fugierte Sätze sind selten, eine merkwürdige Synthese der alten polyphonen und der neuen homophonen Satzweise tritt in Erscheinung. Melodieinstrumente und Generalbaß werden zwar linear geführt, aber in der Regel dominiert *ein* Thema mit seinen Motiven, auch wenn sich Stimmüberschneidungen ergeben. Diese haben den Sinn, den Klangraum zu weiten, der Führungsanspruch der 1. Violine wird dadurch nicht in Frage gestellt. Somit stehen Glucks Triosonaten stilistisch als Übergangswerke zwischen Barock und Klassik. Sie verdienen nicht nur als Frühwerke des Dramatikers Beachtung. In ihrer schlichten, von edlem Pathos erfüllten Sprache äußert sich eine reiche und wesentliche Phantasie.

Die Triosonate Nr. 2 in g-moll (N) für 2 Violinen und Bc (Cembalo oder Klavier, Vcl ad libitum) bietet ein großartiges Beispiel für Glucks Stil. Man

betrachte das Diskantthema ihres ersten *Andante.* Es umfaßt drei eintaktige Motive (im 1., 3. und 5. Takt). Jedes von ihnen wird sofort fast wörtlich wiederholt (im 2., 4. und 6. Takt). Der äußeren Symmetrie entspricht die *innere Geschlossenheit* des Geschehens. Die kleine erregende Wendung in den 16.-Triolen des ersten und zweiten Taktes schwingt breit und dunkel aus im as-fis-g der beiden nächsten Takte und steigert sich im Motiv der letzten Takte. Aus der Umkehrung des Schlußmotivs des 5. Taktes wird nun ein verkürztes

Motiv gewonnen, das die Entwicklung weiterträgt. Wiederum ergibt sich eine periodische Folge je zweier Takte. Darüber hinaus wird hier ein inneres Crescendo bewirkt durch Akzentverschiebung der Rhythmik, Einführung harmonischer Spannungen und Änderung der Tonlage (die beiden letzten Takte sind eine sequenzartige Wiederholung des ersten Taktpaares in anderer Tonlage). Das Motiv verengt sich nun chromatisch, wandert hinunter zum Baß, festigt sich diatonisch und moduliert zur Paralleltonart B-dur, in der mit der Wiederkehr des verkürzten Themas der *erste Teil* des Satzes beendet wird. Der *zweite Teil* spiegelt zunächst den ersten in d-moll (Oberdominant), moduliert dann zurück nach g-moll und mündet in eine freie Coda. Somit besitzt auch die *Gesamtform* ein vollendetes Ebenmaß.

Der Übergangsstil des Werkes wird deutlich, wenn man die *Stimmführung* in den beiden Abbildungen betrachtet. Sie verläuft zwar vorwiegend kontrapunktisch, aber ohne echte Gleichwertigkeit der Stimmen. Die erste Violine führt, die zweite ordnet sich ihr unter. Das geht noch nicht so weit wie beim eindeutig homophonen Stil, doch *nie* übernimmt die zweite Violine den Hauptgedanken, auch dort nicht, wo sich Stimmüberschneidungen ergeben. Sie haben den Sinn, den Klangraum zu weiten. Der Führungsanspruch der ersten Violine wird nicht in Frage gestellt.

Die anderen Sätze zeigen einen ähnlichen Aufbau.

Beide sind in sich zweigeteilt und in ihren Einzelteilen korrespondierend. Das *Allegro* ($^{6}/_{8}$) stürmt mit unbändiger Kraft dahin. Die Abbildung zeigt einen Seiten-

gedanken, der aus dem Rhythmus des Hauptthemas gewonnen ist und in dem zugleich das Kopfmotiv aus dem Beginn des *Andante* anklingt. Er wurde gewählt, weil sich hier eine kanonische Führung der Stimmen zeigt und ferner wegen der „Schlangenlinien". Mit ihnen verlangte Gluck eine „bebende" Tongebung (unser heutiges „Vibrato"), eine Neuerung, die auch bei den „Mannheimern" zu finden ist. Das *Minuetto* beschließt

das Werk ernst und gravitätisch. Wieder ergeben sich „Stimmüberschneidungen", durch die die Führung der ersten Violine nicht beeinträchtigt wird. Das periodisch wiederkehrende Motiv des 3. Taktes der Abbildung ist aus dem Hauptmotiv des *Allegro* gewonnen. Somit erstreckt sich die Einheit der Gedanken über alle Sätze! Betrachtet man abschließend die Gesamtform des Trios, so findet man eine Gliederung in die Satzteile Ruhig, Lebhaft, Ruhig und damit eine Entsprechung zur Form der französischen Ouvertüre, die für Glucks Opern-Ouvertüren charakteristisch ist.

Die gleiche monumentale Geschlossenheit im inneren und äußeren Aufbau zeigt die helle Triosonate

Nr. 6 in F-dur (Vie; B&H). Sie bedarf nach dem Gesagten keiner besonderen Erläuterung. Die Themen

ihres *Andante*, ihres herrlich frischen *Allegro* und ihres

beglückend schönen *Minuetto* mögen für sie zeugen. Ein

Vergleich der Themen mit denen des g-moll-Trios läßt erkennen, wie vielseitig und persönlich im Ausdruck Gluck ist. Seine 7 Trios stellen nur architektonisch etwa noch Abwandlungen des barocken Grundtypus dar, wesensmäßig gehören sie zur neuen individualistischen Musik. Jedes Werk besitzt eine nur ihm eigentümliche Atmosphäre, jedes bildet für sich einen kleinen tönenden Kosmos.

JOHANN STAMITZ

* 19. (oder 17.) Juni 1717 in Deutsch-Brod (Böhmen),
† 27. März 1757 in Mannheim

Sohn eines Kantors. Macht in jungen Jahren als Geigenvirtuose von sich reden, wird 1742 Kammermusikus des Kurprinzen *Karl Theodor von der Pfalz* und bald nach dessen Thronbesteigung (1745) sein Konzertmeister und Kammermusikdirektor in Mannheim. Als Dirigent und Komponist wirkte er durch kühne Neuerungen bahnbrechend. Das Mannheimer Orchester wurde unter seiner Leitung zum besten seiner Zeit in Europa. Sein Musizierstil erregte ungeheures Aufsehen und wurde bald allenthalben nachgeahmt. Auch als Lehrer hatte er bedeutende Erfolge. Seine Söhne *Karl* und *Anton*, ferner *Chr. Cannabich* u. a. m. waren seine Schüler. Neben ihm wirkte in Mannheim *Franz Xaver Richter*. Im Alter von nicht ganz 40 Jahren starb Stamitz. Er hinterließ etwa 50 Sinfonien, 12 Violinkonzerte, 10 Orchestertrios und einige Sonaten für Violine und Continuo bzw. für Violine allein.

Von Stamitz' wenigen *Kammermusiken* liegen keine Neudrucke vor. Er muß in diesem Zusammenhang gleichwohl als Begründer der *„Mannheimer Schule"* kurz gekennzeichnet werden. Überdies ist seine Erwähnung gerechtfertigt, da seine *Orchestertrios* auch solistisch gespielt werden können. Joh. Stamitz ist der Meister, in dessen Werken sich zuerst die Abwendung von der barocken Tradition und der Durchbruch der individualistischen Musik mit revolutionärem Elan vollzog. An die Stelle der Einheit der Atmosphäre, der thematischen Substanz, der Tonart usw. tritt bei ihm die Betonung starker „Stimmungs"-Gegensätze. Seine Themen sind nicht mehr Ausdrucks-*Symbole* (also ins Typische erhobene absolute musikalische Gedanken), sie sind auch nicht mehr Objekte einer übergeordneten, konstruktiven Architektonik, sondern sie bestimmen als Träger subjektiver Empfindungen in unablässiger Wandlung musikalische Entwicklungen. In dieser Einstellung äußert sich bei Stamitz zum ersten Mal *kompromißlos* der fundamentale weltanschauliche Gegensatz zur Zeit des Barock: nicht mehr die Gemeinschaft steht im Mittelpunkt, das „Ich" tritt an ihre Stelle. Das hat für sein Musizieren einschneidende Folgen.

Die Themen als wandelbare Träger einer Entwicklung sprengen bei ihm das Ebenmaß der alten Form. Sie verselbständigen sich und lösen eine „motivische" Arbeit aus, die den Zweck hat, die subjektiven Ausdruckswerte der Themen zu verdeutlichen und zu steigern. Die Polyphonie büßt damit ihren Sinn ein. Wo sie in Ansätzen noch in Erscheinung tritt, wirkt sie wie eine spielerische Geste. Meist schon nach wenigen Takten verrieselt sie wieder, setzt sich klar eine affektbetonte Homophonie durch.

Das Streben nach Affektbetonung führte Stamitz vor allem zu einer neuartigen Dynamik. Sie wurde von seinen Zeitgenossen als sensationell empfunden. Er verwendete in seinen Sinfonien als erster systematisch Orchester-*Crescendi* und *Diminuendi* (also gleitende dynamische „Übergänge" anstelle der alten „Gegensätze"). Man erzählt, die Zuhörer seien hiervon so hingerissen worden, daß sie bei den Crescendi die Hälse reckten, sich von ihren Stühlen erhoben, ja auf diese stiegen, während sie bei den Diminuendi sich duckten. Die neue Methode wurde heftig angegriffen, setzte sich aber mit elementarer Plötzlichkeit durch und wurde bald unabdingbarer Bestandteil jeder individuellen Musik. Heute läßt es sich nicht mehr nachempfinden, daß die simplen, galanten Musiken von Johann Stamitz einmal „ungeheuerliche" Wirkungen auszulösen vermochten. Heute gehört schon ein kräftigerer Tobac dazu, die jungen „Musik-fans" auf die Stühle zu bringen!

Stamitz blieb nicht bei diesen Neuerungen. Hinzu kamen rhythmische, klangliche und sogar agogische Finessen (z. B. Accellerandi = Beschleunigungen der Zeitmaße, Ritardandi = Verzögerungen der Zeitmaße usw.). Selbst der Spannungswert der Pause wurde bereits erfühlt. Alle erreichbaren Kunstmittel wurden eingesetzt, um den Ausdruckswert der führenden Melodie und ihren sinnlichen Klangreiz zu erhöhen. Zum Volkstanz und überhaupt zur Volksmelodik gewann Stamitz wieder ein unmittelbares Verhältnis. Er befreite sie von der strengen Stilisierung, die ihr in den barocken Kunstmusiken auferlegt war, und gab damit der neuen Musik wesentliche Impulse.

Seine Werke enthalten Stellen von überzeugender Ausdruckskraft, besonders in den Adagios, in den Tanzsätzen und in den musikantisch hingefegten Finales. Am gelungensten erscheinen die Stellen, in denen sein Musizieren ein Spiel mit klanglichen, rhythmischen und dynamischen Gegensätzen bleibt. In der Darstellung des Leidenschaftlichen neigt er zu einem etwas äußerlichen, opernhaften Pathos. Erst mit der klaren Erkenntnis und Verwirklichung des „dualistischen Prinzips" gewann die individualistische Musik über *Ph. E. Bach* hin dann bei den *Wiener Klassikern* inneren Tiefgang und dramatisches Leben.

Die 6 Orchestertrios Werk 1 erschienen etwa 1755 in Paris. In der alten zeitgenössischen Ausgabe (Westdeutsche Bibliothek, Marburg/Lahn) ist vermerkt: „6 Sonates a Trois, qui sont faites pour exécuter ou a trois, ou avec toute l'Orchestre.“ Die solistische oder chorische Besetzung wurde also von Stamitz freigestellt. In der Schottschen Ausgabe wird zunächst die ursprüngliche Besetzung genannt (2 V und Vcl, einfach oder chorisch mit ad libitum: Viola, Kontrabaß und Cembalo oder Klavier), dann für die solistische Besetzung Streichtrio (V, Br und Vcl) vorgeschlagen.

Das Trio Werk 1 Nr. 1 in C-dur umfaßt vier Sätze *(Allegro, Andante ma non Adagio, Menuett* und *Prestissimo)*, also bereits die Normalform der späteren Sinfonien Haydns. Der Wesensunterschied zur viersätzigen barocken Kirchensonate ist evident. Während dort der Wechsel der beiden Satzpaare (ruhig, lebhaft) einem Atmen vergleichbar ist, schwingt hier ein großer Stimmungsbogen über alle vier Sätze hin. Das Geschehen beginnt mit einem Allegro, es beruhigt sich im Andante, belebt sich im Menuett und steigert sich zu drängendstem Prestissimo im Finale. „Kurve der Leidenschaft“ hat man diese Ausdrucksform genannt. Im *Allegro* wird kühn Unerprobtes gewagt. Unisono intonie-

ren die Instrumente das kraftvoll gespannte Thema. Es bleibt stets mit dem Baß verbunden, verwandelt sich, durchläuft Sequenzen, Modulationen usw. und wird begleitet von wechselnden, fein ziselierten „Kontrapunkten“ der Violinen. Betrachtet man diese Kontrapunkte, so zeigt sich, daß sie abhängig sind vom Thema. Sie putzen es heraus und erhöhen seine Bedeutung. Aber so sehr sie die Sinne beschäftigen in ihrer anziehenden Buntheit: sie haben keinen eigenen Willen, sondern kreisen wie Planeten um ihre Sonne. Träger des Geschehens ist das Thema bzw. sein zweitaktiges Grundmotiv. Die Entwicklung überspannt den Satz im Sinne einer frei aufsteigenden Kurve und mündet in eine kurze, entspannende Coda. Im *Andante ma non Adagio* erprobt Stamitz den gleichen Formaufbau an einer eigenartig verschwebenden Melodie. Genau betrachtet beginnt sie

mit dem 2. Achtel, schwingt dann elastisch zum 2. Achtel des zweiten und weiter des dritten Taktes hinüber und senkt sich darauf in Sechzehnteln wellenförmig nieder. Die ersten Achtel der ersten drei Takte bilden gleichsam die klangliche Plattform, von der aus sie sich jeweils aufschwingt. Der hierdurch bedingten rhythmischen Akzentverschiebung und vollends den zärtlichen Vorschlägen verdankt sie ihren merkwürdigen Reiz. Das *Menuett* (mit Trio) darf man als Urtyp vieler späterer Menuette

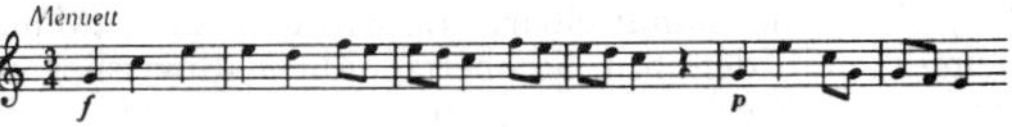

bezeichnen. Es entfaltet sich liedartig aus einer volkstümlichen Tanzmelodie. Das *Trio* mit seiner weichen

Mollklage erbringt einen Gegensatz von inniger Schönheit. Das Finale *(Prestissimo)* ist ein echtes Gebilde des überschäumenden „Sturm und Drang“. In hemmungslosem Schwung wirbelt es vorüber. Sein Thema ist umschwirrt von Gefährten, die seine Kapriolen begeistert mitmachen.

Bei den späteren Trios wird das Neue bisweilen zur Manier. Gleichwohl wird man auch dort zumindest Sätze finden, die Außerordentliches umschließen, so etwa das

anmutige *Menuett* aus dem Trio Nr. 2 in A-dur oder das galante, mit „Seufzern“ durchsetzte *Lento* aus dem Trio Nr. 5 in B-dur, das schon ganz „mozartische“ *Allegro di molto* aus dem Trio Nr. 6 in G-dur und anderes mehr.

JOHANN SCHOBERT

* um 1740 in Schlesien (?), † 28. August 1767 in Paris

Aus seinem Leben ist nur bekannt, daß er eine Zeitlang in Straßburg Musiklehrer war und dann nach Paris kam, wo er als Cembalist des Prinzen von Conti in höfischen Kreisen höchstes Ansehen genoß. Er starb, wie bei *H. Riemann* zu lesen ist, „nebst Weib, Kind, Dienstmädchen und drei Freunden nach Genuß selbstgesammelter Pilze".

Schobert hat den jungen *W. A. Mozart* nachhaltig beeinflußt. Mozarts erste Klavierkonzerte (K.V. 37, 39—41) sollen „Studien über Schobertsche Sonaten" sein. Obgleich eine unmittelbare Einwirkung der „Mannheimer" auf den Stil Schoberts nicht nachweisbar ist, sind seine Werke denen Stamitz' artverwandt (nicht wesensverwandt!). Es ist demnach anzunehmen, daß er dessen „neue Manier" in Paris kennenlernte. Im übrigen bewahrte er allen Schulen gegenüber eine auffallende Selbständigkeit. Schoberts eigentliches Gebiet ist die Kammermusik, sein Spezialinstrument: das Cembalo (Klavier). Er stellte das selbständig geführte Cembalo in den Mittelpunkt auch seiner Trios und Quartette. Die Streichinstrumente haben zwar nicht immer, aber vielfach nur begleitende Funktion. Die „Mannheimer" Dynamik findet sich bei ihm, ebenso läßt er bereits wandelbare Themen individuelle Entwicklungen durchlaufen, wobei es zu motivischen Auseinandersetzungen im Sinne der Klassik kommt. Sein Ausdrucksstil trägt genialische Züge, ist aber nicht einheitlich. Konventionelles steht neben höchst Eigenartigem. Bisweilen durchbricht er kühn alles Herkömmliche, dann formen sich ihm Wendungen oder auch ganze Sätze, in denen eine sublime, fast schon romantische Subjektivität spürbar wird. Als Wegbereiter der „Großen" hat er nach *Stamitz* und *Ph. E. Bach* beträchtliche Verdienste. Er mehrte die Ausdrucksmittel der jungen individualistischen Musik und trug dazu bei, die Abgrenzungen zwischen den einzelnen kammermusikalischen Besetzungsarten zu klären. Seine Klaviertrios und Klavierquartette gehören zu den ersten charakteristischen Beispielen dieser für die Klassik so bedeutsamen Gattungen.

Schobert hinterließ einige Klaviersonaten, viele Sonaten für Klavier und Violine, Klaviertrios, Klavierquartette, „Sinfonien" für Klavier, Violine und 2 Hörner, 6 Klavierkonzerte und ein Singspiel.

Das Trio Werk 16 Nr. 4 in F-dur für Klavier, Violine und Cello (N) ist charakteristisch für Schoberts Stil. Das selbständig geführte Klavier dominiert. Die Violine und gelegentlich auch das Cello tragen dazu bei, die Farbigkeit des Klangbildes zu erhöhen. Das viersätzige Werk beginnt mit einem ausdrucksvollen *Andante,* einem Sonatensatz mit „Mineur"- (= moll) und „Majeur"- (= dur) Teil. Auffallend ist die träumerische, romantische Stimmung dieses Gebildes. Fein kontrastiert eine tänzerische *Polonaise.* Als dritter Satz folgt ein melodiöses „galantes" *Menuett* mit klagendem *Trio.* Vom Finale *(Presto)* könnte Mozart angeregt wor-

den sein. Man sehe sein flinkes Thema. Der Satz braucht hohe Vergleiche nicht zu scheuen. Ausdruck einer großen Begabung, krönt er das schöne Werk schwungvoll.

Noch bezeichnender für die zentrale Stellung des Klaviers in Schoberts Kammermusik ist das Quartett Werk 7 Nr. 2 in f-moll für Klavier, 2 V und Vcl (B&H). Die Streicherstimmen sind so gesetzt, daß sie zur Not „eingezogen", d. h. vom Klavier mit übernommen werden können. (Ähnliches finden wir bei *Ph. E. Bach* in seiner C-dur-Sonate für Klavier „mit Begleitung einer Violine und eines Violoncellos". Aber sie kam erst 10 Jahre nach Schoberts Tod heraus, das Vorbild liegt also hier.) Entscheidend neu an diesem wohl ältesten Vorläufer des klassischen Klavierquartetts ist, daß darin ein klarer Trennungsstrich zu jenen Besetzungstypen gezogen ist, die sowohl solistisch als chorisch, also „orchestral" gespielt werden können. Dies ist reine solistische Kammermusik! Gewiß, die bislang herrschende Rangordnung der Instrumente ist auf den Kopf gestellt, die 1. Geige ist „entthront", das konzertante Klavier dominiert. Aber gerade damit ist zunächst einmal der intime, der „Hausmusik"-Charakter der Gattung eindeutig festgelegt. Die Thematik ist aus dem Wesen des Klaviers, aus seinen klanglichen und spieltechnischen Gegebenheiten abgeleitet, die motivischen Entwicklungen werden in der Hauptsache von diesem Instrument getragen. Ein Streicher-„*Chor*" fände gar keine Gelegenheit zu wesentlicher Entfaltung und scheidet damit aus. Hier verselbständigt sich also die Gattung! In der Folgezeit wird von den Meistern der Klassik das Gleichgewicht aller Soli in einem durchgeistigten konzertanten Stil heraufgeführt.

Das vorliegende Quartett hat nicht nur stilgeschichtliche Bedeutung, sondern auch hohe musikalische Qualität. Es verdient durchaus, gespielt zu werden! Im Gegensatz zum F-dur-Trio umfaßt es nur drei Sätze: *Andante, Menuett* mit *Trio* und *Allegro*. Den Schwerpunkt bildet das *Andante*. Sein klavieristisches Thema enthält eine schwermütige Wendung, die bei Beethoven stehen könnte. Klanglich von starker Wirkung: auf dem melodischen Höhepunkt treten die Violinen in Aktion! Die Entwicklung dieses Sonatensatzes weist durchgehend eine feingliedrige, expressive motivische Arbeit auf. Mit eigenbrötlerischem Ernst werden dunkel irisierende romantische Stimmungen beschworen. Das Menuett kehrt in gewohnte Bahnen zurück. Hier kommen die Violinen schön zur Geltung. Im *Trio* erfolgt mit fast erschreckender Heftigkeit ein leidenschaftlicher Durchbruch zu ganz persönlicher Aussage. Doch mit der Wiederkehr des Menuetts siegt und behauptet sich der galante Musizierton der Zeit. Er beherrscht auch das konzertante, schwungvoll bewegte *Finale*.

LEOPOLD MOZART

Getauft 14. November 1719 in Augsburg, † 28. Mai 1787 in Salzburg

Sohn eines armen Buchbinders. Wollte Rechtsgelehrter werden, bezog auch die Salzburger Universität, konnte aber die Mittel durch Musikunterricht nicht aufbringen und mußte das Studium aufgeben. Zunächst Kammerdiener des Grafen Thurn, dann durch dessen Vermittlung Violinist der erzbischöflichen Kapelle in Salzburg. Rückte zum Hofkompositeur, 1762 zum Vizekapellmeister auf. Aus seiner Ehe mit *Anna Maria Pertl* ging *Wolfgang Amadeus* als siebentes Kind hervor. Sobald Vater Leopold die Begabung Wolfgangs erkannte, übernahm er dessen Ausbildung. Schrieb viele Serenaden, Divertimenti, auch Sinfonien, Konzerte, Kantaten, Kirchenmusiken, u. a. 12 Oratorien (!), Opern, ferner Klavierstücke, Sonaten, 6 Triosonaten und eine Menge Gelegenheitswerke.

Leopold Mozart fehlte zwar das Genie Wolfgangs, aber er war ein vielseitig gebildeter und auch als Pädagoge erfolgreicher Musiker. Er schrieb eine der ältesten systematischen Geigenschulen, den *„Versuch einer gründlichen Violinschule"*. Das Buch wurde im Geburtsjahr Wolfgangs (1756) gedruckt, erlebte viele Auflagen und gilt noch heute als wichtiges Quellenwerk.

Als Komponist zeigt Leopold Mozart eine liebenswürdige Begabung, natürliches Empfinden, Geschmack und gediegenes handwerkliches Können. Einige seiner Kammermusiken liegen in Neudrucken vor, ein Beweis, daß das Interesse an ihnen wach blieb. Sie sind auch stilgeschichtlich bemerkenswert dadurch, daß der Basso continuo in ihnen nicht mehr in Erscheinung tritt. Leopold Mozart schreibt bereits Trios für 2 Violinen und Cello (ohne Cembalo). Diese Besetzungsgattung bezeichnet die Endstufe einer Entwicklung, die von der alten „Sonata a tre" (2 Violinen und Bc) über die Sonaten für V, Vcl und Cembalo zum reinen Streichtrio der Klassik führt (vorwiegend Violine, Bratsche, Cello).

Als Wolfgang Amadeus 7 Jahre alt wurde, schenkte ihm der Vater eine selbst zusammengetragene und fein säuberlich abgeschriebene instruktive Sammlung von zeitgenössischen Tanzstücklein für Klavier als *„Notenbuch für Wolfgang"*. Der gleiche pädagogische Eifer trieb ihn, in Wolfgangs Geburtsjahr dem „Versuch einer gründlichen Violinschule" als Anhang 12 Duette für 2 Violinen (Bär) beizugeben. Diese hat er selbst komponiert. Es ist lobenswert, daß man die feinen Miniaturen wieder neu herausgebracht hat. Man findet Kanons, Rondos und zweiteilige Liedformen in buntem Wechsel. Die Abbildung zeigt ein paar Takte aus der

Nr. 8 *(Grazioso).* Man beachte die Dynamik, ferner die fließende Sextole, die Mischung von legato und staccato, danach die schwebenden, zu zweien gekoppelten Achtel und den „galanten" Vorhalt im letzten Takt.

Die 3 Divertimenti für 2 V und Vcl in G-dur, C-dur und D-dur (Vie, Ki&Si) komponierte Leopold Mozart etwa 1760. Es handelt sich dabei um gefällige höfische Unterhaltungsmusiken, abgeleitet etwa aus der lockeren Reihenform der alten Tanzsuiten, aber dreisätzig nach dem Muster der Sonate, nur ohne deren „Ambition". Das *G-dur-Divertimento* beginnt mit einem frischen *Allegro,* in dessen Thema der „Kukkucksruf" auffällt. Mozart liebt solch lustige Überraschungen. Bisweilen gerät ihm die musikalische „Nachahmung der Natur" wohl ein wenig hausbacken, bisweilen aber auch schon derart treffsicher, wie hier. Da ist nur noch ein kleiner Schritt zum großen Haydn, der seine schönsten Einfälle „draußen" erlauschte; Vater Mozart liebäugelt schon kräftig mit der „Illustrationsmusik". Da gibt es z. B. eine „Musikalische Schlittenfahrt" oder eine „Sinfonia burlesca" mit hör- und deutbaren Späßen und manch anderes Stück mit verstecktem oder offenem „Programm". — Im *Divertimento* G-dur folgt dem anregenden Natur-Allegro ein schlichtes *Andante* (C-dur, 3/4). Schon ganz wie bei Stamitz hat das abschließende tänzerisch graziöse *Menuett* (G-dur) als Stimmungsgegensatz ein dunkel klagendes *Trio* (g-moll). Auch im *C-dur-Divertimento* ist der häufige Wechsel dynamischer Gegensätze (f, p) auffallend. Im spritzigen *Allegro* wird von der 1. Violine allerhand verlangt Da kommt der „Virtuose“ Leopold Mozart fein zum Zuge. Das Thema des *Andante* gibt

Aufschluß über den Charakter dieses hübschen Satzes. Das abschließende *Presto* greift die frische Stimmung des ersten Satzes auf und wirbelt heiter vorüber. Das *Divertimento in D-dur* hat ebenfalls drei Sätze. Wiederum beginnt ein frisches *Allegro.* Ihm folgt ein *Adagio* (d-moll) mit chromatisch abwärts führendem, klagendem Thema. Das Finale (*Allegro* D-dur, $^3/_8$) reißt die Stimmung energisch hoch.

Das Trio in B-dur für 2 V und Vcl (Vie, Ki&Si) hat nur zwei Sätze. Es beginnt mit einem empfindsamen *Adagio.* Ihm schließt sich ein galantes *Menuetto* (Allegretto) mit kurzem *Trio* an.

1753/54 schuf Leopold Mozart für die Hochzeit des Salzburger Weingutbesitzers und Kaufmanns *Franz Anton Spangler* 12 Hochzeits-Menuette, von denen 10 im Neudruck vorliegen (Böhm). Die Besetzung sieht 2 V, Vcl, KB, 2 Hrn (ad lib.) und Cembalo vor. Die Einrichtung gestattet aber Aufführungen mit nur Streichtrio und Cembalo. Kleine Leckerbissen für Liebhaber! Insgesamt kurze Sächelchen, humorvoll, volkstümlich hinmusiziert.

JOSEPH HAYDN

* 31. März 1732 in Rohrau (Österreich), † 31. Mai 1809 in Wien

Sohn eines armen Wagners. Kommt mit 6 Jahren zu dem Dorfschullehrer Franck in Hainburg in die Lehre. Den 8jährigen nimmt der Wiener Kapellmeister Reutter in den Domchor von St. Stephan auf. Mit dem Stimmwechsel muß Haydn die Kantorei verlassen. Acht Jahre schlägt er sich kümmerlich als Tanzmusiker und Privatlehrer durch, dann wird er Korrepetitor beim Librettisten *Metastasio,* zugleich Diener und Schüler *Nicola Porporas.* 1759 durch

Vermittlung des *Freiherrn von Fürnberg* Kammerkomponist des *Grafen Morzin* in Lukavec bei Pilsen. 1761 zweiter Kapellmeister des Fürsten *Paul Esterházy* in Eisenstadt, 1766 erster Kapellmeister des Fürsten *Nicolaus Joseph Esterházy*. Nach dessen Tod bezieht Haydn eine auskömmliche Rente. 1791 und 1794 Konzertreisen nach London. 1795 Rückkehr nach Wien.

Von seinen gesicherten Werken seien hervorgehoben: 52 Klaviersonaten, 41 Klaviertrios, 21 Streichtrios, 83 Streichquartette, 24 Konzerte und Divertimenti mit Klavier, 4 Violinkonzerte, 5 Cellokonzerte, 107 Sinfonien (einige weitere zweifelhaft), 24 Opern, darunter „Die Welt auf dem Monde" und „Untreue lohnt sich nicht", 14 Messen, zahlreiche andere Kirchenmusiken und 4 Oratorien, darunter „Die Schöpfung" und „Die Jahreszeiten".

Sucht man nach Blickpunkten für den zeitgeschichtlichen Abschnitt, in dem Haydn wirkte, so bieten sich diese unschwer. Ein Jahr nach Haydns Geburt vollendete *J. S. Bach* Kyrie und Gloria seiner „h-moll-Messe" (1733). Ein Jahr vor Haydns Tod erklangen *Beethovens* 5. und 6. Sinfonie (1808) zum erstenmal. Haydns Lebenskurve spannt sich also vom Hochbarock bis zur Hochklassik. Diese Daten sind von zwingender Symbolik: es gibt keinen Meister, der so entscheidend wie Haydn die Entwicklung der Musik während dieses Zeitraumes bestimmt und trägt.

Als Haydn anfängt, ist die jahrhundertealte Kontroverse zwischen polyphonem und homophonem Stil vor dem Hintergrund weltanschaulicher Kämpfe Gegenstand heftiger Auseinandersetzungen. Unversöhnlich stehen einander gegenüber der strenge kontrapunktische Stil des Barock, der in *J. S. Bachs* Werken seine tiefste menschliche Durchdringung fand, und der galante melodische Stil des Rokoko, den in Italien etwa *Sammartini* und *Pergolesi*, in Deutschland *Joh. Stamitz* und *Ph. Emanuel Bach* vertreten. *Haydn* nun findet in lebenslanger Bemühung — als Meister noch lernend von Mozart — eine Synthese dieser Gegensätze und damit den klassischen Stil, der fortan Ausgangspunkt und Ziel vieler bedeutender Musiker geblieben ist. Hierauf beruht sein geschichtliches Verdienst. Es umschließt die Heraufführung der klassischen *Hausmusik*, die Durchbildung des *Streichquartetts*, der *Sinfonie* und des weltlichen

Oratoriums im Sinne und mit den Mitteln des klassischen Stiles.

Was bei den Wegbereitern verheißungsvoll anklingt, wird bei Haydn Erfüllung. In seinen Werken sind *Kunst- und Volksmusik versöhnt. Goethe* fand für sie die Worte: „*Diese seine Werke sind eine ideale Sprache der Wahrheit, in ihren Teilen notwendig, zusammenhängend und lebendig. Sie sind vielleicht zu überbieten, aber nicht zu übertreffen.*"

DUETTE, VIOLINSONATEN, TRIOS UND QUARTETTE MIT BLÄSERN*

Im Umkreis der Streichquartette findet man liebenswürdige Kammermusiken aller Art, in vielen der hier genannten Ausgaben allerdings als Bearbeitungen fremder Hand. Hübsche, federleichte Spiel- und Hausmusik sind die 14 Menuette für Blockflöte und Violine oder andere Melodieinstrumente (Bär). Anspruchsvoller sind die 3 Sonaten für Violine und Bratsche, Werk 93 (An). Das in London entstandene Duett für Violine und Cello in D-dur (For) eignet sich für die Konzertwiedergabe. Im geistvollen Spiel der Themen und Motive kommt Haydns Altersstil prachtvoll zur Geltung. Das Werk umfaßt drei Sätze: *Adagio non molto, Allegro* und *Menuett* mit 3 Variationen.

In der Mehrzahl der 8 Sonaten für Violine und Klavier (Pe) hat die Violine nur begleitende Funktion. Drei von ihnen sind auch als Klaviersonaten erschienen. Die letzten, im Hinblick auf die Violine vollwertigen Sonaten sind Original-Bearbeitungen von Streichquartetten. Man sollte sie spielen, besonders die *Sonate Nr. 8 in G-dur* (= Streichquartett Werk 77 Nr. 1 ohne Menuett). Sie ist schön und instruktiv zugleich!

Von den 41 Klaviertrios dürften ein paar wohl jedem Hausmusikfreund vertraut sein. Haydn

* Die Werknummern nach dem Haydn-Werkverzeichnis von A. van Hoboken (Mainz 1957, 1971) sind im Register genannt.

schuf sie in Grüppchen zu zweien oder dreien im Laufe mehrerer Jahrzehnte. Sie spiegeln ein gutes Stück seiner Entwicklung vom galanten Plauderer zum Meister klassischer Ausdruckskunst. In der Mehrzahl dieser Werke führt das Klavier, Violinen und Cello begleiten. Nur in den letzten Trios wird die Violine konzertant behandelt und auch das Cello gelegentlich am Motivspiel beteiligt. Der Stil der reifen Quartette wirkt sich hier aus. Als Beispiel sei das berühmteste Stück der Gattung, das Klaviertrio Werk 75 Nr. 1 in G-dur herausgegriffen (unter dieser Ziffer ist es bei *Peters* geführt. In älteren Ausgaben erscheint es als Werk 75 Nr. 2!). Es beginnt mit einem entzückenden *Andante,* dessen naiv

heiteres, gemütvolles Thema später in den „Jahreszeiten" wieder anklingt. Zunächst ergibt sich so etwas wie eine dreiteilige Liedform, deren Klangreiz eine überraschende Modulation über g-moll nach B-dur eigenartig vertieft. In einem freien Durchführungsteil wird nun nach G-dur zurückgekehrt, worauf sich Varianten mit immer reicheren figurativen Umspielungen des Themas anschließen. Das *Poco Adagio (Cantabile)* ist von romantischen Stimmungen erfüllt. In seinem verhältnismäßig kurzen Mittelteil kann sich die Violine aussingen. So schön die Sätze sind: das *Finale Presto,* ein hinreißendes *Rondo al' Ongarese,* macht sie vergessen. Jeder kennt sein zün-

dendes Refrainthema. Kunst- und Volksmusik sind in diesem Gebilde versöhnt!

Die 6 Sonaten für 2 Violinen und Klavier, Werk 8 (Pe) entstanden in Weinzierl, Lukavec und Eisenstadt bis etwa 1766. Sie sind als Übergangswerke von der barocken Triosonate zum klassischen Klaviertrio bemerkenswert. Der Klavierpart ist zwar original, aber der Zusatz „Violoncello ad libitum" bleibt als Reminiszenz an die versunkene Generalbaßzeit. Vorwiegend führt die erste Violine, die zweite begleitet. Das ebenfalls begleitende Klavier nimmt gelegentlich selbständig und sehr lebendig Anteil am Geschehen. Die zweite Sonate in G-dur verdient hervorgehoben zu werden. Sie beginnt mit einem frischen, zweiteilig gegliederten *Allegro,* in dem es von hübschen Einfällen nur so schwirrt. Die zweite Violine findet des öfteren Gelegenheit zu witzigen Zwischenrufen oder zu kräftiger Gegenrede. Das derbe *Menuett* läßt an Urwüchsigkeit nichts zu wünschen übrig. In seinem *g-moll-Trio* gibt es zwar empfindsame „Seufzer", aber sie werden alsbald vom Grollen und Stampfen der Bässe, von leidenschaftlichen Sprüngen der Geige erstickt. Das Finale, *Presto,*

wirbelt ausgelassen dahin. Sein witziges Thema läßt den späteren Sinfoniker ahnen.

Bei Haydns Streichtrios handelt es sich zumeist um *„Divertimenti"*, um leicht gefügte, suitenartige, vorwiegend dreisätzige Haus- und Unterhaltungsmusiken. Manches, was Haydn auf diesem riesigen Versuchsfeld in unablässigem Umgang mit satztechnischen, klanglichen und formalen Problemen erprobte, fand seinen Niederschlag in den Quartetten und Sinfonien. Es gibt unter den Streichtrios solche für 2 Violinen und Cello bzw. Baryton (Vla da Gamba), Bratsche und Cello.

Betrachten wir zunächst die Trios für 2 Violinen und Cello. Haydn selbst verzeichnet 21. (Daß unter den Neuausgaben wesentlich mehr zu finden sind, hat seine Ursache darin, daß man Baryton-Trios für diese Besetzung bearbeitete.) Die 12 sehr leichten Streichtrios (Volk) und die 12 leichten Trios, Werk 21 (Schm) sind identisch. Bei *Schmidt* gibt es außerdem noch eine Bearbeitung der Trios für

2 Violinen und *Bratsche*. Vorzuziehen ist die Originalfassung. Das Violinenpaar gibt den Stücken ihren silberhellen, schwerelosen Klang. Ersetzt man Cello durch Bratsche, so nimmt man den Sächelchen das Rückgrat. Die Trios entstanden zumeist Anfang der 50er Jahre, ein paar sind Original-Bearbeitungen von Baryton-Trios. Mit Ausnahme des ersten beginnen sie mit einem ruhigen Satz. In der Mitte stehen Menuette oder Allegros, auch wohl Adagios. Am Ausklang desgleichen. Ein Schema gibt es nicht. Oft begegnet man Themen mit Variationen, winzigen Urbildern der späteren klassischen Variationssätze. Ähnliches gilt für die 6 Weinzierler Trios (Kall) und die 6 leichten Wiener Trios (Kall). Unbekümmert greift Haydn hier auf Tanzlieder und Volksweisen zurück. Alles, was ihn beeindruckt, glossiert er. 1762 gab man in Wien zum ersten Mal *Glucks „Orpheus“*. Haydns *II. Wiener Trio* beginnt so:

also fast wörtlich wie die Orpheus-Arie „Ach, ich habe sie verloren“. Interessant ist, was Haydn aus diesem Einfall macht. Er hat gar keinen Sinn für Monumentalität. Er vermenschlicht das Erhabene! Das Thema gibt ihm Anlaß zu einer liebenswürdigen Plauderei. Er greift bald dieses, bald jenes Motiv heraus, sinnt ihm ein wenig nach, läßt es wieder fallen und beendet sein opus dann leichthin mit einem Zitat aus dem Thema, dem er durch eine graziöse Umspielung die Bedeutung einer witzigen Pointe gibt! Schon hier erweist es sich: Haydn ist Fabulierer! Vielleicht der größte, jedenfalls aber der präziseste und liebenswürdigste, den die Musikgeschichte kennt.

Für die gleiche Besetzung sind zu nennen die 12 deutschen Tänze (Kall), die 12 Menuette (Kall) und die 12 Wiener Hofball-Menuette (Sch) aus dem Jahre 1794, mit denen der alte Haydn die tanzlustige Wiener Gesellschaft überraschte. Springlebendige, volkstümliche Spielmusiken, die solistisch oder chorisch (mit Kb) gleich gut wirken. Sie behaupten sich neben *Mozarts* und *Schuberts* Tänzen. Hier eine Probe:

Silberhelle Farbtupfer der 1. Violine zieren die schöne Tanzweise. In dem kleinen Terzenschleifer der beiden Violinen (Takt 4, 5) blüht für einen Augenblick ein geradezu verklärtes Lächeln auf. Die knappe Schlußwendung scheint zu sagen: „So, Kinder, reiht euch wieder ein, ihr seid hier nicht allein mit eurem Glück!" Was Haydn bewegt, das äußert er hier ganz unmittelbar und doch derart distanziert, wie es nur dem Genie gelingt.

Es gibt für Haydn nichts Nebensächliches. Noch das Geringste erscheint ihm wichtig und fügt sich organisch dem Strom des Lebendigen ein, das seine Werke umschließen. Niemals vermißt er sich, „Großes" zu wollen. Er dient mit seiner Kunst schlicht dem Leben. Vielleicht weil er es unermüdlich und reinen Herzens tut, fällt ihm nach langem, beschwerlichem Wachstum das „Große" wie von selbst zu. „Willst du ins Unendliche schreiten, geh nur im Endlichen nach allen Seiten." (Goethe.)

Dieses „Nach-allen-Seiten-gehen" bewahrt Haydn bei seiner unfaßbaren Produktivität vor jeglicher „Routine". Gewiß, er komponiert wie alle Komponisten seiner Zeit als junger Höfling Trios, Serenaden, Divertimenti „in Mengen". Er legt seinen Werktypen landläufige Formschemen zugrunde und variiert diese unbekümmert dutzendweise. Und doch wird daraus keine „Konfektion". Fast in jedem seiner frühen Dutzendwerke blitzt irgendwann eine überraschende Wendung auf, ergeben sich eindringliche Formulierungen, die man nicht vergißt, wird spürbar, daß da ein Besonderer mit hellwachen Sinnen seinen Pflichtarbeiten zu Leibe rückt.

Die 125 Baryton-Sonaten, die Haydn für den Fürsten Nicolaus Esterházy schrieb, schlummern zumeist in den Archiven. 9 dieser Divertimenti kamen bei Bärenreiter heraus, zwei weitere, die Divertimenti Nr. 109 in C-dur und Nr. 113 in D-dur, bei Schott. Doch auch diese Neudrucke sind so eingerichtet, daß Violine oder Viola da Gamba das Baryton ersetzen können. *Döbereiner* (Sch) kennzeichnet in seinem Vorwort das Baryton folgendermaßen: „Dieses Instrument entstammt der alten Violen (da Gamba) -Familie. Es ist durch einen charakteristischen, reizvoll schwebenden Klang ausgezeichnet, der durch unter dem Hals des Instrumentes freiliegende Resonanzsaiten bewirkt wird. Beim Spielen der oberen Saiten klingen sie mit und werden nach Bedarf auch zur Ausführung von Baß- und Begleittönen mit dem Daumen der linken Hand gezupft. Zu dem gestrichenen Gambenton gesellt sich so ein gezupfter, lautenähnlicher Klang, der sich mit jenem zu einem neuen Klangphänomen vermischt." Daraus geht hervor, daß die Bearbeitungen den Reiz der Originalfassung klanglich nie zu vermitteln vermögen. Das ist auch aus dem Notenbild ersichtlich, das „lautenähnliche" Klänge und Doppelgriffe aufweist, die bei den Bearbeitungen unter den Tisch fallen. In ihrer Form unterscheiden sich die dreisätzigen Stücklein nicht vom Typ der anderen Streichtrios. Viele der Barytontrios hat Haydn selbst für andere Besetzung bearbeitet (siehe Streichtrios).

Abschließend sei noch auf einige Werke hingewiesen, die das Bild der Haydnschen Kammermusik reizvoll abrunden. Da sind zunächst die 3 Divertimenti für Flöte, Violine und Cello in D-dur, C-dur und D-dur (Vie). Sie klingen solistisch oder chorisch besetzt gleich gut und bergen eine Fülle entzückender Einfälle. Als Probe das Thema des *Presto* aus dem *1. Divertimento.* Hübsch der Wechsel zwischen

forte und piano, noch hübscher die frische Volkstümlichkeit des Einfalls! Das *3. Divertimento* bringt als Einleitung ein *Adagio* mit 4 Variationen, die ebenso auf den späteren Meister der Sinfonie hinweisen wie obiges Presto-Thema. Dann ist da ein Quartett für Flöte, Geige, Bratsche und Cello mit dem Untertitel „Mann und Weib“ oder „Der Geburtstag“ (To). Es war (1767) als fünfsätziges *Divertimento* (Sextett) entworfen, kam aber 1770 als Flötenquartett heraus. Es beginnt mit einem heiteren *Presto.* Ihm folgt ein *Andante moderato,* in dem die Melodie durchgehend in Oktaven geführt ist. Man vermutet, Haydn habe mit dieser Oktav-Eintracht die Harmonie zwischen Mann und Weib symbolisieren wollen. Nach einem hübschen *Menuett* mit *Trio* beschließt eine *Fantasia* (Air) das kleine Werk mit originellen Variationen. Vielleicht haben auch sie den Untertitel veranlaßt. Man weiß, Haydns Ehe war unglücklich, aber er trug sein Mißgeschick mit Humor. Das bezeugt sein Kanon: „Ein einzig böses Weib lebt höchstens in der Welt. Nur schlimm, daß jeder seins für dieses einz’ge hält!“ Hier nun stellt Haydn in *allen* Variationen (mit Ausnahme der letzten) einem unverändert sechsmal wiederkehrenden ausgeglichenen Cello-Thema jeweils nur *ein* Instrument gegenüber, und zwar einmal die Bratsche, zweimal die Flöte und zweimal die Violine. Die Sopraninstrumente kontrapunktieren die Cellostimme stets mit kapriziösen Wendungen. In der letzten Variation fehlt die Geige! Flöte, Bratsche und Cello intonieren ohne sie ein vergnügtes Trio!

In jungen Jahren hat Haydn 6 Quartette für Flöte (oder V), Violine, Viola und Basso continuo (Cello ad lib. und Klavier) geschrieben. Eines hiervon, Werk 5 Nr. 4 in G-dur kam bei Nagel heraus. Es umfaßt 4 Sätze: *Vivace, Andante moderato, Menuetto* mit *Trio* und *Fantasia* mit

5 Variationen, in denen jeweils Flöte, Violine oder Bratsche dem Basso continuo solistisch gegenübertreten. Die Form entspricht nahezu der des Flötenquartetts „Mann und Weib“. Ein hübsches, melodieseliges Werk, bei dem alle Soli klangschön zur Geltung kommen.

Die bekannte Suite „Das Echo“ (Vie) ist komponiert für 4 Violinen und 2 Celli „Zur Aufführung in zwei verschiedenen Zimmern“. Es handelt sich nicht um ein Sextett, sondern um 2 Streichtrios (zu je 2 V u. 1 Vcl), die derart miteinander verbunden sind, daß sich aus ihrem Zusammenspiel unentwegt Echowirkungen ergeben. Das ist allerliebst gemacht und bereitet Spielern wie Hörern das gleiche Vergnügen. Das Werk hat fünf Sätze: *Adagio, Allegro, Menuett* mit *Trio, Adagio* und *Presto.* Das Prinzip über all diese Sätze hin ist folgendes: das erste Trio trägt eine melodische Phrase oder auch nur ein Motiv vor, das zweite „im Nebenzimmer“ wiederholt das nun echoartig. Hier ein Beispiel aus dem *1. Adagio:*

Nicht immer ist das Echo vollständig. Bisweilen bringt es nur einen Teil der vorgesungenen Phrase als Nachhall, vor allem in den lebhaften Sätzen. Durch feinste dynamische Abstufungen, gelegentlich auch durch „Dämpfer“ wird der Reiz des Spieles noch erhöht. An den Satzschlüssen und einmal auch inmitten des Presto (Finale) erweist sich das Echo als ein Wunder seiner Gattung. Da weiß es ein paar Takte lang genau so früh wie der Vorsänger, was es nachzuplappern hat, und das wirkt dann als Überraschung besonders nett. Musikalische Echowirkungen waren im 17. und 18. Jahrhundert sehr beliebt. Ein bekanntes Beispiel ist *Mozarts* Serenade in D-dur (K. 286) für 4 Orchester (auch als „Notturno für 4 Orchester“ bekannt).

DIE STREICHQUARTETTE

Haydn hat 83 Streichquartette geschaffen. Nimmt man die kammermusikalische Fassung der „Sieben Worte des Erlösers am Kreuz“ hinzu, so sind es 90. Sein erstes Quartett entwarf er im Alter von 23 Jahren, sein letztes, Werk 103, hinterließ er unvollendet. Betrachtet man die Quartette in der Reihenfolge ihrer Entstehung, so überblickt man den durch seine unheimliche Folgerichtigkeit faszinierenden künstlerischen und menschlichen Werdegang Haydns von dem Augenblick an, in dem er aus dem Dunkel der Anonymität zögernd hervortritt, bis zu jener verhangenen Stunde, in der er, müde geworden, Abschied nimmt von seiner Kunst und damit vom Leben.

Bruno Aulich und *Ernst Heimeran* legten in ihrem famosen Büchlein „Das stillvergnügte Streichquartett“ ein bemerkenswertes Bekenntnis zu Haydns Streichquartetten ab. Sie schreiben: „Wir haben, von zahlreichen Wiederholungen der beliebtesten abgesehen, wirklich alle 83 gespielt, jeden Abend eins, wir haben uns gefreut, manchmal gelächelt und manchmal sehr, sehr nachdenklich dreingeschaut. Und wir haben uns auch geärgert über die Leute, die ihn mit ‚Papa Haydn‘ titulierten und sich über irgendein gequältes Produkt der neuesten Zeit in gedankenlosen Lobeshymnen ergingen ...“ Heimeran und Haydn, das klingt ohnehin gut zusammen. Wenn aber der Begründer unseres modernen physikalischen Weltbildes, *Albert Einstein*, sich zeitlebens als passionierter Geiger spielend zu Haydn bekannte, so mag das denen zu denken geben, die glauben, nur die „synthetische Musik“ oder allenfalls noch die „dodekaphone“ sei der äquivalente Ausdruck unserer Humanitas zu Beginn des Atomzeitalters. In ihrer bezaubernden Mischung von Naivität und Weisheit, von Gassenhauer-Frechheit und Frömmigkeit, von Empfindsamkeit und Kühle, von Losgebundenheit und strenger Bindung an überkommene oder selbstgestellte Gesetze bilden Haydns Quartette Herzstücke der musikalischen Kultur. Und das wird so bleiben, solange Menschen fähig sind, sich als Individuen gegen jeden Automatismus zur Wehr zu setzen, das heißt, solange sie es vermögen, „Menschen" zu bleiben!

STREICHQUARTETTE WERK 1, 2 UND 3

Haydns 1. Streichquartett in B-dur, Werk 1 Nr. 1, ragt unter seinesgleichen dadurch hervor, daß es „das Erste" ist. Ein schöner Grund, es eingehend zu betrachten! Es verdankt einem Zufall sein Dasein. Haydn schrieb es als Gast des Freiherrn von *Fürnberg in Weinzierl* 1755. Die Quartett-Besetzung wählte er, weil es dort außer ihm noch einen Geiger (den Ortspfarrer), einen Bratscher (den Gutsverwalter) und einen Cellisten (Albrechtsberger) gab. Das bezeugt einerseits die Unbekümmertheit, mit der Haydn als *Praktiker* experimentierte, und anderseits, daß er die Gattung von Anbeginn als einen Zweig der *Hausmusik* ansah.

Die vier spielten das Quartett in Weinzierl vor geladenem Kreis. Es gefiel über die Maßen. Einer, der dabei war, der Major *Weirach*, äußerte sich später über Haydn: „Der bis zur Ängstlichkeit bescheidene Mann war, obwohl alle Anwesenden von seiner Komposition entzückt waren, nicht davon zu überzeugen, daß seine Arbeit überhaupt wert sei, in der Musikwelt bekannt zu werden!" Doch der Beifall ermutigte Haydn. Er schrieb nun in rascher Folge die in den Werkgruppen 1 bis 3 zu je 6 zusammengefaßten 18 Jugendquartette. Als er später seine Werke listenmäßig zu erfassen suchte, ließ er sie nicht als Streichquartette gelten, sondern reihte sie unter die Kassationen, Divertimenti und Serenaden ein.

Das *1. Streichquartett* in B-dur ist ein echtes Divertimento. Es lehnt sich etwa an den Grundriß der Tanz-Suiten, Kassationen oder Serenaden (Abendmusiken) an. Im Mittelpunkt seiner fünf Sätze steht ein *Adagio* als „Ständchen". Es wird flankiert von 2 *Menuetten,* den äußeren Rahmen bilden zwei *Prestos.* Dieser einfache Grundriß war ursprünglich das Abbild eines wirklichen Geschehens, etwa so: Es ist Abend. Durch die Gasse (daher „Kassation" von „Gassatim" = durch die Gasse) kommen Musikanten heran *(Presto).* Vor einem

Hause spielen sie ein Tänzchen *(Menuett)*. Sobald die Angebetete am Fenster erscheint, läßt der Vorsänger sein Ständchen hören *(Adagio)*. Wird es gnädig aufgenommen, so geben die Musikanten noch ein Tänzchen zu *(Menuett)*, dann trollen sie sich *(Presto)*. Es ist überliefert, daß Haydn während seiner Hungerjahre in Wien bei solchen Kassationen mitwirkte. Das spürt man an diesem Streichquartett, obgleich es als stilisierte Unterhaltungsmusik der Gasse entfremdet ist. Sein zweiteiliges kurzes Eingangs-*Presto* beginnt unisono mit einem frischen Fanfarenmotiv. Es setzt sich in der 1. Violine piano fort und verklingt flüsternd in der 2. Violine. Das Spiel wiederholt sich, geht in ein lebhaftes, von schwirrenden Sechzehntelfiguren durchsetztes Treiben über und beruhigt sich in einer von Trillern gezierten Kadenz. Der zweite Teil tändelt zunächst ein wenig mit dem Motivmaterial und mündet dann in eine freie Wiederholung des ersten Teiles. Nun kommt das erste Tänzchen *(Me-*

nuett). Es verläuft ruhig. Zärtlich scheint es die Angebetete herbeizulocken. Im *Trio* heimliche Pizzicati der Violinen über eigenwillig geführten Unterstimmen. Das „Ständchen“ *(Adagio)* bringt nun ein gefühlvolles Solo der 1. Violine. Es scheint Gnade gefunden zu haben, denn das zweite flinke Tänzchen *(Menuett)* ist von eitel Freude erfüllt. Und auch das wirblige Finale *(Presto)* bekundet: alles ging gut!

Mit diesem Quartett haben wir den Typus für die 12 Quartette der Werkgruppen 1 und 2. Nur dreimal weicht Haydn von ihm ab. Im Quartett Werk 1 Nr. 3 in D-dur und im Quartett Werk 2 Nr. 6 in B-dur steht ein *Adagio* zu Beginn, ein *Presto* mit Scherzo-Charakter und kontrastierendem Mittelteil an dritter Stelle. Werk 1 Nr. 5 endlich hat

nur drei Sätze *(Allegro, Andante, Allegro molto)*. Es zeigt sinfonischen Charakter, soll auch in einer Fassung als Sinfonie mit 2 Oboen und 2 Hörnern existieren und nimmt sich ein wenig fremd in diesem Zusammenhang aus. Haydn scheint es erst später hier eingereiht zu haben an Stelle eines fünfsätzigen Es-dur-Quar-

tetts, das den Typus der Frühwerke zeigt und sich in einer alten zeitgenössischen Ausgabe findet („A Amsterdam chez J. J. Hummel", wahrscheinlich 1765). In der gleichen Ausgabe ist der „Basse obligé" (Cello) durchgehend noch als *bezifferter Baß* (!) notiert. Man hat also damals den Quartett-Charakter dieser Frühwerke keineswegs gelten lassen, sie wurden noch mit Bc (Cembalo) gespielt. Ob die Ausgabe auf Haydn selbst zurückgeht, war nicht zu ermitteln (sie ist im Besitz der Westdeutschen Bibliothek, Marburg/Lahn). Sie bestätigt aber den Eindruck, den man beim Spielen von all diesen Quartetten gewinnt: der Generalbaßstil ist in ihnen noch nicht überwunden. Die erste Violine führt, die anderen Instrumente begleiten vorwiegend. Die Bratsche wird meist recht unselbständig mit dem Cello parallel geführt, wie es in den Triosonaten üblich war. Durch solche Oktavgänge entsteht dann die Wirkung eines Triosatzes mit „Basse obligé". Viele Möglichkeiten des Quartettsatzes bleiben ungenutzt.

Gleichwohl gibt es rätselhafte Abweichungen vom Üblichen schon in diesen Frühwerken. Woher kommt z. B. der ausgesprochene Quartett-Klang wesentlicher Partien? Woher die Instinktsicherheit, mit der die Instrumente bisweilen paarweise einander gegenübergestellt sind oder mit der sie an kleinen Motivspielen beteiligt werden, ganz so, wie sich das später in den Meisterwerken grundsätzlich ergibt? Vor allem: wo sind Werke aus jenen Tagen, in denen mit solch bezaubernder Natürlichkeit Volksweisen und Tanzlieder eingefangen sind, in denen bei aller Zierlichkeit der höfischen Ausdrucksweise ein solch urwüchsiger Humor zum Zuge kommt?

Durch seine ungeschminkte Art zog sich Haydn zunächst Gegner zu. In Wien nannte man ihn einen vulgären Spaßmacher und Verderber der Musik, weil er sich nicht scheute, Gassenhauer in seriösen Werken zu verarbeiten. Die Kritik konnte indessen nicht verhindern, daß seine Gönner zu ihm hielten und daß die Bürger landauf, landab entzückt nach seinen Quatuors griffen, in denen das Einfache derart einfach gesagt wurde, wie man es selbst wohl äußern würde, wäre man dieser Sprache mächtig.

Im letzten Quartett der Reihe, Werk 1 Nr. 6 in C-dur gewinnen die Mittelstimmen gelegentlich schon beträchtliches Eigenleben. In dem hübschen *Adagio* wird das Solo der 1. Violine von den Gefährten pizzicato begleitet, wodurch der Ständchencharakter der kleinen Arie besonders zur Geltung kommt. Im zweiten *Menuett*

sind die Stimmen, abgesehen von der kleinen Abweichung in den ersten beiden Takten, durchgehend zu zweien in Oktaven gekoppelt, ein Verfahren, das Haydn 1797 in seinem „Hexenmenuett“ Werk 76 Nr. 2 wieder aufgriff. Das frische Schluß-*Presto* gehört zu den liebenswürdigsten Eingebungen des frühen Haydn. Aus der Werkgruppe 2 seien hervorgehoben die beiden *Menuette* des 1. Quartetts in A-dur. Das erste

in seiner komischen Behäbigkeit würde sich gut ausnehmen in einer der Sinfonien des Meisters. Das flinke

zweite, ein rechtes Freilufttänzchen, ist erfüllt von ländlicher Stimmung. In den Trios beider Menuette begleiten die Unterstimmen pizzicato. Eigenartige Klangreize finden sich in dem hübschen Quartett Werk 2 Nr. 3 in Es-dur. Es soll als Divertimento mit 2 Hörnern entworfen sein. Man merkt das schon an den

Einleitungstakten, die dem Thema des ersten Satzes vorausgehen. Sie kehren noch hornmäßiger wieder im zweiten Menuett (sein Trio hat drei Variationen), und auch das Finale zieren Hornmotive. Im *Adagio* begleiten die Gefährten „mit Dämpfern" ein gefühlvolles Solo der 1. Violine. Ihre schmachtenden Seufzer wirken rührend komisch. Im Quartett Werk 2 Nr. 4 in F-dur findet sich zum erstenmal ein *Moll-Adagio.* Man

beachte die Synkopen. Sie verwischen die klaren Konturen des Themas und steigern die Schwermut seines Ausdrucks. Das *Menuett* und auch das witzige Schluß-*Allegro* sind in ihrer verspielten Art unübertrefflich! In dem schon erwähnten Quartett Werk 2 Nr. 6 in B-dur überrascht Haydn im Eingangs-*Adagio* mit 4 Variationen, die der 1. Violine dankbare Aufgaben stellen. Das *Menuett* läßt recht energische Töne hören. Das *Presto* ist ein Kabinettstück. Sein frisches, volkstüm-

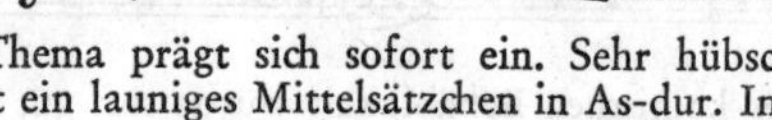

liches Thema prägt sich sofort ein. Sehr hübsch kontrastiert ein launiges Mittelsätzchen in As-dur. Im zweiten *Menuett* sind die Stimmen wieder zu je zweien in

Oktaven gekoppelt. Ein farbiges Moll-Trio unterbricht ihren Dialog. Das reich figurierte Schluß-*Presto* läßt fröhlichem Übermut die Zügel schießen.

Die 6 Quartette der Werkgruppe 3 verdienen Erwähnung, auch wenn sie nicht mehr als originale Schöpfungen Haydns gelten. Die fünfsätzige Kassationsform weicht einer Vier-, Drei- oder Zweisätzigkeit. Die einzelnen Sätze sind umfangreicher, die Einleitungssätze vielfältiger gegliedert. Die Vorherrschaft der 1. Violine wird gelegentlich überwunden, die anderen Instrumente werden des öfteren an der Konversation beteiligt. Die Kopfsätze gewinnen allmählich das Gepräge von Hauptsätzen. In ihnen finden sich schon motivische Entwicklungen, während die Mittelsätze einer volkstümlichen Melodik vorbehalten bleiben. Im Sinne der Suite wird eine einheitliche Thematik für mehrere oder alle Sätze angestrebt. Das führt gelegentlich zu einer Geschlossenheit des Gesamtbildes, die man in den ersten Divertimenti vergeblich sucht. Gleichwohl ergeben sich noch keine Quartette im klassischen Sinne. Nach wie vor äußert sich hier der Geist der Divertimenti und Kassationen, der Geist des melodieseligen Rokoko.

Das viersätzige Quartett Werk 3 Nr. 1 in E-dur wurde von *Heimeran* und seinen Musizierern wegen seiner „romantischen Süße" *„Eichendorff-Quartett"* getauft, ein Name, den wir hier mit Freude übernehmen. Betrachtet man das Thema des *Allegro molto,*

so findet man in seinem Kernmotiv einen Stimmungsgehalt, ähnlich dem des Leitgedankens von *Schumanns* 1. Sinfonie zu dem Motto: „Im Tale zieht der Frühling auf." Neu ist, daß dieses Thema sich weitgehend aus Verwandlungen eines Motivs entfaltet, daß hier durch kleine Pausen, durch den Wechsel der Dynamik, durch Veränderung der Oktavlage, durch ein Hinüberwandern des Motivs von der ersten zur zweiten Violine Gliederungen und Spannungen erzeugt werden. Ein solches

Thema läßt sich nicht in streng vorgezeichneter Architektur bändigen. Es benötigt Raum und fordert motivische Entwicklungen geradezu heraus. Der Komponist läßt sich von seinem Einfall leiten. Er gewährt ihm Freiheit, gibt ihm Gefährten und läßt alle miteinander kleine Abenteuer bestehen. Das gravitätische *Menuett* hat ein reizendes *Trio.* Pizzicati setzen seiner Farbigkeit helle Lichter auf. Das *Andantino grazioso* ist eine echte Sere-

nade. Die Violinen, von denen die erste führt, spielen mit Dämpfern, Bratsche und Cello begleiten nach Gitarrenart (gezupft). Man beachte, wie Takt 3 spielerisch aus einer Umkehrung des Motivs von Takt 1 gewonnen ist! Hier entsteht eine liedmäßige Wirkung. Geschmeidig fügen sich die kleinen melodischen Wendungen zu anmutig gegliederten Bögen, der Halbschluß im letzten Takt weckt die Erwartung auf entsprechende periodische Bildungen. Man fühlt: hier wird keine *Entwicklung* sich ergeben, hier wird eine *Melodie* harmonisch in sich ausschwingen. Ein Vergleich mit dem Thema des ersten Satzes läßt den Unterschied von Thema und Melodie deutlich hervortreten. Das *Presto* beginnt verhalten, steigert sich in mitreißendem rhythmischem Schwung vom pp zum f und erlischt plötzlich pp.

Das Quartett Werk 3 Nr. 2 in C-dur hat nur drei Sätze. Es beginnt mit einem phantasievollen *Andante,* worin sich einem hübschen liedartigen Gebilde fünf muntere Variationen anschließen. Über ähnlich wiederkehrendem Baß tummeln sich die Instrumente in abwechslungsreichem Spiel. In der vierten Variation kommt die Bratsche erheiternd zum Zuge. Im *Menuett* gibt es wiederum ein apartes *Trio.* Der 1. Geige fällt hier eine kleine Ländler-Melodie zu. Das frische Finale

(Presto) ist ungewöhnlich lang. Eine Fülle ansprechender Gedanken zieht in Rondoform vorüber. Auffallend der vorherrschend straffe Marschrhythmus.

Ein echtes Rokoko-Gebilde ist das viersätzige Quartett Werk 3 Nr. 3 in G-dur. Sein Eingangs-

Presto schäumt über von lustigen Einfällen. Wieder entfaltet sich das Hauptthema aus einem Kernmotiv. Dieses Motiv geistert durch den ganzen Satz. Es findet bei seinen Abenteuern viele fröhliche Kumpane. Gäbe es bereits eine Durchführung, so hätten wir hier (im Hinblick auf die Anordnung der folgenden Sätze) zum erstenmal den Grundriß des späteren klassischen Normal-Schemas! Denn an zweiter Stelle steht (wie etwa ab Werk 50 in der Regel) ein langsamer Satz *(Largo)*. In ihm singt sich die 1. Violine empfindsam aus. Dem *Menuett*, das hier erstmalig an dritter Stelle erscheint, geben Liegetöne in der Begleitung einen *Musette*-Charakter: der Dudelsack spielt auf! Das Finale *(Presto)* ist reich mit Zierat aufgeputzt. Es bildet den humorvollen Kehraus des hübschen Werkes. Daß noch keine bewußte Absicht hinter der Anordnung seiner Sätze stand, erweist sich beim

Quartett Werk 3 Nr. 4 in B-dur. Es um-

faßt nur 2 Sätze, ein *Allegro moderato* und ein tänzerisch beschwingtes *Presto*, das ein Paar Takte *Adagio* einleiten, die seinen Ablauf dann noch einmal unterbrechen. Im *Allegro moderato* fällt die häufige Zweistimmigkeit der Linienführung auf. Wir begegneten Ähnlichem in den Variationen des Flötenquartetts *„Mann und Weib"* und des Flötenquartetts *Werk 5 Nr. 4*. Hier handelt es sich nicht um Variationen, sondern um ein freies *Rondo*. Ein hübscher Seitengedanke dieses Satzes wird von der 1. Violine und der Bratsche in Oktaven vorgetragen und dann vom Cello drollig imitiert.

In den beiden nächsten Quartetten wird noch einmal die Satzanordnung von Werk 3 Nr. 3 erprobt. Werk 3 Nr. 5 in F-dur ist als „Serenaden-Quartett" berühmt. Ein frisches, phantasievolles *Presto*

leitet es ein. Sein Thema zeigt wiederum die charakteristische Entfaltung aus einem Kernmotiv, ferner eine Verteilung der einzelnen Abschnitte auf verschiedene Instrumente und die Betonung der Gliederungen durch gegensätzliche Dynamik. Anders als in den vorigen Beispielen ergibt sich hier indessen, sobald die 1. Violine die Führung wieder übernimmt, ein *melodisches* Ausschwingen des Themas. Auf die Spannung des Beginns folgt eine Entspannung. Aus solch innerer Gegensätzlichkeit entwickelt Haydn durch eigenartige Verwandlung der Motive mit leichter Hand den *Expositionsteil,* der durch einen schlichten Seitengedanken belebt wird. In der kleinen *Durchführung* wird das Gedankenmaterial motivisch umkreist. Alle Instrumente sind quartettmäßig an der Konversation beteiligt. Der zweite Satz, *Andante cantabile,* bringt die berühmte *„Serenade"*.

Ihre vertraute Melodie gehört der 1. Violine, die Gefährten begleiten pizzicato. Im *Trio* des urwüchsigen *Menuetts* schweigt die Bratsche. Das famose *Finale* (Scherzando) entläßt den Hörer in heiterster Stimmung.

Das Quartett Werk 3 Nr. 6 in A-dur steht hinter dem vorigen nicht zurück. Sein Einleitungs-*Presto* wird von zwei gegensätzlichen Themen getragen, über die es zu einer ausgeprägten Durchführung kommt. Ein reich mit Ornamenten geziertes *Adagio* bildet die

Brücke zu den beiden Sätzen, denen das Quartett seine Beliebtheit verdankt. Die Themen des *Menuetts* und des nicht minder eingängigen *Scherzando* sind dem Volk

abgelauscht. Wie mit ihnen gespielt wird, wie sie durch Figuration, durch Echowirkungen, durch delikate klangliche Überraschungen und ausgewogene Formgebung auf hohes künstlerisches Niveau gehoben werden, wie sie stilisiert sind, ohne den Reiz des Ursprünglichen zu verlieren, das ist unnachahmlich.

STREICHQUARTETTE WERK 9

Die 6 Quartette dieser Werkreihe stammen aus dem Jahre 1769. Haydn bezeichnete sie als seine *ersten Streichquartette!* Die Viersätzigkeit ist in ihnen zur Norm erhoben, die Abgrenzung der Gattung gegenüber den Divertimenti im wesentlichen vollzogen.

Schon Haydns erste Quartette waren „stilisierte" Divertimenti. D. h. sie wurden nicht mehr im Freien oder bei der Tafel aufgespielt, während die Herrschaft mit den Gästen angeregt Konversation trieb, sondern sie erklangen vornehmlich abends vor einem Kreis von Liebhabern und Kennern, die ihnen wirklich zuhörten, sofern sie nicht selbst mitspielten. Das begünstigte die innere Erstarkung der Gattung. Haydns Leistungen auf diesem Gebiet fanden bald solche Anerkennung, daß er die Quartette der Werkreihe 9 bewußt als *Konzertstücke* anlegen konnte, welche die ungeteilte Aufmerksamkeit der Hörer und ihr geistiges Mitgehen beanspruchten.

Als wichtigster Fortschritt ist das Streben nach einer organischen *Gesamtform* zu verbuchen. In den Quartetten Werk 1 und 2 hatte Haydn vier kurze Sätze nach Kassationsart locker um einen Mittelsatz (die „Serenade“) gruppiert. In der Werkgruppe 3 war eine Abwendung vom Divertimento spürbar geworden. Die Serenade hatte ihre zentrale Stellung eingebüßt. Das zweite Menuett, von Anbeginn ein Zugeständnis an den höfischen Geschmack, war gefallen. Die Ecksätze waren gewachsen. Kleine motivische Entwicklungen und Durchführungen hatten die Bedeutung des ersten Satzes gesteigert. Auch gab es dort schon Stücke — so etwa Werk 3 Nr. 6 —, in denen Haydn die Einheit des Inhalts über alle Sätze hin durch verwandte Motive zu betonen suchte. Dieses aus der alten Suite übernommene Prinzip wurde jedoch nur in vagen Andeutungen spürbar.

In der *Werkgruppe 9* erprobt Haydn nun solche und weitere Möglichkeiten wesentlich bewußter, um der Satzfolge den Charakter einer lockeren Reihung zu nehmen und eine innere Geschlossenheit der Gesamtform herbeizuführen. Der erste, wesentlich erweiterte Satz wird zum Hauptsatz. Seine Form wird dem Schema des Sonatensatzes *Ph. Emanuel Bachs* angenähert! Aus dem Eingangs-*Presto* der frühen Divertimenti, das den simplen Sinn hatte, die Stimmung hochzureißen, wird ein *Allegro moderato*, in dem sangliche Themen Raum für größere Entwicklungen gewinnen. Hierauf erbringt das *Menuett* eine Entspannung. Der *langsame Satz* an dritter Stelle ist von nun ab nur noch gelegentlich als Serenade deutbar. Im allgemeinen greift er entschieden über den Sinn eines Ständchens hinaus. In ihm wendet sich der Blick „mit seelenvoller Heiterkeit“ (Haydn) nach innen. Das *Finale* wird zum musikantischen Ausklang. Die Gesamtform bildet den Rahmen für eine nun schon deutlich hervortretende *Ausdruckskunst.* An die Stelle des Werk-*Typus,* der serienweise abgewandelt wird, tritt allmählich die *individuelle* Einzellösung. Das zeichnet sich freilich vorerst nur gelegentlich im subjektiven Zuschnitt der Themen, in überraschenden Ausbrüchen und ungewohnten Formulierungen ab. Es wird auch spürbar an der wachsenden Kraft der ausgedehnten *Durchführungen,* an der differenzierten Harmonik, der reicheren Farbgebung und nicht zuletzt an der Beteiligung aller Instrumente am

Spiel der Gedanken. Bisweilen vernimmt man die leidenschaftliche Sprache des „Sturm und Drang". Sie verliert sich nie in den sentimentalischen Ausdruck privater Empfindungen. Sie bleibt fest gegründet auf einer einfachen Melodik, die aus der österreichischen und ungarischen Volksmusik ihre reinsten Impulse empfängt. Ihr Charme beruht auf der liebenswürdigen Verbindlichkeit ihres wienerischen Tonfalles.

Abschließend sei darauf hingewiesen, daß all diesen Werken eine auffällig anspruchsvolle Behandlung der 1. Violinstimme gemeinsam ist. Man schreibt das dem Umstand zu, daß Haydn damals in *Luigi Tomasini,* einem Mitglied der Esterházyschen Kapelle, ein hervorragender Virtuose als Interpret zur Verfügung stand.

Im Quartett Werk 9 Nr. 1 in C-dur prägen sich die neuen Errungenschaften beispielhaft aus. Das helle, tänzerisch beschwingte Thema des ersten Sat-

zes, *Moderato,* löst sogleich eine von Sextolen und Triolen durchsetzte lebhafte Entwicklung aus, die nach einer Fermate durch ein eigenwilliges Gegenthema starken Auftrieb erhält. Wie sehr alle Instrumente am Austausch der Gedanken beteiligt sind, möge eine melo-

dische Wendung dartun, die das Cello vorzutragen hat. Rede und Gegenrede wirken in der Durchführung besonders lebendig. Das heitere *Menuett* bringt nun eine Entspannung. Sein gewichtiges *Moll-Trio* entfaltet sich aus einem einzigen ernsten Gedanken. Nach erregender Steigerung führt es leichthin wieder zurück in die Ausgangsstimmung des Menuetts. Im schwärmerischen

Thema des sanglichen *Adagio* lebt das 32. Motiv aus dem 3. Takt des Moderato-Themas gewandelt wieder auf. Auch im Finale, *Presto,* finden sich Wendungen, die aus dem Gedanken der vorausgegangenen Sätze abgeleitet sind. Zum energischen Hauptthema gesellt sich ein anschmiegsamer chromatischer Seitengedanke. Aus solcher Gegensätzlichkeit gewinnt die kurze, schwungvolle Entwicklung vor allem für die reich figurierte Durchführung starke Antriebe.

Das Quartett Werk 9 Nr. 2 in Es-dur ist ähnlich gegliedert, aber weiträumiger. Im großangelegten *Moderato* wird die 1. Violine fast virtuos beschäftigt, auch den anderen Instrumenten sind dankbare, nicht immer ganz einfache Aufgaben gestellt. Zum weit gespannten ersten Thema gesellt sich bald ein verspieltes zweites als dialektischer Gegensatz. Die Sprache ist sehr lebendig. Erregende Synkopen und schroffe dynamische Gegensätze steigern die Leidenschaftlichkeit ihres Ausdrucks. Ein kurzes, crescendo verlaufendes *Menuett* mit aparter, taktweise skalenmäßig absteigender Baßfigur bringt die erwartete Entspannung. In seinem flinken *Trio,* das mit zierlichem Triolenlaufwerk aufgeputzt ist, überrascht ein kleiner Kanon zwischen 1. Violine und Bratsche. Ein erster Durchbruch zu einer ganz persönlichen, verinnerlichten Aussage gelingt Haydn im langsamen Satz, den er *Cantabile* nennt. Ein ergreifendes, achttaktiges *Adagio* leitet ihn ein. Wir bringen die ersten Takte in vollständigem Satz.

Diese Espressivo-Einleitung deutet weit voraus auf den Meister der klassischen Quartette, ja auf Beethoven! Das eigentliche *Cantabile* ist eines solchen Auftaktes würdig. Die erste Violine entfaltet in ihm einen rhapsodisch freien Gesang von innigstem Ausdruck. Die Gefährten begleiten mit schwebenden Achteln akkordisch. Viermal staut sich die Empfindung in doppelten (!) Fermaten, einmal schwingt sie in einer geigerisch schwierigen Kadenz aus, der eine Generalpause folgt. Der galante Stil des Rokoko ist aufgegangen in einen persönlichen Ausdrucksstil, dem sich nichts Damaliges vergleichen läßt. Auch im Finale, *Allegro molto* (in neuerer Lesart Allegretto), hält die Inspiration an. Manche Neuerungen, zu denen Haydn hier intuitiv gelangte, haben sich später geradezu als „Formeln" des leidenschaftlichen Stiles eingebürgert. So etwa die Sforzati in

Verbindung mit alarmierenden Synkopen im Hauptthema. Man begegnet Ähnlichem fortan bei Haydn, Beethoven und den Romantikern des öfteren. Selbst in den dramatischen Stil der romantischen Oper (Wagner!) wurde dieser Effekt übernommen. Das Thema wird alsbald abgelöst von einem sanglichen Seitengedanken. Im Laufe der Entwicklung klettert die Stimme der ersten Violine keck in schwindelnde Höhen empor, um gleich darauf mit einem Sprung über fast drei Oktaven wieder in der wohltemperierten Mittellage zu landen. Der zweite Teil des Satzes verläuft als mitreißendes Crescendo. Hier rumort das synkopierte, aus Sforzati losschnellende Hauptthema zunächst im Cello, bevor es die erste Violine wieder aufgreift und in mächtiger Steigerung der freien Coda zuträgt, wo es in virtuosem Spielwerk vergeht.

Das Quartett Werk 9 Nr. 3 in G-dur ist nicht so eigenartig, aber anziehend durch seine heitere Grundstimmung, die sich ungeachtet einiger Eintrübungen über alle Sätze hin auswirkt. Im *Allegro moderato* und im dritten Satz, *Largo,* werden der ersten Violine konzertante Aufgaben gestellt. Das hübsche, zweistimmige *Menuett*-Thema steigt nach unschlüssigem Beginn leichtfüßig die G-dur-Skala hinauf und geht dann in eine wiegende Tanzweise über. Im *Trio* gibt es wiederum Sforzati und eigenwillige Synkopen. Das verspielte Finale, *Presto,* wird zum ulkigen Kehraus.

Das Quartett Werk 9 Nr. 4 in d-moll ist das erste Moll-Quartett Haydns und eine Ausdrucksmusik persönlichster Prägung. Ein melancholisches Thema gibt

dem *Allegro moderato* poetische Atmosphäre. Die erste Violine verwandelt das Thema bei der Wiederholung und geht in einen bewegten, rhapsodisch freien, gelegentlich durch weite Sprünge zerklüfteten ornamentreichen Gesang über, an dem auch die anderen Instrumente mit empfindsamen Einwürfen Anteil nehmen. Die Durchführung beginnt in der Oberdominanttonart mit dem gleichen Thema, das dann motivisch zersungen wird. Das *Menuett* ist ein empfindungstiefes Gebilde, in dem nichts mehr an höfischen Tanz erinnert. Die ernste Stimmung hellt sich im farbigen *Trio* auf. Es wird nur von den Violinen gesungen, von denen die erste zweistimmig geführt ist. Die Melodie des *Adagio cantabile* ist vorwiegend der ersten Violine anvertraut. Aber auch in dieser schönen Romanze werden die Gefährten gelegentlich zu echten Partnern. Das *Presto* bringt für alle Beteiligten heikle Aufgaben mit sich. In der kühn herausgeschleuderten Durchführung ergeben sich plötzlich halsbrecherische Partien wie diese:

Da wird mit in Bewegung aufgelösten Akkorden wie mit kleinsten Motiven Fangball gespielt. Die Abbildung bietet ein anschauliches Beispiel für eine quartettgerechte homophone Satzweise. Wie bei den polyphonen Barockmusiken sind hier zwar alle Instrumente am Geschehen beteiligt. Sie tragen aber nicht nebeneinander gleichwertige Themen bzw. Kontrapunkte vor, die sich zu einem harmonischen Klangbild ergänzen, sondern sie teilen sich in *einen* Gedanken, der erst durch ihr Zusammenwirken sinnvoll in Erscheinung tritt.

Die gleiche Selbständigkeit in der Stimmführung weist das hübsche Quartett Werk 9 Nr. 5 in B-dur auf. Sein Einleitungssatz, *Poco Adagio,* umfaßt ein schlichtes, zweiteilig gegliedertes liedartiges Thema und vier Variationen, von denen die erste und dritte der 1. Violine Gelegenheit zu bewegten figurativen Umspielungen in Sechzehnteln bzw. Zweiunddreißigsteln geben, während die zweite dem Cello gehört. Die vierte Variation greift das Liedthema wörtlich auf, zersingt es und mündet in einen kräftigen Unisono-Abschluß. Die Variationen sind nicht locker aneinandergereiht, sondern Teile einer kontinuierlichen Entwicklung. Das lebhafte *Menuett (Allegretto)* ist diesmal ein zierliches Rokoko-Tänzchen. Im *Largo cantabile* wird die 1. Violine auffällig von Bratsche und Cello hofiert. Das Glanzstück des Werkes ist das Finale-*Presto.* Unbändig

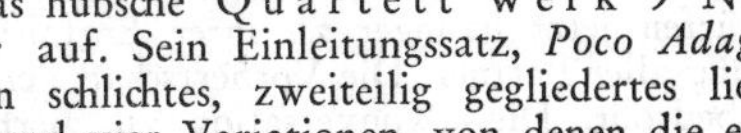

frisch tummelt es sich gleichsam unter wolkenlosem Himmel. Überraschend kommt der zarte Pianissimo-

Ausklang. Ähnliches wagte Haydn im Finale von *Werk 3 Nr. 1.*

Werk 9 Nr. 6 in A-dur weist in seinem *Menuett* ein schönes *Moll-Trio* auf. Das *Finale-Allegro,* flüchtig aus einem flinken, absteigenden Skalenmotiv mit melodischer Endung und einem sanglichen Seitengedanken zusammengefügt, überrascht durch aphoristische Kürze. Der erste Teil, der das Hauptthema zweimal bringt, umfaßt nur 8 Takte, der zweite, den der Seitengedanke einleitet, 45. Auch das Einleitungs-*Presto,* das sich aus einem fanfarenartigen Thema schwungvoll entfaltet, ist knapper als üblich gehalten.

STREICHQUARTETTE WERK 17

In den 6 Quartetten dieser Reihe wird der beschrittene Weg fortgesetzt. Er entfernt sich immer weiter vom Typischen und nähert sich einem individuellen, spezifisch kammermusikalischen Ausdrucksstil. Die Themen bedürfen jetzt häufiger zu ihrer Entfaltung der Mitwirkung aller Partner. Die Vorherrschaft der 1. Violine ist bedroht. Die „Konversation zu viert“ wird geschmeidiger und um beträchtliche Ausdrucksmittel bereichert. Der Zuwachs an Bewegungsfreiheit wirkt sich in einer Erweiterung einzelner Formteile aus. Besonders die ersten Sätze werden vielfältiger gegliedert, gelegentlich kommt es darin zu größeren Durchführungen epischen Stiles. Der Zyklus erschien 1771.

Eine helle Stimmung durchflutet das Quartett Werk 17 Nr. 1 in E-dur. Es beginnt mit einem

hochgestimmten *Moderato,* das durch seine naive Spielfreudigkeit gefangennimmt. Ein temperamentvolles *Menuett* (Allegretto) bildet den Rahmen für ein melancholisches Moll-*Trio,* in dem alle Instrumente ihre Stimmen zu eindrucksvollem Gesang vereinigen. Das ändert sich im e-moll-*Adagio,* dessen besinnliche Melodie zumeist der 1. Violine vorbehalten bleibt. Die dunklen Harmonien, über denen sie edel ausschwingt, sind mit Ornamenten zierlich durchwirkt. Das frische, fünftaktige *Presto*-Thema, das die Violinen in silberhellen Terzen zum besten geben, federt hinüber zu einem sanglichen Seitengedanken, durch den die ausgelassene Fröhlichkeit dieses Finales noch beflügelt wird.

Das Quartett Werk 17 Nr. 2 in F-dur ist seiner Tonart entsprechend kräftiger geartet. Ein bisweilen geradezu stürmisches *Moderato* eröffnet den

Zyklus. Sein großartiges Thema birgt in seiner leidenschaftlichen Spannung zwischen pathetischem Aufstieg und erregendem Niedersturz die Kräfte, die dann frei aufbranden und in der weiträumigen Durchführung verströmen. Die vier Musizierer haben es hier nicht leicht. In dem ein wenig altväterlichen *Menuett* und auch in dem besinnlichen Moll-*Trio* können sie sich verschnaufen. Das liebliche Thema des *Adagio* fiel dem

Lyriker Haydn in einer glücklichen Stunde ein. Die sanften Vorhalte dieses schönen Gebildes, seine zierlichen Ornamente könnte Mozart ersonnen haben. Haydn läßt die 1. Violine hier mit Vorliebe auf der G- oder D-Saite spielen. Im Finale, *Allegro di molto*, ergibt sich ein eigenartiger Wechsel von energischen und sanglichen Partien.

Im Quartett Werk 17 Nr. 3 in Es-dur weicht nur der erste Satz, *Andante grazioso*, von der

Norm ab. Er bringt über ein heiteres Thema vier Variationen, in denen der Leitgedanke geschmeidig umspielt

und figurativ ausgeziert wird. Die 1. Violine führt, in der vierten Variation tritt außerdem das Cello hervor. Die anderen Sätze: lebhaftes *Menuett* mit originellem *Trio, Adagio* und scherzhaftes *Allegro molto,* dessen Thema sich aus dem Kernmotiv des Andante entspinnt.

Das 4. Quartett in c-moll stößt in das Gebiet der subjektiven Ausdrucksmusik vor. Mit einem

großartigen *Moderato* hebt das Geschehen an. Die in dem Thema gestauten Kräfte tragen mühelos die weiträumige Entwicklung. In der Durchführung, die in leidenschaftlichem Ton von As-dur aus einsetzt, ergibt sich nach kurzer Verhaltenheit (dolce) und erregendem Crescendo jenseits einer Generalpause ein von allen Instrumenten in Halben vorgetragener episodischer Gedanke von weihevoller Schönheit. Hier werden Ausdrucksbezirke berührt, die man beim frühen Haydn sonst nirgends findet! Der bezaubernde Diminuendo-Ausklang des Satzes steht pianissimo überraschend in C-dur. In der gleichen Tonart verläuft das zierliche *Menuett.* Sein Tändelschritt weicht im breit angelegten c-moll-*Trio* erregenden Synkopen. Nach der Wiederholung des Menuetts hat man den Eindruck, ein kleines Scherzo gehört zu haben. Das mit Ornamenten geschmückte *Adagio cantabile* gibt der 1. Violine Gelegenheit zu wirkungsvollen Monologen. Die Gefährten (auch das Cello) begleiten abwechselnd mit lebhaften Sechzehntel-Passagen oder akkordisch. Der Ausklang kommt wiederum pianissimo. Das Finale-*Allegro* krönt das Werk in energischem Stil. Zwei Themen beherrschen den Satz. Das erste strebt zunächst sequenzartig aufwärts, bedrängt von lebhaften Kontrapunktern der Unterstimmen, und stürzt dann vehement nieder, worauf sich seine Kraft in einer dreimal wiederholten Wendung zu neuem Aufstieg sammelt. Das zweite, von der 1. Violine in Doppelgriffen vorgetragen, hat in seiner sprechenden Gestik opernhafte Züge.

Das beliebte Quartett Werk 17 Nr. 5 in G-dur beginnt mit einem sehr lebendigen *Moderato,*

in dem die 1. Violine Doppelgriffe in lebhafter Folge, weite Sprünge usw. zu bewältigen hat. Die reich gegliederte Rhythmik ist mit kniffligen Synkopen durchsetzt. Inmitten des einfachen, pastoralen *Menuetts* ergibt sich ein zweiteiliges g-moll-*Trio,* das nach großem Crescendo in schwermütiger Klage piano erlischt. In dem verhältnismäßig kurzen *Adagio* verwendet Haydn erstmalig einen Kunstgriff, der sich später bei *Spohr* im „Violinkonzert in Form einer Gesangsszene“, bei *Weber* in einem „Konzertstück“ und bei anderen Meistern findet. Er unterbricht eine *Arie* der 1. Violine zweimal durch *Rezitative* und überträgt so eine Form der Vokalmusik auf die Instrumentalmusik. Die Gliederung wird durch Fermaten und Generalpausen verdeutlicht. Das wirblige *Finale* entläßt den Hörer mit einer reizenden Überraschung: nach einer virtuosen Schlußsteigerung verrieselt das Kernmotiv des Themas in 6 angehängten Takten pianissimo!

Eine famose Spielmusik ist auch das letzte Werk der Reihe, das bekannte Quartett in D-dur. Liebenswürdig wie sein eingängiges Thema ist das zün-

dende Eingangs-*Presto.* Das ariose *Menuett* findet eine hübsche Entsprechung im *Trio,* dessen wiegende Triolen das Menuettthema spielerisch auflösen. Im empfindsamen *Largo* sind der 1. Violine reizende Fiorituren, Trillerketten, ausdrucksvolle Fermaten, 2 kleine Solokadenzen und eine Menge Doppelgriffe (Terzen- und Sextengänge) zugedacht. Im *Finale* knüpft Haydn ebenso wie im Kopfsatz an die Urform seiner frühen

Divertimenti an. Sie sind *beide* als *Presti* angelegt. Das begegnet uns hier zum letzten Male.

„SONNENQUARTETTE“ WERK 20

Die 6 Quartette dieser Reihe vollendete Haydn 1772. Sie verdanken ihren Namen der Titelblattvignette eines alten Druckes, die eine aufgehende Sonne zeigt. Sie enthüllen so etwas wie eine Krise im Schaffen Haydns. Das Erprobte wird hier in Frage gestellt. Die Form hält dem Ansturm der Eingebungen nicht stand. Es kommt zu Satzumstellungen. Dreimal (in den Nummern 2, 4 und 6) erscheint der langsame Satz an zweiter, das Menuett an dritter Stelle. Eingriffe in den Organismus der Sätze verwandeln deren Struktur von innen her. Musiken *J. S. Bachs* sind in das Blickfeld getreten. Das zwingt zu einer Auseinandersetzung mit der Polyphonie. Dreimal (in den Nummern 2, 5 und 6) ergeben sich in den Finales *Fugen,* und zwar gleich solche mit 4, 2 und 3 Themen! Auch in den anderen Sätzen führen polyphone Gebilde nun gelegentlich zu einer konstruktiveren Architektur. Mit dem Schmelz der Jugend weicht der frisch-fröhliche Drang sich auszusingen einem Streben nach bewußter Meisterung schöpferischer Probleme. Als sei Haydn von Zweifeln an der Richtigkeit seines Weges erfaßt, schreitet er noch einmal den ganzen Umkreis der Möglichkeiten ab. Stilelemente des Divertimento und der Sinfonie, der Triosonate und der Oper, Volksliedhaftes und Esoterisches, Modisches und sublim Subjektives versucht er in unbändiger Experimentierwut auf einen Nenner zu bringen. Das gefährdet bisweilen die innere Harmonie der Werke, die nun immer deutlicher vom Typischen sich entfernen und Einzellösungen nahekommen, es fördert aber die Gattung. Ihre Grenzen werden ertastet, ihr Fundament wird gesichert.

Das Quartett Werk 20 Nr. 1 in Es-dur bringt kaum Neues. Die alte Satzanordnung ist beibehalten, ein Wesensunterschied zu den früheren Spielmusiken nicht spürbar. Das innere Gleichgewicht wird durch die heiteren Ecksätze gewährleistet, von denen das Finale-*Presto* in witziger rhythmischer Pointierung viel Spaßiges bringt. Weder das hübsche *Menuett*, das im *Trio* eher eine Fortsetzung als einen Gegensatz findet, noch das sangliche *Affettuoso* tanzen aus der Reihe.

Das Quartett Werk 20 Nr. 2 in C-dur weicht dagegen deutlich von der Norm ab. Zum erstenmal greift Haydn hier die Satzanordnung von *Werk 3 Nr. 3* wieder auf: es ist die des späteren klassischen Quartetts! Der langsame Satz steht an zweiter Stelle, das Menuett an dritter. Daß es sich nicht um eine zufällige Umstellung handelt, erweist sich am inneren Organismus der Gesamtform. Der erste Satz bildet deren breite Exposition, der zweite wird zu ihrem „Herzstück". Seine melodischen Bögen werden tragfähig für einen vielfältigen subjektiven Empfindungsausdruck. Der dritte Satz bringt eine befreiende Entspannung. Notwendig kommt es nun im vierten Satz zu einer weiteren Schwerpunktbildung im Gesamtgefüge. Das Finale wird zum weiträumigen Gegenstück des Kopfsatzes. Soviel zur Spannungskurve der neuen Form. Das federnde Thema des *Moderato* wird vom *Cello* vorgetragen, das überhaupt auffallend bevorzugt wird. Während der lebhaften Entwicklung tritt ein Gegenthema in Aktion. Es löst freilich keine dialektische Kontroverse aus. Die erweiterte Durchführung umkreist vornehmlich das Kernmotiv des Hauptthemas. Eine wundervolle Entsprechung findet das Moderato im großangelegten *Adagio*. Auch hier wird auf eine neue

Art musiziert. Das merkwürdig zerklüftete, in seiner Gespanntheit brucknerisch anmutende Hauptthema erklingt wuchtig im Unisono: ein geradezu sinfonischer Effekt! Die ernste Stimmung verflüchtigt sich mit dem Eintritt des innigen Seitenthemas. Alles Lastende vergeht in seinem silberhellen Gesang. Nach solch empfindsamer Ausdrucksmusik wirkt das in Synkopen sich wiegende *Menuett* mit seinen dudelsackartigen Liegetönen ein wenig simpel. Die erste Geige findet Gelegenheit, in den höchsten Tönen sich auszusingen. Im Finale-*Allegro* kommt es zu einer Auseinandersetzung mit der Barocktradition. Haydn bringt hier eine *Fuge* mit vier Themen. Sie ist mit verblüffender Gelehrsamkeit entworfen und doch in keinem Takt archaisierend. Ein kleines Wunder im Hinblick auf die gelungene Verschmelzung von individueller Melodik und strenger Polyphonie. Haydn versah das Manuskript mit Anmerkungen. Darunter diese: „Sic fugit amicus amicum" (So flieht der Freund vor dem Freund).

Das Quartett Werk 20 Nr. 3 in g-moll zeigt wieder die alte Satzanordnung. Auf ein herb melancholisches *Allegro con spirito* mit unsymmetrischem, siebentaktigem Hauptthema folgt ein *Menuetto-Allegretto* ähnlicher Stimmung. Sie findet zu Beginn des zweiteiligen Trios eine vorübergehende Aufhellung. Erst das *Poco Adagio* bringt mit der Wendung nach G-dur freundlichere Empfindungen in freier liedmäßiger Form zum Ausdruck. Aber auch hier geistert in den skurrilen Begleitstimmen eine flackernde Unruhe. Cello und Bratsche treten besonders im Mittelteil melodisch hervor. Das feingliedrige Finale, *Allegro molto,* erweist sich als der schönste Satz des Werkes. Hier wird mitreißend musiziert.

Das Quartett Werk 20 Nr. 4 in D-dur erlangte durch sein sinnfälliges *Menuett* „alla zingarese"

Berühmtheit, doch auch die anderen Sätze bergen eine Fülle schönster Musik. Ihre Anordnung folgt dem in Nr. 2 erprobten Schema. Den Beginn macht ein *Allegro di molto,* dessen in Quartenschritten aufstrebendes, einfaches Thema ein lebhaftes Motivspiel auslöst. Das

Adagio (un poco affettuoso) erscheint *hier* erstmalig als Variationssatz. Sein schönes Mollthema wird zunächst von der 2. Violine und Bratsche, dann vom Cello zersungen. Nur die dritte Variation bringt figurative Umspielungen der 1. Violine. In die vierte teilen sich alle Instrumente. Die Auseinandersetzung mit der Polyphonie wirkt sich hier in einer ständig sich verdichtenden thematischen Arbeit aus. Auf das mit rhythmischen Schwerpunktverlagerungen nach Zigeunerart und mit rassigen Sforzati gebührend gewürzte *Menuett* folgt als Finale ein großartiges *Presto e scherzando,* das von geistvollen Formulierungen nur so überschäumt.

Das Quartett Werk 20 Nr. 5 in f-moll ist von Schwermut überschattet. Man hat sein *Moderato* oft mit dem Allegro-Satz von Beethovens c-moll-Quartett, Werk 18 Nr. 4, verglichen. Das liegt nahe, da die Themen beider Sätze in ihrem sequenz-

artigen Aufstieg eine gewisse Verwandtschaft zeigen. Aus ihrem Vergleich ergeben sich indessen auch Maßstäbe für die Wesensunterschiede beider Meister. Beethoven sucht das, was ihn bewegt, so direkt wie möglich zu äußern. Er ist Individualist schlechthin und von dämonischem Mitteilungstrieb besessen. Vor allem: er ist *Dramatiker.* Haydn dagegen ist *Epiker.* Er äußert nur andeutend, was ihn bewegt. Im letzten bleibt er verschlossen. Aus solch anerzogener und bewußt geübter Distanzierung erwächst der unnachahmliche Reiz seines Stiles. Der ernste, bisweilen rührend melancholische Grundton des ersten Satzes beherrscht auch das *Menuett.* Selbst das *Trio,* das sich in Dur bewegt, vermag die Schatten nicht zu bannen. Nur im leicht hingesungenen, von schönen Arabesken belebten *Adagio* hellt sich das Dunkel vorübergehend auf. Das *Finale* krönt das Werk mit einer gewichtigen *Fuge* über zwei Themen. Das erste Thema gibt dem Aufbau die innere Gespanntheit. Es entfaltet sich aus der Grundstimmung des Kopfsatzes.

Das Quartett Werk 20 Nr. 6 in A-dur hebt an mit einem springlebendigen *Allegro di molto*

e scherzando, das Beethoven zum Kopfsatz seines Quartetts Werk 18 Nr. 5 angeregt haben könnte. Ein Vergleich enthüllt wiederum das Trennende. Beethovens Entwicklungen leben aus dialektischen Spannungen gegensätzlicher Themen. Haydn plaudert über seine Themen. In sprühender Laune würzt er sie mit witzigen Pointen, die ihm der Augenblick zuträgt. Die heitere Stimmung des Scherzando schwingt ungebrochen hinüber zum *Adagio,* das hier an zweiter Stelle erscheint. Das reizende *Menuett* (Allegretto) hat ein originelles *Trio,* in dem die zweite Geige schweigt. Die restlichen Drei musizieren „auf der tiefen Saite“. Wiederum erscheint eine *Fuge* als Finale (Allegro). Sie hat drei Themen und bezaubert durch ihre musikantische Frische.

„RUSSISCHE QUARTETTE“ WERK 33 UND WERK 42

Die 6 *„Russischen Quartette“* entstanden 1778 bis 1781, fast ein Jahrzehnt nach den „Sonnenquartetten“. Sie sind dem *Großfürsten Paul von Rußland* gewidmet. Man nennt sie auch *„Scherzi“*, weil in ihnen die Menuette zum erstenmal so bezeichnet werden. Gelegentlich findet sich auch die Bezeichnung *„Jungfern-Quartette“*, sie ist abgeleitet von der Titelvignette eines alten Druckes.

In den Russischen Quartetten gipfelt die Reihe jener Werke, an die *Mozart* anknüpfte. Haydn äußerte, sie seien *„auf eine ganz neue, besondere Art“* gemacht. Es findet sich zwar nichts in ihnen, was nicht in Ansätzen schon in den früheren Quartetten nachweisbar ist. Aber der letzte Schritt zum „klassischen“ Streichquartett und damit zum klassischen Musizierstil schlechthin gelingt dem nahezu Fünfzigjährigen erst hier. Es ist, nach dem Erreichten, nur ein kleiner Schritt. Doch er genügt, der

Musik den Weg in eine unermeßliche Zukunft zu erschließen.

Wir sahen, daß Haydn in seinen früheren Quartetten allmählich dazu überging, die Themen von der Bindung an einzelne Instrumente (1. Violine!) zu lösen und alle Instrumente am melodischen Geschehen zu beteiligen. Es kam dabei immer deutlicher zu einer „Konversation zu viert“. Fast wie von selbst ergab es sich, daß die vier Partner — wie das bei jeder lebhaften Unterhaltung zu geschehen pflegt — einander nicht ausreden ließen. Sie griffen wechselweise einzelne Gedanken, einzelne *Motive* auf und spielten sie einander in Rede und Gegenrede zu. So entstanden *motivische Entwicklungen,* zunächst in den Durchführungen, gelegentlich aber auch in den Übergangspartien zwischen zwei Themen in der Exposition usw. Das wirkte sich bisweilen schon auf den Zuschnitt der Themen aus, die so erfunden wurden, daß sie erst im Nacheinanderspiel mehrerer Instrumente Gestalt annahmen. Die Auseinandersetzung mit der Polyphonie in den drei Fugen der „Sonnenquartette“ förderte dann die Verselbständigung der Instrumente weiterhin. Es kam zur annähernden Synthese von Polyphonie und Homophonie, von strenger Architektur und individueller Thematik. Haydn muß aber gespürt haben, daß der neue Inhalt die alte Form ihrem ursprünglichen Sinn entfremdete. Monumentale Statik und elementare Dynamik widersprechen einander. Es blieb (mit einer Ausnahme) bei diesen drei Zerreißproben, die den imponierenden Versuch der Verschmelzung zweier feindlicher Wesenshaltungen darstellen.

In den *„Russischen Quartetten“* fand Haydn nun eine schöpferische Lösung für die Verbindung von Polyphonie und Homophonie im Sinne der neuen Wesenshaltung. Der kleine Schritt zum klassischen Musizierstil besteht einfach darin, daß er die zwanglosen Motivspiele grundsätzlich auf *ganze Sätze,* und zwar hier vornehmlich auf den ersten *Sonatensatz* ausdehnte. Damit wurde dieser von A bis Z unter das Gesetz einer dynamischen Entwicklung gestellt und in allen seinen Gliederungen für ein individuelles Geschehen erschlossen.

Einzelne Themen oder Motive können von nun an zu Keimzellen eines Wachstums werden, das alle Sätze einer Großform umfaßt. Dazu kommt es später, z. B. in *Beethovens* 5. Sinfonie. Ihre dramatische Sprache wäre ohne das von Haydn vorgebildete *Prinzip* undenkbar. Haydn freilich erstrebt anderes. Seine Entwicklungen, seine erweiterten Durchführungen bleiben auch fortan nahezu frei von dramatischen Konflikten. Aber seine Sprache wird nun beziehungsreicher. Ihre geistige Struktur wandelt und vertieft sich, ihr geselliger Tonfall schwingt ungebrochen fort.

Werk 33 Nr. 1 in h-moll bietet in seinem gehaltvollen *Allegro moderato* und auch im zweiten Satz, *Scherzando,* anschauliche Belege für die „ganz neue, besondere Art". Auffällig ist die Vorliebe für Themen, die sequenzartig aus einem oder zwei Motiven sich entfalten. Die Abbildung zeigt das Thema des Schluß-*Presto.* Solche Gebilde fordern motivische Ent-

wicklungen geradezu heraus, sie sind von Anbeginn in sie einbezogen!

Werk 33 Nr. 2 in Es-dur entzückt durch die humorvolle Frische seiner Ecksätze. Nur in der feingliedrigen Durchführung des ersten *Allegro* ergibt sich eine kurze Molleintrübung. Das wienerische *Scherzando*

ist, wie die Scherzi aller Werke dieser Reihe, als handfestes *Menuett* angelegt. In seinem tanzseligen *Trio* lassen die Unterstimmen der ersten Violine den Vortritt. Dafür wird das herbe Thema des *Largo sostenuto,* nur begleitet vom Cello, von der Bratsche angestimmt. Es wandert dann hinüber zur ersten und später zur zweiten Violine. Der zunächst zweistimmige Satz steigert sich quartettmäßig und klingt pp ab. Ein „non plus ultra“ an komischen Wirkungen bringt das musikantische Schluß-*Presto.*

Das beliebteste Stück der Reihe ist das als Vogel-Quartett berühmt gewordene Werk 33 Nr. 3 in C-dur. Auf das schönste kommt hier Haydns Neigung zu musikalischen Naturschilderungen zur Geltung. In den beiden Themen des feingliedrigen *Allegro moderato* sind Vogelstimmen allerliebst angedeutet. Auf das frühlingsselige Zwitscherkonzert folgt ein recht ernsthaftes *Scherzando* (Allegro), dessen Thema „sotto voce“ auf der tiefen Saite vorzutragen ist. Im hellen *Trio* hebt das Tirilieren aufs neue an. Die Violinen singen hier ein zärtliches Duett. Die erste läßt silberhelle Trillergirlanden flattern, die zweite begleitet anschmiegsam. Die schöne Weise des verklärten *Adagio* gehört der ersten Violine. Lustige Kuckucksrufe leiten das ländliche

Schluß-*Presto* ein. Ein leicht elegisches zweites Thema gibt diesem freien Rondo ungarische Einfärbung.

Werk 33 Nr. 4 in B-dur hat weniger Freunde gefunden, obwohl es eine Reihe sinnfälliger Themen aufweist und in seiner knappen, gegensatzreichen Durchformung meisterhaft gelungen erscheint. Im *Allegro*

moderato, dessen Hauptthema durch das cholerische crescendo auf der halben Note des Auftaktes und durch die drei störrischen Triller bockbeinig komisch wirkt, kommt es zu einer eigenartigen Durchführung, deren drollige Formulierungen ihresgleichen suchen. Das flinke *Scherzo* (Allegretto) mit seinen hüpfenden Menuett-Rhythmen findet im *Trio* eine elegische Mollkontrastierung. Im reich verzierten *Largo* entfaltet sich eine ariose Melodie in ausdrucksvoller Kurve. Das sprühend heitere, durch seine Thematik unmittelbar eingängige *Presto* mündet überraschend in einen zehntaktigen Pizzicatoschluß.

Werk 33 Nr. 5 in G-dur beginnt mit einem amüsanten *Vivace assai.* Auf diese zierlich freche Spielmusik folgt ein pathetisches *Largo cantabile,* in dem durchaus die erste Violine dominiert. Kurze Unisonopartien unterstreichen die etwas opernhafte Gestik. Im geschwinden *Scherzo* ergeben sich echte Scherzowirkungen. Die Rhythmik drängt unbekümmert über die metri-

schen Gliederungen hinweg, was ihren mitreißenden Schwung steigert. Sforzati, ein Unisono und eine Generalpause, in der sich die Bewegung drollig staut, würzen das unterhaltsame Spiel. Das graziöse *Trio* gleitet gelöst in fließender Ornamentik vorüber. Das Finale-*Allegretto* tanzt aus der Reihe. Hier gibt es drei Variationen über ein wiegendes Sizilianothema und zum guten Schluß ein turbulentes kleines *Presto.*

Werk 33 Nr. 6 in D-dur beschließt den Zyklus in köstlich frischem Stil. Wiederum eröffnet ein formschönes *Vivace assai* den Reigen der Sätze. Es tänzelt so beschwingt dahin, daß man ganz davon abkommt, die kunstvolle motivische Arbeit zu bewundern. Einen lyrischen Gegensatz erbringt das von poetischer Stimmung durchflutete *d-moll-Andante.* Das Thema

entfaltet sich wie die Mehrzahl der Themen dieser Reihe sequenzartig. Rhythmische Punktierungen und winzige melodische Ausweichungen beleben die Entwicklung. Sie führt in einem innigen Mittelteil vorübergehend zu einer farbigen Aufhellung, die nach erneuter Eindunklung im verklärten Ausklang eine schöne Entsprechung findet. Als derb bäuerischer Tanz kommt das scharf akzentuierte *Scherzo* daher. In seinem lustigen *Trio* springt das vom Cello angestimmte Thema von Spieler zu Spieler. Zum guten Schluß sind alle einer Meinung: „Unisono!“ Dafür gibt es im Finale *(Allegretto)* vier sehr ausgesprochene Meinungen und demzufolge eine lebhafte Konversation, die in abwechselnd fröhlichem und zerknirschtem Ton geführt wird (zwei d-moll-Partien sind eingeschoben). Kein ernsthafter Zwist trübt die innere Harmonie dieses reizenden Rondos.

Werk 42 in d-moll soll vor den 6 Quartetten Werk 9 entstanden sein. Seine Kürze, seine Form und seine einfache innere Struktur sprechen dafür. Das Werk kann sich ohne weiteres neben dem Zyklus Werk 9 behaupten. In der Feingliedrigkeit seiner Linienführung geht es gelegentlich darüber hinaus. Ein schlichtes *Andante ed innocentemente* leitet ein. Sein Thema entfaltet sich sequenzartig in rhythmisch und dynamisch lebendig

abgestuften Perioden. Die Entwicklung trägt spannend über eine kurze Durchführung hin und erlischt nach der Reprise pianissimo. Lustig geht es im lebhaften D-dur-*Menuett* zu. Das aparte d-moll-*Trio* setzt dem Übermut einen Dämpfer auf. Friedvoll schlichte Melodik verströmt das in B-dur stehende *Adagio e cantabile.* Hier und auch im geistreichen *Presto* (d-moll) wird echt quartettmäßig musiziert.

„PREUSSISCHE QUARTETTE“ WERK 50

Die 6 Quartette dieser Reihe sind dem Cello spielenden *König Friedrich Wilhelm II. von Preußen* gewidmet. Sie entstanden 1784—87. Obgleich sich der Einfluß *Ph. E. Bachs* in ihnen weiterhin auswirkt, sind sie in ihrer Haltung keineswegs preußisch, sondern eher noch wienerischer als die früheren. *Mozart* widmete 1784 dem Freunde sechs seiner Musenkinder, bangend, sie seiner Gunst würdig zu finden. Es war der in Demut dargebrachte Dank des Schülers an den Lehrer, zugleich das stolze, brüderliche Bekenntnis zu dem verwandten und doch so andersartigen Genius. Nun begibt sich Faszinierendes: Haydn, bislang der Gebende, wird zum Nehmenden. Er müht sich in rührender Bescheidenheit, das innere Gesetz zu erlauschen, das den Werken dieses ganz in der Musik Beheimateten innewohnt. Er macht es sich nicht leicht, er kopiert Mozart nicht. Es ist ein tief menschliches Begreifenwollen der esoterischen Ursprünge von Mozarts Kunst, worum er mit liebevoller Hingegebenheit ringt. Das zeichnet sich schon in diesen Quartetten spürbar ab. Beglückend wirkt es sich dann aus in den Sinfonien und Quartetten, die nach dem frühen Tod des Freundes entstehen.

Formal unterscheiden sich die „preußischen" Quartette nicht wesentlich von den „russischen". Aber Haydns Sprache wird nun geschmeidiger. Sie wird vieldeutiger und hintergründiger im Ausdruck, ohne ihre natürliche Schlichtheit einzubüßen. Sie erlangt freilich weder hier noch später irgendwann jene nadelspitze Virtuosität, die dem Klugen als Ergebnis von Routine und Erfahrung schließlich zufällt. Sie gleicht der wuchernden Kraft eines Baumes, der starke Zweige und geschmeidige Äste treibt himmelwärts nach allen Seiten, die sich zur Erde neigen im Herbst unter der schweren Fülle reifer Früchte.

Werk 50 Nr. 1 in B-dur eröffnet die Reihe in durchsichtigem Quartettstil. Stetig klopfende Baßrhythmen geben dem feinen motivischen Gewirk des pastoralen *Allegro* eine drängende Gespanntheit. Sie verdichtet sich in der beziehungsreichen Durchführung und schwingt gelöst aus in der schönen Coda. Das *Adagio non lento* (also dem *Andante*-Zeitmaß ange-

nähert) bringt drei Variationen über ein liedartiges Thema. In der ersten Variation führt die zweite Violine melodisch. Die zweite Variation in es-moll beschwört in leidenschaftlicher Sprache romantische Stimmungen. In der verbreiterten Schlußvariation hellt sich das Klangbild wieder auf. Dem Cello fallen hier markante Figurationen zu. Das *Poco Allegretto,* ein echtes Menuett, entfaltet sich in Sequenzen über ein aufsteigendes Dreiklangmotiv mit kadenzierender Endung, also in deutlicher Verwandtschaft zum Themabeginn des Adagio. Im *Trio* erscheint das Dreiklangmotiv in Umkehrung, ebenso im frisch draufgängerischen *Finale-Vivace.* Motivische Entwicklungen ergeben sich im Kopfsatz, im Menuett und im Finale. Der stürmische Schwung des letzteren wird durch besinnliche Partien und durch eine große Generalpause vor der Coda wirkungsvoll unterbrochen.

Ein ähnliches Formbild zeigt Werk 50 Nr. 2 in C-dur. Im *Vivace* sind Haupt- und Seitenthema von Anbeginn in eine motivische Entwicklung einbezogen, die sich in der Durchführung zu polyphonen Wirkungen verdichtet. Eigenwillig werden chromatische Leittonspannungen ausgenutzt, die das Hauptthema charakterisieren. Die von Mozart inspirierte Neigung zu chromatischen Wendungen findet auch im *Adagio cantabile* ihren Niederschlag. Vor allem in merkwürdigen Figurationen, mit denen das Cello das von der zweiten Violine angestimmte, dann in höherer Lage von der ersten Violine frei fortgesponnene Thema späterhin umspielt. Schon im Thema selbst nistet sich Chromatik ein.

Das hübsche *Menuett* (Allegro) umschließt ein *Trio,* worin ein zunächst schlicht begleiteter Wechselgesang der Violinen zu quartettmäßigem Musizieren aufblüht. Ein Höchstmaß an feingliedriger Satzkunst kennzeichnet das humorvolle *Vivace assai.* Sein flinkes Hauptthema schwingt sich schon im Entstehen geschwätzig von Violine zu Violine. Es kobolzt in Motiven durch alle Instrumente und verursacht ein ergötzliches Hin und Her, das nur gelegentlich sich beruhigt im mozartisch süßen Gesang eines mild schimmernden Seitengedankens.

Werk 50 Nr. 3 in Es-dur bringt zu Beginn ein *Allegro con brio,* dessen resolutes, nahezu sinfoni-

sches Thema anschaulich zeigt, wie Haydn unmittelbar aus einem Kernmotiv kadenzierend das Geschehen sich entwickeln läßt. Zunächst wiederholt er das Motiv sequenzartig. Hierbei vollzieht sich der Kadenzschritt Oberdominant—Tonika. Dann bringt er zweimal, wiederum sequenzierend, nur die Motivendung, wobei er die Dominant-Septimspannung nützt. Schließlich, in der bekräftigten Tonika, folgt die unausgeschmückte Grundformel des Kernmotivs in der Umkehrung. Mit den allereinfachsten Mitteln wird hier bei starker gedanklicher Konzentration einer außerordentliche Spannung herbeigeführt. Sie trägt in ungebrochener Steigerung über den Expositionsteil hinweg und schwingt in der rhapsodisch freien Durchführung gelöst aus. Die straffe Reprise wird gegen die Coda wirkungsvoll durch eine Generalpause abgegrenzt. Das *Andante* ist als Variationssatz angelegt. Sein Thema entsteht im Cello, begleitet von der Bratsche, und gipfelt in den Violinen. Es wird zunächst in b-moll abgewandelt, dann mit geringfügigen Abweichungen wiederholt und endlich von Triolen umspielt. Die hübschen Schlußsätze, *Menuett* und *Presto,* verlaufen normal. Im Thema des Presto sind chromatische Leittonspannungen wirksam. Sie beflügeln den Schwung der Entwicklung und geben dem Klang eine warme Farbigkeit.

Mozarts Quartette haben Haydns Sinn für koloristische Wirkungen geweckt. Das spürt man an der Leuchtkraft der Klangfarben in Werk 50 Nr. 4 in fis-moll. Haydns eigenstes Prinzip findet in diesem Werk eine weitere bewundernswerte Durchbildung. Im *Allegro spirituoso* wird ein rhythmisches Motiv zum

Träger der gesamten Entwicklung. Es veranlaßt das

Wachstum des expressiven Hauptthemas und ebenso das des hellen Seitenthemas. Aus ihm bildet sich auch die gedankliche Substanz der großartigen Durchführung. Die Verwandtschaft des (rhythmischen!) Motivs mit dem von Beethovens „Schicksals-Sinfonie" ist unverkennbar. Das *Andante* bringt ein liedartiges Thema mit vier Variationen, die abwechselnd in Moll und Dur stehen. Das Thema wird nicht nur figurativ umspielt, sondern Gegenstand einer gedanklichen Entwicklung. Die Variationen bilden ein geschlossenes Ganzes. Das farbige Fis-dur-*Menuett* findet eine stimmungsvolle Mollentsprechung im *Trio.* In Finale *(Allegro moderato)* setzt sich Haydn noch einmal mit der Form der Fuge auseinander. Was sich in dem elegischen Thema andeutet, bestätigt der freie Verlauf dieser Fuge: eine Rückkehr

zur Monumentalität der barocken Architektur wird nicht angestrebt. Die Polyphonie ist hier eines von vielen Ausdrucksmitteln. Die Statik der Form wird der dynamischen Entwicklung untergeordnet.

Die heiteren und besinnlichen Melodien von Werk 50 Nr. 5 in F-dur sind erfüllt von farbiger Leuchtkraft. Es liegt etwas vom Stimmungszauber der heraufdämmernden Romantik über diesen Gebilden, die sich zwanglos zu einem bunten Klangteppich zusammenfügen. Kein Satz überstrahlt die anderen. Sie

gemeinsam — das straffe, weit ausschreitende *Allegro moderato,* das verträumte, spinnwebzarte *Poco Adagio,* das tänzerische *Menuett* mit der schönen Mollvariante im *Trio* und das überschäumend fröhliche Finale-*Vivace* — erzeugen jene beglückende Hochstimmung, die nur von reiner, begnadeter Kunst ausgeht.

Werk 50 Nr. 6 in D-dur verdankt seinen Spitznamen *„Froschquartett"* der häufigen Anwendung der „Bariolage" auf allen Instrumenten im *Finale*,

einem spieltechnisch recht heiklen *Allegro con spirito*. Unter Bariolage versteht man die rasche Aufeinanderfolge desselben Tones auf abwechselnd zwei Saiten eines Instrumentes. Das Gelingen dieses Effektes hat eine sichere Bogentechnik zur Voraussetzung. Wird sie nicht gemeistert, so kommt es zu häßlichen Geräuschwirkungen. Der gleiche Effekt taucht schon früher bei Haydn auf, aber nirgends in solcher Häufigkeit. Die anderen Sätze — ein rhythmisch lebendiges *Allegro*, ein ernstes, später sich aufhellendes *Poco Adagio*, dessen

schwermütiges Thema seine nordische Einfärbung dem melodischen Schritt h, cis, a verdankt (Umgehung der normalen Leittonentspannung h, cis, d), und ein energisches *Menuett* — bilden zusammen mit dem humorigen Finale eine der schönsten Gaben Haydns.

„DIE SIEBEN WORTE DES ERLÖSERS" WERK 51

Haydn schuf diese Karfreitagsmusik 1785 im Auftrage eines spanischen Domherren für die Kathedrale von Cadix. Den Sinn seiner Aufgabe beschrieb er selbst folgendermaßen:

„Man pflegte damals alle Jahre während der Fastenzeit in der Hauptkirche zu Cadix ein Oratorium aufzuführen, zu dessen verstärkter Wirkung folgende

Anstalten nicht wenig beitragen mußten. Die Wände, Fenster und Pfeiler der Kirche waren nämlich mit schwarzem Tuch überzogen, und nur eine in der Mitte hängende Lampe erleuchtete das heilige Dunkel. Zur Mittagsstunde wurden alle Türen geschlossen; jetzt begann die Musik. Nach einem zweckmäßigen Vorspiel bestieg der Bischof die Kanzel, sprach eines der sieben Worte aus und stellte eine Betrachtung darüber an. Sowie sie geendigt war, stieg er von der Kanzel herab und fiel kniend vor dem Altare nieder. Die Pause wurde von der Musik ausgefüllt. Der Bischof betrat und verließ zum zweiten, dritten Male usw. die Kanzel, und jedesmal fiel das Orchester nach dem Schluß der Rede wieder ein. Dieser Darstellung mußte meine Komposition angemessen sein. Die Aufgabe, sieben Adagios, wovon jedes gegen zehn Minuten dauern sollte, aufeinander folgen zu lassen, ohne den Hörer zu ermüden, war keine von den leichtesten; und ich fand bald, daß ich mich an den vorgeschriebenen Zeitraum nicht binden konnte."

Die Karfreitagsmusik umfaßt sieben *Orchester-Adagios,* ferner eine weihevolle *Introduktion* und ein düsteres Schluß-Presto, *Il Terremoto* (Das Erdbeben). Später fertigte Haydn von dem Ganzen eine *Bearbeitung für Streichquartett.* Noch zu seinen Lebzeiten legte der Passauer Domkapellmeister *Frieberth* den einzelnen Adagios die sieben Worte als Texte unter und führte das Werk als Kantate auf. Haydn hörte die Fassung. Sie soll ihn in seiner Absicht, die „Schöpfung" zu entwerfen, bestärkt haben. Er durfte mit Recht bekennen, die sieben Worte seien durch seine Instrumentalmusik „dergestalt ausgedrückt, daß es dem Unerfahrensten den tiefsten Eindruck in seiner Seele erweckt". Bezeichnend für die schlichte Frömmigkeit des Meisters ist, daß er nicht die Tragik des Geschehens darstellte. Er nahte seinem Stoff in kindlicher Ehrfurcht und erfüllt von rührender Dankbarkeit für das erhabene Zeichen göttlicher Liebe und Gnade, das ihm der freiwillige Opfertod Christi bedeutet. So wird in seiner Musik der Ausdruck der Klage immer wieder gemildert von friedvollen Melodien. Nirgends ergibt sich der Eindruck schwarzer, ausweglosen Finsternis. Sechs von den sieben Adagios klingen verklärt aus in versöhnlichem Dur.

Michael Haydn, der Bruder Josephs, arbeitete das Werk unter Anlehnung an das *Frieberthsche* Arrangement in ein gleichnamiges Oratorium um.

„TOSTSCHE QUARTETTE" WERK 54, 55 UND 64

Die 12 Quartette dieser Werkreihe entstanden 1789 bis 1790. Sie sind dem Wiener Tuchgroßhändler *Tost,* einem leidenschaftlichen Geiger, gewidmet. Daraus erklärt sich die technisch anspruchsvolle Behandlung der ersten Violine in diesen Werken. Der Einfluß Mozarts vertieft sich. Die motivische Arbeit empfängt ihre Antriebe in den Ecksätzen vorwiegend aus den ersten Themen. Wo Seitenthemen auftreten, sind sie oft aus den ersten abgeleitet, ähnlich wie etwa schon in *Werk 50 Nr. 4.* Für Haydn wird eine derart ausgesprochene Monothematik nicht zu einer Gefahr, da sich in den motivischen Entwicklungen unerschöpflich vielfältige Spannungen aus der lebendigen Rede und Gegenrede der vier Instrumente ergeben.

Die Werkreihe 54 umfaßt drei Quartette. Werk 54 Nr. 1 in C-dur hat pastoralen Charakter. Klare Schönheit eignet den großstufigen Gliede-

rungen des *Vivace-Themas,* dessen erste Wiederkehr in der Dominanttonart von zwei gewichtigen Generalpausen flankiert ist. Jenseits dunkeln As-dur und a-moll herauf. Über zerklüftete Passagen hin wird ein lieblicher Seitengedanke erreicht. Zweimal blitzt er episodisch auf, dann schwingt sich die 1. Violine in erregendem Crescendo zu schwindelnden Höhen empor. Die motivische Durchführung beginnt in F-Dur, sie berührt Es-dur, d-moll und erreicht modulierend über F-dur

C-dur und damit die Reprise. Überraschende Wirkungen erzielt Haydn hier, indem er anstelle der erwarteten Generalpausen die aufstrebenden Themen-Endungen (vgl. letzten Takt der Abbildung) in der höheren Oktave echoartig pianissimo nachklingen läßt. Das c-moll-Gesangsthema des schönen *Adagio* wandert von der 1. Violine hinüber zur zweiten. Diese spinnt es fort und wird dabei von der ersten mit chromatischen Fiorituren umspielt. Die ausdrucksvolle Entwicklung erbringt eine zunehmende Aufhellung der Stimmung und einen verklärten Ausklang in G-dur. Ein kräftiges *Menuett* schließt sich unmittelbar an. Die 1. Violine klettert in ihm bis zum viergestrichenen c hinauf. Das *Moll-Trio* geht von dem fanfarenartigen Beginn des Menuett-Themas aus und entfaltet sich als freie Variante. Die dunkle Harmonik ist hier von erlesener Schönheit. Das *Finale* weicht in der Anlage völlig von der Norm ab. Es beginnt mit einem ausgedehnten *Adagio,* dessen pastorales Thema motivweise im Nacheinanderspiel von 1. Violine, Bratsche und 1. Violine entsteht. Eine Moll-Abwandlung des Adagios schließt sich an. Dann folgt ein federndes *Presto,* das in abwechselnd staccatierten und gebundenen Achteln wie ein Perpetuum mobile abschnurrt und in einer breiten Fermate gipfelt. Die Wiederkehr des gekürzten *Adagio* beendet nun den Satz gleichsam als Reprise. Der Ausklang erfolgt pianissimo.

N r. 2 i n G - d u r ist in bezaubernd frischem Stil hinmusiziert. Im draufgängerischen *Allegro con brio*

sind der 1. Violine virtuose Aufgaben gestellt. Man beachte, wie sich im Hauptthema die Chromatik geschmeidigend auswirkt. Im Laufe der Entwicklung, besonders in der Durchführung, belebt eine reich gestufte Dynamik mit charakteristischen Sforzati den Fluß der Gedanken. Anstelle des langsamen Satzes folgt ein *Allegretto,* dessen liebenswürdige Melodik von sammetweichen Harmonien getragen wird. Das rhythmisch eigenwillige *Menuett* umschließt ein handfestes *Trio,* worin das Cello in staccatierten Achteln eine bäuerische österreichische Tanzweise zum besten gibt. Das sinnfällige Thema des *Finale* hat sinfonischen Zuschnitt. Es entfesselt einen fröhlichen Wirbel, der sich nur einmal in einer melancholischen Episode staut. Es gibt famose Überraschungen modulatorischer Art in diesem meisterhaft entworfenen Kehraus. Der Ausklang verrieselt in leichtestem Pianissimo.

Im Werk 54 Nr. 3 in E-dur kehrt Haydn zu seiner Vorliebe für paarweise Stimmkoppelungen zurück. Das ist so im farbigen *Allegro,* wo 2. Violine

und Bratsche in Terzgängen immer wieder Teile des Themas der 1. Violine zuspielen, und das ist auch im ernsten *Largo cantabile* nicht anders. Dort musizieren die Ober- und Unterstimmen paarweise. Nur im a-moll-Mittelteil gewinnt vorübergehend die 1. Violine die Führung. Im *Menuett* bewegen sich die Stimmpaare in Oktaven gegeneinander, im *Trio* vereinen sie sich zum „unisono"! Auch das energische Finale, *Presto,* hält sich so ziemlich an die Regel. Hier geben wieder die vereinten Mittelstimmen den Ton an.

Die Werkgruppe 55 umfaßt ebenfalls drei Quartette. Nr. 1 in A-dur wird von einem rhythmisch straffen, farbigen *Allegro* eingeleitet. Sein aus

dem A-dur-Dreiklang fortschnellendes Thema löst eine erregende Entwicklung aus, die von einem federnden Seitengedanken, der zweimal episodisch anklingt, weitere Antriebe empfängt. Zu Beginn der Durchführung staut sich die Spannung in einer pathetischen Überleitung. Überraschend wird C-dur gewonnen und von hier aus in unentwegter Steigerung zur Reprise vorgestoßen. Eine kurze, energische Coda beschließt den Satz. Das friedvolle Gesangsthema des *Adagio cantabile* erklingt zunächst in der 2. Violine. Die erste singt es in der höheren Oktave unverändert nach. Dann verdichtet sich die Entwicklung zu einem ausdrucksvollen Motivspiel aller Instrumente, worauf das Thema noch einmal in verkürzter Variante sich durchsetzt und endlich zart verklingt. Das frische *Menuett*-Thema ist durch geschmeidige chromatische Leittonschritte melodisch aufgelockert. Im *Trio* gibt es für die 1. Violine recht anspruchsvolle Aufgaben. Sie hat hier das der 2. Violine anvertraute Thema zu umspielen, wobei sie bis zum viergestrichenen cis hinauf muß. Ein bei aller Eleganz straff und bisweilen polyphon geführtes *Finale* gibt dem Werk einen schwungvollen Abschluß.

In Werk 55 Nr. 2 in f-moll hat Haydn die beiden ersten Sätze der Normalform umgestellt. Das Quartett beginnt mit einem *Andante piu tosto Allegretto,* einem Variationssatz mit schlichtem Thema und fünf abwechselnd in Dur bzw. Moll stehenden Variationen. Dann erst folgt das *Allegro.* Es hat die Gewichtigkeit eines ersten Satzes und zeigt in seinem zerklüfteten Ablauf und in seiner leidenschaftlich aufgewühlten Sprache einen durchaus ungewohnten Haydn. Man sehe das Thema:

Es hebt an mit verhaltenen, merkwürdig engstufigen Klagerufen. Ihnen folgt ein schroffer Niedersturz im Unisono. Die Bewegung wird abgefangen, geht über in ein ernstes Schreiten und staut sich in einer drohenden Gebärde. Die sofort einsetzende, wiederum aus dem piano sich steigernde Wiederholung gibt die im ersten

Teil erreichte Dominantspannung mit der resignierenden Rückkehr zur Tonika wieder preis. Damit ist das Thema gleichsam wie ein Block dem Satz vorangestellt. Es zeigt in seinem 16taktigen, zweiteilig gegliederten Verlauf eine in sich geschlossene *Empfindungskurve*. Empfindungs-Ausbrüche, nicht aber dramatische Entladungen kennzeichnen nun auch die erregende Entwicklung, die jenseits einer zweitaktigen (!) Generalpause mit dem dritten Einsatz des Themenbeginns in geheimnisvollem Ges-dur einsetzt. Sie führt bald in punktierten Rhythmen zu einem in ruhigen Achteln sich ergehenden *Legato*-Gedanken, den man als zweites Thema bezeichnen kann. Ihm kommt aber nur episodische Bedeutung zu. Eine versöhnlichere Variante des Hauptthemas und ein schroffer, freier Schlußteil beenden die Exposition. In der Durchführung erscheint das Thema zunächst in Des-dur, sodann — wieder nach zweitaktiger Generalpause — leuchtet es milde in A-dur auf. Nun ergibt sich eine polyphon dichte motivische Entwicklung (freies Fugato) und nach der kurzen Reprise in der Coda ein heller F-dur-Ausklang. Das *Menuett* (mit Moll-Trio) ist ein Meisterstück kanonisch kontrapunktischer Feinarbeit. Die Bratsche führt den Chorus der Stimmen an. Auch das frische Finale-*Presto* wartet mit satztechnischen Finessen auf. Das Kernmotiv des

heiteren Hauptthemas — es erreicht die Grundtonart F-dur erst im vierten Takt! — erscheint in der Durchführung in Umkehrung.

Das Thema des *Vivace* von Werk 55 Nr. 3 in B-dur ist in seiner etwas schwärmerischen Linien-

führung für die Haltung des ganzen Satzes charakteristisch. Die in den Takten 4 und 7 auffallende Chromatik nistet sich deutlicher noch im geschmeidigen Seitenthema ein. Sie gibt auch den begleitenden Passagen und dem Klangbild überhaupt schöne Farbigkeit. Ähnlich wie im Finale von Nr. 2 erscheint hier das Thema zu Beginn der Durchführung in der Umkehrung. Das *Adagio ma non troppo* bringt zwei Variationen über ein zweiteilig gegliedertes, liedförmiges Thema. Verschiedentlich tritt die 2. Violine führend hervor. Das mit fanfarenartigem Dreiklangsmotiv einsetzende *Menuett* weist auch in den Mittelstimmen eine chromatische Linienführung auf. Der energische, punktierte Rhythmus glättet sich im *Trio* zu ruhig fließenden Triolen. Wie ein Perpetuum mobile wirbelt das pointenreiche *Finale-Presto* dahin. Der pianissimo auslaufenden Coda ist ein kräftiger Schlußtakt angehängt.

Die Werkreihe 64 umfaßt 6 Quartette. Nur zweimal erscheint hier das Menuett noch an zweiter Stelle (in Nr. 3 u. Nr. 4), sonst an dritter, also dort, wo in den klassischen Quartetten und Sinfonien in der Regel das Scherzo steht.

Nr. 1 in C-dur gehört zu den wolkenlos heiteren Gaben des Meisters. Eine kleine Eindunklung ergibt sich im *Moll-Trio* des *Menuetts,* aber sie ist als Farbkontrast eingefügt und ohne Schwere. Die ersten drei Sätze haben in ihrer Thematik ein aufsteigendes Dreiklangsmotiv gemeinsam. Das Spiel mit *einem* Gedanken beherrscht auch die drei witzigen Variationen des *Allegretto scherzando,* in denen alle Instrumente charakteristisch zum Zuge kommen. Das schwungvolle Schluß-*Presto* geht thematisch eigene Wege. Sehr hübsch wirkt der leise verrieselnde Ausklang.

Werk 64 Nr. 2 in h-moll ist ein Muster erlesener Satzkunst und reich an gegensätzlichen Stimmungen. Das einleitende *Allegro spirituoso* besticht durch die Farbigkeit seiner Klangkombinationen. Ein feierlich ernstes Hauptthema und ein helles Seiten-

thema bieten eine Fülle motivischen Materials für die spannende Entwicklung, die in der Durchführung ihren Höhepunkt findet. Das in H-dur stehende *Adagio ma non troppo* gibt wieder einmal der 1. Violine Gelegenheit, sich auszusingen. Das durch seine mit Vorschlägen ausgezierten Sforzati ungarisch eingefärbte *Menuett* hat ein romantisch süßes H-dur-*Trio*, in dessen versponnener Stimmung das Adagio wieder auflebt. Zierliche Vorschläge geistern auch durch das rassige, ungeachtet der Moll-Tonart hell wirkende *Finale-Presto.* Ein Scherz unhörbarer Art (anderthalb Takte Pause!) krönt die spritzige Dur-Coda.

Werk 64 Nr. 3 in B-dur ist als bunte Folge heiterer Stimmungsbilder ein reizendes Pendant zu Nr. 1 in C-dur. Chromatische Wendungen geben der Thematik Geschmeidigkeit und der reich gestuften Harmonik intensive Leuchtkraft. In den Ecksätzen entzücken humoristische Einfälle. Das Hauptthema des *Vivace assai*

zeigt das Notenbeispiel. Das Seitenthema irisiert milde in Dur und Moll. Im *Adagio* singen die Violinen ein zärtliches Duett. Der Mittelteil in es-moll ist von melancholischer Stimmung erfüllt. Sie verflüchtigt sich indessen im Ausklang und weicht im kräftigen *Menuett* vollends einer derben Fröhlichkeit, die auch im reich mit Synkopen bedachten *Trio* ihren Schwung nicht einbüßt. Ein keckes *Allegro con spirito* beschließt das Werk.

Die drei folgenden Quartette gehören zu den beliebtesten des Meisters. Werk 64 Nr. 4 in G-dur hebt an mit einem energischen *Allegro con brio*, dessen federnd aufsteigendes Kopfmotiv die helle Atmosphäre

des Satzes charakterisiert. Im Laufe der phantasievollen Entwicklung ergibt sich ein fein gezeichnetes Seitenthema, das für die prachtvolle Durchführung das motivische Material liefert. Das bäuerlich derbe *Menuett* entpuppt sich als tanzseliger Ländler. Im *Trio* trällert die 1. Violine eine lustige Klarinettenweise, die anderen Instrumente zupfen die Begleitung. Auch im heiteren *Adagio* hat die 1. Violine die Führung. Sie singt hier eine graziöse Melodie, die mit kleinen Schnörkeln und Vorschlägen ausgeziert ist. Im Mittelteil (c-moll) verdichtet sich die Stimmung. Seinen Höhepunkt erreicht das Werk in dem von apollonischer Schönheit durchglühten *Finale-Presto.*

Werk 64 Nr. 5 in D-dur ist als *„Lerchenquartett“* bekannt. Es verdankt seinen Namen dem entzückenden Thema des einleitenden *Allegro moderato.* Bevor die 1. Violine ihren Gesang anstimmt, präludieren die Gefährten sieben Takte lang mit leisen Staccato-Achteln, wobei sich in der 2. Violine eine kleine

Melodie bildet, die dann motivisch das Frühlingslied der 1. Violine untermalt. Der Gesang steigert sich und zieht allmählich alle Instrumente in seinen Bann. *Beethoven* hat in seiner „Pastoral-Sinfonie“ mit ähnlichen Mitteln die ländliche Stimmung der „Szene am Bach“ beschworen. Innige Empfindungen verströmt der edle Gesang der 1. Violine im *Adagio cantabile.* Nach einem dunklen Mittelsatz (a-moll) erblüht ihr Lied aufs neue in immer strahlender aufleuchtendem Dur. Im derben *Menuett* schwingt sich die Weise der 1. Violine in zweimaligem Anlauf beträchtlich über zwei Oktaven hinauf. Im *Trio* senkt sich der Bogen von Instrument zu Instrument in mozartisch geschmeidigen Gängen nieder. Das *Vivace* ist ein Perpetuum mobile. Sein stürmischer Schwung wird noch gesteigert durch einen kleinen

Zwischensatz in d-moll, worin die unentwegt vorwärtsdrängenden Sechzehntel plötzlich in fugiertem Stil durch die Instrumente wirbeln.

Werk 64 Nr. 6 in Es-dur wird von einem bezaubernden *Allegretto* eingeleitet. Die beiden ersten

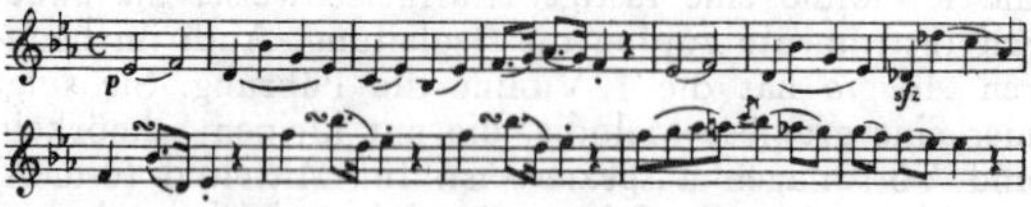

Viertakt-Perioden des Themas (jeweils durch Viertel-Pausen begrenzt) ergänzen einander wie Frage und Antwort. Sie sind fast kongruent gebaut. Die Harmonik bewegt sich in den Grenzen einfachsten Kadenzierens. Auch die Leittonspannung der Septime (des) in Takt 7 würde kaum auffallen, wäre sie nicht durch das Sforzato und durch den unerwartet aufstrebenden Oktavsprung betont. Mit derart geringfügigen Mitteln erreicht Haydn auf engstem Raum eine außerordentliche Gespanntheit der melodischen Linie. In dem viertaktigen Nachsatz wird zunächst das bekräftigende Schlußmotiv von Takt 8 zweimal in der höheren Oktave nachgesungen, dann verflüchtigt es sich in einer Achtelbewegung, worin alle Spannungen des Themas beglückend zur Ruhe kommen. Wiederum schafft eine Viertelpause eine Zäsur. Jenseits löst ein überraschender Sprung nach B-dur mit dem Wiedereinsatz des Themas in kräftigem Unisono die eigentliche Entwicklung aus. Sie führt über einen Orgelpunkt in F in flinker Triolenbewegung zu einem harmonisch interessanten Übergangsteil, aus dem unversehens ein episodisches zweites Thema hervorgeht. Eine freie, lebhafte Coda beendet die Exposition in B-dur. Die Durchführung ist zu Beginn polyphon gearbeitet. Doch das Stimmgefüge lockert sich bald und geht über in ein homophones Motivspiel, wobei sich die Instrumente die Schlußphrase aus dem Thema unermüdlich zusingen. Nach der freien, durch Pausen abgegrenzten Reprise gipfelt das Geschehen in einer rhythmisch straffen

Coda. Im schwärmerischen *Andante* beteiligen sich alle Instrumente in beziehungsreichem Wechselgesang am Geschehen. Nur im aufgewühlten Mittelteil führt die 1. Violine, begleitet von erregenden Sechzehnteln der Gefährten. Ein tanzseliges *Menuett* und ein *Trio*, in dem die heitere Stimmung ungebrochen fortschwingt, leiten zum humoristischen *Finale-Presto* hin, in welchem kräftige Unisoni, zierliche chromatische Gänge und zwei bedeutsame Generalpausen vor der Schluß-Coda auffallen.

„APPONYI-QUARTETTE" WERK 71 UND 74

Die je drei Quartette der Werkgruppen 71 und 74 sind dem ungarischen *Grafen Apponyi* gewidmet. Sie entstanden bis 1793, also zur Zeit von Haydns Londoner Reisen. Die meisten Londoner Sinfonien lagen damals bereits vor. Sie hatten Haydn Triumphe ohnegleichen eingebracht. Das steigerte sein Selbstbewußtsein. Man spürt es an diesen Quartetten. Ein Zug ins Grandseigneurhafte ist ihnen zu eigen. Die Themen haben bisweilen sinfonischen Zuschnitt, das Satzbild wirkt zumeist einfach. Al-fresco-Wirkungen ergeben sich.

Den *6 „Apponyi-Quartetten"* stellt Haydn kurze Einleitungen wie Portale voran. Sie entsprechen gleichsam im Diminutiv den Adagio-Einleitungen seiner späteren Sinfonien. Werk 71 Nr. 1 in B-dur wird eröffnet von zwei Einleitungstakten, in denen die Tonart durch eine Kadenz fortissimo bekräftigt wird. Gedankliche Bedeutung kommt dieser Präambel nicht zu. Sie hat den Sinn, die Aufmerksamkeit auf das nun einsetzende Hauptthema des *Allegro* hinzuleiten. Es löst eine durch keinerlei Abschweifungen

getrübte energische Entwicklung aus, in deren Verlauf sich ein gegensätzliches Seitenthema aus ihm ergibt, und trägt auch die weit gespannte Durchführung. Die anderen Sätze, *Adagio, Menuett* (Allegretto) und *Vivace,* runden das Bild im vertrauten Sinne.

In Werk 71 Nr. 2 in D-dur ist die Einleitung zu einem viertaktigen *Adagio* erweitert. Ein paar Forte-Akkorde, unterbrochen von Piano-Motiven, deren eines in einer Fermate zur Ruhe kommt, dann leiten Oktavsprünge der einander ablösenden Partner

unmittelbar in das *Allegro-Thema* über, das sogleich zum Gegenstand einer drängenden Entwicklung wird. Der große Bogen der Gesamtform zeigt keine wesentlichen Abweichungen vom Gewohnten. Er überspannt ein versonnenes *Adagio cantabile,* dessen schlichter melodischer Einfall mit Arabesken geschmückt ist, ein straffes *Menuett* mit rhythmisch eigenwilligem *Trio* und ein prachtvolles *Rondo-Finale.* Es beginnt als *Allegretto* und klingt in einer *Allegro-Stretta* schwungvoll aus. Sein volkstümliches Refrain-Thema wird mit erlesener Kunst imitierend durch die Stimmen geführt und immer wieder anders beleuchtet. Ein kurzer, kräftiger Moll-Teil inmitten erhöht die Farbigkeit des kontrastreichen Spiels.

In Werk 71 Nr. 3 in Es-dur besteht die Einleitung des humoristischen *Vivace* aus einem einzigen kräftigen Es-dur-Akkord und einer durch eine Fermate noch gedehnten Generalpause. Drolliger Beginn! Haydn wußte, warum er den tonartlichen Standort so eindeutig festlegte: sein Thema prescht sogleich

im Unisono nach B-dur aus! Aber es wird zur Ordnung gerufen und überläßt bald einem lyrischen Seitengedanken die Führung. Dann drängt es sich wieder vor, übermütig zu allerlei Späßen aufgelegt. Die Durchführung berührt vorübergehend dunklere Stimmungen, doch sie haben kein Gewicht und vergehen in der heiteren Reprise. Das *Andante con moto* bringt Variationen über ein graziöses Thema im 2/4-Takt. Die erste Variation deutet das Thema nach Moll um, in der zweiten wird es von fließenden Sextolen umspielt, dann verdichtet sich der Satz polyphon. Staccati in hohen Lagen ergeben eigenartige Klangwirkungen. Die letzte Variation zieht das Fazit des Weges und rundet den Satz zur Form. Das derbe *Menuett* kommt wie ein Ländler daher. Im gegensätzlichen *Trio* fällt dem Cello eine markante Rolle zu. Ein schwungvolles *Finale-Vivace* (6/8) beschließt den Reigen der Sätze.

In Werk 74 Nr. 1 in C-dur wird dem *Allegro moderato* eine zweitaktige Forte-Einleitung vorangestellt. Sie hat den Sinn, die Aufmerksamkeit auf den Beginn des Spiels zu lenken. Dieses selbst

fesselt sogleich durch das piano einsetzende, über einem Orgelpunkt in C vorwiegend chromatisch aufsteigende Thema. Es entfaltet sich in der Folge melodisch eindringlich und beherrscht motivisch im wesentlichen den Satz, der zum Schönsten gehört, was Haydn schuf. Unübertrefflich die Ausgewogenheit der Form, die Kraft der gedanklichen Formulierungen, der echt quartettmäßige Klang! Die anderen Sätze zeigen die gleiche Höhe. Das *Andantino grazioso* ist als freier Sonatensatz angelegt. Das stürmische *Menuett* (C-dur) umschließt ein sangliches *A-dur-Trio.* Das rhythmisch zündende *Finale-Vivace* verdichtet sich nach schlichtem Beginn polyphon und bringt im zweiten Teil ein musikantisches Fugato.

Dem witzigen *Allegro spirituoso* von Werk 74 Nr. 2 in F-dur sind 8 Unisono-Takte im gleichen

Zeitmaß vorangestellt, aus denen sich dann das Thema

entfaltet. Die erste Abbildung zeigt den Beginn der Einleitung, die zweite den des Themas. Das gleiche Dreiklangmotiv bildet hier wie dort den Ausgangspunkt. Bis in Takt 4 hinein entsprechen auch die rhythmischen Gliederungen einander. Während aber die Einleitung sich präludierend auf eine lockere Reihung von Fanfaren-Motiven beschränkt, ergibt sich im Thema ein zielstrebiger Aufstieg. Es kulminiert in den Dreiklangsumkehrungen der folgenden Takte und findet dann seine Entspannung. Verwandte thematische Wachstumsvorgänge zeigen sich später bei Bruckner! Die turbulente, mit Moll-Partien durchsetzte Durchführung staut sich unmittelbar vor der Reprise in einer gewichtigen Generalpause. Dem zweiteilig gegliederten *Andante grazioso* schließen sich drei reizende Variationen über das naiv-heitere Andante-Thema an, in denen Cello bzw. 2. Violine (in Moll) einprägsam hervortreten. Die reich figurierte Schlußvariation leitet zurück in die Ausgangsstimmung. Das rhythmisch und harmonisch unbändige *Menuett* beruhigt sich in einem aparten Abgesang der 1. Violine, den die Gefährten pizzicato begleiten. Im lyrischen *Trio* wird die Melodie der 2. Violine von Figuren der 1. Violine umspielt. Das *Finale-Presto* bildet ein Pendant zum Kopfsatz.

Werk 74 Nr. 3 in g-moll verdankt seinen Namen „Reiterquartett" und seine Volkstümlichkeit dem rhythmischen Schwung seiner Ecksätze. Im Einleitungs-*Allegro*, dessen Beginn die Abbildung zeigt,

spielt das zweite Thema eine beachtliche Rolle. Es setzt sich im Laufe der Entwicklung deutlich durch und trägt schließlich die der verkürzten Reprise folgende Dur-Coda. Das *Largo assai* (E-dur, Mittelteil e-moll) darf man als eines der schönsten Adagios der Klassik bezeichnen. Das frische *Menuett* wirkt wie ein Ländler. Seine tänzerische Beschwingtheit ergibt sich aus dem Wechsel von geschmeidigem Legato und federndem Staccato in der Führung der melodischen Linie. Das rassige *Trio* ist ungeachtet seiner Moll-Färbung von der gleichen Grundstimmung erfüllt. Vom *Allegro con brio*

zitieren wir den Anfang des bekannten „Reiter“-Themas.

„ERDÖDY-QUARTETTE“ WERK 76

In Haydns Wiener Heim reifte während der Jahre 1796/98 das Oratorium „Die Schöpfung“ heran. Etwa gleichzeitig entstanden die dem Grafen *Erdödy* gewidmeten *6 Quartette Werk 76.* Zwei Welten scheinbar, doch sie durchdringen einander auf das vielfältigste und tragen das gleiche Signum. Hier wie dort findet man neben schlicht volkstümlichen Abschnitten Gebilde, aus denen eine fast dämonische Erregtheit jäh hervorbricht. Da verfügt Haydn plötzlich über eine schon „tristanische“ Harmonik, da wird er zum Individualisten Beethovenscher Prägung. Die Ebene ist erreicht, auf der sich dann der geistige Umbruch des 19. Jahrhunderts vollzog.

Es kann aber nicht nachdrücklich genug darauf hingewiesen werden: *alle* Alterswerke Haydns sind noch Produkte der Gesellschaftsmusik des 18. Jahrhunderts! Seine letzten Quartette sind *Endstufen* einer schöpferischen Entwicklung, die über rund 50 Jahre hin als *Ganzes* unermeßliche Werte erbrachte. Haydn ist nicht nur die Durchbildung der Gattung zu danken, seine

Streichquartette stellen den zentralen Beitrag des 18. Jahrhunderts zu ihr dar.

Die *Form* als „wandelbare Konstante“ wird in den letzten Quartetten nicht mehr angetastet. Die *Sprache* wird weiter individualisiert. Nur noch äußerlich ergibt sich eine Zusammenfassung mehrerer Quartette zu einer Werkgruppe. Jedes Werk bildet eine Welt für sich. In den *Erdödy-Quartetten* wird über große Strecken hin das Satzbild wieder polyphon. Die Methoden der Polyphonie werden frei angewendet, um die Ausdruckskraft der Sprache zu steigern und der Harmonik die volle Tiefe des Klangraumes zu erschließen. Nach wie vor geht es Haydn bei diesem stimmigen Musizieren nicht um die Statik monumentaler Architekturen, sondern um die Dynamik individueller Entwicklungen. Folgerichtig tritt das Streben nach unentwegter Verwandlung motivischer Keimzellen immer deutlicher in Erscheinung: *die Variation wird zum Entwicklungs-Prinzip!*

Werk 76 Nr. 1 in G-dur beginnt mit einem *Allegro con spirito.* Wieder gelangt man durch das Portal einer Kadenz an den Ausgangspunkt des Ge-

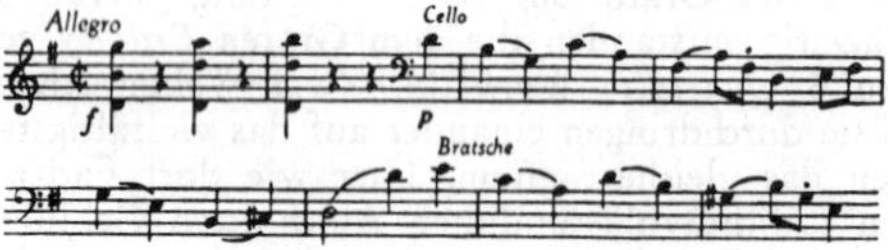

schehens. Das Hauptthema wird vom Cello angestimmt und nach der ersten Viertakt-Periode von der Bratsche beendet, dann entsprechend von der 2. und 1. Violine nachgesungen. Während dieses Themen-Aufstiegs von der Fundamental- zur Oberstimme wird der Klangraum in seiner ganzen Tiefe von Kontrapunkten der jeweils vom Vortrag des Themas zurücktretenden Stimmen durchdrungen. Die Kräfte des einfachen Themas lösen nun in ständiger Wandlung eine drängende Entwicklung aus, die in der Unisono-Wiederkehr des Themas gipfelt und dann in eine helle Achtelbewegung einmündet, welche die Coda des Expositionsteiles trägt.

Die Achtelbewegung spielt als Gegenstimme zum Thema auch in der erfrischend klaren Durchführung eine Rolle. Die technischen und geistigen Anforderungen an alle Partner sind beträchtlich. Nur bei höchster Ensemble-Disziplin werden sich die Schönheiten dieser erlesenen Satzkunst erschließen. Das Thema des herrlichen *Adagio sostenuto* belebt sich nach ruhigem Beginn. Es wandert durch die Instrumente und überspannt, ständig sich verwandelnd, in fast romantisch ausschwingender Empfindungskurve das Geschehen, das aus der Vielfalt lebensvoller Gegenstimmen hintergründige Tiefe gewinnt. Das frische *Menuett* (Presto!) umschließt ein entzückendes *Trio,* in dem die 1. Violine lustig sich tummelt, begleitet von Pizzicati der Gefährten. Das Finale, *Allegro ma non troppo,* ist in freier Sonatensatzform entworfen. Es beginnt in g-moll mit einem markanten Unisono-Thema, dem zunächst erregende Triolen und später scharf akzentuierte, dunkle Triller einen stürmischen Charakter verleihen. Im Laufe der Entwicklung hellt sich das Thema nach G-dur auf. Leichte Pizzicati geben ihm nun das Geleit bis zum schwerelos-heiteren Ausklang.

Werk 76 Nr. 2 in d-moll verdankt seinen Namen „Quintenquartett" dem Hauptthema

seines *Allegro.* Die beiden Quintenschritte zu Beginn des Themas bilden das Movens des Satzes. Sie veranlassen eine polyphone Entwicklung, in deren Verlauf unentwegt neue, selbständige Kontrapunkte entstehen. Bei strenger Bindung an ein Grundmotiv gewinnt so die Phantasie ein Höchstmaß an Freiheit. Das Gestaltungsprinzip ist nicht neu, aber Haydns Lösung in ihrer Art einmalig. Das liebliche *Andante* entfaltet seinen Hauptteil über ein mozartisch-schwärmerisches D-dur-Thema. Nach einem kurzen d-moll-Mittelteil wird der Hauptteil variiert. Das *Menuett* (d-moll) wurde als „Hexenmenuett" bekannt. Es ist, bei Stimmpaarung in Oktaven, kanonisch geführt (vgl. *Werk 1 Nr. 6*!). Ein bäuerlich-derbes D-dur-*Trio* erhöht als Kontrast das Gespenstische seiner Stimmung. Das Finale, *Vivace assai*, hat slawischen Einschlag. Es nimmt einen stürmischen Verlauf und gipfelt überraschend in einer Dur-Coda.

Im „Kaiserquartett", Werk 76 Nr. 3 in C-dur, erreicht Haydns Gestaltungskraft einen ihrer großartigsten Höhepunkte. Die weitgespannte Entwicklung des *Allegros* wird von einem einzigen

melodischen Thema getragen. Das polyphone Satzbild birgt einen unausschöpfbaren Reichtum an Kontrapunkten, Themen- und Motiv-Umdeutungen, versteckten und offenkundigen Beziehungen zwischen Linie, Klang, Rhythmik, Dynamik und Harmonik. Seinen Namen verdankt das Quartett dem *Poco Adagio cantabile*. Darin hat Haydn seine Melodie zu *„Gott erhalte Franz den Kaiser"* variiert. Zunächst bringt er sie in schlichtem vierstimmigem Satz, dann gibt er sie *unverändert* nacheinander der 2. Violine, dem Cello, der Bratsche und endlich der 1. Violine. „Variiert" werden nur die Gegenstimmen, die das jeweils führende Instrument begleiten. Ein energisches *Menuett*, dessen schroffes Drängen ein sanftes a-moll-*Trio* beschwichtigt, leitet zum *Finale-Presto* hin, das ein gleichwertiges (auch formal verwandtes) Gegenstück zum Kopfsatz bildet. Es beginnt in c-moll, hellt sich aber im Ausklang nach C-dur auf, nimmt also eine ähnliche Entwicklung wie die Finales der beiden vorigen Quartette.

Eine andere Welt tut sich auf in Werk 76 Nr. 4

in B-dur. Man hat den ersten Satz als musikalischen *„Sonnenaufgang“* bezeichnet. Das Thema dieses *Allegro con spirito* nimmt Wendungen aus dem „Tannhäuser-Marsch“ unpathetisch vorweg. Aus unbestimmt wogendem Dämmer entfaltet sich das Geschehen in fortwährender Steigerung zu klarer, leuchtender Farbigkeit. Eine rätselhafte Stil-Wandlung! Sie zeigt Haydn vor den Toren der romantischen Musik. In den folgenden Sätzen lenkt er wieder in vertrautere Bahnen ein. Wie Fragen wirken die in Fermaten sich stauenden Motive des empfindungstiefen *Adagio*-Themas. Es ist wie die Begleitstimmen reich mit Chromatik durchsetzt und entfaltet sich als schwärmerischer Hymnus. Das beschwingte *Menuett* findet einen hübschen Gegensatz im *Trio,* dessen melodisches Thema sich aus einer den Rhythmus verschleiernden Synkope sanft herniedersenkt. Das heitere Rondo-Finale *(Allegro ma non troppo)* beschleunigt sich im Zeitmaß über eine Moll-Eindunklung hin zum *Allegro* und endlich zum *piu presto.*

Aus Werk 76 Nr. 5 in D-dur erlangten vor allem zwei Sätze Berühmtheit: das Eingangs-Allegretto und das Largo. Haydns Kunst hat sich hier zu letzter Reife abgeklärt. Im *Allegretto* bringt er herrliche Variationen (darunter eine in Moll, die letzte virtuos)

über ein volksliedartiges Siciliano-Thema. Das *Largo, cantabile e mesto* (Fis-dur) wird von Liebhabern vorzugsweise in F-dur gespielt. Der unbeschreibliche Reiz

dieses stillen Adagio wird dadurch gemindert. Im Rahmen des Ganzen zerstört die Transposition außerdem die tonartlichen Bindungen zu den angrenzenden Sätzen. Sie sind besonders im Hinblick auf das *Menuett* unabdingbare Bestandteile des klanglichen Organismus. Das Menuett-Thema entfaltet sich aus dem gleichen aufsteigenden Dreiklangsmotiv wie das Largo-Thema, dessen stiller Gesang hier in energische Bewegung umgedeutet wird. Dieser Umdeutung entspricht vollendet der Übergang des irisierenden Fis-dur in das klare D-dur! Im *Trio* verhelfen drollige Achtel dem Cello zu einer charakteristischen kleinen Sonderrolle. Das *Finale-Presto* springt nach ungebärdigem Beginn in eine tänzerische Spielmusik hinein.

Auch Werk 76 Nr. 6 in Es-dur beginnt mit

einem *Allegretto,* dessen Thema Gegenstand von vier Variationen ist. Die letzte Variation ist ein lebhaftes Fugato. Das Adagio nennt Haydn *Fantasia.* Nicht die Form, sondern die Harmonik dieses Gebildes hat rhapsodischen Charakter. Ausgehend von H-dur durchschweift sie fernliegende Klangräume. Suchend tastet sie sich über Fermaten und Generalpausen hin, bis sie sich endlich in den Grenzen von H-dur festigt. Das Unbestimmte des Weges zeigt sich auch darin, daß zu Beginn jede Tonartbezeichnung fehlt. Sie ergibt sich erst im Laufe der Entwicklung, die beharrlich um ein engstufiges, kleines Thema kreist. Das lebhafte *Menuett* (Presto) läßt diesen Ausflug ins Ungewisse rasch vergessen. Sein bockbeiniges Thema wagt von der Basis Es aus ungelenke Sprünge bis hinauf zur Dezime, die jeweils von Schlägen der anderen Instrumente auf dem zweiten Taktteil abrupt unterbrochen werden. Im *Trio* ergibt sich ein lustiges Fugato über die ab- bzw. aufsteigende Es-dur-Skala. Das *Finale* (3/4) ist ganz auf drängende, scharf akzentuierte rhythmische Motorik gestellt. Unmittelbar eingängige Melodien wird man in diesem Quartett nicht finden. Dafür entschädigt es — wenn man von dem für Haydn einmaligen Phänomen der „Fantasia" absieht — durch die aphoristische Prägnanz seiner Formulierungen und durch die Frische seiner winterlich klaren Atmosphäre.

STREICHQUARTETTE WERK 77 UND 103

Die beiden Quartette Werk 77 sind die letzten Arbeiten dieser Gattung, die Haydn vollendete. Sie sind dem *Fürsten Lobkowitz* gewidmet und entstanden 1799, also an der Schwelle zum 19. Jahrhundert. Im gleichen Jahre nahm Haydn die Arbeit an den *„Jahreszeiten"* in Angriff, die ihn dann bis 1801 beschäftigte. Später äußerte er: „Die Jahreszeiten haben mir das Rückgrat gebrochen." Er fühlte, daß sein Lebenswerk nun vollendet war. Seine Kräfte ließen bald nach. Die letzten Jahre waren nur noch ein untätiges Hinüberdämmern.

Die Quartette zeigen keine Spur von Erschöpfung. Sie sind mit eingeschlossen in den Höhenflug, den Haydns Kunst noch einmal in den „Jahreszeiten" nahm.

Werk 77 Nr. 1 in G-dur hebt an mit einem spielfreudigen *Allegro moderato.* Sein Thema hat den

Charakter eines Geschwindmarsches. Es entfesselt eine prickelnde Entwicklung, in deren Verlauf ein hübsches Seitenthema aufleuchtet, das sich in Durchführung und Reprise als entspannende Gegenkraft zum Hauptthema erweist. Dieses behauptet sich und mündet nach einem Pianissimo-Auslauf in eine kurze, kräftige Coda. Das achttaktige *Adagio-Thema* zeigt eine prachtvolle Gliederung. Nach feierlichem Unisono-Beginn (forte) folgt über tragenden Gegenstimmen eine liedhaft schlichte Phrase der 1. Violine (piano), dieser wiederum der Unisono-Gedanke (forte), worauf in der letzten Periode die liedhafte Phrase eine leise Entsprechung findet, in der sich die Tonart (Es-dur) festigt. Was sich im Thema als Wechsel von Erregung und Stille vollzieht, schwingt nun im großen Atem der Form weit und überwältigend aus, bis der Unisono-Gedanke in einer letzten

Verwandlung sich entspannt und in einem bezaubernden Pianissimo-Ausklang zur Ruhe kommt. Seinen inneren Höhepunkt hat das Werk in diesem Satz erreicht. Nun setzt sich alles in strömende Bewegung um. Das *Menuett* fegt schwungvoll als Presto dahin. Das *Trio* (Es-dur) — an Ausdehnung dem Menuett überlegen — hat pastoralen Charakter. Eine zunächst in ruhigen Vierteln kräftig ausschreitende Weise verflüchtigt sich nach leichtem Aufstieg in einen dreimaligen Kuckucksruf. Die Wiederholung geht über in ein ausdrucksvolles Motivspiel (Variation als Entwicklungsprinzip!). Die Harmonik berührt verschiedentlich Moll. Sie nimmt Schubertsche Klangfarben vorweg. Nach einer Generalpause wird das stürmische Menuett wiederholt. Ein herrliches *Finale-Presto* beschließt das Werk.

Werk 77 Nr. 2 in F-dur hat man bewundernd Haydns „schönstes Quartett" genannt. Es beginnt mit einem frischen *Allegro moderato,* dessen schlichtes

Thema eine großartige Entwicklung durchläuft. Die zunächst akkordisch begleitenden Unterstimmen beleben sich allmählich zu durchsichtiger Polyphonie. Das Thema ruft eindringliche Gegenstimmen hervor. Sie blühen auf, vergehen, geben anderen Raum. Allgegenwärtig aber bleibt das unentwegt sich verwandelnde Thema. Es verdichtet sich in der Coda zu einem kleinen, oft wiederholten jubilierenden Ruf und prägt auch die kräftige Schluß-Kadenz. Das *Menuett* steht an zweiter Stelle. Es entspinnt sich über ein reizendes Thema, das rhythmisch übermütig mit der Metrik Fangball spielt. Seine Motive kobolzen derart lustig durch die Instrumente, daß man aus dem Staunen über den alten Haydn nicht herauskommt. Manchem Dreißigjährigen unter den Heutigen möchte man die Vitalität des 67jährigen wünschen. Das elegische Des-dur-*Trio* setzt nach einer Generalpause pianissimo ein und mündet, ohne sich dynamisch zu steigern, in eine selbständige, kleine Pianissimo-Coda, die motivisch zum Menuett zurückleitet. Die erste Violine trägt das friedvolle *Andantethema* vor. Nur das Cello begleitet mit ruhig schreitenden Achteln. Der taktweise Wechsel von Legato und Staccato verschleiert das Marschartige dieses Schreitens. Es wirkt bei aller Beharrlichkeit schwerelos. Heitere, polyphon gesetzte Variationen schließen sich an. Nach dem Pianissimo-Ausklang leitet ein pathetischer F-dur-Akkord forte zum Rondo-*Finale, Vivace assai,* hin. In ihm herrscht ein kühler, frischer Geist. Sein schlichtes Thema löst äußerst kunstvolle motivische Entwicklungen aus. Synkopierte oder durch Vorschläge akzentuierte Rhythmen (vor allem im Cello) steigern den tänzerischen Schwung dieser stilisierten Polonaise.

Das Quartett Werk 103 ließ Haydn als Torso zurück. Nur die Mittelsätze — *Andante grazioso* mit drei Variationen und *Menuetto ma non troppo Presto* — beendete er sechs Jahre vor seinem Tode (1803). Dem Manuskript fügte er diese musikalische *Visitenkarte* hinzu:

JOHANN CHRISTIAN BACH

* 5. September 1735 in Leipzig, † 1. Januar 1782 in London

Jüngster Sohn Johann Sebastians. Nach des Vaters Tod übernimmt K. Ph. Emanuel seine Ausbildung. 1754 Italienreise nach Mailand und Bologna, dort Schüler Padre Martinis. Tritt 1760 zur katholischen Kirche über, wird Domorganist in Mailand, kommt 1762 nach London, wird Musikmeister der Königin, gründet 1764 gemeinsam mit K. F. Abel die „Bach-Abel-Konzerte“. Sein Ruhm überstrahlte zu Lebzeiten den des Vaters und aller Brüder weit.

Johann Christian Bach hinterließ etwa 20 Opern, 2 Oratorien, viele Kantaten, Arien, Kanzonetten und zahllose Instrumentalmusiken der verschiedensten Gattungen, z. B. Sinfonien, Klavierkonzerte, Klaviersonaten, Streich- und Blasduette, Trios, Quartette, Quintette, Sextette u. a.

Die Nachwelt vergaß das Schaffen Johann Christians, den man den „Mailänder" oder „Londoner" Bach nennt. Erst in unserem Jahrhundert fand er als einer der Meister der galanten Zeit wieder Wertschätzung. Seine *Klavier- und Kammermusiken* variieren die Stil- und Formeigentümlichkeiten der „Mannheimer" im verspielt anmutigen Ton der sanglichen italienischen bzw. der galanten französischen Manier. Zeitgeschichtlich erlangte er Bedeutung durch seinen Einfluß auf *W. A. Mozart.* Dieser schrieb seinem Vater über ihn: „... ich liebe ihn (wie Sie wohl wissen) von ganzem Herzen — und habe Hochachtung für ihn ..." Vater *Leopold* antwortete: „Das Kleine ist groß, wenn es natürlich, flüssend und leicht geschrieben und gründlich gesetzt ist. Es so zu machen ist schwerer als alle die meisten unverständlichen Progressionen, und schwer auszuführenden Melodyen. Hat sich Bach dadurch heruntergesetzt? — keineswegs! *Der gute Satz, und die ordnung*, il filo — *dieses unterscheidet den Meister vom Stümper auch in Kleinigkeiten.*"

Die 6 Duette für 2 Violinen (N) in D-, G-, Es-, B-, A- und C-dur sind insgesamt reizend erfundene, vorwiegend heitere Zwiegespräche, deren Sinn sich ohne weiteres erschließt. Alle Duette sind dreisätzig, fast alle beginnen mit einem langsamen Satz, dem zwei lebhafte folgen. Zweimal geben Themen Gelegenheit zu hübschen Variationen. Spieltechnisch sind diese Miniaturen nicht anspruchslos. Sie bieten Liebhabern dankbare und instruktive Aufgaben.

Die 6 Sonaten für Violine und Klavier (Hin) in B-, C-, G-, A-, F- und D-dur erschienen 1773 in London unter dem Titel: „Six Sonatas. For the Harpsichord or Piano-Forte: With an Accompagnement for a Violin ..." Es handelt sich also um *Klaviersonaten* mit Begleitung einer Violine. Die Violine wird meist als 2. Stimme geführt, der Sopran liegt im Klavier. An diese im besten Sinne unterhaltsamen Stücke mag *Leopold Mozart* gedacht haben, als er seinem Sohn 1778 riet, er solle auch solch „kurze, leichte und volkstümliche Sachen“ schreiben. In einer Sonate hat Joh. Christian eine Anleihe bei seinem Vater gemacht. Das *Allegro-Thema* der *1. Sonate* entnahm er dem ersten Satz der *Partita in B* aus dem *1. Teil der „Klavierübung“ Johann Sebastians.* Ein Vergleich der Werke gibt interessante Aufschlüsse hinsichtlich der Verschiedenartigkeit der barocken und der galanten Manier, aus einem Thema einen Satz zu entwickeln. Die Sonaten bedürfen keiner Erläuterung.

Für die zweisätzige Sonate in A-dur, Werk 16 Nr. 4 (N) für V (oder Flt) und Klavier (Allegretto, Pastorale), möge das reizende Thema der *Pastorale*

non tanto Allegro sprechen. Sie entstand wie die zweisätzigen Sonaten in D-dur und G-dur, Werk 16 Nr. 1 und 2 (N), drei Jahre vor Joh. Christians Tode.

Das gleiche gilt für die Sonate in C-dur, Werk 18 Nr. 1 (Kall) für Klavier und Violine (oder Flt). Sie hat zwei lebhafte Sätze, *Allegro* und *Allegretto.* Auch in dieser charmanten Spielmusik liegt der Sopran im Klavier, die Violine begleitet.

Die drei Streichtrios Werk 4 Nr. 2, 4 und 6 (Bär) für 2 V und Vcl in A-, G- und C-dur (ohne Bc) sollen Frühwerke aus der Mailänder Zeit sein. Sie umfassen je zwei Sätze (langsam — lebhaft). Bach eifert hier den auf *Tartini* zurückgehenden Vorbildern *G. B. Sammartinis* nach. Doch auch der „Mannheimer“ Stil wirkt sich aus, und zwar in der Dynamik, in der Neigung zu plötzlichen Stimmungsumschwüngen, in der Art der Formulierungen und in der Anlage der lebhaften Schlußmenuette, deren jedes ein kontrastierendes Molltrio aufweist. Die Abbildung zeigt den

Anfang aus dem *Larghetto-Adagio* des *G-dur-Trios.*

Die charakteristische Zweisätzigkeit und den ganz auf das spieltechnische Vermögen der Liebhaber abgestimmten, problemlosen Musizierton der galanten Zeit findet man auch in den Quartetten Werk 8 für Flöte, Violine, Viola und Cello (oder Streichquartett). Das *Quartett in C-dur, Werk 8 Nr. 1* (Bär) beginnt mit einem spritzigen *Allegro con spirito.* Ein *Minuetto grazioso* bildet den Abschluß. Das *4. Quartett in F-dur* (N)

wird von einem leidenschaftlichen *Allegro* eröffnet. Man sehe den synkopierten, federnden Rhythmus seines energischen Themas. Das Schluß-*Menuett* hat 4 reizende Variationen.

Die 6 Quintette Werk 11 sind etwa 1775/76, also zu Beginn der „Werther-Zeit" entstanden und gehören zu den schönsten Gaben Joh. Christians. In einem alten Druck (Westdeutsche Bibliothek, Marburg) sind als Besetzung „Flöte, Oboe, Violon, Alto und Violoncello" oder „3 Violons, Alto und Baß" vorgesehen. In anderen Drucken, auf welche die Neuausgaben zurückgehen, ist der Bc noch enthalten. Die Stimmführung ist aber derart klangschön auf eine Besetzung entweder mit Flöte, Oboe und Streichtrio oder mit Streichquintett abgestimmt, daß das Cembalo als entbehrliche Zutat erscheint. Die teils zwei-, teils dreisätzigen Quartette zeigen größere Ausmaße als die vorgenannten Kammermusiken. Unerschöpflich strömt in ihnen die melodische Erfindung. Das *vierte Quintett in Es-dur* (N) hat drei Sätze: *Andante, Menuetto* und *Allegro.* Man sieht, in

dem Beispiel gesellen sich Flöte und Oboe bzw. Violine und Bratsche harmonisch zueinander. Die Instrumentpaare sind wie in Rede und Gegenrede eingesetzt. Bach liebt solch dialektisches Musizieren und erzielt damit reizende Wirkungen. Einer Erläuterung bedarf das Quintett ebensowenig wie das artgleiche *6. Quintett in D-dur* (N). Von seinen drei Sätzen *(Allegro, Andantino, Allegro assai)* gebührt dem stimmungsvollen *Andantino* (G-dur) wegen seines zärtlichen, „mozartischen“ Themas

die Palme. Es erscheint nach vier Takten Einleitung zuerst in der Flöte.

Eine Sonderstellung nimmt das Quintett in D-dur für Flöte, Oboe, Violine, Cello und obligates Cembalo ein (Bär). Hier ist das Cembalo vorwiegend gleichberechtigter konzertanter Partner der Bläser und Streicher. Wo es dienend zurücktritt, ist es noch als bezifferter Baß notiert, sonst ausgeschrieben. Die drei Sätze *(Allegro, Andantino, Allegro assai)* gehören zum Schönsten, was Joh. Christian schuf.

Man höre den Beginn des Finale. Überträgt man das Motiv in den Zweiertakt (bei Umkehrung des ersten Taktes), so erhält man den Anfang einer der bekanntesten Klaviersonaten Mozarts!

KARL DITTERS VON DITTERSDORF

* 2. November 1739 in Wien, † 24. Okober 1799 auf Schloß Rothlhotta bei Neuhof, Bezirk Pilgram in Böhmen

Sohn eines Hof- und Theaterstickers. Wird als Knabe Violinist im Orchester der Benediktinerkirche, dann Page beim *Prinzen Joseph von Hildburghausen.* Dieser läßt ihn ausbilden und besorgt ihm 1761 eine Anstellung im Wiener Hoforchester unter Gluck. Mit Gluck unternimmt Dittersdorf eine Reise nach Italien. 1765 wird er als Nachfolger *Michael Haydns* Kapellmeister des Bischofs von Großwardein, 1769 Kapell- und Forstmeister in Johannisberg beim *Grafen Schaffgotsch*, dem Fürstbischof von Breslau, 1773 geadelt, Amtshauptmann in Freiwaldau. Nach dem Tode des Fürstbischofs (1796) verbringt er seine letzten Jahre in Neuhof.

Dittersdorf hinterließ rund 30 Opern, von denen zumal das Singspiel „Doktor und Apotheker" noch gelegentlich zu hören ist, ferner vier Oratorien, Messen und Kantaten, ein Dutzend Sinfonien nach Ovids „Metamorphosen", etwa 100 weitere Sinfonien, viele Divertimenti, Violin-, Bratschen-, Oboen-, Klavier- und andere Konzerte, Orchester-Quartette, Streichquintette, Quartette und Trios, Violinsonaten, Klaviersonaten und anderes. Er betätigte sich auch als Schriftsteller. Wer sich über die damaligen Zeitumstände aus einer lebendigen Quelle unterrichten will, der greife nach seiner famosen *Selbstbiographie.*

Dittersdorf war lange Zeit vergessen. Neuerdings hat man einiges von ihm wieder angenommen und ins rechte Licht gerückt. Man hält für ihn im Schatten der Klassiker einen traulichen Winkel reserviert, zu dem man ab und an lustwandelt, um sich an seinen heiteren musikalischen Plaudereien zu ergötzen. Das ist in Ordnung und wohl auch in seinem Sinne, denn er hat nie anderes in seiner Kunst erstrebt, als seine Mitmenschen so angenehm wie möglich zu unterhalten.

Von seinen *Kammermusiken* entstanden die *Streichtrios* vermutlich bereits in Italien. Sie zeigen den Einfluß *G. B. Sammartinis,* aber auch *Ph. E. Bachs* und der *„Mannheimer".* Die meisten Orchester- und Kammermusiken schrieb Dittersdorf dann in Großwardein. Seine *Streichquartette* sind aber wohl Spätwerke und durch die Vorlagen *Haydns* angeregt, deren formale und satztechnische Struktur hier abgewandelt wiederkehrt. Sie besitzen ausgesprochene Eigenart. Ihr besonderer Reiz liegt in der Feinheit ihrer geschliffenen Formulierungen. Es kann geschehen, daß Dittersdorf aufblitzenden aphoristischen Seitengedanken hingerissen nachläuft und sich weit von der eigentlichen Thematik entfernt, hierin ein echter Plauderer, verliebt in Bonmots und launige Umwege. Was tut's? Wer seinen Spielmusiken aufgeschlossen lauscht, der wird seine Freude haben an der bunten Vielfalt einander überstürzender Einfälle. Er wird aber auch mitunter die ernste Stimme eines Mannes vernehmen, der Mensch war in jedem Belang.

Die Sonaten für Violine und Klavier Nr. 1 in B-dur und Nr. 2 in G-dur (Hof) umschließen galante Spielmusiken. Jede von ihnen hat drei Sätze, von denen der letzte Variationen bringt.

Die Sonate für Bratsche und Klavier in Es-dur (Hof) ist bei ähnlicher Haltung formal lockerer geschürzt. Sie beginnt mit einem rhythmisch sehr lebendigen *Allegro moderato,* bringt dann in Abwandlung des üblichen Schemas die Sätze *Menuett, Adagio, Menuett* und im Finale *(Allegretto)* wiederum Variationen.

Die 6 Triosonaten für 2 Violinen und Cello (Bär) in D-, G-, F-, B-, A- und C-dur sind demgegenüber nur zweisätzig. Vier der Sonaten beginnen mit einem *Allegro,* die zweite mit einem *Andante,* die dritte mit einem *Presto,* alle haben als Schlußsatz ein *Minuetto* mit *Molltrio.* Stets sind Einleitungssätze die eigentlichen Sonatensätze, vorwiegend mit Exposition, kurzer Durchführung (in der Dominanttonart beginnend, bisweilen mit überraschenden harmonischen Modulationen), Reprise und Coda. Die Finales sind meist kurz, nur die beiden letzten Minuetos schwingen weiter aus. Im allgemeinen führt die 1. Violine, aber auch die zweite und das Cello kommen kammermusikalisch zum Zuge. Im Durchführungsteil des kanonisch beginnenden *Presto* des *F-dur-Trios* ist z. B. die 2. Violine Vorsängerin. Erst nach 6 Takten folgt das Cello, nach weiteren 6 die 1. Violine. Man vermutet, daß diese

Frühwerke unter dem Einfluß *G. B. Sammartinis* und *Ph. E. Bachs* kurz nach 1761 entstanden sind. Ihre formale Anlage spricht dafür. Die Melodik zeigt sich von solchen Einflüssen unbelastet, sie hat „wienerischen"

Charme. Hiervon möge das Zitat aus dem *Minuetto* des *A-dur-Trios* einen Begriff geben. Das Thema mutet wie ein Ländler an. Die durch Klammer über den Noten gekennzeichnete romantische Wendung findet sich fast wörtlich (ohne punktierten Rhythmus) im Klavier-Impromptu As-dur von *Franz Schubert!*

Das famose Divertimento in D-dur für Violine, Bratsche und Cello (Bis) entstand später. Es zeigt eine ähnliche Form wie die Violinsonaten. Den Reigen der drei Sätze eröffnet ein klangschönes *Andante,* in dem die 1. Violine den Ton angibt. Das verspielte *Menuett* umschließt ein melodisches *Trio* (Cello führend). Das energische *Finale* zieht flink und straff vorüber.

Die 6 Streichquartette in D-, B-, G-, C-, Es- und A-dur (Eul) gab Dittersdorf zehn Jahre vor seinem Tode heraus. An sie in erster Linie denkt man, wenn von seinen Kammermusiken die Rede ist. Sie zeigen satztechnisch einen vollendet ausgewogenen kammermusikalischen Stil. Alle Instrumente werden am melodischen Geschehen und am geistvollen Spiel der Motive in den freizügigen Durchführungen beteiligt, und zwar bisweilen mit der Souveränität des späten *Haydn!* Die Dialektik ist hier *nur* unterhaltendes Spiel. Wirkliche thematische Spannungsgegensätze sind selten, dramatische Konflikte gibt es nicht. Der „wienerische" Jargon wird gewürzt durch eine sehr differenzierte Dynamik (Abstufungen vom ppp bis zum fff, crescendi, sforzati usw.), durch eine interessante

Rhythmik und (besonders in den Durchführungsteilen) durch eine auffallend kühne Harmonik. Alle Quartette haben drei Sätze. Sie beginnen mit einem *Moderato* oder *Allegro,* dem meist ein *Menuett* mit *Trio* folgt (nur im *B-dur*-Quartett folgt ein sangliches *Andante).* Die *Finales* sind teils in *Rondoform,* teils als *Variationssätze* angelegt (so das *B-dur-* und das *C-dur*-Quartett). Mitten im Finale des letzten *(A-dur-)*Quartetts überrascht Dittersdorf mit einem kleinen Fugato. Bisweilen gibt es auch thematische oder zumindest motivische Beziehungen über 2 Sätze hin (so im *C-dur*-Quartett). Das bekannteste Werk dieser Reihe ist wohl das *Es-dur-Quartett,* dessen *Allegro*-Thema die Abbildung zeigt.

Die beiden in Neudrucken vorliegenden Streichquintette in A-dur und G-dur für 2 Violinen, Bratsche und 2 Violoncelli (Bis), die Dittersdorf zusammen mit vier weiteren König Friedrich Wilhelm II. von Preußen widmete, reihen sich den Quartetten artverwandt an. Sie umfassen je drei Sätze *(Allegro, Menuett* mit *Trio* und *Allegretto e scherzando* bzw. *Allegro, Adagio non molto* und *Andante)* und sind prächtige Muster für des Meisters pointenreichen Humor.

Das schöne Konzert für Cembalo in A-dur mit Begleitung von 2 Violinen und Cello aus dem Jahre 1779 (N) ist nicht auf chorische Streicherbesetzung angewiesen. Es eignet sich vorzüglich für eine solistische Wiedergabe im Rahmen von Hausmusiken, da das Cembalo die Tuttistellen mitspielt. Die dreisätzige Form *(Allegro molto, Larghetto, Rondo)* entspricht dem Typus des klassischen Konzerts. Die begleitenden Streicher sind oft konzertierend am Geschehen beteiligt. Die

Abbildung zeigt das im Einleitungstutti des *Larghetto* von der 1. Violine aufgestellte Thema des lyrischen Mittelsatzes. Seine schöne, auch weiterhin frei und ausdrucksvoll sich steigernde Kurve enthält Wendungen, die der heraufdämmernden Romantik vorgreifen.

LUIGI BOCCHERINI

*** 19. Februar 1743 in Lucca, † 28. Mai 1805 in Madrid**

Sohn eines Kontrabassisten. Schüler Vannuccis. Beendete seine Studien in Rom, reiste 1768 über Paris nach Madrid. Wurde dort 1769 Kammercellist des Infanten Luis, 1785 Kapellmeister. 1787 Hofkompositeur des preußischen Königs. Fiel 1797 in Spanien in Ungnade, verarmte.

Er hinterließ u. a. 2 Oratorien, 1 Messe, 1 Stabat mater, 1 Weihnachtskantate, 30 Sinfonien, 1 Orchesterserenade, 4 Cellokonzerte, viele Violin- und Cellosonaten, 54 Streichtrios, 91 Streichquartette, 125 Streichquintette, 12 Klavierquintette, 18 Quintette für Streichquartett und Flöte bzw. Oboe, 16 Sextette und 2 Oktette. Von diesen Kompositionen blieb bei uns nur das *Menuett aus dem E-dur-Quintett* weitesten Kreisen ein Begriff.

Stilistisch ging Boccherini von *Sammartini* aus. In Paris übernahm er die *„Mannheimer Manier“*, in Madrid wurde *Haydn* sein Vorbild. Er war eine lyrische Natur. Nur selten findet man in seinen handwerklich meisterhaft gearbeiteten Musiken stärkere Akzente. Sie wirken zumeist zart, weich, verschleiert.

Das Quartett in c-moll, Werk 1 Nr. 1 (Bär) entstand 1761, sieben Jahre bevor Boccherini nach Paris kam. Es zeigt noch den Übergangsstil *Sammartinis* und läßt auch den Einfluß *Tartinis* erkennen. Die Satzfolge (*Allegro commodo, Largo, Allegro*) entspricht der Bewegungskurve der italienischen Ouvertüre (lebhaft, ruhig, lebhaft). Das Einleitungs-*Allegro* ist zweiteilig gegliedert. Der zweite Teil spiegelt den ersten, er mündet in eine freie Coda. Die Stimmführung ist feingliedrig. Alle Instrumente sind am melodischen Geschehen beteiligt, auch das Cello, das zunächst ruhig schreitend den Fundamentalbaß bildet. Schon in diesem Frühwerk liebt es Boccherini, die Streicher paarweise in Terzen- oder Sextengängen zu koppeln. Die immer wieder aus polyphonen Ansätzen lich lösenden Melodiebögen nehmen dem Satzgefüge jede architektonische Strenge. Das Klangbild wirkt zart und durchsichtig.

Das ausdrucksvolle Allegrothema gibt einen Begriff von der sensiblen Art des jungen Meisters. Der Schnitt des Themas und die Art seiner Fortführung erscheinen noch spätbarock. Die erste, viertaktige Themenperiode wird von Takt 5 ab in Es-dur von der 2. Violine nachgesungen, während die erste begleitet. Durch dieses Vertauschen der Instrumente wird erreicht, daß keine der Violinen der anderen den Rang abläuft. Gleichwohl dominiert die melodische *Oberstimme* im Sinne des neuen Stiles. Man beachte ferner die Kontrastwirkung des piano von Takt 5 ab, die sforzati, die Synkopen in den Takten 3, 4 und 7! Sie verwischen die Konturen der Melodik und erzeugen eine weiche, verschwebende Stimmung. Der Eindruck des Stimmungshaften verstärkt sich im *Largo* (Es-dur), dessen verinnerlichtes Cellothema von der ersten Violine dolce nachgesungen wird. Der Satz ist wiederum zweiteilig gegliedert. Im zweiten Teil kommen Cello und Bratsche gemeinsam als Soli zum Zuge. Dynamische Gegensätze und differenzierteste Übergänge fallen auf. Das Finale *(Allegro)* beginnt mit einem rhythmisch sprunghaften, dunklen Unisonothema.

Es wird abgelöst durch einen sanften Gedanken der Violinen, bricht aber im Cello noch einmal düster durch. Nach einem fanfarenartigen Ausruf aller Instrumente erklingt in der 1. Violine ein weiteres Thema, welches das Cello kanonartig nachsingt, während die 2. Violine sich bald zu der begleitenden Bratsche gesellt. Nach kurzer, homophoner Entwicklung wird der zweite Teil *durchführungsartig* aus diesem Material gestaltet. Mit einer Reminiszenz an das erste Thema schließt der Satz. Die barocke Form ist also bereits dem vorklassischen Sonatensatz angenähert.

Im Quartett in D-dur aus dem Jahre 1778 (Bär) hat Boccherini den Stil gefunden, dem man fortan in zahllosen Abwandlungen bei seinen Kammermusiken begegnet. Er stellt sich dar als eine liebenswürdige, etwas unverbindliche romanische Ausdrucksvariante des

Mannheimer und des frühen *Wiener* Stiles. Das auf „Tutti“ und tiefe (!) Streicher verteilte *Moderato*-Thema beginnt mit demselben Kopfmotiv wie *Mozarts* „Figaro-Ouvertüre“. Man vergleiche, was beide Meister aus diesem Einfall machen, und man gewinnt einen Maßstab für Boccherinis Eigenart und Grenzen. Er gibt feine lyrische Stimmungsbilder. Die Kraft, dramatische Entwicklungen zu gestalten, liegt außerhalb seines Wesens. Der Satz enthält noch ein zweites Thema. Es

ist einprägsam und gleichsam der Urtyp vieler Varianten bis herauf zu *Rossini* oder *Wolf-Ferrari,* erbringt aber keinen charakteristischen Gegensatz zum Hauptthema. Es tritt einfach in den Kreis gleichartiger Gedanken und erweitert die Möglichkeiten melodischer Unterhaltung, mehr aber auch nicht! Ein ausdrucksvolles

Grave und ein flinkes *Allegro assai* runden das Bild sympathisch ab.

Die anderen Quartette sind vorwiegend viersätzig, mit sanglichen *Minuettos* oder *Larghettos* an zweiter oder dritter Stelle, mit *Rondeau-Finales, Prestos* und dergleichen. Ausnahmen bilden die „Quartettinos" in G-dur, Werk 44 Nr. 4 (1792), und in h-moll Werk 48 Nr. 2 (1794). Sie umfassen nur je zwei Sätze (*Presto* bzw. *Allegretto,* darauf *Minuetto* mit *Trio*). Die reizenden Spielmusiken erschienen 1952 erstmalig im Druck (Bär). Das *G-dur-Quartettino* hat nach einem spanischen Nationaltanz, den es in seinem *Presto* stilisiert verarbeitet, den Untertitel *„La Tiranna Spagnola"*.

CARL STAMITZ

* 7. (?) Mai 1745 in Mannheim, † 9. November 1801 in Jena

Ältester Sohn von *Johann Stamitz*, Schüler seines Vaters. Wird 1762 Mitglied der Mannheimer Kapelle, kommt 1770 nach Straßburg und Paris; dort tritt er als Konzertmeister in die Dienste des Herzogs von Noailles. Als Bratschen- und Viola-d'amore-Virtuose unternimmt er Konzertreisen, u. a. nach Paris, London und St. Petersburg. 1794 wird er als Konzertmeister in Jena seßhaft.

Hinterließ 1 Oper, rund 80 Sinfonien (darunter 26 konzertante Sinfonien), 1 Bratschen- und 1 Klavierkonzert, Orchesterquartette und viele Kammermusiken verschiedenster Besetzung. Gehört mit *Cannabich, Joh. Christian Bach, Schobert, Gossec, Dittersdorf* und *Boccherini* zu den wichtigsten Fortsetzern der „Mannheimer Schule". Genoß europäischen Ruhm, der nach seinem Tode verblaßte. Neuerdings finden seine konzertanten Sinfonien, deren Typus *Mozart* von ihm übernahm, und seine liebenswürdigen Kammermusiken wieder starke Beachtung. Man zieht seine Werke denen des bedeutenderen Vaters vor, da sie dem Bedürfnis nach guter Unterhaltung auf das schönste entgegenkommen.

Die Kammermusiken von Carl Stamitz bedürfen als problemlose Spielmusiken kaum einer Erläuterung. Wir beschränken uns daher auf kurze Anmerkungen zu einer Auswahl aus den Neudrucken.

Die hübschen Duette, Werk 27 Nr. 1—3 (N) für 2 Flöten (oder 2 Violinen) *in D-dur, A-dur und G-dur* kann man als Sonatinen bezeichnen. Die erste Flöte führt melodisch, die zweite begleitet in der für Mozart oder Haydn typischen Manier mit in Bewegung aufgelösten Harmonien, oder sie gesellt sich in Terzen- bzw. Sextengängen zur Vorsängerin. Das *D-dur-Duett* beginnt mit einem heiteren *Allegro,* das als kleiner Sonatensatz angelegt ist. Eine zärtliche *Romanze* mit einem hübschen Mittelteil leitet dann zum spritzigen Finale *(Un poco presto)* hin. Seine leichtfüßige Rokoko-

melodie zeigt die Abbildung. Die *Duette in A-dur* und *G-dur* werden eingeleitet von einem *Andante,* dem jeweils ein *Menuett* mit *Trio* und ein *Allegro* folgt. Das Finale des G-dur-Duetts ist als *Fugato* angelegt.

Konzertanter gehalten ist das Duo für Violine und Bratsche in C-dur (Bis). Wiederum steht ein Sonatensatz *(Allegro)* mit 2 Themen, kleiner Durchführung und Reprise zu Beginn. Hier und auch im gefühlsseligen *Largo* kommen beide Instrumente schön zur Geltung. Das flinke Finale ist als *Rondo* aufgezäumt. Die Duos für Violine und Cello (Li) stellen bei ähnlicher Haltung an die Spieler größere Anforderungen. Die hübschen 5 Sonaten für Klavier mit begleitender Geige, Werk 20 (Pe), sind wegen ihrer eigenartigen Besetzung, die auf *Ph. E. Bach* und andere Wegbereiter der Klassiker Bezug nimmt, stilgeschichtlich bemerkenswert. In den Sonaten für Bratsche und Klavier in B-dur (Vie) und für Viola d'amore und Klavier in D-dur (Gü) ist das gewohnte Verhältnis zwischen Streicher-Solo und Klavierbegleitung gewählt. Hier verwendet Stamitz seine Lieblingsinstrumente, denen er seinen europäischen Ruf als Virtuose verdankte, klangschön und eigenartig.

Die beiden *Triosonaten der Werkgruppe 14* sind noch für 2 Melodieinstrumente und Basso continuo (Klavier und Vcl ad libitum) entworfen. Das Trio in G-dur, Werk 14 Nr. 1 (N) für Flöte, Violine (oder 2 V) und Bc beginnt mit einem feingliedrigen *Moderato,* in dem die Soli teils alternierend führen, teils in Oktaven der Melodik Nachdruck verleihen oder konzertant sich unterhalten. Gelegentlich erhebt auch das mit dem Klavierbaß gleichlaufende Cello in energischen Sechzehnteleinwürfen seine Stimme. Auffallend ist die phantasievolle Verwendung des thematischen Materials. Das galante *Andante moderato* umfaßt ein „Maggiore“ (= Dur-Teil) und ein „Minore“ (= Moll-Teil). Im Anschluß daran wird das Maggiore wiederholt, so daß sich etwa die Form eines Menuetts mit Trio ergibt. Auch der Rhythmus (3/8) und die Thematik haben Menuettcharakter. Das graziöse *Rondo-Finale* weist eine ähnliche Gliederung auf. Sein eingängiges Refrainthema wird auf das gefälligste variiert. Das Trio in F-dur, Werk 14 Nr. 5 (B&H) für die gleiche Besetzung bildet mit seinem konzertanten *Allegro non molto,* seinem empfindsamen *Andante grazioso* und seinem sanglichen Finale *(Menuett)* ein heiteres Gegenstück zu dem von leiser Melancholie überschatteten *ersten Trio* dieser Werkreihe. Es erschien auch in einer Bearbeitung für Streichtrio (Vie).

Von den Triosonaten ohne Bc sei das schöne Trio in G-dur (Bär) für 2 Flöten (oder Flt u. V) und Cello hervorgehoben. Seinem verspielten *Allegro moderato* folgt ein elegisches *Andante* (e-moll), ein echtes Dokument der empfindsamen Zeit, worin bereits romantische Stimmungen beschworen werden. Das *Rondo-Finale*

(Allegretto) mit dem entzückenden Refrain-Thema weist auf Schubert hin!

Das Quartett in Es-dur (Si) möge die Auswahl beschließen. Die aparte Besetzung umfaßt 3 Violinen und Cello. Die Bratsche vermißt man hier nicht. Meisterhaft sind die besonderen Möglichkeiten genutzt. Die Klangfarbe des Violinenterzetts hebt sich leuchtend vom dunklen Goldgrund des Cellotones ab. Wiederum fesselt die eigenartig zwischen Dur und Moll schwankende romantische Stimmung des ganzen, besticht die konzertante Stimmführung, die vor allem die ersten beiden Violinen in echter Partnerschaft am melodischen Geschehen beteiligt. In leidenschaftlichem Tonfall eröffnet ein fein ziseliertes *Allegro* den Reigen. Eine lyrische *Romanze* mit klagendem *Minore* scheint von Liebe und Verzicht zu singen. Auch das hell grundierte *„Rondeau allemande"* ist von Moll-Partien durchsetzt.

WOLFGANG AMADEUS MOZART

* 27. Januar 1756 in Salzburg, † 5. Dezember 1791 in Wien

Sohn und Schüler *Leopold Mozarts.* Beginnt mit fünf Jahren zu komponieren. Unternimmt mit dem Vater und der Schwester schon als sechsjähriges Wunderkind Konzertreisen nach München und Wien, anschließend durch Europa. Schreibt mit elf Jahren seine erste Oper. Wird mit zwölf Jahren Konzertmeister des Salzburger Erzbischofs. Mehrere Italienreisen bringen triumphale Erfolge. Der Papst verleiht ihm das Ritterkreuz zum Goldenen Sporn, die Akademien von Bologna und Verona machen ihn zu ihrem Mitglied. 1777 kündigt Mozart den Dienst in Salzburg auf. Bei einer Konzertreise durch Deutschland und Frankreich begleitet ihn die Mutter. Sie stirbt 1778 in Paris. 1782 heiratet Mozart Constanze Weber in Wien. Geldsorgen stellen sich ein. Weder eine schlecht besoldete Anstellung als Kammerkomponist des Kaisers (1787), noch Konzertreisen nach Norddeutschland (1788) und Frankfurt (1790) bringen eine Änderung zum Guten. Die erhoffte Anstellung als Kapellmeister ist nicht zu erlangen. Ständige Widerwärtigkeiten zerrütten Mozarts Gesundheit. Er stirbt im Alter von noch nicht 36 Jahren.

Auf allen Gebieten der Tonkunst hat Mozart Unvergleichliches geschaffen. Es seien genannt: ca. 20 Sonaten, dazu Variationen, Rondos, Fantasien usw. für Klavier zweihändig, mehrere Kompositionen für Klavier vierhändig, ca. 34 Violinsonaten, Trios, Quartette und ein Quintett mit Klavier, ca. 26 Streichquartette und

6 Streichquintette, mindestens 41 Sinfonien, 27 Klavierkonzerte, ca. 7 Violinkonzerte, 2 Konzerte für Flöte, eines für Flöte und Harfe, je eines für Klarinette und Fagott, 4 für Horn, eine große Anzahl von Tänzen, Divertimenti, Serenaden und Cassationen, 20 Bühnenwerke, zahlreiche kirchenmusikalische Werke, u. a. ein Requiem.

Jeder Versuch, Mozart als künstlerische Erscheinung zu ergründen oder einzuordnen, muß unzulänglich bleiben angesichts der proteushaften Natur seiner Kunst. Die Kammermusik ist gattungsmäßig eine von vielen Ausdrucksmöglichkeiten, die einander in Mozarts Lebenswerk innig durchdringen und ergänzen. Er verschrieb sich keiner Gattung und keinem Stil. Obwohl er während der kurzen Spanne seines Lebens alle Anregungen, die ihm die Zeit entgegentrug, mit wachem Kunstverstand und rätselhafter Instinktsicherheit assimilierte, vollzog sich seine innere Sendung abseits von der allgemeinen Entwicklung nach Gesetzen, die außerhalb aller Vergleiche liegen. Sofern sich in seinem Schaffen Entwicklungen abzeichnen, spiegeln sie Stationen eines erschütternden menschlichen Werdeganges und eines seelischen Wachstums über alle Grenzen hin. Dahinter tritt zurück, was sich an Stileinflüssen nachweisen läßt, ganz gleich, ob es von *Wagenseil, Schobert, Joh. Christian* und *Ph. Emanuel Bach*, von *Joh. Stamitz*, von den *Italienern, Franzosen, Engländern*, von *Gluck, Haydn* oder *J. S. Bach* kommt. Diese Einflüsse betreffen letzten Endes nur sein Metier, sie entfremden ihn nicht sich selbst. Er begreift jede Erscheinung in ihrer Wesenheit und gibt ihr den einzig gemäßen Lebensraum. In den Gleichnissen seiner Kunst spiegelt sich das Universum menschlichen Denkens und Empfindens in feinsten Übergängen.

Mozart schuf keine neuen Formen, er wies keinen Weg in die Zukunft. „Er ist die fertige und runde Zahl, die gezogene Summe, ein Abschluß und kein Anfang. Er ist jung wie ein Jüngling und weise wie ein Greis — nie veraltet und nie modern, zu Grabe getragen und immer lebendig. Sein so menschliches Lächeln strahlt uns, verklärt, noch an“ *(Busoni)*.

DIE DUOS

Die Duos für Violine und Bratsche (oder Vcl) in G-dur und B-dur (K. 423/24 *) aus dem Jahre 1783 gehören als melodische Kostbarkeiten zu den beliebtesten Sonaten ihrer Gattung. Lustig zu spielen sind die 12 Duette in F-dur für Bassetthörner (oder V u. Vla, K. 487). Mozart soll sie für den befreundeten *Michael Haydn* im Kegelsaal entworfen haben. Daher: *„Kegel-Duette."* Ein hübsches Werk ist die dreisätzige Sonate für Fagott und Cello (oder Vla u. Vcl oder 2 Vcl) in B-dur (K. 292), in der zunächst das Fagott sich aussingt, dann aber auch das Cello zum Zuge kommt. Das Rondo-Finale ist, wie bei solcher Besetzung nicht anders zu erwarten, eine Humoreske.

SONATEN FÜR GEIGE UND KLAVIER

Von Mozart sind 34 Sonaten und 2 Variationswerke, dazu einige Einzelsätze und Sonatenfragmente für Violine und Klavier bekannt. Die erste Sonate schrieb er mit 7, die letzte mit 31 Jahren.

Die Kindheitssonaten K. 6—9 entstanden in Paris (1763), K. 10—15 in London (1764), K. 26—31 im Haag (1765). Der kleine Mann hatte also mit 9 Jahren bereits 16 Sonaten aufzuweisen. Zwar handelt es sich bei vielen der dreisätzigen Arbeiten noch um Nachahmungen. *Schobert* in Paris und *Joh. Christian Bach* in London sind Vorbilder. Von Geigensonaten läßt sich noch kaum sprechen. Das Klavier dominiert, die Geige fügt sich melodieverstärkend oder mit kleinen Einwürfen als Farbwert dem Satzbild ein. Aber schon innerhalb des Zyklus ergeben sich erstaunliche Fort-

* K. = Köchel-Verzeichnis. Numerierung nach *Ludwig Ritter von Köchel* (1800–77): *Chronologisch-thematisches Verzeichnis sämtlicher Tonwerke Wolfgang Amade Mozarts.* Leipzig 1862 und Nachträge. (Mehrfach nachgedruckt und ergänzt.)

schritte. Der Klavierpart wird interessanter, die Melodik zeigt Weite und Kraft. Man sehe das Moll-Thema des *Andante* der *F-dur-Sonate K. 13*!

Nicht zu bändigen ist der Musikstrom, der nun aus dem Wunderkind hervorbricht. In London hatte der Achtjährige Klaviersonaten für zwei und vier Hände und auch bereits kleine Sinfonien entworfen. In Salzburg schreibt der Zehnjährige ein Oratorium, der Elfjährige seine erste Oper („Apollo und Hyacinthus"), der Zwölfjährige das deutsche Liederspiel „Bastien und Bastienne", die italienische „Finta semplice" und eine große Messe, deren Aufführung er selbst dirigiert. Es kommen die Italienreisen (1769—72) mit neuen Opern, Sinfonien, Serenaden, Divertimenti und mit den ersten Streichquartetten.

In dieser Zeit (1772/73), so glaubte man, seien die 6 Sonaten K. 55—60 entstanden. Sie werden nun nicht mehr in Mozarts Werkverzeichnis geführt, sondern einem ihm nahestehenden, unbekannten Musiker zugeschrieben. Die meisten dieser qualitätvollen *Romantischen Sonaten* zeigen normale Dreisätzigkeit mit langsamem Einleitungssatz, Menuett und lebhaftem Finale.

Die ersten Jahre in Salzburg bringen eine verschwenderische Fülle an Kammermusiken, Divertimenti („Haffner-Serenade"), Sinfonien, ferner die Opern „Die Gärtnerin aus Liebe" und „Il re pastore". 1777 kündigt Mozart dem Erzbischof den Dienst auf. In der Hoffnung, anderswo eine Stellung zu finden, unternimmt er mit der Mutter eine Konzertreise, die ihn 1778 bis Paris führt.

In Mannheim entstehen fünf von den sieben Sonaten K. 296 und K. 301—306, der Rest folgt in Paris. Mozart ist jetzt 21 Jahre alt und hat gelernt, seine Empfindungen gebändigt zu äußern. Die sieben Sonaten sind unterhaltsame, *zweisätzige* Spielmusiken.

Ihre Kopfsätze sind dem Sonatensatz-Schema angenähert. Auch auf die vorwiegend rondoartigen Finales greift dieser Formwille gelegentlich über. Die Möglichkeiten für einen echten Dialog zwischen Klavier und Violine sind gut genutzt, das Übergewicht des Klaviers ist preisgegeben. Hervorzuheben ist die unvergleichliche *Sonate K. 304 in e-moll.*

In Paris stirbt Mozarts Mutter. Auf der Rückfahrt gibt ihm *Aloysia Weber* eine Absage. Niedergeschlagen kehrt er nach Salzburg zurück, wo er wieder in des Erzbischofs Dienste aufgenommen wird. Es entstehen die Opern „Zaide“ und „Idomeneo“, die „Krönungsmesse“ u. a. m. 1781 kommt es zum endgültigen Bruch mit dem Erzbischof. Mozart versucht nun sein Glück in Wien als freier Musiker. Er nimmt Wohnung bei der Familie *Weber* und umwirbt *Constanze*, die Schwester der Aloysia.

Es entstehen die dreisätzigen Sonaten K. 376—380 und K. 402—403 (mit Ausnahme von K. 378, die noch der Salzburger Zeit angehört). Sie spiegeln die innersten Empfindungen des jungen Meisters. *K. 376 in F-dur* ist unter ihresgleichen wohl die heiterste. Kein Schatten trübt die Leuchtkraft ihrer Farben. Ein „singendes“ *Allegro*, ein versonnenes *Andante* und ein ausgelassenes *Rondo-Finale* ergänzen einander zu einer entzückenden Spielmusik. Auch *K. 377 in F-dur* beginnt mit einem heiteren *Allegro*. Ihm aber folgt ein schwermütiger *Variationssatz*. In den weichen Vorschlägen und

verschleiernden Synkopen seines schlichten Themas kündet sich die schmerzlich-süße Lyrik der „Entführungs“-Musik an. Fünf der sechs Variationen bewegen sich in Moll. Nur in der vorletzten hellt sich die Stimmung vorübergehend auf. Im *Finale* zittert die Erregung der

Variationen nach. Sie löst sich wohl in den tänzerischen Schwingungen dieses „*Tempo di Minuetto*“, aber es bleibt ein Hauch von Weltschmerz. Zwiegesichtig im Ausdruck ist auch die *Sonate K. 378 in B-dur,* die noch in Salzburg entstand. Depressive Wendungen durchziehen kontrapunktierend (besonders im ersten Satz) das lichte Gewirk ihrer Linien. Man wies darauf hin, hierin spiegele sich Mozarts Gemütsverfassung aus seiner letzten Salzburger Zeit. Aber der Grund liegt wohl tiefer. Denn das gleiche Irisieren in Dur und Moll, in leuchtenden und verhangenen Farben, Klängen und Melodien findet sich auch in den Sonaten *K. 379 in G-dur* und *K. 380 in Es-dur,* die unter glücklichen äußeren Umständen entstanden. Und nicht nur dort: es kennzeichnet die Mehrzahl von Mozarts Werken überhaupt. Sein ganzes Schaffen ist Ausdruck einer untergehenden Epoche. Er ahnt und erleidet die Problematik seiner Zeit. Er entzieht sich ihr nicht, sucht kein Refugium abseits von ihren zerstörerischen Gewalten, sondern bekennt sich zu ihr, die sein Schicksal ist. Und das macht die Größe seiner Kunst aus: sie bindet das Auseinanderstrebende durch die reine Kraft des Herzens. Die *Sonate K. 379* ist derart doppeldeutig, daß man sie teils als *G-dur-,* teils als *g-moll-Sonate* bezeichnet findet. Ihre Ecksätze stehen zwar in G-dur, aber das Einleitungs-

Adagio kann man als großangelegtes Präludium des leidenschaftlichen g-moll-Mittelsatzes ansehen, in den es unmittelbar (mit Halbschluß) überleitet. Dieses *Allegro* bringt den bekenntnishaften Höhepunkt des Werkes. Das *Finale,* ein entzückender Variationssatz, wirkt in seinem Gefolge wie ein verspielter Nachklang. In der vierten Variation ergibt sich als Reminiszenz an den Mittelsatz eine Moll-Variante. Ihre Klage vergeht in der befreienden Zuversicht der beiden großen Schlußvariationen. Ähnliche Züge trägt die *Sonate K. 380 (Es-dur).* In ihr umfassen die lebhaften Ecksätze *(Allegro* und

Rondo) ein schwermütiges g-moll-*Andante con moto.* Die *Sonaten K. 402 in A-dur* und *K. 403 in C-dur* blieben unvollendet. Sie wurden von *Abt Stadler* ergänzt. Die erste interessiert durch ihre unfertig hinterlassene, archaistisch anmutende Fuge.

Nun vollzieht sich in steilem Aufstieg die innere Entwicklung Mozarts über die sechs Haydn gewidmeten Quartette, die Trios und andere Kammermusiken, über weitere Sinfonien und Konzerte zu „Figaro" (1786) und „Don Giovanni" (1787). In diesen Jahren schrieb er seine letzten Sonaten, K. 454 in B-dur (1784), 481 in Es-dur (1785), 526 in A-dur (1787) und 547 in F-dur (1788). Die *B-dur-Sonate* ist leicht geschürzt. Man erzählt, Mozart habe zu ihrer Aufführung nur die Violinstimme entworfen, den Klavierpart aus dem Stegreif gespielt. Die dreisätzige *Es-dur-Sonate* enthält eines der schönsten *Adagios* Mozarts, ein rondoartiges Gebilde mit mehrfach variiertem Refrain-Thema und herrlichen Zwischensätzen. Der phantasievolle *Kopfsatz* ist als Sonatensatz angelegt, das *Finale* bringt Variationen. In der *A-dur-Sonate* umrahmen zwei hinreißend musikantische Sätze ein poetisches *Andante.* In der nach „Don Giovanni" entstandenen letzten *F-dur-Sonate* greift Mozart die ältere Sonatenform auf. Den Beginn macht ein *Andante.* Das *Allegro* (Mozart verwendet es später in der Klaviersonate K-Anhang 135) steht in der Mitte. Den Ausklang bildet wiederum ein Variationssatz. In all diesen beglückend schönen Sonaten ist der konzertante Stil zu letzter Vollkommenheit geläutert.

DIE STREICHTRIOS

Das 1776 in Salzburg entstandene, unvollendete Trio in B-dur (K. 266) für 2 V und Vcl (2 Sätze: *Adagio* und *Menuett)* gehört zu Mozarts liebenswürdigen frühen Divertimenti. Im späten Trio in Es-dur (K. 563) für V, Vla und Vcl, das er selbst als Divertimento bezeichnet, sind dagegen Formelemente der Sonate und des Divertimento verschmolzen. Den Reigen eröffnet ein polyphon gearbeiteter Sonatensatz *(Allegro)*. Ihm folgt ein *Adagio*, das man sich gut im Rahmen einer Sonate denken könnte. Nun erst wird die Hinwendung zur Divertimentomusik betont durch die Satzfolge *Menuett* mit *Trio, Andante* mit herrlichen Variationen (die „Serenade" der Haydnschen Divertimenti!), *Menuett* (wiederum mit Trio) und *Allegro-Finale*. Die entzückenden, naiv volkstümlichen Themen des Andante und der Menuetti deuten auf den Meister der „Zauberflöte" hin. Das Finale beglückt durch seine frische Musizierseligkeit.

Erwähnt seien die 15 Sonaten für 2 V, Vcl und Bc (Cembalo oder Orgel) (davon Nr. 12 und 14 für kleines Orchester mit Bläsern und Pauken). Es handelt sich um einsätzige Stücke (Nr. 1 = Andante, alle anderen = Allegri), von denen einzelne auch in Gruppen zu zweien oder dreien spielbar sind. Die Nr. 1 trägt die Werknummer K. 67, die letzte K. 336. Die Stücke wirken besonders in chorischer Besetzung. Sie sind ursprünglich als „Kirchensonaten" mit begleitender Orgel entworfen (etwa 1770—1780).

Ferner sind zu nennen 6 dreistimmige Fugen von J. S. und W. F. Bach (K. 404a), die Mozart für Triobesetzung eingerichtet und mit je einem Adagio versehen hat (Ausgabe *J. N. David*), die Divertimenti für 2 Klarinetten und Fagott (K-Anhang IV 229) aus den letzten Wiener Jahren, von denen bei B&H in einer Bearbeitung von Klengel *Nr. 1 und 4* für V, Vla und Vcl, *Nr. 2* für 2 V und Vcl und *Nr. 3* für 2 V und Vla vorliegen, die 7 Salzburger Menuette (K. 65a) aus dem Jahre 1769 und endlich die 12 deutschen Tänze, 7 Menuette, 6 ländlerische Tänze, insgesamt reizende Spiel- und Tanzmusiken, die in der Hausmusik ihren Platz haben.

DIE KLAVIERTRIOS

Man kennt von Mozart 7 Trios für Klavier, Geige und Cello und ein Trio für Klavier, Klarinette und Bratsche. Das erste Klaviertrio stammt noch aus Salzburg, die anderen entstanden in den achtziger Jahren in Wien (die letzten drei nach „Don Giovanni"). Mozart schrieb die Werke für den eigenen Konzertgebrauch. Aus diesem Grunde gab er im allgemeinen dem Klavier die Führung. Es kommt hier — sieht man vom Klarinettentrio ab — zwar nur gelegentlich zu kammermusikalischem Konzertieren, aber die melodischen Vorzüge der wie improvisiert wirkenden Spielmusiken gleichen diesen Mangel für den Hörer aus.

Das erste Trio in B-dur (K. 254) (1776) hat Divertimento-Charakter. Sein frisches *Allegro assai* ist der Sonatensatzform angenähert. In ihm dominiert das Klavier durchaus. Ein schönes *Adagio* bildet die Brücke zum *Rondo-Finale,* welches im Menuettschritt tänzerisch vorüberzieht. Vom Trio in d-moll (K. 442) aus dem Jahre 1783 hinterließ Mozart nur Fragmente. Sie wurden von *Abt Stadler* ergänzt. Ein prachtvolles Werk ist das Trio in G-dur (K. 496). Ein kraftvoll geschmeidiges Thema entführt den Hörer in

die lichten Gefilde des großzügigen *Allegro.* Das Klavier führt, die Partner geben dem Klangbild Glanz und Fülle. Das gilt auch für das schöne *Andante,* das thematisch mit dem Kopfsatz verwandt ist. Hier und im *Allegro-Finale* treten die Streicher dem Klavier konzertant gegenüber. Das Allegretto bringt herrliche Variationen von dunkler Klangfärbung über ein leicht hingestricheltes, reizendes Thema. Im Jahre des „Figaro" (1786) entstand außer dem G-dur-Trio das Trio in B-dur (K. 502). Es enthüllt in seiner schmerzlich süßen Poesie die vieldeutige Tiefe des Mozartschen

Genius. Im Thema des *Allegro*, das fast weich aus naiven Terzen- und Sextengängen melodisch sich entfaltet, lebt die Anmut des wienerischen Rokoko. Kein Pathos, nichts Direktes beeinträchtigt die sanft zwingende Kraft dieser unnachahmlich stilisierten Musik. Die anderen Sätze, ein reich ausgeziertes *Larghetto* und ein straff geformtes *Allegretto*, halten die Höhe des Allegro. Während hier die Streichinstrumente dem Klavier konzertant gegenüberstehen, tritt in den letzten Trios das Klavier wieder in den Vordergrund. Das schließt nicht aus, daß es auch hier gelegentlich zu echten Dialogen kommt. Im festlich hellen E-dur-Trio (K. 542), dessen *Allegro*-Thema in Terzengängen ausschwingt, wird mit den klanglich bestrickenden Variationen des graziösen *Andante* der innere Höhepunkt erreicht. Das *Allegro-Finale* bildet das virtuose Gegenstück zum feingliedrigen Kopfsatz. Das Trio in C-dur (K. 548) spiegelt seiner Tonart gemäß klare, heitere Empfindungen. Sie beherrschen das musikantische *Allegro* und auch das reich mit Ornamenten geschmückte *Andante cantabile*. Aber schon hier und vor allem im *Finale-Allegro* ergibt sich wieder ein Fluktuieren farbiger Zwischenstufen und Übergänge. Das letzte Trio in G-dur (K. 564) kann seine Herkunft aus einer Klaviersonate nicht verleugnen. Im Stimmungsgehalt ist es dem C-dur-Trio verwandt. Seinem heiteren *Allegro* folgt ein *Andante* mit schlichten Variationen über ein volkstümliches Thema. Das frische *Finale-Allegretto* weist inmitten irisierende Dur-Moll-Übergänge auf.

Das Kegelstatt-Trio für Klarinette (oder V), Bratsche und Klavier in Es-dur (K. 498) bildet den Höhepunkt der Reihe. Ungewöhnlich wie die Besetzung ist der Formaufbau. Eine poetische Entwicklung überspannt alle Sätze und bindet sie durch das Medium des Klanges. Gedankliche Beziehungen bestehen zwischen den Ecksätzen. Den Hauptsatz bildet ein

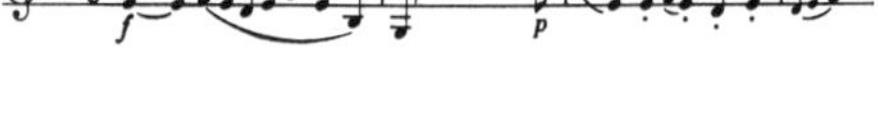

rondoartiges *Andante* mit zwei melodischen Themen, deren zweites aus dem Hauptthema abgeleitet ist. Die zutiefst verwandten und doch gegensätzlichen Themen tragen in mehrfacher Wiederkehr die Entwicklung, deren verlöschender Ausklang zum Poesievollsten gehört, was Mozart aussagte. Einzigartig, wie ohne Stilbruch in den nächsten Sätzen die große Form sich rundet. Äußerlich ergibt sich nichts Ungewöhnliches. Es folgen *Menuett* (mit ausgedehntem *Trio)* und *Rondo-Finale.* Jeder Satz hat seine eigene Thematik. Nur das Rondo-Thema entfaltet sich frei aus einem Gedanken des zweiten Kopfsatz-Themas. Aber nicht hierauf beruht die Einheit aller Formteile, sondern auf Unwägbarkeiten der *klanglichen Atmosphäre!* Es ist die Kraft echter Lyrik, die sich hier auswirkt. Sie bedarf nicht unbedingt einer logisch deutbaren Architektur. Sie ist esoterischer Natur.

DIE FRÜHEN STREICHQUARTETTE

Passionierte Musizierer nehmen von Mozarts Quartetten nicht nur die 6 Haydn gewidmeten oder die „Preußischen“ ernst. Sie spielen auch die frühesten Arbeiten des Meisters und haben ihre Freude an den natürlich quellenden Einfällen des Jünglings.

Als Mozart mit 15 Jahren sein erstes Streichquartett G-dur (K. 80) in Lodi (Italien) 1770 niederschrieb, hatte er schon ein gerüttelt Maß an Werken im deutschen, französischen und englischen Stil zustande gebracht. Im G-dur-Quartett paßte er sich der italienischen Manier geschmeidig an. Die feine kleine Divertimentomusik beginnt mit einem schwärmerischen *Adagio.* Ihm folgt ein frisches *Allegro* und diesem ein naiv heiteres *Menuett* mit *Trio.* 1772 fügte Mozart dem Werk noch ein hübsches *Rondo-Finale* hinzu, das durch den Wechsel von lustigen und elegischen Partien besticht. Die erste Geige tritt als Primadonna auf, aber auch zweite Geige und Bratsche werden gelegentlich selbständig geführt. Als Harmoniker empfindet der 15-

jährige Mozart bereits differenzierter als der 23jährige Haydn!

Die drei Divertimenti (K. 136—138) (1772) fesseln als reizvolle Spielmusiken. Sie entstanden etwa gleichzeitig mit den „romantischen" Violinsonaten (K. 55—60) und zeigen dieselbe Leichtigkeit in der Erfindung, dieselbe bestrickende Süße der Melodik, den gleichen kecken Übermut in den verspielten Dur-Partien, die gleiche schwärmerische Melancholie in den sich häufenden Mollteilen. Stilistisch sind Einflüsse *Joh. Christian Bachs* und auch *Haydns* zu verzeichnen. Die Stimmführung weist eine beträchtliche Belebung der Mittelstimmen und im letzten Divertimento auch schon der Baßpartie auf. Die Form ist durchgehend dreiteilig. *K. 136 in D-dur* und *K. 138 in F-dur* beginnen mit einem „singenden" *Allegro. Andante* und *Presto* folgen. In *K. 137 in B-dur* eröffnet ein elegisches *Andante* den Satzreigen. *Allegro di molto* und *Allegro assai* schließen sich an.

Während die Divertimenti nach der ersten Italienreise in Salzburg entstanden, schrieb Mozart die 6 Streichquartette K. 155—160 (in D-, G-, C-, F-, B- und Es-dur) und die 4 Streichquartette K-Anhang IV., 210 bis 213 (in B-, C-, A- und Es-dur) gelegentlich seiner letzten Italienreise (1772/73). Die Echtheit der Vierergruppe war lange Zeit umstritten, konnte aber nachgewiesen werden. Neun der Quartette umfassen je drei Sätze, *K. 212 in A-dur* besteht nur aus *Allegro* und *Andantino*. Zumeist umschließen zwei lebhafte Sätze einen langsamen. Ausnahmen: *K. 159 in B-dur* beginnt mit einem graziösen *Andante*, dem *Allegro* und *Rondo* folgen, *K. 213 in Es-dur* wird eingeleitet von einem schwärmerischen *Andante non troppo*, ein empfindsames *Menuett* mit *Trio* und ein virtuoses *Allegro* schließen sich an. Die Sicherheit, mit der Mozart in all diesen Werken seine Mittel nutzt, ist erstaunlich. Probleme werden nicht spürbar. Das zeitgenössische Formgut bildet den gegebenen Rahmen für ein außerordentlich subjektives, vielseitiges Musizieren.

Das Irisieren in Dur und Moll, in unmerklich auseinander hervorgehenden Stimmungsgegensätzen, der Schmelz dunkler Farbtönungen in den langsamen Sätzen, die geschmeidige sangliche Thematik der Allegri, vieles, was für den Ausdrucksstil der späteren Werke so charakteristisch ist, findet sich vorgezeichnet. Nur: hier spiegelt sich eine andere, frühe Erlebnisebene. Noch ist Mozarts Weg nicht von Tragik überschattet. Der Jüngling steht im Zenit seines Ruhmes. Er äußert seine Empfindungen mit jugendlichem Überschwang.

Die 6 Streichquartette K. 168—173 (in F-, A-, C-, Es-, B-dur und d-moll) entstanden 1773 in Wien. Mozart hat inzwischen *Haydns Quartette Werk 17* (1771) und die *„Sonnenquartette“* (1772) kennengelernt, er greift deren Kompositionstechnik nun auf. Die italienische Manier weicht der deutschen. Die Form wird auf 4 Sätze erweitert in der normalen Reihenfolge: *Allegro, Andante* (oder *Adagio), Menuett* mit *Trio* und *Allegro-Finale.* Zweimal werden die Mittelsätze ausgetauscht (in *K. 170* und *K. 171),* einmal stehen lichte *Variationen* zu Beginn (in *K. 170),* einmal wird der Kopfsatz von einem

Adagio eingeleitet und beendet (in *K. 171).* Motivisch wird hier das „Ich fühl es“ aus der Tamino-Arie der „Zauberflöte“ vorweggenommen. Der junger Meister hat sich nun in die Zucht genommen. Es kommt zu einer bewußten Auseinandersetzung mit Problemen der Satztechnik, der Form, der Harmonik. Die *Sonatensatzform* tritt in den Kopfsätzen, bisweilen auch in den vorwiegend rondoartigen Finales in Erscheinung (mit Ausnahme des Kopfsatzes von K. 173 noch ohne dualistische Themenspannungen). Ausweichungen in fernliegende Tonarten und chromatische Modulationen geben der Harmonik Weiträumigkeit. Das Satzbild wird auf große Strecken hin polyphon. Kanonische Stimmeinsätze, Imitationen, Umkehrungen usw. festigen die musikalische Substanz. Die Erprobung der barocken

Polyphonie gipfelt (ähnlich wie in Haydns „Sonnenquartetten“) in zwei großen *Finale-Fugen* (in *K. 168* und *173*), die mit überlegener Satzkunst gemeistert sind. Die Abbildung zeigt den Anfang der *Fuge* aus

K. 168. Der enorme Zuwachs an Mitteln und Möglichkeiten führt nicht zu Entscheidungen. Das ist bezeichnend für Mozart. Es ergeben sich keine Ansätze etwa für eine geradlinige *handwerkliche* Entwicklung von Werk zu Werk wie bei Haydn. Mozart ist — bei aller Bewußtheit — kein Methodiker. Auf jeder Stufe seiner *menschlichen* Entwicklung findet er instinktiv die Mittel, deren er für seine Aussage bedarf. Er greift Methoden, Techniken, Formen auf, wo sie sich bieten. Er erprobt sie, mischt sie, gibt sie wieder preis, kehrt als ein Gewandelter zu ihnen zurück. Er wiederholt sich nie und ist sich doch stets gleich.

DIE 6 HAYDN-QUARTETTE

Erst nach einer Pause von fast 10 Jahren wendet sich Mozart dem Streichquartett wieder zu. 1782—85, also nach der „Entführung“ und vor dem „Figaro“, schrieb er in Wien die 6 Haydn gewidmeten Quartette. Er wurde durch Haydns „Russische Quartette“ zu ihnen angeregt. Sie bilden den Höhepunkt seines Quartettschaffens. Er übernahm darin die „ganz neue, besonder Art“ der Haydnschen Vorbilder. Hüben wie drüben findet man dieselben Formprinzipien verwirklicht, werden Abschnitte aus den Themen in motivische Entwicklungen gerissen, die oft ganze Sätze überspannen, wird die Variation als Entwicklungsgesetz angewendet u. a. m. Was die Freunde in der gleichen Sprache zu sagen haben, ist aber so verschieden, wie sie selbst es sind. Die Andersartigkeit ihrer Kunst ist kaum in Worten zu umschreiben, man muß sie erlauschen. Andeutend läßt sich etwa sagen:

Haydns Musik ist in ihrem diatonischen Klang eindeutig. Ihre Kraft beruht auf ihrer ungebrochenen, geradlinigen Einfachheit.

Mozarts Musik ist im Klang irisierend und reich an harmonischen Zwischenstufen. Sie ist süßer, sinnlicher, blühender und zugleich schwermütiger als die Haydns. Sie ist vieldeutig.

Haydn ist zeitlebens reinen Herzens unterwegs zum Heiligtum der Musik. Das Schöne ist für ihn auf diesem Wege ein Fernziel unter anderen Zielen.

Mozart scheint auf nichts abzuzielen mit seiner Kunst. Alle Ziele liegen in ihr selbst. Er *ist* Musik.

In seiner Widmung an Haydn bringt Mozart zum Ausdruck, die *6 Quartette (K. 387, 421, 428, 458, 464* und *465)* seien „die Frucht einer langen und mühevollen Arbeit". Man merkt ihnen das nicht an. Sie zeigen zwar eine vollkommene handwerkliche Faktur, aber das vergißt man über der Fülle ihrer *Ausdruckswerte.* Mozart kannte die „Russischen Quartette" des Freundes noch nicht lange, als er das erste Quartett der Reihe niederschrieb. Er hat also gleichsam im Fluge die Kompositionsmethode geistig bewältigt und assimiliert, zu deren Entwicklung Haydn in unablässiger Bemühung Jahrzehnte benötigte. Er verschrieb sich dieser Methode auch keineswegs konsequent. Oft wechselt er mitten in einem Satz unbekümmert hinüber zur Bachschen Polyphonie oder von dieser zur homophonen Schreibweise der Divertimenti, ohne daß Form oder Stil im geringsten gefährdet werden. Hier offenbart sich die gleiche geistige Universalität, die in seinen Opern so überwältigend zutage tritt im shakespearischen Neben- und Ineinander von Sakralem und Weltlichem, von Tragödie, Komödie und Posse.

Das Quartett K. 387 in G-dur (vollendet 31. Dezember 1782) zeigt in seinen vier Sätzen eine bezaubernde Eleganz der Linienführung. Das *Allegro vivace assai* ist ein Sonatensatz nach Haydnschem Muster, aber ausgesprochener als bei diesem auf zwei Themen gestellt. Das Hauptthema vereinigt in sich energische und durch Chromatik geschmeidigte

lyrische Motive. Die Motive aus dem zweiten und dritten Takt werden für die Durchführung bedeutsam. Das zweite, marschartige Thema wird von der 2. Violine eingeführt. Es gewinnt in der kraftvollen Wiederholung durch die 1. Violine starke klangliche Leucht-

kraft. Das *Menuett* hat ein durchaus ungewöhnliches Thema. Nach zweitaktigem Vorklang (absteigende Schritte der 1. Violine, die auf dem jeweils 3. Taktteil von den Gefährten tonartlich bekräftigt werden) steigt die unbegleitete 1. Violine in zweimaligem Ansatz chromatisch in unentwegtem Wechsel von p und f auf. Nun erst erhält das Thema melodisches Profil, während die Bratsche in chromatischer Gegenbewegung den Klangraum für den Hinzutritt aller Instrumente erschließt. Dieses merkwürdige Thema ist in Ansätzen (dynamische Kontrastierung von Viertel zu Viertel, Chromatik) bereits im Allegro vorgezeichnet. Das zweiteilige *Trio* hebt sich in Moll eindrucksvoll gegen das Menuett ab. Der in seinem Thema sich äußernde schroffe Stimmungswechsel kehrt in der Spannungskurve des Satzes periodisch wieder. Ein schlichtes *Andante cantabile,* dessen Themenbeginn (mit Vorschlägen ausgeziertes, aufsteigendes Dreiklangmotiv) wie eine milde Dur-Variante des Hauptmotivs aus dem Trio anmutet, leitet in feingliedrigem konzertantem Stil zum *Finale, Molto Allegro,* hin. Es enthält eine einzigartige Fuge oder, wenn man so will, eine Synthese von Fuge und Sonatensatz (ohne Durchführung) im hinreißenden Stil der Schlußfuge der „Jupiter-Sinfonie“. Unvergleichlich, wie die Fuge in ihrem Kulminationspunkt plötzlich abbricht und einem zweiten Thema die Führung überläßt, das „dolce“ und „semplice“ in der einfachsten Divertimentomanier sich homophon aussingt, ohne das Gleichgewicht der Kräfte zu gefährden. Im zweiten Teil wiederholt sich der Wechsel von polyphoner Spannung und homophoner Entspannung. Wenn in der Coda das Fugenthema (g, h, e1, cis1, d1) noch einmal piano in der 1. Violine aufleuchtet, untertönt von schönen Harmonien der Gefährten, dann ist es nicht mehr Objekt einer übergeordneten Architektur: es hat wie durch Zauberhand ganz und gar individuelle Züge gewonnen.

Das Gegenstück zu K. 387 ist K. 421 in d-moll (1783). Die ernste Grundstimmung, die mit dem Thema

des *Allegro moderato* und dessen Baßfundament an-

geschlagen wird, herrscht in fast allen Sätzen vor. Sie trägt die erregende Entwicklung des Allegro, verdichtet sich in der polyphonen Durchführung, entspannt sich in der wundervoll farbigen Rückwendung zur Reprise und gibt der Coda, die in schneidende Schlußakkorde mündet, einen Zug von pessimistischer Resignation. Im ausdrucksvoll singenden *Andante* (F-dur) mildert sich die Stimmung zunächst, aber in einem stark mit Chromatik durchsetzten romantischen As-dur-Mittelteil dunkelt sich das Bild wieder ein. Danach strebt die Modulation zur Grundtonart zurück. Sie berührt C-dur, das durch mehrere scharf akzentuierte Akkorde gewaltsam festgehalten werden soll. Die plötzliche Lichtquelle wirkt in solcher Umgebung fahl, schattenlos grell. Sie erlischt und macht dem freundlicheren F-dur Platz. Der versöhnliche Ausklang des Schlußteiles bringt keine wirkliche Befreiung. Im schwerblütigen *Menuett* setzt sich die Stimmung des Allegro wieder durch. Das kommt auch im Thema zum Ausdruck. Sein profunder Baß ist aus dem Baßfundament des Allegro-Themas abgeleitet. Den einzigen Lichtblick erbringt das liebliche *D-dur-Trio,* das in gleichbleibendem piano wie verklärt vorüberzieht. Den Gesang der 1. Violine begleiten die Gefährten mit zarten Pizzicati. Das als Variationssatz angelegte Finale, *Allegretto ma non troppo,* kreist unaufhörlich um die nachtdunkle Stimmung des Allegro. Sein Siziliano-Thema ($^{6}/_{8}$) ist dem des Menuetts verwandt. Wieder ist der Baß aus dem Baßfundament des Allegro-Themas abgeleitet. Manch charakteristischer Zug dieses erschütternden Finale — z. B. die ungewohnten Ausweichungen in der Modulation, die düstere Einfärbung der Harmonik, die fast manische Wiederkehr eines rhythmischen Triolenmotivs (es findet sich abgewandelt auch in den Vordersätzen), vor allem das verzweifelte Verharren in schwermütiger Stimmung — begegnet uns später in *Schuberts* d-moll-Quartett mit den Variationen über „Der Tod und das Mädchen".

Das *Allegro-Thema* von K. 428 in Es-dur

(1783) mit seinen chromatischen Tonartverschleierungen läßt auf eine ähnliche Entwicklung schließen. Aber das Klangbild hellt sich bald auf. Das zweite Thema trägt nahezu marschartige Rhythmen hinzu, und in gelöstem Stil wird über eine problemlose Durchführung und Reprise hin der verspielte Ausklang erreicht. Das *Andante con moto* (As-dur) ist ein fein getöntes, romantisches Stimmungsbild. Es wird getragen von einem in ruhigen Synkopen dahinfließenden Thema. Irisierende chromatische Zwischentöne lösen in der 2. Violine 18 Takte vor dem Schluß eine berühmt gewordene Vorwegnahme des „Tristan-Motivs" aus. Das entzük-

kende *Menuett* (Allegretto) beginnt mit ein paar gravitätischen Akkorden und verläuft dann in leicht fließenden Achteln, die nur gelegentlich durch punktierte Rhythmen, dynamische Akzente oder humoristische Einwürfe gegliedert werden. Ähnliches ergibt sich im c-moll-*Trio,* dessen beide Teile sich im Ausklang nach B-dur aufhellen. Das Finale, *Allegro vivace,* ist eine frische, phantasievolle Spielmusik, fein hingestrichelt im Geiste Haydns, bisweilen ein wenig besinnlich im Ausdruck.

K. 458 in B-dur beendete Mozart November 1784. Man gab ihm den Namen „Jagdquartett", weil das Thema seines *Allegro vivace assai* sich aus einem munteren Hornsignal entfaltet. Die springlebendige Spielmusik trägt ihren Sinn in sich selbst. Im Laufe der Entwicklung ruft das Thema verschiedene Nebengedanken hervor, doch keiner gewinnt die Bedeutung eines zweiten Themas. Ein gemütliches *Menuett* und ein reizendes *Trio* schließen sich an. Beide sind denkbar einfach entworfen. Im Trio darf man die eingestreuten Sforzati und Crescendi nur andeuten: „sempre piano" ist hier die Generalanweisung. Den Kern des Werkes bildet das in wundervollen Klangfarben schillernde, reich ausgezierte *Adagio* (Es-dur). Es erfordert ein einfühlsames und präzises Spiel. Das heitere Finale, *Allegro assai,* bekannt durch seine ein-

gängigen drei Themen, ist satztechnisch wiederum Haydn verpflichtet, im Wesen aber ein echter Mozart.

Die beiden letzten Quartette der Reihe entstanden unglaublich rasch. K. 464 in A-dur schrieb Mozart am 10. Januar 1785, K. 465 vier Tage später! Beide sind unübertrefliche Meisterwerke. *K. 464* ist auf das sorgfältigste durchgefeilt. Die kunstvolle „Arbeit" übertrifft hier sogar an Reiz die Themen. In allen Sätzen zeigt sich ein Streben nach Polyphonie. Da gibt es feinste motivische Beziehungen von Stimme zu Stimme, Imitationen, Umdeutungen, kontrapunktische Finessen aller Art. Die Variationstechnik wird unnachahmlich eingesetzt. Das *Allegro* gewinnt seine tänzerische Grazie aus der für Einleitungssätze bei Mozart nicht gerade häufigen ungeraden Taktart (3/4) in Ver-

bindung mit einer fast akzentlos fließenden Melodie, die über eine Sequenz hin elastisch ausschwingt. Das Seitenthema fügt sich ohne innere Gegensätzlichkeit dem Bilde ein. Auch in der Durchführung ergeben sich keine Konflikte. Die Farben werden hier leuchtender, der Ausdruck ein wenig schwärmerisch, das ist alles. In unablässiger Verwandlung ziehen die Gedanken vorüber. Ein fast banal einfaches *Menuett* mit graziösem E-dur-*Trio* führt nun zum *Andante con variazioni* hin. In ihm gibt es zwar Moll-Eindunklungen, aber sie sind ohne Gewicht. Die reizenden Variationen, die das heitere Thema zumeist heiter abwandeln, münden in eine längere Coda, in der ein lustiger „Trommeleffekt" auffällt. Das Finale, *Allegro non troppo*, bringt den Höhepunkt der polyphonen Arbeit und zugleich den der musikantischen Inspiration. Drei Themen, darunter ein aus dem Hauptthema entwickelter, choralartiger Gedanke, der in der Durchführung eine Rolle spielt, tragen die Entwicklung.

Das C-dur-Quartett K. 465 vollendete Mozart am 14. Januar 1785. In ihm sind Spiel- und Ausdrucksmusik persönlichster Prägung gebunden. Der subjektive Charakter tritt am stärksten im Einleitungs-*Adagio* zutage. Es verursachte den Namen *„Dissonan-*

zen-Quartett", durch die in ihm enthaltenen schneidenden Querstände und klanglichen Reibungen. Mozarts Zeitgenossen fehlte jedes Verständnis für sie. Generationen rätselten an diesem Gebilde herum. Man versuchte seine „Fehler" zu korrigieren. Die bizarren Klänge befremden heute nicht mehr, aber sie stehen völlig vereinzelt da im Rahmen der Rokokoproduktion. Vielleicht lassen sie sich als Atavismen von Klangvorstellungen der Renaissance erklären. [Bei *Monteverdi* (1567—1643) finden sich ähnliche Fortschreitungen im Sekund- bzw. Nonenabstand, Querstände usw.] Aus der düsteren Atmosphäre des Adagio führt uns Mozart hinaus in die lichte C-dur-Klarheit des sanglichen *Allegro.* Es ist kunstvoll als Sonatensatz mit zwei Themen gefügt, aber sinnfällig im Ausdruck. Ein romantischer Schimmer liegt über den Klangfarben. Motive aus dem Adagio wirken sich hier und auch in den folgenden Sätzen in mancher Verwandlung aus. Das *Andante cantabile* (F-dur), für dessen Substanz außer dem Thema mehrere Seitenmotive Bedeutung gewinnen, ist einer der poetischsten langsamen Sätze, die Mozart uns schenkte. Ein auf den Wechsel von p und f gestelltes, derb-heiteres *Menuett* und ein dunkles c-moll-*Trio* leiten zum weitausholenden Finale, *Allegro molto,* hin, das als Sonatensatz angelegt ist. Alle guten Geister eines bezaubernden Frohsinns geben sich ein Stelldichein. Aber auch hier fehlt es nicht an besinnlichen Episoden.

K. 499 in D-dur entstand im August 1786. Die Nähe des „Figaro" ist zu spüren in der federnden Eleganz dieser phantasievollen Spielmusik. Mozart gelang hier so etwas wie ein Divertimento im Quartettstil. Man sehe den tänzerisch beschwingten Anfang des

Allegretto-Themas. Es spinnt sich in pochenden Sequenzen naiv fort, lockt bald einen liebenswürdigen Gefährten auf den Plan und weiß sich in der Durchführung prachtvoll in Szene zu setzen. Das frische *Menuett*, eigentlich ein geschmeidiger Ländler mit harmonischen Überraschungen und lustigen, synkopierten Sprüngen der 1. Violine, umrahmt ein in Triolen sich wiegendes, gar nicht trauriges d-moll-*Trio*, dessen entzückenden Pianissimo-Ausklang der kräftige Wiedereinsatz des Menuett-Themas vergessen macht. Das friedliche *Adagio* ist reich mit Sechzehntel- und Zweiunddreißigstel-Figuren ausgeziert und erfordert ein delikates Spiel. Die Krone bildet das humorvolle *Finale-Allegro*. In seinem Hauptthema feiern die Triolen aus dem Trio fröhliche Auferstehung. Drei Themen werden hier mit leichter Hand geführt von einem Regisseur, der sich darauf versteht, seine Akteure ins rechte Licht zu rücken.

DIE „PREUSSISCHEN QUARTETTE“

Die drei letzten Streichquartette sind dem Cello spielenden *König Friedrich Wilhelm II. von Preußen* gewidmet, den Mozart bei seinem Besuch in Potsdam und Berlin 1789 kennenlernte. Sie entstanden nach seiner Rückkehr in Wien 1789/90. Im Hinblick auf den königlichen Auftraggeber ließ Mozart in ihnen das Cello des öfteren tonangebend hervortreten. Die Quartette bergen eine Fülle herrlicher Gedanken in erlesener Fassung.

K. 575 in D-dur (Juni 1789) ist eine Perle unter seinesgleichen. Die sinnenfreudige Melodik des

Allegretto entfaltet sich aus einem einzigen Thema. Es gibt zwar noch ein zweites Thema und Seitengedanken, aber sie sind vom Hauptthema abgeleitet und tragen das Geschehen konfliktlos über die Durchführung dem harmonischen Ausklang zu. Ein schlichtes *Andante,* ein tänzerisch beschwingtes *Menuett* mit innigem *Trio* und ein bezauberndes *Rondo-Allegretto,* dessen Hauptthema dem des Kopfsatzes verwandt ist, beenden das Werk.

In K. 589 in B-dur (komp. Mai 1790) die gleiche Leichtigkeit der Erfindung, das gleiche absichts-

lose Musizieren. Das *Allegro* beginnt fast wie ein Menuett. Ein zweites, vom Cello angestimmtes Thema trägt sangliche Züge hinzu. Ein abwechselnd in fließenden Achteln und leichten Synkopen sich wiegender Nebengedanke bewirkt, daß das Spiel nicht dramatisch wird. Die Fülle der Einfälle und ihre phantasievolle Verarbeitung geben dem Ganzen Profil. Der Reiz des *Larghetto,* dessen Thema „sotto voce" vom Cello eingeführt und von der 1. Violine nachgesungen wird, beruht auf dem Stimmungszauber seiner Melodik. Das federnde Menuett umrahmt ein ungewöhnlich weit gespanntes, linear geführtes Es-dur-*Trio.* Trippelnde Repetitionstöne charakterisieren seine Thematik, drollig-pathetische Steigerungen gliedern seinen tänzerischen Verlauf. Das Finale, *Allegro assai* (6/8), ist wiederum als Rondo angelegt. Sein sinnfälliges, einfach sequenzierendes Refrainthema löst ein kontrapunktisch feingliedriges, echt musikantisches Spiel aus.

Mozarts letztes Streichquartett, K. 590 in F-dur, entstand Juni 1790, also wie das vorletzte im Jahre der „Cosi fan tutte". Es ist von absichtsloser Musizierseligkeit erfüllt. Sein *Allegro moderato* wird

im wesentlichen vom Hauptthema getragen. Die in ihm (nach dem piano aufsteigenden Dreiklangsmotiv) forte einsetzenden Sechzehntel werden für den Schwung des Satzes charakteristisch. Selbst das sangliche C-dur-Seitenthema vermag sich ihnen nicht ganz zu verschließen. Ein zierliches Allegretto mit einfach sequenzierendem Thema steht hier an Stelle des langsamen Satzes.

Das farbige *Menuett* (Allegretto) scheint in seinem siebentaktigen Thema Vogelstimmen nachzuahmen. Es umklammert ein amüsantes Trio, in dem einander kokett Legati, Staccati und spritzige Vorschlagsketten ablösen. Das herrliche *Finale-Allegro* wird fast völlig beherrscht von stürmischer Sechzehntelbewegung. Es übertrifft den hierin verwandten Kopfsatz noch an Schwungkraft. Ein ernstes, in seiner Linienführung fast barockes d-moll-Thema unterbricht die heitere Turbulenz.

WEITERE QUARTETTE

1783 schuf Mozart eine *c-moll-Fuge* für zwei Klaviere. 1788 übertrug er sie für Streichquartett und stellte ihr ein harmonisch kühnes, ausdruckstiefes *Adagio* als Einleitung voran. Es sei nachdrücklich auf das als Adagio und Fuge in c-moll K. 546 er-

hältliche Werk hingewiesen. Die Abbildung zeigt das Fugen-Thema. Die „Kleine Nachtmusik“ in G-dur K. 525 (1787) liegt auch in Streichquartettbearbeitung vor. Das Rechte für Liebhaber!

Ferner sei hingewiesen auf die drei Quartette für Flöte, V, Vla u. Vcl, K-Anhang 171 in C-dur (nicht zu verwechseln mit dem Streichquartett *K. 171 in Es-dur)*, K. 285 in D-dur und K. 293 in A-dur, die etwa 1777 in Mannheim entstanden, und auf das später in Salzburg (vor 1781) komponierte Quartett für Oboe, V, Vla u. Vcl K. 370 in F-dur. All diese Werke sind liebenswürdige Divertimenti. Besonders das letztgenannte zeigt bei feingliedriger Arbeit eine schöne Führung des Solo-Instrumentes.

DIE KLAVIER-QUARTETTE

Mozart schrieb 2 Klavierquartette. Das erste, K. 478 in g-moll, entstand ein Jahr vor dem „Figaro" (1785). Es umspannt drei Sätze und gehört zu den persönlichsten Werken des Meisters. Das schwermütige

Allegro lebt im wesentlichen aus dem Hauptthema. Ein in Terzen sich ergehendes Gesangsthema, das vom Klavier eingeführt wird, trägt eine versöhnliche Note in das dramatische Geschehen. In wuchtigem Unisono endet der Satz mit dem erweiterten Kopfmotiv des Hauptthemas. Aus dem Dunkel führt das Klavier hinaus in die lichte Klarheit des innigen *B-dur-Andante*, dessen Thema es zunächst piano vorträgt, worauf sich die Streicher forte in der unteren Oktave zu ihm gesellen. Eine Zweiunddreißigstel-Figur, die im Auslauf des Themas im Klavier anklingt, begleitet nun fast unaufhörlich in Verwandlungen den schlichten Gesang, bald in den Oberstimmen, bald in der Bratsche oder im Cello, bis sie, im Klavierbaß niedergleitend, zur Ruhe kommt. Das Finale ist ein entzückendes *Rondo-Allegro.*

Man vergleiche sein Refrainthema mit dem des Kopfsatzes der *Triosonate in G-dur* von *Pergolesi*, das *Stra-*

winsky in seiner „*Pulcinella*“ verwertete. Beide Themen zeigen zu Beginn ein ähnliches, teilweise sogar gleiches Motiv. Hält man sie nebeneinander, so hat man ein Beispiel für die unnachahmlich geschmeidige Art Mozarts, ein Thema aufblühen zu lassen.

Das Es-dur-Klavierquartett K. 493 entstand im Jahre des „Figaro“ (1786). In ihm ergibt sich ein zugleich intimes und festlich prunkvolles, ein spielerisch helles und romantisch expressives Musizieren in wundervoll aufgelockertem Stil. Das improvisierende *Allegro*-Thema ist hierfür charakteristisch. Man sehe,

wie es sofort zur Unterdominante ausweicht, wie es über den in Achteln niederstürzenden Septimakkord pomphaft zur Tonika zurückkehrt und endlich fanfarenartig wieder aufsteigt! Zum Hauptgedanken des Satzes

wird dann das Gesangsthema. Es trägt die farbige Durchführung. Ein schlichtes Thema von schwärmerischem Ausdruck beherrscht das schöne *Larghetto*. Wenn es die Streicher singen, umspielt von silberhellen Fiorituren des Klaviers, kann man sich seiner Wirkung nicht entziehen. Das *Allegretto-Finale* tänzelt als fein ziselierte Spielmusik problemlos vorüber.

Neben diesen Originalwerken gibt es noch Bearbeitungen des Quintetts für Bläser und Klavier in Es-dur K. 452, des Klarinettenquintetts in A-dur K. 581 und des Streichquintetts in D-dur K. 593 für Klavierquartett. Die erstgenannte soll von Mozart stammen.

DIE QUINTETTE

Man kennt von Mozart 13 Quintette, und zwar *7 Streichquintette (K-Anhang 179 Es-dur, K. 174 B-dur, K. 406 c-moll, K. 515 C-dur, K. 516 g-moll, K. 593 D-dur, K. 614 Es-dur),* zu denen als achtes *K. 46 in B-dur* (Originalbearbeitung Mozarts von seiner Bläserserenade K. 361) und als neuntes *K. 287 in B-dur** (bekannt als Divertimento für zwei Hörner und Streichquartett) hinzukommen, ferner das *Horn-Quintett K. 407,* das *Quintett für Klavier und Bläser K. 452,* das *Klarinetten-Quintett K. 581* und *Adagio und Rondo für Harmonika, Flöte, Oboe, Bratsche und Cello K. 617.*

DIE STREICHQUINTETTE

Das frühe Quintett K-Anhang 179 in Es-dur beginnt mit einer dreiteiligen französischen Ouvertüre. Sie wird von einem festlich hellen, gravitätisch schreitenden *Adagio* eingeleitet. Ihre Mitte bildet ein c-moll-*Allegretto,* in dem 1. Bratsche und Cello mit stürmischen punktierten Sechzehnteln ein dunkles Thema untermalen, das von der 2. Violine eingeführt wird. Die 1. Violine schweigt in diesem „Furioso“ zunächst 8, später noch einmal 16 Takte lang. Mit der Wiederkehr des in eine Coda auslaufenden *Adagio* schließt die Ouvertüre, in der sich Mozart an *Gluck* anlehnt. Das kräftig gezeichnete *Menuett* umrahmt ein reizendes c-moll-*Trio,* dem schmachtende Seufzer das Gepräge geben. In seinem zweiten Teil wird vorübergehend B-dur berührt. Mit der Rückkehr nach c-moll senkt sich die Melodie in zartem pp dem elegischen Ausklang zu. Es folgt ein *Andante* (2/4) mit mehreren Variationen, von denen die letzten *(Adagio* und *Alle-*

* Die Westdeutsche Bibliothek, Marburg/Lahn, besitzt einen alten zeitgenössischen Druck (Nr. 221 431, 1/-5/), in dem K. 287 als „Grand Quintetto per due Violini, due Viole, e Violincello del Sign. Mozart“ bezeichnet ist. Eine Neuausgabe in dieser Fassung war nicht zu ermitteln. Bliebe zu klären, ob es sich hier um eine Original-Bearbeitung des Divertimento oder gar um dessen *Vorlage* handelt!

gro) eigene Wege gehen. Das helle Allegro verläuft zierlich „sempre pp" im 3/4-Takt. Ein leicht gefügtes *Allegro-Finale* beendet das Werk.

Das B-dur-Quintett K. 174 (1773) schrieb Mozart mit 19 Jahren im „deutschen" Stil. Es ähnelt in Haltung und Form den *Streichquartetten K. 168 bis 173*. Das breit und in Synkopen ausschwingende Haupt-

thema des frischen *Allegro moderato* wird belebt durch scharf akzentuierte Mittelstimmen (ohne 2. Bratsche). Ihm gehört keineswegs allein das Feld. Ein federnd über Trillerketten aufsteigendes zweites und ein sangliches drittes Thema machen ihm den Rang streitig. Das schöne *Adagio* (con sordini!) wird umrahmt von einem leisen, zweitaktigen Unisonomotiv, über dem sich dann das leuchtende Gesangsthema erhebt. Sextolen (vor allem im Cello) und zierliche Arabesken schmücken das Satzbild. Ein graziöses *Menuett* (Allegretto) mit empfindsamem *Trio* und ein witziges *Allegro-Finale* bestätigen den Divertimento-Charakter des Werkes.

Als Divertimento für Streichquartett und 2 Hörner wurde das Streichquintett K. 287 in B-dur (1777) bekannt (s. Fußnote S. 274). Das Satzbild ist durchsichtig und klanglich von erlesener Schönheit. In den Ecksätzen ergibt sich eine Annäherung an Haydns Sonatenform. Ein kraftvoll geschmeidiges *Allegro* eröffnet den Reigen, ein *Andante grazioso* mit 6 entzückenden Variationen bildet den Höhepunkt. Im *Menuett* gibt es reizende Echowirkungen, im dreiteiligen *Trio* federnde Oktav- und Sextensprünge, die im energischen Moll-Mittelteil von ruhig fließender Achtelbewegung abgelöst werden. Ein kleines *Andante* rezitativischen Charakters leitet über zum heiteren Finale, *Allegro molto* (3/8), in dem die 1. Violine sich bis zum viergestrichenen c hinaufschwingt. Kurz vor dem spritzigen Ausklang verhält das Geschehen plötzlich in einem Septimakkord, aus dem sich dann das gekürzte rezitativische *Andante* (4/4) fast wie eine Solokadenz der 1. Violine noch einmal löst. Eine bezaubernde Wirkung!

Das Quintett K. 46 in B-dur ist eine Originalbearbeitung der *Serenade in B-dur (K. 361) für 13 Bläser,* die etwa 1780/81 in Salzburg entstand. Man nahm früher an, das viersätzige Quintett sei bereits „Anno 1768" geschaffen und dann zu der sieben- bzw. achtsätzigen Serenade erweitert. Dem stehen aber Stilgründe entgegen. Das Quintett enthält die ersten beiden Sätze der Serenade *(Largo, Allegro molto,* meist als ein Satz bezeichnet), ferner deren *1. Menuett* mit nur einem der beiden *Trios,* das *Adagio* und das *Allegro-Finale.* So reizvoll die Bearbeitung ist: der farbige Bläserklang der Serenade ist ihr vorzuziehen.

Ähnliches gilt für das Quintett K. 406 in c-moll, eine Originalbearbeitung der *Bläserserenade K. 388 in c-moll* (1782). Auch hier vermißt man den Bläserklang, der den schwermütigen Charakter des Werkes unvergleichlich hervortreten läßt.

Die beiden Streichquintette aus dem Jahre des „Don Giovanni" (1787) bilden die Höhepunkte der Gattung. Das C-dur-Quintett K. 515 spiegelt in vollendet schönen Formen einen Kosmos gegensätzlicher Gedanken und Empfindungen. Das Hauptthema des

Allegro bindet in akkordisch aufsteigendem Cellomotiv und sanglichem Violinmotiv starke Gegensätze. Die Motive verursachen eine Entwicklung, die bald jenseits einer Generalpause mit der Moll-Wiederkehr des Themas dramatische Akzente annimmt. Aber Mozart führt

nun mit leichter Hand ein zweites Thema ein, das zu sagen scheint: „Alles ist nur ein Spiel." Unversehens verändert es sein Wesen. Sobald sein Anfangsmotiv in Des-dur aufklingt, verbreitet sich eine romantische Stimmung. Eine frappante enharmonische Verwechslung (Ges wird zu Fis) zieht den Schleier von diesem Bilde. Leicht wird C-dur zurückgewonnen. Nach freiem Zwischenspiel setzt das Hauptthema in leuchtendem D-dur ein. Aus einer lebhaften Achtelbewegung, in die das sangliche Motiv des Themas einmündet, kristallisiert sich in der 1. Violine ein dritter Gedanke, der sich federnd aus dem Eingangsmotiv der „Figaro-Ouvertüre" entfaltet. Er brummelt im Cello, springt auf die anderen Instrumente über, setzt der harmonisch kühnen Durchführung, in der das Hauptthema das große Wort führt, Lichter auf und beherrscht nach der gekürzten Reprise die geschwinde Coda, die schwirrend in tänzelndem Pianissimo ausläuft. Das Ganze ein beseeltes Spiel, ein „Kleines musikalisches Welttheater". Die anderen Sätze: scherzoartiges *Menuett,* in dem die Violinen meist in Terzen, auch wohl in Oktaven sich ergehen, fein getöntes *Trio, Andante,* dessen schlichtes Thema im Laufe der reich gegliederten Entwicklung unerhörte Ausdruckskraft gewinnt (charakteristische Zweiunddreißigstel-Arabesken der Bratsche und Sechzehntelfiguren des Cellos tragen hierzu wesentlich bei) und *Rondo-Finale,* monumental in den Ausmaßen, im Wesen ein Gegenstück zum Kopfsatz.

Das g-moll-Quintett K. 516 ist der *g-moll-Sinfonie K. 550* verwandt, aber nicht so ausweglos düster, sondern vom Widerschein tröstlicher Empfindungen aufgehellt. Resignation spricht aus dem Haupt-

thema des *Allegro,* das die 1. Violine einführt, nur von der 2. Violine und Bratsche leise begleitet. Die Bratsche singt das Thema über klopfenden Achteln der 2. Bratsche und des Cellos nach. Die klopfenden Achtel (sie übertönten schon eingangs die 1. Violine) durchziehen fast den ganzen Satz. Sie wandern von Stimme zu Stimme, erregend oder beruhigend, unmerklich ihr Wesen verwandelnd. Die Bratsche überhöht in eindringlicher Steigerung die melodische Linie des Themas, das dann die Violinen in Oktaven aufgreifen und motivisch weitertragen, bis über g-moll Es-dur erreicht wird. Nun führt der Weg nach g-moll zum Ureinfall des zweiten

Themas, das dann nach längerer, entspannender Entwicklung in mildem B-dur aufleuchtet. Bis zur Durchführung bleibt die Stimmung hell. Sie findet nach lebhaften Figuren der 1. Violine ihren Höhepunkt in einer B-dur-Coda, die aus dem Anfangsmotiv des Hauptthemas gewonnen ist. Erst unmittelbar vor der Durchführung bewirken enharmonische Umdeutungen eine erneute Eintrübung. Die kurze dramatische Durchführung wird dialektisch von beiden Themen bestritten. Sie bringt für diesen Satz die endgültige Wendung zum Dunkeln. Erschütternd nach der Reprise — in der auch das Gegenthema in Moll wiederkehrt — die Coda mit ihren klagenden Rufen, ihrem diminuendo verrieselnden Ausklang und ihren schroffen ff-Schlußakkorden. Das

ebenfalls dunkle g-moll-*Menuett* findet in einem farbigen G-dur-*Trio* eine wundervolle Entspannung. In seinem Auslauf verklingt das Thema pp in der Bratsche. Darüber in Oktaven der Violinen eine zarte, ppp verschwebende Achtelbewegung. Ein Schleier liegt über dem in feinsten Farbbrechungen irisierenden Klangbild des *Adagio ma non troppo* (Es-dur). Mozart schreibt hier für alle Instrumente „con sordino" vor. Die zerrissene Stimmung der Vordersätze mildert und löst sich in diesem einzigartigen Gebilde. Moll und Dur, Schmerz und Trost klingen versöhnt ineinander. Im friedvollen pp-Ausklang scheinen endlich auch die klopfenden Achtel (hier Sechzehntel) des Allegro unter dem verklärten Gesang der 1. Violine zur Ruhe zu kommen. Doch in dem kurzen *Adagio* (senza sordino), das nun zum Finale hinleitet, klingen sie noch einmal in den Mittelstimmen an, über denen die 1. Violine ihre Stimme in einem erregend sich steigernden und fragend abklingenden Rezitativ erhebt. Eine Fermate grenzt das Adagio gegen das *Allegro-Finale* (6/8) ab. Es beglückt Herz und Sinne mit einer verschwenderischen Fülle absichtslos heiterer Musik.

Die beiden Quintette aus Mozarts letzten Lebensjahren zeigen den wundervoll ausgeglichenen Stil seiner Spätwerke. Persönliches und Allgemeines, Inhalt und Form stehen in vollendetem Einklang.

Das D-dur-Quintett K. 593 beginnt mit einem kurzen, ernsten *Larghetto* (3/4), in dem ein mehrmals in wechselnder Lage wiederkehrendes Motiv des Cellos den sich steigernden und wieder abklingenden

Gesang der anderen Instrumente auslöst. Es leitet unmittelbar zu einem springlebendigen, polyphon gearbeiteten *Allegro* (4/4, alla breve) hin und unterbricht später dessen Coda merkwürdig dunkel, worauf das spritzige Allegro-Thema in wörtlicher Wiederholung den Satz beendet. Das ausdrucksvolle *Adagio* (G-dur, 3/4) entfaltet sich nach ruhigem Beginn in erregenden Steigerungen über zwei gegensätzliche Themen und klingt friedvoll pianissimo aus. Das energische polyphone *Menuett* umrahmt ein *Trio,* in dem die 1. Violine über den Pizzicati der Gefährten immer wieder hoch hinaus will. Sie gibt sich erst zufrieden in einer reizenden kleinen Schlußwendung, die aus dem Lied „Schlafe, mein Prinzlein, schlaf ein“ (von B. Flies, fälschlich Mozart zugeschrieben) bekannt ist. Das groß angelegte *Finale-Allegro* (6/8) schwirrt leichtfüßig in lebhaften Achteln dahin. Die Geigen und Bratschen haben unentwegt zu tun. Das Cello, oft in langen Haltetönen oder Dudelsackquinten verharrend, beteiligt sich wenig an ihrem Treiben, das eigentlich nur aus einer Spielfigur in kunstvollster Polyphonie hingezaubert ist.

Mozarts letztes Streichquintett, K. 614 in Es-dur, nähert sich in der Haltung wieder seinen Divertimenti an. Das heitere Thema des *Allegro di molto*, leicht in

den Violinen über dem Hornmotiv der Bratschen sich niedersenkend, gibt den Ton an. Er schwingt in den Themen aller Sätze fort. Mit dem durch Klammer über den Noten gekennzeichneten Motiv des 1. Satzes beginnen die Themen des *Menuett* und des *Finale* (sie halten sich auch sonst unbekümmert an das Vorbild). Das reizende *Andante-Thema*, das in freier Rondoform variiert wird, erhebt sich aus dem klopfenden Nachsatz des Allegro-Themas. Einzig die meist in fließenden Achteln sich bewegende Ländlerweise des *Trio* entfernt sich ein wenig von dieser Mitte, aber auch sie bleibt ihr zugehörig als Widerpart des Menuetts.

DIE QUINTETTE MIT BLÄSERN

Das Hornquintett in Es-dur K. 407 (für Horn, V, 2 Vla, Vcl) hat Mozart wie seine 4 Horn-Konzerte 1782 in Wien für den Hornisten *Leutgeb* geschrieben. Es war früher etwas über die Achsel angesehen, ist aber heute noch beliebter als die Horn-Konzerte. Das Horn (man ersetzt es bisweilen durch 2. Cello) ist konzertant behandelt. Die Streicher spielen ihm die Themen zu und begleiten in durchsichtigem Quartettstil. Für das dreisätzige Werk *(Allegro, Andante,*

Allegro) möge das reizende Thema des Finale sprechen.

Das Quintett für Klavier und Bläser K. 452 in Es-dur entstand 1784. Mozart stellt darin den farbig geführten Bläsern (Oboe, Klarinette, Horn, Fagott) das Klavier konzertant gegenüber. Eine Bearbeitung des Werkes für Klavier und Streichtrio soll von ihm stammen (vgl. Klavierquartette). Der Formaufbau zeigt die Nähe der Konzerte, vor allem in der „Cadenza" des frischen *Finale (Rondo-Allegretto).* Dem *Allegro moderato* geht ein feingliedrig präludierendes *Largo* voraus. Die Mitte des Werkes bildet ein herrliches *Larghetto,* in dem das Klavier den ausdrucksvollen Gesang der Bläser mit feinen Figuren umrankt.

Das Klarinetten-Quintett K. 581 in A-dur (1789) ist den späten Streichquintetten gleichwertig. Den Reiz seiner unerschöpflich quellenden Melodik vertieft die Klarinette, deren Klangfarbe sich charakteristisch vom Streicherklang abhebt oder irisierend mit ihm verbindet. Ein konzertantes *Allegro*

leitet das Werk ein. Die beiden Abbildungen zeigen sein

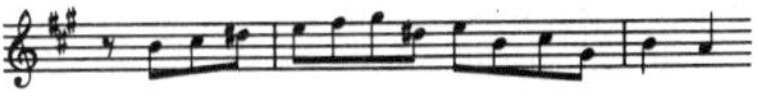

Haupt- und Seitenthema. Im empfindungstiefen *Larghetto* verströmt die Klarinette über fließenden Harmonien der Streicher ihren melodischen Gesang. Sie führt auch im *Menuett,* tritt im *1. Trio* (a-moll) ganz zurück und trällert im *2. Trio* (A-dur) eine reizende

Ländlerweise. Das *Finale* (Allegretto) bringt Variationen über ein entzückendes Thema. Hier führt die Klarinette nur in der 1. Variation, in den anderen kommen die Streicher zu Worte. Die Klarinette fügt sich dem Gesamtklang ein oder umspielt das Thema mit charakteristischen Figuren.

Das Quintett Adagio und Rondo c-moll für Harmonika, Flöte, Oboe, Bratsche und Cello K. 617 schrieb Mozart wenige Monate vor seinem Tode (1791) für die blinde Glasharmonikavirtuosin *Marianne Kirchgeßner.* Es zeigt den ausgeglichenen Stil der Spätwerke. Eine süße, wehmütige Stimmung durchzieht das *Adagio,* in dem es zu schönen Dialogen zwischen Flöte und Harmonika kommt. Auch das in C-dur stehende *Rondo-Allegretto* ist konzertant gearbeitet. Die Harmonika (heute meist Celesta!) intoniert ein liebliches Refrainthema, die Flöte, begleitet von den Gefährten, singt es nach. Dann ergibt sich ein gelöstes Musizieren nach Rondoart mit reizenden Dialogen (Flöte—Harmonika), Monologen der Harmonika und kleinen Tuttis.

Mit einem Hinweis auf das köstliche Sextett für Streichquartett und 2 Hörner K. 522 in F-dur (1787) sei unser Überblick beendet. Man gab dem „Musikalischen Spaß" vereinfachend den Namen „Die Dorfmusikanten". Mozart ging in diesem späten Divertimento weit über die damals übliche Manier hinaus, mit absichtlich falschen Tönen brave Dorfmusizi zu karikieren. Er machte sich mit ergötzlichem Humor über die Allerweltskomponisten lustig, die ohne Stilgefühl aus tausend heterogenen Schlagworten ihren Tonbrei rühren. Das Werk umfaßt vier Sätze: *Allegro, Menuetto maëstoso* mit *Trio, Adagio* (dieses ohne Hörner mit drolliger Kadenz der 1. Violine) und *Presto.* Dem „majestätischen" *Menuett* ist das Beispiel entnommen.

LUIGI CHERUBINI

* 14. September 1760 in Florenz, † 13. März 1842 in Paris

Zehntes Kind eines Theatermusikers. Mit 18 Jahren in Venedig Schüler des Kontrapunktikers Sarti, unter dessen Anleitung er „im Palestrinastil" schreibt. Schuf im Laufe von vier Jahren (ab 1780) sieben Opern. 1784 nach London. Dort königlicher Hofkomponist und Leiter der Philharmonischen Konzerte. Fühlt sich in England nicht heimisch. 1786 zum ersten Male in Paris, 1787 bis 1788 in Turin. 1788 endgültig in Paris. Während der Französischen Revolution Anhänger der Jakobiner. 1795 neben Méhul, Gossec u. a. Inspekteur des Pariser Conservatoire. Im Gegensatz zu Gossec leistet er Napoleon keine Gefolgschaft, fällt in Ungnade. 1805 bis 1806 in Wien, dann längere Zeit in Paris „untätig". 1816 wieder Professor am Conservatoire, 1821 Direktor dieses Instituts. Erst mit 81 Jahren zog er sich ins Privatleben zurück.

Cherubini hinterließ u. a.: 11 Messen, 2 Requiems, 1 Oratorium, 38 Motetten und zahlreiche andere Kirchenmusiken, 17 Kantaten, rund 30 Opern, von denen „Der Wasserträger" (1800) seinem Ruhm Dauer verlieh, viele Romanzen, Hymnen, Revolutionsgesänge, Märsche, Tänze, 1 Sinfonie (erst 1951 wieder aufgefunden), 1 Quintett, 6 Streichquartette, Klaviersonaten, Lieder und eine theoretische Schrift: „Lehre vom Kontrapunkt und von der Fuge" (1835).

Ein Jahr nach *Händels* Tod wird Cherubini geboren. Als er 82jährig stirbt, sind *Verdi* und *Wagner* 30 Jahre alt, haben die Lebensbahnen *Berlioz'*, *Chopins* und *Mendelssohns* ihren Zenit überschritten, ist mit *Schumanns* 1. Sinfonie, mit *Wagners* „Rienzi" und „Fliegendem Holländer" bereits die Zeit der Hochromantik angebrochen. Ein weiter Rahmen für ein Schaffen, das tatsächlich in seinen verschiedenen Entwicklungsstufen Einflüsse *vom Spätbarock bis zur Romantik deutlich widerspiegelt.* Cherubinis wenige Kammermusiken entstanden (mit einer Ausnahme) nach 1829. Sie stehen zwar im Schatten seiner Kirchenmusiken und seines „Wasserträgers", aber zumindest einige seiner Quartette umschließen eine Fülle lebensvoller Musik. Stilgeschichtlich sind sie besonders interessant, weil sich in ihnen italienische, französische, wienerische und romantische Einflüsse die Waage halten oder schroff überschneiden.

Cherubini lernte in Wien nicht nur *Haydn*, sondern auch *Beethoven* persönlich kennen, und er kam mit deutscher romantischer Musik in Berührung. Beides blieb nicht ohne Einwirkung auf seine Kammermusik. Rund acht Jahre nach seinem Wiener Intermezzo entstand sein 1. Quartett in Es-dur (Eu). Einer bestimmten Schule oder Richtung läßt es sich nicht einordnen. Es ist das Ergebnis einer starken und kontinuierlichen Entwicklung, die sich mannigfachsten Einflüssen geöffnet zeigt, aber kraftvoll zu einem persönlichen Stil vorstößt, der in seiner inneren Tendenz ein Streben nach Einheitlichkeit im Sinne der Wiener Klassik aufweist. Cherubini stellt dem Ganzen ein kurzes einleitendes *Adagio* (3/4) voran, das gleichsam im Sinne

eines Prologs auf das Geschehen im *Allegro agitato*

vorbereitet, stimmungsmäßig und gedanklich. Das aufstrebende Dreiklangsmotiv aus dem ersten Takt des Adagio findet seine Entsprechung im Allegro-Hauptthema. Ein nach der Themawiederholung eingeführter,

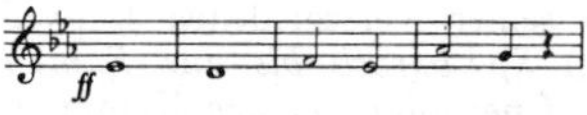

stufenweise ansteigender, markanter Gedanke, der zu dem italienisch melodieseligen, liebenswürdigen Seitenthema hinleitet, gewinnt für die Entwicklung mehr Bedeutung als dieses. Im Laufe des mit Spielfiguren durchsetzten Expositionsteiles blitzen noch andere Nebengedanken auf, aber sie gefährden die innere Gespanntheit der Entwicklung nicht. Sie erweist sich auch in der Durchführung und Reprise als tragfähig. Die

Durchführung folgt Haydnschen Vorbildern, ist aber in den persönlichen Formulierungen selbständig und eigenartig. Motivumbildungen, kühne Modulationen, wechselnde dynamische Gegensätze beschäftigen unablässig die Sinne. Selbst Anlässe zu dramatischen Konflikten sind gegeben, aber sie werden nicht ausgetragen, sondern musikantisch überspielt. Das schöne melodische Thema des *Larghetto sostenuto* ($^2/_4$) besitzt französischen Charme. Spürbar schwingt in ihm der federnde Rhythmus des Adagio-Themas fort. Das Thema gibt Anlaß zu beseelten, dynamisch nuancenreichen Variationen, von denen die erste nur von den beiden Violinen und der Bratsche vorgetragen wird. Das *Scherzo* kehrt die gewohnten Spannungsgegensätze zwischen umrahmendem Hauptteil und *Trio* um. Der Hauptteil (g-moll, $^3/_4$) verläuft energisch mit spritzigen Pointen. Das Trio (G-dur) malt in flinken Sechzehntelläufen ein zartes Stimmungsbild à la „Sommernachtstraum“. Das Finale *(Allegro assai)* ist in freier Rondoform entworfen. Sein Hauptthema knüpft an das zentrale Thema des ersten Allegro an. Auch sonst gibt es eine Fülle von Beziehungen zwischen den beiden Ecksätzen, womit die Absicht, die Gesamtform einheitlich zu gestalten, klar in Erscheinung tritt. Einen romantischen Einschlag gewinnt dieser prachtvolle Satz durch ein zweimal unterbrechendes, von dunklen Harmonien getragenes, feierlich ernstes Seitenthema. Es taucht nur episodisch auf, erschüttert aber durch die edle Kraft seines Ausdrucks.

Für die Londoner Philharmonische Gesellschaft, deren Leiter er einst gewesen, schrieb Cherubini einen Frühlingshymnus, eine Ouvertüre und eine Sinfonie. 1829, also im Alter von fast 70 Jahren, arbeitete er diese Sinfonie in sein 2. Quartett in C-dur (Eu) um. Die sinfonische Herkunft des Werkes bleibt spürbar am „al fresco“-Stil des melodischen und klanglichen Gesamtbildes. Ein langsamer Prolog schafft gedanklich und stimmungsmäßig die Atmosphäre, aus der dann das unkomplizierte Thema des *Allegro* im Unisono von Violinen und Bratsche frisch im ff aufsteigt. Die Substanzverwandtschaft beider Themen beruht auf zwei rhythmischen Motiven (Halbe mit nachfolgenden vier Achteln, bzw. vier Sechzehntel mit nachfolgendem Viertel). Besonders das letzte dieser Motive erweist sich als keimkräftig für das Gedankengut aller vier Sätze. Die Entwicklung verläuft etwa im Sinne des klassischen Sonatensatzes spannend und schwungvoll. Das anschließende *Lento* ($^6/_8$) umklammert drei gegensätzliche Teile (a-moll, A-dur, a-moll). Das kurze *Scherzo* mit seinem verhaltenen a-moll-*Trio* löst die Spannung derb musikantisch und leitet problemlos hin zum beschwingten Finale *(Allegro vivace)*. Hier wirkt die ursprünglich sinfonische Substanz im kammermusikalischen Gewande nicht völlig überzeugend.

Wenn man bedenkt, daß Cherubini sein 3. Quartett in d-moll (Eu) als 74jähriger schuf (1834), so erscheint seine Vitalität erstaunlich. Das Werk übertrifft das 2. Quartett und steht dem ersten an Schönheit nicht nach. Die für die vorgenannten Quartette typische langsame Einleitung fehlt hier. Sie ist auf wenige präludierende Takte geschrumpft, die schon dem *Allegro commodo* zugehörig sind. In ihnen zeichnet sich die Spannungskurve des Hauptthemas bereits formelhaft ab. Dieses geht unvermittelt über in einen von ruhigen Harmonien getragenen lyrischen Gedanken, dem sich noch ein drittes, liedartiges Thema anschließt, das seine heitere Schönheit von den Urtypen italienischer Kanzonetten herleitet. Aus solch gegensätzlichem Material wird im Sinne etwa des mittleren Haydn die zwar kurze, aber abwechslungsreiche und farbige Durchführung bestritten. Der Satz bezieht seine intensive Gespanntheit aus der lebendigen Rhythmik und dem Wechsel der Farbwerte Dur und Moll. Ähnliches gilt für das ausdrucksvolle *Larghetto sostenuto* (F-dur). Hier wird ein lieblicher melodischer Einfall in eine leidenschaftlich sich steigernde, bewegte Entwicklung hineingerissen. Im *Scherzo* (d-moll) gibt ein dem 1. Allegrothema verwandter Grundgedanke Anlaß zu einem vom Cello über die Bratsche zu den Violinen aufsteigenden freien Fugato. Hier erweist sich Cherubini als Meister der angewandten Kontrapunktik. Die Polyphonie ist nicht architektonischer Selbstzweck, sondern sie wird als Mittel zur Steigerung und Verdichtung des Ausdrucks eingesetzt und verflüchtigt sich nach Erreichung des Kulminationspunktes in einem homophon ausschwingenden Schlußteil. Das flinke *Trio* schafft in leuchtendem D-dur einen erquickenden Gegensatz. Im energischen Finale *(Allegro risoluto)* wird die Grundtonart (d-moll) nach anfänglicher Unentschiedenheit endgültig nach D-dur aufgehellt. Dieses „dur" wird im Verlauf der schwungvollen Entwicklung leidenschaftlich bekräftigt. Betrachtet man den Gesamtinhalt des Werkes, so zeichnet sich deutlich im kämpferischen Auf und Ab der Gegensätze eine Zielstrebigkeit ab, der sehr wohl eine verborgene „poetische Idee" im Sinne Beethovens oder der Romantiker zugrunde liegen kann.

Das 4. Quartett in E-dur (Eu) vollendete Cherubini 1834, also im gleichen Jahre, in dem er seine „Lehre vom Kontrapunkt und von der Fuge" herausgab. Er widmete seine letzte Schaffenskraft nun ausschließlich der Vollendung seiner späten Kammermusiken. Fraglos enthalten diese Rühmenswertes, aber sie sind in sich ungleichwertig. Die Kraft der Erfindung läßt nach. Die Einfälle werden formelhaft, ihre Verarbeitung wirkt bei aller Meisterschaft kunsthandwerklich. Man spürt, wie sich Cherubini immer weiter vom Leben entfernt. Seine Sprache wird abstrakter, kühler. Wo sie dem Bildhaften zugewendet bleibt und nicht darauf verzichtet, dem „Leidenschaftlichen" Ausdruck zu verleihen, erscheint sie bisweilen fassadenhaft starr. Am stärksten beeindruckt sie dort, wo es dem Meister gelingt, mit Tönen, Klängen und Melodien rein musikantisch zu „spielen". In den langsamen Sätzen klingen bisweilen rührende „Herztöne" auf. Das ist dann wie ein letztes zartes Sicherinnern, wie eine friedvolle Zwiesprache mit dem Unendlichen. Das *4. Quartett* wird von einem breit angelegten, pathetischen *Allegro mae-*

stoso eröffnet, einem Sonatensatz, in dem es zu großen äußeren klanglichen und satztechnischen Steigerungen kommt, ohne daß damit die Sphäre des Kunsthandwerklichen entscheidend durchbrochen würde. Das gelingt auch im anschließenden *Larghetto* (3/4, C-dur) nur dort, wo sich wie zufällig ein spielerisch geführter

Kanon über einen zarten Seitengedanken ergibt, der sich wohltuend gegen die sonst ohne spürbaren Grund affektbetonte Sprache abhebt. Das *Scherzo* (mit *Trio* E-dur) weist freie dreiteilige Form auf. Der Hauptteil ist eigenartig gegliedert. Nach einer pathetischen Einleitung (4/4) ergibt sich ein sangliches *Andantino con moto* (3/4), das sich von e-moll nach E-dur aufhellt. Nach einem weiteren feingliedrigen, harmonisch reizvollen a-moll-Abschnitt wird dann die Sprache wieder gewaltsam hochgerissen in einem großen dekorativen Unisono aller Instrumente. Das Finale *(Allegro assai)*, das wie die Mittelsätze thematische bzw. motivische Beziehungen zum 1. Allegro aufweist, versucht die dort angestrebten Wirkungen noch zu übersteigern. Es ist rhythmisch interessant und wirkungsvoll.

Das 5. Quartett in F-dur (Eu) aus dem gleichen Jahre bildet in seiner durchsichtigen, kunstvoll hingestrichelten Manier ein entschiedenes Gegenstück zum vierten. Hier ergötzt vor allem die charmante, ein wenig pariserisch lässige, erfrischend kühle Art der musikalischen Konversation. Es geht Cherubini dabei nicht um ein Bekennen. Das zeigt sich schon an den Themen und Motiven. Sie sind insgesamt kaum einprägsam und ohne sonderliche innere Gespanntheit. Es geht ihm vielmehr um ein Musizieren, das sich selbst genügt. So gerät ihm ein ferngerücktes, ästhetisch bezauberndes Spiel, dessen artistische Vollendung reines Vergnügen bereitet. Wie in den ersten beiden Quartetten beginnt er mit einem ruhigen, bald sich belebenden Prolog *(Moderato assai)*, bevor er sich dann im *Allegro* auf das eigentliche Spiel einläßt. Dieses beteiligt alle Instrumente echt kammermusikalisch am schwerelosen Treiben der Themen und Motive, steigert sich bisweilen zu reizvoller Polyphonie, wendet aufkeimende Konflikte elegant ab und entzückt durch die Frische und Klarheit seiner bunt irisierenden Farben. Auch das einfach hingesungene *Adagio* hält sich an die „Spiel"-Regeln. Zu Beginn des *Scherzo* scheint ein pathetisches Unisono die innere Harmonie des Geschehens zu gefährden. Aber im reizenden *Trio* kommt dann alles wieder ins rechte Geleis. Das elegante, vollendet in sich ausgewogene Finale *(Allegro vivace)* bestätigt den Eindruck abgeklärter Meisterschaft.

Im 6. Quartett in a-moll (Eu) aus dem Jahre 1837 gibt Cherubini überraschend die errungene Ebene wieder preis. Aus heiteren Gefilden niedersteigend, versucht er noch einmal, seine Kräfte an kämpferischer Bekenntnismusik zu erproben. Ähnlich wie im *3. Quartett in d-moll* scheint ihm auch hier eine geheime „poetische Idee" die Anregung zu der Gesamtplanung gegeben zu haben. Vermutlich handelt es sich dabei um das damals (seit Beethoven!) von vielen Komponisten in zahllosen Varianten immer wieder durchexerzierte „Durch Nacht zum Licht"-Programm. Es fehlt aber die innere Kraft, dieses Thema durchzuhalten und überzeugend zu gestalten. So pendelt das Werk zwischen affektbetonten und spielerischen Partien hin und her, und erst im Finale *(Allegro affettuoso)* ahnt man die Absicht seines Schöpfers. Denn dort werden unvermutet (!) die Themen der drei Vordersätze — (pathetisches, aber nicht echt gespanntes *Allegro moderato*, verspieltes *Andantino grazioso*, rhythmisch straffes *Scherzo* mit liedhaftem *Trio)* — in der Reprise wie in einer Revue noch einmal vorgeführt. Dann kommt mit einer entschiedenen Wendung nach A-dur die Schluß-Apotheose, deren Jubel durch eine kurze Moll-Verhaltenheit vor der strahlenden Coda bewußt ins Hymnische gesteigert werden soll.

In solcher Lösung wird zwar die Idee erkennbar, aber da sie nicht das ganze Werk trägt, wirkt sie wenig überzeugend, wie aufgepfropft.

Im gleichen Jahre schuf der Unermüdliche noch ein Streichquintett in e-moll (für 2 V, Br, 2 Vcl). Es legt Zeugnis ab für die noch ungebrochene Vitalität des 77jährigen. Hier hat sich Cherubini noch einmal reinem musikantischem Spiel verschrieben. Natürlich darf man keinen „jugendlichen" Elan erwarten. Aber was der Meister zu bieten hat, wirkt frisch, in seiner sublimen handwerklichen Ausgewogenheit genauso überzeugend wie seine besten Quartette. Wieder interessiert weniger die Thematik als die Art, in der hier musiziert wird. Das Werk wird durch ein pathetisches *Grave* eingeleitet. Im *Allegro commodo* gibt es schöne, gegensätzliche Themen, die Anlaß zu teils schwungvollen, teils spielerisch gelösten Entwicklungen bieten. Ohne dramatische Konflikte wird das schlichte, sangliche *Andante* erreicht. Ein springlebendiges *Scherzo* mit zierlichem *Trio* führt dann zum virtuosen Finale *(Allegro)* hin, in dem die Durchführung ausgespart ist. Statt dessen wird überraschend ein inniges *Larghetto* eingeschoben, das unmittelbar vor der schwungvollen Coda noch einmal besinnlich anklingt.

LUDWIG VAN BEETHOVEN

*** 16.(?) (Taufe 17.) Dezember 1770 in Bonn, † 26. März 1827 in Wien**

Sohn des kurfürstlichen Tenoristen Johann van Beethoven und seiner Ehefrau Maria Magdalena Leym, Witwe eines Kammerdieners und Tochter des rheinländischen Kochs Keverich. Konzertiert bereits mit 8 Jahren öffentlich. Unterricht beim Vater, später beim Organisten *Neefe*. Mit 14 Jahren Hilfsorganist und Cembalist am kurfürstlichen Hof. 1792 in Wien Schüler *Haydns*, dann *Schenks* und *Albrechtsbergers*. Erregt Aufsehen als Pianist, unternimmt Konzertreisen nach Prag, Leipzig, Berlin, läßt sich dann als Komponist in Wien nieder. Adelige Gönner setzen ihm ein festes Jahresgehalt aus, so daß er ohne wirtschaftliche Sorgen seiner Kunst zu leben vermag. Ein Gehörleiden, das sich allmählich verschlimmert, nimmt ihm mit der Zeit jede Möglichkeit zu reproduktiver Berufsbetätigung. Sein letztes öffentliches Auftreten als Pianist fällt in das Jahr 1814. Die letzten Werke — etwa von der „Missa solemnis“ an — schuf Beethoven in völliger Taubheit.

In Beethovens Leben lassen sich eine *frühe, mittlere* und *späte Schaffensperiode* erkennen. In der *frühen* Periode, deren Abschluß etwa 1803 anzusetzen ist, erfolgt die Auseinandersetzung mit der geselligen Musik des 18. Jahrhunderts, begrenzter gesehen mit Haydn und Mozart, in etwa 50 Werken. Zu ihnen zählen u. a. die frühen Klaviersonaten, die Mozart- und Händel-Variationen, die Hornsonate, die frühen Violin- und Cellosonaten, die Klaviertrios, die Streichquartette Werk 14 und 18, die Klavierquartette, das Streichquintett C-dur, das Bläserquintett, das Sextett, das Septett, das Oktett, die ersten Klavierkonzerte und die ersten beiden Sinfonien.

Die *mittlere* Schaffensperiode umfaßt etwa die 3. bis 8. Sinfonie und in ihrem Umkreis weitere Klavier-, Violin- und Cellosonaten, Klaviertrios, die Rasoumowsky-Quartette, die letzten Klavierkonzerte, das Violin- und Tripelkonzert, die Violinromanzen, die Schauspielmusiken zu „Coriolan“ und „Egmont“ und die Oper „Fidelio“.

In diesen Werken durchbricht Beethoven die Schranken der herkömmlichen Musikauffassung. Eine neue Schaffens-*Gesinnung* wird für sein Streben maßgebend. Er selbst umschreibt sie mit den Worten: „. . . die Phantasie will auch ihr Recht behaupten, und heutzutage muß in die althergebrachte Form ein anderes, ein wirklich *poetisches Element* kommen.“ Ein „poetisches Element“ wurde zwar schon vor Beethoven verschiedentlich mit der Musik in Verbindung gebracht. Nirgends aber führte das zu einer Strukturänderung ihres Organismus. Bei Beethoven dagegen verändert die Musik nun ihr Wesen. Er wertet sie nicht mehr als etwas Absolutes, das seinen Sinn ausschließlich in sich selbst trägt. Musizieren wird für ihn gleichbedeutend mit bekennen. Seine „Eroica“ etwa oder die „Rasoumowsky-Quartette“ sind nicht mehr gesellige Musiken im Sinne des 18. Jahrhunderts. Sie umschließen Bekenntnisse einer

Persönlichkeit, die sich bewußt als „Tondichter“ empfindet und mit dem unbedingten Anspruch auftritt, der detestablen Welt allen Schicksalsschlägen zum Trotz das eigene humane Weltbild im Spiegel des Kunstwerks entgegenzuhalten. Damit dringen moralische, idealistische, weltanschauliche, ja bisweilen politische Tendenzen sinngebend in die Bereiche der Musik ein. Die *romantische Musik* des individualistischen 19. Jahrhunderts gewinnt Gestalt.

Beethovens Einstellung zu seiner Kunst wirkt sich in diesem Zeitabschnitt verändernd auf den Charakter seiner musikalischen Sprache und auf sein Verhältnis zur musikalischen Form aus. Die *Sprache* gewinnt eine neue Ausdrucksintensität. Ihre rhythmischen, dynamischen und klanglichen Mittel werden um viele Zwischenstufen vermehrt. Sie wird befähigt, die differenziertesten gedanklichen Regungen und die gewaltigsten Gefühlsausbrüche darzustellen.

Die *Form* — wie in den Frühwerken zumeist die von Haydn übernommene *Sonatensatzform* — muß sich den Eingebungen der Phantasie fügen. Nicht die musikalische Architektur ist für Beethoven das Primäre, sondern die zielstrebige Entwicklung der Gedanken. Die Themen des Sonatensatzes faßt er weit entschiedener als Haydn oder Mozart antithetisch auf, auch wenn er sie aus der gleichen motivischen oder rhythmischen Keimzelle ableitet. Die Durchführung wächst sich zum Herzstück der Form aus. Sie wird zum Schauplatz dramatischer Auseinandersetzungen. Die anderen Sätze der Gesamtform werden inniger aufeinander und auf den Hauptsatz bezogen und bisweilen geradezu aus einem gemeinsamen Kerngedanken entwickelt.

Die *dritte* Schaffensperiode fällt etwa mit Beethovens letztem Lebensjahrzehnt zusammen. Sie gipfelt zunächst in der „Neunten Sinfonie“ und in der „Missa solemnis“ und mündet dann in die abgeklärte Gedankenwelt der späten Klaviersonaten und Quartette.

Im doppelten „Credo“ der beiden monumentalen Großwerke wächst Beethoven über den kämpferischen Individualismus seiner Lebensmitte hinaus in die höheren Bindungen einer universellen, kontemplativen Gesinnung. Diese findet in den letzten Kammermusiken ihren unvergleichlichen Ausdruck. Die Form bleibt auch hier souverän gehandhabtes Mittel subjektiver Aussage. Aber die Sprache und ihr Sinn haben sich wiederum gewandelt. Sie ist in ihren Gedankengängen einfacher, in ihrer Struktur vieldeutiger geworden und hat sich der durchgeistigten Polyphonie J. S. Bachs angenähert.

DIE DUOS OHNE KLAVIER*

Das verspielte Duo Allegro und Menuett in G-dur für 2 Flöten entstand 1792 in Bonn. Beethoven schenkte es seinem Jugendfreund *Degenhardt,* bevor er zu Meister Haydn nach Wien in die Lehre ging. Im frischen *Allegro con brio* umrahmen zwei lustig plappernde Eckteile einen sanglichen g-moll-Mittelteil. Besonders reizvoll im *Minuetto quasi Allegretto* das drollige *Trio.* Es beginnt mit einem mehrmals wiederholten pathetischen Unisono-Oktavruf, der im zweiten Teil ein ulkiges Motivspiel auslöst.

Das technisch virtuose, wertvolle Duo mit zwei obligaten Augengläsern in Es-dur für Bratsche und Cello soll etwa 1795 entstanden sein. Aus dem von Beethoven stammenden Titel scheint hervorzugehen, daß er dieses *Allegro* zwei bebrillten Musikanten widmete. Es wurde 1912 nach dem im Britischen Museum befindlichen Autograph von *Fritz Stein* (bei Peters) veröffentlicht. 1952 wurde in London ein kurzes Menuett der gleichen Stimmung und Besetzung (veröffentlicht bei Peters, London) und das Bruchstück eines weiteren Satzes (unveröffentlicht) von *Karl Haas* gefunden. Beide Sätze sollen dem Duo zugehörig sein (mitgeteilt von *Willi Heß* in „Musica" 1953, Heft 11).

Die 3 Duos für Klarinette und Fagott (erschienen 1815) sind zwar auch für V und Vcl bzw. für Klar und Vla oder Vcl bearbeitet, wirken aber in

* Die Nummern von Werken ohne Opuszahl (WoO) nach dem Beethoven-Werkverzeichnis von G. Kinsky und H. Halm (München und Duisburg 1955) sind im Register genannt.

der Originalbesetzung am besten. Die Themen dieser frühen *Spielmusiken* sind typische Bläserthemen, der feingliedrige Satz beteiligt beide Instrumente konzertant am Spiel der Gedanken. Die Erfindung ist frisch und wesentlich, der Ausdruck bestimmt, doch ohne Pathos. Dramatische Akzente fehlen. Das *erste Duo in C-dur* hebt an mit einem heiteren Sonatensatz, in dessen Durchführung ein neuer, energischer Gedanke aufblitzt. Ein schwärmerisches *Larghetto sostenuto* (c-moll) leitet hin zu einem *Rondo-Allegretto* mit rhythmisch frischem Refrain-Thema. Unter den Seitengedanken fällt ein espressivo-Thema der Klarinette (c-moll) auf. Das *zweite Duo in F-dur* ist ähnlich gegliedert. Den Hauptsatz bildet ein *Allegro affettuoso,* in dem sich die Stimmen außerordentlich selbständig entfalten. Eine zweiteilig gegliederte, besinnliche *Aria* (Larghetto) schließt sich an, „attaca" folgt ein witziges *Rondo* (Allegretto moderato). Das *dritte Duo in B-dur* beginnt mit einem *Allegro sostenuto.* Den Anfang seines hübschen, se-

quenzartig sich fortspinnenden Hauptthemas zeigt die Abbildung. Die Entwicklung verläuft ohne forcierte Zielstrebigkeit. Zwanglos ergeben sich eine Reihe weiterer Einfälle, die dann in der Reprise wiederkehren. Den zweiten Satz bildet eine *Aria* (Andante con moto) mit vier charakteristischen Spielvariationen. Gleichsam als Coda schließt sich ein flinkes, kräftiges Nachsätzchen (Allegro assai) an.

DIE SONATEN FÜR VIOLINE UND KLAVIER

Beethoven schrieb 10 Violinsonaten. Die ersten, Werk 12 (Nr. 1—3), sind Spielmusiken aus seiner Frühzeit (erschienen 1798). Die Werke 23, 24 (Frühlingssonate), 30 (Nr. 1—3) und 47 (Kreutzersonate) entstanden 1801 bis 1803. In ihnen gewinnt die Sprache gelegentlich dramatische Intensität. Der Klang wird glänzend und füllig, der Ausdruck steigert sich oft pathetisch. Der dieser Kammermusikgattung ursprünglich innewohnende intime, der Haus- und Salonmusik angemessene Tonfall weicht großen, für den Konzertsaal berechneten Wirkungen. Die Entwicklung gipfelt in der „Kreutzer-Sonate“ und klingt etwa 10 Jahre später (1812) ab in Werk 96.

DIE FRÜHEN SONATEN

Die *Sonaten Werk 12* sind *Salieri* gewidmet. Sie bieten schöne Beispiele für den urwüchsig musikantischen Stil des jungen Meisters. Werk 12 Nr. 1 in D-dur wird eingeleitet von einem *Allegro con brio*, das in seinem stürmischen Verlauf Kraft und Selbstbewußtsein spiegelt. Das helle Hauptthema steigert sich sogleich aus energischem Unisono-Dreiklangmotiv zu breit ausschwingendem Gesang der Violine. Gegenthema und episodische Seitengedanken entspringen sanguinischem Temperament. Violine und Klavier konzertieren gleichwertig. Das *Andante con moto* umfaßt ein schlichtes Thema, dessen Gliederungen die Partner alternierend vortragen, und vier freie Variationen. Die 3. verläuft dunkel leidenschaftlich in a-moll, die 4. findet in schwebenden Synkopen zur Ausgangsstimmung zurück und verklingt zart. Ein spielerisches *Rondo-Allegro* beschließt das Werk.

In Werk 12 Nr. 2 in A-dur wird die Konvention verschiedentlich durchbrochen. Das *Allegro vivace* ($^6/_8$) läßt dies zunächst nicht vermuten. Es beginnt tänzerisch mit einem aus Vorhaltsmotiven gebildeten Klavier-Diskant-Thema, das die Geige mit flinkem, staccatiertem „Schrum-ta-ta“ begleitet. Das Spiel kehrt sich nun um und gewinnt jäh durch ein in fis-moll einsetzendes, stark modulierendes Gegenthema erregende Akzente. Die Entwicklung treibt einer Generalpause zu, scheint in einer verschleierten Überleitung zu verrieseln, wird aber in der Coda (vor der Durchführung) durch einen selbst im piano noch pathetisch wirkenden Unisono-Gedanken aufs neue hochgerissen. Die Durchführung verarbeitet das Hauptthema, die Reprise verläuft normal. Der Unisono-Gedanke der Coda mündet nach großer Steigerung decrescendo in einen freien Auslauf, in dem das Hauptthema vergeht. Neu die sprechende Generalpause am Schluß! Das *Andante piu tosto Allegretto* („piu tosto" = schneller) wird nun zu einer lyrischen Aussage von ergreifender Wirkung. Was sich im Drama der „Appassionata" mit fast sinfonischem Pathos abspielt, vollzieht sich hier in der stilleren, aber nicht weniger intensiven Zwiesprache zweier Instrumente, von denen keines aus der bändigenden Form selbstherrlich ausbricht, vielmehr der Gesang des einen den des anderen hervorruft, trägt und beschwichtigt. Der noch im Ausklang erregend mitschwingende schwermütige Grundton verflüchtigt sich im Finale, *Allegro piacevolo* („piacevolo" = lieblich, graziös). Hier herrscht wieder der Geist geselligen Musizierens in einer frischen, durch rhythmische Schwerpunktverlagerungen (Sforzati auf unbetonten Taktteilen), überraschende Modulationen, Generalpausen usw. eindringlich gesteigerten Sprache.

Hell ist die Grundstimmung der Sonate Werk 12 Nr. 3 in Es-dur. Das rhapsodische Hauptthema

ihres *Allegro con spirito* löst sogleich ein lebhaftes Motivspiel aus. Erst das zweite Thema, das die Geige einführt, zeigt melodisches Profil. Es wird vom Klavier nachgesungen und mündet nach drängender Überleitung in eine beschwichtigende kleine Coda. Hübsch hier das Gegeneinander der Motive von Klavierbaß und Violine. Ein paar energische Takte leiten zur Durchführung hin, die neues Material und die Gedanken der Coda schwungvoll verarbeitet. Die Reprise bringt im wesentlichen eine Wiederholung der Exposition. Die Coda ist um einen kurzen, spielerischen Auslauf erweitert. Im *Adagio con molt' espressione* gehört die friedvolle Melodie zunächst dem Klavier, dann der Violine. Den stimmungsvollen Mittelteil beherrscht die Violine, das Klavier begleitet mit Harfenklängen, sein profunder Baß gibt der Harmonik Fülle und Gewicht. Eine poetische Variante des ersten Teiles beendet den schönen Satz. Das frische, einfache *Rondo* (Allegro molto) weist eine von der Norm abweichende Struktur auf: *ein* rhythmisches Motiv bildet die treibende Kraft des Ganzen! Es bleibt nicht auf das energische Refrainthema beschränkt, sondern ruft auch die gegensätzlichen Seitengedanken hervor. Das ist neu und um so bedeutsamer, da sich hier spielerisch ein Gestaltungsprinzip vorzeichnet, das für den späteren Beethoven charakteristisch ist.

DIE MITTLEREN SONATEN

Die Sonaten Werk 23 und 24 sind dem *Grafen Moritz von Fries* gewidmet. Sie ergänzen einander wie Nacht und Tag. Was sich im Finale der letzten Frühsonate spielerisch ankündigte, tritt in Werk 23 in a-moll als Gestaltungsprinzip in Erscheinung. Die *Gesamtform* steht unter dem Gesetz einer dramatischen Entwicklung. Gegenspieler im Sinne des Dramas sind fallende und steigende Motive bzw. Themen. Sie verkörpern niederziehende oder sich aufbäumende Kräfte, die miteinander im Widerstreit liegen. In den Ecksätzen vermögen sich die aufstrebenden Kräfte nicht durchzusetzen, im A-dur-Mittelsatz halten die Gegenkräfte einander die Waage. Alle Sätze sind von einer fast unaufhörlich drängenden, vitalen Rhythmik getragen. Der erste Satz stürmt dunkel im Zeitmaß eines *Presto* (6/8) dahin. Jagende Achtel, denen sich keine Stimme zu entziehen vermag, bilden den Grundrhythmus. Er wird, vor allem im Gegenthema, noch verschärft durch die hartnäckig wiederkehrende Skandierung: Viertel, Achtel. Über dem Grundrhythmus hebt das Hauptthema

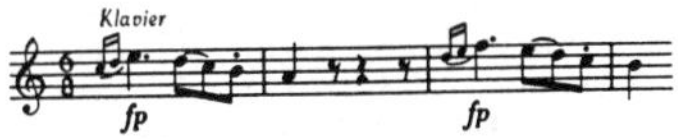

mit einem fallenden Motiv an. Ihm tritt die Umkehrung des Motives energisch aufstrebend gegenüber. Im ersten Ansturm wird C-dur gewonnen und dreimal kadenzierend bekräftigt. Eine schroffe Wendung nach e-moll löscht den kurzen Lichtblick. Das zweite Thema erreicht aufstrebend zunächst D-dur, gleitet dann zurück nach e-moll und gibt fragend den Weg frei für ein erregendes Motivspiel, das nach großem ff-Höhepunkt dunkel abklingt. In der freien Durchführung überspitzt sich die Auseinandersetzung zunächst in leidenschaftlichem Ausbruch. Ein sanglicher Gedanke der Violine in F-dur scheint eine Wendung herbeizuführen. Doch das fallende Motiv des Hauptthemas bleibt im Klavierbaß mit ihm verbunden, auch die jagenden Achtel schwingen unermüdlich in der Mittelstimme fort. Sie verdrängen den beschwichtigenden Gedanken und streben in hitzigem Getümmel einer Entscheidung zu. Diese wird nach offener Fermate umgangen durch den Eintritt eines zweiten neuen Themas! Klärung vermag es nicht zu bringen. Das fallende Grundmotiv und die jagenden Achtel hetzen es der Reprise zu, die mit dem Hauptthema ff einsetzt und das Drama noch einmal aufrollt. Das letzte Thema der Durchführung wird Gegenstand einer zweiten Coda, die ritardando pp in eine Frage mündet. Nun erst kommt die Entscheidung: das fallende Motiv klingt in schneidendem ff auf, Symbol unentrinnbaren Schicksals. In einer durch zwei Generalpausen zerklüfteten dunklen Kadenz senkt sich der Vorhang über das Bild. Aus dem Schweigen einer Fermate löst sich nun zögernd, in kurzen, stockenden Schritten das A-dur-Thema des *Andante scherzoso, piu Allegretto.* Es blüht auf, gewinnt im Gesang der Violine Leuchtkraft, weitet sich zur Melodie und klingt friedvoll aus. Ein zweites, heiteres Thema entsteht im Klavierbaß, springt fröhlich zur Violine hinüber und wird Gegenstand einer hübschen polyphonen Episode. Sie mündet in einen graziösen kleinen Nachsatz, aus dem sich unversehens eine drängende Entwicklung ergibt, die nach energischer Steigerung in einer pastoralen Coda sanft verrieselt. Nun wird deutlich, daß sich hier wiederum ein *Sonatensatz* formt! Die Durchführung ist überschattet von der Grundstimmung des Presto. In ihr kommt es zu einer höchst eigenartigen dramatischen Auseinandersetzung zwischen den beiden Themen. Das Hauptthema setzt sich durch, in leichtem Tonfall wird die Reprise erreicht, die in figurativ aufgelockertem Stil das heitere Bild des Expositionsteiles noch einmal erstehen läßt. Eigenartig verbinden sich in diesem lebhaften Andante (piu Allegretto!) Wesenszüge eines langsamen Satzes, eines Scherzo (scherzoso!) und eines dramatischen Sonatensatzes. Das groß angelegte *Allegro molto* hat zwar die Form eines freien Rondo, aber dieses Rondo ist nicht mehr stilisiertes Abbild geselligen Spiels (Rundgesang mit wiederkehrendem Refrain), sondern äußere Erscheinungsform eines dramatischen Vorgangs. Sein dunkles

Refrainthema hat den Charakter des Unabwendbaren. Die anderen Themen, zum Teil aus Gedanken der Vordersätze hergeleitet, wollen es vergessen machen. Doch die Bilder, die sie beschwören, vergehen vor der Kraft dieses Gedankens, der immer wieder nahezu unverändert durchbricht, sich endlich mit der Gewalt eines Cantus firmus in Oktaven aufreckt und in einer kurzen, dunklen Coda versinkt.

Die „Frühlingssonate“, Werk 24 in F-dur verdankt ihre Beliebtheit dem hellen, pathetischen Schwung ihrer einprägsamen Melodik und der bisweilen hymnisch sich steigernden Lyrik ihrer Stimmungsbilder. Wiederum finden sich fallende und aufstrebende Kräfte. Aber sie bekämpfen sich nicht, sondern bedingen einander im Sinne einer natürlich strömenden Atmung. Die Sprache zeigt eine Vorliebe für die große Geste. Das äußert sich hier in fülliger Akkordik, rauschender Figuration, affektbetonter Dynamik, in grell gegeneinandergestellten Klangflächen, in Oktavverdoppelungen und in der häufigen Verwendung von Vorhalten auf betonten Taktteilen. Man begegnet fortan solchen Vorhalten bei den Romantikern in zunehmendem Maße, *R. Wagner* verwendet sie ausgiebig! Das dekorative Hauptthema

des *Allegro* verweilt schwelgerisch auf pathetischen Vorhalten (durch Kreuze über den Noten gekennzeichnet). Im Nachsatz des Themas zeigt sich Entsprechendes,

ebenso im Nachsatz des zweiten Themas, dem die Geige über aufbrandenden Akkordfluten des Klaviers strahlenden C-dur-Glanz verleiht. Die Themen-Nachsätze haben den Charakter selbständiger Themen, so daß hier geradezu zwei Themen-*Gruppen* eingeführt werden. Solche Gedankenfülle bedingt eine beträchtliche Erweiterung der Durchführung und Reprise. Klangprächtig, ohne dramatische Kontroverse wird die helle Coda erreicht, in der das Klangmotiv des Hauptthemas spielerisch zerflattert. Während in der a-moll-Sonate langsamer Satz und Scherzo in *ein* Gebilde zusammenfließen, treten hier beide Sätze selbständig auf. Im *Adagio molto espressivo* wird ein schlichtes Thema, das wiederum über Vorhalte ausschwingt, alternierend von Klavier und Violine vorgetragen. Nach einem Überleitungssätzchen ergibt sich eine mit Arabesken ausgezierte Wiederholung, die in ein freies, pp abklingendes Nachspiel mündet. Der Lyrik dieses Adagio stellt das *Scherzo* (Allegro molto) ein unbeschwertes Spiel leichter Rhythmen gegenüber. Die Wirkung seines ein-

fach kadenzierenden Themas beruht vor allem auf den witzigen, staccatierten Vorhalten der nachplappernden Violinstimme. Eine kleine Überraschung bringt der zweite Teil. Dort unterbricht zweimal ein heller A-dur-Ruf des Klaviers, aus dem sich die Geige aufschwingt, das lustige Treiben. Ähnliche Farbkontraste verwendete Beethoven später in der „Pastorale". Das kurze *Trio* löst die drastische Rhythmik des Scherzo vorübergehend in fast konturlose Achtelbewegung auf. Das *Rondo-Finale* (Allegro ma non troppo) ist eine unter-

haltsame Spielmusik rund um ein hübsches Refrainthema, das sich vergnügt über einen hellen Vorhalt hin in Bewegung setzt. Im weiteren Verlauf ist es mit kleinen, tänzelnden Vorhalten geradezu gespickt. Auch die Seitengedanken können der Vorhalte nicht entraten. Ein gewichtiger d-moll-Gedanke verbindet fast während seiner ganzen Dauer Vorhalte mit Synkopen. Die Wiederkehr des stets variierten Refrainthemas wird meist witzig vorbereitet. Eine virtuose Coda beendet das spielfreudige Werk.

Die Sonaten *Werk 30 Nr. 1—3* widmete Beethoven *Kaiser Alexander I. von Rußland.* Sie sind wie die „Frühlingssonate" für den Konzertsaal entworfen und als einheitliche Werkgruppe zu betrachten.

Spielfreudig leitet Werk 30 Nr. 1 in A-dur den Zyklus ein. Seine drei Sätze verbreiten eine wohltemperierte, freundlich helle Atmosphäre. Dem frischen Allegro ist ein ruhiger A-dur-Akkord vorangestellt. Aus einer belebenden Sechzehntelfigur, die in dem Satz eine beträchtliche Rolle spielt, erhebt sich das

ruhig fließende Hauptthema. In drei großen Bogen entfaltet es sich. Eine energische kleine Überleitung

führt zum sanglichen Gegenthema, das wie ein Modell des Kopfthemas aus Schuberts As-dur-Impromptu wirkt. Im wesentlichen aus diesen Gedanken und ihrem Gefolge wird der Satz konfliktlos hinmusiziert. In der pp abklingenden Coda behält das Sechzehntelmotiv das letzte Wort. Das *Adagio molto espressivo* ist in freier dreiteiliger Liedform angelegt. Geige und Klavier singen abwechselnd eine durch Ornamente und zwei kleine Kadenzen ausgezierte friedvolle Weise über einfachen, in Bewegung aufgelösten Harmonien. Punktierte Rhythmen oder Sechzehntel-Triolen, die bisweilen auch auf den ruhig schreitenden Baß übergehen, gliedern und beleben die fließende Bewegung der begleitenden Mittelstimmen. Das Finale umschließt ein *Allegretto* mit 6 Variationen, die von Anbeginn eigene Wege gehen. Sie zeichnen das muntere Spielthema des Allegretto nicht ganz nach, sondern greifen Perioden oder auch nur Motive aus ihm auf und bauen aus ihnen selbständige, meist kurze Formen unterschiedlichen Inhalts. In der vierten Variation ergibt sich ein hübsches Wechselspiel zwischen der unbegleiteten, akkordisch geführten Geige und dem Klavier. Die fünfte in a-moll beginnt polyphon, geht nach einem kleinen B-dur-Adagio in ein markantes Motivspiel zwischen Klavierbaß und Violine über und mündet nach freiem Auslauf unmittelbar in die sechste, die als groß angelegtes Allegro ma non tanto (6/8) das heitere Spiel schwungvoll beendet.

Von der viersätzigen c-moll-Sonate Werk 30 Nr. 2 führt ein gerader Weg zur „Appassionata“, bieten sich aber auch Ausblicke auf die Sinfonien der mittleren Periode. Das Kopfmotiv des Hauptthemas

aus dem großen *Allegro con brio* ist eine Moll-Variante des Kopfmotivs aus dem Allegro vivace e con brio der 8. Sinfonie (F-dur), die zehn Jahre später entstand. Dort schwingt es tänzerisch im 3/4-Takt aus, Keimzelle einer melodischen Entfaltung. Hier streben die in seiner ersten langen Note gestauten Energien in niederzuckenden Sechzehnteln zum Grundton hin. Nach einer Atempause wiederholt sich der Vorgang in der Unterdominanttonart. Die Spannungen dieses piano einsetzenden Geschehens würden genügen, einen Ausbruch von sinfonischer Gewalt auszulösen, doch sie werden im stokkenden Abstieg zur Dominante völlig entkräftet. Mit dem Einsatz der Violine (c-moll) schließt sich der Kreis dieser dunklen Kadenz, öffnet sich ein weiterer, dessen Rund dasselbe Thema durchläuft, nun in eine drängende Entwicklung getrieben von einer Begleitung, die durch Sechzehntel-Passagen, grollende Tremoli des Basses, dynamische und klangliche Akzente erregend geschärft ist. Ein zweimaliger Ansturm heftiger ff-Akkorde erzwingt eine Wendung. Das zweite, marschartige Es-dur-Thema erscheint piano in der Violine, „sempre staccato“ kontrapunktiert von huschenden Achteln des Klavierdiskants. Es springt auf den Baß über, gewinnt herrische Züge und treibt einer stürmischen Dur-Coda zu. Diese gipfelt ff in einer Es-dur-Kadenz, die (ohne Wiederholung des Expositionsteiles!) unmittelbar in die pp einsetzende Durchführung mündet. Im Baß geistert das Kopfmotiv des Hauptthemas. Darüber jagende Passagen und — in der Violine — ein trostreicher Gesang von wundervoller Innigkeit. Das Singen bricht ab, das Kopfmotiv reckt sich in mehrfacher rascher Wiederkehr unisono auf. Es wird vom Marschthema verdrängt, das in eine leidenschaftliche motivische Auseinandersetzung gerissen wird. Unentschieden mündet die Durchführung mit der ff-Wiederkehr des Kopfmotivs in die Reprise. Eine mit dem trostreichen Gesang der Violine in C-dur einsetzende, aber stürmisch verlaufende große c-moll-Coda bringt die pessimistische Entscheidung. Sie weitet zugleich den Bogen des Satzes ins Riesige. Das herrliche *Adagio cantabile* scheint frei von Unrast. Seine vom Klavier eingeführte As-dur-Melodie entfaltet sich über schlichten Harmonien in reinem Wohllaut. Sie wölbt sich auch ungebrochen in großen, ernsten Bögen über den dunklen as-moll-Mittelteil, aus dem eine irisierende Modulation über b-moll, Ges- und Es-dur nach As-dur in den freien Wiederholungsteil zurückleitet. Hier untertönen geheimnisvoll auf- und niederwogende Läufe den ruhigen Gesang der Violine. Zweimal durchbrechen sie urplötzlich in hartem C-dur-ff das Geschehen. Eine rätselhafte Geste von beklemmender Wildheit! Unmittelbar danach spinnt die Geige ihr stilles Lied unbekümmert fort. Eine große Wirkung und ohne Vergleich! In der Coda sind die raunenden Läufe wieder da. Geheimnisvoll auf- und niederwogend, verrieseln sie leise unter gezupften Harmonien der Geige. Das *Scherzo* (Allegro) zieht flott in C-dur vorüber. Rhythmische Schwerpunktverlagerungen (durch Sforzati betont) geben dem reizenden Thema federnden Schwung. Ein kleiner, aggressiver Moll-Mittelteil, aus dem gestoßene, auf einer Note tänzelnde Triolen der Violine decrescendo zum variierten Beginn zurückleiten, erhöhen die Farbigkeit dieses witzigen Gebildes. Das *Trio* wandelt das Scherzo-Thema ab. Violine und Klavierbaß tragen es in strenger kanonischer Folge vor. Gleitende Triolen der Mittelstimme lockern das Klangbild auf und machen die Rhythmik geschmeidig. Der Ausgeglichenheit dieser Sätze, die nur einmal von der Wildheit weniger Takte im Adagio gefährdet erscheint, stellt das *Finale* (Allegro) — als echtes Gegenstück des Kopfsatzes —

einen dramatischen Inhalt gegenüber. Das Hauptthema reckt sich in steiler dynamischer Kurve aus piano grollenden Vierteln zu hartem ff-Schlag auf und sinkt dann stockend zur Dominante nieder. Erst in der Wiederholung (Geige) erreicht es die Tonika. Das unmittelbar folgende zweite Thema schwingt über der gleichen c-moll-Kadenz melodisch in schwächerer dynamischer Kurve fragend aus, ohne die Tonika zu erreichen. Im wesentlichen aus diesem Material wird nun der Satz in packenden Abschnitten aufgetürmt. Hierbei verändern die Themen und Motive unentwegt ihr Wesen. So werden z. B. die klopfenden Viertel des Hauptthemas leicht und hell, oder das Anfangsmotiv des zweiten Themas schreitet in Oktavbässen des Klaviers sequenzartig aufsteigend wuchtig einher. Dann wieder erscheint es „dolce“ in federleichtem C-dur als tröstender Lichtblick. Das Geschehen gipfelt in einer stürmischen c-moll-*Presto-Coda.*

Die Sonate Werk 30 Nr. 3 in G-dur ist wie Nr. 1 dreisätzig geformt, aber straffer. Das frisch auffedernde, in hellem Fanfarenruf gipfelnde Haupt-

thema charakterisiert die unbeschwerte Grundhaltung des *Allegro assai* vortrefflich. Seiner Wiederholung folgt unmittelbar „dolce“ ein geschmeidiges Seitenthema. Es geht bald in flinkes Laufwerk über, das ff in das schnurrige Kopfmotiv des Hauptthemas einmündet. Aus solchem Auftakt ergibt sich nun im größeren Rahmen des Sonatensatzes ein spannendes Treiben. Bisweilen geistern Schatten über das farbenfrohe Bild, bisweilen wetterleuchtet es bedrohlich. Aber alles ist nur ein Spiel, in dem zarte und derbe Töne gemischt sind. Den Höhepunkt bildet der zweite Satz. *Tempo di Minuetto* schreibt Beethoven vor, aber er fügt einschränkend hinzu: *„ma molto moderato e grazioso.“* Das Zeitmaß entspricht also etwa dem eines Andante. Der Zauber reiner Lyrik liegt über diesem Gebilde, dessen Thema sich in dreiteiliger Liedform entfaltet. Melodische Gegenstimmen geben ihm das Geleit, selbständige, aus der gleichen Atmosphäre aufsteigende Seitengedanken spannen schöne

Bogen hinüber zu weiteren Abschnitten, in denen das Thema nahezu unverändert wiederkehrt. In der Coda ergibt sich eine besonders schöne Wirkung, wenn Geige und Klavier einander einen Teil des Themas motivweise zusingen. Ein großes *Allegro vivace* beendet das Werk mit dem Schwung eines Perpetuum mobile, dessen feingliedrigem Laufwerk ein witziger Hauptgedanke immer wieder Festigkeit und Profil gibt. Don Giovannis „Champagner-Arie“ klingt in ihm an.

Die beiden ersten Sätze der „Kreutzersonate“, Werk 47 in A-dur, schrieb Beethoven 1803 „in kürzester Frist“ für den aus Polen stammenden mulattischen Geigenvirtuosen *George Bridgetower.* Der dritte Satz lag schon vor, er war ursprünglich für Werk 30 Nr. 1 bestimmt. Im gleichen Jahr spielte Beethoven das Werk zweimal öffentlich mit Bridgetower. 1805 widmete er es indessen dem französischen Geigenvirtuosen *Rodolphe Kreutzer,* dessen Namen es seither trägt. Die Entstehungsgeschichte ist ein Beleg für den *Gelegenheitscharakter* der Sonate, die neben der „Frühlingssonate“ den repräsentativsten Beitrag Beethovens zu dieser Gattung darstellt. In ihr gipfelt der pathetisch-virtuose Konzertstil des Meisters. Ihr inneres Gefüge ist locker. Nur der letzte, angehängte Satz steht in A-dur, der Kopfsatz in a-moll, der Mittelsatz in F-dur. Es ist anzunehmen, daß die kurze A-dur-Einleitung dem Kopfsatz erst vorangestellt wurde, als feststand, daß das A-dur-Finale mit dem Werk verbunden bleiben sollte.

Die Einleitung *(Adagio sostenuto)* bildet ein Solo der mehrstimmig geführten Violine. Das Klavier antwortet. Im Wechselspiel der Instrumente, die sich bald vereinen, wird nach wenigen Takten d-moll erreicht. Über Harmonien des Klaviers kündet sich nun das Auftaktmotiv des Presto in der Violine an. Sie wiederholt es mehrmals eindringlich — immer wieder unterbrochen von einem „a“ des Klavierdiskants —, bis es in einer Fermate zur Ruhe kommt. Darüber vergeht pp auch der nachschlagende Ton „a“ des Klaviers in einer Fermate. Dann springt die Geige mit ihrem Auftaktmotiv in das

großartige Kopfthema des *a-moll-Presto.* Seine Impulse wirken sich nicht aus, sie erstarren in der pathetischen Geste einer breiten C-dur-Kadenz. Jetzt stürmt das Klavier mit dem gleichen Thema an, doch wieder bricht sich dessen Kraft in der Kadenz, die nun von rauschenden C-dur-Arpeggien geschmückt ist. Der nächste Anlauf entgleitet schon nach dem Auftaktmotiv in ein freies Figurenspiel, das sich nach weit ausholender Steigerung in einen schlichten E-dur-Gedanken entspannt, der über ruhigen Harmonien wie der Lockruf einer Schalmei dreimal ertönt und vom Klavier in e-moll nachgesungen wird. Doch auch dieser Gedanke versinkt im Gewoge aufbrandender Figuren, und erst ein dritter,

der pathetisch aus dem Auftaktmotiv des Kopfthemas aufsteigt, verschafft sich ausgiebig Gehör. Er führt bis zur figurativen Coda des Expositionsteiles, beherrscht einen großen Teil der Durchführung und bringt sich auch in der freien Reprise selbstherrlich in Erinnerung. Ein einziges Mal reckt sich hier das Kopfthema in jähem chromatischen Anstieg steil auf, doch ein pathetisch niedersteigendes Nachspiel fängt diesen Ausbruch auf. Das Nachspiel verrieselt pp in ein paar Adagio-Takte, in denen das Auftaktmotiv vergeht, dann beendet eine kräftige Stretta das virtuose Spiel. Das F-dur-*Andante con Variazioni* hat ein herrliches Thema. Es entfaltet sich aus dem umgekehrten Auftaktmotiv des Presto im

Klavier und weitet sich in wellenförmigem Anstieg zur Melodie. Die Geige singt diesen Abschnitt nach. Das Klavier läßt nun einen hellen C-dur-Mittelteil hören, der über eine zierliche Trillerkette in den Beginn zurückleitet. Eine Wiederholung beider Teile in umgekehrter Reihenfolge und mit Geige rundet das Andante zur Form (a, b, a, b, a). Die vier Variationen beschränken sich darauf, das Thema in fließende Bewegung umzusetzen und mit wechselnden Figuren zu umspielen. Das geschieht in erlesenstem Stil und mit bezaubernder Wirkung. Die dritte Variation wandelt das Thema in Moll ab, die virtuose vierte mündet in ein ausgedehntes Nachspiel. Das A-dur-*Presto-Finale* (6/8) lebt aus einem aggressiven rhythmischen Motiv (Viertel, Achtel). Es wuchert über das Kopfthema hinaus, das nach unentschiedenem Geplänkel zwischen Dur und Moll einen fanfarenartigen Gedanken aus sich hervorbringt. Dieser wächst sich nach heftigen Anläufen zu einem federnden

Thema aus, das als Signum des Satzes im Ohr haften bleibt. Ein getragener Seitengedanke (2/4, ritardando endend) und ein kleines Adagio, in dem der Grundrhythmus zu stocken scheint, unterbrechen zweimal den stürmischen Schwung dieses festlich hellen Finale.

Andere Wesenszüge trägt die letzte Violinsonate, Werk 96 in G-dur (1812), die dem *Erzherzog Rudolf* gewidmet ist. Beethoven hat hier in sublimem Sinn hingefunden zu einer spielerischen Musik, die kontemplativer Gesinnung entspringt. Die Nähe der apollinischen 8. Sinfonie wird spürbar, aber es fehlt deren heitere Größe. Ein Mikrokosmos schwereloser Gedanken und Empfindungen kreist mit beschaulicher Gelassenheit um sich selbst. Das Thema des *Allegro*

moderato kennzeichnet die Grundhaltung des Werkes. Die unbegleitete Violine trägt ein stilles Motiv vor. Ein Triller gibt seinem Auftakt fast die Bedeutung eines schweren Taktteiles und mindert so das Gewicht des nachfolgenden e, welches akzentlos zum h zurückgleitet. Das Klavier wiederholt das Motiv, in der Violine schwingt es „dolce“ aus, ein in Bewegung aufgelöster G-dur-Akkord mit melodisch kadenzierender Endung führt geschmeidig zum Beginn zurück. Ein Mindestmaß an Spannung trägt diesen Gedanken. Über sein akkordisches Endmotiv hin kommen die Dinge rasch in Fluß. Kräftigere Seitengedanken ergeben sich, sorgen für Abwechslung, ohne zu erregen. Kleine Steigerungen beleben die Ausdruckskurve, gehen aber nie über ein temperiertes forte hinaus, „sempre piano“ herrscht vor. Diminuendi, längere pp-Teile (selbst in der Durchführung), ritardandi etc. wirken sich dämpfend aus. Auch dem liedhaft sich entfaltenden *Adagio espressivo* (Es-dur) fehlen stärkere Akzente. Über „p cresc.“ stößt die Dynamik nicht vor. Im *Scherzo* (g-moll) sind — weit ausgesprochener als im Allegro — die Auftakte zunächst jeder Zweitaktperiode, dann sogar jedes Taktes durch „sfp“ betont. Im übrigen nimmt der rhythmisch bestimmte Satz einen dunklen, durch keine weiteren Schattierungen gegliederten Verlauf. Er umrahmt ein entzückendes Es-dur-*Trio.* Zu seiner federleicht in der Violine aufsteigenden Melodie gesellt sich später eine zweite, die in wiegenden Synkopen ruhig niederschwebt. Beide gemeinsam kommen in einem längeren polyphonen Diminuendo pp zur Ruhe. Die Wiederholung des Scherzo mündet überraschend in eine versöhnliche G-dur-Coda. Das *Finale* hat zwar kräftigere Konturen, ist aber, besonders im Zeitmaß, merkwürdig uneinheitlich gegliedert. Es beginnt *poco Allegretto* mit einem volksliedartigen Tanzthema (dolce), das zweimal frei variiert wird (das zweite Mal „sempre forte“). Ein in

Synkopen sich ergehendes Thema leitet nach längerer Entwicklung ritardando zu einem *Adagio espressivo* ($^6/_8$) mit weitgespannten chromatischen Kadenzen und zierlichen Ornamenten, dem das Thema ($^2/_4$) als Reminiszenz in Es-dur folgt. Nach einer Fermate führt ein straffes G-dur-*Allegro* über ein kleines g-moll-Fugato noch einmal zum Thema, das nach kräftiger Steigerung in einer verhaltenen Coda *poco Adagio* abklingt. Sein Endmotiv verzischt *Presto* in einer winzigen ff-Stretta.

SONATEN FÜR CELLO UND KLAVIER

Beethoven schuf fünf Cello-Sonaten: *Werk 5 Nr. 1 und 2* (1796), *Werk 69* (1808) und *Werk 102 Nr. 1 und 2* (1815). Sieht man von dem Bündel vergessener Cellosonaten *Boccherinis* ab, so sind sie wohl die ersten Beispiele der Gattung, in denen Cello und Klavier konzertieren.

Die Sonaten *Werk 5 Nr. 1 und 2* schrieb Beethoven während seiner Berliner Reise für den Cello spielenden *König Friedrich Wilhelm II. von Preußen.* Sie zeigen den leidenschaftlichen Stil mancher frühen Klavierwerke in ungewöhnlicher, dreisätziger Form. Der eigentliche Sonatensatz steht in der Mitte, ein langsamer Satz geht ihm voraus, ein entspannendes Finale folgt.

W e r k 5 N r. 1 i n F - d u r beginnt mit einem rhapsodischen *Adagio sostenuto* von schwärmerischem Ausdruck. In ihm sind die Themen des weiträumigen *Allegro* keimhaft vorgebildet. Sein vom Klavier eingeführtes, energisches Hauptthema ist ein echter Cellogedanke. Ein synkopisch drängendes Seitenthema und eine Fülle von Nebengedanken wachsen im Laufe der Entwicklung hinzu, die in einer großen Durchführung dramatisch kulminiert, sich sanglich entspannt und nach der Reprise in eine breite Coda mündet. Ein rhythmisch prägnantes *Allegro vivace* beendet das Werk.

W e r k 5 N r. 2 i n g - m o l l ist — mit Ausnahme des Finale — von dunklem, leidenschaftlichem Pathos erfüllt. Punktierte Rhythmen und füllig wogende Klänge charakterisieren das einleitende *Adagio sostenuto ed es-*

pressivo. Es führt rhapsodisch zu einem *Allegro molto piu tosto presto,* das sich aus verhaltenem Beginn vehement steigert und einen dramatischen Verlauf nimmt. Virtuos zieht das spielfreudige *Rondo* vorüber. Sein markantes Refrainthema bleibt im Ohr.

In der Sonate Werk 69 in A-dur spürt man die Nähe der *„Pastorale“* (Werk 68!). Die leidenschaftliche Sprache der ersten Sonaten ist abgelöst von einem freien melodischen Strömen. Es gibt zwar energische Akzente und Steigerungen fast sinfonischen Charakters, aber sie sind nicht durch antithetische Konflikte verursacht, eher hymnischer Natur und entspannen sich im Sinne einer gelösten Atmung. Dem entspricht die Anordnung der Sätze, ihre Struktur und die Art der Themen. Ein melodisches Thema des unbegleiteten Cello

leitet das *Allegro ma non tanto* „dolce“ ein. Über dem Orgelpunkt E des Cellos führt es das Klavier bis zu einer mit Trillern gezierten, hellen Endung fort, die in einer kleinen Solokadenz mit langer Fermate abklingt. Das Spiel wiederholt sich mit umgekehrten Vorzeichen (zunächst Klavier, dann Cello mit „dolce“ Solokadenz). Ein drängendes Moll-Motiv, ein farbig modulierendes E-dur-Thema und eine Fülle weiterer Gedanken gliedern die energische Entwicklung, ohne ihre innere Harmonie zu gefährden. Das melodische a-moll-*Scherzo* (Allegro molto) zeigt eine originelle Form: es geht ohne Wiederholung in ein pastorales A-dur-*Trio* über (nicht als solches gekennzeichnet), folgt diesem, wird von ihm abgelöst und beendet den Satz, der somit die Gliederung a, b, a, b, a hat. Der Wechsel der Moll- und Dur-Partien ist von bestrickendem Reiz. Ein kurzes *Adagio cantabile* (E-dur) ist dem spielfreudigen Finale *(Allegro vivace)* vorangestellt. Auch in ihm überwiegen die melodischen Impulse.

Die Sonaten *Werk 102 Nr. 1 und 2* leiten Beethovens letzte Schaffensperiode ein. Die Form wird nun als Architektur bagatellisiert und souverän der freien Entfaltung der Gedanken untergeordnet, die Stimmführung in zunehmendem Maße linear. Der Klang wird weitgehend entsinnlicht, das Formganze bei einfacher Thematik unübersichtlicher. Mit einer Sublimierung der persönlichen Ausdruckswerte geht eine kühle Distanzierung vom Gegenstand merkwürdig Hand in Hand. Rhapsodisches Schweifen der melodischen Phantasie und konstruktive Polyphonie — früher einander ausschließend — treten neben- oder miteinander auf.

Werk 102 Nr. 1 in C-dur wird eingeleitet von einem ruhigen *Andante*. Es geht über in einen freien Sonatensatz, *Allegro vivace*. Nahezu in Permanenz trägt ein energischer punktierter Rhythmus (lang, kurz) sein a-moll-Hauptthema und auch die Seitengedanken. Zwei kurze Sätzchen, ein rhapsodisches *Adagio* und ein *Andante,* in dem der Einleitungsgedanke variiert wird, leiten zu einem polyphon sich steigernden *Allegro vivace* hin. In diesem Finale behauptet sich ein sogleich auftretendes rhythmisches Grundmotiv (kurz, kurz, lang) mit fast manischer Kraft.

Werk 102 Nr. 2 in D-dur beginnt mit einem energischen *Allegro con brio*. Der Mittelsatz, *Adagio molto sentimento d'affetto,* also gefühls- und affektbetont, entfaltet sich aus unbestimmt gleitender Einleitung. Seine Sprache ist eindringlich in den Formulierungen, rhythmisch, dynamisch und klanglich gegensatzreich, seine Form wiederum rhapsodisch frei. Ein Variationsteil leitet unmittelbar zu einem *Allegro* hin, das mit einer fast archaischen *Fuge* anhebt und in ein farbiges Gedankenspiel improvisatorischen Charakters einmündet.

WEITERE DUOS MIT KLAVIER UND VARIATIONSWERKE

Die Sonate für Horn und Klavier, Werk 17 in F-dur (1799) vereint in sich alle Vorzüge des Beethovenschen Frühstils. Sie entstand innerhalb von zwei Tagen für den Hornisten *Punto.* Bei der Uraufführung schmückte Beethoven den Klavierpart improvisierend aus. Es gibt von ihr Bearbeitungen für Flöte, Geige, Bratsche oder Cello und Klavier, aber die Originalfassung vermittelt den weitaus besten Eindruck. Ein farbenfroher Sonatensatz,

Allegro moderato, leitet die Spielmusik ein. Sein Kopfthema dürfte wohl jedem Musikfreund geläufig sein. Ein graziöses *Poco Adagio quasi Andante,* mit f-moll-Seufzern des Horns beginnend, die im Klavier zärtliche Antwort finden, führt in wenigen ausdrucksvollen Takten zu einem springlebendigen *Rondo-Finale* (Allegro moderato). Hier darf der Hornist zeigen, was er kann.

Eine Sonatine c-moll und Adagio Es-dur schuf Beethoven in seiner Frühzeit für die seltene Besetzung Mandoline und Klavier (orig. *Cembalo).* Die *Sonatine* zeigt dreisätzige Liedform mit graziösem Dur-Mittelteil. Das *Adagio* fügt der reizenden Spielmusik ein empfindsames, stellenweise recht melancholisches Stimmungsbild hinzu.

Unter den zahlreichen Variationswerken (21 für Klavier, 2 für 2 Klaviere, 7 Hefte für Flöte und Klavier, 3 Hefte für Cello und Klavier u. a. m.) gibt es auch ein Andante con Variazioni für Mandoline und Klavier (orig. *Cembalo).* Es entstand wohl 1796 in Prag und erschien erstmalig 1940. Ein hübsches zeitgenössisches D-dur-Thema wird hier in 6 Variationen, die in eine Coda münden, unterhaltsam abgewandelt.

Des öfteren variierte Beethoven in seiner Jugend *Mozartsche* Themen. Die Zyklen sind meist für Klavier und Cello (oder V) entworfen, können aber auch in Triobesetzung (Kl, V, Vcl) gespielt werden. Erwähnt seien 12 Variationen über „Will der Herr Graf ein Tänzchen wagen" aus *„Figaro"* und zwei Variationsfolgen über Themen aus der *„Zauberflöte"*: „Bei Männern, welche Liebe fühlen" (7 Var.) und „Ein Mädchen oder Weibchen" Werk 66 (12 Var.). Im gleichen Zusammenhang sind zu nennen 12 Händel-Variationen (G-dur) über das Arienthema „Tochter Zion" aus *„Judas Maccabäus"*.

Für 2 *Oboen und engl. Horn* schrieb Beethoven 1797 die 8 Variationen nebst Coda über „Reich mir die Hand, mein Leben" aus Mozarts *„Don Giovanni"*. Sie wurden 1914 herausgegeben und auch für Flöte, Klarinette, Fagott bearbeitet (Leu). Die 14 Variationen, Werk 44 über ein eigenes Thema sind für Klavier, Violine und Cello entworfen, gehören also wie die „Schneider Kakadu"-Variationen, Werk 121a vom Jahre 1823, in den Umkreis der Klaviertrios (vgl. dort). Abschließend seien genannt 10 variierte Themen, Werk 107, für Klavier allein oder mit Flöte (V). Volkslieder aus Tirol, Rußland usw. werden hier mit bewundernswerter Kunst abgewandelt.

Die Variationsmanier erstreckt sich in der Mehrzahl der vorgenannten Werke von einfacher figurativer Umspielung der Themen bis zu deren nahezu völliger Auflösung. Bisweilen stehen die Motive oder Perioden einzelner Variationen nur noch mittelbar mit dem Grundthema im Zusammenhang. Auch hinsichtlich der Metrik erlaubt sich Beethoven manche Freiheit. So ändert er z. B. gerade Taktarten in den Schlußvariationen gerne in ungerade ab. Rhythmik und Zeitmaße (Adagio, Allegro usw.) entfernen sich gleichfalls gelegentlich weit von der Vorlage. Nur die Tonarten bewegen sich im Kreise naheliegender Dur-moll-Verwandtschaft.

DIE KLAVIERTRIOS

Man kennt von Beethoven 12 Klaviertrios, und zwar 11 für Violine, Cello und Klavier (einschl. der erwähnten Variationszyklen *Werk 44* und *„Schnei-*

der Kakadu") und eins für Flöte, Fagott und Klavier. Hinzu kommen *Original*-Bearbeitungen des Streichtrios Werk 3, des Septetts, des Oktetts Werk 103 und der 2. Sinfonie! Sie spiegeln Beethovens Entwicklung von den Anfängen bis 1823.

Das nachgelassene Trio in Es-dur soll in den achtziger Jahren entstanden sein. Beethoven wollte es später mit den *Trios Werk 1* herausgeben, verwarf es dann jedoch als unzulänglich. Vor 1790 entstand auch das im Stil noch unausgeglichene Trio für Flöte, Fagott und Klavier (oder Cembalo) in G-dur. Das dominierende Klavier gefährdet die selbständige Entfaltung der Bläser. Ein virtuoses *Allegro* leitet ein. In Moll kontrastiert ein reich ausgeziertes *Adagio.* Hier kommen auch die Bläser solistisch zur Geltung. Den Abschluß bildet ein spielfreudiges *Andante con Variazioni.*

Die Reihe der Meisterwerke beginnt mit den 3 Trios Werk 1. Sie erschienen 1800. Mindestens zwei von ihnen entstanden wesentlich früher. Nr. 2 erklang bereits 1794 im Hause des *Fürsten Lichnowsky,* dem die Gruppe gewidmet ist. Sie bildet einen ersten Höhepunkt in Beethovens Kammermusik. In ihr gelang eine überzeugende Verschmelzung von überkommenem Stil- und Formgut mit eigenem Ausdruck.

Werk 1 Nr. 1 in Es-dur hebt sich in mancher Hinsicht eigenwillig von der damaligen Gesellschaftsmusik ab. Das zeigt sich schon am Kopfthema des ur-

wüchsigen *Allegro.* Zuerst wies wohl *Mersmann* darauf hin, daß hier der Abstand zur Thematik *Haydns* oder *Mozarts* im überraschenden Abstieg zum *des* (Takt 3) deutlich wird. Durch den frühen Schritt zur Unterdominanttonart As-dur ist für den weiteren Verlauf eine profunde Spannung gewonnen. Ferner: das Seitenthema steht dem Hauptthema melodisch in sanftem g-moll gegenüber. Beide Themen sind also bewußt *antithetisch* erfunden! Kontrastierende Nebengedanken und ein markantes Coda-Motiv, das in der Durchführung eine wichtige Rolle spielt, mehren die dialektischen Möglichkeiten der Sprache. Im *Adagio cantabile* (As-dur) fällt neben dem Gedankenreichtum wiederum Besonderes auf. Bislang war der langsame Satz meist melodischem „Sich-aussingen" vorbehalten. Hier dagegen wird er zum Rahmen für eine *Entwicklung* von großer innerer Spannweite, die in einem elementaren Vorstoß zum hellen, terzverwandten C-dur sich erfüllt. Auch das ziemlich normal gebaute *Scherzo* weicht in seiner gedanklichen Substanz vom Herkömmlichen ab. Sein

Thema beginnt unisono in konturlosem c-moll, wendet sich aber mit dem Hinzutritt von Gegenstimmen unvermittelt nach B-dur, das mehrmals entschieden bekräftigt wird. Diesem abrupten Umschwung von nebelhaft unbestimmter Ausgangsstimmung zu realistischer, derb tänzerischer Geste liegt eine unheimliche innere Spannung zugrunde. An solchen Unwägbarkeiten wird die Kraft spürbar, die in den späteren Scherzi dämonisch sich auswirkt. Das schwungvolle Finale-*Presto* hält die Höhe der Vordersätze. Seine prägnante Thematik und seine phantasievollen Entwicklungen gehen weit über den Kreis des nur Unterhaltsamen hinaus.

Werk 1 Nr. 2 in G-dur hat ebenfalls vier Sätze. Ihnen ist ein präludierendes *Adagio* (3/4) vorangestellt, in dem sich das Kernmotiv des Allegro-vivace-Themas schon im 2. und 3. Takt vorbildet. Das Adagio steigert sich in konzertantem Stil eindringlich, entspannt sich und leitet nach mehreren Anläufen, die entfernt an den witzig überdehnten Auftakt zum Finale der 1. Sinfonie erinnern, mit einem Zweiunddreißigstellauf zum *Allegro vivace* hin. Sein Haupt-

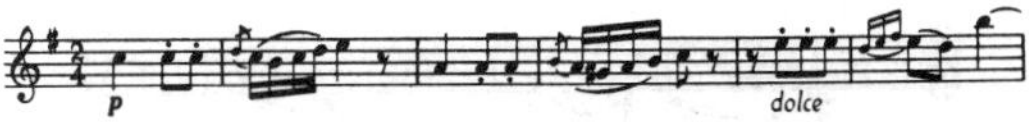

thema trudelt sich spielerisch von der Dominant-Septime aus ein und kommt erst nach längerem Geplänkel in der Grundtonart zur Entfaltung. Ein graziöses Seitenthema, das sich in sequenzartigem Bogen weithin spannt, und eine bunte Fülle frischer Nebengedanken bestätigen den unterhaltsamen Charakter des ausgedehnten Satzes. Das *Largo con espressione* darf man den schönsten langsamen Sätzen des Meisters zurechnen. Sein E-dur-Thema nimmt den romantischen Stim-

mungszauber Schubertscher Lyrik vorweg. Es entfaltet sich ausdrucksvoll im Klavier, schwingt in zierlichen Tonreihen fort und kehrt in schlichter melodischer Kadenz zu seinem Ausgangspunkt zurück. Wiederum steht es am Beginn einer *Entwicklung!* Sie führt nach Wiederholung des Themas durch die Streicher über Seitengedanken zu einem zweiten Thema, das des öfteren in verklärtem Aufstieg das dunkel-großartige Geschehen mildernd unterbricht, das nun im wesentlichen vom unentwegt sich verwandelnden Kernmotiv des Hauptthemas in erregenden Steigerungen getragen wird. Zu guter Letzt leiten die „zierlichen Tonreihen“ des Themas leise zu einem friedvollen Abgesang hin. Das schlichte *Scherzo,* dessen Thema das *Trio* frei in h-moll beantwortet, und das lustig plappernde *Presto-Finale* greifen den leichten Ton des Allegros wieder auf.

Werk 1 Nr. 3 in c-moll ist das bekannteste der Gruppe und eines der bemerkenswertesten Stücke des frühen Beethoven. Er entfernt sich darin weitgehend von der geselligen Musik seiner Tage, ohne deren Ausdrucksmittel und Formgesetze in Frage zu stellen. Das Werk beginnt mit einem *Allegro con brio.* Das dreitaktige Kopfmotiv des Hauptthemas erklingt verhalten

im Unisono aller Instrumente. Seine aufstrebende Endung wird — umklammert von sprechenden Pausen — in höherer Tonlage pianissimo wiederholt. Fast ein Nichts an Geschehen, aber welch innere Spannung wird damit erzeugt! Sie löst sich in einer schmerzlichen Frage (freie Klavier-Variante des Kopfmotivs, s. Abb. Takt 7—10). Eine lyrische Gegenstimme der Violine und zwei Fermaten hemmen den Schwung des „con brio“ und geben dem Themenausklang den Charakter eines Adagio (siehe ebendort). Dieses „Thema“ stellt bereits eine Entwicklung aus einem Motiv dar! Die Form des Allegro entspricht etwa der des normalen Sonatensatz-Schemas mit zwei Themen bzw. Themengruppen, Durchführung, Reprise usw. Zur ersten The-

mengruppe gehört noch ein drängendes Bewegungsmotiv, das in einer entspannenden Coda vor der Durchführung im Cello gemütlich brummelnd in Es-dur wiederkehrt, zur zweiten ein fließendes Es-dur-Seitenthema, dem aber nur episodische Bedeutung zukommt. Die Entwicklung wird vorwiegend von der ersten Themengruppe bzw. vom Kopfmotiv des Hauptthemas getragen. Sie weist großartige Steigerungen, aber auch beglückende lyrische Momente auf. Die Coda setzt zögernd mit dem Bewegungsmotiv ein, steigert sich und gibt dem Satz einen energischen Moll-Abschluß. Das *Andante cantabile* bringt über eine schöne Liedweise fünf eigenwillige Variationen, die in eine zarte Coda einmünden. Das *Menuetto quasi Allegretto* (c-moll) ist ein echtes Scherzo mit schroffen Stimmungsumschwüngen. Es verrieselt in melancholischem Abstieg. Ein kapriziöses C-dur-*Trio* erhöht seinen Reiz. Das *Finale-Prestissimo* greift den Ton des Kopfsatzes in einer pathetischen *Einleitung* wieder auf. Erst nach einer

Fermate setzt das eigentliche Thema ein. Es ist motorisch bestimmt. Der Satz wird zerklüftet von harten Akzenten des pathetischen Einleitungsgedankens und mehrmals stimmungsvoll aufgelockert von einem hymnischen Seitenthema, das sich in großem Bogen entfaltet. Die Coda, in der das Bewegungsmotiv aufgelöst wird, wendet sich überraschend nach C-dur und verhallt leise in dieser Tonart.

Das Trio Werk 11 in B-dur (1797) entwarf Beethoven für *Klarinette, Cello und Klavier.* Später tauschte er Klarinette gegen Violine aus. Man spielt es in beiden Fassungen, gibt aber der Urfassung den Vorzug. Das Werk gleitet unbekümmert zurück in den Ton geselliger Unterhaltungsmusik. Ein virtuos aufgezäumtes, pathetisches *Allegro con brio* eröffnet den Reigen der Sätze. Ein *Adagio con espressione,* dessen eingängiges Thema das Cello einführt, hält sich in den Grenzen wirkungsvoller Kantabilität. Das Scherzo ist ausgespart. Ein *Allegretto* mit 9 Variationen und kleinem Abschluß-Allegro bildet den Ausklang. Sein Thema

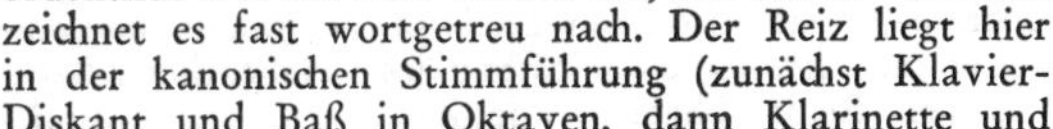

entnahm Beethoven der Oper *„Der Corsar"* von *Joseph Weigl.* Die originellen Variationen springen außerordentlich frei mit dem Thema um, nur die 9. Variation zeichnet es fast wortgetreu nach. Der Reiz liegt hier in der kanonischen Stimmführung (zunächst Klavier-Diskant und Baß in Oktaven, dann Klarinette und Cello, begleitet vom Klavier). Das kleine Abschluß-Allegro zerspielt das Thema motivisch.

Die beiden *Trios Werk 70* entstanden im Jahre der *„Pastorale"* (1808). Sie spiegeln die innere Ausgeglichenheit dieser Zeit. Schon in der *Cellosonate Werk 69* aus dem gleichen Jahr kam es zu einer ähnlich befreienden Entspannung. Deutlicher aber als dort tritt hier ein Zug von romantischer Schwärmerei zutage. Beethoven widmete die Trios der Gräfin *Marie von Erdödy.*

Werk 70 Nr. 1 in D-dur wurde als *„Geistertrio"* bekannt. Es verdankt den Namen der unwirklichen Stimmung seines langsamen Satzes. Mit energischer Gebärde hebt das *Allegro vivace e con brio* im

Unisono aller Instrumente an. Sein Thema springt nach rapidem Anlauf überraschend zum f (Dominante von B-dur) hinauf. Hier verklingt das Staccato der anderen Instrumente, nur das Cello trägt das „f" diminuendo weiter. Solches Fortspinnen eines harmoniefremden Tones über einen Abgrund hin hat Beethoven in seinen Sinfonien (abgewandelt auch im „Fidelio", Kerkerszene, Einsatz der Trompete hinter der Szene!) in Augenblicken höchster dramatischer Spannung mit unvergleichlicher Wirkung einzusetzen gewußt. Hier nutzt er den Effekt, um das Thema lyrisch zu entspannen. In Takt 6 klingt im Klavierbaß piano B an, dann singt das Cello „dolce" in D-dur ein Motiv, das zur Geige und später zum Klavier hinüberwandert und den Charakter des Satzes festlegt. Dieses Motiv steht dem aufschnellenden Themenbeginn derart isoliert gegenüber, daß man schon seit *E. T. A. Hoffmann* übereingekommen ist, es als selbständiges „Nebenthema" anzusehen. Beide Themen (die im Grunde eines sind!) und aus ihnen gewonnene Nebengedanken bilden das Material des Satzes. Was sich zwischen ihnen zu Beginn im Kleinen abspielt, wiederholt sich in den bisweilen polyphon geführten Entwicklungsbögen des Satzes im Großen. Energische Steigerungen entspannen sich ohne dramatische Kulmination und verrieseln ppp. Das ist so im Ausklang der Coda vor der Durchführung und ebenso am Ende der Reprise, die mit der Durchführung (!) wiederholt wird. Einzig die Schluß-Coda, „pp dolce“ beginnend, mündet in ein paar kräftige Takte, in denen das Kopfmotiv sich hell aufreckt. Den Eindruck des lichtdurchfluteten Allegro löscht das *Largo assai ed espressivo.* Es ist ein Nachtstück, eine schwermütige Romanze ohne greifbare Form, verschwimmend in den Konturen, unwirklich in der Stimmung. Hin und wieder erhellt fahler Lichtschein die dunkel irisierende Klangwelt. Kaum je zuvor wurde Ähnliches ersonnen. Die *Farbwerte* der Harmonik gewinnen Eigenleben und werden nahezu schon im Sinne des Impressionismus bestimmend für das *Wesen* der Motive. Das zweitaktige, dem Kopfmotiv des Allegro entwachsene Grund-

motiv, aus dem das melodische Geschehen sich entfaltet, ist eingebettet in die d-moll-Harmonie. Nur der kleine Triolen-Schnörkel in Takt 2 trägt eine winzige Bebung in die dunkle Klangfläche. In den Takten 3 und 4 gewinnt ein alterierter Akkord dieselbe Bedeutung für das Motiv. Es paßt sich völlig dem neuen Klang an, der als *Farbeindruck* dominiert. Über F-dur führt der Weg in der gleichen Weise nach d-moll zurück. Erst

jetzt ergibt sich die einzige melodische Entfaltung des — wenn man so will — erweiterten „Themas“. Sie steigert sich in einer mehrmals wiederholten schwärmerischen Frage und gipfelt ff in einem grellen alterierten Akkord, der im Klavierbaß zweimal in gebrochenem Aufstieg diminuendo abklingt. Dann verrieselt die erste Welle des Geschehens in niedergleitender Figur. Damit ist das gedankliche Material des Satzes umrissen. Die zweite Welle gleitet unwirklich pp dahin, eingehüllt in dunkle Tremoli des Klaviers. Das Motiv geistert nur in den Streichern. Diesmal führt die Steigerung zu einer geheimnisvollen Aufhellung der Klangfarben und zu breitem Verdämmern in fahlem C-dur. Ein kurzer, intensiver Übergang führt nach d-moll zurück. Noch über zwei große, klanglich zerfließende Wellen hin schwingt sich das Motiv unentwegt durch die Instrumente, zweimal noch entfaltet sich frei die hymnische melodische Wendung, dann schließt sich der Kreis. Das Motiv verzuckt. Von Tremoli umwallt senkt sich eine chromatische Reihe über 4 Oktaven diminuendo nieder und vergeht dunkel. Der Satz bildet im Rahmen unseres Buches das erste deutliche Beispiel für die destruktive, formauflösende Kraft sich verselbständigender Klangfarben. Das *Presto-Finale* kehrt zwar in die taghelle, zeichnerisch durchgebildete Ausdruckswelt des Allegro zurück, aber auch hier wirkt sich

im Hauptthema die Klangfarbe (plötzliche Wendung nach Fis-dur mit Fermate!) bestimmend auf den Gang der melodischen Linie aus. Ferner: der Abgesang des Themas findet nicht zur Tonika zurück, sondern bleibt (wiederum mit Fermate) unschlüssig auf dem Dominantseptimakkord stehen. „Dolce" trudelt sich nun ein graziöser Seitengedanke ein. Ähnliche harmonische Ausweichungen ergaben sich schon im Hauptthema des Allegro, sie finden sich hier noch des öfteren. Die tonartlichen Abgrenzungen verlieren ihre Bestimmtheit. Im übrigen verläuft dieser Sonatensatz in fließender Bewegung.

Werk 70 Nr. 2 in Es-dur entsprang der gleichen Grundhaltung wie Nr. 1, ist aber im Wesen noch verspielter und greift verschiedentlich auf den einfachen Tonfall der Haydnschen Kammermusik zurück. Dem Ganzen ist ein kanonisch einsetzendes, ruhiges *Poco sostenuto* (4/4) vorangestellt. Es lockert sich alsbald in zierliche Figuren auf und leitet zwanglos zum

Allegro ma non troppo hin, das sich tänzerisch im 6/8-Takt bewegt. Ein Seitengedanke ist aus dem fließenden Thema der Einleitung gewonnen. Nach der Reprise erklingt ein Teil der kanonischen Einleitung (4/4) als Reminiszenz, dann beendet eine graziöse 6/8-Coda, die aus dem Trillermotiv des Hauptthemas abgeleitet ist, den problemlosen Satz. Für die leichte Haltung des Werkes ist bezeichnend, daß es keinen langsamen Satz hat. Der zweite Satz ist ein tänzerisches *Allegretto,* das zwei gegensätzliche Formteile (C-dur und c-moll), die verschiedentlich variiert werden, rondoähnlich verbindet. Der Moll-Ausklang, in dem die Instrumente einander ein winziges punktiertes Motiv zuspielen, das schon im Auftakt erscheint und immer wieder eine neckische Rolle spielt, bestätigt den Scherzo-Charakter. Ein ausgedehntes *Allegretto ma non troppo* (3/4) trägt nun zwei liedartige Einfälle hinzu, von denen der erste über fließender Achtelbewegung fast wie ein Menuett in dreiteiliger Form sich entfaltet, während der zweite im Wechselgesang von Streichern und Klavier periodenweise aufblüht, frei ausschwingt und sich in fein abgestuften Modulationen ppp wieder dem ersten zuwendet. Beide Einfälle lösen einander mehrmals ab. Ein energischer Anlauf, der sich zweimal in heftigen Akkordschlägen staut — dann tänzelt „p dolce" das kecke Spielthema des *Allegro-Finale* über die Szene. In seinem Gefolge eine bunte Schar von Mitspielern. Darunter einer, der im Geschwindmarsch einherstolziert, und ein anderer, der zart und flüchtig vorübergleitet. Besinnliche und selbst ernste Töne fehlen nicht. Aber sie haben kein Gewicht in diesem Fest der heiteren Laune, das mit unbändigem rhythmischem Schwung seinem Höhepunkt zustrebt und dann abbricht.

Werk 97 in B-dur (1811) entstand im Umkreis der 7. und 8. Sinfonie und faßt ein letztes Mal die Möglichkeiten zusammen, die in den früheren Klaviertrios erprobt wurden. Die Form ist ins Große geweitet, die Klangfarben sind bei allem Reichtum an figurativen und akkordischen Nuancen breitflächig nebeneinandergestellt und stets durchzogen vom klaren, bisweilen polyphonen Geäder einprägsamer Themen und Motive. Die Ausdrucksskala reicht vom handfesten, strahlenden Pathos bis zum Beschaulichen, Zarten, Stillen, ja Esoterischen. Charakteristisch für die Mehrzahl seiner Themen ist, daß sie wieder in den Bindungen der Tonart verlaufen und nicht (wie in den Trios Werk 70) schon im Entstehen in andere Tonarten ausweichen. Das gibt der Architektur von Anbeginn Festigkeit. Das bekannte Hauptthema des *Allegro moderato*

zeigt dies anschaulich. Zwar „p dolce“, aber bestimmt schreitet es im Klavier aus. Im Takt 7 wendet es sich nach F-dur. In Takt 8 bekräftigt das Klavier die neue Tonart und schweigt dann. Die Streicher aber — nur alle 2 Takte von kurzen Akkordschlägen des Klaviers in ihrem Weg bestätigt — wenden sich „cantabile“ duettierend geschmeidig nach B-dur zurück. Hier übernimmt die Violine das Thema. Das Gegenthema, dessen Tonbereich um G-dur kreist, zeigt eine ähnliche Festigkeit. Der Satz wird im wesentlichen von den Kräften des Hauptthemas getragen. Er ist reich an Stimmungsgegensätzen und rhythmisch außerordentlich lebendig. Der üppig ausgestattete Klavierpart verleiht dem Geschehen rauschende Farbigkeit. Das Allegro ist ein echtes *Scherzo.* Sein Thema ist an Einfachheit kaum zu überbieten. Die B-dur-Tonleiter aufwärts tänzelt es im unbegleiteten Cello. Die Violine führt es in sinnfälligster Dreherweise abwärts zur Dominanttonart F-dur. Die nächste Achttaktperiode bringt mit umgekehrtem Vorzeichen die Rückkehr zur Ausgangstonart. Im Klavier gewinnt das Thema jetzt Farbe. Bald gesellen sich Pizzicati der Streicher hinzu. Nun beginnt ein lustiges Treiben mit dem Thema, welches das Scherzo in leichtester Bewegung trägt und nur bisweilen seinem Mutwillen in heftigen Akzenten Luft macht. Das *Trio* (nicht als solches bezeichnet) ist in mehrmaligem Wechsel frei dem Scherzo gegenübergestellt. Es entfaltet sich aus einem engstufig aufstrebenden chromatischen Gedanken, der kanonisch eingeführt wird, und gipfelt in einem fanfarenartig dreinfahrenden Thema, das mit dynamischen Gegensätzen spielt und besonders in einem hellen E-dur-Teil urwüchsig zur Geltung kommt. Die Coda des Scherzos ist zunächst vom chromatischen Gedanken des Trios beherrscht, sie mündet in die pp Wiederkehr des Themas, das sich sogleich in einer aufsteigenden B-dur-Tonleiter staccato verflüchtigt. Das *Andante cantabile ma pero con moto,* im Zeitmaß dem Allegretto angenähert, bringt ein schlichtes, von farbigen Harmonien getragenes D-dur-Thema und mehrere freie Variationen. Eine von ihnen ist zwar zum „poco piu Adagio“ zurückgehalten, aber auch hier strömt die Bewegung lebhaft fort in synkopierten Achteln und rauschenden Zweiunddreißigstel-Figuren des Klaviers. Vor dem breiten Auslauf, der sich in seinem Schlußtakt nach B-dur wendet und unmittelbar in das Finale mündet, klingt das Thema noch einmal fast wörtlich an. Das Finale, *Allegro moderato* ($^2/_4$), beginnt im leichten Ton des Scherzo, strafft sich aber in einer drängenden Entwicklung, die das Gedankenmaterial der Vordersätze einbezieht, beschleunigt sich „diminuendo“ zu einem in A-dur pp einsetzenden *Presto* ($^6/_8$), das von silberhellen Trillerketten des Klaviers überglänzt ist, und mündet in einen schwungvollen Auslauf (B-dur), dessen Kraft sich kurz vor den ungestümen Kadenzsprüngen der Schlußtakte witzig in einer Pause (mit Fermate) staut.

Damit schließt sich der Kreis der in zyklischer Form entworfenen Klaviertrios. Als Gelegenheitsarbeit entstand 1812 ein sogen. „kleines“ B-dur-Trio. Es besteht aus einem heiteren *Allegretto,* wurde aus dem Nachlaß veröffentlicht und ist *Maximiliane Brentano* gewidmet.

Bleiben zu nennen die beiden für die gleiche Besetzung entworfenen Variationswerke. In den 14 Variationen über ein eigenes Thema, Werk 44 in Es-dur, wird ein einfaches Thema mehr oder weniger frei abgewandelt, motivisch zerlegt oder in wechselnder Figuration phantasievoll umspielt. 1823, als die 9. Sinfonie bereits bis auf den Chorsatz vorlag, entstanden die „Schneider Kakadu“-Variationen, Werk 121a in G-dur. Ihnen liegt ein Lied aus *Wenzel Müllers* Oper „Die Schwestern von Prag“ zugrunde. Ein gewichtiges Adagio assai (g-moll), in dem das Kommende motivisch anklingt, leitet zum Thema hin. Dieses bietet in 10 zusammenhängenden Variationen Gelegenheit zu amüsantem Verwandlungsspiel und fein ausgewogenen Instrumental-Gruppierungen. Einmal tritt das Klavier solistisch auf, einmal duettierten Geige und Cello ohne Klavier, oder sie werden einzeln von ihm begleitet oder treten mit ihm in Aktion. Die 9. Variation, Adagio espressivo, wandelt das Thema in g-moll ab. Die 10., Presto ($^6/_8$), tänzelt in G-dur dahin, geht dann in einen fugiert anhebenden größeren g-moll-Teil über und mündet in ein freies Allegretto ($^2/_4$), in welchem das Thema witzig zerspielt wird, sich aber mit seiner ersten Viertaktperiode noch einmal durchsetzt und endlich in einer schwungvollen Kadenz verliert.

DIE STREICHTRIOS

Beethovens 5 Streichtrios stammen aus seiner Frühzeit. Die ersten beiden bewegen sich im Rahmen der damaligen Gesellschaftsmusik. In der letzten Dreiergruppe (Werk 9) stößt er zu individuellen Lösungen vor.

Das Streichtrio Werk 3 in Es-dur soll 1792 in Bonn entstanden sein. Der Erstveröffentlichung (1797) liegt eine Umarbeitung aus dem Jahre 1796 zugrunde. Das Trio verbindet Stil- und Formelemente des Divertimento und der Sonate ähnlich wie *Mozarts* Streichtrio in Es-dur, K. 563, das als Vorbild gedient zu haben scheint. Es umfaßt 6 locker gereihte Sätze. Ein Sonatensatz, *Allegro con brio* (4/4), eröffnet den Zyklus. Ein energisches Hauptthema nebst zierlichem Seitengedanken und ein sangliches zweites Thema tragen seine kraftvollen Entwicklungen. Ein zweiteiliges *Andante* (3/8), das sich aus klopfendem Staccato-Motiv (kurz, kurz, kurz, lang) spielerisch entfaltet, ein kleines, rhythmisch interessantes *Menuett* (Allegretto) mit lieblichem As-dur-*Trio,* ein schwärmerisches *Adagio* (As-dur), reich mit Ornamentik durchwirkt, und abermals ein *Menuett,* ein Tänzchen mit musetteartigem *Minore* (c-moll) folgen zwanglos im Sinne der Suite. Den anspruchsvolleren Ton des Kopfsatzes greift das weitgespannte *Rondo-Allegro* (2/4) wieder auf.

Im Trio Werk 8 in D-dur (Serenade) (1797 veröffentlicht) tritt der Typus des Divertimento oder der Kassation, dem wir bei Haydn begegneten, ganz rein, unberührt vom Geist der Sonate in Erscheinung. Ein Marsch der Musikanten *(Marcia, Allegro)* leitete die „Ständchenmusik" ein. Er geht unmittelbar über in ein heiteres *Adagio* (3/4), in dessen Mittelteil der „Liebhaber" Gelegenheit zu schmachtenden Seufzern findet. Den schwärmerischen Ausklang dieser Serenade untermalen Harfen-Arpeggien des Cello. Ein kleines *Menuett,* vollgriffig beginnend, dann graziös im Drehertakt sich wiegend, setzt sich in einem zarten *Trio* tänzerisch fort. Eine Pizzicato-Coda führt zum nächsten Satz, der im dreimaligen Wechsel von *Adagio* (d-moll, dunkel, herb) und *Scherzo* (Allegro molto, D-dur, hell, in leichtester Achtelbewegung verlaufend) originell Stimmungskontraste auswertet. Das Adagio, elegisch pp verklingend, behält das letzte Wort. Ein rassiges *Allegretto alla Polacca* (F-dur, 3/4) und ein *Andante quasi Allegretto* folgen. In ihm wird ein mozartisch süßes Thema viermal variiert. Das gleiche Thema liegt einem flinken 6/8-Allegro und einem lyrischen Andante-Schlußteil (2/4) zugrunde, der unmittelbar in die Wiederholung des Einleitungs-*Marsches* mündet, mit dem sich die Musikanten verabschieden.

Die *drei Trios Werk 9* erschienen 1798. Sie sind dem russischen *Grafen von Browne* gewidmet. Beethoven hielt sie damals für seine besten Arbeiten. Ihr Abstand zu den ersten Trios ist beträchtlich. Sie sind nicht geschaffen, um zu unterhalten, sondern um auszusagen. Ihr besonderer Reiz beruht indessen darauf, daß die Grenzen zwischen geselliger und subjektiver Musik fließend sind. Im letzten Trio der Gruppe verdichten sich die subjektiven Spannungen, werden dramatische Entscheidungen herbeigeführt.

W e r k 9 N r. 1 i n G - d u r wird von einem kurzen *Adagio* eingeleitet, das ff mit einem pathetischen, die Intervalle des G-dur-Akkordes von h aus absteigend berührenden Unisono anhebt, sich sogleich dynamisch zum pp entspannt und dann in eindringlicher Rede und Gegenrede der Instrumente ein Motiv andeutend vorbildet, das im *Allegro con brio* zum Kopfmotiv des Hauptthemas und darüber hinaus zum Kernmotiv des ganzen Werkes wird. Das Hauptthema

ist typisch für den Charakter des Trios. Es tänzelt in spielerischer Bewegung (dreimal das Kopfmotiv in anderer Lage) abwärts, festigt sich in steilem Anstieg, gipfelt in großen Intervallsprüngen, die eine dramatische Entladung vorzubereiten scheinen, weicht aber in einer kleinen, aufwärts federnden Spielfloskel geschmeidig einem Konflikt aus. Jetzt greift das Cello mit großen Intervallsprüngen in das Geschehen ein. Abermals wird ein Konflikt umspielt: selbstherrlich, in breiter melodischer Entspannung steigt das Cello zur Tonika nieder. Was sich so keimhaft vorbildet, bestätigt der Verlauf des Satzes. Eine energische motivische Entwicklung, die vehement in A-dur gipfelt, bricht plötzlich ab. Unvermittelt erklingt pp und stac-

cato in d-moll das lyrische zweite Thema. Man beachte in Takt 4 das Echo (pp). In schlichter melodischer Entfaltung neigt sich das Thema über F-dur nach d-moll zurück und vergeht in geheimnisvollem Widerhall. Dieser Gedanke steht dem Hauptthema durchaus antithetisch gegenüber. Doch die nun folgenden Entwicklungen — auch die spannende Durchführung (sie berührt B-dur, g-moll, Es-dur usw.) — lassen es nicht zu dramatischen Auseinandersetzungen kommen. Sie wagen sich weit vor, streben eigenwillig energischen Höhepunkten zu, durchbrechen aber nie die Grenzen phantasievollen Spiels. Ähnliche Haltung bewahrt das *Adagio ma non tanto e cantabile* (E-dur). Seine Taktart wird bisweilen als 9/8 aufgefaßt. Beethoven schrieb indessen 3/4 vor und faßte die Achtel bzw. Sechzehntel zu Triolen bzw. Sextolen zusammen, ein Zeichen dafür, daß er das Zeitmaß dem eines Andante angenähert wissen wollte. Sein Thema fließt ruhig und sanglich zunächst in der Geige dahin. Während es dann vom Cello vorgetragen wird, entspinnt sich in der Violine aus einem Vorschlagsmotiv ein klagendes cis-moll-Seitenthema. Es hellt sich bald nach H-dur auf und treibt einer Entwicklung zu, die große dynamische und klangliche Steigerungen aufweist (Cello!). Dann gleitet das Geschehen wieder in ruhige Bahnen zurück und erlischt in friedvollem Abgesang. Das schlichte *Scherzo* ist als dreiteiliges Allegro im Sinne der Gliederung Menuett—Trio—Menuett angelegt. In den fein ziselierten, einander nahezu gleichen Eckteilen fällt eine hübsche Umkehrung des Themenanfangs auf, welche die Bratsche als Kontrapunkt zum Thema dem Cello zuspielt. Der Mittelteil ist aus einem markanten viertaktigen C-dur-Gedanken entwickelt, der in farbiger Modulation zunächst d-moll und F-dur, später mit reizenden, immer leiseren Wiederholungen des Endmotivs a-moll, e-moll und G-dur durchläuft und unversehens zum Ausgangspunkt des Scherzos hinleitet. Zwei sprechende Generalpausen gliedern das Geschehen und erhöhen die Wirkung der Farbkontraste. Das *Finale-Presto* vereint antithetische Entwicklungen mit dem verbindlichen Tonfall geselliger Musik. Ein flinkes Spielthema (staccato), ein graziöses Seitenthema, ein in geheimnisvollem B-dur aufleuchtender melodischer Einfall von großem Klangreiz und ein in Sequenzen absteigender breiter Unisonogedanke tragen in bunter Vielfalt das spannende Geschehen. Die perpetuum-mobile-artig kreisende Coda bringt das Spielthema vergrößert (Viertel statt Achtel) und versprüht in lustigem Wirbel.

Werk 9 Nr. 2 in D-dur ist eine Idylle voll feiner Züge. Aus dem Allegro con brio ist hier ein *Allegretto* (2/4) geworden, das sich aus zwei lyrischen Themen und einem spielerischen Seitenmotiv in ruhigem, nur gelegentlich von kräftigen Akzenten belebtem Fluß entfaltet. Nahezu im gleichen Zeitmaß, *„quasi Allegretto“*, zieht das *Andante* (6/8, d-moll) vorüber. Es umschließt eine dunkle Romanze. Ihr Thema beginnt mit einer Frage, die in F-dur eine versöhnliche Antwort findet, dann drängender in g-moll wiederkehrt und in zweimaligem melodischem Abstieg mit der Rückwendung nach d-moll klagend erlischt. Ein elegisches Zwischenspiel führt zu einem ausdrucksvollen

Seitenthema in a-moll, das zunächst im Cello melodisch ausschwingt, dann von Violine und Bratsche in Oktaven nachgesungen wird. Diese Stelle ist von bezaubernder Wirkung. Das Thema trägt gemeinsam mit dem Hauptthema die weitere Entwicklung, die nach erregenden Steigerungen pp in d-moll vergeht. Das geschmeidige *Menuett* (Allegro), dessen melodische Perioden jeweils über kleine Pausen leicht hinwegzuschwingen scheinen, umschließt ein hauchzartes Staccato-*Trio*. Ein helles *Rondo-Allegro* (4/4) beendet das Werk rhythmisch drängend in musikantischem Stil. Sein frisches Refrainthema läßt zuerst das Cello hören, untertönt von oktavierten Liegetönen der Violine und vom Baß der Bratsche, die auf den leichten Taktteilen anfeuernde Sforzati bringt. Chromatische Wendungen im Umkreis eines Seitenthemas und retardierende Momente sorgen dafür, daß der intime Charakter der Vordersätze nicht völlig preisgegeben wird.

Andere Eindrücke vermittelt das Trio Werk 9 Nr. 3 in c-moll. Es gibt kaum ein Gegenstück zu diesem von dunklem Pathos und glühender Leidenschaft erfüllten Werk. Ein düsteres *Allegro con spirito*

leitet ein. Sein Kopfthema — wir können hier leider nur seinen Anfang zeigen — drängt aus verhangenem piano unisono crescendo zur Dominante hinab. Dann strebt es in der Violine empor, erreicht sprunghaft mit einem grell aufblitzenden as die Spannweite von über zwei Oktaven und stürzt von dort in gestoßenen Sechzehnteln ermattend zur Tonika nieder. Während dieses Vorganges verschärfen sich die Spannungen durch Gegenstimmen, die mit dem Thema in einer akkordischen Kadenz vergehen. Nach schroffer Wiederholung der Kadenz stürmt das Thema wiederum an, diesmal forte. Es dringt bis zum hohen des vor und bricht jäh in einem Quintsextakkord ab. Jenseits einer Pause ertönt in der Violine über lichten As-dur-Harmonien ein lyrischer Lockruf: das Gegenthema. Seine Kontrastwirkung ist von bestrickendem Reiz, seine sanfte Kraft scheint die wilde des Hauptthemas zu überwinden. Aber da sind niederzuckende Sechzehntelpassagen. Sie umschwelen den friedlichen Gesang und suchen ihn in die düstere Atmosphäre hineinzuziehen. Und da sind heftige akkordische Steigerungen, die Gleiches anstreben. Doch sie vergehen in einer milden chromatischen Modulation und geben in der Coda den Weg frei für einen entspannenden Gedanken. Der Expositionsteil schließt versöhnlich in Es-dur. In der Durchführung reckt sich das Hauptthema in einem Ausbruch von dämonischer Gewalt wieder empor. Alle Themen geraten in den Strudel einer stürmischen Entwicklung, die bald über schroffe Klippen hinbrandet, bald in unheimlichem pianissimo zu versickern scheint, die immer wieder aufflammt und endlich in ausweglosem c-moll pp erlischt. Fortgesetzt ändern die Themen ihr Wesen. Sie werden ihrer Natur entfremdet, in ihren Gegensatz verwandelt. Zum erstenmal begegnet uns hier eine Durchführung, die ihre Grenzen im Rahmen der Form sprengt und die Reprise auslöscht, bzw. deren letzte Andeutungen mit umfaßt. Eine große Coda bekräftigt die in der Durchführung gefallene Entscheidung. Sie steigert sich mit dem unentwegt andrängenden Kopfmotiv des Hauptthemas vom pp zum forte und gipfelt in einem harten, pessimistischen c-moll-Schluß. Dem dramatischen Kopfsatz folgt ein verinnerlichtes *Adagio con espressione* (C-dur, $^4/_4$). Seine melodischen Themen werden konzertant durch die Stimmen geführt. Die Spannungen erwachsen hier nicht aus motivischen Auseinandersetzungen. Sie beruhen auf der Kraft wesentlicher Gegenstimmen, die die Tiefe des Klangraumes erschließen, vor allem auf einer ganz und gar subjektiven, romantischen Ausdrucks-Intensität der Harmonik und Rhythmik. Das Hauptthema berührt bereits in den ersten 6 Takten C-dur, d-moll, G-dur, a-moll, G-dur, c-moll, As-dur und wieder G-dur, bevor es in den nächsten 4 Takten einen ähnlich weit gezogenen Tonartenkreis durchmißt. Auch das liebliche Seitenthema, das die Bratsche kanonisch der Violine nachsingt, schraubt sich in irisierenden Sequenzen von G-dur über a-moll, h-moll, C-dur nach D-dur empor und gewinnt erst in einem zarten Nachspiel wieder die Ausgangstonart. Durch enharmonische Umdeutung wird nun unmittelbar das geheimnisvoll in Es-dur aufleuchtende Hauptthema erreicht, das jetzt aus punktierten Rhythmen in der Begleitung erregende Impulse empfängt. So steigert sich der Satz als reiner Empfindungsausdruck klanglich und rhythmisch, wobei die Melodik durch feinste Ornamentik unentwegt in den Konturen aufgelockert und verwandelt wird. In einer mehrmals frei wiederholten, verschwebenden melodischen Kadenz kommt er zur Ruhe. Aus dieser romantischen Klangimpression führt das *Scherzo, Allegro molto e vivace* ($^{6}/_{8}$, c-moll), in ein ungestüm vorwärtsdrängendes Bewegungsspiel. Die Kraft der vielfältigen Rhythmen überschlägt sich bei einer markanten Steigerung in Synkopen, die zügellos über die Metrik hinwegdrängen. Ein vorwiegend pp vorüberjagender Mittelteil kontrastiert in fahlem C-dur. Ähnlich wie etwa im Kopfsatz der Klaviersonate Werk 28 wird dann das Thema förmlich zu Tode gehetzt, auf sein kleinstes rhythmisches Motiv zurückgeführt, das im Ausklang pianissimo zerflattert. Stürmisch verläuft auch das *Presto-Finale.* Es überspielt die alte Rondoform, verbindet sie in klarer Zweiteiligkeit mit Elementen des Sonatensatzes und treibt in pausenlosem brio, aber durchaus auch zarte Stimmungen einbeziehend, einer Coda zu, die sich überraschend nach C-dur aufhellt und in belanglosen Spielfiguren pp verklingt, so, als wolle sie das große Geschehen mit federleichter Geste auslöschen.

WEITERE WERKE FÜR DREI INSTRUMENTE (ohne Klavier)

Hier sind zunächst zu nennen die 6 Gesellschafts-Menuette (mit Trios) für 2 V und Vcl (vermutlich 1795). Der Schottschen Ausgabe ist eine leichte Klavierbegleitstimme ad libitum beigegeben. Wohl aus der gleichen Zeit stammen 6 ländlerische Tänze (B&H) und 12 deutsche Tänze oder Allemandes (Schmidt), die mit Ausnahme der Nr. 1 ebenfalls ein kleines Trio umschließen. Diese in der Haus- und Schulmusik beliebten Tanzsammlungen bergen eine Fülle volkstümlicher Einfälle in künstlerisch vollendet ausgewogenen kleinsten Formen.

Die Serenade für Flöte, Geige und Bratsche Werk 25 in D-dur bietet ein hübsches Beispiel für die frühen Divertimenti Beethovens. Sie entstand vor dem Trio Werk 8 (Serenade), wurde aber später veröffentlicht. Das Werk umfaßt 7 Sätze. Eine lustige *Entrata* (Allegro) leitet ein. Ihr folgen zunächst 5 kurze stilisierte Tanzsätze: *Menuett* mit *Trio* (dieses nur für 2. Violine und Bratsche), ein rascher Dreher (*Allegro molto* 3/8, d-moll mit hüpfendem Dur-Mittelteil), ein lyrisches *Andante* (2/4) mit vier zierlichen Variationen, ein *Allegro scherzando e vivace* (3/4), aufgebaut in punktierten Rhythmen über die aufsteigende D-dur-Skala (mit fließendem, imitatorisch gearbeitetem Moll-Mittelteil) und ein stilles kleines *Adagio* (2/4). Das nun „attacca subito" losprechende *Allegro vivace* (2/4) ist ein groß angelegtes Rondo mit famosem Refrainthema. Es gipfelt nach kurzer Verhaltenheit in einer spritzigen kleinen Presto-Coda.

Außer den bereits erwähnten Variationen über „Reich mir die Hand, mein Leben" aus Mozarts „Don Giovanni" (vgl. Variationen) schrieb Beethoven für *2 Oboen und Englisch-Horn* das Trio Werk 87 in C-dur. Es soll etwa 1794 entstanden sein, wurde 1806 als Werk 29 veröffentlicht, jedoch später überarbeitet, daher die hohe Werkzahl. Der junge Meister hat sich hier der Form- und Ausdrucksmittel Haydns und Mozarts auf das liebenswürdigste bedient und eine Spielmusik geschaffen, die in schlakkenloser Stilreinheit dem Ideal der damaligen Gesellschaftsmusik wohl näherkommt als irgendein anderes seiner Werke. Ein heiterer Sonatensatz, *Allegro* (4/4), leitet den Zyklus ein. Ihm folgt ein *Adagio* (3/4, F-dur) von bezaubernder Innigkeit. Sein schlichtes Thema enthält im Übergang vom 3. zum 4. Takt eine melodische Wendung, in der sich die Weise des Gefangenenchors aus „Fidelio" ankündet. Ein frisches *Menuett* (Allegro molto, Scherzo), dessen Reiz ein zartes *Trio* noch erhöht, führt zu einem *Presto-Finale* (2/4), das durch seine sinnfällige Thematik, durch deren phantasievolle Verarbeitung und durch den jugendlichen Schwung seiner Musikalität entzückt.

DIE KLAVIERQUARTETTE

Beethoven schuf *drei Klavierquartette* und eine Originalbearbeitung des *Bläserquintetts Werk 16* für Klavier und Streichtrio. Die *drei Klavierquartette* (1785) gehören zu den ältesten Beispielen der Gattung (nach Mozart) und verdienen als Talentproben des Fünfzehnjährigen (!) besondere Beachtung.

Im Es-dur-Quartett erprobt der junge Draufgänger die Errungenschaften der Mannheimer Schule. Ein fein gearbeitetes, musikantisches *Adagio assai* leitet ein. Die Mitte bildet ein leidenschaftliches *Allegro con spirito* (Sonatensatz, es-moll). Sein drängendes Hauptthema erscheint im Klavier-Diskant über fülliger Achtel-Akkordik. Violine und Bratsche beleben

die Rhythmik mit Synkopen, das Cello verstärkt den Klavierbaß. Über ein pathetisches Unisono wandert das

Thema nun wuchtig zum Baß hinunter. Das zweite, gegensätzliche Thema durchläuft eine ähnliche Entwicklung. Die knappe Durchführung verarbeitet die Gedanken eigenwillig. Der *Schlußsatz* umfaßt ein Thema (cantabile) mit sechs originellen Variationen. In der ersten, „con grazia", umspielt der Klavier-Diskant das Thema mit $^{1}/_{16}$-Figuren. In der zweiten führt die Violine ($^{1}/_{16}$-Triolen), in der dritten (Adagio) die Bratsche, in der vierten (Tempo I) das Cello, in der fünften das Klavier ($^{1}/_{32}$-Passagen im Baß, punktierte Rhythmen im Diskant, Streicher begleiten akkordisch). In der sechsten vereinen sich alle Instrumente unter Führung der Violine. Im Anschluß daran wird das etwas veränderte Thema Gegenstand eines Allegretto, das in eine straffe Coda einmündet. — Das D-dur-Quartett bietet als Studie interessante Einblicke in den Werdegang des Meisters, in der Praxis begegnet man ihm kaum noch. — Das C-dur-Quartett birgt eine Fülle lebendiger Musik. Während im Es-dur-Quartett zwei langsame Sätze ein Allegro umrahmen, wird hier ein Adagio von zwei lebhaften Sätzen flankiert. Ein energisches *Allegro vivace* bildet den Kopfsatz. Sein rhythmisch federndes Spielthema bringt bald ein hübsches fließendes Seitenthema hervor. Nicht genug hiermit. Plötzlich erscheint noch ein lieblicher g-moll-Gedanke. Beethoven griff ihn später nahezu

unverändert im Kopfsatz seiner Klaviersonate Werk 2 Nr. 3 wieder auf. Das *Adagio con espressione,* dessen Thema in ausdrucksvollen Varianten den Satz be-

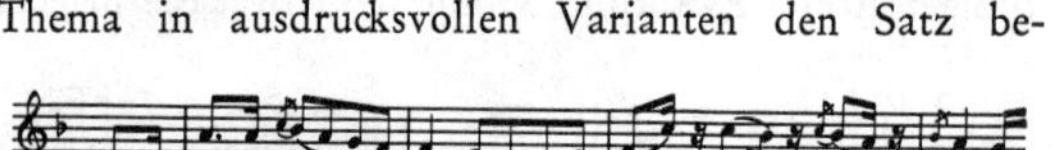

herrscht, übernahm Beethoven in seine Klaviersonate Werk 2 Nr. 1. Ein reizendes *Rondo-Allegro* beschließt das Werk im verspielten Tonfall der damaligen Gesellschaftsmusik.

Die Originalbearbeitung des Bläserquintetts Werk 16 (siehe dieses) für Klavier und Streichtrio gehört zum festen Bestand der Hausmusik. Sie weist verschiedene satztechnische Abweichungen von der Quintettfassung auf. Die Umgruppierung der Instrumente ist mit feinstem klanglichem Einfühlungsvermögen vorgenommen. So ergab sich nicht ein „Arrangement", sondern eine Neufassung von absolutem Eigenwert.

DIE STREICHQUARTETTE

Einschließlich der Originalbearbeitung der Klaviersonate Werk 14 Nr. 1 und der ursprünglich als Finale von Werk 130 entworfenen „Großen Fuge" Werk 133 sind von Beethoven 18 Streichquartette überliefert. Sie stehen im Schwerpunkt seines kammermusikalischen Schaffens.

Drei Werkgruppen heben sich gegeneinander ab. Jede von ihnen ist bezeichnend für eine andere Entwicklungsstufe.

Frühe Gruppe: *6 Quartette Werk 18* (1798 bis 1801) und *Originalbearbeitung der Klaviersonate Werk 14 Nr. 1* (1802).

Mittlere Gruppe: *3 Rasoumowsky-Quartette Werk 59* (1806), *Harfenquartett Werk 74* (1809) und *Werk 95* (1810).

Späte Gruppe: *5 Quartette Werk 127, 130, 131, 132, 135* und *„Große Fuge" Werk 133* (1824 bis 1826).

Zwischen den Gruppen bestehen derartige Wesensunterschiede, daß z. B. die frühen und späten Quartette kaum noch Vergleichsmöglichkeiten bieten. Liebhaber, die etwa das „Komplimentierquartett" (Werk 18 Nr. 2) und die „Große Fuge" (Werk 133) zum erstenmal hören, ohne zu wissen, von wem diese Werke stammen, werden sie schwerlich dem gleichen Meister zuschreiben.

DIE FRÜHEN STREICHQUARTETTE

Die *6 Streichquartette Werk 18* sind dem *Fürsten Lobkowitz* gewidmet. Als erstes Quartett entstand 1798/99 *Werk 18 Nr. 3 in D-dur.* Juni 1799 folgte eine frühe Fassung der *Nr. 1 in F-dur.* Beethoven schenkte sie *Karl Ferdinand Amenda,* durchaus überzeugt vom Wert seines Opus. Doch bald änderte er seine Ansicht. 1801, kurz vor Veröffentlichung der ganzen Gruppe, schrieb er Amenda: „Dein Quartett gib nur ja nicht weiter, weil ich erst jetzt recht Quartetten zu schreiben weiß, was Du schon sehen wirst ..." Er hatte inzwischen eine Neufassung des F-dur-Quartetts geschaffen, diese stellte er an den Beginn des Erstdrucks. In welcher Reihenfolge die anderen Quartette vollendet wurden, blieb ungeklärt. Fest steht, daß ihn mehrere Quartette gleichzeitig beschäftigten. So soll neben dem D-dur-Quartett (Nr. 3) das *G-dur-Quartett* (Nr. 2) herangereift sein. *Nr. 4 in c-moll* und *Nr. 5 in A-dur* (beide 1800 begonnen) sind wohl erst 1801 fertig geworden, *Nr. 6 in B-dur* lag bereits 1800 vor.

Die frühe Fassung von Werk 18 Nr. 1 in F-dur wurde erst 1922 veröffentlicht. Sie bietet zusammen mit der Endfassung und erhaltenen Skizzen eine Fülle von Material für Vergleiche, die erkennen lassen, daß Beethoven unablässig darum rang, aus zunächst oft wenig überzeugenden Gedankengängen vorzustoßen zu letztgültigen Aussagen. Der gleiche Vorgang läßt sich bei vielen seiner Werke und über alle seine Lebensstufen hin nachweisen: von Entwurf zu Entwurf (nicht selten über ein Jahrzehnt hin!) verdichtet sich die Spannkraft der Thematik eines Werkes, tritt seine geistige Idee deutlicher in Erscheinung, bis die erreichbare Annäherung von Vorstellung und Gestalt im Kunstwerk vollzogen ist.

Die Endfassung von Werk 18 Nr. 1 in F-dur fand recht unterschiedliche Beurteilungen. Betrachter aus unseren Tagen erblicken in ihr den Gipfel der frühen Kammermusik Beethovens überhaupt. Romantische Kritiker lobten zwar den Gedankenreichtum und die Organik ihres Aufbaus, zogen ihr aber spätere Werke der Gruppe, vor. Das einleitende *Allegro con*

brio ist fast monothematisch aus dem energischen Kopfmotiv (Takt 1 der Abb.) des Hauptthemas in beziehungsreicher motivischer Arbeit entworfen. Ein zierlicher Seitengedanke und ein aus schwebenden Synkopen der 1. Violine in Achteln niedergleitendes, nach kurzem Wiederaufstieg in schwärmerischer Vorhaltendung gipfelndes zweites Thema werden zwar im Sinne der Sonatensatzform in die straffe Entwicklung einbezogen, aber im Grunde kreist das Geschehen dramatisch um das wandlungsfähige Kopfmotiv. Es ist der Träger einer Handlung, die gelegentlich von unheimlichen Spannungen zerklüftet ist, aber immer wieder in ein Spiel übergeht. In der Coda wird das Motiv vorübergehend pp auf sein kleinstes Kernmotiv begrenzt (siehe Klammer über der Abb.). Es setzt sich sogleich wieder durch und behauptet sich auch im kräftigen Ausklang. Außermusikalische Vorstellungen gaben die Anregung zu dem herrlichen *Adagio affettuoso ed appassionato.* Beethoven gestand Amenda, er habe darin an die Szene im Grabgewölbe aus Shakespeares „Romeo und Julia“ gedacht. Auf einem Skizzenblatt zum Adagio findet sich die Anmerkung „Les derniers soupirs“ (die letzten Seufzer). Aus der klagenden Melodik kann man zwar mit einiger

Phantasie den „Abschied zweier Liebenden“ (Amenda) heraushören, doch man verkennt diese Musik, wenn man sie als Beispiel reiner Programmusik bewertet. Sie enthält „mehr Ausdruck der Empfindung als Malerei“. Das Adagio hat seinen Platz schon weit voraus in der Aura der romantischen Musik, aber es sprengt nicht die stilistische Einheit des Quartetts. Dessen Wirkung beruht, absolut genommen, auf der schon lange vor Beethoven erprobten Kontrastierung von vorwärtsstürmender Kraft *(Allegro)* und verinnerlichter Aussage *(Adagio)*, von tänzerisch gelockertem Spiel *(Scherzo-Allegro* mit variierendem *Trio)* und musikantisch drängender Bewegung *(Rondo-Finale)*. Im Zyklus der frühen Werke kommt dem Quartett gleichwohl eine Sonderstellung zu. Es steht an der Grenzscheide zweier Zeiten. Neu an ihm ist: in *allen* Sätzen wird die innere Harmonie von einer flackernden Unruhe gefährdet, die immer wieder die Oberfläche scheinbaren Spiels jäh durchbricht, teils mit sentimentalischem, teils mit dramatischem, tragischem, ja selbst ironischem Akzent.

Auch in den anderen Quartetten der Reihe spürt man gelegentlich den wachsenden Abstand zur überkommenen Schaffensgesinnung. Im allgemeinen freilich musiziert Beethoven hier jugendlich unbekümmert im Sinne seiner Vorbilder Haydn und Mozart.

Das vor Werk 18 Nr. 1 entstandene „Komplimentierquartett“ Werk 18 Nr. 2 in G-dur bietet hierfür ein entzückendes Beispiel. Es bedarf kaum einer Erläuterung. Seinen Namen verdankt es dem aus mehreren Motiven leicht gefügten Spielthema

seines *1. Allegros*, das in geradezu realistischer Gestik galante Verbeugungen auszudrücken scheint. Wie das Thema, so der Satz und das ganze Werk. Der Gesamtaufbau? Die Ecksätze (also auch das Finale, *Allegro molto quasi Presto)* zeigen Sonatensatzform mit Exposition, Durchführung, freier Reprise und Coda. Die Stimmführung ist reich an imitatorischen Finessen. Das in dreiteiliger Liedform angelegte, etwas gravitätische *Adagio cantabile* weist inmitten ein kleines übermütiges Allegro auf. Das heitere *Scherzo* wird im *Trio* variiert. Wichtig: die Gedanken aller Sätze sind mehr oder weniger deutlich auf die des Kopfsatzes bezogen oder von ihm abgeleitet.

Beethovens *erstes* Streichquartett, Werk 18 Nr. 3 in D-dur, ist in Stimmung und Faktur dem „Komplimentierquartett“ verwandt. Sein *Allegro* hat ein aus schwärmerischer Septime in mehreren Wellen niedergleitendes, mozartisch süß über eine Vorhaltendung aus-

schwingendes Hauptthema. Es löst sogleich eine ungemein frische, rhythmisch lebendige Entwicklung aus. Charakteristische Seitengedanken und ein energisches zweites Thema geben ihm das Geleit. Das *Andante con moto* ist formal dem Sonatensatz angenähert, die Durchführung ist ausgespart. Das Hauptthema wird von der 2. Violine (auf der G-Saite) eingeführt und erst in Takt 5 von der 1. Violine übernommen. Das graziöse zweite Thema trägt wohltuende Farbigkeit in das Klangbild. Das lebhafte *Scherzo,* hier nicht als solches bezeichnet, gliedert sich in Allegro, Minore (= reizendes Moll-Trio) und Maggiore (= variierte Reprise des Allegros). Besonders eindrucksvoll die kapriziöse Rückleitung zum Maggiore. Das feingliedrige *Schluß-Presto* (ein Sonatensatz!) wirbelt als witzige Spielmusik vorüber.

Während in den beiden voranstehenden Werken nirgends die Grenzen des Spiels überschritten sind, vereinigt Werk 18 Nr. 4 in c-moll ähnlich wie das F-dur-Quartett (Nr. 1) Elemente der Gesellschafts- und Bekenntnismusik. Der erste Satz, *Allegro ma non tanto,* ist eine von dunklem Pathos durchglühte, unheimlich folgerichtig aufgebaute dramatische Ausdrucksmusik. Das zwölftaktige Hauptthema, dessen Beginn die Abbildung zeigt, verdeutlicht die innere Lage des

Satzes. Der Teil der Exposition, der zunächst in erregendem Auf und Ab von diesem Thema beherrscht

wird, findet nach heftigem ff-Akkord seine Grenze in einer kurzen Generalpause (halbe Pause). Ein ausdrucksvolles Motivspiel leitet dann über zum zweiten Thema, das in herrlicher Umdeutung aus einem Motiv des Hauptthemas (s. Klammer *über Takt 5 der Abb.)* abgeleitet ist. Es entfaltet sich breit in leuchtendem Es-dur, ganz und gar Gegensatz des Themas, aus dem es her-

vorging. In seinem Gefolge blitzt noch ein dritter Gedanke auf, der für die Entwicklung Bedeutung erlangt. Nach einer lebhaften Steigerung wird über eine kurze, geheimnisvoll leise Coda die Durchführung erreicht, in der das dramatische Geschehen kulminiert. In der Reprise, die in e-moll einsetzt, scheint sich eine befreiende Lösung anzubahnen. Das zweite Thema leuchtet überraschend in C-dur auf, auch der dritte Gedanke durchläuft diese Tonart. Doch in der Coda senken sich Schatten über das Geschehen. Motive aus der ersten Coda werden berührt, dann treibt das Kernmotiv des Hauptthemas (siehe Klammer *unter* Takt 1 der Abb.) dem wuchtigen c-moll-Abschluß zu. Am *Andante scherzoso quasi Allegretto* wird die Übergangslage des Quartetts deutlich. Zwar wirken sich die dramatischen Spannungen des Kopfsatzes hier aus, aber nicht in einer Richtungsänderung der Antriebe nach innen — etwa in einem Adagio espressivo —, sondern als völlige Entspannung in eine spielerisch leichte Bewegung (scher-

zoso!), die alle Instrumente in feingliedriger Polyphonie erfaßt. Die Form ist — im Diminutiv — die eines Sonatensatzes. Das Hauptthema wandert von der 2. Violine über Bratsche und 1. Violine zum Cello, auch das zweite graziöse Thema wird „stimmig“ eingeführt, und vollends in der Durchführung verdichtet sich das Geflecht melodischer Linien zu erlesener Polyphonie. Einzig an ihr und an der eigenwilligen Farbgebung wird die Distanz zur damaligen Gesellschaftsmusik spürbar. Im *Menuetto* (Allegretto) werden die Bewegungs-Impulse aus dem Kopfsatz wieder wirksam. Hinzu kommen dynamische Kontraste und tonartliche Spannungen. Im Thema begegnen uns bereits in den

ersten acht Takten fünf Sforzati. Die Harmonik kreist hier von c-moll über Es-dur, B-dur, g-moll nach c-moll. Im weiteren Verlauf werden C-dur, f-moll und Des-dur berührt. Das in der Stimmführung delikate *Trio* steht in As-dur. Die 1. Violine umspielt vorwiegend in Triolen das Frage- und Antwortspiel der 2. Violine und Bratsche. Dieses verschärft sich und findet jeweils nach einem Septimakkord (mit Fermate) in melodischen Nachsätzen eine befreiende Lösung. Der Scherzo-Charakter auch dieses Satzes wird betont durch die Anmerkung „La seconda volta prende il tempo piu Allegro". Also: Beschleunigung des Zeitmaßes bei der Wiederholung („la seconda volta") als Mittel dramatischer Steigerung! Das *Allegro-Finale* ist ein freies Rondo.

Sein aufsässiges Refrainthema löst ein stürmisches Geschehen aus. Abermals ergeben sich kühne Modulationen und heftige dynamische Akzente. Aus der Fülle der Gedanken ragt das folgende Thema eindrucksvoll her-

vor. Die Coda, getragen von Motiven des Refrainthemas, wird zum hinreißenden Prestissimo. Unvermutet läuft die Bewegung in der 1. Violine diminuendo zum pianissimo aus, eine Wendung, die dem Satz das Gewicht zu nehmen scheint, ihn aber in der Tat (ironisierend) ins Tragische überhöht. Drei Fortissimo-Schläge (mit Auftakt) bilden nach solchem Verrieseln den abrupten Schluß.

Werk 18 Nr. 5 in A-dur wurde berühmt durch seinen großartigen Variationssatz. Aber nicht er allein verdient Bewunderung. Das ganze Werk ist aus einem Guß. Ein farbiges *Allegro* leitet ein. Zwei kraft-

volle Takte, die dem Hauptthema vorausgehen, legen den hellen Grundcharakter fest. Sobald sich das Thema entfaltet hat, wird es in spielerische Bewegung aufgelöst. Das Gegenthema setzt besinnlich in e-moll ein, wendet sich aber aufhellend nach G-dur. Es wird forte wiederholt, moduliert überraschend pp nach E-dur, eine Eingebung von wundervoller Wirkung! Eine heitere Coda gibt den Weg frei für die gelöste Durchführung, in der vor allem das Hauptthema verwandelt wird. Die Reprise spiegelt den Expositionsteil. Nur erscheint hier das Gegenthema zunächst in a-moll, was zur Folge hat, daß es sich dann nach C-dur aufhellt und später analog nach A-dur moduliert. Ein frische Coda beschließt den Satz. Das etwas nachdenkliche *Menuett* beginnt mit einem reizenden Duett der Violinen. Nach zwölf Takten übernehmen es Bratsche und Cello, von den Violinen mit Arabesken umspielt. Ein kleiner, von der 1. Violine geführter Mittelteil treibt sodann einer recht energischen Steigerung und der freien Wiederholung des ersten Teiles zu. Im farbenfrohen *Trio* führt zunächst die 2. Violine, dann die Bratsche und endlich die 1. Violine.

Auf das „da capo“ des Menuetts folgt das berühmte *Andante cantabile* mit 5 Variationen über das herrliche Thema:

Es wird Gegenstand eines phantasievollen Verwandlungsspiels. In der 1. humoristischen Variation (sempre staccato) führen die Partner das Thema imitierend in der Reihenfolge Cello, Bratsche, 2. und 1. Violine ein. Hierbei lösen sie es in Sechzehntelbewegung auf. Die 2. Variation gehört der 1. Violine. Sie umspielt das Thema leise in virtuoser Manier mit $^{1}/_{16}$-Triolen, meist staccato begleitet von den Gefährten. In der dritten, klanggesättigten Variation führen Bratsche und Cello das große Wort. Nur vorübergehend beteiligt sich die 1. Violine an ihrem Singsang. Zumeist begleiten die Violinen mit federleichten $^{1}/_{32}$-Figuren. Die 4. Variation zieht legato in ruhigen Achteln vorüber. Die 5. gibt sich bäuerlich derb. 2. Violine und Bratsche tragen das mit Vorschlägen verzierte Thema unisono vor, die 1. Violine gibt silberhelle Triller hinzu, das Cello grundiert ulkig mit grotesken Sprüngen. Nun geht das Spiel in einen längeren freien Nachsatz über, dem nach einer Fermate pp als Coda ein „Poco Adagio“ folgt, worin das Thema zur Ruhe kommt. Das *Allegro-Finale* hat sinfonischen Atem. Sein Schwung lebt aus musikantischer Besessenheit. Die Themen dieses Sonatensatzes — ein aus kleinster Zelle motivisch sich entfaltendes helles Spielthema und ein choralartiger Seitengedanke — ergänzen einander spielerisch. In der Durchführung ergeben sich reizende Pizzikati. Nach leichtem Pianoauslauf (in der Coda), der sich kurz zum forte steigert, mündet das Geschehen in einem weichen wohllautenden A-dur-Akkord.

Nirgends gefährden wirkliche Konflikte den spielerischen Charakter von Werk 18 Nr. 6 in B-dur, aber das Spiel nimmt verschiedentlich recht ungebärdige Züge an. Das Hauptthema des *Allegro con brio* gliedert

sich in ein Doppelschlag- und ein Dreiklangmotiv (s. die Klammern über bzw. unter der Abb.). Die Motive, vor allem das erste, tummeln sich drängend durch die Instrumente. Sie bestimmen im wesentlichen die Entwicklung. Das zweite Thema ist melodisch unergiebig, da es vorwiegend einen einzigen Ton rhythmisch fortspinnt, aber es trägt durch seine Harmonik eine schöne, dunkle Farbigkeit in das Geschehen, das auch dynamisch eine reiche Stufenskala aufweist. In der Durchführung gewinnt ein Seitengedanke vorübergehend beträchtliche Bedeutung. Die normale Reprise mündet in eine frische Coda. Ein außerordentlich subtiles Gebilde ist das *Adagio ma non troppo.* Subtil weniger in der Grundstimmung, deren schlichte Klarheit nur das zweite ernste Thema (es-moll) episodisch gefährdet, ohne die zarte Schönheit des verklärten Ausklanges zu beeinträchtigen, als vielmehr in der satztechnischen (auch rhythmischen und dynamischen) Filigranarbeit. Hier ein Beispiel: in den ersten 4 Takten trägt die 1. Violine das Hauptthema vor. Sobald es — von Takt 5 an — die 2. Violine in der tieferen Oktave übernimmt, blüht in der 1. Vio-

line ein Kontrapunkt auf, der echten Themacharakter hat (s. Abb.). Was an dem Ausschnitt ersichtlich wird, gilt für den Satz: alle Instrumente werden auf das lebendigste am Geschehen beteiligt, das ungeachtet seiner einfachen Wirkung eine Vielfalt wesentlicher Gedanken umklammert. Im frischen *Scherzo* (Allegro) ist der $^3/_4$-Rhythmus durch Sforzati auf unbetonten Taktteilen und durch Synkopen scheinbar in einen $^6/_8$-Takt verwandelt. Das widerborstige Thema wirkt besonders ein-

drucksvoll, wenn es von 2. Violine und Cello in Oktaven gebracht wird, wozu die 1. Violine flinke Triller hören läßt. Der Auslauf des Scherzo kommt federleicht. Das skurrile *Trio* gehört der bockbeinigen 1. Violine. Eine reizende Moll-Coda führt motivisch zum Scherzo zurück. Im Finale schieben sich zwei selbständige Formen episodisch etwa im Sinne einer Fantasie ineinander, ohne in einer Entwicklung zu verschmelzen. Diese Freizügigkeit deutet auf außermusikalische Anregungen hin. Der Satz beginnt mit einem *Adagio,* dem Beethoven den Namen *„La Malinconia"* gab. Aus verhaltenem „sempre pp" steigert sich das poetische Tonstück rhapsodisch zum ff (markante Figur im Cello, darüber auf dem letzten Viertel Akkorde, die sich sanguinisch vom pp zum ff jäh aufblähen), dann verklingt es pp. „Attacca subito" schließt sich das eigentliche Finale, *Allegretto quasi Allegro,* an. Es verläuft in munterer Bewegung wie ein Ländler, geschärft von Sforzati (jeweils auf dem 2. Viertel), und steigert sich vehement, bis 10 Takte aus „La Malinconia" eine Unterbrechung herbeiführen. Das Allegretto setzt wieder ein, staut sich aber bald in einer Generalpause, der abermals 2 Takte des Adagio folgen. Ein erneuter Anlauf des Allegretto verhält kurz vor der „Prestissimo-Coda" noch einmal fragend in einem „poco Adagio". Dann sind alle Fährnisse überwunden, wirbelnd wird der heitere Ausklang erreicht.

Die Originalbearbeitung der Klaviersonate in E-dur Werk 14 Nr. 1 (1799) für Streichquartett (1802, F-dur) kann hier nicht in Einzelheiten gewürdigt werden. Es sei aber nachdrücklich auf das schöne Werk hingewiesen. Es bietet nicht nur dem Studierenden ein Musterbeispiel für Beethovens Fähigkeit, einen typischen Klaviersatz so auf Streichinstrumente zu übertragen, daß Forscher allen Ernstes annahmen, er habe das Werk für diese Besetzung von Anbeginn gedacht, sondern es stellt Liebhabern und

Berufsmusikern wirklich dankbare Aufgaben (kleine Partitur *mit untergelegter Klavierstimme* für Vergleiche bei *Eulenburg*, Nr. 297).

DIE MITTLEREN STREICHQUARTETTE

Es schrieben:
Haydn = 76 (83) Quartette, 104 Sinfonien, 24 Opern, 9 Violinkonzerte,
Mozart = 28 Quartette, 49 Sinfonien, 19 Opern, 8 Violinkonzerte,
Beethoven = 18 (16) Quartette, 9 Sinfonien, 1 Oper, 1 Violinkonzert.

Bei anderen Form- und Besetzungsgattungen liegen die Dinge ähnlich: mit der Komponistengeneration um Haydn und Mozart endet die *Massenproduktion*, die kennzeichnend ist für Barock und 18. Jahrhundert. An die Stelle von einheitlichen Werkgruppen treten nun Einzelwerke, deren jedes nach Form und Inhalt ein individuelles Ganzes bildet. Das ist so bei allen Streichquartetten Beethovens, auch wenn mehrere in einer Gruppe veröffentlicht wurden oder — wie die letzten — in mancher Hinsicht eine substantielle Einheit bilden. Die fünf Streichquartette aus seiner mittleren Schaffenszeit gehören wesensmäßig zum Kreis jener Werke, in denen sich der Durchbruch einer neuen Musikepoche mit elementarer Kraft vollzieht. Der fundamentale Wesensunterschied dieser Musiken gegenüber denen früherer Meister ist nicht zu überhören. Aus ihnen klingt teils verhalten, teils stürmisch die Frage eines Menschen nach dem Sinn seiner Existenz in einer entgötterten Welt an unser Ohr, wird die verwandelnde Kraft des erkannten tragischen Gegensatzes zwischen „Ich" und „Umwelt" in einer oft dialektisch gespannten, aggressiven Sprache vernehmbar.

Die 3 Rasoumowsky-Quartette Werk 59 (1806) leiten die Gruppe der mittleren Streichquartette ein. Sie sind dem musikliebenden Fürsten *Andreas Kyrill Rasoumowsky* gewidmet. Aus Gefälligkeit verarbeitete Beethoven in den beiden ersten Quartetten russische

Melodien. Sie sind schöpferisch in den Aufbau einbezogen. Bei den Zeitgenossen fanden die Quartette wenig Verständnis. Ihr eigenwilliger Stil und ihre enormen technischen Anforderungen erregten Ärgernis. Heute mißt man ihnen eine zentrale Stellung im Schaffen Beethovens zu.

Werk 59 Nr. 1 in F-dur hebt sich schon durch seine Ausmaße gegen die frühen Quartette ab. Während jene in durchschnittlich 20—25 Minuten vorüberziehen, erreicht das F-dur-Quartett mit gut 40 Minuten fast die doppelte Spieldauer. Es übertrifft die 1., 2., 4., 5. und 8. Sinfonie teilweise beträchtlich an Ausdehnung, nur die 3., 6. und 7. Sinfonie sind etwa genau so lang, und nur die „Neunte" beansprucht einen wesentlich größeren Zeitraum. Die überwiegende Mehrzahl der Sinfonien unseres Jahrhunderts bleibt weit hinter dieser Ziffer zurück!

Beethoven gliedert das Werk in vier Sätze, deren jeder sich zwanglos im Sinne der Sonatensatzform entfaltet. Indem er das dualistische Prinzip *allen* Teilen des Quartetts intuitiv zugrunde legt, gewinnt er für seine Aussage denkbar große Bewegungsfreiheit. Er nimmt nun überhaupt keine Rücksicht mehr auf den konventionellen Sinn einzelner Formteile — etwa des Scherzo als „Tanzstilisierung", des Adagio als „Melodie in Permanenz" oder des Finale als „Kehraus nach Rondoart". Sein persönliches Anliegen verfolgt er, sonst nichts. Er kann dies wagen, denn seine Sprache, unentwegt aus innerer Gespanntheit dialektisch sich akkumulierend, trägt die aus *einem* Ursprung quellende Fülle seiner Eingebungen mühelos über die riesige Strecke hin.

Das Kopfthema des *Allegro* erklingt zunächst im

Cello, „mf e dolce", fast ein wenig gemächlich. Darüber klopfende Achtel in Bratsche und 2. Violine. Bald springt das Thema zur 1. Violine hinüber, die es in drängender Entwicklung einem kurzen Höhepunkt zuträgt. Ein

zweiter Gedanke, kurz darauf ein dritter, der deutlich

aus der Achtel-Phrase des Kopfthemas abgeleitet ist, und

endlich ein vierter treten hinzu. So verschieden sie sind: formal gehören sie *alle* noch zum Bereich des Kopfthemas. Hier tritt also eine Themen-*Gruppe* an die Stelle eines Themas! Im Gefolge des Gegenthemas ver-

selbständigt sich ein Triolengedanke, bevor über eine Schlußgruppe hin die Durchführung erreicht wird. Man sieht: die alte Form bleibt zwar erkennbar, aber sie ist nach eigenem Ermessen ins Große geweitet. Mehr noch: die riesige Durchführung, die sich zu einem Fugato verdichtet, ist nicht mehr durch einen Einschnitt vom Expositionsteil getrennt. Dieser wird auch nicht wiederholt, sondern gleitet in drängender Entwicklung unmerklich in die Durchführung über. „Unmerklich" ist wörtlich zu nehmen, die Meinungen über den Beginn der Durchführung gehen auseinander. Man darf sagen, daß hier erstmals in einem Quartett der ganze Kopfsatz den Charakter einer Durchführung annimmt. Denn auch die Reprise bringt nicht eine Wiederholung des Expositionsteiles, sondern setzt die Durchführung fort und gipfelt vor der Coda mit der pathetischen Selbstbehauptung des Kopfthemas in einer Art Apotheose. Im *Allegretto vivace e sempre scherzando* schwingt die Entwicklung aus der gleichen Mitte in andere Richtung weiter. Den Scherzando-Charakter legt das Cello(solo) mit einem

rhythmischen Motiv fest, auf das die 2. Violine (ebenfalls solo) mit folgendem Gedanken antwortet:

Bratsche und 1. Violine wiederholen das Spiel. Das rhythmische Motiv lockt nach kurzem crescendo diesen lieblichen Gedanken hervor:

Es ergibt sich also auch hier eine Themen-*Gruppe*. Und wieder wächst ein Sonatensatz heran. Erst nach einer klanglich subtilen Entwicklung von 115 Takten erscheint das Gegenthema! Die Übergänge, auch zur Durchführung, sind fließend. Es gibt zwar mehrere Generalpausen, aber sie bezeichnen nicht Nahtstellen im formalen Gefüge. Eine Fülle von Gedanken (die zitierten geben nur eine Auswahl) strebt in unentwegter Verwandlung einem Fernziel zu, das trotz der kräftigen Schlußkadenz des Satzes jenseits seiner Grenzen zu liegen scheint. Wenn sich die Vielfalt einander ablösender Wesenszüge auch kaum auf einen Nenner bringen läßt, so sei doch vereinfachend angedeutet, daß als Gesamteindruck wohl der heitere Schwung des Geschehens haften bleibt. Er wird vor allem bewirkt durch das rhythmische Motiv, das nahezu allgegenwärtig den Bewegungsablauf trägt. Das *Adagio molto e mesto* ist eine von innerer Erregung durchglühte Trauermusik, verwandt etwa den langsamen Sätzen der „Eroica" oder der 5. Sinfonie. Beethoven schrieb sie unter dem

Eindruck des Todes seines Bruders. Das Hauptthema möge einen Begriff geben von der melodischen Kraft dieses Gebildes, das sich als freier Sonatensatz entfaltet. Selten ist eine Musik so innig dem Wesen der vier Streichinstrumente verbunden worden! Ein Klangwunder ergibt sich sogleich, wenn die 2. Violine den Eintritt des Themas durch einen dunklen Liegeton auftaktmäßig vorbereitet, worauf Bratsche und Cello nacheinander den Klangraum in seiner ganzen Tiefe mit ausdrucksvollen Gegenstimmen erschließen. Die Exposition umfaßt zwei Themen-Gruppen. In der Durchführung blüht überraschend ein tröstlicher Gedanke von unaussprechlichem Stimmungszauber auf, doch er muß dem schwermütigen Hauptthema weichen. Das Adagio geht unmittelbar in das Finale über. Eine lichte C-dur-Kadenz der 1. Violine spannt den Bogen. Sie verrieselt in einen Triller, der erst dann in chromatischer Spielfigur zerflattert, wenn das Cello bereits eine wesentliche Phrase des rassigen „Thème russe“ aus dem *Allegro-Finale* vorgetragen hat. Im Finale sind Rondo- und Sonatenform verschmolzen. Der Sonatencharakter wird durch Wiederholung der Exposition vor der großen Durchführung betont. Um drei Themen kreist die Entwicklung. Das „Thème russe“ ist einer Sammlung russischer Volkslieder entnommen. Wüßte man dies nicht, man könnte in ihm und seinen Verwandlungen die Quintessenz dessen vermuten, was in den anderen Sätzen heranwuchs. Doch es ist umgekehrt: von diesem Keim aus gestaltet Beethoven das Werk! Kurz vor dem Ausklang staut sich das ungestüm aufbrandende Geschehen in einigen Adagio-Takten. Gleichsam lautlos, in dreifachem piano scheint es die Grenze zu unterlaufen, die nun in vehementem Presto die kräftigen Schlußakkorde im Sinne der Konvention bestimmen.

In Werk 59 Nr. 2 in e-moll begegnen wir Rückbezügen zum ersten Quartett und — wenn auch auf anderer Ebene — dem gleichen Schaffensprinzip. Die Form weicht nicht derart tiefgreifend vom Herkömmlichen ab, aber ihre Zusammenhänge, deren Sinn sich wieder erst gegen Ende des Weges enthüllt, lassen deutlich werden, wie sehr sie der persönlichen Aussage nebengeordnet ist. Dem ersten *Allegro,* einem Sonatensatz mit Wiederholung des Expositionsteiles, sind zwei wuchtige Akkorde wie ein Motto vorangestellt. Erst

nach einer Generalpause setzt das Hauptthema pp ein. Man kann es kaum als Thema bezeichnen. Es besteht aus zwei Motiven, die auf engstem Raum in rhythmischer und vor allem klanglicher Spannung einander gegenüberstehen. Beide Motive sind zerlegte Akkorde (siehe die Klammern über der Abb.: 1 = e-moll-Akkord, 2 = verminderter Dominant-Septnonakkord). Rhythmus und Klang sind die tragenden Kräfte des Satzes. Gruppen von Motiven treten an die Stelle einzelner Themen, die Übergänge zwischen ihnen sind gleitend. Was an melodischen Bildungen sich ergibt, wird von Nebengedanken hinzugetragen. Alles ist einbezogen in ein erregendes, dunkel großartiges Strömen. Viel Empfindung verlangt Beethoven für den Vortrag des *Molto Adagio.* „Si tratta questo pezzo con molto di sentimento“ heißt es in seiner Spielanweisung. Der Anblick des Sternhimmels soll ihn zu diesem herrlichen Satz angeregt haben. Die Form ist der des Sonatensatzes angenähert. Das choralartige Hauptthema, aber auch andere Themen und Motive sind aus dem Gedankengut des Allegro hervorgegangen. Der Klangraum wird — ähnlich wie im Adagio der Nr. 1 — polyphon erschlossen. Das ist schon zu Beginn so, wenn die 1. Violine das Hauptthema einführt. Zu ihr gesellen sich in halbtaktigen Abständen 2. Violine, Bratsche und Cello mit ausdrucksvollen Kontrapunkten. Rhythmische Impulse beleben nun das melodische Geschehen, das in vielfältigen motivischen Verästelungen alle Stimmen umfaßt, in dynamisch sich steigernden Perioden ausschwingt und endlich in ruhigem E-dur „p diminuendo" verklingt. Das kapriziöse *Allegretto* besteht aus zwei Teilen: Minore (A) und Maggiore (B). Durch Wiederholungen der Teile wird die Form rondoartig erweitert (A, B, A, B, A). Das Maggiore (als „Trio" bezeichnet) bringt das

„Thème russe", um welches das Werk gedanklich kreist. Das Kopfmotiv des Eingangs-Allegros (s. 1. Abb.) ist nur *eine* seiner vielen Umdeutungen. Mussorgski verwendete später das gleiche Thema in der Krönungsszene seines „Boris Godunow". Hier, bei Beethoven, wird es — zugleich mit kontrapunktierendem Triolenmotiv — in unentwegter Steigerung polyphon durch die Stimmen geführt (Reihenfolge: Bratsche, 2. Violine, Cello, 1. Violine). Nach farbigem Höhepunkt leitet es abklingend zum Minore zurück. Vom e-moll-Bereich des Minore stößt sich mit einem Sprung über zwei Oktaven

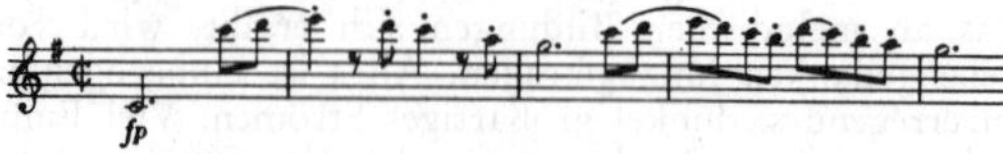

das mitreißende Thema des *Presto-Finale* nach C-dur (!) ab. Es bringt neue Motive hervor, setzt sich aber immer wieder nach Rondoart durch und überspielt auch das zweite Thema (h-moll). In genialer Unbekümmertheit werden Elemente des Sonatensatzes einbezogen, so, wenn sich durchführungsähnliche Partien ergeben, in denen Motive aus dem Thema sich tummeln. Die schwungvolle e-moll-Coda schäumt über von flammendem Humor.

W e r k 5 9 N r. 3 i n C - d u r entfernt sich weniger in seinen Redewendungen als in seinem Wesen von der Tradition. Wir Nachgeborenen erkennen — anders als Beethovens Zeitgenossen — nicht nur ein Ausbrechen aus überlieferter Form, sondern die Zusammenhänge einer neuen zyklischen Großform. *Das Quartett wurzelt im Finale-Thema des zweiten Quartetts und setzt dessen Entwicklung in anderer Richtung fort.* Ähnliche Beziehungen fanden wir zwischen den ersten beiden Quartetten. *Sie alle bilden eine Einheit!* Ein Gesamtplan von bestürzender Großartigkeit liegt ihnen zugrunde. Den Sinn dieses Planes hat man zu deuten unternommen, etwa so: „Mensch und Kosmos", oder „Klang gewordenes Universum" usw. Aber jede Wortausdeutung muß ihr Ziel verfehlen. Der Zyklus verweist den einzelnen Hörer auf sich selbst. Seine musikalische Erlebnisfähigkeit ist der Schlüssel zum Innersten dieser Werke.

In den Skizzenblättern zum Finale-Thema des 3. Quartetts findet sich die Notiz: *„Eben so wie du dich hier in den Strudel der Gesellschaft stürzest, eben so möglich ist's, Opern trotz allen gesellschaftlichen Hindernissen zu schreiben — kein Geheimnis sey dein Nichthören mehr — auch bey der Kunst."* Ihr, dem rhythmischen Elan des Kopfsatzes und dem heroischen Charakter des Finales verdankt das Quartett seinen Namen *„Heldenquartett"*. Er kennzeichnet jedoch nur eine Seite seines komplexen Wesens.

Erstmals überträgt Beethoven hier die bei Sinfonien übliche langsame Einleitung auf die Quartettform. Er stellt dem Werk ein *Andante con moto* als „Introduzione" voran. Ähnliches fanden wir schon bei Haydn. Aber anders als dort wird hier *die zyklische Einheit der drei Quartette durch den Rückgriff auf ein Motiv be-*

tont, das im Gegenthema des Kopfsatzes der Nr. 1 und im Hauptthema ihres Adagios vorgebildet ist (vgl. dort die Abbildungen). Es erscheint zunächst abwärts gerichtet im Cello, dann aufwärts gerichtet in der 1. und 2. Violine. Von der „Introduzione" löst sich aus einem Septimakkord in der Solo-Violine das tänzerische Haupt-

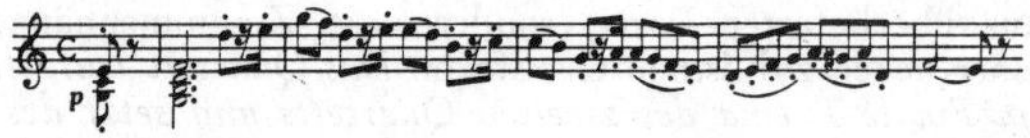

thema des *Allegro vivace.* Es ist vom Finale-Thema der Nr. 2 abgeleitet. In einer Variante berührt es d-moll, dann hellt es sich in energischer Steigerung wieder nach C-dur auf, wobei seine Herkunft vollends deutlich wird. Der Sonatensatz verläuft bei aller Vielfalt an Kontrasten spielerisch elegant. Eine chromatisch aufsteigende Stretta mit kräftigem C-dur-Abschluß grenzt ihn gegen das herrliche *Andante con moto quasi Allegretto* ab. Hier kreist das Geschehen in fließender Bewegung um ein schlichtes, melancholisches a-moll-Thema, das sehr wohl russischer Herkunft sein könnte. Besonderen Reiz geben ihm Pizzikati des Cellos. Im leisen Ausklang verlöschen sie unter zarter a-moll-Harmonie. Das verspielte *Menuetto grazioso* (mit energischem *Trio)* wirkt wie eine Rokoko-Reminiszenz. In seiner eigenwilligen Coda wird das Kernmotiv des Menuett-Themas in Frage gestellt und aufgelöst. Es ist längst dem Bewußtsein entschwunden, wenn das Geschehen in jähem Auf- und Niederschwung in einem Septimakkord sich staut, aus dem „attacca subito“ in der Solo-Bratsche das groß-

artige Fugenthema des *Finales* (Allegro molto) hervorgeht. Wir sahen, daß auch das Thema des Kopfsatzes aus einem Septimakkord unbegleitet hervorging! Beide Themen zeigen in ihrem Ablauf starke Entsprechungen. Während aber das erste „nur“ ein bewegtes Spiel auslöste, wird dieses Gegenstand einer grandiosen Fuge, in der das Werk seinen Höhepunkt findet. Die Fuge entwickelt sich sonatenartig. Ihr Thema, ihr Gegenthema (es schreitet in Halben dahin), ihre Kontrapunkte und alle Gedanken, die in freien Zwischenspielen hinzukommen, sind unentwegter Verwandlung unterworfen. Im durchgeistigten Mit- und Gegeneinander der Linien vollzieht sich ein Drama. Es entscheidet sich in einer hellen, hinreißenden Coda.

Das „Harfen-Quartett", Werk 74 in Es-dur (1809) verdankt seinen Namen arpeggierenden Pizzikati, welche die Instrumente besonders im Kopfsatz einander zuspielen. Es ist wohl das eingängigste Werk der mittleren Periode. Sein Aufbau weicht vom Herkömmlichen ab. Die ersten Sätze folgen zwar der Norm. Dann aber erscheint anstelle des Scherzo ein riesiges Presto und anstelle des Allegro-Finale ein Variationssatz. Sein Thema geht unmittelbar aus dem Presto hervor, das keinen auskadenzierten Abschluß hat, sondern in einem Septimakkord (vgl. 3. Rasoumowsky-Quartett!) die Brücke schlägt. Immer deutlicher wird die Tendenz, die Form zu verschleiern. Gleitende Übergänge bewirken den Eindruck unablässigen Strömens von Melos, Klang und Rhythmus. Eine langsame Einleitung, *Poco Adagio*, führt in das Geschehen ein. Ihr Kopfmotiv blüht als Umkehrung (siehe Klammer über

der Abb.) im Hauptthema des *Allegro* wieder auf. Die „Stimmigkeit" des Satzbildes ist bewundernswert. Die 2. Violine trägt von Anbeginn einen Kontrapunkt hinzu, dessen melodische Ausdruckskraft kaum hinter der des Hauptthemas zurücksteht (siehe Abb.). Gleichzeitig bringt die Bratsche über Liegetönen des Cello eine in Halben ruhig aufsteigende melodische Mittelstimme, die unmerklich in das Hauptthema übergeht und dieses schon imitiert, während die 1. Violine es noch zu Ende singt. Die Stimmen verschmelzen in vollendeter Polyphonie zu einem geschlossenen Klangbild von großer Farbigkeit. Unmittelbar nach diesem Themen-Auftakt blitzen zunächst in den tiefen, dann in den hohen Streichern zum erstenmal die charakteristischen Pizzikati auf, akkordisch begleitet von den jeweils freien Streichern mit schwebenden Achteln. Seitengedanken und ein melodisches zweites Thema ziehen vorüber, dann mündet die verhältnismäßig kurze Exposition diminuendo in eine zarte Coda, in der die schwebenden Achtel mählich in ganzen Noten zur Ruhe kommen. Die Durchführung verläuft nach vehementer Steigerung ebenfalls diminuendo und ohne Konflikte. Nach der Reprise ergibt sich ein weiterer durchführungsartiger Teil, in welchem schwirrende Sechzehntel-Passagen der 1. Violine im Verein mit den Pizzikati der anderen Instrumente den „Harfenklang" des Satzes besonders deutlich hervortreten lassen. Das Spiel der Linien, Klänge und Farben setzt sich im *Adagio ma non troppo* fort. Neben dem ausdrucksvollen Hauptthema gewinnen ein klagender und ein tröstlicher Gedanke für die Entwicklung episodische Bedeutung. „Harfenklänge" auch hier in den Begleitstimmen zweier Varianten des Hauptthemas: zunächst Sechzehntel-Triolen, später staccatierte Zweiunddreißigstel der 2. Violine, darunter auffallende Pizzikati der Bratsche. Der zarte Ausklang erinnert an die verschwebende Coda im Expositionsteil des Allegro. Das *Presto* hat Scherzocharakter. Es umfaßt das eigentliche „Presto" (A) und ein kontrastierendes „Prestissimo" (B), die einander in der Folge A, B, A, B, A ablösen. Das stürmische „Presto" wird von dem gleichen, manisch wiederkehrenden rhythmischen Motiv beherrscht, das

der 5. Sinfonie zugrunde liegt. Dieses Motiv unterwühlt auch das sangliche Gegenthema, das ihm bald erliegt. Merkwürdig: ebenso wie die vorangehenden Sätze verklingt das Presto diminuendo pp! Ganz anders das „Prestissimo" (C-dur). Es rast ständig ff in grollenden oder schneidenden Vierteln der tiefen bzw. hohen Streicher vorüber. Sein Ausklang, ein greller, verminderter Septimakkord (!), ist durch ein Sforzato noch geschärft. Weiter: das Prestissimo wird durch Pausen zerklüftet, über die der Sturm um so wilder fortbrandet. Nicht genug hiermit: das Zeitmaß des 3/4-Taktes beschleunigt

Beethoven um das Doppelte durch die Spielanweisung, immer zwei Takte zu einem $^6/_8$-Takt zusammenzufassen! (Denselben Kunstgriff verwendete in unseren Tagen *Karl Amadeus Hartmann* im Furioso seiner 6. Sinfonie!) Nach dem riesigen Bogen des fünfgliedrigen Scherzo, dessen Coda „sempre pianissimo" aufhellend vergeht, steigt mit dem *Allegretto con Variazioni* eine friedvolle Stimmung herauf. Die naive Melodie und ihre ausgeglichenen Variationen bringen ähnliches zum Ausdruck, wie das Finale der „Pastorale", nämlich: „Frohe, dankbare Gefühle nach dem Sturm."

W e r k 9 5 i n f - m o l l entstand 1810, aber erst 1814 setzte der hervorragende Geiger *Schuppanzigh* die erste öffentliche Aufführung durch. Beethoven widmete das Werk „seinem Freunde" *Nik. Zmeskall von Domanowicz.* Die unglückliche Liebesaffäre mit *Therese Malfatti,* deren Mitwisser Domanowicz war, soll die Komposition ausgelöst haben. Die Sprache ist dichter als die des „Harfen-Quartetts", die Entwicklungen sind zusammengeraffter, die Gliederungen klar gegeneinander abgegrenzt. Nur die Mittelsätze, welche die Ecksätze beträchtlich an Ausdehnung übertreffen, gehen unmittelbar ineinander über (wiederum bildet ein verminderter Septimakkord die Brücke!). Mit nur etwa 20 Minuten Spieldauer ist Werk 95 das kürzeste Quartett der mittleren Gruppe. Beethoven bezeichnete es als „Quartetto serioso". Sein Hinweis unterscheidet das Werk klar von der „Appassionata" (also der „Leidenschaftlichen"), mit der es oft verglichen wird. Man findet in ihm weniger Leidenschaft als Ernst, einen Ernst, der wachsendem innerem Abstand von den Dingen zu entspringen scheint. Er verwandelt das Heftige in strömende Kraft, nimmt dem Schmerz das Bittere und bewertet selbst Spiel und Humor nur als Nuancen eines Ausdruckswillens, der es unternimmt, das „Ich" in den Bindungen des Allgemeinen zu spiegeln. Die Frühwerke standen als elementarmusikantische Äußerungen im Banne der Gesellschaftsmusik. In den mittleren Werken kam der Anspruch der Persönlichkeit in seiner ganzen Fragwürdigkeit überwältigend zum Durchbruch.

Hier zeichnet sich nun noch deutlicher als im „Harfen-Quartett“ eine Distanzierung von egozentrischer Gesinnung, eine Hinwendung zu kontemplativer Betrachtung der Seinszusammenhänge ab.

Solcher Einstellung entspricht es, daß eine strömende Polyphonie die Stimmen nun immer inniger klanglich bindet, daß Gedanken und Motive unmerklich in ihren Gegensatz sich verwandeln, daß sie über alle Sätze sich auswirken, daß über Kontraste und Widersprüche hin das Einheitliche der Atmosphäre in Erscheinung tritt. Wiederum verklingen drei oder vier Sätze leise, nur der dritte endet ff. Daß dem ppp F-dur-Ausklang des Finales noch eine kurze, lebhafte Stretta mit kräftiger F-dur-Endung angehängt ist, wirkt wie ein letztes Zugeständnis an die Tradition des „Kehraus“. Allerdings: dieses befreiende kleine Allegro gibt dem Werk einen hinreißenden Abschluß!

Dem gedrungenen *Allegro con brio* ist das zweitaktige, düstere Grundmotiv des Satzes in Oktaven unisono vorangestellt. Es setzt sich nach einer Pause in

einem rhythmischen Motiv der 2. Violine aufhellend fort, das im gleichen Rhythmus von den tiefen Streichern akkordisch getragen und von Oktavsprüngen der 1. Violine übertönt wird (s. Abb.). Ein Ges-dur-Einsatz des Grundmotivs im Cello löst nun weiche Harmonien der Mittelstimmen und eine breite Kantilene der 1. Violine aus. Crescendo wird über ein erweitertes ff-Unisono dann rasch das lyrische Gegenthema erreicht, zu dem sich in den Mittelstimmen noch ein fließendes Triolenmotiv gesellt. Damit ist das thematische Material gegeben. Beherrschende Rolle kommt nur dem Grundgedanken zu. Nahezu ununterbrochen drängt er sich, zumindest in Teilmotiven, durch die Stimmen. Er behauptet sich auch in der Durchführung und trägt den leise vergrollenden Ausklang, dem einleitend die Bratsche unter Synkopen der Violinen ihre dunkle Stimme leiht. Das

Allegretto ma non troppo entfaltet sich in dreiteiliger Liedform. Um drei Themen kristallisiert sich seine Substanz. Eine freie Umbildung des Grundgedankens aus

dem Allegro ist das erste dieser Themen. Es bereitet, „mezza voce“ im Solo-Cello niedersteigend, den Eintritt

des sanglichen Hauptthemas vor. Das dritte ist wieder

eine Umbildung des Grundgedankens. Es wird im Mittelteil Gegenstand eines freien Fugatos. In einem Zwischenspiel des Fugatos wird das erste Thema vom Cello in dreimaligem leisem Abstieg unter chromatisch fallenden Klängen der anderen Instrumente einhergeführt. Eine Stelle von bezaubernder Wirkung! Das gleiche Thema leitet auch die Reprise ein, und es trägt, in ein chromatisches Motiv verwandelt (hier wird die Verwandtschaft mit dem Fugato-Thema deutlich!), die zarte Coda, die in einem verminderten Septimakkord unschlüssig innehält. Aus ihm löst sich „attaca subito“ das scherzoartige *Allegro assai vivace ma serioso.* Sein *Trio* wird nach der ersten Wiederkehr des Scherzos wiederholt, die Coda ist eine gekürzte Umbildung des Scherzos. Es ergibt sich also die Form A, B, A, B, A. Dem Scherzo-Thema liegt derselbe Rhythmus zugrunde wie der Fortsetzung des Hauptthemas aus dem Kopfsatz (s. Abb. 1). Das lyrische Trio wird von einem choralartigen Thema beherrscht. Ein schwermütiges *Larghetto espressivo* leitet zum Finale, *Allegretto agitato,* hin, das als stürmisches Rondo vorüberzieht (A, B, A, B und Coda = Schluß-Allegro mit F-dur-Ausklang). Hier wirken sich Gedanken aus den Vordersätzen in Umbildungen aus.

DIE SPÄTEN STREICHQUARTETTE

Beethovens Lebenswerk vollendet sich in seinen späten Streichquartetten (1824—26). Sie entstanden nach der „Missa solemnis", der „Neunten" und den späten Klaviersonaten als seine letzten Werke überhaupt in dieser, den Werkziffern nicht entsprechenden Reihenfolge: Werk 127 (1824), Werk 132 (1825), Werk 130 mit der großen Fuge, Werk 133, als Schlußsatz (1826), Werk 131, 135 und das neue Finale zu Werk 130 (1826).

Die drei zuerst entstandenen Quartette widmete Beethoven dem *Fürsten Nikolaus Galitzin.* Werk 131 dem *Fürsten von Stutterheim,* Werk 135 dem *Tuchhändler Nepomuk Wolfmayer.* Werk 127 steht für sich allein, die Werke 132, 130 und 131 erwachsen als riesiger Zyklus aus einer gemeinsamen motivischen Wurzel, Werk 135 steht wieder allein. Wesensverwandt sind sie *alle.*

Beethovens Zeitgenossen fühlten sich gleich zu den Quartetten hingezogen und stellten sie oft zur Diskussion (mit Ausnahme der großen Fuge). Erst die Nachwelt begann an ihnen herumzurätseln. Man gab ihnen die widersprechendsten Auslegungen, zerredete oder mystifizierte sie, anstatt sie zu spielen. Nur ein kleiner Kreis von Musikern oder Liebhabern aus jeder Generation naht ihnen in unablässiger Bemühung und glaubt, in ihnen das „non plus ultra" musikalischer Offenbarung zu erkennen. Aber selbst unter bedeutenden Musikern gibt es nicht wenige, denen ihre Welt verschlossen blieb. *Tschaikowsky* bekannte rund heraus, daß er sie nicht möge. „Es ist ein Schimmer da", meinte er, „aber nicht mehr. Der Rest ist Chaos, über dem — umgeben von undurchdringlichen Nebeln — der Geist dieses musikalischen Jehova schwebt."

Das Beispiel lehrt: Beethovens letzte Quartette werden sich nur dem erschließen, der ihnen mit der rechten Einstellung naht! Wer in ihnen dialektische Auseinandersetzungen oder subjektive Bekenntnisse sucht, den wird eine Fülle scheinbar zusammenhanglos aneinandergereihter oder einander überschneidender Bilder verwirren. Das jähe Nacheinander von volksliedhaften, naiv homophon begleiteten Einfällen und abstrakt polyphonen Gebilden, das komplexe In- oder Nebeneinander von starren und gleitenden Rhythmen, von simplen und abrupten Klängen, das Episodische vieler Teile dieser riesigen Organismen wird er als ungeformt, stillos, „chaotisch“ empfinden. Solch scheinbare Mängel erweisen sich indessen als unabdingbare Elemente dieser Kunstwerke. Denn: es handelt sich bei ihnen nicht mehr um *Wege*, die auf ein fernes Ziel verweisen, sondern gleichsam um *„kosmische Meditationen“*, in denen ein unermeßlicher Reichtum an Gedanken, Eindrücken, Empfindungen und Bildern in kaleidoskopischem Wechsel um eine transzendente Mitte kreist! Auf sie alle trifft zu, was *Goethe* in die Worte faßt: *„Gestaltung, Umgestaltung, des ewigen Sinnes ewige Unterhaltung.“*

Werk 127 in Es-dur bereitet dem Verständnis kaum Schwierigkeiten. Es hatte schon bei der Uraufführung (6. 3. 1825) außerordentlichen Erfolg. Beethoven schrieb an seinen Verleger Schott: „... man will's gar hoch ansetzen mit dem Quartett. Es soll das größte und schönste sein, ut dicunt, was ich geschrieben. Die besten Virtuosen wetteifern hier, es zu spielen.“ Eine zutiefst heitere, bisweilen derbe, bisweilen zart romantische Stimmung durchzieht alle Sätze dieser „Pastorale“. Ein kraftvolles *Maestoso* ($^2/_4$) von nur 4 Takten ist dem *Allegro teneramente* ($^3/_4$) voran-

gestellt, dessen zärtliches Hauptthema „sempre piano e dolce“ den friedvollen Grundzug des Satzes auf das schönste zum Ausdruck bringt. Ein zweites, etwas bestimmteres Thema, ein drittes elegisch einsetzendes und mehrere Nebengedanken geben dem Geschehen Fülle und Farbe. Die Sonatensatzform wird souverän überspielt. Zweimal unterbricht das Maestoso den freien Strom der Gedanken. Nur diese Zäsuren verdeutlichen die Dreiteiligkeit des Satzes, der mit der Wiederkehr des verwandelten Hauptthemas still abklingt. Das *Adagio ma non troppo e molto cantabile* (12/8, As-dur) knüpft in seinem schlichten, melodischen Thema an Gedanken aus dem Kopfsatz an. Fünf Variationen tragen das Geschehen. Die erste umspielt das Thema, die zweite (Andante con moto, 4/4) wandelt es frei ab. Schön entfalten sich in ihr lebhafte Figuren der Violine über leichten Staccati des Cellos. Die dritte Variation (Adagio molto espressivo) kontrastiert in E-dur, die vierte lenkt wieder nach As-dur und zum Tempo I zurück. Von silberhellen Trillern durchsetzte, weitstufige Figuren der Violinen schmücken hier den Gesang des Cello. Die fünfte gleitet, stimmungsvoll zwischen As- und E-dur pendelnd, unmerklich in eine versonnene Coda über. Das *Scherzo vivace* (3/4, Es-dur) setzt das Adagio und damit den Kopfsatz in anderer Richtung fort. Sein Thema, das nach kurzer Pizzikato-Einleitung zunächst im Cello pp aufsteigt (die Violine bringt es bald darauf in Umkehrung), erweist sich als Variation des Adagio-Themas. Dessen schwebender Rhythmus (lang, kurz) wird hier witzig staccatiert und energisch gestrafft. Er behauptet sich fast ostinat. Gegensätzliche Einschiebsel (2/4, 3/4, 2/4) steigern den Schwung der Bewegung. Auch das *Presto* (Trio des Scherzos) bringt eine Variation des Adagio-Themas. Aber ohne punktierte Rhythmen, in unentwegten Vierteln jagt es dahin. Die Gesamtform verläuft frei etwa im Sinne des Schemas A (Scherzo), B (Trio), A, B, A. Ein pianissimo-Auslauf mit kurzem forte-Abschluß ist angehängt. Auf dies bukolische „Nachtstück“ folgt als „Tagstück“ ein romantisches *Rondo-Finale* (4/4, alla breve). Auch seine Themen sind Umbildungen von Gedanken aus dem Kopfsatz. Es mündet in ein verspieltes, vorwiegend leise dahingleitendes *Allegro con moto* (6/8), worin das Refrainthema in rhythmisch reizvoller Abwandlung das letzte Wort behält.

Es erleichtert ein Eindringen in die Materie, wenn man die drei nächsten Quartette einschließlich der großen Fuge in der Reihenfolge ihrer Entstehung betrachtet, denn sie entfalten sich aus Umbildungen eines gemeinsamen Grundmotivs.

Wie von einem Gipfel aus eröffnet sich in ihnen ein Rundblick, der alle Höhen und Tiefen des Daseins noch einmal gelassen ineinanderschaut. Die Gelassenheit Beethovens ist nicht gleichzusetzen mit einer aus der Abgeklärtheit des Alters hervorgehenden natürlichen Distanz zum Leben, wie sie uns etwa in dem Ausspruch des siebzigjährigen französischen Dichters *François Mauriac* begegnet: „Als ich noch jung war, habe ich meine Gefühle aufgezeichnet. Im reifen Alter schilderte ich meine Handlungen, und jetzt schreibe ich meine Überlegungen nieder." Nein! Beethoven, durch äußere und charakterliche Umstände, vor allem durch seine Taubheit tragischer Vereinsamung ausgeliefert, wurde schon früh auf sich selbst verwiesen. Sein willensmäßig bestimmter Weg führte ihn zur Überwindung seines persönlichen Schicksals und damit zu einer ganz anders gearteten „vitalen" Distanz zum Leben.

Nicht ein „Sich-abwenden" vom Leben spricht aus den Werken des Fünfundfünfzigjährigen. Mit leidenschaftlicher Hingabe verbindet sich Beethoven in ihnen dem Sein als fragend Betrachtender. Aus dem durch Überwindung gewonnenen Abstand erwächst nun seine universelle, kontemplative Gesinnung, erwächst seine Kraft, das hinter den Erscheinungen Wirkende, ihre Transzendenz dem ahnenden Empfinden zu erschließen. Ungeheure Spannungen und Gegensätze wirken sich im Zyklus dieser Kunstwerke aus. Aber es ist kein persönliches Ziel mehr da, es wird nichts angestrebt: Gedanken, Empfindungen und Bilder kreisen in unablässigem Wechsel um eine gemeinsame Mitte. Werk 132 leitet den Zyklus ein. Im Werk 130 (mit der großen Fuge, Werk 133, als Finale) setzt er sich fort. Mit Werk 131 schließt sich der Kreis.

Während Werk 132 in a-moll heranreifte (1825), erkrankte Beethoven. Als Genesener schrieb er das Adagio und die Schlußsätze. Das kommt in Satzüberschriften zum Ausdruck (s. u.). Man folgerte, hier lägen Programmusiken vor. Gewiß mag es außermusikalische Anregungen geben, aber diese Musik hat nicht deskriptiven, sondern absoluten Charakter. In einer leisen Einleitung *(Assai sostenuto)* wird das Grund-

motiv, das in Umbildungen die drei Quartette durchzieht, vom Cello angestimmt und aufsteigend durch die Instrumente geführt. Hierbei ändert es seine Gestalt fortgesetzt. In der Bratsche lautet es: a, gis, c, h, in der 2. Violine: h, a, gis, a. Die 1. Violine bringt es in der Dominant-Tonart. Während sie nun frei zur nächsten Oktave aufsteigt, erscheint es im Cello in der Umkehrung: f, e, gis, a, und einen Takt darauf in der 1. Violine abermals in der Umkehrung, aber in der Dominant-Tonart, also: c, h, dis, e. Was sich hier begibt, ist bezeichnend für das weitere. Das Grundmotiv — es hat eine bemerkenswerte Verwandtschaft mit dem B-A-C-H — wirkt sich im ganzen Quartett gestaltbildend aus. Im *Allegro* gesellt es sich nicht nur kontrapunktierend sogleich zu dessen Hauptthema, es ist abgewandelt auch in diesem selbst enthalten (Takt 2 der

Abb.: a, gis, f, e!) und darüber hinaus der Träger des Geschehens überhaupt! Das Allegro verläuft im Sinne eines Sonatensatzes. Ein tröstliches Gegenthema, das in heitere Spielfiguren einmündet, behauptet sich nur episodisch. Die knappe Durchführung wird vom Grundmotiv in Verbindung mit dem Hauptthema beherrscht. Letzteres kommt im melodischen Vortrag der 1. Violine in der großen Coda besonders eindrucksvoll zur Geltung. Das *Allegro ma non tanto* gleitet in unwirklichen Farben

ruhig als Scherzo dahin. Sein Thema enhält das Grundmotiv (s. Kreuze über der Abb.), und zwar den ersten Halbtonschritt wörtlich, den zweiten in Dur und durch Zwischentöne verschleiert. Das heitere *Trio* hat zunächst Musette-Charakter (liegendes a in der zweistimmig geführten 1. Violine, dann in Bratsche und Cello als „Dudelsack"-Begleitung). Der Trio-Mittelteil entpuppt sich als Ländler. Riemann wies nach, daß sein Thema eine Variante eines der „Deutschen Tänze" ist, die Beethoven etwa ein Vierteljahrhundert zuvor für die Wiener Redoutenbälle schrieb! Unvermittelt beendet eine Umbildung des Grundmotivs in drohendem unisono den lustigen Singsang. Der Schatten weicht mit der Wiederholung der Musette (L'istesso tempo), der sich das Scherzo als wörtliche Reprise anschließt. Der nächste Satz beginnt mit einem *Molto Adagio* ($^4/_4$), dem Beethoven die Überschrift gab: *„Heiliger Dankgesang eines Genesenen an die Gottheit, in der lydischen Tonart."* Er setzt sich fort in einem *Andante* (D-dur, $^3/_8$): *„Neue Kraft fühlend."* Molto Adagio und Andante lösen einander, jedesmal variiert, in der Anordnung A, B, A, B, A ab. Das Molto Adagio besteht aus einem weihevollen Choral (halbe Noten), der nach zweitaktiger Einleitung (Viertelnoten) abschnittsweise vorgetragen wird. Zwischenspiele verbinden die Abschnitte. Demgegenüber entfaltet sich das Andante, dessen Thema auf das des Allegro zurückgeht, energisch in reicher Gliederung. Es klingt „cantabile espressivo" und pp ab. Der Satz bildet den Höhepunkt des Werkes. Ihm folgt ein kurzer, flinker Marsch *(Alla marcia, assai vivace),* dessen volkstümliches Thema den punktierten Rhythmus des Allegro-Themas aufgreift. Ein dramatisches Rezitativ der 1. Violine führt dann zum Rondo-Finale, *Allegro*

appassionato. Das Grundmotiv ist — durch Zwischentöne verschleiert und rhythmisch verzerrt — wörtlich in seinem Thema verborgen (s. Kreuze über der Abb.). Das Rondo lichtet sich in großartiger Entwicklung immer mehr auf, steigert sich zu einem „Presto" und gipfelt in einer A-dur(!)-Coda.

W e r k 1 3 0 i n B - d u r (1826), das dritte der „Galitzin-Quartette", hat sechs Sätze. Sie folgen einander nicht wie Akte eines Dramas, sondern als frei einander ablösende Erscheinungen. Umbildungen des Grundmotivs aus Werk 132 umklammern die Urfassung

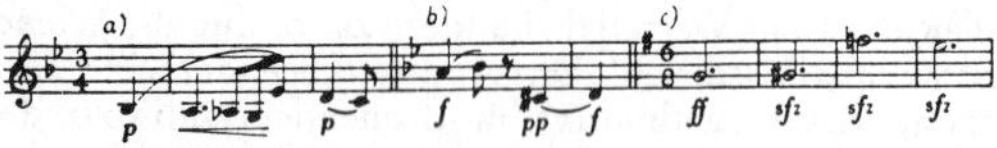

des Quartetts. Die Abbildung zeigt nebeneinander drei von ihnen. Die erste (a) ist dem Werk vorangestellt, die zweite (b) ergibt sich im Laufe des ersten Satzes, die dritte (c) wird zur Keimzelle der großen Fuge (des ursprünglichen Finale). Das Grundmotiv trägt zwar das Werk als movens seiner Ecksätze, aber es durchdringt es nicht in allen Gliederungen, ein Zeichen für die zunehmende Distanzierung vom Stofflichen, für ein Wachstum ins Unbegrenzte. Dem entspricht, daß Beethoven einen Satz (Alla danza tedesca), der zunächst für Werk 132 entworfen war, ohne weiteres in Werk 130 übernahm, und auch, daß er sich nach der Erstaufführung bereit fand, die damals bemängelte große Fuge durch ein neues Finale zu ersetzen. Dieses steht in keinem unbedingten Zusammenhang mit dem Geschehen. Die große Fuge wurde als selbständiges Werk 133 herausgegeben. Das sind Dinge, die beim „mittleren" Beethoven undenkbar gewesen wären. Es ist nicht möglich, in Werken seiner individualistischen Periode Einzelglieder durch andere zu ersetzen. Die dramatische Folgerichtigkeit würde dadurch zerstört. Das ist nun anders. Wir haben hier keine Dramen, sondern Meditationen vor uns. Die Nachwelt hat sich mit Beethovens Entscheidung nicht durchaus abgefunden. Des öfteren wird das Quartett mit der großen Fuge als Finale gespielt.

Wenn das Grundmotiv als „movens", als Bewegungselement der Ecksätze bezeichnet wurde, so trifft das auf den *Kopfsatz* nur insofern zu, als es dessen Bewegung tatsächlich auslöst. Im übrigen kommt ihm hier ausgleichende und gliedernde Funktion zu. Das aus seiner Umbildung (siehe Abb. 1, a) sich entfaltende Einleitungs-

Adagio ma non troppo (3/4) wird immer wieder — bisweilen auf nur einen Takt begrenzt — in die lebhafte Bewegung des *Allegro* (4/4) hineingestellt. Da gibt es Zeitmaß- und Taktwechsel wie diese: Adagio 3/4 (4 Takte), Allegro 4/4 (1 Takt, ungestüm andrängend), wieder 3/4 (1 Takt, nur erster Halbtonschritt des Grundmotivs), 4/4 (1 Takt), 3/4 (1 Takt). Dann erst setzt sich das Allegro (4/4) wieder durch. Die Unterbrechungen verhindern, daß es sich individuell verselbständigt. Sie zügeln seine andrängende Ungeduld, rücken es in die Ferne und stellen es in die höheren Zusammenhänge eines transzendenten Geschehens. Das besagt nicht, es ermangele ihm „Vitalität"! Seine drei Themen — eine lebhaft ausschwingende Spielfigur, ein Signalmotiv und ein elegisches Thema — tragen ein bisweilen stürmisches Geschehen. Nach einem letzten Einwand des Grundmotivs behaupten sich im leichten Ausklang Spielfigur und Signalmotiv. Das *Presto* (4/4) entpuppt sich als kur-

zes Scherzo. Sein eingängiges b-moll-Thema löst sich aus dem ersten Halbtonschritt des Grundmotivs. Ein munteres *Trio* (L'istesso tempo, 6/4) kontrastiert normal in B-dur. Vorschläge und anfeuernde Sforzati steigern seine Ausgelassenheit. In die geschmeidige Rückleitung zur Scherzo-Reprise klingt zweimal in hartem unisono der rhythmisch geschärfte Halbtonschritt des Grundmotivs grollend herein. Das feingliedrige *Andante con moto ma non troppo* zieht „poco scherzoso" vorüber, unbestimmbar in seiner entrückten, friedvollen Heiterkeit. Hier entschwindet das Grundmotiv in einem Halbtonschritt der 1. Violine dem Bewußtsein. Entgleitende Beziehungen zum Scherzo verwischen vollends die Zusammenhänge. Ledig aller Fesseln ergehen sich die Gedanken in freien Meditationen. Der vierte, ursprünglich für Werk 132 entworfene Satz, *„Alla danza tedesca"*, bringt einen lebhaften „Deutschen Walzer". Mit seinem volkstümlichen Thema spielen die Instrumente in einer lustigen Coda Fangball. Die „*Cavatina*" (Adagio molto espressivo), durch zahlreiche Bearbeitungen berühmt geworden, verströmt Gesang aus reinen Sphären. Beethoven äußerte über sie: „Nie hat meine eigene Musik einen solchen Eindruck auf mich hervorgebracht. Selbst das Zurückempfinden dieses Stückes kostet mich immer eine Träne." Das anstelle der großen Fuge dem Werk als *Finale* eingefügte *Rondo-Allegro* wirkt in seiner tänzerischen Beschwingtheit wie ein Nachhall aus Beethovens Jugendtagen. Das Stück ist seine letzte vollendete Arbeit.

Die große Fuge widmete Beethoven als Werk 133 dem *Erzherzog Rudolf von Österreich,* ein Zeichen, daß er sie als selbständige Arbeit gewertet wissen wollte. Ihre innere Zugehörigkeit zu Werk 130 wurde damit freilich nicht aufgehoben. Beethovens Zeitgenossen lehnten sie als „monströs" ab. Im ganzen 19. Jahrhundert wußte man wenig mit ihr anzufangen. Man fand sie abseitig, in sich widerspruchsvoll, zudem klanglich unbefriedigend. Noch *Hugo Wolf* äußerte (1884): „Die große Fuge ist ein mir unverständliches Tonstück." In unserem Jahrhundert hat sich die Einstellung zu ihr gewandelt. Weiten Kreisen wurde sie durch eine Bearbeitung für Streichorchester bekannt, die in Konzerten und vom Rundfunk oft zur Diskussion gestellt wird. Die Bearbeitung stammt nicht von Beethoven, folgt aber — abgesehen von Baßverdoppelungen durch Kontrabässe — getreu dem Original. Man wird zugeben dürfen, daß manche Stimmüberschneidung, manch grelle Intervallreibung des Werkes chorisch überzeugender zu verwirklichen ist, als dies von vier Solisten im allgemeinen erwartet werden kann. Die geistigen Zusammenhänge der Polyphonie treten deutlicher in Erscheinung. Auch ist zu berücksichtigen, daß der taube Beethoven hier seine Ausdrucksmittel sehr unbekümmert verwendet. Er überfordert sie mit ähnlicher Gelassenheit wie J. S. Bach in seiner „Kunst der Fuge", deren Original überhaupt keine Instrumentalangaben mehr aufweist.

Was viele musikliebende Menschen unserer „chaotischen" Zeit gerade zu diesem Kunstwerk hinzieht?

Vielleicht spüren sie, daß hier das Chaos durchschritten und überwunden wird von einer Kraft, der es gegeben war, Gegensätzlichstes schöpferisch ineinanderzuschauen. Vielleicht fühlen sie sich lauschend einbezogen in „des ewigen Sinnes ewige Unterhaltung“, ahnen sie angesichts dieser Versöhnung von Freiheit und Gesetz den Sinn ihres Menschentums „im Zusammenhang mit dem Universum“. Die Worte, die Beethoven der Fuge voranstellte, besagen dasselbe formelhaft einfach: *„Tantôt libre, tantôt recherchée“* = ebenso frei wie kunstvoll! Das „frei“ bezieht sich auf die souveräne Handhabung der Form, auf improvisierte Einschübe und Zwischenspiele, auf das In- und Nacheinander verschiedenartigster Ausdruckselemente usw., das „kunstvoll“ auf deren schöpferische Verschmelzung mit den Mitteln und im Sinne einer vergeistigten Polyphonie.

Die große Fuge wird von einer *Ouvertüre* (Allegro) eingeleitet, in welcher das Thema in vier Erscheinungs-

formen vorgeführt wird, die es später annimmt (vgl. die Abb. a—d). Generalpausen grenzen die Varianten gegeneinander ab. Die eigentliche *Fuge* hat zwei Themen.

Sie beginnt mit dem charakteristischen Gegenthema,

welches, wo immer es auftritt, mit seiner sprunghaften Rhythmik das Hauptthema (d) in den Schatten zu stellen scheint, und verläuft bizarr, zerklüftet, in riesigem Bogen. In einem zweiten, wiederum fugierten Abschnitt *(Meno mosso e moderato)* erscheint das Thema in der Gestalt c), weihevoll unter schwebenden Sechzehntel-Figuren. Das folgende *Allegro con brio* wird anfangs vom Thema in der aggressiven Umbildung b) getragen. Über dramatische Steigerungen hin verbreitert es sich zu seiner großartigen Urgestalt (a), doch bleibt ihm die aggressive Umbildung (b) neben anderen Kontrapunkten in der Umkehrung verbunden. Reminiszenzen an das weihevolle „Meno mosso“ und an andere Abschnitte bauen dann eine freie Brücke zum grandiosen Schlußteil.

In Werk 131 in cis-moll (1826) schließt sich der riesige Kreis der drei Quartette, die aus Umbildungen eines gemeinsamen Grundmotivs erwuchsen. Werk 131 hat sieben Sätze, die unmittelbar ineinander übergehen. Abgrenzungen zwischen ihnen sind bewußt verschleiert. Gleichwohl entsteht nicht der Eindruck uferloser Improvisation. Vier Hauptsätze, zwischen denen kleine vermitteln, heben sich wie Gliederungen einer ungeheuren Sonatensatzform (aber nicht gemäß deren „Normal“-Schema) gegeneinander ab. Eine freie Fuge, *Adagio ma non troppo e molto espressivo (cis-moll)*, leitet ein. Ihr Thema entfaltet sich nach einem

Auftakt aus einer Umbildung des Grundmotivs (vgl. die Quartette Werk 132 u. 130). Ein verhangener Abgesang führt unmerklich zum *Allegro molto vivace* (6/8) hin, dessen schlichtes D-dur-Hauptthema das gleiche Grundmotiv abwandelt. Nach diesen Sätzen, die sich als Kopfsatz mit langsamer Einleitung auffassen lassen, bildet ein energisches *Allegro moderato,* das schon nach fünf Takten in ein ebenso kurzes rezitativisches Adagio übergeht — (in ihm hebt die 1. Violine ihre Kadenz mit einer Umbildung des Grundmotivs an!) —, die Brücke zu einem großen Variationssatz, *Andante, ma*

non troppo e molto cantabile. Sein inniges Thema nimmt dem Grundmotiv jede Schwere. In den sieben Veränderungen erreicht die Variationskunst Beethovens ihren einzigartigen Höhepunkt. Als fünfter Satz (im Sinne der Sonatenform als *dritter* Hauptsatz) schließt sich ein helles *Presto* (=*Scherzo* mit verwandtem *Trio*) an. Scherzo und Trio lösen einander frei etwa in der Folge A, B, A, B, A ab. Ein kurzes, besinnliches *Adagio quasi un poco Andante* leitet zum zerklüfteten *Finale-Allegro* über, worin das Fazit des ungeheuren Weges gezogen wird. Das Hauptthema, ff in Oktaven unisono

aufgestellt, bringt eine Umkehrung des Grundmotivs aus dem Fugenthema! Weitere Gedanken aus diesem und den beiden anderen Quartetten werden noch einmal berührt. Im hellen Ausklang, crescendo vom Cello zur 2. Violine aufsteigend, verlieren sich die Halbtonschritte des Grundmotivs in einem befreienden Cis-dur-Schluß.

Nachfolgend bringen wir das Zitat einer „poetischen Ausdeutung“, die *Richard Wagner* dem cis-moll-Quartett gab. Es sei aber betont, daß er seinen Versuch nur als ein „allgemeines Schema“, nicht als einen „bestimmten Vergleich“ verstanden wissen wollte. Er schrieb:

„Das einleitende längere Adagio, wohl das Schwermütigste, was je in Tönen ausgesagt worden ist, möchte ich mit dem Erwachen des Tages bezeichnen, ‚der in seinem langen Lauf nicht einen Wunsch erfüllen soll, nicht einen‘! Doch zugleich ist es ein Bußgebet, eine Beratung mit Gott im Glauben an das ewig Gute. — Das nach innen gewendete Auge erblickt da auch die nur ihm erkenntliche tröstliche Erscheinung (Allegro $^6/_8$), in wel-

cher das Verlangen zum wehmütig holden Spiele mit sich selbst wird: das innerste Traumbild wird in einer lieblichen Erinnerung wach. Und nun ist es, als ob (mit dem überleitenden kurzen Allegro moderato) der Meister seiner Kunst bewußt sich zu seiner Zauberarbeit zurechtsetzte. Die wiederbelebte Kraft dieses ihm eigenen Zaubers übt er nun (Andante $^2/_4$) an dem Festbannen einer anmutsvollen Gestalt, um an ihr, dem seligen Zeugnisse innigster Unschuld, in stets neuer, unerhörter Veränderung durch die Strahlenbrechungen des ewigen Lichtes, welches er darauf fallen läßt, sich rastlos zu entzücken. Wir glauben nun den tief aus sich Beglückten den unsäglich erheiterten Blick auf die Außenwelt richten zu sehen (Presto $^2/_2$). Da steht sie wieder vor ihm wie in der Pastoralsinfonie. Alles wird ihm von seinem inneren Glück beleuchtet. Es ist, als lausche er dem eigenen Tönen der Erscheinungen, die luftig und wiederum derb, im rhythmischen Tanze vor ihm sich bewegen. Er schaut dem Leben zu und scheint sich (kurzes Adagio $^3/_4$) zu besinnen, wie er es anfinge, diesem Leben selbst zum Tanze aufzuspielen; ein kurzes, aber trübes Nachsinnen, als versenke er sich in den tiefen Traum seiner Seele. Ein Blick hat ihm wieder das Innere der Welt gezeigt: er erwacht und streicht nun die Saiten zu einem Tanzaufspiele, wie es die Welt noch nie gehört (Allegro $^2/_2$). Das ist der Tanz der Welt selbst: wilde Lust, schmerzliche Klage, Wollust und Leid. Da zuckt es wie Blitze, Wetter grollen: und über allem der ungeheure Spielmann, der alles zwingt und bannt, stolz und sicher vom Wirbel zum Strudel, zum Abgrund geleitet: — er lächelt über sich selbst, da ihm dieses Zaubern doch nur ein Spiel war. — So winkt ihm die Nacht. Sein Tag ist vollbracht.“

Sieht man von dem Rondo-Finale ab, das Beethoven anstelle der großen Fuge für Werk 130 schuf, so ist das kurze, viersätzige Streichquartett Werk 135 in F-dur seine letzte vollständig ausgeführte Komposition. Sie hat nichts von einem musikalischen Testament an sich. Auch deutet nichts darauf hin, daß sie inmitten niederziehender Lebensumstände heranreifte (1826). Sie ist im allgemeinen von einer stillen, nachdenklichen Heiterkeit erfüllt. Die subtile Sprache dient nun ganz einfachen Gedankengängen. Keine Probleme gefährden die kühle Klarheit dieser vergeistigten Kunst. Sie ist in einem erlesenen Sinne reines, zweckloses Spiel. Der erste

Satz, *Allegretto* (2/4), wird von einem fragenden Motiv der Bratsche eröffnet, das sich im Wechselgesang dieses Instruments mit den Violinen zum Thema entfaltet und alsbald in ein gelöstes Bewegungsspiel übergeht. Auch das zweite Thema bildet sich nicht in *einem* Instrument,

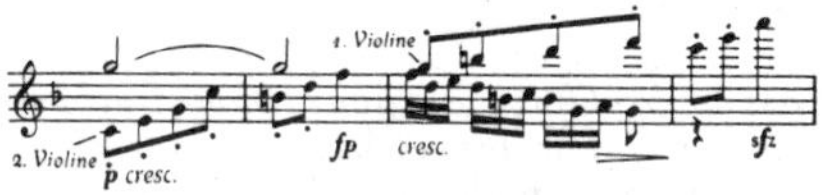

sondern wechselt in heiterem Anstieg von der 2. zur 1. Violine hinüber und setzt sich dann frei fort. Die Gliederungen eines kleinen Sonatensatzes werden zwar angedeutet, aber es gibt keine dualistischen Spannungen, keine dramatische Durchführung mehr. Alles ist gewichtig und doch ohne Gewicht. Das *Vivace* (3/4) ist ein Scherzo mit durchführungsartigem Trio. Sein einfaches

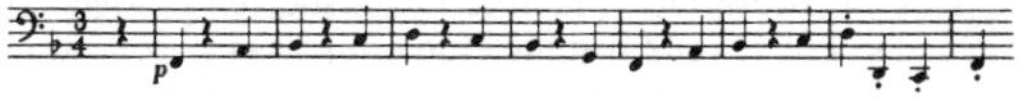

Thema, aus dem sich im Grunde alles weitere ergibt, bringt das Cello unter kontrastierenden Rhythmen der Gefährten. Im A-dur-Trio (nicht als solches bezeichnet) erscheint das gleiche Thema verwandelt. Es löst sich hier aus einer staccato aufsteigenden Skala und lebt fort in bockbeinigen Sprüngen der 1. Violine. Darunter bringen 2. Violine, Bratsche und Cello ff in Oktaven 47mal hintereinander ostinat das Anfangmotiv, aus dem sich

die Skala als Einleitung des Trio-Themas erhebt. Die Rückleitung zum Scherzo verläuft pp diminuendo zum ppp. Die virtuos behandelte 1. Violine hat es im Trio nicht leicht, gegen das Poltern der Gefährten aufzukommen, das originell und überaus lustig wirkt. Einen ergreifenden Gegensatz bringt das ernste *Lento assai e cantante tranquillo* ($^6/_8$), in dem ein ganz schlichtes Thema mehrmals variiert wird. Dem *Finale* gab Beethoven die Überschrift *„Der schwer gefaßte Entschluß"*. Ferner stellte er ihm als „Motto" die Motive voran, mit

denen das kurze *Grave ma non troppo tratto* ($^3/_4$) und das *Allegro* ($^4/_4$, alla breve) beginnen, die einander im Laufe des Finales noch einmal ablösen. Die Worte, welche Beethoven den Motiven unterlegte, hat man programmatisch ausgedeutet. Bezeichnend sind die Ergebnisse, zu denen man gelangte. Einige Analytiker nahmen die Worte bitter ernst und sahen in ihnen so etwas wie ein letztes Bekenntnis des heroischen Kämpfers und Überwinders. Andere nahmen sie als Glossen zu einem humoristischen Geschehen! Sie gingen aus von Notizen, die sich in Beethovens Konversationsheften finden. In einem der Hefte (1823) steht eine Eintragung von Beethovens Haushälterin, Frau Schnaps. Sie fordert das Wochengeld und schreibt: „... es muß sein." In ein anderes Heft (1826) kritzelte Beethoven *(mit* Noten) die Frage: „Muß es sein?" Darunter schrieb Schindler: „Die Alte braucht wieder ihr Wochengeld ... es muß sein." Dieses Finale läßt sich nicht programmatisch deuten. Ernst und Spiel begegnen und ergänzen einander im Sinne des Goethe-Wortes: „Gestaltung, Umgestaltung, des ewigen Sinnes ewige Unterhaltung."

DIE STREICHQUINTETTE

Von den sechs Werken für 2 Violinen, 2 Bratschen und Cello, die man von Beethoven kennt, sind nur zwei für diese Besetzung geschaffen. Zwei sind Original-Bearbeitungen anderer eigener Werke und zwei Übertragungen von fremder Hand.

Das Streichquintett Werk 4 in Es-dur entstand vor dem 1. Quartett 1797 als freie Umarbeitung des Bläser-Oktetts Werk 103 (siehe dieses). Einige Themen des Oktetts wurden durch andere ersetzt, typische Bläser-Partien dem Streicherklang angepaßt. Dem Menuett wurde ein zweites Trio (für Quartett) hinzugefügt.

Werk 29 in C-dur (1800/01) ist den Quartetten Werk 18 wesensverwandt, eine entzückende Spielmusik voll feiner, aber auch voll drastischer Züge, im Klang bisweilen pompös. Seine vier Sätze: *Allegro moderato* (ruhig fließender Sonatensatz mit reicher Figuration), *Adagio molto espressivo* (leidenschaftlich, zugleich mozartisch elegant), *Scherzo-Allegro* mit farbigem Trio und *Presto-Finale,* dem ein kontrastierendes *Andante con moto e scherzoso* eingefügt ist.

Werk 104 in c-moll ist eine Original-Bearbeitung des Klaviertrios Werk 1 Nr. 3 (1817). Der Kuriosität halber sei eine Glosse zitiert, die Beethoven auf das Titelblatt einer Kopie des Werkes kritzelte:

„Bearbeitetes Terzett zu einem dreistimmigen Quintett von H Gutwillen und aus dem Schein von fünf Stimmen zu wirklichen fünf Stimmen ans Tageslicht gebracht, wie auch aus größter Miserabilität zu einigem Ansehen erhoben von H Wohlwollen 1817 am 14. August. N. B. Die ursprüngliche dreistimmige Quintett-Partitur ist den Untergöttern als ein feierliches Brandopfer dargebracht worden."

Die Fuge Werk 137 in D-dur wurde 1827 aus Beethovens Nachlaß veröffentlicht. Sie entstand 1817, vielleicht als Teilstück eines geplanten mehrsätzigen Werkes.

Zwei weitere Streichquintette, die als Werk 20 in

Es-dur bzw. als Werk 21 in C-dur erschienen, sind Bearbeitungen seines Septetts bzw. seiner 1. Sinfonie. Sie stammen von fremder Hand. Beethoven protestierte öffentlich gegen den Mißbrauch seines Namens in der Wiener Zeitung (1802).

WEITERE WERKE MIT BLÄSERN

In seiner Jugend schrieb Beethoven eine Reihe von Kammermusiken mit Bläsern. Sie sind den unterhaltsamen höfischen Tafelmusiken des 18. Jahrhunderts artverwandt und bedürfen kaum einer Einführung.

Das Quintett Werk 16 in Es-dur für Klavier, Oboe, Klarinette, Horn und Fagott (1797) gehört zum festen Bestand der Hausmusik. Beethoven schrieb es für seine Konzerte, daraus erklärt sich das Übergewicht des Klaviers. Aus der konzertanten Gegenüberstellung von Klavier und Bläserquartett ergeben sich gleichwohl reizvollste klangliche Wirkungen. Ein festlich helles *Grave* geht dem *Allegro ma non troppo* voraus, dessen Eigenart zur Genüge

durch das glanzvolle Hauptthema charakterisiert ist, das vom Solo-Klavier eingeführt wird. Auf die formschöne Spielmusik folgt ein schwärmerisches *Andante cantabile.* Ein heiteres *Rondo* (Allegro ma non troppo) beschließt das liebenswürdige Werk, das auch in einer Originalbearbeitung für Klavier und Streichtrio vorliegt.

Das Sextett Werk 71 in Es-dur für 2 Klarinetten, 2 Hörner und 2 Fagotte (1796) hat Suiten-Charakter. Seine vier Sätze, denen ein marschartiges *Adagio* als Ouvertüre vorausgeht, ziehen in bunter Folge unterhaltsam vorüber. Man höre das leichte Eingangsthema des Kopfsatzes *(Allegro),* das sich nahezu als Umkehrung aus dem aufstrebenden Fanfarenruf der Ouvertüre her-

leitet. Ein reizendes Fagott-Thema trägt das *Adagio.* Das zierliche *Menuetto, quasi Allegretto* wirkt wie hingetupft. Die Hörner beginnen mit einem Waldmotiv, die Holzbläser antworten und tragen das muntere Spiel fort. Im *Trio* unterhalten sich die Holzbläser allein. Im marschartigen *Rondo-Allegro* geht es recht handfest zu.

Das Septett Werk 20 in Es-dur für Streichquartett, Klarinette, Fagott und Horn erklang erstmals 1800. Was soll man über diese bezaubernde Serenadenmusik sagen, die an Volkstümlichkeit ihresgleichen sucht? Wir setzen die Themen-Anfänge ihrer Sätze hierher, damit sie sich jedermann ins Gedächtnis zurückrufen kann.

Ein *Adagio* von 18 Takten geht dem Werk als Einleitung voraus.

1. Satz: *Allegro con brio.* Hauptthema:

2. Satz: *Adagio cantabile.* Thema:

3. Satz: *Tempo di Minuetto* (mit Trio). Thema des Minuetto:

4. Satz: *Thema con Variationi* (5 Variationen und Coda). Thema:

5. Satz: *Scherzo* (Allegro molto e vivace mit Trio.)
Scherzo-Thema:

6. Satz: *Andante con moto alla marcia* als *Überleitung* zum
7. Satz: *Presto.* Hauptthema:

Das Oktett Werk 103 in Es-dur für 2 Oboen, 2 Klarinetten, 2 Hörner und 2 Fagotte entstand wohl schon in Beethovens Bonner Zeit. Es erlangte bei weitem nicht die Beliebtheit des Septetts, ist orchestral empfunden und wurde in der Bearbeitung für Streichquintett (1797) gedanklich und klanglich vorteilhaft aufgelockert. Seine Sätze: *Allegro, Andante, Menuetto* mit *Trio* und *Presto-Finale.*

Das reizende Rondino in Es-dur für 2 Oboen, 2 Klarinetten, 2 Hörner und 2 Fagotte, 1829 aus Beethovens Nachlaß veröffentlicht, soll schon in Bonn für die Tafelmusik des *Kurfürsten Max Franz* geschaffen sein. Es ist fein gearbeitet, stimmungsvoll, klanglich delikat (Echo-Wirkungen der gedämpften Hörner!) und verdient es nicht minder als das schöne Sextett für Streichquartett und 2 Hörner, Werk 81b, gespielt zu werden.

LOUIS SPOHR

* 5. April 1784 in Braunschweig, † 22. Oktober 1859 in Kassel

Sohn eines Arztes, wurde er schon mit 15 Jahren Mitglied der Braunschweiger Hofkapelle. Später erneutes Studium bei dem Geigenvirtuosen Franz Eck. Seit 1805 in der Gothaer Hofkapelle, erwuchs er zum gefeiertsten Geigenkünstler der Romantik. Von 1812 an lebte Spohr ein Jahrzehnt lang in verschiedenen Orten (Wien, Frankfurt a. M., Dresden), bis er als Leiter der Kasseler Hofkapelle seßhaft wurde. Er entfaltete reiche schöpferische Tätigkeit, die nach seinem Tode verhältnismäßig rasch in Vergessenheit geriet. Heute setzt sich eine Spohr-Gesellschaft für die Wiederbelebung und den Neudruck seiner Werke ein.

Spohrs kammermusikalisches Schaffen umfaßt verschiedenartigste Gattungen. Im Herzpunkt steht das Streichquartett. Für die Form bleibt das klassische Vorbild, Mozart vor allem, maßgebend. Der romantische Zug äußert sich in der Neigung für „interessante Harmoniefolgen", in der Durchsättigung des Tonstoffs mit chromatischem Element. Die Kopfsätze bedienen sich der Sonatenform, die Finali der Rondoform, die oft mit dem Sonatensatz verschmolzen wird. Am charakteristischsten sind die meist in dreiteiliger Liedform, seltener in Variationsform gehaltenen langsamen Sätze sowie die straffen, von streng motivischem Denken durchdrungenen Scherzi (Menuette). Das rhythmische Moment ist minder ausgeprägt.

Spohrs 15 Violinduette, zu denen noch das gehaltvolle Duo für Violine und Bratsche tritt, dienen vorzugsweise dem Unterricht. Unter den 35 Streichquartetten nehmen die 6 Quatuors brillants (op. 11, 43, 61, 68, 83, 93) eine Sonderstellung ein. Sie weisen der Primgeige eine virtuos dominierende Rolle zu; die übrigen Stimmen begnügen sich mehr oder minder mit Begleitungsaufgaben. Spohrs Quartettkomposition erklimmt in der Wiener Zeit einen ersten Höhepunkt, so in op. 29,1 in Es-dur. Auch unter den Quartetten der Kasseler Jahre finden sich beachtliche Stücke: op. 45,2 in e-moll mit zur Tiefe dringendem Largo, das sehr homogene op. 58,1 in Es-dur, op. 58,2 in a-moll mit boleroartigem, für die exotischen Neigungen der Romantik zeugendem Finale. Früchte künstlerischer Vollreife stellen op. 74,2 in B-dur, op. 74,3 in d-moll dar, während die späteren Quartette ein Nachlassen der schöpferischen Kraft verraten.

Wesentliches gelang Spohr mit den Doppelquartetten. Diese beruhen, im Gegensatz zum polyphonen Oktett, auf dem Prinzip der Doppelchörigkeit, wechselseitigen Musizierens zweier geschlossener Klanggruppen. Schon das erste dieser Doppelquartette, op. 65 in d-moll, zeigt den Meister. Der Kopfsatz arbeitet mit einem glücklich gewählten, kontrapunktisch fruchtbaren Hauptthema, dessen erster Teil

männlich kraftvoll (mit den bezeichnenden Spohrschen Trillern), dessen zweiter elegisch anmutet. Ähnlich doppelgesichtig ist auch das Scherzothema mit staccatierendem Beginn und Fortführung im Legato. Das Trio hat Siciliano-Charakter; die südliche Melodie wiegt sich über der Gitarrebegleitung des 2. Quartetts. Das Larghetto ist ein Spohrsches Lied ohne Worte; in den munteren Ablauf des Finale mischen sich ernste Akkordfolgen und drohende Tremoli. Auf gleicher Höhe bewegen sich op. 77 in Es-dur und op. 87 in e-moll. In ihnen ist die Schwergewichtsverteilung zwischen beiden Klanggruppen zu letztem Ausgleich gelangt. Mit seiner milden Abgeklärtheit bildet op. 136 in g-moll den würdigen Abschluß der Reihe.

Die 7 Streichquintette (mit 2 Bratschen) haben unterschiedlichen Wert. Jugendliche Kraft und Fülle entströmt den in der Wiener Zeit geschaffenen Stücken des op. 33 in Es-dur und G-Dur. Op. 69 in h-moll ist von zartem, sensitivem Reiz. Das einzige Streichsextett op. 140

in C-dur entstand im Frühjahr 1848. Die hoffnungsvolle Stimmung, die damals Deutschland beseelte, scheint auch Spohrs Inspirationskräfte, vor allem im hochgestimmten Kopfsatz, beflügelt zu haben. Unter den Kammermusikwerken mit Klavier (Klaviertrios und Klavierquintette) bildet das schöne Klavierquintett op. 130 die Krone.

Bleibende Werte bergen die Kammermusikwerke mit Bläsern. In der Satzanordnung huldigen sie klassischer Viersätzigkeit. Das Quintett für Klavier und Bläser (Flöte, Klarinette, Horn, Fagott) in c-moll op. 52 vereint einprägsame melodische Gedanken mit einer gewählten, das chromatische Moment bevorzugenden Harmonik. Kopfsatz und Finale bewegen sich in der Sonatenform, wobei es in der Coda des Finale zu einem bedeutsamen Ausgleich der thematischen Gegensätze kommt. Die Mittelsätze bilden ein klangschönes dreiteiliges Larghetto und ein scherzoartiges Menuett, dessen Trio vom Klavier allein bestritten wird. Im Oktett op. 32 stehen Klarinette und 2 Hörner der Violine, 2 Violen, Cello und Baß gegenüber. Ein wahres Fest romantischen Klang- und Stimmungszaubers bereitet das Nonett (Violine, Viola, Cello, Baß, Flöte, Oboe, Klarinette, Horn, Fagott) op. 31 mit einem sonatenmäßigen Kopfsatz, einem breit ausgeführten Scherzo mit zwei Trios, einem Adagio, in dem Streicher und Bläser sich meist als getrennte Klanggruppen voneinander abheben, um auf dem Höhepunkt sich zu vereinen, sowie einem musizierseligen Rondo-Finale.

Unter den Kompositionen für Harfe ragt die von Mozarts Geist gestreifte Fantasie in c-moll hervor, unter den fünf Sonaten für Violine und Harfe die ohne Opuszahl gebliebene in c-moll.

Erwähnenswert ist ferner das liebenswürdige, auch hausmusikalischem Musizieren zugängliche dreisätzige Trio für Violine, Viola und Gitarre.

W. Z.

CARL MARIA VON WEBER

* 18. oder 19. November 1786 in Eutin, † 5. Juni 1826 in London

Der Sohn eines unsteten, vom Beamtentum zu Musik und Theater kommenden Vaters empfing schon frühe, aber unsystematische musikalische Ausbildung. Den stärksten Einfluß gewannen Michael Haydn und Abbé Vogler, in dessen Unterricht sich die entscheidende Wendung zur Romantik vollzog. Weber bekleidete mehrere Musikdirektorenposten, reiste dazwischen als Konzertpianist und fand die Erfüllung seines Lebens in der Leitung der Deutschen Oper in Dresden, die ihm 1816 übertragen wurde.

Bei Webers Kammermusikwerken handelt es sich vorwiegend um Gelegenheitsarbeiten für den praktischen Gebrauch. Damit erklärt sich auch die Vorliebe für das brillante und bravouröse Moment. Da der Komponist selbst als Klaviervirtuose tätig war, widerfährt dem Klavierpart besondere Begünstigung. Für die strenge Art des Streichquartetts bekundete Weber wenig Neigung, weil seine romantisch bewegte Klangfantasie nach Klangvermischungen zielte. Aus diesem Grunde gewinnen insbesondere die Holzbläser sein Interesse. Das gilt vor allem für die Klarinette, deren Literatur Weber wesentlich bereichert hat. Neben den 7 Variationen über ein Thema aus „Silvana" für Klarinette und Klavier op. 33, den erst spät veröffentlichten Introduktion, Thema und Variationen für Klarinette und Streichquartett fesselt das Klarinettenquintett op. 34, das in dem als *„Fantasia"* bezeichneten Adagio eine der genialsten melodischen Eingebungen Webers birgt. Ein glänzendes, das virtuose Moment zwar in den Vordergrund spielendes, jedoch auch satztechnisch gerundetes Stück ist das Grand Duo für Klavier und Klarinette op. 48. Das edle Feuer des Kopfsatzes wandelt sich im *Andante* zu leidenschaftlicher Klage. Im *Rondo* hebt sich vor allem die den Klarinettisten zu ausdrucksvoller Deklamation befähigende Des-dur-Stelle heraus, wobei das Rondothema untertonartig im Klavierbaß weiterklingt. Nächst diesem musikstrotzenden Duo ist das Trio für Klavier, Flöte u n d C e l l o in g-moll op. 63 eine beachtliche Schöpfung. In zeitlicher Nähe des „Freischütz“ entstanden, weist es verschiedentlich verwandte Züge auf, so im ländlernden *Trio* des *Scherzo.* Schon im Kopfsatze melden sich jene elegischen Stimmungen, die Weber in den späteren Jahren immer häufiger beschlichen. Den Stimmungsgehalt des langsamen Satzes deutet die Überschrift „Schäfers Klagelied“ („Dort oben auf jenem Berge“) an. Dabei kommt es zu leidenschaftlichen, fast dramatischen Steigerungen. Das *Finale,* schwungvoll und ritterlich, wendet die Stimmung wieder ins Lebensbejahende zurück. *W. Z.*

FRANZ SCHUBERT

* 31. Januar 1797 in Lichtenthal bei Wien,
† 19. November 1828 in Wien

Sohn eines Volksschullehrers aus Österreichisch-Schlesien. Mit elf Jahren Sängerknabe der Wiener Hofkapelle und Schüler des Hofkonvikts. Nach dem Stimmbruch drei Jahre als Schulgehilfe bei seinem Vater. Das letzte Jahrzehnt seines kurzen Lebens widmete er als freier Künstler ganz seinem Schaffen. Eine materielle Sicherung seiner Existenz zu erlangen, glückte ihm nicht. Außer dem Komponieren kannte er als wahre Freude nur den Umgang mit gleichgesinnten Freunden. Kurze Unterbrechungen seines äußerlich ereignisarmen Lebens bildeten zwei Aufenthalte in Zelesz (Ungarn) als Musiklehrer der Familie Esterházy sowie Ferienfahrten nach Graz, Linz, Steyr und ins Salzkammergut. Noch nicht 32 Jahre alt, erlag er dem Typhus.

Die Musikgeschichte feiert Franz Schubert vor allem als größten Meister des Liedes; denn in der schier unendlichen Gestaltenfülle seiner Lieder offenbart sich die Kraft seiner wunderbaren Begabung am reichsten. Doch wieviel fehlte uns, gäbe es daneben nicht auch die Herrlichkeiten seiner Sinfonien, seiner Klavierwerke, seiner *Kammermusik.* Mag auch die Zahl seiner überzeitlich bedeutenden Kammermusikschöpfungen nicht eben groß sein — an *Wert* stehen sie ebenbürtig neben seinen berühmtesten sonstigen Werken und gleichberechtigt neben der Kammermusik der Wiener Klassiker. Unfruchtbar freilich bliebe es, sie kritisch vergleichend mit den Maßstäben hochklassischer Formvollendung zu messen, wenngleich man sie nicht unbedingt der Romantik zuzählen darf; denn Schubert steht janushäuptig zwischen Klassik und Romantik: jener ist er durch seine künstlerische Herkunft tief verbunden, dieser durch den Geist einer neuen Zeit und die Eigenart seines Wesens. Wichtiger als Diskussionen über die zeitstilistische Position seiner Kunst scheint uns das klare Erfassen ihrer urpersönlichen Sonderart. Diese besteht ja keineswegs nur in der genialen Ursprünglichkeit der melodischen Einfälle, wenn auch gewiß Kraft und Ausmaß der melodischen Inspiration Schuberts höchste Gnadengabe war. Der Kern seiner erd- und himmelsnahen Musik bleibt uns jedoch verschlossen, wenn wir uns nur von ihrem melodischen Wohllaut genießerisch tragen lassen, ebenso aber, wenn wir nur ihre lieblichen und innigen Züge als „echt Schubertisch“ gelten lassen wollten. Vielmehr muß man sich davor hüten, über dem herzlich liebenswürdigen, zärtlich schwärmerischen, musikantisch frohgelaunten Jüngling Schubert den ernsten, von Leid und Kampf kündenden, um Tod und Vergänglichkeit wissenden *männlichen* Künstler zu verkennen. Erst, wenn wir die von ihm schmerzlich erlebte und vor allem in seinen späten Kammermusikwerken spürbar gemachte polare Spannung zwischen Lust und Leid, Seligkeit und Verzweiflung, Leben und Tod klar erkennen, erfassen wir die wahre Größe und den Rang seines Künstlertums. Mit den aussagemächtigen Mitteln seiner Melodik und Harmonik, in eigenartigen Klangbildern, mit kontrastreicher Dynamik und ganz persönlicher Formgestaltung hat er sein wechselvolles Erleben und Erleiden, das Neben- und Gegeneinander von glühendem Lebensdrang und ahnungsvollem Todesbangen ergreifend zum Ausdruck gebracht. Klangliches Leitsymbol für diese innere Gespanntheit wird ihm oft der Gegensatz von Dur und Moll. Einmal begegnen wir diesem Signum einer wehen Zerrissenheit des Lebensgefühls sogar in monogrammhafter Verkürzung und Verdichtung: zu Beginn des letzten Streichquartetts op. 161, wo der G-dur- und der g-moll-Dreiklang jäh und unmittelbar aufeinanderstoßen.

DIE FRÜHEN STREICHQUARTETTE*

Ehe Franz Schubert als Instrumentalkomponist zu solcher Eigenständigkeit, Fülle und Dichte der Aussage gelangte, hatte er allerdings manches Jahr der Entwicklung und Klärung zu bestehen. Man sieht in ihm allzugerne einen Künstler, der „als Meister vom Himmel gefallen" ist. In Hinblick auf den Liederkomponisten Schubert besteht solche Auffassung auch zu Recht. Ein anderes Bild aber bietet sich dar, wenn man etwa die Folge seiner Werke für Streichquartett von der Jugend bis zur Reifezeit verfolgt. Schubert wuchs in einem sehr musikliebenden Elternhause auf und spielte selbst bei den häuslichen Quartettabenden die Bratsche. Sein Streben, mit eigenen Arbeiten für diese Besetzung etwas zum Programme solcher Hauskonzerte beizutragen, läßt sich bis in sein 15. Lebensjahr zurückverfolgen. Zwischen 1812 und 1815 hat er mindestens zehn Streichquartette geschrieben, Werke, die als erstaunliche Begabungsproben und liebenswerte Zeugnisse jugendlicher Musizierlust und Klangfreude beachtlich sind und auch heute noch in der Hausmusik ihren Platz verdienen. Weithin knüpft der junge Komponist hier an klassische Vorbilder an — man begegnet mozartnahen Melodien und haydnscher Finale-Fröhlichkeit, erkennt auch das Bemühen, die überkommenen Formen mit lebendigem Inhalt zu füllen. Das Persönliche tritt innerhalb dieser frühen Instrumentalwerke, die ganz andere Aufgaben stellten als etwa die Komposition eines Lieds, nur ganz allmählich stärker hervor; episodisch überraschen aber melodische, harmonische, klangliche Momente, die bereits unverkennbar den Stempel Schubertscher Eigenart tragen. Da ist z. B. das C-

* Die Werknummern nach dem Schubert-Werkverzeichnis von O. E. Deutsch (London 1951) sind im Register genannt.

dur-Quartett von 1813 mit seiner geheimnisvoll-ernsten *Adagio*-Einleitung, deren chromatisch abwärtsschreitendes, nachahmend durch alle Stimmen geführtes Thema im *Allegro*-Hauptsatz wieder aufgenommen wird. Als ein kräftiges, männliches Stück voll reizvoller Wendungen im Mittelteil prägt sich das *Menuett* ein, das seltsamerweise in B-dur steht; sein schlichter Reiz wird noch von dem des Trios übertroffen. Das *Finale:* eine lustige, gewichtlose Spielmusik, die freilich auf manche fesselnde harmonische Nebenpfade führt. Wie sehr die Durchführungen noch der spielerischen, man möchte sagen improvisatorischen Musikantenlaune überlassen bleiben, zeigt der erste Satz des D-dur-Quartetts von 1814. Ernst Heimeran hat (in seinem Buch „Das stillvergnügte Streichquartett") darauf hingewiesen, daß hier im 7. und 8. Takt ppp die Grundgestalt des einprägsamen Leitthemas von Mendelssohns Hebridenouvertüre vorweggenommen zu sein scheint. Aus der melodischen Welt Mozarts stammt das *Andante con moto,* aus der Joseph Haydns das munter im $^2/_4$-Takt dahinspringende Schluß-*Presto.* Eigentöniger das von quasi-Einstimmtönen der Bratsche eingeleitete, leicht ländlerische Trio des *Menuetts.* Gerade von diesen volkstümlichen, nicht mehr höfischen Menuetts aber schlägt sich eine innere Brücke zu Joseph Haydn, der ja ebenso wie Schubert eine urgesunde Vorliebe für Themen von volkstümlicher Prägung hatte. Trotzdem eignet etwa dem Menuett des gleichfalls im Jahre 1814 geschriebenen B-Dur-Quartetts, das die Opuszahl 168 trägt, ein besonders kräftiger tänzerischer Zug, den man bereits als echt Schubertisch bezeichnen darf. Noch unverkennbarer tritt sein Eigenes in dem köstlichen, klangschönen *langsamen Satz* (Andante sostenuto, g-moll) dieses Werks hervor, schon ein Blick auf das zweite Thema in F-dur läßt keinen Zweifel über die Persönlichkeit des Komponisten.

Von den beiden Ecksätzen gebührt dem *Presto-Finale*, das die tänzerische Bewegtheit des vorhergehenden Menuetts gleichsam in gehobener, idealisierter, jedoch nicht minder heiterer Sphäre fortsetzt, vielleicht noch der Vorrang vor dem zwar sehr frischen, aber das Triolenmotiv des 2. Themas doch etwas übermäßig auskostenden 1. Satz *(Allegro ma non troppo),* zu dem Schubert am 5. September 1814 vermerkte: „In 4½ Stunden verfertigt." Die rasche Arbeitsweise des jungen Meisters ist auch für sein nächstes Streichquartett in g-moll bezeugt, das in den sieben Tagen vom 25. März bis 1. April 1815 komponiert wurde. Hier fesselt der 1. Satz durch charakteristisch kontrastierende Thematik, knappe Formulierung und drängende Zügigkeit des Ablaufs. Die Durchführung beschränkt sich allerdings auf nur 32 Takte, in denen hauptsächlich das 2. Thema sequenzartig von der 1. Violine weitergeführt wird; wie eigenartig reizvoll im espressiven wie im koloristischen Sinne aber, wenn auf dem melodischen Höhepunkt dieser Bewegung die nur aus unbewegten Akkorden bestehende Begleitung der übrigen Instrumente nun den Dominantseptakkord von f-moll durch mehr als 7 Takte *tremolando* und vom ppp ausgehend in wachsender dynamischer Steigerung bringt. Noch intensiver macht sich der Drang zum persönlichen Ausdruck und zur eigenen Farbe in dem innigen, ganz klassisch anhebenden, aber im weiteren Verlauf zu romantischer Wehmut sich steigernden Andantino geltend. Im Mittelteil des Menuett-Hauptsatzes fallen die sich gleichsam um sich selbst drehenden, aus dem 3. Takt des Themas gewonnenen Bewegungsfiguren der zweiten Geige auf. Das wieder die alte haydnsche Munterkeit (trotz g-*moll)* beschwörende *Schluß-Allegro* ist durch ein jeweils dreimal wiederkehrendes spielerisches Motiv bemerkenswert, das den acht Grundtakten des Hauptthemas nachgeschickt wird und von Haydn ganz unversehens in die Sphäre Schuberts hinüberlenkt.

Zu den noch nicht durchaus persönlichen Frühwerken sind auch die in den Jahren 1813 und 1816 entstandenen Streichquartette op. 125/1 und 2 zu zählen. Das erste, in Es-dur, ist wieder bemerkenswert knapp geformt und birgt in allen vier Sätzen klangfreudige, gewinnende Spielmusik, entwickelt aus schlichter, aber einprägsamer Thematik. Hübsch das Trio des Menuetts (c-moll) mit seinem Dudelsack-Quintenbaß, voll sanfter Anmut das Adagio — ein Naturbild, das noch etwas von der stillen Parkstimmung mancher langsamen Sätze Mozarts in sich trägt. Musikantische Spielfreudigkeit und reiche Auswertung der klanglichen Wirkungsmöglichkeiten des Quartettsatzes kennzeichnet auch op. 125/2 (E-dur). Auffallend sind hier die stellenweise recht erheblichen Ansprüche, die an die technische Gewandtheit der Spieler, namentlich des Primgeigers, gestellt werden. Ein in jeder Wendung besonders frisches Stück ist das Menuett.

DIE STREICHQUARTETTE DER REIFEZEIT

In den Kreis der Meisterwerke für Streichquartette treten wir jedoch erst mit dem 1820 entstandenen Einzel-Satz in c-moll. Hier spricht nur Schubert selbst zu uns. Von den ersten, unruhvoll sich abwärts windenden, wühlenden Takten an hält uns das leidenschaftlich bewegte Stück in Bann. Zu dem phantastisch-dämonischen Zug des ersten Gedankens treten zwei edle gesangliche Themen in eindrucksvollen Gegensatz: zuerst ein ins Licht aufstrebendes in As-dur, dann ein nicht minder eindringliches von fast beethovenscher Trostkraft in G-dur. Beide Lichtgestalten unterliegen aber jener unruhvollen ersten Erscheinung, die sich, kaum jemals ganz verstummend, auch in den letzten Takten des ergreifenden Satzes — wie ein Alpdruck, der nicht weichen will — unheimlich beklemmend behauptet.

Die wunderbare Redegewalt, die Schuberts Sprache in diesem c-moll-Satz erreicht hat, kennzeichnet auch das Wesen seiner drei letzten, berühmtesten Streichquartette in a-moll, d-moll und G-dur. Von ihnen ist das erste, op. 29, trotz manchen Augenblicken schmerzlicher Verdüsterung, das am meisten der lichten Tagseite des Empfindens zugewandte Werk. Kein tragischer Grundton wird angeschlagen; wohl aber ist es eine Stimme voll Wehmut und Sehnsucht, die — über dem Klanggrund der (in einem rhythmischen ostinato gehaltenen) leeren Quinten der Unterstimmen und der in ruhiger Achtelbewegung die Harmonie-Grundtöne umspielenden zweiten

Violine — in der Oberstimme zu singen anhebt. Eine Wendung dieses ersten Gedankens nach A-dur hin erhellt das Bild durch einen zarten Hoffnungsschimmer. Doch die Grundstimmung bleibt, bis ein heftiges, energisches Baßmotiv andere Gedanken weckt. In Triolen aufwärtsstrebende Figuren, kraftvolle Schritte und Akkordschläge schaffen einen starken Gegensatz, und das freundliche Antlitz des von der zweiten Geige intonierten C-dur-Seitenthemas entwölkt wenigstens vorübergehend die melancholische Seelenlandschaft. In der Durchführung obsiegt trotz einer Episode des Aufbäumens, die im ff-Schlag des verminderten Septimenakkords von a-moll gipfelt, der erste wehmütig-sehnsüchtige Gedanke — so herzbewegend in wechselnde Harmonien gebettet, daß man wohl denken muß: die Stimme, die so singt, verweilt *gerne* im Bereich so süßer Melancholie, sie wünscht sich nichts anderes, als in solchem Singen zu leben. Noch in der Coda tönt das Grundmotiv dieses Gesangs traumhaft versponnen weiter, bis endlich in den allerletzten Takten ein schroffer Bewegungsimpuls, gleichsam eine Kraft von außen, das holde Traumgespinst zerreißt. Im Zeichen singenden Träumens und träumenden Singens steht aber auch der lichtere *zweite Satz,* dessen Thema (Andante C-dur)

eine echte, reine Liedweise ist. Mit ihrem lieblichruhigen Atem gibt sie, selig in sich selbst, dem ganzen

Satz Inhalt genug. Die etwas gegensätzliche Stimmung, die aus dem (das Thema variierenden) Mittelteil aufleuchtet, entwickelt die Weise aus ihrer eigenen melodischen und harmonischen Substanz: bezeichnend dafür etwa die espressive Steigerung des einleitenden Motivs durch Ausspannung der Terzintervalle zu Tritonusschritten gegen Ende der Es-dur-Episode im Baß. Sehr schön der Augenblick des Verweilens auf dem E-dur-Dreiklang im 12. Takt und die darauffolgende leichte Eintrübung der Melodie durch Senkung des *e* der Oberstimme zum *es* im Zug einer damit verbundenen harmonischen Ausweichung vor der Rückkehr zur Grundtonart. Übrigens begegnet man dem Melodienkern dieses Andante noch an anderen Orten bei Schubert: in der Musik zu „Rosamunde" und im B-dur-Impromptu op. 142/3 für Klavier. Dem Idyll dieses Andante folgt ein als *„Menuett"* bezeichnetes Stück, das aber nur in Form und Rhythmus, nicht in seinem Stimmungsgehalt ein Minuetto im traditionellen Sinne ist; der Komponist wählt für diesen Satz ein zart rufendes und lockendes Motiv, das er gleichsam zögernd einführt, mit feinstem Gefühl für einen gleitenden, nicht jähen Übergang vom zweiten zum dritten Satz: pp setzt das Violoncello mit dem punktierten Rhythmus ein, pp folgen auch die anderen Stimmen, und erst nach einem langen, zwar launigen, aber gedämpften Spiel mit abwechslungsreich gefaßten und beleuchteten Motivsplittern tritt endlich, jedoch nur zweimal, gegen Ende des Satzes, die reizende viertaktige Melodie

ganz hervor, die in diesen Keimen schlummerte. Bezaubernd auch das lieblich ländlernde Trio mit seinen schelmisch ausgreifenden Melodiespitzen auf das gegen die Gewohnheit betonte dritte, letzte Taktviertel. Nach diesem Satz aber ist der Weg frei für einen fröhlichen Abgesang. Erinnerungen an ungarische Volksmusik mögen nachgewirkt haben, als Schubert das Dur-*Finale* niederschrieb, dessen erstes Thema mit seinem Praller

und seinen Vorschlägen man sich von einem bäuerlichen Klarinettbläser angestimmt denken könnte. In die unbeschwerte, auch von dem punktiert rhythmisierten Moll-Seitenthema nicht getrübte Fröhlichkeit des Satzes bringt nur im Wiederholungsteil — am Ende einer starken motorischen und dynamischen Steigerung — das dreimalige hemmende Anhalten auf dem trugschlußartig eingeführten Sekundakkord c—d—fis—a ein eigentümliches Moment innerer Gegenbewegung: es ist eine jener überraschenden, aufhorchen lassenden Stellen bei Schubert, die den Hörer anmuten, als wende sich der Tondichter da plötzlich vom Lebenstrubel ab, angerührt vom magischen Klang einer Stimme „von drüben".

Viel tiefer als dieses im Grunde freundliche Werk führt uns das im Jahre 1826 vollendete d-moll-Quartett in die tragische Spannungssphäre zwischen Sein und Vergehen. Mehr als in dem Variationensatz über das Matthias-Claudius-Lied „Der Tod und das Mädchen", der dem Quartett seinen Beinamen gegeben hat, wird diese Spannung in den Ecksätzen des einzigartigen Werks spürbar. Schon die vierzehn Takte der Einleitung deuten mit ihrer sprechenden Folge von dröhnendem An- und Mahnruf, leiser, banger Frage und beklommenem Nachsinnen gleichsam epigrammatisch auf die tiefernste Grundstimmung des Ganzen. Einprägsam tritt hier auch schon das unruhig antreibende Triolenmotiv in Erscheinung, das den *ersten Satz* weithin als Bewegungselement beherrscht. Die eigentliche Exposition hebt nun mit einem schrittweise vordringenden Thema voll düsterer Innenspannung an.

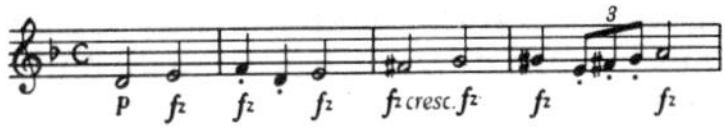

Auf dem Höhepunkt der davon erfüllten ersten Entwicklung dröhnen wieder die Rufe der Einleitungstakte, gefolgt vom aufrauschenden Flügelschlag akkordisch geballter Triolen. In der Bratsche pochen die Triolen noch weiter, wenn die unruhige Bewegtheit des ersten Teils vom Gegensatz des innigen, in reinen Wohlklang getauchten zweiten Themas zurückgedrängt

wird. Ein Aufblick in die hellen, heilen Sphären des Lebens! Doch für *glückliches* Verweilen ist in diesem Satz kein Raum. Auch ein weiterer lieblich-spielerischer Nebengedanke in A-dur, der dem 2. Thema als melodischer Kontrapunkt beigesellt wird, hilft nur vorübergehend einer lichteren Stimmung zum Durchbruch. Immer wieder drängen sich die unruhvollen, verdüsternden Stimmen vor, und schließlich verändert schon im Laufe der Exposition das 2. Thema durch Variation der Intervall-Spannung und -Richtung seinen Charakter so sehr ins Schmerzlich-Erregte, daß es nur

mehr an seinem Rhythmus erkennbar bleibt. Die Durchführung bringt die bisher ins Spiel gebrachten motivischen und thematischen Gedanken in mächtigen dynamischen Steigerungen und Kontrasten zu weiterer Entwicklung, bis die Reprise — in teilweise verändernden Farben — die gegensätzliche Kräfteordnung des Anfangsteils neu bewußt macht und auch das zweite Thema noch einmal freundlich vom Glück wolkenloser Tage singen läßt. Der erschütternde Schlußteil aber führt über wehe Vorhaltsdissonanzen, nachdenklich lang ausgehaltene Akkorde und eine Wiederkehr der ersten Entwicklung des 1. Themas schließlich zu einem ermatteten Niedersinken in Düsternis und Trauer.

Nicht heller, aber frei von der beängstigenden Kampfspannung dieses Allegros ist der nun folgende *Andante con moto-Satz.* Es ist die stille Weise des Todes, nicht die Stimme des angstvoll flüchtenden Mädchens, die

Schubert aus seinem Lied für diese Variationenfolge gewählt hat. „Sei gutes Muts! Ich bin nicht wild" — so tröstet Freund Hein die verzagende Menschenseele. Keine Melodie könnte nach dem 1. Satz des Quartetts trostreicher, erlösender wirken als eben dieses tief beziehungsvoll hier aufklingende Lied. In den fünf wundervollen, klanggesättigten Variationen werden die Stimmen der Klage, des Schmerzes, des trotzigen Aufbegehrens, die sich nur in der erregten dritten und im zweiten Teil der fünften Veränderung melden, von der im Thema selbst liegenden Empfindung stiller Ergebung zum Schweigen gebracht. Doch dann bäumt sich im *Scherzo* der Lebenswille wieder mächtig auf. Ein *frohes* Tanzen freilich will nicht gelingen — schroff, fast kantig ist dieser grimmig scherzhafte Moll-Satz; nur das zart und lieblich singende D-dur-Trio ruft ein lichtes Bild vor die Seele. Im *Presto-Finale* beherrschen aufs neue, aber noch bewegender, noch erregender als im ersten Satz, die düsteren, bedrohlichen Kräfte das Feld. Unisono setzen die vier Instrumente mit dem

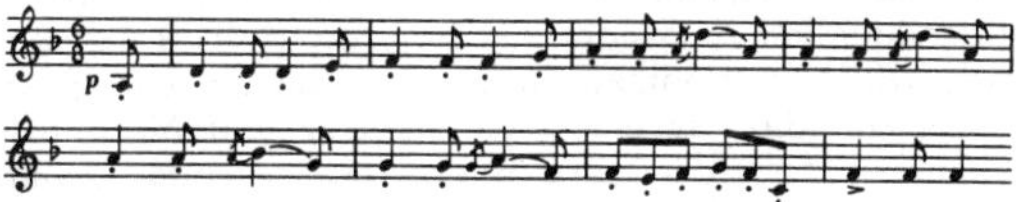

ruhelos dahinhastenden d-moll-Hauptthema ein. Es bestimmt den Gesamtcharakter des ganzen Satzes, der in steigendem Maße das Bild eines wilden Jagens beschwört: Der Mensch im Wettlauf mit dem mächtigeren Tod! Nur für kurze Augenblicke nahen sich besänftigende, aber wie trügerische Schemen jäh wieder verfliegende Gedanken. Ein paarmal ist es, als hielte der Gehetzte inne, um in einem hastigen Atemholen Kraft zu schöpfen. Wichtiger aber wird das *con forza* auftretende, sehr markige zweite Thema — ein starker

Kontrast und als solcher Ausdruck der Kraft, mit der sich der einem unausweichlichen Schicksal Überantwortete kühn den finsteren Gewalten entgegenwirft. Diese Willenskräfte vermögen hier jedoch nichts mehr — unaufhaltsam fegt der nächtliche, tödliche Sturm heran, und das schaurige Prestissimo des Schlusses läßt keinen Zweifel darüber, daß der Gejagte der Übermacht des unerbittlichen Jägers Tod erliegen muß.

Der Kampf zwischen Licht und Dunkel, allerdings mit anderen Kräftelagerungen, die einen lebenbejahenden Ausgleich und positive Schlußakzente ermöglichen, gibt auch dem G-dur-Streichquartett op. 161 den ergreifenden seelischen Gehalt. Schubert schrieb dieses sein letztes Quartett 1826 in zehn Tagen nieder. Es wurde eine bekenntnishafte Auseinandersetzung mit den ihn bewegenden Empfindungen, für die ihm zwei Geigen, eine Bratsche und ein Violoncello kaum mehr ausreichten: so sehr weiten sich die Klangbilder hier immer wieder zu fast orchestraler Kraft und Farbenfülle. Symbolhaft stehen am Eingang des Quartetts (wie schon früher erwähnt) Dur und Moll dicht nebeneinander: der zart intonierte, ruhende G-dur-Dreiklang wandelt sich nach raschem dynamischem Anwachsen in einen mächtigen g-moll-Dreiklangs-Schlag. Diesem harmonischen Signum folgt ein zeichnerisches: ein blitzend punktiertes Sechsnotenmotiv, zur Oktave aufspringend und wieder zur Terz zurückfallend — ein rhythmisches Wahrzeichen zugleich, dessen Bedeutung dann in dem ersten thematischen Ge-

danken neu spürbar wird, der über pp-Tremolo-Klängen in der ersten Violine aufblinkt. In der darauf folgenden, rasch gesteigerten Entwicklung wird das durch synkopierte Betonung des zweiten Achtels besonders gekennzeichnete ruhige zweite Thema (e-moll) rhythmisch bereits vorbereitet. Dieses Thema, klanglich bald umspielt von flirrenden Geigenfiguren, erfährt gleichfalls eine Steigerung, sucht sich im wachsenden Klangsturm zuerst im Violoncello, dann in der Bratsche zu behaupten, vergeht aber am Schluß der Exposition im ruhelosen Drängen der Grundbewegung, die erst im Beginn der Durchführung abebbt. Wieder erscheint das Lichtzeichen des ersten Gedankens, dann breiten sich in unaufhörlichen Steigerungen neue Erregungswellen aus, die erst der Eintritt der Reprise eindämmt. Die letzten Takte entscheiden den nochmals aufklingenden Gegensatz Dur—Moll zugunsten eines klaren Dur. Der *zweite Satz* (Andante con moto, e-moll) beginnt als Bild des Friedens; nur zarte Seufzer bedrängen leise die schöne, mit einem sehnsüchtigen Aufschwung in die Septime beginnende, später in ruhigem C-dur-Behagen sich ergehende Kantilene des Violoncellos. Doch jählings überzieht sich der besonnte Himmel mit dräuendem Gewölk: die scharf markierten Rhythmen des ersten Satzes brechen die ruhevolle Linie jener Kantilene; 32stel-Läufe jagen wie Blitze durch die Wolken, schaurig an- und abschwellende Tremoli künden von Bangen und Unheil. Dann bricht das Licht wieder durch, und blühender noch als zuerst ertönt das Friedenslied. Aber noch einmal und noch düsterer umzieht sich die Landschaft bei der Wiederkehr des erregten Teils. Doch ein seliges Vertrauen entwindet dem Dunkel seine beklemmende Macht; friedvoll entbreitet sich wieder die Melodie des Anfangs, und in erhellendem, lösendem E-dur verklingt der Satz. Ihm folgt ein *Scherzo* in h-moll, dessen drängende Laune uns nun dem Bannkreis des Düsteren entrückt. Im Trio (G-dur) entfaltet eine zuerst dem Violoncello anvertraute Weise ihre

schlichte, rührende Schönheit. Erst das *Finale* (Allegro assai), im gleichen unruhvoll treibenden 6/8-Takt wie der Schlußsatz des d-moll-Quartetts, ruft wieder die Schatten herauf, wird wieder zu einem Bild unsteten Jagens, ja angstvollen Flüchtens. Aber die Gegenkräfte, die in diesem Rondo dem in Moll einsetzenden ersten

Gedanken entgegengestellt werden, überwinden die drohende Bedrängnis: ein lustiges G-dur-Thema und ein nicht minder munteres in D-dur besiegen die Gefahren gleichsam mit Lächeln; ein kraftvoll ernster Gedanke (h-moll) scheint das Selbstvertrauen des Verfolgten zu stärken, und eine — diesem Thema verwandte — wie ein Gebet aufklingende cis-moll-Melodie gibt weiteren Trost und neue Kraft, so daß wir nicht überrascht sind, wenn trotz aller hastenden Wirrnis die Schatten zuletzt endgültig verscheucht bleiben und mit dem voll eintretenden G-dur ein Ja zum Leben sich behauptet.

STREICHQUINTETT IN C-DUR

Der gleichen geistigen Sphäre wie die letzten Quartette des Meisters gehört auch sein wahrscheinlich 1828 entstandenes einziges Streichquintett in C-dur op. 163 an. Die Originalhandschrift dieses erst 1850 wiederentdeckten herrlichen Werks ist leider verlorengegangen. Eine fast orchestral zu nennende Klangfülle, wie sie schon für die letzten Quartette stellenweise charakteristisch war, kennzeichnet auch die Klangbildprägung des Quintetts, dessen reichere Besetzung (zum Streichquartett tritt als fünftes Instrument ein zweites Violoncello) viele Möglichkeiten zur Steigerung der klanglichen Leuchtkraft schon natürlicherweise in sich trug. Trotzdem herrscht echt kammermusikalisches Leben und Weben in allen vier Sätzen; jedes der fünf Instrumente ist als vollgültige, individuelle Wirkkraft in das kompositorische Geschehen einbezogen. Man weiß nicht, was man mehr an dieser Schöpfung bewundern soll: die Fülle kostbarer melodischer Einfälle, die Ausdrucksgewalt der reichen, oft kühnen Harmonik, den überwältigenden Klangzauber oder — und das wird doch das Wichtigste bleiben! — die beseelte Redekraft dieser Musik, die ergreifende Intensität der seelischen Aussage. Wie die letzten Quartette legt auch dieses Werk Zeugnis ab von der männlichen Größe des Künstlers Franz Schubert, der nicht immer in kindlich-selbstgenügsamer Musizierlust seine Melodien hinaussang, „unkund seiner selbst", sondern seine kammermusikalischen Meisterwerke aus der Tiefe inneren Lebens und vollen Erlebens seiner Wanderschaft zwischen zwei Welten, zwischen Zeit und Ewigkeit, geschaffen hat. Es ist nicht nur eine Herzensergießung in trüber Stunde, sondern Ausdruck seiner seelisch angespannten Lage in den letzten Lebensjahren, wenn er am 31. März 1824 an seinen Freund, den Maler Leopold Kupelwieser, nach Rom schrieb: „. . . ich fühle mich als den unglücklichsten, elendesten Menschen auf der Welt. Denk Dir einen Menschen, dessen Gesundheit nie mehr richtig werden will, und der aus Verzweiflung darüber die Sache immer schlechter statt besser macht, denke Dir einen Menschen, sage ich, dessen glänzendste Hoffnungen zu Nichte geworden sind, dem das Glück der Liebe und Freundschaft nichts bieten als höchstens Schmerz, dem Begeisterung (wenigstens anregende) für das Schöne zu schwinden droht, und frage Dich, ob das nicht ein elender, unglücklicher Mensch ist? ‚Meine Ruh ist hin, mein Herz ist schwer, ich finde sie nimmer und nimmermehr', so kann ich wohl jetzt alle Tage singen, denn jede Nacht, wenn ich schlafen geh, hoff ich nicht mehr zu erwachen, und jeder Morgen kündet mir nur den gestrigen Gram. So Freude- und Freundelos verbringe ich meine Tage ..." Wir zitieren diese Briefstelle nicht, um klagende menschliche Teilnahme für den Komponisten zu erwecken, sondern um die von solcher Lebensstimmung gewiß nicht unabhängigen ernsten, schmerzlichen Züge in seinen Spätwerken psychologisch begründen zu helfen. Auch das C-dur-Quintett gehört in den Kreis der Schubertschen Schöpfungen, welche uns einen Blick in die Tiefe seines Herzens tun lassen — in das Herz eines Menschen, der wohl die herrliche Kraft besaß, sich von seiner Not freizusingen, der aber, wie in vielen Liedern (Winterreise!), so auch in manchen seiner Instrumentalwerke die innere Not *selbst* in Tönen aussprechen mußte, um sie zu bannen. War es im G-dur-Quartett die Aufeinanderfolge von Dur- und Moll-Dreiklang, die gleichsam als Devise über das ganze Werk gesetzt schien, so ist es nun hier das Sichfolgen des C-dur-Dreiklangs und des verminderten Terzquartakkords der Moll-Dominante (c—es—fis—a), das am Eingang des ersten Satzes wie ein Schicksalsklangzeichen steht. Diesem Beginn

folgt eine die ganze Einleitung beherrschende melodische Wendung, die — obwohl Dur-gebunden — den Charakter wehmütig der Brust sich entringender Seufzer trägt. Männlich energische Festigung erfährt das Stück erst dort, wo nach mächtigem Crescendo die Anfangsakkorde in zuckende Bewegung aufgelöst wer-

den. Von da an gerät der Satz in Fluß (Allegro ma non troppo). Nach kurzer, über einem Orgelpunkt endender Entwicklung ist die Dominante erreicht;

dann setzt, in Es-dur beginnend, das zweite Thema ein: eine zuerst von den beiden Cellis gesungene, dann von

den Geigen übernommene rührende, sehnsüchtige Weise. Diese Melodie leitet auch die Durchführung ein, in der aber vor allem ein dritter, am Ende des Expositionsteils erstmals auftauchender, scharf markierter Ge-

danke die Führung übernimmt, während die Hauptgedanken des Satzbeginns erst in der Reprise wieder erscheinen. Mit einem Anklang an das zweite Thema verklingt der Satz. Das darauf folgende *Adagio* beginnt ruhevoll mit einer weitausgesponnenen Gesangsweise. Ein berückendes Klangbild: Die Mittelstimmen (2. Violine, Bratsche und 1. Violoncello) führen und tragen die Melodie, das zweite Cello markiert pp pizzikierend die Baßfortschreitungen, während die erste Geige eine — wie die zarte Stimme eines Vogels anhebende — Weise dazu singt, die sich dann stellenweise mit dem strömenden Gesang der Mittelstimmen vereint. Dann aber bricht jäh Unruhe in diese Stimmung des Friedens ein: f-moll tritt an die Stelle des leuchtenden E-dur; schwer atmende Synkopen, erregte Triolengänge im Baß, wilde Sforzati, beängstigende hohe Triller — solche Elemente bilden den alptraumhaften Klanggrund zu einer leidenschaftlich klagenden Melodie, die, von der ersten Geige und dem ersten Violoncello in oktaviertem Einklang gesungen, vergeblich zum Licht drängt. Etwas von diesem Wühlen in schmerzlich unruhigen Gedanken zittert auch noch nach in der Wiederkehr des ruhevollen ersten Teils, bis sich die Stimme endlich ganz besänftigt und nur im drittletzten Takt noch einmal das f-moll wie fernes Donnergrollen an die schon fast vergessene Bedrohung mahnt. Wie ein brausender Gesang der Lebenslust klingt danach das *Scherzo* (Presto, C-dur). Ein mit aller Gewalt die Freude der Erde Umfassenwollen spürt man darin. Aber wie anders nun das Trio! Wieder einer jener Augenblicke des Sichabwendens von aller Lust, um ernsteren Stimmen zu lauschen: ein *Andante sostenuto* (Des-dur, 4/4), das nicht nur tonartlich in eigenartigstem Gegensatz zum Scherzo-Hauptsatz steht: zagende Schritte, die ins Dunkel zu führen scheinen, und eine feierliche, mehrfach wiederholte, akkordisch volltönige Stelle mit einer kleinen Melodie in der Oberstimme, die Klage *und* Bereitschaft zur Ergebung in sich schließt — aus solchen Motiven ist das ergreifende Stück gefügt. Viel von der gespannten Sorge um die todbedrohte Existenz des Menschen, der nach der Fülle freudigen Daseins verlangt, lebt auch im *Finale*. Dieser Satz ist oft verkannt worden. Immer wieder wird er nur als ein sehr, ja fast allzu volkstümlich getöntes musikalisches Lebensfest genommen, als Ausbruch naiver Heiterkeit ohne Gegenklang, ohne Kontraststimme. Horcht man tiefer hinein, so wird man gewahr, daß auch in diesem scheinbar so ganz sorglos der Lust des Tanzes (Symbol des Lebens!) hingegebenen Stück die Stimmen „von drüben" laut werden. Wohl sind die Hauptthemen tanzhaft heiter, das eine voll drängender Lust, das nächste voll erdgebundenen Behagens — dann aber kommt schon eine Stelle, deren Molltönung nicht nur äußerlicher Beleuchtungswechsel ist: eine pianissimo-Stelle, in der die Klänge der Oberstimmen über eine molto espressivo vorzutragende wehmütige Melodie der Celli wie schattende Schleier sinken, und ihr folgt, zu den gleichen umschleiernd fallenden Harmonien, eine ernste, der ersten Bratsche anvertraute, in ganzen Noten beginnende Tonreihe in Oktaven, die kaum eine Melodie zu nennen ist. Richtig hervorgehoben, wie es die Akzente und das crescendo verlangen, klingt diese Stelle unheimlich, mahnend und drohend wie eine Stimme aus dem Jenseits. Noch einmal aber eilt der Bedrohte zurück in den Trubel des Lebenstanzes, und noch ein zweites Mal nahen sich ihm die traurigen und dunklen Stimmen — dann stürzt sich der von seinen finsteren Gedanken Verfolgte beim Eintritt des mehr wilden als heiteren *Più allegro* und *Più presto* wie verzweifelt in die Lust, um jene Klänge nicht mehr hören zu müssen. In einem Aufschrei endet die rasende Bewegung mit dem fff-Akkord des—f—g—h, und das *Des* des schaurigen Baßtrillers stört auch noch als Vorhalt den Eintritt des Schlußtones *c*, mit dem die Instrumente unisono, ohne füllende C-dur-Harmonie, enden.

Abseits der abgründigen Sphäre solcher Selbstbekenntnisse und Totentanzbilder stehen die letzten hier noch zu nennenden Stücke Schubertscher Kammermusik für Streicher, ein einsätziges (Allegro) und ein viersätziges *Trio*, beide in B-dur, liebenswürdige, feingliedrige Werke aus den Jahren 1816 und 1817. Sie zeigen den 20jährigen Komponisten weithin noch im Bann klassischer Muster, doch weisen manche Züge der anmutigen, etwas weichen Melodik, reizvolle modulatorische Wendungen und feiner Klangsinn im Auswerten und Kombinieren der drei Instrumente (Geige, Bratsche, Violoncello) schon stark auf Schuberts Eigenton. Ein *Andante* — mit rokokohaft ausgezierter Geigenmelodie und apart kontrastierendem Moll-Mittelteil — und ein hübsches *Menuett* mit noch reizvollerem, von der Bratsche angeführtem *Trio* werden im zweiten Trio von einem liebenswürdigen, geschmeidigen ersten *Allegro* und einem launigen, abwechslungsreichen *Rondo* umrahmt.

An dieser Stelle sei auch noch eines Quartetts mit obligater Gitarre (D 96) gedacht, das — 1918 aufgefunden und 1926 gedruckt — jahrelang als ein originales Frühwerk Schuberts galt; erst 1932 klärte ein Archivfund darüber auf, daß es sich um die — 1814 von Schubert gemachte — Bearbeitung eines 1807 in Wien erschienenen „Notturnos" für Flöte, Gitarre und Bratsche von Wenzel Matiegka (1773—1830) handelt. Schuberts Umformung dieses Werks bestand vor allem in der klanglichen Erweiterung des vorgegebenen Triosatzes zum Quartett durch Hinzufügung einer Violoncellostimme und entsprechende Umgestaltung des Violaparts sowie in einigen Veränderungen der Liedvariationen des Schlußsatzes; außerdem ersetzte er das 2. Trio des (an zweiter Stelle stehenden) Menuetts durch eine eigene adäquate Komposition. Dieses reizvolle Werk für einen echten Schubert zu halten, hat erfreulicherweise dazu geführt, eine bemerkenswerte Komposition des sonst vergessenen Matiegka in Erinnerung zu bringen.

WERKE FÜR GEIGE UND KLAVIER

Gaben der Frühzeit (1816) sind die allen Hausmusikanten vertrauten drei kleinen Sonaten für Violine und Klavier op. 137. Auch hier tritt das ganz Persönliche nur episodisch in Erscheinung, so etwa im Menuett der a-moll-Sonate (Nr. 2) oder im harmonisch wie melodisch so charakteristischen Mittelteil des noch ganz klassisch anhebenden Andante der g-moll-Sonate (Nr. 3). Manchmal fühlt man sich ganz in das Land Mozarts versetzt, z. B. im Andante der D-dur-Sonate (Nr. 1). Bei aller Einfachheit ihrer Gesamthaltung nehmen diese durch immer plastische, sprechende Thematik ausgezeichneten Werke als lebendige, empfindungsreiche Spielmusiken sehr für sich ein. Durch Reiz des Melodischen fesselt auch, namentlich im Andantino, das viersätzige A-dur-Duo op. 162, das der gleichen Zeit angehört. Den Reifejahren entstammen noch weitere Werke für Geige und Klavier, die allerdings große, z. T. virtuose Spielfertigkeit fordern: da sind die sieben (ursprünglich für Flöte geschriebenen) wirkungsvollen Variationen über das Lied „Trockne Blumen" aus den Müllerliedern (op. 160, mit einer edlen Introduktion), dann das Rondeau brillant h-moll op. 70, dessen spielerisch-lebhaft dahintreibender, von reizvollen lyrischen Momenten durchsetzter Allegro-Hauptteil von einem ernstbedeutenden, gewichtigen Andante eingeleitet ist, sowie die weitausholende, siebenteilige, gleichfalls von musikantischer Spielfreude erfüllte Fantasie C-dur op. 159, deren melodisches Zentrum die variierte Weise des Rückertlieds „Sei mir gegrüßt" bildet. Endlich sei in diesem Zusammenhang noch auf die von den Cellisten gerne gespielte, melodiöse und klangschöne dreisätzige Sonate für Arpeggione in a-moll hingewiesen, die Schubert 1824 für ein von dem Wiener Instrumentenbauer Georg Stauffer erdachtes, auch „Guitarre d'amour" genanntes sechssaitiges, in Quarten gestimmtes Streichinstrument komponierte.

KAMMERMUSIK MIT KLAVIER

Viel mehr Gewicht als diese mehr zu den Gelegenheitsarbeiten zählenden Werke haben die herrlichen *Kammermusiken mit Klavier*, die von jeher zu den großen Beglückungen der Musikfreunde gehören: die beiden Klaviertrios und das A-dur-Klavier-Quintett. Die Trios liegen zeitlich nahe beisammen: op. 99 und op. 100 entstanden im Jahr der „Winterreise", 1827. Es fällt schwer, einem von ihnen den Vorzug zu geben, denn beide entzücken durch melodische Schönheit, Klangpracht und blühendes inneres Leben. Robert Schumann kennzeichnete sie (1836) unterscheidend mit der Bemerkung, das erste in B-dur sei in seinem Wesen „leidend, weiblich, lyrisch", das Es-dur-Trio dagegen „mehr handelnd, männlich, dramatisch". Gewiß ist, daß beide Werke frei sind von den verdüsternden Schatten, die oft über den letzten Quartetten und dem Streichquintett lagern. Sie zeigen uns, gerade als Werke seiner Spätzeit, in wahrhaft tröstlicher Weise die Fähigkeit Schuberts, aus Stunden melancholischer Selbsteinkehr wieder zum Licht des heilen Lebens zu gelangen, und wieviel Kraft zum Jasagen in seiner Natur lag trotz aller Bedrängnis. Der beschwingte thematische Beginn des B-dur-Trios op. 99 mit dem unisono der

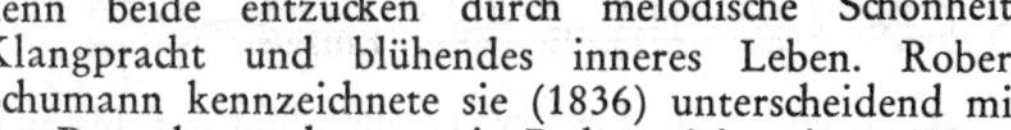

beiden Streicher über den pochenden Achteln des Klaviers deutet vom ersten Takt an auf frohen Lebenswillen. Bald vertauschen Klavier und Streicher ihre

Rollen: das Klavier, weithin in charakteristischer einstimmig-zeichnerischer Linie geführt, singt die Melodie; Geige und Violoncello begleiten. Dann stimmt, nach einem eratmenden Verweilen auf dem Ton *a,* das Cello einen holden, in großen Intervallen ausholenden Gesang an, und schließlich ergänzt noch ein in zartem lyrischem Bogen sich auf- und abneigendes Motiv die Folge der melodischen Grundgedanken, die nun im Durchführungsteil allerlei Umbildungen, neue Beleuchtungen und reizvolle Kombinationen erfahren. Die gleiche selige Höhe des Lebensgefühls wahrt auch der zweite Satz *(Andante un poco mosso)*, obgleich das lautere Jubeln nun von einem ruhigen, versonnenen Träumen abgelöst wird. Über wiegenden Klängen des Klaviers läßt sich das Violoncello mit einer köstlichen Gesangsmelodie vernehmen; bald schließt sich die

Geige an, und herrlicher Zwiegesang blüht auf, bis auch die dritte Stimme, das Klavier, die Weise übernimmt, nun von einem neuen melodischen Gedanken der Streicher kontrapunktiert. Gegensätzliche Stimmung bringt der c-moll-Mittelsatz mit seiner leicht magyarischen Färbung in Rhythmus und Klang. Um so beglückender wirkt nach dieser Mollepisode die Rückkehr des ersten Teils, dem durch neue harmonische Tönungen und gelöstere Klavierbewegung neue Reize abgewonnen werden. Aus diesem Traumreich lenkt das köstliche *Scherzo* und sein schwebend tänzerisches *Trio* wieder in Tageshelle zurück, und im *Rondo-Finale* ist es, als ziehe ein Trio frohgestimmter junger Menschen nun vom Tanzplatz fort zu einer Wanderung durch Wald und Flur. Wie ist das alles voll frohen Atems und voll von drängender, unbeschwerter Lebensfreude! Wie lustig, wenn auf einmal Takt und Tonart wechseln und eine neue heitere Melodie aufklingt, dem Volksmund abgelauscht wie alle übrigen Sing- und Pfeifweisen des Satzes. Fast findet der Komponist kein Ende für diese fröhliche Wanderung, aber wenn er dann doch — mit einem Presto — schließt, haben wir da wirklich das Gefühl, es sei zuviel gewesen?

Nicht so frohgemut wie dieses Werk setzt das Es-dur-Trio op. 100 ein: sehr kraftvoll und klar zwar im Unisono der Stimmen, aber ernster und ein wenig nachdenklich. Im 16. Takt tritt das Violoncello melodieführend mit einem Gedanken hervor, dessen

Anfang den Keim für das ganz anders geartete, fast schmerzlich süße, sehnsüchtige zweite Thema enthält.

Seinem Erscheinen geht eine lebhafte Entwicklung voraus, in deren Mitte ein weiteres, menuettartiges, von h-moll nach G-dur gelenktes Thema erscheint. Die Durchführung spinnt vor allem das zweite Thema weiter und bleibt ganz im fast selbstgenießerischen Bereich so köstlicher Melodik: die beiden Streichinstrumente singen sich nach Herzenslust aus, das Klavier umklingt das blühende Melos mit triolisch figurierten Harmonien. Nichts vom Widerstreit und Aneinanderprall verschiedenartiger Kräfte. Dann aber wechselt die Szene: ein eigenartiger Marschrhythmus in Moll wird vom Klavier intoniert, das geliebte Violoncello bekommt eine

schöne ernste Kantilene von 18 Takten, die das Klavier in zeichnerisch-einstimmiger Linienführung nachsingt, dann wird von c-moll nach Es-dur moduliert, und über leise wellenden Klavier-Sextolen erhebt nun auch die Violine ihre Stimme zu einer neuen Melodie, die der ersten noch an Schönheit und Innigkeit überlegen ist. Nach leidenschaftlicher Steigerung wiederholt sich in intensiver Weise das Wechselspiel zwischen der Moll- und Dur-Sphäre; den Schlußteil aber beherrscht der ernste c-moll-Gedanke. Jäh verfliegt dieser Schatten unterm Eindruck des *Scherzo* (Es-dur), dessen Fröhlichkeit durch das lustige, haschende Einanderfolgen der Stimmen (Kanon im Abstand von drei Vierteln) noch beflügelt erscheint. In dieses bewegliche Spiel bringt das As-dur-Trio des Satzes vorübergehend einen anderen, kraftvollen Klang, aber bald melden sich auch hier wieder neckende tänzerische Geistlein. Die leicht umdüsterte Landschaft des Andante ist nun ganz vergessen, und so ist nach dem Scherzo nochmals Raum für einen heiter bewegten Satz *(Allegro moderato)*, dessen graziöses Hauptthema zuerst im Klavier dahertänzelt; dann hebt, unter Hinzutritt anderer leichtfüßiger Gedanken, ein fröhliches Spielen und Singen an, bald rauschend, bald glitzernd, bald lockend, bald drängend, bald in Dur, bald in Moll; zweimal aber klingt auch das ernste erste Thema des langsamen Satzes (vgl. Abb. oben) in das frohe Musizieren als besinnliche Gegenstimme hinein.

Neben diesen beiden schönen Klaviertrios bleibt noch ein kaum gekanntes, stimmungsvolles Einzelstück für die gleiche Besetzung erwähnenswert: das klangschwelgerische, in der Form schlichte Notturno in Es-dur op. 148 — ein Stimmungsbild von edler innerer Haltung. So unbekannt wie dieses Parergon von 1827 und das wohlklangreiche, aber gedanklich nicht eben bedeutende *Adagio und Rondo concertante* von 1816 für Klavierquartett, so bekannt und mit Recht beliebt, ja für viele wohl der geliebteste Inbegriff Schubertscher Kammermusik, ist das 1819 geschriebene Klavierquintett in A-dur, das sog. „Forellenquintett" op. 114. Es ist in der Tat die reizendste, unbeschwerteste Kammermusik, die man sich denken kann. Zum Klavier treten hier Geige, Bratsche, Violoncello und Kontrabaß. Dieses musikalische Sinnbild einer in Melodie und Klang sich verströmenden Lebensfreude ist gleichsam ein Nachklang jener glücklichen Tage, die Schubert mit seinem Sängerfreund Vogl in Steyr verbracht hatte. Dem dortigen Musikfreund Sylvester Paumgartner hat er das frohe Werk denn auch zugeeignet. Alles in dieser Schöpfung ist Frühling und heller Tag! Der erste A-dur-Akkord der Streicher und dann die in den Dreiklangsstufen hochsteigenden Triolen des Klaviers: Augenaufschlag an einem Morgen, an dem die Welt so licht vor einem liegt, daß man nichts Dunkles hinter sich und vor sich zu denken vermag. Dann bringen die Streicher über dem ruhenden *A* des Kontrabasses das erste Thema.

Damit ist das Zauberwort gesprochen „und die Welt hebt an zu singen". Man würde den holden Zauber solcher Musik zerstören, wollte man sie analytisch zerpflücken. Wer vermöchte sich dem Reiz des anmutigen, so beglückend klangseligen Spiels zu entziehen — dem Singen der Streicher, dem Springen, Trillern und lieblichen Rieseln und Rauschen des Klaviers? Man fühlt sich wie von einem linden Frühlingswind davongetragen und wünscht sich nur, daß das Leben allezeit so unbeschwert und heiter sein möge. Zu einem innigen Träumen ins Blau eines unbewölkten Himmels wird das *Andante* — auch die leicht melancholisch ansetzende Weise des Mittelteils muß sich in solcher Stunde bald von Moll nach Dur wenden. Im *Scherzo* treffen sich die Freunde bei fröhlichem, mitreißendem Tanz, und dort, am Tanzplatz, zeigen sich (im D-dur-Trio) ihnen die reizendsten, anmutigsten Gestalten. Jetzt aber erklingt die liebliche Melodie des

Lieds, das dem Werk den Namen gegeben hat: pp tragen sie die Streicher allein vor; dann beginnt mit dem Themaeinsatz des Klaviers der spielerische Reigen der Variationen. Erst die letzte, sechste bringt auch die lustig aufspringende Sextole, die in der Begleitung der „Forelle“ so charakteristische launige Figur. Noch nicht genug des Singens und Frohseins! Im muntersten „wienerischen“ Volkston hebt das Finale an, das zu einem Abbild der geselligen Fröhlichkeit wird, die Schubert so liebte. Eine glückhaft erdgebundene Musik, keck oft, voll Beweglichkeit in ihren lustig hüpfenden Rhythmen, ihren springenden Achteln und behenden Triolen. Der rechte Abgesang für dieses sonnige Werk.

OKTETT F-DUR

Fast ganz der hellen Lichtseite zugewandt ist auch die letzte Kammermusikschöpfung, deren hier gedacht werden muß: das Oktett op. 166 F-dur für Streicher und Bläser, das gleichfalls zu den beliebtesten Werken des Meisters zählt. Die im Jahre 1824 entstandene Komposition steht ranggleich neben dem ähnlich besetzten Septett op. 20 von Beethoven und bezaubert wie dieses durch eine Fülle köstlicher Gedanken und blühende Schönheit der Klangbilder. Suitenartig ist das Ganze aus sechs Sätzen gefügt. Feierlich fast beginnt das Werk mit einem kurzen Adagio: die geschlossene Gruppe der Streicher (2 Geigen, Bratsche, Violoncello, Kontrabaß) tritt eindrucksvoll den zusammengefaßten Bläsern (Klarinette, Horn, Fagott) gegenüber. Mit ihren thematischen Vorklängen bereitet diese langsame Einleitung beziehungsvoll das nun folgende Allegro vor. Dem ersten, schrittweise in punktiertem Rhythmus aufsteigenden Thema wird nach kurzer Entwicklung ein zweites, sehr anmutiges bei-

gesellt: zuerst intoniert es die Klarinette, dann folgt

das Horn. Ein frohes Musizieren im Wechselspiel der acht Instrumente nimmt nun seinen Lauf; kurz vor der Reprise klingt auch das ernstere Thema der Einleitung noch einmal an, und in der Coda bringt das Horn mit der Weise des zweiten Themas den letzten Ausklang. An zweiter Stelle steht ein in süßesten Wohllaut getauchtes *Andante un poco mosso*, dessen

rührend-schöne Melodie die Klarinette anstimmt. Ein *Scherzo* folgt: heitere, volksnahe Tanzweise, in der wieder der für das ganze Werk so charakteristische punktierte Rhythmus herrscht. Den gesanglichen Kontrast zum kraftvollen Gestus des Hauptsatzes gibt das ruhigere *Trio*. Wie im Forellenquintett reiht sich nun ein *Variationensatz* an, dessen frohgemutes, liedhaftes Thema die erste Geige vorsingt. Sieben einfallsreiche, farbige Variationen bieten den Instrumenten vielfältige Gelegenheit zur Entfaltung ihrer Sondereigenart: in der ersten führt noch die erste Geige, im heiteren Klangspiel der dritten hat das Horn den Vortritt, in der vierten das Violoncello; die fünfte Variation läßt durch die Wendung nach c-moll alles in verändertem Licht erscheinen, die zarte sechste führt vorübergehend nach As-dur. Ein gedämpftes Nachspiel schließt den Reigen. Wieder folgt nun ein tänzerisches Stück, diesmal ein *Menuett*, stiller, lyrischer in der Grundstimmung als das Scherzo. Den ländlichen Ton, den der Hauptsatz mit seinem volkstümlich schlichten Thema anschlägt, verstärkt noch das behagliche Trio. Dann das *Finale:* die Andante molto-Einleitung wirkt im Umkreis dieser besonnten Satzfolge sehr überraschend; in düsterem f-moll bringt sie über schauerlich zwischen pp und ff schwirrenden Bässen Klagerufe, seufzend abwärtssteigende Tonfolgen — ein Blick in das Dunkel, das uns immer, auch in hellsten Tagen, bedroht. Aber nur 17 Takte lang währt diese Verdüsterung, dann beginnt in Dur (alla breve) ein kraftvoll frohes Singen — ein Wanderlied. Die Streicher führen an, die Bläser treten hinzu. Dem festen Schritt des ersten Gedankens folgt als zweites Thema eine ausgelassene, zum Nachpfeifen verlockende kleine Weise mit einem putzigen Triller. So geht es denn munter und sorglos dahin. Noch einmal freilich fällt der Schatten des Nachtbilds der Einleitung auf die fröhlichen Gesellen, aber sie wollen ihn nicht sehen, nicht verstehen; noch heiterer (Allegro molto) ziehen sie singend weiter, dem guten Stern ihrer Jugend folgend. Schubert hat das Oktett übrigens als Auftragsarbeit für den Grafen Ferdinand v. Troyer geschrieben — es war ihm aber mehr als eine Gelegenheitskomposition, wurde ihm zu einer Vorstudie für neue, geplante sinfonische Schöpfungen: „Überhaupt will ich mir auf diese Art den Weg zur großen Sinfonie bahnen", schrieb er damals an Kupelwieser. Und in der Tat weist das Werk nicht nur in seiner Klangfülle, sondern auch in der fast sinfonischen Weite der Ecksätze über die Kammermusik hinaus. *A. W.*

FELIX MENDELSSOHN BARTHOLDY

* 3. Februar 1809 in Hamburg, † 4. November 1847 in Leipzig

Sohn eines begüterten Hamburger, später Berliner Bankiers, genoß er ebenso sorgsame wie vielfältige Erziehung, die musikalisch von L. Berger und Fr. K. Zelter betreut wurde. Schon der 9jährige Knabe erregte als Klavierspieler Aufsehen, der Elfjährige als Komponist. Studienreisen führten den Jüngling durch ganz Europa. Nachdem Mendelssohn bereits mit 20 Jahren Bachs „Matthäuspassion" in Berlin geleitet hatte, wurde er 1833 Städtischer Musikdirektor in Düsseldorf, 1835 Gewandhauskapellmeister in Leipzig. Hier starb er auf der Höhe seines Wirkens und seines Ruhmes.

Häusliche Musikpflege erschloß Mendelssohn frühzeitig das Reich der Kammermusik. Mozart, der frühe und mittlere Beethoven wurden Vorbilder. Die kammermusikalischen Formen der Klassik, ihr harmonisches Gewand erschienen Mendelssohn als Gegebenheiten, die er mit dem Spezifischen seiner anschmiegsamen musikalischen Natur zu erfüllen trachtete, ohne, abgesehen von einigen klanglichen Kunstmitteln, den Fuß in Neuland zu setzen. Melodische Prägung der Themen, Formsinn, polyphone Gestaltungsweise, Neigung zu differenziertem Detail sind für Mendelssohn bezeichnend, werden allerdings zuweilen durch eine gewisse Typik und Glätte erkauft. Aber seine Stellung in der Geschichte der Kammermusik ist keinesfalls zu unterschätzen.

Die Violinsonate f-moll op. 4, eine gewandte Schularbeit des Vierzehnjährigen, enträt noch persönlicher Kontur. Eine weitere Violinsonate in d-moll aus der gleichen Zeit blieb ungedruckt, eine spätere in F-dur erschien erst 1954. Dies Schicksal teilten eine Bratschensonate in c-moll sowie eine Klarinettensonate in Es-dur. Die Klarinette tritt nochmals in den Gesichtskreis Mendelssohns, als er 1833 für die Virtuosen H. und K. Baermann zwei Konzertstücke für Klarinette, Bassetthorn (eine Art Altklarinette) mit Klavier schreibt. Diese später als op. 113 und 114 bezifferten Stücke sind beachtliche Gelegenheitskompositionen, in denen jeweils zwei bewegte Ecksätze ein kantables Andante umrahmen.

Bedeutendere Beiträge galten der Cellosonate. Op. 45 in B-dur (1838) erblickt den entscheidenden Wesenszug des Cello in gefühlsgesättigter Kantilene, eine die Gefahr sentimentaler Wirkung streifende Anschauung. Dementsprechend erfolgt der formale Aufbau, der in den Durchführungen das Nebeneinander der musikalischen Gedanken stärkeren Kontrastspannungen vorzieht. Tiefer greift die Cellosonate D-dur op. 58. Ein feurig bewegter, leidenschaftliche Akzente aufwerfender *Kopfsatz*, ein in feinen harmonischen Tuschen erschimmerndes *Intermezzo*, ein die Stimmung des „Religioso" atmender choralartiger *langsamer Satz*, der über die Brücke des verminderten Septakkords unmittelbar ins munter dahingleitende, leicht sentimentale Schaumkronen kräuselnde *Finale* überleitet: all das wächst zu einem Gesamtbilde zusammen, dessen Ausgewogenheit von Form und Inhalt beglückt. Demgegenüber verharren die virtuosen Variations concertantes für Cello und Klavier op. 17 und das schlichte Lied ohne Worte op. 109 für gleiche Besetzung im Rahmen des Beiläufigen.

Bleibender Wert eignet den beiden Klaviertrios. Von op. 49 in d-moll äußerte R. Schumann: „Mendelssohn ist der Mozart des 19. Jahrhunderts, der hellste Musiker, der die Widersprüche der Zeit am klarsten durchschaut und zuerst versöhnt." Im *1. Satz* des d-moll-Trios begegnet eines der weitgespanntesten Themen Mendelssohns; vom Cello angestimmt, von der Violine aufgenommen, umfaßt es 39 Takte. Das dem Cello anvertraute Gesangsthema

ergänzt die männliche Kraft des Hauptgedankens durch ein mehr weibliches Moment. Beiden Gedanken widerfährt in der Durchführung gleich intensive Behandlung. Die Reprise mündet in eine Coda, die das Hauptthema bekräftigt. Das *Andante* ist ein zartes, mit Ausnahme des Mittelteils über ruhig fortlaufender Sechzehntelbewegung gewiegtes Stück. Leichtfüßig huscht, nach Mendelssohnscher Geister- und Elfenweise, das in ein Pizzicato verstäubende *Scherzo* dahin. Piano mit dem Hauptthema einsetzend, steigert sich das *Finale* zu leidenschaftlicher Erregung, die zweimal lyrisch zurückebbt. Strahlender Dur-Ausklang krönt den Satz. Ebenbürtig ist das Klaviertrio in c-moll op. 66. Der *Kopfsatz* klagt in leidenschaftlichen Ausbrüchen. In der Durchführung kommt es zu dramatischen Auseinandersetzungen, die nicht ohne Größe sind. Die Mittelsätze, ein friedvolles *Andante espressivo* und ein melismatisch ausgeziertes *Scherzo,* verlassen kaum den Bannkreis des Idylls. Im *Finale* flammt mit dem Nonensprung des Hauptgedankens der leidenschaftliche Geist des Kopfsatzes wieder auf. Hervorragend ist die imitatorische und kontrapunktische Arbeit in diesem von einer kraftgeladenen Coda beschlossenen Stücke.

Eine später nicht mehr wiederholte Auseinandersetzung mit dem Klavierquartett vollzieht sich in op. 1 — 3. Aufstrebende Linien der Entwicklung zeichnen sich in dieser Folge ab. Scheinbar mühelos wird die Form gehandhabt, wenngleich nicht völlig ausgeschöpft. Nahe Meisterschaft verrät op. 3 in h-moll, dessen Andante bereits den Mendelssohn der „Lieder ohne Worte“ mit einer seiner schönsten Eingebungen ahnen läßt. Das durch punktierte Rhythmen aufgelockerte Finale sprüht von Temperament.

Im Streichquartett hatte sich Mendelssohn mehrfach versucht, ehe es zu einer Drucklegung kam. So gibt er sich in op. 12 und 13 sofort als Meister zu erkennen. Die Opuszahl trügt: das als op. 13 bezeichnete a-moll-Quartett geht zeitlich dem Es-dur-Quartett op. 12 voran. Während op. 13 mehr in Einzelheiten fesselt, übt das Es-dur-Quartett noch nachhaltigere Wirkung durch das Ebenmaß aller Teile. Ein gleich einem Gruß an Beethoven

(op. 74) anmutendes *Adagio* leitet das *Allegro* des 1. Satzes mit seinem melodischen Kerngedanken ein. Verwandter Art ist der der 2. Violine anvertraute Seitengedanke. Zu Beginn der Durchführung meldet sich ein drittes Thema, das in der Coda wiederkehrt. Sehr bekannt ist die serenadenhafte *Canzonetta* mit reizvoller Verwendung von Pizzicato und Staccato geworden. Das gesangvolle *Andante* geht pausenlos ins energische *Molto allegro e vivace* des *Finale* über, in dessen stürmischem Verlauf das Seitenthema des 1. Satzes traumvisionär auftaucht. Poetisch-thematische

Beziehungen werden außerdem offenbar, wenn der Schluß des Finale den verhauchenden Ausklang des Kopfsatzes wörtlich zitiert. In beträchtlichem zeitlichem Abstand von den genannten Quartetten entstand op. 44, das drei Streichquartette vereint. Das als Nr. 1 bezeichnete in D-dur, entstehungsmäßig das letzte der Reihe, entrollt in seinem *1. Satz* einen klassischen, auf der Gegensätzlichkeit von schwungvollem Hauptthema und verträumtem Gesangsthema beruhenden Ablauf. Ferner ein leise archaisierendes, betont einfaches *Menuett,* ein anmutiges *Andante* sowie ein froh aufgelegtes *Finale.* Verhaltener mutet das e-moll-Quartett Nr. 2 an. Gedämpfte Töne, Farben, Stimmungen. Den Hauptreiz bergen die Mittelsätze, während die Ecksätze konventioneller geraten sind. Die Krone bildet Nr. 3 in Es-dur. Der *Kopfsatz* mit dem kraftvollen Haupt-

thema überquillt von einer Gedankenfülle, die für einen Symphoniesatz hingereicht hätte. Das harmonisch differenzierte, fugatomäßige Moll-*Scherzo* ist eine Art geisterhaften Nachtstücks. Weihevoll, erhaben umfängt

uns die Gebetsstimmung des *Adagio.* Freudig erregte Bewegung durchwaltet das sich kaum eine Atempause gönnende *Finale.* Das letzte vollendete Streichquartett in f-moll op. 80 scheint von Todesahnung gestreift. Beethovens in gleicher Tonart stehendes op. 95 mag Anregungen gegeben haben. Op. 81 ist Fragment geblieben. Die nachgelassenen Sätze, Variationen über ein liedhaftes Thema und ein Scherzo in Sommernachtstraumstimmung, wurden nach des Meisters Tode durch zwei frühere Stücke, ein Capriccio und eine untadelige, jedoch etwas glatte Fuge, zur Quartett-Suite ergänzt.

Dem Streichquintett hat Mendelssohn zweimal gehuldigt: im musiküberwallenden op. 18 in A-dur aus der Jugendzeit und in dem auf der Höhe des Daseins geschaffenen B-dur-Quintett op. 87. Letzteres steht den besten Quartetten nur wenig nach; das schwerblütige d-moll-*Adagio* mit seinen Schmerzensausbrüchen offenbart, daß echte Tiefen der Empfindung Mendelssohn keineswegs unerreichbar waren. Das Sextett für Klavier, Violine, 2 Bratschen, Cello und Baß mit der irreführenden Opusziffer 110, das Werk eines Fünfzehnjährigen, trägt noch die Merkmale einer in Nachahmung fremder Muster befangenen Jugendarbeit.

Das Oktett für Streicher in Es-dur op. 20 zählt zu Mendelssohns unvergänglichen Taten. Das Problem der formalen Bewältigung wird nicht im Sinne der Doppelchörigkeit zweier getrennter Streichergruppen, sondern in polyphoner Weise gelöst. Über der Partitur liegt der Schimmer jener beseligenden elysäischen Stimmung, in deren Beschwörung der Komponist Meister war. Überwallend quillt der melodische Strom und wirft zu Beginn des 1. Satzes das in glücklichster

Stunde empfangene Hauptthema auf. Auch der von feurigen Aufschwüngen bewegten Empfindungswelt des *Andante,* dem Launengeist des *Scherzo,* das durch die Trillerauszierungen, Springbogenkünste und Pizzicati einen kapriziösen Charakter erhält, sowie dem

hinreißenden Zug des von Steigerung zu Steigerung eilenden *Schlußsatzes* wird sich niemand entziehen können. *W. Z.*

ROBERT SCHUMANN

* 8. Juni 1810 in Zwickau, † 29. Juli 1856 in Endenich bei Bonn

Nach kurzem juristischem Studium wandte sich Schumann schon 1830 ganz zur Musik. Seit 1828 studierte er Klavier bei Friedrich Wieck; seine theoretische Ausbildung erhielt er von Heinrich Dorn in Leipzig. Der erstrebten Pianistenlaufbahn mußte er wegen Lähmung eines Fingers entsagen. So trat das Schaffen bald um so stärker in den Mittelpunkt seines künstlerischen Wirkens, doch betätigte er sich auch als geistvoller und dichterisch einfühlsamer Musikschriftsteller. 1834 gründete er die „Neue Zeitschrift für Musik" zur Bekämpfung modischer Mißstände und Förderung aller guten Kräfte. 1840 vermählte er sich mit der jungen Pianistin Clara Wieck. Kurze Zeit Lehrer für Partiturspiel am Leipziger Konservatorium, übersiedelte er 1844 nach Dresden, wo er 1848 die Singakademie gründete. Eine Berufung zum städtischen Musikdirektor führte ihn 1850 nach Düsseldorf, doch machten Menschenscheu und wachsende Verdüsterung des Gemüts schon 1853 seinen Rücktritt notwendig. Nach einem Versuch, sich das Leben zu nehmen, verlebte er die Zeit bis zu seinem Tode geistesgestört in der Anstalt von Endenich.

Schumanns Lebensweg als Tondichter führte von pfingstlicher Vorsommerfülle über hochsommerliche Erntewochen zu abschiedswehen Nachsommertagen. Jener Frühzeit entstammen seine herrlichen Klavierwerke und Lieder, der gesegneten Erntezeit die Sinfonien und seine vollkommenste *Kammermusik;* seine letzte Schaffensperiode aber erbrachte neben mancher holden Gabe, auf der noch ein Glanz der Frühe liegt, vielfach nur mehr Nachklänge jener schöpferischen Hoch-Zeiten — Werke, die wohl noch die leicht und sicher formende Hand erkennen lassen, aber nicht mehr in gleichem Maße die Kraft des Genius. Von allem, was er geschaffen, gelten vielen Musikfreunden die reichen frühen Klavierdichtungen als das Höchste und Schönste, anderen seine innig beseelten Lieder.

Seltener hört man dagegen seine Kammermusik rühmen, obgleich gerade die vorzüglichsten unter den Werken dieses Schaffensgebiets das innere Wachsen und Reifen des großen Künstlers zeigen: Wie klar offenbaren sie, daß sich Schumann nicht nur in kleinen Formen vollgültig auszusprechen vermochte, sondern auch die Kraft zum Bilden, Durchdenken und Erfüllen großer Form besaß. Bedenkt man überdies die Fülle kostbarer Eingebungen in Schumanns Kammermusik, so muß man es doppelt bedauern, daß sie — mit Ausnahme des von Zeit zu Zeit wieder aufgegriffenen berühmten Es-dur-Klavierquintetts — gegenwärtig von den Konzertierenden etwas vernachlässigt wird.

DIE STREICHQUARTETTE

Schon 1838 beschäftigte sich Schumann mit kammermusikalischen Plänen, entwarf und verwarf manches und studierte intensiv die Beethovenschen Quartette. Aber erst vier Jahre später fühlte er sich für die Aufgabe der Quartettkomposition reif. Nun entstanden gleich drei Werke auf einmal: die *Streichquartette op. 41,* die „Seinem Freunde Felix Mendelssohn-Bartholdy" zugeeignet wurden. Wohl sind sie die Frucht eines langjährigen Beethovenstudiums, aber keinem ihrer Sätze haftet auch nur ein Hauch von Arbeitsmühe oder äußerer Abhängigkeit von dem großen Vorbild an. Ausnahmslos sind sie lebendige Zeugnisse eines aus ureigenem Reichtum schaffenden Künstlers, zugleich aber Dokumentationen eines kräftig wirkenden Kunstverstands, der sich nicht mehr mit einem „genialen Wurf" begnügt, sondern alles aufbietet, um in der Durchdringung der Form, in der individuellen Führung der Stimmen und im Gestalten quartettgerechter Klangbilder die Höhe zu wahren, welche das Streichquartett in der Klassik errungen hatte. Das erste Quartett (op. 41/1) steht in a-moll, doch verwendet der Komponist für den Allegro-Hauptteil des ersten Satzes die nah verwandte Durtonart F-dur. Nur das Andante espressivo der „*Introduzione*" mit seinem ruhig fließenden, nachahmend durch die Stimmen geführten, später von einem punktierten Motiv ergänzten Hauptgedanken hält an der Moll-Grundtonart fest. Ein kurzes Stringendo leitet zum *Allegro* (6/8) über. Das erste Thema, bezeichnend für Schumanns Themen-

bildung überhaupt in seiner einen aufsteigenden und wieder absinkenden melodischen Bogen bildenden Gestalt, hat durchaus lyrischen Charakter. Für die Weiterentwicklung wird nicht nur die in ihm liegende geschmeidige 6/8-Bewegung, sondern auch sein Rhythmus wichtig. Beide Elemente ermöglichen eine lebendige Fortentwicklung des Themas selbst, und auch die daneben auftauchenden Gedanken wie das energischer rhythmisierte und dadurch einen Kontrast bildende

Seitenthema stehen mit diesem ersten Einfall in fühlbarem Zusammenhang. Die Durchführung bringt eine bewegte, immer klare und durchsichtige Verarbeitung der meisten Motive, die in der Exposition anklangen. Bemerkenswert die gedankliche Konzentration des Satzgefüges und die mannigfachen polyphonen Ansätze. Der ganze erste Satz wird zu einem freundlichen, schattenlosen Bild jugendlich-glücklichen Lebens, Drängens und Strebens. Mit dem *Scherzo* wird die Haupttonart a-moll wieder aufgenommen. In eiligem 6/8-Takt entspinnt sich in den drei Oberstimmen ein heiter geschäftiges Treiben, während das Violoncello, meist mit dem vor Beginn der Hauptbewegung schon angetupften

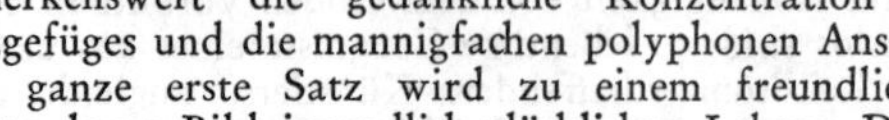

pochenden Auftaktmotivchen, die Harmoniestufen markiert. Das Thema steht in Anlage und Duktus unverkennbar in nächster Beziehung zum Hauptthema des ersten Satzes bzw. zu dessen Erscheinungsform als Seitenthema. Als *Trio* erscheint ein völlig anders geartetes, lyrisches, nur innerlich bewegtes „Intermezzo" in C-dur — sehr poetischer, echter Schumann! Die erste Violine singt zweimal eine von der Höhe zur Tiefe führende, empfindungsvoll atmende Melodie, die Mittelstimmen geben ihr mit abwärts gleitenden chromatischen Linien einen eigenartig reizvollen harmonischen Untergrund, während der Baß, orgelpunktartig ruhend (zuerst auf C, dann auf G) nur in den letzten Takten der beiden Abschnitte des Intermezzos melodischen Anteil an der Bewegung hat. Von drei vorbereitenden Takten eingeleitet, führt dann der *dritte Satz* (wieder F-dur, 4/4) in die Herzenstiefen des nach vollem Ausdruck der Empfindung verlangenden Tondichters: ein *Adagio*, dessen weit ausschwingender Gesang ganz beet-

hovenisch anhebt, aber schon im dritten Takt bezeichnende Züge Schumannscher Melodik annimmt. Auffallend die etwas klaviermäßige Begleitfigur der Bratsche. Kräftigere rhythmische Haltung im Zusammenhang mit unruhigerer Bewegung in den Mittelstimmen (auch hier die in einem Bogen auf- und absteigende, der Thematik des ersten Satzes verwandte Motivbildung!) schaffen einen einprägsamen Stimmungsgegensatz, der aber — in Art einer Variation — aus dem ersten Teil des Satzes entwickelt wird. Das *Presto-Finale* (alla breve, a-moll, zuletzt A-dur) ist voll frohdrängenden Lebens und zeugt von ungebrochenem Kraftgefühl. Zwei sehr bewegliche Themen geben den Stoff für das musikalische Geschehen: das erste, besonders charakteristisch, ist durch den Aufsprung in die Quint gekennzeichnet, dem zunächst ein in kreisender Achtelbewegung abwärtsspringendes Motiv, später — in der konziseren Fassung für

die Durchführung — eine in Vierteln absteigende Linie folgt; das zweite ist ein in gebrochenen Terzen aufstrebendes Laufthema. Beide Themen erscheinen im Durchführungsteil nicht nur in der Kontrastierung der Exposition, sondern auch in kontrapunktischer Verarbeitung einander zugeordnet; reizvoll namentlich die imitierenden Einsätze des ersten Themas. Das alles vollzieht sich so natürlich und ungezwungen wie schon im ersten Satz die ähnlichen Entwicklungsmomente. Sehr einprägsam der Übergang nach A-dur, wo — bei „Moderato" — zuerst zwischen und über liegenden Stimmen eine neue, aus dem zweiten Thema gewonnene Melodie erklingt und dann, vor dem frohen Davonstürmen der Coda, eine noch stärker ritardierende Episode — pp in langen Notenwerten und bloße Akkordreihung ohne melodische Strebung — eingeschaltet ist.

Lyrischen Charakter wie der erste Satz des a-moll-Quartetts hat auch das Eingangs-Allegro des F-dur-Quartetts op. 41/2. Wieder ein bogenhaftes, in Intervallabsätzen hochsteigendes und dann zurücksinkendes Hauptthema von sehr reinem Empfindungs-

gehalt. Wunderschön, wie organisch dieser melodische Gedanke weiterentwickelt wird und sich verzweigt, wie er sich gleich einer Blüte immer weiter entfaltet. Lyrisch auch die nur rhythmisch anders gearteten Seitengedanken, von denen namentlich ein Motiv in B-dur auch in der Durchführung besonders hervortritt. Das lieblich Blumenhafte des Satzes wird durch die gesteigerte Bewegung der kurzen Durchführung kaum gestört. Alles bleibt in köstlich lebendigem Fluß. Romantisch liedhaft der folgende Satz, der die Bezeichnung *„Andante, quasi variazioni"* trägt (As-dur, 12/8). Zartschwebend, später ausdrucksvoll gesteigert, beginnt die erste Geige, melodisch und akkordisch gestützt von den in gleichem

Rhythmus schwingenden übrigen Instrumenten, eine sehr

innige Weise, deren noch intensiverer, synkopisch markierter zweiter Teil den Ausgangspunkt für die folgenden vier Variationen bildet; von feinstem Reiz die Harmonik:

Die erste Veränderung bringt die synkopisch verhaltene, zagende Melodie in fließendere Form, die zweite steigert diesen Fluß durch stärkere Bewegung, die dritte hemmt ihn wieder (molto più lento) und zaubert über den Musette-Baß des Violoncellos ein Klangbild von süßem Wohllaut, die vierte gewinnt der Melodie ein frohes Lächeln ab; dann folgt noch einmal der Anfang des Satzes und eine an die zweite Variation anknüpfende Coda. Das unruhige, wieder aus einem bogenförmig auf- und absteigenden Thema entwickelte *Scherzo-Presto* beginnt zwar in c-moll, meidet aber vielfach die Mollsphäre. Das ganz gelöst fröhliche C-dur-*Trio* (Melodie im Cello) wird in der Coda des Satzes nochmals zitiert und mit dem Scherzothema auf engstem Raum konfrontiert. Die entspannte, heitere Gesamthaltung des *Finales* resultiert weniger aus dem echt Schumannisch unruhig in Sechzehnteln auf und ab flatternden ersten Gedanken als aus dem die Durchführung beherrschenden, sorglos frohen, punktiert rhythmisierten Seitengedanken und einem schon in der Exposition auftauchenden Zweitönemotiv: dieser auftaktige Intervallhochsprung (anfänglich eine Oktave) wirkt wie ein lustiges Winken und Hüteschwingen! So frohgemut und lebensgläubig wie seine Durchführung klingt dann der Satz mit kraftvoller Steigerung und Beschleunigung auch aus.

Melodisch am bezwingendsten, schönsten ist das dritte Streichquartett A-dur op. 41/3. Das besinnliche Vorspiel von nur sieben Takten, das mit dem ersten Harmonieklang, dem Quintsextakkord d—fis—a—h, und mit dem sich herabsenkenden, grüßenden, lockenden Quintintervall schon den Beginn des folgenden Allegros vorwegnimmt, ist mit seinen leise emphatischen Doppelschlägen, dem kurz ansetzenden, wie träumerisch in die Tiefe sich verlierenden melodischen Gedanken und den sprechenden Pausen in jeder Wendung echter Schumann. Nicht weniger aber das bezau-

bernde erste Thema, gefügt aus jenem ersten Klang mit der sich herabsenkenden Quinte darüber und einer dreitaktigen, zur Haupttonart A-dur führenden, sich sanft erhebenden und wieder zurückfließenden Achtelbewegung — wer könnte seine zarte Anmut recht beschreiben! Der charakteristische Quintschritt behält im folgenden wichtige Bedeutung als poetisches melodisches Signum. Nach kurzer Entwicklung mit einem neuen, in Dreiklangstufen aufsteigenden Motiv, das sogleich polyphon behandelt wird, und nach einer Überleitung erklingt im Cello das von nachschlagenden Achteln der übrigen Instrumente akkordisch begleitete, gesangliche Seitenthema in E-dur — lyrisch auch dieser Gedanke,

gewiß, aber doch von ganz anderem Wesen als das erste Thema, obwohl es aus dessen zweitem Takt ableitbar ist. Die ganz knappe Durchführung spielt nur mit dem ersten Motiv des fallenden Intervalls, das nun in verschiedenen Abständen (nicht nur als Quintschritt) zu neuen Gruppierungen gereiht und in neue harmonische Belichtungen gerückt, erscheint. Es beherrscht schließlich in ähnlicher Weise auch die Coda und hat in der (Kadenzstufen =) Folge e—a im Cello auch das letzte Wort in diesem Satz. Als *Scherzo* folgt ein zunächst eigenartig zerrissen wirkendes Assai agitato (fis-moll, 3/8), dessen Jagen durch Pausen, die wie hastiges Atemholen wirken, gehemmt wird. In den sich anschließenden Variationen gewinnt es zwar keine ruhigere, aber ungebrochener fließende Gestalt: einem Sätzchen von lebhaft drängender, thematisch vom Violoncello her angetriebener Bewegung folgt eine Variation fugatohafter Art im 2/4-Takt, dieser — als innerer Höhepunkt und „quasi Trio" des Satzes — eine wieder zum 3/8-Takt zurückkehrende, aber in punktiertem, sizilianoartigem Rhythmus gehaltene Veränderung (Un poco Adagio) mit einem kanonischen Ansatz zwischen erster Geige und Bratsche; der Schlußteil *(„Tempo risoluto")* trägt wieder Scherzocharakter und drängt zu farbig-klangvollem Ausklang. Durch erlesene Klangschönheit, vor allem aber als herrliche lyrische Eingebung ergreift der dritte Satz *(Adagio molto,* D-dur, 4/4), der bei aller Eigentönigkeit der Erfindung und Gestaltung wieder beethovenschen Geist atmet. Die in einem Bogen geführte, mit einem stufenweisen Aufsteigen beginnende melodische Linie ist bei aller Schlichtheit von innerer Größe des Fühlens beseelt. Noch bewegender als die Entwicklung des Vordersatzes ist der in Moll getönte Mittelteil mit seinem eigentümlich starren punktierten Begleitmotiv (2. Violine) und seiner klagenden Melodik, gegen die sich immer wieder die tröstende, gleichsam emporschauende erste Weise erhebt. Am Schlusse bleibt aber, trotz des ruhigen Ausklangs, jene traurige, unerlöst klagende Stimme und jener starre Begleitrhythmus vorherrschend. Das köstlich lebendige *Finale* (Allegro molto vivace, alla breve), ein Rondo, knüpft gleich mit dem ersten Klang harmonisch an den ersten Satz an: wieder ist es der Quintsextakkord d—fis—a—h, den wir zu Beginn hören, aber die Fortsetzung, die dieser Keimzelle entspringt, klingt jetzt nicht schwärmerisch wie im ersten Satz, sondern keck — nach

Burschenfröhlichkeit und Lebenslust. Solchen frischen Ton wahren auch die Zwischenglieder des Satzes, zuerst ein in Achteln behend dahineilendes Thema, dann ein mehr gesangliches, aber in Triolen schwingendes und pochendes, endlich auch ein drittes, ein wenig „zopfig", aber doch sehr lieblich klingendes, das in einem wie ein Bläsersätzchen wirkenden Abschnitt auftaucht und später noch in anderer Beleuchtung und Verarbeitung erscheint. Schließlich behält jedoch der punktierte Rhythmus des Hauptthemas die Oberhand und treibt das Finale vorwärts bis zu den letzten, in reinem A-dur aufglänzenden Takten.

KAMMERMUSIK MIT KLAVIER

Eigenartigerweise hat sich Schumann nach dem Triptychon seines opus 41 nie mehr mit der Form des Streichquartetts auseinandergesetzt. In allen weiteren Kammermusikwerken räumt er dem geliebten Klavier wieder die Rechte ein, die es von Anfang an in seinem Schaffen besaß. Zeitlich steht den drei Quartetten das berühmte Es-dur-Klavierquintett op. 44 am nächsten. Nur wenige Wochen nach Vollendung des dritten Quartetts schreibt er, im September 1842, dieses blutvolle, sehr musikantische Werk. Seine bevorzugte Stellung in der Wertschätzung der Musikfreunde verdient es wohl vor allem durch den feurigen Schwung, von dem es erfüllt ist, aber auch wegen der vielen sehr plastischen, leicht einprägsamen melodischen Gedanken. Prächtig gleich der rauschend klangvolle und markige

Beginn des *ersten Satzes* (Allegro brillante), dessen impulsives, wieder sehr charakteristisch gebildetes Hauptthema schon innerhalb der frischen ersten Entwicklung

eine reizvolle Umformung zu etwas ruhigerer, minder draufgängerischer Haltung erfährt. Das zweite Thema,

dolce vom Klavier intoniert, bringt zu dem männlichen Gestus des ersten den eindrucksvollen lyrischen Gegensatz. Wenn es, beim vollen Eintritt der Dominante B-dur, im Violoncello erklingt, erscheint sogleich auch, wie eine Antwort, seine Umkehrung in der Bratsche. Con fuoco entreißt sich der mit diesem Gedanken in ein sehnsüchtiges Träumen geratene Komponist durch Wiederaufnahme des ersten Themas dieser Stimmung. Dann geht es über einige ruhig versonnene Takte in die Durchführung hinein, die aus den Motivteilen des ersten Gedankens entwickelt wird: die zweite Hälfte dieses Themas hält jetzt, in Verkleinerung auf Achtel, die Bewegung in Fluß. Nach der Reprise bekräftigt eine schwungvolle Coda noch einmal den Grundcharakter des Satzes. Dunklere Töne schlägt der zweite Satz

(c-moll) mit einem trauermarschartigen Thema an, doch der Mittelteil (C-dur) schafft einen lichten gesanglichen Gegensatz von sehr reizvoller Klangwirkung: die erste Geige singt ein inniges Gebet (halbe Noten), zweite Geige und Bratsche begleiten in Achteln, das Klavier in Vierteltriolen; das Cello stützt die Harmonieschritte in Halben. Unruhige Erregung kennzeichnet die rhythmisch scharf markierte f-moll-Episode, die den Hauptsatz von seiner variierten Wiederholung trennt: auf und ab jagende Triolen im Klavier bestimmen den Bewegungscharakter dieses kurzen (das Trio des Marsches vertretenden) Teils. Die taghelle Grundstimmung des Werks wird erst im *Scherzo* (Molto vivace, Es-dur, 6/8) wiedergewonnen, das, aus einem tonleiterartig in laufenden Achteln aufwärtsstrebenden Grundmotiv entwickelt, nichts als drängendes, bejahendes Lebensgefühl ausstrahlt. Von besonderem Reiz die beiden eingeschalteten *Trio*-Sätzchen: das erste freundlich dahinsingend (Ges-dur), das zweite von einer seltsam ruhelosen Hast erfüllt und, von as-moll ausgehend, phantastisch durch verschiedene Tonarten treibend, bis schließlich, nach einem Verebben im Dominantbereich B-dur, der Weg für die Wiederkehr des Hauptsatzes frei wird. Kraftvolle Lebendigkeit, romantische Klangpracht, köstlicher Gedankenreichtum und bedeutende Kunst der thematischen Arbeit sind die Vorzüge des rondohaft gebauten *Finale* (Allegro ma non troppo). Ein markantes, rüstig in Vierteln schreitendes, vom Klavier — zu pochender akkordischer Begleitung der Streicher — als einstim-

mige Oktavenlinie intoniertes Thema in g-moll eröffnet den Satz. Bemerkenswert seine Berührungspunkte mit dem zweiten Teil des Hauptthemas des ersten Satzes (vgl. Abb. oben). Ein zweiter Gedanke, gleichfalls in Vierteln, stufenweise und sequenzmäßig vorwärtsdrängend, greift dann die Grundtonart Es-dur auf, die sich aber erst im Verlauf des Durchführungsteils endgültig festigt. Zunächst verwandelt sich dieses zweite Thema durch Verkleinerung (Achtelbewegung) in einen scheinbar neuen Gedanken, der ein beschwingendes Element in die Entwicklung bringt. Wichtiger noch wird ein wiederum in Vierteln dahingehendes, jedoch abwärtsstrebendes G-dur-Thema, das zuerst die Bratsche, vom Klavier gestützt, intoniert und das dann sogleich von der zweiten Geige nachgesungen wird. Auch dieser Gedanke erlebt später eine Veränderung seiner Grundgestalt durch Auflösung in Achtelbewegung. Die Durchführung, schön eingeleitet durch „Hörnerrufe" der unteren Stimmen, ergänzt die vorherrschenden Hauptthemen durch neue: am bezwingendsten der wundervolle, weit ausholende E-dur-Gesang der ersten Geige gleich nach Beginn des Durchführungsteils. Überall tritt nun die Vorliebe Schumanns für reizvolle Kontrapunktierungen und Themenkombinationen, namentlich für die imitierende Setzweise, zutage — nirgends jedoch in schulmeisterlich streng oder trocken wirkender Art, sondern immer als „Spiel“ der Phantasie mit den gegebenen Baustoffen. Den Höhepunkt in diesem Sinne bildet schließlich ein Doppel-Fugato, das den Schlußteil des Satzes einleitet und ihn auch krönt: hier tritt zum Hauptthema des Finale als zweites Subjekt das vergrößerte Hauptthema des ersten Satzes; die Vereinigung dieser beiden Melodiegestalten erwirkt somit auch die geistige Einheit des Gesamtwerks mit rein musikalischen Ausdrucksmitteln. In mächtigen letzten Aufschwüngen geht dann, nach diesem 52 Takte umfassenden polyphonen Teil, das Quintett zu Ende.

Durch gleiche Stimmungsfülle, aber noch feinere, noch poetischere kammermusikalische Haltung entzückt das gleichfalls 1842 geschriebene und gleichfalls in Es-dur stehende Klavierquartett op. 47. Auch hier wieder die Gegensätze zwischen impulsivem Drängen und tiefer Versonnenheit, zwischen männlichem Kraftgefühl und fast weiblich anmutender zarter Schwärmerei, zwischen der Liebe zum Sonnenlicht des glänzend frohen Tags und der nicht geringeren Neigung zum Versinken in die Zauberstille sternbeglänzter Nächte — alles dies ein Ausströmen der in seiner Brust vereinten, sich begegnenden und gleich stark sich auswirkenden gegensätzlichen Kräfte, die er selbst, seine Doppelnatur erkennend, mit dem Namen Florestan und Eusebius personifizierte: *Florestan* als Sinnbildgestalt seines männlichen, mutig und froh losstürmenden Wesens, *Eusebius* als Gleichnis der sanften, stillen, schwärmerischen Elemente seiner Natur.

Mit einem *Sostenuto assai* von wenigen nachdenklichen, vorwiegend den Streichern übertragenen Takten, die das Hauptthema des folgenden Allegro schon anklingen lassen, es gleichsam in unbewegtem Zustand zeigen, beginnt das Klavierquartett. Dann übernimmt, mit Beginn des *Allegro ma non troppo,* das Klavier die Führung. Sehr charakteristisch die erste Erscheinungsform des Hauptthemas: ein Motiv von drei lebhaften Akkordschlägen, die zu einem vierten, ruhenden Klang führen, und zwei Takte in singender Achtelbewegung, die einen unmittelbar darauf deutlicher hervortretenden schwärmerischen Gedanken schon keimhaft enthalten. Dieser Gedanke (die Abb. zeigt die melodische Grundlinie) findet seine bewegte gesangliche

Ausprägung, wenn er im Cello, gefolgt von der Violine, aufklingt; er beherrscht dann in mannigfacher Umgestaltung, namentlich unter Vorrang seines auftaktigen Anfangsmotivs, die Durchführung des Satzes und tritt endlich in strahlender Klarheit und Klangpracht beim Beginn der Reprise hervor. Nur in der Exposition und im Wiederholungsteil erscheint das in einem tonleiterartigen Achtellauf nach oben ansetzende und dann in breiteren Intervallstufen und in markierten Vierteln den Bogen nach unten und zurück schlagende Seitenthema in g-moll. Vor Beginn der Durchführung beschwört ein Zwischenspiel die Stimmung der Sostenuto-Einleitungstakte, dann erst hebt ein breit ausschwingendes, beglückendes Singen an. Ein ähnlicher Ruhepunkt ist auch der zum agitato gesteigerten, von intensivstem Ausdruck erfüllten Coda vorgeschaltet. Das diesem lichten Satz folgende *Scherzo* steht zwar in Moll, bringt jedoch keine Eintrübung der angeschlagenen Grundstimmung: ein echt romantisches Stück, mit seinem geheimnisvollen Trippeln ein Märchenbild („geschäftige Gnomen") heraufrufend. Bezeichnenderweise sind wieder *zwei* Trios eingegliedert und in poetischer Weise mit dem Hauptsatz verknüpft: ein erstes von liedhaft singender Art, sehr innig, und ein zweites, harmonisch besonders reizvolles, aus schwebenden, synkopierten, wie hingehauchten Klängen gefügt — ganz vom Zauber des Klangs getragen. Der langsame Satz steht an dritter Stelle. Ein *Andante cantabile* (B-dur, 3/4), das sich nach schwärmerisch einleitenden Takten als beseelter, sehnsüchtig schwellender Gesang verströmt — Zwiesprache innig gleichgestimmter Seelen (Violine und Cello) zum schlicht begleitenden Klavier, bis sich aus dem Klavier eine neue, eindringlich flehende Melodie erhebt, die von der Bratsche nachgesungen wird. In einem feierlichen Ges-dur-Teil verdichtet sich das Stimmengeflecht: die Nähe Beethovens wird in diesem herzbewegenden Gebet wieder spürbar. Eine variierte Wiederholung des ersten Teils und ein Nachspiel, das in ruhigen Klängen schon auf die Leitmelodie des folgenden Finale hinweist, beschließt den empfindungsstarken Satz. Beim ersten Erklingen des nun fast keck aufspringenden *Finale*-Hauptthemas aber wird es deutlich,

daß sich von ihm aus nicht nur eine Rückverbindung zum Nachspiel des Andante, sondern eine noch stärkere zum Hauptthema des ersten Satzes verfolgen läßt: hier wie dort eine auftaktige Folge von Akkordschlägen, Haltepunkt und dann nach abwärts führende, laufend bewegte Takte. Wie stark spürt man bei solchen Stellen die Einheit der kompositionellen und poetischen Konzeption! Gleich nach seinem ersten Erscheinen wird der zweite Teil des Themas in einem Fugato verarbeitet, dann tritt im Violoncello das engstufige, punktiert rhythmisierte zweite Thema hervor, und schließlich folgt noch, zuerst vom Klavier angestimmt, ein schwärmerischer dritter Gedanke. Die Durchführung bringt vor allem das Hauptthema (in etwas verkürzter Form) stark zur Geltung und wahrt dem ganzen Satz die leidenschaftliche, heftig pulsierende Bewegung. Beim Wiedereintritt der Grundtonart Es-dur erscheint an Stelle des Fugatos der Exposition eine eigentümliche, aus unruhvoller Achtelbewegung und chromatisch absteigenden Linien gebildete Episode in As-dur. In sehr eindrucksvoller Weise kontrapunktiert die nach neuer, scheinbar nicht zu übergipfelnder Steigerung einsetzende Coda eine Umbildung des ersten Teils des Hauptthemas mit dessen laufendem zweiten Teil. Dann geht der Satz, nach einem nochmaligen Anklingen des zweiten Themas, in aufrauschender Schlußklimax zu Ende.

Aus dem kammermusikreichen Jahr 1842 stammt endlich noch das erst 1850 herausgegebene Klaviertrio op. 88, das den Titel „Phantasiestücke" trägt. Eine kurze, im Ausdruck intensive „Romanze" (a-moll, $^{6}/_{8}$), eine rhythmisch fesselnde, reizvoll gegliederte „Humoreske" (F-dur, alla breve), ein gesangvolles „Duett" (d-moll, $^{6}/_{8}$) und ein frisches, frei geformtes „Finale" im Marschtempo — diese vier gegensätzlichen Stücke bilden hier eine stimmungsreiche Satzfolge, jedoch kein geistig einheitliches Werk wie die bisher genannten Kammermusiken. Hört man diese intimen Stücke auch kaum jemals im Konzertsaal, so sollten doch die Hausmusikanten nicht daran vorübergehen — es sind durchaus wertvolle Gaben des in der Vollkraft seines Schaffens stehenden Künstlers.

Weit tiefer lotet freilich das eigentliche 1. Klaviertrio op. 63 in d-moll aus dem Jahre 1847. Hier spürt man wieder Schumanns gesammelte Kraft, große Sätze zu bauen und ein Werk von innerer geistiger Einheit zu gestalten. Ein Opus allerersten Ranges und gewiß eines der schönsten Klaviertrios, die je geschrieben wurden. Beachtlich die stark von Chromatik durchsetzte, vorhaltreiche Melodik und Harmonik, die eine Steigerung des Ausdrucks ermöglichte, wie sie der Komponist hier suchte. Denn in seinem leidenschaftlichen Espressivo holt dieses Trio weiter aus und führt in ganz andere, dunklere Tiefen als die früheren Kammermusikwerke. Unüberhörbar, daß sich der Meister mit diesem Werk innerlich von manch lastendem seelischem Druck freigeschrieben hat. Im ersten Satz lodert ein düsteres Feuer der Leidenschaft. Ungestüm, wie aus nächtlicher Tiefe bricht die Musik hervor. Ein Hauptthema von echt Schumannscher Gestaltbildung drängt in der Violine empor und senkt sich

wieder zum Grundton zurück; aber die Höhe der Melodie erreicht kein Licht, sondern einen Akzent schmerzlicher Klage. Mit einem energisch rhythmisierten neuen Gedanken wird dieser Klage eine trotzige Gebärde entgegengesetzt, und eine in chromatischen Stufen aufwärtsstrebende Melodie kündet von sehnsüchtiger Hoffnung. Dann aber tritt wieder die düster gestimmte, leidenschaftliche Erregung des Anfangs in den Vordergrund. Erst in der Durchführung taucht plötzlich, wie ein mystisches Licht, ein anderes, reineres Bild auf: ruhiger im Tempo, läßt das Klavier in leise bebenden, helltönenden Achteltriolen diese holde Erscheinung Klang werden, während Geige und Cello irrational wirkende Stimmen dazu singen. Im Verlauf des nach diesem Aufblick zu den Sternen wieder ruhelos vorantreibenden Satzes gewinnt besonders ein aus dem ersten Thema ableitbares, sehr plastisches Motiv Raum, charakterisiert durch eine zweimal wiederholte fallende Quint und eine rhythmisch markierte Schlußfloskel. In der Coda erscheint noch einmal, ruhevoller und „realer" gefaßt, jener Lichtgedanke, dann endet der Satz jäh in der Erregung und im Dunkel seiner aufgewühlten Grundstimmung. Unruhe und Spannung herrscht auch im Hauptsatz des *Scherzo* (F-dur, 3/4) mit seinem vorandrängenden, schiebenden, punktierten Hauptmotiv und seiner bald unstet kreisenden, bald hin und her jagenden Achtelbewegung in den Streichern — doch blüht dann aus dem gleichen Grundgedanken im Trio eine Licht suchende und Licht gewinnende Gesangsmelodie hervor, die gleichsam die andere Seite derselben Empfindungswelle fühlbar macht: Florestan—Eusebius auch hier! Köstlich, wie das Violoncello und dann die Geige die vom Klavier angestimmte Weise nachsingen, wie sich die Stimmen verflechten, finden und ergänzen. *„Langsam, mit inniger Empfindung"* ist der dritte Teil des Trios überschrieben (a-moll, 4/4): ein wunderbar ergreifender Gesangssatz, wie ihn nur Schumann schreiben konnte; ein Stück voll wahrhaft sprechender Melodik, die nicht nur liedhaft strömt, sondern — Zeichen feinster seelischer Differenzierung — in gebrochener, empfindsamst rhythmisierter Linie auf- und niedersteigt und nur im bewegteren Mittelteil — nach F-dur aufblühend — gebundenere Form findet, ohne an reizsamer Intensität zu verlieren. Diesem Satz folgt ohne Unterbrechung (attacca) das D-dur-*Finale,* und mit ihm erhellt sich endlich die nachtdämmrig schwermutvoll verhangene Landschaft: die strahlende Pracht eines Eichendorffschen Morgens erfrischt die gequälte, verschüchterte Seele, gibt ihr neuen Glauben, neue Kraft. Vorüber das Schwanken zwischen Hoffen und Zagen. Eine neue Harmonie, brüderliches Umfangen von Florestan und Eusebius, ist gewonnen und verlangt nach einem Sichaussingen voll Jubel und Seligkeit (die Abb. zeigt das Hauptthema). Alle Gegenstimmen, auch

die aus dem ersten Satz anklingenden Motive müssen nun verstummen, haben keine Gewalt mehr über das erhellte Gemüt: „Und kaum hast du dich ausgeweint, lacht alles wieder, die Sonne scheint — es geht wohl anders, als man meint.“

Reich an Schönheit und formaler Kunst, einprägsam als Dokumentationen eines ganz persönlichen Stils, jedoch nicht in gleichem Maße überragend im Einfall und in der Gesamtkonzeption sind die beiden weiteren Klaviertrios. Im sehr lebhaften Eingangssatz des F-dur-Trios op. 80 gelangen drei Gedanken zu Bedeutung: ein bewegtes melodisches Thema (in der so bezeichnenden Bogen-Bauform), das den $^6/_8$-Grundrhythmus stark betont, ein mehr akkordisches, harmonisch-gebundenes zweites Thema in C-dur und dann, im Durchführungsteil, eine lieblich singende Weise (zuerst in der Violine), die deutlich an das Eichendorfflied „Dein Bildnis wunderselig“ anklingt. Höher als diesen ersten Satz und das — durch noble Gedanken und feine thematische und kontrapunktische Arbeit fesselnde — Finale möchte man aber die beiden Mittelsätze bewerten, die sich als kontrastierende Stimmungs- und Empfindungsbilder von großem Reiz, ursprünglicher Erfindung und edlem Klangzauber noch stärker einprägen: da ist der langsame *zweite Satz* (Des-dur) mit seinem die Stimmen fein zerlegenden und zugleich so harmonisch wieder verbindenden Beginn: schwebende Triolenakkorde der Klavieroberstimme, eine beseelte, schlichte, in Stufen nach abwärts singende Melodie in der Geige und die — in Gegenbewegung zu ihr — in punktiertem Rhythmus einander folgenden und sich ergänzenden Stimmen des Cellos und des Klavierbasses. Keimzelle der hier führenden Melodie ist wieder jenes Liedthema des ersten Satzes. Aus den Baßgegenstimmen wird ein lebhafter Mittelteil in f-moll gewonnen, in dem das melodische Intervallmotiv einer fallenden Sept als nachdrücklicher Akzent besonders hervortritt. Zu einer Quinte verengt, durchklingt dieses Motiv auch den scherzosen *dritten Satz* (b-moll, $^{3}/_{8}$), ein duftiges, leicht tanzhaftes, rhythmisch pikantes Spielstück mit kanonischen Führungen der Stimmen. Im Des-dur-*Trio*sätzchen erscheint jenes Septintervall dann ein paarmal in der Umkehrung als aufsteigendes Motiv.

Sein drittes und letztes Klaviertrio op. 110 g-moll hat der Komponist dem dänischen Romantiker Niels W. Gade zugeeignet. Höchst prägnant hier das eigenartige erste Thema in seinem unruhvoll er-

regten, zweimal nach oben ausgreifenden Bogen. Unruhe aber überschattet nicht nur den ersten Satz, sondern das ganze Werk, das trotz blühender Episoden viel Unerlöstes in sich zu tragen scheint. An Gedanken ist es freilich reich genug, um Teilnahme zu wecken. Ein schönes, etwas weiches Stimmungsbild wird der *zweite Satz* (Es-dur, $^{12}/_{8}$), dessen Frieden ein fiebrig bewegter und klagender Mittelteil unterbricht. Viel

Unrast geistert auch durch den raschen *dritten Satz* (c-moll): sein führendes Thema steht in deutlicher Beziehung zum Hauptthema des ersten Satzes. Wieder bringen hier *zwei* Trios Gegensätze: das erste (C-dur), ein wenig zagend im Ausdruck, wirkt als beruhigendes Element, das zweite (As-dur) treibt fast schubertisch sorglos-überfroh dahin. Kraft und Humor verspricht das *Finale* (G-dur) — aber es bricht sich doch kein eigentlich befreiender Frohsinn Bahn wie in früheren Schlußsätzen: das mit drei stufenweise sich folgenden Sext-Intervallen einsetzende Thema erweckt zusammen mit dem anschließenden, synkopisch betonten vierten Sext-Aufsprung den Eindruck eines etwas gewaltsamen Jauchzens. Interessant der Rückgriff auf das erste Trio des Scherzo, dessen Weise hier als zweites Thema auftaucht. Ein dritter Gedanke — in einem charakteristischen Marschrhythmus — berührt noch einmal die g-moll-Sphäre. Alles ist in diesem Finale durchaus echter Schumann und im einzelnen gewiß erfreuend, oft auch bewundernswert, aber man spürt doch, daß die reiche Kraft der früheren Schaffensjahre in diesem 1851 geschriebenen Werk nicht mehr in gleichem Ausmaß wirksam ist.

Den Trios zuzurechnen ist noch die zwei Jahre später entstandene Folge von „Märchenerzählungen" (op. 132) für B-Klarinette (die durch Violine ersetzt werden kann), Bratsche und Klavier. Sie ist schon um der seltenen, eigenartig reizvollen romantischen Besetzung willen bemerkenswert. Einem heiter schwärmenden Allegretto folgt hier ein lebhaftes, kräftig markiertes Stück mit hübschem, lyrischem Mittelteil, dann an dritter Stelle, als Höhepunkt des Ganzen, ein zartes, schlichtes, fast volksliedhaftes Andante; den Ausklang bildet ein lebhaftes, stark vom Klavier her beherrschtes Stück von kraftvollem, man möchte sagen: ritterlichem Charakter.

Es bleiben die Kammermusikwerke für Klavier und ein Soloinstrument zu nennen übrig, unter denen den beiden Violinsonaten als letzten groß angelegten Schöpfungen der Vorrang gebührt. Beide sind 1851 komponiert, die zweite — nach Schumanns Worten — gleich nach der ersten, weil ihm die erste nicht gefiel. Nun, hinsichtlich dieser ersten, dreisätzigen Violinsonate in a-moll op. 105 werden wir das

Urteil des Komponisten schwerlich teilen. Wie eindrucksvoll in seiner leidenschaftlichen Haltung ist der formal sehr geschlossene *erste Satz* (die Abb. zeigt das erste Thema) — ein etwas wühlendes Stück Musik, gewiß, aber doch in großer Linie ausschwingend und reich an kraftvollen Gegensätzen. Der *zweite Satz* verbindet apart einen einfachen Liedgedanken mit einem rhythmisch charakteristischen scherzhaften Motiv. In lebhafter, im Klavierpart toccatenhaft anmutender Bewegung beginnt das *Finale;* die Geige bringt in unruhigen Sechzehnteln ein Thema, das den bekannten Duktus so vieler Schumannscher Themen zeigt mit seinen über eineinhalb Oktaven emporgreifenden Intervallstufen und der zum Ausgangston *e* zurückfallenden Bewegung. Aber wie im ersten Satz stellen sich dieser drängenden Motorik kräftige, gefestigte Gedanken entgegen und geben dem Geschehen inneres Gleichgewicht. Vor der Coda lenkt ein poetischer Rückblick die Empfindung noch einmal zum Leitthema des ersten Satzes. Die zweite Violinsonate d-moll op. 121 hat Schumann dem Leipziger Geiger Ferdinand David gewidmet und dementsprechend konzertant schwierig gehalten. Prächtig die langsame Einleitung des Werks mit ihrem thematischen Vorklang des Allegroteils und ihren improvisatorischen Zügen. Im *Allegro* selbst fesselt die großlinige melodische Haltung des Violinparts, die Kraft des ersten, die strömende Wärme des zweiten Themas. Erfrischend das *Scherzo* (h-moll), in dessen Dur-Schluß wie ein festliches Lied ein neues

Thema hineinklingt, das dann in viel schlichterer Stimmungsgestalt der Leitgedanke des *dritten Satzes* (G-dur, „Leise, einfach") wird. Er erlebt drei Variationen, deren zweite, als poetische Rückerinnerung, das Scherzothema enthält. Unruhvoll wie das Finale der ersten Sonate ist auch der *Schlußsatz* der d-moll-Sonate. Doch auch hier melden sich kraftvolle Kontrastelemente. Der D-dur-Ausklang verbindet wirkungsvoll äußere Steigerung mit dem Ausdruck befreiter Empfindung.

Als Parerga seien hier auch noch die beiden lebensvollen Sätze („Intermezzo" und „Finale") für Geige und Klavier erwähnt, die Schumann 1853 zu jener Sonate für Joseph Joachim beisteuerte, deren übrige Teile von Johannes Brahms und Schumanns Schüler Albert Dietrich komponiert wurden: beide Sätze verwenden die Anfangsbuchstaben von Joachims Wahlspruch „Frei aber einsam" (f—a—e) zur Themenbildung. Zugänglich gemacht wurde dieses interessante Gemeinschaftswerk erst 1935 unter dem Titel „F—A—E-Sonate" (herausgegeben von Erich Valentin und Otto Kobin).

Für Bratsche und Klavier hat Schumann die — dem Hausmusikanten wohlvertrauten — „Märchenbilder" op. 113 geschrieben und seinem späteren Biographen v. Wasielewski zugeeignet. Sie gehören wie alle nun noch zu nennenden Werke zu den Gelegenheitsarbeiten, in denen der Meister seine Kraft, seine tonpoetische Begabung sozusagen in kleiner Münze verausgabte. Von den vier Märchenbildern nehmen die empfindungsvollen Liedweisen des zweiten und vierten Stücks besonders für sich ein. Ein echt volksliedhafter Ton wird hier wie etwa auch in den „Fünf Stükken im Volkston" für Violoncello und Klavier (op. 102) erreicht. Etwas blassere, wenngleich in biedermeierlichem Sinne liebenswürdige Stückchen sind die 1849 entstandenen „Drei Romanzen" für Oboe und Klavier (op. 94). Viel reicher an Gehalt: die im gleichen Jahre komponierten „Fantasiestücke" (op. 73) für Klarinette und Klavier; durch wechselseitige motivische Anklänge sind sie poetisch miteinander verknüpft und auch äußerlich durch die Vorschrift pausenloser Übergänge zu einer Einheit verbunden. Die Klarinettisten sollten diese feinen Stimmungsbilder nicht nur den Cellisten, die sie gerne und mit Erfolg spielen, überlassen. Die Verwendung der Geige oder des Cellos an Stelle der Klarinette ist von Schumann selbst, ähnlich wie bei den Oboenstücken op. 92, schon vorgesehen worden. Zuletzt sei das „Adagio und Allegro“ für Horn und Klavier erwähnt (op. 70, gleichfalls 1849): ein wenig bekanntes Werk, das in seinem ersten Teil durch Wärme und sprechendes Melos, im Allegro durch feurigen Schwung und romantische Stimmung für sich einzunehmen vermag.

A. W.

GIUSEPPE VERDI

* 10. Oktober 1813 in Le Roncole bei Busseto, † 27. Januar 1901 in Mailand

Sohn eines ländlichen Weinwirts, studierte Verdi, da das Mailänder Konservatorium ihn nicht aufnahm, vier Jahre bei Vincente Lavigna, dem Cembalisten der Scala. 1836 übernahm er für drei Jahre das städtische Kapellmeisteramt in Busseto. Mit „Oberto“ debütierte er 1839 als Opernkomponist. 1842 begründete „Nabucco“ seinen nationalen Ruhm, zu Beginn der 50er Jahre die Werkgruppe „Rigoletto“, „Troubadour“ und „La Traviata“ sein europäisches Ansehen. Vom Ertrag seiner „Luisa Miller“ erwarb er 1849 das Landgut Sant'Agata, wo er fortan, vor allem komponierend, aber auch als Landwirt eifrig tätig, meist in großer Zurückgezogenheit lebte.

Verdi war so ausschließlich dramatischer Komponist und damit ein primär im Vokalen wurzelnder Musiker, daß er sich, wenn man von den oft bedeutenden Einleitungen und Zwischenaktmusiken seiner Opern absieht, nur ein einziges Mal ernstlich mit Instrumentalmusik befaßt hat: als er nämlich sein Streichquartett in e-moll schrieb. Er hat dieses intime Werk 1873, in der Zeit zwischen „Aida“ und dem „Requiem“ komponiert, und die Nähe dieser Schöpfungen wird auch mehrfach im Melos und in der Harmonik des Quartetts spürbar. Für die Öffentlichkeit war es ursprünglich gar nicht bestimmt. Der Komponist sah darin nur eine „Studie“, für uns aber ist es ein besonders reizvolles künstlerisches Vermächtnis Verdis — als ein Opus, das gleicherweise durch seine musikalische Substanz, seine anziehende und aparte Klangprägung und seinen lebensvollen Empfindungsgehalt immer wieder die Kammermusikfreunde erfreut.

Etwas versonnen beginnt die zweite Geige mit dem ruhig fließenden, melodisch schön gebogenen ersten Thema, das so sinnfällig und einprägsam ist wie alle weiteren Gedanken dieses Werks. Erst im 9. Takt ge-

sellt sich auch die erste Violine zu den drei übrigen Instrumenten und rückt die Melodie in helleres Licht. Nach kurzer Steigerung intoniert das Violoncello ein gegensätzliches, zu nachahmender Setzweise verlockendes, lebhafteres staccato-Thema, dessen stufenweise aufsteigender Duktus und dessen rhythmische Form weiterhin wichtig werden. Mit dem Eintritt des innigen, durch chromatische Mittelstimmenbewegung noch intensivierten

zweiten Themas in G-dur kommt das gesangliche Element wieder zu seinem Recht. Dann bringt der Verlauf des Satzes eine klanglich blühende Fortspinnung der gegebenen melodisch-rhythmischen Triebkräfte, denen immer neue Wirkungen abgewonnen werden. Diesem „con fuoco“ fast dramatisch endenden Allegro folgt als langsamer Satz ein „con eleganza“ vorzutragendes *Andantino* (C-dur, 3/4): ein bezauberndes, auch harmonisch sehr reizvolles Stimmungsbild von fast tänzerischer Grazie, das in seinem Mittelteil durch lebhaftere Bewegung eine kontrastierende Steigerung erfährt. Ein Prestissimo-*Scherzo* schließt an (e-moll, $^3/_4$): temperamentvoll losfahrend, dann wieder lustig pochend und trippelnd, reich an starken dynamischen Gegensätzen. Berückend die ausschwingende A-dur-Kantilene des Trios. „Scherzo Fuga" ist das *Finale* überschrieben — ein mit allerlei satztechnischen Künsten (Umkehrungen, Engführungen) ausgestattetes Stück polyphoner Musik, ausgehend von einem eigentümlichen, lustig hüpfenden und dahindrängenden fünftaktigen Thema, dessen

charakteristisch aufspringender Beginn zentrale Bedeutung in den verschiedenen Durchführungen erlangt. In echt italienischer Weise wird aber das kontrapunktische Gefüge keine Behinderung für ein köstlich klangfreudiges, mit wohltönender Harmonie gesättigtes Musizieren.

A. W.

CÉSAR FRANCK

* 10. Dezember 1822 in Lüttich, † 8. November 1890 in Paris

Ein Wahlfranzose belgisch-deutscher Abstammung. Studierte vor allem bei Anton Reicha in Paris. Die anfänglich erstrebte Pianistenlaufbahn vertauschte er bald mit der eines Organisten. Seit 1843 dauernd in Paris lebend, wurde er 1872 Professor für Orgel am Conservatoire. Durch seine Werke und als Lehrer gewann er großen Einfluß auf die ihm folgende französische Musikergeneration.

Obwohl César Franck nur wenig Kammermusik geschrieben hat, bilden diese wenigen Werke doch einen gewichtigen Beitrag zur spätromantischen europäischen Musik. Ein langsam reifender Künstler, hat er erst im Alter sein Bestes und Eigenstes geschaffen. Als Vorstufen des Künftigen haben aber auch jene vier K l a -

viertrios (fis-moll, B-dur, h-moll, H-dur) noch Interesse, die er als 20jähriger (1841/42) komponierte. Trotz aller Unausgeglichenheiten, trotz der oft starren, noch unpersönlichen, manchmal auch das Banale streifenden Thematik spürt man in diesen Frühwerken die Kraft eines ernsten, auf die Gestaltung großer Formen gerichteten Strebens. Das lebendigste, geschlossenste der vier Trios ist das einsätzige — Franz Liszt gewidmete — in H-dur op. 2. Daß der junge Komponist damals seines Zeichens Pianist war, spürt man an der starken Bevorzugung des vielfach virtuos behandelten Klavierparts. Formal am interessantesten ist das fis-moll-Trio op. 1/1, weil sich hier die später von Franck mit Vorliebe und Meisterschaft angewendete „zyklische Form" bereits bezeichnend ankündigt: das schon im ersten Takt des dreisätzigen Werks erklingende Baßthema erscheint auch in den beiden anderen Sätzen wieder, bindet also als Leitgedanke das Ganze zur Einheit.

Erst 35 Jahre später ist César Franck wieder mit einem Kammermusikwerk hervorgetreten. In seinem f-moll-Klavier-Quintett (1878/79) offenbart sich nun die Gestaltungskraft einer reifen, eigenständigen Künstlerpersönlichkeit. Alle Themen tragen den Stempel echter Einfälle, die reiche chromatische Harmonik zeigt ein eigenwilliges Auswerten von Anregungen, wie sie die deutsche Hochromantik (Wagner) dem Komponisten vermitteln konnte; auch verrät sich in der lebendigen Führung der Stimmen, in der Klangbildformung, im Aufbau der Sätze und in der differenzierten Rhythmik die Meisterhand. Die Gegensätze zwischen kraftvoller Energie und inniger Empfindsamkeit, die im Allegro-Hauptteil des ersten Satzes eindrucksvolle Ausprägung erfahren, treten bereits in der langsamen Einleitung klar hervor, in der die Streicher und das Klavier zunächst als geschlossene Klanggruppen, aber auch als Träger der kontrastierenden Stimmungselemente einander gegenübergestellt werden. Das *Allegro* selbst verarbeitet neben seinem kräftig markierten Hauptgedanken lyrische Themen, von denen das sehnsüchtig singende in Cis-dur als besonders be-

zeichnend für die bei aller Weichheit so intensive Art der lyrischen Melodik César Francks hier angeführt sei, zumal gerade dieser Gedanke als „idée fixe" im weiteren Verlauf des Werks Bedeutung erlangt. Der *zweite Satz,* „Lento con molto sentimento" (a-moll, $^{12}/_{8}$), ein hochromantisches Stück von weit ausschwingender, inniger Kantabilität, bringt ihn in seinem Des-dur-Mittelteil wieder ins Bewußtsein des Hörers, und ebenso tritt er sehr einprägsam im *Finale* aufs neue in Erscheinung. Dieser großartige, aus sehr plastischer Thematik entwickelte Schlußsatz krönt das Werk. Der mächtigen Wirkung solcher spannungsreichen, blutvollen Musik vermag man sich keinen Augenblick zu entziehen.

Noch klarer dokumentiert sich Francks Eigenart in seinem berühmtesten Kammermusikwerk, der A-dur-Violinsonate (1886). Sie ist eine Schöpfung des 64jährigen Meisters. Als einzige Geigensonate aus dem letzten Viertel des 19. Jahrhunderts hat sie sich neben den Violinsonaten von Brahms dauernd behauptet, und das mit Recht — als ein durchaus eigenwüchsiges Werk von reichem melodischem Gehalt, bezwingender harmonischer Farbigkeit und unmittelbar überzeugender, nahtloser Formfaktur. Überdies ist sie für beide Instrumente im besten Sinne wirkungsvoll geschrieben. Ihr romantisches Wesen prägt sich schon im ersten Takt des eröffnenden „Allegretto ben moderato" aus: in jenem weichen Nonakkord des Klaviers, aus dessen

Stufen die Geige ein schönes, wiegendes Thema gewinnt. Eindrucksvoll ist dieses schwebende Klangbild mit dem vom Klavier intonierten, zwar kräftigeren, aber gleichfalls empfindsamen zweiten Gedanken in E-dur kontrastiert. Der ganze Satz wirkt wie ein Vorspiel zu dem in leidenschaftlicher Bewegung sich entfaltenden *zweiten Satz* (Allegro d-moll), dessen drängende Klaviereinleitung schon das rhythmisch und

melodisch gleich fesselnde Hauptthema in sich birgt. Ein lyrisch-gesanglicher Gegensatz bringt nur scheinbare Beruhigung. Der *dritte Teil* der Sonate beginnt in träumerischer Versunkenheit mit einem „Recitativo", das in eine lichte, gesanglich fließende „Fantasia" von charakteristisch weichem, jedoch intensivem Ausdruck ausmündet. Dann folgt mit dem *Finale* der zweite bewegte Satz des Werks (Allegretto poco mosso), in hellem A-dur erstrahlend, frei von leidenschaftlichen Zügen, aber belebt von Rückerinnerungen an den zweiten Satz. Das schlichte Hauptthema gewinnt besonde-

ren Reiz durch die den ganzen Satz durchziehende kanonische Verarbeitung. In glänzender Steigerung wird das Werk zu Ende geführt. Franck hat es dem belgischen Geiger Eugène Ysaye zugeeignet.

Das letzte, gleich dem Klavierquintett bei uns allzu selten gespielte Kammermusikwerk des Meisters ist sein Streichquartett in D-dur geworden, das er ein Jahr vor seinem Tode schrieb. Es steht an Gedanken- und Stimmungsgehalt in der Nähe und auf der Höhe der Geigensonate und überragt sie noch an Feinheit und Intensität der kompositionellen Gestaltung. In der geistigen Durchdringung der Form mit lebensvoller thematischer Arbeit spürt man die Nachwirkung der eingehenden Beethovenstudien, welche der Komposition vorausgegangen sind. Aus einem *Allegro*, das von einem für die weitere Entwicklung thematisch wichtigen „Poco lento“ eingeleitet wird, einem klanglich aparten, con sordino vorzutragenden *Scherzo* in fis-moll, einem melodisch sehr edlen, klanglich und espressiv mächtig gesteigerten *Larghetto* (H-dur) und einem *Allegro molto* ist das Ganze gefügt. Das *Finale* zeigt am stärksten den zur zyklischen Form strebenden Bauwillen des Meisters: in eindrucksvollen stimmungshaften Kontrastierungen, vor allem aber auch in bedeutenden kontrapunktischen Verarbeitungen werden die wesentlichen Themen der vorangehenden Sätze mit den führenden Gedanken des Schlußsatzes konfrontiert und vereinigt. So wird das ausdrucksmächtige Werk zu einem letzten Gipfel im Schaffen César Francks. *A. W.*

BEDŘICH SMETANA

* 2. März 1824 in Leitomischl, † 12. Mai 1884 in Prag

Smetana bildete sich in Prag zum Pianisten aus und begann seinen Weg mühsam als Hausmusiklehrer. Von Liszt unterstützt, konnte er eine eigene Klavierschule eröffnen. 1856 bis 1861 war er als Dirigent in Göteborg in Schweden. Nach seiner Rückkehr wirkte er sehr verdienstlich für das tschechische Musikleben: zuerst als Musikkritiker, dann seit 1866 als Kapellmeister am Nationaltheater in Prag. 1874 wurde er taub. Seine beiden letzten Lebensjahre verbrachte er in geistiger Umnachtung.

Drei Werke sind es vor allem, an die wir denken, wenn wir den Namen des ersten großen Meisters der tschechischen Musik nennen: seine komische Oper „Die verkaufte Braut“, seine sinfonische Dichtung „Die Moldau“ und sein Streichquartett in e-moll. An jeder dieser Schöpfungen lieben wir das nationale Kolorit seiner Tonsprache, die Lebendigkeit und Ursprünglichkeit seiner Melodien und seine im Musikantischen wurzelnde Kunst der Gestaltung. Nur dreimal in seinem Leben hat sich Smetana kammermusikalischer Formen zur künstlerischen Aussage bedient, und zwar immer dann, wenn es ihn drängte, innerstes *persönliches* Erleben und Erleiden in Tönen zu gestalten. Zum ersten Male geschah das 1855, als er sehr unter dem Tode seines hochbegabten, erst viereinhalbjährigen Töchterchens litt. Damals schrieb er sein dreisätziges Klaviertrio op. 15 in g-moll: ein ausdrucksmächtiges Werk von durchaus persönlicher Haltung, trotz der teilweise unverkennbaren Gebundenheit an die von ihm hochverehrten deutschen Romantiker Liszt und Schumann. Das Hauptthema des *ersten Satzes* gibt in seiner spannenden Bildung und seinem edlen, schwermutvollen

Pathos einen einprägsamen Begriff von der Kraft des Komponisten, plastische, sprechende Themen zu erfinden. Charakteristisch für diesen Satz wie für das ganze Werk ist der eindrucksvolle Kontrast zwischen starker, oft schmerzlich bewegter Leidenschaft und zarter, leiser Trauer. Der *zweite Satz,* ein Scherzo in der Haupttonart, verwertet in seinem Leitthema motivisch die beiden ersten Takte jenes Hauptthemas des ersten Satzes. Dem „Allegro ma non agitato“-Grundtempo des Stücks sind in den Alternativen I (Andante) und II (Maestoso) ernster stimmende, lyrische Episoden entgegengestellt. Das *Finale* ist ein mit espressiver gesanglicher Melodik kontrastiertes Presto, dessen führendes Thema in mancherlei Verwandlungen erscheint, so gegen Ende als „Grave, quasi marcia“ über einem Orgelpunkt auf *D:* letztes Abschiednehmen von dem verlorenen Kinde. Endlich aber entrafft sich die trauernde Seele dem Schmerz und findet aus dunkler Tiefe wieder zurück zum hellen Tag des Lebens.

Bekenntnishafter noch als dieses Trio ist das e-moll-Streichquartett, das ja den Titel *„Aus* *meinem Leben*“ trägt. Smetana hat zu dem 1876 vollendeten Werk selbst ein Programm ausgesprochen: danach kündet der erste Satz vom ungestillten Sehnen eines jungen, kunstbegeisterten Herzens nach etwas Unaussprechlichem, aber auch von Ahnungen künftigen Unheils; der zweite ist ein Bild aus der tanzfrohen Jugendzeit; der dritte beschwört erinnernd die Glücksstunden der ersten Liebe; das Finale beginnt als Gesang der Freude über errungene Erfolge und über das Erkennen des Werts der nationalen Musik, malt dann den furchtbaren Augenblick des Ertaubens und schließt in wehmutvoller Resignation. Auch ohne Programm bleibt die herrliche Musik dieses Quartetts aber voll verständlich; einzig die Stelle des Schlußsatzes, wo der Komponist das viergestrichene *E* peinigend über erschauerndem Tremolo erklingen läßt und so jene Katastrophe in ein Klangsymbol zu fassen sucht, bliebe ohne Deutung rätselvoll. Sinneberückend durch die Pracht seines bis zu orchestraler Fülle ausgreifenden Klangs, entzückt das Werk immer wieder durch sein blühendes Melos, durch zündenden Rhythmus und Innigkeit der Empfindung. Höchst einprägsam gleich der Beginn mit

dem aus einem mahnenden Rufmotiv und unruhvoll emporstrebender Triolenbewegung gebildeten Hauptthema, dem dann als Seitenthema eine rührende,

schlichte Melodie gegenübertritt. Diesem *„Allegro vivo appassionato“* folgt ein *„Allegro moderato alla Polka“*: eine Apotheose böhmischer Volksmusik — voll tänzerischer Lebenslust im Hauptteil (köstlich die lustige „quasi tromba"-Weise der Bratsche), von apartem Klangreiz das Des-dur-Trio mit seinen zart aufgesetzten schmelzenden Akkordklängen und der kleinen sehnsüchtigen Melodie, die sich der Oberstimme entringt und schließlich in den Tanztrubel hineingerissen wird. Das anschließende *„Largo sostenuto"* (As-dur, $^6/_8$) ist ein ergreifendes, von empfindungsvoller Kantabilität beseeltes Stück mit mächtigen, männlichen Ausdruckssteigerungen. Froher, tänzerischer Jubel durchschwingt das *Finale* (E-dur, $^2/_4$): ein wie von Kraft und Lust geschütteltes Triolenmotiv, ein in Sechzehntelbewegung dahinstürmendes Thema und eine volkhafte Tanzweise in H-dur — aus diesem Stoff bildet Smetana den mitreißenden Satz, bis die kraftvolle Glücksstimmung jäh von jenem Klangsymbol der Lebenskatastrophe unterbrochen wird. Der verlöschende Ausklang bringt noch einmal das Seitenthema des ersten Satzes in schmerzliche Erinnerung (vgl. vorsteh. Notenbeispiel).

Ein Jahr vor seinem Tode hat der Komponist ein zweites Streichquartett (d-moll) geschrieben. An formaler Ausgewogenheit steht dieses Werk hinter jener ersten Meisterschöpfung zurück; doch wirkt es — wie sich bei Neuaufführungen zeigte — auf den Hörer von heute, der Intensität der Aussage oft höher schätzt als Formglätte, weithin sehr eindringlich und bewegend: nicht nur durch wertvolle Einfälle und ergreifende espressive Höhepunkte, sondern auch durch die Gedrängtheit der gedanklichen Entwicklungen und durch das Fehlen breiter Durchführungen; doch ist die Annahme berechtigt, daß sich in solchen Eigentümlichkeiten mehr ein Hinschwinden der formbildenden Kraft des Meisters kundgibt als bewußtes Streben zur Verdichtung der Form und des Ausdrucks. *A. W.*

ANTON BRUCKNER

* 4. September 1824 in Ansfelden (Ob.-Österreich),
† 11. Oktober 1896 in Wien

Der Sohn eines Dorfschullehrers wurde Sängerknabe im Stift St. Florian und ergriff den Beruf seines Vaters, den er in Windhaag, Kronstorf und St. Florian ausübte. 1850—55 auch Stiftsorganist in St. Florian, siegte er 1855 im Wettbewerb um die Domorganistenstelle in Linz. Seine bisher autodidaktischen Studien vervollständigte er bei Sechter in Wien und bei Kitzler in Linz. 1869 wurde er Lehrer für Orgel, Harmonielehre und Kontrapunkt am Wiener Konservatorium, 1875 außerdem Lehrer an der Universität. Sein symphonisches Werk setzte sich nur allmählich durch, zählt heute aber zum ewigen Besitz deutscher Musik.

Lange Zeit galt das Streichquintett als Bruckners einziges Kammermusikwerk. Vor einigen Jahren wurde ein viersätziges Streichquartett c-moll (mit zwei Fassungen des Finale) aus dem Jahre 1862 entdeckt. Von Bruckner selbst als „Schularbeit" im Unterricht bei Kitzler betrachtet, ist es in gewissem Sinne mehr als eine solche. Zeigen doch die klare, knappe Diktion, die klassischem Vorbild nachgestalteten Themen und ihre zwingende Verarbeitung Formsinn und ganzheitlichen Charakter; Fähigkeiten, die von gewisser Seite bei dem „formlosen" Bruckner angezweifelt worden sind.

Siebzehn Jahre später entstand, angeregt durch den Geiger Hellmesberger, das Streichquintett in F-dur für 2 Violinen, 2 Bratschen und Cello. Es offenbart alle Eigenschaften, die den großen Symphoniker auszeichnen: Weiträumigkeit der teilweise zu Themengruppen angewachsenen Themen und ihrer Verarbeitung, Freiheit der harmonischen, den tonalen Rahmen jedoch nicht sprengenden Struktur, Neigung zu jähen, oft verbindungslosen Gegenüberstellungen, mächtige Steigerungen und plötzliche Abstürze, motivische Fortspinnungen über die Satzgrenze hinaus, kontrapunktische Gestaltungsweise. In diesem Sinne könnte man von einer „verschleierten Symphonie" sprechen. Andererseits hat aber Bruckner, Meister kammermusikalischen Stils, die dem Streichquintett eigenen klanglichen Möglichkeiten niemals überfordert und bewußt orchestrale Wirkungen gesucht. — Der 1. Satz beginnt mit einem zur Themengruppe sich erweiternden Hauptthema. Der dem Kopfsatz in der Regel eigene Allegrocharakter ist durch die Tempovorschrift *„Gemäßigt. Moderato“* nur bedingt vorhanden. Nach Abklingen einer ersten machtvollen Steigerung wagt sich das zarte Gesangsthema hervor. Eine Kadenz der 1. Violine eröffnet die Durchführung, die verhältnismäßig knapp ausfallen konnte, weil weitere Durchführungsteile der Reprise eingewoben sind. Im sieghaften Jubel verklingt der Satz. Das d-moll-*Scherzo,* herb, mit gewissen rauhnächtigen Akzenten, umschließt ein anmutiges Trio betont einfacher Haltung. Da Hellmesberger mit diesem Scherzo zunächst nichts anfangen konnte, schrieb Bruckner ein gefälligeres, ländlerhaftes „Intermezzo“, das später wieder ausgeschieden wurde. Das Ges-dur-*Adagio* zählt zu Bruckners begnadetsten Eingebungen. Das Hauptthema ist von edelster Weihe,

das zuerst von der Bratsche angestimmte Gesangsthema von einer in sich selbst versunkenen Entrücktheit. Im zartesten ppp verschwebt der in seiner Durchführung zu leidenschaftlichen Ausbrüchen aufgipfelnde Satz. Im Finale läßt Bruckner seine ganzen satztechnischen Künste spielen. Dabei verleihen mächtige Steigerungen dem musikalischen Ablauf ein sehr expressives Gepräge. Reminiszenzen an den Kopfsatz tauchen auf. Als wichtiges Moment der formalen Gliederung erscheint die Pause. Das Quintett endet, nachdem das Finale in f-moll begonnen, mit einer in den Dreiklangsfiguren der 1. Violine auf- und niedersteigenden triumphalen Bestätigung der Haupttonart F-dur. *W. Z.*

JOHANNES BRAHMS

* 7. Mai 1833 in Hamburg, † 3. April 1897 in Wien

Sohn eines Kontrabassisten. Ausgebildet von Eduard Marxsen Als Begleiter des ungarischen Geigers Reményi lernte er auf einer Konzertreise Joseph Joachim kennen und fand durch ihn den Weg zu Robert und Clara Schumann. 1857–1859 Hofmusikdirektor in Detmold, 1860—1862 Leiter eines Frauenchors in seiner Vaterstadt. 1868 übersiedelte er für immer nach Wien, wo er bereits 1863/64 die Singakademie geleitet hatte. Drei Jahre, 1872—1875, wirkte er dort als künstlerischer Leiter der Gesellschaft der Musikfreunde, lebte dann wieder als freier Künstler vor allem seinem Schaffen, war jedoch auch als Pianist und Dirigent noch vielfach tätig.

Robert Schumann begrüßte 1853 den jungen Johannes Brahms als Erfüllung seiner Zukunftshoffnung, daß einer erscheinen möge, „der den höchsten Ausdruck der Zeit in idealer Weise auszusprechen berufen wäre, einer, der uns die Meisterschaft nicht in stufenweiser Entwicklung brächte, sondern wie Minerva gleich vollkommen gepanzert aus dem Haupte des Kronion spränge". Er hieß ihn willkommen als „junges Blut, an dessen Wiege Grazien und Helden Wache hielten". Nie ist wohl ein Werdender von einem Großen so begeistert empfangen worden. Wie sehr hat aber auch Brahms den Glauben und das Vertrauen Schumanns gerechtfertigt! Er wurde wirklich *der* Meister, der in seiner Kunst die der Romantik eigentümlichen Elemente eines aus der Fülle der Empfindung strömenden, dichterisch erfüllten Musizierens mit den Kräften der großen klassischen Vergangenheit der deutschen Musik in Einklang brachte. Abseits jener zukunftsträchtigen Bewegung stehend, die, unter anderen Zeichen, in der neuen musikdramatischen Form Richard Wagners und in der Sinfonischen Dichtung Franz Liszts zu den Gipfeln der Hochromantik führte, wurde es seine geschichtliche Aufgabe, Zusammenfasser vieler Kräfte der deutschen Tonkunst — von der Zeit der großen Vorklassiker Schütz, Bach und Händel bis zu seiner eigenen Gegenwart — zu werden und damit zugleich auch Mittler dieses mächtigen Erbes an die Zukunft.

In seinem Schaffen kommt der Kammermusik, mag sie auch nur 24 von den 122 Werken umfassen, die er veröffentlicht hat, eine wesentliche Bedeutung zu. Beginnend mit dem Klaviertrio op. 8 im Jahre 1854, endend mit den Klarinettensonaten op. 120 im Jahre 1893, birgt sie für uns Heutige das Wertvollste an Kammermusik überhaupt, das die zweite Hälfte des 19. Jahrhunderts erbrachte. Brahms, ein unerbittlich strenger Beurteiler seines Schaffens, hat sich gerade in seinen Kammermusikwerken so bedeutend ausgesprochen, daß es unter ihnen keines gibt, das man nur ein Neben- oder Gelegenheitswerk nennen dürfte. Jedes zeichnet sich durch Kraft der Inspiration, prägnante Thematik und charakteristisches Melos ebenso aus wie durch Empfindungsfülle, ureigene Klangbildprägungen und volle geistige Durchdringung des Stoffs. Die bisweilen laut werdende Behauptung, Brahms sei eigentlich nur ein fleißiges Talent, aber kein genialer Schöpfer gewesen, kann vor dem wirklichen Kenner seiner Werke nicht bestehen. Auch der Einwand, seine Tonsprache kranke zuweilen an sentimentalen Wesenszügen, ist nicht stichhaltig. Mag gelegentlich ein überstarker Empfindungslaut unserer Zeit fremd geworden sein — wer könnte überhören, daß seine Musik in ihrem Kern weit mehr leidenschaftliche männliche Kraft als weiche Gefühlsseligkeit birgt? Die helle Quelle des *Volkslieds,* aus der Brahms immer wieder schöpfte, sichert seinen Werken nicht nur die melodische Gestaltklarheit, sondern auch ihre innere Reinheit. Als bloßes tönendes Formenspiel will seine Kunst freilich nicht verstanden sein; denn ihre eindringlichste Wirkkraft liegt in ihrer edlen Ausdrucksfülle, ihrer beseelten Redegewalt. Gerade dadurch überragt sie berghoch die Ebene einer bloß handwerklich meisterlich geformten Musik.

WERKE MIT KLAVIER

Für 16 Kammermusikwerke hat der Meister das ihm vertrauteste Instrument, das Klavier verwendet. Von diesen Schöpfungen werden gegenwärtig die berühmten Violinsonaten am häufigsten gespielt. Sie entstammen alle der reifsten Meisterzeit des Komponisten. Die erste Sonate op. 78 in G-dur, komponiert 1878, wird wegen ihrer thematischen Beziehungen zu dem 1873 geschriebenen „Regenlied" (nach Klaus Groths schönem, Jugenderinnerungen heraufrufendem Gedicht) gerne „Regensonate" genannt. Im Finale bildet diese Liedweise und ihre Begleitungsmotivik den melodischen Ausgangspunkt; das punktierte Motiv aber, mit dem das Lied zögernd einsetzt, erscheint in allen drei Sätzen in bezeichnender Weise. Der Gesamtcharakter der Sonate ist schwärmerisch, weich, wie in Erinnerungen verloren. Bezeichnend

dafür gleich der Beginn des *ersten Satzes* (Vivace ma non troppo, 6/4) mit dem — nach jenem stockenden Auftakt — sich anmutig niedersenkenden Thema und der dann rasch in gesteigerte äußere und innere Bewegung kommenden melodischen Entwicklung über den leisen, in der Tiefe ruhenden Klängen des Klaviers. Con anima setzt nach dem Erreichen der Dominante das gesanglich liedhaft gestaltete zweite Thema ein, und nun entfaltet sich ein mit bedeutender Intensivierung des Ausdrucks verbundenes, klanglich bezauberndes Duettieren der Instrumente. Charakteristisch für diesen Satz wie für Brahms überhaupt: nicht bei seinem ersten Erscheinen sagt ein Gedanke schon alles, was der Komponist mit ihm zum Ausdruck bringen will, erst im Verlauf des Geschehens wirken sich die in ihm ruhenden Kräfte aus, kommt sein Wesen voll zur Geltung. Köstlich zu verfolgen, wie alles, was da Gestalt und Klang wird, aus den Keimzellen der Grundgedanken hervorgeht. Der *zweite Satz* (Adagio, 2/4) steht im terzverwandten Es-dur. Das Klavier intoniert das in seiner innigen Wehmut typisch brahmsische, fast

volksliedhafte, in weiche Terzen- und Sextenklänge gefaßte Hauptthema; die Geige setzt mit klagenden Motiven ein, bis auch sie den Weg zu dieser Melodie findet. Ein etwas bewegterer Mittelteil, ausgehend von jenem punktierten Urmotiv der Sonate, setzt der weichen Stimmung eine herbere in einer trauermarschartigen Weise entgegen, über der die Geige eine neue gesangliche Melodie anspinnt. Mit der Wiederkehr des nun von der Violine geführten, vom Klavier in gelösterer Bewegung begleiteten ersten Teils verdichtet sich die Stimmung des Satzes noch, der endlich, nachdem auch der zweite Gedanke nochmals — über einem Orgelpunkt von 15 Takten auf Es — in Erscheinung trat, in tiefer Stille verklingt. Aus dieser Versonnenheit führt der *letzte Satz* (Allegro molto moderato, $^4/_4$) trotz lange vorherrschender Molltönung in eine hellere Sphäre. Die fast unaufhörlich fließende $^1/_{16}$-Bewegung des Klaviers findet in diesem rondohaft gebauten Finale ihr Gegengewicht in dem freien Sichentfalten gesanglich-melodischer Kräfte in der Geigenstimme; als zweiter Seitengedanke taucht noch einmal das Hauptthema des langsamen Satzes auf. Erst in der Coda wendet sich das innige Singen der beiden Instrumente nach Dur: nicht zu einem jubelnden Abschluß aber, sondern zu einem Einsinken in eine süßwehmütige, aber doch entspannte Stimmung, wie sie dem Gesamtcharakter des träumerischen Werks entspricht.

Acht Jahre später hat Brahms während eines Aufenthaltes am Thuner See seine zweite Geigensonate op. 100 geschrieben, die in der lichten Tonart A-dur steht. Viel von der besonnten Stimmung, die das ganze Werk beherrscht, wird schon beim Einsatz des ersten Themas im Klavier fühlbar *(Allegro*

amabile, $^3/_4$). Wie zagend und ihre Singekraft gleichsam erst erprobend, tritt die Violine zuerst nur in einzelnen Takten hinzu, um dann im 21. Takt die glückhafte Weise des Hauptthemas aufzunehmen. Auch das in bewegterer Gesanglichkeit sich entfaltende zweite Thema intoniert — *teneramente* — das Klavier. Kraftvollen Kontrast zu diesen lyrischen Emanationen schafft ein energischer, markant rhythmisierter dritter Gedanke, der — in wechselnder Beleuchtung und auch in einer mehr spielerisch-lieblichen Ausdrucksform — im Durchführungsteil zu besonderer Bedeutung gelangt. Kraftvoll, leuchtend schließt der erste Satz. An zweiter Stelle steht ein *Andante tranquillo,* entwickelt aus einem schlichten Thema von feinem rhythmischem Duktus. Diesem kantablen F-dur-Gedanken stellt Brahms — als quasi Scherzo — einen springtanzhaften Mittelteil (Vivace, $^3/_4$, d-moll) gegenüber, dessen Rhythmus auch das letzte Wort in diesem Satz behält, nachdem seine kecke Laune zweimal das Singen des Andante unterbrochen hat. Als *Finale* schließt sich ein Allegretto grazioso (alla breve) an: ein zu herrlichen inneren Steigerungen sich erhebendes Stück, in dem wieder das gesangliche Element vorherrscht, angefangen

von dem klangvoll auf der tiefsten Geigensaite angestimmten ersten Thema. Der blühende Wohllaut dieses Satzes, zu dessen Entfaltung auch das Klavier wesentlich beiträgt, wird hier zum Klangsinnbild eines ruhevoll-glücklichen Gemütszustandes.

Geben den beiden ersten Violinsonaten die in reinem Gesang sich verströmenden Grundstimmungen eines beglückten oder verträumten Schwärmens und eines selig in sich selbst Genug-sein-könnens die bezeichnenden Züge, so zeigt die dritte Sonate op. 108 in d-moll ein ganz anderes, teilweise fast düsteres Antlitz. Vier Sätze sind diesmal zusammengefügt. Sehr bewegt, in großer Ausdrucksspannung setzt der *erste Satz* (Allegro alla breve) ein und läßt schon in den ersten Takten keinen Zweifel über die Herzensunruhe, von der hier gekündet wird. Etwas milder, aber kaum beruhigender das zweite Thema. Unaufhaltsam drängt der leidenschaftliche, bis zu trotzigen Ausbrüchen gesteigerte Satz vorwärts, bis er schließlich wie kampfmüd, doch ohne echte Entspannung verlischt. Interessant, wie sich in der Durchführung die thematischen Bewegungskräfte über einem Orgelpunkt (auf A) von 46 Takten auswirken! Erst der *zweite Satz* bringt den großen Gegenklang: ein Adagio (D-dur, 3/8), das der Erregtheit des Kopfsatzes nun die ernste Ruhe einer großen, strömenden Gesangs-

weise entgegensetzt, die zuerst nur der Geige, später aber auch dem Klavier anvertraut wird. Augenblicke sehnsüchtiger Klage lassen freilich erkennen, daß diese Ruhe nicht auch erlösenden Frieden bedeutet. Mit dem *dritten Satz* (Un poco presto e con sentimento, fis-moll, 2/4), einem phantastisch dahinjagenden, „nervösen" Scherzo eigentümlichster Art, gewinnen bereits wieder die unruhvollen Kräfte Raum, die dann in dem wild losbrechenden *Finale* (Presto, agitato, 6/8) zu geradezu stürmischen Spannungsentladungen drängen. Das wuchtig-großartige Hauptthema deutet auf kampfesmutigen Trotz, der nur episodisch durch das choralartige zweite Thema gebändigt wird und manchmal auch, wie kraftholend, abebbt. Als Ganzes führt das Werk — auch in seinen spieltechnischen Anforderungen — über intimere, stillere kammermusikalische Bezirke weit hinaus: es ist eine echte Konzertsonate, deren mächtige äußere Wirkungskraft einer gewaltigen Innenspannung entspricht. Der Komponist hat das 1887 in Thun geschriebene Werk seinem Freunde Hans v. Bülow gewidmet.

Zweimal hat sich Johannes Brahms mit der Gattung der Violoncello-Sonate befaßt: zuerst 1865, dann nochmals in seiner Spätzeit, 1886. Beide Werke genießen bei den Cellisten hohes Ansehen. Als das melodisch reichere, ansprechendere und zugleich für den Spieler des tiefen Streichinstrumentes dankbarere darf wohl die erste gelten. Diese e-moll-Sonate op. 38 läßt gleich im *ersten Satz* (Allegro non troppo, 4/4) dem Cello den Vortritt zur Intonation des sehr

einprägsamen ersten Themas: es strahlt ruhige Kraft aus, die sich bald mächtig weitet und die schlicht akkordisch beginnende, aber bald zu großer Bewegung und größerer Klangfülle ausgreifende Begleitung des Klaviers immer überleuchtet. Zu einem intensiven Wechselspiel der beiden Instrumente führt das drängendere, beweglichere zweite Thema. Diesem sehr edlen, ganz vom Gesanglichen beherrschten Satz folgt ein mehr rhythmisch betontes reizvolles Genrebildchen im Menuett des *zweiten Satzes* (a-moll), dessen Thema in veränderter Gestalt auch in dem singenden fis-moll-Trio weiterwirkt. Als *Finale* folgt ein großartiges kontrapunktisches Stück, eine Fuge mit drei Themen, deren

wichtigstes erstes einem Thema aus Bachs „Kunst der Fuge“ (Kontrapunkt 16 und 17 der Graeserschen Ordnung) auffallend verwandt ist. Der markante Satz ist ganz aus diesem ersten Gedanken und den bei seinem zweiten und dritten Einsatz auftauchenden Kontrapunkten entwickelt. Nur episodisch tritt auch ein den polyphonen Fluß unterbrechendes Gesangsthema in Erscheinung. Dieses kantige, kraftgeladene Finale ist ein bedeutendes Seitenstück zur Schlußfuge der wenige Jahre zuvor komponierten Händel-Variationen op. 24.

Den Höhepunkt der viersätzigen zweiten Cello-Sonate, op. 99, in F-dur bildet der beethovennahe, an zweiter Stelle stehende *langsame Satz* (Adagio affetuoso, Fis-dur, 2/4) in seiner vornehmen Kantabilität. Hier kommt auch das Soloinstrument — in feinem Zusammenstimmen mit dem z. T. von farbiger Bewegung durchsetzten Klavierpart — besonders einprägsam zur Geltung. Bedeutend ist freilich auch hier der *erste Satz* (Allegro vivace, 3/4), in dem sich die Stimme des Violoncell weithin redemächtig und rufgewaltig über das romantische Klanggewühl und Bewegungsspiel des Klaviers emporschwingt. Auch im *dritten Satz* (Allegro passionato, f-moll), einem unruhvoll erregten Nachtstück, tritt das Klavier stark in den Vordergrund; nur im Trio-Teil (dolce ed espressivo) erfolgt ein Ausgleich zugunsten des Cello. Dem *Finale* liegt ein volksliedhafter Gedanke („Ich hab mich ergeben") als Hauptthema zugrunde. Es ist ein kräftiges, kerniges, in stetiger lebensvoller Bewegung gehaltenes Stück von etwas robuster Haltung.

Bei der Betrachtung der drei Klaviertrios des Meisters müssen wir uns zunächst wieder in die Zeit seiner Jugend zurückwenden. Denn das erste Trio, op. 8, in H-dur, ist in seinem Wesentlichen, in Einfall und Konzeption schon in den Jahren 1853/54 entstanden. Nur eine gewisse formale Unausgeglichenheit, ein Überwuchern phantasievoller Musizierlust über die zu reiner, dichter Form strebenden Kräfte hat Brahms fast vier Jahrzehnte später (1891) veranlaßt, dieses feurige, blühend schöne Jugendwerk noch einmal bearbeitend vorzunehmen. Mit feinem Gefühl für das Unantastbare des ersten Wurfs hat er jedoch nicht schulmeisterlich daran gebessert, wohl aber einige wild schießende Triebe abgeschnitten und allzu frei Wucherndes durch neue, formal überzeugendere Entwicklungen ersetzt. So begegnen wir heute, obgleich auch die Urfassung ihre Gültigkeit behalten hat, zumeist der endgültigen Gestalt des Werks. Sind es in den späteren Kammermusiken von Brahms oft weniger die ersten Einfälle als Ausgangspunkte des kompositionellen Geschehens, die uns bezwingen, als die wundervolle Entwicklung der Gedanken in meisterlich durchgestalteten Sätzen, so treten — ähnlich wie bei den gleichzeitig entstandenen Klaviersonaten — im H-dur-Trio die Ur-Einfälle selbst, wie aufbrechende Blüten, leuchtend hervor. Reiner Edelsinn, innige Kraft und sehnsüchtiger Jugendglaube ohne Zukunftsbangen — all das wird in diesem Werk, wie in kaum einem anderen Kammermusikstück des Meisters, intensiv spürbar und zum beglückenden Erlebnis. Wie herrlich hebt der *erste Satz* an (Allegro con brio, alla breve), wie schön die Entfaltung des ersten Gedankens vom leisen Einsatz des

Klaviers bis zum schwellenden Vollglanz des Klangs beim brüderlichen Zusammenwirken der drei Instrumente im holden Zeichen dieser Melodie! Und wie lebensvoll entwickelt sich nun alles weiter, in einem Spiel der gedanklichen und klanglichen Kräfte, zu einem Lobgesang hoffnungsseliger, ihrer eigenen Kraft bewußter, die Sterne liebender Jugend! Ein köstliches, eigenwüchsiges *Scherzo* (Allegro molto, h-moll) folgt, elfenleicht in tänzerischem Rhythmus dahinfliegend. Näher der Erde erst wieder die in Sexten schwelgende, wie ein Volkslied

klingende Weise des *Trio.* Wie ein Gebet beginnt der *langsame Satz* des Werks (Adagio, H-dur, 4/4) mit feierlichen vollen Klängen des Klaviers; ergreifend das edle, oft sehnsüchtig ausgreifende Melos (Cello-Solo!) und die schöne innere Steigerung des Ausdrucks bei zunehmender äußerer Bewegung, bis schließlich die ruhevolle Stimmung des Anfangs wiederkehrt. Nach diesem Verweilen in einem der Erde entrückten Bezirk des Empfindens führt der *letzte Satz* (Allegro, h-moll, 3/4) wieder zurück in die Welt, in den Tag, gleichsam zur Bewältigung der neu anstürmenden Lebensaufgaben. Treibende Triolen und ein unruhig vorwärts-

drängendes erstes Thema, später ein kraftvoll sicher ausschreitendes in D-dur: diese Elemente bilden den Stoff für den Verlauf dieses bewegten Satzes, der — fernab von allem billigen Daseins-Optimismus — von einem unaufhaltsamen, Lust und Schmerz umfassenden, immer fort- und weiter-Wollen und -Müssen kündet.

Mit seinem zweiten und dritten Klaviertrio beschäftigte sich Brahms seit 1880. Das C-dur-Trio op. 87 — veröffentlicht 1883 — vereint reiche Phantasiekraft mit dem hohen Können gereifter Meisterschaft. Männliche Energie kennzeichnet den ersten Satz (Allegro, 3/4), dessen dafür charakteristisches Hauptthema

zuerst im Oktaven-Unisono von den Streichern vorgetragen wird. Das engstufiger gehaltene, in Sextengängen bewegte zweite Thema bildet dazu einen weichen, gesanglichen Gegensatz. Im Verlauf der Exposition treten jedoch noch weitere Motive einprägsam hervor, so ein durch den Triolenrhythmus auf der ersten Taktzeit bestimmtes (dolce) und ein weiteres, kantig rhythmisiertes, das dem energievollen Grundklang des Satzes noch eine verschärfende Nuance von rauher Heftigkeit beifügt. Die anfänglich stark von diesem letzteren Motiv beherrschte Durchführung gipfelt bei der in Des-dur beginnenden Stelle, wo sich — zu romantisch bewegter, brodelnder Klavierbegleitung — das kraftvolle Hauptthema, zuerst vom Cello, dann auch von der Geige gebracht, zum espressiv strömenden Gesangsthema weitet und wandelt. In ähnlicher Weise erscheint es auch, gleichsam erlöst von seiner energischen Spannung, in der prachtvoll gesteigerten Coda des Satzes. An zweiter Stelle folgt ein *Andante con moto* (a-moll, 2/4), das einen schlichten, einprägsamen Liedgedanken in fünf kontrastierenden Variationen zur Entfaltung bringt. Das eigenartige, vor allem im Rhythmus leicht ungarisch getönte Thema wird wiederum zunächst unisono von den Streichern, diesmal im Abstand von zwei Oktaven, vorgetragen. Die erste Veränderung, in gelösterer Bewegung, läßt das Klavier besonders hervortreten, die zweite verliert sich in versonnenes Träumen und damit in einen lyrischen Empfindungsbereich, der in der vierten (A-dur) und fünften Variation immer eindringlicher Geltung erlangt. Nur die dritte Variation steigert noch das im Rhythmus des Themas liegende kraftvolle Spannungselement. Huschende Bewegung gibt dem von nordischer Phantastik erfüllten c-moll-*Scherzo* (Presto, $^6/_8$) das eigentümliche Gepräge; reizvoller Gegensatz dazu: die klar fließende, schön gesteigerte Gesanglichkeit des C-dur-Trios. Nach dem nächtlichen Spuk des Scherzo-Hauptsatzes führt das *Finale* wieder in Tageshelle zurück. Im Tempo eines Allegro giocoso bietet es ein Bild in sich ruhender Kraft, kündet von froh tätigem Leben und würdigem Behagen. Ein erfreuendes Wechselspiel der beteiligten Stimmen und der beiden Klanggruppen (Klavier und Streicher) in einer durch die verwendeten Mollstufen zwar streckenweise verhalten wirkenden, aber keinem Dunkel Raum gebenden C-dur-Sphäre.

Das 1887 erschienene dritte Klaviertrio, op. 101, in c-moll, formal das konzentrierteste Stück dieser Werkgruppe, zeigt gegenüber dem C-dur-Trio schon durch die Wahl der Tonart ein ganz anderes, ernsteres Antlitz. Die beiden *Ecksätze* bestimmen seinen Grundcharakter: ein erstes *Allegro* („energico", $^3/_4$), wuchtig, voll angespannter Kraft und von gleicher Intensität auch im cantando des zweiten Themas, und ein *Allegro molto* (Finale, $^6/_8$) von drängender Bewegung, dessen heftige rhythmische Kräfte unter der wachsenden Einwirkung gesanglicher Elemente gleichsam gebändigt werden und dessen Entwicklung schließlich in ein auflichtend bejahendes C-dur ausmündet. Diese beiden Sätze umschließen zwei sehr einprägsame Mittelstücke: ein das Scherzo mehr formal vertretendes als Heiterkeit ausstrahlendes *Presto non assai* (c-moll) und ein — zur Herzmitte des ganzen Werkes gewordenes — *Andante grazioso* (C-dur) von jener für Brahms so bezeichnenden stillen, volksliedhaft-schlichten Innigkeit des Ausdrucks. Im Presto ist das zeichnerische Linienspiel des Hauptsatzes apart mit dem mehr harmoniegebundenen Malerischen des f-moll-Mittelteils kontrastiert. Im Andante ist die zu reizvollen Über-

dehnungen des Periodenbaus führende Verbindung von $^{3}/_{4}$- und $^{2}/_{4}$-Takt bemerkenswert. Sehr schön in diesem Satz die bewegtere, wehmütige ($^{9}/_{8}$- und $^{6}/_{8}$-Takte verknüpfende) a-moll-Episode, die auch im Nachspiel noch einmal anklingt.

Mit drei Werken hat Brahms auch die Gattung Klavierquartett bedacht. Sie entstammen eigentlich alle seiner Frühzeit, dem Jahre 1856; doch hat der junge Meister zunächst nur die beiden ersten (g-moll und A-dur) herausgegeben, während das dritte (c-moll) erst fast zwanzig Jahre später nach gründlicher Umarbeitung veröffentlicht wurde. Das g-moll-Klavierquartett op. 25 beginnt mit einem aus kräftig vorwärtsdringender Schritt-Thematik und biegsamer lyrischer Melodik gefügten Satz (*Allegro*, $^{4}/_{4}$). Das in Vierteln gehende, nach abwärts und damit auch nach innen weisende Thema, vom Klavier allein angestimmt, läßt seine kraftausstrahlende Bedeutung erst ganz erkennen, wenn es (Takt 27) von den drei Streichern unisono im fortissimo aufgenommen wird und das Klavier erregt-unwirsche $^{1}/_{16}$-Figuren dagegensetzt. Das zweite Thema, eine breit strömende, romantisch gefühlsgesättigte Melodie, erscheint zuerst in Moll, vom Cello intoniert; nach Dur gewendet, gelangt es schon in der Exposition zu großer, blühender Entfaltung. Die Durchführung läßt dem ersten Thema den Vortritt und bietet ein breitflächiges, mehr stimmungshaftes als mit kontrapunktischer Kunst entwikkeltes Bild. Nach einem letzten Aufschwung in der

Coda verklingt der Satz pianissimo. Zauberhaft der *Intermezzo* benannte zweite Satz (c-moll, 9/8): ein heimliches Lied der Nacht mit seinem leise und zärtlich

schwärmenden und werbenden Thema, ein Stück von unbeschreiblicher Zartheit und Innigkeit der Empfindung, unverkennbar Brahmsisch in jedem Zug — nicht nur im Ausdruck, sondern ebenso in Eigentümlichkeiten seiner Diktion und Setzweise (Sextengänge, rhythmische Verflechtung von zwei und drei Achteln). Wunderschön auch das As-dur-Trio in seinem liedhaft sich aufschwingenden Singen. Liedartig ist auch der Tonfall des Grundgedankens im folgenden *Andante con moto* (Es-dur, 3/4), dessen prächtiger Mittelteil dann einen marschhaften Rhythmus als starken Gegensatz bringt: es ist, als nahe sich da von ferne ein festlicher Zug, der schließlich mächtig und glänzend in Erscheinung tritt. Wie ganz anders, wie verwandelt klingen nun, nach dem Verrauschen dieses Marsches, die wiederkehrenden Melodien des ersten Satzteils! Den Abgesang des Werks bildet dann ein *Rondo alla zingarese* (Presto, 2/4) — also gewissermaßen eine Nachbildung des temperamentvollen, Melancholie und Wildheit vereinenden Musizierens der ungarischen Zigeuner. Brahms fühlte sich ja von dieser volksmusikalischen Sphäre immer wieder stark angerührt und wußte ihr, wie dieses Finale zeigt, für seine formal gebundenere, strengere Kunst viel Reizvolles, vor allem im Rhythmischen, abzugewinnen.

Zeigt uns dieses erste Klavierquartett in seinen bedeutendsten Teilen vor allem die nach innen gewandte ernste Wesensseite des jungen Brahms, so offenbart das zur gleichen Zeit entstandene zweite Klavierquartett op. 26, in A-dur nachdrücklicher die weltoffenen, frischen und jugendlich frohen Züge seiner Persönlichkeit. Darauf weist schon die freundliche Grundtonart, aber auch, gleich zu Be-

ginn, das lebhafte, triolisch bewegte Hauptthema des *ersten Satzes* (Allegro non troppo, 3/4), das sich vom 27. Takt an in voller Klangpracht entfaltet. Blühende Kraftfülle kennzeichnet auch den weiteren Verlauf des Satzes, dem durch das — gleichfalls zuerst vom Klavier ausgesprochene — aufstrebende zweite Thema in E-dur und schließlich noch durch einen mit chromatisch abwärtsführender Linie einsetzenden, doch dann sich froh aufschwingenden weiteren E-dur-Gedanken wichtige melodische Substanzbereicherung zuteil wird. Das in der Exposition Entwickelte gelangt im Durchführungsteil in klanglich klug bedachtem Wechselspiel von Streichern und Klavier zur Entfaltung. Dem ersten Satz reiht sich im *Poco Adagio* (E-dur, 4/4) ein sehr inniges, sehr romantisches Stück von echt Brahmsischem Duktus des Melos und ebenso typischer Rhythmik an. Aus der Tiefe aufrauschende, harfende Klavierklänge intensivieren den Klangreiz des Satzes und geben einen eigentümlichen farbigen Kontrast zur melodischen Linienführung der Streicher. Ein von Geige, Bratsche und Cello zunächst allein und unisono begonnenes, bald singendes, bald lustig hüpfendes und munter drängendes *Scherzo* (Poco-Allegro, A-dur, 3/4) von Schubertscher Frische und Lebensnähe nimmt die dritte Stelle ein. Gleicher Geist beherrscht das kräftiger zeichnende, in kanonischem Spiel sich ergehende Trio (d-moll, zuletzt D-dur), und auch im *Finale* (Allegro, alla breve) mit seinem keck rhythmisierten Hauptthema ist Frohsinn die Parole. In diesem impulsiven, in hellen Jubel ausklingenden Satz fehlen allerdings auch — als schöne Kontraste — die besinnlichen lyrischen Episoden nicht. So wird das ganze Werk zu einem Dokument froher, glückhafter Selbstbehauptung. Die wenigen dunkleren Tönungen dieser Musik weisen freilich darauf hin, daß Brahms auch in seiner Heiterkeit an die ernsteren, tieferen Wirkkräfte der Seele gebunden bleibt. Immer spürt man die Verhaltenheit des nordischen Menschen, fast überall durchdringt sein Dur ein hemmendes, beschattendes Moll, und kaum jemals vermag er sich so frei und entspannt einem seligen Singen hinzugeben wie etwa der Süddeutsche Franz Schubert.

Höher noch als die beiden ersten Klavierquartette möchte man das dritte op. 60 in c-moll stellen. Es entstammt, wie schon erwähnt, in seiner Grundanlage gleichfalls der Frühzeit des Meisters, wurde aber erst 1875 von ihm vollendet. Ursprünglich in cis-moll stehend, war es der künstlerische Niederschlag des schmerzlichen Erlebens seiner heimlichen, unerfüllt bleibenden Liebe zu Clara Schumann. „Nun stellen Sie sich einen Menschen vor, der sich eben totschießen will und dem nichts anderes mehr übrigbleibt!“ Mit diesen Worten charakterisierte er einmal die Stimmung, aus der der *erste Satz* dieses Werks geboren wurde. Es bedarf aber keines Einblicks in eine dunkle Lebensperiode des Komponisten, um den lastend-dunklen Wesenszug dieses „Allegro non troppo“ zu erfassen. Das engstufig gehaltene, mit Seufzern beginnende und sich klagend

gleichsam in sich selbst hineinwühlende erste Thema kündet ebenso davon wie die bald folgenden schweren, harten Akzente und die unruhvolle Bewegung, die den Satz weithin durchdringt. Schmerz, Sehnsucht, Klage — das sind die Grundelemente des Ausdrucks, die hier walten. Das Seitenthema zeigt in seinem — freilich bald wehmutvoll eingetrübten — Dur wohl eine Lichtgestalt, aber eben nur, um das Nicht-erreichen-können solchen Lichts um so deutlicher spürbar zu machen. Das darauffolgende *Scherzo* (Allegro, c-moll, 6/8) führt in andere Regionen — es ist, wie das Finale, neuer Bestandteil des Werks auf Grund der endgültigen Fassung bzw. Umarbeitung. Trotz des kraftvoll ausladenden, bejahenden C-dur-Schlusses ist es ein Nachtstück, beherrscht von unruhig jagendem Rhythmus. Sehr eigenartig und stimmungsstark die den Fluß dieser Bewegung unterbrechenden, zuerst vom Klavier, dann von den drei Streichern gebrachten Einschübe von wenigen Takten, die wie ferne Rufe hereinklingen. Die lebhafte Bewegung erlischt auch im gesanglich-espressiv sich entfaltenden Mittelteil des Satzes nicht. Eine herrliche Eingebung des Meisters bringt das *Andante* (E-dur, 4/4), dessen edlen Gesang das Violoncello anstimmt, vom Klavier in synkopiertem Rhythmus akkordisch begleitet. Bezeichnend schon der erste Takt mit seinem Eindunkeln des Dur durch die so gerne von Brahms verwendete Moll-Unterdominante (hier a-moll). Erlesen die feine Führung der melodischen Linien dieses Satzes, in dem die Geige erst im 17. Takt, die Bratsche erst im 26. Takt zu singen anhebt und in die Klanggemeinschaft eintritt. Wundervoll die Rückkehr zum nunmehr variierten, klanglich gelösteren ersten Teil nach dem Abklingen des in schwebendem Rhythmus gehaltenen mittleren Abschnitts. Ein kompositorisches Meisterwerk ist das *Finale*. Hier enthalten schon die ersten Takte keimhaft fast alle Motive, aus denen der Satz gebildet ist: die Violine bringt das gesangliche Hauptthema, das Klavier als Begleitung dazu einen Kontrapunkt, aus dessen pochendem Auftaktmotiv später Episoden von mächtiger Kraft gleich Schicksalsrufen entwickelt werden, und auch die an diesen Auftakt sich anschließende aufsteigende melodische Linie erlangt, verwandelt, weitere Bedeutung als sehnsüchtige Gesangsweise. Als neuer Gedanke tritt am Schlusse der Exposition ein später zu großer Klangentfaltung gesteigerter Streicher-Choral in Erscheinung, dessen ruhevolle Kraft der unablässig strömenden Bewegung ein Halt entgegensetzt. Der Abschluß des von leidenschaftlicher Ausdrucksgewalt erfüllten Satzes mit dem vollen C-dur-

Klang in den letzten Takten bedeutet hier wohl mehr ein willentliches Zurückkehren aus aller dunklen Unruhe zum Tag als eine wirkliche Befreiung.

Nur ein einziges Klavier-Quintett (op. 34 a, f-moll) hat Brahms geschrieben, und dieses 1865 erschienene Werk ist nicht einmal in dieser Klanggestalt, für diese Besetzung erfunden worden, sondern stellt die Umbildung einer schon früher als Streichquintett entworfenen Komposition dar. Nicht in dieser Form, wohl aber als Sonate für zwei Klaviere ließ es Brahms dann neben der Klavierquintett-Fassung gelten, und in dieser zuletzt niedergelegten Form hat es sich auch die Konzertsäle erobert — bewundert als ein Werk von originalem Gedankengehalt und packender Klanggestalt. Das klare, sehr einprägsame erste Thema des Kopfsatzes *(Allegro non troppo,* 4/4) wird zunächst

unisono vom Klavier, von der ersten Geige und dem Cello vorgetragen. Aus seinen Achtelgängen wird sogleich ein höchst energisches, angreifendes Klaviermotiv gewonnen, das den ruhig, gleichsam in gesammelter Kraft begonnenen Satz rasch in heftige Bewegung voranstößt. Dieses lebhaft drängende motorische Element bleibt ihm, wenngleich mit einer zu Triolen und Achteln abebbenden Differenzierung, auch weiterhin eigen, und namentlich die Coda bringt nochmals einen eindrucksvollen Rückgriff auf den charakteristischen Erregungsausbruch des Anfangs. Von den verschiedenen weiteren Gedanken des ideenreichen Satzes sei das zuerst in cis-moll erscheinende, in Terzen einsetzende und durch den fallenden Oktavsprung des ersten Motivs gekennzeichnete Thema besonders hervorgehoben, das in seinem lyrisch-zarteren Wesen einen betonten Kontrast zu den vorherrschenden herberen Kräften bildet. Einmal freilich, kurz vor dem letzten rauhen Ansturm, mildert sich auch die ernste innere Spannung des ersten Themas zu einem innigen Singen in F-*Dur.*

In stärkstem Gegensatz zum ersten Satz steht das verträumte *Andante un poco Adagio* (As-dur, $^{3}/_{4}$). Echt Brahmsisch in Terzen- und Sextenklänge gefaßt, führt

die empfindsame, schöne Weise weit fort von Kampf und Unruhe in den stillen, tröstlichen Empfindungsbereich der holden Träume. Im ersten Teil hat das Klavier den Vorrang, während die Streicher, die hier nur pp, zart und wie zögernd, begleiten, erst im gesteigerten Mittelteil und dann vor allem im Wiederholungsabschnitt melodieführend hervortreten. Ein kaum minder einprägsames Stück folgt mit dem *Scherzo* (c-moll, $^{6}/_{8}$), dessen drängender Ablauf drei sehr verschiedene Themen zur Geltung bringt: ein synkopisches, nach oben strebendes, ein scharf rhythmisiertes im $^{2}/_{4}$-Takt — tönendes Sinnbild phantastischen Reitens — und, als starken Gegensatz zu diesen beiden, ein kraftvolles, erdenfestes Thema, das wie Tageslicht gegen den Nachtspuk der Grundstimmung ankämpft. In die besonnte Sphäre volksliedhaften Singens führt das C-dur-Trio. Das *Finale* wird durch ein spannungsreiches Poco sostenuto von ernstem, ja schmerzlichem Ausdruck eingeleitet; der Hauptsatz aber (Allegro non troppo, $^{2}/_{4}$), dessen Leitgedanken das Cello vorträgt, zeigt trotz des festgehaltenen f-moll eine fast heitere tänzerische Entspanntheit. Die Bewegung ist lebhaft wie im ersten Satz, doch gibt ein anmutiger lyrischer Seitengedanke ein feines Gegengewicht zu dem vorwärtsdrängenden Geschehen, setzt dem männlichen Grundakzent ein zarteres, weibliches Element entgegen. Am Schluß steigert sich die Bewegung noch zu einem jagenden Presto.

WERKE FÜR STREICHER ALLEIN

Quartette, Quintette, Sextette

Haben auch die Werke mit Klavier ein zahlenmäßiges Übergewicht im kammermusikalischen Schaffen von Brahms, so kommt doch den insgesamt sieben Schöpfungen für Streicher allein eine nicht geringere künstlerische Bedeutung zu. In strenger Selbstkritik hat sich Brahms erst als 40jähriger zur Herausgabe seiner ersten Streichquartette entschließen können. Nach seiner eigenen Aussage sind diesen etwa zwanzig Quartett-Entwürfe vorausgegangen. Zwar befaßte er sich schon seit 1865 ernstlich mit den uns jetzt als op. 51 vorliegenden beiden Werken, aber er ließ noch Jahre der Ausarbeitung und des Feilens vorübergehen, bis er sie aus der Hand gab.

Schon das erste dieser — seinem Freunde Dr. Theodor Billroth zugeeigneten — Werke, das Streichquartett op. 51/1 in c-moll, offenbart meisterlich-reife Gestaltungskraft. Kein Zufall, daß es zu den immer wieder bevorzugten Stücken der Quartettvereinigungen gehört. Leidenschaftlich gespannte Bewegung kennzeichnet den *ersten Satz* (Allegro, $^3/_2$). Unvergeßlich einprägsam das erste, in punktiertem Rhythmus aufstrebende, dann im Intervall einer ver-

minderten Sept abfallende Thema, dem bereits im elften Takt ein besänftigender Gedanke gegenübergestellt wird; er gewinnt jedoch keine Macht über die den ganzen Satz beherrschende pathetische Erregung. Friedliche Seelenstimmung strahlt der *zweite Satz* aus, eine melodisch sehr rein und schön sich entfaltende Romanze (Poco adagio, As-dur, $^3/_4$). Verhalten und sehr gedämpft freilich ist der Grundklang dieses edlen Stücks. Ergreifend die pianissimo-Stelle, die im 15. Takt mit dem Septimen-Akkord es—g—b—des beginnt. Voll heimlicher, schüchterner Erregtheit der leise atmende zweite Gedanke, dessen Triolenrhythmus dann in dem weiteren Verlauf des Satzes weiterwirkt und sich mit dem punktierten Rhythmus des ersten Themas begegnet. Eigenartig das die Stelle des Scherzos einnehmende *Allegretto molto moderato e comodo* (f-moll, $^{4}/_{8}$) mit seiner halb lässigen, halb unruhvollen kurzgliedrigen $^{1}/_{16}$-Bewegung, die jedoch im Mittelteil einem süßen melodischen Spiel (lusingando) in Triolen Platz macht. Lieblich, wie ein Tanzlied, doch Brahmsisch verhalten ist auch die Weise des F-dur-*Trios*. Aber dieses Werk gönnt so friedlichen Empfindungen nicht lange Raum: mit dem *Finale* (Allegro, alla breve) bricht der Sturm wieder los. An den ersten Satz gemahnen schon, einem Wahrzeichen gleich, die ersten eineinhalb Unisono-Takte mit ihrem punktierten Rhythmus und der abfallenden verminderten Septime. Und wieder beginnt ein unruhvoll-erregtes Drängen; wohl dämpft die herrliche, starke Melodie des Seitenthemas

diese Erregung, und auch die Verkleinerung der Intervallspannung jener schneidend-schmerzlichen Septime zu einer kleinen Terz deutet auf Besänftigung. Aber Kampf heißt hier die Losung, und so treibt die Bewegung, nach Licht ringend und es doch nicht erreichend, fort bis zum unerlösten, harten c-moll-Ausklang.

Obwohl gleichfalls in Moll stehend, führt das zweite Streichquartett (op. 51/2, a-moll) doch nirgends in jene dunklen Tiefen kämpferischer Leidenschaft wie das c-moll-Werk. Sehnsüchtig ausgreifend zuerst, dann aber ruhig gelassen im Aus-

druck, stellt sich das erste Thema des einleitenden *Allegro non troppo* dar. Auch die begleitenden Vierteltriolen der Bratsche atmen eher Ruhe als Erregung. Der Gesamtton des Satzes bleibt elegisch-verhalten, gewinnt aber durch das innige und graziöse, in Terzen gefaßte Seitenthema in Dur trauliche Wärme. Sehr fein die kurze Durchführung mit den motivischen Bestandteilen des ersten Themas. Wie im ersten Quartett steht auch hier der *langsame Satz* in Dur (Andante moderato, A-dur, 4/4): ein charakteristisches Stück voll Versonnenheit, melodisch zu Beginn um den Terzton cis kreisend, dann aber, im 6. Takt, in großer Gebärde sich emporschwingend. Das ruhige lyrische Fließen wird von einem markierten, erregteren Mittelteil unterbrochen; dann tritt das melodische Thema des Anfangs neu hervor; in fein gesponnenem Satz wird das Stück zu seinem liedhaft verklingenden Abschluß geführt. Der *dritte Satz* ist ein schlichtes, wiederum leicht elegisch getöntes Quasi Minuetto (moderato, a-moll), für das die Vortragsbezeichnung piano, mezza voce gilt. Zweimal wird der Hauptsatz von einem in lebhafter 1/16-Bewegung gehaltenen Allegretto vivace in A-dur unterbrochen. Das *Finale* (Allegro non assai, 3/4), das einen tänzerischen Grundcharakter hat, nimmt die Haupttonart a-moll wieder auf. Dem sehr lebhaften,

rhythmisch energisch gefaßten ersten Thema ist als zweites ein sehr gelöster, reigenhaft-wiegender, gesanglicher Gedanke entgegengestellt. Der weitere Verlauf, obwohl reich mit Künsten thematischer Verarbeitung ausgestattet, wirkt wie ein zwanglos natürliches, sehr reizvolles bloßes Spiel der sich heiter begegnenden thematischen Kräfte. Schon scheint sich endlich alles in einem sonnigen Dur noch froher aufzulichten, da gewinnt — nach einem zarten, beruhigten Verweilen — in einem Più vivace wieder das herbere a-moll bis zum Schlusse die Oberhand.

Das dritte, 1876 entstandene Streichquartett, B-dur, op. 67, ist das am meisten der Tagseite zugewandte der drei Schwesterwerke. Schon das scherzhaft lockende Hauptthema des Kopfsatzes *(Vivace, 6/8)*

läßt keinen Zweifel darüber, daß heitere Laune dem Komponisten die Feder führte. Brahmsischer Humor ist es auch, wie dem eingangs betonten 6/8-Rhythmus schon nach wenigen Takten von Seite der ersten Violine und des Cellos eine 3/4-Betonung entgegenwirkt. Lustig das springende Seitenthema im 2/4-Takt, das den rasch in flüssige Bewegung geratenden Satz launig unterbricht. Wichtig aber auch ein lyrischer, in schönem melodischem Bogen sich entbreitender sotto-voce-Gedanke, der zu Beginn der Durchführung erstmals aufklingt. Diesem frohgemuten Auftakt folgt im *Andante* (F-dur, 4/4) ein von mildem, vollem Schönklang und weicher Gesangsmelodik beherrschter Satz, dessen Grundstimmung wirkungsvoll von einem energisch in d-moll einsetzenden, etwas rhapsodisch frei gehaltenen Mittelteil durchbrochen wird. Im *dritten Satz* (Agitato, d-moll, 3/4), einem von tänzerischem Rhythmus belebtem Stück, ist der Bratsche weithin die führende Rolle übertragen, während die anderen Instrumente con sordino nur episodisch über ihre rhythmische und harmonische Begleiteraufgabe hinausstreben. Rhythmisch fast noch pikanter ist das a-moll-Trio: ein eigenwillig-graziöses Koboldtänzchen. Ein Stück von besonders hohem Rang ist das *Finale* (Poco allegretto, 2/4), das die Variationskunst des Komponisten zeigt. Acht Veränderungen gewinnt er dem scherzhaft volksliedmäßigen Thema ab: in der ersten führt die Bratsche, in der zweiten treten auch die übrigen Instrumente thematisch beteiligt hinzu, in der dritten steigert sich die Bewegung unter Vorrang der ersten Geige zu Triolen, in der vierten, pp dahineilenden, erfährt das Thema eine neue heitere Umdeutung, im feinen Geweb der fünften (Des-dur) tritt das Cello espressiv hervor, die sechste (Ges-dur) hemmt die erreichte Bewegung wieder, ehe sich das Tempo dann in den letzten Teilen verdoppelt; in der siebten Variation (wieder B-dur) taucht plötzlich das Hauptthema des ersten Satzes wieder auf (vgl.

Abb. oben), die achte (b-moll) bringt ein weiteres Motiv aus dem Kopfsatz in gleichmäßig wiegender Achtelbewegung; im Schlußteil endlich scheint sogar das Leitthema des ersten Satzes über das eigentliche Variationsthema das Übergewicht zu erlangen; schließlich aber bringen beide Hand in Hand das Ganze zu fröhlichem Abschluß.

Mit seinen beiden Werken für die schon von Mozart bevorzugte Quintett-Besetzung von zwei Geigen, zwei Bratschen und Violoncello hat Brahms eine verhältnismäßig wenig gepflegte Kammermusikgattung um zwei bedeutende Gaben bereichert. Das erste Streichquintett, op. 88, in F-dur ist im Jahre 1882 gelegentlich eines Aufenthalts in Bad Ischl entstanden. Der *erste Satz* (Allegro non troppo ma con brio, $^4/_4$) hebt mit einem schlichten, aber großer innerer Steige-

rung fähigen liedhaften Thema an. Bald treten weitere Gedanken hinzu, aus diesem ersten hervorwachsend. Besonders schön die sich breit ausschwingende Weise des (im Rhythmus von Vierteltriolen gehaltenen) Seitenthemas, das die erste Bratsche intoniert. Prachtvoll die klangmächtige Rückleitung zur Grundtonart und der Wiedereinsatz des ersten Themas nach der blühend lebensvollen Durchführung. Gegenüber der hellen Stimmungskraft dieses Satzes wirkt der *zweite* (Grave ed appassionato, cis-moll) besonders schwermütig. Seinem dunklen Leuchten ist in zwei A-dur-Zwischensätzen ein helles, freundliches Licht gegenübergestellt: zuerst ein Allegretto vivace von feiner Anmut im $^6/_8$-Rhythmus einer Gigue, dann — als eine Art Variation desselben Sätzchens — ein geschäftig eilendes Presto. Diese Einschaltungen vertreten zugleich das dem Werke fehlende Scherzo. Der langsame Hauptsatz erscheint nach jedem der beiden Intermezzi zu noch größerer Ausdrucksintensität gesteigert. In tiefer, feierlicher Ruhe schließt der Satz — nach dem Eintritt der nach Dur gewendeten Grundtonart — überraschenderweise in A-dur. Das *Finale* (Allegro energico, 3/2) beginnt mit einem Fugato, dessen viertaktiges, in Achteln laufendes Thema die erste Bratsche einführt. Für die weitere Entwicklung des Satzes wird aber die Motivik des markant rhythmisierten Kontrapunkts, der beim zweiten Einsatz dieses ersten Themas erscheint, nicht minder wichtig als dieses Hauptthema selbst. Die männlich kraftvolle Bewegung, die das Grundelement dieses kunstreichen Finales bleibt, findet einen eindrucksvollen Gegensatz in dem herrlich aufblühenden Ge-

sangsthema, das episodisch die voranstrebenden Kräfte durchdringt und überstrahlt. In einem Presto im 9/8-Takt bringt die Coda eine letzte stürmisch gesteigerte Entwicklung.

Mit einem köstlichen Klangbild beginnt das zweite Streichquintett, op. 111, in G-dur. Rauschende, dabei rhythmisch prägnant gefaßte Bewegung der vier oberen Stimmen bilden die Klang-„kulisse" für die kraftvoll froh aus der Tiefe sich erhebende Stimme des Violoncells — eine Stimme, deren Singen schier kein Ende mehr zu finden scheint: ein prächtiger Eintritt in die „sonnenbeschienene Landschaft" dieses Werks. Und dieses selig über alle Not hinausdrängende Singen findet wirklich kein Ende, denn gleich nach dem Abklingen der ersten Melodie schlägt das zweite Thema, der ersten Bratsche anvertraut, seine innigen Augen auf, und ihm folgt auf gleicher Spur noch ein schmeichelndes, synkopisch rhythmisiertes dolce-Motiv in der zweiten Geige. Aus diesen Melodien erblüht dem Meister ein herrlich klingendes romantisches Musizieren, gelöst und ganz bejahend, wie er's nur selten vermochte, frei von aller resignierenden Zurückhaltung. In einen ernsteren Stimmungsbereich führt das folgende *Adagio* (d-moll, 2/4). Eine wiederum von der ersten Bratsche angestimmte

melancholisch-sehnsüchtige Weise bildet die Grundlage für diesen sehr stimmungsvollen, leicht magyarisch getönten, knapp geformten Satz. Nicht weniger reizvoll der *dritte Satz* (Un poco Allegretto, g-moll, 3/4): ein zartes, ungemein anmutiges, schwerelos dahinschwebendes, kaum jemals zu stärkeren Akzenten ausholendes Stück, das durch seinen Mollcharakter zwar verhalten, jedoch keineswegs trübe wirkt. Nach G-dur aufgelich-

tet ist der durch seine einfach-liebliche Melodie bezwingende Trioteil. Erdgebundener Frohsinn beherrscht das *Finale* (Vivace, ma non troppo presto, 2/4): ein ziemlich ausgedehntes Stück, aus einprägsamen kernigen Motiven gefügt, im Kolorit wieder unverkennbar ungarisch — ein eindrucksvoller Satz schon durch die Qualität der Gestaltung, im ganzen aber doch nicht so edel und kostbar wie die vorhergehenden Sätze, wenngleich von starker äußerer Wirkung. Erschienen ist dieses zweite Quintett 1891.

Früher als seine Streichquartette und -quintette hat Brahms seine beiden Streichsextette geschrieben. Beide Male ist ihm Herrliches gelungen, beide Male hat er der klangmächtigen Besetzung von je zwei Geigen, Bratschen und Cellis köstlichen Wohllaut abgewonnen und seine jugendfrisch strömenden Ideen in klassisch klare Form gefaßt. Das erste Sextett, op. 18, in B-dur beginnt mit einem Allegro ma non troppo (3/4). In eine Sphäre entspannten Wohl-

behagens führt uns das ruhig wiegende, gesangliche erste Thema, das vom ersten Cello vorgesungen wird. Bald reihen sich weitere bezaubernde Gedanken an: ein anmutiges triolisches in f-moll, ein schlicht liedhaftes in A-dur und ein drittes (das eigentliche 2. Thema) in F-dur, das schubertsche Züge trägt. Aus solchem melodischem Reichtum erwächst nun alles Folgende: die schlichte, aber die Empfindung vertiefende Durchführung und der (wunderschön vorbereitete) Wiederholungsteil, bis uns die Coda mit einem Anklingen des F-dur-Themas froh entläßt. Aus einem Einfall im Volkston entwickelt sich der *zweite Satz*, ein Andante (d-moll, 2/4) mit sechs sehr einprägsamen Variationen, die ein Anwachsen der Bewegungskräfte mit bedeutender innerer Steigerung verbinden und vorübergehend auch D-dur berühren. Als *Scherzo* (Allegro molto, F-dur) schließt sich ein klar und gedrungen gebauter Satz an, dessen Hauptteil von einer beethovenisch kraftvollen tänzerischen Weise beherrscht wird. Gleichen Charakter wahrt trotz des thematischen Wechsels das Trio. Als *Finale* folgt dann ein Rondo, dessen

schlichtes Leitthema das erste Cello anstimmt (Poco Allegretto e grazioso, 2/4). Wie mancher andere Brahmsische Satz verrät auch dieser die Einwirkung Schuberts und auch Haydns — jener beiden süddeutschen Meister, die ebenso wie der Norddeutsche Brahms immer wieder aus der Quelle volkstümlicher Melodik schöpften. Es ist ebenso interessant wie unterhaltend, die in diesem reichen, auch rhythmisch vielgestaltigen Schlußsatz zuerst stets einfach und leicht faßlich auftretenden Themen der Zwischenspiele in ihren variierenden Weiterentwicklungen und Verwebungen zu verfolgen. Zuletzt erfährt das heitere Bild noch eine Intensivierung seiner Stimmung durch Steigerung des Tempos.

Vier Jahre nach dem 1860 geschriebenen ersten Sextett hat Brahms sein zweites Streichsextett, op. 36, in G-dur geschaffen. Man weiß nicht, welchem der beiden Werke man den Vorzug geben soll — keinesfalls steht aber dieses zweite an Einfallsfülle, Stimmungsreichtum, Klarheit und Klangschönheit hinter dem B-dur-Sextett zurück. Über einer durch 32 Takte gleichbleibenden Achtelbewegung der ersten Bratsche auf den Tönen g—fis, also über dem apart als *bewegte* liegende Stimme eingeführten Grundton g, erhebt die erste Geige ihre Stimme zu einem — mit zwei sich folgenden Quintschritten zur Höhe beginnenden — mezza voce vorgetragenen Gesangsthema, an dessen

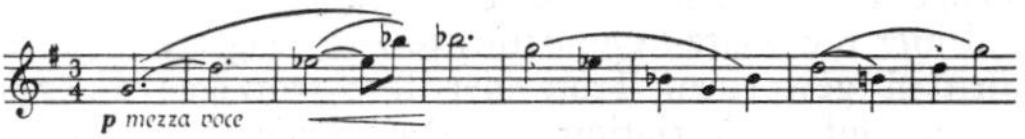

wiegender und liebevoll ausgreifender Melodie bald die anderen Instrumente Anteil haben dürfen. Auch die anfängliche Achtelbewegung gelangt bald zu weiterer Bedeutung, klingt wie ein webender Naturlaut durch alle Stimmen. Alles ist in reinen Wohlklang getaucht. Voll milder Gesanglichkeit auch das zuerst im 1. Cello auftretende, dann von der 1. Geige übernommene Seitenthema. Noch im Verlauf der Exposition hat Brahms hier den Vornamen der für ihn unerreichbar gebliebenen Agathe v. Siebold zweimal als Tonfolge a—g—a—(d)h—e in echt romantischer Weise eingefügt. Thematisch bildet diese Tonfolge den Ausgangspunkt für ein sehnsüchtiges Motiv im Nachsatz der Exposition. Helles Licht, die weiße Bläue eines nordischen Sommerhimmels herrscht stimmungsmäßig in diesem köstlichen Satz. Nur einmal, vor der Reprise, scheint eine Wolke — ihre tönenden Symbole: Molleintrübung und chromatisch absinkende Linien — das besonnte Firmament zu durchschweben. Von erlesenem Reiz die Coda! Nach g-moll führt das eigenartig kapriziöse *Scherzo* (Allegro non troppo, ²/₄) — aber dieses Moll hat hier nicht die Bedeutung einer Stimmungsabdunklung, sondern nur die einer Brahmsischen Tönung und Farbe. Heller freilich wirkt das G-dur des kraftvollen Trios (Presto giocoso). Als *langsamer Satz* folgt ein Poco Adagio (e-moll, ⁴/₄) mit fünf stimmungsstarken, kunstvollen Variationen. Der erste und dritte Takt der edlen, getragenen Leitmelodie, der

die chromatisch abwärtsgleitenden, rhythmisch eigenartig verflochtenen Stimmen der 2. Geige und 1. Bratsche einen klagenden Untergrund geben, weisen deutliche Bezüge zum ersten Thema des ersten Satzes auf, nur sind hier die weiten Quintschritte zu beengteren Quartschritten geworden. Trotz der fast trotzigen Energie der 3. und 4. Variation, die von einem kantigen, in die Oktave aufspringenden Motiv durchzuckt sind, und trotz der tröstlichen Wendung nach Dur in der 5. Variation trägt der ganze Satz den Charakter herber, schmerzlicher Klage um verlorenes Glück. Das *Finale* (Poco Allegro, ⁹/₈) bringt vor allem zwei wesenhafte, kontrastierende Gedanken zur Entfaltung. Auf der Dominante einsetzend, wirkt der Beginn mit dem in lebhaft pochender ¹/₁₆-Bewegung gehaltenen ersten Thema zunächst wie ein Ritornell, das dem eigentlichen Anfang vorangeht. Ohne Verbindungsglied setzt aber dann (tranquillo) schon das gesangliche zweite Thema ein. Bald tritt der erste Gedanke wieder hervor, nun aber, nach dem Wegfall der die Melodiestufen verschleiernden Bewegung, klarer konturiert und freilich auch schon verwandelt. Die rasche ¹/₁₆-Bewegung des Satzbeginns dringt aber doch immer vor und gibt dem Verlauf des Finales eine mitreißende Lebendigkeit, die sich im Animato der Coda noch steigert; immer mehr überflutet rauschende Klanglichkeit die Linienführung des Melodischen.

Abschließend darf zu diesen Werken für Streicher noch gesagt werden, daß ihre Wiedergabe, soll die nicht immer offen zutageliegende klangliche Schönheit voll zur Geltung kommen, der höchsten Sorgfalt und Reintönigkeit im Spiel bedarf; nur dann werden gewisse Sprödigkeiten und Fahlheiten der Klangbilder überwunden, die manchem den Zugang zur Kammermusik von Brahms erschweren.

WERKE MIT BLASINSTRUMENTEN

Nur zwei Blasinstrumente, allerdings sehr geliebte, hat Johannes Brahms in sein Kammermusikschaffen einbezogen: in jungen Jahren das romantisch volltönige Horn, das er einst selbst spielte, später die ausdrucksreichere Klarinette. Aus dem Jahre 1865 stammt sein Es-dur-Trio op. 40 für Klavier, Violine und Waldhorn. Nicht ein Allegrosatz wie sonst, sondern ein *Andante* (2/4) bildet den Auftakt dieses Werks — ein Satz, dessen einfaches, gemütvoll wiegendes, für die Spielweise des Horns sehr glücklich erfundenes

Hauptthema den Charakter des Stücks weithin bestimmt. Lebhafter in der Bewegung ist das schwärmerisch-sehnsüchtige Seitenthema, das dem knapp gefaßten, auf eine eigentliche Durchführung verzichtenden Satz einen reizvollen Stimmungskontrast gibt. An zweiter Stelle steht ein *Scherzo* (Allegro, Es-dur, 3/4) — ein vom Klavier unisono in Oktaven intoniertes, kraftvoll drängendes Stück, für das die Bewegung in gleichmäßigen Vierteln bezeichnend ist; das gesanglich fließende, ruhigere Trio in as-moll bietet dazu einen fast schwermütigen Gegensatz. Den sehr ernsten Mittelpunkt des Werks bildet ein *Adagio mesto* (es-moll, 6/8), das sich in trauervollen Klagen ergeht: schmerzliches Gedenken des Meisters an seine im Februar 1865 verstorbene Mutter. Besonders stimmungsvoll die Zwiesprache zwischen Geige und Horn im Mittelteil mit den leise bewegten, geheimnisvollen Harmonien des Klaviers. Der letzte Teil dieses Satzes bringt bereits einen hier liedhaft wirkenden Vorklang des heiter bewegten

Themas, das als Hauptgedanke das *Finale* (Allegro con brio) beherrscht. In kaum unterbrochener $^6/_8$-Bewegung eilt der die Stimmung erhellende Schlußsatz dahin, doch werden auch Stimmen der Sehnsucht in schwellendem Gesang darin laut, bis er endlich kraftvoll und ganz tagseitig seinem Ende zustrebt.

Die vier Werke, in denen Brahms die *Klarinette* verwendete, entstammen der Spätzeit seines Lebens und schließen bedeutungsvoll den Kreis seines kammermusikalischen Schaffens. Sie sind Schöpfungen von letzter innerer Vollendung, Zeugnisse eines abgeklärten Künstler- und Menschentums — innigste, heimlichste Aussage eines Menschen, der schon „allem Abschied voran“ ist, leidentbundener Gesang eines reinen, gütigen Herzens. Die ernste Grundströmung seines Wesens verwehrte es Brahms, sein letztes Wort lachend zu sagen wie etwa Verdi im „Falstaff“. Vielmehr wächst noch in diesen Spätwerken die Neigung zum stillen, verträumten Nach-innen-Singen, zum Hineinhorchen in die Tiefe der eigenen Seele.

Den äußeren Anlaß zu den hier zu nennenden Schöpfungen bot die Bekanntschaft mit dem hervorragenden Klarinettisten Richard Mühlfeld. So entstanden im Sommer 1891 ein Trio und ein Quintett mit Klarinette und drei Jahre später für denselben Künstler die beiden Klarinetten-Sonaten. Das — leider nur selten zu hörende — Klarinetten-Trio op. 114 in a-moll, das zur Klarinette die Stimmen des Klaviers und des Cellos fügt, vereint in seinen vier Sätzen schlichte Klarheit und espressive Redekraft des Melos mit erlesener kontrapunktischer Satzkunst. Beglückend zu erleben, wie sich im *ersten Satz* (Allegro,

alla breve), ausgehend von dem bogenartig auf- und absteigenden, von einer in sich selbst ruhenden Kraft erfüllten ersten Thema, das ernste Gedankenspiel entfaltet, wie da alles nahtlos aus thematischer Substanz gebildet ist und wie mit der Natürlichkeit eines pflanzenhaften organischen Wachstums eine Entwicklungsstufe der anderen folgt. Wie schön auch das zarte, lebensvolle Stimmengewirk des — zwischen Trauer und Trost schwebenden — D-dur-*Adagios.* Die lichteste Episode des Werks wird der *dritte Satz,* ein Andantino

grazioso (A-dur, $^3/_4$), das von einem bezaubernden melodischen Gedanken getragen wird, sich im Mittelteil zu einem reizenden Wechselspiel von Klarinette und Cello steigert und im D-dur-Trio die Klarinette zu einer lieblich ausschwingenden Ländlerweise führt. Der Moll-Dur-Ausklang des verkürzten Wiederholungsteils lenkt allerdings wieder in eine versonnene a-moll-Sphäre zurück. Kontrastreiches rhythmisches Leben herrscht in dem teilweise leicht magyarisch gefärbten *Finale* (Allegro). Die ersten acht Takte, die mit einer kontrapunktisch-imitatorischen Verknüpfung der Cello- und Klavierstimme einsetzen, enthalten bereits wesentliche thematische Zellen für die weitere Entwicklung: ein sich aufschwingendes Thema, ein in Terzenparallelen bewegtes $^1/_{16}$-Motiv und ein punktiertes rhythmisches Motiv. Die Stimmung des Satzes verbindet die Brahmsische Moll-Heiterkeit mit leidenschaftlichen Steigerungen, aber auch mit gedankenvoll sinnenden Momenten. Unnötig zu sagen, daß in diesem Werk —

wie auch in den noch folgenden — die vielfältigen Ausdrucks- und Wirkungsmöglichkeiten der Klarinette — ihre beseelte melodieführende Kraft, ihre „romantischen" tiefen Lagen und ihre anmutige Beweglichkeit — meisterlich genutzt sind.

Weit mehr als dieses sehr kunstvolle Trio hat sich das herrliche Klarinettenquintett, op. 115, in h-moll, die Konzertsäle erobert und die Liebe aller Kammermusikfreunde gewonnen. Es ist ein Höhepunkt im gesamten Schaffen des Meisters. Würdig und gleichwertig steht es neben dem für die gleiche Besetzung komponierten A-dur-Quintett von Mozart (nach Brahms schrieben auch Max Reger und Karl Höller für diese offenbar sehr inspirierende instrumentale Kombination meisterliche Werke). Innerhalb des ganzen Werks darf man vielleicht dem *ersten Satz* (Allegro, 6/8) den höchsten Preis zuerkennen. Von den unvergeßlichen ersten Takten an — mit dem Ter-

zen- und Sexten-Zwiegesang der Geigen — steht man im Banne des heimlichen, unnennbaren Zaubers dieser wehmütig-innigen Musik. Nach diesem thematisch bedeutsamen Eingang tritt vom fünften Takt an die Klarinette führend hervor. Zur biegsamen Weichheit des Anfangs stellt sich das von den Streichern vorgetragene markige zweite Thema in einprägsamen Gegensatz, während das in Achteln singende lyrische dritte Thema wieder von der Klarinette angestimmt wird. Von unbeschreiblicher Wirkung die zögernde dolce-Stelle gegen Ende der Exposition, die gleich der ihr folgenden, rhythmisch fein differenzierten Kantilene aus dem dritten Thema hervorblüht. Köstlich wie diese erste Entwicklung der Gedanken ist auch die verhältnismäßig kurze, mit dem gegebenen thematischen Gut kunstreich spielende Durchführung, deren fast feierlich-ernstes Zentrum das Wiedererklingen des zweiten Themas in Des-dur bildet. Mit dem von der Klarinette wie verhauchend nochmals angestimmten ersten Thema verklingt der Satz. Ihm folgt ein edles, seelenvolles *Adagio* (H-dur, $^{3}/_{4}$), in dem die Kantilene des

Blasinstruments in einer melodisch, harmonisch und rhythmisch gleich reizvollen Weise mit dem con-sordino-Spiel der Streicher verwoben ist. Ein h-moll-Mittelteil setzt diesem friedlich-elegischen Singen einen sehr einprägsamen Kontrast entgegen: immer wieder ausgehend vom melodischen Beginn des Satzes, ergeht sich die Klarinette rhapsodisch frei und unruhvoll in kühnen, ausdrucksvollen Figuren und Läufen, denen die Streicher dann im weiteren Verlauf einen durch Tremoli erregten, farbig harmonischen Untergrund geben. Das Ganze eine von Meisterhand geadelte Nachbildung des Phantasierens der ungarischen Zigeunermusiker. An dritter Stelle bringt das Quintett einen zweigliedrigen Satz: ein schlicht liedhaftes, melodisch wieder von der Klarinette geführtes *Andantino* (D-dur, $^{4}/_{4}$) bildet den ersten Teil; daran fügt sich, als eigentliches Scherzo des Werks, ein aus der gleichen Motivik gewonnenes, rhythmisch scharf profiliertes und wiederum magyarisch getöntes *Presto* (non assai, ma con sentimento). Als *Finale* folgt ein abwechslungsreicher, feingliedriger Variationssatz über ein einfaches gesangliches Thema, das Verwandtschaft zu den Hauptthemen des ersten und dritten Satzes zeigt. In der fünften und zugleich letzten dieser Variationen klingt bereits das $^{1}/_{16}$-Motiv des Werkanfangs an und bereitet so das Nachspiel vor, das nun einen Rückgriff auf das volle 1. Thema des Kopfsatzes bringt und das Finale in ähnlich verhalten-wehmütiger Weise wie jenen ersten Satz ausklingen läßt.

Es bleibt noch der beiden Klarinettensonaten (1894) zu gedenken, die den Ausklang von Brahms' Instrumentalschaffen bilden: nach ihnen hat er nur noch die „Vier ernsten Gesänge“ und einige Choralvorspiele für Orgel komponiert. Beide Sonaten stehen weder an bewegender Aussagekraft noch im Einfall hinter diesen zuletzt erwähnten Werken zurück. Leider hört man sie zumeist nur in der vom Komponisten allerdings selbst eingerichteten Fassung als Bratschensonaten, obwohl nur die Originalform ihre Reize ganz erschließt. Die erste Sonate, op. 120/1, in f-moll, beginnt mit einem *Allegro appassionato* von starker Innenspannung des Ausdrucks bei edler Klarheit der Form. Diesem Auftakt — dem einzigen Moll-Satz der Sonate übrigens — folgt im *Andante un poco Adagio* (A-dur, 2/4) ein Tongedicht von großer Zartheit und inniger Verträumtheit, entwickelt aus einem Ruhe und leise Erregtheit eigenartig vereinenden Gesangsthema. Bezaubernd das fast schubertisch liebliche und doch so echt Brahmsische, leicht tänzerische

Allegretto grazioso (As-dur, 3/4). Die leidenschaftliche Haltung des ersten Satzes und die stille Versonnenheit der Mittelstücke weicht im *Finale* (F-dur, alla breve) einem frischen Musizieren voll lichter Kraft. Wohlig singt sich das Seitenthema in Sextenklängen aus. Von ganz besonderem Reiz eine innige kleine Episode in d-moll, ein kleines, fast scherzhaftes Liedchen, einer der anmutigsten Einfälle des alten Meisters.

Die zweite Klarinettensonate, op. 120/2, in Es-dur wird von einem *Allegro amabile* eröffnet, dessen schönes gesangliches Hauptthema

schon auf die milde, entspannte Stimmung des ganzen Satzes deutet, dem freilich auch die Gegengewichte kräftiger Akzente nicht fehlen. Zu leidenschaftlicher Bewegung steigert sich der Gesang des *zweiten Satzes* (Allegro appassionato, es-moll, 3/4): bezeichnend für die verstärkte Intensität der Empfindung der über zwei

Oktaven ausgreifende Bogen der einleitenden Klarinettenmelodie. Der sostenuto-Mittelteil, dessen Weise das Klavier zuerst bringt, wendet sich nach H-dur (im Verhältnis zu es-moll eigentlich Ces-dur). Den Ausklang des Werks bilden sechs freie *Variationen* über ein volksliedhaftes Thema (Andante con moto, $^6/_8$): köstliches, auf beide Instrumente verteiltes Spiel von allmählich anwachsender und zu einem es-moll-Allegro führender Bewegung, die sich dann im letzten Teil etwas beruhigt. Kraftvoll, mit einer Auflichtung nach Es-dur, schließt der Satz. *A. W.*

PETER ILJITSCH TSCHAIKOWSKY

* 7. Mai 1840 in Wotkinsk, † 6. November 1893 in St. Petersburg

Ursprünglich für die Beamtenlaufbahn bestimmt, wurde er u. a. Schüler A. Rubinsteins. 1866 von N. Rubinstein ans Moskauer Konservatorium als Theorielehrer berufen. Von 1877 an widmete er sich dem freien Schaffen, das ihm durch das Mäzenatentum der Frau von Meck, später durch einen Ehrensold des Zaren ermöglicht wurde. Bei seinem Tode war Tschaikowsky eine Weltberühmtheit.

In der Entwicklung der russischen Kammermusik spielt Tschaikowsky eine führende Rolle. Bevor er in die Öffentlichkeit trat, hatte er sich in kammermusikalischen Federübungen versucht, so daß sein 1. Streichquartett in D-dur op. 11 erstaunliche Beherrschung der Form und Klangstruktur bekundet, wenngleich es in musikantischer Unbefangenheit durchaus im Charakter unterhaltsamer Spielmusik verharrt. Spielend löst der musizierfreudige Kopfsatz das Problem der Sonatenform, ohne zu inhaltlichen Tiefen zu dringen. Das *Andante cantabile* verwendet als Kerngedanken ein von den Lippen des singenden Volkes empfangenes

Liedthema. Das rhythmisch stark akzentuierte, etwas herbe *Scherzo* mündet unmittelbar in ein von ähnlichen Impulsen wie der Kopfsatz bewegtes Finale. Das 2. Streichquartett in F-dur op. 22, ebenfalls vom Atem der Volksmusik gestreift, entwickelt nach einer chromatischen Adagio-Einleitung einen meisterhaften Hauptteil *(Moderato assai)*, dessen fruchtbarem Hauptgedanken immer neue Metamorphosen entwachsen. Das *Scherzo* erzielt durch einen reizvollen 7/4-Takt, der infolge Kombination zweier Sechsachteltakte mit einem Neunachteltakt entsteht, aparte Wirkung. Im melodiös elegischen *Andante* kommt es im Mittelteil zu leidenschaftlichen Entladungen. Im *Finale* treiben ein energischer Hauptgedanke und ein graziöses

Seitenthema launiges, von einem Fugato gekröntes Spiel. Der expressive Tschaikowsky der späteren Werke offenbart sich in dem sehr bedeutenden 3. Streichquartett in es-moll op. 30, dem der frühere spielmusikantische Zug (mit Ausnahme des Finale) fehlt. Der Tod des befreundeten Geigers F. Laub gab den Anlaß. Sowohl das einleitende, zum Schluß wiederkehrende *Andante* als auch das wehmütige Erinnerungsbilder reihende *Allegro moderato* des 1. Satzes geben schmerzlichen Empfindungen Ausdruck. Im *Scherzo* mit marschartigem Trio scheint hingegen ein heiteres Jugenderlebnis nachzuklingen. Zentrale Bedeutung hat das dunkelste Töne anschlagende Andante, in dem, ähnlich wie in der VI. Symphonie, die russische Totenmesse beziehungsvoll anklingt. Das Finale *(Allegro non troppo e risoluto)* gibt in seiner tatkräftigen Haltung dem Leben sein Recht. Das Streichsextett (Souvenir de Florence) in d-moll op. 70 mit italienischer Thematik und wohlausgewogenen Klangwirkungen ist ein blühendes, trotz vorwiegenden Mollcharakters heiteres Stück Unterhaltungsmusik.

Der kammermusikalischen Weltliteratur gehört das Klaviertrio in a-moll op. 50, musikalisches Totenmal für Nikolai Rubinstein, an. Das Trio besteht aus nur zwei, jedoch sehr weiträumigen Teilen, von denen der zweite den langsamen Satz und das Finale zusammenfaßt, und mutet gleich einer Vorstufe zum Bekenntnischarakter der „Pathétique“ an. An der Spitze des 1. Satzes steht ein elegisches Gesangsthema

echt russischer Prägung, dem in einer der sonstigen Anordnung widersprechenden Folge das eigentliche Allegro-Thema nachgestellt wird. Die Durchführung erschöpft den Themenbestand bis in die kleinsten Motivteile, die Reprise ist verkürzt, dafür die Coda sehr ausgedehnt. Der 2. Teil bringt eine russische Liedweise aus dem gemeinsamen Erinnerungsbesitz Rubinsteins und Tschaikowskys und unterwirft diese 11 sehr gegensätzlichen, zwischen Licht und Schatten wechselnden Charaktervariationen, darunter Scheinkanon (IV), Walzer (VI), Fuge (VIII), Mazurka (X). Mit der 12. Variation beginnt das eigentliche Finale *(Rondo)*, das zu gewaltigen Steigerungen aufwächst, um schließlich in der Elegie des Anfangsthemas zu erlöschen. W. Z.

ANTONÍN DVOŘÁK

* 8. September 1841 in Nehalozeves bei Kralup,
† 1. Mai 1904 in Prag

Sein Vater war ein musikliebender Fleischhauer und Gastwirt. Seit 1857 studierte Dvořák an einer Prager Orgelschule. Den Lebensunterhalt verdiente er sich damals als Tanzgeiger. Von 1862 bis 1873 war er Bratschist am Nationaltheater in Prag, erhielt 1875 ein Staatsstipendium, gewann sich die Anerkennung und Freundschaft von Johannes Brahms und wurde 1890 Lehrer am Prager Konservatorium. Von 1892 bis 1895 lebte er in New York als Leiter des National Conservatory, dann wieder in Prag, wo er 1901 Direktor des Konservatoriums wurde.

Neben dem siebzehn Jahre älteren Smetana ist Dvořák der größte Meister der tschechischen Musik des 19. Jahrhunderts geworden. Im Bereich der Kammermusik kommt ihm sogar weit größere Bedeutung zu als jenem, da sie mit etwa zwanzig gewichtigen Werken einen ansehnlichen Teil seines Gesamtschaffens umfaßt, während sich Smetana nur dreimal in seinem Leben kammermusikalischer Formen bediente. Wie Schubert, mit dem ihn mancher Gleichklang des Wesens verbindet, gehört Dvořák zu den Komponisten, deren Schaffen bei den meisten Musikern und Musikfreunden vorbehaltlos freudige Zustimmung und Liebe weckt. Wer vermöchte sich auch der frischen Natürlichkeit und innigen Wärme seiner Musik zu entziehen, wer fühlte sich nicht immer wieder stark angerührt von ihrem musikantischen Schwung, ihren elementaren Rhythmen, ihrem melodischen Reichtum, ihrer schlichten, echten Gemütstiefe und ihrem beglückenden Wohlklang? Dazu kommt ein Wesenselement, das ihn nicht nur bei seinen Landsleuten beliebt gemacht und zu Ehren gebracht hat: seine Verbindung mit der böhmischen Volksmusik, mit dem starken, reinen Naturlaut ihrer Liedmelodik und ihrer Tanzrhythmen. In glücklichster Weise hat er diesen ausdrucksvollen heimischen Klang seiner Kunst eingeschmolzen. Nicht weniger stark aber hat die klassische und romantische deutsche Musik von Haydn bis Brahms geistig verpflichtend und formbildend auf sein Schaffen eingewirkt.

WERKE MIT KLAVIER

Dvořáks Kammermusik für Streicher mit Einbeziehung des Klaviers umfaßt, wenn man von einigen Früh- und Nebenwerken absieht, zwei Werke für Geige, vier Trios, zwei Quartette und ein Quintett. Von den beiden Kompositionen für Violine und Klavier entstammt die Sonate op. 57 in F-dur dem Jahre 1880. Sie verdiente — wie so manches andere dieses Meisters — besser gekannt und mehr gespielt zu werden. Dreisätzig, erreicht sie nach einem rhythmisch und melodisch frischen *Allegro ma non troppo* im Mittelteil, einem edlen, gesanglichen *Poco sostenuto* (A-dur, 6/4), namentlich in schönnen dialogisierenden Stellen der beiden Instrumente, ihren lyrischen Höhepunkt, während im *Finale* (Allegro molto, 2/4) heitere, volkstümlich-tänzerische Elemente zum Durchbruch gelangen. Die Sonatine op. 100 in G-dur ist 1893 während des Aufenthalts in Amerika entstanden und vom Komponisten ausdrücklich „für die Jugend" bestimmt. In allen vier Sätzen dieser liebenswürdigen Hausmusik spürt man die leicht und sicher gestaltende Hand eines schaffensgewandten Künstlers. Besonders berühmt wurde einst das *Larghetto* (g-moll) unter dem Namen „Indian Canzonetta"; im melodischen Tonfall, im synkopischen Rhythmus, in der Stimmung des Satzes spürt man die Anregungen, die Dvořák durch amerikanische Volksmusik empfangen hat. Auch die Thematik des *Finales* (Allegro) weist solche folkloristischen Züge auf.

Die Reihe der Klaviertrios eröffnen die in den Jahren 1875 und 1876 entstandenen opera 21 und 26. Schon das B-dur-Trio op. 21 ist ein bezeichnendes Beispiel für Dvořáks ursprüngliches, quellfrisches Musizieren aus dem Vollen. Köstlich das singende erste Thema des Eingangssatzes *(Allegro molto)*, mit dem die Geige über zarter, aber klangvoller Begleitungsbewegung des Klaviers ihre Stimme erhebt; ebenso reizvoll der rhythmische und melodische Gegensatz des F-dur-Seitenthemas. Ein Stück stimmungsvoller romantischer Empfindungsmusik ist das aus einem etwas melancholischen Liedgedanken entwickelte *Adagio molto e mesto;* von schubertischer Innigkeit das anmutige Thema des Mittelteils. Diesem Satz folgt in einem *Allegretto scherzando* mit Trio ein nicht minder ansprechendes musikalisches Genrebildchen voll graziös-heiterer Laune. Das *Finale* (Allegro vivace, $^6/_8$) fesselt durch jugendfrischen Elan und prägnante, bezwingende Einfälle. In Moll beginnend, verbindet es auch in seinem weiteren Verlauf durch Moll-Abdunklungen die vorherrschenden Züge eines kraftvoll-frohen Strebens mit dem Element einer kämpferischen Willensanspannung. Über das diesem Werk zeitlich nahe benachbarte Klaviertrio op. 26 in g-moll sagt Dvořáks Biograph Otakar Šourek, es sei „in seiner Stimmung stark durch einen Ausdruck von Bangigkeit und schmerzvoller Sehnsucht gefärbt". Dieser wehmütigen Grundstimmung entringt sich Dvořák erst im frohgemuten, nach G-dur führenden Finale des aus vier Sätzen (Allegro moderato — Largo — Scherzo, Presto — Allegro nontanto) gefügten Werks. Einer gereifteren Entwicklungsstufe des Komponisten gehört das 1883 geschriebene f-moll-Trio op. 65 an, ein Werk von packender, leidenschaftlicher Kraftfülle und bedeutender lyrischer Intensität. Stark fühlbar wird hier der Einfluß von Brahms (Klaviersatz!). Mit einer sehr plastischen Themengestalt (Oktaven-Unisono der Streicher) beginnt das gedankenreiche *Allegro ma non troppo.* Ebenso aussagemächtig wie dieser Leitgedanke sind auch die folgenden Themen, so namentlich das im 9. Takt erstmals erscheinende, energisch-pathetische Moll-Dur-Thema und das gleichfalls stark eingetrübte, ernste As-dur-Gesangsthema, das dann zu einem kämpferisch-trotzig empordrängenden Gedanken überleitet. Von Dvořáks Phantasie zeugt aber nicht nur die scharf geprägte Thematik selbst, sondern auch ihre Weiterentwicklung: so etwa die Wandlung des ursprünglich energievollen Moll-Dur-Themas zu espressiver Gesanglichkeit gegen Ende der Durchführung, wo es im Cello zu leise wogender Klavierbegleitung über einem neuntaktigen Orgelpunkt auf *Ges* erscheint. Mit einer markanten Stretta schließt der gewichtige Satz. An zweiter Stelle folgt ein *Allegro grazioso* (cis-moll, $^2/_4$), dessen

volkstümliches tänzerisches Thema das Klavier zu triolischer staccato-Bewegung der Streicher anstimmt. Blühende Gesanglichkeit entfaltet sich im lyrischen Gegensatz des Trios. Herzstück des Werks wird das seelenvolle *Poco Adagio* (As-dur), in dem sich viel Schwermut und Trauer in Gesang löst: zwei Themen vor allem, ein klagendes und ein tröstliches, beherrschen den weithin in Moll-Dunkel getauchten, stimmungsstarken Satz. Die leidenschaftliche Grundstimmung wird auch im *Finale* (Allegro con brio, $^3/_4$) immer wieder spürbar, obgleich hier ein tanzhafter, in der Rhythmisierung an den „zwiefach“-taktigen tschechischen Volkstanz „Furi-

ant“ gemahnender Leitgedanke alle dunkleren Strömungen zurückdämmt und niederhält. Auch hier werden brahmsische Einflüsse deutlich, z. B. in dem schwellenden Ausdruck des innigen tranquillo-Seitenthemas. Der eingeborne kraftvolle Lebenswille erzwingt sich aber nach allem wilden Drängen und rückschauendem Bedenken zuletzt doch freie Bahn im brausenden Vivace-*Dur*-Ausklang.

Dvořáks berühmtestes Klaviertrio wurde das 1890/1891 komponierte vierte, das sog. Dumky-Trio op. 90 in e-moll, wohl weil hier das nationale Element seiner Musik besonders stark hervortritt. „Dumky“ (Mz. von „Dumka“) nennt man eine Art von balladesken slawischen Liedern und Tänzen. Die Sätze dieses Trios sind freie instrumentale Nachbildungen solcher volkstümlichen Gesänge. Bezeichnend für den Charakter des Werks gleich der *erste Satz:* er gliedert sich in zwei Hauptteile, deren erster zweimal die Folge Lento maestoso (e-moll) und Allegro (E-dur) bringt, während der zweite Abschnitt aus der gleichfalls wiederholten Folge Poco Adagio (cis-moll — Cis-dur) und Vivace non troppo (cis-moll) besteht. Die Wiederholungen werden natürlich nicht wörtlich gebracht, sondern in phantasiereichen, namentlich das Klangbild umprägenden Varianten. Der in dem Wechsel von *Langsam* und *Schnell* liegende Kontrast ist mit dem damit verbundenen Gegensatz von schwermütig-ernster Liedweise und freudig entfesseltem Tanzrhythmus nicht nur für dieses Werk charakteristisch, sondern für die in solchen Kontrasten sich auslebende Eigenart slawischen, östlichen Empfindens. Gleichen Wechsel von Wehmut und Lust, Ernst und Heiterkeit, versonnener Trauer und wildem Temperamentausbruch zeigt z. B. auch der ungarische Csárdás. Klangschöne Verteilung des Melodischen auf die drei, zeitweise solistisch hervortretenden Instrumente gibt auch dem *zweiten Satz* ein reizvolles Gepräge, der, in ein helle-

res, aber doch gedämpftes Licht gerückt, eine verträumte A-dur-Liedweise mit einem tänzerischen a-moll-Vivace kontrastiert. Der *dritte Satz* beginnt mit einem Andante moderato (d-moll, $^{2}/_{4}$) im Tempo eines Marsches, das aber bald von einem Allegretto scherzando unterbrochen wird, welches dann wieder dem zu gesteigerter Bewegung anwachsenden ersten Teil weichen muß, der bis zum Verklingen des Stückes in Dur auch die Führung behält. Einen ganz anderen Ton schlägt das kraftvoll, fast trotzig beginnende nun folgende *Allegro* (Es-dur, $^{6}/_{8}$) an; doch entspannt sich diese herrischpathetische Haltung bald im strömenden Gesang des Violoncell und einer scherzohaften drängenden, zwischen Dur und Moll schwebenden Weiterentwicklung. Das *Finale,* das schon Vorklänge des nachfolgenden Vivace-Themas bringt, berührt mit einem Lento maestoso noch einmal die ernste Stimmungssphäre. Mit dem zweimaligen Wechsel von *Langsam* und *Rasch* ist der Satz ähnlich wie die beiden Teile des Eingangssatzes angelegt. Sehr hübsch und sehr einprägsam die lustige Volkstanzweise des Vivace-Teils, die bezeichnenderweise in c-moll und in C-dur erklingt.

Von den beiden Klavierquartetten des Meisters gehört das erste, op. 23 in D-dur, seiner früheren Schaffenszeit (1875) an, steht also in der Nähe der genannten ersten Klaviertrios. Aus drei Sätzen gefügt, beginnt es mit einem lebendigen, thematisch und rhythmisch fesselnden *Allegro moderato*, bringt dann als Kernsatz ein h-moll-*Andantino* mit fünf schönen Variationen über ein feines kantables Thema und schließt mit einem abwechslungsreichen fröhlichen *Allegretto scherzando*, das sich episodisch zum *Allegro agitato* steigert und einen gesanglichexpressiven Gegensatz zum Leitgedanken damit verbindet. Bemerkenswert ist die klangliche Gestaltung, vor allem die immer durchsichtige, luftige, allem Massigen ausweichende Art der Klavierbehandlung. Das Werk ist auch dem häuslichen Musizieren erreichbar.

Noch eigentöniger aber und reicher an Gedanken wie an Wirkung ist das 1889 komponierte Klavierquartett op. 87 in Es-dur. Schon der Auftakt des ersten Satzes (Allegro con fuoco, 4/4) mit dem markigen Unisono-Vortrag des Hauptthemas durch die drei

Streichinstrumente deutet in seiner spannungsreichen, geballten Diktion auf eine Entwicklung voll Kraft und Erregung. So entfaltet sich nun der wie aus einem Guß geformte Satz in einer diesem Leitgedanken angemessenen Weise: seinem expressiven Impetus tritt nur in der Exposition und in der Reprise ein sehr weiches Gesangsthema als wirklicher Gegensatz entgegen. Ganz anders der empfindungsvolle, klanggesättigte *zweite Satz* (Lento, Ges-dur, 4/4), der in einer fast rhapsodisch freien Form fünf thematisch verschiedene Teile aufweist, die in gleicher Folge variierend wiederholt werden, wobei der mächtig gesteigerte vierte Abschnitt (cis-moll) den stärksten Kontrast zur lyrisch-gesanglichen Grundhaltung bringt. Als *dritter Satz* folgt eine graziöse Tanzweise (Allegro moderato, Es-dur, 3/4) von fast gefälliger melodischer Linie trotz gelegentlicher Moll-Eindunkelung. Mit seiner drängenderen Bewegung und neuem, punktiertem Rhythmus hebt sich der ausgedehnte H-dur-Trioteil effektvoll vom Hauptsatz ab. Das in es-moll einsetzende *Finale* (Allegro ma non troppo, alla breve) knüpft in seiner kraftvollen, vorwärtsstrebenden Haltung an den ersten Satz an; doch weist jetzt alles auf eine kampfbefreite, lebensbejahende, frohere Seelenstimmung hin, und diesen Grundklang einer freudigmutigen Selbstbehauptung wahrt der Satz nun bis zu seinem klangprächtigen Ende.

Zu den Klavierquartetten kann auch noch das unter dem Titel „Bagatellen" veröffentlichte fünfsätzige opus 47 gezählt werden, wenngleich der Klavierpart eigentlich für Harmonium gedacht ist. Dvořák schrieb diese liebenswürdigen Stücke 1878 für einen ihm befreundeten Hausmusikkreis.

Sein erstes Klavierquintett (A-dur, op. 5) komponierte der tschechische Meister schon 1872, also noch in der Zeit seines Werdens und Reifens. Viel bedeutender ist das 1887 entstandene A-dur-Klavierquintett op. 81 — gewiß eines der reizvollsten Kammermusikwerke Dvořáks. In den vier Sätzen steht die Erfindung überall auf gleicher Höhe, und die Freude der Hörer wie der Spieler gründet sich gleicherweise auf den köstlich ausgebreiteten Reichtum an Gedanken, auf die Stimmungsfülle des Werks und seine schön ausgewogene Klanggestalt. Ganz vom Licht eines glücklichen Frühlingstags durchdrungen scheint der *erste Satz* (Allegro, ma non tanto, alla breve). Eingebettet in sanft wiegende Klavierklänge beginnt die Stimme des Cello eine ruhig atmende volksliedhafte Weise

zu singen, und später tritt, nach der ersten Entfaltung dieses Gedankens im gemeinsamen Spiel der Instrumente, die Bratsche mit einem nicht minder reizvollen

Seitenthema in cis-moll hinzu; beide Gedanken bilden mit ihren melodischen und rhythmischen Kräften die Grundlage für eine froh lebendige, im besten Sinne musikantische Weiterentwicklung. Als erster Mittelsatz folgt eine *Dumka* (Andante con moto, fis-moll, 2/4). Etwas Wehmütiges liegt über dem ruhigen Hauptteil des poetischen Satzes und in seiner Bratschenmelodie,

während der klanglich bezaubernde, etwas bewegtere Seitensatz vom Entzücken über das liebliche Weben der erblühenden Natur kündet. In rondohafter Gestaltung bringt der Satz eine viermalige Wiederkehr des ersten Teils; in dem siebengliedrigen Ganzen bildet ein Vivace im 2/8-Takt, das thematisch aus den Einleitungstakten abgeleitet ist, einen äußeren Steigerungsmittelpunkt des Dur und Moll apart kontrastierenden Stücks. Das *Scherzo* (A-dur, 3/4) ist ein Furiant, also in der Art eines raschen böhmischen Tanzes gestaltet, wenngleich unter Verzicht auf den dafür oft charakteristischen Wechsel von ungeradem und geradem Takt. Köstlich die Einfälle, die diesen Tanz tragen: sowohl das fröhlich loslaufende erste Thema wie das behaglich sangesselige zweite, das im 19. Takt das Cello anstimmt. Auch im ruhigeren Trio (F-dur) schweigt die lustige Weise des Scherzo-Hauptthemas nicht — wie ein Luftgebild fliegt und wirbelt sie über dem süß Träumenden dahin.

Diese helle, glückhafte Stimmung, die dem ganzen Quintett eigen ist, bricht sich endlich auch im *Finale* (Allegro, 2/4) Bahn: das springt und tanzt dahin, so lachend und jauchzend, daß man sich unweigerlich davongetragen und mitgerissen fühlt von so viel freudigem Überschwang. Auch hier spürt man, daß die Themen dem Volksmund abgelauscht sind, aber wie meisterlich schaltet der Komponist mit diesen einfach-klaren, naturfrischen Melodien, wie merkt man in jeder Wendung dieses lebensvollen Satzes, daß da eben nicht nur ein vom Geist der heimatlichen Volksmusik erfüllter Musiker, sondern ein mit viel eigenwüchsigen Gedanken und großer Gestaltungskraft gesegneter Künstler am Werke ist.

WERKE FÜR STREICHER ALLEIN

Dvořák hat sich schon sehr früh mit der Form des Streichquartetts befaßt. 1862 schrieb der 21jährige sein erstes Quartett (A-dur, op. 2); dann folgten um 1870 drei weitere, in denen er sich mit dem Erlebnis der Musik Richard Wagners und Franz Liszts auseinanderzusetzen versuchte. Ein a-moll-Streichquartett op. 16 aus dem Jahr 1874 wurde dann seine erste gedruckte Komposition. Aus der Zeit der ersten Klaviertrios und des ersten Klavierquartetts stammt das 1876 komponierte E-dur-Quartett, das die erst später beigefügte, irreführend hohe Opuszahl 80 trägt: ein formal klar gestaltetes Werk, das durch die Neigung zu häufigen Molleintrübungen keineswegs so licht wirkt, wie es die helle Tonart E-dur vermuten läßt. Den *ersten Satz* (Allegro 4/4) tragen zwei Themen: ein — zunächst von der 1. Violine allein angestimmtes — ruhig gehendes und ein gleichfalls lyrisches, aber erwärmenderes in cis-moll, das die Geigen in Terzen zu singen beginnen. Die knapp gehaltene Durchführung arbeitet vor allem mit einer Verkleinerung des ersten Themas. Zarte Melancholie kennzeichnet den reizvollsten Satz, ein *Andante con moto* (a-moll, 3/8), dessen Wesen zwei schlichte, halb lied-, halb tanzhafte melodische Gedanken bestimmen. Das folgende *Allegro scherzando* zeigt in seinem Hauptsatz (E-dur) wie im Trio (cis-moll) graziösen tänzerischen Charakter. Ein sehr lebhaftes, vorwärtsstürmendes Stück ist das weithin von pochendem Triolenrhythmus angetriebene *Finale* (Allegro con brio, 4/4), in dem viel von Dvořáks Gefühlsintensität spürbar wird. Einprägsam auch die Thematik — vor allem das schon zu Beginn des (in gis-moll einsetzenden) Satzes in der Bratsche aufklingende Ruf-Motiv und der die Haupttonart E-dur kraftvoll festigende marschartige Gedanke mit seinen energischen Akkordschlägen.

Das nächste Streichquartett, op. 34, in d-moll trägt die Widmung „An Johannes Brahms", und damit sollte wohl nicht nur eine Dankesschuld abgetragen, sondern dem befreundeten Meister auch eine besondere Freude bereitet werden. So verwundert es nicht, daß dieses Werk bei aller Eigentönigkeit manchen brahmsischen Zug aufweist und die „Jüngerschaft" des damals (1877) 36jährigen Dvořák evident macht. Bezeichnend dafür schon der etwas elegische Tonfall des um den Dominantton *A* kreisenden Kopfthemas des

ersten Satzes (Allegro, 3/4) mit den darunter in Terzen und Sexten wandernden Stimmen der 2. Geige und Bratsche. Lichtere Tönung hat das gleichfalls in Terzen- und Sextenklang gefaßte liedhafte F-dur-Seitenthema. Diesem Gedankengut entsprechend wahrt die weitere Entwicklung gesanglichen, jedoch kräftig gesteigerten Charakter. Dem nationalen Musikgeist huldigt das anschließende *Allegretto scherzando* „Alla Polka" (B-dur, 2/4); auch das reizende, singende Trio (Es-dur, 3/8)

gründet auf einer slawischen Tanzform, dem tschechischen Ländlertyp der Sousedská. In ruhevoller, aber blühender Kantabilität entfaltet sich das überaus klangschön gesetzte, von allen vier Stimmen con sordino vorzutragende *Adagio* (D-dur, 3/4), in dessen Verlauf die Bratsche bei der Wiederkehr des edlen ersten Gedankens melodieführend hervortritt. Das *Finale* (Poco Allegro, 6/8) hält zwar im Einfall nicht ganz die Höhe der vorangehenden Sätze, fesselt aber durch seine lebhafte, fast tänzerische Grundhaltung und durch wirkungsvollen Wechsel von punktierten Rhythmen, laufender Bewegung und lyrischer Gesanglichkeit doch bis zuletzt.

Von der stetig reifenden Kraft des Meisters gibt das folgende Quartett op. 51 in Es-dur (1879) einen besonders einprägsamen Begriff. Die nationale Gebundenheit seiner Tonsprache tritt hier wieder bedeutsam zutage. Der *erste Satz* (Allegro ma non troppo, 4/4) ist ganz in Wohllaut und lyrische Stimmung getaucht. Schon das erste, aus der Naturmotivik der Dreiklangsstufen erblühende Thema deutet auf ganz

entspanntes, innig-naturfrohes Behagen, und auch das Seitenthema hat einen heiter-behaglichen Zug. Schön zu verfolgen, wie nun die wesentliche weitere Entwicklung vor allem von den drei Elementen des ersten Gedankens getragen wird: vom wiegenden Schwingen des ersten Taktes, von der ihm folgenden abwärtsgehenden Tonreihe und von dem kleinen 1/16-Motiv am Ende des zweiten Takts. An zweiter Stelle steht eine *Dumka,* also wieder eine instrumentale Nachbildung jener kontrastreichen slawischen Singballaden ukrainischen Ursprungs, deren Formtyp wir mehrfach bei Dvořák begegnen. Dementsprechend bringt der Satz einen wiederholten Wechsel von elegischer und tänzerischer Stimmung (Andante con moto und Vivace), und damit verbunden auch eine mehrfache Kontrastierung von Dur- und Moll-Wirkungen. Das ernste Anfangsthema bildet dabei auch den thematischen Ausgangspunkt für die in G-dur, aber auch in g-moll erscheinende Tanzweise. Nicht weniger stimmungsdicht ist die folgende *Romanze* (B-dur, 6/8) — ein stilles, liebliches Naturbild, ein Wiegen in Träumen. Aus dieser Sphäre aber entreißt uns mit keckem Schwung das ganz tänzerisch gehaltene *Finale* (Allegro assai, 2/4), das wieder naturfrische Urwüchsigkeit mit erlesener Satzkunst vereint.

Den gleichen Rang kompositorischer Kunst offenbart das C-dur-Quartett op. 61 (1881), in dem jedoch die national-slawischen Ausdruckselemente etwas zurückgedrängt sind. Hochbedeutend der *erste Satz* (Allegro, 4/4), dessen spannungsreiche Entwicklung von zwei gegensätzlichen Kräften bestimmt wird: von dem redemächtigen, melodisch und rhythmisch höchst plastisch konturierten Gedanken, den die erste Violine zu

Beginn vorträgt und sogleich leidenschaftlich vorandrängend weiterführt, und von dem sehnsüchtig-weichen, durch Halbtonschritte und entsprechende chromatische Harmonisierung gekennzeichneten Gesangs-Seitenthema. Der mächtigen Innenspannung des Geschehens entsprechen die starken dynamischen Gegensätze und die stellenweise fast orchestral geweitete Klangbildformung. In einen tiefernsten, versonnenen Empfindungsbereich führt der sehr edle *zweite Satz* (Poco Adagio e molto cantabile, F-dur, 4/4). Erst im *Scherzo* (Allegro vivo, a-moll, 3/4) bricht sich wieder frische Lebensenergie Bahn. Reizvoll der tanzliedhafte Kontrast des breit ausgesponnenen, klanglich aparten Trioteils in A-dur. Im *Finale* (Vivace, 2/4) aber hebt ein

Tanzen und Singen von schier schubertischer Überschwenglichkeit an. So klingt das Werk mit einem neuen Bekenntnis zum heimischen Volkstum aus.

Das berühmteste von allen Streichquartetten Dvořáks ist sein 1893 in Amerika komponiertes F-dur-Quartett op. 96 geworden, das die Vorzüge der musikantisch-frischen und klangfreudigen Schreibweise des Meisters mit jenem eigenartigen melodischen und rhythmischen Tonfall vereinigt, der auch für die Sinfonie „Aus der Neuen Welt" und das Streichquintett op. 97 bezeichnend ist. Es handelt sich dabei um die Einwirkung amerikanischer Musik auf sein Schaffen, oder besser: um seine höchst persönliche Auswertung von Anregungen, die ihm die Begegnung mit der Musik nordamerikanischer Indianer und Neger bot. Seine Eigenart ist von diesen Elementen nicht überdeckt worden: Dvořák hat nicht etwa originale Melodien des fremden Landes verwendet, sondern nur ihren eigentümlichen Reizen eine neue Note für seine eigenen Einfälle abgewonnen. In die romantische Stimmung und frische Klangwelt des F-dur-Quartetts führt gleich das unterm süß flirrenden Klang der Geigen von der Bratsche angestimmte erste Thema ein. Diese melodisch und rhyth-

misch so prägnante Gestalt ist der Kerngedanke des ganzen Werks, denn alle wichtigen weiteren Themen sind aus dem nämlichen Stoff gebildet, aus der fünftönigen (also pentatonischen, halbtonfreien) Reihe f-g-a-c-d. Die Sonderart der Thematik liegt also keineswegs nur im Rhythmischen, in der bevorzugten Verwendung der Synkope — wie sie etwa auch das

lyrische Seitenthema des ersten Satzes zeigt —, sondern vor allem auch in der exotisierenden Melodik. Zur

Verdeutlichung des Gesagten und zum Erweis der gemeinsamen Abkunft der Themen mögen schon an dieser Stelle einige in den weiteren Sätzen zu Bedeutung gelangenden genannt sein, wobei jeweils die auf den Grundton *f* bezogene Erscheinungsform gewählt sei: der melodische Beginn des zweiten Satzes,

das Hauptthema des Scherzo

sowie der Leitgedanke des Rondo-Finale:

Die thematische Einheit und die sehr geschlossene Konzeption des prächtigen Werks erklärt sich auch dadurch, daß Dvořák unterm beglückenden Eindruck landschaftlicher Erlebnisse in Amerika das ganze Quartett in nur drei Tagen skizziert hat. Es fällt schwer, einem der vier gleich reizvollen Teile den Vorzug zu geben: den köstlich lebensvollen *Ecksätzen* (1. Satz: Allegro ma non troppo — Finale: Vivace ma non troppo), der in ihrer Schlichtheit so ergreifenden Gesangsszene des *Lento* (d-moll, 6/8) oder dem rhythmisch so pikanten *Scherzo* (Molto vivace, F-dur, 3/4), das auch harmonisch auf jener Fünftonreihe basiert und dessen Trio das Thema des Hauptteils, nach Moll gewendet, in kantabler Form zeigt.

Seine beiden letzten Streichquartette hat Dvořák 1895 nach seiner Rückkehr in die Heimat geschrieben. Von diesen zwei Werken (op. 105 und op. 106) ist das G-dur-Quartett op. 106 zuerst entstanden. Fülle des Wohllauts, wie sie dieses von Naturklängen beseelte Werk durchdringt, atmet schon der Anfang des *ersten Satzes* (Allegro moderato, $^2/_4$) in seinem wie

süße Vogelrufe und holdes Gezwitscher anlautenden Hauptthema. Noch plastischere melodische Kontur zeigt ein für die Durchführung besonders wichtiges, zuerst im Baß auftretendes Thema von leicht exotischer Tönung und ein lieblich in Triolen wiegender Gedanke. Von einem Hineinhorchen in die Tiefe der Menschenseele kündet das *Adagio ma non troppo* (Es-dur, $^3/_8$), dessen schöner melodischer Leitgedanke zuerst in tiefer Lage und in feierlich-ernste Harmonien gefaßt er-

klingt; dieser Anfang mit seiner starken dynamischen Steigerung und seinem Übergang von Moll nach Dur gleicht einem geheimnisvollen Lichtkern, dessen Kräfte auf die ganze Entwicklung des ausdrucksmächtigen, einem gewaltigen Höhepunkt zustrebenden Satzes ausstrahlen. Das *Scherzo* (Molto vivace, h-moll, $^3/_4$) hält sich an die traditionelle klassische Form und den erprobten Wirkungskontrast von tänzerisch markierter und singender Melodik. Im D-dur-Trio gewinnt wieder idyllische Naturstimmung Raum. Dem *Finale* (Allegro con fuoco, $^2/_4$) geht ein thematisch vorbereitendes Andante sostenuto von sechs Takten voraus, auf das der Komponist später nochmals erinnernd zurückgreift. In diesem geist- und temperamentvollen Rondo lebt echt Dvořáksche Freude an tänzerisch rhythmisierter Thematik. Bemerkenswert ist die Einarbeitung von Motiven aus dem ersten Satz.

Den Schlußstein und zugleich den letzten Gipfelpunkt im kammermusikalischen Lebenswerk des Meisters bildet das As-dur-Streichquartett op. 105. Mit einer — das folgende Allegro-Hauptthema schon vorklingen lassenden — Adagio-Einleitung in as-moll beginnt der *erste Satz.* Apart die Wirkung der Dur-Unterdominante (Des) in der zum Allegro appassionato (As-dur, 4/4) überleitenden Modulation. Sehr einprägsam in seiner melodisch kraftvollen, rhythmisch feingliedrigen Bildung das erste Thema (vgl.

Abb.), vorwärtsdrängender das von Triolen angetriebene Es-dur-Seitenthema. Die lebensvolle Durchführung kennzeichnet hohe Meisterschaft in der Auswertung dieser melodisch-rhythmischen Gegebenheiten. Kräftig akzentuiert ist das Hauptthema des anschließenden f-moll-*Scherzos* (Molto vivace, 3/4), charakteristisch durch markante Oktavsprünge nach abwärts. Die rhythmische Energie des Anfangs und Schlusses sänftigt sich im Mittelteil durch kantable Züge. Bezaubernd das klangliebliche, singende Trio. Ein edles, tief empfundenes Stück ist der aus einem schön und sehr persönlich geprägten Gedanken entwickelte *Langsame Satz* (Lento e molto cantabile, F-dur, 4/4) — ein inniges Traum-

bild, von einer leisen Sehnsucht durchzogen, die sich im Mittelteil, wo die diatonisch klaren Linien von wühlender Chromatik abgelöst erscheinen, zu unruhvoll-schmerzlichem Begehren intensiviert. Das *Finale* (Allegro non tanto, 2/4) ist mit seiner rhythmisch gespannten, leicht tänzerisch gehaltenen Hauptthematik und schönen liedhaften Gegenklängen in seiner lebendigen, in jeder Wendung frisch pulsierenden Entwicklung wieder echtester Dvořák — ein kraftvoller und bezwingender Ausklang dieses Werks *und* seiner gesamten Kammermusik.

Außer den genannten Quartetten danken wir Dvořák an Streicher-Kammermusik noch zwei Quintette, ein Sextett und zwei Terzette für zwei Geigen und Bratsche (op. 74 und op. 75 a, 1887). Die beiden letztgenannten, intimen und einfach gehaltenen Werke sind auch Hausmusikkreisen zu empfehlen: beide vereinigen — in jeweils vier Sätzen — innige Anmut romantischer Melodik und rhythmische Frische mit beachtlicher klanglicher und satztechnischer Feinheit.

Dvořáks 1. Streichquintett, op. 77, in G-dur — sein allererstes, das Streichquintett op. 1 (1861), sei als Jugendarbeit hier nur am Rande vermerkt — steht zeitlich (entstanden 1875) und damit auch geistig in der Nähe der Streichquartette op. 16 und op. 80, der ersten Klaviertrios und des Klavierquartetts op. 23. Die eigenartige Besetzung fügt dem Streichquartett als zweite und tiefere Unterstimme den Kontrabaß hinzu. Ohne einen außergewöhnlichen Höhepunkt oder Tiefgang zu erreichen, erfreut das Werk doch durch die musikantische Lebendigkeit seiner Gesamthaltung, durch klare Formgebung, frische Einfälle und prächtige Klanggestaltung. Nationalmusikalische Züge fehlen hier fast ganz. Von jugendlichem Temperament und Kraftgefühl zeugt der *erste Satz* (Allegro con fuoco, 4/4) mit seiner — nach gleichsam zögerndem Beginn — sehr zügigen, immer vorwärtsdrängenden Entwicklung und seiner gelenkigen, rhythmisch markanten Thematik. Diesem ziemlich ausgedehnten Satz folgt ein durch synkopische Betonung der leichten

Taktteile pikant wirkendes *Scherzo* (e-moll, 6/8) mit hübschem C-dur-*Trio*-Gegensatz. Der ruhig einsetzende, aus einem gewissermaßen gleichmütig dahingehenden Thema entfaltete *dritte Satz* (Poco andante, C-dur, 4/4) steigert sich im E-dur-Mittelteil bei zunehmender Bewegung und Klangverdichtung zu sehnsüchtiger, ja leidenschaftlich erregter Stimmung. Das *Finale* (Allegro assai, 2/4) begegnet sich wieder mit dem Einleitungssatz in seiner frischen Musizierlaune, der es auch nicht an tänzerischem Einschlag fehlt.

Achtzehn Jahre trennen dieses Werk von dem zweiten — nun für die klassische Besetzung von zwei Geigen, zwei Bratschen und Violoncell geschriebenen — Streichquintett, op. 97, in Es-dur, das dem F-dur-Streichquartett op. 96 und der Symphonie „Aus der Neuen Welt“ op. 95 nicht nur äußerlich benachbart ist, sondern, wie diese Schöpfungen, gleichfalls Einwirkungen amerikanischer Volksmusik-Elemente zeigt. Exotische Färbung weisen hier namentlich die Hauptthemen des *ersten Satzes* (Allegro non tanto, 3/4) auf: das spielerisch heitere erste, dessen Anfang die 2. Bratsche in gedehnter Form zu Beginn des Satzes

allein anstimmt, ist wie das scherzhaft punktierte zweite Thema wieder aus einer halbtonfreien Fünftonreihe

entwickelt — das erste aus der Folge es—f—g—b—c, das zweite aus einer entsprechenden Reihe auf *b*. Aus solchem schwerelosen, melodisch-rhythmischen Stoff formt Dvořák hier einen heiter bewegten, stellenweise durch Molltönungen eingedunkelten, jedoch nie getrübten Satz von konziser Prägnanz. Sehr spritzig und rhythmisch amüsant das folgende *Scherzo* (H-dur, alla breve) — in seinem Charakter halb böhmisch, halb „indianisch“, ein hinreißendes Stück Musik mit einem nicht minder köstlichen Trio-Kontrast in h-moll. Die erste Bratsche, der schon hier eine reizvolle Sonderrolle zugedacht ist, führt auch melodisch in dem an dritter Stelle des Werks stehenden as-moll-*Larghetto*. Der im Ausdruck einfach-edle Satz wendet sich im 17. Takt nach Dur und bringt eine neue Melodie, die Dvořák ursprünglich für eine geplante amerikanische Nationalhymne entworfen hatte. Der weitere Verlauf des Larghettos führt zu fünf Variationen, deren Reiz sowohl in einer Intensivierung des Ausdrucks der Larghetto-Leitmelodie wie im Auskosten farbiger Klangwirkungen der Quintett-Besetzung liegen. Das *Finale* (Allegro giusto, alla breve) ist ein zügig beschwingtes, vor allem vom keck punktierten Rhythmus des Hauptthemas getragenes Rondo, in dem zwar auch gesanglich-lyrische Episoden Platz finden, dessen glänzende Wirkung aber durch die großflächige Gesamtentwicklung bestimmt ist. Stimmungsmäßig beschwört es weniger das Bild eines Tanzes als das eines sieg- und glückhaften Ritts durch die weite Landschaft der „Neuen Welt".

Aus Dvořáks mittlerer Schaffenszeit stammt das 1878 komponierte, 1879 von den Künstlern des Joachim-Quartetts in Berlin uraufgeführte einzige Streichsextett op. 48 in A-dur. Auch dieses Werk gehört zu den schönsten und charakteristischsten Gaben des großen tschechischen Meisters. Hervorragende Satzkunst und eine an der Klassik und an Brahms geschulte Formbeherrschung verbinden sich hier mit inniger Hingabe an die reinen Quellen seiner heimischen Volksmusik. Sie rauschen am vernehmlichsten in den beiden Mittelsätzen. Wie ein Volkslied klingt aber auch

das erste Thema des Kopfsatzes (Allegro moderato, 4/4), der, in wohllautreiche Klangfülle gebettet, den Hörer vom ersten Takt an gefangennimmt. Kräftigere, schärfere Akzentuierung zeigt das „quasi Allegro con brio" vorzutragende zweite Thema. Beide Gedanken beherrschen die kunstvolle Durchführung, in der das erste

Thema auch verkleinert, in Achtelbewegung, erscheint. Nun folgt eine mehrgliedrige stimmungsreiche *Dumka* („Elegie"), die mit einem tänzerischen Poco Allegretto in d-moll (2/4) beginnt, dann ein im Marschtempo gehaltenes, in Terzen- und Sexten-Parallelen schwelgendes fis-moll-Adagio (4/8) bringt und nach einem dritten Teil, einem gesanglichen Andante in Fis-dur (3/8) wieder zum Allegretto des Anfangs zurückkehrt. Eine Coda nimmt nochmals das Adagiothema auf, diesmal in der Haupttonart d-moll. Der dritte Satz ist ein lustig-wild dahinstürmender *Furiant* (mit Trio) in A-dur. Das D-dur-Trio führt zwar die laufende Achtelbewegung des Hauptsatzes weiter, bildet aber doch durch einen gesanglichen Zug einen lieblich-reigenhaften Gegensatz zu dessen Heftigkeit. Als *Finale* (2/4) folgt ein Variationen-Satz, dessen graziöses Allegretto-Thema, von den vier tieferen Stimmen des Ensembles vorgetragen, vor allem durch starke Mollfärbung slawische Züge annimmt. Schon in der ersten der fünf Variationen treten die Violinen wieder klangaufhellend hinzu, und nun entwickelt sich ein kontrastreiches Spiel, das den Reiz des Themas in wechselnder Beleuchtung zur Geltung kommen läßt. Der letzten Variation reiht sich noch eine — Beziehung zum Thema wahrende — Stretta an, die zu einem jauchzenden Presto gesteigert wird und das Werk zu einem glänzenden Abschluß führt.

A. W.

EDVARD GRIEG

* 15. Juni 1843 in Bergen (Norwegen), † ebenda 4. September 1907

Musikstudium am Leipziger Konservatorium bei Reinecke, Moscheles, E. F. Richter und M. Hauptmann. 1862 durch schwere Erkrankung bedingte Rückkehr nach Norwegen, 1863 erneutes Studium bei N. W. Gade in Kopenhagen, Hinweis auf die norwegische Volksmusik durch R. Nordraak. 1871—1880 Dirigent des von ihm gegründeten Musikvereins in Oslo, seit 1880 freie schöpferische Tätigkeit in Bergen, ab 1885 im Landhaus Troldhaugen, unterbrochen durch Konzertreisen als Interpret eigener Werke. Mit der Schaffung einer national-norwegischen Schule erstritt Grieg der Musik seiner Heimat Weltgeltung.

Der lyrische Grundstand seines Wesens, die daraus erfließende Neigung zu stimmungsbildmäßiger musikalischer Gestaltung, der der heimatlichen Volksmusik und ihrer eigenartigen Harmonik abgelauschte folkloristische Akzent verleihen auch Griegs Kammermusik ihr Gepräge, bedingen ihre Reize und ihre Schwächen.

Griegs wesentlichsten Beitrag zur Kammermusik bilden seine drei Violinsonaten. Op. 8 in F-dur ist eine Schöpfung des Zweiundzwanzigjährigen. Im Sommerfrieden des dänischen Dorfes Rundsted entstanden, atmet sie pastoral-idyllische Stimmung. In ihrer Anlage überwiegt das musikalisch-poetische Moment den formalen Gestaltungswillen. So kommt es mehr zu einem Nebeneinander einzelner musikalischer Bilder als zu polyphonem Mit- und Gegeneinander der Stimmen. Das gilt schon für den Kopfsatz *(Allegro vivace)*, dem sich ein Moll-*Andante* einfügt, um in der Coda nachzuklingen. Im 2. Satz *(Allegretto quasi Andantino)* begegnet ein volksliedhaftes Thema, das später durch chromatische Zutaten kompliziert wird. Das Mittelstück des dreiteiligen Satzes ist ein munterer norwegischer Bauerntanz. Auch das Finale (*Allegro molto vivace)* besticht durch frische Natürlichkeit der Themen, durch Ausspielung von Stimmungskontrasten und rhythmische Geschmeidigkeit. Die 2. Violinsonate G-dur op. 13 schrieb der Komponist 1867 nach seiner Vermählung mit Nina Hagerup. Das Glücksgefühl jener Tage bestimmt ihren Grundton. Das einleitende *Lento doloroso* weicht dem springtanzfreudigen Hauptthema

des *Allegro vivace*. Den Satz beherrschend läßt es ein elegisches Gesangsthema nur episodische Geltung erlangen. Das dreiteilige *Allegretto tranquillo* ist Ausdruck inneren Friedens, indes das dem Quell der Volksmusik entsprudelnde *Allegro animato* den fröhlichen Kehraus ergibt. Ein leidenschaftlicher Zug durchwaltet die 3. Violinsonate c-moll op. 45. Die Gestaltung, diesmal auf ausladenderer Thematik, weitbogigerer Melodik beruhend, erstrebt antithetische Auseinandersetzungen, ohne diese in regelrechten Durchführungen zum Austrag zu bringen. Auch hier reiht sich Bild an Bild. Die in der Mitte der Sonate stehende *Romanze* zählt zu Griegs schönsten Eingebungen. Den Stimmungsreichtum der Violinsonaten wiederholt die Cellosonate a-moll op. 36 nicht ganz, am ehesten im Finale, wo es zu wirklicher Durchführungsarbeit und somit zu einem der bedeutendsten Griegschen Instrumentalsätze kommt.

Ein frühes, noch als Schularbeit gefertigtes Streichquartett hat der Komponist später verworfen. Im 1877/78 geschaffenen Streichquartett g-moll op. 27 versucht Grieg, den strengen Quartettsatz auf eigene, dem Stimmungsmäßigen huldigende Maße zu eichen. An der Spitze des Kopfsatzes steht anagrammgleich das Kernthema, ein keimkräftiges Gebilde, das nicht nur leitthematisch im Finale wiederkehrt, sondern

auch weitere Themen aus sich hervortreibt. Im 1. Satz erscheint es in immer neuen, den musikalischen Ablauf tragenden Varianten. Das vom Cello angestimmte *Andantino* (Romanze) unterbricht der Sturm eines rhythmisch-eigenwilligen *Allegro agitato*: daraus erwächst das rhythmische und klangliche Kontrastspiel des im ppp des Romanzenthemas verhauchenden Satzes. Das aparte Intermezzo *(Allegro molto marcato)* wird aus dem Kernthema entwickelt, über eine Lento-Episode gleitet es ins hinreißende *Presto al saltarello* des Finale über. Mahnend redet das Kernthema dazwischen, bis das fast durchweg die Grundtonart g-moll wahrende

Werk in G-dur ausklingt. Den Versuch quartettmäßigerer Behandlung wagte Grieg in dem nachgelassenen, Fragment gebliebenen Streichquartett F-dur, von dem ein durchsichtig gearbeitetes *Allegro vivace e gracioso* und ein springtanzartiges *Allegro scherzando* vorliegen. W. Z.

GABRIEL-URBAIN FAURÉ

* 12. Mai 1845 in Pamiers (Ariège), † 4. November 1924 in Paris

Schon mit 9 Jahren kam der Sohn eines Provinzschulinspektors nach Paris in die der Ausbildung von Kirchenmusikern dienende Ecole Niedermeyer. Nach dem Tode des Leiters wurde Saint-Saëns sein Lehrer. Die erste Anstellung fand Fauré 1866 als Organist in Rennes, seit 1870 versah er das gleiche Amt an mehreren Pariser Kirchen. Er zählte zu den Mitbegründern der „Société nationale de musique" (1871). 1896 wurde ihm eine Kompositionsklasse am Pariser Konservatorium übertragen, 1905 rückte er zum Leiter dieses Instituts auf. Die beiden letzten Jahrzehnte seines Lebens waren durch ein schweres Gehörleiden getrübt, doch blieb die Schaffenskraft ungebrochen.

In der Kammermusik findet Faurés sublime, auf Klarheit der Form und Lauterkeit der musikalischen Gehalte bedachte Kunst besonders gemäßen Ausdruck. Zugleich lassen sich an ihr, der Begleiterin durch sein ganzes Schaffen, die einzelnen Phasen der Entwicklung von den romantischen Anfängen bis zu einem spirituellen Altersstil, von der subjektiven musikalischen Aussage bis zu einem Höchstgrad künstlerischer Objektivierung ablesen. Zu den Neuerern der französischen Schule zählt Fauré vor allem als kühner, jedoch die Grundprinzipien der Tonalität nicht antastender Harmoniker. In der Formgebung wirkt zunächst das klassische Vorbild bestimmend, die späteren Kammermusikwerke zeigen teilweise freieren Bau, doch zwingende Logik des musikalischen Ablaufs, eine nahezu schmucklose Diktion, verdichtete Kontrapunktik voll feiner Nuancen. Fremde Einflüsse haben die in sich geschlossene, künstlerisch selbstbewußte Welt Faurés mit ihren typisch französischen Stil- und Geisteselementen kaum berührt.

Zwei kleinere Werke haben Faurés Namen zunächst sehr bekannt gemacht: die zarte, stimmungsvolle Berceuse für Klavier und Violine op. 16 sowie die Elegie für Cello und Klavier op. 24, ein Stück voll adeliger Melodik und untadeliger Linienführung. Ihren Rang in der einschlägigen Literatur behaupten auch die beiden Violinsonaten. Die 1. Violinsonate in A-dur op. 13 ist mit

ihrem überquellenden, feurig bewegten Kopfsatz, dem harmonisch und rhythmisch pikanten Scherzo, dem bald lyrisch zarten, bald dramatisch erregten Andante und dem aufschwungfreudigen Finale ein legitimes Kind französischer Romantik. Die 2. Violinsonate in e-moll op. 108 entstammt einer anderen Welt, sie repräsentiert Faurés Spätstil in seiner vielleicht vollkommensten Gestalt, in der gebändigten Kraft des Allegro non troppo, in der keuschen Verhaltenheit des Mittelsatzes und in dem kontrapunktisch meisterhaften, zu lichten Höhen empordrängenden Finale. Nicht ganz so ausgeglichen, aber ebenfalls von hohem musikgeistigem Reiz sind die beiden Cellosonaten op. 109 in d-moll und op. 117 in g-moll. Die letztere enthält ein ergreifendes, gleichsam aus Grabesnacht zum Licht strebendes Andante. Die Klavierquartette op. 15 c-moll und op. 45 g-moll gehören zu Faurés vollgültigsten Schöpfungen, wenn auch op. 15 jugendlich überwallender, bekenntnisfreudiger ist als das zurückhaltendere op. 45, dessen auf ein Totenglockenmotiv basiertes Andante und apartes Scherzo die zwingendste Inspiration verraten. Die beiden Klavierquintette op. 89 in d-moll und op. 115 in c-moll sowie das

Klaviertrio op. 120 in d-moll dürften für Faurés Spätstil dokumentarisch sein; an unmittelbarem musikantischem Impuls und Inspirationskraft bleiben sie hinter den Klavierquartetten zurück. Doch ist ihre künstlerische Zielsetzung, die nach möglichster Aufhebung der Gegensätze strebt, auch eine wesentlich andere. Das gleiche gilt für das posthume dreisätzige Streichquartett op. 121 in e-moll, das eine zwar reine und lautere, jedoch etwas dünne Luft essentiellen Musizierens atmen läßt. *W. Z.*

HUGO WOLF

* 13. März 1860 in Windischgraz (Südsteiermark, heute Jugoslawien), † 22. Februar 1903 in Wien

Er studierte 1875 bis 1877 am Wiener Konservatorium und bildete sich dann autodidaktisch weiter. Nach schweren Jahren wurde er 1881 vorübergehend zweiter Kapellmeister in Salzburg, dann 1884 bis 1887 Musikkritiker am „Wiener Salonblatt". In den Jahren 1888 bis 1897 schuf er seine wesentlichen Lieder mit Klavier, insgesamt 245, sowie die heitere Oper „Der Corregidor". Nach unheilbarem geistigem Zusammenbruch verdämmerte er seit 1897 hinsiechend in der Landesirrenanstalt bei Wien.

Wolf ist einer der großen Meister des deutschen Liedes. Sein instrumentales Schaffen tritt dagegen völlig zurück. Abgesehen von nicht öffentlich bekanntgewordenen Jugendwerken umfaßt es lediglich ein Streichquartett, die bedeutende sinfonische Dichtung „Penthesilea" und die bezaubernde „Italienische Serenade" für kleines Orchester. Diese mag auch hier Erwähnung finden, weil sie auch in einer (früheren) Fassung für Streichquartett (1887) vorliegt, die alle Aufmerksamkeit verdient. Kommt hier doch das Intime des Serenadenklangs noch reizvoller zur Geltung als in der freilich farbiger blühenden orchestralen Form. (Näheres über dieses Werk in Reclams Konzertführer von Hans Renner.)

Als einziges wesentliches Kammermusikwerk danken wir Wolf also ein Streichquartett in dm o l l, das der junge Künstler 1878/80 in seiner oft von bitterer Not bedrohten Sturm-und-Drang-Zeit komponiert hat. Nur das Finale ist wahrscheinlich erst 1884 entstanden. Beziehungsreich genug trägt das Werk die Überschrift „Entbehren sollst du, sollst entbehren!" Dieses Leitwort deutet schon auf den espressiven Charakter des Quartetts, und in der Tat ergreift Wolfs Musik weithin besonders durch die ungeheure Ausdrucksspannung, von der sie erfüllt ist. Schon die *Einleitung* (Grave, 3/4) läßt mit ihren schweren, synkopisch angesetzten Akkorden, ihrer ausbruchhaft aufzuckenden Motivik, den jäh herabstürzenden Läufen, den düsteren Trillern und den dynamischen Gegensätzen zwischen ppp und fff die bebende innere Stimmung dessen erkennen, der dies aufschrieb. Trotzige Heftigkeit des Ausdrucks kennzeichnet auch das *Allegro* („Leidenschaftlich bewegt"), in dem neben einem heftig empor-

fahrenden Thema u. a. ein sehnsüchtig klagendes Motiv

besondere Bedeutung erlangt. In der aus solcher Ideensubstanz hervorgetriebenen Entwicklung des kompositionellen Geschehens offenbart Wolf bedeutende Phantasie- und Gestaltungskraft. Die spieltechnischen Schwierigkeiten des blutvollen, aber fast überreich bepackten Satzes sind erheblich. In lichtere Klang- und Ausdruckssphären führt der edle *zweite Satz* (F-dur, 3/4): eine empfindungsvolle Gesangsmelodie von weiter Intervallspannung tritt hier besonders einprägsam hervor. Aber auch in diesen friedvollen, harmonisch fein differenzierten Satz drängt sich erregende Unruhe. „Resolut“ steht über dem *dritten Teil* des Quartetts: ein in der Schärfe der Akzentsetzung fast beethovenisch anmutendes, etwas unwirsches Scherzo von kraftvoller thematischer Prägnanz; als Gegensatz ist ein gesangliches Trio eingegliedert, dessen ruhiger Gang allerdings von thematischen Anklängen aus dem Hauptsatz irritiert wird. Im tem-

peramentvollen *Finale* kommt ein kapriziöses, leicht tänzerisches Element zum Durchbruch, daneben auch eine Neigung zu imitatorischem Satz. Die Abb. zeigt das erste Thema. Trotz des Moll-Ausklangs ein lebenbejahendes Stück, mit dem die früheren Leiden und Beängstigungen überwunden zu sein scheinen. *A. W.*

CLAUDE DEBUSSY

* 22. August 1862 in St-Germain-en-Laye, † 25. März 1918 in Paris

Schüler des Pariser Conservatoire. Erhielt 1884 Rompreis, der ihm bis 1888 Leben und Arbeiten in Italien ermöglichte. Danach, bis zu seinem Tode, in Paris. Zunächst als Impressionist verstanden, wird heute seine Bedeutung als Mitbegründer eines freien Formbewußtseins in der Musik des 20. Jahrhunderts erkannt. — Werke: Klavierkompositionen; Lieder; Oper: „Pelléas et Mélisande“; Ballettmusik; Orchesterwerke (Fantasie für Klavier und Orchester; „Prélude à l’Après-midi d’un faune“; „Ibéria“-Suite; drei „Nocturnes“ u. a.). — Kammermusik: Sonaten für Violine/Klavier, Violoncello/Klavier, Flöte/Viola/Harfe; Streichquartett.

Ohne daß auf Debussy eine Schule im engeren Sinne sich gegründet hat (im Gegensatz etwa zu dem um 11 Jahre jüngeren Reger), gingen von seinem Werk entscheidende Impulse für die ganze moderne Musik aus. Das gilt für die Wahl und Neuordnung des musikalischen Materials, das gilt — wenn man bei Debussy auch kaum von Reife- und Hochreifephasen sprechen kann, weil er schon in der Jugend ein „fertiger“ Künstler ist, auf den die klassifizierende Entwicklungseinteilung nicht paßt — für die vornehmlich doch in den Spätwerken sich vorbereitende Berücksichtigung fest umrissener formaler Elemente aus der Perspektive absoluten Musizierens. Wenn der französische Musikhistoriker Prunières in Debussy den „unvergleichlichen Maler des Geheimnisvollen, des Verschwiegenen, des Unwägbaren" sieht, so liegt andererseits über seinem Lebenswerk etwas von jener spezifisch französischen „clarté" (worauf Robert Oboussier besonders an Hand der Klaviermusik hinwies), lichtdurchflossene Klarheit und dem Gesetz der Schwerkraft nicht unterstellte Figürlichkeit. Das unvereinbar Scheinende wird durch höchst subjektive, einen weiten Horizont umfassende Optik zur Einheit. Ein in seinem Effekt wohl nachahmbarer, als eigenschöpferische Leistung jedoch nicht wiederholbarer und steigerungsfähiger Vorgang.

Abgesehen von Debussys einzigem Streichquartett, datieren die (wenigen) anderen Kammermusikwerke aus den letzten Lebensjahren. Sie scheinen nicht in jedem Takt gleichmäßig von schöpferischer Frische durchdrungen. Von später Meisterhand formuliert, tendieren sie jedoch durchgängig zum Zeichnerischen, zur Objektivierung der musikalischen Sprache, die gerade deshalb sich zukunftweisend bestätigen sollte. Die Sonate für Violine und Klavier (1917) ist Debussys letzte vollendete Komposition. „Sie wird aus dokumentarischen Gründen interessant sein" — meinte der Komponist — „und als Beispiel, was ein kranker Mann während des Krieges schreiben kann." Aus dem

ersten Satz, *Allegro vivo,* spricht in weichen, synkopisch gleitenden Konturen verhaltene romantische Sehnsucht. Der *Intermède* benannte Mittelsatz erscheint wie eine leicht ironisch gefärbte Serenade des Pierrot, die von phantastischen, grotesken Einwürfen gestört wird, doch schließlich im Schimmer des Mondlichts sanft verklingt. Das lebensprühende *Finale* kombiniert neapolitanisches

Melos mit der preziösen Ornamentik der französischen Barockmeister und steigert sich zu konzertant virtuosem Abschluß.

Neben der Sonate für Violoncello und Klavier (1915) — von welcher der Komponist sagte, daß er „ihre Proportionen liebe und die fast klassische Form im guten Sinne des Wortes" — gehört die Sonate für Flöte, Bratsche und Harfe (1915) dem gleichen Zeitabschnitt an. Einmal nannte sie Debussy einen „nicht ganz gelungenen Versuch", ein anderes Mal „ein Gnadengeschenk". Die Nachwelt neigt gewiß diesem letzteren Urteil zu. Das mit der Wahl dieser Instrumente sich bietende farbliche Mischungsverhältnis ist ideal. Indem sich der objektivere Flöten-

klang und der affektive der Bratsche glücklichst, d. h. individuell bleibend, vermählen, rückt das Klangbild, von den Tupfen der Harfe durchbrochen, ganz in die endlosen Räume gleißenden Lichtes. Dem Komponisten gelingt innerhalb der drei Sätze und ihrer Summe eine geschlossene Form: nicht allein weil er mit dem Schluß des *Finale* die *Pastorale* (1. Satz) zitiert, sondern weil er bei allem Episodischen und Figurativen zur Straffung der motivischen Arbeit, zum Gleichgewicht der Einzelpartien gelangt. *Lento, dolce rubato* ist der Kopfsatz überschrieben. Agogisch frei ist das ganze fließende Gewebe gehalten, das sich herkömmlicher harmonischer Bindung gänzlich entwindet. Die Melodik ist in kurze, schnell wechselnde Belichtung getaucht. Die Rhythmik höchst variabel, im *Interlude* (Mittelsatz) tänzerisch diszipliniert. Raffinierte Lust am reinen Spiel, delikates l'art pour l'art: das ist dieses kostbare Stück.

Debussys neue Kunst des Kolorismus tritt mit seinem — einzigen — Streichquartett (1893) erstmals in einer Gattung auf, die zunächst ihrem Wesen nach jenem fremd gegenübersteht. Das Genie überwindet den Widerspruch mit einem Werk, das zu den beglückendsten Quartettschöpfungen gehört und dabei den Willen spüren läßt, das formal Überkommene nicht unbedingt revolutionär zu überrennen. Soweit im ersten Satz von

einer thematischen Durchformung zu sprechen ist, wird diese weniger inspiriert vom Kopfthema als von zarten Seitenfloskeln, die durch die verschiedenen Stimmen schweben. Nichts ist auf Konstruktivität gerichtet: das um sich selbst gleitende Melos nicht, die der Triebkraft entzogene Rhythmik nicht, nicht die Harmonik, die ohne bindende Verpflichtung freiphantastisch geschichtet wird. Spielerisch kreisend das *Scherzo,* in dem man das Thema des Kopfsatzes wiedererkennt; melodisch feinnervig in sich selbst bezogen der *Langsame Satz;* auch der Affektreichtum des *Finale* gibt sich, zum ersten Thema zurückkehrend, weniger unmittelbar ausbrechend als luxuriös stilisiert. Im Ganzen: absolutes, programmfreies Musizieren, das von zeitloser Schönheit ist: durchsichtig wie Glas, daß nicht *ein* Hörer auf den Gedanken kommen könnte, hinter dieser Musik anderes zu suchen als nur Musik.

Von anderen Kompositionen seien genannt: „Syrinx“ für Flöte allein (1912), das die tausend Stimmen der Natur mit äußerstem technischem Raffinement in einen Hauch verdichtet; die Stücke für Klarinette („Rhapsodie“, „Petite Pièce“), die in der Orchesterfassung geläufiger sind als in der gleichfalls originalen mit Klavier. *S. G.*

RICHARD STRAUSS

* 11. Juni 1864 in München, † 8. September 1949 in Garmisch

Sohn des berühmten Waldhornisten der Bayerischen Staatskapelle, Franz Strauss. Er absolvierte seine musikalischen Studien neben dem Besuch des Gymnasiums und begann seine Kapellmeisterlaufbahn in Meiningen, wohin Hans v. Bülow den 21jährigen als seinen Nachfolger empfahl. Weitere Stationen des jungen Dirigenten waren München und Weimar, dann wurde Strauss 1898 Erster Hofkapellmeister in Berlin. Seit 1908 Generalmusikdirektor, betreute er von 1917 bis 1920 auch eine Meisterklasse für Komposition an der Berliner Akademie der Künste. 1919 bis 1924 leitete er mit Franz Schalk die Wiener Staatsoper. Seitdem lebte er zumeist in Garmisch seinem Schaffen, entfaltete aber bis ins hohe Alter eine umfangreiche Tätigkeit als Gastdirigent.

Im Lebenswerk des großen Musikdramatikers und Sinfonikers nimmt die Kammermusik einen sehr bescheidenen Platz ein. Nur in seinen jungen Jahren hat sich Strauss einige Male mit ihr befaßt, und der Ertrag dieser Frühzeit fesselt heute hauptsächlich unsere Aufmerksamkeit, weil es eben Strauss ist, der diese Werke geschrieben hat und weil es immer interessant ist, das Wirken eines großen Geistes in allen Phasen kennenzulernen.

Der junge Strauss erwuchs in einer wesentlich vom Geschmack seines Vaters bestimmten Atmosphäre klassischer und frühromantischer Musik. Der Einfluß des Umgangs mit Werken der von Haydn bis Schumann und Mendelssohn reichenden Epoche macht sich selbstverständlich in den Arbeiten des jungen Künstlers stark bemerkbar. Seine erste gedruckte Kammermusikkomposition — nicht seine erste überhaupt — wurde sein opus 2, das Streichquartett A-dur (1880). Niemand wird billigerweise von einem 16jährigen Jüngling erwarten, daß seine schöpferischen Äußerungen den Stempel des Eigenpersönlichen tragen. Es ist wohl genug, daß dieses Werk ein beachtliches Beweisstück früh entwickelter formaler Begabung ist. Haydn und Mozart sind die mit unleugbarem Geschick nacherlebten und nachgeahmten Vorbilder. Hübsch das *Scherzo* und sein Trio, auf Wohllaut bedacht das *An-*

dante cantabile, reizvoll als satztechnische Leistung, aber auch in seiner frohgemuten Stimmung das *Finale.* Zwei Jahre später ist die auch heute noch häufig gespielte Sonate für Violoncello und Klavier op. 6 entstanden. Sie zeigt uns eine schon viel reifere Stufe der Entwicklung, ist nicht nur dankbar zu spielen und angenehm zu hören, sondern prägt auch etwas von jugendlichem Kraftgefühl und Schwung aus. Romantische Erlebnisquellen werden spürbar. Manche Geste im *ersten Satz,* einem drängenden Allegro con brio, hat bereits etwas unverkennbar straussisches. Da und dort schwächen freilich sentimentale Züge die Kraft des Ausdrucks. Im *Andante* spürt man die Nachwirkung Schumannscher Lyrik. Zügig und temperamentvoll und in der Lust an frisch pulsierenden Entwicklungen schon typisch das abschließende *Allegro vivo.*

Ein reif durchgeformtes Werk glückte dann dem 20-jährigen mit dem Klavierquartett op. 13 in c-moll. Die Thematik hat trotz der immer noch greifbaren Abhängigkeit von Vorbildern (Brahms, Schumann!) wesentlich an Eigenwüchsigkeit gewonnen, der Satz ist in allen Stimmen wirklich lebensvoll. Da ist ein ernst ausschreitendes, vornehmes erstes Thema und dann ein leidenschaftlicher Es-dur-Gedanke von prächtigem

melodischem Weitschwung und schon sehr bezeichnendem Duktus; aus solchem Stoff ist der interessante, stimmungsstarke *erste Satz* (Allegro) gebildet. Sehr lebendig auch das *Scherzo* (Presto, Es-dur), ein witziges und effektvoll brillantes Stück mit reizvollem, melodisch von den Streichern getragenem Trio-Gegensatz.

Das folgende *Andante* (f-moll) ist in seiner etwas weichlichen Melodik blasser romantischer Nachklang. Um so erfrischender das *Finale* (Vivace) mit seiner echt straussischen Gestik, seinem abwechslungsreichen Bilderreichtum, seinem lockeren, durchsichtigen Satz. Was verschlägt's, daß auch hier noch manchmal Erinnerungen an Schumann aufleben?

Als Richard Strauss 1887 sein letztes Kammermusikwerk, die Violinsonate op. 18 in Es-dur, schrieb, war er bereits der junge Meister der Fantasie „Aus Italien" und schon beschäftigt mit seiner faszinierenden ersten sinfonischen Dichtung „Don Juan". So offenbart auch diese Sonate, über das Klavierquartett hinaus, nun viel eigenpersönliche Kraft des Einfalls und Eigenart in der harmonischen und rhythmischen Gestaltung. Die klassische Grundform wird allerdings gewahrt, und auch romantische Einwirkungen bleiben spürbar. Wohl wirkt das Schwungvolle dieser typischen Konzertsonate etwas äußerlich, aber wer könnte sich dem Elan und Impetus eines so gedankenreichen und frischen, aus so prägnanter Thematik entwickelten Musizierens entziehen, wie es der *erste Satz* (Allegro ma non troppo) und das *Finale* (Andante-Allegro) bietet! Im Einfall am zwingendsten ist wohl das für Strauss sehr charakteristische Hauptthema des

Schluß-Allegro in seinem temperamentgeladenen, energievollen, ja raketenhaften Aufschwung. Minder erfreulich als die in ihren Durchführungen so geist- und kunstvollen Ecksätze ist der „Improvisation" genannte *langsame Satz* (Andante cantabile, As-dur): zwar ist er sehr kantabel und klanglich zweifellos reizvoll gefaßt, aber in tiefere Stimmungs- oder Empfindungsbezirke dringt der Komponist hier nicht vor.

Wenn sie auch nicht eigentlich zur Kammermusik zählen, so mögen hier doch auch die beiden *Bläserwerke* für kleinere Besetzung kurz genannt sein, die früh zum Ansehen des jungen Meisters beigetragen haben: die schon 1881 komponierte Serenade op. 7 in Es-dur für je zwei Flöten, Oboen, Klarinetten und Fagotte, vier Hörner und Kontrafagott (oder Baßtuba) sowie die 1884 entstandene Suite op. 4 in B-dur, gleichfalls für 13 Bläser. Endlich sei noch auf ein zwar nicht primär kammermusikalisch gemeintes, aber als Kammermusik spielbares Spätwerk hingewiesen: auf das wunderschöne Streichsextett nämlich (für je zwei Geigen, Bratschen und Celli), das die Einleitung zur letzten Straußschen Oper „*Capriccio*" bildet. Ein herrliches Stück Musik (Andante con moto, F-dur) in

Sonatensatzform (die Abb. zeigt die ersten Takte), edles Zeugnis klassisch abgeklärten Spätstils, köstlich in seiner feinädrigen Polyphonie, berückend in seiner Klanggestalt. *A. W.*

FERRUCCIO BUSONI

* 1. April 1866 in Empoli (Italien), † 27. Juli 1924 in Berlin

Der Sohn eines italienischen Klarinettenvirtuosen und einer deutschen Pianistin war ein musikalisches Wunderkind, das zunächst durch sein Klavierspiel, bald auch als Komponist Aufsehen erregte. Dieser Dualismus durchwaltet Busonis ganzes Leben. Er wurde einer der gefeiertsten Pianisten seiner Zeit, fühlte sich jedoch zugleich zu schöpferischer Tätigkeit gedrängt, die er in seinen ästhetischen Schriften zu untermauern suchte. Als Anreger hat Busoni, ein gesuchter Lehrer, bestimmenden Einfluß auf die Entwicklung der modernen Musik geübt.

Seine einer „jungen Klassizität" geltenden Ideen, die das „Experimentelle" einschweißen wollten in das kommende „Definitive", hat Busoni in seiner Klavier- und Orchestermusik, außerdem in der Oper zu verwirklichen gestrebt. Seine Kammermusik entstammt, mit Ausnahme der den neuen Stil dokumentierenden Elegie für Klarinette und Klavier, einer Periode, da Busoni in den Vorbildern J. S. Bachs, der Wiener Klassik und der Romantik wurzelte. Hierher gehören die in der Thematik noch etwas unausgesprochenen, doch formgewandten Streichquartette op. 19 in C-dur und op. 26 in d-moll, von denen das letztere mit seinem kraftvollen 1. Satz, seinem nahezu alle Kräfte der Entwicklung in sich speichernden Hauptthema den Vorzug verdient. Persönlichen Schnitt zeigt auch die fantasie- und espritvolle Kleine Suite für Cello und Klavier op. 23. Die mit dem Rubinsteinpreis ausgezeichnete 1. Violinsonate in C-dur op. 29 ist ein formal wohlausgewogenes, musikantisch bewegtes Stück, besitzt indessen noch nicht jene auf den späten Busoni hindeutenden Elemente, die in der 2. Violinsonate in e-moll op. 36a stecken. Mit vier pausenlos ineinander übergleitenden Sätzen steht die Sonate mit der Weitgespanntheit ihrer formalen Anlage fast einzigartig da. In ihrer Synthese zwischen romanischem Musiziertemperament und Zügen nordischer Grübelei und

Phantastik weist sie bereits auf Busonis „Doktor Faust“ hin. Der 1. Satz läßt den gewohnten Allegrocharakter vermissen; er ist nahezu ein von starken inneren Spannungen durchwogter, zuweilen in die Gefilde der freien Fantasie abschweifender langsamer Satz. Das *Presto* geistert gespenstisch dahin. Ein schwerer Ernst spricht aus dem *Andante*, in dem die Geige das melodische, das Klavier das rhythmische Element darstellt. Doch kommt es nie zu vollen Entfaltungen im Sinn einer breitgeschwungenen Kantilene. Zum Höhepunkt der Sonate wird das *Finale*, eine Kette von Charaktervariationen über den Bachchoral „Wie wohl ist mir, o Freund der

Seelen“, dessen schließliche Wiederkehr den Satz zur Bogenform rundet. *W. Z.*

ALBERT ROUSSEL

* 5. April 1869 in Tourcoing (Nordfrankreich), † 23. August 1937 in Royan

Zunächst Marine-Offizier. Schüler (Komposition bei d'Indy) und Lehrer der Schola cantorum in Paris. — Hauptwerke: 4 Symphonien, letzte A-dur, op. 53 (1935); verschiedene Orchesterwerke; Instrumentalkonzerte; Chorwerke; Ballette. — Kammermusik: Streichquartett, Trios, Violin/Klaviersonaten u. a.

Noch bis in seine Reifejahre von impressionistischer Koloristik angezogen, die vielfach von den auf seinen Reisen nach dem Fernen Osten empfangenen musikalischen Eindrücken befruchtet worden war, nach dem ersten Weltkriege dem „neuen Stil“ geöffnet, ist das Werk Roussels persönlichkeitsstark profiliert geblieben, so sehr auch heterogene Einflüsse, ja ganze Kapitel der neueren Musikgeschichte Frankreichs in ihm wirksam wurden. Nichts ist zu spüren von Auflösung der Form, des Materials. Bei aller Aufgeschlossenheit für das ihn umgebende und mitformende Zeitbild ein Konservativer, der nicht Epigone ist. Man hat ihn nicht zu Unrecht als „kontrapunktischen Debussy“ bezeichnet.

Wie weit das seiner tatsächlichen Bedeutung entspricht, sei dahingestellt — auffallend jedoch ist, daß manche Komponisten der jungen Generation bis zu einigen „Avantgardisten“ hin sich von Roussels musikalischem Vokabular inspiriert wissen. Seine Neuentdeckung (weniger seine Neuschöpfung) delikat-grotesker rhythmischer Formeln, aber auch seine Neigung, sich im Musikalisch-Exotischen zu bewegen oder exotische Klanglichkeit zu zitieren, mag zu solcher Aktualität beitragen.

Ist die 1. Sonate für Violine und Klavier (1909) bei aller Modernität ihrer harmonischen Bindungen noch von César Francks Formalismus getränkt, so zeigt, nach rund 15 Jahren, die zweite, op. 28 (1925), die überlegene Handschrift des Meisters, der sich gefunden hat, ohne die Gegenwart zu verneinen. Reizvolles Seitenstück dazu in der Duobesetzung mit Klavier die Flötenkompositionen: *„Joueurs de flûte“* op. 27 (1926), *„Andante et Scherzo“* (1934). Die beiden Trio-Kompositionen aus den letzten Lebensjahren — *Trio für Flöte, Viola, Violoncello* op. 40 (1930), *Streichtrio* op. 58 (1937) — beziehen nicht nur aus der Geschlossenheit der kompositorischen Gestalt ihre heutige, mit Bewunderung verknüpfte Wertschätzung; nicht weniger bewirken die wie in heimlichem Spiegel gefangenen Züge spätromantischer Leuchtkraft, daß diese Werke außerhalb der Diskussion um die Neue Musik stehen und daher gern auf den Konzertprogrammen erscheinen. Mit dem Klaviertrio in Es-dur op. 2 (etwa 1900) ging ihnen ein Werk gleicher Gattung voraus, das zwar Debussys Nachbarschaft nicht ganz verhehlt, in seiner gesunden, der Festigung zustrebenden Bauweise jedoch auf den kräftigen Formwillen der Meisterjahre verweist. In dem Streichquartett op. 45 (1932) hat dieser, klassizistisch verstrebt und modern „empfunden", sein gültiges Bild erlangt. – Wegen ihrer Besetzung und der reichen Inspiration ,aus welcher der Komponist sich die instrumentalen Mixturen dienstbar macht, sind als weitere kammermusikalische Kostbarkeiten Roussels lebendig: „D i v e r t i s s e m e n t" für Flöte, Oboe, Klarinette, Horn, Fagott, Klavier op. 6 (1906); „S é r e n a d e" für Flöte, Violine, Viola, Violincello, Harfe op. 30 (1926). Das wenige Monate vor seinem Tode begonnene Bläsertrio (Oboe, Klarinette, Fagott) hat Roussel nicht mehr vollenden können. *S. G.*

HANS PFITZNER

* 5. Mai 1869 in Moskau, † 22. Mai 1949 in Salzburg

Pfitzner wuchs seit 1872 in Frankfurt a. M. auf, wo sein aus Frohburg in Sachsen stammender Vater als Geiger und Musikdirektor am Stadttheater wirkte. Er studierte am Hochschen Konservatorium kurze Zeit auch bei Hugo Riemann, und wurde 1892 Lehrer am Konservatorium in Koblenz. 1894 Kapellmeister am Stadttheater in Mainz, folgte er drei Jahre später einem Ruf an das Sternsche Konservatorium in Berlin, wo er auch seit 1903 als 1. Kapellmeister am Theater des Westens tätig war. Von 1908 bis 1918 wirkte er als Städtischer Musikdirektor und Konservatoriumsleiter bedeutend in Straßburg im Elsaß. Nach 1919 wählte er Unterschondorf am Ammersee, später München als ständigen Wohnsitz, übernahm von 1920 bis 1929 eine Meisterklasse an der Berliner Akademie, anschließend bis 1934 eine Professur an der Münchener Musikhochschule. Die Kriegs- und Nachkriegsverhältnisse zwangen ihn in seinem letzten Lebensjahrzehnt zu unruhigem Wandern zwischen Wien, Garmisch, München und Salzburg.

Oberflächlicher Betrachtung gilt Pfitzner heute nur durch seine musikalische Legende „Palestrina" als überragender Meister. Wer tiefer geht und sein Lebenswerk besser kennt, weiß aber, daß dieser verantwortungsbewußt schaffende, einzig dem Gebot des Einfalls gehorchende große Künstler nicht nur in diesem Gipfelwerk zu voller Entfaltung seiner genialen schöpferischen Kraft gelangt ist; vielmehr hat er fast alle Gebiete der Tonkunst mit hochbedeutenden Werken bereichert, und neben den Gattungen der Oper, des Instrumentalkonzerts, des Chorwerks und des Liedes ist es nicht zuletzt die Kammermusik, die uns den Reichtum seiner Persönlichkeit offenbart. „An eig'nen Reim' und Tönen reich" setzt er in seinen Kammermusikwerken die große Tradition der deutschen Kammermusik des 19. Jahrhunderts fort.

Man nennt Pfitzner gerne den „letzten Romantiker", reiht ihn mit dieser Etikettierung einer abgeschlossenen musikgeschichtlichen Periode ein und zählt ihn zu den Nachfahren einer größeren, in Schumann, Wagner und Brahms gipfelnden Zeit. Man würde seiner Erscheinung jedoch besser gerecht werden, wenn man bedächte, daß Romantik nicht nur eine bestimmte, zeitgebundene Stilrichtung ist, sondern auch überzeitlicher Begriff für eine bestimmte Seelen- und Geisteshaltung, die durch alle Epochen fortwirkt. Wohl war Hans Pfitzner ein Romantiker: aber nicht allein durch seine innere Verbundenheit mit Stil- und Ausdruckselementen des 19. Jahrhunderts oder durch seine — ins eigene Schaffen ausstrahlende — Vorliebe für einige „romantische" Meister wie Weber, Schumann und Brahms, sondern mehr noch, in einem zeitloseren Sinne, durch ein Hingegebensein an die mystischen schöpferischen Kräfte der Seele und des Geistes, durch seinen Glauben an die Fähigkeit der Musik, Empfindungen auszudrücken und mit ihren Aussagemitteln eine Brücke vom Irdischen zum Ewigen zu schlagen. Im übrigen blieb der Musiker Pfitzner keineswegs zeitlebens dem Bannkreis der rein romantischen Stilepoche verhaftet. Sein — gerade an der Kammermusik deutlich abzulesender — Entwicklungsgang lehrt etwas anderes: gewiß stehen über seinen Frühwerken die Schutzgeister der „geliebten Götter seiner Jugendjahre"; aber wie weit hat ihn seine persönliche Entwicklung von diesen Ausgangspunkten fortgeführt! Man denke nur an das expressionistisch kühne, fast die Tonalitätsgrenzen sprengende cis-moll-Quartett. Und wie hat der Meister in seinen späten Tagen im Zuge einer immer stärkeren Auflichtung von Satz und Klangbild zu einer ganz neuen „klassischen“ Klarheit und Schlichtheit der Tonsprache gefunden, für die ein Vorbild eher bei dem von ihm stets hochverehrten Joseph Haydn als bei den Romantikern zu suchen wäre.

WERKE MIT KLAVIER

Zu den wertenden und bisweilen auch abwertend gemeinten Schlagworten, mit denen man Pfitzners Kunst immer wieder eilfertig zu kennzeichnen versucht, gehören die reichlich kühn verallgemeinernden Bemerkungen über die spröde Unsinnlichkeit, die graue Melancholie und die bedrückende Schwerblütigkeit seiner Musik. Freilich: von sinnlich-berückendem Wohlklang her, wie ihn etwa Richard Strauss bietet, ist seine mehr nach Innerlichkeit, Tiefe und Transzendenz als nach taghellem Glanz trachtende Musik nicht zu erfassen. Auch hat er zweifellos sein Eigenstes dort zu geben vermocht, wo es — seiner Wesensanlage gemäß — um die Gestaltung des Tiefernsten, Leidensvollen und Schmerzlichen ging, wo er, in sich hineinlauschend, von Abschied, Trauer, Klage und wehmutvoller Sehnsucht künden durfte und mußte. Und doch, wie einseitig und unzulänglich sind alle Betrachtungen, die sich nur an diesen hervortretenden Zug seiner Kunst halten! Schon ein Blick auf die Sonate für Violoncello und Klavier in fis-moll, das opus 1 des 21jährigen, zeigt uns ein ganz anderes Bild. „Das Lied soll schauern und beben“ — diese Verszeile aus Heinrich Heines und Robert Schumanns „Dichterliebe“ steht als Leitwort über den vier Sätzen, deren jeder gleicherweise von der schöpferischen Jugendkraft, von der Einfallsmacht, vom frühreif großen Können und vom blühenden Klangsinn des jungen Meisters zeugt. Wie herrlich die sehnsüchtig schwellende Melodie

des Cello, die aus der dunklen Tiefe leise bebender Klavierharmonien emporsteigt, wie einprägsam die Gegensätze des innigen, singenden zweiten Gedankens und des energisch rhythmisierten dritten Themas — und wie lebensvoll nun das Spiel mit diesen Gedanken bis zur prachtvoll gesteigerten und endlich in tiefer Stille verklingenden Coda! Die melodische Kraft, die diesen *ersten Satz* zu einem unaufhaltsam strömenden Gesang des Cello werden ließ, wirkt auch in dem von feierlichen Harmonien eingeleiteten *zweiten Satz* fort (Sehr langsam, D-dur), der dem Cello eine innige, liedhafte Weise gibt, sich im Mittelteil zu leidenschaftlicher Bewegung steigert und nach einer Wiederkehr jener ersten Melodie nochmals über erschauerndem Klanggrund zu einer mächtigen Steigerung ausholt: ein wundervolles hochromantisches Nacht- und Naturbild. Aus dieser ernsten Stimmungssphäre löst uns das köstliche, „beinahe durchweg pp“ gehaltene *Scherzo* (So schnell als möglich, fis-moll), das auch durch feinstimmigere Klanglichkeit eindrucksvoll zur Volltönigkeit des Vorhergehenden kontrastiert. Wie ein launiger Tanz luftiger Geister huscht der Satz vorbei. Ihm folgt im *Finale* (Nicht zu schnell, mit Humor, Fis-dur) ein erdgebundener Abgesang. Ein fröhliches Leitthema im

leicht marschartigen Charakter eines Wanderlieds bestimmt die Grundhaltung des Satzes, in die sich auch die Seitengedanken eines lyrisch-kantableren und eines zart schwebenden Themas einfügen.

Fast 30 Jahre später ist die Violinsonate op. 27 in e-moll entstanden (1918). Auch sie ist kein Werk eines in Grübeln und Nachtgedanken verlorenen Musikers, sondern ein weithin von blühendem Gesang erfülltes, zu lichten Höhen drängendes und findendes Stück Musik. *Nach* dem „Palestrina“ geschrieben, offenbart sie nun allerdings auch in der melodischen Linienführung und in der sehr differenzierten Harmonik die Eigenart eines ganz persönlichen Reifestils. Unvergeßlich die empfindungsvolle, weitgespannte

Melodie des so sprechend espressiven ersten Themas, wundervoll die keinen Augenblick an Intensität verlierende Fortspinnung des *ersten Satzes.* Von der Redekraft der melodischen Gedanken ist auch der gleichfalls zu mächtigen sieghaften Empfindungshöhepunkten geführte, in seiner Grundstimmung versonnene *zweite Satz* getragen (Adagio, quasi fantasia). Ohne Pause schließt sich das *Finale* an (Äußerst schwungvoll und feurig, E-dur): nach dem ernsten Blick in die Tiefe des Herzens ein frohes Aufschauen in den sonnenhellen Morgen — ein von jubelnder Lebensfreude durchpulstes Rondo.

Zeitlich steht der Cellosonate op. 1 das 1896 geschriebene Klaviertrio op. 8 in F-dur am nächsten. Weithin zeigt es daher auch ihr verwandte Züge — in der Erfindung wie in der Klangbildprägung und vor allem in seinem romantischen Grundcharakter. Jugendliches Kraftgefühl und heißer Überschwang der Empfindung geben dem ideenreichen *ersten Satz* (Allegro ma non troppo) das Gepräge. Innerhalb der Thematik gewinnt ein — bei seinem ersten Erscheinen dem Klavier anvertrauter — empfindsamer lyrisch-gesanglicher Gedanke besondere Bedeutung, da er sich wie

ein Leit-Motiv durch das Werk zieht und auch im zweiten und vierten Satz wiederkehrt. Gipfelpunkt des Trios wird der langsame *zweite Satz* (cis-moll), der mit einer geheimnisvoll ernsten Weise der Streicher beginnt und als zweiten Hauptgedanken eine weiträumige Gesangsmelodie bringt; ein eigenartig düsteres, schließlich zu fast drohender Gebärde gesteigertes Rufmotiv unterbricht mehrfach wie eine Mahnung den Fluß des schmerzlich-schönen Satzes. An dritter Stelle folgt ein sehr kapriziöses *Scherzo* (es-moll, 6/8), das nicht zuletzt durch die spielerisch-virtuose Gestaltung der Klavierstimme reizvoll wird. „Rasch und wild“ beginnt das in seiner kontrastreichen Bilderfülle fast dramatische *Finale*. Schon im 6. Takt aber tritt jener lyrische Leitgedanke des Werks aufs neue in Erscheinung (vgl. Abb.), der auch vor der wild zum Schluß drängenden Coda des Satzes noch einmal, nun in innigster Steigerung, der unruhvoll-leidenschaftlichen, zuletzt in ein kraftgeladenes F-*dur* einmündenden Hauptentwicklung wie ein Erinnerungsbild gegenübergestellt wird.

In eine gänzlich andere Welt führt das vierzig Jahre später geschaffene Duo op. 43 für Violine und Violoncello „mit Begleitung eines kleinen Orchesters oder des Klaviers“. In beiden Besetzungsformen hat dieses liebenswürdige Spätwerk des Komponisten (1937) Anklang gefunden. Die Berechtigung, es unter seine Kammermusik einzureihen, läßt sich aus der Vorbemerkung der Partitur ableiten, in der es heißt: „Dieses Stück ist nicht virtuos und konzertant gedacht, sondern durchaus kammermusikalisch, wenn mit Klavierbegleitung, sozusagen als Hausmusik.“ Aus drei pausenlos ineinander übergehenden Sätzen ist das Werk gefügt. Neu, d. h. charakteristisch für den Spätstil des Komponisten ist daran neben einer sehr konzisen Formgebung die durchsichtige Klarheit des Satzes, in dem auf jede nur füllende Stimme Verzicht geleistet ist und stets nur das Notwendige, dieses jedoch stets mit großer Eindringlichkeit gesagt wird; neu ist auch der gelöste, leidenschaftsentspannte Ausdruck seiner Musik, die wie in schwebender Leichtigkeit dahinfließt und nur im sehr kurzen langsamen Teil einer ruhig verhaltenen Bewegung weicht. Unverändert aber ist die reich strömende Kraft der Erfindung, die der kleinen Schöpfung blühendes melodisches Leben gibt. Schon im ersten — als Sonatensatz ohne Reprise gebildeten — Abschnitt (a-moll, 6/4) wird alles zum Gesang. Die Durchführung, in der neben einem kräftig markierten Kontrapunkt zum ersten Thema auch ein wiegendes, für Pfitzner besonders charakteristisches Motiv Bedeutung erlangt, schließt mit einer kanonisch geführten Kadenz von Geige und Cello. Im Einfall am zwingendsten ist vielleicht der letzte Teil (A-dur) des Duos:

köstlich in seinem volkstümlichen Liedtonfall der erste Gedanke, wunderschön aber auch das vom Klavier intonierte, selig sich aussingende zweite Thema.

Eine der größten Leistungen Pfitzners auf kammermusikalischem Gebiet wurde sein (Bruno Walter zugeeignetes) Klavierquintett op. 23 in C-dur, eine Schöpfung des 40jährigen. Ein hohes Beispiel organischer thematischer Entwicklung ist der *erste Satz* (Allegro ma non troppo). Über einem Orgelpunkt (Cello) erklingt — in „Brahmsischen" Sextengängen der 2. Geige und der Bratsche — das klare,

schlichte Hauptthema. Ein Keim, der noch nicht ahnen läßt, was an Möglichkeiten in ihm geborgen liegt. Aber in ihm ist Kraft zu Wachstum und Wandlung; aus ihm entfalten sich Stamm, Gezweig und Laub eines lebensvollen Baums, der nach aller Unruhe des Werdens endlich im reinen, strahlenden Sonnenlicht der Vollendung steht. „Mit ruhiger Grazie" hebt im *zweiten Satz* (Intermezzo, G-dur, $^2/_4$) ein heiteres Gedanken- und Klangspiel an, getragen von sehr plastischen Motiven. Zum Mittel- und Höhepunkt des Werks aber wird das h-moll-*Adagio* mit seinem innig-ernsten, schon „Palestrina"-Stimmung ahnen lassenden, weitlinig-espressiven Gesang, seinen eigenartigen phantastischen Klangbildern, seinen erregenden jähen Steigerungen und den beklemmenden, die dumpfen Trommelwirbel eines Trauermarsches symbolisierenden $^1/_{32}$-Akkord-Triolen. Mit einer espressiven Kadenz der ersten Geige endet dieser tiefsinnige Satz, und von ihm geht es ohne Pause — echt pfitznerisch — sofort weiter zum *Finale,* das „gemächlich, bewegt" aus der Nachtsphäre des Adagio rasch entspannend zurückleitet in einen lichten Tag, der neue Kraft, neuen Glauben schenkt. Ruhig und sehr leise verrauscht dieser letzte Teil in ungetrübtem C-dur.

Die Reihe der Kammermusikwerke mit Klavier schließt mit dem fünfteiligen Sextett op. 55, das Pfitzner im Herbst 1945 vollendet hat. Ähnlich wie das Duo op. 43 und wie das noch zu nennende Streichquartett op. 50 repräsentiert es den gelösten, von aller Klangschwere befreiten, harmonisch schlichten und von jeder sensitiven Überspannung der Empfindung entbundenen Altersstil des Meisters. Zum Klavier treten hier Klarinette, Violine, Bratsche, Cello und Kontrabaß. Ein *Allegro con passione* (g-moll, $^3/_4$) eröffnet die Satzfolge. Daß es sich dabei nicht um ein Bekenntnis unruhvoller Leidenschaft handelt, verrät schon das

schöne erste Thema, doch geht ein Zug von erregter, vorwärtsdrängender Bewegung durch das von diesem Gedanken und einem liedhaft freundlichen Seitenthema beherrschte Stück. Ein *Quasi minuetto*-Satz (G-dur) mit reizvollem Wechselspiel der Instrumente reiht sich an; der heitere tänzerische Charakter verstärkt sich noch im Trioteil, der wie ein Gruß an Franz Schubert klingt. Als dritter Satz folgt ein gleichfalls aus fröhlich scherzhafter Thematik entwickeltes *Rondoletto* (Allegretto, Es-dur), in dessen erstem Teil ganz auf die Mitwirkung des Klaviers verzichtet wird. Geheimnisvoll, wie ein Reigen seliger Geister, beginnt — ebenfalls unter Ausschaltung des Klaviers — der ruhige, später in Ausdruck und Bewegung sehr gesteigerte, dann wieder in die Stille des Anfangs zurückfließende *vierte Satz* (E-dur), der unmittelbar mit dem *Finale* (Comodo, G-dur) verbunden ist. In satztechnisch und klanglich reizvoller Weise werden hier vor allem zwei Themen, ein gemächlich gehendes und ein energisch rhythmisiertes zur Entfaltung gebracht.

DIE STREICHQUARTETTE

In drei Perioden seines Lebens hat Hans Pfitzner Streichquartette geschrieben: das erste 1902/03, nachdem er schon den „Armen Heinrich“, „Die Rose vom Liebesgarten“ und wichtigste Lieder komponiert hatte, ein zweites 1925, zehn Jahre nach dem „Palestrina“, in der Zeit seines kühnsten Aufbruchs zu neuen Ufern, und ein letztes als 72jähriger. Jedes dieser Werke ist in seiner Art bedeutend als schöpferische Leistung wie als Dokumentation der Persönlichkeit Pfitzners. Sehr bezeichnend für die oft zur Versonnenheit, zu einem still in sich selbst Hineinhorchen neigende Eigenart des Meisters ist der *erste Satz* des — der Gattin Gustav Mahlers gewidmeten — D-dur-Quartetts op. 13. Er beginnt „in mäßig gehender Bewegung“ mit einem in gleichmäßigen Vierteln langsam zur Höhe aufsteigenden gesanglichen Thema, das die erste Violine allein vorträgt. Dem stillen Leitgedanken treten bald anders geartete, kräftig markierte Motive zur Seite. Aus diesen kontrastierenden melodischen und rhythmischen Elementen entwickelt sich der ganze Satz, abseits vom Typus des traditionellen Eingangs-Allegro, wie ein feines, dichtes Gespinst, stimmungsmäßig zu einem Gebilde von großem Ernst und sehr innerlicher Haltung. Einen starken Gegensatz dazu bildet das (in Rondoform gehaltene) launig sprühende *Scherzo* (D-dur). Nach diesem Blick in die Welt mit den „allwärts fröhlichen Gesellen“ führt das knapp gefaßte, stimmungsdichte und kontrapunktisch fein gearbeitete *Adagio* (c-moll), das auch die langsam schreitende Viertelbewegung des Kopfsatzes wieder aufnimmt, in Einsamkeit und Stille zurück. Sehr charakteristisch, wie sich Pfitzner dann, pausenlos weitergehend, der meditierenden Versponnenheit dieses Satzes jäh entreißt und die frohe, erlösende Weise des *Rondo-Finale* anstimmt. Diese reizende, später im „Christ-

elflein“ wieder verwendete Melodie „im heiteren Reigentempo“ gibt dem Satz das entscheidende Gepräge freudiger Lebensnähe.

Nicht so sehr durch eine noch reifere und geistvollere Kunst der thematischen Arbeit und eine vielleicht noch zwingendere Aussagekraft des Einfalls unterscheidet sich das cis-moll-Quartett op. 36 von jenem ersten Quartett, sondern vor allem durch eine zur „Linearität“ gesteigerte Freiheit der Stimmenführung und eine neue, damit verbundene Kühnheit der Harmonik. Diese Kunst- und Ausdrucksmittel stehen hier, abseits jedes formalistischen Selbstzwecks, im Dienste einer außerordentlich intensivierten Tonsprache. Leidenschaftliche Bewegung beherrscht nach „ziemlich ruhigem“ Beginn den *ersten Satz*. Aufstrebend die beiden

ferner:

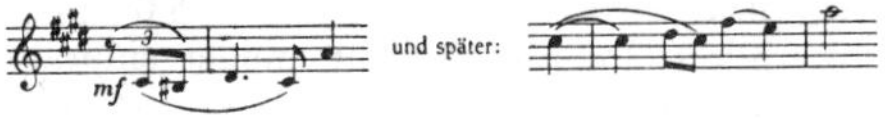

ersten, in der Folge wichtigsten Gedanken; resigniert einlenkend, dann aber sehnsüchtig emporstrebend das

wundervolle Seitenthema. Motivische Zusammenhänge, wie so oft bei Pfitzner, verbinden diesen Eingangssatz mit den noch folgenden Teilen, so auch mit dem unmittelbar anschließenden tänzerischen *zweiten Satz* („Sehr schnell, fis-moll"), der sich zu einer Szene von dämonischer Wildheit und Erregung steigert. Höchst eigenartig der von einer geheimnisvoll kreisenden, thematisch bedeutsamen 1/16-Figur eingeleitete *langsame Satz,* dessen edle kantable Gedanken sich wieder mit der leitenden Motivik des Kopfsatzes berühren (vgl. oben). Nach einem gewaltigen C-dur-Höhepunkt mündet der sonst tonartlich nicht präzisierte hochespressive Satz in das *Finale* ein. Aus sehr einprägsamer Thema-

tik (die Abb. zeigt den zweigliedrigen Ausgangsgedanken) entwickelt der Komponist in diesem Allegro ein lebensvolles kontrapunktisches Spiel, in das auch das Seitenthema des ersten Satzes und jene kreisende Motivgestalt aus dem langsamen Satz einbezogen werden. In gleichsam erlösender Cis-dur-Beruhigung verlischt das Finale ppp. 1932 hat Pfitzner das cis-moll-Quartett ohne Substanzveränderung in eine Sinfonie verwandelt. In dieser farbigen Fassung fand das Werk noch stärkere Verbreitung als in seiner reineren Urform. (Vgl. darüber Reclams Konzertführer von Hans Renner.)

Neben den beiden ersten Quartetten des Meisters wirkt das dritte Quartett, op. 50, in c-moll sehr schlicht. Im Einfall nicht minder einprägsam, formal nicht weniger geistvoll, wird es, als eine der schönsten Gaben aus Pfitzners Spätzeit, zu einer Manifestation des Glaubens an den Segen der Klarheit und Einfachheit im Sinne der Frühklassik. Ein besinnliches, nur gegen den Schluß zu in leidenschaftlicher Anspannung über die Grundstimmung hinausgreifendes *Andante* bildet die Einleitung des Werks, dessen Sätze ohne Unterbrechung ineinander übergleiten. Die Abb.

zeigt das ruhig atmende erste Thema. Das folgende, sehr anmutige *Andantino* (F-dur) bringt freie Variationen über ein vom Geist des Rokoko berührtes reizendes Thema. Im ernsten *dritten Satz* (f-moll) wird ein ruhig in Achteln gehender Hauptgedanke in kontrapunktischen und zugleich stimmungsmäßigen Gegensatz zu leicht beschwingter und espressiv gesteigerter Thematik gestellt. Den Abgesang bildet ein froh bewegtes *Allegro* in klassischer Sonatensatzform. Ein rhythmisch frisches Hauptthema, eine fließende Gesangsmelodie und ein charakteristischer Gedanke aus dem ersten Satz werden zur Kernsubstanz für eine ebenso kunstvolle wie unbeschwert wirkende Entwicklung, die più presto mit einem lustig hingestrichelten Fugato in Triolenbewegung ausklingt. *A. W.*

MAX REGER

* 19. März 1873 in Brand (Bayer. Fichtelgeb.), † 11. Mai 1916 in Leipzig

Aus bayerischem Lehrerhaus. Vom Kindesalter an unterrichtet durch den Weidener Organisten Adalbert Lindner. Seit 1890 Schüler von Hugo Riemann. Lehrtätigkeit in Wiesbaden und München (Akademie der Tonkunst). 1907 Universitätsmusikdirektor in Leipzig, Kompositions-Professor am Konservatorium. 1911 zur Leitung der Meininger Hofkapelle berufen. 1914 Entlassungsgesuch des Meininger Generalmusikdirektors. Übersiedlung nach Jena. — Werke: Alle wichtigen Gattungen mit Ausnahme der Oper: Orchesterkompositionen, Instrumentalkonzerte, Klavier-, Orgelwerke, Chorwerke (a-cappella, mit Orchester), Sologesänge mit Orchester, Klavierlieder. — Kammermusik: u. a. 11 Sonaten, 14 Präludien und Fugen für Violine allein; 9 Violin/Klavier-Sonaten; 4 Violoncello/Klavier-Sonaten; 3 Klarinetten/Klavier-Sonaten; Klarinetten-Quintett; 2 Klavier-Trios; 2 Klavier-Quartette; 2 Klavier-Quintette; Serenaden und Streichtrios; 5 Streichquartette; Streichsextett.

Der auch als Pianist und Dirigent auf Konzertreisen durch das In- und Ausland rastlos Tätige, der überreich produktive Komponist, der die schwierigsten Werke vor der Niederschrift „fertig im Kopfe“ hatte und wie in pausenlosem Selbstdiktat schrieb — erlag auf einer Reise nach Leipzig einem Herzschlag. Auf dem Tisch des Sterbezimmers im Hotel Hentschel lag der Korrekturabzug der „Geistlichen Gesänge“, op. 138, den er zur Durchsicht auf seine letzte Reise mitgenommen hatte. Aufgeschlagen war der erste Chor „Der Mensch lebt und bestehet nur eine kleine Zeit, und alle Welt vergehet mit ihrer Herrlichkeit ...“. — Ein Lebenswerk riß damit ab, das heute weitgehend der Tageskritik entrückt ist: Reger rangiert in der Galerie der „Großen Meister“. Er stand, zumindest in seinen letzten 10 Lebensjahren, im Zenit des Ruhmes, trotz beträchtlicher Gegnerschaften. Titel und Orden häuften sich. Von seinen Werken gingen zahlreiche, vornehmlich die instrumentalen, in den festen Bestand des Musiklebens ein. Ausstrahlungen auf das musikalische Schaffen seiner und unserer Zeit liegen zutage. Gleichwohl ist Reger aufs Ganze gesehen nicht „populär“ geworden. Das ist, freilich mit manchen Graddifferenzen, die Erfahrung, die das heutige öffentliche musikalische Leben, einschließlich der Rundfunkprogramme und Schallplattenproduktion, bietet.

Der Gründe für die relativ geringe Popularität sind mehrere. Ein entscheidender: Regers Musik verlangt in starkem, ja höchstem Maße von Ausführenden wie

Hörenden ein aktives Mitdenken des rein musikalischen Geschehens. Oft betont Reger in seinen Briefen, daß seine Musik Studium und nochmals Studium verlange. Er ist fundamental ein absoluter Musiker, dem Polyphonie, der Vorrang der linearen Zeichnung, nicht ein Stilmittel unter anderen ist, sondern die musikalische Sprache schlechthin. Er weiß sich „altmodisch" in einer Welt, die andere, auch in der Musik schneller dem Genuß geöffnete Bahnen geht.

Man spricht von ihm als dem letzten instrumentalen Klassiker seit Brahms. Man sagt, daß mit Reger das romantische Jahrhundert sich vollendet habe. Das bezeichnet nicht die Ganzheit seiner historischen Stellung. Regers Traditionszusammenhang ist zwar eindeutig. Die Nachbarschaft zu Brahms innerlich eng und äußerst fruchtbar in ihrem schöpferischen Ertrag. Bekanntlich schickte der 23jährige Reger im Jahre 1896 dem Meister nach Wien seine Orgelsuite op. 16, als Zeichen der Verehrung und Bewunderung des Jüngeren und des Kommenden für den großen Alten, der zu seinen Lebzeiten schon ein Klassiker war. Beide, durch anderthalb Generationen geschieden, tauschten ihre Photographien aus. Die Photographie, die Reger von Brahms erhielt, trägt ein herzliches Widmungswort, gleich einem Vermächtnis, das man dem legitimen Erben anvertraut. Und kennzeichnend dazu ist weiterhin Regers Wort: „Der Brahmsnebel ist mir lieber als die Gluthitze von Wagner, Strauss und anderen." Gleichwohl steht Reger in der Schnittfläche der Epochen. Seine in gewissen Zügen barocke Kraftgestalt ist zunächst mehr dem weiten Feld des 19. Jahrhunderts zugewendet, mit zunehmender Reife und Selbstfindung sodann der Welt des 18. Jahrhunderts, auf Bach und die Alten Meister hin gerichtet. Auf seiner schöpferischen Höhe schaut er zugleich, seine Wahlverwandtschaft mit den Meistern der alten Zeit verarbeitend, herüber in unsere Zeit; wird er mehr und mehr Künstler der Moderne; begibt er sich mit steigender Kraft zu einer musikalischen Aussage hin, die zur Objektivierung, zur Zucht des nicht nach „Stimmung" fragenden Schaffens drängt;

zu einer Musik, die mehr und anderes will als die Abschilderung des Menschen und seiner Affekte.

Indem wurde Reger ein Brückenglied zur Neuen Musik, ein Anreger mancher Schaffender von heute, übrigens auch ein Maßstab des handwerklichen Könnens, das er perfektioniert beherrschte. In einer Zeit, der das keineswegs schon geläufig war, bekannte er sich zu Bach als dem Anfang und Ende aller Musik. Nicht, daß hier von Ranggleichheit gesprochen sei: aber auch Reger ist ein zusammenfassender, eine Epoche vollmächtig beendender Geist; auch er gebietet über Kräfte, die ein Stück des Anfangs sein können.

Die Kammermusik ist nur ein Teil seines Gesamtschaffens, wenn auch ein sehr beträchtlicher. Jedoch, wie bei anderen Komponisten auch: sie stellt sich dar als eine innere Schaffensgeschichte, als ein Kompendium des schöpferischen Wollens und Vollbringens. Was für Reger die Kammermusik zu einem wichtigen, neben der Orgel vielleicht zu seinem inhaltlich gewichtigsten Arbeitsgebiet machte, ist die Tatsache, daß hier die Elemente des Kunstwerkes, die melodischen, harmonischen, rhythmischen, gleichsam bloßliegen, kaum verdeckbar von Farbeffekten, weit enthoben nur äußerlicher Ausdrucksmittel, und wie im Urzustand dessen harren, der sie findet, erweckt und zur compositio einschmilzt. Das sinnlich greifbare Erlebnis des Klanges hat der gedanklichen Konzentration zu weichen. Reger, der ebensowenig wie Bach und Brahms ein Formrevolutionär war — im Gegensatz etwa zu Richard Wagner —, findet trotz Übernahme klassisch-romantischer Formen die ihm persönlich entsprechenden Formbilder in den polyphonen. Diese, wie Chaconne und Fuge, werden Themata seiner musikalischen Weltanschauung.

Die Gegenwartswirkung des Regerschen Lebenswerkes wurde intensiviert durch die bereits im Todesjahr des Meisters gegründete deutsche Max-Reger-Gesellschaft mit der Veranstaltung von Reger-Festen sowie auf publizistischem Wege (der bedeutende Reger-Schüler Karl Hasse war der letzte Herausgeber der „Mitteilungen" der Gesellschaft, die im zweiten Weltkriege zu bestehen aufhörte). Fortgesetzt wird die Arbeit der Reger-Gesellschaft durch das von Regers Witwe gestiftete Max-Reger-Institut in Bonn, das sich auch der Gesamtausgabe der Werke annimmt. Zu einer speziellen Pflegestätte des Regerschen Œuvres, inspiriert vom Genius loci, haben sich die „Weidener Musiktage" entwickelt: die Stadt in der Oberpfalz führt übrigens sogar in ihrem Poststempel den verpflichtenden Namen „Max-Reger-Stadt".

WERKE FÜR SOLOSTREICHER

Die *Werke für Solostreicher,* besonders die für Violine allein, bieten sich zudem als der Ort, das melodische Gesetz auch in der „unbegleiteten" Melodie perspektivisch neu zu erkennen und zu gestalten. Es ist nahezu das erste Mal seit Bach, daß ein Komponist Werke für unbegleitete Violine schreibt, nicht für den technischen Studienzweck (diesem dienen die Stücke auch), nicht allein für die virtuose Bravour (diese bricht auch durch), sondern als vollwertiger Bestandteil des Gesamtschaffens. Die Bach-Vorlage ist offensichtlich. Aber Reger kopiert nicht. Er spürt der zeitlosen Ordnungsmacht nach, die sich ihm mit Bach auch im Gewand solcher Gattung präsentiert. Der Komponist beschäftigt sich mit diesen Stücken, die ein Prüfgewicht geigerischer Kunst bedeuten, während eines Zeitraumes von 15 Jahren (zwischen 1899 und 1914). So unterschieden sie sind als Spiegel der jeweiligen Reifestufen, so sehr ist ihnen gemeinsam: die Kombination objektiver Sprachelemente und gefühlsamer Kantabilität; daß die Polyphonie ihre natürlichen Grenzen dort findet, wo die Überforderung der Möglichkeiten des einstimmigen Instrumentes zum Experiment verführt; daß der Komponist im Vollbesitz der Stoffbeherrschung geradezu begierig sich der Aufgabe unterzieht, großartige Architektur mit dem geringsten Aufwand an Instrumentarium zu entwerfen.

Das zeigt schon die erste Gruppe: 4 Sonaten für Violine solo, op. 42 (1899). Das Thema des 1. Satzes (*„Allegro energico“*) der 1. Sonate (d-moll) zeugt von einer Kompositionstechnik, die kennzeichnend ist auch für zahlreiche andere Sätze: der thematische Gedanke ist so formuliert, daß er den Keim des harmonischen Akzentes ebenso entwicklungsträchtig enthält wie die Übersetzung in den Bewegungs-

impuls. Selbstverständlich, daß das Melodieinstrument dabei maximal strapaziert wird. Gleichfalls typisch für die Anlage ähnlicher Stücke, daß das Rhythmische denkbar variabel ist, daß die Akkordfiguren konzertant aufgebrochen werden, daß eine freie Rhapsodik für dramatische und lyrische Zäsuren sorgt. Das anschließende *Adagio* ist durch seine Bezeichnung „con gran espressione“ (Thema auf der G-Saite) in den Raum der Empfindung verwiesen. Ein *Scherzo* mit Trioeinschub lebt von der bizarren Bewegung des Dreiertaktes. Die *Finalfuge* bringt die Verdichtung der Satzfolge.

Nach der *zweiten Sonate (A-dur),* der *dritten (h-moll)* erweist das Finale der vierten (g-moll) den sich ankündigenden Großmeister der Variationskunst: eine schon gewaltige *Chaconne,* über die Bach seinen Riesenschatten wirft.

Weniger von Bachs Vorbild bedrängt erscheinen die 7 Sonaten für Violine solo, op. 91 (1906/08). Das Typische ist wie in diszipliniertem Selbstgespräch ausgeglüht. Der erdrückende Schatten vom 18. Jahrhundert her wird zum freundlichen Nachbarn. Freier entwickelt die Melodik ihre Eigenkraft. Die letzte Sonate dieser Gruppe und auch äußerlich umfangreichste (a-moll) läßt etwas spüren vom Protest des absoluten Musikers, der seiner Zeit die Stirn bietet. Nicht weniger — und das ist Bestandteil solchen Protestes — weht aus diesem Stück eine frische musikantische Luft. Ein Musiziergeist teilt sich hier mit, der allein um seiner selbst willen sich auszuleben scheint. Die Dimensionen der Ecksätze werden enorm geweitet.

Die 8 Präludien und Fugen mit Chaconne, op. 117 (1909/12) sind führenden Geigern aus Regers freundschaftlicher Nähe gewidmet. Hier schaltet und waltet der Könner souverän. Das mächtige Vorbild entschwindet fast ganz. Der Meister, der sich in der Begrenzung zeigt, hat sich auch hier

gefunden. Die *Chaconne* (Nr. 4) überrennt die Grenzen des Instrumentes und filtriert gleichwohl das letzte aus ihm heraus. Fritz Stein nennt sie „frei von Bach". Aber wo gäbe es in dieser Gattung eine Chaconne, die hier ganz „frei" sein könnte! — Bei den 6 Präludien und Fugen für die Violine allein, op. 131 a (1914), fällt auf, daß, wie auch in anderen Fugen der Spätzeit, das Schwergewicht des thematischen Gedankens zurücktritt zugunsten heiterer, musizierlustiger Gelöstheit. Herrliche Aufgaben für die Geiger!

Zu den letzten Stücken für Solostreicher gehören: *Drei Duos (Canons und Fugen) im alten Styl für 2 Violinen, op. 131 b* (1914); *Drei Suiten für Bratsche und*

Violoncello allein, op. 131 d, op. 131 c (1914/16). Hier unterhält sich der vom Material gelöste Geist mit sich selbst. Die Altersreife — des kaum mehr als 40jährigen! — zeitigt die Klarheit reinen Spiels. Protest und Affekt liegen weit dahinten. Nur der Ton „redet". Auch das macht diese Stücke für den Spieler schwer.

SONATEN FÜR VIOLINE UND KLAVIER

Mit Werken dieser Gattung hat sich Reger durch 25 Jahre hin beschäftigt. Sein *op. 1, Sonate für Violine und Klavier d-moll,* ist die Komposition des noch nicht Achtzehnjährigen. Die letzte (neunte), *op. 139 c-moll,* ist die reife Frucht des vorletzten Lebensjahres. Ihr „Largo" wurde zu Regers Bestattungsfeier gespielt.

Nachdem in der Beethovennachfolge in das Klavier alles hineingepackt wurde, was „Ausdruck" und „Empfindung" heißt, war das Instrument geradezu belastet: für den jedenfalls, dem seine künstlerische Mission auftrug, das kompositorische Gelände in der Zukunft für die primär musikalische (sekundär dabei: die außermusikalisch-poetische) Aussage freizulegen. Damit für Reger. Solche „Belastung" spürt man den beiden eigentlichen Jugendwerken *(2. Sonate, op. 3, D-dur,* erschienen 1893) mehr oder weniger empfindlich an. Als technisches und nicht sofort gelöstes Problem tritt hinzu, die Aufgaben für *beide Instrumente* gleichgewichtig zu verteilen, d. h. hier, dem Klavier von seinem natürlichen Übergewicht zu nehmen. Die Vitalität des op. 3 hat schon viel Regerisches. Aber Brahms und Schumann und Beethoven haben mächtig hindurchgeatmet. Anders schon in der dritten Sonate, op. 41, A-dur (1899). Der Kopfsatz *(Allegro con moto)* hat in seiner

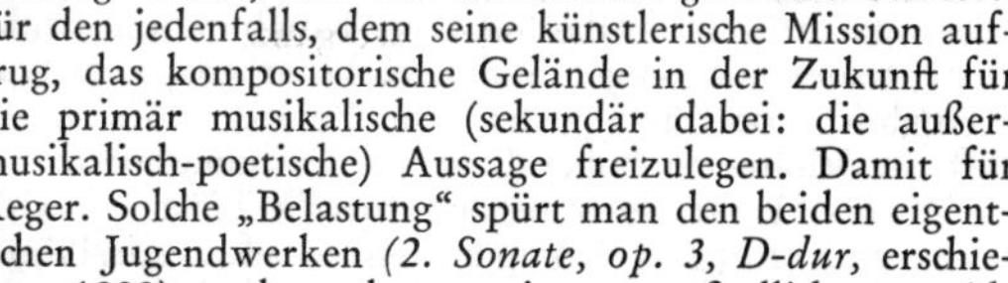

flutenden Sechsviertelbewegung den weiten melodischen Höhenzug, welcher die Reifejahre ankündigt. Im *Intermezzo (a capriccio)* blitzt Humor. Das *Largo con gran espressione* (die ersten 12 Violintakte auf der G-Saite) vereinigt beide Instrumente zu gleichberechtigtem, lockerem Gespräch, das im Finale seine zügigen Pointen erhält. In der (4.) Sonate op. 72 C-dur (1904) hat sich Reger auch hier gefunden. Aber der körperlich Robuste, seelisch äußerst Sensible befindet sich in Verteidigungsstellung. Er schreibt eine „wütende Herausforderung" an die Umwelt, die ihn nicht verstehen will, an die Kritiker, die ihn verreißen. Prompt fiel das Stück bei der Frankfurter Tonkünstlerversammlung 1904 durch. Der angestaute Zorn macht sich thematisch Luft: im *ersten Satz* erscheinen die Motive S-C-H-A-F-E und A-F-F-E. Dem Kontrapunktiker par excellence gelingt das Kunststück, den grimmigen musikalischen Scherz fugenlos der Bauform einzufügen. Dabei ist die Kombination beider Instrumente noch enger und natürlicher geworden, das Klangbild noch homogener. Im Zentrum des *Largo* ruft die Violine in hoher Lage die Ordnungsmacht des B-A-C-H an: als Imperativ für die Hörer — vielleicht auch für den Komponisten —: für die Hörer, denen Reger den „ungeheuren Tiefstand der musikalischen Intelligenz" ankreidet. Die noch folgenden großen Violin/Klaviersonaten (*op. 84, fis-moll* [1905]; *op. 122, e-moll* [1911]; und die erwähnte op. 139), denen der Pädagoge und Hausmusikfreund Max Reger noch *Zwei kleine Sonaten, op. 103 b* hinzufügte, zeichnen sich sämtlich durch formale Vollendung und visionären Einfallsreichtum aus. Die Finalvariationen des op. 84 erfahren bei lichtem Klaviersatz ihre strenge Intensivierung durch eine Variationsfuge.

An *weiteren Kompositionen für Violine und Klavier* seien erwähnt: die allerorts gespielte, wirklich populär gewordene *Suite im alten Stil, op. 93, F-dur* (1906) — ihr berühmter Largosatz ist in zahlreichen Transkriptionen erschienen —; für geringere technische und im engeren Sinne hausmusikalische Ansprüche: *Sechs Vortragsstücke*

(Suite in a-moll), op. 103 a; Zwölf kleine Stücke nach eigenen Liedern, op. 103 c.

WERKE FÜR VIOLONCELLO / KLARINETTE UND KLAVIER

Was für die Regersche Kammermusik nicht durchgängig zu sagen ist, daß sie für den Spieler dankbar und für die Publikumswirkung risikofrei sei, das gilt nahezu für jede Partie der (4) Sonaten für Violoncello und Klavier; wenn auch die erste, *op. 5 f-moll* (1892), noch Merkmale jugendlicher Handschrift zeigt (verdickter Klaviersatz, Übersteigerung des Ausdruckshaften). Für die zweite, *op. 28 g-moll* (1898), verlangt der Komponist ausdrücklich „langes Studium“, ungeachtet des Umstandes, daß er — der überströmend Produktive — ihren Schlußsatz an zwei Nachmittagen niederschrieb. Das Formale ist hier bereits überlegen gebändigt, die Proportionen sind weise regiert. *Op. 78, F-dur* (1904), nennt der Komponist voll sachlichen Stolzes das Beste, das er (bis dahin) auf dem Gebiet der Kammermusik geschrieben habe. Empfindung, rhapsodische Gestik, gesammelte Kraft, zarter Überschwang — alles ist hier zum absolut musikalischen Experiment hin zentriert.

Noch mehr vom musikantischen Material inspiriert, aus der Eigengesetzlichkeit der Gedankenführung geschrieben: das letzte Sonatenwerk für Violoncello und Klavier *op. 116, a-moll* (1910). Von beiden Spielern wird nicht nur ein technisches Maximum verlangt, mehr noch die Fähigkeit, die Überfülle des Materials, das phantastische Schweifen der Gedanken in das Formgesetz zu binden. Wenn das gelingt, ist die Wirkung groß und beglückend, weil dann das Musizierstück triumphiert und das Komplizierte wieder zum Erhaben-Einfachen wird.

Unter den hausmusikalischen Freuden, die Reger dem Violoncello zugedacht hat, sei an die *Kleinen Stücke op. 79 e* erinnert (Originaltitel: „Kompositionen für Cello mit Pianoforte-Begleitung von Max Reger. Op. 79 e." „Caprice", „Kleine Romanze"), belanglose, dem Zeitgeschmack angehörende Spänchen vom Arbeitstisch des Großen.

Als Reger Brahms' Klarinetten-Sonate f-moll, op. 120, gehört hatte, meinte er: „Schön, werde ich auch zwei solche Dinger schreiben." In wenigen Tagen wurden die beiden Sonaten für Klarinette und Klavier, op. 49, in As-dur und fis-moll (1900) komponiert. Kein ernsthafter Klarinettist heute, der sie nicht kennt und spielt und liebt. Warum sogleich zwei Werke derselben Gattung und Besetzung? Als praktischer Grund könnte angeführt werden, daß der Komponist die beiden gebräuchlichsten Stimmungen des Instrumentes nutzen will: das As-dur-Werk verlangt die Klarinette in B, deren Ton von geglätteter Helligkeit ist; die Sonate fis-moll ist für die dunkler getönte Klarinette in A. Die oben zitierte Bemerkung Regers scheint jene Kritiker zu bestätigen, die den Komponisten mit dem Makel des Vielschreibers belegen. Tatsächlich jedoch demonstriert sie nur, naiv formuliert, die einem Naturereignis gleiche schöpferische Potenz Regers, für die Vergleiche zu suchen man ins 18. Jahrhundert zurückgehen muß. Nicht weniger erhellt sie die „handwerkliche" Arbeitsweise Regers — den Alten ebenso selbstverständlich wie heute Strawinsky und Hindemith —, daß das Komponieren nicht auf Inspiration und „Stimmung" wartet, sondern daß die Inspiration mit der täglichen Komponierarbeit kommt. — Bemerkenswert an diesen dankbaren, rasch wirkungsvollen Spielstücken der aufgelichtete Klaviersatz, wenngleich das Klavier primär an der Gedankenführung beteiligt ist. Fast durchgehend bleibt das Klangbild transparent. Das Blasinstrument kommt in allen Lagen ergiebig zum Zuge. Seine Kantileneneffekte werden intensiviert, ohne je zur Gefühligkeit verdickt zu werden. — Für seine dritte und letzte

Klarinetten-Sonate, op. 107, B-dur (1908) läßt der Komponist die Möglichkeit offen, anstelle des Blasinstrumentes mit Bratsche oder Violine zu besetzen (wobei die Bratschenbesetzung übrigens voll eigenen Reizes ist). In einem Brief spricht Reger von dieser Sonate als einem „gar lichten, freundlichen Werke, gar nicht lang, damit der Klangcharakter des Blasinstrumentes nicht ermüdet". Mit dieser Bemerkung wird ein Bläserproblem berührt, das speziell für Klarinettenkompositionen (weniger für die Oboe) gilt und das in diesem Stück gelöst ist, als existiere es nicht. Im übrigen ist das Werk von spannungsgelöster Feinheit der Harmonik (1. Satz *Moderato*), wundersam in der Gliederung der weiten melodischen Bögen des 3. Satzes *(Adagio)*, federnd-elastisch das *Allegretto con grazia*

des Finalsatzes, dessen heitere Figürlichkeit und springlebendige Laufketten in das dreifache piano eines gelas-

senen Adagio-Seufzers münden. Eines der schönsten Werke der Klarinetten-Literatur!

Auch diesem Instrument hat Reger zwei Stücke für kleinere Ansprüche hinterlassen: *Albumblatt* und *Tarantelle* (ohne Opuszahl).

Noch einmal, nun in einem großen Kammermusikwerk, erhält die Klarinette eine bedeutende Aufgabe: im Klarinetten-Quintett A-dur, op. 146. Es zeigt die Handschrift der letzten Lebensmonate. Man meint, Mozart habe dem Schreibenden lächelnd von oben zugeschaut. Der Mensch ist ja gern geneigt, in die letzten Werke des großen Komponisten etwas Vermächtnishaftes, ein Abschiedswort hineinzulesen. Das ist bei der „Kunst der Fuge" nicht anders als bei Beethovens letzten Quartetten, bei Mozarts

„Requiem“ nicht anders als bei Brahms’ „Vier ernsten Gesängen“. Die schöne Sentimentalität, die solcher Leseart eigen sein kann, sei nicht getadelt. Auch der fachlich Gerüstete kommt um die Einsicht nicht immer herum, daß das Gefühl des Liebhabers oft sich hier deckt mit dem um Deutung bemühten Urteil des Sachkenners. So auch bei Regers op. 146. Ein Zwiegesang der Klarinette und des Streichquartettes, wie im milden Glanz der Abendsonne musiziert; voll freundlicher Herzlichkeit und aus der gesammelten Schau dessen, der in der Unrast der schöpferischen Tage nun um den Frieden weiß; gelassene Heiterkeit im Spiegel leiser Resignation. *Moderato ed amabile* der Kopfsatz; weiche Terz/Sexten-Gänge in lockerem harmonischem Geflecht; kurze animato-Aufschwünge weichen schnell wieder einem in sich beruhigten Melos; feine Imitationen etwa zwischen Bratsche oder 1. Violine und Klarinette wie schnell verständliche Randbemerkungen im Rahmen des ganz intimen Gesprächs der Instrumente. 2. Satz *Vivace* in einfacher A - B - A-Liedform mit einer behäbigen, fast ganz auf Alterationen verzichtenden Dreiklangsthematik (G-dur) im Mittelteil. Ein *Largo* (E-dur), das von der schwärmerischen großen Sexte der Klarinette sein wärmendes Feuer empfängt. Und ein graziles Variationsfinale in der Haupttonart,

dessen einfach-liedhaftes Thema im schwingenden $^{4}/_{8}$-Takt das Gefäß für 20 phantasieblitzende Variationsgebilde bereitstellt. Wieder zeigt sich der im Gedankenreichtum nicht nachlassende Meister der Variationstechnik. Fast wie beim späten Mozart gehen Eleganz und Gelehrsamkeit eine innige Ehe ein, fast wie dort verbirgt sich hier die Kunst durch die Kunst, daß ihre

Heiterkeit Ewigkeitszüge führt. — Das Klarinetten-Quintett gehört zu den meist gespielten Kammermusikwerken Regers.

TRIOS, QUARTETTE, QUINTETTE MIT KLAVIER

Von den beiden Klaviertrios ist das frühe erste — *op. 2, h-moll* (1890/92) —, das sich statt des üblichen Violoncello der Viola als grundierendem Streichinstrument bedient, ein „mehr gearbeitetes als inspiriertes" Werk: und wo es inspiriert scheint, da hört es sich allzu brahmsisch an. Bemerkenswert ist, daß das dreisätzige Stück nach den beiden ersten Sätzen *(Allegro appassionato, Scherzo)* bereits als Schwerpunkt des Ganzen einen Variationssatz aufweist *(Adagio con Variazioni)*, dessen 5. (letzte) Variation in H-dur kennzeichnend ist für Regers später voll entwickelte Technik: das Thema bis in seine kleinsten Bauglieder aufzulösen und diese in Reihung zu variieren, ohne Rücksicht auf die Wiedererkennbarkeit des ursprünglichen thematischen Gesamtgesichts.

Das *Trio (e-moll) für Violine, Violoncello und Klavier, op. 102,* stammt aus dem Jahre 1908. Ein Werk mit derart expressionistischen Zügen, daß es in die Grenzbezirke kammermusikalischer Möglichkeiten rückt. Manche Unisono-Stimmführungen (bis zu dreifachen Oktavgängen!) scheinen zu symphonischen Entladungen zu drängen. Selbst das im viersätzigen Ablauf an dritter Stelle stehende *Largo* (As-dur! Man beachte das betonte harmonische Spannungsverhältnis zum anschließenden e-moll-Finale!) bringt die chromatisch zerquälten Flächen des Werkes kaum einmal zur Beruhigung.

Die beiden Klavierquartette stammen aus den Jahren der Hochreife. Das Quartett d-moll für Klavier, Violine, Viola und Violoncell, op. 113, wurde auf dem Züricher Tonkünstlerfest (1910) uraufgeführt. Mit großem Erfolg, der dem Werk trotz Walter Niemanns abfälliger Kritik treu blieb. Rüttelnde Akzente, mit Synkopen-Impulsen durchsetzt, bestimmen das herrisch sich aufreckende

Hauptthema wie den „con passione"-Zug des ganzen Kopfsatzes, den Reger in einer Nacht schrieb. Die grimmigen Schläge des *Vivace* (2. Satz) sprechen eine ebenso intensive Seelensprache wie der chromatisch absinkende *Adagio*-Einschub. Die fließende Achtelbewegung des *Allegro energico* (Finale des viersätzigen Werkes), das die Triebakzente des 1. Satzes in furiose Motorik auflöst, steigert das individuell Ausdruckshafte des Kompositionsprofiles zur absolut-musikalischen Elementarwirkung.

Auch im Klavierquartett a-moll, op. 133 (1914), ein Kopfsatz „con passione". Der Klaviersatz ist jedoch lockerer, die formale Ordnung des Sonatensatzes übersichtlich, der Ausdruck gebändigt. Das dreiteilige „Vivace" wirkt heute beinahe als zeitgenössisches Musizierstück, auch wegen der rhythmischen Schwerpunktverlagerungen innerhalb des rasenden Dreiertaktes. Im espressiven „Largo" ist man versucht, Bachs „Schmerz- und Tränenmotiv" durchzuhören. Radikal der Gegensatz zum Finale „Allegro con spirito", das bei fast einheitlich durchgehendem rhythmischem Affekt durch seine zwingende Motorik gleichfalls den Hörer der Gegenwartsmusik mitreißt.

Äußerer Aufwand mehrt nicht immer die musikalische Bedeutung. Das gilt auch für Regers zwei Quintette für Klavier und Streichquartett. Das erste, aus dem Nachlaß veröffentlichte, schon 1898 beendete Klavier-Quintett c-moll (nachgel. Werk) ist zwar aufschlußreich für Regers künstlerisches Wachstum samt der Problematik seiner Brahms-Nachfolge. Auch gibt es den Spielern, die an Regers Klavier- und Streichertechnik herankommen möchten, lohnende Aufgaben. Was dem Komponisten einer Huldigung für den großen Brahms gleichkam, ist jedoch für den heutigen Hörer leicht ermüdend. Das andere Klavier-Quintett c-moll, op. 64 (1903), strotzt allzusehr vom Kraftgefühl des Komponisten. Weil sich das ungebändigt entlädt, weil hier der „wildeste Reger" eine Eruption neben die andere hindonnert — seinerzeit mit diesem Stück „allgemeinstes Entsetzen" erregend —, weil hier nun wirklich auch ein Kontrapunkt den anderen totschlägt (wovor ihn Riemann warnte), und, nicht zuletzt, weil das Werk nicht genug „klingt": deshalb zählen wir es nicht zu den wichtigsten.

SERENADEN
FÜR FLÖTE, VIOLINE, VIOLA — STREICHTRIOS

Unbelastet von dem historischen Erbe des Klaviers (vgl. oben), unberührt von dessen gern zur Massierung verführenden Mitteln, begibt sich Reger mit seinen Serenaden und Streichtrios in die lichten Räume figürlicher instrumentaler Zeichnung. Die Serenade für Flöte, Violine und Bratsche D-dur, op. 77 a (1904), ist dreisätzig. Laut Anweisung des Komponisten „kann die Flötenstimme auch von einer weiteren 2. Violine ausgeführt werden". Doch ist das nicht ratsam. Die köstlichen Farbmixturen aus Holzblasinstrument und Streichern gingen verloren. Auch sind die thematischen Gedanken weitgehend dem Charakter und der Technik der Flöte angepaßt. Was der Schwerblütigkeit Regers sonst selten ansteht, hier ist es gegeben: ganz vordergründig wird auf „Klang" hin gearbeitet. So wenig der genuine Kontrapunktiker sich je verleugnen kann und will: hier suggeriert er liebliche Bilder mit dem feinen Pinsel reizvoller — nicht überreizter — Homophonie. Haupt- und Seitenthema des eröffnenden *Allegro* sind von graziler Gestalt, ihre Verarbeitung ohne Umwege eingänglich. Betont „semplice" die *Andante-Variationen* in der Mitte. Ohne sonderliche Mühe bleibt die Gestalt des Themas bei kunstreicher Verarbeitung hörbar. Nichts von Ausdrucksballast in der frohlockenden Triolen-

bewegung des *Presto-Finale,* durch das Haydns und Mozarts selige Geister hindurchzuschimmern scheinen. — Aus ähnlicher musikantischer Lust kommt 11 Jahre später die (2.) Serenade G-dur, op. 141 a (1915), in der gleichen Besetzung. Der Sonatenkopfsatz ist bei bevorzugter Diatonik harmonisch noch einfacher. Das Gewicht des dreisätzigen Werkes liegt im Finale *(Presto)*. Delikat die thematische Verarbeitung. Bestimmt von gereihten Staccatofiguren, sprudelt der Satz in einem einzigen lustigen Wirbel dahin. — Beide Serenaden sind kostbarster Besitz der Kammermusikliteratur und auch für den technisch sattelfesten Liebhaber erreichbar.

Das Schwesterwerk zur ersten „Serenade": das Trio für Violine, Viola, Violoncello a-moll, op. 77 b (1904). Wenige Sostenuto-Takte leiten zum *Allegro agitato*. Schon diese Satzbezeichnung deutet darauf, daß der Komponist zu kräftigerer Aussage strebt. Aber er übernimmt sich und die durchsichtige Besetzung nicht, überfrachtet auch nicht die schnell hörbare Form. Zum kontemplativen *Larghetto* (E-dur) tritt der derb-stilisierte Dreier-Tanzschritt des *Scherzo* (D-dur) in prallen Gegensatz. Straff, bis zur Taktzahl, wird die Symmetrie der Satzteile durchgehalten. Das zügige A-dur-*Finale* läßt dem Spieltrieb ungehemmten Lauf. — Auch in dem zweiten Streichtrio, op. 141 b, d-moll (1915) bleibt für die Wirkung die leichte Hand bestimmend, mit der das Stück konzipiert ist. Die abschließende Tanzfuge, deren Engführungen selbst noch locker balanciert werden, macht das Werk besonders fesselnd.

STREICHQUARTETTE

Wie kaum eine andere Kompositionsgattung mußte diese für den Komponisten verpflichtend erscheinen. Seit Haydn trägt sie das Siegel höchsten Adels. Als Reger, der vor seiner ersten Symphonie starb, mit dem Streichquartett begann, war er sich seines Eigenweges bereits voll bewußt. In zeitlicher Nähe des (1.) Streichquartetts g-moll, op. 54,1 (1900/01), liegen die großen Orgelwerke „Fantasie und Fuge über B-A-C-H" und „Symphonische Fantasie",

Kompositionen unbedingter Gültigkeit. Formal steht der Streichquartett-Komponist auf dem Boden des Erbes. Er löst nicht auf. Er versucht zu erfüllen. Er erfüllt. Als bedingt neu könnte die Bevorzugung des Variationsteiles innerhalb der Satzfolgen gelten. Als symptomatisch für das Regerprofil, als programmatisch für Regers musikalisches Denken allerdings die Tatsache, daß häufig Finalfugen auftreten und zum Werkextrakt werden. Im 1. Satz von op. 54,1 steht dem von weiten Intervallen gezeichneten *Agitato*-Hauptthema ein fast simples Seitenthema gegenüber, das von den Außenstimmen sogleich kanonisch eingeführt wird. Die Entwicklung des Satzes folgt dem Prinzip, Teilgedanken zur Verarbeitung aufzuschneiden. Die kompliziert verschlungene Harmonik sorgt samt einer Überzahl von Vortragsbezeichnungen dafür, daß der Hörer kaum ein orientierendes Zentrum wahrnimmt. Mit kantigem Griffel ist dagegen das dreigeteilte *Vivace assai* gezeichnet. Im *Largo mesto* eine Verknotung kurzatmiger melismatischer Gedanken, deren Stringendo-Pathos den Satz uneinheitlich macht. Das Finale *(Prestissimo assai)* ist eine Doppelfuge. Hier, in der

strengen polyphonen Form, zeigt sich bereits in dieser relativ frühen Schaffenszeit der Meister. Der Finalfuge wegen hat das Werk seine starke Wirkung. — In dem dreisätzigen Streichquartett A-dur, op. 54,2 (1901), ist jener Zug schon zu spüren, der Regers Gestalt mitanregend für die „Moderne" werden ließ: der gewaltsame, individuelle Ausdrucksstil beginnt sich zur reineren musikalischen Elementarsprache durchzuläutern. Vitale Ecksätze umrahmen einen leicht flüssigen, knappen Variationssatz.

Als Reger sein Streichquartett d-moll, op. 74 (1904), in Zürich gehört hatte, schrieb er: „... Donnerwetter, das ist ein tolles Stück Musik ..."

(Auch der heutige Hörer wird ihm noch recht geben.) Es ist das souverän Gekonnte dieser ganzen Schaffensperiode. Insgesamt formal gleichgewichtig. Intensiviert in seiner Klarheit. Wild-pathetisch das Hauptthema des Kopfsatzes *(Allegro agitato e vivace)* in stürmendem Sechsachteltakt; rasch verliert es seinen keuchenden Atem, um sich dem fast sanglichen Seitengedanken zu vermählen. Das durch motorisch klopfende Achtel charakterisierte, wieder an zweiter Stelle stehende *Scherzo* ist durch wenige ariosohafte Adagiotakte zweigeteilt. Zu den gedankenreichsten und persönlichsten Variationssätzen Regers zählt das *Andante sostenuto, semplice con variazioni* (A-dur), das auch nach seinem Umfang das Zentrum des Quartettes darstellt. Das Thema bildet, nicht zuletzt von seinen — teils abgelegenen — harmonischen Akzenten her, die in ihm keimhaft enthaltenen Abwandlungsmöglichkeiten vor. Diese bieten sich in 11 Veränderungen: ein Aufgebot des Genies an Technik und Geist, disziplinierter Architektur und schweifender Phantastik, wie es, selbst für Reger außerordentlich, zu seinen begnadeten Hochleistungen gehört. Ein rasches *Finale* mit knappen Bewegungsgedanken bringt den Hörer nach diesem gewaltigen Variationssatz (der, insofern nicht unähnlich dem ersten, an orchestrale Dichte reicht) auf eine unproblematisch-heitere Erde zurück.

Fünf Jahre später vollendet Reger das Werk, das in dieser Gattung als sein bekanntestes und ungemindert erfolgreichstes zählen sollte: das S t r e i c h q u a r t e t t

Es-dur, op. 109 (1909). Regers Handschrift ist im allgemeinen nicht mit dem Adjektiv „schön“ bündig zu umschreiben; bei diesem Stück jedoch trifft es, im Vollinhalt des Wortes, die Sache im Kern. Die beiden Themen des ersten Satzes *(Allegro moderato)* sind ihrem Charakter nach geschwisterlich benachbart. Die Entwicklung wird — und das ist formal bedeutsam —, wenn überhaupt, weniger durch Kontraste vorangetrieben als durch Erschließung von Kräften, die sich aus *einer* Quelle natürlich strömend ergießen. Eine Polyphonie, die jeder denkerischen Bemühung zu entbehren scheint (insgeheim um so kunstvoller ist), bewirkt zudem eine völlig geschlossene, von keinem Affektzufall abgelenkte und gehemmte Gestalt. Die Tonleiter gibt das Material für das eilende 6/8-Bewegungsspiel des *Scherzo.* Mit kleinsten Mitteln erreicht die weise Ökonomie des absoluten Musikers zwingende Dichte. Der 3. Satz *(Larghetto)* bildet aus differenzierter Harmonik ein kaum mit dem Auge aufknotbares Geflecht ausdrucksvoller Melismen: ein Monolog, der die Gedanken motivisch reiht und sie mit nicht ausschöpfbarer Phantasie fast rezitativisch in Beziehung setzt. Die Doppelfuge des *Finale* krönt und fundamentiert die Architektur des ganzen Werkes: universale Eigenmacht der musikalischen Linie, wie sie ähnlich entmaterialisiert nur in manchen Sätzen für Solovioline gegeben ist. Das erste

Fugenthema *(Allegro con grazia e con spirito)* ist blitzend figürlich und liegt zu seiner zweiten Hälfte auf zwei

Sequenzmotiven. Das zweite (Abb. 2) wird zunächst in selbständigem Adagio-Zwischensatz eingeführt und ruht auf zwei Quartblöcken (man vergleiche, trotz gegebener Unterschiede, das Fugenthema von Bachs „Dorischer Toccata"). Die Verzahnung beider erzielt Steigerungen, die ins Unerhörte reichen. Wenn es nicht einer gewissen Abwertung der spezifischen Quartettkunst gleichkäme, einer Verkleinerung der nur aus der Vierstimmigkeit gewonnenen Großgestalt — man müßte, um die Maße dieses Satzes anzudeuten, von symphonischen Räumen sprechen, die Reger hier ansteuert und gewinnt.

Noch einmal wendet sich der Komponist der Streichquartettkomposition zu: im Jahre 1911 mit dem Quartett fis-moll, op. 121, fünftes und letztes Werk der Gattung. Harmonisch im ganzen einfacher als das Es-dur-Werk, bewegt es sich in den Bahnen ähnlicher Charakteristika wie jenes. Daß es nicht auch dessen Beliebtheit gefunden hat, ist nicht so sehr eine Wertfrage. Es mag daran liegen, daß sich das Werk weniger unmittelbar zugänglich gibt: seine vier Sätze lassen, auch durch ihre gesteigerte sprachliche Konzentration, bei flüchtiger Bekanntschaft nicht sogleich den Kontakt zum Hörer finden. Dem in die Partitur Eindringenden freilich wird die Komposition zum kostbaren Geschenk.

STREICHSEXTETT

Aus der Zeit, da Reger der Ruf nach Meiningen erreichte, datiert das Sextett für 2 Violinen, 2 Bratschen, 2 Violoncelli F-dur, op. 118 (1911). Ein kräftiges Stück, das es Spielern und Hörern nicht leicht macht. Die Vitalität des Kopfsatzes *(Allegro energico)* scheint sich nicht voll ausleben zu können, weil die polyphone Verdichtung oft zu klanglicher Verdickung führt. Auch im *Scherzo-Vivace* vernimmt man eher den Versuch orchestraler Massierung als kammermusikalisch durchleuchteten Klang. Zuweilen scheint es da heftig nach Bläsern zu verlangen. Den espressivo-Gesang des *Largo* stellte der Komponist so hoch, daß er sich zu ihm als einem Ausdruck seiner frommen Versenkung im Gebet bekannte. Gegensätzlich dazu das „commode“ *Allegro*, das, gleichfalls orchestral instrumentiert gut denkbar, ein Finale von kraftvoller Freudigkeit abgibt. *S. G.*

HEINRICH KASPAR SCHMID

* 11. September 1874 in Landau (Isar), † 8. Januar 1953 in München

Der einem Lehrerhause entstammende Niederbayer kam, obwohl Regensburger Domspatz, verhältnismäßig spät zum Musikstudium. In München wurde er Kompositionsschüler L. Thuilles. 1905 nahm ihn die Münchner Akademie der Tonkunst, der er seine Ausbildung verdankte, in ihren Lehrkörper auf. 1921 wurde Schmid Leiter des Karlsruher, 1924 des Augsburger Konservatoriums. Seit 1932 lebte er ausschließlich dem kompositorischen Schaffen im Amperdorf Geiselbullach bei München.

Schmids Neigung zu intimem Musizieren lag die Kammermusik besonders nahe. Seine besten musikalischen Kräfte entsog er dem Nährboden der süddeutschen, speziell bayerischen Volksmusik, aus der er jedoch nie wörtlich entlehnte, sondern wahlverwandt erfand und gestaltete. Mit Vorliebe schuf er Spielstücke, die auch dem hausmusikalischen Musizieren zugänglich sind.

Das Streichquartett in G-dur op. 26 stellt im Kopfsatz das Gesangsthema (Ruhig, fließend), entgegen der Regel, *vor* den Allegrohauptgedanken *(Leggiero)*. Als Ergebnis der Durchführung wird in der Reprise die Reihenfolge umgekehrt. Das *Scherzo* bringt den ein pastorales Trio umrahmenden Hauptteil bei seiner Wiederkehr in bezeichnender rhythmischer wie klanglicher Steigerung. Der langsame Satz *(Andante cantabile)* weitet sich unmerklich zur freien Fantasie und weist zugleich thematisch auf das *Rondofinale* hin.

Einen Höhepunkt des Schmidschen Schaffens, aber auch der neueren Bläserliteratur, stellt das Blasquintett in B-dur für Flöte, Oboe, Klarinette, Horn und Fagott op. 28 dar. Auch hier hält sich der von elementaren musikantischen Impulsen bewegte Komponist nicht an starre Formschemen, allein der musikalische Ablauf vollzieht sich mit jener natürlichen Notwendigkeit, die unwillkürlich gestaltfördernd, gestaltbildend wirkt. Dem 1. Satz *(Allegro)* verleiht eine erst staccatierende, später gebundene Achtelbewegung rhythmischen Puls und Gepräge. Der 2. Satz *(Grazioso amabile)* zeigt nur bedingten Scherzocharakter: behagliche, mitunter schwärmerisch aufblühende Serenadenstimmung. Mit einem eröffnenden *Moderato* wird der langsame Satz dem mit dem *Allegro giusto* anhebenden Finale einverwoben. Dieses atmet vergnügliche Kehrausstimmung, untergliedert durch eine Wiederkehr des verkürzten Moderato. Unter der weiteren Kammermusik für Bläser sei noch auf die feingliedrige, reizvolles thematisches Wechselspiel entfaltende Sonate für Flöte und Klavier op. 106, das spielmusikantisch zündende, ebenso poetische Trio für Klarinette, Bratsche und Klavier op. 114 und das zur freien Fantasie sich weitende Konzertstück für Flöte op. 117 hingewiesen. *W. Z.*

ARNOLD SCHÖNBERG

* 13. September 1874 in Wien, † 13. Juli 1951 in Los Angeles

Zunächst Autodidakt, dann Schüler seines Schwagers Alexander von Zemlinsky. Findet Förderung durch Richard Strauss, der ihm 1901 eine Lehrstelle am Sternschen Konservatorium Berlin verschafft. Ab 1903 Lehrer in Wien, später in Berlin, dort 1925—1933 Leiter einer Meisterklasse für Komposition an der Akademie der Künste. Emigrierte 1933 von Wien aus über Frankreich nach Amerika, wo er, nach kurzer Unterrichtstätigkeit in Boston, 1936—1944 Professor an der Staatsuniversität von Kalifornien war.

Hinterließ theoretische Schriften, Opern, Lieder, Kantaten, Orchesterwerke und an *Kammermusiken*: vier Streichquartette, ein Bläserquintett, ein Streichsextett „Verklärte Nacht", eine Suite (Septett) für drei Bläser, drei Sreicher und Klavier und eine Fantasie für Violine und Klavier.

Mit Schönbergs Namen werden ganz allgemein Begriffe wie *Atonalität* und *Zwölftontechnik* verknüpft. Es wurde zwar schon vor ihm von *J. M. Hauer* ein

„Zwölfton-System" aufgestellt, aber nicht um Hauer, sondern um Schönberg scharen sich die Anhänger der neuen Lehre, die „Dodekaphonisten" („Zwölftonmusiker"). „Atonalität" und „Zwölftontechnik" sind nicht identisch. Letztere ist — allerdings nur in ihrer strengsten, von Schönberg entwickelten Form — das Kompositionsmittel der atonalen Musik. Da die „Zwölftontechnik" aber zumeist modifiziert angewendet wird, ist wirkliche „atonale" Musik so selten, daß man diesen Begriff heute kaum noch gebraucht. Als Schönberg etwa 1909 mit dem „tonalen System" brach (vgl. Anmerkungen im Kap. Hindemith), schrieb er Musiken — z. B. die *drei kleinen Klavierstücke Werk 11* u. a. m. —, in denen kausale Zusammenhänge zwischen Rhythmus, Melos, Klang und Form nicht mehr zu bestehen schienen. Diese Musiken empfand und bezeichnete man lange Zeit als „atonal", da in ihnen die Bezogenheit der Töne, Intervalle und Akkorde auf Tonzentren aufgehoben schien. Neuerdings sind nun Theoretiker wie *Hugo Leichtentritt* oder *Hermann Erpf* diesen Gebilden zu Leibe gerückt und haben herausgefunden, daß in ihnen — sofern man von der Orthographie absieht, also z. B. „des" als „cis" umhört — sehr wohl noch (vielleicht ungewollte) tonale Bezüge nachweisbar sind. Man spricht daher hier von „verschleierter Tonalität". Von der einstigen Schockwirkung dieser Stücke ist nichts geblieben. Aparte, anziehende, gleichsam extrem impressionistische Klangreize gehen von ihnen aus. Der Vorstoß zu neuen musikalischen Ordnungs-Prinzipien gelang Schönberg dann mit der Aufstellung der Gesetze seiner „Zwölftontechnik". Danach ist die Tonalität aufgehoben, womit natürlich auch Begriffe wie Tonart, Kadenz (Tonartbekräftigung), Modulation, vor allem aber Qualitätsbegriffe wie Dissonanz (Spannung) und Konsonanz (Entspannung) hinfällig sind. Es gibt keine Zentraltöne mehr. Alle Töne, Intervalle und Klänge werden nur noch quantitativ unterschieden, qualitativ sind sie einander gleichgesetzt. Frei, in jedem beliebigen Abstand können sich die Stimmen durch den Tonraum bewegen. Da ein solch beziehungsloses Neben- oder

Gegeneinander einer klingenden Sinnlosigkeit gleichzusetzen wäre, ersann Schönberg strenge Gesetze, deren Anwendung ihm nun ein logisch folgerichtiges, konstruktives, polyphones Komponieren mit den 12 verfügbaren Halbtönen unseres Systems unter Ausschaltung tonaler Bezüge ermöglichte.

Das Prinzip ist etwa folgendes: maßgebend für ein Tonstück ist eine „Grundreihe", welche die 12 verfügbaren Töne in einer bestimmten Anordnung enthält, also z. B.: es^2, g^1, a^1, h^1, cis^2, c^1, b^1, d^1, e^1, fis^1, gis^1, f^1 (= Grundreihe des *Bläserquintetts Werk 26).* Kein Ton der Reihe darf wiederholt werden, bevor alle anderen erklungen sind, denn jede Hervorhebung eines Tones könnte diesem den Charakter eines Zentraltones (!) verleihen. Ausgenommen sind unmittelbare Tonrepetitionen rhythmischer Natur. Alle Töne, Linien und Klänge des Stückes gehen aus der Grundreihe hervor. Die Reihe kann z. B. nacheinander in der Umkehrung oder als „Krebs" bzw. als Umkehrung des Krebses polyphone Verwendung finden, es können Ausschnitte aus ihr oder ihren Ableitungen, es können aber auch mehrere Grundreihen gleichzeitig auftreten. Jeder Ton der Grundreihe kann zum Ausgangspunkt weiterer Umkehrungen etc. werden. Die Klänge sind ebenfalls an die Grundreihe gebunden. Auch in ihnen dürfen Tonwiederholungen jeweils nur dann auftreten, wenn alle Töne der Reihe verbraucht sind. Die an sich freie Rhythmik nimmt vielfach Motiv- oder Themencharakter an. Da ihre ostinaten Formeln sich mit der Ausdehnung der Grundreihe nicht decken, ergeben sich Überschneidungen, durch welche der melodische Sinn der Reihe fortgesetzt verändert, in Frage gestellt, ja aufgehoben wird. Weder Melodien noch Klänge können sich triebhaft verselbständigen. Die Grundreihe und nur sie wird über alle Sätze eines Werkes hin unentwegt variiert oder richtiger permutiert, denn sie wird nicht zur Keimzelle eines vitalen dynamischen Geschehens. Sie entwickelt sich nicht, sie erfährt keine Wesensänderungen. Sie bleibt ein abstraktes Gebilde und Gegenstand eines abstrakten mathematischen Spiels, einer außerordentlich komplizierten polyphonen Konstruktion. Andere Gesetze, Verbote etc. kommen hinzu. Sie haben alle zunächst den negativen Sinn: Abschirmung gegen die Tonalität. So sind selbstverständlich konsonante Klänge „tabu“, obgleich auch sie sich im polyphonen Linienspiel irgendwann folgerichtig ergeben müßten, wenn auch selten, da das Wiederholungsverbot ihrem Zustandekommen entgegenwirkt.

Die Begründung für die Aufhebung der gewohnten Qualitätsbegriffe der „tonalen“ Musik ergibt sich aus der objektiven Analyse der „gleichschwebenden“ oder „temperierten Stimmung“, die *Andreas Werkmeister* 1691 entwarf (sie teilt auf den Harmonieinstrumenten die Oktave ohne Rücksicht auf die Naturtonreihe künstlich in 12 Halbtöne, die einander im gleichen Abstand folgen. Unterscheidungen wie *cis* und *des* etc. werden damit praktisch hinfällig). Seit Joh. Seb. Bach diese Stimmung in seinem „Wohltemperierten Klavier“ anwendete, hat sie sich allgemein durchgesetzt. In dieser Stimmung nun, so argumentieren die Dodekaphonisten, sind alle tonalen Qualitätswerte tatsächlich irreal, fiktiv. Die Anhänger der Tonalität anderseits berufen sich darauf, daß sowohl Bach als die tonalen Musiker nach ihm die temperierte Stimmung nur als Korrektiv anwendeten, um in allen Tonarten musizieren zu können, sie alle hätten diese Stimmung eindeutig und ausschließlich im tonalen Sinn angewendet. Das ist zwar richtig, aber kein Einwand gegen die Beweisführung der Dodekaphonisten. Das Ohr hört sich zwar je nach Bedarf etwa *fis* in *ges* oder *gis* in *as* um, aber die Empfindung unterliegt hier einer Täuschung. Realiter gibt es im Rahmen der temperierten Stimmung weder „natürliche“ Zentraltöne noch andere „natürliche“ Qualitätswerte: alle Töne mit Ausnahme der Oktave sind gegeneinander „verstimmt“! — Bachs „Wohltemperiertes Klavier“ bildet den Ausgangspunkt einer Entwicklung, die über Wagners „Tristan-Chromatik“ und Debussys „autonomen Klang“ direkt hinführt zu Schönbergs Atonalität, oder wie man heute sagt, zur „polyplanen Chromatik“.

Schönbergs strenge Lehre ist freilich nur eine *Theorie.*

Sie will der Musik neue Möglichkeiten eröffnen, nicht aber ein unwandelbares Dogma sein. Bezeichnenderweise sind ihre Prinzipien von Schönbergs Schülern aufgezeichnet. Er hat sie ihnen nur mündlich mitgeteilt. In das „Allerheiligste" der Zwölftontechnik vermag man nur durch langwierige Studien einzudringen. Viele Komponisten haben das bestätigt. *Křenek* spricht in seiner „Selbstdarstellung" geradezu von einem „Elementarkurs in Komposition", den er als längst anerkannter Komponist durchmachen mußte, um auch nur einigermaßen in die Materie einzudringen. Er betont, daß ihm nur „das geduldige, analytische und intellektuelle Studium ‚der Neuen Musik' die Augen für ihren *aesthetischen* Wert öffnete". Und er hat „viele Augenblicke" durchlebt, in denen er „den ernstesten Zweifeln in bezug auf die Daseinsberechtigung der Zwölftontechnik ausgesetzt war". Er hat die Zweifel überwunden, wendet die Technik aber nur modifiziert und keineswegs in allen Werken an. Ähnlich verhalten sich viele Zwölftonmusiker, ähnlich verhielt sich vor allem auch Schönberg selbst. Er war nicht der Sklave seiner Technik, er bediente sich ihrer. Sie war für ihn eines unter anderen Mitteln seines Handwerks, nicht aber eine „conditio sine qua non".

Schönberg gab als schöpferischer Künstler sein Bestes dort, wo er seine Lehre vergaß, wo er Zwölftonmusiken komponierte, als gäbe es keine Zwölftontechnik. Man hat *Hindemith* und *Strawinsky* restaurative Tendenzen vorgeworfen, weil sie sich nach revolutionärer Auflehnung wieder der Tradition verbanden. Das gleiche ließe sich von Schönberg sagen. Er modifizierte in der Praxis seine radikale Lehre, ja er griff bisweilen unbekümmert auf die Tonalität zurück. Er lockerte oder mißachtete das Wiederholungs- und Konsonanzenverbot, er wendete die Zwölftontechnik auf hergebrachte Formen wie Fuge, Passacaglia, Sonate usw. an, er „restaurierte" verschiedentlich die einst verneinten Spannungswerte der instrumentalen Klangfarben, der Intervalle, der Dynamik, er schrieb Ausdrucksmusiken. Was er auch tat, er ergab sich jedenfalls nicht der Routine. Er blieb

— und das ist wohl entscheidend — der Frage, der Verwandlung und damit der Zukunft geöffnet. Er verlor sich nicht an das intellektuelle Kalkül, er diente seiner Kunst als Mensch. Mögen seine Werke fragmentarischer Natur sein, mögen sie Übergangscharakter haben wie seine Lehre: sein mutiger und bedingungsloser Kampf gegen eine muffige Konvention, gegen eine Welt des Scheins, sein Streben nach einer Läuterung der Kunst, nach einer „Zurückführung der Musik zu ihrer höheren Natur" verdienen Achtung und Bewunderung. An der durchaus unscholastischen Nachfolge, die er fand, erwies es sich, daß er die Tür aufstieß zur „ars nova" unserer Zeit.

Schönberg begann als Spätromantiker (Wagner-Nachfolge) mit dem tonalen Streichsextett „Verklärte Nacht" für 2 V, 2 Br, 2 Vcl (1899). Das Werk folgt in fünf Abschnitten, die sich zu einem Satz zusammenschließen, empfindsam den wechselnden Stimmungen des gleichnamigen Gedichtes von *R. Dehmel*, ist also eine Art „Sinfonische Dichtung" für Soli. Am ehesten wirkt die orchestral empfundene Musik in chorischer Streicherbesetzung. Inhalt des Gedichtes: „Zwei Menschen gehn durch kahlen, kalten Hain, der Mond läuft mit, sie schaun hinein." Das Weib gesteht: „Ich trag ein Kind, und nit von Dir, ich geh in Sünde neben Dir." Der Mann — nach ihrer Beichte — erwidert: „Das Kind, das Du empfangen hast, sei Deiner Seele keine Last" ... „Du wirst es mir, von mir gebären, Du hast den Glanz in mich gebracht, Du hast mich selbst zum Kind gemacht." Der verklärte Abschluß: „Zwei Menschen gehn durch hohe, helle Nacht."

Das 1. Streichquartett Werk 7 (1905) ist ebenfalls noch tonal konzipiert, es steht in d-moll. Seine vier Sätze sind durch verbindende Partien zu einem großen Satz zusammengefaßt, der den Charakter einer einzigen Durchführung hat. Der Kopfsatz zeigt freie

Sonatenform mit Hauptthema, Gegenthema, zweitem Thema etc., aber ohne Reprise. Nach der Durchführung folgt mit eigenem Thema das Scherzo, diesem ein längerer Abschnitt, den das Hauptthema des Kopfsatzes trägt, sodann ein episodisches Adagio und endlich ein großes Rondo-Finale, in dem die wichtigsten Themen des Werkes verarbeitet sind. In der Finale-Coda erscheint das Hauptthema des Kopfsatzes in D-dur. Die Faktur des Quartetts ist polyphon, das Satzbild reich an kontrapunktischen und rhythmischen Finessen, die außerordentlich differenzierte Harmonik aus der „tristanischen Klangwelt" hergeleitet. Das Hauptthema des Kopfsatzes ist der eigentliche Träger des Geschehens. Es erwächst aus Veränderungen eines Motivs (siehe Abb.). Die *„Variation als Entwicklungsprinzip"*, die wir schon beim späten Haydn und dann bei Beethoven fanden, erweist sich hier bis in das Motivische hinein als die beherrschende Triebkraft aller Vorgänge. Das ist zwar kein neues Prinzip, aber es wird überzeugend, phantasievoll und mit zwingender Gestaltungskraft angewendet. Das gleiche Prinzip wirkt sich später in den „Zwölftonmusiken" formbildend aus. Dort wird es allerdings überschnitten vom „Wiederholungsverbot" (siehe Erläuterungen in der Einleitung) und gebunden an die Grundreihe und ihre Ableitungen, womit es dann zwangsläufig einen anderen Charakter annimmt. Es büßt seine Freiheit ein. Das voraus Errechnete tritt an die Stelle der unberechenbaren Phantasie.

Durch das „Wiederholungsverbot" wird das *Ornament*, das in der „vitalen" Variation und Musik überhaupt eine so bedeutende Rolle spielt, radikal unterdrückt. Betrachtet man die gesamte tonale abendländische Musik, ferner die nicht an die funktionale Tonalität gebundene orientalische Musik, oder auch die der sogenannten „Naturvölker", so findet man übereinstimmend: im *Ornament*, in der von einem Thema *abweichenden* freien *Variation*, in der freien, intuitiven *Improvisation* transfiguriert sich das *Persönliche* in Musik. Die *strenge* Zwölftonmusik duldet weder das Ornament, noch die freie Variation, noch die Improvisation: alles Persönliche ist ausgeklammert! Man kann die Musik wohl von verstaubten Konventionen befreien, aber man kann sie nicht vom Menschlichen schlechthin trennen, ohne sie ad absurdum zu führen. Es ist somit folgerichtig daß Schönberg selbst und daß die Mehrzahl seiner Anhänger in der strengen Zwölftontechnik eine letztmögliche *Theorie* sehen, von der sie in der Praxis immer wieder abweichen. Der Musikwissenschaftler *Wiesengrund-Adorno*, ein leidenschaftlicher Anhänger Schönbergs, aber ein kritischer Betrachter seiner problematischen Lehre, formuliert in seiner „Philosophie der neuen Musik“: „Schönberg vergewaltigt die Reihe. Er komponiert Zwölftonmusik, als ob es keine Zwölftontechnik gäbe. Webern realisiert die Zwölftontechnik und komponiert nicht mehr: Schweigen ist der Rest seiner Meisterschaft.“ An anderer Stelle heißt es bei ihm: „An der Zwölftontechnik allein kann Musik lernen, ihrer mächtig zu bleiben, aber sie kann es nur, wenn sie ihr nicht verfällt.“ Und wieder an anderer: „Die Möglichkeit von Musik selber ist ungewiß geworden.“ Während *Adorno* die Möglichkeit einer Rückkehr zur Tonalität mit den Worten ausschließt: „Was vor dem Bruch galt, die Konstitution musikalischen Zusammenhangs durch Tonalität, ist unwiederbringlich dahin“, vertreten *Strawinsky* und *Hindemith* den Standpunkt: „Die Tonalität ist eine Kraft wie die Anziehungskraft der Erde.“

Im 2. Streichquartett Werk 10 (1907/08) lockern sich die tonalen Bindungen. Der Kopfsatz, ein Sonatensatz, steht in fis-moll. Sein sinnfälliges Thema ist romantischer Herkunft. Der zweite Satz, ein leb-

haftes Scherzo, steht in d-moll, der dritte in es-moll, der vierte — ohne Tonart — mündet zwar in Fis-dur, aber dieser Schluß erscheint nach dem Vorausgegangenen kaum noch „notwendig“, er ist ein Überbleibsel einer Tradition, der sich Schönberg innerlich bereits entfremdet zeigt. Das Werk gleicht einem unbewußten Weg in die Atonalität. Formal handelt es sich nicht eigentlich um ein Streichquartett, denn im dritten und vierten Satz ist eine Sopranstimme einbezogen. Die beiden Sätze sind Vertonungen der Gedichte „Litanei“ und „Entrückung“ von *Stefan George*. Die „Litanei“ ist mit dem Kopfsatz durch dessen Hauptthema substantiell verbunden. Die „Entrückung“ mündet in ein freies instrumentales Nachspiel. Bezeichnend für Schönbergs Seelenlage zu jener Zeit: im Scherzo zitiert er —

bei der Rückleitung vom Trio zum Hauptteil („sehr zart“ in der 2. Violine, hinüberwechselnd zur Bratsche) — „Ach du lieber Augustin“. Dann flüchtet er sich in die ekstatische Traumwelt Georgescher Verse.

Die späteren Kammermusiken Schönbergs seien hier zusammenfassend gekennzeichnet. Es handelt sich bei ihnen allen um Zwölftonmusiken. Verhältnismäßig streng ist die neue Technik gehandhabt im Bläserquintett Werk 26 (1924), einem klanglich abstrusen, gedanklich ungeheuer komplizierten Gebilde, dessen Gesamteindruck sich nicht in Worte fassen läßt (Grundreihe des Bläserquintetts vgl. Einleitung des Kap.). Im 3. Streichquartett Werk 30 (1926) wird die Technik dagegen frei angewendet. Das „Wiederholungsverbot“ ist praktisch außer Kraft gesetzt. Der erste Sonatensatz hat z. B. zwei Themen, die einander zur zwölftönigen Grundreihe ergänzen. Jedes Thema umfaßt aber nicht sechs, sondern zehn Töne, in jedem finden sich drei Tonwiederholungen, zwei Töne haben die Themen gemeinsam. Ganz frei (im Sinne der Lehre) sind die Begleitstimmen behandelt. Die Mittelstimmen bringen zu Beginn abwechselnd eine ostinate Figur (Achtelbewegung: g^1, e^1, dis^2, a^1, c^1), die sich dann in Varianten durch den ganzen Satz rhythmisch drängend behauptet. Die Beispiele ließen sich zwanglos vermehren. Das Werk umfaßt vier Sätze: Moderato, Adagio (Variationen, sehr getragen, lyrisch), Intermezzo (Scherzo mit Trio) und Rondo-Finale. Die „Variation als Entwicklungsprinzip“ ist hier wieder in einem durchaus expressiven Sinn wirksam (vgl. 1. Streichquartett). Klanglich und in seiner gedanklichen Struktur ist das Werk gleichwohl äußerst kompliziert und schwer faßlich. — Ähnliches gilt für das viersätzige 4. Streichquartett Werk 37 (1936), für das Streichtrio Werk 45 und für die späte Phantasie für Violine und Klavier (1948). Auch in ihnen ist die Technik gleichsam vergessen, ergibt sich eine souveräne Freizügigkeit des Komponierens. Auch sie sind subjektive Ausdrucksmusiken, in denen eine Art neuromantisches Pathos sich bemerkbar macht. *H. R.*

FRANZ SCHMIDT

* 22. Dezember 1874 in Preßburg, † 11. Februar 1939 in Perchtoldsdorf bei Wien

In Preßburg, dem Schnittpunkt dreier völkischer Kulturen, gewann Schmidt schon in frühen Jahren bestimmende Eindrücke von slawischer und ungarischer Volksmusik. Zum Musikstudium ging er nach Wien, dem Schauplatz seines gesamten künftigen Lebens und Wirkens. Ursprünglich Cellist im Hofopernorchester, wurde er 1901 Lehrer für dieses Instrument am Wiener Konservatorium, erhielt 1914 eine Professur für Klavier, 1922 für Kontrapunkt und Komposition und stieg 1925 zum Leiter der Staatsakademie auf. Die letzten Jahre seines Lebens galten nur der schöpferischen Tätigkeit.

Franz Schmidt war vorwiegend absoluter Musiker. Die Kammermusik hat ihn hauptsächlich in späteren Phasen seines Schaffens angezogen. Die Drei kleinen Phantasiestücke nach ungarischen Nationalmelodien für Cello und Klavier sind Ausdruck unbeschwerter, leicht virtuoser, vom Hauch der Zigeunermusik gestreifter Spielfreudigkeit. Sein 1. Streichquartett in A-dur widmete der Komponist seinem Hausquartett; es zeigt den Bereich, den Schmidt und die Seinen im häuslichen Quartettspiel suchten: Loslösung von der Welt in einer Landschaft elysäischer Beglückung. Mithin bleibt der idyllische Charakter vorherrschend. Er bekundet sich in der melodischen Prägung der Themen, in der Klarheit und Harmonie der Klangbilder, in der formalen Ausgewogenheit sowohl der Einzelsätze als auch im Verhältnis der Sätze zueinander. Kühner, ausgreifender, jedoch auch problematischer gibt sich das 2. Streichquartett in G-dur. Zwar ist auch hier das Streben nach quartettmäßigem Klangadel spürbar, allein es tritt zurück hinter der selbständigen, mitunter eigenwilligen Stimmführung. Die Abwandlung der klassisch-romantischen Formen geht stellenweise bis zur Grenze der Neuschöpfung. Den zwei Quartetten stehen zwei Quintette gegenüber, deren Klavierpart dem einarmigen Pianisten Paul Wittgenstein zugedacht war. Das daraus erwachsende technische Problem ist von Schmidt mit gewohnter Meisterschaft gelöst. Das 1. Quintett für Streichquartett und Klavier in G-dur wird von süddeutsch-wienerischen Musizierimpulsen schubertisch beschwingt, das nachgelassene 2. Quintett für Klarinette, Klavier, Violine, Bratsche und Cello in A-dur gewinnt nicht zuletzt durch Anklänge an die ungarische Volksmusik eigenen Ausdruckscharakter; es ist jener Vorbilder, die es angeregt haben mögen, Mozarts und Brahms', nicht unwürdig, ohne daß es zu einer bewußten oder unbewußten Anlehnung an diese käme. Allen Kammermusikwerken Schmidts sind außergewöhnlich schöne, tieflotende langsame Sätze eigen; unter den raschen Sätzen atmen die Scherzi hinreißende, an Schubert und Bruckner gemahnende Stimmung. *W. Z.*

MAURICE RAVEL

* 7. März 1875 in Ciboure (Pyrenäen), † 28. Dezember 1937 in Paris

Studierte u. a. bei Gabriel Fauré am Pariser Conservatoire. Verläßt bald dessen Linie und wird neben Debussy zum führenden Repräsentanten der französischen Musik bis in die schon von jüngeren Kräften bewegte Zwischenkriegszeit. Seine durch artifizielle Faktur und koloristische Reize bestechenden Kompositionen sind bis heute international erfolgreich. — Werke: Klavierkompositionen (unter ihnen: „Jeux d'Eau", „Miroirs", „Sonatine", „Tombeau de Couperin"); 2 Klavierkonzerte; Gesänge mit verschiedenen Instrumenten; Ballette; Oper; Ballettoper; Orchesterwerke. — Kammermusik (ohne selbst. Klavierkomp.): Violin/Klaviersonate; Duosonate für V/Vc; Klaviertrio; Streichquartett u. a.

„Sehen Sie, man spricht von der Sprödigkeit meines Herzens. Das ist falsch. Aber ich bin Baske. Die Basken sind leidenschaftlich im Erleben; aber sie zeigen es nur wenigen ..." Das bekannte Ravel gesprächsweise in seinen letzten Lebensjahren, als die tödliche Krankheit ihn längst zeichnete und er um ihre Zeichen wußte. Die wenigen Worte kennzeichnen sein Wesen und seine Musik. Auch hinter deren faszinierender Eleganz steht eine sensible Distanziertheit, die unmittelbarer Mitteilung gern aus dem Wege geht. Und hinter ihren improvisatorisch-freiheitlichen Zügen die zähe Energie des Arbeiters, der feilt und feilt und mit der raschen Beute applaudierender Weltöffentlichkeit sich nicht begnügt. „Man könnte Ravel mit einer Gartenanlage im französischen Stil vergleichen, bei dem die Natur dem menschlichen Willen unterjocht wurde. Ein typisch französischer Musiker: auf dem gleichen Boden erwachsen wie Couperin und Rameau, und wie der letztere verbirgt er meisterhaft die Kunst eben durch die Kunst selbst" — schrieb Henri Prunières, Landsmann, Zeitgenosse und namhafter Musikwissenschaftler Frankreichs. Ravel erlebte den Impressionismus — und Impressionismus, das ist musikalisch: Debussy — mit aller glühenden Intensität, welcher der schöpferische Geist, eine epochale Erscheinung in sich aufsaugend, nur fähig ist. Aber er kann sein eigenstes Wesen in diesem Prozeß nicht verhüllen. Seine „eisige Sensibilität" drängt zu noch anderen Zielen. Der Geist der Clavecinisten trifft bei ihm auf herz- und geistbereiten Boden. Die Klarheit seines zeichnerischen Griffels vertreibt bald die herrschenden impressionistischen Farbnebel; Aktivität des künstlerischen, formgehorsamen Willens gebietet passivem Gleiten in den Dunst augenblicksgeborener Impressionen einen Halt. Über die Debussy-Nachfolge bereitet er der „Gruppe der Sechs" die Wege, wird Ravel zu einem Komponisten, der das 20. Jahrhundert ankündigt und bereits potenziert erfüllt. Im letzten Lebensjahrzehnt gelang es ihm, seinen Stil in Richtung eigengesetzlicher Konturen von spezifisch französischer, kühler Eleganz, rhythmischer Charakteristik, linearer Transparenz und satztechnisch-instrumentalem Raffinement weiter zu entwickeln. Der schweifenden Phantasie Debussys stellte er ein formal streng gebundenes Werkgefühl gegenüber, das überlieferte Muster mit dem Geist einer neuen Epoche wiederbelebte.

Wie kommt es, daß Ravel für den modernen Hörer als Gegenwartskomponist, als Zeitgenosse empfunden wird, wenngleich nun bereits mehr als ein Saeculum vergangen ist, das uns von seinem Geburtsjahr trennt? Weil hier ein konstruktives, objektivierendes musikalisches Denken sich äußert, das zugleich am „Klang“ — als dem legitimsten musikalischen Element — orientiert ist und im „Gefühl“ beredt ruht: — und dies getragen von einer schöpferischen Potenz, die über die Stile, die Zeitstile, das jeweilige „en vogue“ hinausweist. So ist es nicht nur die französische Musik, die, bald drei Jahrzehnte nach seinem Tode, von Ravels Werk zehrt. Populär und exklusiv in einem, ist Ravel ungemindert ein Programm — dazu stets ein Zielort technischer Meisterschaft für den Spieler.

Die Schlußphase Ravelschen Schaffens wird in der 1927 beendeten (vier Jahre zuvor begonnenen) dreisätzigen Sonate für Violine und Klavier angezeigt. Überaus kennzeichnend, wie der Komponist das Klavier behandelt (dem er solistisch und als konzertierendem Instrument, von den ersten Jahren des Jahrhunderts an, nach Stil und Wirkung völlig neue Möglichkeiten öffnete): es ist ganz auf Zeichnung gestellt, duftig, gläsern dünn, vielerorts nur zwei- und dreistimmig gehalten. Nicht auf fülliges Tastenschwärmen hin wird komponiert, nicht auf das Zerrinnen der Gestalt hin, vielmehr auf Sammlung und Bindung, auf Helle bis zur Herbheit. Das Thema des Kopfsatzes gibt

sich federnd elastisch, von selbstsicherer Kraft erfüllt, die nicht von Schwergewicht belastet erscheint, um so mehr von Eleganz der Gestik wiegend getragen ist. Der so sich äußernde musikalische Charakter bestimmt die Durchführung des kaum affektverschiedenen Satzes. Im *langsamen Mittelteil* des Werkes tritt ein Moment auf, von welchem her vier Jahre später (1931) das berühmte Klavierkonzert G-dur ein beträchtliches Maß seiner Attraktivität, nun in sinfonischem Gewand, empfängt (man erinnere sich, daß 1925 Gershwins „Concerto in F“ uraufgeführt wurde!): der Jazz nordamerikanischer

Perspektive speist die musikalische Gedankenführung, nicht im Sinne wörtlicher Zitate, sondern europäisch geglättet, jedoch in der Wirkung durchaus „echt". Ravel versprach seiner Interpretin, als er die Sonate begann: „Sie wird nicht sehr schwierig sein und keine Verstauchung verursachen." Nun, die Violine hat im *Finale* schon zu tun, soll das nicht abreißende Bewegungsspiel voll entmaterialisierte Leichtigkeit erhalten. Eine weitere Eigenart der Sonate ist insofern noch gegeben, als der Komponist anscheinend nicht versucht, zu wirklichen klanglichen Mixturen der beiden, charakterlich grundsätzlich geschiedenen Instrumente zu gelangen. Bei flüchtigem Kennenlernen des Stückes meint man zunächst, beide Instrumente liefen gegenseitig isoliert nebeneinander her. Die kammermusikalisch verzahnte Dialektik, die aus der Sonate jedoch geschlossen spricht, ist die Summe einer die Eigendynamik der Linien voll herausschälenden, hochinspirierten Arbeit.

Ravel kommentierte seine Sonate für Violine und Violoncello (1920/22) dahingehend, daß er sie für einen Wendepunkt seiner Entwicklung halte; die stärkere Betonung des Melodischen sei mit Verzicht auf harmonischen Charme gekoppelt; der Verzicht auf alles nicht unbedingt Notwendige sei hier auf die Spitze getrieben. Nicht immer decken sich die Ansichten der Spieler und Hörer mit denen der Komponisten; auch die tatsächliche Wirkung eines musikalischen Werkes ist nicht immer die gleiche, wie die von seinem Urheber gewollte. Hier, was die „Verzichte" anlangt, dürfte der heutige Hörer wohl Ähnliches verspüren wie der Komponist. Die vier Sätze der Sonate, die Ravel einundeinhalbes Jahr beschäftigte, sind, bei großen virtuosen Anforderungen an die Spieler, in der Tat von einer klanglichen Askese, die bis zu kühlster Distanz reicht. Mit dem Finalsatz als gewisser Ausnahme, bei welchem fast bukolische Fröhlichkeiten, apart und kraftvoll rhythmisiert, durchdringen. Im übrigen sind die poetischen Räume der früheren kammermusikalischen Hauptwerke (Streichquartett und Klaviertrio) verlassen. Die Stimmigkeit der beiden Melodieinstrumente ist hart, so sehr sie mit streichertechnischen Raffinements gespickt erscheint. Die Konsequenz der selbständig geschichteten melodischen Zeichnung und der Vorrang des Melos bewirken jedoch, daß die Härte nicht verdickt ankommt und die Kühle — so paradox das ist — den Hörer nicht kalt läßt. Hinter der Faktur, welche diese Wirkung erzeugt, steht das, was wir eingangs vom Komponisten und seiner baskischen Herkunft erwähnten: leidenschaftliches Erleben, das nur wenigen gezeigt wird. Das dunkle *Andante* (3. Satz) läßt das besonders spüren. Auch das an zweiter Stelle stehende *Scherzo* — von dem der Komponist sich nicht befriedigt äußerte — läßt das ahnen, wenn die Duoführung der Instrumente hier auch nicht farblicher Effekte ermangelt, wie das Werk überhaupt nicht durchgängig der „Impressionismen" entbehrt. Der *Allegro-Kopfsatz* nimmt 4 Themen (bzw. thematische Gedanken) zum Baumaterial, deren zyklische Verstrebung und vielfältige Abwandlung die Eigenart der Instrumente wohlbedacht kalkulieren. Das Werk gehört in seiner Gattung zu den eigenwilligsten der Literatur.

Weitere Stücke für Violine und Klavier: „Berceuse sur le nom de Gabriel Fauré" (1922), mit welcher der Schüler sich vor dem Pädagogen verneigt; „Tzigane", Konzertrhapsodie für Violine und Klavier (1924) — auch orchestriert vom Komponisten —, gern gespieltes Paradestück der Geiger, das musikalisch Zigeunerhaftes kühn auf die Gipfel der Virtuosität jagt.

Das Trio für Klavier, Violine und Violoncello a-moll (1914) hielt der Komponist für „fast zu klassisch". Das will uns heute übertrieben scheinen. Gewiß sind da gewisse Traditionszüge im Sinne des Klassischen, nach Anlage wie nach deren Durchführung. Aber das ist höchstens diffuse Spiegelung eines locker gefügten Gefäßes. Nicht sein Inhalt. Was bei diesem Werk zuerst besticht, ist ein Grundzug Ravelscher Handschrift: das Klangbild erscheint wie feucht-frisch geschöpft, es gibt sich wie in momentan hingeworfener Phantastik — und gleichwohl geht ihm durchaus ein denkerischer Prozeß voraus, es ist im Wortsinne „componiert“; was dem Hörer als selbständiger Vorgang nicht ins Bewußtsein rücken muß, er wird dennoch und wie etwas Natürliches diese Musik verstehen. Nicht einmal die *Passacaglia* (welche die Stelle des langsamen Satzes einnimmt), deren ostinate Form ja noch am ehesten konstruktiv gedanklich sich

gründet, läßt an Satzkunst im strengeren Sinne denken. Ihre in sich ruhende Melodik scheint alles Denken in formelhaften Gehäusen wegzuschwemmen. Drei Themen gegensätzlichen Charakters grundieren das vorausgehende vibrierende *Scherzo*. Die Ecksätze sind mit asymmetrischen rhythmischen Wirbeln durchsetzt, in denen sich die Epoche des Rhythmus als der musikalischen Grundsubstanz ankündigt. Im Hauptthema des *Eingangssatzes* steckt baskische Folklore. Mit überlegener Hand wird das grazile Seitenthema eingeflochten. Die Komposition ruht ganz im Klang.

Die Uraufführung des Streichquartetts F-dur (Fauré gewidmet) im Jahre 1904 war sensationell. Fauré fand an dem 1903 beendeten Stück einiges auszusetzen. Debussy hingegen nicht, dessen 10 Jahre älteres Streichquartett weithin der letztgültige Maßstab war. Für Ravel entspricht dieses Quartett — und das ist eine für das Verständnis aufschlußreiche Formulierung — seinem „Willen nach musikalischer Konstruktion, die, obwohl nur unvollkommen verwirklicht, dennoch viel deutlicher als in meinen früheren Kompositionen in Erscheinung tritt“. Das Werk, dem Ravels sonstiges kammermusikalisches Schaffen zeitlich erst in weitem Abstand folgt, leuchtet vom Geist des Impressionismus. Es besitzt Partien von unglaublicher Zartheit, daß die Stille gleichsam hörbar wird. An manchen Stellen scheint der Klang alle seine materialen Voraussetzungen verloren zu haben. Die Filigrangestalt des Themas *(1. Satz, Allegro)* tritt sogleich in der Spiegelung der Terzengirlanden auf, welche von der 2. und 4. Stimme herzugetragen werden. Aus vielfältigen melodischen Ringen blühen Seitengedanken auf, wobei die Dreiteiligkeit des Satzes insgesamt gewahrt bleibt, ohne daß eine eigentliche Entwicklung zustande käme. *Scherzo* und *Andante,* dieses leicht skurril profiliert, jenes wie ein nächtliches Gedicht in schweifenden Metren, sind milde in das Hauptthema gelehnt. Das *Finale* lebt von rhythmischen Akzenten persönlichster Signatur.

Im weiteren Sinne noch zur Kammermusik gehörend: *„Introduction et Allégro“* (1905/06) für Harfe mit Begleitung von Streichquartett, Flöte und Klarinette (vgl. „Reclams Konzertführer — Orchestermusik“). *S. G.*

JOSEPH HAAS

* 19. März 1879 in Maihingen (Bayr. Schwaben), † 30. März 1960 in München

Sohn eines Volksschullehrers, anfangs selbst im Schuldienst. 1904—1908 Studium bei Max Reger in München und Leipzig. Der Erfolg seiner Violinsonate op. 21 auf dem Stuttgarter Tonkünstlerfest 1909 machte auf den 30jährigen Tonsetzer aufmerksam, der 1911 einen Ruf als Theorielehrer ans Stuttgarter Konservatorium erhielt. 1921 kam Haas an die Akademie der Tonkunst in München, 1924 Professor und Leiter der Kirchenmusikabteilung. Nach dem zweiten Weltkrieg war es ihm vergönnt, die ehemalige Akademie der Tonkunst als ihr Präsident zur Hochschule für Musik zu erheben. Seit 1950 lebte Haas im Ruhestand, war jedoch nach wie vor schöpferisch tätig.

Die Kammermusik spielt vor allem in der mittleren Schaffensperiode, bevor Haas sich den großen Formen des Volksoratoriums und der Oper widmete, eine maßgebende Rolle. Bemerkenswert in einer Zeit, da die Mehrzahl der Komponisten sich zur Entfaltung möglichst großer Klangapparate, zu hypertrophischen Ausdruckssteigerungen gedrängt fühlte. Haas betonte den intimen Zug seiner Kammermusik auch dadurch, daß er weniger an den Konzertsaal als an ein Musizieren im geselligen Kreise, an Spieler wie Hörer dachte. Hand in

Hand geht damit die sinngemäße Rückkehr zu älteren Formen wie Suite oder Divertimento, die er mit der ihm eigenen Klarheit und Frische des musikalischen Denkens und Gestaltens durchtränkt.

Der Durchbruch zum persönlichen Stil, der das Vorbild Regers bewußt abstreift, geschieht in dem bedeutenden Wurf der Violinsonate in h-moll op. 21. Geige und Klavier führt Haas in den Grillen op. 40 zu einem die jeweilige Individualität der beiden Instrumente berücksichtigenden Zusammenwirken. In sechs suitenartig aufgereihten, jedoch stimmungsgegensätzlichen Sätzen entsteht eine Folge musikalisch liebevoll durchgestrichelter Miniaturen. Dem dreiteiligen auf starken Themenkontrast gestellten 1. Satz schließt sich ein reizendes Idyll mit leicht

impressionistischen Tupfern an. Die Grillen launiger Kaprice erheben im 3. Satz ihre Stimmen, lyrisch expressiv singen sie im 4. Satz, während der 5. an die Stimmung des 3. anknüpft. Das Finale unterstreicht mit seinem Walzerausklang den lebensfreudigen Grundcharakter der „Grillen“. Das Divertimento in D-dur op. 22 stellt wertvollen Zuwachs für die spärliche Streichtrio-Literatur dar. In dem sechssätzigen, von einer humorvollen Fuge beschlossenen Werke pulsiert vielfältiges Leben, geistert's bald wie Koboldspuk *(Capriccio),* tändelt graziöses Rokoko *(Menuett),* schwärmt man romantisch *(Romanze)* oder ergeht sich in Jean-Paulschen Humoren *(Rondo).* Ähnlich beschwingter Spielmusikgeist durchzieht das Sommermärchen für Cello allein op. 30, die Zwei Grotesken für Cello und Klavier op. 28, das Kammertrio für 2 Violinen und Klavier op. 38, das nicht nur in der Besetzung, auch in der formalen Anlage und Durchführung an die alte Triosonate anknüpft, und wendet sich im Divertimento in C-dur op. 32 ans Streichquartett. Gleichfalls sechssätzig wie op. 22, ordnet es die Satzfolge etwas anders an und entfaltet gesteigerte Mannigfaltigkeit in Form wie Inhalt. Die Themen sind durchweg von originellem Schnitt, der durchbrochene Satz reich an imitatorischen, kanonischen und kontrapunktischen Bildungen, die indessen nie nach trockener Gelehrsamkeit schmecken, vielmehr lebendiger Ausdruck eines bis in die feinsten Verästelungen des formalen Gewebes sich ergießenden spirituellen Elements sind. Die eigenwillige Rhythmik verstärkt den Charakter des Kapriziösen, mitunter Bizarren. Die große Form des Streichquartetts eroberte sich Haas in seinem op. 50 in A-dur. Idealer konnte die Sonatenform kaum erfüllt werden als in dem prachtvoll konzisen Kopfsatz: *Frisch und lebendig*. Der 2. Satz: *Nicht zu rasch, menuettartig* scheint im Menuett weniger einen höfischen als ländlichen Tanz erblicken zu wollen. Der 3. Satz, Herzpunkt des Werkes, entwickelt sechs stimmungsunterschiedliche Charaktervariationen aus einem cis-moll-Gedanken

eigener Findung. Gegen Schluß spinnt die 1. Violine con sordino eine zarte Linie zu dem nunmehr in feierlichem Des-dur erklingenden Thema. Das Finale: *Sehr lebhaft* unterbricht seinen rondomäßigen, launensprühenden Ablauf durch einige besinnliche Momente, steckt voll spielend gemeisterter kontrapunktischer Künste und endet mit einem echt Haasischen Aufschwung. Das A-dur-Quartett zählt zu den ausgewogensten Schöpfungen der neueren Quartettliteratur; mit dem großen Zug vereint es geistvolles Arabeskenwerk des Details.

Die Kammermusik für Bläser wurde von Haas durch zwei willkommene Werke bereichert. Der Oboe flicht er ein Kränzlein Bagatellen op. 23 und gibt ihr als gleichberechtigten, aber sehr diskreten Partner das Klavier auf die musikalische Reise mit. Wiederum haben wir es mit einer suitenartigen Satzfolge, mit musikalischen Miniaturen zu tun, in denen bald das betuliche, bald das innige Wesen der Oboe zu überzeugender Geltung kommt. In der Belauschung der Klangseele eines Instruments ist Haas Meister. Das beweist ferner die Sonate für Waldhorn und Klavier in F-dur op. 29. Die in diesem Instrument liegenden, sehr verschiedenartigen Klangmöglichkeiten, sein romantisch-schwärmerischer, mitunter elegischer Charakter sowie seine jagdliche Frische, seine herzhafte Heiterkeit sind vom Komponisten in gleich erschöpfender Weise ausgewertet worden. Als Beispiel eines aus der Klangeigenart des Instruments herausgeholten musikalischen Humors möge das Haupt-

thema des 3. Satzes hier seine Stelle finden. Im übrigen fesseln auch die weiteren Themen dieses Finale durch glückliche Prägung, so daß wir, zumal auch das Klavier auf seinem eigenen Charakter beharrt, einem Klangspiel von besonderem Reiz begegnen. *W. Z.*

BÉLA BARTÓK

* 25. März 1881 in Nagyszentmiklós (Ungarn),
† 26. September 1945 in New York

Schüler und Lehrer der Budapester Akademie (1907 dort Klavierprofessor). Stärkstens beeinflußt durch die bodenständige musikalische Volkskunst. Volksliedforscher von großer wissenschaftlicher Bedeutung. Als Komponist einer der bedeutenden Meister der Gegenwartsmusik. Kam als Emigrant 1940 nach Amerika. — Hauptwerke: 1 Oper („Herzog Blaubarts Burg"); 2 Ballette; Orchestersuiten; „Musik für Saiteninstrumente, Schlagzeug und Celesta"; „Divertimento für Streichorchester"; „Konzert für Orchester"; 3 Klavierkonzerte; Violinkonzert; „Konzert für 2 Klaviere, Schlagzeug und Orchester"; zahlreiche Klavierwerke; ungarische, rumänische, slowakische Volksliedsammlungen; Schriften vornehmlich zur ungarischen Volksmusik. — Kammermusik: 6 Streichquartette; „Sonate für 2 Klaviere und Schlagzeug"; Klavierquintett; „Contrastes" für Violine, Klarinette und Klavier; 2 Violin/Klaviersonaten; Sonate für Violine allein; 2 „Rhapsodien" für Violine und Klavier; „Rhapsodie" für Violoncello und Klavier; 44 Duos für zwei Violinen.

Béla Bartók gehört neben Schönberg, Strawinsky und Hindemith zu den Repräsentanten der Neuen Musik. Wenn die Neue Musik in diesen Jahrzehnten zu einer Weltsprache geworden ist, oberhalb, jedoch einschließlich nationaler Dialekte, so ist Bartók einer ihrer großen musikalischen Sprachschöpfer: als ein Weltbürger der Menschlichkeit, der gleichwohl bis zu seiner letzten Stunde — einschließlich der Jahre der Emigration nach Amerika, wohin er sich 1940 freiwillig begab, wo er knapp fünf Jahre später starb — ein liebendes Kind seiner ungarischen Heimat blieb. Sein Lebensweg unter dem Schatten zweier Weltkriege bildet dafür ein Dokument; sein Schaffen, das 40 Jahre lang in der Nachbarschaft der Folklore wohnte, das andere. So wenig ihm Erfolge versagt blieben: mit nicht wenigen Komponisten teilte er das Schicksal, von der großen Welt erst seit seinem Tode erkannt und zunehmend berühmt zu werden. Von Amerika aus entwickelte sich nach 1945 eine Bartók-Renaissance. Der europäische Kontinent holte einigermaßen das auf, was er hier zuvor versäumte. Heute ist Bartók auch bei uns längst ein geläufiger Name. Manche seiner Werke (wie das „Konzert für Orchester", das 3. Klavierkonzert) haben selbst in konservativen Abonnenten-Programmen der Großstädte ihren Platz.

Karl H. Wörner („Neue Musik in der Entscheidung", Mainz 1954) berichtet: „Bartók nannte in einem Gespräch Bach, Beethoven und Debussy ‚die drei Klassiker'. Bach weihte ‚uns in den letzten hohen Sinn des Kontrapunktes ein', Beethoven ‚offenbarte uns die Entwicklungsform' und Debussy stellte ‚den Sinn für die Akkorde wieder her'. Und Bartók fuhr fort: ‚Ich stellte mir immer die Frage: kann man diese drei Klassiker in einer Synthese vereinen und sie für die Moderne lebendig machen?'"

Mit dieser Frage beleuchtet der Komponist ein Spannungsfeld seiner Lebensarbeit. Die Frage nach dem Gleichgewicht zwischen Horizontale und Vertikale ist für den geborenen Kontrapunktiker das andere, das die meisten seiner Werke durchzieht. Seine Begegnung mit der nationalen Volkskunst in Lied und Tanz ist das dritte. „Der musikalische Ausdruck, der in der Folklore verborgen ist, muß absorbiert werden, ähnlich wie der Dichter die feinsten Möglichkeiten der Sprache seinen Absichten gefügig zu machen versteht" (Bartók, zitiert nach K. H. Wörner: „Musik der Gegenwart", Mainz 1949).

Das Gesamtwerk Bartóks zeigt die Entwicklung der Gegenwartsmusik wie im Spiegel. Es tastet in seinen Anfängen die Spätromantik ab, es verweilt sodann in den gleißenden Bahnen des Impressionismus, es mündet in eine völlig objektivierte neue Klassizität — in allen Phasen wird es von dem vielarmigen Strom der Folklore genährt, peripher oder zentral, vital und direkt oder hochgeistig und konstruktiv, im Grunde jedoch stetig. Indem ist es das Werk des absoluten Musikers par excellence. Daraus erklärt sich die wesentliche Bedeutung seiner Kammermusikwerke, in denen sich das Profil des Komponisten scharf abzeichnet.

Der Abstand von Bartóks Werk wächst von Jahr zu

Jahr, zeitlich gesehen. Was für manche Komponisten das Urteil einschließt, unabwendbar dem Vergessen anzugehören, das ist hier das Gegenteil: mehr und mehr, und bei Bartóks Streichquartetten gleichsam in einem Urzustand, enthüllt sich der Modellcharakter dieser Kompositionen. Hier ist schlechthin alles vorhanden, wovon die Neue Musik zehrt und zehren wird vermutlich auf lange hinaus. Was zum Repertoire der Quartettvereinigungen gehört, zum Attraktiven der Konzertprogramme inzwischen – das ist Extrakt einer musikalischen Epoche und Baustein einer zukünftigen.

Die Sonate für Violine solo (1943/44), eine der letzten Arbeiten des Komponisten mit allen Zeichen des Spätstils, ist das einzige Werk dieser exklusiven, von Bach und Reger letztgültig geformten Gattung, das Bartók hinterließ. Es entstand als Auftragskomposition des großen Geigers Yehudi Menuhin, der damit nicht zuletzt dem Komponisten eine materielle Hilfe zuteil werden lassen wollte. (Solche Hilfe hatte Bartók in seinen amerikanischen Jahren bitter nötig. Bezeichnend, daß seine Bestattung wegen materieller Not der Familie auf Kosten der amerikanischen Gesellschaft für Autorenrechte ging!) Das umfangreiche, viersätzige Werk hat – nach den Worten eines Violinvirtuosen, der es studierte – für den Geiger auch insofern Besonderes, als es „das über das Instrument hinausreichende Bild vom Einfluß des Fingersatzes" zu lösen vermag, was bekanntlich selbst für Komponisten, die virtuose Streicher sind, nicht selbstverständlich ist. Die eröffnende *Chaconne* („klassische" Form innerhalb solcher Kompositionsgattung) ist von den Extremen der Hoch- und Tieflagen des Instrumentes bestimmt, auf welchen die Variationen entwickelt werden. Die dreistimmige *Fuge* (2. Satz), trotz eines ausgedehnten Intermediums von straffer Gedankenführung, kommt aus einem Thema, das durch sein rhythmisch aufgebrochenes Bild kennzeichnend für die Schreibweise des Komponisten ist. Eine *„Melodia"*

(3. Satz) bildet den entspannt-kantablen Raum vor dem etwa rondohaft formulierten *Presto-Finale* voller tänzerischer Bewegung.

Die beiden Sonaten für Violine und Klavier zeigen in der oft rücksichtslosen Härte ihres musikalischen Gesichts etwas von dem Gärungsprozeß, durch welchen auch der Bartók der ersten Jahre nach dem ersten Weltkriege ging. Die erste (1921) stellt den Klaviersatz, wie in Erinnerung der Frühwerke, noch auf Farbe. Sichere formale Strukturen sind in der Anlage des dreisätzigen Stückes kaum erkennbar (es ist noch ein langer Weg zu den letzten Streichquartetten). Wie nicht faßbare Irrlichter zieht es durch das Stück, bei dem auch die Geigenstimme mehr zu

immer wieder neuen, rhythmisch variablen Ansätzen gelangt als zu thematischer Durchformung. Erst in dem robusten Finalsatz erhält der Hörer einen Halt. — Eine Befremdung, welche freilich dem Ohr nicht unbedingt die Schönheit ausschließt, bewirkt auch die zweite Violin/Klaviersonate (1922/23). Die Freiheiten werden zu bizarrer Phantastik umgeprägt; Akzenti und Tempi erfahren häufig furiose Umschichtungen; die Rhapsodik des ersten Satzes überstürzt sich wie atemlos; das Klangbild bleibt verwirrend, so faszinierend tänzerische folkloristische Elemente im absoluten Sinne durchkomponiert werden.

Für die gleiche Besetzung entstanden 1928 zwei Rhapsodien, für welche der Komponist später auch Orchesterfassungen besorgte. Gelöste Musizierstücke bis zur Volkstümlichkeit, aus dem Geist, nicht aus der Imitation der Folklore gespeist.

Ähnlich den 156 Klavierstücken des „Mikrokosmos" (1926—1937) und den „Drei Etuden" (1918) entstammen und dienen, wenn auch nicht ausschließlich, die 44 Duos für 2 Violinen (1931) dem pädagogischen Zweck. Ihre Entstehung wurde angeregt durch

Erich Doflein, der für seine Violinschule Beispiele suchte, „die von Anfängern gespielt werden können und sich eignen, die jungen Menschen in die Anfangsgründe der modernen Musik einzuführen“. Es sind Kompositionen, die nicht allein prächtig zu spielen sind und die Technik systematisch schulen, die darüber hinaus den werdenden und reifen Musiker zu jenem musikalischen *Denken* anleiten, von welchem „Empfindung“ und „Gefühl“ sodann ein Teil sein mögen. Wer aus der Konzentration der Zweistimmigkeit Einblick nehmen möchte in die rhythmischen und harmonischen Techniken des Komponisten, vornehmlich in seine kontrapunktische Denk- und Arbeitsweise, der hat hier, bei geringstem instrumentalem Aufwand, beste Gelegenheit. Ein Blick in die Werkstatt, der zudem rein musikalisch ertragreich ist!

Die „Contrastes“ für Violine, Klarinette und Klavier (1939) wurden für eine Konzertreise durch die Vereinigten Staaten geschrieben; mit dem Komponisten als Pianisten, mit seinem berühmten Landsmann Josef Szigeti als Geiger und dem Jazz-Klarinettisten Benny Goodman. Der originelle Titel verweist auf die Sache: die charakteristischen Gegensätze der Instrumente herauszustellen: unvermischt, solistisch; vermischt, kammermusikalisch in den verschiedensten Brechungen aufeinanderbezogen und dies meist in kontrapunktischer Dichte. Ein Gelegenheitsstück kostbarer Verarbeitung; ein wenig schockierend, wo der Komponist es will; ein wenig sänftigend, wenn der Komponist anders will; immer interessant wie ein dialektisch funkelndes Gespräch.

Die *sechs Streichquartette* umspannen ihrer Entstehung nach — zwischen 1908 und 1939 — ein Menschenalter. Sie zählen zu Bartóks Hauptwerken. Die letzten tragen die Züge der Meisterschaft. Sie sind wichtige Stationen auf dem Schaffensweg des Komponisten, einige von ihnen Ereignisse in der Musik der Gegenwart insgesamt. Technisch und geistig sind sie derart anspruchsvoll, daß nur den besten Quartettvereinigungen eine gültige Wiedergabe gelingt.

Im 1. Streichquartett, op. 7 (1908), kündigt sich der kommende Stil erst vorsichtig an. Formelementen von gestern werden folkloristische Keime aufgepfropft. Im Ergebnis zwischen Natürlichkeit und Konstruktivismus schwankend. Die Mischung grundverschiedener Stilmittel geschieht nicht ohne Willkür. Vornehmlich die fugiert angelegten Ecksätze beleuchten die eingangs erwähnten Spannungsfelder, die in Bartóks Genius liegen, als Aufgabe: daß die intensivierte Melodik nicht das homophone Bild ausschließe und umgekehrt. Scheint es im Kopfsatz formal zunächst noch traditionsgebunden zuzugehen, so wird der überkommene Bau doch schnell und wie in radikalem Protest eingerissen. Anstelle wirklicher Durchführung steht, aufgeladen mit häufigen Rubati, eine Folge wechselnder Kontraste, in welchen — und das macht das Stück höchst wirkungsvoll — die Vitalität national-musikalischer Motive triumphiert. Kennzeichnend auch für Bartóks spätere Handschrift, wie er das Finale aus einem konzentrierten Gedanken wachsen läßt, unkonventionell-großzügig dabei mit dem Material umgehend, als gehorche er nur dem Augenblick.

Das 2. Streichquartett, op. 17 (1915/17), läßt aufs Ganze die musikalische Gedankenführung geordnet erscheinen, wenn auch die rhythmischen Komplikationen, der Wechsel in Taktarten und Tempi und das funktionsferne harmonische Bild den Zugang zu dem Werk nicht erleichtern. Tanzmotive treten in den Vordergrund, ohne daß es sich wohl um wörtliche Zitate handelte; erlesene Farbmixturen werden erreicht und gelegentlich als Selbstzweck behandelt. Dabei bleibt die dreiteilige Anlage klar und mit dem Spannungszentrum des Scherzo aufeinander bezogen. Der *Hauptsatz* ist ein

Sonatensatz mit rhythmisch durchlichtetem Hauptthema und figürlichem zweiten, die beide ihrer Eigenart nach einer affektiven Selbstentwicklung zu widersprechen

scheinen. Im *Scherzo,* auf das der erste Werkteil hinzuzielen, von dem her der abschließende Teil seinen — kontrapunktisch durchformten — Entspannungscharakter zu empfangen scheint, werden die pochenden, dröhnenden, in jedem Augenblick auf Hochspannung gebrachten Rhythmen zum Thema einer monotonerregenden musikalischen Handlung.

Mit dem 3. Streichquartett (1927) treten wir in die Bezirke der Meisterschaft ein, die — wie überall in der Kunst — in der Einheit von Form und Inhalt, Gestalt und Geist gründet. Die baulichen Perspektiven sind fundamentiert. Die geistvolle Mischung des Materials könnte man rein intellektuell nennen, wenn sie nicht zugleich wie aus körperlicher Unmittelbarkeit käme. Das Werk, mit welchem der Komponist den Kammermusikpreis der Stadt Philadelphia erhielt, ist zwar nach einfachem, dreiteiligem Schema (schnell-langsam-schnell) angelegt, enthält jedoch eine reiche Skala heikelster Formulierungen in seiner linearen Struktur. Diese gehen so weit, daß etwa ein Motiv gleichzeitig in mehreren Abwandlungen erscheint — dem Auge zur Freude, dem Ohr kaum wahrnehmbar, im Sinne höherer musikalischer Ordnung gleichwohl zentral der geschlossenen, überindividuellen Aussage dienend. Klanglich wird der Hörer zuweilen an die Grenzen geführt, welche dem Streichquartett gezogen, einem erweiterten, auf kammermusikalische Intimität verzichtenden Instrumentarium aber geöffnet sind. Bewundernswert bei aller Strenge der polyphonen Kunst (Finale), daß volksmusikalische Lichtquellen hindurchleuchten, plastisch-kräftig und glühend.

Bald nach diesem Werk entstand das 4. Streichquartett (1928). Seine fünf Teile sind in sich und in ihrer Beziehung zueinander rationell entworfen und durchformt. Um den Mittelteil, ein *Andante* voll heimlicher Lyrismen, in welchem keimhaft viele der thematisch-motivischen Gedanken der anderen Sätze auftauchen, gruppieren sich die anderen Teile ringförmig. Und zwar so, daß dem zweiten Satz (*Prestissimo-Scherzo)* der vierte Satz entspricht (wiederum ein *Scherzo,* dessen

Gehalt um den Gegensatz zu dem ihm vorausgehenden *Andante* bereichert ist). Und weiterhin so, daß dem ersten Satz (sonatenförmiges *Allegro)* der (5.) *Finalsatz* entspricht. Neben der Charaktergleichheit in den Tempi kommt die Entsprechung dadurch zustande, daß das zweite Scherzo zahlreiche thematische Symbiosen mit dem ersten vollzieht — mit dem Ergebnis „stimmungshaft"-differenzierter Neugestalt —, daß das Finale vieles seines Baumaterials vom Kopfsatz bezieht. Ungeachtet dieser logischen Architektonik geht von dem Werk etwas sehr persönlich-Atmosphärisches aus, ja, etwas von Gefühl, Empfindung und Ausdruck ist in ihm enthalten — so wenig diese Begriffe im übrigen mit Bartóks musikalischem Denkstil sich decken mögen. Zu dieser Wirkung trägt die Behandlung des Rhythmuselementes bei, das gegensätzliche Affekte suggeriert.

Sechs Jahre später schrieb Bartók sein 5. Streichquartett (1934). Der Komponist, der sonst schwer mit dem Stoffe rang und daher langsam schrieb, konzipierte dieses Werk innerhalb eines Monats. Es führt die Handschrift des Könners, der sich gefunden, der sich seinen Weg nicht durch revolutionären Protest zum historischen Ertrag verbaut hat. Was wir zu den Lebensaufgaben des Komponisten andeutend zählten, scheint sich hier erfüllt zu haben: in dem Maße wenigstens, in dem solche Erfüllung einem schöpferischen Menschen des 20. Jahrhunderts möglich ist, ohne daß er sich selbst, seinen Ort in seiner Zeit aufgäbe und die Ehrlichkeit seiner Aussage trübte. Diatonisches und Chromatisches schließen sich nicht mehr aus, die Einschmelzung ist der Willkür entzogen. Lineare Bindung — in souverän gehandhabter kontrapunktischer Kunst — und harmonische Bindung behindern sich nicht, erwachsen vielmehr aus ihrer wechselseitig wirkenden Triebkraft, ohne Enge, ohne unkontrolliert zu wuchern. Das Klangbild ist grazil und transparent. Die Härten, die Bartóks Stil oft eigen sind, erreichen den Hörer nicht als Gesprächsziel der musikalischen Dialektik, eher wie ein Vokabularteil, wie *ein* Mittel neben anderen der sprachlichen Prägnanz. Die Dynamik der Werkgestalt zielt ganz nach innen.

Die fünf Sätze des 5. Streichquartetts, das auch über den europäischen und amerikanischen Rundfunk nicht selten zu hören ist und überhaupt zu den relativ häufig aufgeführten Werken Bartóks zählt, bieten im einzelnen ungefähr folgendes Bild: Der erste Satz *(Allegro)* wird,

wenn man einen dritten, mehrfach verarbeiteten Gedanken (gemäßigter melodischer Fluß über Pizzicati-Flächen) formal als Thema wertet, von drei Themen gehalten. In ihrer Gestalt sind sie sämtlich kennzeichnend für die Schreibweise des Komponisten. Auch insofern, daß sie nicht wie aus einem Augenblickseinfall formuliert erscheinen, daß vielmehr jedes Thema wie das Konzentrat vieler „Einfälle“ und die Summe verschiedener Arbeitsgänge anmutet. Das erste Thema verspannt Tonwiederholungen, die rhythmisch variabel unterteilt sind. Seine Verarbeitung schließt Umkehrung und Gegenbewegung ein, welche der inneren Motorik des ganzen Satzes dienstbar gemacht werden. In dem primär rhythmisch gezeichneten Thema bilden etwa kleine Sekunde und Tritonus die profilierenden Intervalle. Ähnlich im zweiten Thema, das die rhythmischen Akzente jedoch verlagert. Die Reprise wäre, nach einer weitgehend im Ringe des ersten Hauptgedankens angesiedelten Durchführung, dort anzunehmen, wo dieser in der Gegenbewegung zitiert erscheint. Imitatorische Technik befördert den impulsiven Zug der Coda. Der zweite Satz *(Adagio molto)* erhält sein Gewicht — auch hinsichtlich des ganzen Werkablaufs — von einem hymnisch-melodischen Gebilde, welches von Anklängen an die Kirchentöne esoterisch eingehüllt wird. Im *Scherzo alla bulgarese* (3. Satz) spricht der Folklorist seine faszinierende Sprache. Die Takte, mit verschiedener Achtelzahl, sind asymmetrisch kombiniert. Das tänzerische Element, durchaus denkerisch stilisiert, scheint sich (dennoch) für Augenblicke der Zucht des Architekten zu entreißen, die sich mit dem regierenden

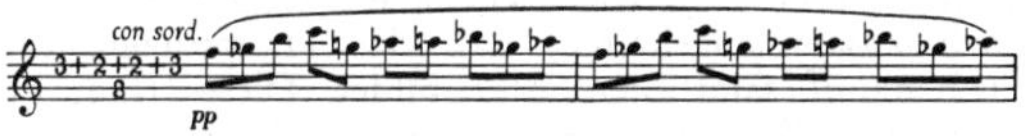

Ostinato des Trio rasch wieder sammelt. (Das Ostinato ist ja in der Neuen Musik durchgängig ein Stilmittel erster Ordnung.) Das plastische Violin-Melos im 4. Satz *(Andante)* wird kanonischer Ordnung unterworfen, bevor es aus dem Absolutheitsanspruch der Partitur wie subjektiv-gestisch heraustreten kann. Das *Finale* wäre allein eine rhythmisch-kontrapunktische Geniestudie, wenn die aufgewandte Kunst nicht so souverän käme, daß sie als solche kaum wahrnehmbar scheint. Jeder Teilgedanke des Hauptthemas wird aufgeschnitten und kontrapunktisch filtriert; auch rhythmisierte Gedankensplitter, mit ostinaten Führungen, bilden Bindematerial für den ganzen Satzbau, nicht weniger als das chromatisierte zweite Thema. Dem furiosen Drängen zum Schluß hin bleiben figürlich-musikantische Züge noch übergeordnet. Selbst rhythmus-geborene Vitalität ist nicht ausschließlich mehr beklemmend und abgründig erregend. Der Hörer mag bestätigen, was die Spieler erfahren, die das große Werk studieren: universale, im Grundzug fast lyrische Heiterkeit regiert eine begnadete Stunde.

Das 6. Streichquartett (1939) ist das letzte Werk, das der Komponist in seiner Heimat schrieb, bevor er, radikaler Gegner der Diktaturen, den Kontinent verließ, um in die Ungewißheiten der Emigration zu gehen. Das Werk, das erst nach Bartóks Tode aufgeführt wurde, erschließt sich nur schwer. Bei seiner klaren Gesamtanlage mag das verwundern. Jedoch: indem die geistige Arbeit des Komponierens hier noch zugenommen hat, die Aufschlüsselung des motivischen Materials noch konsequenter vorgenommen wird, das Klangliche jeden Zufalls des Farbigen zu entbehren scheint — liegt die Wirkung des Werkes weniger im Spontanen. Das viersätzige Stück, in welchem der Komponist wieder mit vielen kontrapunktischen Kleinformeln arbeitet (die zuweilen an Bruchstücke von Volksmelodien erinnern), wird wie in einsätziger Form dadurch zusammengehalten, daß das Hauptthema den Themenkopf sämtlicher Sätze bildet. Dieses trägt die Bratsche zu Beginn des *ersten Satzes* solistisch vor und stellt damit das Material für die sonatenartige Ausformung bereit. Vergleicht man allein das Sprachbild dieses Satzes mit jenem der ersten Hälfte der Quartettkompositionen Bartóks, so ist die vollere Glättung, eine gewisse Milde nicht überhörbar. Dem zweiten Satz *(Marsch)* wird das Hauptthema, nun durch eine zweite Stimme gestützt, gleichfalls vorangestellt. Dem sodann dreistimmig überhöhten Hauptthema schließt sich mit dem dritten Satz nach Art einer *Burletta* ein Kompositionsabschnitt an, der durch spaßhafte Ingredienzien fast ohne Umwege wirkt. Das Ziel des Komponisten, das in den meisten Werken der Hochreife deutlich wird, „einfacher" zu werden, gewaltsame Steigerungen zu meiden, aus verwirrender Vielfalt zu gemessener Bindung zu gelangen, zeigt sich in diesem, am traditionellen Scherzo-Ort stehenden Satz ebenso wie im folgenden *Finale,* dessen Haupt wiederum, und in vierstimmiger Fassung, vom Kernthema gebildet und zur Gedankenquelle der Satzglieder wird.

An weiteren Kammermusiken Bartóks seien erwähnt: das Klavierquintett aus dem Jahre 1904, dessen Brahms-Beethoven-Reminiszenzen den kommenden Meister kaum ahnen lassen, wenn er auch das Scherzo zum

Anlaß gewisser national-persönlicher Sprache nimmt; sowie die zu den Meisterwerken gehörende Sonate für 2 Klaviere und Schlagzeug (1937). Von diesem Werk stellte der Komponist ein Jahr später eine Orchesterfassung her als „Konzert für 2 Klaviere, Schlagzeug und großes Orchester" (vgl. „Reclams Konzerführer — Orchestermusik").

Bartóks inzwischen unbestrittene Bedeutung ist nicht zu messen an der Aufführungszahl, die heute seine Werke erreichen. Im Ganzen wird er noch zu wenig gespielt und gehört. Es ist ein anderer großer Komponist unserer Zeit, Arthur Honegger, der aus diesem Grunde mahnt, „das musikbegeisterte Publikum möge immer häufiger Gelegenheit haben, sich mit der bezaubernden Kunst dieses wirklich großen und starken Musikers Béla Bartók vertraut zu machen, ihn bewundern und ihn lieben zu lernen". *S. G.*

GIAN FRANCESCO MALIPIERO

* 18. März 1882 in Venedig, † 1. August 1973 in Treviso

Er entstammt altvenezianischem Hochadel. Seine Ausbildung fand er bei Enrico Bossi in Bologna. Entscheidende Beeinflussung erfuhr sein künstlerisches Denken um 1913 in Paris durch den Umgang mit den dort lebenden fortschrittlichen Musikern. 1921 übernahm er die Stellung eines Kompositionslehrers am Konservatorium in Parma, lebte aber seit 1924 ganz seinem Schaffen. Im Mittelpunkt seiner Produktion standen dramatische und sinfonische Werke. Er war auch der Herausgeber der italienischen Monteverdi-Gesamtausgabe.

Malipiero, einer der prominentesten Vertreter der Neuen Musik in Italien, hat, nach spätromantischen Anfängen, von denen etwa seine 1909 komponierte *Cello-Sonate* zeugt, kühn die Brücken zur allmächtigen Belcanto-Tradition der Musik seiner Heimat abgebrochen und den dort herkömmlichen, aber nach seiner Meinung verbrauchten sinnenhaften Schönheits-Idealen abgesagt. Er folgte den revolutionären Tendenzen der europäischen Neuen Musik und gelangte zu einem persönlichen Stil, in dem sich atonale Herbheit und impressionistische Koloristik, eine — aus der Vorliebe für die Musik des Barock erwachsene — Neigung zu archaisierenden Wendungen und gelegentlich auch ein Schöpfen aus den Quellen der Tanz- und Liedmusik des Volkes begegnen. Seiner Tonsprache fehlen weithin alle Züge des *unmittelbar* Überredenden und zur Empfindung Sprechenden, die uns sonst wohl als bezeichnend für italienische Musik gelten. Dagegen fesselt sie durch beträchtliche rhythmische Kraft und oft durch reizsame Farbigkeit. Eigentümlich berührt in Malipieros Instrumentalmusik der Verzicht auf thematische Durchführungen und formale Gestaltung im traditionellen Sinne. Was er einmal von seiner 2. Sinfonie gesagt hat: daß in ihr keine thematische Entwicklung sei, sondern daß sich die Gedanken folgen wie ein flüssiges Gespräch, daß es wohl Gegensätze, auch Farbe gebe, aber sonst nichts — diese selbstanalytische Bemerkung gilt insbesondere auch für seine Kammermusik. Der Schwerpunkt dieses Teils seines Schaffens liegt in den zwischen 1920 und 1950 entstandenen *sieben Streichquartetten.* Von ihnen sind die beiden ersten, der gleichen poetischen Idee verhafteten, am berühmtestens geworden. Ihre Titel „Rispetti e Strambotti" (1920) und „Stornelli e Ballate" (1923) — Bezeichnungen für bestimmte Formen ländlicher Liebeslyrik — weisen darauf hin, daß sich der Komponist von italienischer Volksdichtung inspirieren ließ. Dabei ging es ihm jedoch nicht um ein Nachbilden ihrer Formen, sondern einzig um ein musikalisches Nachzeichnen ihrer Stimmungslinien. Beide Werke sind reich gegliedert: in den „Rispetti e Strambotti" sind zwanzig kurze Abschnitte (im Umfang von 6 bis 50 Takten) zu einer sehr kontrastreichen, letztlich aber doch als innere Einheit wirkenden Folge von lyrisch-espressiven und tänzerischen, bald mehr melodisch, bald mehr rhythmisch betonten Miniaturen aneinandergefügt; als äußeres formales Bindemittel wirkt einzig die mehrmalige Wiederkehr der ritornellhaften Eingangstakte, in denen der Komponist mit dem Klang der leeren Saiten spielt. In ganz ähnlicher Weise sind auch die „Stornelli e Ballate“ aus 14 wechselnden „Strophen“ gebildet. Unsere Notenbeispiele zeigen aus diesem Werk den Beginn des sechsten

Abschnitts und eine Episode des siebenten. Diesen beiden Quartetten hat Malipiero zunächst (1931) noch ein weiteres von ähnlicher, jedoch minder kleingliedriger Formanlage folgen lassen, das, seinem Titel „Cantàri alla Madrigalesca“ entsprechend, nicht ländlichen Poesien, sondern dem städtischen Dichtungsbereich des Madrigals die Anregung zum Musizieren entnimmt. Formal konzentrierter, inhaltlich in einem strengeren Sinne als absolute Musik wirken die späteren Quartette, in denen sich auch eine stärkere Neigung zum Auswerten thematischer Grundsubstanzen und zu kontrapunktischer Linienführung bemerkbar macht: so etwa in dem knappen, einsätzigen, jedoch dreiteiligen *4. Streichquartett* von 1935, dessen Andanteteil durch feinen lyrischen Melodieduktus fesselt; so auch in dem „L'arca di Noè" benannten *6. Quartett* und in dem 1950 erschienenen, gleichfalls einsätzigen *7. Streichquartett.* Außer diesen Werken für Streicher hat Malipiero u. a. eine *Sonate a tre* (Klaviertrio), eine *Sonata a quattro* (für Flöte, Oboe, Klarinette und Fagott) sowie — 1936 — eine „Sonata a cinque" veröffentlicht. Auch dieses Opus, das Flöte, Harfe, Violine, Bratsche und Cello zu einem aparten Klangensemble vereinigt, bringt im Rahmen *eines* groß angelegten Satzes freie, in Tempo und Rhythmus kontrastierende Einzelentwicklungen von wechselndem Stimmungsgehalt. Besonders reizvoll die feierlich-reintönige Akkordik des Andante, das — als quasi langsamer Satz — der durch eine lange Pause markierten Zäsur vorangeht, welche das Ganze in zwei wahrnehmbare Hauptabschnitte gliedert. Dieses Quintett ist übrigens auch in anderer, vereinfachter Besetzung spielbar, wobei dann die Flöte durch eine Violine, die Harfe durch Klavier zu ersetzen ist, so daß sich die herkömmliche Gruppierung eines Klavierquintetts ergibt. *A. W.*

IGOR STRAWINSKY

* 5./17. Juni 1882 in Oranienbaum (bei St. Petersburg),
† 6. April 1971 in New York

Sohn eines Bassisten der Kaiserlichen Oper. Privatschüler von Rimskij-Korssakow. Lebte während des 1. Weltkrieges in der Schweiz. Wurde 1934 französischer Staatsbürger, 1945 amerikanischer, nachdem er sich 1939 in Hollywood niedergelassen hatte. Kompositionen für alle Musikgattungen. Hauptwerke: Bühnenwerke: „Pétrouchka" (1911 und 1947); „Le Sacre du Printemps" (1913 und 1947); „Pulcinella" (1920 und 1949); „Oedipus Rex" (1927 und 1948); „Jeu de cartes" (1937); „Orpheus" (1948); „The Rake's Progress" (1951); „Agon" (1957). Orchester: Symphonie Es-dur; Suiten für kleines Orchester; Concerto „Dumbarton Oaks"; „Symphonie in C"; „Symphonie in drei Sätzen"; 2 Klavierkonzerte; Violinkonzert; „Baseler Konzert". Chor: „Psalmensymphonie"; „Messe"; „Threni" (Lamentationes Jeremiae Prophetae). Solistische Klaviermusik. Gesänge. — Kammermusik: „Drei Stücke für Streichquartett“; „Concertino für Streichquartett“; „Septett“ (1953); „Oktett für Bläser“; „Duo concertante“ für Violine und Klavier; „Epitaphium für Prinz Max Egon zu Fürstenberg“ für Flöte, Harfe und Klarinette (1959); „Doppelkanon für Streichquartett“ (1960) u. a.

Kammermusik findet sich in dem großen Werkverzeichnis Strawinskys nur vereinzelt. Das Schaffen dieses universalen Komponisten kommt von anderen Räumen her und zielt auf Inhalte, die — im groben Querschnitt gesehen — kammermusikalischer Ausschöpfung weniger gemäß sind. Im Grunde gibt es nichts Nebensächliches in diesem Lebenswerk, welches das musikalische Weltbild unserer Zeit mitgestaltet hat und, wenn nicht alles täuscht, weiterhin mitgestalten wird wie kaum ein zweites. Für den Meister der Ordnung (der sich auch als Schriftsteller zu den musikalischen Ordnungsgesetzen bekannte — etwa in „Poétique Musicale“, deutsch als „Musikalische Poetik“, Mainz 1949) ist im eigentlichen Sinne jedes Werk Station, fester Knotenpunkt der Einfluß- und Wachstumslinien. Und so tritt es vor den Hörer, dem nichts geschenkt wird, der stets zu aktiver Stellungnahme gefordert ist, als sei immer nur dieses eine Werk da, unabänderbar in seiner Gestalt. Wieweit das auch für die wenigen Kammermusikwerke gelten kann, wird sich bei größerem zeitlichem Abstand klarer erweisen. Das „Bläseroktett“ freilich darf schon heute eindeutig klassischen Rang beanspruchen.

Strawinsky war nicht nur ein Name unter anderen Großen der Zeit. Er war in sich eine Epoche. Alle, die in ihr komponiert haben und Musik schufen, sind seine Schüler — dort, wo sie sein Schaffen und seine vielgliedrigen Wege ablehnten, nicht weniger. Das geht bis in die letzte Phase Strawinskyschen Schaffens, in welcher er zur Reihenkomposition überging. Dazu sagte er: „Ich höre gewisse Möglichkeiten und treffe meine Auswahl. Diese Wahl ist mir bei der Komposition mit Reihen ebenso möglich wie in jeder tonalen kontrapunktischen Form.“ So eindeutig die Schaffensperioden des Komponisten unterteilbar sind, so universal die stilistischen Herkünfte, die inhaltlichen Vorwürfe: —

ein Element durchzieht dieses immense, kaum überseh-bare Lebenswerk: das Urelement des Rhythmus in einer wie unendlichen Variabilität. Das Rhythmische, über bald zwei Jahrhunderte hin Stiefkind musikalischen Schaffens, erlebt hier seine dimensionale Auferstehung, wird zum Absolutum. „Elementar“ — im Wortsinne — setzt hier Strawinskys Wirkung auf die Schaffenden unserer Zeit ein, nicht geringer auf die Hörenden. Das vollzieht sich auf dem weiten Feld aller musikalischen Gattungen, zu deren Fortentwicklung Strawinsky in jeder Weise beitrug — nicht weniger auf dem kleinen, behutsam kultivierten Gelände seiner Kammermusik.

Das „Duo concertante“ für Violine und Klavier (1931/32), das im Oktober 1932 im Berliner Rundfunk uraufgeführt wurde, ist wohl im ganzen ein nicht voll beglückendes Stück. „Viele Jahre lang hatte ich gar keine Freude an der Klangmischung von im Klavier angeschlagenen und durch den Bogenstrich in Vibration versetzten Saiten“ (Strawinsky). Die Beschränkung auf „die kleinstmögliche Anzahl von Instrumenten, das heißt nur zwei“ — erscheint dem Komponisten gewissermaßen als das relativ kleinste Übel. Als zweites experimentelles Moment kommt hinzu, daß dem Komponisten etwas wie eine antik-poetisch orientierte lyrische Dichtung vorschwebte, wie das in einigen Titeln der 5 Sätze *(Cantilena, Ekloge I, Ekloge II, Jig, Dithyrambus)* andeutend zum Ausdruck kommt. Die Musik ist stellenweise von Künstlichkeiten nicht frei, das Klangbild hager. (Den Jig-Satz nennt der ausgezeichnete Strawinsky-Biograph E. W. White sogar „langweilig“ und „am Ende sinnloses Geschwätz“.) Das Dithyrambus-Finale hingegen ist von weiter innerer Macht, bezwingend in der Wirkung wie die Großwerke. — Die „Suite Italienne“ für Violine und Klavier (1933) — vom Komponisten auch für Violoncello bearbeitet — ist aus Nummern aus „Pulcinella“ zusammengesetzt, zunächst für Strawinskys persönliche Konzertpraxis (für welchen Zweck auch zahlreiche andere Bearbeitungen entstanden sind). — An weiteren Kompositionen in Kleinbesetzung seien genannt: der bekannte „Tango“ für Violine und Klavier (1940) — auch für Orchester transkribiert; die „Elegy“ für Viola allein (1944) — zum Gedächtnis des verstorbenen Gründers des „Pro arte-Quartetts“, Alphonse Onnou: ein meisterlich konzentriertes Stück; „Drei Stücke für Soloklarinette“ (1918), eine vom Charakter des Instrumentes inspirierte Studie melodischer Erfindung.

In *Streichquartett*besetzung liegen zwei Werke vor: zunächst die „Drei Stücke für Streichquartett“ (1914), Ernest Ansermet gewidmet, 1929 als „Orchester-Etuden“ erschienen. Es sind, in der ursprünglichen Fassung, Studien, die mit der zitierten Gattung nichts zu tun haben und daher, zumindest in ihrer Zeit, bei der Fachkritik schlecht wegkamen („wenn sich das einbürgert, dann ist das Ende nah ...“). Die Satztitel, nach der Orchesterfassung zitiert *(Tanz, Exzentric, Hymnus),* kämen inhaltlicher Charakterisierung gleich, wenn die musikalische Sprache nicht so radikal im Absoluten sich bewegte und damit „inhalts“-frei wäre. — Zweitens: das „Concertino“ (in einem Satz) für Streichquartett (1920; für 12 Instrumente 1952, für zwei Klaviere 1952). Der Titel verheimlicht nicht den inneren Widerspruch der Sache, welcher auch in Strawinskys sachlichem Kommentar anklingt: „ein Stück in einem Satz in der Form eines freien Sonaten-Allegro mit *ausgesprochen konzertantem Part* für die erste Violine“. Das Werk geht den Affektmitteln der Streichinstrumente aus dem Wege. Es ist nicht „schön“ im Sinne klanglicher Glätte. Aber es ist voller Geist, im Rhythmischen wie in der gelegentlich linearen Struktur. Vor allem ein Gewinn für die Spieler.

Das Oktett für Bläser (1923; Neufassung 1952) — Flöte, Klarinette, zwei Fagotte, zwei Trompeten, zwei Posaunen — spricht bevollmächtigt die Sprache jenes Strawinsky, welcher die Neue Musik als epochale geistige Erscheinung heraufführt — den nur diejenigen als „neoklassisch“ einordnen sollten, die eine routiniert kopierte Stilsprache von dem unwiederholbaren, echten, immer neuen Schaffensprozeß zu unterscheiden vermögen. Denn ein solcher ist hier gegeben. Der lichte Charakter der Blasinstrumente zwingt zu distanzierender, ausdrucksstilisierender Schreibweise und verbietet direkte, spontan-affektive Abbildung des Espressiven. Das kommt dem Komponisten entgegen, bei dem Intellekt und Phantastik wohlkontrolliert in der Waage des kühl kalkulierenden Genies sich halten. So ist die formale Disposition ebenso bestechend wie die ausgewogene Verteilung der musikalischen Gedanken auf das holz-blech-gemischte Instrumentarium, dessen Mixturen zuvor kaum für möglich gehaltene Klangräume öffnen. Den Eröffnungssatz des dreisätzigen Werkes bildet eine *Sinfonia* mit einem im Allegro Moderato-Teil scharf profilierten thematischen Haupt-

gedanken („très marqué et sec“), dessen Aufschließung aus den ihm natürlich eingegebenen Impulsen erfolgt. Das kunstvoll Konstruktive ist schwerelos. Die „Arbeit“ hört man nicht. Das Zentrum der Komposition liegt im Mittelsatz, ein *Air* mit fünf Variationen. Sein Thema ist so formuliert, daß es leicht in mehrere Teilabschnitte aufzuschneiden ist, die sodann auch in verschiedenen Schichtungen und Reihungen zum Bau der Variationen herangezogen werden. Metrische Verwandlungen und kontrapunktische Führungen weiten und vertiefen das hell leuchtende Satzbild, dem sich ein maßvolles, die Bläsertechnik noch einmal souverän verwendendes *Finale* anschließt.

Ein letztes Werk kammermusikalischer Besetzung sei nur erwähnt: die „P a s t o r a l e“ für Violine, Oboe, Englischhorn, Klarinette, Fagott (in dieser Fassung: 1933). Anstelle der Violine stand zunächst (1923) die Singstimme. Und in der ersten Fassung vertrat das Klavier die Stelle der anderen Instrumente. Denn ursprünglich war die „Pastorale" ein „Lied ohne Worte" aus den „Drei Liedern für Sopran" (1908). Aus der Komposition des 20jährigen wurde in der Bearbeitung von 1933 ein reifes, konzertwirksames Stück. Strawinsky war es so wichtig, daß er es in seine Tourneeprogramme aufnahm. *S. G.*

ANTON VON WEBERN

* 3. Dezember 1883 in Wien, † 15. September 1945 in Mittersill

Nach der Schulzeit widmete sich Webern zunächst dem Studium der Musikwissenschaft, bis 1904 die entscheidende Begegnung mit Arnold Schönberg erfolgte. Sechs Jahre lang blieb Webern dessen Schüler. Es war die Zeit, in der Schönberg die endgültige Wendung zur Atonalität vollzog. Im Kampf ums tägliche Brot sah sich Webern zur Annahme mehrerer Chorleiterstellen, auch zum Privatmusikunterricht gezwungen. Außerdem wirkte er als Lehrer an dem von Schönberg ins Leben gerufenen „Verein für musikalische Privataufführungen". Seine eigentliche Berufung erblickte Webern jedoch stets in der kompositorischen Tätigkeit.

Unter Schönbergs Schülern hat Anton von Webern die Grundsätze seines Meisters am kompromißlosesten vertreten. Er ist dabei vor letzten Konsequenzen nicht zurückgeschreckt. Das ausgesprochen Konstruktive seiner Tonsprache scheint sich zunächst an den musikalischen Intellekt zu wenden, doch legte Webern Wert darauf, daß seine Musik durch unbefangenes Zuhören als ein Ganzes „gleich Stimmen der Natur" erlauscht werden solle. Sie bedingt deswegen eine neue Art der Aufnahme, zu der sich nur derjenige durchzuringen vermag, der sich von den Gebräuchen des bisherigen Musikhörens freimacht.

Neben der Vokal- und Orchestermusik hat auch die Kammermusik einen weiten Raum in Weberns Schaffen. Die Fünf Sätze für Streichquartett op. 5 streben nach einer möglichsten Verdichtung der Form bis zu aphoristischer Kürze. So sind nur noch im 1. Satz die Umrisse der Sonatenform erkennbar, während die restlichen Sätze zu musikalischen Kleingebilden, „expressionistischen Miniaturen", zusammenschrumpfen. Dieses Prinzip stärkster Konzentration wird noch deutlicher in den Sechs Bagatellen für Streichquartett, von denen Schönberg gesagt hat: „Man bedenke, welche Enthaltsamkeit dazu gehört, sich so kurz zu fassen. Jeder Blick läßt sich zu einem Gedicht, jeder Seufzer zu einem Roman ausdehnen. Aber einen Roman durch eine einzige Geste, ein Glück durch ein einziges Aufatmen auszudrücken, solche Konzentration findet sich nur, wo Wehleidigkeit in entsprechendem Maße fehlt." Auf dem gleichen Bauprinzip beruhen die Vier Stücke für Geige und Klavier op. 7 und Drei Stücke für Cello und Klavier op. 11, in denen die epigrammatische Behandlung des Inhalts ihren Gipfelpunkt erreicht und thematische Gestaltungsweise im bisher üblichen Sinne aufhebt.

In seinem weiteren, nunmehr ganz auf strenger Zwölftontechnik basierenden Schaffen suchte Webern den in seinem „punktuellen" Stile lauernden Gefahren, einer Zersplitterung des Satzgefüges in lauter Einzeltöne, auszuweichen. Er fand die Gegenmittel in einer Zusammenfassung der Einzeltöne in Gruppen bzw. Gruppenreihen und in einer gesteigerten Kontrapunktik. Diese verbindet er mit der von Schönberg übernommenen „Klangfarbenmelodie"; sie führt zu einer Zerlegung des thematischen Bestandes in einzelne „Klangpunkte", welche, zusammengenommen, die Klangfarbenmelodie ergeben. Im Streichtrio op. 20, dessen zwei Sätze, bei aller Modernität der Mittel, auf Rondo- und Sonatenform zurückgreifen, im Quartett für Geige, Klarinette, Tenor-Saxophon und Klavier op. 22 und im Streichquartett op. 28 stellt sich Weberns kunstvolle, jedoch wachsend abstraktere Gestaltungsweise dar. In diesem Zusammenhang darf der Hinweis auf die Variationen für Klavier op. 27 nicht fehlen, in denen sich Weberns kontrapunktischer Spätstil vielleicht am reinsten verkörpert. Durchaus in den Bereich der Kammermusik gehört auch das von

Weberns Vorliebe für ungewöhnliche Klangzusammenstellungen zeugende Konzert für Flöte, Oboe, Klarinette, Horn, Trompete, Posaune, Geige, Bratsche und Klavier op. 24. Das nachstehende Notenbeispiel, die drei Anfangstakte des Konzerts,

zeigt die dem 1. Satz zugrunde liegende Zwölftonreihe in vier Gruppen von je drei Tönen aufgeteilt. Jede Gruppe ist einem anderen Instrument vorbehalten, jede umfaßt die charakteristischen Intervalle große Terz und kleine None, jedoch in verschiedener Anordnung, die sich als Original (Gr. 1), Krebsspiegel (Gr. 2), Krebs (Gr. 3) und Spiegel (Gr. 4) herausstellt. Unterschiedlich ist ferner die jeweilige Vortragsart der drei Töne: Oboe = legato, Flöte = staccato, Trompete (con sordino) = legato (aber andere Zeitwerte als die Oboe!), Klarinette = portato. Die differenzierte kombinatorische Arbeit, die sich bereits in den Anfangstakten bekundet, setzt sich im weiteren Ablauf in immer neuen Varianten fort, wobei sich keine Gestalt wörtlich wiederholt. So ergeben sich zahllose Nuancen sehr subtiler, beim ersten Hören kaum wahrnehmbarer Art, die sich ebenso wie auf das Thematische und Klangliche auch auf Rhythmus und Dynamik erstrecken.

W. Z.

ALBAN BERG

* 9. Februar 1885 in Wien, † 24. Dezember 1935 daselbst

Der Sohn eines Wiener, aus Nürnberg stammenden Großkaufmanns sah sich nach dem frühen Tode des Vaters genötigt, seine musikalische Ausbildung zurückzustellen und einen Beamtenposten anzunehmen. 1906 ermöglichte ihm eine Erbschaft, endgültig Musik zu studieren. Berg wurde Schüler Arnold Schönbergs, in dessen Schaffen sich damals der entscheidende Stilwandel zur Atonalität vollzog. Da Bergs expressive Kraft die Reihentechnik zu einem natürlichen Ausdruck seines Wesens zu machen vermochte, erwuchs in ihm eine der faszinierendsten Persönlichkeiten der neueren Musik.

Der Schwerpunkt von Alban Bergs zwar nicht ausgedehntem, jedoch qualitativ erlesenem Schaffen ruht mit „Wozzeck" und „Lulu" auf der Oper, allein auch die Kammermusik hat ihm zum mindesten *ein* Werk von überragender Bedeutung zu danken. Das zweisätzige, später umgearbeitete Streichquartett op. 3 bewegt sich in seiner ursprünglichen Gestalt noch in der Sphäre Schönbergs und gewinnt dadurch das Gepräge einer hochbegabten, auf letzte Verfeinerung der Ausdrucksmittel bedachten Studienarbeit. Eigene Züge drängen bereits in den Vier Stücken für Klarinette und Klavier op. 5 ans Licht. Die zugrunde liegende Atonalität führt nicht zur Auflösung, vielmehr zur Bestätigung der auf aphoristisch knappen Ausdruck gebrachten Form.

Die Krone von Bergs kammermusikalischem Schaffen bildet die Lyrische Suite für Streichquartett (1926). Die Bezeichnung Suite deutet auf ein Anordnungsprinzip hin, das in sechs teilweise motivisch miteinander verknüpften, zugleich nur locker aneinandergereihten Sätzen Freiheit mit Bindung vereint. Der Untertitel „lyrisch" betont die Bedeutung des stimmungsmäßigen Moments. Drei Sätze sind bewegterer, drei getragener Art. Durch die Folge von Allegretto, Allegro und Presto bei den ersteren, durch Andante, Adagio und Largo bei den letzteren werden nicht nur rhythmische Steigerungen oder Verbreiterungen, sondern zugleich Steigerungen der Stimmungs- und Ausdrucksintensität erzielt, die Kontraste vertieft. Der 1. Satz *Allegretto gioviale,* eine leichte Intrada zum Folgenden, atmet die Stimmung heiterer Sorglosigkeit. Er baut auf der Zwölftonreihe: f, e, c, a, g, d, as, des, es, ges, b, h auf, die mit kleinen Veränderungen und in geistvoller kombinatorischer Auswertung auch in den späteren Sätzen, mit Ausnahme des freier behandelten 4. und 6., wiederkehrt. Der 2. Satz *Andante amoroso* beharrt im allgemeinen in idyllisch-friedlichem Bereich. Es handelt sich um eine Art Rondo mit drei Themen, deren erstes behaglich, das zweite ländlerhaft ist, während das dritte eine leicht drohende Haltung einnimmt. Dem 3. Satz *Allegro misterioso* eignet Scherzocharakter. Seine eigenartig beklemmende Stimmung wird durch das con sordino, außerdem durch häufige Anwendung des col legno hervorgerufen. Zu starker Ausdrucksleidenschaft flammt die Mittelpartie des *Trio estatico* empor, das auf der Zwölftonreihe: f, b, as, e, c, h, cis, es, a, d, g, fis beruht. Der 4. Satz *Adagio appassionato* strahlt in seinem breitströmenden Gesang, in den sich Zitate aus früheren Sätzen flechten, besonders expressive Kräfte aus. Der 5. Satz *Presto delirando* ist ein zweites Scherzo spukhaften Charakters. Der Scherzohauptteil umschließt ein trioartiges Tenebroso mit der Reihe: f, e, c, fis, a, gis, d, es, g, b, h, das nach Reprise des Scherzo wiederholt wird. Das dritte Erscheinen des Scherzo kommt einer Durchführung gleich. Der 6. Satz *Largo desolato* wird von einigen Pizzicato-Takten eingeleitet, denen zunächst in der 1. Violine der in tiefe Trauer getauchte Hauptgedanke folgt. Der musikalische Ablauf des Satzes stellt sich als ein unentwegtes Auf und Nieder einer Stimmung dar, die sich zwischen Verzweiflung und Resignation bewegt. Gegen Ende verstummen die einzelnen Instrumente nacheinander; das letzte Wort, das zugleich einen tröstlichen Ausblick zu eröffnen scheint, wird der Bratsche anvertraut.

Die Mittelsätze 2—4 der Lyrischen Suite hat Alban Berg auch für Streichorchester bearbeitet. *W. Z.*

HEINRICH KAMINSKI

* 4. Juli 1886 in Tiengen bei Waldshut, † 21. Juni 1946 in Ried bei Benediktbeuern

Sohn eines altkatholischen Pfarrers. Studium in Heidelberg bei Wolfrum, in Berlin bei Klatte, Kaun und Juon. Leitete 1930 bis 1932 eine Meisterklasse an der Berliner Akademie der Künste sowie von 1930 bis 1933 die städtischen Konzerte in Bielefeld. Später lebte er, schaffend und lehrend, in Ried.

Weit mehr noch als Hans Pfitzner steht Heinrich Kaminski als ein großer Unzeitgemäßer zwischen den Zeiten der ausklingenden Spätromantik und der musica nova unserer Gegenwart. In drei Schaffensjahrzehnten trat der eigenwüchsige, von strenger Selbstkritik erfüllte und stets inneren Rufen folgende Meister mit nur etwa 44 Werken hervor. Jedes von ihnen aber offenbart Wesentliches von seiner künstlerischen Eigenart, gleichviel, ob er sich vokaler oder instrumentaler Mittel zur Aussage dessen bediente, was ihn bewegte, und in Chor-, Orchester- und Bühnenwerken, in Orgel- oder Kammermusikschöpfungen nach Verwirklichung seiner Ideen trachtete.

In seinem Stil berühren sich eigenartig die Ausdrucks- und Klangelemente der späten Romantik (Bruckner, Mahler, Reger) mit dem strengen Formstreben des Zeitalters der Polyphonie. Vom rein Musikalischen her gesehen wurde es dabei entscheidend wichtig, daß die ihm eingeborene Gabe polyphonen Denkens, die in gewissem Sinne der Art des „in Fugen denkenden“ Max Reger verwandt erscheint, sein eigenwilliges Schaffen vor einem Zerfließen in ungestalten Musikträumen bewahrte. Polyphone Form galt ihm als Abbild kosmischer Ordnung, und solcher Auffassung gemäß will seine aus religiösem Empfinden und philosophischem Denken erwachsene Kunst stets Verkündigung und Offenbarung „lebendigen Seins“ werden.

Am Eingang von Kaminskis kammermusikalischem Lebenswerk steht des 26jährigen Quartett op. 1 b in a-moll für Klavier, Klarinette,

Viola und Violoncello. Plastische Einfälle, rhythmische Frische und farbiger Klang kennzeichnen den *ersten Satz*, der heitere Bewegung mit liedhaften lyrischen Entfaltungen vereint. An zweiter Stelle folgt ein schlichtes ruthenisches Volkslied (Abb. zeigt den Anfang), das als *Thema* Ausgangspunkt für zunächst

vier kurze kontrastierende *Variationen* wird; dann bildet es auch den Grundstoff für den *dritten Satz* (5. Variation), ein köstliches, behagliches Scherzo; auch im *Finale* trennt sich der Komponist nicht von dieser leitenden Liedweise und gewinnt aus ihr, als 6. Variation, eine Grave-Einleitung und den raschen Hauptsatz (Risoluto) als 7. Veränderung. Wie hier der größere Teil des Gesamtwerks durch *ein* melodisches Motiv zu innerer Einheit gebunden erscheint, so gewinnt auch in dem 1913 entstandenen F-dur-Streichquartett *ein* thematischer Gedanke die Bedeutung einer auf mehrere Sätze ausstrahlenden Kraft. Die vier Teile des Werks gehen pausenlos ineinander über. Ein zu großer Innigkeit gesteigertes, Gebetsgeist atmendes *Lento espressivo* bildet den Auftakt; dann setzt der lebhafte *zweite Satz* mit der energievollen, kühn auf-

strebenden Gestalt jenes Kernthemas ein, das in dem still versonnenen, nur 28 Takte umfassenden *dritten Satz* (Adagio espressivo) den Charakter einer ruhevollen Gesangsmelodie annimmt und im *Finale* (Allegro), neu verwandelt, zum Träger einer heiter gelösten Entwicklung wird. In den beiden raschen Sätzen treten neben dem beherrschenden Hauptgedanken auch ruhig singende Seitenthemen einprägsam hervor; besonders reizvoll das graziöse quasi Andantino-Thema im Finale.

Als Zentralwerk im gesamten Kammermusikschaffen des Meisters darf sein 1917 erstmals erschienenes fis-moll-Streichquintett gelten, das von ihm zehn Jahre später in einer vor allem das Klangbild auflichtenden und Einzelheiten schärfer herausarbeitenden Neufassung veröffentlicht wurde. Dieses großartige Werk vermittelt einen besonders starken Eindruck von Kaminskis schöpferischer Kraft und Eigenart. Es beginnt mit einem in freier Sonatenform gehaltenen Satz, der sich — man vergleiche damit den ersten Satz von Beethovens Quartett op. 130 — erst allmählich zum Allegrotempo durchringt, da das den Anfang bildende zweitaktige Adagio sich dem In-Fluß-Kommen mehrfach retardierend entgegenstellt.

Die Abb. zeigt die melodischen Linien der vier ersten Takte. Auch im weiteren Verlauf wirkt dieses Adagiothema, das dem anmutig-beweglichen Allegrothema unverkennbar verwandt ist, neben dem schlichten gesanglichen Seitenthema als beruhigendes Element auf die lebhaft vorandrängende Grundbewegung ein. Wieder schließen sich die einzelnen Teile des Werks pausenlos aneinander: als zweiter Satz folgt nun ein klanglich besonders apart gestaltetes, im melodischen Ausdruck gebethaft-sehnsüchtiges *Andante* und diesem ein in der Klangbildprägung nicht minder reizvolles, aus einprägsamer kantabler Melodik geistvoll entwickeltes *Allegro grazioso* mit einem Andantino-Gegensatz. Den Höhepunkt des Quintetts aber bildet das — fast die Hälfte des Gesamtwerks einnehmende — Finale in Form einer *Fuge.* Abseits aller traditionellen, schulmäßigen Gestaltung wird hier dem thematischen Ma-

terial (die Abbildung zeigt das Leitthema zu Beginn des Satzes) eine kühne Folge von eigenwilligen Entwicklungen und damit ein erstaunlicher Reichtum an Erscheinungsformen der Gedanken abgewonnen. Über einem Orgelpunkt erreicht endlich nach all diesen Durchführungen das mächtige kompositionelle Geschehen vor dem wuchtigen Ausklang seine Kulmination.

Der Drang, sich von überkommenen Formentypen zu lösen, offenbart sich innerhalb der Kammermusik Kaminskis wohl am stärksten in seinem 1926 erschienenen Quintett für Klarinette, Horn, Violine, Bratsche und Cello. Melodische Entwicklungen, thematische Bezüge und rhythmische Bindungen geben dieser feingliedrigen Musik zwar einen gewissen Halt, aber mehr an fester Form als eine klar abgegrenzte Dreiteiligkeit ist in dem einsätzigen opus schwerlich erkennbar. *Es* beginnt eben einfach zu singen wie ein „himmlisches Konzert" ... Melodisches Lichtzentrum wird dann die von der Klarinette im Adagio-Mittelteil gesungene Weise eines geistlichen bretonischen Volkslieds („En Angelus"), die den schwärmerischen ersten Hauptteil von dem als Allegro bezeichneten Schlußteil trennt.

Ein ganz anderes Bild, ein Streben zur Gestaltung der künstlerischen Ideen in traditionsnäherer Formprägung zeigt dagegen die Musik für zwei Violinen und Cembalo (oder Klavier) aus dem Jahr 1931. In allen vier Sätzen dieses d-moll-Werks lebt der strenge Geist Bachscher Polyphonie: in der von einem gewichtigen *Präludium* eingeleiteten *Fuge* des ersten Satzes ebenso wie in dem folgenden Kanon der beiden Geigen, im lebhaften *Tanz* des dritten Satzes und in der — von einem pathetisch-espressiven Vorspiel eingeleiteten — Schluß-*Fuge*, deren Hauptthema dem der ersten Fuge eng verwandt ist. Ein sehr eindrucksvolles, herrlich klingendes, durch die Klarheit der Entwicklungen und dank der zwar keineswegs spannungsarmen, jedoch schlichten, entromantisierten Harmonik unmittelbar verständliches und eingängiges Werk.

Auch in dem sehr reizvollen Hauskonzert für Violine und Klavier (1941) wirkt sich weithin das geistige Neuerleben alter Meisterkunst in eigenwilliger Form aus. Hier bildet ein polyphones, mit reichem barockem Lauf- und Zierwerk ausgeschmücktes Präludium den Auftakt. Die rhythmisch feingliedrigen Mittelsätze tragen die Namen „Opfertanz" und „Frühlingstanz". Tänzerisch profiliert ist aber auch das ausgedehnte kapriziöse Finale, das trotz der Vorherrschaft des melodisch-zeichnerischen Linienspiels auch farbiger Klanglichkeit Raum gibt.

Neben den genannten Schöpfungen hat Kaminski noch mit einem weiteren Werk für Streichquartett *(Präludium und Fuge über den Namen „Abegg")*, mit einer *Musik für Violoncello*, einem *Kanon für Geige und Orgel*, einer *Ballade für Horn* und einem meisterlich gestalteten Solowerk für Bratsche *(Präludium und Fuge)* bemerkenswerte Beiträge zur neueren Kammermusik gegeben. Es bleibt zu beklagen, daß sein geistig anspruchsvolles Schaffen noch nicht die seinem Wert entsprechende Beachtung und Verbreitung gefunden hat. *A. W.*

OTHMAR SCHOECK

* 1. September 1886 in Brunnen am Vierwaldstättersee, † 8. März 1957 in Zürich

Sohn eines Kunstmalers, entschied er sich, nach anfänglichem Schwanken zwischen Malerei und Musik, mit siebzehn Jahren ganz für die Musik. Er studierte zuerst am Zürcher Konservatorium, später bei Max Reger in Leipzig und kehrte dann nach Zürich zurück. Seit 1907 als Chorleiter tätig, wirkte er nach 1917 auch als Dirigent der Sinfoniekonzerte in St. Gallen.

Im Lebenswerk dieses hervorragenden Deutschschweizer Meisters spielt die Kammermusik keine führende Rolle. Wesentlich für seine Wirkung auf die musikalische Welt, entscheidend für die volle Ausprägung seiner starken persönlichen Eigenart wurde — neben einer Reihe beachtlicher Opernwerke — sein umfangreiches Liedschaffen. Unter den Meistern des — heute zu wenig gewürdigten — neueren deutschen Lieds gebührt ihm ein Platz neben Hugo Wolf und Hans Pfitzner. Es ist wichtig, auch an dieser Stelle die zentrale Bedeutung des Lieds in Othmar Schoecks Gesamtwerk hervorzuheben; denn auch seine wenigen kammermusikalischen Schöpfungen offenbaren in Erfindung und Ausdruck den echtbürtigen Lyriker, dessen Kunst im *Gesang* gründet und gipfelt. Den Auftakt seiner Kammermusik bildet die 1908 geschriebene Violinsonate op. 16 in D-dur: ein melodisch reiches, sehr musizierfreudiges Werk. Einem stimmungsvollen, von liedhafter Melodik durchklungenen *ersten Satz* folgt hier ein *fis-moll-Teil* (ruhig), in dem eine fließende, expressiv gesteigerte Melodie reizvoll mit lebhafterer, rhythmisch beweglicherer Motivik kontrastiert wird; nicht zuletzt fesselt dieser *zweite Satz* durch die kunstvolle, aber gleichsam spielerisch entwickelte Feinheit des Stimmengeflechts. Sehr lebendig und heiter gelöst dann das aus einfacher, prägnanter Wanderliedthematik zeichnerisch klar entfaltete *Finale.* 1931 hat der Komponist seiner ersten Geigensonate eine gleichfalls dreisätzige zweite folgen lassen (op. 46 E-dur), die, als eine Schöpfung des reifen Meisters, die Kennzeichen einer unverwechselbaren Eigentönigkeit trägt. Von ihr sagt Schoecks Biograph Hans Corrodi u. a.: „Der erste Satz ist ganz Ausdruck, Lyrik, Sprache der Seele, der zweite ebenso ‚ausgesprochen Form‘, Spiel der Motive und Kontrapunkte, Bewegung, Verschlingung der Linien, der dritte stellt die Vereinigung beider Prinzipien dar.“

Gleichfalls aus zwei Epochen seiner künstlerischen Entwicklung stammen die beiden Streichquartette des Meisters. Das erste in D-dur op. 23 hat er 1912/13 geschrieben, das zweite in C-dur op. 37 im Jahre 1923. In op. 23 spricht der jugendfrische Melodiker zu uns (das Notenbeispiel zeigt das Gesangs-

thema des 1. Satzes), ein warmblütiger romantischer Musikant, der die drei Sätze (Allegro — Intermezzo: Allegretto — Allegro risoluto) in jeder Wendung lebensvoll, melodisch einprägsam und harmonisch interessant zu gestalten weiß und alles zu blühendem Klangleben weckt. Zum Reichtum der Gedanken und zur Intensität des Ausdrucks kommt dann im zweiten, fünfsätzigen Quartett noch eine gesteigerte Kraft formalen Gestaltungswillens und eigenwillig-kühner Linienführung. In seinem Stimmungsgehalt birgt das Werk, fernab dem einstigen Jugendüberschwang, nun „Schmerz, Wehmut und eine herbe, fast groteske, dann wieder phantastische Realistik" (Corrodi).

Als Zeugnis der inneren Entwicklung Schoecks ist auch die 1927/28 komponierte dreiteilige Sonate für Baßklarinette und Klavier op. 41 interessant. Hier spürt man die — auf eine ganz persönliche Art verarbeiteten — Einflüsse der „Neuen Musik" in der linearen Freiheit der Stimmenführung und in der kühn heterogene Elemente verschmelzenden Harmonik, aber auch in der witzigen und spöttischen Rhythmik, die den Charakter des launigen Schlußrondos wesentlich mitbestimmt. Kaum nötig zu sagen, daß Spieltechnik und Klangeigenart der Baßklarinette (die notfalls durch Fagott oder Violoncello ersetzt werden darf) in dem eigenartigen Werk ausgezeichnet zur Geltung kommen. *A. W.*

ARTHUR HONEGGER

* 10. März 1892 in Le Havre, † 27. November 1955 in Paris

Stammesmäßig Schweizer, kulturell zu Frankreich gehörend. Schüler u. a. von Widor. Angehöriger der „Six". Protagonist der „Neuen Musik" als Gattung. Erster Welterfolg mit Oratorium „König David". Viel nachgeahmt sein berühmtes Orchesterstück

„Pacific 231“ (1923). Nach Claudel entstand seine „Jeanne d'Arc“ (deutsch als „Johanna auf dem Scheiterhaufen“ — 1947). Große Zahl von Orchesterwerken, Oratorien, Liedern, Opern, Operetten, Balletten; dazu Musik für Film und Rundfunk. In späteren Sinfonien Hinwendung zu betont religiösen Inhalten. — Kammermusik: Sonaten für Violine, Bratsche, Violoncello, Klarinette; 3 Streichquartette u. a. — Werkverzeichnis von rund 200 Titeln aller Gattungen.

Honeggers kammermusikalische Kompositionen nehmen in der großen Zahl der von ihm publizierten Werke nur einen bescheidenen Raum ein. Das Zentrum seines Schaffens liegt mehr in der bühnennahen Sphäre (in seinen letzten Jahren freilich zunehmend auch im symphonischen Bereich) als in der spezifisch kammermusikalischen. Gleichwohl zeigt auch diese, daß Honegger (dem übrigens Bach als der Größte galt) zu den maßgeblichen musikalisch-schöpferischen Persönlichkeiten unserer Zeit zählt, über seinen Tod hinaus. Die Universalität des Komponisten — die sich nicht nur darauf erstreckt, daß er für nahezu alle Gattungen und Besetzungen schrieb — entstammt nicht intellektualistischer Leichthändigkeit. Sie ist in einem persönlichen Humanismus ebenso begründet wie in der freiheitlichen künstlerischen Schau Honeggers, aus der heraus er sich aller Stilmittel bediente, ohne sich gestalterisch zu verzetteln. Ein gesundes Alemannentum (beide Elternteile waren Zürcher Herkunft) half hier, die Horizonte des Geistes abzustecken, daß das Genie sich nicht im grenzenlosen Eklektizismus verliere. Die Kammermusik, schon immer Ausweis schöpferischer Selbstdisziplin, belegt das überzeugend.

Die Sonate für Violine allein (1940) beweist, daß der Komponist die Geige kennt wie nur wenige. Prächtige Aufgabe für den perfektionierten Spieler, der in dem viersätzigen Stück *(Allegro, Largo, Allegretto grazioso, Presto)* weniger das Bachsche Etikett als manche romantische Reminiszenz entdecken wird, diese freilich durchaus gegenwärtig kühn ausgeleuchtet. Den um 20 Jahre jüngeren Honegger zeigt die Sonate für zwei Violinen (1920), gleichfalls ganz auf die Praxis zugeschnitten, weil aus ihr kommend. Das thematische Kräftespiel ist konstruktiv gelenkt. Das Allegro-Finale — wo anders könnte es orientiert sein als an Bach, oder hätte der Komponist auch den in Frankreich fremden Reger gekannt? — gibt sich fugenmäßig, vertikal ohne Halt. Die Sonatine für Violine und Violoncello (1932) wäre Hausmusik, wenn sie dafür nicht recht Schwieriges verlangte. Der wohlgebildete Liebhaber mag ein wenig schockiert reagieren, wenn es im Finale etwas jazzhaft zugeht. Hat er den Schock überwunden, erfreut er sich des ausgelassenen Spiels auch der drei übrigen Sätze, die kontrapunktisch durchläutert sind.

Mehrere Sonaten für Klavier mit anderen Instrumenten liegen vor. Die 1. Sonate für Violine und Klavier (1916/18), dreisätzig knapp angelegt, entbehrt nicht gebundener Harmonik. Dem besänftigten, ariosen Finale, das von einem schnellen Zwischenspiel seine Cäsur erhält, geht ein rhythmisch scharf konturierter Presto-Wirbel (2. Satz) voraus. Der Kopfsatz erscheint als thematische Gesamtüberschrift. — Wie selbstverständlich, auch in der gesunden Kombination harmonischer und linearer Elemente, wirkt die 2. Sonate für Violine und Klavier (1919).

Sonatenförmig der Hauptsatz. Sauberes 19. Jahrhundert, modern gewandet, im *Larghetto.* Quicklebendiges Finale-Spiel. — Willkommene Bereicherung der in dieser Besetzung nicht zahlreichen Literatur bedeutet die Sonate für Bratsche und Klavier (1920). Die Frische ihrer musikalischen Sprache entwickelt sich nicht auf Kosten der formalen Anlage, die vielmehr rational-gleichgewichtig ist; kennzeichnend für die gern konstruktiv geführte Handschrift Honeggers. — Kurz nach diesem Stück entstand die Sonate für Violoncello und Klavier (1920). Aufschlußreich für die stilistische Entwicklung des Komponisten, wie in ihrem Kopfsatz mit dem chromatischen Element gearbeitet wird, und für die Eigenart Honeggers, wie er (im *Andante)* ohne Scheu ausdruckshaft ist, ohne daß er die Tendenz zum Objektivieren abschnürte. — Die Klarinette mit dem Klavierklang wirksam und einigermaßen natürlich zu mischen, ist seit je eine besondere kompositorische Aufgabe. Es gelingt überraschend sicher in der Sonatine für Klarinette und Klavier (1921/22). Die Selbständigkeit des Klaviersatzes ist so geschickt gemacht, daß selbst spezifisch holzbläserische Motivbildung wie unversehens in die Technik des Tasteninstrumentes transponiert wird. Ein sprudelnd-problemloses Musizierstück in drei kleinen Sätzen.

In seinem Buch „Ich bin Komponist“ (Zürich, 1952) bekennt sich Honegger — in einem zeitlichen Abstand von rund 25 Jahren — zu seinem 1. Streichquartett (1916/17) wie ein Mensch, der in den Reifejahren noch ein wenig in seine Jugend verliebt ist. Das heißt hier: nicht etwa unkritisch („es hat Fehler ... es hat Längen“); aber in der Freude über die Ehrlichkeit des Kunstwerkes („genaue Abbildung der Persönlichkeit des jungen Menschen ... ich erkenne mich darin wie in einem Spiegel“). Zunächst gilt es, die *Kunst* zu meistern — im ursprünglichen Sinne der Kunstfertigkeit —, vier instrumentale Individualitäten so zu führen, daß jede etwas in sich Bestehendes zu sagen hat; und das ist ja das beherrschende Charakteristikum der Streichquartettkomposition. Und sie wird von dem 25jährigen gemeistert. Nicht, daß Vorbilder überhörbar wären: César Francks Pathos und Regers chromatische Reizharmonik schimmern durch. Gleichwohl sind die drei Sätze des Werkes *(Appassionato — „violent et tourmenté“* (!), *Adagio, Allegro „rude et rhythmique“)* eigene und starke Musik. Die zusätzlichen Satzüberschriften sind Spielanweisungen und inhaltliche Extrakte zugleich. Die Sätze 1 und 2 sind konsequent sonatenförmig gebaut, das Finale zumindest andeutend. Die komplizierten Durchführungen sind kontrapunktisch eng verschlungen — was die Höreraufgabe nicht vereinfacht. In der Wirkung bleiben nicht Wildheit, Heftigkeit vorherrschend, sondern (Schluß der Sätze 2 und 3) Milde und Frieden: Ausdrucks- und Empfindungsräume, die mehr aus dem rein musikalischen Ablauf, kaum aus einem poetischen Programm gewonnen werden. — Der 44jährige beendet sein 2. Streichquartett (1934/36). Daß eine Fülle großer Werke seit dem ersten Quartett entstanden ist, zeigt sich hier keineswegs im Nachlassen der schöpferischen Spannkraft, wohl aber in der Ökonomie der Mittel. Wieder ist der Kopfsatz in Sonatenform konzipiert *(Allegro)*. Ostinati werden zu architektonischen Verstrebungen genutzt. Liedförmig ist das *Adagio* (Mittelsatz), liedhafte polyphone Zeichnung weitet das holde Melos. Beherzt zupackend, leicht rondohaft angelehnt das Finale *(Allegro marcato)*. Der Rhythmiker Honegger lebt sich aus — natürlich nicht à la „Pacific 231", sondern kammermusikalisch subtil, aber auch durchaus kräftig. Das Rhythmisch-Expressive ist mit linearen Bindungen ausgewogen, zuweilen ein Bestandteil von ihnen. — Ganz ähnlich in der Bauform: das 3. Streichquartett (1936/37). Noch ausschließlicher allerdings hier die horizontale Struktur („ein Fortschritt in der Straffung und Ausarbeitung", schreibt der Komponist). Ein Meisterwurf eigenster Art das *Rondo-Finale,* weil virtuose kontrapunktische Satztechniken geradezu kreatürlich-vital, urmusikantisch gesättigt werden, wie es in der Musik des 20. Jahrhunderts selten ist.

Mit gewissem Abstand gilt dieses Seltenheitsprädikat auch für die Drei Kontrapunkte für Kleine Flöte, Oboe (Englischhorn), Violine und Violoncello (1922/26). Ihr studienhafter Nebenzweck nimmt nichts ihrer dankbaren Verwendungsmöglichkeit für Konzert und Haus. Die Rhapsodie für 2 Flöten (ad. lib. 2 Violinen), Klarinette (ad. lib. Viola) und Klavier (1917) zeigt den

Versuch einer Lösung vom genuinen Impressionismus. Wo die Lösung *nicht* gelingt, kommen farbliche Kostbarkeiten heraus. Ein Experiment sei noch erwähnt: der „Hymnus für zehn Streichinstrumente“ (1920). (Immer wieder tauchen ja solche Kuriosa in der Literatur auf: man denke an Klengels „Hymnus für 12 Celli“.) Hier treten zum normalen Streichquartett sechs von Léo Sir (Geigenbauer aus Marmande) entworfene, bis zur Super-Sopranlage reichende neue Streichinstrumente. *S. G.*

DARIUS MILHAUD

* 4. September 1892 in Aix-en-Provence, † 22. Juni 1974 in Genf

Ab 1910 Schüler u. a. von Widor. 1920 Mitbegründer der „Groupe des Six“, der musikalischen Avantgarde Frankreichs, und, neben Honegger, deren maßgeblicher Musiker. Trennt sich bald von diesem Kreis. Lebt bis 1939 in Paris. Emigriert 1940 nach USA. Professur am Mills College (Kalifornien). Seit 1947 zugleich Lehrer am Pariser Conservatoire. 1956 Präsident der Académie du Disque Français. — Zu seinen mehr als 450 Kompositionen nahezu aller Gattungen und Besetzungen zählen: etwa 50 Bühnenpartituren, von Kleinstformat (wenige Minuten Dauer) bis zur fünfaktigen Oper „David“ (Uraufführung 1954 in Israel, deutsche Erstaufführung 1955); mehrere Instrumentalkonzerte; zahlreiche Symphonien und andere Orchesterwerke; Filmmusiken; Lieder; Chorwerke. — Kammermusik für verschiedenste Besetzung. Darunter allein 18 Streichquartette.

„Ich bin ein Franzose aus der Provence und jüdischen Glaubens“ — so beginnt Milhauds Selbstbiographie. „Meine musikalische Bildung ist ausschließlich durch den lateinisch-mittelländischen Kulturkreis bestimmt. Die südländische, besonders auch die italienische Musik, hat mir immer sehr viel gesagt, die deutsche so gut wie nichts, Wagner beispielsweise habe ich nie verstanden und werde ich nie verstehen. Zum Glück gehöre ich schon zu der Generation, die ihm entronnen ist.“ So sagt Milhaud von sich selbst an anderer Stelle. Die wenigen Sätze beleuchten eine Persönlichkeit, die sich jeder Klassifizierung entzieht, und einen immensen, jeder systematischen Einordnung spottenden Schaffenskomplex, wie er sich nach Umfang und Variabilität der Strukturen bei kaum einem zeitgenössischen Komponisten sonst findet. Der Komponist, der mit geradezu rücksichtsloser innerer Folgerichtigkeit die Suggestion des Impressionismus für sich abtat, ist von verwirrender geistiger Vielseitigkeit, die ihm erlaubt, ja ihn — bei mühelos quellender Diktion — zwingt, alle sich bietenden Einflüsse und Anregungen in sich aufzusaugen und spontan schöpferisch in neue, eigene, augenblicksnotwendige Aussage zu verwandeln, subjektiv gültig, objektiv nicht immer auf gleicher Wertebene.

Milhauds Tonsprache ist auch in vergröberndem Querschnitt nur schwer auf einen Nenner zu bringen. Sie entspricht nicht *einem* Stil, sondern einer Vielzahl von Stilen, ja, im Grunde hat jedes Werk seinen nur ihm gehörenden Stil. Gemeinsam ist jedoch diesen fluoreszierenden Handschriften: der wache Sinn für das Gleichgewicht der Kräfte; die nicht problembeschwerte, oft einfache (einfach: freilich in dem Maße, wie die Mittel der Neuen Musik einfach sein können) Formulierung der musikalischen Gedanken; die gewisse melodische Natürlichkeit, die nicht selten fast populäreingänglich sich gibt. Selbst die Neigung, mehrere Tonalitäten gleichzeitig zu verwenden, erscheint dem Hörer als willkürentzogenes, legitimes musikalisches Mittel.

Alle Vereinfachungen sind „schrecklich". Mit Verlaub sei einmal von diesem Mittel Gebrauch gemacht: Milhaud ist Lyriker. Unter welchem Thema, für welche Besetzung, für welche musikalische Gattung er auch schrieb — und das Werkverzeichnis ist kaum übersehbar —, Milhaud ist ein komponierender Lyriker oder ein lyrischer Komponist. Es liegt auf der Hand, daß, abgesehen von den Vokalwerken, die Kammermusik schon von ihrer Besetzung her dazu das adäquate Mittel ist. Man hat einmal die Frage an ihn gestellt, was ihn auf dem Gebiet der Kammermusik besonders gereizt habe (die musikalische Weltliteratur hat ja Milhauds eilig-inspirierter Feder eine Werkfülle wenig vergleichbarer Quantität zu danken, wie 18 Streichquartette, Sonaten, Trio und Oktett). Er antwortete: „Ich schreibe gern für kleine Besetzungen und für großes Orchester. Ich schätze die kleine Form ebenso wie die große und weit ausladende. Aber ich liebe es gar nicht, mich in enge Kästchen einzusperren."

Mit diesen Anmerkungen sei zugleich auf zentrale Wesenszüge des Kammermusikschaffens Milhauds hingewiesen, aus dessen Vielzahl hier nur wenige Werke genannt werden können. Die Gefälligkeit der melodischen Erfindung (die sich anderenorts auch ins Triviale verflüchtigen kann) wird aus dem Kopfsatz der 2. Sonate für Violine und Klavier (1917) er-

kennbar. Ähnlich melodisch gespeist ist auch das weitgehend transparente Klangbild der drei anderen Sätze, die sich in einem locker rhythmisierten Finale runden. — Weitere Stücke in kleinerer Besetzung, für den Konzertgebrauch wie für technisch anspruchsvolles häusliches Musizieren geeignet: *Sonatinen für Flöte bzw. Klarinette und Klavier* (1923, 1929); *Sonate für 2 Violinen und Klavier* (1917); *Suite für Violine, Klarinette und Klavier* (1937); *Sonate für Flöte, Oboe, Klarinette und Klavier* (1923). — Unter den Streichquartetten sind die letzten in Deutschland kaum bekanntgeworden. Als das 1. Streichquartett (1912) herauskam, lebte Debussy noch. Man meint es zu hören. Aus eleganter Hand wird in den knappen 4 Sätzen ein lyrisches Spiel hingebreitet, das in sich selbst zurückfließt, ohne zu formgestaltender Dynamik zu gelangen. Das fast simpelliedhafte Melos etwa des Seitenthemas des 1. Satzes

erhält durch polytonale harmonische Schichtung seine delikaten Effekte. Das lineare Eigengesetz objektiviert jeden Ansatz zum Ausdruckshaften, aber es erstickt ihn nicht. — Im 4. Streichquartett (1918) äußert sich kaum noch „Atmosphärisches“ im Sinne des Impressionismus. Die wie aus dem Augenblick hingeworfene Formulierung der motivischen Gedanken wirkt

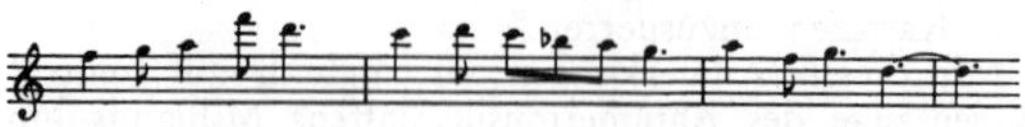

primitiv (s. Abb.), nur ist diese Primitivität nicht Substanzverlust, sondern Läuterung, gleichsam Herausschälen des musikalischen Kernmaterials. Und aus diesem werden die innewohnenden Eigenkräfte entwickelt: so intensiv, daß sie (im Mittel- und Finalsatz des dreiteilig angelegten Stückes) aus dem Geist absoluten Musizierens einen Marschcharakter suggerieren. Es kennzeichnet den Komponisten, daß er zu solcher Wirkung nicht außermusikalischer, lediglich empfindungshaft aufgenötigter oder poetisch-programmatischer Mittel bedarf. — Die sich hier abzeichnende Linie setzt sich in dem (Schönberg gewidmeten) 5. Streichquartett (1920) fort. Sie ist auch, mit unterschiedlichen Schwerpunkten, symptomatisch für die Quartettwerke der späteren Jahre, wenn auch dort nicht so radikal in der polytonalen Tendenz wie hier. Was Milhaud von vielen Komponisten unserer Zeit, die sich gleicher und ähnlicher Mittel bedienen, unterscheidet, ist jedoch, daß er auch dort, wo er rational kalkuliert, in der „ratio“ nicht endet, sondern ein vitaler Musikant bleibt. Die Streichquartette Nr. 14 und 15 sind übrigens so konzipiert, daß sie einzeln und zusammen (als Oktett) gespielt werden können. — Die Lust am Experiment der Besetzung; die Freude am Klang, an farblichen Mixturen; die Aufgeschlossenheit für extrem voneinander geschiedene Eindrücke bieten sich dar in Werken wie: *Konzertsuite „La création du monde“* für Klavier und Streichquartett (1927); *„Pastorale“* für Flöte, Englischhorn, Fagott, Violine, Viola, Baß (1922) und *„Sérenade“* (in gleicher Besetzung, nur Klarinette statt Englischhorn); schließlich in den beiden *„Dixtuors“* für Streicher bzw. Bläser (1922). *S. G.*

JOHANN NEPOMUK DAVID

* 30. November 1895 in Eferding, Oberösterreich, † 22. Dezember 1977 in Stuttgart

Sängerknabe am Chorherrenstift St. Florian. Musikstudium an der Wiener Akademie. 1924—34 Chorleiter in Wels. 1934 Kompositionslehrer am Leipziger Konservatorium, 1939—45 Leiter dieses Instituts. 1945—48 Direktor des Salzburger Mozarteums, danach bis 1963 Professor an der Stuttgarter Musikhochschule. Träger des Buxtehude-Preises 1952 der Stadt Lübeck, des Österreichischen Staatspreises für Musik 1953 und Ehrenmitglied der Wiener Konzerthausgesellschaft.

Schrieb *Kirchenmusiken* (Orgel- und Chorwerke), das Oratorium „Ezzolied“, *Orchesterwerke*, u. a. Partiten, Konzerte, 7 Sinfonien, eine „Sinfonia preclassica“, eine „Sinfonia breve“, *Kammermusiken*, z. B. Solosonaten für Flöte, Violine, Bratsche, Cello, Laute; Duosonaten verschiedener Besetzung, 1 Sonate für Flöte, Bratsche, Gitarre, 1 Trio für Flöte, Violine, Bratsche und 5 Streichtrios.

David, als Orgelmeister und Chorkomponist einer der bedeutendsten schöpferischen Kirchenmusiker unserer Tage, Bruckner verwandt im Geiste, Diener Gottes in allem, was er als Künstler hervorbrachte, war auch in seinen Sinfonien und Kammermusiken zunächst einmal Handwerker in des Wortes edelster Bedeutung. Man muß das betonen, denn es erleichtert den Zugang zu seinem Schaffen. *Polyphonie* war das ihm gemäße Ausdrucksmittel. Gern verglich er das polyphone Bauverfahren mit dem der gotischen Dome, in denen er „steingewordene Sinfonien“ sah. Umgekehrt darf man sagen: seine polyphonen Sinfonien sind „klanggewordene Dome“, aufgerichtet *Soli Deo Gloria.*

Ähnlich wie Hindemith sah David in der Tonalität „eine Kraft wie die Anziehungskraft der Erde“. Einem beziehungslosen, abstrakt-artistischen Musizieren, aber auch jeder modischen Sensation ging David bewußt aus dem Wege. Er wollte nicht verführen, er täuschte nichts vor. Er proklamierte keine neue Richtung, setzte nicht das „noch nie Dagewesene“ in Szene. Die kaum erst von wenigen erkannte brennende Aktualität seiner Kunst beruht darauf, daß hier ein Mensch unserer Zeit die Kraft fand, gläubigen Herzens die Schöpfung zu bejahen. Das geschah keineswegs obenhin optimistisch. Dem Zweifel, der bitteren Anfechtung war dieser Mann ebenso ausgesetzt wie alle, die das Inferno der Weltkriege, das Chaos der Nachkriegszeit mitleidend durchschritten. Davon legen seine Werke Zeugnis ab. Aber nicht zynischer Nihilismus war seiner Weisheit letzter Schluß. Er widersetzte sich der Lebensangst, er ließ seine Kraft nicht paralysieren von der gefährlichen Vorstellung des Relativen. Nicht: zerstören, auflösen war sein Anliegen, sondern: zusammenfügen, aufbauen, gestalten. Er wußte um die Verantwortung des Künstlers, sein Streben war gegründet auf Ehrfurcht vor der höchsten Ordnung und beseelt von der „Begierde zur Verherrlichung des Schönen".

Davids Kammermusiken bergen eine derartige Fülle an kontrapunktischen Kombinationen, daß deren analytische Darstellung sich hier von selbst ausschließt. Es ist auch weder notwendig, noch liegt es im Sinne dieser Kunst, daß sich der Hörer all ihrer Kombinationen bewußt wird. Sie sind teils tragende Bestandteile, teils Zierate, „verschwendete Innigkeiten" im Gefüge von Architekturen, die *als Ganzes, als durchgeistigte und beseelte tönende Formen* wirken wollen.

Bezeichnend für den Kontrapunktiker David ist, daß er außer Solo- und Duosonaten vor allem *Trios*, nicht aber Kammermusiken mit Klavier und auch keine Streichquartette geschrieben hat. Die natürlichste Form der tonalen Kontrapunktik ist die dreifache, da sie den Gegebenheiten der Harmonik — den Dreiklängen — am ehesten Rechnung trägt. Das besagt indessen nicht, daß sich David in der Kammermusik auf reale Dreistimmigkeit begrenzte. Vier- und sechsstimmige Partien sind keine Seltenheit. Durch Ausnützung der Doppelgrifftechnik wird die Akkordik in den Trios gelegentlich bis zur Neunstimmigkeit gesteigert. (Alle Werke bei B&H erschienen.)

Schon das erste Streichtrio in G-dur, das David 1935 veröffentlichte (es entstand 1931), ist ein wesentliches, klangschönes Werk, ein „Produkt von Gelehrsamkeit und Phantasie, von Ordnung und Gefühl". Der Reiz dieser vier knappen, gegensatzreichen Formteile (Allegretto, Moderato, Allegretto leggiero und Allegro deciso) beruht auf der spielerisch anmutenden Selbstverständlichkeit, mit der die Mittel polyphoner Satzkunst in den Dienst einer persönlichen Aussage von strenger, fast kühler Verhaltenheit gestellt sind. Sehr zart inmitten der rhythmisch lebendigen, energisch drängenden lebhaften Sätze das stille, mit Dämpfern zu spielende *Moderato,* das in dreiteiliger Form über

einen Ostinato-Gedanken entwickelt wird.

Das Duo concertante für Violine und Cello, Werk 19 (1937), drei Sätze: Adagio-Allegro deciso, Moderato assai, Allegro moderato, nutzt die spieltechnischen Gegebenheiten der Instrumente bis an die Grenze des Möglichen. Reale Drei- und Vierstimmigkeit herrscht vor. Das Klangbild ist bei differenziertester funktioneller Harmonik außerordentlich subtil, die bis ins letzte durchdachte polyphone Stimmführung gleichwohl in der Wirkung virtuos freizügig. Besonders das Finale, ein Variationssatz, in den ein entzückendes liedhaft schlichtes „tranquillo" eingebettet ist, fesselt durch die Fülle seiner Eingebungen. Ein hinreißendes Werk, Spieler vorausgesetzt, die es zu meistern wissen!

Im Trio für Flöte, Bratsche und Gitarre, Werk 26 (1940), ist die Gitarre — einst neben der Laute Trägerin einer hohen Musikkultur — echt konzertant der Flöte und Bratsche zugesellt. Die hieraus resultierenden Klangwirkungen verleihen dem gedanklich und im Aufbau sehr eigenartigen Werk einen unverwechselbaren Reiz. Die Ecksätze, *Andante con moto* und *Allegro,* sind durch das Kopfmotiv aus

dem Hauptthema des Andante aufeinander bezogen. Das kurze, ausdrucksvolle *Adagio* inmitten geht in seiner sanglichen Thematik eigene Wege.

Zu einer Reihe weiterer Kammermusiken verdanken wir *Johann Nepomuk David* selbst kurze Anmerkungen. Sie vermeiden zwar insgesamt ein näheres Eingehen auf die Werke, weisen aber in ihrer prägnanten Kürze den Musikfreund genau auf das hin, worauf es ihm ankam. Wir geben sie daher kommentarlos wieder und beschränken uns darauf, bei einigen Werken Notenbeispiele hinzuzufügen. David schreibt:

„op. 30 — Trio für Flöte, Geige und Bratsche 1941 — ist ein dreisätziges Werk, das sich mit keinerlei satztechnischen Problemen beschwert, sondern zusieht, wie es aus den kleinen Instrumenten

möglichst viel an Klang herausholt." (Die drei Sätze: Andante con moto, Adagio, Vivace. Die Abb. zeigt das Thema des Adagio.)

„Die gleiche Absicht verfolgen die Duo-Sonaten op. 32: für Flöte und Viola, für Klarinette und Viola, für zwei Violinen und für Blockflöte und Laute. Immer geht es darum, mit strenger Stimmführung einen sehr für die Zusammensetzung der Instrumente typischen Klang zu erzielen. Alle Duosonaten sind dreisätzig — nur die Blockflöten-Lauten-Sonate ist ein mehrsätziges Variationswerk."

„Die Solosonaten op. 31: für Geige, Bratsche, Violoncello, Flöte und Laute, ferner noch die Partita für Geige über „Es steht ein Lind in jenem Tal", op. 37 Nr. 1, sind wiederum Studien, die bei Heranziehung virtuoser Mittel das vorgenommene Instrument aufs höchste ausnützen. Daß es sich dabei aber nicht um ‚Virtuosen-Musik‘ handelt, verbürgt die Form der Werke und die stimmige Faktur, in die sie gekleidet sind.“

„Opus 33 ist eine Reihe von vier Streichtrios, die nebst der klanglichen Ausbeutung der Instrumente sich zum Ziel setzten, durchweg strenge monothematische Arbeit zu leisten. Sie sind dem Andenken der großen Geigenbauer Nicolo Amati, Antonio Stradivari, Guarneri del Gesu und Jakob Stainer gewidmet. Damit ist für den Kammermusiker, der selbst wirkliche Beziehungen hat zu Geigenklang, Geigentechnik und Geigenbau, alles gesagt. Die ganze Summe der Gefühle für diese so hohen Dinge hat die Arbeit an diesen Trios gespeist, und die großen Meister waren der Gegenstand der Andachten aller Sätze.“

Die vier *Streichtrios Werk 33* bilden einen Höhepunkt im Kammermusikschaffen Davids. Den einzelnen Trios liegen folgende Themen zugrunde:

Werk 33 Nr. 1 (Nicolo Amati gewidmet, 1945):

Das gleiche Thema erscheint im Adagio rhythmisch frei in der Umkehrung, im *Allegretto* ($^{2}/_{4}$) spielerisch aufgelockert.

Werk 33 Nr. 2 (Antonio Stradivari gewidmet, 1945):

Das $2^{1}/_{2}$taktige Kopfmotiv ist in freien Varianten für die drei Sätze maßgebend.

Werk 33 Nr. 3 (Giuseppe Guarneri del Gesu gewidmet, 1948):

Dieses Grundmotiv wird im *Einleitungs-Adagio* nach freiem Vorspiel aufgestellt. Es liegt den Ecksätzen, *Allegro moderato* und *Allegro,* zugrunde. Der Mittelsatz, *Allegro leggierissimo,* geht eigene Wege. Aber auch er bringt das Grundmotiv im Mittelteil, einer lebhaften Variante des Einleitungs-Adagio.

Werk 33 Nr. 4 (Jacobo Stainer gewidmet, 1945):

Die Abbildung zeigt a) das Grundmotiv, wie es im ersten Satz, *Vivo,* erscheint, b) das gleiche Motiv zu Beginn des Finales rhythmisch geändert. Dem Mittelsatz, *Adagio,* ist das Motiv als siebentaktiges Thema vorangestellt (jede Note ein Takt). *H. R.*

PAUL HINDEMITH

* 16. November 1895 in Hanau, † 28. Dezember 1963 in Frankfurt a. M.

Sohn schlesischer Eltern, Vater Handwerker. Besuchte die Volksschule, dann das Hochsche Konservatorium in Frankfurt a. M. Schüler von A. Mendelssohn und B. Sekles. Mit 20 Jahren Konzertmeister der Frankfurter Oper (1915—23), danach Bratscher im Amar-Quartett und Bratschen-Virtuose. 1921 Mitbegründer der Donaueschinger Kammermusikwochen. 1927 Lehrer für Komposition an der Berliner Musikhochschule. Lebte seit 1938 in der Schweiz, seit 1940 in den USA (New Haven). Dort Lehrer für Komposition an der Yale University. Ab 1951 Professor der Universitäten Yale und Zürich. Seit 1953 war Blonay (Westschweiz) sein Wohnsitz. Ehrendoktor der Universitäten Frankfurt a. M., New York und Oxford, Träger des Bach-Preises der Stadt Hamburg.

Schuf Werke für nahezu alle Gebiete der Musik, an *Kammermusiken*: *Klavierwerke* (zweihändig) „Tanzstück" Werk 19, Suite „1922" Werk 26, 3 Sonaten 1936, Ludus tonalis (Übungsstücke), leichte Fünftonstücke. „Wir bauen eine Stadt" (Klavierstücke für

Kinder), Tanz der Holzpuppen. *Klavierwerke* (vierhändig) Sonate 1938 und Sonate für zwei Klaviere. Drei *Orgel-* und eine *Harfen-*Sonate. *Solosonaten* für Violine (2), Bratsche (2), Cello (1), 14 leichte und zwei kanonische *Duette* für Violine, eine Sonatine für zwei Flöten. *Sonaten mit Klavier* für: Violine, Bratsche, Viola d'amore, Cello, Kontrabaß, Flöte, Oboe, Engl. Horn, Klarinette, Fagott, Horn, Trompete, Posaune. Zwei *Streichtrios*, ein *Trio* für Blockflöten, ein *Trio* für Bratsche, Heckelphon (oder Tenor-Saxophon) und Klavier, sechs *Streichquartette*, ein Hornquartett, ein Quartett für Klarinette, Violine, Cello und Klavier, eine kleine *Kammermusik für fünf Bläser*, drei Stücke für fünf Instrumente (einschl. Klavier), ein Bläser-*Septett* und anderes.

Hindemith repräsentiert neben Strawinsky und Bartók als Gegenkraft Schönbergs den „Neu-Klassizismus" in der Musik unseres Jahrhunderts. Nach Anfängen etwa auf der Linie Brahms, Reger wendete er sich entschieden von der klangschwelgerischen, nachromantisch-individualistischen Musik ab und stieß experimentierend zu einer rhythmisch-motorisch bestimmten, linearen, polytonalen Schreibweise vor, in der bisweilen die Grenzen der Atonalität überschritten sind. Auf seinem Wege gewann er bald ein lebendiges Verhältnis zur Form- und Ausdruckswelt der barocken, später auch der klassischen und romantischen Tradition. In Werken der verschiedensten Gattungen gelangte er auf der Basis einer erweiterten Tonalität zu einem lebensvollen, formklaren Stil von unverwechselbarer Eigenart.

„Avantgardisten in Permanenz" empfinden Hindemiths folgerichtiges Hineinwachsen in die Bindungen der Tradition als restaurativ. Man kann das Urteil über ihn getrost der Zukunft anheimstellen. Vielen seiner Werke eignet — unabhängig von Zeit- und Modeströmungen — die echte Kraft allgemeingültiger menschlicher Aussage.

Praktiker, Theoretiker, Pädagoge und schöpferischer Musiker in einer Person, schrieb Hindemith seine *Kammermusiken* für die Praxis in weitestem Sinne. Man findet bei ihm Stücke für fast alle Orchesterinstrumente, für Virtuosen, Liebhaber und Schüler. Wir betrachten eine Auswahl von ihnen in der Reihenfolge ihrer Entstehung, da so die Einzelwerke im Rahmen einer kontinuierlichen Entwicklung hervortreten. (Zum Kap. Hindemith vgl. Reclams Konzertführer, Band Orchestermusik.)

Als erstes Werk veröffentlichte Hindemith 3 Stücke für Cello und Klavier Werk 8 (1917, B&H*). *Nr. 1, „Capriccio"* (A-dur) ist eine romantische Spielmannsmusik mit Dudelsackbässen usw. Heitere Eckteile etwa gleichen Inhalts umrahmen einen etwas süßen, sanglichen Mittelteil. Eine lebhafte kleine Coda beendet das Spiel. Die Melodik geht auf *Mahler*

zurück, in der Harmonik sind *Reger* und *Debussy* spürbar. Als neuartig fallen auf: wechselnder Rhythmus (Taktart-Vorzeichnung fehlt), Sekund-Parallelen und andere parallele Intervall-Fortschreitungen. Im *„Phantasiestück"* Nr. 2 (H-dur) wird ein von schwelgerischer Cello-Kantilene beherrschter Einleitungs- und Schlußteil von breitem, rhapsodisch verlaufendem Mittelteil dunkel kontrastiert. *Nr. 3,* ein groß angelegtes, „polterndes" *Scherzo* (c-moll) mit frechen Cello-Glissandi und schwungvollem *Trio,* findet nach ungebärdiger Steigerung einen verspielt musikantischen Ausklang.

Auch das 1. Streichquartett in f-moll Werk 10 (1920) folgt noch der romantischen Tradition. Ein kurzer Sonatensatz, „sehr lebhaft, straff im Rhythmus", leitet ein. Das energische Kopfmotiv sei-

nes Hauptthemas wird nicht Gegenstand einer antithetischen Entwicklung, es behauptet sich nahezu formelhaft. Damit hat das alte Schema seinen Sinn eingebüßt, es wird nur noch äußerlich angewendet. Das erweist sich vor allem an der Durchführung. Sie ist nicht mehr Schauplatz dialektischer Auseinandersetzun-

* Alle späteren Veröffentlichungen bei Schott.

gen, sie wird zum fugato! Ein Überleitungsteil, „geheimnisvoll . . ., jedoch gänzlich apathisch, empfindungslos“, leitet zur freien Reprise hin. Obgleich die Thematik deutlich objektiviert wird, ist die Sprache dynamisch und agogisch noch im Sinne der tonalen Spätromantik empfindsam bis zur Exaltiertheit. Alle paar Takte gibt es (wie bei Reger) Regieanweisungen für den Vortrag. Die Kraft dieser Musik beruht weniger auf ihrer melodischen und klanglichen Substanz als auf ihrer vitalen, häufig wechselnden Rhythmik. Ein romantischer *Variationssatz* bildet die Mitte. Das *Finale,* ausgedehnter als die Vordersätze zusammen, ist auf aggressive Rhythmik gestellt. Auch das brahmsische Seitenthema

wird „sehr schwungvoll“ (von 1. Violine und Cello unisono) eingeführt. Es trägt aber in der Folge, motivisch entgleitend, besinnliche Motive in das Geschehen. Der große Schlußteil beginnt „äußerst lebhaft“ und steigert sich im Zeitmaß unentwegt bis zu stürmischem Prestissimo fff.

Die *Werkgruppe 11* (1920/23) umfaßt 5 Sonaten, und zwar zwei für Violine und Klavier (1920), je eine für Cello bzw. Bratsche und Klavier (1922) und eine für Bratsche allein (1923). Innerhalb der Gruppe bahnt sich eine Abwendung von der Tradition an. Der Begriff „Sonate“ ist von nun an formal nicht mehr im Sinne der Klassik oder Romantik zu verstehen, er besagt zumeist einfach „Klingstück“.

Die Sonate für Violine und Klavier in Es-dur Werk 11 Nr. 1 besticht durch die Frische ihrer musikantischen Haltung. Das alte, drei- oder viersätzige Sonatenschema ist aufgehoben, das Werk in zwei Teilen angelegt, in denen neue, einfache Gliederungen wie im Spiel erprobt werden. Eine gegentlich durch zarte impressionistische Klangfarben, anderseits durch eigenwillige Akkordreibungen, Querstände usw. geschärfte Harmonik trägt eine Melodik, die sich noch kaum von der Linie Brahms, Reger entscheidend abhebt. Aus einem energischen und einem lyrischen Thema wird die Substanz des *ersten Teiles* gewonnen. Grundrhythmus ist $^{3}/_{4}$, an Übergängen zwischen einzelnen Episoden werden gerade Takte ($^{2}/_{4}$ bzw. $^{4}/_{4}$) gliedernd eingeschoben. Der *zweite Teil,* „Im Zeitmaß eines langsamen, feierlichen Tanzes", äußerst leise $^{3}/_{4}$ beginnend und endend, zeigt nur in einem bewegteren Mittelteil (meist alternierend $^{2}/_{4}$, $^{3}/_{4}$) stärkere Akzente.

Die Sonate für Violine und Klavier in D-dur Werk 11 Nr. 2 ist affektbetonter. Von ihren drei Teilen steht nur der letzte, ein frischer *„Geschwinder Tanz"*, in D-dur. Der „mit starrem Trotz" einsetzende, ungebändigt wilde *erste* und der ruhige (inmitten lebhafte) *zweite Teil* haben als Basis d-moll.

Mit der Sonate für Cello und Klavier Werk 11 Nr. 3, die nur zwei Jahre später entstand, wird kühn ins Ungewisse vorgestoßen. Metrische und tonartliche Vorzeichnungen entfallen. Die Tonalität wird in Frage gestellt, nicht aufgehoben. Im *ersten Satz* („Mit Kraft") werden unbändige motorische Energien frei. Das Klavier leitet mit unentwegten Sechzehnteln thematisch konturlos einen längeren, toccatenartig präludierenden Abschnitt ein. Das Cello, zunächst mit langem Liegeton grundierend, wird bald in die Bewegung hineingerissen, die sich stürmisch steigert und in einer Fermate staut. Aus ihr löst sich „attacca" ein

sehr markiertes Thema im Klavier, das in der Folge einen wesentlichen Anteil am Geschehen hat. Nach teils zurückhaltenden, teils drängenden Abschnitten findet der Satz einen gewalttätigen Abschluß: es-moll im Klavier gegen a-moll im Cello, „es" als harter Nachschlag.

Auch im *zweiten Satz* (zwei Teile: „langsam" und „sehr lebhaft") sind die tonartlichen Bindungen gelockert. Wiederum sind Dreiklänge verschiedener Tonarten einander polytonal überlagert. Akkorde ohne Dur- bzw. Moll-Charakter (ohne große bzw. kleine Terz) und dissonante Klänge werden häufiger. Die Tonartbezirke werden nicht mehr auskadenziert. Über dissonante Klänge hin, ohne Modulation wird in andere Tonarten fortgeschritten. Sekundreibungen verschleiern fortgesetzt die Tonalität. Die Melodik bleibt hiervon nahezu unberührt, in sich zielstrebig und tonal deutbar. Während die Gesetze der tonalen Harmonik in den Klängen weitgehend außer Funktion gesetzt sind, richtet sich ein starker Ordnungs- und Formwille kompensierend auf eine zeichnerische Durchbildung des Liniengewebes. Darüber hinaus geben ostinate Motive und Rhythmen der Substanz Festigkeit. Selbst dissonante Akkorde werden ohne Rücksicht auf ihren Klangcharakter als rhythmische Werte ostinat eingesetzt. Zu einer verbindlichen stilistischen Klärung kommt es in diesem Übergangswerk noch nicht, aber der Weg „aus konservativer Schulung in eine neue Freiheit" ist mit imponierendem musikantischem Elan beschritten.

Die Sonate für Bratsche und Klavier Werk 11 Nr. 4 löst sich weniger konsequent aus den Bindungen der Konvention, sie gibt sich auch rhythmisch einheitlicher. Das schließt nicht aus, daß allenthalben gewagte Klangkombinationen zum damals Gewohnten in Widerspruch stehen und daß neben Partien, in denen bestimmte Taktarten durchgehalten werden, andere mit wechselnder Taktart sich ergeben. Eigenartig ist die Form. Eine rhapsodische *„Fantasie"* leitet ein. Ihr folgt ein *Variationssatz* über ein Thema „ruhig und einfach, wie ein Volkslied" und diesem ein *Finale* mit Variationen. Alle Sätze gehen unmittelbar ineinander über. Das Finale will Hindemith „als Fortsetzung der Variationen" aufgefaßt sehen. Der Mittelsatz umfaßt 4 sehr freie, zum Teil polyphone Variationen, von denen die letzte zum Bratschenthema im Klavier nur ein absteigendes ostinates Motiv aus vier

Ganztönen bringt. Das Finale besteht aus 7 Variationen über ein weiteres Thema. Die 6. ist ein „Fugato, mit bizarrer Plumpheit vorzutragen", die 7. bildet die sehr lebhafte und erregte Coda.

Die Sonate für Bratsche allein Werk 11 Nr. 5 entstand bereits 1919, also vor dem 1. Streichquartett, wurde aber erst 1923 veröffentlicht. Hindemith schrieb sie für sich und trug sie damals des öfteren in Konzerten vor. Sie ist klanglich äußerst diffizil und stellt an Technik, Tonreinheit und rhythmisches Vermögen des Spielers außerordentliche Anforderungen. Vier Sätze: 1. Lebhaft, aber nicht geeilt, 2. Mäßig schnell, mit viel Wärme vortragen, 3. Scherzo, 4. In Form und Zeitmaß einer Passacaglia. Die Anordnung entspricht in etwa der alten Sonatenform. Das barocke Element tritt deutlich hervor in der großartigen Passacaglia. Ihr liegt das rhythmisch veränderte, nach analogem Beginn frei fortgeführte Kopfthema des ersten Satzes zugrunde.

Das 2. Streichquartett in C-dur Werk 16 (1922, dem Bruder Rudolf gewidmet) entstand neben der 1. Cello- und Bratschensonate zu der Zeit, als Hindemith in *Werk 24 Nr. 1* (vgl. Band Orchestermusik) die Grenzen zwischen Orchester- und Kammermusik verwischte, indem er auf das große romantische Reiz-Orchester verzichtete und eine kleine solistische Besetzung wählte. Das Streichquartett machte damals neben jenem Werk als Beispiel extrem moderner, antiromantischer Musik Furore. Heute wirkt dieser Vorstoß in eine Welt ungewohnter Linien, Klänge und Formen nicht mehr abstrus, sondern folgerichtig im Sinne einer geistigen Entwicklung, die sich notwendig lossagte von muffiger Konvention. Das Neue tritt am unmittelbarsten im *Kopfsatz* zutage. Es besteht in Ansätzen zu einer polytonalen Polyphonie, die dann im 3. Streichquartett bewußt ausgebaut wird, in der Abwendung vom Sonatensatz und damit von einer dialektisch gespannten Musik und in der spielerischen, elementar musikantischen Erprobung eines der vorklassischen Reihenform artverwandten Satzgefüges. Zunächst er-

geben sich zwanglos vier selbständige Teile mit eigenen Themengruppen:
1. Lebhaft und sehr energisch,

2. Sehr lebhaft,

3. Allegro maestoso,

4. Sehr wild,

Sie kehren in der Folge frei variiert wieder und runden so die Form, deren Eckpfeiler über dem Hauptthema (1) errichtet werden. Gemäßigt erscheinen demgegenüber zweiter Satz *(„Sehr langsam")* und Finale *(„Äußerst lebhaft")*. Der langsame *Mittelsatz* ist melodisch (auch in den polyphonen Mittelstimmen) nahezu unentwegt mit Chromatik durchsetzt. Besonders der 2. Violine fallen schwierige chromatische Läufe zu (sie allein spielt zeitweise mit Dämpfer!). Später begleitet die Bratsche mit auffallenden Figuren den Gesang der 1. Violine über pizzicati des Cello. Am tänzerisch schwungvollen *Finale* ist eine originelle „Quasi Cadenca" aller Instrumente bemerkenswert. Um eine chromatische ostinate Figur der 2. Violine entspinnt sich zunächst ein rezitativischer Dialog der Gefährten (Bratsche und Cello kontra 1. Violine), bis diese sich vereinen und prestissimo „sehr wild hinabstürzen". Das grollende Cello leitet nun zur äußerst lebhaften Coda über.

Im gleichen Jahre schrieb Hindemith für die Frankfurter Bläser-Kammermusikvereinigung als Gegenstück zu dem erwähnten Werk 24 Nr. 1 eine Kleine Kammermusik für 5 Bläser Werk 24 Nr. 2. Flöte, Oboe, Klarinette, Horn und Fagott werden hier originell zu einem Spiel vereinigt, das etwa nach Art der vorklassischen Tanzsuite in fünf locker gereihten Sätzen abläuft. Eine Art Geschwindmarsch leitet *„Lustig"* ein. Dann wird ein *„Walzer (Durchweg sehr leise)"* parodiert. Famos hier die Piccolo-Flöte. *„Ruhig und einfach"* der dritte Satz. Ein ganz kurzer, rhythmisch ungestümer Satz *(„Schnelle Viertel")* bildet den Auftakt zum Kehraus *(„Sehr lebhaft"),* in dem ein fast simples Thema den Ton angibt.

Das 3. Streichquartett Werk 22 wurde am 4. 11. 1922 in Donaueschingen vom *Amar-Quartett* (Bratscher Hindemith) uraufgeführt. Es begeisterte die Fortschrittler, empörte die Konservativen, wurde hüben wie drüben mißdeutet, setzte sich sehr allmählich durch und ist heute eines der beliebtesten Werke des Meisters. Daß es damals Gegenstand heftiger Polemiken war und als „atonal, pathologisch, exzessiv" bezeichnet wurde, während es uns jetzt in jedem Belang vertraut erscheint, zeigt, wie sehr sich die Einstellung zur Musik in den vergangenen Jahrzehnten wandelte. Stellt man die Beharrlichkeit eingewurzelter Anschauungen in Rechnung, so zeigt es vielleicht aber auch, wie geringfügig im Grunde wohl überhaupt „revolutionäre Neuerungen" sind, die einzelne der Musik hinzufügen. Anschauungen, Mittel, Systeme, Ordnungen der Musik sind Wandlungen unterworfen, sie selbst wird im Tiefsten hiervon nicht berührt. „Keine Formel beengt sie. Sie ist der Gesang der Jahrhunderte und die Blume der Geschichte. Sie entspricht dem Schmerz wie der Freude der Menschheit" (Romain Rolland).

Neu an diesem Streichquartett ist — nach den tastenden Versuchen der vorangegangenen Werke — die *konsequente* Anwendung einer polytonalen melodischen Polyphonie in Verbindung mit einer Rhythmik, die die Periodik metrischer Einheiten durchbricht, im Rahmen klarer Architekturen, die teilweise aus barocken Formen hergeleitet sind. Unabhängig hiervon aber und einzig entscheidend für den Wert dieser Musik ist, daß ihrer menschlichen Aussage eine echte, überzeugende und verbindliche Kraft innewohnt.

Das Werk hat fünf gleichwertige Sätze. Ein *Fugato* (sehr langsame Viertel!) steht an der Spitze. Sein stark

modulierendes Thema wird „pp sehr weich und innig" von der 1. Violine eingeführt. Die Bratsche übernimmt es im Sekundabstand (siehe Abb.), Cello und 2. Violine folgen im Abstand eine kleinen Sekunde (as bzw. fis). Jede Stimme, für sich betrachtet, verläuft melodisch „tonal". Erst aus dem Miteinander der in verschiedenen Tonarten sich bewegenden Stimmen ergeben sich polytonale (tonal vieldeutige) Klänge. Hier haben wir einen wesentlichen Unterschied einerseits zur klassischen tonalen Musik — bei der alle Akkorde jeweils von *einem* Grundton aus deutbar sind —, anderseits zur „Zwölftonmusik" Schönbergs, bei der jede Bezogenheit sowohl der melodischen Linien als auch der Klänge auf einen oder mehrere Grundtöne aufgehoben ist. Das Fugato hat dreiteilige Form. Es steigert sich zum Presto fff und klingt im Anfangszeitmaß ppp ganz ruhig aus. Unmittelbar folgt ein Gebilde, *„Schnelle Achtel, sehr energisch"*, das man als orgiastischen Tanz, auch wohl als wildes Scherzo mit kontrastierendem Trio bezeichnen kann. Unisono, in willkürlich wechselnden Metren,

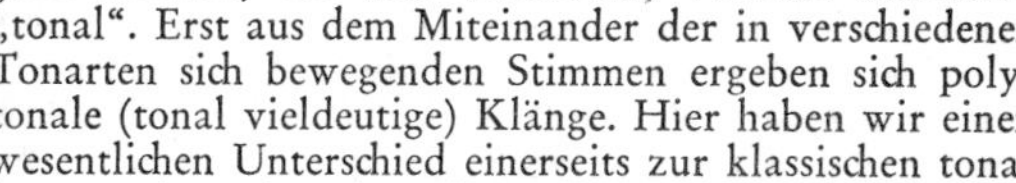

stürmt das rhythmisch unbändige Thema des 1. Teiles (a) dahin. Es bestimmt allein die aufbrandende Entwicklung und leitet diminuendo zu einem „Grazioso“ (b) über, das zumeist pp sehr zart vorübergleitet. Die Form rundet sich frei etwa nach dem Schema a, b, a, b, a, wobei die letzte Wiederkehr der sehr gekürzten Teile a und b als Coda anzusehen ist. Wie undogmatisch Hindemith musiziert, erweist sich am langsamen Satz, *„Ruhige Viertel, stets fließend“*. Er verläuft konstant im 6/4-Takt, also in klarer Bindung an periodische Metren. Reine, dunkle Lyrik erfüllt dieses poetische Andante. Alle Instrumente spielen „mit Dämpfer“. Die Form ähnelt

der des vorigen Satzes. Das einfache Thema des Hauptteiles wird ebenso wie das schwermütig zarte des Mittelteiles imitierend durch die Stimmen geführt. Fast durchgehend begleiten besonders die tiefen Streicher mit leisen Vierteln „pizzicato“. Selbst dort, wo einmal eine schwärmerische Steigerung bis zum forte vorgetrieben wird, ist jeder kräftige Akzent durch die Anweisung „weich und voll“ untersagt. Im vierten, rhapsodisch freien Satz, *„Mäßig schnelle Viertel“*, wechseln bizarre Soli und Duette mit kurzen, paarweise in Oktaven geführten Partien. Doppelgriffe, Bariolagen und weitgespannte, heftige Passagen kennzeichnen den brillanten Stil dieses Intermezzos. Ihm folgt unmittelbar ein *Rondo,* das „gemächlich und mit Grazie“ das Werk beendet. Von wenigen Steigerungen abgesehen, tänzelt es zumeist pp dahin. Ein Ornamentmotiv aus dem schönen, melodischen Refrainthema bleibt im Ohr. Apart der poetische ppp Abschluß (Fis-dur), dem ff das Motiv in fis-moll noch einmal folgt.

Von diesem Streichquartett aus läßt sich die ganze Entwicklung der Hindemithschen Kompositionstechnik überblicken und vereinfachend darlegen. Wir sahen, daß seine melodische Polyphonie eine *polytonale Klangwelt* erschloß, wobei manche Klänge — unabhängig vom linearen Verlauf der Einzelstimmen betrachtet! — atonalen Charakter anzunehmen schienen, ohne ihrer Herkunft nach atonal zu sein. Weiter sahen wir, daß die *Rhythmik* triebhaft jede gewohnte

Ordnung durchbrach. Indem sie sich einzig auf Zähleinheiten (z. B. Viertel, Achtel usw.) stützte, gewann sie einen sehr exakten, motorisch bestimmten Zug, obgleich sie metrische Einheiten (z. B. 3/4, 4/4 usw.) mißachtete. Sie entstand im Gegensatz zur Polyrhythmik mancher Spätromantiker (Polyrhythmik = Übereinanderschichtung verschiedener metrisch gebundener Rhythmen, z. B. 3/4, 2/4 *ungleicher Zeitdauer)*, die einen unbestimmten, verschwimmenden rhythmischen Gesamteindruck bewirkte. Hindemiths Streben zielte in seiner Sturm- und Drangzeit mehr oder weniger bewußt darauf ab, die in ihren Formeln abgenutzte musikalische Sprache auf ihre Grundelemente: Melodie, Rhythmus, Klang zurückzuführen. Diatonische Harmonik und metrisch gebundene Rhythmik wurden hierbei nebst einigem anderem in Frage gestellt und zeitweise verneint.

In der Folge ergibt sich nun in ganz vereinzelten Fällen zwar noch eine Loslösung auch der melodischen Linie von einem tonalen Zentrum, mit zunehmender Abklärung aber eine neue Ordnung der tonalen Zusammenhänge in melodischer und akkordischer Hinsicht. Gleichzeitig werden metrische Einheiten wieder respektiert, d. h., bestimmte Taktarten werden später vielfach über ganze Sätze, zumindest aber über größere Abschnitte hin einheitlich angewendet. Das Formbild — in der Sturm- und Drangzeit bisweilen unsymmetrisch oder bizarr (nie freilich ohne Statik!) — klärt sich an barocken und anderen Vorbildern.

Hier wurde von Wandlungen der Kompositions-*Technik* in Hindemiths Werken vorgreifend gesprochen. Man möge diese Dinge nicht überschätzen, aber sie bieten Analogien für den inneren Werdegang des Menschen und Künstlers Hindemith vom Revolutionär zur in sich gefestigten schöpferischen Persönlichkeit. Seine allmähliche Hinwendung zur Tradition ist kein Rückschritt in steriles Epigonentum, sondern Bejahung der lebendigen Werte unserer Kultur und tiefster Ansatzpunkt für ein neues, sinnvolles Wachstum im Einklang mit dem positiven inneren Gesetz unserer Zeit. Sie ist in ihrer aus Kämpfen und Erfahrungen hervorgegangenen Zielsetzung zugleich schroffster Gegensatz zu Nihilismus und Anarchie (vgl. Anmerkung Seite 635 f.).

Werk 25 umfaßt 3 Sonaten aus verschiedenen Zeiten, und zwar eine Solosonate für Bratsche (Nr. 1, 1922), eine Kleine Sonate für Viola d'amour und Klavier (Nr. 2, 1929) und eine Solosonate für Cello (Nr. 3, 1923).

Die Solosonate für Bratsche Werk 25 Nr. 1 entstand vor dem 3. Streichquartett. Vergleicht man sie mit der 1. Solosonate Werk 11 Nr. 5 (1919), so erscheint das Wagnis der ersten fast größer. Diese zweite wirkt verbindlicher, obgleich sie in mancher Hinsicht die Schroffheiten der ersten überbietet. Das mag daher kommen, daß hier der Klangcharakter der Bratsche sicherer eingesetzt ist. Das Werk umfaßt fünf Sätze. *„Breit“*, energisch, dreiteilig gegliedert der erste, *„Sehr frisch und straff“* der zweite, in welchem kräftige Eckteile einen leicht in Triolen vorüberhuschenden Mittelteil umklammern. Der dritte, *„Sehr langsam“*, ist ein echtes lyrisches Gebilde, sein tragendes Thema eine weit ausschwingende, schöne Bratschenmelodie. Kraß gegensätzlich werden im vierten Satz freie Rhythmen erprobt. *„Rasendes Zeitmaß. Wild. Tonschönheit ist Nebensache“*, lautet die Vorschrift. Im Finale, *„Langsam, mit viel Ausdruck“* wird nach solcher Eskapade wieder an den expressiven Stil des dritten Satzes angeknüpft.

Die ebenfalls fünfsätzige Solosonate für Cello Werk 25 Nr. 3 hält sich etwa auf der Linie der 2. Solosonate für Bratsche. Im Eingangssatz *„Lebhaft, sehr markiert“*, und auch sonst verschiedentlich werden die Grenzen tonaler Deutbarkeit verwischt, überwiegt die Freude am Experiment die Gestaltungskraft. Hübsch der zweite, kurze Satz, *„Gemächlich, durchweg sehr leise“*, aus dem ein feiner Humor spricht. Die anderen Sätze: ein dreiteiliges *Andante,* ein kurzer lebhafter Satz, *„Ohne jeden Ausdruck und stets Pianissimo“*, und ein rhythmisch markantes *Finale,* dessen überraschender Cis-dur-Ausklang wie ein Witz wirkt. Der aus C- und Cis-dur zusammengesetzte erste Akkord des 1. Satzes (c, g, eis, cis) wird durch ihn am Ende des Weges gleichsam aus seiner Zwiespältigkeit gerissen, „normalisiert“.

Die Kleine Sonate für Viola d'amore und Klavier Werk 25 Nr. 2, die sechs Jahre später entstand, wirkt in solcher Umgebung reif und abgeklärt. Kein Wunder! „Cardillac“, eine Reihe gewichtiger Konzerte und Orchesterwerke und auch bereits das „Schulwerk“, das sich direkt an die musizierende Jugend wendet, gingen ihr voraus. Sie ist ein Beispiel für den „neuklassischen Stil“ Hindemiths. Auf erweiterter tonaler Basis (D) wird vorwiegend linear polyphon, bisweilen auch homophon musiziert. Man

sehe das Thema des ersten Satzes *„Mäßig schnell. Lustig"*. Es besteht aus Formeln, die barocker Musik entstammen könnten. Nur das „c" in Takt 2 (anstatt „cis" als Leitton) deutet noch weiter zurück auf die Gregorianik. Das bewußt unpersönlich gehaltene Thema wird nun ähnlich wie in der barocken Musik durch die Stimmen geführt. Es verändert sich hierbei kaum, durchläuft also keine Entwicklung, sondern bleibt — zumindest in seinen Motiven — Objekt einer übergeordneten Architektur. Das Neue, andere beruht im Grunde einzig auf der durch die erweiterte Tonalität gewonnenen Freiheit.

Da ergibt sich z. B. in der Viola ein D-dur-Akkord. Das Klavier darunter bringt das Thema gleichzeitig in d-moll. Dur und Moll oder verschiedene Tonarten treten auch in sogenannten „Spaltklängen" gleichzeitig auf. Oder: das Thema erklingt in F-dur, ein Kontrapunkt verläuft gleichzeitig in d-moll. Parallele Intervall- und Akkordfortschreitungen jeder Art sind „erlaubt". Somit kann praktisch, während etwa die Viola in D-dur geführt wird, das Klavier sich gleichzeitig von B-dur über Ges-moll nach G-dur bewegen, ohne hierbei an die alten Gesetze der Modulation gebunden zu sein. Es werden also klingende Alternativen in den tonal bestimmten Klangraum einbezogen. Die Tonalität wird durch sie nicht aufgehoben, sondern antithetisch bestätigt. In der *klassischen* Tonalität, die auf den Spannungsverhältnissen der natürlichen Obertonreihe basiert, ergaben sich Tonartbestätigungen sowohl durch große bzw. kleine Terz (= Merkmale für Dur bzw. Moll) wie durch melodische bzw. akkordische Kadenzen (z. B. Tonika, Dominante, Subdominante, Tonika). Immer wieder wurden durch sie die kausalen Zusammenhänge zwischen dem melodischen und klanglichen Geschehen und dem Grundton erhärtet. Später verwischten Umdeutungen, chromatische Modulationen, enharmonische Verwechslungen usw. diese Zusammenhänge mehr und mehr, bis *Schönberg* und *J. M. Hauer* auftraten und ihre Notwendigkeit überhaupt bestritten. Die *erweiterte* Tonalität anerkennt demgegenüber die naturgesetzliche Kraft von Spannungen, die sich aus der Bezogenheit des melodischen Geschehens auf ein Tonzentrum ergeben. Hierbei *können* Dur und Moll einzeln oder gleichzeitig auftreten, es *können* sich scheinbar auch mehrere Tonarten nebeneinander auswirken. Im Grunde aber werden Dur und Moll und die bisherigen Tonarten bei diesem Neuordnungsvorgang zu Werten neben anderen, die sich daraus ergeben, daß die überkommenen „diatonischen“ Reihen durch transponible, d. h. über jedem Grundton errichtbare „chromatische“ Reihen ersetzt werden. Man findet in späteren Werken Hindemiths und anderer Neuklassiker daher bisweilen nur die Bezeichnung des Zentraltones, um den das Geschehen jeweils kreist (z. B. „Es“), nicht aber die Unterscheidungen Dur und Moll. Also nicht nur große und kleine Terz, sondern alle Intervalle können nun als Bestandteile entweder von diatonischen oder von chromatischen Reihen aufgefaßt werden, die auf einen bestimmten Grundton bezogen sind. Damit ist auch die Polytonalität (praktisch handelt es sich meist nur um Bitonalität, also um nur zwei Tonarten gleichzeitig) zu einer Funktion neben anderen in der erweiterten Tonalität geworden. Gegensatz: „Zwölftontechnik“ (Schönberg), in der die Bezogenheit von Tönen, Intervallen und Klängen auf ein Tonzentrum grundsätzlich aufgehoben ist.

Hindemith nützte die Möglichkeiten der erweiterten Tonalität freizügig. Man findet bei ihm bis in die letzten Werke neben gewagten melodischen und klanglichen Bildungen andere, in denen Dur und Moll, tonale und bitonale Zusammenhänge zutage treten. Er war — obgleich er seine Kompositionstechnik nachträglich theoretisch begründete — in erster Linie vitaler Musikant. Er folgte seinem Instinkt, nicht dem Zwang vorgefaßter Theorien. Wer die vorliegende Sonate hört, wird den Eindruck gewinnen, daß darin die neue Freiheit nirgends zur Willkür wird, daß sich vielmehr ein klarer, ordnender Geist in ihr auswirkt.

Hervorstechendstes Merkmal der Sonate ist ihr frischer, ganz und gar unakademischer Musizierton. Auf den lustigen ersten Satz folgt unmittelbar ein Adagio (*„Sehr langsam“*). Die Bratsche trägt ein ausdrucksvolles Gesangsthema vor, das Klavier antwortet mit einem klagenden Motiv, das sich auf klanglich aparter Grundlage melodisch weitet. Dann vereinen sich die Instrumente zu rhapsodischem Wechselgesang, der sich in einem etwas bewegteren Mittelteil hymnisch steigert und in freier Reprise pp abklingt (D-dur). Das Finale (*„Sehr lebhaft“*) zeigt freie Rondoform. Die Thematik ist einfach bis zur Sinnfälligkeit. Kurz vor der Prestissimo-Coda bekräftigt ein heller D-dur-Fanfarenruf im Klavierdiskant (über b-moll im Baß) nicht nur den

Zentralton (D), sondern die Grund-„Tonart" (D-dur), die sich dann mit der Wiederkehr des Refrainthemas eindeutig behauptet. Einander überlagernde Rhythmen (6/4 gegen 4/4 in Metren von gleicher Zeitdauer) lockern gelegentlich die starre Motorik des Bewegungsablaufs.

Werk 31 (1924) umfaßt außer 2 Solosonaten für Violine (Nr. 1 und 2), die noch dem Umkreis der Solosonaten Werk 25 zugehören, aber in der klanglichen und formalen Durchbildung reifer sind und sich leichter erschließen, eine Kanonische Sonate für 2 Flöten (Nr. 3), in der die Hinwendung zur barocken Tradition deutlich zutage tritt. Drei Sätze (Munter, Capriccio und Presto) bilden den Rahmen für ein kunstvolles, teils amüsantes, teils besinnliches kanonisches Linienspiel.

Im 4. Streichquartett Werk 32 (1924) ist die konstruktive Polyphonie zum architektonischen Prinzip erhoben. Eine *Fuge* und eine *Passacaglia*, die in einem *Fugato* gipfelt, umklammern das Werk. Das Thema der Kopffuge wird im Fugato der Passacaglia als Kontrapunkt wieder aufgegriffen. Umbildungen von Motiven des Themas und von seinen Kontrapunkten ziehen sich durch alle Sätze, so daß man zugleich von einer freien Monothematik sprechen kann. Die Abbil-

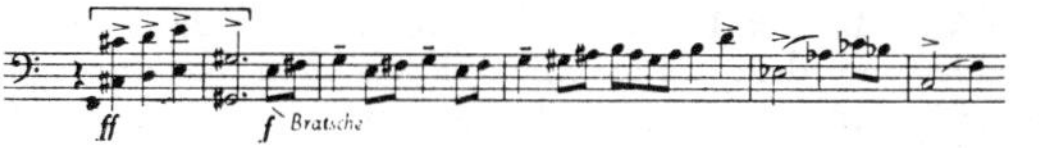

dung zeigt das Fugenthema des *ersten Satzes.* Sein Kopfmotiv (durch Klammer über den Noten gekennzeichnet) ist wie ein Motto dem Ganzen unisono vorangestellt, es beendet den Satz auch unisono. Die Fortsetzung des Themas führt die Bratsche ein. Die Antworten erfolgen (von Stimme zu Stimme) im Abstand: kleine Terz, große Terz, kleine Sekunde. Das Thema bleibt hierbei nicht an je ein Instrument gebunden. Die 1. Violine bringt es noch ganz, die zweite gibt es bereits nach zwei Takten an die erste ab und übernimmt einen Kontrapunkt. Das Cello intoniert zunächst mehrmals unschlüssig das Kopfmotiv, dann gesellt sich die Bratsche in der oberen Oktave zu ihm. Beide führen aber das Thema nicht zu Ende, sondern lösen es bald in staccatierte Achtelbewegung auf, wozu die Oberstimmen das Kopfmotiv in Engführung hören lassen. Ähnlich frei verlaufen die weiteren Durchführungen, die nach einer ff-Steigerung abbrechen. Ein zweites Thema, mit dem zugleich ein aufsteigender Kontrapunkt eingeführt wird, der die Bedeutung eines dritten Themas erlangt, veranlaßt nun „sehr zart" eine zweite Fuge. Sie steigert sich zum fff, dann meldet sich nach kadenzartiger Überleitung in Bratsche und Cello mit dem siebenmal immer drängender wiederholten Kopfmotiv das Hauptthema wieder an. Es folgt nun eine freie Doppelfuge (ohne drittes Thema) und dieser — nach Art der Reprise eines Sonatensatzes (!) — eine freie Wiederholung der ersten Fuge. Die Mittelsätze entfalten sich gleichfalls polyphon. Der zweite Satz, *„Sehr langsam, aber immer fließend"*, bringt über einer Pizzicato-Linie des Cello in den Mittelstimmen einen kunstvollen Kanon und darüber eine freie Melodie der 1. Violine. Ein rhapsodischer *Mittelteil* mit ausdrucksvollen Rezitativen (Bratsche, Cello) leitet hin zu einer freien Wiederholung des ersten Teiles mit vertauschten Stimmen. D. h.: die Mittelstimmen bringen hier in Oktaven die Melodie der 1. Violine, während dieser das Kanonthema und dem Cello ein frei aus dem Kanonthema abgeleiteter Kontrapunkt zufällt. Als Nr. III folgt ein *„Kleiner Marsch"*, der sich wiederum in beziehungsreicher Mehrstimmigkeit entfaltet. Von stärkster Wirkung hier die dynamische Kurve. Sie führt vom ppp in unentwegtem crescendo zum fff und verläuft nach einer Zäsur ppp. Originell der Ausklang: 1. Violine und Cello zupfen den simplen Beginn des Marschthemas, dazwischen verrieseln huschende Sechzehntel der Bratsche. Die *Passacaglia,* in mehreren dynamischen Wellen vom ppp zum fff sich steigernd, gipfelt in dem erwähnten *Fugato* (6/4, „so schnell wie möglich"). Das Thema der Kopfsatzfuge erscheint hier verbreitert im Cello als Kontrapunkt zum variierten Passacaglia-Thema.

Die Gesamtarchitektur gewinnt damit eine großartige Geschlossenheit.

Das 1. Streichtrio Werk 34 (1924, Alois Hába gewidmet) zeigt bei ähnlichem Stil ein anderes Formbild. Während im 4. Streichquartett eine Fuge und ein Fugato die durch das gleiche Thema substantiell verbundenen Eckpfeiler bilden, ergibt sich hier ein Weg, der von einer stürmisch drängenden *Toccata* über den Ruhepunkt eines zarten *Adagio* zu einem (mit Dämpfer vorzutragenden) bizarren Pizzicato-*Scherzino* führt und erst dann in die strengeren Bindungen einer großen *Fuge* einmündet. Ansätze zu monothematischem Wachstum finden sich auch hier, aber sie treten weniger deut-

lich in Erscheinung. Das Kopfmotiv des Fugenthemas spielt wiederum eine besondere Rolle. Es bringt sogleich einen verwandten Kontrapunkt hervor (siehe Abb.), der nun in ostinater Wiederkehr mit dem Fugenthema verbunden bleibt, bis dieses vom Cello (im Sekundabstand) nachgesungen ist. Der ostinate Kontrapunkt, dem auch im weiteren Verlauf eine beträchtliche Rolle zufällt, beendet nach einer monumentalen Unisono-Wiederholung des Fugenthemas in wuchtiger Verbreiterung das Werk.

Aus dem Jahre 1925 seien 3 Stücke für fünf Instrumente erwähnt (erschienen 1934). Sie tragen experimentellen Charakter und sind als Studien für eine ungewohnte Besetzung interessant: Klarinette, Trompete, Violine, Kontrabaß und Klavier konzertieren miteinander. Daß dabei aparte Klangwirkungen zustande kommen, liegt in der Natur der Sache. *Scherzando* (2/4), *langsamer* (9/8) und *lebhafter Satz* (4/4 alla breve) sind locker aneinandergereiht.

Die Ernte an Kammermusiken ist in diesen Jahren nicht beträchtlich. Konzerte und die Oper „Cardillac“

(1926) beschäftigen Hindemith vollauf. 1927 wird er Kompositionslehrer an der Berliner Musikhochschule. Es ergeben sich Berührungspunkte zur Jugendbewegung. Für Schüler und Liebhaber entsteht das „Schulwerk des Instrumental-Zusammenspiels", bestehend aus Gruppen von leichten Stücken für zwei und mehr Instrumente bzw. für Laien- und Liebhaberorchester. Zum Komponisten und Praktiker gesellt sich hier der Lehrer. Die Zweckgebundenheit dieser und artverwandter Arbeiten aus der gleichen Zeit bedingt, daß sie kurz, formklar, leicht spielbar und eingängig sind. Die Aufnahme, die sie bei einer aufgeschlossenen, musikbegeisterten Jugend fanden, spricht mehr für sie als Lobeshymnen. Sie sind hervorragend geeignet, Liebhaber in die Welt der zeitgenössischen Musik einzuführen. Zu nennen sind etwa: 14 leichte Duette für 2 Violinen (1. Lage), 2 kanonische Duette für 2 Violinen, ferner Werk 44 Nr. 3 (aus „Schulwerk") = 8 Stücke für 2 Geigen. Bratsche und Cello (1. Lage, einzeln oder chorisch besetzt), Werk 44 Nr. 4 (aus „Schulwerk") = 5 Stücke für Streichorchester (1. Lage), Werk 43 = Spielmusik für Streicher, Flöte und Oboe, Werk 45 Nr. 3 = Ein Jäger aus Kurpfalz, Spielmusik für Streicher und Bläser.

Während diese Stücke „weder für den Konzertsaal noch für Künstler" geschrieben sind, während sie „Leuten, die zu ihrem eigenen Vergnügen . . . musizieren oder die einem kleinen Kreis Gleichgesinnter vormusizieren wollen, interessanten und neuzeitlichen Übungsstoff" (Hindemith) bieten, setzt das Trio für Bratsche, Heckelphon (oder Tenorsaxophon) und Klavier Werk 47 die Reihe der eigentlichen Kammermusiken fort. Es ist etwa ein Gegenstück zur Kleinen Sonate für Viola d'amore und Klavier Werk 25 Nr. 2 (vgl. dort). Die reicheren Möglichkeiten der aparten Besetzung werden originell genutzt. Das Werk ist in zwei Teile gegliedert. Der *1. Teil* beginnt mit einem stürmischen *Solo* des Klaviers. Es geht unmittelbar über in ein ausdrucksvolles *Arioso*

(Heckelphon, Klavier) und mündet in ein lebhaftes *Duett* (Bratsche und Heckelphon, Klavier), das pp abklingt. Im *2. Teil: Potpourri* sind vier größere, selbständige Stücke suitenartig, aber pausenlos aneinandergereiht. Eine unbändige rhythmische Kraft wirkt sich über das ganze Werk hin aus. Die Metrik ist in den einzelnen Sätzen vorwiegend konstant, nur in Nr. I des 2. Teiles gibt es Stromschnellen mit oft wechselnden Metren. Der Schlußabschnitt rast „Prestissimo", unentwegt crescendo in staccatierten $^9/_8$ dahin.

Das 2. Streichtrio (1933/34) entstand, als die Oper „Mathis der Maler" heranreifte. Man spürt es an der gewandelten Sprache. Das überspitzt Gedankliche, auch das rhythmisch Exzessive, das manche Frühwerke kennzeichnet, erscheint gemildert. Die Themen sind persönlich, ausdrucksvoll, in einem sehr anziehenden Sinn „melodisch". Natürliche Empfindungswerte durchwärmen die Polyphonie, die Klänge, die Formen. Schon die zögernde Einleitung des ersten Satzes, *„Mäßig schnell"*,

zeigt mit ihrem fragenden Violinmotiv den neuen Musizierton. Die Bratsche singt nun über Pizzicati des Cello ein Thema, das man geradezu als romantisch

bezeichnen kann. Schon im 2. Takt wird es von einem melodischen Gedanken der Violine überspielt und polyphon gebunden. Nach einer Fermate wiederholt sich die fragende Einleitung in einer Variante des Cello. Dieses greift dann das Bratschenthema auf, die Bratsche übernimmt gleichzeitig den Gedanken der Violine, die ihrerseits einen weiteren sanglichen Kontrapunkt hinzuträgt. Ein etwas lebhafterer Teil kontrastiert mit einem heftigen, rhythmisch punktierten Gegenthema, das sich abklingend in einen zarten melodischen Gedanken verwandelt. Der Satz verläuft nun etwa in Rondoform mit durchführungsartigen Gliederungen. Das Bratschenthema erweist sich als Refrainthema, es trägt auch die Coda. Der zweite Satz, *„Lebhaft“* (3/4), zieht tänzerisch beschwingt in erweiterter dreiteiliger Form als echte Spielmusik vorüber (1 = a+b, 2 = c+d, 3 = freie Reprise von 1). Das Thema des Abschnitts b kennzeichnet die

melodisch gelöste, rhythmisch federnde Art dieser heiteren Musik. Der Abschnitt d steigert sich turbulent zum fff und klingt (vor der Reprise) unentwegt diminuendo pp ab. Er ist durchführungsartig gestaltet. Ein markanter Rhythmus aus dem Thema des Abschnitts a (lang, kurz, kurz, lang) beherrscht ihn. Das *Finale* wird von einem langsamen Teil (6/8) eingeleitet, der das eigentliche Allegro (2/2) in variierter Form noch einmal unterbricht. Eine äußerst lebhafte Stretta (6/4) beendet das Werk, dessen Geschehen um As kreist (Ecksätze = As-dur-Abschluß, Mittelsatz = B-dur-Abschluß).

Hindemiths spätere Kammermusiken zeigen übereinstimmend die Merkmale seines ausgereiften neuklassischen Stiles. Es sind Spielmusiken (nicht „Entwicklungs“-Musiken), in denen die Gedanken- und Formwelt des Barock, verbunden mit klassischen und romantischen Stilelementen, schöpferisch abgewandelt und erneuert erscheint. Ihnen allen liegt die *„erweiterte Tonalität“* zugrunde, die man im Gegensatz zur (klassischen) „funktionellen Tonalität“ — in der die Tonarten grundsätzlich auskadenziert werden — auch als *„melodische Tonalität“* bezeichnet (vgl. Anmerkungen Seite 632 f. und Seite 635 f.).

Aus dem Jahre 1935 ist eine schöne, zweisätzige Sonate in E für Geige und Klavier zu nennen. Die weit ausschwingenden Kantilenen der melodisch führenden Geige sind erfüllt von romantischen

Lyrik. Beim 1. Satz, *„Ruhig bewegt"*, ergeben sich Beziehungen zu *César Francks* A-dur-Violinsonate! Der 2. *Satz* ist ähnlich gegliedert wie das Finale des 2. Streichtrios (Langsame Einleitung, die das Allegro vor der Coda noch einmal unterbricht). Das Allegro lebt aus einem geradezu sinnfällig einfachen tänzerischen Thema.

Eine reiche Ernte an Kammermusiken erbrachten die Jahre 1938/39. Fast jedem Orchesterinstrument ist eine Sonate gewidmet, in der seine spezifische Eigenart prachtvoll zur Geltung kommt. Alle diese Stücke bieten in vollendeter handwerklicher Faktur Musterbeispiele für das konzertante Zusammenspiel einzelner Instrumente mit dem Klavier. Da gibt es zunächst eine stimmungsvolle einsätzige „Meditation für Violine und Klavier", sodann Sonaten mit Klavier für: Violine (3 Sätze, Finale = Fuge), Bratsche (4 Sätze, davon der dritte eine rhapsodische „Phantasie", das Finale ein großartiger Variationssatz), Cello (drei leichte Stücke, 1. Lage), Kontrabaß, Flöte, Oboe (zwei reizende Sätze, „Munter" der erste, abwechselnd „Sehr langsam" und „Lebhaft" der zweite), Englischhorn, B-Klarinette (auch für Bratsche spielbar, vier Sätze, besonders schön der dritte langsame Satz und das gemächliche kleine Rondo-Finale), Fagott (lustige kleine Spielmusik, vier Sätze: Leicht bewegt, Langsam, Marsch mit Trio und Pastorale). Und weiter eine eigenartige Sonate für B-Trompete (drei Sätze; hell, lustig die beiden ersten, eine „Trauermusik" das Finale. An ihrem Ausklang steht der Choral „Alle Menschen müssen sterben"), eine für Horn (drei Sätze, eines der schönsten Stücke dieser Reihe) und eine für Posaune (lustig anzuhören).

In diesen Zusammenhang gehört zeitlich auch das Quartett für Klarinette, Violine, Cello und Klavier, ein prachtvoll klingendes, temperamentvolles dreisätziges Konzertstück, das nur von erstklassigen Ensemblespielern zu bewältigen ist. Der Ausgabe ist vom Komponisten für Studienzwecke eine zweite Klavierstimme beigefügt, in welcher Klarinetten-,

Violinen- und Cellostimme zusammengefaßt sind. Endlich ist hier zu nennen die bezaubernde Solo-Sonate für Harfe (1939), drei stimmungsvolle

Sätze, melodisch der erste, lebhaft bewegt der zweite, der dritte eine poetische Impression, angeregt durch ein Gedicht von *Hölty*.

Das Streichquartett in Es (1943) gehört zu den Werken, die gewinnen, je öfter man sich mit ihnen beschäftigt, mit denen man auf eine beglückende Weise nie fertig wird, eben da sie als „durchgeistigte und beseelte tönende Formen" im letzten unausschöpfbar sind. Ähnlich wie im 4. Streichquartett scheint auch hier eine konstruktive Polyphonie zum Prinzip erhoben; ein *Fugato* und eine *Fuge* finden sich in den Ecksätzen, monothematische Tendenzen wirken sich aus. Und doch ergibt sich hier noch anderes: Motive aus den Themen verselbständigen sich, sie verbinden sich mit anderen Motiven und bilden so vorübergehend neue Themen, oder sie werden unversehens ostinat und damit aus Bestandteilen eines melodischen Geschehens zu Formeln der Rhythmik. Die Variation als Form-Prinzip tritt in den Vordergrund. *„Sehr ruhig und ausdrucksvoll"* leitet ein

freies Fugato das Werk ein. Das Thema führt die Bratsche ein. Die 1. Violine übernimmt es im Quintabstand, 2. Violine und Cello folgen ihr jeweils im Abstand kleine Sekunde, verminderte Quarte. Nach einer freien Überleitung lockert sich das Gefüge. Ein Kontrapunkt verselbständigt sich, vom Thema treten Kopfmotiv und Fortsetzung getrennt und neben anderen Gedanken auf. Schließlich versickert das Geschehen mit der dreimaligen Wiederholung des durch Klammer gekennzeichneten Themenmotivs (1. Violine, dann Cello solo, pp espressivo). Der zweite Satz schließt sich *„Lebhaft und sehr energisch"* unmittelbar an. Er hat zwei Themen. Das

erste wird zu Beginn unisono aufgestellt. Das zweite,

sangliche trägt die 1. Violine hinzu. Interessant, wie nun Elemente der barocken und der klassischen Kompositions-Methode (polyphone Imitation bzw. motivische Arbeit) zwanglos neuartig gebunden werden. Der Beginn des ersten Themas (Takt 1—3) wird imitierend durch die Stimmen geführt, während sich gleichzeitig das Triolenmotiv (Takt 4, 2. Hälfte) verselbständigt. Es trägt dann als ostinater Rhythmus (in 2. Violine und Bratsche über Pizzicati des Cellos) das zweite Thema! Und weiter: kurz darauf verbinden sich Motive aus dem zweiten und ersten Thema vorübergehend zu

einem neuen Thema. Ferner: die Motive unterliegen Veränderungen durch rhythmische Schwerpunktverlagerungen, Intervallwechsel, Umkehrung etc. Sie verselbständigen sich jedoch nicht „individuell", sondern bleiben auch in ihrer jeweiligen Verwandlung Objekte eines übergeordneten Bauwillens. Die neue, zugleich freie und gesetzmäßige Art kulminiert in den großartigen *Variationen* des dritten Satzes. Motive aus dem Thema,

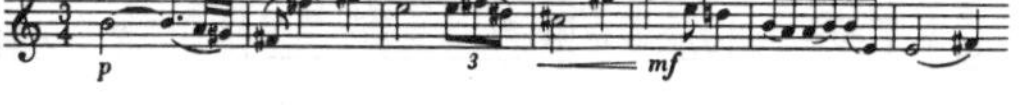

aus Gegenstimmen oder auch nur abgeleitete Rhythmen tragen in vier selbständigen, in sich einheitlichen Abschnitten das phantasievolle Geschehen. Inmitten des letzten lebhaft heiteren Teiles entfaltet sich das Thema noch einmal in melodischer Verbreiterung über unentwegt strömender Achtelbewegung, die dann allmählich in einem großen Diminuendo abklingt und in zartem H-dur-Akkord zur Ruhe kommt. Der *vierte Satz* ist in drei Teile gegliedert: „Breit und energisch", freie Fuge (ohne Bezeichnung) und „Allegretto grazioso". Der erste Teil beginnt mit einem prachtvollen, weit ausholenden Thema. Sogleich von melodischen Kontrapunkten begleitet, wird es durch die Stimmen geführt. Ein zartes Gegenthema löst es ab, und in freiem Spiel der Gedanken wird die Fuge erreicht. Sie verläuft frei.

In ihrem Nachspiel klingt „Sehr breit" fff in der 2. Violine das Thema des ersten Teiles noch einmal an. Das Allegretto grazioso huscht rhythmisch präzise als leichter Nachklang des Ganzen leise vorüber. Nur ein kleines crescendo inmitten gibt seiner Dynamik einen stärkeren Akzent. Unter den unentwegt wechselnden Kontrapunkten des Satzes fallen die Themen des 2. und 3. Satzes, ferner die punktierte rhythmische Bewegung aus dem dritten Abschnitt der Variationen und eine Reihe anderer Gedanken aus den vorausgegangenen Sätzen auf. Sie sind mit spielerischer Selbstverständlichkeit in das Gewebe der Linien eingewirkt.

Das 6. Streichquartett (1945) entstand im Jahre des musizierseligen Klavierkonzerts und vor der „Sinfonia serena". Seine vier kurzen Sätze umschließen frische, unproblematische Spielmusiken. Das Geschehen des ersten Satzes, *„Schnell"*, kreist in durchsichtiger Polyphonie um zwei Themen. Das erste zeigt die Abbildung

Das zweite, aus einer betonten Halben federnd sich lösend, verläuft in fließenden Achteln. Hinzu kommen

Kontrapunkte (u. a. ein schon zu Beginn in der Bratsche in Vierteln aufsteigender), Motiv- und Themenumbildungen etc., die das Spiel etwa so mitmachen, wie es das Muster des 5. Streichquartetts zeigt. Entsprechend ergibt sich auch hier gelegentlich eine Verbindung von Teilen der beiden Themen zu einem neuen: Takt 1 der Abb. =

Kopfmotiv des 1. Themas, Takt 2—4 = Umbildung des 2. Themas. Der Satz scheint ritenuto pp auszuklingen, doch es folgen ein paar kräftige Schlußtakte, in denen die beiden Hauptakteure noch einmal über die Szene schreiten. Ein ruhiges *„Scherzando"*, aus tänzelndem Thema sich entfaltend, führt dann in fein ziseliertem Motivspiel zum ausgedehnten *dritten Satz* hin, in dem das Werk seinen Höhepunkt findet. Ein ausdrucksvoller rhapsodischer Teil, „Langsam", geht seinem schnellen Hauptteil voraus. Dieser ist frei dreiteilig gegliedert. Das Thema der Eckteile bildet sich pp marcato in der 1. Violine, das choralartige des Mittelteiles in 2. Violine und Bratsche. Sie singen es in Oktaven, begleitet von den ebenfalls oktavierten Außenstimmen mit einer in Vierteln geführten Gegenstimme. Die introvertierte Zweistimmigkeit ist hier von eigenartigster Wirkung. Bratsche — und später Cello — führen das Choralthema dann allein fort, während sich in den anderen Stimmen lebhafte Achtel einnisten. Eine schroff durch die Instrumente aufbrandende Überleitung gipfelt in der ff Wiederkehr des 1. Themas, das nun Gegenstand eines freien Fugatos wird. Der Abgesang (rezitativische Soli der 1. Violine) mündet in eine Reminiszenz an den ausdrucksvollen langsamen Teil, dann erklingt in der Solo-Violine noch einmal sehr zart das Hauptthema, worauf das Geschehen in einem gezupften h-moll-Akkord verlöscht. Das Finale, *„Kanon, mäßig, schnell, heiter"*, ist ein Schulbeispiel meisterlicher Satzkunst. Zunächst intonieren 1. Violine und Bratsche einen schnurrigen Kanon, den die Gefährten begleiten. Nach freier Überleitung ergibt sich ein raffiniert gearbeiteter Doppelkanon mit zwei gleichzeitig imitierten Themen. Die Spielerpaare hier: Cello und 2. Violine bzw. Bratsche und 1. Violine. Eine wörtliche Wiederholung des ersten Kanons (mit neuer Begleitung!) mündet dann in eine kleine Coda, in der das lustige Treiben über eine drollige Engführung hin brummelnd zur Ruhe kommt.

Unser Überblick sei mit kurzen Hinweisen auf drei formklare, musizierselige Werke aus der Nachkriegszeit beendet. Da ist zunächst die schöne Sonate für Cello und Klavier (1948). Ihre vier reich gegliederten Sätze (Pastorale, Mäßig schnell, Langsam und Passacaglia) basieren — wie die vorgenannten und späteren Werke — auf der melodischen Tonalität (vgl. Anmerkungen S. 632 f., 635 f. und 642). Die Sprache ist schlicht und unmittelbar eingängig. — Das gleiche gilt für das prachtvolle Bläser-Septett (1948/49). Besetzung: Flöte, Oboe, B-Klarinette, Baßklarinette (B), Fagott, Horn (F) und B-Trompete. Fünf Sätze: *Lebhaft,* freies *Intermezzo, Variationen,* wieder *Intermezzo* und *Fuge, Alter Berner Marsch.* Besonders der letzte Satz ist ein Kabinettstück: Verbindung von Fuge und Volksmusik. Der Berner Marsch wird unverändert (!) zunächst periodenweise, später im Zusammenhang mit der Fuge gekoppelt. Er wird nicht motivisch zergliedert, geht auch nicht in das Stimmengewebe der Fuge über, sondern bleibt durchgehend der Trompete vorbehalten, die ihn unbekümmert um alles Drum und Dran wacker zu Ende führt. — Ein famoses Werk ist auch die Sonate für 4 Hörner, die Hindemith 1952 für die Salzburger Hornbläser schuf. Das Werk hat drei Sätze, die so locker aneinandergereiht sind, daß sie (was ausdrücklich vermerkt ist) auch „einzeln aufgeführt" werden können. Ein kurzes, sehr langsames *Fugato* macht den Beginn. Ihm folgen: ein *lebhafter Satz,* in dem Sonatenform und Fugato frei verbunden sind, und prachtvolle *Variationen* über das alte Lied *„Ich schell mein Horn in Jammers Ton".* *H. R.*

FRANCIS POULENC

* 7. Januar 1899 in Paris, † 30. Januar 1963 in Paris

Schüler von Charles Koechlin. Angehöriger der „Groupe des Six". Schrieb u. a.: Klavierwerke; Lieder; Chorwerke; Ballett; Bühnenmusik; Instrumentalkonzerte (darunter Cembalo-, Orgelkonzert); Kammermusik vornehmlich in Bläserbesetzung; geistvolle Film- und Bühnenmusiken; Opern: „Les Mamelles de Tirésias" (nach Apollinaire, Paris 1947), „Les Dialogues des Carmélites" (nach Bernanos, Mailand 1957), „La voix humaine" (nach Cocteau, Paris 1959).

Was dem Deutschen kaum möglich ist — Ausnahmen bestätigen nur die Regel —, in einer musikalischen Handschrift die Extrakte des historischen Ertrags mit dem Protest gegen diese Erbschaft der Tradition zu verbinden: dem Franzosen, vielleicht nur dem Franzosen, ist es möglich, ohne sich dabei etwas zu vergeben. So auch Francis Poulenc. Er fängt an als Revolutionär; nicht grimmig, selbst das Revolutionäre noch parodierend (in Saties Pariser Konzerten der „Nouveaux Jeunes" kam 1918 das Werk des Neunzehnjährigen heraus, die „Rhapsodie Nègre" für Gesang, Streichquartett, Klavier und zwei Holzbläser). Der Dreißigjährige wird ein bißchen Klassizist. Die Werke danach pendeln zwischen beiden Stationen, stets geistvoll, hier leicht ironisch-unterhaltsam, dort religiös versunken, einmal clavecinistisch, ein anderes Mal „strawinskystisch" angehaucht, fast immer beachtenswert und durch und durch französisch. Dazu gehört Poulenc zu den wenigen Komponisten unserer Zeit, die melodisch erfinden und es sich zugleich leisten können, das melodische Element geschmacksicher und damit ohne Scheu auch kompositorisch zu praktizieren.

Die Kompositionen in kammermusikalischer Besetzung sind nicht das Wichtigste aus Poulencs flüssiger Feder. Erwähnt seien: Sonate für Klarinette und Fagott (1924) — knappe Dreisätzigkeit, einfach gezeichnet, geistvoll konturiert; Züge, die sich auch äußern in der Sonate für 2 Klarinetten (in „B" und „A") (1921) und der Sonate für Horn,

Trompete und Posaune (1924). Raffinierte Simplizität, massiv angereichert mit Jazzelementen; aus der Vorliebe für den Jazz scheint überhaupt die Bevorzugung der Bläser zu resultieren. Attraktive Farbmischung (charakter-„volles" Holz, charakter-„loses" Klavier) in dem Trio für Klavier, Oboe und Fagott (1926). *S. G.*

ERNST KŘENEK

* 23. August 1900 in Wien

Ab 1916 Schüler von Franz Schreker in Wien. Folgt 1920 seinem Lehrer nach Berlin. Wird dort auch von Georg Schünemann, Busoni, Hermann Scherchen, Eduard Erdmann und Artur Schnabel intensiv angeregt. 1923 bis 1925 in der Schweiz. Danach an den Opernhäusern Kassel und Wiesbaden tätig. 1929 in Wien. Kontakt zum Schönberg-Kreis (Berg, Webern). Emigriert 1937/38 nach den USA. Lehrer für Musiktheorie an amerikanischen Universitätsinstituten. Seit 1947 in Los Angeles und Palm Springs. Auch Pädagoge und Musikschriftsteller von Rang. — Gewaltiger Werkkomplex. U. a.: Opern („Orpheus und Eurydike", „Zwingburg", „Der Sprung über den Schatten", „Jonny spielt auf", „Leben des Orest", „Karl V.", „Pallas Athene weint", „The Bell Tower"); Ballette; Operette; Bühnenmusiken (Konzertsuite „Der Triumph der Empfindsamkeit"); Chorwerke, Lieder; Sinfonien (1. Sinfonie 1921, 4. Sinfonie 1947); Concerti grossi; Klavierkonzerte; Violinkonzerte (das zweite 1953/54 als Auftragswerk des NWDR Köln geschrieben); Konzerte für Klavier, Orgel und Kammerorchester; Orgelsonate; Klaviermusik. — *Kammermusik:* Sonaten, Suiten, Serenaden, Triowerke in verschiedenen Besetzungen; „Symphonische Musik für 9 Solo-Instrumente"; Streichquartette (1. Streichquartett 1921, 7. Streichquartett 1943/44). „Pentagramm für Bläser" (1960). — Theoretische Arbeiten: u. a. „Studie über die Dissonanzbehandlung in den Messen von Ockeghem" (1947); „Selbstdarstellung" (Zürich, 1948); „Zwölfton-Kontrapunktstudien" (Schott, 1952). „Zur Sprache gebracht — Gesammelte Essays" (1958); „Komponist und Hörer" (1960).

Ernst Křenek ist ein außerordentlich produktiver und vielseitiger schöpferischer Musiker unserer Zeit, der, als Komponist vom lauten Herausforderer zum missionarisch-strengen Avantgardisten wachsend, auch als Schriftsteller zur Diskussion um die Neue Musik eine Fülle klärender, treibender, aufrüttelnder Gedanken beigetragen hat. Einer der eigenwilligsten musikalischen Köpfe der Gegenwart, visionär begabt für jeweils kommende Entwicklungen im zeitgenössischen Schaffen, spiegelt sich in Křeneks „Selbstdarstellung“ (Zürich, 1948), die er als den Versuch einer Selbst*analyse* verstanden sehen möchte: „meine Absicht ist darzutun, warum ich glaube, daß mein Werk kommenden Generationen wichtiger sein mag, als es meinen Zeitgenossen im allgemeinen vorzukommen scheint.“ — Nachstehend sei diesem persönlich selbstbewußten und sachlich verantwortungsbewußten Rechenschaftsbericht in einigen seiner Abschnitte andeutend gefolgt, weil die subjektive Sicht, aus welcher der Komponist seine verschiedenen Schaffensphasen rückschauend untersucht, von einer in gewisser Weise objektiven Ausleuchtung der gesamten heutigen musikalischen Situation kontrapunktiert wird (und umgekehrt). Einzelne *kammermusikalische* Werke bieten sich dabei als wesentliche Zäsuren innerhalb einer fließenden Entwicklung, deren letzte Ziele noch nicht absehbar sind.

Křenek sieht sein Lebenswerk aufs Ganze hin von zwei Kräften bewegt: einmal von der „Idee reiner, kompromißloser Schöpfung, unabhängig von den Strömungen des Tages, vielfach diesen ausdrücklich entgegengesetzt“; zum anderen von der „Versuchung, praktische Resultate ‚in dieser Welt‘ zu erzielen“. Vornehmlich in der früheren Schaffenszeit pendeln die Kompositionen zwischen diesen beiden Polen. Die Arbeiten des hochbegabten jugendlichen Schreker-Schülers — zu denen die *Sonate fis-moll für Violine und Klavier* und die *Serenade für Klarinette, Violine, Viola und Violoncello* (beide 1919) gehören — werden noch gern „der spätromantischen deutschen Polyphonie nachgebildet, mit einigen Kunstgriffen französischer und italienischer Provenienz“. Die Berliner Luft des Jahres 1920 bringt einen Wandel. Das — von Schreker gestützte — „Vorurteil gegen Neue Musik wird abgestreift“, die Grenzen eines gemäßigten Modernismus werden gesprengt, der vibrierende Geist des soeben

Zwanzigjährigen bekommt „Appetit auf kühne Experimente".

Es ist die Zeit des 1. Streichquartetts (1921), das auf dem Allgemeinen deutschen Tonkünstlerfest in Nürnberg erfolgreich erstaufgeführt wurde. Křenek bezeichnet das Werk als von Bartók beeinflußt und als sein „erstes wichtigstes Stück der neuen Orientierung". Die hier erzielte kompositorische Vitalität „durch vehemente rhythmische Gestalten und ausgiebigen Gebrauch der ostinato-Technik", die protestreiche Abkehr vom Überkommenen mit „Gehalten von ungeheurer Intensität" zeigen sich auch in anderen Kammermusikwerken dieser Periode: wie dem *2. und 3. Streichquartett* (1921 und 1923), der *„Symphonischen Musik für 9 Solo-Instrumente"* (1922) — letztere im Grenzfeld kammermusikalischer Möglichkeiten sich bewegend. Das 3. Streichquartett, schockierend mit der Rücksichtslosigkeit seiner dissonanten Sprache, mitreißend in der Kühnheit seiner Inspiration, bewundernswert durch die frühreife Beherrschung der technischen Mittel *(alle* Instrumente haben etwas zu sagen und zu tun!), ist Paul Hindemith gewidmet. Es wurde noch im Entstehungsjahr durch das Amar-Hindemith-Quartett uraufgeführt; übrigens — und das gehört ein wenig zur Sache, zur Person, zur Zeit — auf einer Eisenbahnfahrt von Frankfurt nach Berlin begonnen und dort nach drei Wochen vollendet. Das Stück ist aus sechs eng verbundenen Teilen gebildet: deren erster zum Anfangs- und Seitenthema sogleich ein Fugenthema samt Umkehrung fügt; deren zweiter und dritter mit eigenen Hauptthemen arbeiten, samt Scherzando-Einschub und vierstimmiger kanonischer Führung; deren vierter und fünfter ein Intermezzo und ein walzerartiges Gebilde bringen; deren letzter in eine knappe Reprise des ersten Teiles zielt.

In die Nachbarschaft der folgenden Schweizer Jahre, in denen sich Křenek der Faszination des französischen Kulturlebens gern und im kompositorischen Ertrag fruchtbar ergibt, fallen Werke wie: das *4. Streichquartett* (1923/24), die *Kleine Suite für Klarinette und*

Klavier (1924) und die *Sonate für Violine solo* (1924 bis 1925). Indem „fordert die zweite Komponente (seines Wesens) ihr Recht: Musik soll praktisch, nützlich, unterhaltend sein". Der Sensationserfolg der Oper „Jonny spielt auf" (1927 in Leipzig uraufgeführt, in den folgenden Jahren von mehr als 100 Bühnen Europas gebracht) macht den Komponisten zur Berühmtheit. Hier ist das Rezept des Praktisch-nützlich-Unterhaltenden derart wirkungsvoll und typenbildend praktiziert, daß Křenek eine Gefahr für seinen weiteren künstlerischen Werdegang sieht.

So kündigt sich eine neue Phase an: „ich wich weiter zurück in altväterliche Romantik" (Wien, 1929 — in welchem Jahre u. a. die *Triophantasie für Violine, Violoncello und Klavier* entsteht). Zudem beginnt, ohne Übereilung, die schöpferische Begegnung mit Geist, Gestalt und Technik der Zwölftonkunst. Um 1930 — etwa zur Entstehungszeit des *5. Streichquartetts* — schreibt Křenek Lieder auf Dichtungen von Karl Kraus: „zum ersten Male unter Benutzung von Gruppen von zwölf verschiedenen Tönen als motivische Einheiten", und zwar „tonal und romantisch" (!). Erst mit der Oper „Karl V." (1934) — Uraufführung 1938 in Prag — schließt der Komponist den neuromantischen Akt seines Schaffensdramas ab. Es öffnen sich ihm neue Perspektiven als Kern der modernen Richtung: „ich beschloß, mich der Zwölftontechnik zu verschreiben".

Die Werke, die nun, in der Mehrzahl nach der Auswanderung in die Vereinigten Staaten, entstehen, spiegeln Křeneks Auseinandersetzung mit der Zwölftonkunst, jeweils schärfer oder schwächer konturiert. Die Lehrtätigkeit in den USA mit den theoretischen und historischen Fächern kommt befruchtend hinzu. Der Komponist entdeckt für sich erneut, historische Kenntnis in schöpferischen Impuls transponierend, die große Kunst eines Ockeghem und Josquin Desprez und spürt in der Gregorianik und mittelalterlichen Polyphonie nach Frühfundamenten der Zwölftontechnik. Das findet, in variabelster Belichtung, innerhalb der kammermusikalischen Kompositionen, *Suite für Cello solo*

(1939), *Sonaten für Viola solo* und *für Flöte und Viola* (beide 1942), *Trio für Violine, Klarinette, Klavier* (1946), seinen gehaltreichsten Niederschlag im *7. Streichquartett.*

Bereits das vor der Auswanderung geschriebene *6. Streichquartett* (1936) stuft der Komponist hoch ein, weil hier schöpferische Phantasie und streng formulierte Technik sich decke. Im 7. Streichquartett (1943/44) — erschienen 1951 mit der Widmung: „Dedicated in gratitude to the vivifying spirit of my American Students" — sieht der Komponist aus dem etwa fünfjährigen Abstand seiner „Selbstdarstellung" seine „wichtigste Komposition der letzten Jahre ... Die Handhabung der Tonreihe ließ nicht viel von den ursprünglichen Grundsätzen der Zwölftontechnik erkennen, und doch war die Struktur des Ganzen unzweifelhaft auf der Tonreihe aufgebaut, und der Geist der Zwölftontechnik beherrschte jedes Detail des Stückes. Wiederum war ich angeregt und unterstützt von meiner neu erworbenen genauen Kenntnis von Ockeghem und Josquin Desprez. Ich finde, daß im Siebenten Quartett jenes Gleichgewicht von logischer Konstruktion und Elastizität, von Genauigkeit der Arbeit und Wärme des Ausdrucks, wie ich es während meiner ganzen Laufbahn angestrebt habe, erzielt ist."

Gemessen am ersten Quartett ist es bis hierhin ein weiter Weg. Er umschließt ein Stück Musikgeschichte unserer Zeit. Gleichwohl mißverstehe man ihn nicht im Sinne eines „Fortschritts". Denn dazu äußert sich der kluge Skeptiker Křenek eindeutig. Was er unter solchem Gesichtspunkt etwa zur Entwicklung der Sinfonie von Mozart zu Mahler sagt, sei — mit Verlaub — auch auf die eigene Entwicklung Křeneks von Werk zu Werk bezogen: „Der Begriff des Fortschritts kann in der Kunstgeschichte nur angewendet werden, wenn man ihm einen anderen Inhalt gibt als im Bereich materieller Errungenschaften ... Das vollkommene Kunstwerk kann niemals durch spätere Leistungen überholt werden, weil seine Vollkommenheit nur in seinem eigenen

Bezugssystem gemessen werden kann ... Wenn wir mit Bezug auf Kunst von Fortschritt sprechen, meinen wir nur, daß verschiedene Phänomene zeitlich einander folgen, ohne andeuten zu wollen, daß das folgende notwendigerweise besser sei als das vorhergehende."

Mit kritischem Ernst sieht Křenek sein Werden und Schaffen. Das endgültige Urteil über Wesen und Wert eines künstlerischen Lebenswerkes jedoch fällt die Geschichte, unabhängig von beifälligen und ablehnenden Stimmen der Umwelt, ja, auch nicht unbedingt immer im Einklang mit der Selbstwertung des Schaffenden. Křenek weiß darum und spricht es aus: „Ich will mich auf den Wahrspruch der Zeit berufen."

So schrieb Křenek 1948 in seiner „Selbstdarstellung". Der „Wahrspruch der Zeit"? Noch ist der zeitliche Abstand zu klein, um jenen verbindlich zu zitieren. Aber er ist groß genug, um das nicht in zwielichtige Relativität absinken zu lassen, was der musikalischen Zeitgeschichte standhielt. Und dazu gehört das opus Ernst Křeneks. Seine ersten Versuche mit der Zwölftontechnik liegen mehr als 30 Jahre zurück. Die Symbiose mit der Musik des Spätmittelalters hat bei ihm inzwischen stattgefunden. Was legitimer künstlerischer Aufbruchsort einzelner schöpferischer Geister war — hier: im Sinne einer neuen „Technik" —, was ein Meister wie Strawinsky gleichsam nebenher vom Zenit kompositorischer Altersweisheit als ein Mittel unter anderen für sich entdeckte, das wurde — eben die Zwölftontechnik — inzwischen von Vielen und Vielzuvielen als revolutionäres oder so erscheinendes musikalisches Fortbewegungsmittel benutzt und landauflandab abgenutzt, hier um echt avantgardistisch etwas zu tun, dort nur um der Gebärde willen, das Manko schöpferischen Vermögens gleißnerisch zu verhüllen — was nichts sagen kann gegen die Echtheit auch dieses kompositorischen Mittels. — Ernst Křenek jedoch, der Vielgewandte, der unerhört Befähigte, bei dem die Arrivierten ohne Zahl in die Schule gehen können — er ist ein Zwölftonmeister schlechthin, der viele stilistische Schichten, manche Techniken in sich absolvierte, bevor er sich jener neuen verpflichtete. — Der „Wahrspruch der Zeit“? Sicher wird er kommen. Die Ehrlichkeit, die Unbedingtheit, die schöpferische Kraft künstlerischer Leistung — sie sind bei Křenek längst am Tage —: und der Tag gehört auch der „Zeit“. *S. G.*

KARL AMADEUS HARTMANN

* 2. August 1905 in München, † 5. Dezember 1963 in München

Studium an der Münchener Akademie der Tonkunst, später Schüler von Hermann Scherchen und Anton von Webern. Mit eigenen Werken errang er zunächst im Ausland Erfolge, erst nach dem 2. Weltkrieg begann sein Aufstieg in Deutschland. 1945 gründete er in München die Konzertreihe „Musica viva“, als deren Leiter er in Zusammenarbeit mit dem Orchester des Bayerischen Rundfunks wichtigste Pionierarbeit für das zeitgenössische Schaffen leistete. 1949 erhielt er den Musikpreis der Stadt München, 1950 den Kunstpreis der Bayerischen Akademie der Schönen Künste, 1954 die Schönberg-Medaille, 1957 den Kunstpreis von Nordrhein-Westfalen. Werke u. a.: Gryphius-Kantate „Lamento“, Kammeroper „Simplicius Simplicissimus“ (1934, Bearb. 1956), „Gesangszene für Bariton und Orchester zu Worten von Jean Giraudoux“ (posthum), 8 Sinfonien, 3 Konzerte, 2 Streichquartette.

Hartmann war einer der ausgeprägtesten schöpferischen Musiker der deutschen Gegenwart. Als Schüler Weberns stand er dem Schönberg-Kreis handwerklich nahe, aber er verwendete die „Zwölftontechnik“ ganz frei. Er war Avantgardist in des Wortes verpflichtender Bedeutung, doch Welten trennen ihn von den Aposteln eines „Fortschritts um jeden Preis“. Hartmann sah in der Musik kein Abstraktum, er blieb nicht im Technischen irgendeiner Manier stecken, er schuf keine „Phonomontagen“, er war *vitaler Ausdrucksmusiker* durch und durch. Er erkannte der Musik eine menschenbildende Funktion zu und beugte sich im Grunde nur einem Dogma: dem Streben nach Wahrhaftigkeit der künstlerischen Aussage. Hierauf beruht sein gesundes Verhältnis zur Tradition, beruht anderseits die außerordentliche geistige Selbständigkeit seiner Zielsetzung.

Gewiß, er verdankt Bach, Brahms, Debussy oder Ravel, auch Bartók und vor allem Alban Berg Anregungen. Aber weder den Spätromantikern, noch den Neuklassikern oder Schönbergianern, noch sonst einer Schule läßt er sich einordnen. Er spricht seine eigene Sprache.

Hartmann ist ein sehr bewußter musikalischer Architekt. Polyphones Denken ist ihm eigentümlich, klares, bildhaftes Formen eine Selbstverständlichkeit. Aber nicht als kühler Rechner, sondern als leidenschaftlicher Musikant erschloß er seiner Kunst neue Bereiche. Die Improvisation spielt in seinem Schaffen wieder eine elementare Rolle. Rhythmus, Melos und Klang werden bei ihm nie Selbstzweck eines abstrakten artistischen Formenspiels. Sie tragen eine menschliche Aussage von oft erschütternder Eindringlichkeit. Die Oper „Simplicius" und vor allem die großen Instrumentalwerke, die Konzerte und Sinfonien stehen im Schwerpunkt seines Schaffens (vgl. Band Orchestermusik). Die Kammermusik verdankt ihm nur wenige Werke, darunter zwei wertvolle Streichquartette.

Das 1. Streichquartett nannte Hartmann *„Carillon"*, nachdem es 1936 beim internationalen Wettbewerb der „Carillon" (Genf) mit dem ersten Preis ausgezeichnet war (Jury: *Ansermet*, Schweiz; *Gagnebin*, Belgien; *Malipiero*, Italien; *Roussel*, Frankreich). Der Name besagt also nicht, daß in diesem Tonstück die Klangwirkung des „Carillon" (= Glockenspiel) nachgeahmt sei. Das dreisätzige Frühwerk zeigt schon die wesentlichen Merkmale des Hartmannschen Stiles. Seine Sprache ist herb, polyphon, verinnerlicht. Entscheidend ist nicht das Konstruktive, sondern die suggestive Kraft des klanglichen, rhythmischen und melodischen Geschehens. Alle Sätze spiegeln dunkle, schwermütige Empfindungen. Man spürt es: hier ist ein Mensch aus innerster Notwendigkeit getrieben, sich auszusprechen. Was er zu sagen hat, geht uns direkt an: unsere Not, unsere Verzweiflung, unsere Zuversicht fand hier eine Stimme. Die stärkste Wirkung geht vom

2. Satz aus, für dessen melodische Substanz das charakteristische Cellothema zeugen möge.

Das 2. Streichquartett (1948) ist zum Bersten voll von kontrapunktischen Kombinationen, von gedanklichen Beziehungen über die drei Sätze hin, von klanglichen und rhythmischen Finessen. Aber es ist gleichwohl nicht das Produkt wissenschaftlicher, artistischer Bemühung, sondern die vergeistigte Aussage eines schöpferischen Menschen, dessen Lebenselement die Musik ist. Freilich geht Hartmann weder hier noch sonst in seiner Kunst den billigen Weg des geringsten Widerstandes. Seine Musiken stoßen in Neuland vor, sie werfen Fragen und Probleme auf, sie beunruhigen, sie schaffen Verwandlungen. Ihre Ursprünge liegen — wie die jeder echten Kunst — im Irrationalen. — Dem ersten Satz geht eine langsame *Einleitung* voraus, die von einem zehntaktigen Cello-Solo eindringlich eröffnet

wird. Schon die wenigen Takte der Abbildung enthüllen ein wichtiges Gestaltungs-Prinzip des Werkes. Man sieht, das Thema entfaltet sich aus Motiven zur Melodie. Hierbei verändern sich die Motive melodisch und rhythmisch, also schon von Anbeginn tritt die *Variation als Entwicklungsprinzip* auf! Aber nicht mechanisch wird voraus Errechnetes aneinandergefügt, sondern genetisch, im freien Spiel der Phantasie, entsteht aus individuellen Varianten das Melos (vgl. Kap. Schönberg). Das gleiche Prinzip wirkt sich nun über alle Sätze hin formbildend aus. Wir fanden es schon bei Haydn und Beethoven, vor allem in dessen letzten Quartetten. Die Intervallspannungen sind keineswegs im Sinne der Atonalität aufgehoben, die tonalen Bezüge aber oft stark verschleiert. So ergibt sich im polyphonen Miteinander der Stimmen ein oszillierendes Klangbild, das einen unerschöpflichen Reichtum an Farbwerten aufweist. Nach der ppp verlöschenden Einleitung markieren kanonische Stimmeinsätze im Quartabstand den Beginn des *ersten Satzes.* Er verläuft „äußerst lebhaft und energisch" und gipfelt nach leidenschaftlichen Ausbrüchen in einer rasenden Prestissimo-Stretta. Ein sangliches *Andantino* kontrastiert sehr ausdrucksvoll. Auch in ihm gibt es erregende Steigerungen, aber sie entspannen sich immer wieder in einer hymnischen, bisweilen geradezu liedhaft schlichten Melodik. Der Abgesang erlischt in zartem Es-dur. Das rondoartige *Presto-Finale,* zerklüftet von schroffen Stimmungsgegensätzen, jagt schwungvoll vorüber. Bald gibt es sich „appassionato", bald „scherzando", oder es lockert sich konzertant zum „Grazioso" auf. Wieder bildet ein stürmisches Prestissimo mit pathetisch verbreitertem Ausklang den wirkungsvollen Abschluß. Als Alternative ist ein „virtuoser Schluß" — eine drastische Variante des ersten — hinzugefügt. *H. R.*

DMITRIJ SCHOSTAKOWITSCH

* 25. September 1906 in St. Petersburg, † 9. August 1975 in Moskau

Sohn eines Ingenieurs und einer als Pianistin begabten Mutter. Er begann bereits mit 11 Jahren zu komponieren. Am Konservatorium seiner Vaterstadt, das er bis 1925 besuchte, war Glasunow sein hervorragendster Lehrer neben Nikolajew und Steinberg. Er wurde ein ausgezeichneter Pianist, entwickelte sich aber bald zum namhaftesten Tonsetzer seiner Zeit in der UdSSR. Namentlich sein sinfonisches Schaffen wird auch in der westlichen Welt stark beachtet. 1937—1949 (mit Unterbrechungen) lehrte er am Konservatorium Leningrad bzw. Moskau (seit 1939 Professor).

Die Tatsache, daß sich dieser außergewöhnlich begabte Künstler in seinem Streben ganz den kulturellen Forderungen und Ansichten der sowjetischen Ideologie unterworfen hat, macht seine Erscheinung für manche

Beurteiler diesseits der östlichen Sphäre etwas fragwürdig. Indes zeigen Aufführungen seiner Werke immer wieder, daß ihre starke, eindringliche Wirkung für uns kaum jemals einen spürbaren Zusammenhang mit den manchmal in ihnen lautwerdenden Gesinnungstendenzen hat, sondern in der unverkennbaren Kraft einer mit überlegenem Können gemeisterten eigenständigen Tonsprache begründet ist. Mit anderen Worten: Schostakowitschs Musik bedarf wie alle gute Musik keiner Deutung durch Programme oder eine Kenntnis der außermusikalischen Absichten des Komponisten, denn sie entströmt dem lauteren Quellgrund eines gesunden slawischen Musikantentums. Davon zeugen nicht zuletzt die bei uns bekanntgewordenen Kammermusikwerke, von denen das *Klavierquintett op. 57* (1940) und das *Klaviertrio op. 67* (1944) hier besonders hervorgehoben seien. Beide Werke haben als einprägsame, unmittelbar verständliche Schöpfungen eines einfallsreichen Musikers, der aus der Fülle eines starken Empfindens schafft, auch bei uns viel Anklang gefunden. Das Klavierquintett beginnt mit einem kraftvollen *Präludium* von strenger, herber Linienführung, das in eine melodisch weiträumige, thematisch edle lyrische Fuge einmündet, deren Grundhaltung schwermütig ernst ist. Bemerkenswert schon hier — und überhaupt bei Schostakowitsch —, daß die Wahrung der Tonalität im harmonischen Geschehen keineswegs zu einem Sichverlieren in Bezirke abgebrauchter Mittel führt; vielmehr ist auch seine Harmonik wie seine Melodik und Rhythmik reich an starken und ursprünglichen Wirkungen und Wendungen. Im *Scherzo* kommt das Temperament, die rhythmische Kraft und die Klangphantasie des Komponisten zu besonderer Entfaltung. Originell die Kontrastierung von akkordisch-kompaktem Streichersatz und beweglichem Linienspiel des — apart die hohen Lagen nutzenden — Klaviers. Der Meister intensiver lyrisch-kantabler Linienführung zeigt sich wieder in einem *Intermezzo,* das dann — attacca — zum *Finale* überleitet, einem wirkungsstarken Satz vorwiegend heiteren Charakters, in dem die rhythmischen

Elemente und eine offensichtliche Freude an spielerisch entspanntem Musizieren triumphieren. Reizvoll die in beinahe schubertisch lichte Bezirke führende Coda.

Mit einem ernst gestimmten, lyrisch getönten Satz beginnt auch das Klaviertrio e-moll op. 67. Ihm folgt ein rhythmisch frisch belebtes, von linearen Spannungen durchdrungenes *Allegro* — ein Stück voll frohen Lebensgefühls. Höhepunkt des Werks wird der langsame Mittelsatz, ein Largo von großer, feierlicher Schönheit und Tiefe, durchströmt von einer männlich-starken Empfindung, die sich auch im Ausdruck des Leidvollen nie an weichliches Klagen verliert. Den Ausklang bildet ein stark von volksmäßig tänzerischen Elementen beherrschtes, nach großen Steigerungen in Stille verklingendes Allegretto.

Außer diesen beiden Kammermusiken mit Klavier hat Schostakowitsch eine größere Anzahl *Streichquartette* veröffentlicht. Von den ersten vier (op. 49, 68, 73 und 83) ist das vierte auch in Deutschland bekannt geworden; ein durch fein gesponnene Stimmenführung, empfindungsintensives Melos und — im Ausdruck und Stimmungsgehalt — durch die Kontraste von melancholischer Versonnenheit und musikantischer, tänzerischer Vitalität fesselndes Werk. Ferner schrieb er ein zweisätziges *Streicher-Oktett op. 11* (1928), eine *Sonate für Cello und Klavier* und *Drei Stücke op. 59 für Violine* allein. Als op. 1 gab er drei *Phantasietänze für Geige und Klavier* heraus. (S. auch S. 858.) *A. W.*

KARL HÖLLER

* 25. Juli 1907 in Bamberg

In einem musikerfüllten Elternhaus wuchs der Sohn des Bamberger Domorganisten heran. Seine musikalische Ausbildung erfolgte zunächst bei Hermann Zilcher in Würzburg, dann auf der Münchener Akademie der Tonkunst, wo J. Haas sein Kompositionslehrer wurde. Bald nach Abschluß des mit dem Felix-Mottl-Preis gekrönten Studiums wurde Höller in den Lehrkörper der Münchener Akademie aufgenommen, wirkte dann einige Jahre in

Frankfurt a. M. und kehrte 1949 an die Münchener Hochschule zurück, der er bis 1972 als Präsident vorstand. 1951 erhielt Höller den Musikpreis der Stadt München, 1952 den der Bayerischen Akademie der Schönen Künste, 1958 den Spohr-Preis der Stadt Braunschweig.

Höllers Schaffen wird eindeutig vom Geist der absoluten Musik bestimmt. Kammer- und Orchestermusik fesseln ihn in gleichem Maße. Seine Tonsprache vereint den Sinn für strenge, konzise Formgebung, für die linearen Strebungen des Kontrapunkts mit farbenreich blühendem Klangtum. Vitale melodische Kraft und rhythmisch wechselvoller Puls prägen Themen von charaktervollem Relief. Der Harmoniker Höller, der

früh schon für die Gregorianik, für die schwebenden harmonischen Stimmungen der Kirchentonarten, aber auch für Anregungen durch den Impressionismus empfänglich war, stößt bis zu den äußersten Grenzen der Tonalität vor, ohne sie jedoch zu überschreiten.

Reich bedacht hat Höller die Literatur für Geige und Klavier. In ihrem Eingang steht die von G. Kulenkampff uraufgeführte Musik für Violine und Klavier op. 27. Ihre Klangvorstellungen, teilweise aus dem Wesen der Barockmusik geboren, werden in einen zeitgemäßen, ebenso kraft- wie empfindungsvollen Eigenstil umgesetzt. Der 1. Satz mit seinem unmittelbar ins musikalische Geschehen reißenden Beginn (Abb.) verschmilzt *Toccata und Fuge* zu einem Satzganzen. Der 3. Satz *Quasi Fantasia* schließt langsamen Satz und Allegro-Finale zusammen und verschwebt nach leidenschaftlichen Steigerungen in ein visionäres ppp. Zwischen diese beiden großräumigen Teile schmiegt sich ein feingliedriges, leisegestimmtes Intermezzo mit Dämpfer der Geige und Staccatosechzehnteln des Klaviers: wohlabgewogene Proportion. Ebenbürtig schließt sich die 1. Violinsonate in h-moll op. 30 an. Abermals ein sehr expressiver Kopfsatz, dem ein in Sechzehnteln dahinströmendes, dynamisch und rhythmisch ungemein lebensvolles, brillant gesteigertes Scherzo folgt. Der langsame Satz bedient sich der von Höller mit Vorliebe gepflegten Variationenform; über die Brücke eines kadenzartigen Violinsolos wird zum Allegro appassionato des Finale übergeleitet. Die dem Gedenken Alma Moodies gewidmete 2. Violinsonate in g-moll ist wie manche der fünf späteren (z. B. die reizende 6. in e-moll) nicht nur für den Konzertsaal gedacht, vielmehr auch anspruchsvollerem häuslichem Musizieren durchaus erreichbar. Der Kopfsatz erfüllt die Sonatenform, große Melodiebögen tragen den Mittelsatz in den Bereich starker Empfindungsäußerung. Im Gegensatz hierzu ist der letzte Satz *(Leicht und lebendig)* spielerisch hingehaucht, dabei von leiser Melancholie überschattet. Aus Regerschem Geist ist die 4. Violinsonate in fis-moll konzipiert, ihr

Finale eine großartige musikalische Architektur aus Variationen und Doppelfuge. Einen Gipfelpunkt stellt die 7. Violinsonate in d-moll op. 52 dar. Der geballte 1. Satz bewegt sich in Sonatenform, gefolgt von einem tänzerisch-virtuosen Scherzo. Das *Largo con espressione* wird zum empfindungsmäßigen Herzpunkt der Sonate. Das *Finale* ist eine Doppelfuge. Nach kurzer Agitato-Einleitung erklingt das langgezogene 1. Thema. Das 2. Thema ist gegensatzvoller Art. In steter klanglicher und rhythmischer Steigerung vollziehen sich die Kombinationen der beiden Themen, bis zum Schluß das Hauptthema des Kopfsatzes hinzutritt. Auch von der alten Triosonate wurde Höller im Kammertrio für 2 Violinen und Klavier op. 6 sowie, noch unmittelbarer, in der Trio-Sonate in e-moll (Im alten Stil) op. 38 angeregt. Das vorläufig einzige, dreisätzige Klaviertrio in e-moll op. 34 fügt zur klaren Stimmführung der Streicher einen lichten, durchbrochenen Klaviersatz, der die durchweg polyphone Arbeit durch keine Klangverdickung gefährdet. Im Finale sind bewußte Huldigungsanklänge an Hans Pfitzner nicht zu überhören. Das Klavierquartett op. 7 hat 1955 eine Neufassung erhalten.

Das Streichquartettschaffen eröffnet der bedeutende Wurf des 1. Quartetts in E-dur op. 24. Der 1. Satz besticht nicht nur durch hervorragend polyphone Haltung, sondern auch durch außergewöhnlichen Stimmungsreichtum. Ein apartes Stück ist das Scherzo *(Un poco vivace)* mit seinem spritzigen, nahe romanischen Esprit. Der langsame Satz *(Larghetto molto espressivo)* zählt in seinem Auf und Ab der Steigerungen, mit seinem Wechsel von Erregtheit und Beruhigung zu den expressiv stärksten Stücken Höllers. Das *Finale* ist eine Fuge. Das 2. Streichquartett in fis-moll op. 36 ist äußerlich ein Einsätzer, innerlich jedoch klar und abwechslungsvoll gegliedert. Geisterfüllte Spielmusik begegnet im 3. Streichquartett in D-dur op. 42, von dem der Komponist auch eine Serenade für 5 Bläser abgeleitet hat, und im 4. Streichquartett in C-dur op. 43. Dieses wurde durch den Besuch einer Ausstellung französischer Malerei inspiriert, jedoch nur was den allgemeinen Stimmungscharakter anlangt. So findet im 1. Satz *(Zart bewegt)* das Melancholisch-Graziöse, im Scherzo das Kapriziöse, im langsamen

Satz das Verträumte und im Finale das Kecke, frech Hingeworfene reizvoll miniaturenhafte Widerspiegelung. Das 5. Streichquartett in d-moll op. 48 ist durch die Orchesterbearbeitung des Kopfsatzes, einer der meisterhaftesten Fugen seit Max Reger, besonders bekannt geworden. Das 6. Streichquartett in e-moll op. 51 gilt dem Gedächtnis des Geigers G. Kulenkampff. Unter dem Eindruck der schweren Erkrankung des Freundes entstand der 1. Satz mit den unruhig pochenden Herzschlägen im Cello, dem erregten Tremolo der Bratsche, der ängstlich verhaltenen Melodik der Geigen. Im Scherzo glimmt noch einmal wilde Lebensfreude, strahlender geigerischer Glanz auf. Der langsame Satz atmet wehe Abschiedsstimmung — beziehungsvoll ertönt das Choralzitat „Aus tiefer Not" — und endet in einer Totenklage. Das Finale, vehement im Rhythmus, aggressiv in der Thematik, scheint mit dem grausamen Schicksal rechten zu wollen, bis nach einem letzten Ausbruch die Musik plötzlich abreißt — über dem bebenden Tremolo der Geige erklingen nochmals die Themen der vorangegangenen Sätze, die pochenden Herzschläge des Anfangs erlöschen, um das Hinübergleiten ins dunkle Reich symbolhaft anzudeuten.

Die Bläser tauchen in Höllers kammermusikalischem Schaffen zuerst in Gestalt der Flöte im Divertimento op. 11 für Flöte, Violine, Viola, Cello und Klavier auf, ein reizvolles Stück, das nicht minder wirkungsvoll für Kammerorchester bearbeitet worden ist. Die Flötensonaten op. 45 und 53 zeichnen sich durch frische Musizierlaune, durch Feinheit der Zeichnung und minutiöse Klangschattierungen aus. Vom Klarinettenquintett op. 46, das die große Tradition dieser Gattung würdig fortsetzt, hat der Komponist 3 Sätze in eine Serenade für Kammerorchester verwandelt.

Paul Hindemiths Andenken hat Höller seine aussagekräftige Bratschensonate op. 62 (1967) gewidmet.
W. Z.

WOLFGANG FORTNER

* 12. Oktober 1907 in Leipzig

Sohn eines mecklenburgischen Kammersängers und einer Sudetenländerin. Musikstudium in Leipzig bei Grabner. 1931 Dozent am Ev. Institut für Kirchenmusik in Heidelberg. Gründete 1935 das dortige Kammerorchester, wurde 1954 Professor an der Detmolder Musikakademie, wirkt seit 1957 in gleicher Stellung in Freiburg. 1960 Bach-Preis der Stadt Hamburg. Gründete 1964 in Heidelberg das Institut für Neue Musik, ist seit 1964 beteiligt an der Leitung der Münchener Musica-viva-Konzerte.

Schuf viele Kirchenmusiken, Kantaten, Bühnenmusiken, die Opern „Bluthochzeit“ (1957, nach Lorca), „In seinem Garten liebt Don Perlimplin Belisa“ (1962, nach Lorca), das Ballett „Die weiße Rose“, viele Orchester-, Orgel-, Klavierwerke und an Kammermusiken: 3 Streichquartette, 3 Sonaten für V, Flt bzw. Vcl und Klavier, 1 Serenade für Flt, Ob, Fg, 1 Streichtrio und 1 Suite für Vcl-Solo.

Fortners Schaffen gipfelt in seinen Kantaten und Orchesterwerken, vor allem in den Konzerten, in der großartigen „Sinfonie 1947“, der „Fantasie über die Tonfolge b-a-c-h“, dem Ballett „Die weiße Rose“. Seine Kammermusiken erscheinen demgegenüber als Nebenprodukte, doch auch sie sind wertvolle Beiträge zur Gegenwartsmusik. Auch in ihnen spiegelt sich — zumindest in Andeutungen — die seltsame Entwicklung dieses Meisters vom gediegenen Neo-Klassizisten (mit romantischem Einschlag) zum Dodekaphonisten und Avantgardisten ultramoderner Prägung.

Unter den frühen Kammermusiken verdient die Suite für Violoncello-Solo (1933) Beachtung. Sie lebt im Sinne der barocken Suite aus dem Wechsel langsamer und lebhafter Formteile. Ihre Ecksätze, *Introduzione* (Andante) und *Rondo* (Presto), sind durch einen gemeinsamen Gedanken aufeinander bezogen. Er erscheint „poco vivo“ 21 Takte nach dem lebhaft

sich steigernden Beginn zum erstenmal und sieht dann im Rondo so aus:

Die Mittelsätze, „*Danza*“ (Presto, 4/4, 3/4 alternierend, sempre staccato) mit musetteartigem Trio poco Allegretto und „*Canzone*“ = 5 „Variazioni sopra una melodia antica del Trovatore francese“, erhöhen durch ihre leittonarme Melodik den archaistischen Reiz des hübschen Werkes.

Das 1. Streichquartett (1929) erweist sich als starke Talentprobe. Das einleitende *Allegro vigoroso* ($^4/_4$) packt sogleich durch seine rhythmische und dynamische Ausdruckskraft. Es beginnt ungestüm unisono mit einem scharf akzentuierten Thema, das dann „legato“ und „gracioso“ zerspielt wird. Ein lebhafterer $^3/_4$-Teil, der mit der Umkehrung des Themas einsetzt, führt nun in unentwegter Steigerung zu einem „Tempo alla marcia furiosa“, einem rabiaten, gelegentlich von Synkopen zerklüfteten marschartigen Abschnitt, der im Sinne des Sonatensatz-Schemas die Gruppe der Gegenthemen einführt. Er mündet nach einer äußerst lebhaften Periode (stürmische Sechzehntel) in ein durchführungsartiges, reich mit imitatorischer Arbeit bedachtes „Scherzando“, worauf eine regelrechte Reprise, die im furiosen Marsch gipfelt, den Satz formklar beendet. Das *Adagio con moto* entfaltet sich espressivo in fugiertem Stil. Es umfaßt drei Abschnitte, die einander sinnvoll ergänzen. Im ersten Abschnitt wird ein sehr zartes Bratschenthema fugenartig durchgeführt. Im zweiten (molto energico e grave) wird ein zweites Thema, das sogleich von seiner Umkehrung begleitet ist, fugiert. Eine sehr straffe Steigerung führt dann zum Höhepunkt (fff) und damit zum dritten Teil, in welchem beide Themen gemeinsam auftreten. Dieser Teil verläuft decrescendo und endet sehr zart pppp. Die Abbildung

zeigt beide Themen vereint. Ein in seinem Stimmungsgehalt federleichtes, spielfreudiges *Scherzo* (Allegro vivace) schließt sich an. Es funkelt von satztechnischen Finessen, ohne mit ihnen zu prunken. Es entsprang echtem musikantischem Übermut und bildet eine schöne Brücke vom gewichtigen Adagio zum groß angelegten Finale. Dieses umfaßt eine *Introduzione concertante* (Maestoso ma non troppo), die nach energischem Beginn in ein dialektisches Instrumental-Rezitativ übergeht.

Ein ruhiges Molto Adagio leitet dann unmittelbar hin zu der das Werk krönenden *Fuga* (Allegro energico), einer leidenschaftlichen Steigerungsfuge, die außerordentlich heftig in vierfachem forte crescendo abbricht.

Im 2. Streichquartett (1938) übernahm Fortner die im ersten Quartett erprobte Form nahezu unverändert. Die schon dort sich andeutende Fünfsätzigkeit (zweigeteiltes Finale) wird hier äußerlich mehr betont. Das zur Schlußfuge überleitende rezitativische *Intermezzo* wird als selbständiger 4. Satz gezählt. Dem Hörer wird dies nicht bewußt, denn das Intermezzo geht „attacca" in die lebhafte Einleitung (Molto allegro) über, die der Fuge vorangestellt ist. Diese Einleitung erst schafft durch ein starkes ritenuto und durch 2 Fermaten eine deutliche Zäsur. Jenseits setzt

die *Fuge* in der 2. Violine „poco scherzando" ein. Den Beginn des Quartetts bildet wiederum ein Sonatensatz *Allegro.* Aus seiner Thematik sind die Themen des ausdrucksvollen *„Air"* und des kapriziösen *„Scherzo"* — auch die des Trios und Intermezzos — deutlich abgeleitet. —

Das 3. Streichquartett (1948) umschließt eine ganz andere *klangliche* Welt. Die Satzanordnung — *Allegro moderato, Allegro poco scherzando* (= Scherzo mit Trio), *Largo* und *Presto* (= freies Rondo) — entspricht zwar der Norm. Auch die Ausdrucksbereiche der einzelnen Sätze sind weder ausgetauscht noch verwischt. Aber die Thematik und die Zusammenklänge lassen erkennen, daß Fortner sich inzwischen mit der „Zwölftontechnik" angefreundet hat. Er wendet sie freilich nirgends streng an, läßt vielmehr gleichsam von dem einen oder anderen ihrer Postulate seine melodische und klangliche Phantasie anregen, mehr nicht. Es gibt verschiedene 12tönige Themen in diesem Werk, „Reihen" im Sinne der Lehre. Die beiden Abbildungen zeigen

einen Gedanken aus dem Kopfsatz und den Beginn des

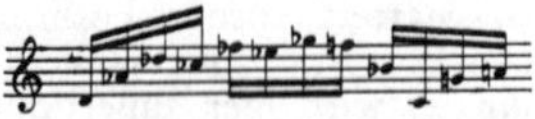

Prestos als Belege. Die erste Voraussetzung strenger Zwölftonmusik — (Gleichwertigkeit der 12 Töne, von denen keiner die Bedeutung eines Zentraltones erlangen darf, weshalb auch keiner wiederholt werden darf, bevor alle anderen Töne gebracht sind) — ist in den beiden *Themen* erfüllt. Sie werden nun aber keineswegs im Sinne der Lehre verarbeitet. Überall in diesem Werk lassen sich tonale Schwerpunktbildungen und qualitative Intervallspannungen sowohl in der Melodik als auch in den Zusammenklängen nachweisen. Auch die allen Sätzen innewohnende starke dynamische Kraft widerspricht der Lehre. Strenge Zwölftonmusik ist ihrem Wesen nach statisch, nicht dynamisch (vgl. Kap. Schönberg). Der Gesamteindruck des Werkes: es ist die sehr persönliche Aussage eines präzise denkenden, empfindsamen, leidenschaftlichen Musikers.

Die Serenade für Flöte, Oboe und Fagott (1948) ist noch ein Produkt aus der neuklassischen Periode Fortners. 6 Sätze, insgesamt reizende Spielmusiken, fein gezeichnete, klanglich aparte Stimmungsbilder. Eine lustige *Intrade*, aus der die Reibung cis (Fagott), c (Flöte) nicht hinweg zu musizieren ist — sie behauptet sich noch im Ausklang —, eröffnet den Reigen. Eine sanfte *Aria*, in sehnsüchtigem Flötenruf ppp ersterbend, wird sodann abgelöst von einer ulkigen Staccato-*Caprice* (5/4), worin sich das Fagott mit einer unermüdlich wiederholten Baßfigur ostinat vom lebhaften Geplapper der Flöte und Oboe absondert, so, als gehe es das alles nichts an. Zum guten Ende finden sich die drei, wenn auch nachklappend und ein wenig spitz, in einem friedfertigen C-dur Akkord. Es folgt als

Nr. 4 eine *Partita* zu einem Abschiedslied aus dem 16. Jahrhundert. Der Liedsatz wird dreimal vorgetragen, hierbei fällt jedem Instrument einmal die Melodie zu. Eine „Invention“ (Flöte, Oboe) und ein „Kanon“ (Oboe, Fagott) stehen verbindend zwischen den Liedwiederholungen. Eine *Sinfonia,* in der die Themen der Zwischenspiele und der Abgesang des Liedes gemeinsam verarbeitet sind, beendet den Satz. Ein lebhaftes *Interludium* leitet dann pausenlos über zum heiteren Finale, einer *„Fuga a 3“*.

Einer ähnlichen Musiziergesinnung entsprang die hübsche dreisätzige Sonate für Violine und Klavier (1945) und die knifflige Sonate für Flöte und Klavier (1947). In beiden Werken fallen eigenartige Variationssätze auf. Die Flötensonate

gipfelt in einer spieltechnisch und klanglich diffizilen *Fuge.* Auch in der Sonate für Cello und Klavier (1949) gibt es einen aparten Variationssatz. Archaistische Veränderungen über ein Thema von *Guillaume de Machaut* (1300—1377) beenden das Werk, dessen erste Sätze *(Allegro moderato* und *Scherzo)* deutlich Fortners Annäherung an die Zwölftonmusik bekunden. — In dem fünfsätzigen Streichtrio, das Fortner 1953 im Auftrage des Süddeutschen Rundfunks, Stuttgart, schuf, findet die Zwölftontechnik sehr weitgehend Anwendung. Man lasse die einzelnen Sätze als Zeichen-, Klang- und Ausdrucksstudien auf sich wirken. Die Sprache ist durchgehend polyphon, die Form konstruktiv. Ihre Statik wird durch thematische Beziehungen über mehrere Sätze hin gefestigt. Besonders deutlich wirkt sich das 12tönige Thema des 2. Satzes im Mittel-

teil des 4. Satzes aus: es erscheint hier in der Umkehrung. Der 3. Satz, *„Kanon"*, ist nahezu streng dodekaphon gearbeitet. *H. R.*

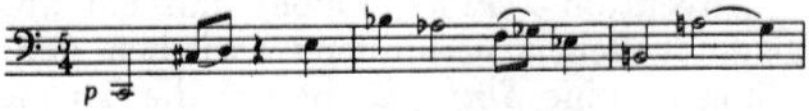

JEAN FRANÇAIX

* 23. Mai 1912 in Le Mans

Sohn eines Pianisten und Komponisten, begann er seine Studien an dem von seinem Vater geleiteten Konservatorium zu Le Mans und vollendete seine Ausbildung am Pariser Conservatoire. In der Komposition wurde er von Nadia Boulanger unterwiesen. Schon seit 1932 erschienen seine Werke auf den Programmen der internationalen Musikfeste. Auch als hochbefähigter Pianist machte er sich einen Namen. 1950 erhielt er in Anerkennung seines Schaffens den Prix du Portique.

Von den neueren französischen Komponisten hat sich kaum ein anderer auch in Deutschland so viele Freunde gewonnen wie Françaix. Seine Ballette haben sich die Bühnen erobert, und neben seinen orchestralen und konzertanten Schöpfungen begegnet uns namentlich seine Kammermusik immer wieder in den Programmen der Konzerte und des Rundfunks. Die Vorliebe für seine Musik erklärt sich leicht aus ihren sehr gewinnenden, ja verführerischen Eigenschaften: sie ist in Satz und Klang stets gegenwartsnah, zeigt aber nirgends Spuren jener Sprödigkeit, die für viele Hörer ein oft schwer übersteigliches Hindernis bildet, der zeitgenössischen Musik Geschmack abzugewinnen; zum andern überwiegen in ihr die heiteren, hellen Wesenselemente, die man gleichfalls in vielen neueren Werken vergeblich sucht; vor allem aber besitzt seine Kunst die vorzüglichsten, schon seit dem Barock voll ausgeprägten Tugenden französischer Musik: Anmut und Klarheit.

Dieser liebenswürdige Musiker, der schon sehr früh seinen eigenen Tonfall fand, hat bisher eine stattliche Anzahl von zwei- bis sechsstimmigen Werken für kammermusikalische Instrumentengruppierungen geschrieben. Sie entzücken alle durch Einfallsfrische, natürliche Melodik, graziösen und pikanten Humor, feine Farbigkeit, rhythmische Lebendigkeit und, nicht zuletzt, durch klare, knappe Formen. Zu den am häufigsten gespielten seiner Kammermusiken gehört das 1933 entstandene, den drei Brüdern Pasquier zugeeignete Streichtrio. Es ist für die geschilderten Wesenszüge seines Stils besonders bezeichnend. Als Beispiel für die unbeschwerte, springende Fröhlichkeit seiner Einfälle und für seine Art, die Harmonik ohne Preisgabe der Tonalität apart zu würzen, mag hier der Anfang des *Scher-*

zos stehen. Reizvollen Stimmungsgegensatz zur heiteren Grundstimmung dieses Teils und der anmutig verspielten, manchmal tänzerisch beweglichen Ecksätze (*Allegretto vivo* und *Rondo*) bildet die zart verhaltene Lyrik des von den drei Instrumenten con sordino vorzutragenden *Andante.*

Der Geist eines bejahenden Lebensgefühls herrscht auch in dem 1934 geschriebenen, gleichfalls viersätzigen Streichquartett, das der Komponist seinen Eltern gewidmet hat. Solche Musik ist im besten Sinne, nämlich im Sinne der klassischen Divertimenti und Serenaden, *unterhaltende* Musik: sie erfreut und beschwingt, wahrt aber immer eine noble innere Haltung und — dank der Subtilität der Faktur — die reine Höhe echter Kunst. Der kantable *Andantesatz* (3/4) hat den Charakter eines stilisierten ruhigen Tanzes; sehr spritzig wiede das — viel pizzicato-Wirkungen nutzende — *Scherzo* stimmungsfein der Ausklang des *Finale,* der nach vie lebhaft drängender Bewegung überraschend eine lied hafte, still verträumte Weise bringt.

Den Geigern hat Françaix eine Sonatine mi Klavier (1934) geschenkt. Hier sind drei stark kon trastierende Sätze aneinandergereiht: einem rhythmisc einprägsamen, aus charakteristischer Kleinmotivik ent wickelten *Vivace* in knapper Sonatenform folgt ein *An dante,* das den Gedankengegensatz zwischen einen espressiv-gesanglichen $^4/_4$-Thema und einem tanzartige $^3/_4$-Motiv auch im Klanggegensatz der beiden Instru mente betont. Mit einer wirkungsvollen, abwechslungs reichen Folge von fünf *Variationen* über ein lyrische Thema schließt das Werk, das dem einst berühmten Du Alfred Cortot — Jacques Thibaud zugedacht wurde.

Auch zur *Kammermusik mit Bläsern* hat der fanzö sische Meister einige beachtliche Schöpfungen beigetra gen. So schrieb er schon zur Zeit der bisher genannte Werke ein Quintett für Flöte, Harfe, Violine, Bratsch und Cello, später u. a. ein Quartett für Flöte, Obo Klarinette und Fagott, ein kleines Quartett für Saxo phone, je ein Divertissement für Fagott (mit Streich quintett) und für Flöte (mit Klavier) sowie eine Sona tine für Trompete und Klavier und einen Canon fü Horn und Klavier. Bekannter wurde bei uns da Bläserquintett in E aus dem Jahre 1948, in den der Kombination von Flöte, Oboe, Klarinette, Fagot und Horn mannigfachste Spiel- und Klangwirkunge abgewonnen sind: namentlich der dritte Satz (Them mit fünf Variationen) bietet hier den einzelnen Instru menten viele Entfaltungsmöglichkeiten. Durch Reiz de Erfindung und feine Satzkunst fesselt endlich auch da Divertissement für Oboe, Klarinette und Fagot (1947), das aus einem ruhig bewegten, sensibel graziöse *Prélude,* einem attacca daran anschließenden, spielerisc heiteren *Allegretto assai,* einer — melodisch von de Oboe geführten — *Elegie* und einem tänzerischen *Scherz* als Finale gefügt ist. *A. W*

GESCHICHTLICHER ÜBERBLICK

Die im Hauptteil ausführlich behandelten Meister sind hier nur kurz im Zusammenhang erwähnt

BAROCK

Etwa um 1600 vollzieht sich die Loslösung der neuzeitlichen Instrumentalmusik von der Vokalmusik und ihre Verselbständigung in den verschiedensten Formen.

Auf unserem Gebiet besagt Barock: Blütezeit der *Sonate* und der *Suite.*

Die *Sonate* ist italienischen Ursprungs. Der Name bedeutet zunächst nur „Klingstück" (von sonare, klingen). Gegensatz: Kantate = „Singstück" (von cantare, singen). Die Barock-Sonate hat anfangs drei, später vorwiegend vier Sätze. Sie tritt meist auf als *Solosonate* für Geige und Generalbaß oder als *Triosonate* für 2 Geigen bzw. 2 Flöten und Generalbaß. Die *Triosonate* erscheint zunächst als *Kirchensonate* (Sonata da chiesa), später daneben als weltliche *Kammersonate* (Sonata da camera). Letztere geht in Haltung und Form zurück auf die Suite. Sie bringt vorzugsweise stilisierte Tanzsätze in lockerer Reihung. Die strengere Kirchensonate dagegen betont in ihrem Formaufbau Spannungskontraste. So z. B. ist ihre Satzanordnung in der Regel: langsam, lebhaft, langsam, lebhaft, wobei die langsamen Sätze vorwiegend monodisch, die lebhaften polyphon und oft fugiert verlaufen. Die Grenzen zwischen Kammer- und Kirchensonate verwischen sich allmählich, Elemente der einen gehen in die andere über und umgekehrt. Die *Solosonate* für Geige und Generalbaß entwickelt sich aus ersten, schlichten Anfängen zum Paradestück der Geigenvirtuosen.

Die *Suite* (oder *Partita)* ist eine Folge von Tanzstücken. In ihr begegnet uns die erste zyklische Reihenform der neuzeitlichen Musik. Sie geht zurück auf mittelalterliche Volkstänze, findet um 1600 über Italien Eingang in die Kunstmusik und behält nun das Charakteristische der einzelnen Volkstänze stilisiert bei. Ihre Durchbildung erhält die Suite in *Frankreich* und *Deutschland,* wo sie drei-, vier-, fünf- oder sechssätzig und vorwiegend als Orchestersuite auftritt. Zumeist erscheint sie hier als *Variationen-Suite,* d. h., alle Sätze gehen mehr oder weniger deutlich vom thematischen Material des 1. Satzes aus. Sie stehen ferner in derselben Tonart, unterscheiden sich aber durch ihren Rhythmus (in der Regel wechseln gerader und ungerader Takt, ruhiger Vortanz und lebhafter Nachtanz). Zum Normalschema wird zunächst etwa die deutsche Folge: Pavane, Gaillarde, Allemande, Courante. Später fällt die erste Satzgruppe, die zweite rückt an die Spitze, ihr folgen Sarabande und Gigue. Diese neuere viersätzige Normalform wird bald durch Vorspiele und Intermezzi der verschiedensten Art erweitert. An die Spitze tritt etwa eine italienische „Sinfonia" oder ein Präludium, an den Schluß eine Passacaglia oder Chaconne. Vor die Gigue werden bisweilen eingeschoben: Gavotte oder Rigaudon, Bourrée, Menuett, Passepied, Tripla u. a. Aber auch Toccaten, Scherzi, Rondos, Ouvertüren und selbst Fugen finden Eingang in die seit etwa 1700 vorherrschende französische Suite.

Zur Zeit des musikalischen Barock wurde der Sologesang oder der Vortrag der Melodieinstrumente grundsätzlich von *Generalbaß*spielern auf der Orgel, dem Cembalo oder anderen Harmonieinstrumenten begleitet. Die von den Generalbaßspielern auszuführenden Akkorde wurden nicht in Noten aufgezeichnet, sondern zur Baßstimme abkürzend in Ziffern angegeben. Nach solchem Material wurde dann aus dem Stegreif gespielt. Da das während der ganzen Barockzeit üblich blieb (Generalbaßinstrumente wurden bald fester Bestandteil auch der Barock-*Orchester*!), nennt man diese bisweilen einfach *Generalbaßzeit.*

Zu beachten: dem Cembalo als Generalbaßinstrument oder „basso continuo" (Abkürzung = Bc) wurde bei den Triosonaten — also Sonaten für 2 Melodieinstrumente und Bc — gewöhnlich ein baßverstärkendes Cello hinzugefügt, so daß die Triosonaten in der Tat von *vier* Instrumenten ausgeführt wurden. Bei stilechten Aufführungen ist das auch gegenwärtig so. Ersetzt man aber das Cembalo durch das im Klang kräftigere Klavier, so erübrigt sich das Cello.

Die ältesten erhaltenen Stücke für Solo-Instrumente — z. B. Orgel, Laute u. a. — stammen aus dem 13. Jahrhundert. Es handelt sich bei ihnen zumeist um auszierende Begleitungen oder Übertragungen von Vokalsätzen. Ähnliches gilt für Dokumente aus den folgenden Jahrhunderten bis herauf etwa zu den Instrumentalsätzen (Bär) von *Heinrich Isaac* (um 1450 bis 1517), den 9 Ricercari (Sch) von *Adrian Willaert* (1480/90—1562) oder den zweistimmigen Fantasien (Bär) des *Orlandus Lassus* (s. d.). Sieht man von solchen Grenzfällen ab, so ist *Giovanni Gabrielis* Sonate für 3 Violinen u. Bc (vor 1615) wohl das erste gewichtige Beispiel einer für Solo-Instrumente entworfenen „Kammermusik".

Wenden wir uns nun den Barockmeistern zu, deren Kammermusiken noch heute gepflegt werden.

In Deutschland, das vor allem durch *Rosenmüller, Vierdanck, Buxtehude, Joh. Th. Krieger, Joh. Fischer, Pachelbel, Telemann, Händel* und *J. S. Bach* vertreten ist, entwickelte sich zunächst die meist chorisch besetzte Suite, als deren erste Meister u. a. *Hans Leo Haßler* (1564—1612, dreiteilige Suiten: Intraden, Paduanen, Gaillarden), *Joh. Hermann Schein* (1586 bis 1630, fünfteilige Suiten aus dem „Banchetto musicale": vorwiegend Paduane, Gaillarde, Courante, Allemande, Trippla, ferner Intraden aus „Venuskränzlein" und Canzon = fünfstimmige Fuge, alle B&H) und *Samuel Scheidt* (1587—1654) zu nennen sind.

Die deutsche Geigenkunst vor J. S. Bach hat eine Reihe eigenwilliger Meister aufzuweisen. Sie mehrten die Ausdrucksmöglichkeiten des Instruments durch eine virtuose Doppelgrifftechnik, durch „Scordatura" (umstimmen der Saiten während des Spiels), durch Ersinnung seltsamer Klangfarben etc. In ihren rhapsodisch freien, von jähen Stimmungsumschwüngen zerklüfteten, oft bizarren Sonaten (unbegleiteten und begleiteten), Suiten, Serenaden etc. weichen sie entschieden vom Schönheitsideal des italienischen Stils ab. *Nicolaus Adam Strungk* (1640—1700), als Virtuose ein Tausendsassa à la Paganini, zugleich gefeierter Kapellmeister und Opernkomponist, veröffentlichte u. a. eine Reihe von Sonaten und Ciaconen, die aber verschollen sind. Seine technisch anspruchslose Sonata für 6 Streichinstrumente u. Bc (Bär, für Soli und chorische Besetzung) geht zwar in ihrer breiten, sanglichen Manier auf die altitalienische Canzona zurück — sie ist dreiteilig gegliedert (Poco Allegro, Adagio, Allegro) — aber sie bezeugt in ihrer ernsten, von leidenschaftlichem Pathos durchglühten Sprache auf das schönste die Eigenart des Meisters. *Heinrich Ignaz Franz Biber* (1644—1704), Virtuose par excellence, berühmt durch seine Passionssonaten, Partiten, Kirchen- und Kammersonaten, sei mit einer hübschen Serenade für 5 Streichinstrumente, Nachtwächterbaß u. ausgesetzten Generalbaß (Na) genannt. Von *Johann Jakob Walther* (um 1650—1717), der den beiden als Virtuose zumindest ebenbürtig ist, verdient eine charakteristische Sonate für Violine und Bc (Na) Hervorhebung. Die Solo-Violine ist technisch anspruchsvoll, über größere Strecken zwei- bis dreistimmig geführt. Die Form ist rhapsodisch. Walthers Hauptwerk, die „Scherzi da violino solo con il basso continuo“, liegt (bei Na) als Neudruck vor.

Johann Theile (1646—1724), Gambenmeister, Kontrapunktiker von hohen Graden, Kirchen- und Opernkomponist, schrieb u. a. polyphone Suiten und fugierte Sonaten für 2—5 Stimmen. Seine Suite in A-dur für V, 2 Br, Vcl u. KB (Ki&Si) behauptet sich neben denen Rosenmüllers. — Der Ostfriese *Philipp Heinrich Erlebach* (1657—1714) pflegte noch ausgesprochener als Johann Fischer die unter dem Einfluß Lullys stehende französische Variante der Suite (Orch.-Suite). Sein ausdrucksvoller Musizierstil tritt charakteristisch hervor in der schönen Sonate e-moll für V, Gambe und Bc und in der 3. bzw. 4. Ouvertüren-Suite für 2 V, 3 Br u. Bc (alle bei Ki&Si). — Der große Österreicher *Johann Joseph Fux* (1660—1741) war der Nachwelt lange Zeit nur vertraut als Verfasser der Kontrapunktlehre „Gradus ad Parnassum“. Neuerdings erleben seine Kirchen- und Instrumentalmusiken eine verdiente Renaissance. Sein Stil — weit entfernt von trockener Gelehrsamkeit — vereint in den weltlichen Instrumentalmusiken barocke Polyphonie und Formenstrenge echt musikantisch mit einer oft geradezu volkstümlichen Melodik und tänzerischen Rhythmik. Seiner kräftig farbigen, phantasievollen Sprache eignet ein Zug ins Kosmopolitische. Sie ist an europäischen Vorbildern geschult, doch in ihrem verbindlichen Charme äußert sich unverkennbar die Herkunft aus österreichischer Wesensart. Zwei prachtvolle, spieltechnisch nicht schwere Partiten (in G- u. F-dur) für 2 V u. Bc kamen bei Bär heraus. Sie wirken chorisch und solistisch besetzt. Die in ihnen teils streng, teils frei gehandhabte imitatorische Art wird bei der hübschen dreisätzigen Sonate für 2 Gamben (Br) u. Bc (Bär) zum kanonischen Prinzip. Die Melodieinstrumente musizieren durchgehend kanonisch im Einklang. Eine originelle Form hat die Sinfonia für Blockflöte, Oboe und Bc (Na). 6 Sätze: zwei langsame Ecksätze, ihnen benachbart zwei Andantes, in der Mitte zwei Allegri. Zudem gibt es hier drollige Gedankenspiele. Das zweite Allegro heißt: „La joye des fidels sujets". Im zweiten Andante treten eine französische und eine italienische Aria gleichzeitig in den beiden Melodieinstrumenten wetteifernd auf. Das Finale konfrontiert „Les ennemis confus". — Von *Reinhard Keiser* (1674—1739), dem enorm fruchtbaren Opernkomponisten — er schrieb allein für Hamburg weit über 100 Opern, ferner Oratorien, Kantaten u. a. —, sind nur wenige Instrumentalmusiken erhalten. Drei Triosonaten für Flauto traverso, Violine u. Cembalo (Na) geben einen Eindruck von der geschmeidigen Art dieses Meisters. Sie sind übereinstimmend nach dem Schema der viersätzigen italienischen Kirchensonate entworfen, aber im Duktus ohne polyphone Strenge, gefällig, unterhaltsam. Da gibt es zwar Ansätze zu imitatorischem Stil, auch wohl gewichtige Motivspiele à la Händel, Redewendungen rein barocker Natur, doch daneben schmachtende Terzenschleifer, intime, subjektive Weisen, Tanzsätze, die nichts mehr vom Geist der Sonata da chiesa in sich tragen. Eine neue Zeit, das „galante Zeitalter" kündet sich hier liebenswürdig an. —

In Italien, dem Mutterland der Sonate, sind *Giovanni Gabrieli, Legrenzi, Corelli, T. Vitali, Caldára, Geminiani, Albinoni, Abaco, Vivaldi* und *Tartini* die Meister dieser Gattung von ihren ersten Anfängen bis zu ihrer spätbarocken Erscheinungsform. Mit und neben ihnen haben viele bedeutende und mittlere Meister wesentlichen Anteil an ihrer kontinuierlichen Entwicklung. Da ist z. B. *Biagio Marini* (um 1597 — 1665). Von ihm stammt die älteste erhaltene Solo-Violinsonate (in Affetti musicali, Werk 1, 1617). Er schrieb gehaltvolle Sonate da chiesa e da camera (2—4stimmig mit Continuo und Gitarre, Tabulatur, Werk 22, 1655). An Neudrucken liegen in Sammelwerken als Bearbeitungen vor: Sonate (a) für Violine u. Klavier (in Schering, Musikgesch. in Beispielen, B&H), eine Sonate (d) für 3 V u. Klavier, Balletti, Sonate (c) und Sonate über das Lied „Fuggi dolente core" (g) für 2 V, Vcl u. Klavier (alle in L. Torchi: L'arte mus. in Italia, Riccordi). Als einer der ersten, bei denen sich die neuzeitliche Kammermusik als selbständige Gattung gegenüber der Orchestermusik abgrenzt, ist Marini zumindest historisch interessant. — *Giovanni Battista Vitali* (1632 bis 1692), der Vater *Tommaso Vitalis*, gehört mit seinen Kirchen- und Kammersonaten zu den Wegbereitern Corellis. 2 Sonaten (D, a) u. Passgallo (B) für Viole d'amour u. Bc findet man in der Sammlung L. Torchi, L'arte musicale in Italia, Band 7 (Ric). — *Agostino Steffani* (1654—1728) war eine der glänzendsten Erscheinungen seiner Zeit, vielseitiger Komponist und Diplomat. Seine geistreichen Korrespondenzen sind wertvolle Dokumente zur Zeitgeschichte des Spätbarock. Er war päpstlicher Protonotar, wurde später Bischof und apostolischer Vikar in Norddeutschland mit Sitz in Hannover. Hinterließ prachtvolle Chor- und Kirchenmusiken, Kantaten, Opern u. a. Beträchtlich war sein Einfluß auf seinen Schüler G. F. Händel. Zwei ihm zugeschriebene Kammermusikwerke, die Triosonaten Nr. 4 (B) u. Nr. 6 (c) (Na) stammen indessen von Antonio Caldara. — Einen aufgelockerten Stil zeigt die melodisch ausdrucksvolle Triosonate in G-dur (Zi) für Flöte, Viola da gamba u. Bc von *Antonio Lotti* (1666—1740), der — von Legrenzi ausgebildet — mit seinen Opern- und Kirchenmusiken als einer der bedeutendsten Meister der venezianischen Schule Wertschätzung genießt. — Der Violinvirtuose *Francesco Maria Veracini* (1690—1768) ernsthaftester Rivale Tartinis, hinterließ Violinkonzerte, Sinfonien für Streichinstrumente und Klavier und 12 eigenwillige Violinsonaten mit Bc, in denen der italienische Übergangsstil der ersten Hälfte des 18. Jahrhunderts eine weitere Ausdrucksvariante fand. Einige seiner Violinsonaten veröffentlichten Pe, Sch und Ric. — *Nicola Porpora* (1686—1768), bekannt durch seine Kontroversen mit Händel und Hasse und durch die Rolle, die er im Leben des jungen Haydn spielte, schrieb 53 Opern, 6 Oratorien, viele Messen und andere Kirchenmusiken, die indessen dem Urteil der Nachwelt nicht standhielten. Ein etwas günstigeres Schicksal wurde seinen Kammermusiken zuteil. Die eine oder andere seiner 12 Violinsonaten mit Bc oder seiner 6 „Sinfonie da camera" ist ab und an noch zu hören. Die Violinsonaten (einzelne bei Sch, UE, Sim, Ric) wahren noch die Form der barocken Sonate, weisen aber Züge auf, die sie als Übergangswerke zwischen Barock und Rokoko kennzeichnen. Das gleiche gilt für die Kammersonaten („Sinfonie a tre" oder „Sinfonie da camera"), von denen die im Verlag Curzi erschienenen 4 Sonaten für 2 V u. Bc insofern eine Sonderstellung einnehmen, als sie durchweg zweisätzig gehalten sind. Die langsamen ersten Sätze ergehen sich gern in einer klangvollen, opernhaften Melodik, die temperamentvollen Finales sind von drängender Bewegung erfüllt. — Der feinsinnige *Pietro Locatelli* (1695—1764), Schüler Corellis, lebt in ausdrucksvollen Concerti grossi, Violinkonzerten und Kaprizen fort. Seinen Kammermusiken begegnet man nur selten. Zu nennen sind: Violinsonaten (einzelne bei B&H, Sch, Sim, Ric), 3 Flötensonaten (Bär), eine Sonate für 2 Flöten (Zi) und Triosonaten (je eine bei B&H, Sim, Gü). — Die Brüder *Giuseppe Sammartini* (der „Londoner", um 1693 — 1751) und *Giovanni Battista Sammartini* (der „Mailänder", 1700/01—1775), ebenfalls Meister des Instrumentalkonzerts und des Concerto grosso, stehen mit ihren Violin-, Flöten-, Cello- und Triosonaten auf der Grenze zwischen Barock und Rokoko. Der Übergangscharakter ihrer Kammermusiken — so Interessantes sie im einzelnen auch enthalten — mindert ihren Wert, besonders, da heterogene Elemente der Sinfonie, des Konzerts und der Oper sie ihrer eigentlichen Bestimmung entfremden. Man findet Beispiele ihrer Kunst bei Sch, Ric, B&H u. Sim. Der „Mailänder" Sammartini war Glucks Lehrer.

In England — dessen Altmeister *William Byrd* (1543—1623), *Thomas Morley* (1557—1602), *John Dowland* (1562—1626), *John Bull* (um 1562—1628) und *Orlando Gibbons* (1583—1625) mit ihren Stücken für das Virginal (altenglische Bezeichnung für Cembalo) und andere Instrumente schöne Belege für den Vorsprung gaben, den die reine englische Instrumentalmusik damals vor der des europäischen Festlandes voraus hatte — stellen die Triosonaten *Henry Purcells* den bedeutendsten Beitrag zur Kammermusik des Barock dar. Der gediegene *William Boyce* (1711—1779) gehört mit seinen wertvollen Triosonaten der melodieseligen, „galanten" Zeit des Rokoko an.

In den Niederlanden, deren Altmeister *Heinrich Isaac* (um 1450 — 1517), *Adrian Willaert* (1480/90 bis 1562) und *Orlandus Lassus* (um 1532—1594) wir eingangs erwähnten, vertritt der flämische Meister *Jean Baptiste Loeillet* (1680—1730) aus Gent die barocke Kammermusik mit prachtvollen Flöten-, Violin- und Triosonaten. Er lebte seit 1705 in London. Während in französischen Verlagen (z. B. Lémoine, Leduc) eine ganze Reihe seiner Werke zu finden ist, kamen bei uns wohl nur zwei Violinsonaten mit Bc (Sim) und drei Flötensonaten mit Bc (Bär) heraus, schöne, schlichte, ernst pathetische Arbeiten (zwei- oder viersätzig).

Frankreichs Beiträge zur barocken Kammermusik stehen in keinem Verhältnis zu seinen Leistungen auf dem Gebiet der Oper und der (Opern-)Ballett-Suite *(Lully, Rameau).* Der große *François Couperin* (1668 bis 1733) schrieb zwar auch Konzerte (Concerts royaux) und Kammermusiken, so z. B. Suiten für Cello (oder Gambe) und Klavier (Leduc, Paris), Sonaten für 2 V, Vcl u. Klavier, darunter „La Française", „L'Impériale", „La parnasse ou L'apotheose de Corelli et Lully", „La poucelle", „La visionaire", „La Steinkerque" (alle Durand, Paris), eine „Sonate en 4": „La sultane" für 2 V, 2 Vcl und Klavier (Edition l'oiseau lyre, Paris) u. a. m., aber sein Bedeutendstes gab er in seinen zierlich verschnörkelten Klaviermusiken (4 Bände Pièces de clavecin). — Der Geiger *Jean-Marie Leclair* (1697—1764) schrieb gehaltvolle Duos, Violin- und Triosonaten (Proben bei Sch, Pe, B&H). Von *Nicolas Chédeville* (1705—1782) brachte Bär 6 galante Duos und Na zwei reizende, anspruchslose Pastoral-Sonaten für 2 Quer- oder Blockflöten. Drei vortreffliche Violinsonaten in Suitenform (Sch) bezeugen die Meisterschaft von *François Francœur* (1698—1787). Diese und andere achtbare

Meister gaben zwar gallischem Wesen charmant Ausdruck, doch sie sind Randfiguren im europäischen Konzert. *H. R.*

KLASSIK

Deutschland übernimmt auf dem Gebiet der Kammermusik die Führung. Ablösung der barocken Polyphonie durch die klassische Homophonie, d. h. Preisgabe der Gleichwertigkeit der Stimmen eines Satzgefüges, Hervorhebung einer individualisierten Stimme, auf welche die anderen bezogen werden. Ablösung der barocken Fuge, der auf einfache Spannungskontraste (z. B. langsam, lebhaft, monodisch, polyphon etc.) gestellten barocken Sonate sowie der Reihenform der Suite durch die *Entwicklungsform der klassischen Sonate* (Wesen und Gesamtform der klassischen Sonate sowie Schema des klassischen Sonatensatzes, auch Dualismus, motivische Arbeit etc. siehe Kap. Ph. E. Bach, ferner Haydn, Mozart, Beethoven). Klassik, das heißt auf unserem Gebiet weiter: Befreiung des Klaviers aus seiner Generalbaßrolle, Einführung gleitender dynamischer Übergänge (crescendo — decrescendo) zusätzlich zu den barocken dynamischen Gegensätzen (laut — leise), Durchbildung des Streichquartetts (Haydn) als der zentralen Ausdrucksform der klassischen Kammermusik, sowie vieler anderer Besetzungsvarianten vom Streicher-, Bläser- oder gemischten Duo bis zum Oktett mit und ohne konzertierendes Klavier. Das heißt endlich in weiterem Sinne: Absage an den überpersönlichen Stil des Barock, ständig zunehmende Individualisierung der Musik und ihrer Mittel.

Die klassische Kammermusik hat ihren Beginn im sogenannten „empfindsamen, galanten Stil" (etwa *Quantz, Friedemann* u. *Joh. Christian Bach,* bedingt auch der frühe *Gluck),* ihren „Sturm und Drang" in *Ph. E. Bach* und den *Mannheimern (Joh. Stamitz, Richter)* und ihre Reife in *Haydn, Mozart, Beethoven.* Die einzelnen Perioden überschneiden und ergänzen sich. Sie reichen in ihren Anfängen zurück in die Barockzeit und ragen mit Beethoven in die Romantik. Klassik im engeren Sinne (Hochklassik) etwa 1760—1800.

In Deutschland tragen viele tüchtige Meister das Ihre zu dieser Entwicklung bei. Da sind zunächst die norddeutschen Meister um den auch komponierenden Friedrich den Großen (er schrieb Flötensoli, Sonaten, Konzerte): *Quantz, Graun, Benda, Ph. E. Bach.* Ihnen allen ist Gediegenheit im Handwerklichen, eine gewisse Anlehnung an die höfische Barocktradition und Verhaltenheit im Ausdruck gemeinsam. Behutsam tasten sie sich allmählich zu Neuem vor. Sie bemühen sich um eine sinnvolle Verbindung von Polyphonie und Homophonie, um eine sangliche, persönlich gefärbte Thematik. Sie wagen gelegentlich schon kleine thematische bzw. motivische Durchführungen, bringen in manchem ihrer Allegri ein zweites gegensätzliches Thema und nähern sich so in Ansätzen dem Dualismus der Klassik, ohne indessen in dieser Neuerung das fundamentale, wesensumbildende Problem erster Ordnung in seiner Tragweite schon zu erkennen. Sie lösen sich teilweise von der überkommenen Form der viersätzigen barocken Kirchensonate, übernehmen die dreisätzige der „Mannheimer", geben ihr einen dichten, tragfähigen Aufbau, der nicht nur für einzelne Sätze, sondern für das Verhältnis aller zueinander bedeutungsvoll wird, und klären den Gattungscharakter mancher Besetzungsart. Der konservativste unter ihnen, *Quantz*, wird zum „Klassiker der Flötensonate". Der vielseitige *Johann Gottlieb Graun* fördert auf unserem Gebiet die Entwicklung der Triosonate. — Der Böhme *Franz Benda* (1709—1786) ist der musikantische „Virtuose" des Kreises. Er erlangte mit seinen unterhaltsamen Violinsonaten Bedeutung für die Entwicklung dieser Gattung. — Bei *Ph. E. Bach* verselbständigt sich sodann die frühklassische *Klaviersonate*. In ihr und in den anderen Kammermusiken wird nach tastenden Experimenten schließlich der „Dualismus", die dialektische Spannung gegensätzlicher Themen formbildend schöpferisch gewertet, das dreiteilige Schema des klassischen Sonatensatzes vorgebildet und damit die Grundlage geschaffen für das Wirken Haydns, Mozarts, Beethovens. —

Von den kleineren Meistern, die die Errungenschaften der Mannheimer in ihren Kammermusiken aufgriffen — unter ihnen etwa die Wiener *Ignaz Holzbauer* (1711 bis 1783), *Georg Christoph Wagenseil* (1715—1777, Triosonate F-dur, UE) und *Franz Aspelmayr* (um 1728 bis 1786, Triosonate u. Streichquartett, B&H) — verdient der Köthener *Carl Friedrich Abel* (1723—1787) eine Hervorhebung. Er ging noch bei J. S. Bach in die Lehre und leitete später in London mit Joh. Christian Bach die „Bach-Abel-Concerts". Er war einer der letzten großen Gambenvirtuosen und hinterließ u. a. liebenswürdige Streichquartette (je eins bei Kall, B&H), Violinsonaten (3 bei B&H) und Gambensonaten (6 bei Bär). — Auch *Leopold Mozart* und *Johann Schober* sind hier zu nennen. — Ähnlich wie *Carl Stamitz* oder *Dittersdorf* steht *Michael Haydn* (1737—1806) im Schatten seines älteren Bruders Joseph Haydn. Er schrieb gefällige, fein ziselierte, oder auch derb humorige Serenaden und Divertimenti für verschiedene Besetzungen vom Duo bis zum Quintett. Proben: 4 Sonaten für Violine und Bratsche (B&H, UE), je ein Divertimento für: V, Br, Vcl (Sch), Streichquartett (Na), Flt, Ob, Hrn, Fg (Hof), 10 Minuette für Streichquartett (Lit). — Für den fast unbekannten Württemberger *Johann August Sixt* (1757 bis 1797) mögen Drei Trios für V, Vcl, und Klavier (B&B) zeugen. Er erweist sich in ihnen als phantasievoller Melodiker und eigenwilliger Harmoniker. Eine Beschäftigung mit den Trios verlohnt sich. Es gibt in ihnen Klangfarben, Motive, eindringliche Wendungen, in denen schon das Atmosphärische romantischer Musik sich ankündet. Ähnliches gilt für die ausdrucksvollen Violinsonaten und Klaviertrios des Würzburger Sinfonikers *Johann Franz Xaver Sterkel* (1750—1817).

Frankreichs musikalisches Interesse kreiste im 18. Jahrhundert in erster Linie um Oper, Opern-Ouvertüre und Ballett. Auf dem Gebiet der Kammermusik blieb es nahezu untätig. Nur etwa *François-Joseph Gossec* (1734—1829), seinerzeit ein beliebter Opern- und Kirchenkomponist, ist hier zu nennen. Er gab als Organisator der französischen Liebhabermusik starken Auftrieb. Er trug ferner dazu bei, die Sinfonien Haydns und der „Mannheimer" in Frankreich heimisch zu machen und ebnete auch der deutschen Kammermusik den Weg in sein Land. Er hinterließ 12 Triosonaten (hiervon die letzten 3 = Orchestertrios mit obligaten Bläsern) und 12 Quartette, insgesamt frische, problemlose, melodieselige Stücke im neuen „Mannheimer" Stil. Proben: Streichtrio Werk 9 Nr. 1 in Es-dur (B&H),

Streichquartette Werk 1 Nr. 2 Es-dur und Nr. 3 c-moll (Sim). — Der in Paris heimisch gewordene Italiener *Giovanni Battista Viotti* (1755—1824), Meister des klassischen französischen Violinkonzerts, hinterließ klangschöne Kammermusiken, darunter 18 Violinsonaten, 21 Streichtrios für 2 Violinen und Cello und 21 Streichquartette.

Auch in I t a l i e n ist die Hochblüte der Kammermusik nun vorüber. Die bedeutendsten Meister jener Zeit — mit Ausnahme von *Boccherini* — erringen ihre entscheidenden Erfolge auf dem Gebiet der Oper. So ist es mit *Pergolesi*, mit *Domenico Cimarosa* (1749 bis 1801, er hinterließ keine Kammermusiken) und mit *Luigi Cherubini*. Ältere Meister aus der Übergangszeit, deren Werken man noch hin und wieder begegnet: *Pietro Nardini* (1722—1793), Schüler Tartinis, Violinvirtuose. Proben: Violinsonaten (urspr. Bc!) bei Sch, Sim, Ric, UE, Pe, 6 Streichquartette bei B&H. — *Gaetano Pugnani* (1731—1798), Violinvirtuose. Violinsonaten (urspr. Bc) bei Ric, B&H, Sch; Trio für 2 V und Klavier (urspr. Bc) bei Sim. — Der unter dem Einfluß Glucks stehende begabte Opernmeister *Antonio Sacchini* (1730—1786) ist bei B&H mit einer Triosonate vertreten. Er hinterließ 12 Violinsonaten, 6 Triosonaten und 6 Streichquartette im galanten Stil. *H. R.*

VOM 19. JAHRHUNDERT BIS ZUR GEGENWART

Deutsche Romantik

Die Romantik, die in *C. M. von Weber, Spohr, Mendelssohn, Schubert, Schumann* und *Brahms, Wagner* und *Liszt* ihre wesentlichsten, im künstlerischen Charakter freilich sehr verschiedenartigen Vertreter gefunden hat, ist eine der Kammermusik geneigte Epoche. Die intime Musik mußte einer Kunstanschauung gemäß sein, die auf möglichste Sublimierung der Gefühlsinhalte, auf Differenzierung und Nuancierung der Ausdrucks- und Stimmungsmomente bedacht war. Die Romantiker liebten trotz ihrer Neigung, sich dem Grenzenlosen hinzugeben, zugleich die Miniatur, die „Impromptus" und „Moments musicaux" (Fr. Schubert), die „Lieder ohne Worte" (Mendelssohn), weil sie mit solcher Durchdringung des Kleinen und Kleinsten zu reinster Verdichtung des Ausdrucks zu gelangen glaubten. Es ist kein Zufall, wenn das weitgeschwungene Adagio der Klassik bei Spohr und Mendelssohn zur „Romanze", zur „Canzonetta", das Scherzo bei Schumann zum „Intermezzo" wird.

Die Übergänge von der Klassik zur Romantik sind zunächst fließend. Unbedenklich werden von der frühen Romantik klassische Formen übernommen, um neue Inhalte in sie zu ergießen. Diese Inhalte, bewegt vom Unendlichkeitsdrang, vom Ehrgeiz beflügelt, das Unwägbare, das Un- und Unterbewußte in musikalischen Stimmungen und Bildern zu veranschaulichen, führten unwillkürlich zu einer Erweiterung der Form, in letzten Konsequenzen sogar zu deren Lockerung und Auflösung, eine Gefahr, welcher der am klassischen Ideal erstarkte Formsinn von Johannes Brahms und seiner künstlerischen Gefolgschaft zu begegnen strebte.

Der Unendlichkeitszug der Romantik äußert sich am sinnfälligsten in einer die klassischen Gesetze sprengenden, erweiterten Harmonik, dem bezeichnendsten Stilmerkmal der Hochromantik, das in Richard Wagners „Tristan und Isolde" seine kühnste Ausprägung erfährt. Aber schon *Anton Reicha* spricht 1803 von einer „neuaufsteigenden Epoche der freieren Ausweichungsarten, der feineren Verbindungen der Harmonie". Enharmonik und Chromatik spielen eine wesentliche Rolle in diesem mit Spohr anhebenden Prozeß. Hand in Hand mit diesen neuen harmonischen Verbindungen geht ein Suchen nach neuen Klangwirkungen, nach der Entdeckung neuer Klangfarben. Sie werden von Weber und Berlioz bis Wagner und Liszt durch Ausnutzung noch kaum verwendeter Register einzelner Instrumente, durch neue Instrumentenkombinationen erzielt. In der Kammermusik werden die Blasinstrumente in erhöhtem Maße herangezogen. Die Melodik schöpft mit Vorliebe aus dem Quell des Volkslieds, der Volksmusik; zugleich ergeht sich aber ein gesteigertes subjektives Empfinden in ausdrucksvollen rezitativischen Bildungen. Sogar im Rhythmischen macht sich das ruhelos Schweifende, ewig Suchende der Romantik in häufigen Taktwechseln, im Verwischenden der Synkope und der Mischfiguren bemerkbar. Man beginnt, die einzelnen Sätze pausenlos ineinander übergleiten zu lassen, knüpft zugleich thematische Beziehungen über den Einzelsatz hinaus zur Erzielung tonpoetischer Wirkungen, die auf ein latentes „Programm" hinweisen. Im Spiel starker Empfindungs- und Stimmungsgegensätze ist man bald himmelhoch jauchzend, bald zu Tode betrübt. Während bei der klassischen Viersätzigkeit das formale und inhaltliche Hauptgewicht meist in dem die Sonatenform erfüllenden Kopfsatze lag, erscheint nun vielfach das Finale als Ziel-

und Höhepunkt des ganzen Werkes, eine Gestaltungsweise, die sich bei Schumann anbahnt, um bei Bruckner ihren Gipfel zu erreichen. Wenn die Romantik, mit Ausnahme des Musikdramas und der symphonischen Dichtung, keine eigentlich neuen Formen geschaffen hat, so erschließt sie doch, insbesondere im Bereiche der Kammermusik, neue Welten des Ausdrucks und einer auf den Impressionismus vordeutenden sublimen Stimmungshaftigkeit und Reizsamkeit.

Von *Anton Reicha* (1770—1836) und seiner Hinwendung zu einer „neuen Harmonie“ ist bereits die Rede gewesen. Reicha hat unendlich viel Kammermusik geschrieben und neben 20 Streichquartetten, 6 Streichquintetten auch die Bläser reich bedacht. So finden wir von seiner Hand 22 Flötenduos, 24 Horntrios, 24 Quintette für Flöte, Oboe, Klarinette, Horn und Fagott, ein Oktett für 4 Streich- und 4 Blasinstrumente, ein Dezett für 5 Streich- und 5 Blasinstrumente, um nur einen Teil zu nennen. — Der Dichterkomponist *E. T. A. Hoffmann* (1776—1822) ist in seinen phantastischen Erzählungen wie auch in seinen kunsttheoretischen Schriften ein Wegbereiter der Romantik gewesen; seine Kompositionen verharren hingegen im klassischen Bereich. Das gilt auch für seine Kammermusik. Am ehesten deuten Einzelheiten seines Harfenquintetts in c-moll auf den neuen Stil. — Dem zuletzt in Weimar tätigen *Johann Nepomuk Hummel* (1778—1837), Pianist und Mozartschüler, haben insbesondere die Bläser wesentliche Kompositionen zu danken, unter anderem das auch heute noch Hörfreuden erweckende „Septett Militaire“ für Klavier, Flöte, Klarinette, Trompete, Violine, Viola und Kontrabaß. — Als einer der Vorbereiter der Romantik darf, besonders durch den Einfluß, den er auf C. M. von Weber nehmen konnte, *Franz Danzi* (1763—1826) gelten. Danzis vom Duo bis zum Sextett reichende Kammermusik ist bemerkenswert durch harmonische Delikatesse, durch eine Vorliebe für Chromatik (in den späteren Streichquartetten) und für seltene Instrumentenkombinationen. Die Bläserquintette op. 56 in g-moll und op. 67 in e-moll sind in Erfindung und Klangtum gleich reizvolle Gebilde, die Sonate concertante für *Horn und Klavier op. 44* eine der wenigen überzeugenden Lösungen dieser problematisch spröden Klangzusammenstellung, wobei das Klavier allerdings dem Blasinstrument die führende Rolle überläßt. — *Conradin Kreutzers* (1780—1849) kammermusikalisches Schaffen sollte ebensowenig vergessen werden, vor allem soweit es Bläser einbezieht. Sein von liedhaftem Melos erfülltes, klangschönes Trio für Klavier, Klarinette und Fagott, das diesem nahezu ebenbürtige Trio für Klavier, Flöte und Cello und das musizierselige Septett für Klarinette, Horn, Fagott und Streicher können sich noch immer hören lassen. — Ähnliches gilt für die Streichquartette von *Fr. E. Fesca* (1789—1826), die zwar ebensowenig wie Spohrs Quartette Mozarts Vorbild verleugnen, jedoch vom neuen harmonischen Geist berührt und, bei annähernd gleichem Anteil aller Stimmen am musikalischen Geschehen, lauter empfunden, form- und linienklar gestaltet sind. — *Heinrich Marschner* (1795—1861), vorab Opernkomponist, hat, selbst vorzüglicher Pianist, vor allem Kammermusik mit Klavier gepflegt. In den Duos für Klavier, Geige oder Cello steckt manche hübsche Einzelheit. Persönlicher muten einige der 7 Klaviertrios an. Op. 111 in g-moll und op. 167 in F-dur sind beachtliche Schöpfungen, ohne freilich in sonderliche Tiefen zu dringen. Auch die Klavierquartette op. 36 und op. 154 sollte man nicht völlig übersehen. — Reiche Beisteuer verdankt die Kammermusik den drei Brüdern Lachner. *Franz Lachner* (1803—1890) schrieb 7 Streichquartette, 1 Streichquintett, 2 Klavierquintette, 1 Oktett für Bläser und 1 Nonett für Streicher und Bläser. Besonders in letzteren ist der einst gefeierte Meister der Orchestersuite zu spüren. Von *Ignaz Lachner* (1807—1895) besitzen wir 3 nicht unbedeutende Trios für Klavier, Geige und Bratsche, überdies 7 Streichquartette, unter denen op. 74 in A-dur, wiewohl etwas langatmig, durch Frische und musikalischen Feinsinn hervorragt. *Vincenz Lachner* (1811—1893) lieferte mit den „Streichquartettvariationen samt Vor- und Nachspiel über die C-dur-Tonleiter" ein ebenso originelles wie instruktives Werk. Gehaltvoll ist zudem das Streichquartett in d-moll op. 36. — Von

Carl G. P. Graedener (1812—1883) sollte man die in Schumann-Nähe vorstoßenden Klavierminiaturen nicht ganz vergessen; ebenso wären sein Streichtrio, die 3 Streichquartette, das Streichoktett gelegentlicher Wiederbeachtung wert. Sämtliche bekunden künstlerischen Ernst, Geschmack, harmonische und rhythmische Feinheit, Früchte der praktischen Betätigung Grädeners als hervorragender Quartettcellist. Außerdem sei an *Clara Schumanns* (1819—1896) schwungvolles Klaviertrio op. 17 erinnert, das sich auch in anspruchsvoller romantischer Nachbarschaft behauptet.

Der einst beträchtliches Ansehen genießende *Robert Volkmann* (1815—1883) ist über Gebühr in den Hintergrund getreten. Sein Klaviertrio in b-moll op. 5 wird von einer Ausdrucksleidenschaft durchblutet, die über bloßes Pathos hinausdrängt. Der Grundklang des Trio ist tiefe, mitunter wilde Schmerzlichkeit, die sich im Mittelteil zu tröstlichen Ausblicken, freundlichen Erinnerungen verklärt, um schließlich zur Anfangsstimmung zurückzukehren. Der inkarnierte tondichterische Gedanke erzeugt eine zweiteilige Form, die, eine Folge musikalischer Bilder, mit klassischen Vorbildern wenig mehr zu tun hat. Sein idyllisches Widerspiel findet das b-moll-Trio im Klaviertrio in F-dur op. 3. Von den 6 Streichquartetten enthält op. 9 in a-moll ein esoterisch zartes Adagio. Einheitlicheren Gesamtcharakter bekundet op. 14 in g-moll mit einem energievoll vorwärtsstrebenden Kopfsatz, warmblütigem Andante, einem halb als Jagdstück, halb als Elfenreigen drapierten Scherzo, von dem ein Bratschenrezitativ ins feurige Finale überleitet. Während op. 34 in G-dur mehr hausmusikalischem Musizieren dient, stellen op. 35 in e-moll und op. 37 in f-moll höhere Ansprüche. Der leidenschaftlich erregte 1. Satz von op. 37 zählt zu Volkmanns bedeutendsten Eingebungen, der 3. Satz schweißt Scherzo und Finale zu einem Ganzen zusammen. Den Gipfel erklimmt Volkmanns Quartettkomposition in op. 43 in Es-dur. In prägnanter Formgebung folgen dem rhythmisch impulsiven, lebensprühenden Kopfsatz ein sangliches, im weiteren Verlauf melismatisch ausgeziertes Larghetto, ein im $^{5}/_{4}$-Takt abrollendes Scherzo mit rassigem Trio und ein tarantellaartiges Rondofinale, dessen tänzerischen Wirbel lyrische Intermezzi durchwirken. — Von Volkmann und Brahms dem Florentiner Streichquartett Jean Beckers empfohlen und von diesem preisgekrönt wurde das Streichquartett op. 58 d-moll des durch seine Opern zu Ansehen gelangten *Friedrich Lux* (1820—1895). Einem rhythmisch fesselnden, $^{4}/_{4}$- und $^{3}/_{4}$-Takt mit dem Ergebnis von $^{7}/_{4}$-, bzw $^{10}/_{4}$-Takt mischenden, fast dramatisch bewegten Kopfsatz folgt eine „Idylle" programmatischer Art mit den Episoden „Auf dem Felde", „Am Bach", „Unter der Linde". Trotz der Überschrift „Menuett" zeigt der 3. Satz launigen Scherzocharakter, unterbrochen von der zarten Kantilene des Trio. Das mit einer langsamen Einleitung versehene Finale paart Fugen- mit Sonatenform. Musikalisch etwas leichter gewichtet ist das 2. Streichquartett op. 87 in C-dur. Der auf einem Glockenmotiv aufgebaute 2. Satz ist mit einem deutlichen programmatischen Hinweis als „Klänge der Heimat" betitelt und deutet auf des Komponisten thüringische Heimat hin. Mit op. 95 in g-moll erreicht Lux noch einmal die Höhe des Preisquartetts op. 58, nur daß diesmal das programmatische Moment völlig fehlt. — *Friedrich Kiel* (1821 bis 1885) dankt seinen Namen mehr dem Theoretiker als dem Komponisten; immerhin sind mehrere Kammermusikwerke wertvoll. In der spärlichen Sololiteratur für Bratsche behauptet seine Bratschensonate einen Ehrenplatz. Das Beste hat Kiel in seinen beiden Streichquartetten (a-moll und Es-dur) gegeben. Die als op. 79 veröffentlichten „Walzer für Streichquartett" suchen ihresgleichen. — *Joachim Raff* (1822—1882) hat eine üppige, jedoch ungleichwertige Produktion entfaltet. Weltbekannt ist seine „Kavatine" geworden, die den „Sechs Stücken für Geige und Klavier" op. 85 zugehört. Im nämlichen Opus sind „Kanzone" und „Tarantella" ähnlich dankbare Vortragsstücke. Raff hat sich in vielen kammermusikalischen Gattungen versucht: am werthaltigsten sind einige seiner 8 Streichquartette. In op. 192, das drei Quartette umfaßt, verzichtet er völlig auf klassische Vorbilder. Nr. 1 knüpft mit ihren 5 Sätzen an die alte Suitenform an. Nr. 2, „Die schöne Müllerin“, bietet regelrechte Programmusik. Satz 1 „Der Jüngling“ zeigt den Melodiker Raff von gewinnendster Seite, Satz 2 „Die Mühle“ beläßt das tonmalerische Moment in der Andeutung, Satz 3 entwirft ein neckisches Bild der „Müllerin“, Satz 4 schildert den unruhevollen Zustand erwachender Liebe, in Satz 5 erfolgt die „Erklärung“, in Satz 6 „Der Polterabend“. Op. 192 Nr. 3 stellt sich als Suite in Kanonform dar und rühmt das satztechnische Geschick ihres Schöpfers, wirkt indessen durch vielfache Wiederholung des gleichen Bauprinzips in 7 Sätzen etwas ermüdend. — *Carl Reinecke* (1824—1910) ist ähnlich fruchtbar wie Raff gewesen. Kammermusizierende Bläser sollten sein Sextett op. 271 und sein Oktett op. 216 ebensowenig übersehen wie das in der Klangzusammenstellung wirklich aparte Trio für Klavier, Oboe und Horn op. 188 oder das Trio für Klavier, Klarinette und Horn op. 274. Ein Alterswerk von erstaunlicher Frische ist das letzte seiner Streichquartette op. 287, bei dem man kaum auf einen 85-jährigen Autor raten würde. — *Felix Draeseke* (1835 bis 1913), im Entwicklungsgang Joachim Raff vergleichbar, hat sich erst, nachdem er dem zuerst vertretenen neudeutschen Ideal entsagt hatte, der Kammermusik zugewandt. Oft wird er dabei von der Neigung zu seltenen Klangkombinationen geleitet. So schreibt er ein Klavierquintett mit Horn, ein weiteres Quintett, das die zwischen Bratsche und Cello stehende Violotta zur Mitwirkung heranzieht. Auch die Klarinettensonate bewährt hochentwickelten Klangsinn. Seine 3 Streichquartette bergen inspirierte, überdies formal meisterhaft bewältigte Musik. Noch eindringlicher wirkt das Streichquintett (mit 2 Celli) op. 77, dessen f-moll-Adagio an große Vorbilder heranreicht. — *Max Bruch* (1838 bis 1920) hat der Kammermusik mehr in jüngeren Jahren gehuldigt; sein Klaviertrio op. 5 und die Streichquartette op. 9 und 10 befleißigen sich melodisch betonter Themenbildung und sauberer satztechnischer Arbeit. Besonders liebenswert sind die „Schwedischen Tänze“

op. 63 für Violine und Klavier. — *Hermann Goetz* (1840—1876) dringt über sein klangfreudiges op. 1, ein Klaviertrio in g-moll, mit dem Klavierquartett in E-dur op. 6 zu persönlicher Ausdruckshaltung vor. Hier handelt es sich um eine der schönsten Nachblüten der Schumannzeit. Ritterlicher Schwung beseelt das gegen Schluß fugierte Allegro, während der 2. Satz ein elegisches Thema eigener Findung variiert. Das ausgelassene Scherzo, das ein besinnlicheres kanonisches Trio umschließt, paart Laune mit Anmut. In dem von einem cis-moll-Adagio eingeleiteten Finale wirkt die ernste Stimmung des Beginns noch mehrfach nach, bis der Frohmut der Allegro-Themen endgültig triumphiert. Das aus dem Nachlaß veröffentlichte Klavierquintett op. 16 (mit Kontrabaß) betont mit dem Goetheschen Motto „Und wenn der Mensch in seiner Qual verstummt, gab mir ein Gott zu sagen, was ich leide" seinen Bekenntnischarakter. Aus zerrissener Tassostimmung kämpft sich der Kopfsatz durch leidenschaftliche Aussprache seiner Leiden zur inneren Freiheit durch. Andante con moto und Menuett können vom jetzt gewonnenen Frieden zeugen. Im Finale wiederholen sich die dramatischen Spannungen, aber der Ausklang kündet von fester Zuversicht. — *Joseph Rheinberger* (1839 bis 1901) gilt den meisten als trockener Akademiker. Das trifft nur auf einen Teil seines umfänglichen Schaffens zu. Zur Kammermusik befähigten ihn seine Meisterschaft des polyphonen Satzes, ordnende Formkraft, das Vermögen fruchtbarer thematischer Entwicklung aus unscheinbaren musikalischen Keimen. Tritt von innen quellender musikantischer Impuls wie im Streichquartett op. 89 oder 147, im Streichquintett op. 82 mit seinem nahezu programmatisch gestalteten Finale hinzu, dann ist dieser Neuklassiker noch lebendiger Wirkung mächtig. Eine seiner interessantesten Schöpfungen liegt im „Thema mit Veränderungen für Streichquartett" op. 93 vor: auf dem Bauprinzip der Passacaglia beruhend, folgen sich 49 achttaktige abwechslungsreiche Veränderungen, während die 50. ein breiter ausladendes Capriccio ist. Als Meisterwerk darf auch die Hornsonate op. 178 gelten. Über einem verhältnismäßig einfachen Klaviersatz findet das Horn in der profilierten Thematik, in breitgeschwungenen Kantilenen und jagdlichen Eskapaden dankbare Entfaltungsmöglichkeiten. — Der Vorwurf der Erfindungsblässe und Trockenheit ist auch gegen *Heinrich von Herzogenberg* (1843—1900) erhoben worden. Der vor allem für die evangelische Kirchenmusik bedeutsame Komponist hat viel, im Gehalt etwas ungleichwertige Kammermusik geschrieben. Von seinen 5 Streichquartetten heben sich die drei J. Brahms gewidmeten, in op. 42 vereinten Stücke hervor. Nr. 1 läßt seinen Komponisten durch die Frische und Originalität der Einfälle und deren feinsinnige Verarbeitung über unpersönlichen Akademismus hinauswachsen, Nr. 2 und Nr. 3 vermögen durch ihre klassische Formgebung, ihre Knappheit und reife Satzkunst zu fesseln. Auch die Violinsonaten op. 32 und op. 54, die Klavierquartette op. 18 und op. 75, insbesondere aber das spieldankbare, auf delikate Klanglichkeit gestellte Quintett für Klavier, Oboe, Klarinette, Horn und Fagott op. 43 rechtfertigen die Vergessenheit nicht, der sie anheimgefallen sind. — *Karl Goldmark* (1830—1915), der erfolgreiche Schöpfer der durch die Leuchtkraft ihrer Orchesterfarben und die Glut ihrer Melodien erfolgreichen Oper „Die Königin von Saba", errang seinen ersten Erfolg mit seinem Streichquartett op. 8 (1860). Von Hause aus Geiger war Goldmark kammermusikalisch stark interessiert; im allgemeinen wandelte er in den Bahnen Mendelssohns und Schumanns, doch geht ihm das klangsinnliche Moment häufig über die thematische Arbeit, die minder ausgeprägt erscheint. Frei von solchen Mängeln ist das stimmungsvolle, satztechnisch bedeutende Klavier-Quartett op. 54, Goldmarks eigengeprägteste kammermusikalische Arbeit. — *Robert Fuchs* (1847—1927) knüpft mit seiner versonnen gemüthaften Kammermusik an die Melodik Schuberts, an Schumanns Kleinformen an. Seine „Fantasiestücke" für Klavier, Violine und Bratsche op. 57 sind feinsinnige Stimmungsbilder von delikatem Klangreiz. Neben 6 Violinsonaten verdienen die Intermezzi op. 40 und 113 für Violine und Klavier einen Platz in der Hausmusik. Op. 117: 6 Fantasiestücke für Bratsche und Klavier steht in Nachbarschaft zu Schumanns „Märchenbilder“. Außerdem sei das Klarinettenquintett op. 102 sowie unter den 4 Streichquartetten op. 106 in A-dur hervorgehoben. Kleine Kostbarkeiten sind die Duos op. 55 und 105 für 2 Violinen sowie die Duos op. 60 für Violine und Bratsche. — Etwas konventioneller klingt die Kammermusik des auch als Opernkomponisten und Symphoniker hervorgetretenen *August Klughardt* (1847—1902). Großer Beliebtheit erfreuten sich seine Phantasiestücke *„Schilflieder“* (nach N. Lenau) für Klavier, Oboe und Bratsche op. 28. Auch seine weitere Kammermusik für Bläser wirkt lebendiger als seine beiden etwas akademischen Streichquartette. — Der Bayer *Hans Koessler* (1853 bis 1926), dessen Lehrtätigkeit an der Budapester Musikakademie zahlreiche ungarische Komponisten ihre Ausbildung verdanken, hat auf der Linie des ihm befreundeten Brahms, aber mit unüberhörbarem Eigenton belangvolle Kammermusik, vorwiegend für Streicher, geschaffen, darunter 2 Streichquartette, Streichquintett und Streichsextett. Kennzeichnend für Koesslers Stil ist das *Streichquartett in g-moll* mit autobiographischen Zügen in der Art von Smetanas „Aus meinem Leben“. Das Hauptthema zeugt von dem Entschluß, Deutschland zu verlassen und in der Fremde zu wirken, das Adagio wird zu einem Heimwehlied, das Scherzo bewegt sich in ungarischen Weisen. Das Finale greift eingangs und ausklingend auf das Entschlußthema des Kopfsatzes zurück und ergeht sich im übrigen in gehaltvollen Variationen über ein volksliedhaftes Thema. — Freundlichem Nachhall einer nicht nur äußerlich nachgeahmten, sondern in ihren Empfindungswerten geteilten, mitunter leise verbürgerlichten Romantik begegnen wir bei *Wilhelm Berger* (1861—1911), der auch in seiner Kammermusik weder seine Herkunft vom Klavier noch seine lyrisch-liedmäßige Ader verleugnen kann. Mit 3 Violinsonaten, einem Klaviertrio, Klavierquartett, Klavierquintett, einem Streichtrio und Streichquintett hat er verschiedenartige kammermusikalische Formen mit Gediegenheit und nie ohne gelegentliche Proben musikalischen Eigenwuchses gemeistert. *W. Z.*

Deutsche Spätromantik

(Vom Ende des 19. bis ins 20. Jahrhundert)

Es bedarf kaum des Hinweises, daß eine durch die Vorbilder *Wagners* und *Liszts* sowie von deren künstlerischer Zielsetzung bestimmte Generation — *Richard Strauss* kann für sie als symptomatisch gelten — sich vor allem zu Musikdrama und symphonischer Dichtung hingezogen fühlte. Die ihrem Wesen nach im absoluten Bereiche beheimatete Kammermusik tritt demgemäß bei den „Neudeutschen" einigermaßen zurück. Immerhin wurde ihr Wert von den einsichtigeren Vertretern insofern gewürdigt, als man in der absoluten Musik und in ihren Formen ein Mittel zum Erwerb technischer Meisterschaft erblicken zu sollen glaubte. So hat ein bedingungsloser Wagnerianer wie *Alexander Ritter* (1833 bis 1896), übrigens längere Zeit Primarius eines Streichquartetts, als op. 1 ein Streichquartett in c-moll geschaffen, dessen konzise Formgebung von reich entwickelten handwerklichen Tugenden zeugt. Auch inhaltlich vermag es zu fesseln. Ritters dramatisches Temperament durchwaltet den düster balladesken Kopfsatz, während die Klangdelikatesse des Adagio gleich einem impressionistischen Vorklang anmutet, der auch in Ritters Liedern erlauschbar ist. Männliche Energie ist das Kennzeichen des rüstig ausschreitenden 3. Satzes. Das Finale ist fugiert; das Fugenthema schält sich aus dem Ende der langsamen Einleitung des Satzes heraus. Ungewohnt wirkt der Adagio-Ausklang des Quartetts, der in tondichterischer Absicht auf Themen der vorangehenden Sätze zurückgreift. *Engelbert Humperdinck* (1854 bis 1921), der Schöpfer von „Hänsel und Gretel" und der „Königskinder", weiß die poetische Stimmung seiner

Märchenopern auch auf sein anmutiges, klangduftiges Streichquartett in C-dur zu übertragen. Das dreisätzige Werk mit seinen dem Melos des Volksliedes, der Munterkeit des Volkstanzes entschöpften Themen besticht durch seine natürliche Frische, in der sich die Lauterkeit der künstlerischen Gesinnung bekundet. Anspruchsvoller gibt sich das Streichquartett in Es-dur von *Friedrich Klose* (1862—1942). Zwar trägt es den Untertitel „Ein Tribut in 4 Raten, entrichtet an seine Gestrengen, den deutschen Schulmeister“, entspringt jedoch nicht parodistischer Laune, sondern stellt den Versuch dar, den strengen Quartettsatz mit Elementen eines geheimen poetischen Programms zu durchbluten. Der Kopfsatz bringt eine makellose Erfüllung des Sonatenschemas, die in ihrer Schulgerechtigkeit sogar auf die Gesetze der Themenmodulation nach der Dominante und die Rückkehr zur Grundtonart Bedacht nimmt. Allein eine latente poetische Idee bewirkt den fast dramatisch expressiven, stimmungsgesättigten Charakter dieses Satzes. Gleiches gilt für den dem Empfindungshöhepunkt des Appassionato zudrängenden und von diesem wieder in die Anfangsstimmung zurücksinkenden, in erweiterter Liedform gestalteten langsamen Satz. Die weiträumige Anlage der beiden letzten Sätze verrät den Schüler Anton Bruckners. Das bald gezupfte, bald gestrichene Scherzo (Vivace c-moll) atmet im Hauptteil geisterhafte Stimmung, im C-dur-Trio breiten sich naturselige Ruhe und Behaglichkeit aus. Im Finale kann sich die bisher unausgesprochen gebliebene poetische Idee nicht länger zurückhalten und erscheint als Überschrift des Andante giocondo e con moto. Die Schillerverse „In des Herzens heilig stille Räume mußt du fliehen aus des Lebens Drang; Freiheit ist nur in dem Reich der Träume, und das Schöne blüht nur im Gesang“ verbürgen zugleich den romantischen Kern dieser Tondichtung in Quartettform. Schon der Beginn des Finale knüpft an den Hauptgedanken des Kopfsatzes an. Gegen Ende des rondomäßig gebauten Stückes erfolgt ein Rückgriff auf das Hauptthema des Adagio, das die Schlußsteigerung einleitet und apotheosenhaft ausklingen läßt.

Kloses erfolgreicherer Zeitgenosse *Eugen d'Albert* (1864—1932) besaß als Pianist angestammtes Verhältnis zur Kammermusik. Auffallenderweise spielt jedoch das Klavier in seinem kammermusikalischen Schaffen keine dominierende Rolle. D'Alberts Streichquartette in a-moll op. 7 und op. 11 in Es-dur wurzeln im klassisch-romantischen Grund; Brahmssche Einflüsse machen sich besonders im ersten geltend. Ein geistvoll erfindungsreiches Stück ist das Finale, ein Variationensatz. Geschlossener in der Gesamtwirkung, unabhängiger im Stil erscheint op. 11; das wie Hummelflug dahinschwirrende, auch rhythmisch kapriziöse Scherzo ist ein Kabinettstück, Themenfindung und Verarbeitung im Finale sind sehr überzeugend. Im Zeichen von J. Brahms, der ihn sogar zu seinem Kompositionsschüler machen wollte, steht das Schaffen von *Robert Kahn* (1865—1951). Neben Solo- und Chorlied galt seine besondere Liebe der Kammermusik, die er in verschiedenartigsten Zusammensetzungen gepflegt hat, meist in Verbindung mit dem Klavier, das dem hervorragenden Pianisten besonders nahestand. Die reifsten seiner Werke, die *Violinsonate op. 50,* die *Cellosonate op. 56,* die *Klavierquartette op. 30* und *op. 41,* die *Serenade für Klavier, Oboe und Horn op. 73* sowie das *Streichquartett op. 60,* vermögen durch flüssige Schreibweise, warmblütige Melodik und ausgeprägtes rhythmisches Profil zu fesseln. Überlegen werden die unterschiedlichsten musikalischen Formen beherrscht, zuweilen auch miteinander verschmolzen. Die anmutigen Klaviertrios op. 19, op. 33 und op. 72 sind auch dem gehobenen häuslichen Musizieren erreichbar. *Max von Schillings* (1868—1933) hat seine kompositorische Laufbahn noch auf dem Gymnasium mit einem erstaunlich reifen Streichquartett in e-moll op. 1 begonnen. Sein klangblühender Stil erfährt durch wachsende Vergeistigung vertiefte Wirkung in dem schönen Streichquintett in Es-dur op. 32, das vor allem in dem temperamentvollen, „sine lassitudine" vorzutragenden 3. Satz (schnell und lebendig) echte Inspirationskräfte birgt. Den feinsten kammermusikalischen Nerv in dieser mit Ausnahme von Robert Kahn vorwiegend vom Musikdrama gefesselten Gruppe hat *Paul Graener* (1872—1944) entwickelt. Er zählt zu den verhältnismäßig wenigen deutschen Tonsetzern, die neben dem romantischen Erbe dem Impressionismus in ihrem Schaffen Beachtung geschenkt haben. In seiner Kammermusik ließ er sich zunächst von literarischen oder landschaftlichen Eindrücken anregen, wobei das stimmungsmäßige Moment entscheidend bleibt, so in der mitunter geradezu szenisch anmutenden Kammermusikdichtung für Klaviertrio nach W. Raabes „Hungerpastor". Gerne zieht er die Singstimme in den mit instrumentalen Zwischenspielen selbständig hervortretenden kammermusikalischen Verband. Das ist in der „Sehnsucht an das Meer" für Singstimme und Klavierquintett oder in der „Theodor-Storm-Musik" für Singstimme und Klaviertrio der Fall, während sich das Klaviertrio op. 61 eher dem „absoluten" Ideal nähert. Graeners vielgestaltiger Formtrieb sucht unentwegt neue Entfaltungsmöglichkeiten; er fand diese am überzeugendsten in den — barocken Vorbildern nachgebildeten, aber harmonisch modern behandelten — Suiten, unter denen die Suite für Flöte und Klavier op. 63 die erste Stelle einnimmt. Auch sein Streichquartettschaffen sucht sich zunächst dem klassisch-romantischen Vorbild zu entziehen. So vermittelt sein 1. Streichquartett Variationen und Fantasien mitunter sehr komplizierter Art über das schwedische Volkslied „Spinn, spinn, lieb Töchterlein". Op. 54 läßt einem sicilianoartigen 1. Satz vorwiegend lyrischer Haltung ein spritziges Scherzo folgen und baut das Adagio als langsame Einleitung unmittelbar dem Finale ein. Die gleiche Neigung zur Formzusammenziehung begegnet im 3. Streichquartett, äußerlich ein Zweisätzer, dessen 2. Satz Adagio, Scherzo und Finale zu einem Formganzen zusammenzuballen strebt. Graeners überzeugendste Beisteuer zum Streichquartett ist das 4. Quartett, das sowohl durch seinen Inhalt (das Adagio atmet unmittelbare Inspiration!) als auch durch die satztechnischen Künste, insbesondere durch geistvolle, aber niemals konstruierte Kontrapunktik besticht.

Das „absolute“ Ideal konnte durch die neudeutsche Bewegung zwar zeitweise zurückgedrängt, indessen nicht unterdrückt werden. Seine Verfechter fanden sich vorzugsweise in den Reihen derer, die mehr von Brahms als von Wagner und Liszt herkamen oder an ältere Stilepochen anknüpften. *Max Reger* (1873—1916) ist der überragende Exponent dieser Richtung. Neben ihm hat *Hans Pfitzner* (1869—1949) den Ausgleich zwischen den ihn bewegenden musikdramatischen und absoluten Idealen gefunden und in seinem vielseitigen Schaffen verwirklicht. Die führende Rolle dieser Großen (siehe Hauptteil) muß in unserem Zusammenhange ergänzt werden und durch einige kleinere, jedoch gleichfalls zu musikalischem Persönlichkeitsausdruck gelangte Meister, sofern sie für die kammermusikalische Entwicklung von Bedeutung sind. In *Arnold Mendelssohn* (1855—1933), einem durch sein Motettenwerk verdienstvollen Erneuerer der evangelischen Kirchenmusik, wirkte ausgesprochener, nach letzter Klarheit trachtender Formwille, der, ebenso wie seinen Vokalschöpfungen, auch seiner Kammermusik das Gepräge gibt. Besondere Gültigkeit erlangte diese Arbeitsweise in dem nach Anlage und Geist aus dem klassischen Quartettstil herausentwickelten, jedoch dank seiner inneren Gehalte über rein formale Nachbildung hinauswachsenden Streichquartett in D-dur op. 67, dessen harmonische Ausgewogenheit zwischen Form und Inhalt von dem mehr durch Einzelheiten fesselnden Streichquartett in B-dur op. 83 nicht mehr voll erreicht wird. Den geschmack- und kulturvollen Musiker, der, abhold jeder nachromantischen Redseligkeit, auf möglichste Konzentration der musikalischen Aussage bedacht war, verraten außerdem die Sonate für Cello und Klavier in fis-moll op. 70, die Violinsonate in C-dur op. 71 sowie das Trio für 2 Violinen und Klavier in a-moll op. 76, ein schon wegen der feinsinnigen Auswertung seiner klanglichen Möglichkeiten ebenso instruktives wie beglückendes Stück. Der aus Südtirol stammende und später in München wirkende *Ludwig Thuille* (1861—1907) hat mit seinen „neuromantischen“ Bestrebungen schulbildend gewirkt. Die äußeren Merkmale dieser „Münchner Schule" gründen vor allem in einer Bereicherung und Differenzierung der harmonischen Mittel; das wichtigere innere Kennzeichen war die Aktivierung eines primär musikantischen Moments gegenüber jenem musikalischen Intellektualismus, der durch die Programmusiker herangezüchtet wurde. Thuille selbst hat in seinem Sextett für Klavier, Flöte, Oboe, Klarinette, Fagott und Horn op. 6 ein eindrucksvolles Vorbild solchen Musizierens gegeben. Formal beharrt das Sextett, wenn man von der Scherzando-Gavotte anstelle des üblichen Menuetts oder Scherzo absieht, im Bereich klassischer Vorbilder; inhaltlich ist es voll überwallender, jedoch durch Formzucht gebändigter musikalischer Einfälle, woran es dem Melodiker Thuille nie gebrach. Den großen Wurf des Jugendwerks hat der Komponist in seinem Klavierquintett op. 20 zu wiederholen versucht, ihn aber nur in dem von gespenstigen Lichtern durchzuckten Scherzo und in dem inspiriert weihevollen Adagio erreicht. Cellosonate op. 22 und Violinsonate op. 30 wenden den neuromantischen Stil, trotz schöner Einzeleinfälle, etwas ins Dekorative und Manierierte, was wir heute als eine Art musikalischen „Jugendstils" empfinden. Unter Thuilles Schülern hat das bajuwarisch vollsaftige Musikertum *Heinrich Kaspar Schmids* (1874—1953, siehe Hauptteil) zu eigenpersönlicher musikalischer Mundart gefunden. Ebenso markante Züge eignen *August Reuß* (1871—1935). In seinem nicht sehr umfangreichen, doch gehaltvollen Schaffen behauptet die Kammermusik eine zentrale Stellung. Reuß schrieb 2 Sonaten für Violine und Klavier op. 26 und op. 63, 1 Cellosonate op. 57, 1 Streichtrio op. 40, Trio für Flöte, Geige und Bratsche op. 61, 2 Streichquartette op. 25 und op. 31, 1 Klaviertrio op. 30, 1 Klavierquintett op. 12 sowie das Oktett für je 2 Oboen, Klarinetten, Hörner und Fagotte op. 37. In der Herbheit seiner männlich-ernsten, aus starken Empfindungsquellen aufströmenden Tonsprache berührt er sich mit Brahms, Reger und Pfitzner. Der edelverinnerlichten Geisteshaltung seiner fernab jeder artistischen Verspieltheit liegenden Musik entspricht die

Qualität der Gestaltung, die in klar durchdachter Formprägung, eigenwillig lebensvoller Stimmführung, kerniger Harmonik und in zwingender Kraft des melodischen Einfalls zutage tritt. Ungeachtet der von Wagner und Liszt empfangenen Eindrücke hielt auch *Anton Beer-Walbrunn* (1864—1929) am romantischen Erbe fest, an dem er in seinen beiden spieldankbaren Violinsonaten, im Klavierquartett, Klavierquintett, einer Schöpfung herbstlich hoher Reife, und 5 Streichquartetten mit bemerkenswerter Phantasiekraft weiterbaute, wobei er vor allem in der Sprache des Humors (Scherzi) einen eigenen Ton findet. *Adolf Sandberger* (1864—1943), einer der führenden Männer der jungen Musikwissenschaft, ist auch als Schöpfer einer Violinsonate, eines Klaviertrios und zweier Streichquartette beachtlich hervorgetreten. Eine kompliziertere Natur war *Siegfried Kallenberg* (1867—1944), deren Dualismus in einem oft ungelösten Widerspruch zwischen dem Drang zu volksliedhaft einfacher melodischer Aussage und einer überhitzten Harmonik, übersteigerter Expression besteht. Impressionistische Züge, Folklore und Exotik verstärken das Buntschillernde seines Stils. Kallenberg, der den Kreis nahezu sämtlicher kammermusikalischer Gattungen auszuschreiten bemüht war, ist meist dort am glücklichsten, wo er seine Klangphantasie in ungewöhnlichen Klangzusammensetzungen wie im Romantischen Klaviertrio mit Klarinette und Horn oder in der Serenade für Flöte, Horn und Klavier spielen lassen kann. Ausgeglichener als Kallenbergs ist das zahlenmäßig bescheidenere, aber künstlerisch sehr beachtenswerte kammermusikalische Schaffen von *Bernhard Sekles* (1872 bis 1934). Sehr frei in der Harmonik, die besonders in späteren Werken die Bindung an eine bestimmte Tonart verschmäht, folgt Sekles den Spuren seiner regen, oft in exotische Gefilde schweifenden Klangfantasie, ohne über der Freude am Kolorit das formale Moment zu vernachlässigen. Seinen ersten Erfolg errang der Komponist mit seiner Serenade für 11 Soloinstrumente op. 14, der er mit den 15 Kammerstücken für Flöte, Klarinette, Viola, Cello und Schlagzeug feinausgestrichelte, espritvolle Miniaturen folgen ließ. Den launenvoll spielerischen Charakter teilt auch das Divertimento für Streichquartett op. 20 mit seiner pikanten Rhythmik. Bedeutender spricht die Passacaglia und Fuge für Streichquartett op. 23 an; Sekles' größter Wurf im Bereiche der Kammermusik. Das Streichquartett op. 31 teilt mit dem Divertimento op. 20 die suitenhafte Anlage, den Sinn für abgerundet knappe Formen, spritzige musikalische Diktion und gegensatzvollen Wechsel der musikalischen Stimmungsbilder.

Aus der Fülle reicher, oft sehr subjektiv getönter Einfälle schöpfte *Julius Weismann* (1879—1950), insofern eine der interessantesten Erscheinungen der Spätromantik, als er in früh anhebender Reife Einfall und Formgefühl, den in Stimmungsbildern schwelgenden Tonpoeten mit dem absoluten Musiker in Einklang zu bringen vermochte. Impressionistische Neigungen werden durch ein der heimatlichen Erde des südlichen Schwarzwalds entquellendes Naturgefühl genährt. Weismanns Kammermusik ging zunächst vom Klavier aus, das sich bald im Duo mit Geige, Oboe, Klarinette und Cello vereinigt. Noch ausgiebiger ist das Feld des Trio in verschiedenartigen Kombinationen ausgebaut worden, obwohl das Klaviertrio mit 5 Werken dominiert. Dem Streichquartett ist Weismann in allen Phasen seines Schaffens treu geblieben: es sollte ihm schließlich zum magischen Spiegel seiner im transzendentalen Bereich versinkenden Stimmungen werden. In seine Reihe gehört jedoch auch ein so vitales Stück wie der Fantastische Reigen op. 50, der aus der Einsätzigkeit stärkste formale Konzentration gewinnt. Noch ungebrochenere musikantische Kräfte beseelten *Hermann Zilcher* (1881 bis 1948). Schumann und Brahms sind seine geistigen Lehrmeister gewesen, sein melodisches Empfinden erstarkte am Volkslied, dessen klare Harmonik Vorbild wurde. Auf dem Boden solcher natürlicher Voraussetzungen ist Zilcher zu einem Eigenstil gediehen, der in seiner naiv-elementaren Musizierfreude jenseits des Experiments und aller Problematik steht. Sein Reifestil verknüpft die Freiheit des Improvisatorischen mit einer ebenso unauffälligen wie strengen Formdisziplin. Neben Lied und Liederspiel ist die Kammermusik Zilchers eigentlichste Domäne geworden. Eine Musik, die nicht nur zum Hörgenuß, sondern mit überredender Geste zum Selbstmusizieren einlädt. In diesem Sinne sind Zilchers Duos zu verstehen, unter denen das Schmerzliche Adagio für Klarinette und Klavier op. 49 eine der bezauberndsten Nachblüten der Romantik ist. Ähnlicher Geist intimen Musizierens durchwaltet das musiküberwallende Klaviertrio op. 56. Formal noch eigenartiger gibt sich das Trio für Klavier, Klarinette und Cello op. 90, sieben Variationen über ein offenbar symbolisch zu fassendes Thema, deren ineinandergreifender Ablauf eine latente Dreisätzigkeit ahnen läßt. Eine ihm besonders gemäße Form fand der Komponist in der Suite. Durch von Satz zu Satz sich knüpfende thematische oder auch nur anklangmäßige Beziehungen gibt er dem Reihungsprinzip dieser Gattung den festen Formrückhalt. Die Suite für Streicher op. 77 vereint sieben in der Knappheit der Formgebung an Rameau gemahnende, dabei inhaltreich geistvolle Sätze, deren letzter die Fugenkrönung bringt. Dem häuslichen Musizieren dient die Kleine Suite für 3 Blockflöten und Cembalo; zum Musizieren im Freien lockt die nicht minder anmutsvolle Kleine Serenade für Oboe, Klarinette, Horn und Bratsche op. 80. Auch an den Versuchen, das Akkordeon auf die Stufe kammermusikalischen Musizierens zu erheben, hat Zilcher künstlerisch verantwortungsbewußt teilgenommen. Im Gegensatz zu ihm war sein Landsmann *Walter Braunfels* (1882 bis 1954) eine zu starken expressiven Entladungen drängende, hymnisch veranlagte Natur, freilich nicht ohne das Korrektiv einer geistvoll ironischen, französischem Esprit sich nähernden Schreibweise. Da Braunfels' Vorliebe lange Zeit der Oper galt, tritt die Kammermusik erst verhältnismäßig spät in seinen Gesichtskreis. Dafür machte er das Streichquartett, am deutlichsten in op. 60, in dem die mystische Stimmung seines Bühnenwerks „Verkündigung" weiterschwingt, zum Träger einer inneren Konfession. Vom Volkslied ist, gleich Zilcher

Armin Knab (1881—1951) ausgegangen. Seine Hauptbedeutung liegt im Bereich des Liedes, doch hat er mit seinen 24 Variationen über ein altes Volkslied für Geige allein auch eine tragfähige Brücke zur Kammermusik geschlagen. Sie läßt innewerden, welche musikalischen Möglichkeiten sich einer einstimmigen Weise mit einer an Bachs Solosonaten geschulten Technik kraft lebhafter eigener Inspiration abgewinnen lassen. In ähnlicher Weise führen die Suite im alten Stil für Streichtrio, die Sonate für 2 Blockflöten und Cembalo sowie Pastorale und Allegro für 2 Blockflöten und Laute zu einer Neubelebung alter Musikformen im Geiste persönlicher Objektivierung. Aus dem Bannkreis seines Lehrers Max Reger, der ihn nur in den Anfängen festhielt, ist *Gottfried Rüdinger* (1886—1946) rasch seiner Neigung zum Volkston, speziell schwäbisch-bayrischer Prägung, gefolgt. Seine Kammermusik gilt einer Erneuerung des häuslichen und volkstümlichen Musizierens, einer Gesundung durch die Zurückführung auf die unverfälschten Grundwerte der Volksmusik, um der drohenden Gefahr schlagerseliger Verflachung zu begegnen. Musikantischer Impuls und gediegenes Handwerk werden dem Komponisten Helfer zu diesem Ziele. So lag eine künstlerisch veredelte, zugleich von der fortzeugenden Kraft musikantischer Urtriebe bewegte Unterhaltungsmusik Rüdinger besonders am Herzen. Er hat diese Absicht in den Partiten für Streichquartett und für 3 Geigen, in den Klaviertrios, im Trio für Bratsche, Saxophon und Klavier, in den Zitherstücken, vor allem in den deftigen Blasmusiken für 3 Trompeten, 3 Posaunen und Pauke (Truderinger Kirchweih, Schwäbische Musik, Wach auf) eindrucksvoll verwirklicht.

Allein nicht nur dem süddeutschen, auch dem mittel- und norddeutschen Boden entwuchsen zahlreiche Vertreter der Spätromantik. *Hugo Kaun* (1863—1932), der Schöpfer großer Orchester- und Chorwerke, geht vom Erlebnis des Klanges aus, das sich bei ihm in musikalische Stimmungsbilder umsetzt. Harmonik und Koloristik unterstützen das malerische Moment. In den gelungensten seiner Kammermusikwerke vermag Kaun die Freude am musikalischen Farbenspiel mit seinem expressiven Drang und formalen Wollen auf einen gemeinsamen Nenner zu bringen, etwa im Klavierquintett op. 28, in höherem Maße noch im Klaviertrio op. 58, im 3. Streichquartett op. 74 und in der Violinsonate op. 82. Rückhaltlos dem Stil des Stimmungsbildes huldigen die späten Stücke für Geige, bzw. Cello und Klavier (op. 95, 103, 106, 124), die teils Natureindrücke, teils seelische Empfindungen oder ein Ineinanderfließen beider widerspiegeln. Verwandte Züge begegnen im kammermusikalischen Schaffen von *Friedrich E. Koch* (1862—1927), z. B. in den Phantasiestücken für Klaviertrio. Ebensowenig fehlt das latente Programm bei *Georg Schumann* (1866—1952), doch werden auch absolute Strebungen offenbar wie in der 2. Violinsonate in d-moll op. 55, deren 3 Sätze mit einem gemeinsamen, aber charakteristisch verschieden abgewandelten Thema arbeiten. Am natürlichsten erscheint Georg Schumann, wenn er sich einem unbefangenen Spiel- und Unterhaltungstrieb überläßt, wie in seinen Klaviertrios op. 25 und op. 62, und in den raschen Sätzen behaglichen, mitunter spöttischen Humor bekundet. Eine pathetischere, auch eigenwilligere Persönlichkeit war *Waldemar von Bausznern* (1866—1931), der seine hochgestimmte, ethisch fundierte Musizierleidenschaft gern in großen Formen auslebte, aber auch viel polyphon gearbeitete, stellenweise durch jähe Modulationen verblüffende Kammermusik geschrieben hat. Sein zur Komplizierung neigender Stil ist nicht immer so verhältnismäßig leicht zugänglich wie in dem Oktett „Dem Lande meiner Kindheit“ für Klavier, 3 Violinen, Flöte, Klarinette, Cello und Kontrabaß, in dem Jugendeindrücke aus Siebenbürgen in musikalisch farben- und stimmungsreichen Bildern aufgefangen werden.

In den Bahnen unmittelbarer Brahmsnachfolge schritt *Ewald Sträßer* (1867—1933). Seiner satztechnischen Gewandtheit gesellte sich echtes, die rheinische Herkunft nicht verleugnendes Musiziertemperament, das vor allem die raschen Sätze tänzerisch prickelnd durchpulst. Jedoch auch Ernst und poetische Stimmung seiner lang samen Sätze bewahren den Schöpfer einer Violinsonate, eines Klaviertrios, eines Klavierquintetts und von 5 Streichquartetten vor akademischer Erstarrung. *Paul Juon* (1872—1940) war zwar als Schweizer in Rußland geboren, wo er den ersten Kompositionsunterricht bei Arensky und Tanejew genoß, wurde aber durch weiteres Studium in Berlin, wo er später als Professor an der Musikhochschule wirkte, zu Brahms geführt. Zugleich wirken in seinem vorwiegend kammermusikalisch gerichteten Schaffen die russischen Eindrücke nach. Juon verwendet mit Vorliebe russische Themen, die auch weitgehend seine Harmonik und Rhythmik bestimmen und seinem expressiven Temperament entgegenkommen. Er hat nahezu sämtliche kammermusikalische Formen und Zusammensetzungen gepflegt, mitunter, insbesondere in den Klaviertrios, programmatische Anregungen nicht verschmäht (Klaviertrio Caprice nach Selma Lagerlöfs „Gösta Berling", Litaniae-Tondichtung für Klaviertrio). Juon schrieb, außer Sonaten für Violine, Bratsche, Cello, Flöte und Klarinette, 4 wertvolle Streichquartette, ein besonders schwungvolles Klaviersextett, Oktett für Streicher und Bläser u. a. m. Auch als Theoretiker erfreute er sich bedeutenden Ansehens. Bildete für Sträßer und Juon den Ausgangspunkt ihres Schaffens Brahms, so wurzelt *Richard Wetz* (1875 bis 1935) in Bruckner. Die Kammermusik bleibt, zahlenmäßig gesehen, zwar hinter seinem Lied- und Orchesterschaffen zurück, wiegt aber beträchtlich an Gehalt. Schon die Sonate für Violine allein op. 33 durchwaltet ein kraftvoller Gestaltungswille, der durch den Zustrom unmittelbarer musikalischer Intuition an Eindrucksfülle gewinnt. Einer ähnlich glücklichen Mischung des formgebenden und inspiratorischen Elements begegnet man in den beiden Streichquartetten op. 43 in f-moll und op. 49 in e-moll. Vor allem das erste zeichnet sich durch Natürlichkeit und Tiefe seiner musikalischen Gedanken, die im wohlklanggesättigten Adagio besondere Dichte gewinnen, durch melodische Wärme und blühendes, jedoch stets dem Quartettcharakter gemäßes, nie orchestral übersteigertes Klangtum aus. Von mehr äußerlicher, aber starker Wirkung ist das leidenschaftlich bewegte Streichquartett in c-moll op. 16 von *Paul Scheinpflug* (1875—1937), dessen affektreiche, mit großen Steigerungen aufwartende Ecksätze einen Mittelteil „Litauen“ rahmen, der ein apartes Adagio und Scherzo zu *einer* Formeinheit bindet. Noch intensiver und eigenwilliger hat *Wilhelm Furtwängler* (1886—1954) seinen Kammermusikwerken, den Violinsonaten in d-moll und in D-dur, das Signum persönlichen Bekenntnisses gegeben. Furtwängler, der als Dirigent sich immer wieder an der Vielfalt der Sonatenform und den hier aufgespeicherten Kontrastspannungen entzündet hatte, strebt nach persönlichstem schöpferischem Eigen-Erleben dieser Form, deren letzte Konsequenzen in den ins Riesenhafte geweiteten Formmaßen, vor allem der Durchführungen gezogen werden. So stellen die beiden Sonaten in der Weiträumigkeit ihrer Architekturen, doch auch in der Fülle der von diesen beherbergten Ausdruckswerte, Grenzfälle dar, deren Umfang von über einer Stunde Spieldauer das bisher Übliche übertrifft. Während die 1. Violinsonate in d-moll, vom Komponisten nicht ohne tiefere Absicht als „große“ bezeichnet, durchweg tragisches Grundgefühl zur musikalischen Auswirkung bringt, verweilt die 2. in D-dur, deren sämtliche Sätze in Dur stehen, bei den helleren Seiten des Daseins, freilich nicht ohne gelegentliche Mahnung, wie nah selbst diesen Lichtgefilden dunkle Abgründe gähnen. In ihrem Verlangen nach subjektiver, bis auf den letzten Tropfen sich ausblutender Gefühlsäußerung sind beide Sonaten sinnbildhafte Dokumente der Spätromantik.

W. Z.

Deutsche Musik des 20. Jahrhunderts

(vgl. auch Übersicht „Deutsche Spätromantik“)

Mit dem Übergang vom 19. zum 20. Jahrhundert bereitet sich auch in der Musikentwicklung eine entscheidende Wende vor. Von der mit Wagners „Tristan und

Isolde" ihr Gipfelwerk türmenden Hochromantik an macht sich ein unablässiges Streben nach Bereicherung, Steigerung und Verfeinerung der musikalischen Ausdrucksmittel bemerkbar. Hierzu dienen vor allem die Reizmomente chromatisch differenzierter Harmonik, in deren immer kühnerer Anwendung man zur Intensivierung der klanglichen Farbigkeit des Tonsatzes zu gelangen trachtet. Im Zenit dieser Evolution stehen die Schöpfungen des französischen Impressionismus, in Deutschland Max Regers Werke. Der mit dieser Entwicklung verknüpften Überfeinerung des Satzes, die mit der in der Praxis kaum realisierbaren „Viertelton-Musik" eines *Alois Hába* (1893—1973) eine Letzt-Übersteigerung erfuhr, traten andere Kräfte zur Seite, die schließlich zu völliger Auflösung der überkommenen funktionellen Harmonik und ihrer Tonalitätsbindungen führten. Gleichzeitig empfand man die Notwendigkeit einer Abkehr von jenem übersteigerten Subjektivismus, der sich die Ausdrucksmittel der Musik unterworfen hatte, um sie in einem selbstzweckhaften Sinne zu mißbrauchen. Die Tonkunst sollte im Zuge neuer Objektivierung sachlich-klarer Spiegel der Zeit werden. Die Motorik bot sich, neben anderen, als ein solches zeitgemäßes Ausdrucksmittel an. Bei derartiger Entäußerung des formalen Musikgeschehens vom Allzupersönlichen der Aussage schweifte der Blick zurück zu den strengen, mehr reihenmäßigen als zyklischen Formen der Vorklassik, deren „Statik" das symphonische Gestaltungsprinzip des 19. Jahrhunderts mit seinen dialektisch oder dramatisch ausgespielten Themengegensätzlichkeiten zurückdrängte.

So ergab sich in der ersten Hälfte unseres Jahrhunderts die Anbahnung einer „Neuen Musik", die in formaler Hinsicht ihre Anregung vielfach aus dem Neuerleben der alten kontrapunktischen Kunst zog, in satztechnischer und klanglicher Beziehung jedoch zu einem Suchen nach neuen, nicht traditionsgebundenen Gesetzmäßigkeiten führte. Dem ersten revolutionären Durchstoß der neuen Ideen, dem Zertrümmern alter Gesetzestafeln, dem Einsturz der Brücken zur romantischen

Jüngstvergangenheit folgte, unter Führung der Höchstbegabten dieses Zeitraums, eine gewisse, bis in unsere Gegenwart hineinwirkende Abklärung durch die Besinnung auf nunmehr gewandelte Ordnungsprinzipien. Sie brachten vielfach einen grundsätzlichen Wandel der Musikauffassung mit sich. Musik als „Selbstbekenntnis", als „Konfession" trat zurück; man strebte mehr dem Allgemeingültigen, Objektiven nach, reinigte sich von den durch die Programmusik bedingten Überschneidungen mit anderen Künsten, von weltanschaulichem „Ballast", wollte nichts mehr als reine Musik, losgelöst von außermusikalischen Bindungen. Das eindrucksvollste Beispiel eines solchen Weges vom Revolutionär zum Präger neuer, zugleich geistig-theoretisch fundierter Ordnungsbegriffe bietet *Hindemith* (1895—1963). Die Gesamtentwicklung ist allerdings noch keineswegs abgeschlossen. So ist die Bewegung der Zwölftonmusik, die in *Arnold Schönberg* (1874—1951) und seiner weitverzweigten Schule, aber auch in den Theorien eines *J. M. Hauer* (1883—1959) wurzelt, erst in den letzten Jahrzehnten zur vollen Auswirkung gediehen. Niemand kann sagen, ob daraus ein weiterer grundsätzlicher Wandel der bis an die Schwelle unseres Jahrhunderts gültigen Grundgesetze hervorgehen wird. Gewiß ist, daß wir in einer Epoche spannender Entwicklungen leben, deren Ziel und Ende, zumal seit die junge elektronische Musik weitere, ehedem kaum zu ahnende Aspekte aufgerissen hat, unmöglich abzusehen sind. Kennzeichen unserer Gegenwart ist es jedenfalls, daß — wie dieser auf Vollständigkeit keinerlei Anspruch erhebende Überblick evident machen dürfte — die „Richtungen" sich teils in schroffer Gegensätzlichkeit gegenüberstehen, teils, zuweilen innerhalb des Schaffens auch des einzelnen, sich kreuzen und mischen, so daß manches Talent, in den Meinungs- und Geisteskampf der Zeit geworfen, noch unentschieden zwischen Gestern und Morgen schwankt. Je nach Anlage, Temperament und künstlerischer Grundanschauung wird sich der eine zum avantgardistischen Zukunftsmusiker, der andere mehr zum Wahrer der Tradition und der hierin niedergelegten Vermächtniswerte berufen fühlen. Eine Entscheidung fällt einzig das künstlerische Gewissen. Je verantwortungsbewußter und natürlicher dieses schlägt, desto williger werden wir uns überzeugen lassen.

Es liegt in der Natur des Generationenproblems, daß die meisten der zwischen 1870 und 1890 geborenen Komponisten an den musikalischen Formen und Anschauungen ihres Geburtsjahrhunderts festhalten, das zudem das Jahrhundert Beethovens, Schuberts, Schumanns, Brahms', Bruckners und Wagners gewesen ist. *August Schmid-Lindner* (1870—1959), der bekannte Pianist, Bach-Herausgeber und Bahnbrecher für Max Reger, ist spät zur Komposition gelangt, die in ihrer handwerklichen Sauberkeit, in Natürlichkeit und Lauterkeit ihrer Empfindungsgehalte zum Spiegel reifen, ausgeglichenen Menschentums wird. Seine Kammermusikwerke, welche die Kleinformen wie Sonatine, Divertimento usw. bevorzugen, gelten in erster Linie den Hausmusikanten. Auch um die Eingliederung der Gitarre in den kammermusikalischen Verband hat sich Schmid-Lindner verdient gemacht. Ein weiterer bekannter Klaviervirtuose, *Walther Lampe* (1872—1964), stellt konzertmäßig höhergespannte Ansprüche. Die Cellisten müssen ihm für die ebenso wirkungs- wie geschmackvolle Cellosonate dankbar sein. Auch das Klaviertrio, die Suite für Flöte und die Serenade für 15 Blasinstrumente sind eigenständige Nachblüten der Romantik, erwachsen aus der Noblesse der äußeren Form wie der inneren Haltung. Umfassender ist das kammermusikalische Werk *Carl Ehrenbergs* (1878—1962), das sich in seiner polyphonen, oft kontrapunktisch verdichteten Schreibweise am unmittelbarsten dort erschließt, wo es, wie im Streichtrio op. 44, im 3. Streichquartett op. 41, zum Ausdruck lebensbejahender, auch humoriger Kräfte wird. Doch bleiben Ehrenberg, wie das herbere 2. Streichquartett op. 26 erweist, auch tragische Untertöne nicht versagt. Starke Konzentration des Hörers erheischt das 4., weiträumig angelegte Streichquartett op. 43, das zwar thematisch an Ehrenbergs Goethe-Lieder anknüpft, sonst aber den absoluten, klassischer Prägung nachtrachtenden Charakter nicht verleugnet. Aus einem Guß ist das Bläserquartett für Oboe, Klarinette, Fagott und Horn op. 40; es verschmilzt polyphones Denken mit Klangphantasie. *Richard Trunks* (1879—1968) Bedeutung liegt auf dem Gebiet der Lied- und Chorkomposition, doch verlangen das musizierselige einsätzige Klavierquintett op. 10 sowie sein formal feingeschliffenes, melodisch-thematisch blühendes Streichquartett op. 80 Hinweise in diesem Rahmen. Ebenso natürlich, gesundem Musiziergeist entwachsen, geben sich die beiden Violinsonaten und das Streichquartett von *Karl Bleyle* (1880—1969), formal der Klassik nahe, harmonisch fortschrittlich im Sinn der Münchener Schule und von künstlerisch diszipliniertem Subjektivismus, der im Streichquartett, einer schmerzlichen Totenklage mit schließlicher Rückwendung zum Leben (Finale alla turca), auf den Quellgrund tiefen unsentimentalen Empfindens blicken läßt. Ein gediegener, hauptsächlich melodiebetonter Inhalt bei übersichtlich klarer Formgestaltung gibt dem umfangreichen, nahezu alle Gattungen erschöpfenden kammermusikalischen Schaffen von *Theodor Blumer* (1881—1964) das Gepräge. *Kurt von Wolfurt* (1880—1957), im Grunde Autodidakt, wiewohl eine Zeitlang Regers Schüler, hat drei von der Tagesmode unabhängige, polyphon gestaltete, rhythmisch gestraffte Streichquartette im Sinne einer „neuen Klassizität" geschrieben, die im Verein mit einer Suite für Violine und Klavier, Flöten- und Klarinettensonate ihn in der Geschichte der neueren Kammermusik rühmlich ausweisen. Balte gleich ihm ist *Oscar von Pander* (1883—1968), im tiefsten Wesen geistbestimmt, doch zugleich impuls- und phantasievoller Musiker. Von seinen vier wertvollen Streichquartetten ist jedes auf eigene formale Maße geeicht. Statt des nach klassischem Muster zu erwartenden Sonatensatzes stellt sich der Kopfsatz des 1. Quartetts als Toccata mit anschließender Fuge dar, der Mittelsatz ist ein von Allegro-Episoden unterbrochenes Cantabile, das Finale ein keck hinwirbelndes Presto. Das 2. Quartett entfaltet seinen pausenlosen Ablauf, der indessen die Untergliederung in Allegro energico, Scherzo, Adagio, Andante und Allegro-Finale klar erkennen läßt, aus der Keimkraft eines einzigen, in vielfach veränderter Gestalt wiederkehrenden Themas. Nr. 3 (Quasi una fantasia) wurzelt in einem volksliedhaften Thema, das den Rahmen für die einzelnen zusammenhängenden Sätze abgibt. Nr. 4 ist ein konzertantes Streichquartett mit Andante, Allegro, einem passacagliaartigen Poco Adagio und einer Schlußfuge. Diesem kammermusikalischen Kernbestand gesellen sich noch einige kleinere Werke: die chromatische Konzertetüde für Geige allein, ein in großem Zuge abrollendes Charakterstück von geistvoll gestalterischer Logik, die reizvolle Suite für Balalaika und Klavier mit sechs stimmungsunterschiedlichen Sätzen und die Elegie für Violine, Cello und Klavier. Auch in Panders kantatenhaften Werken wie „Symphonie des Frauenlebens" und „Notturno" entbreitet sich in ebenbürtiger Partnerschaft mit der Singstimme eigenständiges kammermusikalisches Leben. Stimmungscharaktere seiner ostpreußischen Heimat sucht der Humperdinck-Schüler *Otto Besch* (1885—1966) in seiner Musik widerzuspiegeln, so in der sein kammermusikalisches Schaffen eröffnenden Suite für Violine und Klavier „Aus Ostpreußen" und mit reiferer Meisterschaft im Streichquartett 1936, das, mit einer leidenschaftlich erregten Fuge anhebend, über ein versonnenes Adagio und das durch ein ostinat behandeltes Pizzicatothema gespensterhaft huschende Scherzo (mit gegensätzlichem Trio) der kraftvollen Lebensbejahung des Finale einmündet. Süddeutschen Bezirken entstammen, aus ihrer Tonsprache erlauschbar, *Theodor Huber-Anderach* (1885 bis 1961) und der dem gleichen Geburtsjahr angehörende *Richard Würz* († 1965). Ersterer hat eine schwungvolle, spieldankbare Cellosonate und ein formal wohl ausgewogenes, zugleich musikalisch gelöstes Streichquartett geschaffen; letzterer, in der Hauptsache feinsinniger Liedkomponist, konnte zur Wiederbelebung alter Blasmusik (Turmmusiken) und zur Bereicherung der kammermusikalischen Literatur für Posaune (mit Klavier) beitragen. Liebenswürdig natürlicher Musizierwille schwingt auch im Schaffen des Regerschülers und Musikschriftstellers *Hermann Unger* (1886—1958), der sich im absoluten wie stimmungsbildlichen Bereich (Klaviertrio: „Aus dem Siebengebirge") gleichermaßen zu Hause fühlte. Die Hausmusik verdankt ihm manche willkommene Gabe. Ähnlichen Eindruck formaler Gepflegtheit, bewegt vom Blutpuls echter Musizierfreude, erweckt die Kammermusik von *Johann Friedrich Hoff* (1886—1964), unter dessen 5 Streichquartetten sich eines für 2 Celli befindet; sonst hat sich Hoff hauptsächlich dem Streichtrio, dem Duo und der Sololiteratur für Geige und Cello gewidmet. *Robert Heger* (1886–1978), der bekannte Dirigent, verharrt mit seinem klangschwelgerischen frühen Klaviertrio noch in der ästhetisch-genießerischen Sphäre der Vorkriegszeit, während das dunkelgesichtige Streichquartett „De profundis" lastende Stimmungen der Nachkriegszeit beschwört, immerhin auch der daraus erfließenden Sehnsucht nach Befreiung und Erlösung unmittelbaren Laut gibt.

Dem Geist absoluten Musizierens widmete sich *Max Trapp* (1887—1971), angeregt von J. S. Bachs Konzertstil, in besonders eindeutiger Weise. Die Kammermusik seiner Frühzeit huldigt, bei lebensvoller Ursprünglichkeit des Musizierens, teilweise noch neuromantischem Subjektivismus; eine weitere Phase innerer Entwicklung zielt nach Steigerung der objektivierenden Gestaltungsweise, die sich im Zeichen des von Trapp erkorenen Dreigestirns — Eindeutigkeit, Klarheit und Ehrlichkeit — vollzieht. So kommt eine handwerklich meisterhafte, harmonisch freie, doch nicht gesetzlose, Ausdrucksfreude mit Spieltrieb paarende Schreibweise zustande, die sich bereits im Streichquartett op. 22 umrißartig abzeichnet, um im Klavierquartett op. 31 mit seinen gemeißelten Themen, deren konsequenter Verarbeitung, in der Entfaltung des daraus hervorgehenden figurativen Lebens beispielhafte Ausprägung zu erfahren. Die Violinsonate op. 37 hält eine wohlerwogene Mitte zwischen Formenstrenge und rhapsodischer Gelöstheit (Mittelsatz) und vergißt darüber nicht, den spielvirtuosen Ehrgeiz in gediegener Weise zu befriedigen. Einen ähnlichen, von der Neuromantik ausgehenden, an die Grenzen der Polytonalität vorstoßenden Prozeß hat *Heinz Tiessen* (1887—1971) aufzuweisen. Auch er hat den ihn beseelenden, durch lebhaftes Naturgefühl genährten musikantischen Impuls nie bloßer Experimentiersucht aufgeopfert. Seine Kammermusik umspannt verschiedene Gattungen und Besetzungen vom Duo bis zum Septett, wobei die Bläser eine wesentliche Rolle spielen. Eine reife Gabe ist das Divertimento op. 51 für Flöte, Oboe, Klarinette, Horn und Fagott. Der 1. Satz bringt kontrapunktische und harmonische Bearbeitungen des als „Thema" verwendeten Uhrgeläutes vom Glockenturm des Londoner Parlamentsgebäudes, Big Ben, (Andante maestoso), der 2. (Allegro deciso) ist ein launiges Spielstück, der 3. (Allegretto alla marcia) ein fröhlicher Marsch von einfacher melodischer, aber pikanter harmonischer Prägung mit eingelegten Trioepisoden. Das Finale nimmt als Grundmotiv den Amselruf aus Tiessens „Amsel-Septett" op. 20 wieder auf, um ihn zum zehnfach abgewandelten Liedthema auszugestalten. *Max Butting* (1888 bis 1976) ist einen ähnlich folgerichtigen Weg gegangen. Die Kammermusik bildet einen der Herzpunkte seines Schaffens, das seine Krönung allerdings in der Symphonie sucht. Butting, dessen besondere Neigung dem Streichquartett galt, hat sich um die Lösung zahlreicher Form- und Ausdrucksprobleme bemüht, die teilweise sogar zur Aufgabe der festgefügten zyklischen Form geführt haben. So ist in den Kleinen Stücken für Streichquartett op. 26 die Reihenfolge nach Belieben vertauschbar. Eine Abkehr von der üblichen Art thematischer Durchgestaltung verrät das Duo für Geige und Klavier op. 32; Rhythmus, Bewegungsabläufe bekennen sich zu neuen Ordnungsprinzipien. In jüngster Zeit zeigte sich Butting von den in der Bläserkammermusik aufgeworfenen Klangproblemen gefesselt. In der Kleinen Kammermusik für Flöte, Englischhorn, Violine und Cello op. 70 sowie in den Inventionen für Flöte, Englischhorn, Horn, Fagott, Violine, Bratsche und Cello op. 77 hat er eigenwillige, aber einleuchtende

Lösungen angestrebt. Seine 1950 geschaffene „Festschrift für Bach“ für Flöte, Violine, Englischhorn, Bratsche, Fagott und Cello birgt in ihren vier Sätzen imponierende kontrapunktische Arbeit. Eine tiefschürfende Natur war *Gustav Geierhaas* (1888—1976). Die Neigung zu polyphonen Strebungen, kühner Harmonik teilte er mit Max Reger. In seinem expressiven Streichtrio hat er den drei Instrumenten ein letztes an Stimmigkeit, an Ausdruckskraft abgefordert, ohne der Übersteigerung zu verfallen. Meisterhafte, zügig lineare Satzkunst, unterströmt von echter, oft leidenschaftlicher Empfindung, herrscht ebenso in den beiden Violinsonaten, in den drei Streichquartetten und im großartigen Streichsextett, ohne daß bei dem Drang ins Weite der Form wie des Ausdrucks die Grenzen des Kammermusikalischen überschritten würden. Gleichfalls aus der Schule Fr. Kloses gingen *Fritz Müller-Rehrmann* (1889—1949) und *Wilhelm Petersen* (1890—1957) hervor, die beide als gediegene Kammermusikkomponisten, ohne damit ihre Fähigkeiten zu erschöpfen, Ansehen erlangt haben. Nahezu musikalischer Autodidakt war der der musikalischen Jugendbewegung nahestehende, künstlerisch eigenwüchsige *Ludwig Weber* (1891—1947). Liegt seine Hauptbedeutung auch in der Vokalmusik, so hat er doch zwei spieldankbare, musikantisch bewegte Streichquartette geschaffen, die als „Musik für Streicher“ auch chorische Verwendung finden können.

Hans Sachße (1891—1960) wendete seine besondere Liebe dem Streichquartett zu, weil er hier sein Verlangen nach linearer Schreibweise ausleben konnte. An dem Dutzend seiner Streichquartette fesselt die stets neue Perspektiven aufrollende Einstellung zum Form- und Klangproblem. Gleichzeitig sind die Quartette Gradmesser einer kompositorischen Entwicklung, die etwa mit dem 7. Quartett vollen Meisterrang erreicht. Der musikalische Ablauf folgt mit Vorliebe dem Atemgesetz von Spannung und Entspannung, natürliche, frische Melodik wird zur Würze des Satzes. Bestrickende Frohlaune verbreitet die Serenade für Flöte und Streichtrio. Auch in der Kammermusik mit

Klavier weiß Sachße etwas zu sagen. Aus lyrisch-musikalischem Grundstand schöpft der am Brahmsschen Vorbild zu eigener Haltung erstarkte *Joseph Suder* (* 1892), der Formerweiterungen, vor allem im Sonatensatz, anstrebt. Erblickt er doch die Aufgabe der Reprise nicht mehr im Nacheinander der Themenwiederholung, sondern in einem kontrapunktisch verdichteten Neben- und Gegeneinander, einer Art zweiter, gesteigerter Durchführung. Zwei Violinsonaten und drei Streichquartette, entstehungsmäßig durch längere Zeitabstände voneinander geschieden, veranschaulichen die wachsende Überlegenheit der Formgestaltung sowie deren Verschmelzung mit dem bei Suder impulsiv hervortretenden Gefühlsmoment. Ein beachtliches Stück ist zudem das Klavierquartett in h-moll, dessen Scherzo drei Themen kontrapunktisch meisterhaft verarbeitet. *Heinrich Lemacher* (1891—1966) hat sich vor allem in der katholischen Kirchenmusik hervorgetan, ist aber auch Schöpfer zahlreicher Kammermusikwerke, die das häusliche Musizieren im Auge haben. Diesen Ton trifft Lemacher mit einem aus der Liebe zur Sache erwachsenen natürlichen Empfinden. In diesem Zusammenhang muß auch der Name *Paul Höffer* (1895—1949) fallen. Harmonisch komplizierter als Lemacher hat er eine reizende Abendmusik für Streicher geschrieben, die verschiedenen Besetzungen, Duo für 2 Geigen, Trio für 2 Geigen und 1 Bratsche, Streichquartett, die Möglichkeit beschwingten Musizierens bietet. In der Serenade „Innsbruck, ich muß dich lassen“ für Oboe und Streichtrio wird durch Heinrich Isaacs alte Weise die eigene Phantasie in fruchtbringender Weise angeregt.

Zu starker Bedeutung, speziell als Kammermusikkomponist, ist der Busonischüler *Philipp Jarnach* (* 1892) gelangt, Sohn eines spanischen Vaters, in Frankreich aufgewachsen, musikalisch in Deutschland beheimatet. Der romanische Zug in seinem Wesen äußert sich in hochentwickeltem Gefühl für Form und Wohlklang, das auch bei Vorstößen in musikalisches Neuland nicht verlorengeht. Sein harmonisch kühnes, doch stets zu einem tonalen Zentrum zurückfindendes

Streichquintett op. 10 vollzieht zunächst im Präambulum die Bildung eines Themas aus zwei ursprünglich selbständigen Motiven und läßt eine Reihe ausgesprochener Charaktervariationen folgen, die ihre formale Haltung in den Überschriften der einzelnen Veränderungen (Sinfonia, Melodram, Giga, Aria, Rezitativ und Marsch, Choralvorspiel) teils betonen, teils verschleiern. Die letzte Variation wächst zur Doppelfuge. Das Streichquartett op. 16 gliedert sich in zwei durch den Wechsel der Zeitmaße und Stimmungscharaktere vielgestaltige Teile. Ein drittes Streichquartett, „Musik zum Gedächtnis der Einsamen" betitelt, zeigt Jarnachs Zug zum Mystischen. Mit Vorliebe bedient sich Jarnach feingliedrig biegsamer Kleinformen wie in der Flötensonatine op. 12 oder in den 3 Rhapsodien op. 20, Kammerduetten für Violine und Klavier, die er mit musikalisch freier, gelöster Sprache erfüllt. Melodischer wie modulatorischer Reiz geht von den Solosonaten für Violine op. 8 und op. 13 aus, die in der neueren Literatur ihresgleichen suchen.

Bruno Stürmer (1892—1958) ist in seinem vielseitigen, in der Chormusik gipfelnden Schaffen mehrfach auf die Kammermusik zurückgekommen. Starkes Musiziertemperament unterwirft sich dabei disziplinierendem Formwillen, das musikalische Denken wird vorwiegend polyphon bestimmt. Stürmer weiß Anregungen, die ihm aus der vorklassischen Musik zufließen, in zeitnah persönliche Aussage zu verwandeln (Sonatine für Geige und Klavier). Phantasievoll meistert er die Variation (Andante und Variationen für Klaviertrio, Thema mit Variationen für Streichquartett). Noch größere Mannigfaltigkeit bewährt Stürmers oberrheinischer Landsmann *Josef Schelb* (1894—1978), dessen Schaffen ebenfalls ohne unmittelbaren Bezug auf die neuesten Stilentwicklungen nicht zu denken ist. Dabei erleidet der individuelle Zug seiner Tonsprache keine Einbuße, wenn, je nach dem besonderen Charakter eines Werkes, hier barocker Spieltrieb, dort ein impressionistisches oder expressionistisches Moment mitschwingt. Bevorzugt werden in Schelbs Kammermusik ungewohntere, die Klangphantasie befruchtende Zusammensetzungen. Wir finden Sonaten für Bratsche, Cello, Flöte, Klarinette, Fagott, Horn, Trompete und Posaune, sogar ein Kammerkonzert für Baßklarinette (mit 10 Soloinstrumenten), welche die klanglichen und ausdrucksmäßigen Charakteristika des jeweiligen Instruments bald seriös, bald launig, immer aber spieldankbar hervorkehren. Auch *Hugo Herrmann* (1896—1967), bei dem ebensowenig wie bei Schelb die Herkunft aus dem süddeutschen Musizierbereich zu überhören ist, wird von stark linearen Strebungen erfüllt, die ihn zuweilen bis an die Grenze der Atonalität tragen. Die Kammermusik ist in seinem Schaffen nur sporadisch vertreten, indessen keineswegs aus dem Gesamtbild zu lösen. Es gibt aparte Stücke darunter wie die 5 Stücke für Kammerorgel op. 25, die 7 Blockflötenstücke op. 57, die Konzertetüden für Akkordeon, dessen künstlerische Nobilitierung Herrmann sehr am Herzen liegt, und das Streichtrio op. 86.

Wolfgang Jacobi (1894—1972) liebt es, sich in klarer, übersichtlicher Diktion auszusprechen, meist dergestalt, daß die gesamte musikalische Entwicklung einem einzigen Motivkern entspringt. Musikalisches Gefühl und musikalische Logik gehen dabei Hand in Hand. Rhythmische Triebkräfte äußern sich temperamentvoll. Eine Sonatine für Flöte und Klavier, Sonaten für Saxophon bzw. Bratsche und Klavier vereinen linearen Geist mit einem vor allem in den Ecksätzen leidenschaftlich anschwellenden Impuls. Im Streichquartett 1950 fiebert etwas von der Erregtheit des Zeitgeschehens, allein der allen Sätzen gemeinsame Form- und Konzentrationswille wirkt als bändigende Kraft. Die eigengeprägteste, geschlossenste kammermusikalische Schöpfung Jacobis ist das auf der Biennale 1958 in Venedig uraufgeführte Klaviertrio. In ähnlich zuchtvoller Formbestimmtheit, Gefäß für einen oft sublimen, vergeistigten Inhalt, bewegt sich die Kammermusik von *Otto E. Crusius* (1892 bis 1965). *Karl Gerstberger* (1892—1955), *Hermann Erdlen* (1893—1972) und *Ernst-Lothar von Knorr* (1896 bis 1973) zeigen in ihrem Schaffen, daß Formenwelt und Musiziergeist der Vorklassik auch neuzeitlich fruchtbare

Ergebnisse zeitigen können, wenn man sich weniger an den Buchstaben, mehr an den Geist des Vorbilds hält. Knorr hat nicht ohne Glück versucht, alte Instrumente der heutigen Musikpraxis wieder zuzuführen, indem er Stücke für Blockflöten, Lautensuite, Cembalosonatine schrieb. Auf anderer Seite stehen seine Kompositionen für Saxophon, Melodieinstrument, Akkordeon. *Fritz Werner* (1898—1977), dessen Schaffen seinen Schwerpunkt in der evangelischen Kirchenmusik hat, ist in seiner Kammermusik, wie seine Sonate für Cello und Klavier op. 21 und das Concertino für Flöte, Viola da Gamba und Cembalo op. 20 spüren lassen, von dem Klarheitsstreben des französischen Neoklassizismus in Form und Ausdruck angeregt worden. Das Streichquartett in d-moll op. 11 besticht durch die Konsequenz seiner polyphonen Struktur, die im Streichtrio in Fis op. 26 noch gesteigert und vertieft erscheint durch die Fähigkeit, jeder der drei Stimmen volle individuelle Freiheit zu wahren, ohne gegen das Gebot kammermusikalischer Gleichberechtigung zu verstoßen. Auch *Heinrich Vogel* (* 1902) knüpft in seinen phantasievollen Arbeiten an die kontrapunktische Kunst der alten Barockmeister an. In einem gediegen gearbeiteten Streichquartett in C-dur, einem interessanten Streichtrio in e-moll, einem kleinen Variationenwerk für Streichquartett und mehreren Heften polyphoner Spielmusiken, die er „ludus canonicus" nennt, äußert sich eine bemerkenswerte Begabung. *Karl Marx* (* 1897), Schüler Carl Orffs, der musikalischen Jugendbewegung verbunden, hat seinen Stil großenteils an der Liedkunst des 15. und 16. Jahrhunderts gebildet. Die Kammermusik bedenkt er am liebsten mit klarlinig-frischen, dem Laienmusizieren zugänglichen Spielstücken, ein Meister kleiner, jedoch nie verniedlichter, stets substanzerfüllter Formen (Sonatinen, Kleine Suite aus L. Mozarts Notenbuch für Wolfgang für 4 Blockflöten, Kleine Hausmusik für 3 Instrumente, Spielmusik für Streichquartett). Aber auch in der Bewältigung größerer Formen (Streichquartett, Sextett für Flöte, Klarinette, Fagott, Violine, Bratsche und

Cello, Divertimento für Klavier, Flöte, Violine, Bratsche, Cello) steht Karl Marx seinen Mann.

Der Schule Pfitzners entstammen *Paul Winter* (1894 bis 1970), Schöpfer prachtvoller Blasmusiken (Olympia-Fanfaren, Turmmusiken für 3 Trompeten und 3 Posaunen), kaum minder beachtenswert mit seinem Streichquartett und der „Stifter-Suite" für Geige (Flöte) und Klavier, Stimmungsbildern vom Reiz musikalischen Pastells; *Walter Abendroth* (1896—1973), der nicht nur als denkerisch tieflotender Musikschriftsteller, sondern auch als in verwandtem Geiste wirkender Komponist etwas zu sagen und neben einer bedeutenden Violinsonate op. 26 und zwei Bratschensonaten op. 21, wirklichen Bereicherungen der spärlichen Literatur, 3 Streichquartette op. 1, op. 8 und op. 27 geschaffen hat, und *Hermann Ambrosius* (* 1897). Sein Formen wie Passacaglia, Fuge, Suite bevorzugender Gestaltungswille hat sich fast aller kammermusikalischer Gattungen bemächtigt. Neuerdings bekundet der Komponist Interesse für Volksinstrumente und hat für Bandonion, Mandoline usf. geschrieben. Von der Unbeirrbarkeit pfitznerschen Kunstwillens wird das Schaffen von *Gerhard Frommel* (* 1906) getragen; sein kammermusikalischer Anteil besteht, außer zahlreicher Klaviermusik, in einer Suite für 8 Bläser op. 18 und einem Concertino für Tenorhorn und 6 Bläser op. 24. *Fritz Reuter* (1896—1963) ist hauptsächlich als Theorielehrer bekannt geworden, jedoch auch als Komponist durch seine Phantastische Suite für Flöte und Klavier und andere Kammermusikwerke wohl legitimiert. Gesunde Kraft musikantisch frischer, handwerklich wohlfundierter Begabung durchströmt die Kammermusik des Haas-Schülers *Max Gebhard* (1896—1978); auch seine jüngeren Brüder *Hans Gebhard* (1897—1974) und *Ludwig Gebhard* (* 1907) wirken in dieser Richtung. Von letzterem stammt eine in ihrer Klangzusammensetzung ungewöhnliche zweisätzige Sonatine für Horn, Trompete und Klavier. Aus dem süddeutschen Bezirk kommen noch die als Orgel-, Vokal- und Chorkomponisten erfolgreichen *Artur Piechler* (1896—1974), *Hans Lang* (1897 bis 1968) und *Otto Jochum* (1898—1969), denen auch das kammermusikalische Schaffen vertraut ist. Durch feinen formalen Schliff und Fülle launiger, oft espritvoller Einfälle zeichnen sich die Kammermusikwerke von *Gerhart von Westerman* (1894—1963) aus. Ein vorwiegend heiterer Ton beherrscht die Musik des als Opernkomponist erfolgreichen *Ottmar Gerster* (1897—1969), an dessen Sonatine für Bratsche und Klavier, Divertimento für Violine und Bratsche, Streichquartett und Heiterer Musik für 5 Bläser die natürliche Gelöstheit einer melodiefreudigen Tonsprache besticht. Vorwiegend von der Oper gefesselt wird auch *Erich Sehlbach* (* 1898), doch zeugen seine Musik für Flöte und Klavier, Musik für Klarinette und Klavier, Kortum-Serenade für 5 Bläser, Streichquartett und Streichsextett zugleich von einer Berufung für die intime Musik.

Auch die Frau weiß sich unter den Angehörigen dieser Generation als Komponistin durchzusetzen. *Philippine Schick* (1893—1970), Schülerin Zilchers, Kloses und H. W. von Waltershausens, gelangte über spätromantische Anfänge zum eigenen Stil von entschlossenem Formwillen und expressiver Dichte. Außer Klaviertrio, Streichquartett und Cellosonate schrieb sie die vielgespielte Norwegische Suite für Violine und Klavier und eine Violinsonate, deren langsamer Satz Variationen über das Volkslied „Schwesterlein" vereint, wobei jede der fünf Variationen dem Inhalt und Stimmungsgehalt der jeweiligen Gedichtstrophen entspricht, während im Finale die Choräle „Credo in unum Deum" und „Ein' feste Burg" in einer Doppelfuge, gewissermaßen im Sinne einer musikalischen Una sancta, verarbeitet werden. Ebenso hat es *Grete von Zieritz* (* 1899), Preisträgerin des 1. Internationalen Komponistinnen-Wettbewerbs in Basel 1950, zu einem klangvollen Namen gebracht. Geborene Österreicherin und zunächst in ihrer Heimat herangebildet, studierte sie erneut in Berlin, das ihr Wohnsitz, dazu künstlerische Wahlheimat geworden ist. Ihre Kammermusik begünstigt suitenhafte Formen. Besondere Berücksichtigung läßt sie der Flöte angedeihen, so in den das illustrative mit dem virtuosen Moment verschmelzenden Bildern vom Jahrmarkt, in der Bokelberger Suite, in den Vortragsstücken für gleiche Besetzung. Die Suite für Altflöte und Klavier lenkt die Aufmerksamkeit auf ein nahezu vergessenes Instrument von reizvoll verhaltenem Klangcharakter und wählt zu dessen Rehabilitierung Tanzformen der Renaissance, deren Inhalt von modernem Geist gestreift wird.

Von den noch im 19. Jahrhundert geborenen Komponisten hat *Hermann Heiß* (1897—1966), Schüler und Freund Hauers, mit besonderer Konsequenz neue Ziele verfolgt. So ist er ein Hauptvertreter der „athematischen Komposition" geworden, der eine stark persönliche Haltung den Charakter des rein Experimentellen, Dogmatischen nimmt. Seine Kammermusik, darunter 12 Inventionen für 2 Violinen, 12 Inventionen für Violine und Cello, Modi für Flöte, Solosuite für Cello, Streichtrio, Streichquartett verwirklichen Heiß' Gestaltungsprinzipien, seine alle tönenden Möglichkeiten ausschöpfende „Tonbewegungslehre" in klarer, bei aller Kompliziertheit durchsichtiger Weise. Allerdings setzt sie eine grundsätzlich neue Art des Musikhörens voraus.

Die im 20. Jahrhundert geborenen Tonsetzer stehen, im Gegensatz zur älteren Generation, meist auf dem Boden des in Festigung begriffenen neuen Stils. Für *Hermann Reutter* (* 1900), dem auf den Gebieten des Liedes, des Oratoriums, der Oper grundlegende Bedeutung zukommt, wird der lyrische Grundstand seines Wesens auch in der Kammermusik zum Ausgangspunkt. Das verraten mitunter schon Titel wie „Landschafts-Miniaturen" für Geige und Klavier, „Rhapsodie" für Geige und Klavier. „Pfingstmusik" für 2 Violinen sowie die von weihnachtlicher Stimmung erfüllte „Musik für Bratsche und Klavier". Während Klaviertrio und Streichquartett das Experimentierende einer frühen Schaffensperiode noch nicht ganz abgestreift haben, vereint die Violinsonate op. 62 alle Kennzeichen edlen Reifestils. Aus lyrischem Bereich wächst ebenso die Kammermusik des die landschaftliche Bindung nicht verleugnenden Ostpreußen *Herbert Brust* (1900—1968). Eine süddeutsche Spielart solchen stimmungsbetonten Musizierens verkörpert der Münchener *Ernst Schiffmann* (* 1901), der vom anfänglich vorwiegend klangsinnlichen Element ohne dessen völlige Preisgabe zu formbestimmtem Gestalten gefunden hat. Einen ähnlichen Weg ist der zu immer profilierterem musikalischem Eigenwuchs erstarkende, in der Kammermusik zum eigentlichsten Wesensausdruck gelangende *Walter Jentsch* (* 1900) gegangen. Gestützt auf charaktergeprägtes Themenmaterial, besticht das Streichquartett op. 35 durch die durchbrochene Arbeit seiner beiden ersten Sätze und die kraftvolle Klangfülle des Finale. Der hauptsächlich auf dem Gebiet der Chorkomposition tätige *Fritz Büchtger* (1903 bis 1978) ist auch mit vier auf der Reihentechnik basierten Streichquartetten von ebenso starkem formalem wie ausdrucksmäßig kühnem Wollen hervorgetreten. Besonders kunstvoll ist das auf zwei gleichgeordneten Reihen ruhende 2. Quartett gearbeitet, dessen Ausklang den Beginn spiegelbildartig im Krebs zurückwirft, während die von diesem Rahmen umschlossenen Mittelteile bogenförmig angeordnet sind. Oft eigenwillig, nie aber ohne den Unterstrom blutvoller Musizierfreude gibt sich die Kammermusik von *Joseph Rauch* (* 1904), darunter eine Kammersonate für Klarinette und Klavier und eine Suite für Streichtrio. Mit *Leo Justinus Kauffmann* (1901—1944) hat eine an unmittelbarer Inspirationskraft reiche, kraft- und zuchtvolle Begabung ein tragisch frühes Ende gefunden. Sein Divertimento für Flöte, Gambe und Cembalo schafft wahre kleine Klangwunder von lebendigster Wirkung. Und das Quintett für Flöte, Oboe, Klarinette, Horn und Fagott, musiküberwallend in den raschen Sätzen, im Lento zur Brunnenstube tiefer Empfindung niedersteigend, sucht in der neueren Bläserliteratur seinesgleichen. Elsässer gleich Kauffmann war *Alfred von Beckerath* (1901—1978), dessen fein konturierte Kammermusik, musikantisch und spirituell zugleich, dem Ziel einer neuen, von der musikalischen Praxis ausgehenden künstlerischen Gemeinschaft zu dienen trachtet. Eine mit zeichnerischem Silberstift hingestrichelte Kleine Violinsonate und eine Flötensonate ähnlich beschwingter Haltung verdanken wir *Mark Lothar* (* 1902), einem der wenigen echten Liedkomponisten unserer Tage. Ähnlich gewinnenden Eindruck empfängt man von dem Trio im Alten Stil für Oboe, Klarinette, Fagott sowie vom Bläserquintett des an Bachs Polyphonie geschulten *Hans Chemin-Petit* (* 1902). Gediegenes Können, lebendigen Klangsinn und natürliche Frische des Einfalls vereinen die drei Streichquartette und die Bläserkammermusik von *Gustav Adolf Schlemm* (* 1902). *Alfred Zehelein* (1902—1978) wurde von einem starken Willen nach unkonventionellem, oft herbsprödem Ausdruck getragen, der ihn mit der Horn- und Oboensonate, der Suite für Flöte und der Bläserkammermusik zu beachtlichen Resultaten geführt hat. Ein poetischer Schimmer liegt über den vom Geist des Volksliedes gestreiften, stimmungsgesättigten, vorwiegend dem praktischen Gebrauch häuslichen Musizierens zugedachten Kammermusikwerken von *Kurt Strom* (* 1903). *Anton Würz* (* 1903) teilt mit ihm die Herkunft seiner musikalischen Sprache aus dem Quell warmströmender Empfindung. Seine Intimität mit Intensität, wachen Formsinn mit spielmusikantischem Impuls verknüpfende Kammermusik nimmt sich, wie Violin- und Bratschensonate, Klaviertrio, 2 Streichtrios, 5 Streichquartette und Streichquintett dartun, mit Vorliebe der klanglich sehr delikat behandelten und stimmig geführten Streicher an. Aber auch mit anderen Klangcharakteren zeigt sich Würz, wie das schöne Ebenmaß seiner Flötensonate und das Klarinettenquintett beweisen, ebenso vertraut. Aus dem Grundelement musikantischer Gelöstheit, die die Form als natürlich-notwendiges Ergebnis ohne intellektuelle Erklügelung aus sich hervorgehen läßt, schaffen zahlreiche weitere Komponisten. Musik aus vollem Herzen, ohne dieses formgefährdend überwallen zu lassen, gibt *Hermann Schroeder* (* 1904), dessen Beginn im Zeichen eines ungemein frischen, motivisch dichten, im Mittelsatz sehr ausdrucksvollen Streichtrio steht. Die beiden Streichquartette wenden den hier angebahnten Stil ins Großartig-Pathetische. Innere Beziehungen zu Bruckner und Kaminski walten bei *Reinhard Schwarz-Schilling* (* 1904). Am Beginn seines Schaffens steht das Quintett für Oboe, Klarinette,

Fagott, Horn und Klavier, einfallreiche Variationen über ein Gavottenthema von Padre Martini. Das Streichquartett in f-moll fesselt durch selbständige Behandlung der formalen Probleme wie durch vorwiegend lyrische Ausdruckshaltung. Von eigenartigem Reiz ist die Kleine Kammermusik für 2 Blockflöten, 2 Fiedeln und Laute, die im Verein mit dem Klangtum der alten Instrumente alte Kompositionstechniken fruchtbar macht. *Sigfrid Walther Müller* (1905—1946) ist seinem vitalen Musiziertrieb in Kammermusikwerken verschiedenster Art oft mit beglückendem Gelingen, mitunter etwas unkritisch gefolgt. Der Pfälzer *Philipp Mohler* (* 1908) hat mit dem klanglich fein differenzierten, satztechnisch meisterhaften Divertimento für Geige und Bratsche, dem bald launig kapriziösen, bald idyllisch behaglichen Capriccio für Flöte und Klavier, mit der großformatigen Bratschensonate echt kammermusikalischen Geist beschworen. Diesen spürt man auch im Schaffen des Bayern *H. M. Brugk* (* 1909), das gehaltvolle Melodik, kraftvolle Harmonik mit rhythmischer Aufgelockertheit und kontrapunktischer Kunst verbindet, sowie bei dem in Mannheim wirkenden *Hans Vogt* (* 1911), der einem früheren Trio für Flöte, Bratsche und Harfe seit Ende der 50er Jahre neue Kammermusik folgen ließ, mit der er nachhaltige Eindrücke erzielen konnte. Zu nennen sind ein Quintett für Flöte, Oboe, Violine, Fagott und Cembalo, eine Sonate für Flöte und Klavier, eine weitere für Flöte und Cembalo, drei Streichquartette und ein Streichquintett (ausgezeichnet mit dem Prix Monaco bzw. dem Stamitz-Preis), ferner „Dialoge" für Klavier, Violine und Violoncello, Musik für zwei Klaviere in drei Sätzen und ein Streichtrio. Vogts Tonsprache ist entscheidend vom Rhythmus her entwickelt in der Verarbeitung polymetrischer Elemente folgt e den von Bartók gewiesenen Wegen. Die Formgestaltun erscheint sehr variabel, ist jedoch zumeist dynamisch spannungsmäßig bestimmt. Die Kammermusik vo *Helmut Degen* (* 1911) ist hauptsächlich durch de Rundfunk gefördert worden. In Degens Tonsprach pulsieren nervige rhythmische Energien, lebt melod

scher Einfall. Der Harmoniker tendiert in den jüngsten Schöpfungen nach der Reihentechnik. Polyphone Gestaltungsweise hemmt nicht die Klarheit des Satzbildes. Gleich vielen Zeitgenossen bevorzugt er die „statischen" Formen der vorklassischen Musik und zeigt für Spannungen klassisch-romantischer Themengegensätzlichkeit mindere Neigung. Außer zwei Streichquartetten hat er meist Kammermusik mit Bläsern geschrieben, unter anderem ein Nonett für Bläser und Streicher. Das spielmusikantische, auch mit dem Laienspieler rechnende Moment gibt *Cesar Bresgens* (* 1913) Kammermusik vielfach ihr Gepräge. Bresgen, eine musikalisch begnadete, einfallgesegnete Natur, hat mannigfache Anregungen vom Volkslied, von der Barockmusik bis zu Reger und Strawinsky in sich aufgenommen, jedoch so gründlich verarbeitet und mit dem eigenen Wesen in Einklang gebracht, daß die erquickende Frische und Natürlichkeit seines farbigen Musizierens keine Einbuße erleiden. Auf eine ebenso klare Formel läßt das kammermusikalische Werk von *Franz Alfons Wolpert* (1917—1978) sich nicht bringen, der als Wolf-Ferrari-Schüler begann, dann aber immer deutlicher zum erweiterten neuzeitlichen Tonalitätsbewußtsein gefunden hat. Die eigene Haltung zeichnet sich in einem ausgesprochen melodischen Hang ab, der weniger in monodischer Eindeutigkeit hervortritt, vielmehr kontrapunktische Verflechtungen liebt.

Boris Blacher (1903—1975; s. S. 831 ff.), eine der vielseitigsten Persönlichkeiten heutiger Musik, zeigte besonders Interesse am Streichquartett. Seine Vorliebe für formelhaft knappen Ausdruck, die Intensität seines rhythmischen Nervs, die sich in „metrischen Reihen" auswirkt, sein gedanklich konstruktiver, auf möglichste Aussparungen bedachter Satzbau finden in den drei Streichquartetten, deren erstes den Titel „Vier Stücke für Streichquartett" trägt, die entsprechende Ausprägung. Ein heikles, überzeugender Lösung zugeführtes Klangproblem stellt sich das Divertimento für Trompete, Posaune und Klavier. Während Blachers Kammermusik den Charakter geistvollen Spiels nur selten abstreift, strebte der von der evangelischen Kirchenmusik, von

Brahms und Reger herkommende *Günter Raphael* (1903 bis 1960) anderen Lösungen zu. Die Kammermusik bedeutete ihm wesentliches Lebenselement. Deswegen hat er sich in nahezu sämtlichen Gattungen ausgesprochen, meist in herbinnerlicher, zugleich expressiver Weise, mit dem Ethos seiner Tonsprache zugleich Bekenntnis abgelegt. In späterer Zeit widerfuhr seinem Stil musikantische Auflichtung, so in den Sonatinen op. 65, von denen Nr. 1 der Flöte, Bratsche und Harfe, Nr. 2 der Oboe und Harfe, Nr. 3 der Klarinette und Klavier, Nr. 4 der Violine, Horn und Fagott vorbehalten ist. Ähnlich beflügeltes, abwechslungsreiches Leben herrscht in dem fünfsätzigen Divertimento für Altsaxophon und Cello op. 74 mit einer deliziösen, im 7/8-Takt sich bewegenden Serenade. Die in Raphael wirkende Verbindung von handwerklicher Gediegenheit und künstlerischem Ernst kennzeichnet auch das ebenfalls mit der evangelischen Kirchenmusik befaßte Schaffen von *Ernst Pepping* (* 1901). Seine Kammermusik umfaßt vortreffliche Duos für 2 Violinen, Streichtrio und 2 Streichquartette von erweiterter Tonalität, inhaltlich und formal originell. Die Suite für Trompete, Altsaxophon und Tenorposaune zehrt nicht nur vom Reiz seltener Klangzusammenstellung, sondern auch von der Verve des hier aufgespeicherten Musiziertemperaments. *Hans Friedrich Micheelsen* (1902—1973), ein weiterer bahnbrechender Meister auf dem Felde der neueren evangelischen Kirchenmusik, versteht auch mit seiner dem praktischen Spielgebrauch zugedachten Kammermusik (Flöten-Sonatine, Violinsonate, Variationen und Fuge für 3 Violinen, Introduktion und Toccata für Flöte und Klavier, Divertimento für 5 Bläser) nachhaltiges Interesse zu wecken. Von dem genialen, früh verstorbenen *Hugo Distler* (1908—1942), vorwiegendem Vokalkomponisten, besitzen wir ein Streichquartett sowie eine bezaubernde Sonate für 2 Geigen und Klavier über altdeutsche Volkslieder. Der 1. Satz legt „Es taget vor dem Walde“, der 2. „Ach, Elslein, liebstes Elselein“, der 3. „Wie schön blüht uns der Maien“ zugrunde. *Wilhelm Maler* (1902—1976) ließ auch in seiner Kammermusik das ihm naheliegende volksliedhafte Element durchklingen. Außer zwei Streichquartetten schrieb er ein Streichtrio für 2 Violinen und Bratsche oder 3 Violinen, dessen 1. Satz in dem Motiv h—a—a—es, dem Namen des Widmungsträgers Joseph Haas, Malers Lehrer, gipfelt. *Kurt Thomas* (1904—1973) ist durch seine Chorschöpfungen bekannter geworden als durch seine von kontrapunktischen Künsten durchwirkte, neubarockem Gestalten und Empfinden erschlossene Kammermusik. Ans häusliche Musizieren hat er mit zwei reizenden Kleinen Hausmusiken für Blockflöte und ein Tasteninstrument bzw. 3 Blockflöten gedacht. *Hans Brehme* (1904–1957) ergoß sein blutvolles Musiziertemperament in architektonisch strenge, mitunter kühne Formen. Seine Partita für Streichquartett orientiert sich am barocken Vorbild. Die Suitensätze: Ouvertüre (im französischen Stil), Kurante, Sarabande (von Brehme kunstvoll mit der Sonatenform verwoben), Bourrée, Aria und Gigue werden, bei selbständig freier Führung der Stimmen, neu und eindringlich entfaltet. Ebenso rühmt das Sextett für Flöte, Klarinette, Horn, Violine, Bratsche und Cello Klangphantasie und Handwerk seines Schöpfers. Auch *Kurt Hessenberg* (* 1908), Schüler Günter Raphaels, fühlte sich zunächst dem Neubarock verpflichtet, das seine frühe Kammermusik, z. B. die Flötensonate, mit stilbildenden Kräften durchdringt. Bald trat ein romantischer Zug zutage, dessen Keime sich schon im Klavierquartett op. 10 regen. Voll ausgeprägt erscheint dieser barock-romantische Stil, auf dem Hessenbergs individuelle Note beruht, im 2. Streichquartett op. 16, vor allem jedoch in der Cellosonate op. 23, einem melodisch wie rhythmisch gleich packenden, spieldankbaren Stück. Seitdem hat Hessenberg noch zahlreiche Kammermusik geschrieben, obwohl ihn die Vokalmusik in der jüngsten Zeit noch stärker anzuziehen scheint. *Günter Bialas* (* 1907), aus der musikalischen Jugendbewegung hervorgegangen, von hier aus früh zum Volkslied gewiesen, gibt seiner die Zwölftontechnik auf eigene Weise verarbeitenden Kammermusik spielfreudig konzertanten, mitunter sogar virtuosen Charakter, stellenweise mit pädagogischem Akzent. Seine Schreibweise ist flüssig, phantasiebeschwingt, im besten Sinne amüsant. Von der Kammermusik ausgegangen ist auch der Jarnach-Schüler *Rudolf Petzold* (* 1908). Seinem ersten, mit schwerer kontrapunktischer und figurativer Fracht beladenen zweisätzigen Streichquartett ließ er ein vorbildlich proportioniertes, formal wie inhaltlich gleich reizvolles Quartett sowie ein Streichtrio folgen, das wörtliche Wiederholungen der Themen vermeidet, diese in stetem Wachsen und Wandel zeigt und so dem Satzganzen den organisch-logischen Aufbau zu verleihen trachtet. *Winfried Zilligs* (1905—1963) eigenwilliger, in den Dienst der Neuen Musik gestellter Stil gilt nicht nur der Oper und der Orchestermusik, auch die Kammermusik (Streichquartett) hat daraus Gewinn gezogen. Ein reizvoll apartes Stück ist die während Zilligs Lehrjahren bei Schönberg entstandene Serenade I für 8 Blechbläser. Die sechs knapp gefaßten Sätze fügen zu den alten klassischen Formen wie Fanfare, Marsch, Notturno I und II vor das Finale einen Foxtrott. Die Zwölftontechnik wird mit großem Geschick in den Dienst eines undoktrinären, blutvollen Musiziertemperaments gestellt, das insbesondere durch rhythmische Vitalität zu fesseln vermag. Außerdem ist die ursprüngliche Bestimmung der Serenade als einer Freilichtmusik wieder zur Geltung gebracht. Drei weitere bedeutende Begabungen wurden Opfer des zweiten Weltkriegs: der von hohem Wollen beseelte, im Augenblick entscheidend neuer Zielsetzung abberufene *Hans Humpert* (1901—1943), der in seiner Auseinandersetzung mit der Formenwelt des Barock (Fantasie für Solovioline, hinter der sich Präludium und Toccata verbergen, Fantasie und Gigue für Streichquartett, Kammersonate für Streichtrio mit einer famosen Chaconne) zu erster Reife gedeihende *Heinz Schubert* (1908—1945) und *Edmund von Borck* (1906 bis 1944), dessen streng linearer, jedoch keineswegs unexpressiver Stil in wenigen Kammermusikwerken bezeichnenden Niederschlag gefunden hat.

Von den Hindemithschülern wirkt *Harald Genzmer* (* 1909) am konsequentesten im Geiste seines Lehrers.

Genzmers Schreibweise ist leicht und locker, von federnder rhythmischer Geschmeidigkeit, spieltriebhaft beflügelt, zuweilen von espritvoller Eleganz. Seine zahlreichen Kammermusikwerke dienen dem praktischen Musizierbedürfnis unserer Tage. Aus den kleinen Formen häuslicher Spielmusik (Blockflötenstücke) wachsen sie, durchweg auf dem Boden gesunder, natürlicher Spielfreude, in immer größere Maße: Violin-, Viola- und Cellosonaten, Trios verschiedener Besetzung, Streichquartette, Septett für Harfe, 3 Bläser und 3 Streicher. Für O. Salas Trautonium schuf Genzmer mehrere dem speziellen Klang- und Ausdruckscharakter dieses elektronischen Instruments angepaßte Originalkompositionen. Bei einem weiteren Hindemithschüler, *Konrad Friedrich Noetel* (1903—1947), ruht der Schwerpunkt des Schaffens vollends in der Kammermusik. Sie wird bei ihm durch je eine Sonate für Geige, Cello und Flöte, ein Klaviertrio, ein Streichtrio und 2 Streichquartette vertreten. Einflüsse barocker Herkunft und klassisch-dialektischen Sonatengeistes halten sich die Waage. Die unerbittlich lineare Führung der Stimmen läßt es oft zu Dissonanzhäufungen kommen, die seinen Stil mitunter herb und spröd erscheinen lassen. Außerdem sind aus Hindemiths Schule zu Ansehen gelangt: *Siegfried Borris* (* 1906), dessen Duos, Kleine Musik, Trios, Quartette pädagogische mit künstlerischen Zielsetzungen verbinden, und *Werner Fussan* (* 1912). Sein kammermusikalisches Profil trat bisher am sprechendsten in seinem Streichtrio hervor.

Die nach dem ersten Weltkrieg geborenen Komponisten stehen zum großen Teil in Stadien der Entwicklung, deren Ziel noch nicht mit Bestimmtheit vorauszusehen ist. Wir müssen uns deswegen auf wenige, besonders bezeichnende Persönlichkeiten beschränken. Viele der Angehörigen der jüngsten Generation wurzeln bereits in der Zwölftonmusik als einer Art künstlerischen Mutterbodens, der ihrem Ausdrucksstreben gemäß, ja notwendig ist. Die Kammermusik erfreut sich im übrigen auch bei ihnen eines regen Interesses, allerdings meist unter dem Gesichtswinkel neuer Stilfindung und

Stilerprobung. *Bernd Alois Zimmermann* (1918—1970; s. S. 843), zunächst von Strawinsky ausgehend, ist in seiner Entwicklung immer mehr in den Bann der strukturellen Musik geraten, mit der er sich, stets wieder von neuen Problemen des Klanges und der Klangfarben gefesselt, in durchaus persönlicher Weise beschäftigte. Innerhalb gleich ernster Auseinandersetzungen mit der modernen Kompositionstechnik bewegt sich das neben der Orchester- und Vokalmusik auch mit der Kammermusik (Streichquartett) befaßte Schaffen von *Hans Ulrich Engelmann* (* 1921), dem wir auch eine vorzügliche Studie über Bartóks „Mikrokosmos" verdanken. Eine ebenso schwer auf einen bestimmten Nenner festzulegende Vielseitigkeit ist das Kennzeichen *Hans Werner Henzes* (* 1926; s. S. 835). Von ihm gilt das oben Gesagte besonders. Seine von wildem Sturm und Drang durchfegte Violinsonate ist für die künstlerische Vehemenz seiner Anfänge dokumentarisch. Dagegen steht in denkbar größter Gegensätzlichkeit das fast ätherische, klanglich höchst aparte Streichquartett. Als sein „bestes Kammermusikstück" hat Henze „Apollo und Hyazintus", Improvisationen für Cembalo, Altstimme und 8 Soloinstrumente bezeichnet. Es steuert einer „neuen Art von musikalischem Surrealismus" zu und ist Henzes letztem Lehrer René Leibowitz gewidmet. *Heimo Erbse* (* 1924), Blacherschüler, bevorzugt, wie bereits einige seiner Werktitel: Miniaturen für Klavier und Schlagzeug, Aphorismen für Flöte, Violine und Klavier dartun, knappe, epigrammatisch zugespitzte Formen, hat aber auch ein Streichquartett und ein Trio für Klavier, Violine und Cello geschrieben. Von *Giselher Klebe* (* 1925; s. S. 845) stammt ein sechssätziges Streichquartett von nur 12 Minuten Spieldauer, dem eine im 1. Satz aufgestellte, in den übrigen Sätzen variiert und kombiniert abgewandelte Zwölftonreihe zugrunde liegt. Der originell verblüffende Zug ist auch Klebes weiterem Schaffen treugeblieben, ebenso das Moment der Überraschung. *Karlheinz Stockhausen* (* 1928; s. S. 837) ist der Fortsetzer der an Webern anknüpfenden „punktuellen Musik". Er hat ein Schlagquartett für Klavier und Pauken geschrieben, das auf alle bisher üblichen musikalischen Zusammenhänge verzichtet. Seine Kontrapunkte für 10 Instrumente arbeiten mit durch drei verschiedene geblasene Instrumentenpaare und drei Saiteninstrumente mit geschlagenen, gezupften und gestrichenen Saiten erzeugten Klangkontrapunkten. Die Endabsicht des Komponisten zielt dahin, die Gegensätze so zu lösen, daß „nur noch ein Einheitliches, Unverändertes hörbar ist". Hier berührt sich das konstruktive Element in der Musik mit dem rein technisch-maschinellen. Es ist bezeichnend, daß Stockhausen auch leidenschaftlicher Verfechter der elektronischen Musik ist, der viele seiner Kompositionen („Elektronische Studien") gelten. Ein eigenwillig origineller Kopf ist auch der seriell arbeitende Orff-Schüler *Josef Anton Riedl* (* 1927). In seinen Stücken für Schlagzeug 1955 und 1957 erhebt er dieses in den mannigfachsten Funktionen zum Hauptakteur des tonlichen und rhythmischen Geschehens. Das Schlagzeug, dem Riedl besondere Sympathie entgegenbringt, weil „die Tonhöhen außerhalb des temperierten Systems liegen", findet auch in dem Stück für Alt, Klavier und Schlagzeug 1952 sowie im Stück für Sopran, Alt, Tenor, Baß, Klavier und Schlagzeug mit eingeblendeter „konkreter" Bandaufnahme 1954 Verwendung, wobei die in reinen Vokalismen sich ergehenden Singstimmen instrumentenartig behandelt werden. In den letzten Jahren beschäftigte sich Riedl vorzugsweise mit elektronischer Musik. Früchte dieser Auseinandersetzung sind die Elektronische Musik 1958 und Elektronische Musik 1959. *W. Z.*

Österreich

(Seit Ende des neunzehnten Jahrhunderts)

Ebenso wie in Deutschland, von dem die Musikentwicklung in Österreich wegen der unaufhörlich waltenden Wechselwirkungen nicht zu trennen ist, steht die zwischen 1860 und 1890 geborene Generation im allgemeinen auf dem Boden der Spätromantik, die sogar für den Neutöner Schönberg Ausgangspunkt ist. Den Reigen eröffnet *Emil Nikolaus von Reznicek* (1860—1945), der sich in der Hauptsache als Musikdramatiker gefühlt, jedoch auch die Kammermusik mit 4 beachtlichen Streichquartetten bedacht hat. Sämtliche unterwerfen sich klassischer Formzucht, sind vorbildlich gesetzt, durchsichtig im Klang und voll geschmeidiger Rhythmik. Die Rezniceksche „Spritzigkeit" entsprüht am unmittelbarsten den Scherzi, von denen vor allem dasjenige des Streichquartetts Nr. 3 in d-moll ein glücklicher Wurf ist. Auch in den Ecksätzen pulsiert originelles Leben, während die langsamen Sätze oft etwas konventioneller geraten sind. Die zahlreiche Kammermusik, die der in erster Linie als Dirigent bedeutende *Felix v. Weingartner* (1863—1942) geschrieben hat, beharrt in einem romantischen, die Vorbilder deutlich durchschimmern lassenden Eklektizismus, verrät aber vorzügliches satztechnisches Handwerk. Im Durchbruch eines starken musikantischen Temperaments kommt es bisweilen zu packenden Momenten, auch an klanglichen und rhythmischen Pikanterien fehlt es nicht. *Guido Peters* (1866—1937), ein jüngerer Landsmann des Opernkomponisten *Wilhelm Kienzl* (1857—1941), der sich gelegentlich auch in der Kammermusik versucht hat, verleugnet musikalisch seine steirische Heimat nicht. Themen- und Melodiebildung atmen ihre Nähe, ein süddeutscher, mitunter Wiener Akzent bleibt meist wahrnehmbar. Sehr apart sind seine mit Vorliebe im Piano, oft con sordino dahinhuschenden Scherzi, vom Gemütston melodisch überquellender Trios unterbrochen. Peters' Oktett (Nocturno) für Streichquartett, Oboe, Klarinette, Fagott und Horn, eine der liebenswürdigsten Neuerweckungen alten Serenaden- und Divertimentogeistes, sollte von spielfreudigen Musikanten ebensowenig vergessen werden wie die beiden Streichquartette. Verwandt in der künstlerischen Haltung, in einer betont österreichischen Note ist der als Volksopernkomponist hervorgetretene *Julius Bittner*

(1874—1939). Die satztechnische Arbeit in seinen beiden Streichquartetten in A-dur und in Es-dur ist zwar nicht immer überzeugend, zuweilen ungelenk; der Reiz liegt vielmehr in den einprägsamen, blutwarm melodischen Themen, außerdem in einem stimmungsmäßigen Moment, das kleine musikalische Naturbilder hervorzuzaubern vermag. Die Neigung, „in Tönen zu dichten", ist auch einem so ausgesprochenen Romantiker wie *Roderich von Mojsisovics* (1877—1953) eigen, doch hält er in seinen 2 Violinsonaten, 3 Streichquartetten, Streichquintett, Klaviertrio und Klavierquintett auf Formdisziplin und bewährt sich als erfindungsreicher, stellenweise bizarrer Harmoniker. Unmittelbar aus musikalischer Inspiration schöpft *Joseph Marx* (1882—1964). In seinen 3 Klavierquartetten, von denen das erste den Titel „Rhapsodie" trägt, das zweite „Scherzo", das dritte „Ballade" heißt, verleugnet sich nicht der Überschwang des aussagefreudigen Lyrikers. Ihren Gipfelpunkt erreicht diese Stilphase in der Trio-Phantasie mit dem Wechsel von fünf unmittelbar ineinander übergehenden farbenprächtigen Stimmungsbildern. Demgegenüber macht sich in den 3 späteren Streichquartetten ausgesprochen konstruktiver Wille bemerkbar. Jedes dieser Quartette trachtet nach eigenem harmonischem Charakter: Nr. 1 beruht auf chromatischer Basis, Nr. 2 verwendet die Kirchentonarten, Nr. 3 bewegt sich „in modo classico". Die musikalische Substanz der klangblühenden Tonsprache ist indessen so ausgeprägt, daß das artistische Moment sekundär erscheint. Anknüpfung bei der Vorklassik sucht die vielfach dem hausmusikalischen Gebrauch zugedachte Kammermusik von *Hermann Grabner* (1886—1969). Im Konzert im alten Stil für 3 Geigen op. 1 verschmilzt das barocke Vorbild mit einer modernen Diktion im Sinne Regers, Grabners ehemaligen Lehrers. Präludium und Fuge für Streichquartett op. 11 setzt diese Linie fort. Die Triosonate für Violine, Bratsche und Klavier op. 13 paart die strenge Form (Fuge) mit freien zuweilen rezitativisch gestalteten Partien und wirkt durch solchen Wechsel sehr lebendig. Ein ergötzliches Stück ist die Kleine Suite für

Flöte und Fagott, deren Humor sowohl im Klangfarbengegensatz beider Instrumente als auch in dem ergötzlichen Eifer liegt, mit dem „sich beide das Wort vom Munde wegnehmen oder im Munde herumdrehen“. Als Neuromantiker begann der seit 1934 in USA wirkende *Ernst Toch* (1887—1964), eine kammermusikalische Begabung hohen Ranges. Sein Stil, der, von Werk zu Werk eigengeprägter, sich vorzüglich an seinem Streichquartettschaffen ablesen läßt, ist von sorgsamer Geschliffenheit, in der lineare Strebungen mit klanglichen Koloriten organisch verschmelzen. Spezielles künstlerisches Aroma empfängt Tochs Tonsprache durch einen sprühenden Esprit, der sich zuweilen in burlesken Eskapaden austollt. Daneben waltet, insbesondere in den langsamen Sätzen, echte lyrische Expression, freilich bar jeder Sentimentalität. Im Gegensatz zu Toch, der in den zwanziger Jahren eine ihm gemäße Wendung zur Neuen Musik vollzog, ist *Hans Gál* (* 1890), heute in England wirkend, dem romantischen Grundstand seiner Natur treu geblieben. Gál begann mit locker gefügten, leicht ansprechenden Werken wie den Variationen über ein Wiener Heurigenlied für Klavier, Violine und Cello op. 9 und den Fünf Intermezzi für Streichquartett op. 10, machte sich bald auch anspruchsvollere Formen wie Klavierquartett in seinem op. 13 und Streichquartett in op. 16 zu eigen. Seine bei aller formalen Disziplin expressiven Kräfte kamen im Klaviertrio op. 18 am unmittelbarsten ins Strömen. Persönliches Profil zeigt auch *Egon Kornauth* (1891—1959). Der ihn beseelende musikantische Impuls, die Freude am blühenden Klangtum offenbarten sich früh in der Bratschen- und in der Klarinettensonate, deren natürliche Frische unverwelkt ist. In seinem weiteren, sehr selbstkritischen Schaffen ist Kornauth in seiner Ausdrucksfreudigkeit etwas zurückhaltender, im Klangbild herber geworden, ohne an innerer Haltung einzubüßen. Die beiden Streichquartette und Streichquintette, das Streichsextett, Klaviertrio und Klavierquartett, das Klarinettenquintett, nicht zuletzt das Nonett (Streichquartett mit Kontrabaß, Flöte, Oboe, Klarinette und Horn) und das Klarinettenquintett dienen zur Gewähr, daß Kornauth ein Meister der großen kammermusikalischen Formen geworden ist. Daneben gibt er sich nicht minder glücklich einem musikalischen Spieltrieb hin, wie dies in der Burleske für Flöte und Klavier oder in der Kleinen Abendmusik für Streichquartett geschieht. Spielmusiken unverfälscht süddeutschen Charakters danken wir außerdem dem insbesondere als Kirchenmusiker erfolgreichen Tiroler *Josef Lechthaler* (1891—1948). Außer dem Streichquartett hat er mit Vorliebe der Gitarre seine Beachtung geschenkt. Dies in der deutschen Musik kammermusikalisch nur selten ausgewertete Instrument findet dankbare, geschmackvolle Aufgaben in 2 Variationensuiten op. 49 sowie in der ihrem Namen Ehre machenden, im besten Sinne volkstümlichen „Freundlichen Abendmusik“ für Flöte, Klarinette und Gitarre op. 53. Verwandte Züge zeigen sich bei dem sein musikalisches Tirolertum kräftig hervorkehrenden *Karl Senn* (1878—1964). Der Grazer *Otto Siegl* (* 1896) zählt ebenfalls mit vielen Kammermusikwerken in verschiedenster Besetzung (Gartenmusik für Geige und Cello, Divertimento für Streichtrio, Meersburger Schloß-Serenade für Streichquartett, Oktett für Bläser und Streicher) zu den gewinnendsten Erneuerern der alten Serenaden- und Divertimentomusik, der er vor allem Elemente des Volkstanzes (Ländler) zuführt. *Erich W. Korngolds* (1897—1957) musikalische Persönlichkeit ist hauptsächlich von der Musizieroper geprägt worden. Seine frühe Kammermusik geht dementsprechend vom sinnfällig melodischen und kantablen Element aus und zeigt sich nicht unempfindlich für impressionistische Klangreize, während die Möglichkeiten der linearen Stimmführung weniger genützt werden.

Die neuromantische Schule, gepaart mit einer spezifisch österreichischen Tradition, bildet auch den Wurzelgrund für einige nach der Jahrhundertwende geborene, meist der Schule *Franz Schmidts* entstammende Komponisten. Hierher gehört der stark von der Oper gefesselte *Franz Salmhofer* (1900—1975), dessen Kammermusik sich durch leicht quellenden, vorwiegend melodischen Einfall, jedoch auch durch dessen geschmackvolle Verarbeitung auszeichnet. Seiner zwar nicht tiefgründigen, aber liebenswürdigen Musik eignet gewinnender Wiener Charme. *Wilhelm Jerger* (1902—1978) teilte mit Salmhofer die natürliche Frische des Musiziertemperaments. Entscheidende Anregungen empfing er, ebenso wie *J. N. David*, von der Barockmusik. Zur Kammermusik ist er erst verhältnismäßig spät mit seinem Streichquartett in C-dur, einem alle Problematik bewußt meidenden, schwungvollen, flüssigen, gediegen gearbeiteten Stück gekommen. Weitaus eigenwilliger gibt sich *Theodor Berger* (* 1905), eine vergrübelte, aber tiefschürfende, expressive Natur. Sein symphonisch-dramatisches Temperament drängt allerdings mehr den großen Orchesterformen als der Kammermusik zu. *Alfred Uhl* (* 1909), Schüler Franz Schmidts, später selbst Professor an der Wiener Musik-Akademie, pflegt vor allem die Kammer- und Orchestermusik. Mit Vorliebe knüpft er bei der Spielmusik des 17. und 18. Jahrhunderts an, schreitet aber, mit schöpferischer Klangphantasie, rhythmischem Nerv und melodischer Eingebungskraft begabt, ausdrucksmäßig eigene Wege. Sein prachtvolles Concertino für Violine und 22 Bläser überschreitet allerdings besetzungsmäßig den kammermusikalischen Bereich. Uhl, der sich auch um die Einführung der Gitarre in die Kammermusik erfolgreich bemüht hat, hat einige sehr aparte Kammermusikstücke, besonders für Bläser, geschrieben, so das köstliche Divertimento für 4 Klarinetten. Zwei spritzige, schließlich von echtem Feuer durchwehte Allegrosätze rahmen ein wunderschönes Lento molto espressivo von bestrickendem Klangadel. Die „Vergnügliche Musik“ für 2 Oboen, 2 Klarinetten, 2 Hörner, 2 Fagotte hält, was ihr Titel verspricht.

Über Arnold Schönberg und die von ihm begründete Wiener atonale Schule, die eine neue Situation im Musikschaffen hervorgerufen hat, ist in einem eigenen Kapitel geschrieben worden. Wichtige Anregungen empfing Schönberg von seinem Schwager und zeitweiligen Lehrer *Alexander von Zemlinsky* (1871—1942), dessen Kammermusik eine Synthese zwischen Wagner und Brahms erstrebte. Den bedeutendsten Schönbergschülern

Alban Berg und *Anton von Webern* gelten ebenfalls eigene Abschnitte. Ansehen gewann unter den weiteren Schönbergschülern *Egon Wellesz* (1885—1974), der sich vor allem in seinen ersten Schaffensperioden mit der Kammermusik ernsthaft auseinandergesetzt hat. In seinen 9 Streichquartetten vollzieht sich in wachsendem Maße die Wendung zur Atonalität, mit der eine Auflösung der Thematik in kleinste, mosaikartig zusammenzusetzende Gebilde Hand in Hand geht. Durch die Erweiterung der langsamen Einleitung zu einem selbständigen Satz gelangt Wellesz zur Fünfsätzigkeit. Dankbare Spielaufgaben bieten die Solosuiten für Flöte, Oboe und Fagott, nicht minder die Solosonaten für Violine und Cello. Zu einem konsequenten Vertreter der Zwölftontechnik hat sich nach spätromantischen Anfängen und einer vorwiegend motorisch-rhythmisch betonten Zwischenphase *Hanns Jelinek* (1901—1969) mit dem 2. Streichquartett op. 13 entwickelt. Sein Zwölftonwerk für Klavier und mehrere Instrumente entspringt zwar einer didaktischen Zielsetzung, ist indessen auch für das praktische Musizieren gedacht. Jelineks zeitweiligem Hang zum artistisch Konstruktiven halten sein rhythmischer Nerv und seine musikalische Beschwingtheit die Waage. Ernster Stil- und Gestaltungswille wird in der Kammermusik von *Robert Schollum* (* 1913) spürbar, denn er sucht barocke Formgestaltung mit klassisch thematischem Denken auf der Basis der Reihentechnik zu einer neuen Ausdruckshaltung zu verschmelzen. *Gerhard Wimberger* (* 1923) errang bisher die größte Beachtung als Ballett- und Opernkomponist, doch verrät auch seine Kammermusik (Trio für Flöte, Violine und Klavier, 4 Stücke für Flöte und Klavier) künstlerischen Eigenwuchs, Impuls und Klangphantasie, ein Überwiegen des musikantisch natürlichen Moments vor dem hirnlich konstruktiven.

W. Z.

Frankreich und Belgien

In der ersten Hälfte des 19. Jahrhunderts fanden die Formen der absoluten Musik auf französischem Boden mehr oder minder beiläufige Pflege, sofern sie nicht der beherrschenden musikalischen Gattung, der Oper, eingebaut wurden. Immerhin haben so ausgesprochene Opernkomponisten wie *Daniel François Esprit Auber* (1782—1871) und *François Adrien Boieldieu* (1775 bis 1834) auch der Kammermusik gelegentlich Tribut gezollt, jener mit Beiträgen zur Celloliteratur in jungen, mit 4 Streichquartetten in späten Tagen; dieser, ein nicht unbedeutender Klavierkomponist, mit einem Trio für Klavier, Violine und Cello, worin das Klavier dominiert, sowie mit einigen Harfensonaten und reizenden Duos für Harfe und Klavier. *Ambroise Thomas* (1811—1896) fand neben seinem Opernschaffen noch Muße zu einem Klaviertrio, Streichquartett und Streichquintett. Von *Charles Gounod* (1818—1893), dessen bekannte, von J. S. Bach angeregte Meditation das kammermusikalische Gebiet streift, besitzen wir ein knapp gefaßtes, leicht spielbares, liebenswürdiges Streichquartett in a-moll, ein Werk gleicher Gattung und ähnlichen Charakters überdies von *Jules Massenet* (1842—1912), Beweise, daß die Schöpfer der „Opéra lyrique" auch kammermusikalisch interessiert waren.

Unmittelbarere Beziehung verknüpft *Henri Vieuxtemps* (1820—1881), den in Bériots Schule herangebildeten berühmten belgischen Geiger, mit der intimen Musik. Naturgemäß fesselten ihn vorzugsweise die Geige und deren spielvirtuose Möglichkeiten. Diese kommen im Duo concertante über „Don Juan" für Violine und Klavier, in dem rassigen Duo brillant über ungarische Themen aus der Notenfeder *Ferenc Erkels* (1810 bis 1893), ebenso wirkungsvoll zur Geltung wie in den sechs Konzertetüden für Violine und Klavier und in der Violinsonate. *Félicien David* (1810—1876), der erste Vorkämpfer des „exotischen Stils" in Frankreich, der auf einer persönlichen Kenntnis der arabischen und spanisch-maurischen Musik aufbaute, hat neben Opern,

Oratorien und Symphonien nicht weniger als 24 Streichquintette, dazu 2 Bläsernonette, meist etwas bläßlichen Charakters, geschrieben. *Edouard Lalo* (1823—1892), selbst ein hervorragender Kammermusikspieler, reicht mit seiner Violinsonate op. 12 nicht ganz an seine Violinkonzerte heran, hat jedoch eine Anzahl hübscher kleinerer Stücke für Violine und Klavier geschaffen, dazu eine impulsbewegte Sonate für Cello und Klavier. Seine 3 Klaviertrios fesseln durch reizvolle rhythmische und melodische Details sowie durch die Sauberkeit des stets durchsichtigen Satzes, während sein Streichquartett op. 19, obwohl ihm der Komponist eine spätere Neufassung angedeihen ließ, weniger nachhaltig wirkt.

Zu eigentlichen Bahnbrechern der Kammermusik in Frankreich wurden die im Hauptteil behandelten *César Franck* (1822—1890) und *Gabriel Fauré* (1845—1924). Als Dritter im Bunde gesellt sich ihnen der reichbegabte, formklare, mitunter etwas kühl klassizistische *Camille Saint-Saëns* (1835—1921). Sein Ausgangspunkt ist die absolute Musik. Die frühen kammermusikalischen Schöpfungen haben einen ursprünglichen, stellenweise hinreißenden Zug, so sein im Klavierpart besonders reich bedachtes Klaviertrio in F-dur op. 18, das Temperament mit Grazie, Gefühl mit Esprit paart. Im Klaviertrio in e-moll op. 92 ist der jugendliche Elan sorgsam durchgeformter satztechnischer Arbeit gewichen, das Finale bringt eine regelrechte Fuge. Ein ähnliches Verhältnis waltet zwischen den beiden Violinsonaten op. 72 und op. 105, während die Cellosonate in c-moll op. 32 eine für ihren Schöpfer ungewöhnlich expressive Kraft entfaltet. Sie ist ebenso ein Meisterwerk wie das Klavierquartett in B-dur op. 41 mit seinen drei stimmungsgegensätzlichen, an klanglichen und rhythmischen Delikatessen reichen Sätzen. So wohlausgewogen wirkt das Klavierquintett in A-dur op. 14 noch nicht, doch besticht es durch die Inspirationsfülle des phantastischen Scherzo, das dem Kontrabaß eine klang- und stimmungverdichtende Rolle zuweist. Flüssige, in knappe Formen gebannte Spielmusik bietet das Septett für Klavier, Streichquintett und Trompete in Es-dur op. 65, das der im kammermusikalischen Rahmen selten verwendeten Trompete eine bei klanglicher Schmiegsamkeit durchaus dankbare Aufgabe stellt. Im Grenzbezirk zwischen Kammer- und Orchestermusik ist der für 2 Klaviere, 2 Geigen, Bratsche, Cello, Kontrabaß, Flöte, Klarinette, Ziehharmonika und Xylophon geschriebene „Carnaval des animaux“ (Karneval der Tiere) zu Hause. In 14 zierlich geformten, epigrammatisch zugespitzten Sätzen entrollt er faszinierende Bilder musikalischer Laune, bald Fabel, bald Satire, und weiß alle Instrumente in ergötzlicher Weise zu beteiligen: ein köstliches Stück.

Das Haupt der César-Franck-Schüler, *Vincent d'Indy* (1851—1931), vereint mit hochentwickeltem Sinn für formale Kultur ausdrucksmäßig spätromantische Züge. Obgleich er zur Programmusik neigte, hat er als Kammermusikkomponist vorwiegend absoluten Idealen nachgetrachtet. Seine Streichquartette op. 35 und op. 45 zeichnen sich durch streng thematische, mitunter konstruktive Arbeit aus, die einem einzigen Kernmotiv entwächst. Im letzten der d'Indyschen Streichquartette op. 96 wird dieses Bauprinzip nicht mehr mit gleicher Konsequenz durchgeführt. Allen drei Quartetten ist eine aus Melos und rhythmischer Eigenart des Volkslieds geschöpfte Thematik eigen, die, gemessen an der blühenden Folklore der Slawen oder Griegs, etwas dünnblütiger anmutet. D'Indys Kammermusik mit Klavier, das mitunter einen pathetischen Ton ins Spiel mengt, gehört, mit Ausnahme der formal sehr ausgeglichenen Sonate für Violine und Klavier op. 59, frühen Schaffensperioden an. Das ansprechendste Stück dieser Reihe ist das Trio für Klavier, Klarinette und Cello op. 29. Die 4 Sätze: Ouvertüre, Divertissement, Chant élégiaque und Finale ergeben ein der Suite angenähertes Formbild. Die Ouvertüre bezieht ihre musikalischen Kräfte aus einem charakteristisch gewählten, meisterhaft durchgeführten Grundgedanken. Das launig bewegte Divertissement vertritt das Scherzo. Der „Chant élégiaque“ ist eine Chaconne, das Finale kommt inhaltlich auf die Ouvertüre zurück. In musizierfreudidigem Divertimentocharakter gefallen sich auch die

Suite für Trompete, 2 Flöten und Streichquartett op. 24 sowie die in glücklicher Stunde geschaffenen Chansons et Danses für 7 Blasinstrumente op. 50. Begeisterter Anhänger der Franck-Schule war außerdem *Ernest Amédée Chausson* (1855—1899). Sein gelöster, feinnerviger, oft artistisch akzentuierter Stil läßt stellenweise Debussy vorausahnen. Ein zarter Schleier heimlicher Melancholie umweht die meisten seiner Schöpfungen. In Chaussons wenigen Kammermusikwerken verkörpert sich ein Wesentliches seiner Produktion. Die Absicht eines Musizierens in verschiedenen Klanggruppen verrät sich schon im Titel des Konzerts für Violine, Klavier und Streichquartett op. 21. Am vollkommensten hat sich Chaussons dem Ideal des „Bien fait" huldigender Stil in seinem Klavierquartett op. 30 geäußert. Die thematische Struktur wirkt nicht minder überzeugend als die Flüssigkeit des melodisch beschwingten Musizierens: strenge Form und Improvisation vermögen zu organischer Einheit zu verschmelzen. Das Streichquartett op. 35 blieb Fragment; sein Herzpunkt ruht im bekennerhaften langsamen Satz, einer Art „letzten Vermächtnisses". Gegen Chaussons ausgesprochen spirituelle Art mutet die Tonsprache *Gabriel Piernés* (1863—1937), des Schöpfers des vielbeachteten Oratoriums „Kinderkreuzzug", um einige Grade robuster, theatralischer an. Im allgemeinen wird man der anmutigen Impromptu-Caprice für Harfe sowie den klangdelikaten Miniaturen, die Pierné für Holzbläser (Oboe, Klarinette, Fagott) mit Klavier geschrieben hat, den Vorrang geben vor den größeren Formen, dem pathetisch-effektvollen Klavierquintett op. 41 oder dem Klaviertrio op. 45. Gleichfalls Franckschüler und seinem Meister in dem seine Kunst durchatmenden religiösen Zug verwandt war *J. Guy Ropartz* (1864—1955). Die Volksmusik seiner bretonischen Heimat hat ihn vielfach angeregt. Diese Einflüsse sind auch in seinen Violin- und Cellosonaten, in den 6 Streichquartetten und in seinem Meisterwerk, dem Klaviertrio in a-moll erlauschbar. Von den Streichquartetten wirkt das erste in g-moll mit einem religiöse Weihe verbreitenden langsamen Satz und einem volkstanzmäßigen Finale am lebensvollsten, in den späteren tritt eine klassizistische Tendenz zutage, die wohl zu Strenge, Reinheit und Konzentration des Quartettsatzes führt, jedoch das klangsinnliche und musikantische Moment etwas zu kurz kommen läßt. Der jüngste Angehörige der Gruppe, der Belgier *Guillaume Lekeu* (1870—1894) hat, ein Frühvollendeter, zwar nicht die letzte Ausgewogenheit von Form und Inhalt erzielen können, doch zeigen seine expressive Violinsonate, sein Klaviertrio und das unvollendete Streichquartett, was die Musik bei längerer Lebensdauer von Lekeu hätte erwarten dürfen. Das Trio mit dem Beinamen „Pathétique" ist das bedeutendste Werk des Dreiundzwanzigjährigen. Es zeugt von großem Geschick in der Stimmführung, entwickelt reiche Klangphantasie, besonders in dem originellen Scherzo und in dem notturnohaften Largo, während die Ecksätze im teilweise gemeinsamen Themenbestand innere Beziehung bekunden. Belgier ist ferner *Joseph Jongen* (1873—1953), dessen Schaffen der Kammermusikpflege in seinem Vaterland maßgebende Impulse verliehen hat. Sein 1894 preisgekröntes Streichquartett in c-moll wandelt allerdings noch in klassisch-romantischen Bahnen, während die späteren Quartette und sonstigen Kammermusikwerke, darunter 2 Violinsonaten, Cellosonate, 2 Klaviertrios (hier mit Cello, dort mit Bratsche als tiefem Streichinstrument), Saxophonquartett Anschluß an die jungfranzösische Richtung suchen, jedoch deren Einflüsse in persönlicher Weise verarbeiten. Anklänge an die wallonische Volksmusik stellen sich zuweilen ein. Das Beste, was Jongen gelungen, findet sich in seinen in op. 61 zusammengefaßten einsätzigen Serenaden für Streichquartett in G-dur und in fis-moll, geistvoller virtuoser Spielmusik, außerdem in dem wesensverwandten, klanglich raffinierten Concert à cinq, in dem Flöte, Violine, Bratsche, Cello und Harfe einen Klangverband bilden. Willkommene Bereicherung einer spärlichen Literatur steckt in der Méditation für Englischhorn und Klavier. Sein jüngerer Bruder *Léon Jongen* (1884—1969), ein Pianist internationaler Geltung, war als Komponist von starkem, mitunter überschwenglichem Ausdruckstemperament bewegt, ohne die musikalische Form zu vernachlässigen. Die Kammermusik hat seiner bizarren Laune drei Trios in verschiedenartiger Besetzung zu danken, das erste für Klavier, Violine und Cello, das zweite für Oboe, Klarinette und Fagott, das dritte für Flöte, Violine und Viola. Den spielmusikantischen Charakter seiner leicht eklektischen, aber amüsanten Tonsprache teilt außerdem das Divertissement für 4 Saxophone.

Das „dritte goldene Zeitalter der französischen Musik" wurde durch *Claude Debussy* (1862—1918), den Schöpfer des musikalischen Impressionismus, und *Maurice Ravel* (1875—1937) heraufgeführt. Neben beiden steht, wenngleich nicht völlig ebenbürtig, aber doch in keinem allzu weiten Abstand, der noble, jedem äußerlichen Effekt abholde *Albert Roussel* (1869—1937). Das in Roussel waltende Zusammenspiel von formaler Kultur, geistiger Haltung und Freude an farbiger Klanglichkeit ist auch bei *Florent Schmitt* (1870—1958) anzutreffen, obwohl dieser eine nicht ganz so fein organisierte, mitunter nach weniger gewählten Mitteln greifende Natur war. Sein wichtigster Beitrag zur französischen Kammermusik ist das Klavierquintett in b-moll op. 51. In seiner starken, durch thematische Verknüpfungen von Satz zu Satz verdichteten äußeren und inneren Geschlossenheit stellt dieses Quintett das dar, was man in der Kunst einen „Wurf" nennt. Es besitzt einen im besten Sinne monumentalen Charakter, nicht nur in seiner klanglichen und melodischen Ausdrucksleidenschaft, in seinen zeitweiligen symphonischen Strebungen, sondern auch in den formalen, jeden Empfindungsüberschwang bändigenden Maßen. Bemerkenswert unter Schmitts späteren kammermusikalischen Schöpfungen ist das originelle Quartett für Saxophone op. 102. Eine Florent Schmitt sehr entgegengesetzte Persönlichkeit ist *Jacques Ibert* (1890–1962), ein Meister der flüssigen, oft parlandomäßigen musikalischen Diktion, zuweilen nicht ohne einen ironischen, aber immer liebenswürdigen Zug. Sein rassiges, vom unmittelbaren

Einfall diktiertes Musikertum fügt sich keinem Schema, bewahrt jedoch ein untrügliches Gefühl für die Form, die bei ihm stets klar und durchsichtig zur Erscheinung kommt. Auch Stellen zarter Stimmungsmalerei und Poesie begegnen in seinem Schaffen. Seine Hauptverdienste gelten wohl einer Neubelebung der komischen Oper, doch hat sich auch seine Kammermusik durchgesetzt. Ibert schrieb knapp gefaßte, klangfreudige, farbige Stücke für Bläser, deren jeden er ebenso originell wie individuell zu behandeln weiß, kultivierte die Harfe als kammermusikalisches Instrument und hat in seiner feingliedrigen Flötensonatine, „Jeux" betitelt, ein kleines Meisterwerk geschaffen, das seinem bekannten Flötenkonzert an subtiler Einfühlung in die Klang- und Ausdruckseigenschaften dieses Instruments kaum nachsteht. Sein einziges Streichquartett ist in besonders glücklicher Stunde geboren, eine von Iberts inspiriertesten Schöpfungen. Ebenfalls mit einem Streichquartett von eigenpersönlicher Haltung, die sich bei echt quartettmäßiger Stimmigkeit durch launige Auflockerung des rhythmischen Bildes, Klangphantasie und strömenden melodischen Atem bekundet, machte sich *Jean Martinon* (1910—1976) im deutschen Konzertsaal bekannt. Die Kammermusik des im 2. Weltkriege gefallenen *Maurice-Jacques-Joseph Jaubert* (1900—1940) knüpft in ihrer Haltung an die französische Klassik, etwa Couperin, an und spricht in der Sonate A-dur für Klavier, Viola und Cello sowie in der Sarabande für Violine, Viola und Cello eine wohltuend klare, dabei expressive, undogmatische Sprache.

Die jüngste musikalische Entwicklung in Frankreich wurde, auch im Kammermusikalischen, wesentlich bestimmt durch die Komponisten der „Gruppe der Sechs" mit ihrem Ziel einer Renaissance der französischen Tonkunst. Ihr Programm gilt ebenso der Form, dem Ideal der „klaren Umrisse", als auch dem diese Formen erfüllenden Geist, der sachlich, unromantisch, dabei typisch französisch akzentuiert, nicht kosmopolitisch sein soll. Die Hauptvertreter dieser Gruppe, *Milhaud, Honegger* und *Poulenc,* sind bereits in Einzelabschnitten gewürdigt worden. Von den übrigen ist *Louis Durey* (* 1888) hauptsächlich Liederkomponist, während *Germaine Tailleferre* (1892—1973) mit einem an Debussys Vorbild angelehnten Streichquartett und der zu eigenständigerer Gestaltung sich durchringenden Violinsonate in der Kammermusik vertreten ist. Das jüngste Mitglied der „Six“, *Georges Auric* (* 1899), ist ein gewandter, leicht produzierender Komponist, der flüssig und interessant zu schreiben vermag, ohne durch ausgesprochen persönliche Züge aufzufallen. Obwohl auch er die Kammermusik mit einem lebensvollen Trio für Oboe, Klarinette und Fagott dem Ring seines Schaffens einbezogen hat, ruht der Schwerpunkt auf seinen Schauspiel-, Ballett- und Filmmusiken.

Die Vorliebe der Franzosen, sich in Gruppen zusammenzuschließen, wird auch durch die „Jeune France“ (Das junge Frankreich) bestätigt, deren Programm einer Sammlung der nationalen Kräfte, auch auf Grund der Pflege der Vergangenheit, gilt, um „eine lebendige Musik zu schaffen und zu fördern“. Man will dabei weder akademischem Formalismus noch revolutionären Mitteln huldigen, so eigenartig die musikalischen Systeme, die diese Komponisten aus ihren eigenen Schöpfungen ableiten, sein mögen. Der international gültigste Vertreter dieser Gruppe ist, außer *André Jolivet* (1905—1974), der Sohn eines flämischen Vaters und einer südfranzösischen Mutter, *Olivier Messiaen* (* 1908) geworden. Seine musikalische Welt erschließt sich nur demjenigen, der mit ihr den Wurzelgrund teilt, und dieser Wurzelgrund ist ein religiöses Empfinden ausgesprochen mystischer Färbung, das Musik als Bekenntnis, als Glaubensakt wertet. Die Symbolik spielt hierbei eine entscheidende Rolle. Harmonisch baut Messiaen auf einer eigenen Modustheorie auf. Diese geht auf die alten Kirchentonarten und auf die ostasiatische Musik, deren Klangerlebnisse Messiaen in sich aufgenommen hat, zurück. Ein ähnliches System hat Messiaen für seine äußerst verwickelte Rhythmik gebildet, die gerne mit rhythmischen Kontrapunkten arbeitet. Sein „Quatuor pour la fin du temps“ (Quartett für das Ende der Zeit), in deutscher Kriegsgefangenschaft geschrieben, ist eines der seltsamsten und widersprüchlichsten Kammermusikwerke aller Zeiten. Seine 8 Sätze, die jeden klassischen Vorbilds spotten und keine Berührungspunkte mehr mit diesem haben, nehmen ihren Ausgangspunkt vom 10. Kapitel der Offenbarung Johannis; jeder der Sätze hat eine eigene Überschrift programmatischen Charakters. Mit ungewöhnlichen Mitteln trachtet Messiaen der Größe seines Gegenstandes gerecht zu werden, der allerdings kein rein musikalischer, sondern ein religiös-theologischer ist. So begegnen wir im 1. Satz, der „Kristallenen Liturgie", auf die Spitze getriebenen ostinaten Wirkungen, im 6. Satz, dem „Tanz der Wut", kaum zu überbietenden polyrhythmischen Strebungen. Ähnlich verhält es sich im Bereiche des Klanglichen, das sich einerseits asketischer Kargheit, andererseits glühendsten Farbenreichtums bedient. Ein eigenes Studium erfordern die bald offen zutage liegenden, bald versteckten musikalischen Symbole. Demgegenüber ist die eigentliche musikalische und melodische Erfindung stellenweise auffallend schwach, vor allem in zwei so entscheidenden Sätzen wie im „Lobgesang auf die Ewigkeit Jesu" (VI) und im „Lobgesang auf die Unsterblichkeit Jesu" (VIII). Ein Kammermusikwerk ähnlichen Umfangs hat Messiaen seither nicht mehr geschrieben; seine ganze Art scheint nach breitesten Entfaltungen im großen instrumentalen und vokalen Apparat zu drängen. Am äußersten Punkt des Extremismus ist die französische Musik mit *Pierre Boulez* (* 1925; s. S. 850) angelangt, der den ekstatischen Grundzug mit Messiaen teilt, jedoch, weitere Folgerungen aus dem Schaffen seines Vorbilds Anton von Webern ziehend, in absolutes Neuland vorzustoßen trachtet. *W. Z.*

Italien

Das musikalische Gesicht Italiens wird im 19. Jahrhundert in der Hauptsache von der Oper geprägt. Sie allein hat eine geschlossene Entwicklung aufzuweisen. Immerhin haben führende Opernkomponisten wie *Gioacchino Rossini* (1792—1868) und *Gaetano Donizetti* (1797—1848) auch der Kammermusik gehuldigt. Von *Rossini* besitzen wir außer sechs klangfreudigen, melodieüberströmenden Jugend-Streichquartetten (Sonate a quattro) in der ungewöhnlichen Besetzung für 2 Violinen, Cello und Kontrabaß, 5 Streichquartette, die das Vorbild, aber auch die satztechnische Meisterschaft des bewunderten Mozart durchschimmern lassen, sowie 6 Quartette für Flöte, Klarinette, Horn und Fagott, serenadenhafte Spielmusiken von mediterraner Grazie, Süße und Farbigkeit. Als Werk des reifen Rossini behauptet sich außerdem Präludium, Thema und Variationen für Horn und Klavier, das seine Beziehungen zur Opera buffa nicht verleugnen kann und sogar von der Koloratur Gebrauch macht. Von ähnlichem Reiz sind das Andante con variazioni für Harfe und Violine, die 12 Walzer für 2 Flöten, die Hornduos und die prachtvolle Fanfara für 4 Trompeten. *Donizetti* schrieb vorwiegend in seinen jungen Jahren 19 Streichquartette und 3 Streichquintette, in denen er die Bratsche zu spielen pflegte. Sie verraten seine leichte, mitunter unbekümmerte Hand, jedoch auch Sinn für Formgebung und Formklarheit. Auch das seinen Opern eigene dramatische Feuer schlägt zuweilen durch. Wo Donizetti polyphon zu gestalten versucht, bedient er sich meist des Vorbildes des Opernensembles, was nicht ohne Reiz ist. *Giuseppe Verdis* (1813—1901) einziges Streichquartett in e-moll (s. Hauptteil) erscheint als eine letzte veredelte Konsequenz der rein musikantisch gestimmten Rossinischen und Donizettischen Quartette.

Eine häufig übersehene, dabei nicht zu unterschätzende Rolle in der Geschichte der Kammermusik in Italien spielt der Violinvirtuose *Niccolò Paganini* (1782 bis

1840). Sein op. 1, 24 Capricci für Violine solo, ist nicht bloß ein Schul- und Unterrichtswerk, sondern zugleich — vom Schöpferischen her gesehen — ein Standardwerk der Violinliteratur, in dem alle Geheimnisse des Geigenspiels niedergelegt und künstlerisch nobilitiert worden sind. Für die musikalische Substanz der einzelnen Stücke bürgt die Tatsache, daß die Musiker von Schumann, Liszt und Brahms bis zu Blacher, Casella und Dallapiccola immer wieder von ihnen angeregt worden sind. Dient jedes dieser Capricci auch einem bestimmten technischen Zweck, so bestricken sie darüber hinaus durch Poesie der Tonsprache und technische Meisterschaft. Capriccio I wächst über den Rahmen einer Arpeggien- und Terzen-Etüde zu einem Charakterstück voll poetischen Zaubers und Empfindungsleidenschaft. Ähnliche Tugenden bietet Capriccio VI, ein ergreifender Adagio-Gesang über leise erzitternder Begleitung. Capriccio VII ist eine der stimmungsvollsten Barkarolen, die die musikalische Literatur kennt; ebenso hält Capriccio XV am Barkarolencharakter fest, erweitert ihn aber durch brillante Variationen. Capriccio XVII, in dem man den Zank zweier geifernder Weiber hat erkennen wollen, sprüht von buffoneskem Humor. Capriccio XXIV entrollt eine großangelegte Variationenkette über ein a-moll-Thema. Bedeutungsvoll wird Paganinis Kammermusik auch durch die Einbeziehung der vom Meister virtuos beherrschten Gitarre. In seinen 12 Sonaten für Violine und Gitarre (op. 2 und 3), in den 6 Quartetten für Violine, Bratsche, Gitarre und Cello (op. 4 und 5) ließen sich für Hausmusik und Konzertsaal manche lohnenden Neuentdeckungen machen. Zeitweise mit Paganini, dessen Duos für Violine und Gitarre er anregte, reiste der Gitarrespieler *Luigi Legnani* (1790—1877), der eine Fülle konzertanter Gitarreliteratur (Fantasien, Capricci, Variationen, Duos) meist virtuoser Haltung, oft unter Benutzung italienischer Opernmelodien schrieb.

Blieben die genannten Meister nahezu frei von deutschen, insbesondere romantischen Einflüssen, so machen sich diese erstmals bei dem auf dem Leipziger Konservatorium herangebildeten *Antonio Bazzini* (1818 bis 1897) bemerkbar. Selbst ein hervorragender Geiger, hat er 5 Streichquartette geschaffen, unter denen das 2. (op. 75) in d-moll das gewinnendste ist. Der 1. Satz empfängt durch geschickt ausgespielte Themengegensätze nahezu dramatische Spannung. Das Andante verharrt hingegen im lyrisch-idyllischen Bereich. Anstelle des Scherzo finden wir eine zierliche Gavotte. Ein Rondo-Finale beschließt als aufgeräumter Kehraus. Völlig unter deutschem Einfluß steht das Schaffen von *Giovanni Sgambati* (1841—1914). Seine frühen Klavierquintette op. 4 und op. 5 erweckten das Interesse Liszts und Richard Wagners, die Sgambati förderten. Das hinderte diesen nicht, Schumanns und Brahms' Kammermusik in Italien eine Heimstätte zu bereiten. Sgambatis kammermusikalisches Meisterwerk ist sein Streichquartett in cis-moll op. 17. Der 1. Satz wird von einem ausdrucksvollen Adagio eingeleitet, das durch seine Wiederkehr im folgenden Vivace ma non troppo nicht nur tonpoetische Beziehungen knüpft, vielmehr auch als formgliederndes Moment auftritt. Das mit Pizzicatoeffekten arbeitende Scherzo (Prestissimo) gibt dem rhythmischen Element den Vorrang vor dem melodischen. Dafür schwelgt der 3. Satz (Andante sostenuto), Thema mit Variationen, in quellendem, indessen nie schönrednerischem Wohlklang. Das Finale (Allegro), gestützt auf plastisch erfundene Themen, schreitet männlich kraftvoll in wirkungsvollen Temposteigerungen dahin. Auch *Antonio Scontrino* (1850—1922) kommt aus der Tradition der deutschen Kammermusik. Doch zeigen seine 4 Streichquartette, von denen das 2. in C-dur am substanzvollsten wirkt, den gelungenen Versuch, eine Synthese zwischen dem Vorbild und dem eigenen, typisch italienischen Musiziertemperament mit seiner Vorliebe für dramatische Effekte und der Augenblicksstimmung entquellende Improvisationen zu erzielen. Die blutvolle Art seines musikalischen Vortrags weicht in den beiden letzten Quartetten einer Freude am reinen Spiel. Zur gleichen Gruppe zählt *Giuseppe Martucci* (1856—1909), der

Violin- und Cellosonaten, Klaviertrio und Klavierquintett, satztechnisch meisterhafte und temperamentvolle Arbeiten, geschaffen hat. Als reizvolle Miniatur entpuppt sich sein „Momento musicale e Minuetto“ für Streichquartett. *Marco Enrico Bossi* (1861—1925), der hauptsächlich für das Oratorium bedeutsam geworden ist, bewährte auch als Kammermusikkomponist mit seinen beiden Violinsonaten und Klaviertrios bemerkenswerte, insbesondere in Deutschland gewürdigte Qualität. *Leone Sinigaglia* (1868—1944), eine Zeitlang Dvořáks Schüler, bezieht das folkloristische Moment in Gestalt der piemontesischen Volksmusik seinem Schaffen ein. Über eine Konzertetüde op. 5, ein Scherzo op. 8, Variationen über ein Thema von Brahms op. 22 drang er mit seinem op. 27 zum viersätzigen Streichquartett vor. Dieses D-dur-Quartett ist ein melodisch frisches, sauber gesetztes, in klassischen Bahnen wandelndes Werk. Aparter noch im Klanglichen und geschliffener in der Form ist die Serenade für Streichtrio op. 33, die bei der nur spärlich vorhandenen Literatur für diese Besetzung nicht übersehen werden sollte. Einflüsse venezianischer Volksmusik, außerdem J. S. Bachs und Mozarts befruchteten das kammermusikalische Schaffen des Deutschitalieners *Ermanno Wolf-Ferrari* (1876—1948), der zwar in der Hauptsache Opernkomponist gewesen ist, jedoch den glänzend gemeisterten, tänzerisch beschwingten, geistvollen Konversationston seiner musikalischen Komödien, vereint mit lyrisch zarter Empfindung, auch ins Kammermusikalische zu übertragen verstand wie in dem von mozartschem Hauch gestreiften Streichquartett in e-moll op. 23.

An klassische Vorbilder lehnt sich auch das von romantischen Lichtern durchblitzte 1. Streichquartett in D-dur von *Ottorino Respighi* (1879—1936) an. Anspruchsvoller gibt sich sein Quartetto dorico mit dem Versuch, in vier pausenlos ineinander übergehenden Sätzen die alten Kirchentonarten für die moderne Musik wieder nutzbar zu machen, ein melodisch, harmonisch und rhythmisch gleich fesselndes Stück, das seinen Platz in der Quartettliteratur errungen hat. Auch die 3. Suite der vor allem in der Bearbeitung für Kammerorchester beliebt gewordenen Antiche danze ed arie, die auf altitalienische Lautensätze zurückgehen, ist im Original für Streichquartett geschrieben. Sonst sind noch die beiden wirkungsvollen Violinsonaten und das Concerto a 5, ein Klavierquintett, zu erwähnen.

Den stärksten Impuls erfuhr die neuitalienische Instrumentalmusik durch *Gian Francesco Malipiero* (1882 bis 1973; s. S. 589 ff.). Sein Bestreben, durch Berührung mit der Musik des italienischen Barock, die Malipiero auch musikwissenschaftlich durchforschte, zu einem eigenen instrumentalen Nationalstil zu kommen, wurde von dem in seinem Stilbewußtsein etwas schwankenden, vielseitigen *Ildebrando Pizzetti* (1880—1968), ganz aber von *Alfredo Casella* (1883—1947) geteilt. Speziell die neuere italienische Kammermusik hat dem gleich Malipiero kompromißlosen, allerdings auch mancherlei Experimenten zuneigenden, verhältnismäßig spät zum eigenen Stil gelangenden Casella viel zu danken. Selbst ein vorzüglicher Pianist und Kammermusikspieler, der Gründer des Trio Italiano (1930), hat er zur intimen Musik besonders unmittelbares Verhältnis besessen. Sein Konzert für Streichquartett op. 40, die klanglich außerordentlich delikate, mit feinsten klanglichen Tuschen arbeitende Serenata für Klarinette, Fagott, Trompete, Violine und Cello op. 46, die prachtvolle Sonate II für Cello und Klavier op. 45, die Sonata a tre (Violine, Cello, Klavier) op. 62 verkörpern am einprägsamsten Casellas Stil. Dieser wird bestimmt durch spirituelle Haltung, die sich in der scharf profilierten, niemals klangvermischenden oder impressionistisch auflockernden Instrumentation offenbart, durch Abneigung gegen jedes melodisch ohrenfällige Moment, selbst wenn es dem Belcanto entschlagen sollte, durch teils primitive, teils raffinierte Harmonik und rassigen, vom Vorbild der Volkstanzweise zehrenden rhythmischen Nerv. Die eigentliche Erfindung wirkt hingegen mitunter blaß, das etwas dünnstimmige Klangtum spröde. Nicht ganz so eigenwillig erscheint der Pizzettis Schule entstammende, heute in USA wirkende *Mario*

Castelnuovo-Tedesco (1895—1968), dessen umfänglichem Schaffen ein gewisser eklektischer, jedoch nie unpersönlicher Zug eignet. Sein Hauptinstrument ist das Klavier, doch bilden Violinsonate, Cellosonate, Klarinettensonate, Fagottsonate und Streichquartett nicht unwesentliche Beiträge zur neueren Kammermusik in Italien. Castelnuovo-Tedesco liebt in einigen Werken einen leicht programmatischen Einschlag, die Gegenüberstellung zweier kontrastierender Stimmungsbilder, so in den für Violine und Klavier geschriebenen Ritmi, deren ersten Teil eine Art Habanera mit monotonen Rhythmen bildet, während im zweiten Teil ein beschwingtes Jota Aragonese als Gegenstück fungiert. Begrüßenswerte Bereicherung der Gitarreliteratur bildet das reizende, alle Möglichkeiten des Instruments ausschöpfende, dem spanischen Gitarristen A. Segovia zugeeignete *Rondo op. 129*. Das *Quintett für Gitarre und Streichquartett op. 143* stützt sich in seiner knappen, leichtfaßlichen Thematik ebenfalls auf Elemente spanischer Volksmusik und behandelt die Gitarre bald als Generalbaßinstrument, bald als „fünften Streicher".

Unter den Jungitalienern hat *Luigi Dallapiccola* (1904 bis 1975) das markanteste künstlerische Profil entwickelt. Ausgehend von der musikalischen Situation, die durch die Bestrebungen eines Malipiero (siehe dort), Pizzetti und Casella geschaffen wurde, zog es ihn, der in seinen ersten Kompositionen durch farbige Klanglichkeit und echte Expression Aufsehen erregt hatte, schließlich in den Kreis der Zwölftöner, ohne daß er darin zum reinen Dogmatiker geworden wäre. Dallapiccola benützt diese Technik in der freien Weise Alban Bergs; auch scheidet ihn seine ungewöhnliche rhythmische Vitalität von den Schönbergianern. Als echtem Italiener steht Dallapiccola stets das vokale Moment im Vordergrund. Selbst seine Instrumentalkompositionen ziehen die Singstimme als wesentlichen Faktor in ihren Klangverband, ein Vorgang, der sich übrigens schon bei *Lodovico Rocca* (* 1895) findet. Deshalb tritt vieles, was Dallapiccola an kammermusikalischen Werten geschaffen hat, in Verbindung mit dem vokalen Element zutage, so in dem Divertimento für Sopran und 5 Instrumente (nach volkstümlichen Texten), in den Tre Laude für Sopran und 13 Instrumente, in den 5 Gedichten der Sappho für Sopran und 15 Instrumente, in den 2 Anacreonliedern, in den 6 Gedichten von Alcäos für Sopran und 11 Instrumente. Zur reinen Kammermusik rechnen Ciaconna, Intermezzo und Adagio für Cello solo sowie die 2 Studien für Klavier und Violine, beide in ausgesprochen abstrakter Schreibweise gehalten, welche die Stücke für Spieler und Hörer nicht leicht zugänglich macht. Exponenten des modernen Italien sind außerdem *Goffredo Petrassi* (* 1904; s. S. 853), *Mario Peragallo* (* 1910) und als radikalster Neutöner *Luigi Nono* (* 1924; s. S. 853); ihr Anteil an der Kammermusik ist jedoch verhältnismäßig gering. *W. Z.*

Spanien und Portugal

Die Kammermusik in Spanien erfreut sich einer weit zurückreichenden, in der häuslichen, kirchlichen und höfischen Musikpflege begründeten Tradition. Im 18. Jahrhundert war die Violine ein in allen Kreisen beliebtes und gepflegtes Instrument, das durch bedeutende Virtuosen wie *José Herrando*, der außer einer Violinschule auch 12 Violinsonaten geschaffen hat, und *Francisco Manalt* († 1759; 6 Kammersonaten für Violine mit Generalbaß) gefördert wurde. Wie vielfach damals die Kammermusik in Spanien gepflegt wurde, geht aus der Aufforderung einer geistlichen Bruderschaft 1785 in Cadiz an Joseph Haydn hervor, eine Reihe von Streichquartetten für die Karfreitagsliturgie zu schaffen, die unter dem Titel „Die sieben Worte des Erlösers" bekannt geworden sind. Auch in Spanien selbst wurde eifrig produziert, weniges nur jedoch gedruckt. Einer ähnlichen Beliebtheit erfreute sich die Gitarre, die im 18. Jahrhundert technische Verbesserung und Bereicherung durch Hinzufügung einer sechsten Saite erfährt. Neben der didaktischen entsteht eine reiche Spielliteratur; *Fernando Ferandiere,* Schöpfer eines Lehrwerks über Violinspiel (1775), schrieb über 80 Kammermusikwerke, in denen die Gitarre, verbunden mit Flöten, Violinen, Viola und Generalbaß, eine Rolle spielt.

Seit dem Jahre 1769 wirkte der Italiener Luigi Boccherini (1743—1805) als Kammervirtuose für Violoncello am Madrider Hofe; das Schaffen dieses den Zeitgeist des Rokoko besonders sinnfällig verkörpernden Meisters ist für die neuere kammermusikalische Entwicklung in Spanien nicht ohne Einfluß geblieben. Unter seinen Streichquintetten bedienen sich die „Musicas nocturnas en Madrid" bereits eines spanisch-folkloristischen Einschlags. Boccherinis Vorbild bekundet sich in den 6 Streichquintetten mit obligater Orgel des Escorial-Kapellmeisters *Antonio Soler* (1729—1783). Auf der Entwicklungsstufe der Wiener Klassik stehen die 3 Streichquartette des frühvollendeten, an Pergolesi gemahnenden *Juan Crisostomo de Arriaga* (1806 bis 1826), die Fétis eine Schöpfung nannte, „die origineller, eleganter, von größerer stilistischer Reinheit kaum zu denken sei". Ausgesprochen spanisches Idiom lassen diese Quartette des in Paris herangebildeten, dem Vorbild Haydns verpflichteten Komponisten allerdings noch vermissen. Das Interesse an der Kammermusik wurde wesentlich durch das Wirken des hervorragenden Geigers *Jesus de Monasterio* (1836—1903) gefördert, der als Primarius eines Streichquartetts nicht nur die Standardwerke der Gattung pflegte, sondern auch kompositorisch tätig war. Zugleich wirkte er als Leiter einer Kammermusikklasse am Madrider Konservatorium. Ebenso versuchte sich der Führer eines weiteren spanischen Streichquartetts, *Claudio Martinéz Imbert* (1845—1919), auf kammermusikschöpferischem Gebiete. Das Verdienst der Bewußtmachung der nationalen Elemente, die in der spanischen Volksmusik liegen, gebührt *Felipe Pedrell* (1841—1922). Er ist als Anreger, Musikgelehrter und Lehrmeister der den musikalischen Hispanismus verwirklichenden Komponistengeneration bedeutender denn als Tonsetzer, dessen Hauptziel eine spanische Nationaloper war. Für die Kammermusik kommt er einzig mit einem Streichquartett in Betracht. Als Streichquartettkomponisten sind auch *Amadeo Cuscó* (1876—1942) und *Vincente Zurrón* (1871—1915) über die Grenzen ihrer Heimat hinaus bekannt.

Isaac Albeniz (1860—1909) verkörpert die neue spanische Schule ausschließlich als Klavierkomponist. Ähnlich verhält es sich bei *Enrique Granados* (1867 bis 1916). Er vertritt im Gegensatz zu dem Südspanier Albeniz mehr das nordspanische, katalonische Idiom. Die wenigen Kammermusikwerke, die nicht dem Klavier allein gelten, die Serenata für 2 Violinen und Klavier, die kleinen Stücke für Cello und Klavier, das exotische Stimmungsbild Oriental für Oboe und Streicher leben von den in filigranartigen Details auszukostenden Reizen musikalischer Miniaturen. Sein Klaviertrio hingegen kann nicht verbergen, daß polyphone Gestaltungsweise nicht die stärkste Seite dieses ausgesprochenen Melodikers gewesen ist. Zur weiteren führenden Persönlichkeit der jungspanischen Gruppe hat sich *Manuel de Falla* (1876—1946) entwickelt. Als primärer Erfinder, erfüllt von starken musikantischen Impulsen, von quellendem Reichtum der Klangvisionen, unvergrübelt trotz eines gelegentlichen mystischen Einschlags, läßt er sich vom Geiste der andalusischen Volksmusik und deren Verwurzelung in den alten Kirchentonarten inspirieren, ohne zu unmittelbaren Entnahmen zu greifen. Für die Kammermusik ist er insofern von besonderer Bedeutung, als er das alte spanische Nationalinstrument, die Gitarre, in der alle Klang- und Ausdrucksmöglichkeiten auswertenden Homenaje pour le tombeau de Claude Debussy konzertreif gemacht hat. Er schuf das Werk für den berühmten spanischen Gitarrevirtuosen *Miguel Llobet* (1875—1938), der gleich seinem Lehrer *Francisco Tárrega* (1852—1909), dem „Franz Liszt der Gitarre", einige hübsche Konzertstücke für sein Instrument geschrieben hat. Vollauf in den Bereich der Kammermusik gehört auch de Fallas der polnischen Cembalistin Wanda Landowska gewidmetes Konzert für Cembalo, Flöte,

Oboe, Klarinette, Violine und Cello, ein Sextett von wenig mehr als 10 Minuten Dauer. „Alle Instrumente sind Solisten", so lautet die Vorschrift des Komponisten. In der Tat haben sie sich, obwohl das Cembalo das Hauptinstrument ist, in ebenbürtige Aufgaben zu teilen, wodurch eine überaus differenzierte, stellenweise leicht archaisierende Klangwelt entsteht. Der 1. Satz atmet pastorale Stimmung; das Hauptthema geht auf ein altkastilianisches Lied aus dem 15. Jahrhundert zurück. Der 2. Satz ist ein Lento unverkennbar religiösen Charakters, worauf schon das liturgisch getönte, kanonisch verarbeitete Kernthema hinweist. Offenbar hat de Falla das Bild eines kirchlichen Festes im mittelalterlichen Spanien vorgeschwebt. Der Ausklang des Satzes (Lento giubiloso ed energico) steigert sich zu hymnischem Schwung. Das Finale (Vivace) gibt sich tänzerisch beschwingt in einem „flessibile scherzando".

Um die Zentralgestalt de Falla gruppieren sich weitere spanische Komponisten wie *Conrado del Campo* (1879—1953), der unter neudeutschem Einfluß, vorab von Richard Strauss, steht. In der Kammermusik zeigt er Vorliebe für große Formen und romantischen Ausdrucksreichtum. Seinen Streichquartetten liegt zuweilen ein ideelles Programm zugrunde wie in dem „Asturiano" betitelten oder in „Cristo de la Vega", in dem der musikalische Ablauf mehrfach durch Rezitationen unterbrochen wird. Die Mitte zwischen Programmusik und Impressionismus hält *Joaquin Turina* (1882—1949), der Schöpfer der klangaparten, auch rhythmisch fesselnden Eszena Andaluza für Bratsche, Klavier und Streichquartett, der Suite Poema de una Salunquena für Violine und Klavier, zweier Klaviertrios, eines Klavierquartetts, Klavierquintetts, eines Streichquartetts sowie einer Serenade für Streichquartett. Auch diese Schöpfungen werden, unter Hervorhebung des tonpoetischen Moments, in der Regel durch Eindrücke aus Spaniens Vergangenheit, Volksleben oder Landschaft, teilweise auch von religiösen Vorstellungen bestimmt. Für Lautenquartett schrieb Turina eine „Ora ción del torero", für Gitarre „Sevillana y Fandanguillo", beide charakteristische Schöpfungen. *Oscar Esplá-Triay* (1886—1976) ist insofern bemerkenswert, als er, dessen Kompositionsweise in der ostspanischen Volksmusik gründet, sich einer Tonreihe eigener Formung: c, des, es, e, f, ges, as, b, (c) bedient und aus dieser sein harmonisches System entwickelt. In seinem Gesamtwerk überwiegt die Orchestermusik das kammermusikalische Schaffen, doch ist letzteres immerhin mit einer Violinsonate, 2 Streichquartetten, Klaviertrio, Klavierquintett und dem Preludio für Orgel und Klavier, einem durch die ungewöhnliche Klangzusammenstellung und deren künstlerische Bewältigung interessierenden Stück, vertreten. Der nach der Jahrhundertwende geborenen Generation gehören die Brüder *Rodolfo Halffter* (* 1900) und *Ernesto Halffter* (* 1905) an, von denen der jüngere mehr die nationalspanische Tradition fortsetzt, während der ältere, bedeutendere sich, gleich dem Dodekaphoniker *Roberto Gerhard* (1896—1970), der Gefolgschaft Schönbergs angeschlossen hat. Als bedeutende Begabung wußte sich *José Muñoz Molleda* (* 1905) einen Namen als Instrumentalkomponist zu schaffen.

Auch die großen Instrumentalsolisten, die von Spanien ausgingen, haben sich in der Regel als Komponisten versucht. Unter den Geigern wären hier vor allem *Pablo de Sarasate* (1844—1908) mit zahlreichen Vortragsstücken für Violine und Klavier, darunter die weltbekannten „Zigeunerweisen", und *Juan Manén* (* 1883) zu erwähnen. Manéns kompositorisches Schaffen ist umfänglich und mit Recht geschätzt; auch seine Kammermusik (Streichquartett und Klavierquintett) greift über den reinen Gebrauchscharakter hinaus. Von den berühmten Cellisten haben *Pablo Casals* (1876 bis 1973) und sein Schüler *Gaspar Cassadó* (1897—1966), von den Gitarristen der die romantische Schule des 19. Jahrhunderts mit einem modernen Stil verschmelzende *Andrés Segovia* (* 1893) die Aufmerksamkeit auch auf ihre kompositorische Tätigkeit zu lenken vermocht.

Im benachbarten Portugal, das sich wie Spanien

einer alten, bis in die Troubadourzeit zurückreichenden Musiktradition rühmen darf, mögen Sinn und Liebe für die intime Musik nicht zuletzt durch ein Lieblingsinstrument, die Gitarre (Viola braguesa), erweckt, vor allem aber durch das Wirken des berühmten neapolitanischen Cembalisten *Domenico Scarlatti* (1685—1757), der 1721 für einige Jahre als Musiklehrer der königlichen Familie und Leiter des Musikwesens nach Lissabon berufen wurde, gefördert worden sein. Die anschließende, vom 18. bis in die Mitte des 19. Jahrhunderts währende „italienische" Epoche gereichte zuvörderst der Oper zum Vorteil, die zeitweise in vier prächtigen Häusern gepflegt wurde. Für die minder berücksichtigte Instrumentalmusik brach mit der 1835 erfolgten Eröffnung des Lissabonner Konservatoriums eine neue Zeit an. Der erste Direktor *João Domingos Bomtempo* (1775—1842), als Komponist ein Jünger Haydns und Mozarts, schuf außer zahlreichen Symphonien auch einige in der Stilwelt der Wiener Klassik beheimatete Kammermusikwerke. Später kommt das nationale Moment in den Gitarresonaten des vielseitigen *Antonio da Silva Leite* (1759—1833) zur Geltung. In der zweiten Hälfte des 19. Jahrhunderts ließ man sich von der romantischen Strömung tragen, die sich endgültig des fruchtbaren Nährbodens der Volksmusik bewußt wurde und zur Bildung der nationalen Schule führte. In diesen Jahrzehnten hat insbesondere der deutsche Geiger *Victor Hussla* (1857—1899) mit seinen Kammermusikabenden dem Verständnis der intimen Musik die Bahn geebnet. Unter den portugiesischen Komponisten der Zeit haben der im romantischen Fahrwasser segelnde *Guilherme Cossoul* (1828—1880) und, intensiver noch, *Francisco de Freitas Gazul* (1842 bis 1913), der neben der Opernkomposition noch Muße für mehrere Streichquartette fand, sich der Kammermusik angenommen. Diesem Beispiel folgte *José Viana da Motta* (1868—1948), ein Lisztschüler, der in seiner Klaviermusik die Einflüsse der deutschen Schule mit dem nationalen Musikempfinden zu verbinden verstand und ein in diesem Sinne wirkendes Streichquartett geschrieben hat. *Alfredo Keil* (1850—1907), Schöpfer der portugiesischen Nationalhymne, und der Clara-Schumann-Schüler *Oscar da Silva* (1870—1958) haben, hauptsächlich vom Klavier ausgehend, auch andere kammermusikalische Gattungen dem Kreis ihres Schaffens einbezogen; Silva Violine und Klavier nicht in Form der Sonate, vielmehr in kleineren Stücken und Suiten für beide Instrumente. Mit dem zunächst bei Engelbert Humperdinck in Berlin studierenden, hierauf in Paris die bestimmenden Eindrücke empfangenden *Luís de Freitas Branco* (1890—1955) zieht der Impressionismus in die portugiesische Musik ein, um organische Verschmelzung mit den folkloristischen Kräften einzugehen. Nachhaltiger als er hat sich *Pedro de Freitas Branco* (1896—1963), obwohl vorwiegend Dirigent, der Kammermusik gewidmet. Mit *Frederico de Freitas Branco* (* 1902) stößt die portugiesische Musik bis zur Polytonalität und Polyrhythmik vor, wobei der Komponist sich zuweilen auch der kolonialen portugiesischen Musikfolklore (siehe „Lateinamerika") bedient. Sein kammermusikalisches Hauptwerk ist das „Quartetto concertante" für 2 Violinen, 2 Celli und Streichorchester, eine zeitgemäße Erneuerung des Concerto grosso. *W. Z.*

Lateinamerika

In Lateinamerika, auf dessen Boden drei Musikkulturen, die der eingeborenen Indios, die der spanisch-portugiesischen Kolonisatoren sowie der zugewanderten Neger sich begegnen, sind in neuerer Zeit besonders Argentinien und Brasilien mit einem reich entwickelten eigenständigen Musikleben hervorgetreten. Beide Länder waren lange Zeit von dem durch die Opernpflege geschaffenen italienischen Vorbild beherrscht, dem sich später Einflüsse der deutschen Romantik und des französischen Impressionismus gesellten.

Das Interesse für die Instrumentalmusik wurde in Argentinien durch die im Jahre 1821 erfolgte Gründung eines Konzertorchesters in Buenos Aires wesentlich gefördert. Zum Haupt einer nationalen Tonschule wuchs *Alberto Williams* (1862—1952) empor, ein Schüler César Francks in Paris, dessen auf 136 Opera gediehenes Gesamtwerk melodisch, harmonisch und rhythmisch in der argentinischen Volksmusik, atmosphärisch in der argentinischen Natur, Landschaft und Volkspsyche gründet. Kammermusik hat Williams, abgesehen von einer vorwiegend dem Charakterstück geltenden Klaviermusik und einem Klaviertrio kaum geschrieben. Enger an diese Gattung gebunden fühlte sich *J. Aguirre* (1868—1924) mit seinen folkloristisch-romantischen „Aires Criollos" und „Aires Nacionales". Auch *Constantino Gaito* (1878 bis 1945), vornehmlich Opernkomponist, siedelte seine Kammermusik im folkloristischen Bereiche an, wie sein Streichquartett „Incaico", d. h. „inkaisch" gefärbte, dartut. *Armando Schiuma* (1881—1955) verarbeitete in dem Streichquartett „Motivos Criollos" argentinísche Sing- und Tanzweisen wie Vidalita und Gato, *Gilardo Gilardi* (1889—1963), Schöpfer von Opern und symphonischen Dichtungen, schrieb eine Violinsonate „Popular Argentina" und eine „Evocacion Quichua" für 4 Lauten, einen musikalischen Lobpreis auf einen alten Indianerstamm aus dem Geschlechte der Maya. Die schöpferische Anteilnahme, die auch die jüngste argentinische Komponistengeneration der Kammermusik entgegenbringt, ist nicht zuletzt jener Förderung zuzuschreiben, die das argentinische Unterrichtsministerium der intimen Musik durch Veranstaltung von meist unentgeltlich zu besuchenden Zyklen wie „Zeitgenössische Kammermusik" und „Argentinische Kammermusik" angedeihen läßt. Unter den argentinischen Tonsetzern des 20. Jh. haben sich auch der der Neoklassik nahestehende *José María Castro* (1892—1964) und sein jüngerer, mit mehreren internationalen Musikpreisen ausgezeichneter Bruder *Juan José Castro* (1895—1968) geachtete Namen errungen. Gleich ihren übrigen Schöpfungen fehlt auch ihrer Kammermusik der argentinische Akzent nicht, dem wir ebenso bei *Alberto Ginastera* (* 1916), einem Angehörigen der jüngsten Generation, begegnen. *Juan Carlos*

Paz (1901—1972) hatte seine Interessen auf die Dodekaphonie und serielle Musik konzentriert.

An der Spitze der neueren Musikentwicklung in Brasilien steht *Antonio Carlos Gomes* (1836—1896). Obwohl seine Opern den italienischen Einfluß nicht verleugnen können, durchhaucht seine Tonsprache doch „der Atem der brasilianischen Seele". Für die Kammermusik ließ ihm sein Opernehrgeiz keine Zeit. Anders verhält es sich bei einem weiteren richtungweisenden Meister, bei *Alberto Nepomuceno* (1864—1920), dem ersten, der den Begriff der Brasilianischen Musik, wenngleich unter typisch spätromantischem Gesichtswinkel, verwirklicht hat. In verwandten Bahnen bewegten sich der frühverstorbene *A. Levy* (1864—1892), der Massenetschüler *Francisco Braga* (1868—1945) und *Henrique Oswald* (1852—1931), „die vollendetste Musikergestalt seiner Generation" (Mario de Andrade). Alle haben die Kammermusik in mannigfacher Gestalt gepflegt, vor allem den Sonatensatz als durchaus vereinbar mit den brasilianischen „Inhalten" empfunden. Über *Gl. Velasquez* (1884—1914), dessen sensitive Art die intimen Gattungen der Musik bevorzugte, führt der Weg zu *Heitor Villa-Lobos* (1887—1959), der mit einem Gesamtwerk von ungemeiner Vielfalt, jedoch auch von Kraft und Tiefe der brasilianischen Musik Weltgeltung erstritten hat. Die verschiedenartigen Rasseeinflüsse sind in seiner Tonsprache zu so vollkommener Einheit aufgesogen, daß man nunmehr von einer „rein" brasilianischen Musik in umfassendstem Sinn sprechen kann. Dabei hat sich der Komponist anderen Einflüssen keineswegs verschlossen. Fruchtbar wurde für ihn die Auseinandersetzung mit Igor Strawinsky, entscheidend gar mit J. S. Bachs Kontrapunktik, in der Villa-Lobos eine „folkloristische Quelle von universaler Bedeutung" verehrte. Für die Kammermusik kommt der Meister vor allem mit seinen 17 Streichquartetten, dem Quintett für Flöte, Harfe, Violine, Viola und Cello, einem Nonett und, in gewissem Sinne, auch mit einigen seiner „Chôros" in Betracht, die der Bewunderung des Komponisten für die einheimischen Volksmusikensembles, in deren Kreis er sich unmittelbar zu mischen liebt, entsprungen sind. Zeigen einige dieser „Chôros“ regelrechtes symphonisches Format, so streben andere in solistischer Auflockerung kammermusikalischer Wirkung zu. Neben Villa-Lobos haben noch *Francisco Mignone* (* 1897), der die großen Formen nicht minder beherrscht als die sehr sensibel behandelten kammermusikalischen, O. *Lorenzo Fernández* (1897—1948), der bereits als Zwanzigjähriger mit seinem „Trio Brasiliero“ für Violine, Cello und Klavier bei einem internationalen Wettbewerb Aufsehen erregte und diesem Erstling kammermusikalische Schöpfungen ähnlichen Ranges (2 Streichquartette, Bläsersuite und die gleichfalls für Bläser geschaffenen „Invencoes Sereistas“) folgen ließ, und, jüngster in dieser Reihe, *M. Camargo Guarnieri* (* 1907), als Neoklassizist um die Durchdringung klassischer und vorklassischer Formen mit brasilianischen Inhalten bemüht, einen über die Grenzen ihrer lateinamerikanischen Heimat hinaustragenden Namen erlangt.

Zum lateinamerikanischen Bereich gehört, obwohl auf dem nordamerikanischen Kontinent gelegen, auch Mexiko, wo sich gleichfalls ein intensives, nationalbetontes Musikleben und Musikschaffen entwickelt hat. Zwischen 1823 und 1826 entstanden hier, nachdem bis dahin die Oper die Vormacht behauptet hatte, die erste Konzertgesellschaft, das erste Konzertorchester und ein Konservatorium, das 1877 verstaatlicht wurde. Zum Erwecker einer nationalen Tonschule wurde *Manuel María Ponce* (1882—1948), ein vielseitiger, der Spätromantik und dem Impressionismus verbundener Meister, dessen Kammermusik (Suita in estilo antiguo für Streichtrio, Sonate für Violine und Viola) auch neoklassizistische Züge aufweist. Seine drei auch in Deutschland bekannt gewordenen Gitarresonaten sowie das zwischen Kammer- und Orchestermusik stehende Gittarekonzert (Konzert des Südens), im folkloristischen Boden wurzelnd, zählen zu Ponces originellsten Schöpfungen. Aus hauptsächlich deutsch-romantischem Einfluß unterliegenden Anfängen wurde *J. Carrillo Trujillo* (1875—1965) mit dem Aufbau eines ultrachromatischen Tonsystems, das nicht nur mit

Viertel-, sondern sogar mit Achtel- und Sechzehnteltönen arbeitet, zum kühnen Experimentator, doch hat sich seine Orchester- und Kammermusik späterer Prägung kaum durchzusetzen vermocht. Den bekanntesten Namen unter den mexikanischen Gegenwartsmusikern errang *C. Chavez Ramírez* (1899–1978), der mit dem Rückgriff auf die altindianische Pentatonik auch deren Instrumente neutönerisch zu verwenden strebte. In seiner Kammermusik war er durchweg absoluter Musiker, seine Symphonik hingegen huldigte mit Vorliebe tondichterisch-programmatischen Tendenzen. Die jüngsten mexikanischen Tonsetzer haben sich in der „Grupo de los Cuatro“ zusammengeschlossen; sie stehen einem konsequenten „Indianismo“ in Melodik, Harmonik und Rhythmik nahe und suchen diesen mit neuklassizistischer Polyphonie zu durchdringen, wie dies im Quartett für 4 Violoncelli und im Bläsersextett von *Blas Galindo Dimas* (* 1910), im „Amatzinac“ für Flöte und Streichquartett, in der Violonsonate von *Pablo Moncayo* (1912–1958) sowie im Streichquartett von *Salvador Contreras* (* 1912) der Fall ist. Der praktischen Kammermusikpflege dient in vorbildlicher Weise das 1936 von Dr. Arno Fuchs (* 1909) ins Leben gerufene „Convivium musicum“. *W. Z.*

Schweiz

Das musikalische Schaffen der Schweiz ist nicht unter den gleichen nationalen Aspekten zu erfassen wie etwa das der slawischen, nordischen und romanischen Länder. Die Voraussetzungen sind hier andere. Wieweit die Landschaft und damit die von der alpenländischen Natur abhängigen, den Volkscharakter bildenden Lebensformen auf die Ausdrucksweise einzelner Komponisten eingewirkt haben, ist für den Außenstehenden meist kaum erkennbar. In vielen Fällen zeichnet sich die geistige Bindung der Künstler an die Musik der benachbarten Länder deutlich ab: so bei *Othmar Schoeck*, der sich der deutschen, und bei *Arthur Honegger*, der sich der französischen Kultursphäre zugehörig fühlte. Die neueren Schweizer Komponisten stehen fast alle in Zusammenhang mit den kosmopolitisch bestimmten Entwicklungstendenzen, wie sie etwa im Dodekaphonismus, in der Polytonalität oder in der Rückwendung zu Formen des Barock zur Geltung kommen.

Die Entfaltung eines bedeutsamen schöpferischen Eigenlebens der Schweizer Musik beginnt etwa mit dem letzten Drittel des 19. Jahrhunderts. Als gewichtiger Instrumentalkomponist steht am Anfang dieser Entwicklung *Hans Huber* (1852—1921). In seinem — unter der Einwirkung von Schumann und Brahms stehenden — Schaffen nimmt auch die Kammermusik einen ansehnlichen Platz ein, vor allem Werke mit Klavier. So schrieb er außer fünf frühen Trios 9 Violinsonaten, 4 Cellosonaten und als reifste Werke ein Klavierquartett (op. 110) und ein Klavierquintett (op. 111); mit seinem Quintett für Flöte, Oboe, Klarinette, Horn und Fagott leitet er die kaum zu übersehende Folge von kammermusikalischen Schöpfungen mit Blasinstrumenten ein, die seitdem von Schweizer Tonsetzern komponiert wurden. Huber war ein mit schwungvoller Phantasie begabter, gesund und stark empfindender Musiker, der seine frischen Einfälle stets in gediegenster Form zu gestalten verstand. Zeitlich am nächsten stehen ihm der gleichfalls aus deutscher Schule (Faißt) hervorgegangene, als Orgelmeister auch von Max Reger hochgeschätzte *Otto Barblan* (1860—1943), der ein Streichquartett veröffentlicht hat, sowie der aus Rheinbergers Münchener Schule gekommene *Joseph Lauber* (1864—1952), der auf kammermusikalischem Gebiet eine große Fruchtbarkeit entfaltete (Violin- und Bläser-Sonaten, Bläseroktett und je ein Trio, Quartett und Quintett für Streicher und Klavier). — Die einprägsamste Gestalt dieser älteren Generation wurde dann *Hermann Suter* (1870—1926), bis heute international berühmt durch seine romantische oratorische Vertonung des Franziskanischen „Sonnengesangs“: ein einfallsreicher Künstler von großem innerem Reichtum, hoch entwickeltem Formensinn und bedeutendem Können, der insbesondere mit seinem zweiten und dritten Streichquartett (op. 10 und op. 20) Beachtung fand. Er schrieb auch ein Streichsextett (mit zwei Celli und Kontrabaß), dessen Finale „Tempo svizzero“ überschrieben ist und mit der Verarbeitung des alten Schweizer Kinderlieds „Es kam ein Herr zum Schlößli“ einen reizvollen nationalen Akzent spürbar werden läßt. — Schüler *Friedrich Hegars*, des Schweizer Altmeisters auf dem Gebiet der Chorkomposition, ist der auch als Dirigent sehr angesehene Berner *Volkmar Andreae* (1879—1962); seine von musikantischen Impulsen getragene, farbig-wirkungsvolle Musik läßt mehrfach starke Einwirkungen des Erlebnisses Richard Strauss erkennen; an Kammerwerken bot er zwei Klaviertrios, ein Streichtrio, zwei Streichquartette und ein Divertimento für Flöte mit Streichtrio. — Diesem Zeitraum ist auch der bei Basel geborene *Walter Courvoisier* (1875 bis 1931) zuzuzählen, der seit seinen Lehrjahren bei Thuille dem Münchener Kulturkreis verbunden blieb, jedoch als Lehrer der Jungschweizer Sutermeister und Moeschinger gewissermaßen wieder etwas von seiner Kraft an die Heimat zurückgab. Seine Beiträge zur Kammermusik beschränken sich auf sechs Solosonaten für Geige und zwei Solosuiten für Violoncello. — Nur der Abkunft nach gehört der seit langem in Amerika neubeheimatete *Ernest Bloch* aus Genf (1880—1959) zu den Schweizern (vgl. Artikel Amerika). — Eine der markantesten Persönlichkeiten der um 1880 geborenen Generation ist der — allerdings namentlich in seiner Heimat gewürdigte und gefeierte — Luzerner *Fritz Brun* (1878—1959). Ausgehend von Brahms und Bruckner, hat er sich vor allem als Komponist von neun Sinfonien einen Namen gemacht, ist aber auch mit Kammermusik — einer Violinsonate und drei Streichquartetten — eindrucksvoll hervorgetreten. Espressive Verinnerlichung, starke Naturverbundenheit und Kraft zu weitgespannten melodischen Bögen sind Kennzeichen seiner Kunst. Geistig steht er Othmar Schoeck besonders nahe. — Ein Mittler zwischen Tradition und Gegenwart wurde in seinen feinnervigen gedankenreichen Werken der gleichfalls zum Freundeskreis um Schoeck gehörende *Karl Heinrich David* (1884—1951), dessen Können vor allem in verschiedenen Kammermusikwerken deutlich wird, so in einem Streichtrio, drei Streichquartetten, einer

Violinsonate und zwei Quartetten für Geige, Alt-Saxophon, Cello und Klavier. 1886 geboren wie Schoeck ist der vielseitige, fruchtbare *Henri Gagnebin* († 1977), ein kraftvoller Rhythmiker und einprägsamer Melodiker, dessen Ideale Bach, Beethoven und César Franck heißen; in einem die Tonalität noch wahrenden, jedoch zeitnahen Stil schrieb er drei Streichquartette, ein Trio für Flöte, Geige und Klavier sowie allerlei Duos für einzelne Blasinstrumente und Klavier.

Zwei Jahre älter als Arthur Honegger (s. d. S. 608) war *Frank Martin* (1890—1974), in Genf geboren, von Joseph Lauber ausgebildet, heute einer der Meistgenannten und Meistaufgeführten unter den Schweizer Tonsetzern: ein eigenständiger, aus starken Phantasie- und Empfindungsquellen schaffender Künstler, für dessen Stil eine Verbindung von impressionistischen Gestaltungselementen und konstruktiven Kompositionsprinzipien der Zwölftonmusik vielfach bezeichnend ist. Zu seinem kammermusikalischen Werk zählen zwei Geigensonaten, ein Klaviertrio über irische Volksweisen, ein Klavierquintett, eine Sonata da chiesa für Viola d'amour und Orgel, ein Streichtrio, eine „Pavane couleur du temps" für Streichquintett und je eine Ballade für Flöte bzw. Posaune (oder Saxophon) und Klavier. — Umfangreicher ist das kammermusikalische Schaffen von *Rudolf Moser* (1892—1960): Schüler von Huber, Suter und Reger, mehrere Jahre lang als Bratschist Leiter eines Streichquartetts, seit 1928 Lehrer an der Baseler Musikakademie, bevorzugte er neben der traditionellen Sonaten-Satzordnung besonders die Musizierformen Suite, Divertimento und „Spielmusik" für zwei und drei Stimmen. Neben anderem schrieb er eine Hornsonate, eine Flötensuite (mit Klavier oder Cembalo), ein Trio für Trompete, Horn und Posaune, eine Suite für Oboe, Klarinette und Fagott, Divertimenti für Geige und Bratsche und ein Streichsextett. — Dem gleichen Jahrgang entstammt der Andreaeschüler *Robert Denzler* (1892—1972), der sich als Konzert- und (Züricher) Opern-Dirigent großes Ansehen erwarb. In seinem von Richard Strauss nicht unbeeinflußten Schaffen erscheint die Kammermusik mit zwei Streichquartetten und einer Suite für zwei Violinen. — Als Meister einer sehr sensiblen und klangfeinen, deutsche und französische Wesenszüge in reizvoller und bezeichnender Weise verschmelzenden Tonsprache ist hier auch *Jean Binet* aus Genf (1893—1960) zu nennen, ein Schüler Barblans, der außer Werken für Flöte und Klavier eine Sonate brève für Violine und Klavier sowie ein Streichquartett veröffentlichte.

Von den zahlreichen um die Jahrhundertwende geborenen Schweizer Komponisten haben fast alle auch Kammermusiken für verschiedene Besetzungen geschrieben. Sie sahen sich von Anfang an in eine unvermeidliche Auseinandersetzung mit den Problemen des musikalischen Stilwandels zur Neuen Musik hineingedrängt und entschieden sich in sehr verschiedener Weise bald für ein mehr traditionsgebundenes Komponieren, bald für ein kühnes Experimentieren, bald auch für eine verbindlichere mittlere Linie. *Richard Flury* (1896—1967) bekennt sich bewußt zur Spätromantik und Meistern wie Brahms, Bruckner, Debussy und R. Strauss; der Gefahr des Epigonentums entgeht er in seinem Schaffen durch Einfallsfrische und ursprüngliches Musikantentum. Er schrieb u. a. neun Violinsonaten, zwei Cellosonaten, vier Streichquartette, ein Streichtrio, je ein Quartett und Quintett für Streicher und Klavier, ein Trio für Klarinette, Cello und Klavier sowie (1954) ein Quartett für Waldhörner. — Gleichfalls auf dem Boden der Tradition blieb *Walter Lang* aus Basel (1896—1966), dessen Werkverzeichnis neben zwei Violinsonaten und einem Klaviertrio eine Passacaglia für Cello und Klavier und eine Suite für Flöte, Klarinette und Fagott aufweist. — Auch bei uns bekannt wurden der ebenfalls aus Basel stammende, von Courvoisier ausgebildete *Albert Moeschinger* (* 1897), der eine Synthese von Impressionismus und moderner Linearität erstrebt, sowie *Walther Geiser* (* 1897), ein Schüler Hermann Suters, der einen Ausgleich „zwischen revolutionärem Extrem und traditioneller Gebundenheit“ sucht. Moeschinger komponierte u. a. eine Klarinetten-Sonatine und vier Trios für Oboe, Klarinette und Fagott; Geiser trat mit Werken für Violine und Klavier, Bläserwerken und mit einer Sonatine für Bratsche und Orgel hervor. — Abseits von revolutionären Tendenzen steht auch *Paul Müller-Zürich* (* 1898), ein Schüler von Jarnach und Andreae, der außer drei-, vier- und fünfstimmigen Werken für Streicher, „Variationen für drei Blockflöten" eine — „Marienleben" benannte — Folge von acht Stücken für 9 Instrumente (Flöte, Oboe, Klarinette, Horn, Streichquintett) und eine Suite für Bratsche, Horn und Harfe vorlegte. — Andreae war auch der Lehrer *Walter Müllers von Kulm* (1899—1967); ein ursprünglich von der Spätromantik ausgehender, aber auf der Suche nach individueller Aussage auch Umwege über extreme Experimente nicht scheuender Musiker, der mit vier Streichquartetten, zwei Violinsonaten u. a. Beiträge zur Kammermusik gab. — Ein ansehnliches kammermusikalisches Gesamtwerk hinterließ *Willy Burkhard* (1900—1955). Es enthält zwei Werke für Streichtrio, zwei Streichquartette, ein Klaviertrio, eine Suite für zwei Geigen, Stücke für Flöte, eine Sonatine (op. 45) und eine Sonate (op. 78) für Violine und Klavier, je eine Sonate für Bratsche (solo, op. 59) und Violoncello (mit Klavier, 1951), eine Serenade für acht Instrumente und eine „Lyrische Musik in memoriam Georg Trakl" für Flöte, Bratsche, Cello und Klavier. Ausgehend von den Meistern der altklassischen Polyphonie, gelangte Burkhard zu einem geisterfüllten linear-polyphonen Stil von ganz persönlicher Prägung, auf dessen Entwicklung auch die Werke führender moderner Komponisten (Hindemith, Bartók, Strawinsky, Schönberg) nicht ohne Einfluß blieben. — Mehr als Musikschriftsteller denn als Komponist wurde *Robert Oboussier* (1900—1957) bei uns bekannt; in seinem Schaffen ist die Kammermusik u. a. mit einem Streichquartett und einer Sonate für zwei Geigen und Klavier vertreten. — Einer der namhaftesten neueren Schweizer Tonsetzer, *Conrad Beck* (* 1901), war Schüler von Andreae, später von Nadia Boulanger in Paris; er selbst nennt Ibert, Roussel und Honegger seine wichtigsten künstlerischen Ratgeber. Seine eigenwillige Schreibweise verbindet linearen Satz mit sensibler Klanglichkeit in formklaren Werken. Von seiner zahlreichen Kammermusik nennen wir das aus Präludium und Fuge gefügte 3. Streichquartett (1926), zwei Streichtrios (1928 und 1946), Duos für Violine und Viola sowie für zwei Geigen, ferner die Sonatinen für Oboe und Flöte (mit Klavier) und für Viola da Gamba und Orgel. — Mit Kammermusikschöpfungen verschiedenster Art traten außer den erwähnten noch hervor: die gleichfalls um 1900 geborenen alemannischen Schweizer *Erhart Ermatinger, Adolf Brunner, Walther Aeschbacher, Max Zehnder, Rudolf Wittelsbach, Benno Ammann, Richard Sturzenegger, Peter Mieg, Erich Schmid, Edward Staempfli* und *Hans Vogt* sowie die der gleichen Generation angehörenden Westschweizer *Roger Vuataz, Antoine Chenaux, Jean Apothéloz, Bernard Reichel, Walter Jesinghaus, Constantin Regamey* und *René Gerber*. Bezeichnend, daß sich unter den Letztgenannten B. Ammann (* 1904), Erich Schmid (* 1907) und E. Staempfli (* 1908) leidenschaftlich zu Atonalität und Zwölftonsystem bekennen, während ihre Altersgenossen Ermatinger (1900 bis 1966), Aeschbacher (1901—1969) und Sturzenegger (* 1905) ebenso überzeugt die Tonalität bejahen.

Schließlich wäre noch der Jüngeren, seit 1910 Geborenen zu gedenken. Von ihnen hat der — neben *Rolf Liebermann* (* 1910) — am stärksten beachtete *Heinrich Sutermeister* (* 1910), Schüler von Courvoisier und Carl Orff, bisher nur „am Rande" für kammermusikalische Besetzungen komponiert: eine Serenade für vier Bläser, ein Capriccio für Klarinette allein und eine Gavotte de Concert für Trompete und Klavier. — *Ernst Heß* (1912—1968), ausgebildet von Andreae, aber auch von Dukas und Nadia Boulanger, fühlt sich der großen Tradition der abendländischen Musik verpflichtet und glaubt an die Berufung des Künstlers, Lichtträger für die Mitmenschen zu sein. Abseits herkömmlicher Instrumentengruppierungen schrieb er bisher u. a. ein Quintett für Baßklarinette, zwei Violinen, Cello und Kontrabaß, ein gleiches für Oboe und Streichquartett, eine „Kleine Musik für Bassethorn, Violine, Bratsche und Cello“ sowie Spielstücke für drei Hörner. — Viel mit Kammermusik befaßte sich auch *Albert Jenny* (* 1912); er bekennt sich zur Tonalität und vertritt die Meinung, daß diese in Verbindung mit einer großzügig-modernen Behandlung der Kirchentonarten noch ungeahnt reiche Aspekte eröffne. — Ein unablässiger Sucher nach dem rechten Weg zum Ziel einer seinem Wesen gemäßen Aussage ist *Armin Schibler* (* 1920), ein Schüler von W. Burkhard und Fortner, der sich bisher mit zwei Streichquartetten, einem Trio concertante für Violine, Trompete und Klavier, mit Solosonaten für Flöte, Cello, Bratsche u. a. vernehmen ließ.

Von den jüngeren Komponisten der romanischen Schweiz seien endlich noch genannt: der auf kammermusikalischem Gebiet vielseitig fruchtbare, den Genius Mozarts über alle anderen möglichen Lehrer und Vorbilder stellende *Raffaele d'Alessandro* (1911—1959; Streichquartette, Sonaten für Geige, für Cello, für Oboe), ferner der zu einer undogmatischen Verwendung der Zwölftontechnik neigende *Pierre Wissmer* aus Genf (* 1915; Suite für 2 Violinen und Bratsche, Sonatinen für Violine und für Klarinette mit Klavier, Streichquartette, Serenade für Oboe, Klarinette, Fagott) sowie der an Strawinsky, Hindemith und Honegger sich schulende *Julien-François Zbinden* (* 1917), der u. a. eine Flötensonate (mit Klavier), zwei Bläsertrios und ein Septett für Flöte, Klarinette, Horn und Streichquartett geschrieben hat. In jüngster Zeit sind außerdem die Namen *Jacques Wildberger* (* 1922; s. S. 850) und *Rudolf Kelterborn* (* 1931; s. S. 849) mit eigentöniger Kammermusik in Deutschland bekannt geworden. Namentlich das — in zwei Streichquartetten und in einer Musik für Flöte, Violine und Klavier — kraftvoll sich regende Talent Kelterborns fand starke Beachtung. *A. W.*

Amerika

Dem politischen Sprachgebrauch folgend, wird in diesem Kapitel unter *Amerika* das Gebiet der Vereinigten Staaten verstanden. Von den überseeischen Ländern sind die USA in besonderem Maße zur Entwicklung eines vielfältig interessanten Musiklebens gelangt, dessen führende schöpferische Kräfte auch in Europa — nicht zuletzt in Deutschland — wachsende Beachtung finden. In zunächst starker Anlehnung an die europäische Musik entfaltete sich dort — etwa seit dem letzten Drittel des 19. Jahrhunderts — eine an Umfang und Bedeutung ständig zunehmende künstlerische Produktion. Überblickt man das amerikanische Musikschaffen im ganzen, so erkennt man, daß ungefähr bis zum ersten Weltkrieg Deutschland am stärksten auf die amerikanischen Komponisten einwirkte, später namentlich Frankreich und heute die nicht mehr national gebundene Kunst der stilbildenden führenden Meister der Gegenwart. Alle diese Einflüsse zeichnen sich in den stilistischen Wandlungen der amerikanischen Musik von der Spätromantik und vom Impressionismus bis zum Neuklassizismus und zur Zwölftonmusik deutlich ab. Für die neueste Entwicklung war es bedeutungsvoll, daß Künstlern wie Strawinsky, Hindemith und Schönberg die Neue Welt zur Wahlheimat wurde, in der sie auch als Lehrer auf die junge Generation einwirkten.

Im Vordergrund alles amerikanischen Musikschaffens steht die Orchestermusik, nächst ihr die Chormusik und in neuerer Zeit auch die Oper sowie mancherlei Abformen dramatischer Musikgestaltung. Doch haben sich fast alle namhaften Tonsetzer auch mehr oder minder stark mit kammermusikalischen Aufgaben beschäftigt. Zu uns gedrungen sind zwar — vor allem nach 1945 — vornehmlich Werke der Jüngeren; doch mag hier auch auf einige ältere Komponisten hingewiesen sein: so auf den als Lehrer junger Talente wichtigen *John Knowles Paine* (1839—1906), der mit einem Streichquartett und zwei Klaviertrios hervortrat, auf den von Brahms beeinflußten Romantiker *Arthur Foote* (1853—1937), der drei Streichquartette und mehrere Kammermusiken mit Klavier schrieb, sowie auf *George Whitefield Chadwick* (1854—1931), der aus Rheinbergers Schule (München) kam und in fünf Streichquartetten und einem Klavierquintett seine Neigung zur Kammermusik bekundete. Auch *Horatio W. Parker*

(1863—1919) genoß Rheinbergers Unterweisung, während der 1861 geborene, aus dem Elsaß stammende *Charles M. Loeffler* († 1935) bei Fr. Kiel in Berlin seine Ausbildung erhielt. Loeffler gilt als einer der ersten amerikanischen Impressionisten; sein kammermusikalisches Schaffen umfaßt ein Quartett und ein Sextett für Streichinstrumente, ein Oktett für zwei Klarinetten, Harfe und Streicher, „Poèmes" für Violine, Bratsche und Klavier sowie — besonders geschätzte — „Rhapsodien" für Oboe, Bratsche und Klavier. — Der bei uns durch seine Klavierwerke bekannteste Meister dieser Ära, *Edward MacDowell* (1861—1908) hat keine Kammermusik komponiert. — Schließlich seien von jener Gruppe amerikanischer Tonsetzer noch genannt: die auch als Pianistin angesehene Komponistin *H. H. A. Beach* (1867—1944; Klavierquintett und Variationen für Flöte mit Streichquartett), der Paine-Schüler *Frederick Shepherd Converse* (1871—1940), der im Banne von R. Wagner und R. Strauss stand und die Kammermusik mit einem Klaviertrio, Quartetten und Duo-Sonaten für Geige und Cello bereicherte, sowie der ebenfalls aus Paines Schule hervorgegangene *Edward B. Hill* (1872—1960), von dem namentlich ein Sextett für Flöte, Oboe, Klarinette, Horn, Fagott und Klavier bekannt wurde.

Ein Hauptanliegen vieler Komponisten schon dieser Zeit, noch mehr aber der folgenden Jahrzehnte war es, eine wesensechte amerikanische Musik zu schaffen. Man versuchte zuerst durch die Verarbeitung von Volksweisen (Negro spirituals, indianische Melodien, Cowboylieder usw.) zu diesem Ziel zu gelangen, trachtete aber später vor allem darnach und bemüht sich auch heute, die Eigenart und Intensität des typisch amerikanischen Lebensgefühls unmittelbarer — oft aber in Verbindung mit solchen folkloristischen Anregungen — durch die musikalischen Mittel des Rhythmus, der Melodie, des Klangs zum Ausdruck zu bringen.

Das Bemühen um einen nationalamerikanischen Eigenton wird z. B. im Schaffen von *Daniel Gregory Mason* (1873—1953) deutlich; unter seinen Kammermusikwerken ragt ein Streichquartett über Negerthemen hervor sowie die gleichfalls für Streichquartett geschriebene Volksliederfantasie „Fanny Blair". — In ähnlicher Weise schrieb der zu früh verstorbene, von Humperdinck ausgebildete *Charles T. Griffes* (1884—1920) zwei Skizzen für Streichquartett über indianische Themen. — Eine der fesselndsten Gestalten der nach 1870 geborenen Komponistengeneration aber wurde *Charles Ives* (1874 bis 1954): ein sehr eigenartiger, von echt amerikanischem Pfadfindergeist erfüllter Musiker, der sich — ein Schüler von H. Parker — bald von allen traditionellen Bindungen löste, um auf seine Weise, unbekümmert um äußeren Erfolg, musikalisches Neuland zu suchen. Ernst Křenek sagt über ihn: „In seinem Werk stehen geniale Inspiration und trivialer Dilettantismus unvermittelt nebeneinander. Der Stil seiner Lieder reicht von kindlichen Nachahmungen Schumanns zu unwahrscheinlichen Vorahnungen des späteren Schönberg ... Was Erfindungsgabe und Vitalität betrifft, so steht Ives vermutlich an der Spitze der amerikanischen Komponisten." Kammermusik bot er u. a. in vier Violinsonaten, zwei Streichquartetten und einem Klaviertrio. Viele seiner eigenwillig-kühnen Werke sind schon um die Jahrhundertwende entstanden, aber erst nach 1935 bekannt geworden. — In konventionelleren Bahnen blieb dagegen *Blair Fairchild* (1877—1933) in seinen — klassischen Vorbildern nacheifernden — Werken; er schrieb zwei Geigensonaten, ein Klaviertrio, ein Klavierquintett und ein Kammerkonzert für Violine, Streichquartett und Klavier. — Mit einer Violinsonate (1912), einem Streichquartett (1928) und einem Klavierquintett (1934) trat der von Edward Elgar und Bernhard Ziehn ausgebildete *John Alden Carpenter* (1876—1951) hervor, den sein künstlerischer Weg von Bindungen an Strauss und Debussy zu neoklassizistischer Haltung führte. — Eine Künstlerpersönlichkeit von ausgeprägter geistiger Eigenart war *Ernest Bloch* (1880—1959); er stammt aus Genf und wanderte erst 1916 in die Staaten ein; seine Tonsprache ist herb und kompliziert, reich an kühnen harmonischen Bildungen; ein gewichtiger Teil seines Gesamtschaffens stand im Zeichen leidenschaftlicher Bemühung um eine autonome jüdische Musik. Für kammermusikalische Besetzungen schuf Bloch zwei Streichquartette (1916 und 1946), ein Klavierquintett, zwei Violinsonaten und eine Suite für Bratsche und Klavier. — Minder anspruchsvoll für den Hörer sind die Kammermusikwerke von *Frederick Jacobi* (1891 bis 1952), unter denen neben drei Streichquartetten namentlich seine „Hagiographa" benannten „Biblical Narratives" für Streichquartett und Klavier den bedeutendsten Platz einnehmen. — Mit einem Werk für eine (Platin-) Flöte allein, das den Titel „Density 21,5" trägt (21,5 ist das spezifische Gewicht von Platin), hat der aus Frankreich stammende „Futurist" *Edgar Varèse* (1885—1965), schon in den 20er Jahren bekannt als Autor der Orchesterwerke „Amériques", „Hyperprism", „Intégrales" usw., 1936 auf seine Weise auch einen Beitrag zur Kammermusik gegeben. Auch sein achtstimmiges Werk „Octandre" (1924) für Flöte, Klarinette, Oboe, Fagott, Französischhorn, Trompete, Posaune und Kontrabaß, in dem „jedes Instrument eine eigene Melodie" hat, kann, der Besetzung nach, noch als Kammermusik gelten. — Zur älteren Generation gehört auch *Wallingford Riegger* (1885—1961), der als Romantiker begann, heute aber als einer der führenden, zu einem sehr persönlichen Stil gelangten Zwölfton-Komponisten Amerikas bekannt ist. Er schrieb u. a. mehrere Streichquartette, ein Klaviertrio, ein Klavierquintett (op. 47) und ein Bläserquintett (op. 51) für die klassische Besetzung Flöte, Oboe, Klarinette, Horn und Fagott. — Zum Dodekaphonismus bekennt sich auch der Schönbergschüler *Adolph Weiss* (1891—1971), der mit Streichquartetten, einem Bläserquintett (1932), einer Sonata da camera für Flöte und Viola (1930) u. a. hervortrat.

Mehr als die meisten der vorgenannten Komponisten sind bei uns — vor allem nach dem Kriege — einige der zwischen 1894 und 1910 geborenen amerikanischen Tonsetzer mit kammermusikalischen Arbeiten bekannt geworden. Aus diesem Kreis sei zunächst *Walter Piston* (1894—1976) genannt, ein formal sicher gestaltender, mit ursprünglichem Musiziertemperament begabter, dem Neoklassizismus nahestehender Künstler, der außer Werken für Klaviertrio, Klavierquartett, Klavierquintett und Streichquartett auch Bläsersonaten, ferner ein Quintett für Flöte und Streicher, ein Nonett für Bläser und Streichinstrumente sowie Duowerke für Violine und Viola bzw. Bratsche und Cello geschrieben hat. — Dem Jahrgang 1896 entstammen *drei* namhafte Musiker: R. Sessions, V. Thomson und H. Hanson. Der aus der Schule H. Parkers und E. Blochs hervorgegangene *Roger Sessions* ist ein mit ansehnlichem Können und Geist um eine zwingende formale und spannungsreich espressive Gestaltung seiner Werke ringender Künstler, der besonders mit seinem e-moll-Streichquartett von 1936 und einem Duo für Violine und Klavier Aufmerksamkeit erregt hat. — *Virgil Thomson,* ein origineller, nach neuen Wegen und Wirkungen suchender Musiker französischer Schulung, hat sich auch als Musikschriftsteller einen Namen gemacht und als Tonsetzer seinen bisher stärksten Erfolg mit der Oper „Four Saints in Three Acts“ errungen. Mit kammermusikalischen Problemen befaßte er sich in zwei Streichquartetten, einer Violinsonate, einer Sonate für Flöte (solo) und einer „Sonata da chiesa“ für Klarinette, Trompete, Horn, Posaune und Bratsche. — Von dem Spätromantiker *Howard Hanson,* einem der heute angesehensten und — als Direktor der Eastman School of Music — auch maßgeblichsten Künstler der USA, ist bisher bei uns noch keine Kammermusik bekannt geworden. Dagegen war der von H. Parker, E. Bloch und V. d'Indy ausgebildete *Quincy Porter* (1897—1966), der als trefflicher Bratschist ein sehr starkes natürliches Verhältnis zur Kammermusik hatte, förmlich ein Spezialist der Quartettkomposition: von seinen zehn Streichquartetten wurden vor allem das dritte, vierte und sechste stark beachtet; er schrieb auch Violinsonaten, eine Hornsonate u. a. — Reich ist auch das kammermusikalische Schaffen von *Roy Harris* (* 1898). Es umfaßt bis heute drei Streichquartette, ein Klaviertrio, ein Quintett für Flöte und Streichquartett, ein als besonders bedeutend gerühmtes Klavierquintett (1936) und ein Konzert für Klarinette, Klavier und Streichquartett. Harris war in Paris Schüler von Nadia Boulanger; seine namentlich durch rhythmische Vielfalt und Lebendigkeit ausgezeichnete, volkstümliche Züge mit aparten modernen Gestaltungselementen eigenwillig verbindende Musik wird von seinen Landsleuten als bezeichnend amerikanisch empfunden. — Von Nadia Boulanger wurde auch *Harrison Kerr* (* 1899) ausgebildet: Autor eines erfolgreichen Klarinettentrios, einer Flötensuite, einer Cellosuite, eines Klaviertrios und eines Streichquartetts. Nach Überwindung wechselnder zeitgenössischer Einflüsse ist er in seiner Musik zu einer persönlich-freien Anwendung der Zwölftontechnik gekommen. — Mit einem Streichquartett in d-moll und einer von folkloristischen Elementen durchsetzten Trio-Suite für Oboe, Klarinette und Bratsche weckte der sonst mehr die Chormusik pflegende phantasiereiche und empfindungsstarke *Randall Thompson* (* 1899), Schüler E. Blochs, das Interesse der Kammermusikfreunde. — Einen ganz anderen Künstlertypus vertritt *Aaron Copland* (* 1900): er ist ein experimentierfreudiger, auf den verschiedensten Gebieten (Ballett, Film, Schriftstellerei) erfolgreich tätiger Musiker, der nach seinen Studienjahren bei N. Boulanger vor allem vom Neoklassizismus Strawinskys starke Anregungen empfing, aber, wie viele seiner Landsleute, bisweilen auch dem Jazz ein Daseinsrecht in der ernsten Musik einräumt. Die Kammermusik bereicherte er u. a. mit einem Klaviertrio („Vitebsk", 1929), einem Klavierquartett, mit „Elegien" für Geige und Bratsche und einem Sextett für Streichquartett, Klarinette und Klavier. — Zu den unablässig Suchenden unter den Tonsetzern dieser um die Jahrhundertwende geborenen Generation gehörte ferner der gleichfalls zum Neoklassizismus, aber auch zum Jazz neigende *Marc Blitzstein* (1905—1964), der bei Scalero, Frau Boulanger und Schönberg Studien machte. — Schüler von Alban Berg war der lange um einen seinen Anschauungen adäquaten Stil ringende *Ross Lee Finney* (* 1906), der bisher sechs Streichquartette und zwei Cello-Sonaten (mit Klavier) komponierte; erst sein 6. Quartett ist konsequent aus einer Zwölftonreihe entwickelt. — Als *Neuromantiker* unter all den jüngeren Komponisten darf der auch bei uns gerne gehörte *Samuel Barber* (* 1910) gelten, einer der erfolgreichsten zeitgenössischen Amerikaner. Kantables Melos, klare Form, eine bei aller Freiheit die Tonalität wahrende Harmonik und nicht zuletzt ein starker Empfindungsgehalt machen seine Musik für viele Hörer verständlicher und erfreulicher als die vielleicht kühnere und geistreichere, aber auch kühlere und sprödere Tonsprache anderer Zeitgenossen. Er hat bisher eine Cellosonate und zwei Streichquartette veröffentlicht. — Im gleichen Jahre 1910 ist auch *William Schuman* geboren, neben Barber wohl die stärkste Persönlichkeit dieser Altersgruppe: er begann als Unterhaltungsmusiker und war 1945—1962 Präsident der berühmten New Yorker Juilliard-School. Seine vor allem von Strawinsky ausgehende Musik fesselt durch vitale rhythmische Antriebskräfte, durch Klangphantasie und feine formale Struktur. Auf dem Gebiet der Kammermusik bot er bisher drei Streichquartette. — Von den jüngeren unter den auch in Deutschland schon bekannt gewordenen amerikanischen Komponisten scheinen uns hier bemerkenswert: der Hindemithschüler *Norman Dello Joio* (* 1913, Trio für Flöte, Cello und Klavier) und *David Diamond* (* 1915), Schüler von N. Boulanger und R. Sessions, der sich mit Werken für Geige und Violoncello (mit Klavier) und einem Quintett für Flöte, Streichtrio und Klavier als ein lebendig, ausdrucksvoll und rhythmisch intensiv musizierender, die Tonalität bejahender Künstler vorstellte, ferner *Ralph Shapey* (* 1921) mit einem umfangreichen Kammermusikschaffen und der Armenier *Alan Hovhaness* (* 1911), in dessen Schaffen sich zeitnahe Tendenzen mit dem — ihm vor allem wesentlichen — Streben nach Einschmelzung armenischer Musikelemente begegnen; er schrieb u. a. eine Suite für Violine, Klavier und Schlaginstrumente.

Andere begabte Komponisten der jüngeren Generation, die Beiträge zur Kammermusik gegeben haben, bisher aber mit ihren Werken noch kaum bei uns zu Gehör gelangten, sind: *Norman Cazden* (* 1914), ein Schüler von Piston und Copland, der bisher u. a. mit einem Streichquartett (1936), Streichquintett (1941) und Klavierquartett hervortrat, *Robert Palmer* (* 1915; Streichtrios, Streichquartette, ein Klavierquartett), *Vincent Persichetti* (* 1915; u. a. drei Streichquartette Klavierquintett, Solosonaten für Violine und Cello), *Ben Weber* (* 1916; Werke für Violine und für Cello mit Klavier, für Streichtrio und Streichquartett, Variationen für (Klavierquartett), *Ellis Kohs* (* 1916; Streichquartett) und *Leon Kirchner* (* 1919; Duo für Geige und Klavier, Streichquartett), ferner die Hindemithschüler *Harold Shapero* (* 1920; Violinsonate, Trompetensonate, Streichquartett) und *Ulysses Simpson Kay* (* 1917; Suite für Oboe und Klavier; Quintett für Flöte und Streicher) sowie der in Prag, dann in Paris von Honegger und N. Boulanger ausgebildete gebürtige Tscheche *Karel Husa* (* 1921; zwei Streichquartette, Trio „Évocations de Slovaquie" für Klarinette, Viola und Cello), endlich noch *William Beigsma* (* 1921; zwei Streichquartette) und der namentlich als Sinfoniker geschätzte *Peter Memin* (* 1923; zwei Streichquartette), die beide — wie viele andere angesehene Künstler — aus der Eastman School of Music hervorgegangen sind. *A. W.*

Tschechoslowakei

Von einer eigenständigen Entwicklung der Kunstmusik in Böhmen und Mähren kann man erst seit der Mitte des 19. Jahrhunderts sprechen. Sie ist gleicherweise mit dem Erstarken des tschechischen Nationalbewußtseins und mit dem Hervortreten außerordentlicher schöpferischer Begabungen verbunden. *Bedřich Smetana* und *Antonín Dvořák* wurden die führenden Meister vor der Jahrhundertwende; ihr Schaffen, durchdrungen von den unverbrauchten Kräften der heimischen Volksmusik, repräsentiert den Anfang und zugleich die Hochblüte der national betonten *und* begrenzten Musik in diesem slawischen Kulturraum. Von den großen Vorbildern ausgehend, wußten dann in der Folgezeit verschiedene kraftvolle Begabungen mit ihren Werken den Schatz des nationalen Musikguts zu mehren und so das internationale Ansehen der Tschechoslowakei als Musikland zu festigen. Selbstverständlich bemessen sich Wert und Wirkung der Schöpfungen all dieser Tonsetzer nicht ausschließlich nach dem Grad spürbarer Bindungen an melodische, rhythmische oder formale Elemente des Volkslieds und Volkstanzes, sondern vor allem nach der individuellen Stärke des Könnens, des Talents, der Aussagekraft. Schon in Dvořáks Kammermusik fesselt uns ja nicht nur der reizvolle slawische Tonfall, der „böhmische" Akzent an sich, sondern die feine und sehr persönliche Kunst der Auswertung volksmusikalischer Anregungen. Er verschmähte es nicht, von Brahms und den deutschen Klassikern zu lernen. In ganz ähnlicher Weise haben sich auch die vorzüglichsten unter den späteren Komponisten der Tschechoslowakei befruchtenden Einflüssen des Auslands nicht verschlossen und blieben so in lebendigem Zusammenhang mit der europäischen Gesamtentwicklung.

Zeitlich am nächsten bei Smetana und Dvořák steht der früher oft als „dritter Klassiker" der Tschechen bezeichnete *Zdeněk Fibich* (1850—1900). Er hat in Deutschland bei Moscheles, Richter, Jadassohn und Vinzenz Lachner, aber auch in Paris studiert und konnte sich seit seinem 30. Lebensjahr ganz der Komposition widmen. Sein reiches — über 600 Werke umfassendes — Schaffen wurzelt ganz in der Romantik. Die Bindungen an die heimische Volksmusik sind schwächer als bei seinen beiden großen Zeitgenossen. Seine Beiträge zur Kammermusik wurden: eine Violinsonate, zwei Klaviertrios, ein beachtliches Klavierquartett, zwei musikantisch belebte Streichquartette und ein Quintett für Klavier, Geige, Cello, Klarinette und Horn. — Ein früher auch bei uns vielgenannter Komponist jener Epoche ist *Joseph Bohuslav Foerster* (1859—1951), der aus einer Kantoren- und Organistenfamilie stammte und nach Wanderjahren, die ihn nach Hamburg und Wien führten, in Prag Konservatoriumsdirektor wurde. Bedeutend als Männerchorkomponist, angesehen als Opernmeister, schrieb er für kammermusikalische Besetzungen drei Klaviertrios und vier Streichquartette, ein Streichquintett, ein Bläserquintett und ein Nonett. Ausgehend von Dvořák, gelangte der ernst strebende und hochgesinnte Künstler, der mit G. Mahler und R. Strauss befreundet war, im Laufe seines Lebens zu neuen, modernen Form- und Ausdrucksidealen, die ihn bis an die Schwelle des Impressionismus führten. — Auch *Vítězlav Novák* (1870–1949), der aus der Schule Dvořáks hervorging, fand zu einem Stil von impressionistisch-farbiger Haltung, nachdem er in seiner ersten Schaffensphase den Weg eines (Brahms nahestehenden) Romantikers gegangen war und in einer zweiten Periode starke Anregungen von der mährischen und slowakischen Volksmusik empfangen hatte. Seine Kraft offenbart sich mehr im Harmonischen und Rhythmischen als im Melodischen. Charakteristisch für seine Tonsprache ist eine Neigung zu melancholischem Ausdruck, aber auch zu scharfen Kontrastwirkungen und zu Äußerungen eines ironischen, manchmal bitteren Humors. Für seine Frühzeit bezeichnend sind das Klaviertrio op. 3, das Klavierquartett op. 7 und das Klavierquintett op. 12. Anziehend durch seine aus der Volksmusik gewonnene Melodik und seine feine Klangprägung ist sein erstes Streichquartett op. 22, interessant durch seine zweisätzige Formanlage (Fuge — Fantasie) das 2. Streichquartett op. 35. — Zur älteren Generation der tschechoslowakischen Tonsetzer gehören auch noch Oskar Nedbal und Josef Suk. Beide sind im Jahre 1874 geboren und beide gehörten dem ehemals weltberühmten „Böhmischen Streichquartett“ an. *Oskar Nedbal* († 1930) hat trotz dieser nahen Bindung an die Kammermusik nur eine Violinsonate geschrieben; berühmt machte ihn seine Operette „Polenblut“. *Josef Suk* († 1935) jedoch — der Dvořáks Schwiegersohn wurde — schrieb außer zwei Streichquartetten je ein Trio, Quartett und Quintett mit Klavier sowie eine Elegie für Klaviertrio: Werke, in denen er sich als feinsinniger Lyriker zeigt und sein zu träumerischer Weichheit neigendes Temperament offenbart. Die Quellen seines Stils liegen bei Dvořák, Brahms und Beethoven. — Alle bisher genannten Komponisten stehen aber, vom Standpunkt des heutigen Betrachters aus, im Schatten des mährischen Meisters *Leoš Janáček* (1854—1928): ihn empfinden wir heute als dritten Großen der tschechoslowakischen Musik neben Smetana und Dvořák. Er ist bei uns vor allem durch seine Oper „Jenufa“ bekannt geworden, die viele wesenhafte Stilmerkmale seiner Musik erkennen läßt: den Eigenklang einer von impressionistischen Elementen genährten Harmonik, die Originalität seiner oft dem Tonfall der Sprache abgelauschten Melodiebildungen, die vehemente Kraft des Empfindungsausdrucks, die Intensität ihres rhythmischen Lebens. Gleiche Spannungsfülle und Ursprünglichkeit der Aussage kennzeichnet auch Janáčeks Instrumentalmusik. Neben einer Violinsonate, einem (noch Manuskript gebliebenen) Klaviertrio, einem „Märchen“ für Cello und Werken mit Bläsern hat dieser kühn nach neuen Ufern ausfahrende Meister als kammermusikalische Hauptwerke zwei Streichquartette hinterlassen. Das erste, 1923 erschienen, bringt in vier Sätzen, abseits traditioneller Formgestaltung, freie Verarbeitungen und Kontrastierungen von volksliedhaften und stimmungshaft-farbigen Elementen; das zweite, ein Werk des 70jährigen, entstanden aus dem Erlebnis einer letzten großen Liebe, trägt den Titel „Intime Briefe“ und zeigt noch einmal die ganze geniale Kraft dieses Künstlers in vier Sätzen von unerhört starker, leidenschaftlicher Expression, faszinierendem Gedankenreichtum und sensibelstem Klanggefühl; bei aller Subjektivität der Aussage, die auch in der rhapsodisch gelockerten Form fühlbar wird, trägt diese Musik dank ihrer starken Bindung an Melos und Rhythmik der Volksmusik dennoch kaum die Züge einer allzupersönlichen, esoterisch verschlossenen Gefühlssprache, sondern macht sich jedem empfindungsfähigen, erregbaren Herzen unmittelbar verständlich. Zu Janáčeks Spätwerken gehört ferner das Bläsersextett „Jugend“ (1924): eine unbeschwerte, Erinnerungen an die eigene Lebensfrühe heraufrufende, melodisch im Volkhaften wurzelnde Schöpfung von unverwechselbarer Eigenart.

Von den neueren, zeitgenössischen Komponisten der Tschechoslowakei sind einige vor der Jahrhundertwende geborene auch bei uns bekannt und beachtet worden. Unter diesen hat der aus Poližka stammende, lange in den USA lebende *Bohuslav Martinů* (1890—1959) das größte Ansehen erlangt. Ohne seine Herkunft „aus Böhmens Hain und Flur“ zu verleugnen, fand er doch, unter dem Einfluß moderner westlicher Strömungen, zu einem eigenpersönlichen, gewissermaßen übernationalen Stil. Lebensvoller Ausdruckswille und konstruktives Formdenken verbinden sich in seinen vorzüglichsten Werken zu harmonischer Einheit. In der rhythmischen Vitalität seiner Tonsprache spürt man am stärksten das heimisch-völkische Erbe. Zu den Eigentümlichkeiten seiner — im Harmonischen oft kühnen, aber die Grenzen der Tonalität wahrenden — Kompositionsweise gehört es, daß er die wesentlichen Themen nicht nach traditioneller Weise von Anfang an klar umrissen einführt, sondern sie erst allmählich im Laufe eines Satzes zu scharf konturierter Form entwickelt. Dieser ungemein fruchtbare Tonsetzer, der etwa 12 Opern, 11 Ballette, 6 Sinfonien, 3 Klavierkonzerte und vieles andere geschaffen hat, widmete sich auch mit besonderer Vorliebe der Kammermusik: so komponierte er sieben Streichquartette, mehrere Werke für Klaviertrio (darunter solche mit Flöte und mit zwei Violinen neben anderen in der herkömmlichen Trio-Besetzung), ferner ein Streichtrio, ein Streichquintett und -sextett, ein Klavierquartett und -quintett, je drei Geigen- und Cellosonaten und allerlei Kammermusik mit Bläsern (z. B. vier Madrigale für Oboe, Klarinette und Fagott). — International bekannt wurde auch *Alois Hába* (1893—1973), vor allem durch seine Bemühungen um eine Erweiterung des Tonsystems durch die Einführung von Viertel- und Sechsteltönen. Solche Halbton-Teilungen, mit denen er eine über die traditionelle Chromatik hinausgehende Verfeinerung und Intensivierung des Ausdrucks erstrebte, verwendete er in einigen Streichquartetten, in Sonaten, Suiten und Fantasien für verschiedene Einzelinstrumente und in zwei Nonetten. Vom ursprünglichen Reichtum seiner Phantasie- und Gestaltungskraft aber geben einige neuere — abseits dieser Experimente stehende — Werke einen sehr lebensvollen Begriff, so das 7. Streichquartett und das jüngst auch in Deutschland erfolgreich aufgeführte viersätzige 3. Nonett für Streicher und Bläser.

— Für die gleiche 9stimmige Besetzung komponierte *Jiří Jaroch* (* 1920) eine reizende „Kindersuite". — Sehr bekannt wurde der aus der Schule Max Regers hervorgegangene *Jaromír Weinberger* (1896—1967), der seit 1939 in den USA eine neue Heimat gefunden hatte: sein Ruhm gründet sich auf seine Oper „Schwanda der Dudelsackpfeifer". Auf kammermusikalischem Gebiet hat er nur einige Stücke für Geige und Klavier veröffentlicht. — Über die Grenzen der engeren Heimat ist auch der Novák-Schüler *Fidelio F. Finke* (1891—1968, Deutschböhme) mit manchen Werken hinausgedrungen. Ausgehend von Brahms und Reger, kam er zu einer gemäßigt freitonalen Sprache. Sein vielseitiges Kammermusikschaffen umfaßt acht Streichtrios, fünf Streichquartette, ein Klavierquintett, Violinsonaten, eine Cello-Solosonate und eine Flötensonate. — *Felix Petyrek* (1892—1951) war Schüler Franz Schrekers und schuf vor allem Klaviermusik, daneben aber auch ein farbiges Sextett für Klarinette, Klavier und Streichquartett. — Ohne Bindungen an national-musikalische Elemente ist auch die Musik *Erwin Schulhoffs* (1894 bis 1942), der gleichfalls vorwiegend Klavierkomponist ist und mit modernen Mitteln besonders den Ausdruck des Witzigen und Grotesken pflegt. Beispiel dafür sind auch seine mit einer Walzertravestie beginnenden „Fünf Stücke für Streichquartett". Von seinen sonstigen Kammermusikwerken seien hier genannt: die Stücke für Kontrafagott-Solo, die Duowerke mit Klavier für Flöte, Violine und Cello, zwei weitere Streichquartette, ein Streichsextett, das Divertissement für Oboe, Klarinette und Fagott, das Concertino für Flöte, Bratsche und Kontrabaß und die Jazz- bzw. Hot-Sonate für Altsaxophon und Klavier. — Neben den Genannten sind als Kammermusik-Komponisten noch einige Begabungen erwähnenswert, deren Wirkung allerdings auf den engeren Umkreis ihrer Heimat beschränkt blieb: so *Otakar Ostrčil* (1879—1935), ein Schüler Fibichs, der u. a. mit einer Sonatine für Klavier, Violine und Viola (op. 22) hervortrat, *K. B. Jirák* (1891—1972), der von Foerster ausging, *Václav Štěpán* (1889—1944), ein

Schüler Nováks wie *Ladislav Vycpálek* (1882—1969) und *Rudolf Karel* (1880—1945), der u. a. drei Streichquartette, ein Klavierquartett und eine Violinsonate verfaßte. *A. W.*

Holland

Die Musik in Holland erwacht erst gegen Ende des 19. Jahrhunderts zu nationalem Eigenleben. Bis dahin behauptete sich der deutsche, vereinzelt auch der französische Einfluß. *Jean Verhulst* (1816—1891) hatte seine musikalische Ausbildung in Deutschland empfangen und war in Leipzig Mendelssohnianer geworden. In diesem Zeichen steht sein gesamtes kompositorisches Schaffen, auch die klassizistisch ausgerichtete Kammermusik. Stärker von der Romantik berührt zeigt sich der fruchtbare, vielseitige *Richard Hol* (1825—1904). Angehöriger dieser Generation ist ferner *Samuel de Lange* (1840 bis 1911), nächst Rheinberger einer der wichtigsten Vertreter der Orgelsonate im 19. Jahrhundert. Individuellere Haltung verrät die Kammermusik von *Julius Röntgen* (1855—1932), der die Pfade der Schumann- und Brahms-Nachfolge beschritt. Mit der Herausgabe altniederländischer Volkslieder zählt er zu den Anregern eines nationalen Stils, dessen Konsequenzen er selbst freilich noch nicht gezogen hat. Ebenso ordnet sich der auch als Dirigent und Musikschriftsteller erfolgreiche *Wouter Hutschenruijter* (1859—1943) der Spätromantik ein; Gustav Mahler und Richard Strauss haben sein Schaffen befruchtet.

Der Ehrentitel des „holländischsten unter den holländischen Komponisten“ wurde *Cornelis Dopper* (1870 bis 1939) zuteil. Hat er doch zum ersten Male von den der holländischen Volksmusik eigenen folkloristischen Elementen musikalischen Gebrauch gemacht. Sein künstlerischer Ehrgeiz galt allerdings mehr der Symphonie und der Oper als der Kammermusik; immerhin hat er auch auf diesem Gebiete beachtliche Taten aufzuweisen. Sein Streichquartett wurde 1914 preisgekrönt, nachdem diesem bereits eine Violin- und eine Cello-Sonate vorausgegangen waren. Gleich seinen Symphonien werden auch Doppers Kammermusikwerke vom Atem der heimatlichen Volksweise gestreift, ihre Themen aus deren Geist heraus erfunden, wenngleich auch von abstrakteren, übernationalen Zügen zuweilen abgelöst. Allen Schöpfungen eignet blühendes, mit koloristischen Reizen ausgeschmücktes Klangtum. Die besonders geglückten Scherzi empfangen ihr pulsierendes Leben aus erdhaft handfester Humorkraft. Der um eine Neugeburt der Spieloper bemühte, längere Zeit in Wien lebende *Jan Brandts Buys* (1868—1933) hat die Gaben frisch strömender, zuweilen nicht allzu wählerischer melodischer Erfindung und eines unbestreitbaren, die Miniatur bevorzugenden Formsinns auch seiner Kammermusik zugute kommen lassen. Der strengen Form des Streichquartetts huldigt nur sein op. 19 in c-moll, eine gediegene Arbeit mit archaisierendem Anflug. Auf den Spuren dieser Neigung kommt Brandts Buys zur Suite für Streichquartett, so in der liebenswürdig behaglichen Suite im alten Stil op. 23, in der anspruchsvolleren, jedoch gleichfalls am idyllischen Grundcharakter festhaltenden Romantischen Suite op. 25 sowie in der Sizilianischen Serenade op. 28, die die Fähigkeit ihres Schöpfers, musikalisch feinhumorige Genrebilder hervorzuzaubern, am bestechendsten offenbart. Eine Suite für Streicher, Harfe und Horn op. 7 und das Quintett für Flöte und Streicher (1903) beharren ebenso im Serenadencharakter, während das Streichsextett op. 40 strengeren kammermusikalischen Stilwillen zeigt. Im Gegensatz zu dem kammermusikalisch sehr interessierten Brandts Buys haben *Bernard Zweers* (1854—1924), der Komponist der vielgespielten Symphonie „An mein Vaterland“, *Johan Wagenaar* (1862—1941), der im Banne der Oper stand, und *Alphons Diepenbrock* (1862 bis 1921), das Haupt der holländischen Tonsetzer zwischen 1890 und 1920, der Kammermusik kaum Beachtung geschenkt. Hingegen hat *Sem Dresden* (1881 bis 1957), der eine Zeitlang Hans Pfitzners Schüler war, später aber sich dem seiner Wesensart mehr entsprechenden französischen Impressionismus verschrieb, mit einer Sonate für Flöte und Harfe, Violinsonate, Streichquartett und der Suite für Bläser und Klavier, sehr kultivierten, wenngleich etwas kühlen Werken, lebhafteren Anteil an ihr genommen. Dem französischen Einfluß zugänglich sind außerdem der auch als Musikkritiker tätige *Matthijs Vermeulen* (1888—1967) und *Alexander Voormolen* (* 1895), dessen Kammermusik, reizsam und zart, impressionistische Haltung mit symbolistischen Momenten paart, um sich später allerdings wieder mehr dem folkloristisch-nationalen Idiom zuzuwenden. Ähnlich verhält es sich mit dem Schaffen von *Bernhard van den Sigtenhorst Meyer* (1888—1953), der nach dem in seinen Jugendwerken waltenden Einfluß Debussys durch die Beschäftigung mit *J. P. Sweelinck* in andere Bahnen gewiesen wurde. Seine 2. Violinsonate, sein 2. und 3. Streichquartett sind Früchte eines strengen Formwillens, kontrapunktischer Meisterschaft und innerlich intensiven, wenngleich etwas zurückhaltenden Ausdrucksvermögens. Freude am Klangexperimentellen bekundet sich in *Daniel Ruynemans* (1886—1963) „Hieroglyphen", einer aparten Zusammenstellung von 3 Flöten, 2 Mandolinen, 2 Gitarren, Harfe, Celesta, Klavier und „Cupbells", chromatisch gestimmten Kupferglocken. Im weiteren Schaffen kehrt Ruyneman mehr zu den traditionellen Klang- und Formstrukturen zurück (Streichquartett, Bläserquintett). *Hendrik Andriessen* (* 1892) verdankt seinen bedeutenden Namen vor allem seinen kirchenmusikalischen Schöpfungen, seiner Orgelmusik, hat aber auch einige beachtliche Kammermusikwerke in verschiedener Besetzung geschaffen.

Zu den bedeutendsten Persönlichkeiten gehört, als Schaffender wie als Anreger, *Willem Pijper* (1894 bis 1947). Französische (Debussy) und deutsche (Schönberg, Alban Berg) Einflüsse durchwalten sein Schaffen, das sich von Werk zu Werk deutlicher zu einer Synthese eigenpersönlicher, „peritonaler" Haltung zusammenrafft. Einzelne seiner Schöpfungen basieren auf der Reihentechnik. Als Dirigent einer Bläservereinigung gewann Pijper unmittelbare Beziehung zur Kammermusik mit Bläsern, die er mit zahlreichen Schöpfungen verschiedener Besetzung bereichert hat. Ein Meisterwerk ihrer Gattung ist die 1925 entstandene, auf der Reihe d, a, es, b, f aufbauende Flötensonate. In ihrer Nachbarschaft bewegen sich die beiden Violinsonaten und Cellosonaten, von letzteren prägt die 1924 geschaffene 2. Cellosonate Pijpers Reifestil am vollkommensten aus. Außerdem hat Pijper 2 Klaviertrios und 4 Streichquartette geschrieben. Pijpers bedeutendster Schüler *Henk Badings* (* 1907) teilt mit seinem Lehrer die Neigung für die Kammermusik. Nur mit seinen Anfängen noch die Musik der Jahrhundertwende streifend, diszipliniert sich sein Stil, auf dem Boden freier Tonalität, zu linearem Denken und Gestalten. Die damit verbundene Herbheit der Tonsprache weicht in der jüngsten Zeit einer musikantisch aufgelockerten Diktion; das konstruktive Element, obwohl noch immer formgebend, schwächt sich etwas ab. Sein kammermusikalisches Schaffen umschließt nahezu sämtliche Gattungen, verrät indessen eine gewisse Vorliebe für die Bläser, denen Badings in 2 Bläserquintetten, einer Sonate für Oboe und Klavier, einem Trio für Oboe, Klarinette und Fagott, Trio für 2 Oboen und Englischhorn, Trio für Flöte, Violine und Bratsche, Blechbläserquartett für 2 Trompeten, Horn und Posaune reizvolle Werke geschenkt hat. Ihnen reihen sich je vier Violin- und Cellosonaten, darunter eine Solosonate für Cello, und Streichquartette an. Von den jüngeren holländischen Komponisten ist der am Bayerischen Rundfunk wirkende *Jan Koetsier* (* 1911) in Deutschland bekannt geworden. Starker musikantischer Impuls, diszipliniert durch Formsinn, beschwingt seine Tonsprache, die gemäßigter modern ist als die von Badings. Besonders die Kammermusik mit Bläsern, für deren Klanglichkeit er ein feines Ohr besitzt, hat Koetsier willkommene Beisteuer zu danken. Das Quintett für Englischhorn, 2 Violinen, Viola und Cello op. 43 bietet dem für kammermusikalische Zwecke noch kaum herangezogenen Englischhorn aus dem Wesen des Instruments erflossene konzertante Möglichkeiten, ohne die Streicher ins zweite Glied zu verweisen. Der 1. Satz bringt Variationen über ein eigenes Thema, der Mittelsatz stellt sich als eine aus gesanglichem Melos geborene, stimmungsreiche Elegie dar, während das Finale in Gestalt einer „böhmischen Serenade" beschwingte Geister des Frohsinns auf den Plan ruft. Mit seinem Septett für Flöte, Oboe, Klarinette, Fagott, Horn, Kontrabaß mit konzertierender Violine schuf *Kees van Baaren* (1906—1970) das erste völlig auf der Zwölftontechnik basierende Kammermusikwerk in den Niederlanden. Bekenntnis zur seriellen Musik legen die „Fünf Skizzen für Oboe, Klarinette, Fagott, Violine und Cello", minutiös gearbeitete, farbig schattierte Klangbilder von *Ton de Leeuw* (* 1926), ab. *W. Z.*

England

Um die Kammermusik in England ist es im 19. Jahrhundert nicht gerade günstig bestellt. Da lange Zeit bedeutendere Spielvereinigungen fehlen, besteht für die Komponisten wenig Anreiz zu kammermusikalischer Produktion. Die Verhältnisse ändern sich im letzten Drittel des Jahrhunderts. Das Vorbild deutscher Klassik und Romantik wirkt, wie bei dem Mendelssohnianer *William Sterndale Bennett* (1816—1875), maßgebend, doch spielt bei dem später vorwiegend als Chor- und Oratorienkomponist tätigen *Charles Hubert Parry* (1848 bis 1918) auch J. S. Bach eine wegweisende Rolle, wie Parrys Partita für Klavier und Violine in d-moll bekundet. Eine ähnlich vielseitige, jedoch individuell minder ausgeprägte Natur war *Alexander Mackenzie* (1847 bis 1935), dessen Kammermusik romantischer Nachhall bleibt. Stärkere und dauerndere Bindung an die Kammermusik bewahrt der bei Reinecke in Leipzig sowie bei Kiel in Berlin herangebildete *Charles Stanford* (1852—1924). In der deutschen Schule hatte er bedeutende satztechnische Meisterschaft erworben, ohne die Gefahr eines etwas unpersönlichen, glatten Akademismus bannen zu können. Seine Streichquartette und Streichquintette, ergänzt durch Klaviertrios, Klavierquartett und Klavierquintett, bewegen sich in brahmsscher Sphäre. Einen Versuch, nach Griegs Beispiel ein heimatlich-folkloristisches Idiom durchschimmern zu lassen, stellen die Irischen Fantasien für Klavier und Violine op. 54 dar. Der um die „Renaissance der englischen Musik“ erfolgreich bemühte *Edward Elgar* (1857 bis 1934) ist nach einigen Jugendversuchen, hauptsächlich für Violine und Klavier, in späteren Jahren erneut zur Kammermusik gelangt. Seine Violinsonate in e-moll op. 82 fußt zwar auf Schumann und Brahms, entbehrt indessen nicht persönlicher Haltung in der Wahl der Themen sowie in deren Fortspinnung. Ebenso ist sein Streichquartett in e-moll op. 83, dreisätzig unter Verzicht auf das Scherzo, ein vorzüglich gearbeitetes, klangschönes Stück mit einem empfindungstiefen, die Stimmung eines Sommertags widerspiegelnden Mittelsatz. Nicht ganz auf gleicher Höhe steht das stellenweise mit exotischen Klängen aufwartende Klavierquintett in a-moll op. 84. Auch der primär vom Stimmungsmäßigen herkommende *Frederick Delius* (1862—1934) verleugnet nicht seine Beziehung zur Spätromantik. Er zählt vielmehr zu deren feinsten Köpfen. Sein kammermusikalisches Schaffen bleibt hinter dem orchestralen zurück; immerhin weisen seine Violinsonate, Cellosonate und sein 2. Streichquartett ausgesprochene Züge seines Stils, vor allem in der fast nervösen Unruhe der Harmoniewechsel und in der Neigung, den einzelnen Sätzen mehr stimmungsmäßige als streng formale Einheit zu verleihen. Ausgesprochener noch auf der Wasserscheide zwischen Spätromantik und neuenglischer Schule bewegt sich eigenwillig *Cyril Scott* (1879—1970). Nach eigentlichster Berufung Klavierkomponist, hat er auch charakteristische, impressionistisch getönte Kammermusik geschaffen. Sein energisch ausschreitendes, rhythmisch und harmonisch unkonventionelles Klavierquintett zeigt in sämtlichen Sätzen markanten Schnitt, allein auch Klaviertrio, Violinsonate und Streichquartett, mit gelegentlichen exotischen Anflügen und virtuosem Einschlag, halten hohen kammermusikalischen Ansprüchen stand. *Frank Bridge* (1879—1941), hervorragender Bratschist und als solcher zeitweise im Joachim-Quartett tätig, außerdem Dirigent von internationaler Geltung, Lehrer von Benjamin Britten, genoß zugleich bedeutenden Ruf als Kammermusikkomponist. Er schrieb mehrere wohlgesetzte Streichquartette sowie zahlreiche kleinere Stücke für diese Besetzung, teilweise programmatischen Charakters. Beliebt wurden auch seine Stücke für Einzelinstrumente (mit Klavierbegleitung) und die vier klangschönen Divertimenti für Flöte, Oboe, Klarinette und Fagott. Bei *Arnold Bax* (1883—1953) läßt die Freude am farbigen Klangtum, am tonmalerischen Effekt, an rhapsodisch freier Gestaltung den architektonischen Sinn zunächst einigermaßen zurücktreten. Dieser kräftigt sich jedoch in der Beschäftigung mit der Kammermusik, ohne daß das formale Element Grundgesetz seines Schaffens zu werden vermöchte. In seinen zahlreichen, verschiedenartigste Besetzungen heranziehenden Kammermusikwerken, die teilweise programmatische Bindungen aufweisen, verwendet Bax mit Vorliebe die Harfe anstelle des Klaviers, was neuartige Klangergebnisse zeitigt. Gälische und keltische Folklore bilden oft einen Nährboden seines Musizierens, am sinnfälligsten in dem Elegiac Trio für Flöte, Viola, Harfe, in der Irish Elegy für Englischhorn, Horn und Harfe und in mehreren Werken für Violine, Viola und Cello mit Klavier.

Ungewöhnliche Verdienste um die Herausbildung eines nationalenglischen Musikstils hat sich *Ralph Vaughan Williams* (1872—1958) erworben. Trotz mehrfachen Studiums, das ihn auch in Ravels Schule führte, ist er sich der Verwurzelung im heimatlichen Walisertum, im englischen Volkslied, das er sammelte und sichtete, in der Welt der elisabethanischen Komponisten, die er bewunderte, bewußt geblieben. Themenbildung und melodischer Duktus weisen in diese Richtung, ohne daß Williams sich zu unmittelbaren Entlehnungen bequemt hätte. In der Breite und Weite seines vokal wie instrumental gleich bedeutenden Werkes nimmt die Kammermusik nur bescheidenen Raum ein, falls man nicht einen Teil derselben in seinen Gesangskompositionen und deren enger Verflechtung mit dem instrumentalen Part suchen will. Immerhin sind auch sein Streichquartett, Streichquintett und Klavierquintett Schöpfungen, die von der ungebrochenen Kraft seiner musikalischen Imagination zeugen. Vaughan Williams' Schüler *Sir Arthur Bliss* (1891—1975), eine vielfältig schillernde, dem Sensationellen nicht abholde Natur, bevorzugte in der Kammermusik ungewöhnliche Klangzusammenstellungen, um seiner Neigung für die Synästhesie von Ton und Farbe Genüge zu tun. Seine „Conversations" für Flöte, Oboe (oder Englischhorn), Violine, Bratsche und Cello sind witzige musikalische Essays. Tiefer lotet die gehaltvolle „Rhapsody" für Streichquartett. In den Jahren um 1925 vollzieht sich bei Bliss, der bis dahin im antiromantischen Fahrwasser von Strawinsky und Ravel gesegelt war, eine Hinwendung zu klassischen und romantischen Idealen, wobei der Harmoniker auf modernem Boden verharrt. In diese Gruppe gehören das Quintett für Oboe und Streichquartett mit gelegentlichen Anklängen an die irische Volksmusik, das Klarinettenquintett, die Sonate für Bratsche und Klavier, die Musik für Streicher und das 3. Streichquartett, Werke, welche die künstlerische Persönlichkeit ihres Schöpfers in einem letzten Läuterungs- und Reifeprozeß begriffen zeigen. In der Vorliebe für geistvoll-spritzige Kontrapunktik ähnelt *William Walton* (* 1902) dem Vorgenannten; er hat die Kammermusik freilich nur mit gelegentlichen Gaben (Streichquartett 1947, Violinsonate 1950) bedacht. Intensiver befaßt sich *Michael Tippett* (* 1905) mit dieser Gattung. Obwohl er dem schöpferischen Hauptgewichte nach Vokal- und Oratorienkomponist ist, verraten seine 3 Streichquartette Sinn für instrumentale Linienführung, die von einer gewissen linearen Eleganz, jedoch auch im Klanglichen von Reiz ist. *Benjamin Britten* (1913—1976; s. a. S. 855), der international wohl bekannteste unter diesen englischen Komponisten, hat zwar mit seinem Phantasie-Quartett für Oboe, Violine, Bratsche und Cello op. 2 sowie mit seiner Suite für Violine und Klavier op. 6 im Zeichen der Kammermusik begonnen, jedoch in seiner weiteren Entwicklung primäre Eignung für das musikalische Theater dargetan. Brittens Streichquartette op. 25 und op. 36 halten nicht ganz mit seinen Opern Schritt; sie enthalten aber fesselnde, mitunter verblüffende Einzelheiten. Höchst ergötzliche, geistbeschwingte Stücke sind die „Metamorphosen nach Ovid" (Pan, Phaeton, Niobe, Bacchus, Narzissus, Arethusa) für Oboe solo. Berechtigte Aufmerksamkeit hat *Peter Racine Fricker* (* 1920) erregt, der im Jahre 1947 mit seinem Quintett für Bläser op. 5 debütierte. Frickers musikalisches Denken und Gestalten wird von einem strengen, zugleich kraftvollen polyphonen Ausdruckswillen bestimmt, der die Energie der musikalischen Linienführung über das klangliche Moment stellt. Sein einsätziges Streichquartett op. 8 sucht der alten Viersätzigkeit durch Untergliederung in vier thematisch und tempomäßig voneinander geschiedene Abschnitte neuen Sinn zu geben. Vielleicht noch dichter in Konzeption und Ausführung ist die Sonate für Violine und Klavier op. 12 geraten, die in der Satzordnung ebenfalls vom üblichen Schema abweicht, indem sie mit einem Adagio endet. Die virtuosen Ansprüche des Solisten werden zwar nicht übersehen, jedoch dem höheren Prinzip symphonischer Gestaltungsweise ein- und untergeordnet. (S. a. S. 855.)

W. Z.

Rußland

Vom ersten Erwachen eines nationalen musikalischen Selbstgefühls an hat die Kammermusik in der russischen Tonkunst Pflege gefunden. Vorbereitet war dieser Boden durch die seit Ende des 18. Jahrhunderts sehr beliebten „Hornmusiken", in denen der Musiziergeist der Serenaden und Divertimenti weiterlebte. Durch Hausmusik und Hauskonzerte wurden die Kammermusikwerke der deutschen Klassik und Romantik weiten Kreisen vertraut. So hat der Erwecker der nationalrussischen Oper, *Michail Glinka* (1804—1857), noch vor Vollzug seiner eigentlichen Sendung Serenadenmusik für Bläser, ein Trio für Klarinette, Fagott und Klavier sowie ein Streichquartett in F-dur geschaffen. Dieses Quartett, von einfachem Bau und im Menuett nicht ohne liebenswürdigen Reiz, zeugt von intensiver Versenkung in Haydns und Mozarts Quartettstil, enträt indessen eines eigenen oder auch nur allgemein russischen Charakters. In dieser Hinsicht ist ihm das 1860 preisgekrönte Streichquartett in a-moll von *Nikolaj Afanassiew* (1821—1898) überlegen. Schon der Untertitel „Die Wolga" betont das nationale Kolorit, das durch Verwendung russischer Volksmelodien bewirkt, durch deren rhythmische Eigenart verdichtet wird. Ein weiteres Streichquartett, als „hebräisches" bezeichnet, besticht durch delikate Harmonik und Klanglichkeit. Außerdem hat Afanassiew, selbst ein vorzüglicher Geiger, Streichquintette und ein Oktett geschrieben. Zahlreich, vielfältig gleich seinem übrigen ist auch das kammermusikalische Werk *Anton Rubinsteins* (1829—1894), das sich aus 5 Klaviertrios, Klavierquartett, 2 Klavierquintetten mit Bläsern, 10 Streichquartetten und einem Streichsextett zusammensetzt. Überall wird man fesselnden, durch Rubinsteins Temperament, Klangphantasie und rhythmische Verve bedingten Einzelheiten begegnen, doch bleiben diesen Einfällen kritische Sichtung, die notwendige Durcharbeitung oft versagt. In der Kammermusik mit Klavier dominiert das letztere. Seine empfindungsgesättigten Kantilenen und schwungvollen Ausbrüche spielen sich in den Vordergrund, wo sie zum mindesten dekorative Wirkungen erzielen. In den Streichquartetten waltet straffere Formzucht, ein glücklicher Ausgleich zwischen dem melodisch-homophonen und polyphonen Element. Die drei in op. 47 und — mehr noch — die zwei in op. 90 vereinten Streichquartette sind der Beachtung wert. Volksmusikalische Anklänge tauchen hauptsächlich im Scherzo und Finale auf. Rubinsteins überzeugendste kammermusikalische Leistung ist das Streichquartett op. 90, Nr. 1 in g-moll, dessen einheitliche Struktur durch anklangartige Beziehungen der einzelnen Satzthemen untereinander verstärkt wird. Der russische Charakter tritt in diesem Stück besonders nachhaltig hervor.

Im Gegensatz zu Rubinstein ist *Alexander Borodin* (1833—1887) mit Beiträgen zur Kammermusik sehr sparsam gewesen. Wir kennen ihn nur als Schöpfer zweier Streichquartette, die allerdings, gleich Tschaikowskys Quartetten, zum Kernbestand der Kammermusikliteratur zählen. Anregung zum 1. Streichquartett in A-dur hat Beethovens op. 130 gespendet: Thema 2 aus dem dortigen Finale erscheint bei Borodin am klarsten im vorzüglich gearbeiteten, klangdelikaten Kopfsatz, durchzieht jedoch andeutungsweise auch die anderen Sätze: ein erst liedhaftes, dann mit feinen Fugatowirkungen durchsetztes Andante, ein spritziges Scherzo und das die elegische Stimmung der langsamen Einleitung kraftvoll überwindende Finale. Noch bedeutender ist das 2. Streichquartett in D-dur. Der 1. Satz, gestützt auf melodisch profilierte Themen, zeigt bei souveräner Stimmführung ein durchsichtiges Klangbild. Das graziöse Scherzo hat Walzercharakter. Der langsame Satz ist ein zart und leise gestimmtes Notturno, dessen slawisch weiches, romanzenhaftes Hauptthema zuerst im Cello erklingt und sodann die übrigen Stimmen durchwandert. Allen drei Sätzen ist ein ins pp verhauchender Schluß gemeinsam. Der besinnliche Ernst der Andante-Einleitung unterbricht mehrfach den impulsvollen Verlauf des Finale, das durch stete rhythmische Steigerung sehr wirkungsvoll gestaltet wird. Auch von einem weiteren der fünf „Novatoren“, deren bedeutendster Mussorgsky gewesen ist, von *César Cui* (1835—1918), besitzen wir Kammermusik. Cui war ein Meister der musikalischen Miniatur, demzufolge stecken die Reize seiner Tonsprache vorwiegend in den kleineren Stücken für Geige und Klavier, in der Petite Suite op. 14, in den 12 Miniatures op. 20, in den Deux Morceaux op. 24, in den 7 Miniaturen op. 39, in den 6 Bagatellen op. 51, während der Violinsonate in D-dur op. 84 die Neigung zur Kleinmalerei stellenweise zum Verhängnis wird. Ähnlich verhält es sich mit den 3 Streichquartetten. Immerhin ist op. 63 in D-dur ein glücklicher Wurf mit vier inhaltlich und formal nahezu gleichwertigen Sätzen, von denen das Finale, ein bei Cui seltener Fall, aus dem Quell russischer Volksmusik schöpft. *Nikolaj Rimskij-Korssakow* (1844—1908), der „Magiker des Orchesters", hat auch der Kammermusik zeitweiliges Interesse zugewendet. Seine Serenade für Cello und Klavier op. 37 ist ein vortraglich dankbares, wenngleich nicht gerade tiefgreifendes Stück. Gewichtiger als sein Streichquartett und Streichsextett gibt sich das Quintett für Klavier und vier Bläser (Flöte, Klarinette, Horn und Fagott), eine Schöpfung von betont koloristischer Haltung, mit impulsvollen Ecksätzen voll sprechender Thematik, die ein stimmungsvolles dreiteiliges Andante umrahmen, in dem dem Horn die klangliche Hauptrolle zufällt. Der Gegenüberstellung von Klavier und Bläsern entspringen eindrucksvolle Wirkungen.

Unter den Schülern Tschaikowskys hat sich vor allem der feinsinnige *Sergej I. Tanejew* (1856—1915) der Kammermusik angenommen. Er findet in ihr den seiner Eigenart gemäßen Form- und Ausdrucksbereich. Meisterhaftes satztechnisches Können verbindet sich mit melodischem und thematischem Einfallsreichtum. Das russische Kolorit wird nicht äußerlich aufgetragen; es sitzt tiefer, unmittelbar in der musikalischen Substanz. Sein Streichtrio op. 31, worin er statt des Cello die Tenorviola verwendet wissen will, gibt sich als vitale Spielmusik, ausgezeichnet durch rhythmischen Elan, den speziellen Lebensnerv der Tanejewschen Tonsprache. Die 8 Streichquartette sind zwar etwas unterschiedlich in der Qualität, unbedeutend ist indessen keines. Op. 7 in d-moll verzichtet auf die viersätzige Form und wird zum Zweisätzer mit einem ausgedehnten, durch Abwechslungsreichtum ausgezeichneten Variationensatz, der seine Anregung durch Tschaikowskys Klaviertrio in a-moll nicht verleugnet. Die Krone von Tanejews Quartettschaffen stellt op. 11 in a-moll dar: ein weiträumiger, aber mit präziser thematischer Arbeit gefüllter Kopfsatz, ein die Spannungen des Vorsatzes lösendes Divertimento, ein weihevolles, unsentimentales Adagio, ein thematische Beziehungen zum 1. Satz aufnehmendes Finale von drängendem Prestocharakter. Das Halbdutzend der Streichquartette wird ergänzt durch 2 Streichquintette op. 14 und op. 16. Auch die Kammermusik mit Klavier überzeugt: das Klavierquartett in g-moll op. 20 und das Klaviertrio in D-dur op. 22 erreichen die Höhe der besten Quartette. Abgeblaßter muten die Kammermusikwerke des ebenfalls aus Tschaikowskys Sphäre kommenden *Anton Arensky* (1861—1906) an. Nur in seinem dem Andenken Tschaikowskys gewidmeten Streichquartett in a-moll op. 35 läßt der innere Anlaß den Komponisten über die ihm sonst gezogenen künstlerischen Grenzen hinauswachsen. Nach dem Vorbild des Widmungsträgers finden Themen aus der altrussischen Kirchenmusik Verwendung. Der 2. Satz bietet Variationen über ein religiöses Lied Tschaikowskys, das Finale beleben russische Volkstanzthemen. Um die Stimmung der Totenklage zu verdichten, arbeitet Arensky mit vorwiegend tiefen Streichern, Violine, Viola und 2 Celli.

Alexander Glasunow (1865—1936), der „russische Brahms", steht seiner ganzen künstlerischen Anlage nach der Kammermusik nahe. Noch auf der Schulbank hat er sein 1. Streichquartett in D-dur op. 1, ein erstaunlich reifes, mit einer Fuge aufwartendes, im Finale vom Atem der russischen Volksmusik durchhauchtes Werk geschaffen. Während einige seiner Streichquartette an der klassischen Viersätzigkeit festhalten, gehorchen andere abweichenden Gliederungsgesetzen. Op. 15 stellt sich als Folge von 5 Novelletten, musikalischen Charakterstücken auf der Basis der Stimmungsgegensätzlichkeit, dar. Auch op. 26, unter dem Titel „Quatuor slave" bekannt, huldigt dem Reihungsprinzip der Suite. Während die beiden ersten Sätze noch keine programmatische Bezeichnung aufweisen, ist der 3. Satz eine blutvolle Mazurka, der 4. Satz, „Slawisches Fest" überschrieben, ein Wirbel entfesselter tänzerischer Laune. Ausgesprochene Suitenform zeigt op. 35 in G-dur, unter dessen 6 Sätzen die stimmungsvolle „Orientalische Szene" (III) und der „Walzer" (VI) besonders ansprechen. In den späten, formal strenger durchgebauten Streichquartetten op. 64 und op. 70 besticht die satztechnische und klangliche Meisterschaft, verbunden mit warmblütiger Melodik. Absinken der schöpferischen Kraft zeigt op. 105, eine einsätzige „Elegie". Dagegen bringt das 1932 in Paris geschaffene Saxophon-Quartett in B-dur op. 109 noch einmal eine neue Note in Glasunows für neue Klangwirkungen stets aufgeschlossenes Schaffen. Glatter in der Form, unverbindlicher im Ausdruck ist die Kammermusik von *Alexander Gretschaninow* (1864 bis 1956). Seine Bedeutung liegt vor allem auf vokalem Gebiet; Liedmelos strömt demgemäß auch in sein kammermusikalisches Schaffen ein. Primär vom Klavier her kommt *Sergej W. Rachmaninow* (1873—1943). So behauptet auch unter seinen kammermusikalischen Schöpfungen das musiküberwallende, stellenweise stark virtuose (Klaviersatz!) Klaviertrio (Trio élégiaque) in d-moll op. 9 seinen besonderen Rang. Ein weiterer Generationsgenosse ist *Reinhold Glière* (1875—1956), dessen an die Tradition der russisch-nationalen Schule anknüpfender Stil sich schon in seinen ersten Streichsextetten op. 1 und op. 6 voll entwickelt und erfolgreich zeigt. Auch seine vier Streichquartette, unter denen das 2. in g-moll op. 20 ein sehr ausgeglichenes, reifes Stück ist, sind nach Deutschland gedrungen, weniger das Oktett und die Duos für Viola und Cello, in denen Glières Neigung zu volksliedhafter Melodik besonders deutlich wird. *Nikolaj Mjaskowskij* (1881—1950) ist in der Hauptsache Symphoniker (27 Symphonien), hat aber auch mit seinen 13 Streichquartetten und 2 Cellosonaten einen gewichtigen Beitrag zur Kammermusik geliefert, ohne den Boden der russischen Tradition entscheidend zu verlassen. Sein Schüler *Wissarion Schebalin* (1902 bis 1963) war Schöpfer von neun in seinem Heimatlande vielgespielten Streichquartetten und anderer Kammermusik.

Der große Einfluß, den der hauptsächlich als Klavier- und Orchesterkomponist hervorgetretene *Alexander Skrjabin* (1872—1915), ein ausgesprochener musikalischer Expressionist mit mystischen und symbolistischen Neigungen, geübt hat, ist leicht abgeklungen. Die Weltgeltung russischer Musik ging rasch und entschieden an

Igor Strawinsky (1882—1971) über, dem wir ein Einzelkapitel gewidmet haben. Neben Strawinsky hat vor allem *Serge Prokofieff* (1891—1953), eine vielseitige, wandlungsreiche musikalische Natur, die russische Musik vertreten. In seinem umfangreichen Gesamtwerk spielt, sieht man von seiner Klaviermusik ab, die Kammermusik eine verhältnismäßig geringe Rolle. Sie setzt sich neben kleineren Stücken für Cello und Klavier, Flöte und Klavier, vor allem aus zwei Sonaten für Violine und Klavier op. 80 und op. 94, reifen Schöpfungen der Spätzeit, zusammen, die den beiden großen Violinkonzerten des Komponisten wenig nachstehen, wenn sie auch nicht so brillant wie diese, dafür aber intimer, feinnerviger sind. Dem ersten Streichquartett op. 50 folgte ein Jahrzehnt später das zweite op. 92, dem abwechslungsreich und farbig variierte kabardinische Volksmelodien zugrunde liegen. Bei der Kammermusik mit Bläsern darf die Ouvertüre über hebräische Themen für Klarinette, Streichquartett und Klavier op. 34 wegen ihrer koloristischen Reize und großen Spieldankbarkeit nicht unerwähnt bleiben. Das Quintett für Oboe, Klarinette, Violine, Viola und Kontrabaß op. 39 knüpft in seiner sechssätzigen Anlage an die alte Suiten- und Divertimentomusik an. Die nicht alltägliche Klangzusammenstellung bringt Prokofieffs Klangphantasie in reiches Blühen. Die Form wird teilweise sehr frei behandelt; der impressionistische Einschlag ist unverkennbar, auch die russische Volksmusik wird an der Themenbildung beteiligt.

Von den zeitgenössischen Komponisten in der Sowjetunion sind *Dmitrij Schostakowitsch* (1906—1975) und *Aram Chatschaturjan* (1903—1978) die prominentesten. (Über Schostakowitsch vgl. S. 659 ff. sowie S. 858.) Von Chatschaturjan, der hauptsächlich mit Instrumentalkonzerten hervorgetreten ist, besitzen wir auf kammermusikalischem Gebiete mehrere kleinere Spielstücke für Violine und Klavier sowie eine Violinsonate aus seiner Frühzeit. Auch das Klarinettentrio und eine Doppelfuge für Streichquartett gehören dieser ersten Schaffensperiode an, doch tritt hier schon der befruchtende Einfluß der Volksmusik seiner kaukasischen Heimat, verbunden mit leidenschaftlichem Musiziergeist, zutage. Bekannter ist das Schaffen der in der Emigration lebenden russischen Komponisten geworden. Unter ihnen sei noch der in der Schweiz ansässige *Wladimir Vogel* (* 1896) genannt, dessen erstes Schaffen im Zeichen Skrjabins stand, der aber später maßgebendere Anregungen von Busoni und Schönberg empfing. Diese zeigen sich bereits in seinem Streichquartett (1924). Bald stellte sich Vogel völlig auf den Boden der Zwölftonmusik, die seinen rhythmisch-koloristischen Neigungen stärkere Entwicklungsmöglichkeiten zu eröffnen verhieß. Seine bedeutendste Arbeit auf kammermusikalischem Gebiete sind die Zwölf Variétudes für 4 Instrumente über eine nicht transponierte Zwölftonreihe, „die den Begriff der rhythmischen Konstante zu dem der Variation innerhalb der klingenden Substanz erweitern und eine Einheit des melodischen Ausdrucks von offensichtlich lyrischem Empfindungsgehalt erreichen“ (Luigi Rognono). Damit neigt Wladimir Vogel mehr zur freieren, lyrischen Behandlungsweise der Zwölftontechnik Alban Bergs als zur strengen Gebundenheit Schönbergs. *W. Z.*

Polen

Polen verdankt seinen Eintritt ins internationale Musikleben zwei Meistern, die ihrer Tonsprache durch die Bewußtmachung des polnisch-nationalen Idioms einen eigenen Akzent zu verleihen wußten. *Frédéric Chopin* (1810—1849) und *Stanisław Moniuszko* (1819 bis 1872). Während Chopins Weltgeltung nahezu ausnahmslos auf dem Gebiete der Klaviermusik liegt, wurde Moniuszko zum Begründer der polnischen Nationaloper. Die Kammermusik fand ihren ersten nennenswerten Vertreter in *Ignaz Felix Dobrzyński* (1807 bis 1867), dessen umfängliches Schaffen (Streichtrio, Streichquartette, Streichquintette und Streichsextett) sich an westlichen Vorbildern orientiert hatte und zugleich die Sache der praktischen Kammermusikpflege förderte. Der westliche Einfluß bleibt auch weiterhin maßgebend, wie das Beispiel Władisław Żeleńskis (1837—1921) dartut. Seine Opern wie auch die daneben eifrig gepflegte Kammermusik, Klaviertrio, Streichquartett, Variationen für Streichquartett und Streichsextett, wurzeln in klassischem und frühromantischem Muttergrund. Meisterhafte satztechnische Arbeit rühmt einen Komponisten, der sich zugleich als Verfasser von Lehrbüchern über Harmonielehre und Kontrapunkt einen Namen erworben hat. Unter spätromantischem Einfluß stand der frühverstorbene *Mieczysław Karłowicz* (1876—1909), den jedoch die symphonische Dichtung so nachhaltig beschäftigte, daß er die Kammermusik darüber fast vergaß. Um so intensiver hat sich der der gleichen Generation angehörende *Gregor Fitelberg* (1879—1953) derselben angenommen. Mit seiner 1. Violinsonate op. 2, die in der 2. Violinsonate op. 12 die künstlerisch gewichtigere Nachfolgerin erhalten hat, eroberte er 1896 den Paderewski-Preis, einen weiteren Musikpreis mit dem 1901 erschienenen Klaviertrio op. 10. Seine Tonsprache zeigt fortschrittliche Tendenz, und so wurde Fitelberg, der später als Dirigent die ganze Welt bereiste, ein führender Kopf der 1905 gegründeten Gesellschaft jungpolnischer Komponisten. Dieser Gesellschaft gehört auch *Ludomir Różycki* (1884—1953) an, der nicht nur mit Opern, sondern auch mit kammermusikalischen Werken durchgedrungen ist. Seine Sonate für Cello und Klavier op. 10, die in romantische Stimmung getauchte, aus heimatlichem Melos schöpfende Rhapsodie für Klaviertrio op. 33, das klang- und temperamentvolle Klavierquintett op. 35 sind Schöpfungen beachtlicher Art. Die Neigungen Różyckis, durch Themenwiederkehr musikpoetische Beziehungen zwischen den einzelnen Sätzen zu schaffen, bekundet sich auch im Streichquartett op. 49. Schon die langsame Einleitung des 1. Satzes enthält motivisches Material, das bedeutungsvoll weiterklingt. Das Andante ist von zarter, nach innen gewandter Ausdrucksintensität. Der Schlußsatz verschmilzt ein volkstanzartiges Scherzo mit dem eigentlichen Finale, das nochmals den Hauptgedanken des Andante in Erinnerung bringt. Zu einer internationalen Bedeutung hat sich vor allem *Karol Szymanowski* (1882—1937) durchgerungen. Seine Entwicklung führte diesen blutvollen Musiker über Spätromantik und Impressionismus in eine Phase, die Polnisch-Folkloristisches und Anregungen aus der Musik des Fernen Ostens mit großer Kühnheit harmonischen Denkens und Gestaltens verbindet. Es geht dabei nicht ohne Experimente ab, die jedoch immer wieder in einem Durchbruch starker musikalischer Impulse enden. Dem Klavier und der Violine innerlich stark verbunden und tief in ihr Klang- und Ausdruckswesen eingedrungen, hat Szymanowski vor allem die Literatur für diese beiden Instrumente in vier bedeutenden Violinsonaten op. 9, 23, 28 und 30 bereichert, indem er der Geige neue technische Möglichkeiten erschloß und so „seit Paganini wieder zu einem schöpferischen Beherrscher dieses Soloinstruments wurde" (Karl H. Wörner). Besondere Geltung hat der von Strawinsky und Bartók angeregte, expressive *Witold Lutosławski* (* 1913) erlangt. Wenn sein künstlerisches Ausdruckstemperament auch vorwiegend in den großen Formen der Orchesterkomposition sein ihm entsprechendes Feld findet, hat er doch eine Anzahl kleinerer kammermusikalischer Stücke, insbesondere für Bläser, darunter 10 Kanons für 2 und 3 Klarinetten, von ausgesprochener Originalität geschaffen. (S. a. S. 860.) — Polens jüngste musikalische Begabungen haben sich in der *„Gruppe 49"* zusammengeschlossen mit dem Ziel einer national akzentuierten Tonsprache. *W. Z.*

Dänemark

Die dänische Musik wird in *J. P. E. Hartmann* (1805 bis 1900), der indessen vorwiegend Opern- und Ballettkomponist gewesen ist, und in Hartmanns Schwiegersohn *Niels W. Gade* (1817—1890) sich erstmals ihrer nationalen Sendung bewußt. Gade wurzelt in der Frühromantik Spohrs und vor allem Mendelssohns, der sein Förderer gewesen ist. Durch Mendelssohn wurde Gade, dessen Interessen hauptsächlich der Symphonie und der Chorkomposition galten, auf die Kammermusik gewiesen. Seine frühesten Arbeiten, das Streichquartett op. 8 und das Streichoktett op. 17 verraten diesen Einfluß, ohne ein heimatliches Idiom wesentlich aufklingen zu lassen. Auch das Klaviertrio op. 42, das Streichsextett op. 44 und ein nachgelassenes Streichquartett reden eine etwas unverbindliche, jedoch liebenswürdige, in den langsamen Sätzen sehr empfindsame Sprache. Markanter im musikalischen Charakter wirkt *Carl Nielsen* (1865—1931), eine der bedeutendsten Persönlichkeiten der dänischen Musik, der außer in der Vokal- und Orchesterkomposition auch in der Kammermusik etwas zu sagen hatte. Schon sein op. 2, Fantasiestücke für Oboe und Klarinette, ist ein klangapartes, folkloristisch angehauchtes, musizierfreudiges Werk; Züge, die sich in seinen Violinsonaten wiederholen. Ebenso verdienen die 4 allerdings nicht ganz gleichwertigen Streichquartette Beachtung. Das Streichquartett pflegte auch sein Namensgenosse *Ludolf Nielsen* (1876—1939) nicht ohne Glück. Vorab op. 5 in c-moll, dessen Hauptgedanke sämtliche Sätze durchzieht, ist ein groß angelegtes, ernstes und herbes Stück. Schöpfer überdurchschnittlicher Kammermusik ist ferner *Jens Laursen Emborg* (1876—1957), der mit Vorliebe auf die Formenwelt der Barockmusik, vor allem in seinen „Kleinen Stücken" op. 55, zurückgreift und diese mit dem volkstümlichen Element verbindet. *Jörgen Bentzon* (1897—1951), der verwandte Neigungen teilt, hat sich in Deutschland vor allem durch seine Stücke für Blockflöte einen Namen geschaffen, aber auch Solo-Stücke für Bratsche, Englischhorn, Klarinette und Fagott, dazu 5 Streichquartette geschrieben. *Paul von Klenau* (1883—1946), der sich im Laufe seiner Entwicklung von den neuromantischen Einflüssen allmählich lossagte, war zu stark an die Oper gebunden, um sich auf die Dauer im stilleren Bereiche der Kammermusik zu bescheiden; daß seine reichen Gaben auch hierfür den Ton gefunden hätten, läßt sein einziges Streichquartett ahnen. Ganz auf modernem Boden stand zunächst der in Estland geborene Däne *Knudåge Riisager* (1897—1974), dessen extreme Anfänge sich später in Neoklassizismus abgemildert haben.

Die Musik Islands ist dank der Persönlichkeit von *Jón Leifs* (1899—1968) unserem Interesse nahegerückt worden, weil sie das folkloristische und organale Moment in den isländischen Tänzen und Singweisen, denen Leifs auch musikwissenschaftlich nachgegangen ist, zugleich kompositorisch auswertet. Außerdem unterhielt Leifs unmittelbare Beziehungen zur deutschen Musik, wie aus seinen Variationen über ein Beethoven-Thema für Streichquartett op. 8 hervorgeht. Zwei weitere Streichquartette „Tod und Leben“ und „Leben und Tod“ basieren auf einem programmatischen, jedoch die Einheitlichkeit der Form nicht gefährdenden Grundgedanken.

W. Z.

Schweden

Eine eigene Tonschule ist in Schweden, nachdem lange Zeit deutscher Einfluß vorgewaltet hatte, erst in der zweiten Hälfte des 19. Jahrhunderts Tatsache geworden. Ein Ansatz war allerdings schon in der Barockzeit in der Person *Johan Helmich Romans* (1694 bis 1758), des „Vaters der schwedischen Musik“, vorhanden. Roman war Mitglied, später Leiter der Hofkapelle in Stockholm, dabei viel gereist, Kenner des gesamten Musiklebens seiner Zeit, ein Bewunderer Händels. Zu seinen Lebzeiten wurden allerdings nur 12 Sonaten für Querflöte, Violine und Cembalo sowie Assaggio für Violine solo veröffentlicht. In jüngster Zeit sind zahlreiche Triosonaten für 2 Violinen, Cello und Cembalo durch Neudrucke zugänglich gemacht worden. Roman bedient sich nicht nur fremder Stilmittel mit einem den besten seiner Zeitgenossen ebenbürtigen Geschick, der Reiz seiner Komposition besteht vor allem im Durchklingen eines unüberhörbaren „schwedischen“ Idioms, nicht zuletzt in der geistigen Haltung. Mit der geographischen Lage des Landes hing es zusammen, daß die Entwicklung im Vergleich mit dem Musikgeschehen auf dem Kontinent meist um Jahrzehnte zurückblieb, bis in der jüngsten Zeit der Abstand nahezu aufgeholt wurde. *Franz Berwald* (1796—1868), der heute als der erste bedeutende schwedische Symphoniker gilt, brachte einen großen Teil seines Daseins in Deutschland und Österreich zu und kam zu Lebzeiten in seinem Geburtsland nur wenig zur Geltung. Neben 6 Symphonien hinterließ er ein umfängliches kammermusikalisches Oeuvre: Streichquartette, Streichquintette, Violin- und Cellosonaten mit Klavier, Klaviertrios; ein Quartett für Klarinette, Horn, Fagott und Klavier sowie ein Septett. Stilistisch sind diese Werke zwischen Klassik und Romantik einzuordnen. Sie bestechen durch die saubere Geistigkeit ihrer thematischen Arbeit, glückliche Themenwahl, melodischen Einfall und eine von romantischem Geiste befruchtete Klangphantasie. Dahinter tritt die kammermusikalische Produktion der anderen frühen Vertreter der schwedischen Musik, *A. F. Lindblad* (1801—1878), *I. Hallström* (1826 bis 1901), *A. Söderman* (1832—1876) und *A. Hallén* (1846—1925) zurück, offenbar, weil man sich nur begrenzten Wiedergabemöglichkeiten gegenübersah. Erst *Emil Sjögren* (1853—1918) hat sich der Kammermusik mit 5 Violinsonaten und 1 Cellosonate zugewendet; seine Stil- und Ausdrucksmittel wurzeln in der Nachromantik, verschmähen jedoch auch Anregungen durch den Impressionismus nicht. *Wilhelm Stenhammar* (1871—1927), Angehöriger von Tor Aulins die Pflege der intimen Musik sehr fördernder Kammermusikvereinigung, kultivierte das Streichquartett, während *Hugo Alfvén* (1872—1960), vorwiegend Symphoniker, selteneren Klangverbindungen zur Schilderung schwedischer Natur- und Stimmungsbilder nachtrachtete. Seine vom nationalen Idiom beseelte Elegie für Horn und Klavier gehört zu den charakteristischsten Äußerungen der älteren schwedischen Kammermusik. In Alfvéns Spuren bewegen sich die „Jungschweden" mit ihrer meist auf dem Melodiestoff der Volksmusik aufgebauten Natur-

und Nationalromantik, unter denen der vielseitige *Kurt Atterberg* (1887—1974) internationalen Ruf erlangt hat. Der Hauptakzent seines Schaffens ruhte auf Symphonie und Oper, doch hat er auch mit 3 Streichquartetten, Klavierquintett und kleineren Kammermusikwerken Resonanz gefunden. Auch bei weiteren Mitgliedern dieser Gruppe wie *Carl Natanael Berg* (1879 bis 1957) und *Oscar Fr. Lindberg* (1887—1955) überwiegen die mächtigen Klangentladungen zustrebenden, in bunten Koloriten erschimmernden großen Instrumentalformen die nebensächlicher behandelte Kammermusik. Nur *Ture Rangström* (1884—1947) bildet eine Ausnahme. Gleich seinem Lied- und Orchesterschaffen beharrt auch seine Kammermusik in eigenpersönlichem Bereich. Dieser ist, wie schon seine frühe Rhapsodie für Streichquartett dartut, ein nordisch düsteres Nachtbild, mitunter herb, verhalten und nicht leicht zugänglich, jedoch in seinem tiefen künstlerischen Ernst unmittelbarer Ausdruck skandinavischen Wesens. Auch den Anregungen durch die Barockmusik hat sich Rangström nicht entzogen. Eine reife Frucht dieser Auseinandersetzung bildet die Suite in modo antico für Violine und Klavier.

Eine neue Ära der schwedischen Musik hebt mit *Hilding Rosenberg* (1892—1973) an, dessen eigene Entwicklung den Weg von der folkloristisch getönten Spätromantik zu einem mehr international gerichteten Modernismus widerspiegelt. In Rosenbergs sonst noch Symphonie, Instrumentalkonzert, Oper und Oratorium umspannenden Schaffen nimmt die Kammermusik einen bevorzugten Platz ein, voran das Dutzend seiner Streichquartette. Die erste Hälfte dieses Dutzends ist zwischen 1920 und 1953 in längeren Abständen entstanden, der Rest wurde im Auftrag des schwedischen Rundfunks 1956/57 in *einem* großen Zuge komponiert. Die Quartette 1—3 gelten einer teilweise noch tastenden Auseinandersetzung mit verschiedenen Stil- und Ausdruckswelten. Die Sturm- und Drangstimmung des 1. Streichquartetts reiht das Werk etwa dem Expressionismus ein, während das 2. Quartett bereits deutliche Konturen eigenpersönlicher Linie hervortreten läßt. Das 3., „Quartetto pastorale“ betitelte, strebt klassisch klarer Formgebung, lichten und durchsichtigen Klangbildern zu. Dreizehn Jahre später wurde das 4. Streichquartett geschaffen, das Rosenbergs Neigung zu betonter Ausspielung der Gegensätze in den Satzanordnungen sowie innerhalb des Satzganzen selbst eindrucksvoll manifestiert. Komplizierter, auch in der harmonischen und rhythmischen Anlage, geben sich das 5. und 6. Streichquartett: in der formalen Gestaltung, die spürbar vom klassischen Vorbild und der Art seiner Themenfortspinnung abrückt, typische Schöpfungen eines Übergangs, der den in den Quartetten 7—12 verwirklichten neuen Stil ahnen läßt. Rosenberg wendet sich nunmehr der von ihm bis dahin noch nicht geübten Reihentechnik zu. Dabei betont er: „Meine Quartette sind ebenso wenig atonal wie meine früheren Werke. Höchstens sind sie klanglich etwas herber.“ Keines der sechs späten Quartette gleicht dem anderen in der Satzanordnung. Nr. 12 ist zwei-, Nr. 9 dreisätzig, die übrigen sind zwar viersätzig, bilden jedoch immer neue Kombinationen im Wechsel der Satzcharaktere. Man findet in rhapsodisch freier Form behandelte Sätze neben solchen von kontrapunktisch strengster Zucht, und während einige dieser Sätze mit einem feststehenden Themenmaterial arbeiten, lassen andere ein solches erst vor unseren Augen entstehen. Alle Künste eines raffinierten Handwerks wie Krebs, Umkehrung, Krebs in der Umkehrung, Spiegel und dergleichen werden aufgeboten. Die Rosenberg eigene Kontrastfreudigkeit erfährt noch weitere Steigerung. Mystisch verträumte Stimmungen wechseln mit einer dem Maschinenzeitalter gemäßen ostinaten Rasanz, rechnerisch-intellektueller Geist mit warmblütigem Musizierimpuls. Das Streichquartett Nr. 12 wird dadurch, daß es auf Motive und Ideen sämtlicher früherer Quartette zurückgreift, zu einer Art künstlerischer Bilanz aller übrigen, wobei der Komponist die ursprünglichen Themen allerdings „entrhythmisiert“, um dem rein tonlichen Bestand die grundlegende „Reihe“ zu entnehmen. Der andere

Bahnbrecher der modernen Musik in Schweden, *Gösta Nystroem* (1890—1966), im Gegensatz zum in Deutschland studierenden Rosenberg in Frankreich herangebildet, hat seine besten und bezeichnendsten Kräfte der Symphonie gewidmet, doch zählt sein Streichquartett 1956, in dem er ein Anliegen tief persönlichen Inhalts niedergelegt hat, zu den wertvollsten Dokumenten seines Schaffens. In der Stockholmer Kammermusikvereinigung „Fylklingen", die seit 1933, ohne einer bestimmten Zeitrichtung zu dienen, ihre dem Bekanntwerden der Komponisten wie Interpreten geweihten Konzerte veranstaltet, fanden weitere schwedische Tonsetzer ihr erstes Forum. *Lars-Erik Larsson* (* 1908), Schüler Alban Bergs in Wien und Fritz Reuters in Dresden, nährte, obwohl mit dem Hauptgewicht seiner Produktion Symphoniker, sein kammermusikalisches Werk am Suiten- und Serenadengeist des 17. und 18. Jahrhunderts, dem er in seinem Quartetto alla Serenata, vor allem in dessen anmutiger „Canzonetta", glückhafte Neubelebung angedeihen ließ. Dem Bereich der Kammermusik gehören ferner Larssons 12 Concertini für Orchesterinstrumente an. In diesen unvergrübelten, leicht ausführbaren Spielmusiken, die Flöte, Oboe, Klarinette, Fagott, Horn, Trompete, Posaune, Violine, Viola, Cello, Kontrabaß und Klavier in solistischer Funktion einem kleinen Streichertutti gegenübertreten lassen, wird gleichfalls auf ältere Stilepochen zurückgekommen, am deutlichsten in dem als „Hommage à Mozart" bezeichneten Klarinettenconcertino. Zeitgenossen Larssons sind außerdem der mit einem neoklassizistischen Klaviertrio seinen ersten Erfolg erringende *Dag Wirén* (* 1905), dessen kammermusikalisches Schaffen sich seitdem vorwiegend mit dem Streichquartett befaßt hat, sowie der selbstkritisch kultivierte, mit wohlgefeilten Arbeiten an die Öffentlichkeit tretende *Gunnar de Frumerie* (* 1908), Schöpfer einer Elegischen Suite für Cello und Klavier, zweier Klaviertrios, eines Klavier- und eines Streichquartetts. *Erland von Koch* (* 1910) gründet noch wurzeltiefer als die Letztgenannten in der schwedischen Folklore, die uns in seinem sehr volkstümlich gewordenen Tanz Nr. 2 für Violine und Klavier, jedoch auch aus seinen vier Streichquartetten entgegenklingt. Der endgültige Bruch mit der schwedisch-folkloristischen Musiktradition und ihren romantischen Nachklängen vollzog sich in der jüngsten Komponistengeneration, meist Schülern Rosenbergs. Die stilbildenden Kräfte gehen teils von der Musik der Renaissance und des Barock, vor allem aber von Schönberg, Webern und anderen Zwölftönern aus. Die Kammermusik spielt bei *Karl-Birger Blomdahl* (1916—1968), *Sven-Erik Bäck* (* 1919) und *Ingvar Lidholm* (* 1921) eine mehr als episodische Rolle. Sie begleitet den von starken intellektuellen Impulsen bewegten Blomdahl durch sein ganzes bisheriges Schaffen und wird durch das Kammerkonzert für Klavier, Bläser und Schlagzeug sowie durch das Trio für Klarinette, Cello und Klavier am charakteristischsten vertreten. Bäck, in seinem religiösen Mystizismus mitunter an Oliver Messiaen gemahnend, hat eine Sonate für Soloflöte, 2 Streichquartette und ein Trio für Bratsche, Cello und Kontrabaß, Lidholm ein Streichquartett und ein Concertino für Bläser und Cello geschrieben. Die jüngsten schwedischen Komponisten *Bengt Hambræus* (* 1928) und *Bo Nilsson* (* 1937), mehrfach bereits auf internationalen Musikfesten hervorgetreten, treffen sich in ihren Interessen für punktuelle und elektronische Musik mit den Bestrebungen der Radikalisten Nono, Boulez und Stockhausen. *W. Z.*

Norwegen

Die norwegische Musik hat in dem Begründer der nationalen Schule, *Edvard Grieg* (1843—1907), die bis heute führende Persönlichkeit gefunden. *Johan Severin Svendsen* (1840—1911), der einst in einem Atem mit Grieg genannt wurde, ist sehr zurückgetreten, zählt indessen zu den bezeichnendsten Vertretern norwegischer Romantik. Seine beiden Streichquartette, sein Streichquintett und Streichoktett sind in Form und Inhalt wohlausgewogene, gut gesetzte und wohl klingende Arbeiten, deren nationales Kolorit weniger im Melodischen als im Harmonischen und Rhythmischen durchschimmert. Die langsamen Sätze zeigen eine mitunter ans Weichliche grenzende Empfindsamkeit. An musikalischem Temperament ist *Christian Sinding* (1856 bis 1941) Svendsen überlegen. Sein Ziel bildete eine starke musikalische Expression, die vor allem in gesteigerter Klangfülle Geltung zu erlangen trachtet. Charakteristisch für Sindings dem neudeutschen Einfluß unterworfenen Stil ist sein impulsives, zuweilen pathetisches Klavierquintett in e-moll op. 5, eine Verschmelzung norwegisch folkloristischer Elemente mit Wagnerschen Klangvorstellungen. Die Violinsonaten und Klaviertrios verraten in ihrer meist stimmungsbildhaft reihenden Anlage innere Beziehung zu Grieg, ohne diesen an letzter Feinheit zu erreichen. Sindings reifste Schöpfung auf kammermusikalischem Gebiet ist sein Streichquartett in a-moll op. 70, dessen vier Sätze kunstvoll aus *einem* thematischen Keimgedanken abgeleitet werden. Dem leidenschaftlich bewegten Allegro des Kopfsatzes geht ein elegisches Andante voran, das im weiteren musikalischen Ablauf kontrastbildend nachwirkt. Das Andante ist eine träumerische Idylle, das Scherzo wird durchprickelt von espritvoller Laune, indessen das Finale zum Ausdruckspathos des 1. Satzes zurückkehrt. In den Bahnen Griegs und Sindings wandelte *Johan Halvorsen* (1864—1935), der als Kammermusikkomponist mehrere Suiten für Violine und Klavier geschrieben hat. Fast überall finden sich neben der Vorliebe für barocke und vorklassische Formen kräftige Einwirkungen der norwegischen Volksmusik, am unmittelbarsten in den von ihm nach eigenen Aufzeichnungen für Solovioline bearbeiteten Norwegischen Bauerntänzen. Nicht unerwähnt soll der später in Deutschland lebende, in Benediktbeuren gestorbene *Gerhard Schjelderup* (1859—1933) bleiben, dessen Tanzsuiten für Violine und Klavier zum Erfreulichsten zählen, was seit Grieg auf diesem Felde geschaffen wurde. Sein Streichquartett in fis-moll ist ein schwerblütiges, harmonisch kompliziertes Werk, dessen düstergrüblerische Grundstimmung erst in den tänzerischen Rhythmen des Schlußsatzes Auflichtung erfährt. Von den Vertretern der Jüngsten hat sich *Arne Nordheim* (* 1931) mit einem bemerkenswerten Streichquartett (1956) und mit dem auf einen Text des schwedischen Dichters Pär Lagerkvist komponierten „Aftonland" für Sopran und Kammerensemble (1959) ins Musikleben seines Landes eingeführt. *W. Z.*

Finnland

Jean Sibelius (1865—1957), auf dessen mächtiger Persönlichkeit die Weltgeltung der finnischen Musik ruht, war vorwiegend Symphoniker. Sein einziges Streichquartett op. 56 in d-moll, mit dem Untertitel „Voces intimae" (Innere Stimmen), ist allerdings aus seinem Gesamtschaffen kaum fortzudenken, zumal es die Eingangspforte zu seiner zweiten, stark verinnerlichten Schaffensperiode bildet. Auch hier waltet die von Sibelius geübte Technik, das thematische Material aus unscheinbaren Keimen und Notengruppen herauswachsen zu lassen. Das klassische Formschema des Streichquartetts fällt somit dahin. Es geht auch im Streichquartett dem Komponisten darum, das Atmosphärische, finnische Landschaft, finnischen Charakter Widerspiegelnde in den Vordergrund treten zu lassen. Dabei bewegt sich seine stark rhapsodische Tonsprache bei aller Freiheit innerhalb der Grenzen unbeirrbaren Tonartenbewußtseins. Der 1. Satz (Allegro molto moderato) gleicht in seinem unruhvollen, durch häufige Pausen unterbrochenen Brauen und Wallen einer nordischen Nebellandschaft, der 2. (Vivace) fegt elbischgespenstisch dahin, der 3. (Adagio di molto) rechtfertigt in der tiefinnerlichen, nahezu mystischen Zwiesprache der Instrumente den Beinamen des Quartetts am unmittelbarsten. Dem 4. Satz (Allegretto) eignet ein rustikaler, mitunter nahezu humorvoller Zug. Temperamentvoll rauscht das rhythmisch scharf akzentuierte Finale dahin; diesmal scheinen die musikalischen Kräfte auch nach äußerer Entfaltung zu trachten. An Bedeutung können die zahlreichen Stücke für Violine und Klavier sich mit dem Streichquartett nicht messen, doch handelt es sich um liebevoll ausgeführte Miniaturen von unleugbarem Reiz. — *Yrjö Kilpinen* (1892—1959) hat vor allem als Liedkomponist Widerhall erweckt. Über seiner Lyrik sollte man die Cellosonate op. 90 nicht übersehen. Sie ist ein in den Ecksätzen ausdrucksleidenschaftliches, fast dramatisches Werk, auch im Scherzo und im konzentrierten Andante webt persönlicher Charakter. Unproblematische Spielmusik bietet in vier Liedern ohne Worte, die den lyrischen Quellgrund ihres Komponisten bestätigen, die Suite für Cello oder Gambe mit Klavier op. 91. Generationsgenossen Kilpinens sind *Väinö Raitio* (1891—1945), der neben Oper und symphonischer Dichtung auch die Kammermusik in Gestalt eines Streichquartetts und eines Klavierquintetts gepflegt hat, *Aarre Merikanto* (1893 bis 1958), der Schöpfer der Olympiafanfare Helsinki 1952, *Ilmari Hannikainen* (1892—1955), der als Klaviervirtuose auch ein Klavierquartett geschaffen, und *Arvo Laitinen* (* 1893), dessen Quartetto sinfonico Beachtung gefunden hat. Als Exponenten der Neuen Musik gelten in ihrem Vaterland vor allem *Nils-Eric Ringbom* (* 1907) als Symphoniker, auch Schöpfer eines Streichquartetts, *Erik Bergman* (* 1911) mit mehreren Kammermusikwerken und *Einar Englund* (* 1916) mit einem Klavierquintett. *W. Z.*

Ungarn

Ungarn spielt in der Geschichte der europäischen Musik bereits eine Rolle, bevor es mit eigenen namhaften Komponisten in diese eintritt. Gewisse melodische, harmonische und rhythmische Symptome der ungarischen Volksmusik waren so charakteristisch und überdies so verhältnismäßig leicht nachzuahmen, daß sie schon von einigen Tonsetzern der deutschen Klassik und Romantik in ihre Tonsprache übernommen wurden. So kommt es, daß das „Alla ongarese" oder „Alla zingara" von Haydn, Mozart und Schubert bis zu Liszt und Brahms im deutschen Musikschaffen anzutreffen ist. Die in Budapest wirkenden Deutschen *Robert Volkmann* (1815—1883) und *Hans Koessler* (1853—1926) konnten sich zeitweise geradezu in ungarische Komponisten verwandeln. Zu den tiefsten Quellschächten der ungarischen Volksmusik schürfte indessen diese ungarisch gefärbte Romantik noch nicht hinab. Das haben erst, auf Grund umfassender Studien, *Béla Bartók* (1881—1945) und *Zoltán Kodály* (1882—1967) getan, die dank einer organischen Verschmelzung der nach Geist und Wesen erfaßten Volksmusik mit den kunstmusikalischen Formen zu Komponisten typisch ungarischer Prägung geworden sind und als solche die Welt erobert haben.

Den Versuch eines ungarisch-nationalen Stils haben auf dem Gebiet der Oper zuerst *Ferenc Erkel* (1810 bis 1893), für die Symphonie *Michael Brand*, genannt *Mosonyi* (1815—1870), für die Klaviermusik *Arpád Szendy* (1863—1922) unternommen. Letzterer zog bereits das Streichquartett in den Bereich seines Schaffens. Ebenso wie der Pianist Szendy steht der Geiger und Violinpädagoge *Jenö Hubay* (1858—1937) am Beginn der kammermusikalischen Produktion in seinem Vaterlande. Außer zahlreichen kleinen Stücken für sein Instrument (die Csárdásszenen füllen allein 14 Opusnummern) hat Hubay 2 Violinsonaten geschaffen, von denen die 1. in B-dur op. 22 den Titel „Sonate romantique" führt. Das Romantische besteht in der Hervorkehrung des allen drei Sätzen eigenen ungarischen Kolorits. Ähnlich spielfreudiger Geist regiert auch die 2. Violinsonate op. 41, die, lose im Formgefüge, eine freie Folge der von Hubay mit Vorliebe gepflegten „Csárdásszenen" darstellt. *Ernst von Dohnányi* (1877—1960) verleugnet die deutsche Schule nicht; seine kammermusikalischen Schöpfungen, meist aus der Frühzeit seines

Schaffens, verraten Bindung an Brahms, ohne daß diese eine Preisgabe des persönlichen Charakters bewirkte. Dohnanyis op. 1, ein Klavierquintett in c-moll, ist ein satztechnisch erstaunlich reifes, vollklingendes, vor allem in der rhythmischen Gestaltung fesselndes Werk von jugendlichem Schwung. In den drei Streichquartetten bekundet sich schon der Meister, vor allem das 2. in Des-dur op. 15 besticht durch polyphone Tugenden, die an ein sattes, stellenweise etwas pathetisches Klangtum gebunden bleiben. Einen wertvollen Beitrag zur Literatur für Streichtrio hat Dohnanyi mit seiner fünfsätzigen Serenade für Violine, Bratsche und Cello gegeben. Die Neigung zu etwas pompöser Diktion, zu der vor allem die Mitwirkung des Klaviers verführte, weicht hier einem launisch bewegten Musiziergeist, der bereits den marschartigen Eröffnungssatz durchpulst. Ihm folgt eine liedhaft schlicht anhebende, zu starkem Empfindungsausdruck gesteigerte Romanze. Besonders durchsichtige Faktur zeigt das beschwingt dahinhuschende Scherzo. Der IV. Satz entwickelt aus einem eigenen Thema stilistisch reich bedachte Variationen, das leichtfüßige Rondo-Finale deutet den fröhlichen Abmarsch der Musikanten an. Der romantische Zug, eine wesentliche Seite von Dohnanyis künstlerischem Charakter, ist bei dem kühleren, auf eine reine Spielmusik hinzielenden *Leó Weiner* (1885—1960) weniger zu finden, obwohl es auch hier nicht an subjektiver Aussage fehlt. Nach einem in der stilistischen Haltung noch etwas unausgesprochenen Streichquartett in F-dur op. 4 schreibt Weiner das Streichtrio op. 6, dessen 4 Sätze von einer strengen Disziplin der musikalischen Gedanken- und Linienführung zeugen. Mit einem 2. Streichquartett op. 13 errang Weiner den Coolidge-Preis. Außerdem liegen von ihm 2 Violinsonaten op. 9 und 11, sowie Ballade für Klarinette und Klavier op. 8 vor. Während Weiners frühere Werke dem nationalen Idiom kaum Beachtung schenkten, verschließen sich ihm die späteren keineswegs.

Die epochemachende Bedeutung *Béla Bartóks* ist bereits in einem eigenen Abschnitt behandelt worden.

Neben ihm steht, kaum minder bekannt und dem Geschmack des großen Konzertpublikums leichter zugänglich, *Zoltán Kodály* (1882—1967). Der Schwerpunkt seines Schaffens liegt allerdings in der Vokal- und Orchestermusik, wo sich Kodálys Hang zu farbiger Klanglichkeit besonders ungebrochen ausleben kann, doch spielt in seinen frühen Schaffensperioden auch die Kammermusik eine nicht zu übersehende Rolle, wobei es ihm gelang, die wesentlich erweiterten klassischen Formen mit dem Eigenleben einer rhapsodisch aufgelockerten, vom Atem der ungarischen Volksmusik durchwehten Klang- und Ausdruckswelt zu erfüllen. Sein 1. Streichquartett op. 2 verharrt zwar noch in der Formtradition, wird jedoch im Melodischen, Harmonischen und Rhythmischen von nationalen Impulsen durchblutet. Freier, gelöster gibt sich das 2. Streichquartett op. 10. Die zweisätzige Sonate für Cello und Klavier op. 4 läßt einem stimmungsgesättigten, rhapsodisch schweifenden Adagio ein Allegro con spirito tänzerischer Haltung folgen, um in einer ergreifenden Schlußwendung zur Welt des Adagio zurückzukehren. Kühner noch, eine der wesentlichsten kammermusikalischen Schöpfungen Kodálys, gibt sich die Sonate für Violoncello allein op. 8; erstaunlich, wieviel melodische und rhythmische Kraft, verschmolzen mit blühender Farbigkeit und exotischem Kolorit, in dieser Solosonate niedergelegt werden konnte. Das Duo für Violine und Bratsche op. 7 birgt gleichfalls starke melodische Kräfte in sich: in der klanglichen Aufteilung muß die Bratsche zuweilen Funktionen übernehmen, die sonst dem Klavier obliegen. Das Streichtrio op. 12 für 2 Violinen und Bratsche ist eine dreisätzige Serenade, deren erster Teil auf einem kräftigen Marschrhythmus basiert, während der langsame Mittelsatz sich in einer Art freier Phantasie ergeht. Das Finale ruft den fröhlichen Serenadenton zurück. Ebenso aktiven Anteil an der ungarischen Volksliedbewegung wie Bartók und Kodály nimmt auch *László Lajtha* (1892–1963). Er begann als kühner, vom Impressionismus nicht unberührter Harmoniker, der sogar Bartóks Erstaunen erregte. Später trat, unter dem Einfluß des stärker gepflegten melodischen Moments, eine gewisse Beruhigung ein, doch führt Lajthas polyphone, oft kontrapunktische Schreibweise stellenweise zu harten Reibungen und Dissonanzen, verschmäht an gegebener Stelle jedoch auch homophone und unisone Wirkungen nicht. Das Klavier verschwindet nach dem Klaviertrio op. 10 fast ganz aus Lajthas späterem kammermusikalischem Schaffen, dessen Mittelpunkt die 8 Streichquartette bilden. Klassische Formen mischen sich hier mit barocken Vorbildern, beide von ausgesprochen modernem und persönlichem Geist durchdrungen. Einige Streichquartette wie die Cinq Etudes op. 20 und die Quatre Etudes op. 36 verbinden didaktischen Zweck mit dem Lajtha eigenen expressiven Vermögen. Auch Harfe und Bläser, darunter das Alt-Saxophon, hat der Komponist seinem kammermusikalischen Schaffen einbezogen. *Sándor Jemnitz* (1890—1963) widmete sich mit Vorliebe dem Trio, das Flötentrio op. 19 rückt ihn in die Nähe Schönbergs.

Auch die jüngste ungarische Komponistengeneration zeigt durchweg Sinn und Neigung für die Kammermusik. Das Streichquartett scheint sich dabei besonderer Sympathien zu erfreuen. In diesem Zusammenhang wären der später in Deutschland herangebildete, in England wirkende *Mátyás Seiber* (1905—1960), der mit dem 2. seiner drei Streichquartette bei relativer Beibehaltung des klassischen Formschemas (Sonatensatz, dreiteilige Liedform mit Trio, Rondo) den Boden der Zwölftontechnik betrat, ohne sich dieser völlig zu unterwerfen, *Sándor Veress* (* 1907), der von manchen als „legitimer Nachfolger" Bartóks und Kodálys gewertet wird, *Pál Kadosa* (* 1903) und der 1940 nach Amerika übersiedelte *Miklós Rósza* (* 1907) zu nennen. Letzterer hat in den Variationen über ein ungarisches Bauernlied und in den Nordungarischen Bauernliedern für Violine und Klavier seine Herkunft aus der Volksmusik seiner Heimat besonders deutlich werden lassen.

W. Z.

Balkan

Die Musik in Jugoslawien hat durch die Vereinigung der Serben, Kroaten und Slowenen zu einem Staatswesen entscheidenden Auftrieb erhalten. Ansätze einer nationalen Musikpflege waren schon im 19. Jahrhundert vorhanden, am deutlichsten bei *Vatroslav Lisinski* (1819—1854), der sich zuerst auf die im Nährboden des kroatischen Volkslieds und Volkstanzes schlummernden Kräfte besann. Zum endgültigen Durchbruch eines aus den reichen Schätzen musikalischer Folklore erwachsenen Musikgefühls kam es jedoch erst im 20. Jahrhundert. *Fran Lhotka* (1883—1962), Kompositionsschüler A. Dvořáks, wurde sein erster Träger. Richtete sich sein künstlerischer Ehrgeiz auch vorwiegend auf Oper, Ballett und Symphonie, so hat er doch Kammermusik in verschiedenartigen Besetzungen geschrieben. Es kommt Lhotka dabei weniger auf satztechnische Strenge als auf Bewährung ausgesprochen musikantischer Eigenschaften an, die sich in der von stammeseigenem Melisma durchsetzten blühenden Melodik, in der Freude an farbigem Klangtum, insbesondere in einer zuweilen bis ins Ekstatische emporwachsenden rhythmischen Verve äußern. Am bestechendsten treten diese Eigenschaften in den zwei Kroatischen Rhapsodien für Violine und Klavier, bzw. Kammerorchester sowie in Pastorale und Scherzo für 5 Bläser, Elegie und Scherzo für Streichquartett zutage. Aus den gleichen Quellen schöpft, mit ähnlichen künstlerischen Ergebnissen, *Jakov Gotovac* (1895—1973), dessen „Symphonischer Kolo" und Volksoper „Ero der Schelm" für die junge jugoslawische Musik besonders bezeichnend geworden sind. Auch er besitzt eine temperamentvoll schlagende kammermusikalische Ader, wie sein musiküberwallendes Streichquartett verbürgt. In ähnlichem Sinne wie die beiden Genannten wirken noch *Josip Slavenski* (1896—1955), *Boris Papandopulo* (* 1906), Schöpfer von Streichquartetten sowie dem ausgezeichneten Concerto da camera, außerdem der vorwiegend auf dem Gebiet der Kammermusik hervorgetretene *Milo Cipra*

(* 1906), der in seinen 4 Streichquartetten nach einer Verbindung von Volksmusikklang und formal streng durchformter Kunstmusik, meist auf dem Boden der Neoklassik, strebt. Von Folklore und Neoklassik ging auch *Milko Kelemen* (* 1924; s. S. 862) aus, geriet jedoch, insbesondere seit seinem Studium bei Fortner, in den Bann der Zwölftontechnik. Früchte dieser jüngsten Entwicklung sind die bei den Darmstädter Ferienkursen uraufgeführten „Etudes contrapunctiques" (1959) für fünf Bläser sowie die Sonate für Oboe und Klavier (1960).

Rumänien verdankt seinen Eintritt in die europäische Musikgeschichte in erster Linie *George Enescu* (1881—1955). Er war ein in Wien und Paris ausgebildeter, hervorragender Geigenvirtuose, entwickelte aber seit seinem vierjährigen Studium des Kontrapunkts am Pariser Konservatorium auch kompositorischen Ehrgeiz. Seine Musik ist im allgemeinen stark formbestimmt, seine Vorliebe für klassische Architektonik unverkennbar. Von hier aus erlangen seine zahlreichen kammermusikalischen Schöpfungen, 3 Violinsonaten, davon die letzte, „dans le style populaire roumain", Cellosonate, Klavierquartett, Klavierquintett, 2 Streichquartette, Streichoktett und Dixtuor (Decett) für je 2 Flöten, Oboen, Englischhorn, Fagotte und Hörner ihren handwerklich gediegenen Charakter. Eine musikalisch profiliertere Persönlichkeit ist *Marcel Mihalovici* (* 1898). Gleich Enescu erhielt er, Schüler d'Indys, seine musikalische Ausbildung in Frankreich, das seine Wahlheimat geworden ist. Für die von ihm mitbegründete Kammermusikgesellschaft „Triton" schuf er, der schon vierzehnjährig eine Violinsonate und ein Streichquartett geschrieben hatte, mehrere Kammermusikwerke, Sonaten für verschiedene Instrumente, darunter für Soloviolinc und Solocello sowie für 3 Klarinetten, außerdem 3 Streichquartette. Mihalovici hat die Bindungen ans heimatliche folkloristische Idiom, das sich vor allem in der Besonderheit seiner Rhythmik kundgibt, keineswegs gelöst, verknüpft jedoch damit den in der französischen Schule erworbenen Sinn für Formklarheit und espritvolle Diktion, wozu noch, hauptsächlich in der musikalischen Empfindungsäußerung, Anregungen durch die deutsche Musik, Beethoven, Brahms und Reger treten.

Bulgarien verfügt über einen großen Reichtum an nationaler Volksmusik, vermischt mit byzantinischen und türkischen Elementen. Seit dem letzten Drittel des vergangenen Jahrhunderts regt sich auch hier musikalisches Eigenleben. Dieses gilt in der Hauptsache der Gesangsmusik unter starker Betonung des chorischen Elements. Oper und Symphonie gesellen sich hinzu. Dagegen ist der Anteil an der Kammermusik noch gering, obwohl die gegenwärtige Komponistengeneration, z. B. *Paraschkev Nadjie* (* 1912), ihre Interessen auch dahin zu erstrecken beginnt.

Griechenland hat in *Manolis Kalomiris* (1883 bis 1962) und *Petro Petridis* (* 1892) zwei um die Herausarbeitung der nationalen Eigenart bemühte Komponisten aufzuweisen. Da der eine aber von der Oper, der andere von der symphonischen Dichtung absorbiert wird, kommen beide für die intime Sprache der Kammermusik weniger in Betracht. Von Kalomiris besitzen wir allerdings ein musizierseliges, klangschönes Trio für Violine, Cello und Klavier. Stärker noch tritt die dem Dramatiker eigene Vorliebe für deklamatorisch-gesangliches Melos in der Sonate für Violine und Klavier hervor, ohne zum Stilbruch zu führen. Mit dem Quintett für 2 Violinen, Viola, Cello und Gesang bricht das Wort der Dichtung (Lethe von Mavillis) unmittelbar in die Kammermusik ein. Die Möglichkeiten aparter Klangzusammensetzung nützt das wirkungsvolle Quartett für Harfe, Flöte, Englischhorn und Bratsche. Unter den über 150 Kompositionen von *Nikos Skalkottas* (1904—1943) findet sich zahlreiche Kammermusik, die zum größten Teil in Deutschland noch unbekannt ist. Besonders erfolgreich waren die Zehn Skizzen für Streicher. In ihrer Anordnung unternimmt der Komponist den reizvollen Versuch, vorklassische und moderne Formen durcheinanderzumischen und sie durch Anklänge an die griechische Volksmusik anzureichern. Die Verwendung des folkloristischen Moments erfolgt hier wie in den übrigen kammermusikalischen Werken Skalkottas' nicht im Sinne einer Kopie, sondern entweder in der ursprünglichen Form, einfach, aber meisterhaft harmonisiert, oder als Themengrundlage für Variationen im eigenpersönlichen Stil. In den 8 Variationen über eine griechische Volksweise für Klavier, Geige und Cello vermag der Komponist dem Thema Entfaltungen zu entlocken, die seiner Klang- und Ausdrucksphantasie glänzendes Zeugnis ausstellen. Skalkottas, als Komponist vorwiegend in Deutschland und Österreich herangebildet, wo er Schüler von Robert Kahn, Kurt Weill, Philipp Jarnach und Arnold Schönberg war, ist eine markante Persönlichkeit, die, nach fast völliger Nichtbeachtung zu Lebzeiten, in wachsendem Maße das Interesse der Musikwelt erregt. Unter den jüngsten Talenten hat der auf Kreta geborene *Nikos Mamangakis* (* 1929), als ursprünglicher Posaunist und Baßtubist aus der Praxis des Orchesters herkommend, danach Kompositionsschüler von Harald Genzmer und Carl Orff, beachtliche Erfolge aufzuweisen. Aus einer Auseinandersetzung mit den modernen Kompositionstechniken (Dodekaphonie, serielle Musik, Elektronik) ergab sich für ihn ein eigenes musikalisches Ordnungsprinzip im absoluten Wert charakteristischer Intervalle, die in steter Wiederkehr durch seine Kompositionen, sowohl im Akkordaufbau als auch in der Stimmführung, hindurchziehen. An Kammermusik schrieb Mamangakis mehrere Stücke für Cello, ein Streichquartett mit Singstimme sowie ein Bläserquintett mit bewußten Huldigungsanklängen an Debussy, Bartók und Schönberg. (S. a. S. 865.)

Durch die Beziehungen, die seit der zweiten Hälfte des 19. Jahrhunderts die türkischen Musiker zur abendländischen Musik aufgenommen haben, ist auch in der Türkei das Interesse für die bis dahin kaum gepflegte Kammermusik erwacht. Von den jüngeren türkischen Komponisten studierten *Cemal Resit Ray* (* 1904) und *Ulvi C. Erkin* (* 1906) in Paris, *Ferid Alnar* (* 1906) in Wien. In der Auseinandersetzung mit den dort empfangenen Anregungen verließen sie nicht den Mutterboden der türkischen Volksmusik. Die jüngste Generation wurde durch die Lehrtätigkeit Paul Hindemiths in Ankara in ihrem Vertrauen auf die folkloristischen Werte ihrer nationalen Musiktradition bestärkt, so der hauptsächlich als Opern- und Oratorienkomponist hervorgetretene *Ahmed Adnan Saygun* (* 1907), der sich um die Verbreitung Bartóks in seinem Vaterlande verdient gemacht hat. In der jüngsten Kompositionsgeneration haben sich *Bülent Arel* (* 1919) und *Ilhan Usmanbaş* (* 1921) für die Zwölftontechnik und Aleatorik entschieden, während der mit schöpferischem Klangsinn begabte *Ferit Tüzun* (* 1929) auf die harmonischen Grundlagen der alten türkischen Volksmusik zurückgreift. *W. Z.*

Israel

Musikpflege und Musikleben in Israel nahmen bereits mit der Gründung der ersten jüdischen Stadt Tel-Aviv (1909) ihren Anfang. 1910 entstand dort die erste Musikschule; weitere Städte wie Haifa und Jerusalem folgten diesem Beispiel. Chor-, Orchester- und Theatergründungen schlossen sich an. 1936 wurde die um die Hebung des Musikverständnisses und Geschmacksveredelung sehr bemühte Jerusalemer Sendestation eröffnet. Für Pflege und Verbreitung der Kammermusik setzte sich seit 1920 die Jerusalemer Musikgesellschaft mit ebensoviel Nachdruck wie Erfolg ein. Auch eine Gesellschaft für Neue Musik trat 1929 ins Leben. Zentrale Ausbildungsstätte für die Berufsmusiker wurde das von Emil Hauser, dem ehemaligen Primarius des Budapester Streichquartetts, 1933 eröffnete Palestine Conservatorium of Music, das heute seinen Sitz als Israel Academy of Music in Tel-Aviv hat und von Ödön Partos geleitet wird.

Von den in Israel ansässigen Komponisten knüpft der in München ausgebildete *Paul Ben-Haim* (* 1897) in Melos, Harmonik und Rhythmik an die asiatisch-jüdische Folklore an, um sie mit Stilelementen des Impressionismus zu verschmelzen. Seine Sonate für

Violine allein wurde 1952 von Yehudi Menuhin in New-York zur Uraufführung gebracht. Das Schwergewicht von Ben-Haims Schaffen liegt allerdings auf symphonischem Gebiet. Ähnliche Ziele verfolgte *Karel Salomon* (1897—1974), der Leiter der Musikabteilung am Sender Jerusalem, der jedoch ebenfalls nur wenig Kammermusik schrieb. *Marc Lavry* (1903—1967), aus Riga, empfing als Schüler von Alexander Glasunow wesentliche Anregungen von der russischen Neuromantik, während der auch als Dichter und Musikschriftsteller bekannte *Max Brod* (1884—1968) aus dem Wiener Gustav-Mahler-Kreis kommt. Aus dem Bereich der Kammermusik liegen von ihm eine Violinsonate und ein Klavierquintett vor. Kodálys Schüler war der bereits erwähnte *Ödön Partos* (1907—1977), Mitglied des Israelischen Streichquartetts, dessen Concertino für Streichquartett neben Einflüssen seines Lehrers aus dem musikalischen Volksgut Israels schöpft, das jedoch nicht einfach übernommen, sondern charakteristisch umgeprägt wird. In verwandter Richtung bewegt sich auch das kontrapunktisch betonte Schaffen von *Abel Ehrlich* (* 1915) und *Mordecai Seter* (* 1916), dessen Geigenduos wertvolle Bereicherungen der zeitgenössischen Kammermusik darstellen. Zur Nachfolge der Hindemith-Schule zählen *Hanoch Jacoby* (* 1909) sowie *Josef Tal* (* 1910), Schöpfer u. a. einer Violin- und einer Oboensonate, der inzwischen ins Lager der Zwölftöner und Elektroniker übergegangen ist. Die jüngste Komponistengeneration steht wie *Herbert Brün* (* 1918), *Jehoshua Lakner* (* 1924) und *Roman Haubenstock-Ramati* (* 1919) im Banne Arnold Schönbergs und seiner Schule.

W. Z.

Neue Musik nach 1945

Die unter dem Einfluß des totalitären Regimes in Deutschland während der dreißiger Jahre und des Zweiten Weltkriegs um sich greifende Störung der Kommunikationswege zwischen den musikschaffenden Kräften des mitteleuropäischen Raumes und den amerikanischen und ostasiatischen, erst spät zu produktiver Autonomie gelangten Kunstbestrebungen bewirkte eine Art Stauung der progressiven Impulse, die durch Arnold Schönberg und seine Wiener Schule, durch fortschrittliche Gesinnungen in Frankreich, Italien oder Amerika bereits in den zwanziger Jahren geweckt waren. Die Begierde nach dem Neuen, die Bemühungen um eine Erweiterung des klanglichen Materials regten sich, als die Schranken fielen, mit elementarer Kraft. Die durch die aufgezwungene Isolation in ihrer Schaffensentwicklung gehemmten deutschen Musiker brannten darauf, zu erfahren, was sich in den Jahren 1933—45 auf der internationalen Musikszene zugetragen habe. Aber auch zwischen den Kontinenten, zwischen Amerika, Ostasien und Europa, waren infolge des totalen Krieges die Kontakte der Künstler untereinander weitgehend gestört gewesen. Das Jahr 1945 wurde zum Wendepunkt. Und seltsamerweise flossen gerade in der Trümmerlandschaft Westdeutschlands die avantgardistischen Strömungen aus aller Welt zu gemeinsamer übernationaler Begegnung zusammen.

Ungeachtet der äußeren Not im Chaos der Nachkriegsjahre machte sich der Drang zu neuer Freiheit in vielerlei Aktivitäten bemerkbar. So wurden Konzertreihen mit „musica viva", „Musik des 20. Jahrhunderts", „Musik der Gegenwart" eingerichtet, die zunächst den Nachholbedarf befriedigen und die Kenntnis der stilistischen Wandlungen auf internationaler Ebene vermitteln wollten. Damals hatte Wolfgang Steinecke — im Bewußtsein, daß die Aufführung neuer Werke vor größerem Publikum nur eine mangelhafte Information über die schwierige Materie moderner Kompositionsprinzipien vermitteln könne — in Darmstadt Sommerkurse für Analyse und Interpretation zur Förderung junger Musiker angeregt und installiert. Auf dem nahegelegenen Schloß Kranichstein wurden im Spätsommer 1946 die „Internationalen Ferienkurse für Neue Musik“ eröffnet. Nun kamen als Lehrer oder Interpreten Besucher aus aller Welt, Komponisten wie René Leibowitz (1948), Olivier Messiaen (1949), Edgar Varèse und Ernst Křenek (1950) deuteten in Kompositionsseminaren den jungen Hörern die Strukturprinzipien ihrer Werke.

Die Wiederaufnahme der „Donaueschinger Musiktage“ im Jahre 1950 und die Feste der „Internationalen Gesellschaft für Neue Musik“, die 1946 in London wieder eröffnet und in Kopenhagen, Palermo, Frankfurt, Salzburg, Baden-Baden, Rom, Wien, Madrid etc. fortgesetzt wurden, spiegeln mit den Darmstädter Kursen nahezu vollständig das vielfarbige Spektrum der Musik nach dem Zweiten Weltkrieg.

Man kann im Wechsel der Neuerscheinungen drei vornehmlich vom klingenden Material und der strukturellen Methodik her bestimmte Komponistengruppen unterscheiden, die nicht immer mit der Ablösung der Generationen zusammenfallen. Neben den älteren Leitbildern Hindemith, Bartók oder Strawinsky, zu denen schon bald nach dem Kriege Wolfgang Fortner, Luigi Dallapiccola und Boris Blacher als Lehrer und Mittler traten, wurde Arnold Schönbergs mehr als zwei Jahrzehnte zuvor inaugurierte „Methode des Komponierens mit zwölf nur aufeinander bezogenen Tönen“ zum bestimmenden, mehr oder weniger streng befolgten Konstruktionsprinzip, das aus dem Chaos der Atonalität herauszuführen geeignet schien. Die gewonnene Freiheit wurde durch ein neues Gesetz zu neuer Ordnung gebunden, dem schöpferischen Impuls ein struktureller Halt gegeben. Kaum ein Komponist der Nachkriegsgeneration, der nicht durch die strenge Schule der Dodekaphonie gegangen wäre.*

* S. 558 ff. ist das Verfahren Schönbergs im einzelnen erläutert; die Schriften von Herbert Eimert: *Lehrbuch der Zwölftonmusik*, Wiesbaden 1952; Hans Jelinek: *Anleitung zur Zwölftonmusik*, Wien 1952–58; Josef Rufer: *Die Komposition mit zwölf Tönen*, Berlin-Wunsiedel 1952; René Leibowitz: *Introduction à la musique de douze sons*, Paris 1948, bringen dem tiefer Forschenden jede gewünschte Orientierung.

Eine zweite Periode, ein neuer Stilwandel datiert von dem Zeitpunkt, da Herbert Eimert 1953 in einem Darmstädter Vortrag anläßlich eines Gedenkkonzertes zum 70. Geburtstag Anton von Weberns das Werk des Komponisten als Weiterführung des Schönbergschen Reihengedankens deutete. Als einziger habe Webern neben der Organisation der Tonhöhen das Intervall als Bauelement zu „substanzfreien, nur in sich selber begründeten Strukturen" genützt. Zu dieser neuen Stufe kompositorischen Bewußtseins und dessen unabweisbarer Forderung bekannten sich damals demonstrativ junge Komponisten wie Luigi Nono, Pierre Boulez und Karlheinz Stockhausen, deren Namen in der Folgezeit die Spitze der Avantgarde bezeichneten. Zur zweiten Leitgestalt dieser nunmehr herrschenden „seriellen" Kompositionstechnik wurde Olivier Messiaen, in dessen Œuvre seit je katholische Mystik, klangsinnliche exotische Abundanz mit rationalen Ordnungsprinzipien einhergehen, als seine Etüde für Klavier „Mode de valeurs et d'intensités" im Sommer 1950 bei den Darmstädter Ferienkursen bekannt wurde und der jungen Generation stärksten Eindruck machte. Hier sind drei Zwölftonreihen, also 36 Tonhöhen, mit festgelegten Tondauern, Tonstärken und Klangfarben (bzw. Anschlagsarten) kombiniert, wobei allerdings als Ausgleich für die konsequente Durchführung der vier Parameter die Zwölftonreihen nicht im Sinne Schönbergs streng verlaufen, sondern in freier Folge nur als Tonmaterial (Modi) verwandt werden.*

Daneben läuft seit etwa 1950 die Bemühung um die Erweiterung des Klangmaterials auf elektronischem Wege. Das Ungenügen an dem Instrumentarium der klassisch-romantischen Musikepoche, das schon in den Riesenpartituren Gustav Mahlers oder Richard Strauss' zum Ausdruck kam, brach sich in den Experimenten Bahn, die man in eigens errichteten Studios, zumeist in Verbindung mit Rundfunkanstalten, mit Tongeneratoren, Mischpul-

* Über die Verfahrensweisen der seriellen Kompositionstechnik mag sich der Leser in Spezialwerken informieren. Genannt seien: Ulrich Dibelius: *Moderne Musik 1945–1965*, München 1966, und Hans Vogt: *Neue Musik seit 1945*, Stuttgart 1972.

ten und anderen elektroakustischen Geräten vornahm und auf Tonbändern konservierte. Die synthetische Musik-Erzeugung auf der Basis des durch Frequenz- und Amplitudenveränderung beliebig modulierbaren, von allen Obertönen freien, elektrisch erzeugten Sinustons stellte dem Komponisten, der nun sein Werk nicht mehr schriftlich fixierte, sondern es auf technischem Wege herstellte und im Tonband speicherte, einen faszinierenden Reichtum an Klangfarben, dynamischen Kontrasten und Stimmenkomplexen zur Verfügung.

Allerdings gab es auch Komponisten, die wie Hans Werner Henze dem elektronischen Klangmaterial keine Zukunftschancen gaben. Selbst Karlheinz Stockhausen, der sich mit dem Feuer der Jugend in die Probleme der seriellen Musik stürzte und mit größtem Aufwand an Frequenztabellen und Strukturskizzen in dem von H. Eimert begründeten „Studio für elektronische Musik" in Köln elektronische Werke konstruierte, hat selten auf originalen Instrumentalklang gänzlich verzichtet.*

Der Vorwurf der Dehumanisierung der Kunst ist den Komponisten elektronischer Musik nicht erspart geblieben. Eine neue Phase, die weitgehend die emotionalen Kräfte des Menschen wieder in den Schaffensprozeß einzubeziehen sucht und nicht mehr ausschließlich auf intellektuelle Denkvorgänge und Bewußtseinshelle insistiert, ist — vielfach „postserielle" Periode genannt — bereits erkennbar und gerade für das fortgeschrittene Schaffen Stockhausens bezeichnend.

Was von der Musik dieser letzten Entwicklungsperiode unter den Begriff „Kammermusik" zu subsumieren ist, das wird im folgenden zu untersuchen sein. Sicher macht die kammermusikalische Praxis, deren Repertoire von der jungen Generation als museal bezeichnet wird, mit dem Abbau der älteren Hörerschaft eine Wandlung durch.

* Über die Entwicklungsstadien der auf elektronischem Wege erzeugten Musik, über die physikalisch-akustischen Erkenntnisse und ihre mathematischen Prämissen unterrichten Dibelius und Vogt ausführlich in den genannten Büchern, ferner Helmut Kirchmeyer und Hugo Wolfram Schmidt in *Aufbruch der jungen Musik*, Köln 1970, und Stockhausens Aufsätze *Einführungen und Analysen eigener Werke*, die in drei Bänden, Köln 1964—71, erschienen sind.

Daß die Lust an struktureller Organisation und klanglichem Experiment dem Menschen des technischen Zeitalters in besonderem Maße adäquat ist, kann keinem Zweifel unterliegen. Man fühlt sich von neuartigen Klangsensationen betroffen und genügt sich dabei oft an der Varietät der Farbflächen und Mikrostrukturen. Vielleicht ist in dieser Hinsicht die Sucht nach Neuem bei den avantgardistischen Gruppen, die sich seit einem halben Jahrhundert in kurzen Abständen ablösen, vergleichbar mit der Vorliebe für die Reize, die in der Frühzeit musikalischer Formwerdung ein vielfarbiges Instrumentarium auf Spieler und Hörer ausübte.

So mag der kaleidoskopisch bunte Aspekt der Musik in den letzten Jahrzehnten als Vorstufe einer Kompositionsgesinnung begriffen werden, die zu substantieller Kristallisation fortschreiten könnte, zu einem neuen, den Epochen, die als „klassisch" zu bezeichnen wir uns gewöhnt haben, verwandten Form- und Ausdrucksbedürfnis. Das allerdings müßte eine Kunst sein, die sich von den neoklassizistischen Parolen und Tendenzen weit entfernte; ein neues Ton- und Klangmaterial, neue Freiheiten, neue Gesetze müßten postuliert werden und einen größeren Hörerkreis mit einem relativ übereinstimmenden Vokabular ansprechen.

Die Musik seit dem Zweiten Weltkrieg ist in Charakter und Klanggestalt so radikal unterschieden von der Tonsprache vieler Komponisten noch aus der ersten Jahrhunderthälfte, daß eine verständnisvolle Aufnahmebereitschaft größerer Laienkreise ohne vielfachen Brückenschlag nicht zu erwarten ist. Aus dem breiten Werkmaterial europäischer, amerikanischer und ostasiatischer Länder, aus der Flut der Neuerscheinungen ist hier eine (relativ kleine) auf solche Namen beschränkte Auswahl getroffen, die sich als schöpferische Konstanten im Wandel der Tendenzen und Progressionen bewährt haben.

Die Reihe der Lebensskizzen des Kammermusikführers im folgenden mit Persönlichkeiten fortzusetzen, deren Werkbeschreibungen sich den vorausgegangenen ohne den erwähnten Brückenschlag anschließen könnten, ergibt mancherlei Schwierigkeiten. Es ist unumgänglich, einen

Blick auf das gesamte Schaffen dieser Exponenten der jüngeren Generation zu werfen, da sich Abgrenzungen und Wandlungen des kammermusikalischen Begriffs heute nur angenähert verdeutlichen lassen. Wenn auch die Zahl der Werke, die diese nun in den Brennpunkt des internationalen Musiklebens gerückten Komponisten zur kammermusikalischen Formenwelt beitrugen, vergleichsweise klein ist, so muß doch ihre gesamte künstlerische Erscheinung im Interesse einer bildhaften Überschau der musikalischen Moderne nach Möglichkeit charakterisiert werden.

Deutschland — Österreich — Schweiz

Den Lebensdaten nach (1903—1975) ist der in Newchwang, einer chinesischen Hafenstadt, als Sohn deutschbaltischer Eltern geborene *Boris Blacher* (s. S. 729) nicht der jüngeren Generation zuzuzählen. Sein wacher, allem Neuen bis zum Experiment aufgeschlossener Geist aber hat ihm im internationalen Musikleben der letzten Jahrzehnte eine so herausragende Stellung verschafft, daß er sowohl mit seinem eigenen Werk als auch vornehmlich als Lehrer und Mittler der modernen kompositorischen Theorien und Tendenzen für zahlreiche Jüngere zu einem maßgeblichen Anreger und Leitbild wurde.

Nach Jugendjahren in Hankau/Mittelchina, im sibirischen Irkutsk, schließlich in Charbin, der mandschurischen Hauptstadt, kam Blacher 19jährig nach Berlin, um zunächst Architektur zu studieren. Sehr bald aber siedelte er von der Technischen Hochschule an die Musikhochschule über, wo er in die strenge Schule des Kontrapunktikers Friedrich E. Koch kam. Damals erlebte der Student, der sich als Kinopianist, Arrangeur von Unterhaltungsmusiken und Filmkomponist durchschlagen mußte, in der von Freiheitsgefühl überquellenden deutschen Hauptstadt den Aufbruch der neuen Musik mit. Schon in frühen Kompositionen entwickelte Blacher einen Stil von ausgeprägter Eigenart, aber erst 1937 brachte die rhythmische und spirituelle Brillanz der von Carl Schuricht in der Philharmonie aufgeführten „Concertanten Musik“, die vielleicht als erwünschte Antithese zum neudeutschen Pathos des Dritten Reiches empfunden wurde, den ersten, sich alsbald in den europäischen Konzertsälen fortsetzenden Erfolg. Nach dem Kriege berief man Blacher als Lehrer an das Internationale Musikinstitut in Berlin. 1948 übernahm er an der Hochschule für Musik eine Kompositionsklasse.

Als Spezifikum seines persönlichen Stils ist seit je eine ausgesparte Satzweise und subtile, feinhörig disponierte Anwendung der koloristischen Mittel erkannt worden. Er weist sich mit diesem schlanken, oft geistvoll pointierenden Stil als progressiver Musiker aus, dem die Klangschwelgereien der Spätromantik und des Jugendstils suspekt wurden. Auch die Beiträge, die Blacher zur Kammermusik geleistet hat, zeugen von der gleichen spielerisch-unsentimentalen, ironischen und klanglich asketischen Eigenart. Dem von Schönberg intendierten Gebrauch einer melodischen Reihe, die nach seiner Meinung der Gefahr periodischer Formbilder ausgesetzt ist, fügte er seit etwa 1950 das rhythmische Reihenprinzip seiner „Variablen Metren“ als ureigenste Erfindung hinzu. Der genuine Rhythmiker unterbrach die Bewegungssymmetrie wie vor ihm etwa Strawinsky durch häufigen Wechsel des Taktmaßes und organisierte die Variabilität schließlich durch ein serielles arithmetisches Prinzip, derart, daß etwa in den „Ornamenten“ für Klavier Zähleinheiten von 2, 3, 4, 5, 6, 7, 8, 9 Achteln einander folgen und sich dann rückläufig von 9 bis 2 Achteln wieder vermindern oder in einem anderen Stück 2, 3, 5, 8, 13 Achtel eine Summationsreihe ergeben. Ein solches Ordnungsprinzip, mit angemessener Freiheit angewandt, ist geeignet, dem musikalischen Ablauf erregende Impulse mitzugeben.

Die früheren Streichquartette, das hochoriginelle Divertimento für Trompete, Posaune und Klavier sind auf S. 729 bereits genannt. Im 2. Streichquartett op. 16 vom Jahre 1941 hat vielleicht der Sostenuto-Satz, der dem lebhaften Finale vorausgeht, das meiste Gewicht. Das durch ein kurzes Andante eingeleitete erste Allegro äußert seine Energien in häufigem Wechsel zwischen geraden und ungeraden Taktarten. Mit einem Presto im 5/4-

Takt wird das 3. Quartett op. 32 (1947) eröffnet. Es folgen ein Andantino, in dem leicht beschwingte, tänzerische Figuren einer weit geschwungenen Cantilene der 1. Violine gegenüberstehen, und ein wildes Allegro in vielfach synkopiertem Rhythmus. Ein sanft fließendes, sordiniertes Larghetto bildet den Schluß. Das 4. Streichquartett op. 41 erschien 1951 unter dem Titel „Epitaph" zum Gedächtnis Franz Kafkas, ein knapp gehaltener Satz, in dem ein ausdrucksvoll klagendes Adagio mit einem zuerst vom Violoncello, dann von der Violine angeführten, hektisch-erregten Allegro molto zweimal abwechselt und den ein sanft, wie im Ungewissen verhallendes Moderato beschließt. Das Divertimento für 4 Holzbläser op. 38 ist in seinen beiden Sätzen, einem Allegro und einem Thema mit fünf Variationen und einer Coda von Anfang bis Ende in variablen metrischen Reihen gesetzt. Eine Sonate für Solovioline, ein virtuos angelegtes, geistvolles Spielstück, entstand etwa zur gleichen Zeit.

Danach sind drei Werke unterschiedlicher Art und Besetzung hinzugekommen. So das viersätzige Oktett für Klarinette, Fagott, Horn und Streichquintett aus dem Jahre 1965. Im einleitenden Andante stehen weite expressive Intervallspannungen der Bläserstimmen einem chromatisch-engmaschigen Gewebe der sordinierten Streicher gegenüber. Der folgende Presto-Satz variiert seine Metren von anfangs 8, 7, 6 Achteln zu allmählich kürzeren Werten, die mit 3, dann 2, endlich einem Achtel-Akzent die Bewegung unterbrechen, bis energisch einsetzende, rasch diminuierte Triolenpassagen das Stück im Pianissimo beenden. Das Nonenintervall, das als thematische Keimzelle der ganzen Komposition angesehen werden kann, bestimmt das von Violine und Klarinette getragene, vom Pizzicato des Kontrabasses zart grundierte Melos des folgenden Andante. Im Finale wird ein geradtaktiges, stakkatiertes Thema fünfmal variiert, wobei die Metren von 7 zu 6, 5, 4 und 5 Achteln wechseln. Eine Reprise des ersten Andante-Satzes, nun mit Vertauschung der instrumentalen Partien und Lagen und mit minimalen Varianten am Schluß, läßt das Werk leise ausklingen.

Das 5. Streichquartett trägt den Titel „Variationen über einen divergierenden c-moll-Dreiklang", was als Hinweis auf eines der rationalen Strukturprinzipien zu verstehen ist, die den Komponisten als erklärten Feind alles Ungeformten unter den verschiedensten Aspekten beschäftigen. Der Begriff des Divergierens, des Auseinanderstrebens, impliziert, auf einen einfachen Moll-Dreiklang bezogen, keineswegs die Auflösung der formalen Kraftfelder; vielmehr erscheinen hier in den chromatischen Passagen der Variationen, den metrischen Rückungen, den Charakteren ironisch-grotesker oder sensitiver Art die drei Töne des Akkords sozusagen als serielle Einheit, als unterschwellig spürbare Konstante der strukturellen Gliederung. Die rhythmische Divergenz im Thema, das den Dreiklang in Noten aller Längengrade von Ganzen und Halben zu Viertel-Septolen und Achtel-Quintolen bis zu Sechzehnteln auf die vier Stimmen verteilt, setzt sich in den Varianten fort, die zweite mit 7, die vierte mit 5 Achteln. Die fünfte Variation ist eine furiose Unisono-Passage in Sechzehnteln. In der siebenten bis zehnten Variation macht Blacher ausgiebigen Gebrauch von variablen Metren. Flageolett- und Glissando-Wirkungen fügen dem Werk diskrete instrumentale Farbreize hinzu. In der den 14 Variationen als Coda angefügten Wiederholung des Themas wird der c-moll-Akkord nun vom expressiven, aus Nonen- und Septimenintervallen gebildeten Melos der 1. Violine überhöht.

Die „Vier Ornamente" von 1969 sind Bravourstücke für Violine mit Klavier ad libitum. Im ersten sind die wenigen Klavieranschläge des immer gleichen Septimenakkords a–c–g entbehrlich, um so mehr als sich hier das Soloinstrument wohl rezitativisch frei bewegen darf. Im zweiten und dritten Satz wird aber die variable Metrik durch die wenigen Töne des Klaviers leichter zur Evidenz gebracht. Das letzte Stück, ein Perpetuum mobile, mit rasch zwischen Spiccato und Legato abwechselnden Passagen bedarf wiederum kaum der Unterstützung durch das Klavier.

Unter den Komponisten seiner Generation hat der

im Jahre 1926 in Gütersloh geborene *Hans Werner Henze* (s. S. 734) nach ersten Widerständen den breitesten Erfolg gehabt. Er begann schon mit 16 Jahren an der Braunschweiger Staatsmusikhochschule Klavier und Schlagzeug zu studieren. Nach Kriegsdienst und Gefangenschaft fand er 1945 eine Anstellung als Korrepetitor am Stadttheater Bielefeld. Im folgenden Jahr wurde er Schüler Wolfgang Fortners in Heidelberg, dem er die für sein späteres Schaffen bestimmende kompositionstechnische Grundausbildung verdankt. Die Schönbergsche Zwölftonlehre wurde ihm zwei Jahre später in Darmstadt und Paris durch René Leibowitz vermittelt. Nach kurzer Kapellmeistertätigkeit in Konstanz und Wiesbaden sah er sich durch seine Erfolge als Komponist in die Lage versetzt, allein seiner Arbeit zu leben, und wählte Italien zu dauerndem Aufenthalt.

Wohl als einziger unter den Komponisten der Nachkriegsepoche kann Henze ein großes, alle Stilgattungen und Formbereiche umfassendes Œuvre nachweisen. Mag auch sein Erfolg auf seinen Bühnenwerken von „Boulevard Solitude“ über den „König Hirsch“ bis zu den „Bassariden“ gegründet sein, eine spezifische Neigung und Begabung zu feingliedriger, sensitiver Struktur gibt seiner Musik oft einen kammermusikalischen Charakter, wie er dem Komponisten selbst in Bühnenwerken, etwa in der „Elegie für junge Liebende“, vorschwebte. Henze hat sich ein musikalisches Idiom geschaffen, sich von den seriellen Theorien der avantgardistischen Gruppen nach anfänglicher Teilhabe getrennt, so daß er später sogar die Aufführung seiner Kompositionen bei den Darmstädter Ferienkursen ablehnte. Seine virtuose Beherrschung aller technischen Praktiken — nur die elektronischen Klangmedien hat er ausgeschlossen —, eine gewisse südliche Farbigkeit der Instrumentation, die — wohl nur scheinbare — Leichtigkeit des Schaffens ermöglichten ihm die Amalgamierung tonaler, freitonaler, dodekaphonischer und serieller Strukturprinzipien. Die entschärfte und angeblich regressiv popularisierte, „konsolidierte“ Tonsprache seiner jüngsten Werke hat die Kritiker des avantgardistischen Lagers auf den Plan gerufen. Seine

Wendung zum Marxismus, die er auch in mehreren Kompositionen für Konzert und Bühne bezeugte, hat ihm Gegner aus anderen Reihen verschafft.

Schon frühe Versuche, wie die Sonate für Violine und Klavier aus dem Jahre 1946, sind als Zeugnisse musikantischen Temperaments und satztechnischer Gewandtheit in der Nachfolge Hindemiths und Fortners zu bewerten. Der „Prélude" genannte erste Satz trägt motorischen Charakter, ein zweites, polytonales Thema kehrt im dritten Satz — Intermezzo — in echoartig sordinierter Gestalt wieder. Dazwischen steht ein Nocturne von liedhafter Haltung mit leidenschaftlicher Episode. Dem stürmisch bewegten Finale ist eine ruhige, zehntaktige Periode eingefügt, die, als Coda wiederholt, das ganze Werk in äußerster Zartheit ausklingen läßt. 1948 entstand eine „Kammersonate" für Klavier, Violine, Violoncello. Hier ist die dem jungen Komponisten damals nahegebrachte Zwölftontechnik bestimmend. Die Reihe wird in der Violinstimme des Kopfsatzes ($^7/_8$-Takt) aufgestellt. Von den vier Sätzen ist der vierte am lebhaftesten, tänzerisch bewegt und von einem scharf akzentuierten „Epilogo" kontrastiert, doch mit Reminiszenzen an den zweiten, langsamen Satz in meditativem Pianissimo endend.

Mehrere Kompositionen aus den fünfziger Jahren zeigen Henze im Besitz jener „konsolidierten" Tonsprache, die sich frei in eigenen, selbst auferlegten Strukturformeln bewegt. Am wenigsten ist das wohl der Fall bei der Sonatine für Flöte und Klavier, die über Hindemiths Schulwerk und ähnliche „Spielmusiken" nicht hinauskommt.

Meisterlich dagegen das 2. Streichquartett, in welchem die farblichen Möglichkeiten der Instrumente in virtuoser Manier ausgeschöpft werden und eine ungemein flexible Rhythmik den ersten Satz in Bewegung hält. Im zweiten, langsamen Satz wird eine Reihe variabler Metren im Sinne Boris Blachers mit größter Konsequenz behandelt. Das vorwiegend sanfte, kunstvoll gegliederte Linienspiel erfährt gegen Schluß eine überraschende dynamische Steigerung. Wechselnde Metren verleihen auch dem schnellen, scherzoartigen Finalsatz das Gepräge ein kurzes retardierendes Moment mit einer „schwärmerischen“ Gesangsphrase hemmt nicht die flüchtige Bewegung, die sich wie ein zartes Traumgespinst auflöst.

Das Bläserquintett (1952) bringt nach ruhiger, freirhythmischer Introduktion ein schlichtes Thema, aus dessen Intervallen durch Transposition und Umkehrung Variationen gegensätzlichen Charakters gebildet sind. Einem langsamen zweiten Satz folgt ein derb-humoristisches, in einen Galopp mündendes Finale.

Eine lyrisch-idealische Welt umfängt uns in der „Kammermusik 1958“. Hölderlins späte Hymne „In lieblicher Bläue“ wird in sechs Abschnitten von einer Tenorstimme zur Gitarre oder zu einem Oktett von Klarinette, Horn, Fagott und Streichquintett vorgetragen. Intermittierende Instrumentalsätze, vier „Fantasien“ des Oktetts und drei „Tentos“ der Gitarre spiegeln das Erlebnis südlich-arkadischer Landschaft. Der letzte, erst 1963 entstandene, ätherisch verklingende Oktettsatz entspricht der poetischen Idee der drei vorausgehenden Sätze, der „Prefazione“, der zu rauschhafter Leidenschaft sich steigernden „Sonata“ und der rhythmisch ungebundenen „Cadenza“.

Zu eigenem Vergnügen für den 50. Geburtstag gedacht, gerieten die Streichquartette 3—5 Henze zu exemplarischen Formulierungen seines Personalstils. Im 3. Quartett gibt ein mal zart sensibles mal passioniertes Liniengewebe einer ernsten Grundstimmung adäquaten Ausdruck. Avantgardistischen Tendenzen mit Geräuscheffekten und Vierteltönen weiter angenähert und komplexer in der Struktur, stellen das 4. und 5. Quartett den Interpreten schwierigste Aufgaben bei der Deutung der rhythmisch vielfach ungegliederten, dynamische Extreme fordernden Partituren. Einem eruptiven Kopfsatz folgen im 4. Quartett ein Adagio auf der harmonischen Basis einer Pavane von William Byrd, ein gemächlicher dritter Satz und ein aleatorisch angelegtes „Rondo improvvisato“. Die sechs Sätze des 5. Quartetts reflektieren tagebuchartig variable, zuletzt als „Morgenlied“ bezeichnete Stimmungen.

Karlheinz Stockhausen (s. S. 734), 1928 in Mödrath bei Köln geboren, nahm 1947 an der Kölner Musikhochschule das Studium in den Fächern Klavier und Schulmusik auf, nachdem er, früh verwaist, sich schon während der Schulzeit als Tanzmusiker und Operettenleiter, ja sogar als improvisierender Begleiter eines Zauberkünstlers den Lebensunterhalt verdient hatte. Daneben hörte er an der Universität philosophische, germanistische und musikwissenschaftliche Vorlesungen. 1951 bestand er mit Auszeichnung das Staatsexamen mit einer Arbeit über Bartóks Sonate für 2 Klaviere und Schlagzeug. Auf den Rat Eimerts besuchte er die Darmstädter Ferienkurse. Unter dem Einfluß von Messiaens „Mode de valeurs et d'intensités" komponierte er noch während seines Examensjahres das „Kreuzspiel" für Oboe, Baßklarinette, Klavier und 3 Schlagzeuger. Im Januar 1952 ging er nach Paris, studierte bei Messiaen und Milhaud und arbeitete in dem von Pierre Schaeffer geschaffenen Studio für Konkrete Musik. Beim Kölner Neuen Musikfest 1953 erregten die „Kontra-Punkte" Aufsehen, ein schon in Paris konzipiertes Werk. Stockhausen wurde damals Mitarbeiter, später Nachfolger Eimerts am Kölner Studio für elektronische Musik. Vier weitere Studienjahre am Bonner Universitätsinstitut für Phonetik und Kommunikationsforschung folgten. Theoretische Abhandlungen, Texte zur Analyse, Kommentare zu eigenen und fremden Werken erschienen. Vortrags-, Studien- und Konzertreisen führten ihn um die ganze Welt. Kompositionskurse an amerikanischen Universitäten, in Darmstadt und Köln ließen ihn zum bewunderten Pädagogen werden.

Stockhausens Schaffen spiegelt wie kein anderes die Wandlungen der modernen Strukturprinzipien. Von den seriellen Verfahrensweisen in der Nachfolge Weberns und Messiaens ausgehend, vertiefte er sich in eigene Konstruktionen punktueller Musik und in Spekulationen zur Organisation des tönenden Materials. Neben den elektronischen Studien von 1953, dem „Gesang der Jünglinge", in dem gesungene Töne mit elektronisch erzeugten auf technischem Wege in Einklang gebracht sind, größeren Komplexen wie den „Gruppen für 3 Orchester", dem „Carré" für 4 Orchester und 4 Chöre (1959/60), den „Momenten" für 4 Chorgruppen und 13 Instrumentalisten, der „Mixtur" für 5 Orchestergruppen, Ringmodula toren und Lautsprecher (1964), den „Mikrophonien“ I und II für Tamtam, 2 Mikrophone, 2 Filter und Regler oder Chor, Hammondorgel und Ringmodulatoren, der „Telemusik“ (Tonband 1966), finden sich einige Werke, die ein geringeres Instrumentarium fordern und insofern allenfalls als Musik für kleinere Räume, als Kammermusik, zu verstehen wären.

Die „Zeitmaße“ für 5 Holzbläser (1955/56) — Oboe, Flöte, Englischhorn, Klarinette, Fagott — kombinieren fünf Arten der Zeitmessung von zwölf metronomisch gemessenen Tempograden über „So schnell wie möglich“ und „So langsam wie möglich“ bis „Schnell verlangsamen“ und „Langsam beschleunigen“. — „Die Form vermittelt zwischen den Extremen: Entweder müssen alle im gleichen Maß der vorgeschriebenen Uhrzeit ‚synchron‘ spielen, oder alle fahren in verschiedenen Zeitschichten auseinander und durcheinander; dazwischen gibt es eine Reihe von Graden gegenseitiger Abhängigkeit und individueller Freiheit. Solche Unabhängigkeitsgrade werden zu Formkriterien. Zeitfelder größerer Ausdehnung kommen in die Komposition: Strukturen bewegen sich zwischen streng gerichteten Zeitlinien und richtungslosen Zeitfeldern, in denen verschieden große Massen von Tönen zu vibrierenden Klangpulks pulverisiert werden.“ Diese Sätze aus Stockhausens Einführung in das Werk machen die Gedankengänge des Komponisten dem Hörer deutlicher, als es durch die vollendete Wiedergabe der Partitur möglich wäre. — „Der Mensch von heute, der mit Auto, Flugzeug und Maschinen aller Art umgeht, hat eine wesentlich andere Zeitempfindung, da er gleichzeitig oft ganz verschiedene Geschwindigkeiten, Zeitschichten vieldimensional erlebt“, lautet Stockhausens Begründung seiner Partitur, die im Wechsel ihrer statischen und pulsierenden Momente auch durch eindrucksvolle Klanglichkeit die technisch-ästhetische Spekulation rechtfertigt.

Der „Refrain für 3 Spieler“ wurde für die Berliner Festwochen 1959 komponiert. Schon hier finden sich Anzeichen einer gestaltlosen, „dadaistischen“ Ästhetik in der aleatorischen Methodik des mehr oder weniger gelenkten Zufalls oder der beliebigen Auswahl unter mehreren

Möglichkeiten. Eine solche Durchbrechung der musikalischen Kausalität fordert die Interpreten zu reproduktiver Mitverantwortung auf. „Ein stilles weiträumiges Klanggefüge wird sechsmal durch einen kurzen Refrain gestört." Die Spieler an Klavier, Celesta und Vibraphon entscheiden selbst, wann sie diesen Refrain einfügen, der Glissandi, Clusters, Triller, Baßtöne im Klavier und kurze melodische Intervalle enthält. Durch „verfärbende" Schlaginstrumente werden die klanglichen Charaktere nach dem Einbruch des Refrains jedesmal beeinflußt und verändert. Die dynamische Skala reicht von „brillantener" Härte zu einer vornehmlich durch den Klang der Celesta und der „cymbales antiques" charakterisierten, sanftsilbernen Tonfärbung.

Die „Kontakte" für elektronische Klänge, Klavier und Schlagzeug aus dem gleichen Jahr sind ursprünglich für ein Vierspur-Tonband gedacht, das über vier Lautsprechergruppen, verteilt in den Saalecken oder den vier Himmelsrichtungen, abgespielt wird. Eine zweikanalige Stereofassung wurde acht Jahre später hergestellt. Die Kontakte verbinden nach der Intention des Komponisten bekannte Klangereignisse mit Unbekanntem. „Die bekannten Klänge geben Orientierung, Perspektiven des Hörens; sie funktionieren als Verkehrszeichen im unbegrenzten Raum der neuentdeckten elektronischen Klangwelt. Die Begegnung mit Vertrautem, Benennbarem in Regionen des Unbekannten und Namenlosen macht das Unbekannte um so geheimnisvoller, faszinierender, und umgekehrt wird das Bekannte, auch Banale und Alte in der neuen Umgebung des Unbekannten ganz frisch und lebendig." Stockhausens hier ausgesprochene Idee ist einleuchtend; das klangliche Resultat in der Kombination der Mittel und Klangereignisse oft überraschend. Eine solche Abstraktion von den Gebärden überlieferter Tonsprache, solche Einengung der musikalischen Ausdrucksmittel auf Klang- und Geräuschfarben und ihre Mischungen scheint aber eines geistigen Konzepts, einer poetischen Leitidee als Korrelat zu bedürfen, um nicht zu einer konstruierten Folge klanglicher Experimente zu werden.

Dem Gedächtnis des Organisten Wolfgang Sebastian Meyer widmete Stockhausen im Jahre 1966 ein „Adieu" für Flöte, Oboe, Klarinette, Horn und Fagott; ein sanftes, sensibles Stück von zuweilen impressionistischer Klangfärbung ohne festere Konturen. Auch hier ist den Spielern Raum gegeben zu freier rhythmischer Auslegung vorgezeichneter Tonhöhen oder Akkorde. Die klangliche Intention ist aus dem Notentext wohl zu entnehmen, nicht aber die fortschreitende Bewegung.

Seinen Kompositionen „Setzt die Segel zur Sonne" und „Verbindung", die 1969 im Pariser Théâtre National Populaire erstaufgeführt wurden, und zwar von 8 Musikern mit Elektronium, 2 Tamtam, Klavier, Kontrabaß, Bratsche, Klarinette und Schlagzeug, gab Stockhausen einen Kommentar mit, der sein Streben, über die Klangmaterien hinaus zu einer aus Meditation und schöpferischer Ekstase gezeugten Kunst zu gelangen, erkennen läßt. Er nennt die beiden Stücke „Intuitive Musik" und will sie unterschieden wissen von den üblichen Improvisationen nach vorgegebenen Schemata. „Das Zeitalter des denkerischen Absolutismus geht zu Ende und damit auch das Zeitalter der Kunstprodukte, die — in zunehmendem Maße — primär Produkte menschlicher Denkfähigkeit darstellten. In diesem Sinne sind diese Aufführungen Momente der Prüfung, der Selbstentäußerung, vibrierend mit der Bereitschaft der Musiker, möglichst rein gestimmte Instrumente der Intuition zu sein, auf daß Es geschehen möge, Es, das Unaussprechliche, zutiefst Berührende, Unanzweifelbare." Solche sektiererische Sprache kann Widerspruch und Ablehnung herausfordern, zumal das hier intuitiv Geschaffene den hohen Anspruch nur in geringem Maße und nur für wenige Hörer zu rechtfertigen vermag. Eine gewisse Faszination ist diesen amorphen Kombinationen punktueller Tonhöhen, den ostinaten Klangfixierungen oder Geräuschen, vom Elektronium erzeugten Vibrationen und harten Holzschlägen vielleicht nicht abzusprechen. Aber selbst im leisen endlichen Verhallen der zarten Pizzicato-Glissando-Floskeln sind die strukturellen Gesetzmäßigkeiten nicht wahrnehmbar, die allenfalls eine assoziative Beziehung zu dem optimistisch lautenden Titel „Setzt die Segel zur Sonne" möglich machten. Auch „Verbindung", ein Titel, der sich nicht wie in den „Kontakten" auf die klangliche Zuordnung elektronischer Medien zu instrumentalen bezieht, sondern die geheimen seelischen Vorgänge meint, die den Hörer zum „Mitschwingen" bewegen, gibt mit knisternden, knarrenden Geräuschen, Schlagzeugakzenten, Klavier-Clusters, gelegentlichen rhythmischen und lebhaften Impulsen kein verständlich geformtes Abbild psychischer Sensationen. Der Ausklang im Pianissimo scheint wiederum ein Nirwana wunschlosen Verdämmerns zu imaginieren.

Ähnlich der älteren Generation haben auch die jüngeren, nach dem Zweiten Weltkrieg zu Rang und Namen gelangten deutschen Komponisten die Kammermusik im engeren Sinne nur gelegentlich und in zweiter Linie neben Orchester-, Vokal- und Bühnenwerken gepflegt. Aus der Vielfalt der zeitgenössischen Musik, die eine mehr als ephemere Bedeutung gewonnen hat, ist im folgenden eine kleine Auswahl getroffen worden.

Heinz Friedrich Hartig (1907—1969) ist nur den Jahren nach der älteren Generation zuzuzählen. Schwerste Kriegsverletzungen mit ihren Folgen hatten seine Entwicklung zu eigenständiger schöpferischer Arbeit retardiert. Erst die Begegnung mit Boris Blacher 1947 weckte neue Impulse und regte zur Auseinandersetzung mit den modernen Strukturprinzipien und Klangmedien an. Eine Sonate für Klarinette und Klavier geht geflissentlich spätromantischem oder expressionistischem Gefühlsüberschwang aus dem Wege. Hartig trat in den wenigen ihm vergönnten Schaffensjahren mit großen Chor- und Orchesterwerken hervor, die in wachsendem Maße eine Hinwendung zu den Gestaltungsprinzipien der Gegenwart zeigen. Neben einer Reihe kleinerer Kammermusikwerke, die bisher Manuskript geblieben sind, haben wir aus seinen letzten Jahren eine „Composizione per due" für Violoncello und Klavier op. 47 und eine „Composizione per cinque" op. 50, ein dreisätziges Werk für Flöte, Oboe, Violine, Viola und Violoncello, das die subtile, gelöste durch teils scharfe, teils zart differenzierende Sekund-

und Septimenreibungen charakterisierte Sprache Hartigs rein ausprägt.

Auch *Dietrich Erdmanns* (* 1917) Entwicklung wurde durch siebenjährigen Militär- und Kriegsdienst gehemmt. Er kam schon in jungen Jahren nach Berlin, wo er bei Begegnungen mit der Kunst Hindemiths und Strawinskys die ersten bestimmenden Eindrücke empfing. Das Charakteristikum seiner kompositorischen Handschrift, das Streben nach formaler Klarheit und Durchsichtigkeit des Satzes, gelegentlich verbunden mit rhythmisch-tänzerischem Gestus, ist Werken mit kleinerer Instrumentalbesetzung eher adäquat als größere orchestral-symphonische Maße. Duos mit Klavier für Flöte („Aphorismen"), eine Sonate für Oboe, die „Dialoge" für Cello und die „Tre pastelli" für Violine, alle aus dem Jahre 1970, liegen auf dieser Ebene, geben dem Blas- und Streichinstrument biegsame Figurationen und in ruhigen Sätzen kantable Linien, denen der schlanke, vielfach zweistimmige Klaviersatz thematisch integriert ist. Ein „Capriccio" für 2 Violinen, ein Streichtrio, ein Divertimento für 4 Holzbläser (Flöte, Oboe, Klarinette, Fagott), Variationen und ein „Improvisation" betiteltes Werk für ein gleiches Bläserensemble sind zu nennen. Das letztgenannte Stück erhält seinen improvisierenden Charakter nicht durch offene, den Interpreten überlassene Partien, sondern durch die rhythmisch ungebunden erscheinenden Figuren und virtuosen Kadenzen einzelner Instrumente, insbesondere der Flöte. Die „Episoden" für Gitarre und Schlagzeug (Trommel, Becken, Triangel, 2 Pauken) bergen eine Fülle neuartiger, fein ausgehörter Klangreize und bieten dem Gitarristen eine höchst dankbare kleine Folge von subtilen und phantasievollen Charakteren.

Bernd Alois Zimmermann (1918—1970; s. S. 734) hat sich schon früh zur Zwölftontechnik und Webern-Nachfolge bekannt. Den aus der Kombination verschiedener Reihen resultierenden „Strukturcluster" hat er wohl als erster angewandt. Die „pluralistische Kompositionsart", wie er sein spätes Schaffen selbst bezeichnet hat, entnimmt vor allem aus „Collagen" mit bekannten Phrasen älterer oder neuerer Musik ihre sinnfälligen Effekte. Auch mit einigen wenigen Beiträgen zur Kammermusik ist Zimmermann hervorgetreten. Solosonaten für Violine, Viola und Violoncello wurden von hervorragenden Interpreten in ihr Repertoire aufgenommen. Eine frühe Sonate für Klavier und Violine trägt im motorischen ersten Satz Züge Strawinskys oder Prokofieffs, der ernste zweite und die unerbittlichen Ostinato-Figuren des dritten Satzes lassen wiederum an Bartók denken. Eine kleine Folge von Stücken, wechselnd für große Flöte, G-Flöte und Baßflöte, nennt sich „Tempus loquendi". — „Intercommunicazione per Violoncello e Pianoforte" aus dem Jahre 1967 verwendet bisher unbekannte Klangeffekte, die dem Streichinstrument durch Pizzicato- oder Flageolett-Techniken abgewonnen werden, dazu lediglich grundierende Pedalakkorde des Klaviers; erst gegen Ende des fast halbstündigen Werkes kommt es zur Kommunikation des Klangmaterials beider Instrumente.

Von *Erhard Karkoschka* (* 1923), Professor an der Stuttgarter Musikhochschule und Verfasser eines verdienstvollen Werkes über „Das Schriftbild der Neuen Musik", ist ein Streichquartett zu vermerken, dessen Teile oder Sätze, als „Quattrologe" (= etwa „Gespräche zu viert") bezeichnet, noch folgende Einzeltitel führen: 1. Evolution und Metamorphose I, 2. Arbeitsgespräch, Schrift: „Equiton" (also ein didaktischer Hinweis auf die vom Komponisten empfohlene und angewandte Notationsweise), 3. Metamorphose II, 4. Pathetische Serenade, 5. Metamorphose III und Destruktion.

Wolfgang Steffen (* 1923), Schüler Heinz Tiessens in Berlin, erfüllt die wesentliche Forderung, die man an den kammermusikalischen Stil von jeher zu stellen gewohnt ist: Obschon er moderne Techniken, Verfremdungen des Streicherklanges, autonome Klangfarbenkomplexe, Clustereffekte und sogar aleatorische Perioden keineswegs ausschließt, weiß er solche Wirkungsmittel stets musikalisch zu begründen und in die ungemein subtil gewebten linearen Binnenstrukturen seiner Kompositionen zu integrieren. Ein Trio für Oboe, Klarinette und Fagott op. 2 zeigt die Handschrift Steffens bereits in ihrer freitonalen, feinnervig ausgehörten Gestalt. Ein

Thema mit 8 Variationen für Streichquartett op. 3 trägt die Merkmale lebendig getönter Spielmusik. Das Trio für Klarinette, Cello und Klavier op. 23 ist breiter angelegt und stellt besonders im dritten, dramatisch akzentuierten Satz den Interpreten fast virtuose Aufgaben. Als „Diagramm" ist das hochexpressive op. 29 bezeichnet, das in drei Fassungen für Violoncello und Klavier, für Orgel und für Bratsche und Klavier erschienen ist. Unter seinen letzten Werken hatte Steffen neben dem Trio für Flöte, Violoncello und Klavier op. 37 vor allem mit seiner „Polychromie" für Klavier und zehn Instrumentalisten einen bedeutenden Erfolg. Hier ist die kammermusikalische Grenze zwar der Zahl der Ausführenden nach überschritten, das hochartifizielle Gewebe der Stimmen, die Einschmelzung moderner Spielweisen in die strukturelle Logik bestätigen doch den transparenten, intimen Charakter des Werkes.

Giselher Klebe (* 1925) ist in der breiten Öffentlichkeit durch seine Werke für die Bühne bekannt geworden, er hat aber daneben und keineswegs nur am Rande die Kammermusik um bedeutende Beispiele der Gattung bereichert. Eine eigenartige Verbindung lyrischer Komponenten mit fast mathematisch präziser Spekulation auf serieller Ebene ist für Klebes gesamtes Schaffen kennzeichnend. Hohe Metiergewandtheit, entschiedene Bevorzugung der dodekaphonischen Technik in strenger und freier Anwendung verleihen seiner Kammermusik eine lineare Verdichtung, die dennoch auf expressive und farbliche Werte nicht verzichtet. Die Sonate für Violine und Klavier op. 14 zeigt bereits die genannten Merkmale. Eine „Elegia appassionata" für Violine, Violoncello und Klavier op. 22 mischt sordinierte Punktreihen mit heftig akzentuierten zu einer dramatischen Affektsprache. „9 Duettini per Pianoforte e Flauto" sind zart liniierte Gebilde, in denen zuweilen Zwölftonreihen kantable Gestalt annehmen. „Omaggio a Boris Blacher", ein sanft schwebendes Stück, macht Gebrauch von den „variablen Metren" seines Lehrers. In seinem 2. Streichquartett op. 42 (zum 1. s. S. 734) sucht Klebe nach seinen eigenen Worten eine „neue Strukturierung der Harmonik im Bereich der seriellen Idee auf der Komposition mit zwölf Tönen zu begründen, aber ohne Akkord-Konstellationen der tonalen Epoche auszuschalten". Klebe glaubt, die für ihn grundlegende und unumgängliche Idee der Zwölftontechnik, deren mangelnde Eignung zur Schaffung harmonischer Strukturen erwiesen ist, dennoch zu einer wirklich harmonischen Ordnung eingeschmolzen zu haben. Das Zusammentreffen gegensätzlicher Prinzipien ergibt naturgemäß ein ungemein hartes Klangbild. Die Widmung des Werkes „an Giuseppe Verdi zu Ehren der 150. Wiederkehr seines Geburtstages" findet im letzten Satz seinen Ausdruck in Variationen über ein choralartiges oder chorisches Thema von Verdi, dessen harmonische Akkordfolgen zu wechselnden Charakteren verfremdet zwölffach in stets gleicher Taktzahl bis zum Pianissimo-Ausklang wiederkehren. Ein Werk aus dem gleichen Jahr 1965 führt den seltsamen Titel: Concerto a cinque, „Tre lodi sul nome del Santo Bambino Gesù d'Aracoeli". Es handelt sich um jenes Bild des Jesuskindes in der Kirche Santa Maria d'Aracoeli zu Rom, vor dem zur Weihnachtszeit kleine Knaben Gedichte, Predigten und Gebete vortragen. Klebe setzt ein Instrumentarium von Klavier, Cembalo, Harfe, Schlaginstrumenten (Triangel, hängendes Becken, Glockenspiel, Röhrenglocken, Pauken) und Kontrabaß zu fast impressionistischem Farbenspiel bei strenger struktureller Integration ein. Im ersten Satz wechseln ruhige Perioden mit impetuos anstürmenden ab. Der zweite Satz, ein Adagio, mischt feierliche Glockenklänge ein, der dritte „quasi una fantasia" bewegt sich frei in erregtem Rubatospiel. Das Ganze ein Werk von großem expressivem und klanglichem Reiz.

Von *Günther Becker* (* 1924), der viele Jahre in Athen als Musikpädagoge tätig war und 1962 am dortigen Goethe-Institut ein Studio für Neue Musik errichtet hat, sind zwei Streichquartette (1963 und 1967), ein Bläserquintett „Serpentinata" und ein „Aphierosis" (= Selbstbefreiung) betiteltes Stück für Violoncello und Klavier zu nennen, die sich alle durch lineare Transparenz und Farbigkeit der klanglichen Erscheinung auszeichnen. Den größten Raum im Schaffen Beckers nehmen neuerdings Experimente mit elektronischen Medien ein.

Frank Michael Beyer (* 1928) erhielt schon früh einen Lehrauftrag an der Berliner Musikhochschule. Als hervorragender Organist und Kirchenmusiker hat er zahlreiche Vokal- und Instrumentalwerke für den kirchlichen Gebrauch geschrieben. Zur Kammermusik im engeren Sinne sind zwei Streichquartette von 1957 und 1969, ein Konzert für 5 Instrumente (Flöte, Klarinette, Bratsche, Violoncello, Klavier) in vier Sätzen mit einer einleitenden Intonation und eine Chaconne für Solovioline zu rechnen. Das einsätzige 2. Streichquartett, ein rhythmisch wie ausdruckstechnisch höchst differenziertes Werk, hat dem Komponisten bemerkenswerten Erfolg gebracht.

Norbert Linke (* 1933) hat seinem Streichquartett aus dem Jahre 1965 den Titel „Konkretionen" gegeben. Der wissenschaftliche Terminus aus der Mineralogie wird noch näher spezifiziert durch die Adjektive: „mausgrau" — „kugelig" — „gefunden im Bachsand". Die Instrumente bewegen sich hier in wechselndem Zeitmaß und freiem Rhythmus mit- und gegeneinander; eine fortlaufende Binnenstruktur wird nicht erkennbar, ist wohl auch nicht geplant. Zum Schluß wählen sich die Spieler aus 23 Modellen nach Belieben aus, was ihnen zur Füllung eines Zeitraumes von einer Minute gut scheint, bis sie sich in zwei mit Adagio patetico bezeichneten Takten wieder aus dem Chaos zu akkordischer Einheit zusammenschließen. Weniger modernistisch gibt sich Linke in einem einsätzigen Bläserquintett für Flöte, Oboe, Klarinette, Horn und Fagott, das einen starken Ausdruckswillen, Phantasie und rhythmische Konstanz erkennen läßt.

Erhard Großkopf (* 1934) hat mit einer Sonate für Violine, Celesta und Klavier, einer Solo-Violinsonate, die dem sehr geschickt behandelten Instrument neuartige Klangfarben und virtuose Effekte abgewinnt, und einer Sonate für Flöte, Violine, Viola, Violoncello, die in vier Sätzen starke rhythmische Energien im Wechsel mit ruhigen expressiven Partien freimacht, die kammermusikalischen Formen für seine Generation bestätigt. Am elektronischen Studio in Utrecht machte er später Versuche mit Live-Elektronik, von denen „Nexus“ für Flöte und Schlagzeug (mit optischen Elementen) und „Dialectics“ (1969) für Tonband und drei im Raum verteilte Instrumentalisten verschiedentlich produziert wurden, ohne sonderlich zu überzeugen.

Aribert Reimann (* 1936) kann als vorläufig jüngster Exponent der Berliner Schule gelten, wenn man den Kreis um Boris Blacher und die Berliner Hochschule in Analogie zu der „Wiener Schule“ Schönbergs unter diesem Nenner zusammenfassen will. In Reimanns bereits zu beträchtlicher Höhe angewachsener Werkzahl stehen die Vokalkompositionen, Kantaten, Ballettmusiken und Opern im Vordergrund. Er hat seinen Stil von seriellen Strukturprinzipien zu freieren, von geistig-poetischer Thematik bestimmten Ausdrucksformen fortentwickelt, wie es seiner primär lyrisch-sensiblen Anlage entspricht. Frühere Werke wie die „Canzoni e Ricercari“ für Flöte, Viola und Violoncello (1961) oder die Sonate für Violoncello und Klavier (1963) bezeugen eine ungewöhnliche satztechnische Gewandtheit. Der virtuose Klavierstil der Sonate mit den toccatenhaften, durch weite Sprünge charakterisierten Figuren deutet auf den vorzüglichen Pianisten und Liedbegleiter Reimann. Zum kammermusikalischen Bereich sind ferner zu rechnen die „Notturnos“ für Violoncello und Harfe und die „Reflexionen“ für sieben Instrumente.

In Wien brachen sich die progressiven Tendenzen nach dem Kriege nur mühsam Bahn. Wie zu Schönbergs Zeit um 1920 fehlte es an qualifizierten Interpreten, die sich propagierend für die neue Musik einsetzten. Erst 1959 begann das Ensemble „die reihe“ mit öffentlichen Konzerten, in denen systematisch das Schaffen der Avantgarde vorgestellt wurde. *Friedrich Cerha* (* 1926) und *Kurt Schwertsik* (* 1935) waren die Initiatoren des kühnen Unternehmens. — Cerha, ein geschulter Geiger, entwickelte sich schnell zu einem auf neue Partituren spezialisierten Dirigenten. Er ist als Komponist von Orchesterwerken wie „Spiegel I—VI“, von je etwa 10 Minuten Dauer, vielerorts erfolgreich hervorgetreten. Für kleinere Besetzung liegen die „Enjambements“ aus dem Jahre 1956 vor für Geige, Flöte und Schlagzeug (Marimbaphon, Röhrenglocken, Vibraphon) als Hauptinstrumente, mit denen Trompete, Posaune und Kontrabaß, in einiger Entfernung aufgestellt, korrespondieren. Den Interpreten ist die Auswahl und Reihenfolge der notierten zweimal 12 „Sektionen“ überlassen. — Kurt Schwertsik hat in Wien, später bei Stockhausen in Darmstadt und Köln studiert. Selbst ein vorzüglicher Hornist, schrieb er einen „Querschnitt durch eine Operette für Bläserquintett“ und „Proviant für Bläserquintett“ (Flöte, Oboe, Klarinette, Horn, Trompete, Fagott). In einem Trio für Violine, Horn und Klavier sind dem Blasinstrument neuartige Effekte abgewonnen. Während in diesem Werk ohne metrische Notationen die Interpreten die zeitlichen Kontakte durch gegenseitige Reaktionen herstellen, zeichnet sich in einem metrisch notierten Streichquartett vielleicht eine Rückkehr zu älteren Strukturformen ab. Das geschieht in auffälliger Weise in dem „Eichendorff-Quintett“ von 1967, in dem acht Zitate aus der bekannten Novelle des Dichters „Aus dem Leben eines Taugenichts“ in acht kurzen Ensemblesätzen für Piccolo, Oboe, Klarinette, Horn und Fagott musikalisch gespiegelt sind. Eine klanglich höchst reizvolle, vorwiegend heitere Komposition von liebenswürdig-geistreicher Haltung, die man als „Neo-Biedermeier“ bezeichnen könnte.

Unter den Schweizer Komponisten, die sich über die Grenzen ihres Landes hinaus Ruf und Ansehen verschafft haben, ist mit Kammermusik im engeren Sinne zunächst der schon S. 774 genannte *Rudolf Kelterborn* (* 1931) anzuführen. Zu den Streichquartetten kamen inzwischen die „Miniaturen“ für Oboe und Violine, Fünf Fantasien für Flöte, Cello und Cembalo, vier Stücke für Klarinette und Klavier, die „Lyrische Kammermusik“ für Klavier, Violine und Viola und das einsätzige Oktett für Klarinette, Horn, Fagott und Streichquintett hinzu, vielfach seriell organisierte, variabel geformte Werke, die die in den Schulen Blachers und Fortners erworbene Metiergerechtigkeit des Autors bezeugen. — Auch *Klaus Huber*

(* 1924) ließ sich von Boris Blacher in die Kompositionstechnik der Gegenwart einführen. Seine Musik ist schon von ihrer meist religiösen Thematik her nicht leicht zugänglich, sie bewegt sich in subtilen Sphären verfremdeter Instrumentalklänge, ungebundener rhythmischer und intervallischer Gestalten. Zu nennen sind „Sabeth" für Altflöte, Englischhorn und Harfe, „Noctes intelligibilis lucis" für Oboe und Harfe mit einem Psalmvers als Motto und die „Moteti-Cantiones" für Streichquartett, dreizehn kurze, meist zarte Sätze von sanft klagendem Ausdruck. — In ähnlicher Art zitiert *Heinz Holliger* (* 1939), der bei Boulez studierte, in seinen Sequenzen für Harfe einen Vers aus dem Johannes-Evangelium. Es sind kurze unmensurierte Klangfiguren ekstatischen Charakters, die eher an Messiaen als etwa an Webernsche Strukturen denken lassen. Das „Mobile" für Oboe und Harfe umfaßt zwölf kurze Abschnitte, die von den Interpreten nach freier Wahl aneinandergereiht werden können. Die gleiche interpretatorische Freiheit wird in dem Trio für Oboe (auch Englischhorn), Viola und Harfe den Spielern eingeräumt. Holliger, der als Oboist Weltruhm genießt, gewinnt seinem Instrument bisher unbekannte Effekte wie Doppelflageoletts und Doppeltriller ab. — *Jacques Wildberger* (* 1922; s. S. 774) hat lange unter dem Einfluß von Pierre Boulez und Wladimir Vogel gestanden, dann aber einen entschieden persönlichen Stil, ein Streben nach neuen Klangverbindungen und eine hohe Satzkunst im Sinne der Schönberg-Webern-Schule bezeugt. Ein 1952 entstandenes Trio für Oboe, Klarinette und Fagott enthält Partien von lyrischer Abundanz. Die „Rencontres" für Flöte (Piccolo) und Klarinette (Bassetthorn), dann das Quartett für Flöte (auch Baß- und Altflöte), Oboe (auch Englischhorn), Harfe und Klavier haben ihn in die europäische Avantgarde eingereiht.

Frankreich — Belgien

Den Ansatzpunkt für sein kompositorisches Schaffen fand *Pierre Boulez* (* 1925) in dem Bedürfnis, aus dem strengen Reglement der Wiener Schule Schönbergs, Bergs und Weberns auszubrechen (s. S. 750). Er war als frühreifes mathematisches Genie für die technischen Wissenschaften bestimmt, und erst, als er aus der Provinz, seiner Heimatstadt Montbrison im Departement Loire, als Achtzehnjähriger nach Paris kam, fiel die Entscheidung für die Musik. Als Schüler Messiaens bemächtigte er sich mit der ihm angeborenen Denkschärfe der Lehre seines Meisters, erfuhr aber wenig später in der Begegnung mit dem Werk Schönbergs die „Erleuchtung", die er in Zwölfton-Kursen bei René Leibowitz befestigte und seiner spezifisch französischen Musikgesinnung, die sich letztlich auf Debussy berief, zu amalgamieren verstand. Als musikalischer Direktor an Barraults Théâtre Marigny und Begründer der Konzertreihe „Domaine musicale" übernahm Boulez schon früh die Führerrolle in der französischen Avantgarde. Nach einigen Pariser Aufführungen erregte er 1951 mit „Polyphonie X" für 18 Soloinstrumente auf den Donaueschinger Musiktagen Aufsehen. Die zunächst mißverstandene Komposition war ein Exempel totaler serieller Organisation der Tonhöhen, Dauern, Stärkegrade und Klangfarben. Literarische Formmuster bestimmten in der Folge die Strukturprinzipien größerer Werke. Gedichte von René Char liegen kantatenartigen Kompositionen wie „Le visage nuptial" und „Le soleil des eaux" zugrunde. „Poésie pour pouvoir" auf Texte von Henri Michaux (mit Orchester und Tonband), schließlich „Pli selon pli — Portrait de Mallarmé" für Sopran und Orchester gehören zu den bedeutendsten Erfolgen des Komponisten. Neben den drei Klaviersonaten, den „Structures" I und II für 2 Klaviere (streng seriell) kommt für den kammermusikalischen Bereich eine Sonatine für Flöte und Klavier von 1946 und „Livre pour quatuor I—VI" (1948/49) in Betracht. Aber gerade diese Werke wurden selten gehört, während „Le marteau sans maître" für Altstimme und 6 Instrumente dem Namen Boulez in der internationalen Musikwelt Achtung und Gewicht verschaffte. Da die Singstimme hier nur in vier der neun Sätze erscheint, indem sie die surrealistischen Verse René Chars artikuliert, darf man das Werk mit Fug in die Kammermusik einreihen. Hier tut sich eine sinnlich betörende Klangwelt auf, die alle Konstruktionen serieller Methodik bis zur Unkenntlichkeit überbordet. Altflöte, Vibraphon, Xylorimba, Gitarre, Bratsche, Trommel, Bongos, Maracas, Glocken, Triangel, Tamtam, Gong, hängende Becken produzieren bizarre, glitzernde, schwirrende Klänge, die an ostasiatische Instrumentalfarben erinnern und einen surrealen, oft orgiastischen Zauber in polyrhythmischen, pointillistischen Formeln ausüben. In der Nuancierung der instrumentalen Medien offenbart sich eine in dieser Art vorbildlose Meisterschaft.

Henri Pousseur (* 1929), der seit 1958 das von ihm gegründete Studio für elektronische Musik in Brüssel leitet, hat sich ausschließlicher als Boulez von den Webernschen Zwölftonmustern faszinieren lassen. Die minuziöse Analyse der ersten Bagatelle aus Weberns op. 9 hat ihn zur Komposition des „Quintette à la mémoire d'Anton Webern" für Klarinette, Baßklarinette, Violine, Violoncello und Klavier (1955) geführt, in dem die subtile Konstruktion der Mikrostrukturen dem Hörer nur den Eindruck eines leeren Tongewebes hinterlassen kann. Zu nennen sind noch die „Ode" für Streichquartett (1960), „Madrigal" II für Flöte, Violine, Gambe, Cembalo und „Madrigal" III für Klarinette, Violine, Violoncello, Schlagzeug und Klavier, in denen die Tondauern durch Ziffern über den Takten in ungefährer Proportion und die Tonhöhen wie die Strich- und Anschlagsarten mit einer Fülle neuer Notationsweisen angegeben sind.

Italien

Die junge Generation der italienischen Komponisten mußte wie ihre unmittelbaren Vorgänger Luigi Dallapiccola und Goffredo Petrassi den Kampf mit den überreichen Musiktraditionen ihres Volkes und Landes aufnehmen. Während diese zunächst einem klassizistischen oder neobarocken Formideal folgten, um der veristischen vokalen Italianità zu entgehen, suchte die Nachkriegsgeneration in den dodekaphonischen und seriellen Strukturprinzipien den Anschluß an die progressive musikalische Denkweise zu finden.

Luigi Nono (* 1924; s. S. 757) verstand schon bald die Zwölftontheorie und die seriellen Praktiken, in denen seine Generationsgenossen befangen waren, ausschließlich als Mittel, den ihn bedrängenden Ausdruckswillen einer strengen geistigen und ästhetischen Kontrolle zu unterwerfen. Zu dieser Erkenntnis hatte ihn nicht allein das Studium bei G. F. Malipiero, Maderna und Scherchen geführt; der Wunsch, sich eine musikalische Individualsprache zu schaffen, hatte weltanschauliche Beweggründe. Sein leidenschaftliches politisches Engagement fand in Orchesterwerken mit programmatischen Titeln und bes. in Vokalkompositionen verschiedener Gattung, nach Texten von Federico García Lorca, Cesare Pavese, Giuseppe Ungaretti, Antonio Machado, Bert Brecht und Peter Weiss seinen Ausdruck. An Werken für kleinere Besetzung ist allein „Polifonica-Monodia-Ritmica" für 6 Instrumente (1951), ein Werk der strengen Webern-Nachfolge, zu nennen. — *Luciano Berio* (* 1925) ist heute wohl der meistgenannte Vertreter der italienischen Avantgarde. Er hat bei Ghedini und Dallapiccola studiert, sich aber bald von den theoretischen Spekulationen seiner Generationsgenossen unabhängig gemacht. Seine Kompositionen für kleinere Ensembles treten zwar an Zahl hinter den Orchesterwerken zurück, sind aber für die Stilwandlungen Berios in hohem Maße signifikant. Die „Due Pezzi" für Violine und Klavier entstanden bereits 1949, wurden aber 1966 revidiert. Eine zart timbrierte Zwölftonreihe erhält im ersten Stück melodischen Rang, ein heiterer Marschcharakter ist im zweiten ausgeprägt. Das Streichquartett 1956 folgt dem Muster Webernscher Aphoristik. Ein zweites, „Sincronie" genannt und 1963 entstanden, erzielt mit rhythmisch freien Wellen, Glissandi und Verfremdungen des Streicherklanges reizvolle, ungewohnte Effekte. Die „Sequenzen" I für Flöte, II für Harfe, V für Posaune, VI für Viola sind Solostücke, in denen dem jeweiligen Instrument ein Höchstmaß virtuoser und spezialisierter Effekte abgewonnen wird; sie haben zum internationalen Erfolg des Komponisten wesentlich beigetragen. — *Goffredo Petrassi* (s. S. 757) ist trotz seines Geburtsjahres 1904 mit drei Werken von

1958/59 in das Musikschaffen der Nachkriegsepoche einzuordnen. Ein Streichquartett macht freien Gebrauch von Zwölftonreihen, eine „Serenata“ für Flöte, Viola, Kontrabaß, Schlagzeug und Klavier räumt den einzelnen Instrumenten, auch dem Baß, längere virtuos-konzertante Solokadenzen ein, wodurch die Gesamtform kapriziös aufgelockert wird. Ein Streichtrio überrascht durch expressive, rhetorisch eindringliche Episoden. — *Bruno Maderna* (1920—1973), der bekannte Avantgarde-Dirigent, ist mit einem Streichquartett (1955) zu erwähnen, das sich in Webernschen Intervallstrukturen und dynamischen Extremen zwischen vierfachem Forte und fünffachem Pianissimo bewegt, ferner mit „Honeyrêves“ für Flöte und Klavier (1963), in denen das Blasinstrument scharfe Tonpunkte setzt, die das Tasteninstrument mit Clusterfolgen auf der Klaviatur und auf den Saiten beantwortet. — *Aldo Clementi* (* 1925) folgt in „Tre piccoli Pezzi“ für Flöte, Oboe, Klarinette von 1955 und einer Sonate für Trompete, Gitarre und Klavier aus dem gleichen Jahr noch den neoklassizistischen Formvorstellungen Strawinskys und seines Lehrers Petrassi. Das „Triplum“ für Flöte, Oboe und Klarinette von 1961 zeigt aphoristische Intervallpartikeln zu rhythmisch überaus komplizierten Proportionen verknüpft. — *Franco Donatoni* (* 1927) bekennt sich in seinem 2. Streichquartett (1958) zu einem rhythmisch streng organisierten Punktualismus, in „For Grilly“ (1960), einer Improvisation für sieben Spieler (Flöte, Klarinette, Baßklarinette, Violine, Viola, Violoncello und Schlagzeug), werden figurative Intervallreihen zu hektischen, zuweilen aggressiven Passagen geformt. — *Niccolo Castiglioni* (* 1932) hat in seinen „Tropi“ für Kammerensemble (Flöte, Klarinette, Violine, Violoncello, Schlagzeug und Klavier) fragmentarische Strukturen von ein bis zehn Takten Dauer mit vielen Pausen zu einem teils flüchtigen, teils eruptiven Tongespinst verbunden. „Gymel“ (Fauxbourdon) für Flöte und Klavier besteht aus brutalen, im Pedal fortklingenden Clusterfolgen, über denen die Flöte „più presto possibile“ kurze Figurationen auszuführen hat.

England

Nicht so sehr die geographische Lage der britischen Insel läßt die englischen Komponisten in Isolation und Zurückhaltung gegenüber kontinentalen Einwirkungen verharren. Man begibt sich zu Studienzwecken nach Paris und Italien, kehrt aber in seiner nationalen Eigenart bestätigt in den geschlossenen Kreis englischer Musikpflege zurück, deren Ausdehnung und Lebendigkeit auf dem europäischen Festland nur unzureichend registriert wird. Die jüngere Generation adaptierte dodekaphonische und serielle Strukturprinzipien, gab aber nationale Überlieferungen, die letztlich auf die Liedkunst und Chorpolyphonie der Elisabethanischen Epoche zurückgehen, niemals ganz auf.

Von *Benjamin Britten* (1913—1976; s. S. 795 f.) sind zwei weitere Werke nachzutragen. Als op. 65 erschien eine Sonate für Violoncello und Klavier mit Widmung an den russischen Cellisten Mstislaw Rostropowitsch, ein traditionell geformtes, bei virtuoser Wiedergabe sehr wirksames Konzertstück, ferner die „Gemini-Variationen" op. 73 für Flöte, Violine und Klavier-Duo über ein Thema aus Zoltán Kodálys „Epigrammen". Britten hatte bei einem Jugendtreffen in Budapest zwei begabte Jungen, zwölfjährige Zwillinge, kennengelernt, deren einer Flöte, der andere Violine, beide Klavier spielten. Sie führten das von Britten erbetene Werk 1965 beim Aldeburgh Festival vor. Ein effektvolles Werk, gewürzt mit magyarischen Rhythmen, Kanons, Spiegelungen und einer brillanten — von Flöte und Violine angestimmten — auf dem Klavier endenden Fuge. — Auch von *Peter Racine Fricker* (* 1920; s. S. 796) wurden in den fünfziger Jahren noch ein zweites Streichquartett op. 20, ein Trio für 2 Klarinetten und Fagott, ein Oktett op. 30 für Bläser und Streicher, ferner zwei Serenaden op. 34 für Flöte, Klarinette, Fagott, Harfe, Viola und Cello und op. 35 für Flöte, Oboe und Klavier bekannt. — Unter den älteren Komponisten, deren Namen erst nach dem Kriege auf dem Kontinent bekannt wurden, steht *Alan Rawsthorne* (1905—1971) an erster Stelle. Von seinen

Beiträgen zur Kammermusik, die serielle Strukturmethoden anwenden, sind zwei Streichquartette aus den Jahren 1954 und 1965, zwei Quintette, eines für Klavier und Bläser, in England viel gehört, das andere für Klavier und Streicher, je eine Duosonate für Klavier und Flöte, Bratsche und Cello, Trios für Klavier oder Harfe mit Streichern oder Bläsern zu erwähnen, sämtlich Kompositionen von kunst- und geistvoller Faktur und klangfarblichen Reizen. — *Humphrey Searle* (* 1915) hat bei Webern studiert und nach einem Quintett über ein Thema von Rimskij-Korssakow für 2 Violinen, Bratsche, Cello und Fagott schon in einem Quartett von 1948 für Violine, Bratsche, Klarinette und Fagott op. 12, einem feingliedrigen, von zartem Beginn zu lebhafteren Rhythmen übergehenden, dann zu fast feierlichem Ausklang sich zurückwendenden Satz, ferner in einer „Passacaglietta in nomine Arnold Schönberg“ op. 16 und den 3 Movements op. 37, beide Werke für Streichquartett, sich ausdrücklich zur dodekaphonischen Methodik der Wiener Schule bekannt. — Der 1932 in Berlin geborene *Alexander Goehr* hat in Manchester und bei Messiaen in Paris studiert und auf Reisen in Japan und Amerika mancherlei Einflüsse aufgenommen, die er vor allem in Bühnenwerken verwertete. Seine „Fantasies“ op. 3 für Klarinette und Klavier sind durchsichtig strukturierte Gebilde, eine Suite für Flöte, Klarinette, Horn, Harfe, Violine (auch Viola) und Cello op. 11, das Klaviertrio op. 20, das Streichquartett op. 23 wenden die serielle Technik auf größere Formen an. — Von *Peter Maxwell Davies* (* 1934), der ein Schüler Petrassis in Rom war, wurden neben Chor- und Orchesterwerken ein „Alma Redemptoris Mater“ für Flöte, Oboe, 2 Klarinetten, Horn und Fagott, das „Ricercar and Doubles on 'To many a well'“ für Flöte, Oboe, Klarinette, Fagott, Horn, Bratsche, Cello und Cembalo und ein Streichquartett von 1961 bekannt. — Wie Goehr und Davies hat auch *Harrison Birtwistle* (* 1934) seine Studien am Royal Manchester College of Music begonnen, nahm aber auch bei einem zweijährigen Amerika-Aufenthalt Fühlung zu neuen kompositorischen Tendenzen auf. Die „Refrains and Chorusses“ für

Flöte, Oboe, Klarinette, Fagott und Horn, ferner die „3 Lessons in a Frame" für Flöte, Klarinette, Violine, Cello und Klavier wurden auf englischen Festivals erfolgreich aufgeführt. — Von *David Bedford* (* 1937), der bei Lennox Berkeley, später bei Nono in Venedig studierte, sind zwei Quintette — das eine für Streicher, das andere, „Pentomino" betitelt, für Bläser — hier zu nennen. — *Richard Rodney Bennett* (* 1936) wurde durch drei Opern, Ballettmusiken und Chorwerke auch auf dem Kontinent bekannt. Sein 4. Streichquartett, Trios für Oboe, Flöte, Klarinette und 3 Violinen, Sonatinen für Soloflöte und Solovioline, ein Bläserquintett zeigen seine subtile freidodekaphonische Handschrift. — Auf vielen internationalen Musikfesten wurden Kompositionen von *Bernard Rands* (* 1935) gehört. Er hat bei Dallapiccola, Boulez, Maderna und Berio studiert, in Mailand, Berlin und Amerika in elektronischen Studios gearbeitet. Seine „Formants-Labyrinthe", ferner „Tableau" für Streich-, Blas- und Schlaginstrumente tragen alle Merkmale avantgardistischer Kunstgesinnung.

UdSSR — Polen – ČSSR – Ungarn – Balkanländer

Die politische Situation läßt engere Kontakte mit den Kunstbestrebungen aller osteuropäischen Länder immer noch nicht zu. Was wir im Westen über das Schaffen der jüngeren Generation in Erfahrung bringen können, sei es auf internationalen Musikfesten, sei es durch die Vermittlung des Rundfunks und der Schallplatte, ist vergleichsweise wenig. Zwar scheinen sich die Forderungen der östlichen Kulturbehörden nach volkstümlicher Leichtverständlichkeit allmählich zu lockern, die offizielle Ablehnung des „westlichen Formalismus" scheint überstanden, progressive Tendenzen aber setzen sich auch heute nur in bescheidenem Maße durch.

In der UdSSR widerrief das Zentralkomitee der KPdSU 1958 die stalinistischen Beschlüsse des Jahres 1948, denen sich alle bedeutenden Musiker mit Reuekundgebungen zu beugen hatten. Dennoch hat sich an der ideologisch bestimmten Haltung der öffentlichen Musikpflege wenig geändert.

Von *Dmitrij Schostakowitsch* (s. S. 659 ff.) sind wesentliche neuere Werke nachzutragen. Während seine zuweilen allzu plakathaften fünfzehn Symphonien im Westen rasch bekannt geworden sind, blieb die Kammermusik, die den Komponisten jenseits aller ideologischen Programme als einen erfindungsreichen Musiker ausweist, nahezu unbekannt. — Die zehn Streichquartette, die zwischen 1951 und 1973 entstanden und mit den Nummern 5 bis 14 bezeichnet sind, unterscheiden sich nur geringfügig von den vier vorausgehenden. Auch das 12. Quartett, op. 133, findet nach mehreren Zwölftonfiguren, die aber nicht als Baumaterial im Sinne Schönbergs genützt werden und insofern nicht als „Reihen" zu verstehen sind, zu tonaler Kadenzierung zurück. Das 5. Quartett op. 92 ist ein urwüchsiges Musizierstück von kraftvoller Originalität. Das 6., op. 101 in G-dur, enthält volkstümliche, tänzerische Charaktere, die in der Art Gustav Mahlers verarbeitet sind. Eine ernsthaftere, lyrisch-deklamatorische Sprache überwiegt im 7. Quartett op. 108 in fis-moll. In op. 110, dem 8. Quartett in c-moll, kontrastiert ein elegisches Largo fugato mit einem brutal akzentuierten Allegro molto, mit einem Allegretto im Walzertakt und einem hochpathetischen Largo, das schließlich zum Anfangssatz zurückfindet. Das 9. Quartett op. 117 in Es-dur zeichnet sich durch fast symphonische Größe der Anlage, dramatische Gegensätze und Strenge in der thematischen Formulierung aus; allen fünf, in ihren emotionalen Charakteren grundverschiedenen Sätzen liegt das gleiche motivische Material zugrunde; ob milde, pathetische, heitere, meditative, derbtänzerische Stimmungen ausgedrückt werden, immer geschieht es mit den Varianten derselben Intervallfolgen. Mit dem 9. Quartett gleichzeitig entstand ein 10., op. 118, ein intim gehaltenes, heller timbriertes Werk, das nur im zweiten Satz zu extremer Dynamik ausbricht. 1966 erschien das 11. Quartett op. 122 in f-moll, in dem suitenartig sieben kurze Sätze (Introduktion, Scherzo, Rezitativ, Etüde, Humoreske, Elegie, Conclusion) ohne Pausen miteinander verbunden sind; mit einem für Schostakowitschs Themenbildung sehr bezeichnenden Violinsolo beginnt der erste Satz; im letzten klingen früher verwendete Motive mehrfach wieder. Die Quartette 13 und 14 entstanden als op. 138 und 142. Als op. 134 erschien 1969 eine Sonate für Violine und Klavier mit Widmung an David Oistrach; Quartenfolgen, Zwölftonbildungen und dissonante Akkordik des Streichinstruments geben dem Werk einen herben Klangcharakter; eine schwierige, nicht unbedingt dankbare Aufgabe für beide Spieler. — Betrachtet man das Œuvre Schostakowitschs im gesamten, so drängt sich die Frage auf, ob diese Fülle von traditionell verankerter Musik als Beweis für die Unerschöpflichkeit des überlieferten Materials gelten könne oder ob alle diese charaktervollen Inventionen als letzte epigonale Nachzügler einer großen Musikepoche einzustufen sind.

Eine fortschrittlich denkende und sich ungehemmt westlichen Einflüssen hingebende Generation sowjetischer Komponisten kam auf Musikfesten mit Neuer Musik inzwischen zu Worte. Von *Edison Denisow* (* 1929) lernte man neben größeren Werken, wie einer Kantate „Le soleil des incas", und Liedern auf Texte Bert Brechts auch eine „Romantische Musik" aus dem Jahre 1969 für Oboe, Violine, Viola, Violoncello und Harfe kennen, ein feinnerviges, hochartifizielles Werk, das sich in biegsamen Rhythmen improvisatorisch frei und ungebunden im zwölftönigen Raum bewegt. — *Alfred Schnittke* (* 1934) hat zur Kammermusik einige Stücke für Violine und Klavier, ein Streichquartett und einen „Dialog" für Violoncello und sieben Instrumentalisten (Flöte, Oboe, Klarinette, Horn, Trompete, Schlagzeug, Klavier) beigetragen. Auch er hat sich einer gemäßigten dodekaphonischen Schreibweise zugewandt. Das einsätzige, in Sonata–Canon–Cadenza unterteilte Streichquartett besitzt ein unverkennbares tonales Zentrum C. Die formale Idee des kunstvoll gesetzten Werkes dürfte eine Art Scheinimprovisation sein, die sich schließlich in einer aleatorischen Periode vollendet, bis eine Art Reprise zu dem tonalen Zentrum zurückführt. Die letzten Takte zeigen die kanonartige Auflösung einer zwölftönigen

Figur. In einer „Serenade" für Klarinette, Kontrabaß, Schlagzeug, Klavier, Violine mischt Schnittke vitale Ausbrüche und parodistische „Collagen" aus tänzerischer Trivialmusik mit sentimentalen Violinmelos, Geräusch-Crescendi aller Instrumente, Glocken, exotischen Pauken und Klavierclusters zu totaler Willkür. Das in leisen Einzeltönen verklingende Werk hinterläßt dennoch den Eindruck einer starken Begabung und bedeutender Metiergewandtheit. — *Walentij Silwestrow* (* 1937) begann in einem vom mittleren Schönberg abgeleiteten, streng dodekaphonischen Stil und wandte sich dann vornehmlich Experimenten mit neuartigen Klangkombinationen zu. Ein Trio für Flöte, Trompete und Celesta, „Projektion" für Klavier, Vibraphon und Glocken, ferner „Mystères" für Altflöte und Schlagzeug bezeugen solche Tendenzen. In „Mystères" soll die Schlagzeuggruppe den antiken Chor versinnbildlichen und in beziehungsvollen Kontrasten zur Flöte einen magischen Ritus suggerieren. Neben der gewohnten Notation der Tonhöhen und -dauer macht Silwestrow auch Gebrauch von unmensurierten Werten, „chronometrischen Feldern" und freien, auf koordinierende Zeichen der Interpreten untereinander berechneten Episoden.

Als im Jahre 1956 in Polen die kulturpolitischen Fesseln sich lockerten, trat eine Gruppe junger Komponisten auf dem Forum der europäischen Musik in den Vordergrund des Interesses. Im Schaffen *Witold Lutosławskis* (* 1913; s. S. 805), des Seniors der polnischen Avantgarde, zeichnet sich die Entwicklung von folkloristischem Materialgebrauch zu seriellen Strukturbindungen oder aleatorischer Freizügigkeit ab. Das bedeutende Streichquartett aus dem Jahre 1964 ist vorwiegend in „Stimmheften" statt in Partitur notiert, da die Spieler nicht synchron zu spielen haben. „Jeder führt seinen Part so aus, als ob er allein wäre." Der Komponist motiviert die damit erzielten Fluktuationen des Zusammenspiels so: „Es handelt sich nicht um eine Frage von Unterschieden der Wiedergaben, nicht um eine Frage der Überraschung, noch wollte ich mich von einem Teil der Verantwortung gegenüber dem Werk befreien und sie auf die Spieler übertragen. Mein Ziel war lediglich ein bestimmtes klangliches Resultat, das — speziell was Rhythmik und Ausdruck angeht — auf keinem anderen Weg zu erreichen ist." Das Werk verbindet ohne merkbare Zäsur einen Einleitungssatz mit einem umfangreichen Hauptteil, der erregende Perioden, Pizzicato-Folgen, akkordische Klangfelder, Glissando-Formen in langsamer und schneller Bewegung und punktuelle Zersplitterung in mehrfachem Wechsel bringt. Die Verfremdung des Streicherklanges, der für die Kompositionstechnik der jungen Generation, insbesondere der polnischen, charakteristisch ist, spielt in Lutosławskis Quartett eine entscheidende Rolle. Durch gegenläufige Glissandi werden Clusterklänge erzeugt; ungewohnte Stricharten diesseits und jenseits des Stegs, Schlag- und Klopfeffekte am Instrumentenkorpus, Reib- und Kratzgeräusche bereichern die Farbskala. „Die Veränderungen in Dichte, Farbe, Dynamik und den Mischungsanteilen des Klanges bilden oft den wesentlichen, manchmal ausschließlichen Inhalt der Komposition. Denn Polyphonie und interne Struktur gehen in der Globalwirkung unter, die Form verflacht zu einer Kurve wechselnder Klangzustände und diese nutzen sich relativ schnell ab" (Ulrich Dibelius). — *Kazimierz Serocki* (* 1922) hat nach Studien in Paris bei Nadia Boulanger vor allem in Darmstadt wichtige Anregungen empfangen, die sich in postseriellen Strukturen mit neuartigen Farbklängen niederschlagen. Seine „Episoden" für Streicher und 3 Schlagzeuggruppen, ferner ein „Continuum" für 6 Schlagzeuger, die beide eine breite Skala ätherischer bis heftiger aggressiver Klangcharaktere durchschreiten, dokumentieren die experimentellen Neigungen des Komponisten. — *Włodzimierz Kotoński* (* 1925) begann mit den traditionellen Klangmitteln, hat aber in einer Schlagzeugstudie „A Battere" mit exotischen Trommel- und Beckengeräuschen von primitiv-ursprünglicher, dynamischer Varietät seine Hinwendung zur „konkreten" Musik belegt. — *Henryk Górecki* (* 1933) und *Krzysztof Penderecki* (* 1933) haben ähnlich wie Lutosławski mit verfremdeten Streicherklängen experimentiert. Der Name

Penderecki kam in Deutschland vor allem durch die im Dom zu Münster uraufgeführte Lucas-Passion (1965) in aller Munde. Die raffinierte Klangphantasie, die hier und in anderen chorischen Kompositionen für die Kirche, zuletzt auch in der Oper „Die Teufel von Loudun" starke dramatische Affekte und Nervenreize auszulösen vermag, ging aus früheren orchestralen und kammermusikalischen Versuchen hervor. Ein Capriccio für Soloviolончello und das 1. Streichquartett aus dem Jahre 1960 sind für diese Klangfarbenkombination bezeichnend. Im Quartett werden einzelne Abschnitte durch Wechsel in der Farbe des Figurationstyps und in der Dichte und Geschwindigkeit der Klangereignisse markiert. Hektische Erregungszustände scheinen sich in den rücksichtslosen Geräuschakzenten der Streichinstrumente auszudrücken. Die gleichen Glissando-Massen, vehement gerissene, dissonante Akkordik, Ponticello-Passagen, Klopfeffekte am Korpus der Instrumente regieren auch das 2. Streichquartett von 1970. Reale, „gegriffene" chromatische Passagen, selten rhythmisierte, motorische Partien treten hinter den neuen spieltechnischen Effekten einer extravaganten Klangphantasie zurück, die sowohl träumerische, versonnene Momente wiederzugeben wie mit rasenden Agitato-Phrasen zu brillieren sucht. Solche Geräuschfarben sind nun gewiß weniger im intimeren Bereich der Kammermusik am Platze, eher werden sie als Material zur Hervorbringung naturalistischer Wirkungen in Chor- oder Bühnenwerken dienen können. Weisen sie vielleicht Wege zu einer neuen veristisch-illustrativen Programmusik?

In Jugoslawien haben die jüngeren Komponisten die nationale Note unter dem Einfluß westlicher avantgardistischer Experimente eingebüßt. *Milko Kelemen* (* 1924; s. S. 821) folgt in einem Concertino für Kontrabaß (Violoncello) und Klavier von 1959 noch festen rhythmischen Normen. Sein Bläserquintett „Entrances" (1966) fordert von den Spielern (Flöte, Oboe, Klarinette, Horn und Fagott), daß sie auch nebenher vier „Frösche", Glasglöckchen, Jaycall (Vogelruf) und eine Lotosflöte bedienen. Die Musiker treten nacheinander auf; zuerst präludiert der Klarinettist, dann erscheint der Oboist („Das Geräusch der Schritte kann hörbar sein“). Beide versuchen sich in Klappengeräuschen und tonlosen Luftstößen, Flatterzunge und Vierteltonintonationen. Flötist und Fagottist kommen hinzu, zuletzt mischt sich der Hornist ein. Der Effekt ist happeningartig, wenn die weiteren Instrumente das ohnehin aleatorische Spiel kindlich einfärben. Der Spaß endet mit drei Fortissimo-Sechzehnteln der Piccoloflöte.

Auch in der Tschechoslowakei sind nach Jánaček und Martinů (s. S. 785 f.) keine profilierten Komponistenpersönlichkeiten bekannt geworden. Der Name *Marek Kopelent* (* 1932) wurde auf Festivals der Neuen Musik gelegentlich genannt. „Reflexe“ für Flöte, Violine, Viola, Violoncello, eine „Musik für fünf“ (Oboe, Klarinette, Fagott, Viola, Klavier) und zwei Streichquartette bewegen sich in zunehmend modernistischem Fahrwasser. In den Quartetten werden neue Farbeffekte mit Schlägen der Bogensehne auf die Saiten, Spiel hinter dem Steg, Tremolo auf dem Steg, aleatorischen Passagen und Klopfen auf den Korpus gesucht. Das letzte Streichquartett fordert Intonationen von Viertel- und Dreivierteltönen.

Eine bedeutende Rolle im avantgardistischen Musikschaffen spielt seit anderthalb Jahrzehnten der Ungar *György Ligeti*. In Dicsöszentmarton (Siebenbürgen) 1923 geboren, nahm er 19jährig das musiktheoretische Studium bei Ferenc Farkas am Konservatorium seiner Heimatstadt auf und setzte es nach dem Kriege in Budapest bei Sándor Veress fort. 1950 wurde er selbst als Lehrer an die Budapester Musikhochschule berufen. Im leidenschaftlichen Streben, den progressiven Tendenzen, die er bisher nur in wenigen Beispielen kennengelernt hatte, näherzukommen und sich ihnen anzuschließen, flüchtete er 1956 aus Ungarn. Über Wien kam er nach Köln, wo er mit Stockhausen und Eimert zusammenarbeitete und elektronische Stücke schrieb. Die Aufführungen von „Artikulation“ 1958 in Köln (für elektronische Klänge), ein Jahr später der „Apparitions“, 1961 der „Atmosphères“ für großes Orchester machten in gewissem Sinne Epoche, indem hier eine Technik der Verwebung vieler Stimmen — die „Atmosphères“ sind auf siebenundachtzig Systemen notiert, die Violinen achtundzwanzigfach geteilt – zu einer „Mikropolyphonie“ angewandt wurde, einer statisch wirkenden Klangfläche kleinster Intervallfolgen, innerhalb welcher melodische, harmonische, ja selbst rhythmische Elemente nicht mehr wahrnehmbar sind. Die Trennung von der herrschenden seriellen Durchstrukturierung, deren Problematik in diesen Jahren allenthalben sichtbar wurde, führte Ligeti zu einer extremen kompositorischen Position, die schwer fixierbar ist. Nach eigener Formulierung des Komponisten sind in seinen Werken Klangfarbe und Dynamik die hauptsächlichen Träger der musikalischen Struktur. In Vokalwerken, einem doppelchörigen „Requiem“ mit Orchester und einem „Lux aeterna“ für 16stimmigen A-cappella-Chor, hat er jedoch andere Wege gesucht und bereits eingeschlagen. So entstanden 1968 zehn Stücke für Bläserquintett, aphoristische Miniaturen, in denen jeweils ein Instrument virtuos und konzertant dominiert, während die übrigen sekundieren. In dem 2. Streichquartett — das 1. entstammt noch der Budapester Zeit — deuten die fünf Sätze zwar die traditionellen Ausdruckscharaktere an, doch treten auch — etwa im zweiten „Sostenuto molto e calmo“ — wieder die typischen Halbton-Fluktuationen der vibrierenden Klangflächen hervor. Der dritte Satz, gleichsam das Scherzo, erinnert in seiner klopfenden und knisternden Mechanik an das 1962 von Ligeti vorgeführte „Poème symphonique“, ein musikalisches „Zeremoniell“ für 100 auf verschiedene Tempograde eingestellte Metronome. Das „Presto furioso, brutale, tumultuoso“ ist voller wilder Ausbrüche und härtester Akzente, der fünfte Satz „Allegro con delicatezza“ hat versöhnenden Charakter. Der Komponist, der dieses Quartett unter seinen Werken besonders hoch bewertet, erklärt es als einen Neuanfang von Kontrapunkt und Harmonik.

György Kurtág (* 1926) hat die Reihe der Bartók-Nachfolger längst verlassen, die Zwölftonlehre durchlaufen und zu einem eigenen Stil gefunden. Sein als op. 1

bezeichnetes, 1959 entstandenes Streichquartett stellt in sechs Sätzen verschiedenartige Strukturtypen auf, die auch farblich divergieren. Die „Duos für Violine und Cymbal“ lassen zumindest in ihrem freirhythmischen Charakter mit dem Farbton des Volksinstruments Cymbal eine lose Verbindung zur Folklore spüren. Ein Bläserquintett von 1964 wurde wegen seiner sprechenden Formulierungen und kunstvollen Satzweise beifällig aufgenommen.

Der Rumäne *Stefan Niculescu* (* 1927) wurde durch eine Sonate und eine Invention, beide für Klarinette und Klavier, und durch ein dynamisch kontrastreiches, nervös vibrierendes „Triplum“ für Flöte, Violoncello und Klavier bekannt.

Von den anderen Balkanländern ist nur aus Griechenland einiges Neue zu uns gedrungen. *Nikos Mamangakis* (* 1929; s. S. 823) hat ein Streichquartett „Tetraktys“ (1963) geschrieben, in dem die Instrumente durch Spiel am Frosch oder Steg und häufige Glissandi in fortlaufender schneller Bewegung ein Perpetuum mobile der Geräusche erzeugen. In „Antagonismi“ spielt das Schlagzeug (von Trommeln bis Mundsirene) als Partner eines Violoncellos eine bedeutende Rolle. Ähnlich sind die Effekte in „Trittys“ auf Cymbal, Becken, Tamtam, Gitarre und zwei Kontrabässe verteilt, oder in den „Konstruktionen“ für Flöte und Schlagzeug. — Wie viele Musiker der Avantgarde hat auch *Iannis Xenakis* (* 1922) die strengen Gesetze der Mathematik und der technischen Wissenschaften neben denen der Musik studiert. Er war längere Zeit Assistent des französischen Architekten Le Corbusier. Seine Bemühungen um die Grundlagen einer „stochastischen“ Musik (von griech. „stochos“ = Ziel, Zweck), die vom Komponisten in „Denkschemata, operationellen Prototypen“ gefunden und erst dann klanglich materialisiert wird, haben zur Einführung der Computer in den schöpferischen Prozeß geführt. Man hat in den letzten Jahren auf Musikfesten größere Werke des in Paris, zeitweise auch in den USA arbeitenden Komponisten gehört. Ein Oktett für zwei Violinen, Cello, Kontrabaß, Viola, Klarinette, Horn, Fagott trägt den Titel „Anaktoria“ = Götterwohnungen. Für Soloviolincello ist „Nomos Alpha“ bestimmt, ein Stück mit verblüffenden virtuosen Experimenten auf dem Instrument; ferner sind zu nennen ein Streichquartett voll vielfarbiger Geräusch-Konstruktionen und „Morsima — Amorsima“ (von griech. „moros“ = Schicksal, Tod) für Klavier, Violine, Violoncello, Kontrabaß. — *Arghyris Kounadis* (* 1924) ist am Institut für Neue Musik in Freiburg/Brsg. tätig. Unter mehreren Werken verschiedener Gattungen ist im Bereich der Kammermusik das 1970 uraufgeführte Quintett für 5 Bläser (Flöte, Oboe, Klarinette, Horn, Fagott) bemerkenswert. Es steht unter dem Motto „Wer Ohren hat zu hören, der höre“, womit auf die Schwierigkeit der Apperzeption des ungemein kunstvoll-polyphonen Satzes hingewiesen sein mag. Zwölftonreihen, melodische Floskeln in der Flöte, mal mit „romantisch“, mal auf der Piccoloflöte mit „hysterisch“ bezeichnet, wechselnde Taktarten, aleatorische Perioden, in denen „alle möglichen Klangfarben“ wie z. B. Klappengeräusche anzuwenden sind und nach graphischen Lineaturen improvisiert werden muß, zerstäuben die Form. Fünf Metronome, in unterschiedlicher Geschwindigkeit laufend, leiten zum ersten Motiv der Flöte zurück, dieses Mal „mystisch“ auf der Okarina geblasen. Es folgt eine Art Reprise, die aber nun in dynamisch rasch gesteigerten, grellen, rhythmisch-unisonen Holzbläserfiguren über einem Dreiton-Ostinato des Horns ausläuft. „Blues“ für Flöte und Cembalo entwickelt über ostinaten Rhythmen „con morbidezza“ drei zwölftönige Flötenvariationen.

Amerika

Die Bemühungen um eine eigenständige Musikkultur in den USA hatten parallel mit dem ungeheuren Wachstum der reproduktiven Mittel die ersten Erfolge gezeitigt, als durch die Immigration der stärksten schöpferischen Potenzen Europas wie Strawinsky, Schönberg, Hindemith und Bartók, die unter der jungen Komponistengeneration alsbald Schüler und Anhänger gewannen, die Einflüsse der Alten Welt wiederum den nationalen Aufschwung retardierten und übermächtig wirksam wurden.

Den engen Kontakt mit europäischen Traditionen hat der seit vielen Jahren vorzugsweise in Deutschland und Italien lebende *Elliott Carter* (* 1908) niemals zu lösen getrachtet. In zwei Streichquartetten, einem Bläserquintett und einer Sonate für Flöte, Oboe, Violoncello und Cembalo hat er klanglich differenzierte, polyphone Strukturen geschaffen, die einen hohen Standard im künstlerischen Handwerk beweisen. — Ein Quartett für Holzbläser von *Milton Babbitt* (* 1916) reiht nach Weberns Vorbild Intervalle zu Kombinationen von dynamischer, selten expressiver Varietät. — *Gunther Schuller* (* 1925) hat auf europäischen Musikfesten vielfach Erfolge errungen. Ein rhythmisch kompliziertes, aleatorische Perioden einbeziehendes Streichquartett und ein ähnlich strukturiertes, mit Jazzelementen spielendes Bläserquintett sind hier zu nennen. — Das Amerika der Nachkriegsepoche wird zweifellos vornehmlich durch *John Cage* (* 1912) und seinen Kreis repräsentiert. (Wir haben allerdings inzwischen Beispiele amerikanischen Pioniergeistes in den verspätet bekannt gewordenen Werken Charles Ives' [s. S. 777] kennengelernt, in denen bereits das ganze Arsenal der modernen Experimente mit Klangfarben, Vierteltönen, tonaler und aleatorischer Freiheit, Cluster und Collagentechnik zu finden ist.) Cage hat zwar bei Schönberg studiert, ließ sich aber eher von Henry Cowell (1897—1965) inspirieren, der in der Zeit zwischen den Kriegen durch seine Klavierclusters in Europa Aufsehen erregte. Wegen seiner Kompositionen für „prepared piano", bei welchen kleine Holzstückchen, Gummi, Metall, Schrauben, Bolzen, Filzstreifen und dergleichen zwischen den Saiten montiert werden, hat man Cage als Scharlatan in Verruf gebracht, obwohl die dem Instrument auf diese Weise abgewonnenen Klänge keineswegs ohne Reiz sind. Er hat auch als erster die Zufallsmanipulation in die Kompositionstechnik eingeführt und damit die zahllosen Versuche mit der Aleatorik ausgelöst. Stockhausen hat gesagt, durch die „Streiche" Cages sei die junge Generation zu neuen Ideen und Denkweisen ermutigt worden. Zur Kammermusik kann kein Stück aus seinem riesigen bisher publizierten Œuvre gezählt werden, ebensowenig die meist graphisch notierten Kompositionen seiner Schüler *Christian Wolff* (* 1934) oder *Morton Feldman* (* 1926). — *Earle Brown* (* 1926), gleichfalls von Cage angeregt, hat auf Vortragsreisen in Europa seine Ideenwelt zu deuten gesucht. Die Partituren für seine Werke, darunter ein Streichquartett, „Music for Cello and Piano", „Folio and 4 systems", „Available Forms", „Hodograph" für Flöte, Klavier, Celesta, Glocken, Vibraphon, Marimbaphon, sind „indeterminiert" aufgezeichnet, d. h. sie lassen den Spielern die freie Entscheidung über Wahl und Reihenfolge der graphisch oder auf Notensystemen fixierten musikalischen „Ereignisse". — Der 1931 als Sohn böhmischer Eltern in Cleveland (Ohio) geborene *Gerald Humel* lebt seit 1960 in Westberlin. Nach Studien in New York und London schloß er bei Boris Blacher und Josef Rufer seine Ausbildung ab. Er schrieb für Flöte solo ein Präludium und Scherzo, für Viola allein eine Sonate in vier Sätzen, deren letzter einen frei improvisatorischen Sprachduktus ausprägt. Duosonaten mit Klavier für Violoncello und Klarinette zeugen von artifizieller Satztechnik und einem starken musikantisch-motorischen Temperament. Zwei Sonaten für Violine und Klavier, die erste mit dem Titel „A Journey to Praha", eine Sonate für Flöte und Gitarre, ferner ein zweisätziges Duo für Viola und Violoncello, das beiden Instrumenten dankbare Aufgaben stellt, sind weitere Beweise von Humels außerordentlicher satztechnischer Gewandtheit und seinem hohen Kunstverstand. Sein Trio für Flöte, Bratsche und Violoncello (1964) ist ein Werk von kontrastreicher herber Klanglichkeit.

Obwohl der Argentinier *Mauricio Kagel* (* 1931) für sein „Instrumentales Theater" oft nur kleine Musikergruppen heranzieht, kommen seine Experimente mit den verschiedensten Klangmaterialien von elektronischen Medien und Apparaturen bis zu Kindertrompeten, Kuckuckspfeifen, Gartenschläuchen, Schildkrötenschalen, Schwirrholzsätzen, Ballons, Nadel- und Rundstabgeigen, Ratschen und dergleichen für die kammermusikalische Praxis kaum in Betracht. Aus diesen unter Titeln wie „Sonant", „Heterophonie", „Schall", „Unter Strom" oder „Acustica" auf einem laboratoriumsähnlichen Podium würdevoll exekutierten „Partituren" (voller verbaler Anweisungen und minimaler Fixierung der Noten bzw. Tonhöhen) scheinen leicht versnobte Auditorien ein wie immer geartetes Vergnügen filtrieren zu können. Kagel kam 1957 nach Deutschland und hat seitdem seinen Wohnsitz in Köln, wo er das Institut für Neue Musik an der Rheinischen Musikschule, die Kölner Kurse für Neue Musik und ein Ensemble für Neue Musik leitet. Kagel hat in seiner argentinischen Zeit auch Kammermusikwerke in den hergebrachten Formen geschrieben, so die Variationen für Flöte, Klarinette, Violine und Violoncello von 1952 und ein nicht uninteressantes Sextett für 2 Violinen, 2 Violen, 2 Violoncelli aus dem Jahre 1953, das er 1957 revidiert hat. Der Erfolg Kagels aber beruht doch auf den theatralisch-circensischen Stücken wie „Match" für 2 Celli und Schlagzeug, „Sur scène" für Sprecher, Mime, Sänger und 3 Instrumentalisten und anderen Werken dieser Art, die parodistische Clownerie mit „dadaistischen" Geräuschmontagen verknüpfen.

Japan — Korea

Die abendländische Musikkultur, deren Untergang zu prophezeien Soziologen und Kunstbetrachter in Europa nicht müde werden, erlebt in Japan seit etwa vier Jahrzehnten eine Blüte ungeahnten Ausmaßes. Insbesondere die deutschen Meister — von Bach bis Brahms oder Wagner — werden dort von Millionen gehört, verstanden und verehrt. Hervorragende Orchester und Chöre wurden gebildet, diese Kunst zu vermitteln, Lehrinstitute mit unermeßlichen Schülerzahlen ziehen eine Interpretengeneration heran, die der europäischen und amerikanischen ebenbürtig ist. In vielen Orchestern der westlichen Welt spielen bereits japanische Musiker.

Den japanischen Komponisten gilt die in Tradition

erstarrte Musik ihres Volkes, die höfische Kunst des Gagaku oder die theatralische der No- und Kabuki-Spiele nur als historisches Relikt, das nach eigener Aussage allenfalls exotischen Reiz auszuüben vermag. Sie haben sich an westlichen Mustern orientiert und sind den seriellen Strukturprinzipien Weberns, Boulez' oder Stockhausens gefolgt. Viele sind in Berlin, Paris oder in den USA ausgebildet, arbeiten in elektronischen Studios und haben sich inzwischen im eigenen Land alle technischen Voraussetzungen für ihr Metier geschaffen. Diese neue japanische Musik scheint weniger auf dynamische oder expressive Wirkungen berechnet als auf die Transparenz fein ziselierter linearer Strukturen, was als Entsprechung zu überlieferten ostasiatischen Kunstformen, etwa der japanischen Holzschnittkunst, verstanden werden darf.

Eine beträchtliche Zahl von Komponisten fand auf den Musikfesten westlicher Länder Beachtung. *Yoritsune Matsudaira* (* 1907) hat wohl als erster versucht, die Folklore seines Landes nach seriellen Normen zu strukturieren. — *Makoto Moroi, Toru Takemitsu* und *Kazuo Fukoshima*, alle 1930 geboren, sind mit kleineren oder größeren Kompositionen häufig auf europäischen Konzertprogrammen erschienen. Eine Bevorzugung der Flöte als Soloinstrument erklärt sich wohl aus dem Glauben der Asiaten an die magische Kraft dieser Töne über die Geister der Toten. — In Berlin sind seit langem *Makoto Shinohara* (* 1931) und *Maki Ishii* (* 1936) heimisch geworden. *Shinichi Matsushita* (* 1922) und *Akira Miyoshi* (* 1933) gehören dem gleichen Kreis durch die Moderne beeinflußter Japaner an. — Den breitesten Erfolg errang vielleicht *Toshiro Mayuzumi* (* 1929) mit seiner aufwendigen Nirwana-Symphonie; aber auch mit seinen höchst reizvollen Stücken für präpariertes Klavier und Streichquartett und mit dem von „meditativen" Fermatenfolgen zu wilden Ausbrüchen ostinater Septimenakzente fortschreitenden „Prélude" für Streichquartett bezeugte er seine vielseitige und originale Begabung.

Der Koreaner *Isang Yun* (* 1917) hat sein Musikstudium erst 1939 in Japan begonnen und seit 1946 an der Universität Seoul als Dozent für Musiktheorie gewirkt. 1956 setzte er seine Studien in Paris fort und beendete sie 1958/59 an der Berliner Hochschule bei Boris Blacher, Reinhard Schwarz-Schilling und Josef Rufer. Seit 1964 in Berlin ansässig, wurde er 1967 vom südkoreanischen Geheimdienst nach Seoul verschleppt und unter der Beschuldigung staatsfeindlicher Kontakte mit Nordkorea zu lebenslanger Haft verurteilt; weltweite Proteste bewirkten seine Begnadigung und 1969 die Rückkehr nach Berlin, wo man ihm die Leitung einer Kompositionsklasse an der Musikhochschule übertrug.

Die Zahl der in Europa entstandenen Werke Yuns ist beträchtlich. Neben Kompositionen für Orchester, einem Chorwerk und vier Opern sind mehrere Stücke mit kleinerer Besetzung als besonders exemplarisch für den aus ostasiatischen und europäischen Überlieferungen gemischten und entwickelten Stil zu bezeichnen. Das exotische Element tritt dabei in allen Werken Yuns nur zum kleinsten Teile in einigen Verfremdungen der Streicher- und Bläserklänge oder etwa in den Effekten eines koreanischen Schlaginstrumentes hervor; auch die heimatliche Folklore spielt nur eine minimale Rolle. Was diese Musik von der europäischen radikal unterscheidet, ist die geistige Haltung und künstlerische Denkweise des Ostasiaten. Yun kennt keine tonale Bindung, dodekaphonische oder serielle Strukturen findet man hier nur selten. Trotz kantabler Phrasen kann man kaum von thematischer Substanz sprechen. Tempowechsel sind ebensowenig wahrzunehmen wie harmonische oder rhythmische Entwicklungen. Es bleiben vielfarbige, oszillierende Klangflächen, langgehaltene Haupttöne oder akkordische Komplexe, denen ornamentale Figurationen, diese oft in Zwölftonfolgen, als Bewegungskomponenten beigefügt sind. Die Reihung solcher mehr oder weniger rhythmisch belebter Elemente ergibt keinerlei Formengestalt im europäischen Sinne; die kontinuierlichen Klangketten von oft rauschhaft narkotischem Reiz sind dem asiatischen Musikbegriff, wie wir ihn auch aus indischen Beispielen kennen, in besonderer Weise adäquat.

In Darmstadt hörte man 1959 die dreisätzige „Musik

für sieben Instrumente“ (Flöte, Oboe, Klarinette, Fagott, Horn, Violine, Violoncello). Dreisätzig auch ein Streichquartett von 1960, reich an Klangverfremdungen, Glissandi und Pizzicato-Effekten. Duos für ein Soloinstrument und Klavier entstanden 1963/64. Ein Stück für Flöte ist „Garak“ betitelt, was eine Melodienfolge von schärfster Gegensätzlichkeit, krauser Ornamentik und verhauchenden Flatterzungeneffekten bedeutet. „Gasa“ (koreanisch = Gesang) für Violine ist ein träumerisches Stück mit bewegtem Mittelteil, das auch an den Pianisten virtuose Ansprüche stellt. „Nore“ (= Gesang) für Violoncello ähnelt formal dem Violinstück, erreicht aber nicht ganz dessen Farbigkeit. „Riul“ für Klarinette gibt im Titel, der „Fließende melodische Linien“ andeutet, den Charakter des Werkes, durch reiche Ornamentik aufgelöste Haupttöne, treffend an. „Images“ für Flöte, Oboe, Violine und Violoncello (1968) bezieht sich auf ein Grabfresko aus dem 6. Jahrhundert n. Chr. in Pyong-Yang, das eine phantastische Tiergestalt, die Vereinigung der Schutzgötter Drache, Tiger, Phönix und Schildkröte, darstellt. Den Farben, Linien, Kontrasten und Verschmelzungen dieses in aller Gegensätzlichkeit einheitlichen Gemäldes entsprechen die strukturellen Einzelheiten und formalen Gesichtspunkte des Quartetts. Der dodekaphonische Aufbau in den ruhigen ersten Takten der sordinierten Streichinstrumente mit gehaltenen Flageolett-Tönen scheinen eine religiöse Meditation anzudeuten.

W. K.

STICHWORTVERZEICHNIS

Fachwort-Erklärungen und das Wichtigste über Musikinstrumente und musikalische Formen

Absolute Musik, durch sich selbst wirkende Musik. Sie will weder dichterische noch malerische, philosophische oder andere außermusikalische Vorstellungen vermitteln. Ihr Gegensatz: Programmusik.

Accelerando, schneller werdend.

Adagio, langsames Musikstück.

Ad libitum (a piacere), nach Belieben. Gegensatz: obligat.

Affettuoso, mit betonter Empfindung.

Agitato, bewegt.

Agogik, leichtes gefühlsmäßiges Ab- und Zugeben in Zeitmaß und Rhythmus beim Vortrag eines Musikstücks.

Akkord, Zusammenklang mehrerer Töne, z. B. Dreiklang (Grundton, Terz und Quinte), Vierklang (Grundton, Terz, Quinte und Septime), Fünfklang (Grundton, Terz, Quinte, Septime und None).

Akkordeon, Ziehharmonika.

Akustik, physikalische Lehre vom Wesen der Klänge (Entstehung, Art — z. B. Geräusch oder Ton —, Größe, Farbe, Höhe, Verbindung usw.).

Aleatorik, dem Interpreten vom Komponisten eingeräumt, begrenzte Freiheit, Klangeffekte in zufälliger oder frei gewählter Abfolge auszuführen.

Alla-breve-Takt, $^2/_2$-Takt. Vom Dirigenten werden nur die Halben, nicht die Viertel angedeutet. Die erste Halbe ist betont (schwer).

Allegretto, ziemlich schnelles Musikstück, auch Bezeichnung für einen kleinen Allegrosatz.

Allegro, schnelles Musikstück, außerdem Satzbezeichnung.

Allemande, alter deutscher Reigentanz, später von England und Frankreich übernommen und von dort mit der Kunstmusik wieder zu uns gekommen. Die Allemande ist einer der vier Sätze der alten Suitenform (Allemande, Kurante, Sarabande, Gigue) und steht im ruhigen Zwei- oder Vierviertelakt.

Alteration, chromatische Veränderung eines Akkordtons.

Alternativ, Mittelteil eines nach dem Formschema A B A

gebauten Stückes, z. B. das Trio eines Menuetts oder Marsches. Siehe Trio.

Andante, ruhiges Musikstück, auch Satzbezeichnung.

Andantino, etwas lebhafteres, auch kleines Andante.

Anglaise, Kontertanz aus Alt-England. Im Gegensatz zum Einzeltanz ein Tanz für mehrere Paare.

Animato (con anima), beherzt.

Ansatz, a) bei Blasinstrumenten die Stellung der Lippen beim Anblasen, b) beim Gesang die Stellung der an der Tonbildung beteiligten Organe.

Anschlag, Art der Hervorbringung des Tones bei Tasteninstrumenten (z. B. legato, staccato).

Ansprache, mehr oder weniger genaues Erscheinen eines Tones beim Anschlagen, Anblasen, Anzupfen u. a.

Anthem (engl. Entstellung aus „Antiphon"), in der engl. Kirchenmusik des 16. und 17. Jahrhunderts eine nichtliturgische Chormusik in der Volkssprache, gewöhnlich beim Morgen- oder Abendgebet.

Aperto, offen.

Arco, „mit dem Bogen". Kennzeichen für Streichinstrumentalisten, nach „pizzicato"-Stellen zur Hervorbringung der Töne wieder den Bogen zu benützen.

Arie (Aria, Air), Sologesangstück lyrischen oder dramatischen Charakters in ursprünglich dreiteiliger Liedform. In Instrumentalsätzen langsamer, liedartiger Satz.

Arpeggio, rasches Nacheinanderschlagen der Töne eines Akkordes, in der Notenschrift bezeichnet durch Schlängellinie.

Assaggio, Kostprobe.

Assai, sehr; allegro assai, sehr schnell.

Atonale Musik, Musik, in der die Gesetze der Tonalität keine Gültigkeit haben. Siehe auch Zwölftonmusik.

Attacca, unmittelbares Übergehen zweier Sätze ineinander.

Aubade (Alba), Morgenlied der Troubadours und Minnesänger. Gegenstück zur Serenade, meist vokal.

Auftakt, unvollständiger, unbetonter Takt am Anfang eines Musikstücks oder eines seiner Teile.

Badinage, Badinerie, tänzelndes Scherzo älterer Suiten.
Bagatelle, kleines Charakterstück.
Balalaika, nationalrussisches Saiteninstrument mit dreieckigem Klangkörper aus Holz und langem Halse mit Bünden.
Ballade, Tondichtung erzählenden Charakters. Ursprünglich Tanzlied. Gesang mit Instrumentalbegleitung oder reines Instrumentalstück.
Balleto, Tanzsuite des 17. und 18. Jahrhunderts.
Ballo, geradtaktiger Schreittanz ohne Trio.
Bandonion, kleine Ziehharmonika mit achteckigem Gehäuse.
Banjo, gitarreartiges Saiteninstrument afrik. Herkunft.
Bariolage, schnelle Aufeinanderfolge desselben Tones auf abwechselnd zwei Saiten eines Streichinstruments.
Bariton, 1) Blechblasinstrument mit Ventilen (Euphonium, Tenortuba oder Tenorbaß), ähnlich dem Tenorhorn. Erfunden 1843. 2) altes Streichinstrument, tiefe Abart der Viola d'amore, unter deren Griffbrett sich eine Anzahl Resonanzsaiten befindet, vor allem von Joseph Haydn gepflegt, meist Baryton geschrieben.
Barkarole, venezianisches Gondel- oder Schifferlied im $^{6}/_{8}$- oder $^{3}/_{4}$-Takt. Auch selbständiges Instrumentalstück.
Barock, musikalisches Zeitalter (etwa 1600—1760).
Baß, die tiefste Stimme im Gefüge einer Komposition (im instrumentalen Verband etwa Baßklarinette, Fagott, Kontrafagott, Baß-Posaune, Tuba, Kontrabaß, auch Cello).
Bassetthorn, klarinettenartiges Holzblasinstrument mit Messingschalltrichter, ähnlich der Baßklarinette.
Basso continuo, siehe Generalbaß.
Becken (Cymballes), Schlaginstrument, zwei tellerartige Metallscheiben, die aneinandergeschlagen werden. Man kann auch eine dieser Scheiben frei aufhängen und mit einem Wirbel der Paukenschlägel zum Ertönen bringen.
Berceuse, Wiegenlied, auch instrumental.
Bicinium, zweistimmiges Stück in Lied- oder Motettenform, später auch ins Instrumentale übertragen für zwei- bis dreistimmige Kanons.

Blasinstrumente, alle Musikinstrumente, in denen der Ton durch schwingende Luft erzeugt wird. Z. B.: Orgel, Harmonium, Ziehharmonika und — im Orchester — die Holzblasinstrumente (Familien der Flöten, Oboen, Klarinetten und Fagotte) und die Blechblasinstrumente (Familien der Hörner, Trompeten, Posaunen, Tuben).

Blockflöte, Holzblasinstrument (Schnabelflöte). Beliebtes Volksinstrument. Siehe auch: Flöte.

Bolero, spanischer Tanz im $^{3}/_{4}$-Takt (fast immer mit Kastagnettenbegleitung).

Bourrée, altfranzösischer Tanz fröhlichen Charakters im $^{4}/_{4}$- oder $^{2}/_{2}$-Takt mit Auftakt.

Boutade, schneller, kapriziöser Tanz, auch Bezeichnung für improvisierte Ballette, Impromptus usw.

Bratsche oder auch *Viola,* größere Geige. Im Orchester Altstimme der Streicher. Tonumfang von c—c^{3}. Grundstimmung der vier Saiten: c, g, d^{1}, a^{1}.

Brio, Feuer; con brio: mit Feuer.

Bünde, quer über dem Griffbrett der Lauteninstrumente angebrachte schmale Leisten, zur Erleichterung der Griffe.

Burleske, Tonstück launig-übermütiger Art.

Cancan, wilder, schneller Tanz aus Algier.

Cantabile, sanglich; auch für Instrumente üblich, z. B. Andante cantabile.

Cantus firmus (feststehender Gesang), melodisches Thema im kontrapunktischen Satz (siehe Kontrapunkt).

Capriccio, scherzoartiges Tonstück mit neckischen, drolligen, auch bizarren Wendungen.

Carillon, Glockenspiel.

Celesta, Harmonieinstrument mit Klaviatur. Anstelle von Stahlsaiten werden Stahl- oder Glasstäbe durch Anschlagen zum Klingen gebracht. Andere Bezeichnung: Glasklavier. Silberheller, zarter Glöckchenklang.

Cello (Violoncello), Streichinstrument. Im 16. Jahrhundert entstanden. In der äußeren Form eine Violine in wesentlich größeren Ausmaßen. Es ist mit einem Fuß oder „Stachel“ versehen, wird beim Spielen auf den

Boden aufgesetzt und zwischen den Knien gehalten. Grundstimmung der Saiten: C, G, d, a. Tonumfang von C—g^2. Im Streichquartett und Streichorchester beherrschen die Celli die Bariton- und Baßlage, letztere gemeinsam mit den Kontrabässen, ferner mit den Bratschen die Tenorlage.

Chaconne, alter italienischer und spanischer Tanz im langsamen 3/4-Takt. Basso ostinato (Baßthema, das „hartnäckig“ durch das ganze Stück beibehalten wird) mit vielen Variationen. Beispiel: Joh. Sebastian Bach „Partita in d-moll“ für Violine. Siehe Passacaglia.

Chitarrone, Abart der Laute aus dem 16. Jahrhundert. Hat bis zu 24 Saiten und einen „Hals“ von über einem Meter Länge. Heute kaum mehr gebräuchlich.

Chromatik, Erhöhung oder Erniedrigung eines Tones um einen halben Ton. Z. B.: c—cis, c—ces (nicht aber c—des oder c—h). Chroma im Griechischen Farbe. Chromatik also etwa Einfärbung.

Clavicembalo, Vorläufer des Klaviers, im 16. Jahrhundert ungeheuer verbreitet. Dreieckiges Saiteninstrument mit Klaviatur. Die Saiten werden durch Federkiele angerissen. Abart des Cembalo: Spinett.

Clavichord, ebenfalls Vorläufer des Klaviers (Name aus clavis, die Taste, und chorda, die Saite). Die Saiten werden durch Metallstege angeschlagen. Kleine handliche, leicht transportable Instrumente.

Cluster, tone-cluster, „Tontraube“, aus kleinsten übereinandergestellten Intervallen, meist Sekunden, gebildete Klanghäufung.

Coda, Schlußpartie eines Musikstücks. Siehe Sonate.

Col legno, Klangeffekt bei Streichinstrumenten: man schlägt mit dem Holz des Bogens auf die Saiten. Alban Berg verlangt in seiner „Lyrischen Suite“ ein gestrichenes Col legno.

Commodo, gemächlich.

Con moto, bewegt.

Con spirito, mit Geist.

Cornet, französische Abart des Hornes. Vorläufer der Tuben.

Courante, siehe Kurante.

Crescendo, allmähliche Steigerung der Tonstärke.

Csárdás, ungarischer Tanz im 2/4- oder 4/4-Takt, der nach einer langsamen Einleitung in einen stimmungsgegensätzlichen wild bewegten Hauptteil übergeht.

Da capo, vom Anfang wiederholen.

Dämpfer, Vorrichtung zum Abschwächen des Tones. Bei Streichinstrumenten auf den Steg (über den die Saiten gespannt sind) zu klemmender Holzkamm. Bei Blechinstrumenten ein in den Schalltrichter einzuführender Holzkegel oder die Hand des Bläsers. Bei Pauken ein auf das Paukenfell zu legendes Tuch. Bei Klavieren Filzauflagen. Der Klangcharakter der „gedämpften" Töne ist gegenüber den normalen wesentlich verändert, unwirklich, geheimnisvoll.

Decrescendo, allmähliches Nachlassen der Tonstärke.

Desolato, trostlos.

Detonieren, unrein spielen bzw. singen.

Dialog, Zwiegespräch. In der Instrumentalmusik: Wechselgesang zwischen einzelnen Instrumenten oder zwischen einem Soloinstrument und dem Orchester.

Diatonik, Gegensatz zu Chromatik. Diatonische Fortschreitung innerhalb einer Tonreihe, z. B. e—f, chromatisch dagegen e—eis. Diatonik ursprünglich: Fortschreiten in Ganztönen. In übertragenem Sinne auch wohl angewendet zur Bezeichnung des „zweigeschlechtlichen" tonalen „dur-moll"-Systems.

Dilettant (von dilettare, sich ergötzen), Liebhaber. Musikalischer Dilettantismus mißbräuchlich angewendet auf musikalische Stümperei.

Diminuendo, allmähliches Nachlassen der Tonstärke.

Disharmonie (Diskordanz), schlechtklingende Tonverbindung.

Diskant, höchste Singstimme, auch Orgelregister.

Dissonanz, Akkord (auch Intervall), dessen Töne keinen befriedigenden Zusammenklang ergeben und nach Auflösung verlangen.

Divertimento, suitenähnliche Kompositionsform leichter, unterhaltsamer Art.

Dodekaphonie, siehe Zwölftonmusik.

Dolce, sanft, zart.

Dominante, Quintton über (Oberdominante) oder unter (Unterdominante) dem Grundton (Tonika).

Double, verzierte Wiederholung eines Suitensatzes, häufig bei J. S. Bach.

Dudelsack, Blasinstrument mit mehreren Pfeifen und Windsack (Blasebalg). Schottisches Nationalinstrument. Auf einer der Pfeifen wird nach Art der Schalmei die Melodie gespielt, die anderen brummen dazu die Baßtöne. Im Klang wenig ausdrucksvoll, leiernd, etwas quäkend. In der Kunstmusik erscheinen Dudelsackwirkungen meist in Form der „Musette".

Dumka, slawische Singballade stimmungsgegensätzlichen Charakters. Auch in die Kunst- und Instrumentalmusik übernommen. Mehrzahl: Dumky (Dvořák).

Duo, Stück für zwei Instrumente, bei Singstimmen Duett.

Dur, hart. Kennzeichen der Dur-Tonarten: große Terz. Z. B. die Töne von C-dur (aufsteigend): c, d, e, f, g, a, h, c (große Terz darin = c—e).

Durchführung, siehe Sonate.

Dynamik, (in der Musik) Veränderungen der Tonstärke.

Ekossaise, schottischer Rundtanz in dreiteiligem Takt, später polkaähnlich im 2/4-Takt (Beethoven).

Elegie, Klagelied, langsamer Satz in der Kammermusik.

Elektrische Musik, Hervorbringung von musikalischen Tönen auf elektro-akustischem Wege. Solche elektrischen Instrumente konstruierten Theremin, Mayer, Trautwein (siehe Trautonium), Sala, Martenot, Bode.

Elektronische Musik, eine Musik, die zwar einen Spieler braucht, aber nicht durch ein herkömmliches Instrument, sondern unmittelbar durch die Verwandlung elektrischer Wellen in Schallwellen erzeugt wird. Die so entstehenden Klänge ähneln zwar teilweise den auf den bisherigen Instrumenten hervorgebrachten, unterliegen jedoch einer eigenen akustischen Gesetzlichkeit. Es handelt sich demnach um eine Art „synthetischer" Musik im Gegensatz zur „lebendigen". Die Komposition elektronischer Musik erfolgt ohne

Notenschrift und unter Aufhebung der festen Tonhöhen, indem die Töne direkt auf Tonband aufgenommen werden.

Energico, mit Kraft.

Englischhorn, Oboe in Altlage.

Enharmonik, unterschiedliche Bezeichnung gleichklingender Töne verschiedener Herkunft, z. B. cis—des. Cis kann man etwa auffassen als die große Terz der A-dur-Tonleiter, des als die kleine Terz der b-moll-Tonleiter. Für beide Töne kennt die Klaviatur nur *eine* Taste. Sie klingen also praktisch gleich, sind aber verschiedener Herkunft. Enharmonische Verwechslung oder Umdeutung ist eines der Mittel der Modulation.

Espirando, verhauchend, ersterbend.

Espressivo, mit Ausdruck.

Etüde, Studie oder technisches Übungsstück.

Expressionismus, Ausdruckskunst.

Fagott, Holzblasinstrument. Entstanden im 16. Jahrhundert. Früher wegen des sanften Tones „Dulziane“ genannt. Der Name kommt vom italienischen „Fagotto“, „Bündel“. Er wurde gegen Ende des 17. Jahrhunderts gebräuchlich. Seit dieser Zeit wurde das Fagott in mehrere zusammensetzbare Röhrenteile, in ein Röhren-„Bündel“ zerlegt. Im Orchester: Baß der Holzblasinstrumente. Im Klang weich, aber voll, etwas näselnd, in der hohen Lage gequält, spröde, rührend. Im forte erhält der Ton etwas Drohendes. Im staccato und bei Läufen etwas holprig, daher vorzüglich für komische Wirkungen geeignet. Tonumfang von B—es^2. Verwandte: Kontrafagott als tiefstes Instrument des Orchesters und Tenor- oder Quintfagott.

Fandango, spanischer Nationaltanz im $^3/_4$-Takt.

Fanfare, ältere, aber heute noch gebräuchliche Trompetenart. Ferner Bezeichnung für Trompetensignal.

Fantasie, Musikstück mit freier Entfaltung der musikalischen Gedanken.

Fermate, Aushaltezeichen.

Feroce, trotzig.

Fiedel, mittelalterliche Vorstufe der Geige.

Finale, Schlußstück eines mehrsätzigen Werkes.

Fine, Ende, Schluß; besonders in dem Falle gebräuchlich, wenn nach einem da capo der Satzschluß inmitten der Notierung steht.

Flageolett, 1) sehr hohe Töne der Streicher von geheimnisvoll zartem Klangcharakter. Man unterscheidet natürliche und künstliche Flageolettöne. Sie werden durch leichtes Berühren der angestrichenen Saiten an bestimmten „Schwingungsknoten" erzeugt. 2) Abart der Schnabelflöte.

Flöte (flauto), Holzblasinstrument. Man unterscheidet Quer- und Schnabelflöten.

Die *Querflöte* stammt aus Asien. Sie kam über Südosteuropa nach Deutschland und verbreitete sich von hier aus als „deutsche Flöte" über ganz Europa. Älteste bildliche Darstellung aus dem 12. Jahrhundert. Erst etwa seit 1750 verdrängt die Querflöte die Längs- oder Schnabelflöte aus dem Orchester. Sie wird (in der von *Theobald Böhm* 1832 erfundenen und 1847 klanglich verbesserten Form) in mehreren Stimmungen hergestellt, und zwar als *große Flöte* (Tonumfang c^1—c^4), als *kleine* oder *Piccoloflöte* (Tonumfang eine Oktave höher) und als *Altflöte* in F- und G-Stimmung (Tonumfang eine Quinte bzw. Quarte tiefer als bei der großen Flöte). Die große Flöte ist die gebräuchlichste Orchesterflöte. Zusammen mit der Piccoloflöte und den Geigen beherrscht sie die Höhenlage im Orchestersatz. Ihr Klang ist in der Höhe hell und durchdringend, in der Mittellage zart, lieblich, etwas unpersönlich, in der Tiefe hohl, düster, unheimlich.

Weniger vielseitig und etwas leblos im Klang sind die *Schnabelflöten* oder *Blockflöten.* Ihr Ton kann nicht wie der der Querflöten vom Spieler wesentlich beeinflußt werden. Die Blockflöten waren vom frühen Mittelalter bis etwa zu Bachs Zeiten vorherrschend. In der Klassik und Romantik verschwanden sie fast völlig. Durch die Jugendbewegung kamen sie im 20. Jahrhundert wieder auf. Heute sehr beliebte

Volksmusikinstrumente. Auch in die Kunstmusik dringen sie gelegentlich wieder ein.

Flügel, besondere konzertmäßige Form des Klaviers.

Folkloristik, in der Musik die Wissenschaft, welche die Folklore, nämlich die klanglichen, rhythmischen und melodischen Eigentümlichkeiten der Volkslieder und Tänze verschiedener Völker untersucht und vergleicht.

Folia, altportugiesischer Tanz im Dreiertakt, oft über ostinatem Baß.

Forte, laut. Abkürzung: f.

Fortissimo, sehr laut. Abkürzung: ff.

Fugato, im Fugenstil gearbeitet, jedoch ohne deren strenge Durchführung.

Fuge (vom italienischen fuga, die Flucht), mehrstimmiges Tonstück, in welchem *ein* Thema nach bestimmten Gesetzen durch alle Stimmen geführt wird. Der Name deutet an, daß in der Fuge ein Gedanke dahineilt oder „flieht", während die anderen ihm nachstreben. In gewissem Sinn hat sich die Fuge aus der strengen Form des Kanons entwickelt. Sie ist jedoch mehr der freien Imitation zugetan und bietet daher der schöpferischen Phantasie ganz andere Entfaltungsmöglichkeiten. Die neueren instrumentalen Formen verdanken ihre reichen polyphonen Möglichkeiten dem unerschöpflichen kontrapunktischen Material, das in der Fugenform zusammengetragen und verarbeitet ist. Die Fuge ist die krönende Form des musikalischen Barock. In der modernen Musik spielt sie wieder eine bedeutende Rolle (vgl. Ricercare).

Furiant, leidenschaftlich erregter böhmischer Tanz im $^3/_4$-Takt, in die Kunstmusik eingebürgert durch Smetana und Dvořák.

Gaillarde, fröhlicher Nachtanz im $^3/_4$-Takt zum feierlichen geschrittenen Reigen.

Galopp, seit etwa 1824 beliebter schneller Rundtanz im $^2/_4$-Takt.

Gambe (Viola da gamba), Beingeige. Größere Form der Armgeige (Viola da braccio, später Viola d'amore).

Gavotte, mäßig bewegter altfranzösischer Tanz im $^2/_2$-

Takt, meist mit einem Auftakt von zwei Vierteln. Als Trio dient zuweilen die „Musette" (siehe Dudelsack).

Geige (Violine), „kleine" Viola. Saiteninstrument. Etwa um 1500 entstand ihre Form aus älteren Vorlagen. Höchstblüte des Geigenbaus im späten 17. und frühen 18. Jahrhundert bei den italienischen Geigenbauerfamilien Amati, Guarneri, Stradivari. Tonumfang von G—c^4. Grundstimmung der vier Saiten: g, d^1, a^1, e^2. Sopran im Streichquintett des Orchesters. Klanglich ausdrucksvollstes, spieltechnisch außerordentlich bewegliches und vielseitiges Solo- und Orchesterinstrument.

Generalbaß, abkürzende Bezeichnung der Harmonien eine Tonstückes durch Ziffern. Im 17. Jahrhundert begleiteten sogenannte Generalbaßspieler auf einem Harmonieinstrument, etwa der Orgel, dem Cembalo usw., den Einzelgesang in Oper, Kantate, Duett usw. Die von ihnen auszuführenden Akkorde wurden nicht in Noten aufgezeichnet, sondern zur Baßstimme abkürzend in Ziffern angegeben (daher „bezifferter Baß"). Nach solchem Material wurde mehr oder weniger frei improvisiert, „aus dem Stegreif" gespielt. Da das während der ganzen Barockzeit üblich blieb, nennt man diese bisweilen „Generalbaßzeit". Mit Berechtigung, denn die Generalbaßinstrumente wurden als „Continuo" bald fester Bestandteil auch aller Instrumental-Ensembles der barocken Kammer- und Orchestermusik. Den Generalbaßspielern erwuchs die Aufgabe, bei Instrumentalwerken durchgehend das akkordische Gerüst mit anzugeben und gelegentlich die Stimmen nicht vorhandener Instrumente mit zu übernehmen. Der Kompositionsstil der Klassik machte ein solches Verfahren überflüssig (Bläser oder auch Streicher übernehmen dort die vom Komponisten vorgeschriebenen „Füllstimmen", „Liegetöne" usw.), ja, er empfand es geradezu als störend. Heute verwendet der Cembalist bei Aufführungen von Barock-Werken Notenmaterial, das nach dem „bezifferten Baß" *ausgeführt* ist. An die Stelle der freien Improvisation tritt also eine genormte Bearbeitung.

Generalpause, eine für sämtliche Stimmen und Instrumente geltende Pause, abgekürzt G. P.
Gigue, altenglischer Tanz in schnellem Tripeltakt (6/8- oder 9/8-Takt).
Giocoso, heiter.
Gitarre, Zupfinstrument mit fiedel- bzw. gambenähnlichem Resonanzkörper. Im Klang der Laute verwandt. Entstand im 13. Jahrhundert in Spanien aus der arabischen al'ud oder Aud. Kam über Italien erst spät nach Deutschland, wo ihr bis ins 17. Jahrhundert die Laute vorgezogen wurde.
Giubiloso, jubelnd.
Giusto, richtig, tempo giusto: das richtige Tempo.
Glissando, gleitend; bei Streichinstrumenten durch das Gleiten der Finger von Ton zu Ton, auf der Harfe und den Tasteninstrumenten durch Darüberhinwegstreichen erreichter besonderer Klangeffekt.
Glockenspiel, Instrument mit Stahlstäben verschiedener Tonhöhe, die mit kleinen Hämmern angeschlagen werden.
Gong, Schlaginstrument aus China. Der kleine Gong ergibt grelle, erregende, der große unheimliche, erschütternde Geräuschwirkungen.
Gotik, musikalisches Zeitalter (etwa 1250—1500).
Grave, schwer; hat oft auch den Charakter einer Tempovorschrift (langsam).
Grazioso, mit Anmut.

Habanera, kubanischer und spanischer Tanz in zweiteiligem Takt von mäßiger Bewegung.
Hackbrett (Cimbal oder Zymbal). Saiteninstrument, Abart der Zither. Die Saiten werden mit Stäbchen, die vorne mit Leder umwickelt sind, oder mit Hämmern angeschlagen. Gebräuchlich in Zigeuner- und Tanzkapellen. Auch im Klang der Zither verwandt, jedoch bestimmter, klarer.
Halbton, das kleinste Tonverhältnis im abendländischen Musiksystem (vgl. jedoch: Vierteltonsystem von Alois Hába und Elektronische Musik).
Harfe, Saiteninstrument, dessen Töne durch Zupfen her-

vorgebracht werden. Stammt wahrscheinlich aus dem Orient. In Ägypten als „Bogenharfe“ schon ca. 3000 v. Chr. bekannt. Ende des 18. Jahrhunderts bei uns Haus- und Orchesterinstrument. Aus der Spitzharfe entwickelte Hochbrucker 1720 die *Pedalharfe.* War vordem die Harfe nur für diatonische Tonreihen geeignet, so kann man seither durch sieben Pedalverschiebungen auch die chromatischen Zwischentöne erreichen und somit in allen Tonarten spielen. Die heute übliche *Doppelpedalharfe* ist in Ces-dur gestimmt. Ihr Tonumfang geht über den des Klaviers noch hinaus. Der Klang ist in der Tiefe weich, geheimnisvoll, in der Höhe silberhell, anmutig.

Harmonie, Wohlklang, Zusammenklang.

Harmonik, Harmonielehre, Lehre von den Zusammenklängen.

Heckelphon, eine Art Bariton-Oboe. Aber nicht zu verwechseln mit der in Frankreich gebauten Bariton-Oboe, deren Grundton eine Oktave unter dem der Oboe liegt (Umfang von H—e^3 g^3). Das Heckelphon hat einen Tonumfang von A—f^2. Es wurde von Heckel in Biebrich 1904 gebaut, ist im Klang voll und angenehm und der französischen Bariton-Oboe überlegen.

Homophonie, eine Melodiestimme herrscht, die andern ordnen sich begleitend unter. Meister des homophonen Stils: die Klassiker Haydn, Mozart, Beethoven. Gegensatz: Polyphonie: Vielstimmigkeit. Alle Stimmen sind gleichwertig. Meister des polyphonen Stils: Bach.

Horn, Blechblasinstrument mit weichem, vollem Klang. Zunächst Natur- oder Signalhorn (Posthorn, Jagdhorn, Waldhorn). Heute gebräuchlich das *Ventilhorn,* welches in verschiedenen Stimmungen vorkommt. Im Gegensatz zu den Naturhörnern, die im wesentlichen nur die Töne der über ihrem Grundton aufgebauten „Naturtonreihe“ hervorbringen können, ist auf dem Ventilhorn die chromatische Reihe ausführbar. (Ventilhorn 1815 von den Schlesiern Stölzl und Blümel konstruiert.) Das Ventilhorn gewann bestimmenden Einfluß auf den Klangcharakter der romantischen und modernen Musik.

Hornpipe, altenglischer Schalmeientanz im $^{3}/_{2}$- oder $^{4}/_{4}$-Takt.

Illustrationsmusik, siehe Tonmalerei.

Imitation, Nachahmung. Ein Thema oder Motiv wird in anderen Stimmen mehr oder weniger frei nachgeahmt.

Impressionismus, Eindruckskunst. Oberflächenkunst. Das Illustrative tritt in den Vordergrund. Die musikalischen Formen werden aufgelöst, ebenso die Melodie. Jede Linie verflüchtigt sich, alles wird bunte, schillernde Farbe. Einbruch des Naturalismus in die Musik.

Impromptu, Tonstück in Liedform (dreiteilig) improvisierenden Charakters (Schubert).

Improvisieren, „unvorhergesehen“, aus dem Stegreif musizieren.

Innocente, innocentemente, unschuldig, ungekünstelt.

Instrumentation, Kunst der Übertragung musikalischer Gedanken auf einzelne oder mehrere Instrumente oder Instrumentengruppen.

Intermezzo, Zwischenspiel, Zwischensatz.

Intervall, Zwischenraum, Abstand zweier Töne oder ihr Zusammenklang. Z. B. Prime, Sekunde, Terz, Quarte, Quinte, Sext, Septime, Oktave, None.

Intonation, in der katholischen Liturgie kurzer einleitender Gesang des Priesters. Das „Einstimmen“ der Instrumente des Orchesters. Tonangabe für unbegleiteten Chorgesang. Allgemein: Tonansatz bei Gesang und Instrumentalspiel.

Intrade, Einleitungsmusik.

Introduktion, Einleitung.

Invention, Erfindung, Einfall, kontrapunktisch gearbeitetes Stück, das weder Kanon noch Fuge ist.

Istesso, derselbe oder dasselbe; l'istesso tempo: dasselbe Tempo.

Jazz, Tanzmusik der afro-amerikanischen Neger, vor ungefähr 75 Jahren entstanden, seit etwa 30 Jahren auch von wachsendem Einfluß auf die Kunstmusik unserer Tage.

Jota, rascher spanischer Volkstanz im 3/8- oder 3/4-Takt, meist mit Gesangsbegleitung.

Kadenz, 1) Bekräftigung einer Tonart (besonders deutlich am Schluß eines Tonstückes). Die Grundakkorde einer Tonart werden noch einmal in bestimmer Reihenfolge im Zusammenhang vorgeführt. Über die Tonart selbst wird somit völlige Klarheit geschaffen. 2) Im übertragenen Sinne angewendet auf das Alleinspiel eines Solisten in einem Konzert vor dem Abschluß-Tutti. Der Solist faßt noch einmal die Hauptgedanken in freier, meist virtuoser Form zusammen.

Kammerton, a. Ursprünglich zum Einstimmen der Streichinstrumente innerhalb der Kammermusik. 1858 wurde das eingestrichene a mit einer Tonhöhe von 435 Doppelschwingungen in der Sekunde von der Pariser Akademie als Kammerton festgesetzt. Allgemeingültig seit 1885 (Wien), jedoch 1950 von der Pariser Akademie der Wissenschaften auf 432 Doppelschwingungen herabgesetzt. Zu ermitteln durch genormte Stimmgabeln. Auf dem Klavier: eingestrichenes a. Im Orchester wird nach der Oboe eingestimmt.

Kanon, Richtschnur: strenge Form der Imitation. Ein Thema wird von einer oder mehreren Stimmen (oder Instrumenten) notengetreu nachgesungen (oder gespielt). Die nachahmenden Stimmen setzen in bestimmten Abständen nacheinander ein, während das Thema selbst noch fortgesponnen wird. Nicht jedes Thema läßt sich kanonisch verarbeiten. Es gibt verschiedene Arten von Kanons, z. B. solche in *gerader* und in *Gegenbewegung,* ferner den *Spiegelkanon,* bei dem die nachahmende Stimme alle Intervalle des Themas wie im Spiegelbild umkehrt, oder den *Krebskanon,* bei welchem das Thema in rückläufiger Bewegung nachgeahmt wird. Seltener ist der *Doppelkanon* mit zwei gleichzeitig nachgeahmten Themen.

Kantilene, gesangsmäßige Melodie, auch im Intrumentalen verwendet, z. B. Geigenkantilene.

Kanzone, schlichtes Lied mit Instrumentalbegleitung. In der Instrumentalmusik etwa „Lied ohne Worte".

Kassation, vorklassische Ständchenmusik, Serenade.
Kastagnette, hölzernes Klapperinstrument aus Spanien und Süditalien. Findet Verwendung bei Nationaltänzen wie Bolero, Tarantella u. a.
Kavatine, lyrisches Gesangstück. In der Instrumentalmusik sangliches Solo mit Begleitung. Im 19. Jahrhundert wird der Begriff auch ins Instrumentale übertragen.
Klarinette, Holzblasinstrument. Um 1700 von Denner in Nürnberg erfunden. Wird in verschiedenen Stimmungen gebaut. Der Klangcharakter ändert sich mit der Stimmung. Umfang etwa e—c^4. Im Orchester sind die strahlend helle, dabei weiche und volle B-Stimmung und die sanftere, gedecktere A-Stimmung gebräuchlich. (Im Militärorchester wird die Es-Stimmung wegen ihres hellen, durchdringenden Klanges bevorzugt.) Jede Klarinette hat vier „Register" unterschiedlichen Klangcharakters. Die Töne des hohen Registers klingen hell und sind fast nur im forte gut verwendbar. Das mittlere und das Schalmeiregister sind voll, weich und ausdrucksvoll im Ton. Das tiefe Register enthält Töne von unheimlich düsterer Wirkung. Tiefere Abarten der Klarinette sind die *Alt-Klarinette* oder das *Bassetthorn* und die *Baß-Klarinette*.
Klassik, musikalisches Zeitalter (etwa 1730—1827).
Klavier, Saiteninstrument mit Klaviatur. Im Gegensatz zum Clavicembalo oder Spinett ein Hammerklavier. Der Ton wird durch Anschlagen der Saiten mit befilzten Hämmern erzeugt, die durch Hebel mit den Tasten der Klaviatur verbunden sind. Name von clavis, Taste. Man unterscheidet zwei Hauptarten von Klavieren: 1. Das Pianoforte oder Pianino (mit vertikal aufgestelltem Saitenrahmen und Resonanzboden) und 2. den Flügel (mit horizontal ruhendem Saitenrahmen und Resonanzboden). Erster Vorläufer des Klaviers ist das Hackbrett (etwa um 1400).
Koda, siehe Coda.
Kolorit, Klangcharakter, hervorgerufen durch eine besondere Art der Instrumentation.
Konsonanz, gutklingende Intervalle oder Akkorde. Gegensatz: Dissonanz.

Kontrabaß (Violone), tiefstes Streichinstrument des Orchesters. Form zunächst abgeleitet von der alten Viola, neuerdings auch von der Violine. Endgültig durchgebildet erst im 18. Jahrhundert. Wird drei-, vier- und fünfsaitig hergestellt. Im Klang wuchtig, voll. Übernimmt — vielfach als tiefe Oktavverdoppelung der Celli — den Baß im Streichorchester. Tonumfang 1C—e¹. Grundstimmung der Saiten: (1C), 1E, 1A, D, G. Als Soloinstrument ist der Kontrabaß äußerst selten gebräuchlich, aber als Fundament des Streichorchesters unentbehrlich.

Kontrafagott, tiefe Abart des Fagotts. Tonumfang eine Oktave tiefer als das Fagott. Im Klang dunkel, voll, wohllautend. Sehr geeignet zur Kontrabaß-Verstärkung und für ruhige Baß-Liegetöne.

Kontrapunkt (punctus contra punctum, Note gegen Note), die Kunst, mehrere einander ergänzende Stimmen melodisch und rhythmisch selbständig miteinander zu führen. Während die *Harmonielehre* die *Zusammenklänge* untersucht, also Gebilde von zwei oder mehreren *übereinander* (vertikal) angeordneten Tönen, befaßt sich die Lehre vom *Kontrapunkt* mit den Gesetzmäßigkeiten, die im gemeinsamen Verlauf von zwei oder mehreren *nebeneinander* (horizontal) angeordneten melodischen Linien wirksam sind.

Konzert, 1) musikalische Veranstaltung. 2) Größere Komposition für ein Soloinstrument mit Orchester. Form des *barocken* Solokonzerts, siehe Vivaldi. Das *klassische* Solokonzert hat ebenfalls drei Sätze. Der erste Satz ist (bei konzertantem Wechsel von „Tutti" und „Solo") der Entwicklungsform des klassischen Sonatensatzes angeglichen, meist mit Solo-Kadenz vor dem Ausklang. Der zweite, langsame Satz hat oft dreiteilige Liedform, bisweilen bringt er Variationen. Das Finale ist meist ein Rondo, wiederum mit großer Solo-Kadenz vor dem Ausklang.

Konzertieren (concertare), wetteifern.

Kopfsatz, 1. Satz eines mehrsätzigen Werkes.

Kornett, französische Abart des Hornes (Cornet à piston).

Krakowiak, polnischer Nationaltanz im 2/4-Takt.

Krebskanon, siehe Kanon.
Kurante (Courante), lebhafter Nachtanz der Allemande. Steht im Dreitakt ($^3/_2$, $^3/_4$, $^6/_4$). Siehe Allemande.

Ländler, aus der Allemande hervorgegangener, dem Walzer verwandter gemächlicher Rundtanz.
Lamentoso, klagend.
Larghetto, Verkleinerung von Largo. Tempo zwischen Largo und Andante.
Largo, 1) sehr langsames Zeitmaß. 2) Äußerst ruhiges Tonstück.
Laute, uraltes Saiteninstrument mit unten gewölbtem Resonanzkörper. Name abgeleitet vom arabischen Aud oder al'ud. Um 1400 in ganz Europa verbreitet. Hatte bis 1700 als Hausinstrument etwa die Bedeutung unseres heutigen Klaviers. Abarten: Theorbe, Bordune, Chiterne, Chitarrone u. a.
Legato, gebunden.
Leggiero (leggieramente), leicht.
Leitmotiv, musikalisches Motiv oder Thema, das in der Programmusik oder im Musikdrama Personen, Stimmungen oder Vorgänge symbolisiert und entweder genau oder in freier Veränderung während des Geschehens als Leitgedanke verschiedentlich wiederkehrt.
Leitton, ein im kleinen Sekundenschritt (auf- oder abwärts) zu einem anderen hinleitender Ton.
Lento, langsam, auch Satzbezeichnung.
Libitum (ad), nach Belieben.
Linear nennt man eine Schreibweise, die in *horizontaler* Fortschreitung selbständige musikalische Linien nebeneinander erscheinen läßt. Gegensatz: das *vertikale* Prinzip, das im senkrechten Zusammenklang der Harmonien gründet.
Loure, altfranzösischer Tanz von mäßigem Tempo im $^3/_4$- oder $^6/_8$-Takt, meist mit einem Auftakt von einem Achtel oder Viertel.
Lusingando, schmeichelnd.
Lyra, 1) altgriechisches Saiteninstrument, der Leier verwandt; 2) von etwa 1550—1750 gebräuchliches Streich-

instrument; 3) das anstelle des älteren Glockenspiels getretene Stahlplattenspiel der Militärkapellen.

Mandoline (Mandola), lautenähnliches italienisches Zupfinstrument mit kürbisartigem Körper und vierfacher, doppelchöriger Saitenbespannung.

Malagueña, ruhiger spanischer Tanz in dreiteiligem Takt, ursprünglich mit kurzem, dem bayrischen „Schnadahüpfl" verwandtem Text.

Mancando, ersterbend.

Marcato, mit Nachdruck.

Marcia, Marsch. Marcia funebre: Trauermarsch.

Mazurka, polnischer Nationaltanz in bewegtem $^3/_4$-Takt.

Melisma, Melismatik, Verzierung der Melodie, z. B. Koloratur.

Melodie, musikalisches Thema gesanglichen Charakters, aus einem oder mehreren Motiven oder Motivgruppen aufgebaut. In weitestem Sinn: das „Nacheinander" der Töne im Gegensatz zum „Miteinander" (Harmonie). Vgl. Motiv und Thema.

Meno, weniger. Meno mosso: weniger bewegt.

Menuett, höfischer Tanz französischen Ursprungs in ruhigem $^3/_4$-Takt. Fand als Einzelsatz Eingang in die größeren Formen der Instrumentalmusik (Suite, Sinfonie).

Mesto, traurig.

Metrik, Lehre vom Takt (siehe Takt). Die Metrik untersucht, ob die Teile eines Taktes *betont* (schwer) oder *unbetont* (leicht) sind. Die Rhythmik aber befaßt sich mit der Unterscheidung der Tonwerte (lang, kurz).

Mezzo, halb. Mezzo forte (mf): halbstark.

Misterioso, geheimnisvoll.

Moderato, stark gemäßigt.

Modulation, Übergang von einer Tonart in eine andere.

Moll, zart, weich. Kennzeichen der Molltonart: kleine Terz. Z. B. die Töne von c-moll (aufsteigend): c, d, es, f, g, a, h, c (kleine Terz darin = c—es). Vgl. Dur.

Molto, sehr. Allegro molto: sehr schnell.

Monochord, einsaitiges Instrument, „der Einsaiter" genannt. Schon von Pythagoras für Tonmessungen und Intervallbestimmungen benützt. Um 1500 gebräuchliches Streichinstrument (Trumscheit).

Monodie, Sologesang mit Generalbaßbegleitung. Entstanden um 1600. Als erster schrieb Vincenzo Galilei monodische Sologesänge. Da sie im Gegensatz zur damaligen vokalen Polyphonie standen, gab man ihnen die Bezeichnung *„nuove musiche"* = neue Musik. Eine der wichtigsten Voraussetzungen der Oper, des Solokonzertes, der Solosonate usw.

Mosso, bewegt; più mosso: bewegter.

Motiv, Keimzelle eines musikalischen Themas (siehe Leitmotiv und Melodie).

Musette, siehe Dudelsack.

Naturtöne, bei Blasinstrumenten alle die Töne (Naturtonreihe), die durch Anblasen ohne Zuhilfenahme von Klappen, Ventilen u. dgl. zu erzeugen sind.

Neudeutsche Schule, Musikrichtung der Romantik nach Schumann, besonders die Gefolgschaft von Liszt und Wagner.

Nocturne, Nachtstück verträumter Stimmung.

Nonett, Komposition für neun Instrumente oder Gesangstimmen mit oder ohne Instrumentalbegleitung.

Non troppo, nicht zuviel.

Novellette, musikalisches Charakterstück, durch Themenreihung erzählender Art, meist heiterer Natur.

Obligat, pflichtgemäß, nennt man bei mehrstimmigen Stücken eine Stimme von so selbständiger Führung, daß sie ohne Minderung der Wirkung nicht weggelassen werden kann.

Oboe (haut bois), Holzblasinstrument. In Frankreich im 17. Jahrhundert aus der Schalmei entwickelt. Tonumfang: h—f³. Klang auffallend, hell, bisweilen scharf und näselnd (im Barock-Orchester mit Vorliebe verwendet). Eine tiefere Abart, gewissermaßen Oboe in Altlage, ist das *Englischhorn.* Tonumfang des Englischhorns eine Quinte tiefer als der der Oboe. Klang verdeckter, wehmütig klagend, sehr eigenartig.

Oktett, Komposition für acht Instrumente oder für acht Gesangstimmen mit und ohne Instrumentalbegleitung.

Ondeggiando, wogend, Schlängelstrichart bei Streichinstrumenten.

Ongarese, ungarisch.
Opus, Werk.
Orgel, Blasinstrument, Harmonieinstrument mit Pfeifen, die in verschiedenen Registern angeordnet sind. Windantrieb durch Blasebälge. Für die Kammermusik kommt die Orgel nur in seltenen Fällen in Betracht.
Orgelpunkt, Liegetöne, die in der Baßstimme über mehrere Takte hin ausgehalten oder ständig wiederholt werden. Über dieser Grundlage entfalten sich die anderen Stimmen in reicher Kontrapunktik und oft kühner Harmonik.
Ornament, Verzierung. Ornamentik: Verzierungslehre.
Ossia, oder; meist für eine erleichterte oder erschwerte Fassung.
Ostinat, hartnäckig. Basso ostinato, hartnäckig wiederkehrender Baß.
Ouvertüre, aus der Opern- und Oratorienliteratur, wo sie ein instrumentales Einleitungsstück ist, auch in die Kammermusik mit dem Formschema der italienischen (rasch - langsam - rasch) oder französischen Ouvertüre (langsam - rasch - langsam) übergegangen, wo sie oft den Eröffnungssatz der Suite bildet. J. S. Bach nannte seine Orchestersuiten nach diesem Kopfsatz schlechthin „Ouvertüren".

Paduane, siehe Pavane.
Panflöte, antike Hirtenflöte, ähnlich der Papagenoflöte in Mozarts „Zauberflöte". Sie besteht aus mehreren Schnabelflöten verschiedener Größe, die nebeneinander angeordnet sind.
Paraphrase, Bearbeitung eines Musikstücks in frei ausschmückender Weise.
Partita (Partie), siehe Suite.
Partitur. Niederschrift eines mehrstimmigen Tonstückes in übereinandergesetzten Einzelstimmen. Eine „Orchester-Partitur" enthält die Stimmen aller verwendeten Instrumente. Sie vermittelt dem Dirigenten ein vollständiges Bild des Zusammenklanges und jeder einzelnen Stimme.
Passacaglia, alt-italienische Variationsform (siehe Cha-

conne). Das Thema wird als „Basso ostinato“ (hartnäckiger Baß) bis zu 30mal und öfter unverändert im Baß wiederholt. Die anderen Stimmen begleiten mit ständig wechselnden Gedanken.

Passepied, lebhafter altfranzösischer Tanz im $^{3}/_{8}$- oder $^{6}/_{8}$-Takt.

Pastorale, Hirtenlied. 1) Tonstück idyllischen Charakters. 2) Tanz im $^{6}/_{8}$-Takt. 3) Idyllische Szenen in Opern, Singspielen, Operetten.

Pauke, Schlaginstrument. Bestehend aus einem Kupferkessel, über den ein Paukenfell gespannt ist. Im Gegensatz zur Trommel kann die Pauke auf verschiedene Tonhöhen eingestimmt werden. Tonumfang F—f^1. Die Töne werden mit Schlägeln, die vorne mit Leder überzogen sind, hervorgebracht.

Pavane, alter italienischer Schreittanz aus Padua im geraden Takt, gemessenen Charakters.

Pentatonik, fünfstufiges Tonsystem der altchinesischen und altägyptischen Musik, auch in der frühen europäischen Musik nachweisbar.

Perdendosi, sich verlierend (im zartesten Pianissimo).

Però, durchweg.

Pesante, gewichtig, schwer, schleppend.

Phrasierung, sinnvolle Gliederung eines musikalischen Ablaufs, musikalisches Deklamationsprinzip.

Pianissimo, sehr leise. Abkürzung: pp.

Piano, leise, Abkürzung: p.

Pianoforte, wörtlich: leiselaut, Klavier.

Piccolo, klein. Piccoloflöte, kleine Flöte.

Più, mehr; più mosso: bewegter.

Pizzicato, gekniffen, gezupft. Üblich bei Streichinstrumenten. Gegensatz: arco, mit dem Bogen gestrichen.

Poco, ein wenig.

Polka, etwa 1830 aufgekommener böhmischer Nationaltanz im lebhaften $^{2}/_{4}$-Takt.

Polonaise, polnischer Nationaltanz im $^{3}/_{4}$-Takt.

Polyphonie, Vielstimmigkeit.

Polyrhythmik, das Nebeneinander von verschiedenen, gleichzeitig ablaufenden Rhythmen.

Polytonalität, siehe Tonalität.

Posaune, Blechblasinstrument. Mit den Tuben Baß der Blechblasinstrumente. Man unterscheidet Zug- und Ventilposaunen. Die Zugposaunen besitzen ein doppeltes Rohr. Dieses wird durch Ausziehen oder Einschieben nach Belieben verlängert oder verkürzt, wodurch eine chromatische Tonfolge ermöglicht wird. Es gibt Diskant-, Tenor-, Alt- und Baßposaunen verschiedener Stimmung. Klangcharakter der Posaune: klar, wuchtig, feierlich, majestätisch.
Possibile, möglich.
Präludium, Vorspiel.
Presto, sehr schnell.
Programmusik, eine Musik, die, im Gegensatz zur absoluten Musik, das Ziel verfolgt, bestimmte Vorstellungen im Hörer zu erwecken.

Quadrille, Karreetanz in fünf Touren, in drei- oder zweiteiligem Takt.
Quartett, Komposition für vier Instrumente oder für vier Gesangstimmen mit und ohne Instrumentalbegleitung. Ältere Bezeichnung: Quatuor.
Quasi, wie, beinahe; z. B. Andante quasi Allegretto.
Querflöte, siehe Flöte.
Querstand, Gleichzeitigkeit eines Tones und seiner chromatischen Veränderung in zwei verschiedenen Stimmen.
Quintenzirkel, Rundgang durch die zwölf Quinten der gleichschwebenden Temperatur, beginnend und endend mit der Tonica.
Quintett, Komposition für fünf Instrumente oder für fünf Gesangstimmen mit und ohne Instrumentalbegleitung.

Refrain, Kehrreim.
Reigen, altdeutscher Tanz, Vorläufer der Allemande.
Renaissance, musikalisches Zeitalter (etwa 1500—1600).
Reprise, siehe Sonate.
Rezitativ, Sprechgesang, auch auf die Instrumentalmusik übertragen im Sinne einer freien, ausdrucksgeladenen instrumentalen Deklamation, etwa bei R. Schumann.
Rhapsodie, Musikstück in freier Fantasieform.

Rhythmik, Lehre von den Arten der zeitlichen Aufeinanderfolge von Tönen (in der Musik) und Bewegungen (im Tanz): kurz, lang.
Ricercare, Frühform der Fuge (von ricercare, suchen). Aus der Motette entwickelte Instrumentalform des 16. Jahrhunderts, in der die Stimmen imitatorisch (einander nachahmend) geführt sind.
Rigaudon, lebhafter altfranzösischer Tanz im Allabrevetakt.
Ripieno, Gesamtheit der Streicherstimmen im Gegensatz zu den Solisten.
Risoluto, entschlossen.
Ritardando, allmählich das Zeitmaß verlangsamen.
Ritenuto, plötzlich in ein langsameres Zeitmaß übergehen.
Ritornell, instrumentales Vor-, Zwischen- und Nachspiel mit Wiederholung des gleichen musikalischen Gedankens.
Rokoko, in der Musik die Zeit des ausklingenden Barock (Vorklassik). Heiter liebenswürdige Grundhaltung. Auch „galante" Zeit genannt.
Romantik, musikalisches Zeitalter (etwa 1800—1900).
Romanze, verträumtes Musikstück in freier, meist liedartiger Form. Vokal sowohl als instrumental.
Rondo, Rundgesang. Musikstück, in welchem vor und zwischen verschiedenartigen Seitensätzen stets ein bestimmtes Thema wiederkehrt (siehe auch Ritornell).
Rubato, wörtlich „geraubt". Bezeichnung für einen freien Vortragsstil, der plötzlich etwas rascher oder langsamer wird.

Saltarello, italienischer Volkstanz von rascher, hüpfender Bewegung im 3/8-Takt.
Sarabande, alter spanischer Tanz im 3/4-Takt. Fand etwa um 1600 in Frankreich Eingang in die Kunstmusik.
Saxophon, Blasinstrument (mit Metall-Corpus). Bau ähnlich dem der Klarinette, nur mit umgebogenem Schalltrichter. Erfunden um 1840 von dem Belgier Adolphe Sax. Gebräuchlich in Sopran-, Alt-, Tenor-, Bariton-, Baß- und Kontrabaß-Stimmung. Im Klang

äußerst vielseitig und modulationsfähig. Hat in der neueren Zeit auch Eingang in die Kammermusik gefunden.

Schalmei, altes Holzblasinstrument, ein Vorläufer der Oboe.

Scherzo, lebhaftes, übermütiges Tonstück.

Scordatura, Umstimmung der Saiten eines Streichinstruments zur Erzielung ungewohnter Mehrtongriffe und Klangfarben.

Seguidilla, rascher spanischer Nationaltanz im $^3/_4$-Takt.

Semplice, einfach.

Sempre, immer.

Senza, ohne.

Septett, Komposition für sieben Instrumente oder für sieben Gesangstimmen mit und ohne Instrumentalbegleitung.

Sequenz, Folge. Aneinanderreihung bzw. Wiederholung von Motiven, melodischen Phrasen oder Akkordfolgen auf verschiedenen Tonstufen einer Tonart oder in wechselnden Tonarten. Beliebtes Mittel der romantischen (spätromantischen) Musiker, Farbwirkungen zu erzielen. Zersetzungserscheinung, sobald die Sequenz als äußerlicher Effekt, als Stimmungsmache an die Stelle echter motivischer Entwicklung tritt. Nicht zu verwechseln mit den gleichnamigen mittelalterlichen Kirchengesängen, z. B. der „Mariensequenz", also dem „Stabat mater", oder dem „Dies irae" und anderen.

Serenade, Ständchen, Abendmusik. Erscheint formal vorwiegend als Suite, aber auch als mehrsätzige Sinfonietta und meist für kleines Orchester.

Sextett, Komposition für sechs Instrumente oder sechs Gesangstimmen mit oder ohne Instrumentalbegleitung.

Sforzato, Stärkeakzent für eine Einzelnote, abgekürzt sf.

Siciliano, alt-italienischer Tanz in langsamem $^6/_8$- oder $^{12}/_8$-Takt.

Simile, ähnlich.

Slargando, breiter werdend.

Smorzando, ersterbend.

Soave, sanft, lieblich.

Solist, Einzelspieler.

Solo, einzeln.

Sonate, Klingstück (Gegensatz: Kantate, Singstück). Ursprungsland Italien, wo sie im 17. Jahrhundert als *Solosonate* für Geige und Generalbaßinstrument (meist Cembalo) oder als *Triosonate* für zwei Geigen bzw. zwei Flöten und Generalbaßinstrument erscheint. Zunächst hat sie drei selbständige Sätze, die in lockerer „Reihenform" zyklisch zusammengestellt sind. Durch Corelli (1653—1713) wird die Sonate dann klar durchgebildet und in vier oder gar fünf Einzelsätze von ausgewogener Gegensätzlichkeit gegliedert. Der Höhepunkt der *vorklassischen* Sonate liegt bei Bach und Händel.

Nun vollzieht sich ihre entscheidende Wandlung zur (meist drei- oder viersätzigen) *klassischen Sonate.* In der Übergangszeit vom Barock zur Klassik leisten Ph. E. Bach und die Mannheimer wichtige Vorarbeiten. Die eigentliche Sonatenform prägt sich immer deutlicher im ersten Satz der Gesamtform aus. Er wird zum Sonatensatz schlechthin. Die Polyphonie — Merkmal der Barocksonate — tritt zurück. Empfindsame homophone Melodik macht sich breit. Entscheidend aber: an das erste Thema schließt sich ein gegensätzliches zweites an. Der Dualismus (die Zweiheitlichkeit) im Wesen der Sonate kündigt sich an.

In Haydns und Mozarts Sonaten tritt er klar zutage. Erstes und zweites Thema, männliches und weibliches Prinzip werden zu Trägern gegenpoliger Spannungen und damit zum Anlaß leidenschaftlicher Entwicklungen.

Das Schema des Sonatensatzes zeigt — als Ganzes gesehen — dreiteilige Form.

Im ersten Teil, der sogenannten *Exposition* (a), erfolgt die *Themenaufstellung.* Eine freie Einleitung kann ihr vorausgehen. Dem *Kopf-* oder *Hauptthema* wird das *Seiten-* oder *Gesangsthema* gern in der Tonart der Oberdominante bzw. der Moll- oder Dur-Parallele gegenübergestellt. Eine *Coda* (Schluß) beendet die Exposition, die meist sogleich wörtlich wiederholt wird.

Als *zweiter Teil* folgt die Durchführung (b), in der

die Themen unter Berührung verwandter Tonarten verarbeitet werden.

Ihr schließt sich die *Reprise* (c) als Wiederholung der Exposition in der Ausgangstonart an. Sie gibt selten eine strenge Wiederholung, kann vielmehr als eine Art Reminiszenz (Rückerinnerung) gelten, das Material der Exposition aber auch frei fortentwickeln. Auch die Reprise schließt mit einer *Coda,* die sich bisweilen zu einer zweiten, kleineren Durchführung auswächst.

Die *klassische Sonate* gipfelt im Schaffen Beethovens. In der Romantik unterliegt die Form einem allmählichen Auflösungsprozeß.

Sonatine, kleine Sonate.

Sopra, auf, oben; come sopra: wie oben.

Sordino (con), siehe Dämpfer.

Sostenuto, gehalten, getragen.

Sotto (voce), mit gedämpfter Stimme, nicht nur in der Vokal-, sondern auch in der Instrumentalmusik gebräuchlich.

Spianato, ohne Pathos, ohne große Gegensätze.

Spiccato, deutlich, abgesetzt, mit gestoßenen Noten.

Spinett, Kielklavier. Siehe Clavicembalo.

Staccato, gestoßen, kurz, abgehackt. Gegensatz: legato, gebunden.

Stretta, schneller Abschluß eines Musikstückes.

Stringendo, drängend, rascher werdend.

Subito, plötzlich.

Suite, Folge. Zyklische Komposition. Mehrere durch Tonart, Thematik und Charakter innerlich zusammengehörige Einzelsätze, z. B. Allemande, Kurante, Sarabande, Gigue, aber auch andere Zusammenstellungen. Blütezeit etwa im 17. Jahrhundert. Siehe die Abschnitte Barock bzw. Klassik.

Synkopen ergeben sich, wenn rhythmische Betonungen in Widerspruch zu den Taktbetonungen treten. Z. B.

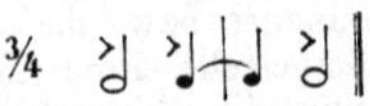

Takt, Gliederung des zeitlichen Ablaufs einer Musik in „Zähleinheiten". Z. B. der „Dreivierteltakt" enthält drei Viertelnoten oder entsprechend mehr kleinere bzw. weniger größere Notenwerte. Aus der periodischen Wiederholung solcher „Zähleinheiten" ergibt sich die Taktart (z. B. $^3/_4$-, $^4/_4$-, $^6/_8$-Takt usw.). Siehe Rhythmik und Metrik.

Tamburin, kleine Handtrommel mit Schellen, italienischen Ursprungs.

Tamtam, tiefer Gong, chinesischer Herkunft.

Tango, argentinischer Tanz in langsamem $^3/_4$-Takt; fand in neuerer Zeit auch Eingang in die Kunstmusik.

Tanto, so viel; tanto possibile; so viel wie möglich.

Tarantella, neapolitanischer Volkstanz in lebhaftem $^3/_8$-Takt.

Tardante (tardando), zögernd.

Tempo, Zeitmaß.

Teneramente, zart, zärtlich.

Tenorposaune, siehe Posaune.

Tenuto, gehalten.

Thema, musikalischer Gedanke, aufgebaut auf einem oder mehreren Motiven.

Theorbe, der Baßlaute ähnliches Saiteninstrument (1600).

Timbre, klangfarblicher Eigencharakter eines Instruments oder der Singstimme.

Toccata, „Tastenstück" für Orgel, Cembalo, Klavier, in welchem breites Akkordspiel und technisch virtuose Figuration wirkungsvolle Gegensätze schaffen. In übertragener Bedeutung auch auf Orchesterstücke angewendet.

Tonale Musik, in weitestem Sinne eine Musik, deren Melodien und Akkorde in Beziehung zu bringen sind zu dem Grundton bzw. zu einem der Dreiklänge einer Tonart. Merkmal der *polytonalen Musik* ist, daß ihre Akkorde eine gleichzeitige Zuordnung zu den Dreiklängen verschiedener Tonarten zulassen. Sie ist also in ihrem Aufbau tonal nicht mehr ein-, sondern viel-(poly-)deutig. Echte Polytonalität ist selten. Meist sind sogenannte polytonale Klänge *„bitonal"* deutbar, d. h. rückführbar auf ihre Zugehörigkeit zu nur *zwei* Tonarten. In der *atonalen Musik* und in der *„Zwölfton-Musik"* sind die Gesetze der Tonalität aufgehoben.

Tonart, Tonreihe, die nach bestimmten Gesetzen auf einen Grundton bezogen ist. Siehe Dur und Moll.

Tonika, Grundton.

Tonmalerei, Illustrationsmusik, Ausmalen von außermusikalischen Bildern oder Vorgängen durch Musik.

Tosto, geeilt; più tosto, rascher.

Tranquillo, ruhig.

Trautonium, einstimmiges elektrisches Musikinstrument, so benannt nach seinem Erfinder Trautwein (1888 bis 1956). Vermag die Töne vieler Musikinstrumente nachzuahmen und Töne von neuartiger Klangfärbung in unterschiedlicher Lautstärke zu erzeugen. Hieraus entwickelt das Mixturtrautonium, das bis zu 8 Töne gleichzeitig (akkordisch) hervorbringen kann. Französische Variante = Martenotwellenklavier.

Tremolo, schnelle Wiederholung eines Tones oder Akkords, wodurch eine zitternde Bewegung entsteht. Klangeffekt des Klaviers und der Streichinstrumente.

Triangel, Schlaginstrument, Stahlstab, zu gleichschenkligem Dreieck umgebogen. Wird mit Stahlstäben angeschlagen. Ergibt ein klirrendes, silberhelles Geräusch.

Trio, 1) Tonstück für drei Instrumente. 2) Meist kurzer melodischer Mittelsatz im Menuett oder Scherzo, auch in Tanzstücken, Märschen u. ä.

Tritonus, Intervall aus drei Ganztönen, übermäßige Quarte, z. B. f—h.

Tromba, Trompete.

Trommel, zylindrisches Schlaginstrument, an den beiden offenen Seiten mit Fell bespannt. Im Gegensatz zur Pauke von unbestimmter Tonhöhe. Die *Große Trommel* wird mit einem Schlägel angeschlagen. Sie ergibt ein dumpfes, dröhnendes Geräusch. Die *Kleine Trommel* wird mit Trommelstöcken angeschlagen. Quer über das untere Trommelfell ist eine Schnarrsaite gespannt. Die Kleine Trommel ergibt ein helles, rasselndes, schnarrendes Geräusch.

Trompete, höchstes Blechblasinstrument von hellem, schmetterndem Klang. Man unterscheidet Ventil-Klappen- und Zugtrompeten in verschiedenen Stimmungen.

Troppo, zuviel; non troppo: nicht zuviel.
Tuba, tiefes Blechblasinstrument. Im Klang dem Horn verwandt. Bildet im Orchester mit den Posaunen das Fundament des Blechsatzes. Ist aber weicher im Klang als die Posaunen und daher auch anstelle des Kontrafagotts als Baß der Holzbläser zu verwenden. Am gebräuchlichsten ist die Baßtuba in C-Stimmung.
Turca (alla), nach Instrumentationsart eines türkischen Marsches (Janitscharenmusik).
Tutti, alle. Gegensatz: solo, einzeln. Orchester-Tutti, alle Instrumente, volles Orchester.

Un, ein; un poco: ein wenig.
Unisono, einstimmig, gemeinsam.

Variation, Veränderung, Umbildung.
Vibrato, vibrierend; zunächst von der Singstimme gebraucht, später auch auf Streichinstrumente übertragen. Wird, im Übermaß angewendet, zu einem unschönen „Tremolieren".
Villanella, Bauernliedchen, italienisches Tanzlied des 16. Jahrhunderts.
Viola, altes Streichinstrument, das bis ins 18. Jahrhundert hinein in verschiedenen Größen vorwiegend gebräuchlich war. Man unterschied als Haupttypen: Viola da braccio oder Armgeige (die spätere Viola d'amore) und Viola da gamba oder Kniegeige. Beiden Typen begegnet man heute wieder bei Spezialisten alter Musik. Die Familie der Violen weicht in der Bauart (Form des Resonanzkörpers und der Schallöcher, Anzahl der Saiten) von der der verwandten Violinen ab. Gleichwohl ging der Name Viola auf die Bratsche über, die richtiger als Alt-Violine zu bezeichnen wäre.
Violine, siehe Geige.
Violoncello, siehe Cello.
Violone, siehe Kontrabaß.
Virginal, kastenförmige Abart des Spinetts, besonders in England um 1550—1630 beliebt. Virginalisten sind Komponisten für dieses Instrument wie Bull, Byrd, Tallis u. a. m.

Virtuose, Gesangs- oder Instrumentalmeister, der alles Technische seines Fachs überragend beherrscht. Beispiel: Paganini als Inbegriff des Geigen-Virtuosen.
Vokalmusik, Gesangsmusik. Gegensatz: Instrumentalmusik.
Volta, Mal; prima volta: erstes Mal, due volte: zweimal.
Vorhalt, verzögerter Eintritt der Akkordnote durch Erklingen der benachbarten Sekunde, meist von oben.

Waldhorn, siehe Horn.
Walzer, deutscher Rundtanz aus dem 18. Jahrhundert. Hochblüte im Wiener Walzer (Lanner, Strauß). Abart: *Ländler,* aus der Allemande hervorgegangen.

Xylophon, Schlaginstrument aus verschieden abgestimmten Holzstäben.

Zingara (alla), nach Zigeunerweise.
Zinken, alte Blasinstrumente aus Holz mit Tonlöchern und Kesselmundstück. Im 17. und 18. Jahrhundert beliebt.
Zither, volkstümliches Saiteninstrument mit etwa 5 Melodie- und bis zu 37 Begleitsaiten. Die Töne werden durch Zupfen der Saiten hervorgerufen. Abart: das Hackbrett. Die Zither hat sich aus der altgriechischen *Kithara* entwickelt.
Zwiefacher, bayerisch-süddeutscher Volkstanz, mit Wechsel zwischen geradem und ungeradem Takt, z. B. Polka und Walzer.
Zwischensatz, Mittelteil einer dreiteiligen Form (ABA), Übergangsperiode zwischen einem Hauptsatz und dessen Wiederholung.
Zwölfton-Musik (Dodekaphonie), eine Musik, in der die Gesetze der „Tonalität" (Tonarten) durch Zwölftonreihen, einer beliebigen Anordnung der 12 Töne der chromatischen Skala, abgelöst werden. Vgl. Tonale Musik und Kap. Schönberg.
Zyklische Form, Bindung durch bewußte Herstellung einer thematischen oder geistigen Beziehung zwischen den einzelnen Sätzen eines Kammermusikwerkes oder einer Symphonie.

VERZEICHNIS DER KOMPONISTEN UND WERKE

1. BWV = Bach-Werke-Verzeichnis. Numerierung nach *Wolfgang Schmieder: Thematisch-systematisches Verzeichnis der musikalischen Werke von J. S. Bach.* Leipzig 1950. (Mehrfach nachgedruckt.)

1. WoO = Werke ohne Opuszahl. Numerierung nach *Georg Kinsky und Hans Halm: Das Werk Beethovens. Thematisch-bibliographisches Verzeichnis seiner sämtlichen vollendeten Kompositionen.* München und Duisburg [1955].

1. Hob. = Numerierung nach *Anthony van Hoboken: Joseph Haydn. Thematisch-bibliographisches Werkverzeichnis.* 2 Bde. Mainz 1957, 1971.

1. D = Numerierung nach *Otto Erich Deutsch: Schubert. Thematic Catalogue of all his works in chronological order.* Mit D. R. Wakeling. London – New York 1951. – *Corrections and Additions.* 1953.